美国海军水面舰船作战系统及装备
——PEO IWS 项目概览

Warfare Systems and Equipments of Surface Ships: Introduction to U. S. Navy PEO IWS Programs

董晓明　冯　浩　编著

国防工業出版社
·北京·

内容简介

本书全面系统阐述美国海军综合作战系统项目执行办公室（PEO IWS）分管的业务范围及项目。PEO IWS 是海军海上系统司令部（NAVSEA）下辖的 5 个项目执行办公室之一，负责其管理项目的方案、建造、服役、退役等全寿期管理工作。本书首先对美国海军的国防采办管理体制、组织架构、海军兵力结构等进行介绍；然后详述 PEO IWS 下属 10 个办公室 IWS 1.0~10.0 分管的一百多个国防采办项目，涵盖了美国海军的水面舰船作战系统和装备，包括宙斯盾作战系统（AEGIS）、舰艇自防御系统、全舰计算环境、濒海战斗舰任务包、指挥与控制、未来作战系统、水上传感器、水面舰船武器系统、水下系统及军售项目，同时介绍相关航空母舰、驱逐舰、两栖舰、濒海战斗舰、新型护卫舰等舰船平台的最新建造发展现状。读者通过阅读本书，能够对美国海军水面舰船作战系统及装备体系的现状和发展有比较系统、完整的了解。

本书可供从事舰船与作战系统规划、研究、设计等领域的有关人员，以及高等院校舰船电子信息系统、船舶与海洋工程类学科的师生拓展相关专业技术和知识参考。

图书在版编目（CIP）数据

美国海军水面舰船作战系统及装备：PEO IWS 项目概览/董晓明，冯浩编著.—北京:国防工业出版社，2023.2 重印
ISBN 978-7-118-12250-3

Ⅰ.①美…　Ⅱ.①董…②冯…　Ⅲ.①军用船-作战指挥系统-美国②军用船-武器装备-美国　Ⅳ.①U674.7

中国版本图书馆 CIP 数据核字(2021)第 023405 号

※

国防工业出版社出版发行
（北京市海淀区紫竹院南路 23 号　邮政编码 100048）
北京虎彩文化传播有限公司印刷
新华书店经售
*
开本 787×1092　1/16　**印张** 43¾　**字数** 1040 千字
2023 年 2 月第 1 版第 4 次印刷　**印数** 3001—4000 册　**定价** 398.00 元

国防书店：(010)88540777　　书店传真：(010)88540776
发行业务：(010)88540717　　发行传真：(010)88540762

研究强敌　发展自我

知己知彼　百战百胜

潘镜芙

中国工程院院士

二〇二一年元月十六日

《美国海军水面舰船作战系统及装备
——PEO IWS 项目概览》
参加编写人员

王　娜　韩　研　郭雨橙　朱文龙　刘　振
陶　浩　王晓熔　陶　鹏　杨　芳　罗　威
邓秭珞　吴定刚　朱宜琳　龚俊斌　范慧丽
喻　鹏　王　朔

前言

近年，国际安全形势快速变化，美国认为中、俄的崛起对其构成了严重威胁，遂于2018财年调整了国家安全战略重点，视中、俄为主要威胁，并提出了“大国竞争”的对抗思想。与此同期，美国海军以2015年提出的“分布式杀伤”概念和2017年提出的“重回制海”战略为标志，开始能力建设重大转型——由重点发展“由海向陆”的力量投送，转向全面增强制海作战能力，主要措施包括强化反舰作战能力、扩大舰队规模至355艘等。

伴随着美国国内“大国竞争”呼声的日益加大，美国军事力量建设呈现出跑步前进的态势。2019年3月发布的2020财年30年造舰计划积极回应了该呼声，使得美国海军可在2034年即可实现355艘的舰队规模目标。

“水面战斗舰艇由平台和作战系统组成。平台指船体、动力、电源、油水、损管等，起着支持作战系统的作用。作战系统以指控系统为管理中心，由舰上配置的软硬武器、舰载直升机、探测设备、通信、导航等设备或分系统组成。”这是作者十几年前进入工作单位（中国舰船研究设计中心）的时候在新员工培训课程中学到的一段话。当时使用的教材是2005年国防工业出版社出版的《舰船技术与设计概论》。

后来在工作岗位上，作者一直从事舰船作战系统方面的研究和设计工作，持续跟踪美国相关方面的技术和装备发展。两年前，因某个课题查阅资料，看到美国海军发布于2014年6月的“海上战术指控工业日”（MTC2 Industry Day）报告，其中有个图片（见图1-14）展示了美国海军综合作战系统项目执行办公室（PEO IWS）的10个项目办公室及其分管项目，可以说都是我们舰船作战系统工作者所关注的。因此，作者产生编写这本书的想法，希望通过深入解读这张PEO IWS图片，讲清楚美国海军水面舰船的作战系统和装备体系。

毫无疑问，美国拥有世界上最强大的海军。根据美国海军舰艇注册官网（NVR）的数据，截至2020年7月14日，美国海军拥有注册作战舰艇300艘。其中，航空母舰11艘、水面战舰113艘、潜艇70艘、两栖战舰33艘、反水雷舰11艘、作战后勤舰30艘、舰队支援舰31艘、辅助支援舰1艘。

为了打造这样庞大的舰队，美国已经建设形成一套完善的国防装备采办体制和工业基础设施。我们重点关注的是美国防部组织机构中的海上系统司令部（NAVSEA），下属5个项目执行办公室，除了PEO IWS外，还有PEO Carriers（航空母舰）、PEO Ships（舰船）、PEO SUBS（潜艇）和PEO USC（无人与小型舰艇），分别负责相关项目的方案、建造、服役、退役等全寿期管理工作。

本书内容以PEO IWS的作战系统业务为主线，涵盖上述300艘美海军现役舰艇中的157艘，包括航空母舰、大型水面舰船（巡洋舰和驱逐舰）、小型水面舰船（濒海战斗舰和护卫舰）、两栖舰等主战舰艇平台，同时涉及其他3个负责平台业务的项目执行办公室（没有潜艇）。

几点想法：

（1）国内有关舰船作战系统的专著十分匮乏，除了《舰船技术与设计概论》（第 8 章舰船电子信息系统和第 9 章舰船武器、发射装置与保障系统）之外，更早的是 1999 年由戴自立教授主编的《现代舰艇作战系统》（已绝版），较新的是 2018 年由吴晓光所长主编的《航空母舰设计概论》（第 20 章作战系统）。本书的编著和出版力图填补短缺，在一定程度上满足行业需求。

（2）重点是美国海军的作战系统技术和装备，技术分析有理有据、有深度，装备梳理成体系、数据翔实。目前国内对美国海军作战系统的资料很零散，一般见诸报刊杂志、网页论坛等；武器装备的参考手册（如简氏年鉴）列出装备性能参数等数据。本书将两者有机结合，反映出“舰船= 平台+ 作战系统”的专业理念。

（3）以美国海军的国防采办管理体制为切入点，以系统工程思想为指导，以发展的眼光分析解读其核心系统装备。类似“宙斯盾”作战系统这种规模的复杂大系统，其装备研制不仅靠技术、靠经费，前后 50 年寿命周期更离不开科学的系统工程管理。所以本书讲技术和装备，也讲了这些装备的采办、管理、迭代升级，具有很强的现实工程性。

第 1 章是美国海军的装备研制与采办概述，首先对美国海军的国防采办管理体制、组织架构、海军兵力结构等进行介绍，然后分 10 章分别对应 PEO IWS 下属的 10 个办公室 IWS 1.0~10.0，全面系统阐述各办公室的业务范围及分管的一百多个国防采办项目。

作者团队是我国水面舰船作战系统总体研制单位的一线科研人员，具有丰富工程经验，书中融入了部分课题的研究成果，如宙斯盾作战系统、宙斯盾现代化计划、DDG 1000 驱逐舰全舰计算环境、开放式架构等相关的技术报告；同时，长期跟踪国外发展动态，掌握第一手资料（书中引用更新至 2020 年 6 月），例如，美国国会研究服务处（CRS）关于兵力结构与造舰计划、宙斯盾弹道导弹防御（BMD）、CVN 78、DDG 51 和 DDG 1000、LCS、FFG（X）、LPD 17 和 LHA 等的十余份报告。

我们以美国海军核心业务部门 PEO IWS 自我介绍的一张图为切入点，视角新颖，生动形象。期望读者通过阅读本书，能够读懂这张图，对美国海军水面舰船作战系统和装备体系的现状和发展有比较系统、完整的了解，通过吸收借鉴，促进我国舰船作战系统技术和装备的发展。

在本书编写、出版过程中，得到了中国舰船研究设计中心领导以及科技处、海洋防务技术创新中心、作战系统研究部、舰船情报研究室等的指导与支持。张骏研究员和秦克研究员审阅了书稿并提出宝贵意见。在本书面世之际，编著者对所有关心、支持我们的领导和同事们表示诚挚感谢！

在本书编著过程中参考了许多相关的文献资料，在此向各位作者表示感谢！

由于本书内容多、专业广，前后历时两年多，加之编著者水平有限，书中不妥或疏漏之处在所难免，恳请读者给予批评指教。

编著者
2020 年 7 月

目录

第1章

美国海军的装备研制与采办概述

“国防采办”（Defense Acquisition）是指军队为履行军事职能而获得所需要的武器装备及其他军用物资、器材、设施和劳务的过程。它包括确定需求、规划、研究、设计、试制、试验、生产和改装等各方面的内容。国防采办作为主要军事强国国防体制基本组成部分之一，越来越成为专业门类众多、管理过程繁杂、谋划要求极强的系统工程。

第二次世界大战后，西方军事强国在政治制度逐步完善、经济制度不断发展的基础上，根据国家安全战略、军备供给和装备发展战略需要，在加强国防建设的同时逐步建立强大的国防采办体制。真正意义上的现代国防采办制度，是20世纪80年代中期后，以美国为代表的军事强国全面开展国防采办管理改革的成果。较一致的观点认为：国防采办管理制度是由多个层次、多种机构组成的高度复杂的综合管理系统，主要包括组织体系、法规制度、运行机制等。

纵观世界主要军事强国的国防采办制度，美国属于集中管理与分散实施类型。现行国防采办制度是1985年帕卡德特别委员会成立后逐步建立起来的。其显著特点是统分结合，职责明确；分级管理，层次清楚；军方牢牢掌握主动权；科研与采办紧密结合；相关经费统一管理等。美国的立法、行政部门和工业界扮演着国防采办舞台上的三大角色——国会为采办计划授权、拨款，并监督重要计划的实施；国防部在前台中心位置，是军方主导地位的全权代表；工业界大小企业成千上万，80%以上为私营军火商。美国国防采办的大政方针、资源分配和重要计划都由国家高层决定，国会和总统负责审批国防预算和制定国家安全目标。国防部设联合需求监督、国防规划与资源、国防采办委员会3个决策保障机构，负责采办、技术与后勤的副部长是关键人物。各军兵种在国防部统一领导下，制订、实施和管理各自的武器采办计划。采办主要靠国会、白宫、国防部、各军兵种分别制定的系统完整的四级法规体系支撑。可以这样说，美国采办制度机构设置科学，法规体系健全，运行机制高效，体现了“集中指导与分散实施相结合”的管理原则，创造出了“统而不死，活而不乱”的局面。

本章首先简要介绍美国国防部和海军的国防采办管理体制，包括组织机构、国防部决策支持系统、国防采办程序等；其次重点介绍美国海军海上系统司令部（NAVSEA）及其下属的项目执行办公室，特别是综合作战系统项目执行办公室（PEO IWS）的业务范围和主要项目清单，同时，介绍舰船装备研制生产的工业基础、设计流程等；最后介绍美国海军兵力结构、兵力结构评估及近期、远期造舰计划。

1.1 武器装备的采办管理

美国作为世界上头号经济、技术和军事强国，经过长期的发展，已经建立起一套相对完备、独具特色的国防采办管理制度。美国国防采办管理融于国家国防体制，嵌于整个国防部管理体制，基于国防部集中统一领导、军种分散实施的国防采办管理体制，涵盖需求生成的联合能力集成与开发系统（JCIDS）、支撑规划计划与预算论证的规划预算与执行系统（PPBES）及支撑国防采办运行实施的国防采办系统（DAS）。[①]

1.1.1 美国国防部体制

国防部（Department of Defense，DoD）是由国防部长办公厅及其领导的业务局与直属机构，参谋长联席会议与联合参谋部及其领导的联合作战司令部，以及陆、海、空三军种部组成。国防部总部位于华盛顿的五角大楼（The Pentagon）。

美国国防部设美国国防部长（Secretary）、副部长（Deputy Secretary，常务副部长级）、次长（Under Secretary，副部长级）、副次长（Deputy Under Secretary）、助理部长（Assistant Secretary，司局级）、副助理部长（Deputy Assistant Secretary，副司局级）六级职位。现任国防部长（SECDEF）是马克·埃斯珀博士（Dr. Mark T. Esper），2019 年 7 月上任至今。[②]

1. 国防部长办公厅（OSD）

国防部长办公厅是国防部的本部机关，负责国防政策的制定、规划、资源管理，以及经费与项目的评估与监督，并通过正式或非正式渠道，与美国政府其他部门以及外国政府和国际组织开展合作交流。国防部长办公厅成员主要包括：国防部常务副部长、国防部各副部长、国防部总监察长、国防部各助理部长，以及根据法律和国防部长授权确定的人员等。此外，国防部长办公厅还负责监管各国防业务局和国防部直属机构的工作。目前，国防部设常务副部长 1 人，分管不同事务的副部长 6 人，助理部长 12 人，国防业务局 19 个，直属机构 8 个。

国防部常务副部长，也称为第一副部长，是国防部长的全权代表，依法对国防部长负责的所有事务行使权力。

国防部副部长（USD，也称为次长）协助国防部长和常务副部长分管不同领域工作，向国防部长汇报。助理部长（ASD）是国防部长办公厅的高级行政职位，在职级上低于副部长，作为国防部长和副部长在某一领域的首席顾问参谋，有些在副部长之下开展工作，有些则直属于国防部长领导。

采办、技术与后勤副部长（USD（AT&L））负责与武器装备研发、生产、后勤保障、

---

① 刘林山，等. 美国国防采办管理概览［M］. 北京：国防工业出版社，2017. 12.

② 当地时间 2020 年 11 月 9 日，美国时任总统特朗普宣布解除国防部长马克·埃斯珀的职务，任命全国反恐中心主任克里斯托弗·米勒（Christopher C. Miller）为代理国防部长。埃斯珀是特朗普政府的第二位国防部长，其前任是于 2018 年 12 月辞职的詹姆斯·马蒂斯（James Mattis）。2020 年 12 月 8 日，新一届当选总统拜登正式任命劳埃德·奥斯汀（Lloyd Austin）为国防部长。此前，2020 年 11 月 3 日为美国总统大选日，民主党总统候选人拜登赢得了 2020 年美国总统大选。［2020-12-11］

设施管理、军事工程建设、环境安全及核生化等有关的事务，领导国防高级研究计划局、导弹防御局、国防合同管理局、国防后勤局、国防威胁降低局和经济调整办公室等。

在美国国防部改革过程中其组织机构也有调整，根据 2019 年 3 月的资料显示，之前 USD（AT&L）的职责分解至两个副部长，分别是研究与工程副部长（USD（R&E））、采办与持续保障副部长（USD（A&S））。另外 4 个国防部副部长是政策副部长（USD（Policy））、审计副部长（USD（Comptroller））、人员与战备副部长（USD（P&R））和情报副部长（USD（Intelligence））。

美国国防高级研究计划局（DARPA）是国防部的核心高新技术研发管理机构，主要任务是确保美国的技术优势，具体工作包括：从事具有巨大军事用途的革新性研发项目；管理并指导基础项目及应用项目的研发工作；加强国防系统内的原型设计。

导弹防御局（MDA）负责研制、试验并准备部署导弹防御系统。

2. 参谋长联席会议、联合参谋部及联合作战司令部

参谋长联席会议是国防部长的军事参谋机构，负责传达国家最高指挥当局的战斗指令。参谋长联席会议的组织机构包括参谋长联席会议主席办公室、联合参谋部及军种参谋长。参谋长联席会议主席是总统、国家安全委员会、国土安全委员会和国防部长的首席军事顾问。

在参谋长联席会议主席的指导下，联合参谋部作为参谋长联席会议的常设机构，对参谋长联席会议的工作提供保障。

联合司令部通过参谋长联席会议领受总统和国防部长下达的命令，对美军作战部队实施指挥，并直接向国家指挥当局负责。美军目前共有 10 个联合作战司令部，其中 6 个按地区设置，分别为非洲司令部、中央司令部、欧洲司令部、印度-太平洋司令部、北方司令部和南方司令部；4 个按职能设置，分别为网络空间司令部、特种作战司令部、战略司令部和运输司令部。

3. 三军种部（陆军、海军和空军）

军种部是各军种的最高行政领导机构，由部长办公厅、参谋部（海军为作战部）及其下属业务机构和一级司令部组成。平时各军种部进行军队建设，负责各军种行政管理、军事训练、拟定作战和动员计划；战时负责向各联合作战司令部提供作战部队。

海军部（DON）是美军最大的一个军种部，由部长办公厅、海军作战部、海军陆战队司令部和海军一级司令部等组成。

海军作战部（OPNAV）是海军最高军事职能部门（相当于陆军、空军的参谋部），平时主要负责海军部队的行政管理与军事训练、编制作战概念与作战条例等，并领导其下属的系统司令部与研究机构，开展国防科技研发与采办工作等；战时则负责向各联合作战司令部提供海军作战部队。海军部队的作战指挥由其所在的联合作战司令部组织实施。

美国国防部组织机构（DoD Organizational Structure）如图 1-1 所示。①

1.1.2 海军国防采办管理体制

美国采取国防部集中统管与各军种分散实施有机结合的采办管理体制。在国防部层面，

① Mr. Jeff Eanes. Organization and Management of the Department of Defense. Organizational Policy & Desisioin Support Directorate OCMO/OSD, March 4, 2019. https://fas.org/irp/agency/dod/org-man.pdf.

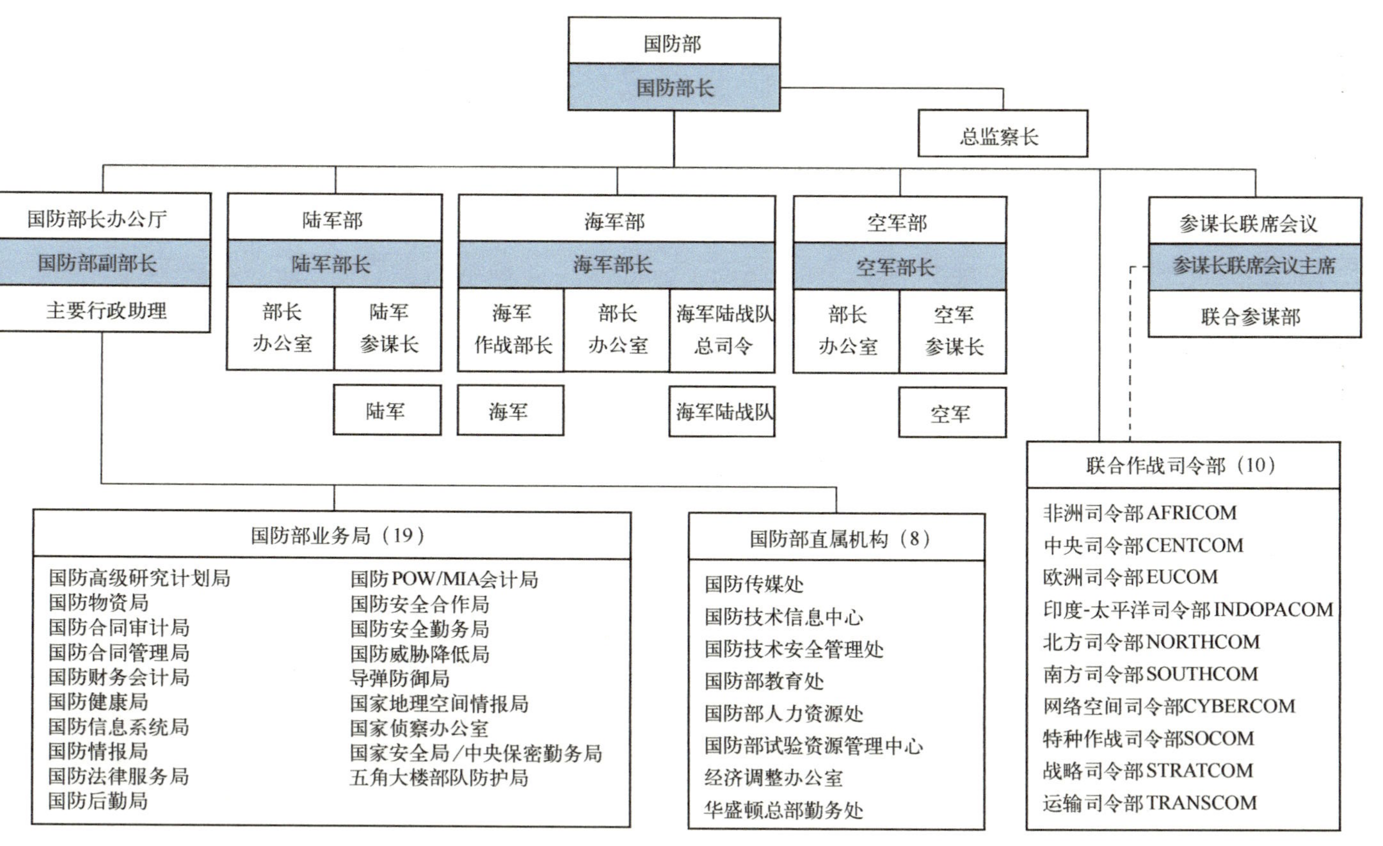

图1-1 美国国防部组织机构图

主要由采办、技术与后勤副部长领导美国国防采办管理工作，国防部主计长、政策副部长、成本评估与计划鉴定局长、作战试验鉴定局长及其领导下的机构等参与采办管理工作；在军种层面，主要由军种负责采办的助理副部长牵头各军种的采办管理工作，各军种装备司令部（海军为系统司令部）组建项目执行办公室负责具体项目的采办实施工作。

采办、技术与后勤副部长是美军国防采办的最高直接领导，国防部其他高层领导与部门从不同角度参与国防采办管理，如国防部主计长负责美军预算编制、合同审计和合同支付等工作；成本评估与计划鉴定局负责评估审查国防采办计划与预算草案；作战试验鉴定局负责制定作战试验鉴定政策，并指导和监管项目管理机构开展试验鉴定工作。

美军国防采办工作实行“国防采办执行官—军种采办执行官—项目执行官—项目主任”的 4 级管理模式，其中：国防部采办、技术与后勤副部长兼任国防采办执行官（DAE）；各军种负责采办的助理部长作为军种采办执行官（CAE），在国防采办执行官的指导和监督下，统一领导军种采办管理工作；各军种按照采办专业门类，在军种参谋长（海军为作战部长）领导下的装备司令部（海军为系统司令部）设立项目执行官（PEO）体系；每个项目执行办公室下设若干项目管理办公室（PM）。美军建立项目执行官体系的根本目的是理顺各军种负责采办的助理部长与装备司令部（或系统司令部）之间的关系，实现采办管理部门与作战使用部门的有机协调配合。

美国海军国防采办由海军部长（SECNAV）统一领导，由研究、开发与采办助理海军部长（ASN（RD&A））具体管理，如图 1-2 所示。研究、开发与采办助理海军部长负责所有海军采办功能和项目的执行，包括海军、海军陆战队的平台和武器系统，实施国防部采办、技术与后勤副部长（USD（AT&L））过程；在所有采办政策和项目上对 USD（AT&L）和国会代表海军部；依据美国国防部 DODD 5000 指令文件建立政策和过程并管理海军的研究、开发与采办活动；同时，对 ACAT ⅠC 类项目拥有决策权，对 ACAT ⅠD 类项目提出决策建议；对海军作战部长（CNO）下属的 5 个系统司令部的项目执行办公室直接进行业务指导。

如图 1-3 所示是美国海军 ASN（RD&A）的组织机构图，源自海军部长官方网站①，包括直属工作人员、项目执行官（PEO）、直接报告项目经理（DRPM）、海军系统司令部（SYSCOM）。PEO 和 DRPM 负责海军系统的开发与采办，SYSCOM 及现场活动也负责系统采办并支持这些系统在舰队的作战使用。

1. 研究、开发与采办助理海军部长办公室

研究、开发与采办助理海军部长（ASN（RD&A））办公室是海军国防采办政策、项目的统一管理机构，负责执行国防部采办、技术与后勤副部长（USD（AT&L））办公室有关政策与计划，制定海军研究、开发与采办的方针政策，编制国防采办规划计划和年度预算，协调海军国防采办计划，并统一管理有关经费，同时还管理海洋和海运工程方面的工作。

该办公室有 8 名助理部长帮办（DASN）协助工作，分别负责舰船、航空、RDT&E、C^4I 与空间系统、采办政策与预算、国际项目、采购、保障等方面的项目，还设有首席系统工程师和法律顾问助理，协助 ASN（RD&A）的工作。

2. 海军作战部

海军作战部下设 30 多个司令部，其中 5 个系统司令部具体组织实施海军国防采办计划，

---

① ASN(RDA) Overall Structure. https://www.secnav.navy.mil/rda/Pages/ASNRDAOrgChart.aspx [2020-1-29].

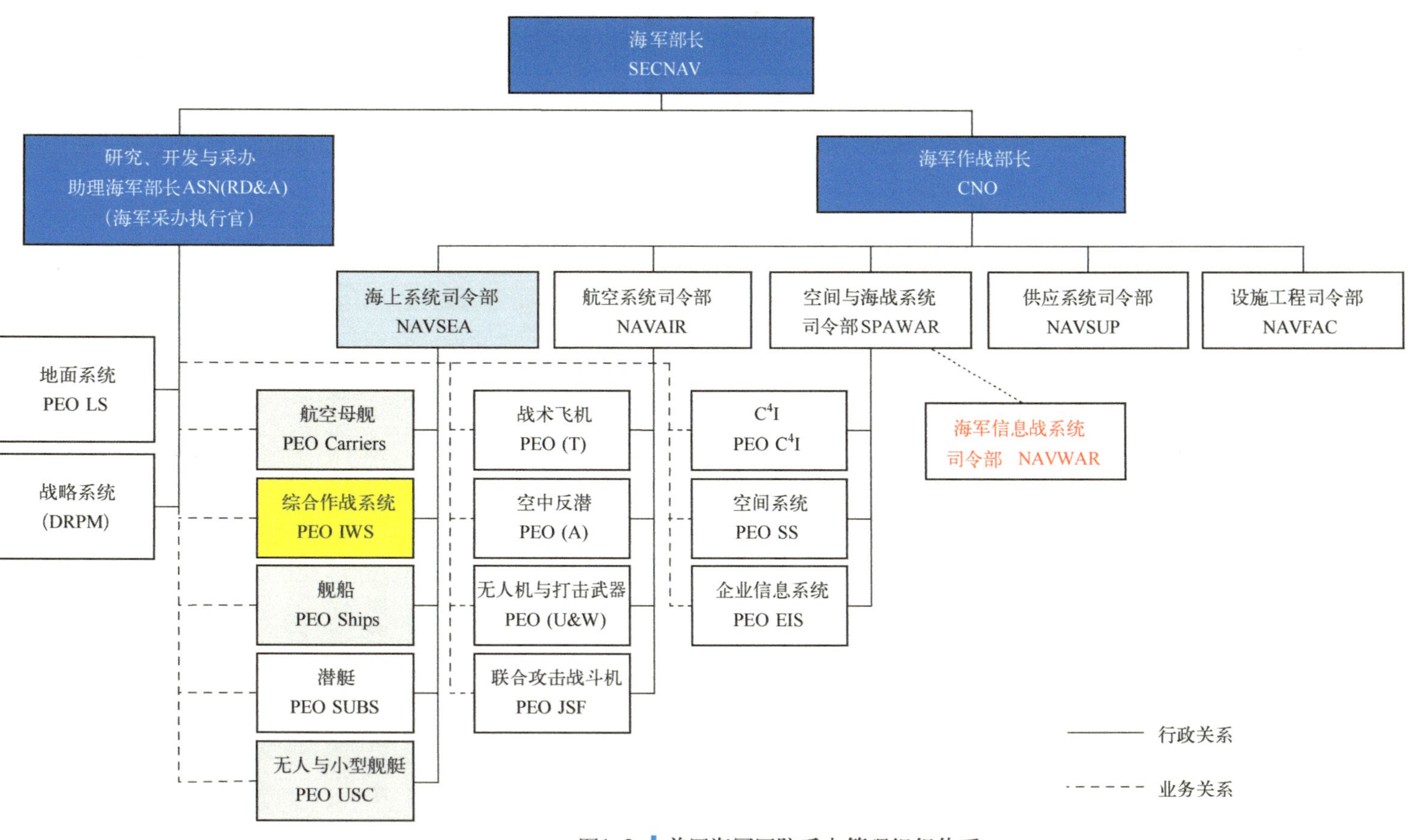

图1-2 美国海军国防采办管理组织体系

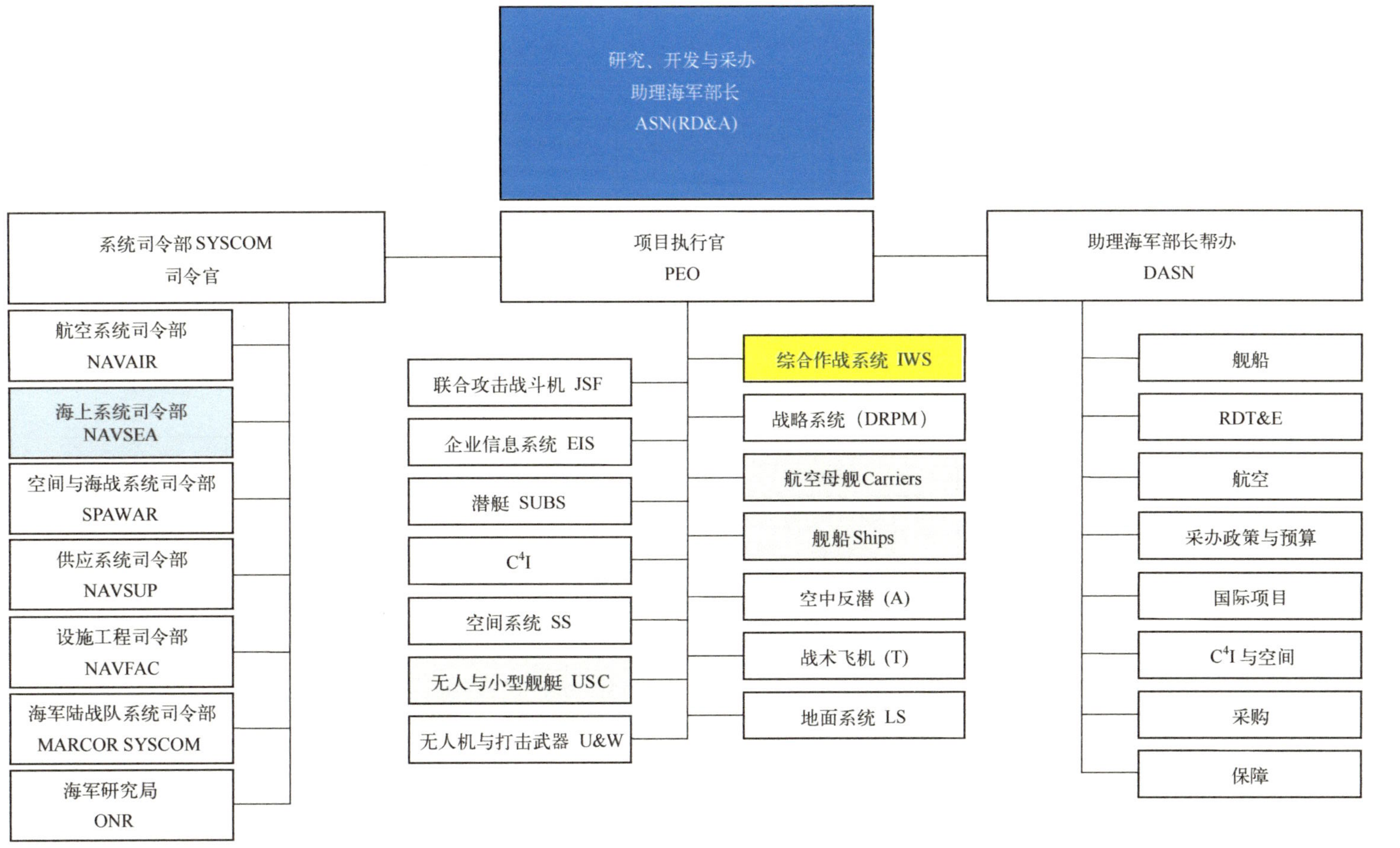

图1-3 美国海军ASN(RD&A)组织机构图

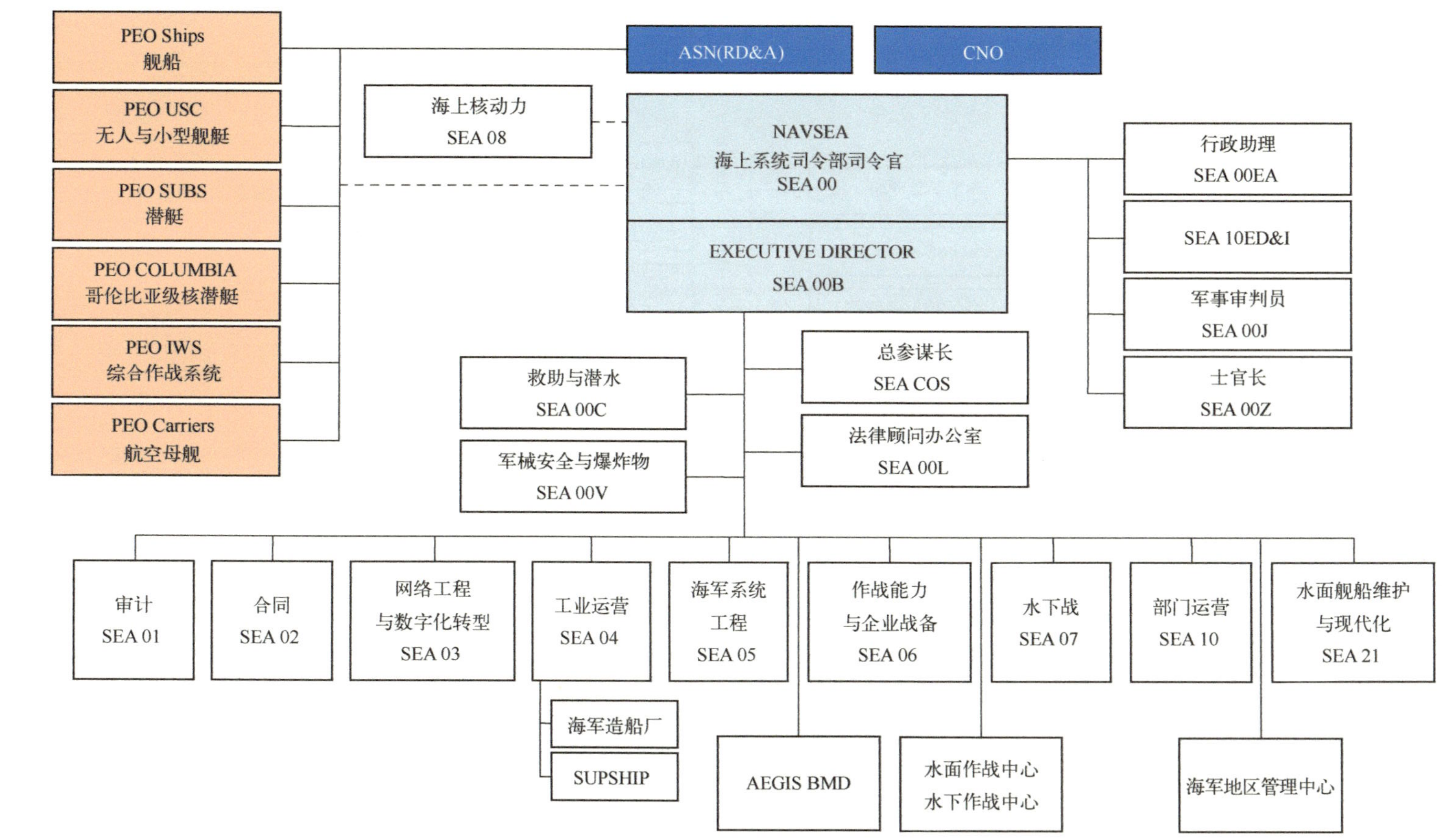

图1-4 NAVSEA总部组织机构图

分别负责各领域国防采办工作。

1）海军海上系统司令部（NAVSEA）

海上系统司令部是海军舰船及舰载武器采办的统一组织机构（如图 1-4），设在弗吉尼亚州阿灵顿，共有采办人员 1 万多人。该司令部是 5 个系统司令部中规模最大的一个，不仅负责各种舰船和大部分舰载设备的研制、生产、采购、维修、改造和保障工作，包括推进器、动力装置、武器、声呐、搜索雷达和辅助设备等，也是舰船防护器材和核动力装置的安全设备、燃料、传动装置、爆炸物安全、爆炸物处理的主要技术管理机构。海上系统司令部下设 4 个海军船厂，负责维修和改装舰艇，尤其是核动力舰艇。

2）海军航空系统司令部（NAVAIR）

航空系统司令部负责海军所有航空系统及有关军械、装备、器材的研制、采购和供应工作，包括海军和海军陆战队的飞机、机载武器、电子设备、水下声探测系统、机载水雷对抗设备、无人驾驶和拖曳式靶机系统、摄影设备、气象设备、飞机/导弹靶场和鉴定装置、训练与地面设备、弹射器、阻拦装置等。该系统司令部共有采办人员 9000 多人。

3）空间与海战系统司令部（SPAWAR）

空间与海战系统司令部（Space and Naval Warfare Systems Command）负责管理海军的战略核潜艇和电子战计划，发展海军航天系统，将海军航天系统、飞机、舰船组成一体化力量，并负责海军与其他军种一级盟国军队的协调工作。

据美国海军学会新闻网（USNI News）2019 年 6 月 3 日报道，美国海军空间与海战系统司令部更名为海军信息战系统司令部（Naval Information Warfare Systems Command，NAVWAR），将工作重点从信息技术和卫星网络的采办与维护，转移到信息战上，作为海军推动“信息战成为海军常规作战方式”的一部分。①

4）海军供应系统司令部（NAVSUP）

供应系统司令部负责向海军提供各种保障，管理海军和海军陆战队的器材装备，如设备管理一级器材的处理、包装、运输、储存、分配、清理等，并协助器材供应、分配事务、海军军事采购系统、海军给养计划和其他供应、预算和估算等。该系统司令部共有采办人员 1000 多人。

5）海军设施工程司令部（NAVFAC）

设施工程司令部②是海军设施工程系统发展和维修的综合性机构，负责为海军和海军陆战队及其他有关部门提供海岸设施、工程器材和设备，如公共工程、浮吊、两栖浮桥设备、舰队系泊用具、浮坞、固定式水下海洋建筑、辅助设备、可移动地面设备。该系统司令部共有采办人员 3000 多人。

3. 项目执行办公室

海军共设有 14 个项目执行办公室（Program Executive Office，PEO），其中：研究、开发与

---

① Sam LaGrone. Navy Takes the ‘Space’ Out of Space and Naval Warfare Systems Command. USNI News, June 3, 2019. https://news.usni.org/2019/06/03/navy-takes-the-space-out-of-space-and-naval-warfare-systems-command.

② 美国海军设施工程司令部将其名称改为海军设施工程系统司令部，加入“系统”二字，以反映“海军设施工程司令部为增强作战人员的杀伤力所做的全部关键工作”。[2020-11-11]

NAVFAC Updates Name to Better Reflect Mission Capabilities. Seapower, November 4, 2020.

https://seapowermagazine.org/navfac-updates-name-to-better-reflect-mission-capabilities/.

采办助理海军部下设 1 个项目执行办公室和 1 个战略系统直接报告办公室（DRPM）；海上系统司令部下设 5 个项目执行办公室；航空系统司令部下设 4 个项目执行办公室；空间与海战系统司令部下设 3 个项目执行办公室。每个项目执行办公室分别下设 1 个或多个项目办公室。

- 综合作战系统（PEO IWS）；
- 航空母舰（PEO Carriers）；
- 舰船（PEO Ships）；
- 潜艇（PEO SUBS）；
- 无人与小型舰艇（PEO USC）；
- 战术飞机（Tactical Air，PEO（T））；
- 空中反潜（Air ASW Assault & Special Mission，PEO（A））；
- 无人机与打击武器（Unmanned Aviation & Strike Weapons，PEO（U&W））；
- 联合攻击战斗机（Joint Strike Fighter，PEO JSF）；
- C^4I（PEO C^4I）；
- 空间系统（Space Systems，PEO SS）；
- 企业信息系统（Enterprise Information Systems，PEO EIS）；
- 地面系统（Land Systems，PEO LS）；
- 战略系统直接报告（Strategic Systems Program DRPM）。

1.1.3 国防采办项目的分类

国防部负责对所管辖的武器装备大型系统提出策略要求，为便于分级负责，在国防部指示 DODI 5000.02《国防采办系统的运行》中①，美军国防采办项目按照经费额度、重要程度等，定义了几个等级的采办分类（Acquisition Category，ACAT）：ACAT Ⅰ、ACAT ⅠA、ACAT Ⅱ、ACAT Ⅲ。美国海军在部长指示 SECNAVINST 5000.2E 中又将国防部规定的 ACAT Ⅲ类项目进行了拓展，划分出 ACAT Ⅲ、ACAT Ⅳ和简化采办项目。②③

建立项目分类是为了支持分散的采办项目决策和执行，并符合法定要求，该分类决定了项目的评审等级、决策权限和执行过程。

1）Ⅰ类项目

Ⅰ类采办项目是重大国防采办项目（MDAP），指经估算用于研究、开发、试验与鉴定（RDT&E）所需的费用总额超过 4.8 亿美元，或者用于采购的费用总额超过 27.9 亿美元的项目（2014 财年定值美元，本节下同），以及国防采办执行官（采办、技术与后勤副部长 USD（AT&L））特别关注的项目，如美军联合攻击战斗机项目等。对于Ⅰ类项目，美军又分为两个子类，ⅠD 类采办项目和ⅠC 类采办项目，其中：ⅠD 类采办项目是指由国防部监管的重大项目，这里的“D”代表国防采办委员会（DAB），里程碑决策当局（MDA）由国防采办执行官担任，上述联合攻击战斗机项目就是ⅠD 类采办项目；ⅠC 类项目是指由军种监管的重大项目，这里的“C”代表军种采办执行官（CAE），里程碑决策当局由军种采办执行官担任（海军部长或海军采办执行官），如海军 DDG 1000 驱逐舰项目。

---

① Department of Defense. DODI 5000.02：Operation of the Defense Acquisition System.

② 刘林山，等．美国国防采办管理概览，北京：国防工业出版社，2017.12.

③ 宋诗平，于永学．美军采办项目的采办策略分析．国防科技，2017，38（4）：75-80.

2）ⅠA 类项目

ACAT ⅠA 项目是重大自动化信息系统（MAIS），是指在单一年度总经费超过 4 千万美元，不论经费来源，直接用于相关系统的论证、设计、开发和部署的项目；或者从装备需求论证到部署，总经费支出超过 1.65 亿美元的项目；或者从装备需求论证到部署、作战使用和维护的全寿期总支出超过 5.2 亿美元的项目；或者里程碑决策当局指定的项目。自动化信息系统不包含武器系统内部的计算机软件、硬件资源。

ⅠA 类项目分为两个子类：ACAT ⅠAM，其里程碑决策当局（MDA）由国防采办执行官 USD（AT&L）担任，也可以授权给国防部首席信息官（DoD CIO），这里的“M”代表 MAIS；ACAT ⅠAC，这里的“C”代表 CAE。

3）Ⅱ类项目

Ⅱ类采办项目是指那些重要性达不到Ⅰ类项目要求，但也算是重大的项目，经估算用于研究、开发、试验与鉴定的最终开支总额超过 1.85 亿美元，或者用于采购的费用总额超过 8.35 亿美元，或者里程碑决策当局指定为Ⅱ类的采办项目。其里程碑决策当局是军种采办执行官。

4）Ⅲ类项目

Ⅲ类采办项目是指那些重要性达不到Ⅱ类要求的项目，其里程碑决策当局是军种采办执行官。该类项目包括“不那么重要的”自动化信息系统。

5）Ⅳ类项目

ACAT Ⅳ采办项目仅针对海军和海军陆战队，是除了Ⅲ类之外的其他采办项目。Ⅳ类项目分为两个子类：ⅣT（试验）和ⅣM（监视）。ACAT ⅣT 项目要求作战试验与鉴定（OT&E），而ⅣM 类项目不需要。

6）简化采办项目

简化（Abbreviated）采办项目仅针对海军和海军陆战队，是除Ⅲ类或Ⅳ类外的其他采办项目，并且不需要作战试验与鉴定。①

1.1.4 国防部决策支持系统

美军提出了“大采办”的概念，包括需求生成、规划计划与预算论证、采办实施等工作。为推动这些工作的有效运行，美军建立了三套决策支持系统，如图 1-5 所示，包括支撑需求生成的联合能力集成与开发系统（JCIDS）、支撑规划计划与预算论证的规划计划预算与执行系统（PPBES）和支撑国防采办运行实施的国防采办系统（DAS）。虽然由不同部门牵头，但是在具体实施过程中，上述三大系统是有效协调配合的，这是美军国防采办顺利实施的关键所在。

1. 联合能力集成与开发系统

联合能力集成与开发系统（Joint Capability Integration and Development System，JCIDS）是美军确定发展需求的管理制度，负责论证和审定发展需求。

美军于 1986 年初步建立需求生成系统。苏联解体后，美军不再宣称新的战略对手，“基于威胁”的发展思路面临重大转型。“9·11”事件后，美军在威胁不确定、战略对手不明确的

---

① Acquisition Category（ACAT）. https://www.dau.mil/glossary/Pages/1382.aspx.

背景下，推行“基于能力”的部队转型，提出了“基于能力”的顶层设计方法，提出联合作战所需的8种能力概念（联合训练、联合防护、兵力管理、战场感知、指挥与控制、网络中心战、兵力应用、聚焦后勤），在此基础上进一步细化提出21种能力领域，并以能力框架为牵引，编制顶层战略文件与发展路线图，指导美军各领域建设工作。2003年，美军贯彻基于能力的部队转型要求，推出联合能力集成与开发系统，旨在从能力建设的角度，统筹美军发展需求，加强国防部对三军需求的评估与审查，形成“自上而下”的需求生成机制。

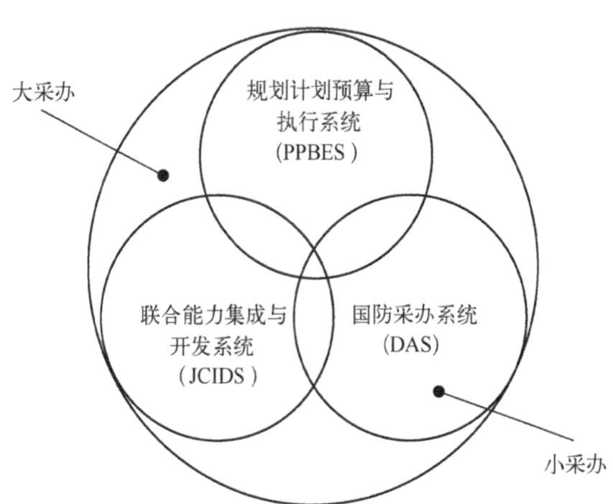

图 1-5 ‖ DOD 国防采办系统结构

联合能力集成与开发系统包括实施需求审查的联合需求监督委员会（JROC）和8个功能能力委员会，以及一系列需求论证与编制机构，制定了规范的需求分析程序，包括能力领域分析、能力需求分析、能力方案分析等过程，即根据国防部顶层文件分析未来作战所需的能力，评估现有作战能力，确定相关领域的能力差距、能力冗余以及中长期能力发展目标，进而提出弥补能力差距的解决方案。此外，美军还强调需求牵引贯穿采办全寿命过程，不仅在装备立项之前就以需求文件为牵引，还在装备研制和生产阶段进一步细化并形成新的需求文件，牵引装备研制和生产活动。

2. 规划计划预算与执行系统

规划计划预算与执行系统（Plan Program Budget and Execution System，PPBES）是美军确定中远期规划、发展计划与预算的工作制度，负责将美军的发展战略转化为中远期规划、发展计划以及配套的预算。该制度是在原规划计划预算系统（PPBS）的基础上发展而来的。

1961年，美军为解决国防经费按比例切块给三军、三军各自为政、重复浪费的弊端，建立了规划计划预算系统，实行国防部集中领导的规划、计划和预算一体化制度，把军事战略、国防采办和经费预算有机地结合起来。2003年，规划计划预算系统改革为规划计划预算与执行系统，进一步强化国防部的集中领导和综合审查，计划与预算并行编制，强化预算执行评审，以提高经费使用效益。

规划计划预算与执行系统的运行分为规划、计划、预算和执行4个阶段。

（1）规划阶段，由国防部政策副部长领导，参谋长联席会议、各军种、联合参谋部、联合作战司令部、国防部长办公厅参加，分析国际安全形势和面临的威胁，依据《国际安全战略》和《国际军事战略》，制定《联合规划文件》《战略规划指南》和《联合计划指南》，确定国防和军队建设战略目标、指导方针和未来优先发展能力。

（2）计划阶段，由成本评估与计划鉴定局总体协调，国防部长办公厅、联合参谋部、联合作战司令部、各军种和业务局参与，开展3项工作：

各军种和业务局编制《计划目标备忘录》，提出各类项目的6年计划，涉及军事力量水平、人力、采购、拨款等内容，并有计划风险评估、军事力量、战略状态和现代化、人力、经费表和主要采办计划项目等6个附件；

国防部办公厅（成本评估与计划鉴定局汇总）、参谋长联席会议分别从业务和作战能力角度进行计划评审；

高级评审小组综合评审后，报国防部常务副部长批准形成《计划决策备忘录》，同时，成本评估与计划鉴定局汇总制定《未来年份国防计划》（FYDP），按照三维结构提出未来6年国防建设计划。

（3）预算阶段，由主计长总体协调，国防部长办公厅、联合参谋部、联合作战司令部、各军种和业务局参与，开展4项工作：

各军种和国防部业务局编制《预算估计提案》，提出未来2年预算及其支撑材料；

国防部主计长办公室、行政管理与预算局举行联合听证会评审各部门预算，常务副部长批准形成《计划预算决定》，各部门签署《重大预算问题书》，对部门项目预算进行微调；

主计长办公室预算汇总后提交总统行政管理与预算局、形成《总统预算》，报国会审批；

总统签署形成《国防授权法》和《国防拨款法》。

（4）执行阶段，由国防部主计长牵头对预算执行情况进行评审，评审结果报高级领导评审小组。

美军规划计划预算与执行系统把国防建设看作一个大系统，国防采办、人员工资、基地建设、后勤保障等均纳入PPBES系统中，运用系统工程方法按军事功能分为11大类来编制计划和预算，而不是按照军种切块来编制计划和预算，不同军种的同一类项目均纳入同一大类计划，强化了国防部综合平衡，减少了由于各军种分别安排而造成的重复交叉和浪费。此外，美军采取两年一度滚动制定规划计划预算，把中期计划与近期安排较好地结合起来，偶数年为预算年，编制新的六年计划和两年预算，奇数年为非预算年，对计划和预算进行调整，使计划和预算程序性与灵活性结合，如DARPA项目，对一些发展变化的项目及时在计划和预算中予以补充或调整。

3. 国防采办系统

国防采办系统（Defense Acquisition System，DAS）是美军规范采办全寿命过程的工作制度，即美军所谓的“小采办”制度。美军通过两份文件规范了美军的“小采办”制度：国防部指示DODI 5000.01《国防采办系统》规定了国防采办系统的政策和原则，国防部指示DODI 5000.02《国防采办系统的运行》规定了贯彻实施这些政策和原则的管理框架和采办程序。

国防采办系统将采办项目进行了严格分类，项目经费额度越大，受关注度越高，对它的控制监督就越严格。其中，经费额最大的采办项目称为Ⅰ类项目，包括重大国防采办项目和重大自动化信息系统项目。另外，还有Ⅱ类和Ⅲ类项目。

美军国防采办项目的最高决策机构是国防采办委员会，主席由采办、技术与后勤副部长担任，副主席由参谋长联席会议副主席担任，成员包括国防部其他4名副部长、国防部首席信息官、作战试验鉴定局长、成本评估与计划鉴定局长以及各军种部长等，负责重大项目的里程碑节点审查与监管。

三大系统的关系：

美军强调三大系统的协调配合是美军采办顺利进行的根本保证。其中，JCIDS提出的军事需求，受到PPBES从资源条件上和DAS从技术条件上的审议和认可；PPBES的计划、预算编制，必须以另外两大系统对军事需求和计划进展情况的审定结论为依据；DAS在决定采办计划是否向前推进时，不仅要考虑技术的成熟程度，同时还要考虑需求是否有变化、经费是否有保障。

在三大系统中，JCIDS 系统处于发起端，提出的需求是规划计划与采办的基本依据；PPBES 与 JCIDS 的过程基本并行，两者所参照的顶层战略指南文件是相同的，规划与计划的内容要参照有关的需求文件，其制定的主要依据是需求发起部门提出的《初始能力文件》以及项目管理部门提出的具体计划情况；DAS 的采办实施过程，以具体的需求文件为指导，且必须列入计划并获得资金支持。

美军需求生成、规划计划预算等都由各军种依据国防部顶层战略指南提出，采办实施也由军种负责，而国防部主要负责需求与规划计划的评估与审查，并对采办实施工作进行里程碑评审。这种制度与分工，保证了国防部集中统管与各军种分散实施制度的落实。

1.1.5 国防采办程序

国防采办程序是规范国防项目采办实施全寿命过程的运行流程、政策制度、策略方法等的总称。包括武器系统方案论证、技术开发、型号研制、试验鉴定、生产部署、使用保障以及退役处置等全寿命管理活动。美军主要通过国防部指示 DODI 5000.02《国防采办系统的运行》① 规范其采办程序。美军从 20 世纪 70 年代起发布首版采办程序，并根据技术发展特点与管理要求，对采办程序进行了数次调整。

美国国防采办程序始于 20 世纪 70 年代，经过 50 年的发展，主要经历了 5 个发展阶段：初步建立阶段（20 世纪 70 年代）、全寿期管理阶段（20 世纪 80—90 年代）、灵活快捷运行阶段（2001—2007 年）、强化过程管制阶段（2008—2014 年）和多样化管理阶段（2015 年至今）。②

美国国防部 1971 年发布的第一份指示对采办程序进行了规范，将采办全寿命过程划分为项目启动、全面研制、生产与部署三个阶段，每个阶段前设有阶段审查点。

随着信息技术的飞速发展和多样化作战任务的日益增多，软件密集型项目和应急作战项目在装备采办中占比越来越高。主要针对硬件的传统国防采办程序，难以满足采办持续改进、灵活快捷的需要。为体现不同类型装备采办的特殊性，2015 年 1 月 7 日，美国国防部对 2008 版采办程序进行重大修订，将采办程序由长期以来的单一一种调整为六种采办程序。

2015 年版国防采办程序提出一种完整的“经典”国防采办程序——通用型国防采办程序（硬件型），并在此基础上，针对不同类型的装备，衍生出其他 5 种采办程序（软件型、渐进软件型、混合偏硬型、混合偏软型、快速应急作战型）。DODI 5000.02 通过 6 种类型的国防采办程序，针对武器装备项目和信息系统项目，采用不同的阶段和里程碑决策评审，以更好地满足不同类型装备的需要。

通用型国防采办程序，也称硬件密集项目采办程序，基本沿用 2008 年版的总体框架，主要适用于航空母舰、飞机等武器系统和平台。如图 1-6 所示，通用型国防采办程序主要由 5 个阶段构成：装备解决方案分析、技术成熟度与风险降低（原技术开发）、工程与制造开发、生产与部署、使用与保障。该程序不仅设有 3 个里程碑决策点 A、B、C，还设有 4 个决策点：里程碑 A 之前的装备开发决策点（MDD），里程碑 A 和 B 之间的能力开发文件（CDD）确认决策点和研制征求建议书（RFP）发布决策点，生产与部属阶段中间的全速生产（FRP）决策点（大批量生产决策点）。另外，在生产与部属阶段、使用与保障阶段都有

---

① DoD Instruction 5002.02 Operation of the Defense Acquisition System. Department of Defense, January 7, 2015. [https://www.esd.whs.mil/Portals/54/Documents/DD/issuances/dodi/500002T.PDF? ver=2020-01-24-100028-310].

② 刘林山，等．美国国防采办管理概览［M］．北京：国防工业出版社，2017.12.

一个很重要的节点，分别为初始作战能力（IOC）和全面作战能力（FOC）。[①]

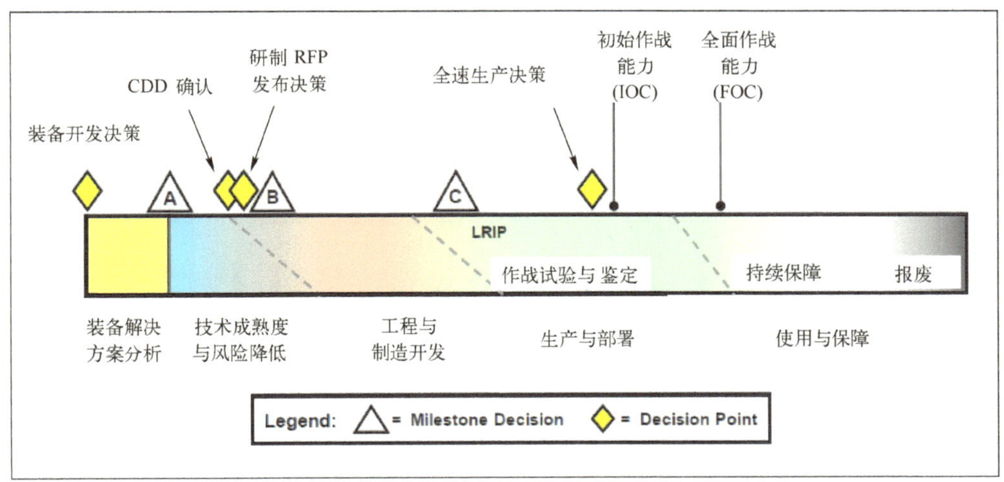

图 1-6 硬件密集型国防采办程序（DODI 5000.02—2015）

美军国防采办程序设有 3 个里程碑决策点（Milestone Decision）：

里程碑 A，又称为风险决策降低点，是寻求特定产品或设计方案的投资决策点，确定实现技术成熟和降低风险所需的资源，相关风险必须在做出研制投资决策前得以降低。其主要任务是评审项目的方案选择工作以及选定方案的技术开发草案，决定项目是否进入技术成熟与风险降低阶段，并发布技术成熟与风险降低的最终版建议征求书。

里程碑 B，又称为研制决策点，授予研制合同，通常是采办项目的正式启动点。里程碑决策当局将批准采办项目基线（APB），将资源授予具体的项目，制定预算安排，选择供应商，明确合同条款与进度安排，确定进入生产部属前的一系列事件。其主要任务是对技术开发阶段的技术风险降低及技术成熟度提高工作进行评审，审查系统集成方案，确定低速初始生产量，进行最终演示验证，最终决定项目是否进入工程与制造开发阶段。

里程碑 C，又称为小批量生产决策点，授予小批量生产合同，其主要任务是根据研制试验鉴定的结果评审工程与制造开发阶段工作的完成情况，决定项目是否进入低速初始生产（LRIP）阶段。

2017 年 2 月 2 日，美军总结评估 2015 年版采办程序运行情况的基础上，对该程序进行了进一步修订，发布了新一版国防部 5000.02 指示。

2020 年 1 月 23 日发布最新版国防部指示 DODI 5000.02 已正式更名为《适应性采办框架的运行》[②]，仅有 17 页，明确国防采办宏观政策、采办过程中各部门的职责以及项目管理权限，并在整合原有 6 种采办程序和近年改革经验基础上，明确推行“适应性采办框架”，针对不同采办对象采用 6 种采办路径。

（1）紧急能力采办，针对 2 年内可形成初始作战能力、直接交付部队使用的应急采办项目，沿袭前版 5000.02 指示的快速采办程序。

---

① Congressional Research Service. Defense Acquisitions: How DOD Acquires Weapon Systems and Recent Efforts to Reform the Process. CRS Report RL34026, May 2014.

② DoD Instruction 5002.02, Operation of the Adaptive Acquisition Framework. Department of Defense, January 23, 2020.

（2）中层采办，包括快速原型样机和快速部署两类。

（3）重大能力采办，即传统硬件密集型装备采办，沿袭前版 5000.02 指示的常规采办程序，如图 1-7 所示。

（4）软件采办程序，针对迭代发展的敏捷采办。

（5）国防业务系统采办，突出为国防部业务运行提供能力保障。

（6）服务采办，针对国防部服务需求和监管的团队建设、市场研究与绩效管理。

图 1-7 重大能力采办路径（DODI 5000.02—2020）

6 种采办路径不同于前版 5000.02 指示的 6 种采办程序，最大不同是新增了中层采办、调整了软件采办程序、对服务采办作出了更加明确的规范。

1.2 海军海上系统司令部

美国海军海上系统司令部（Naval Sea Systems Command，NAVSEA）是美国海军舰队的项目经理、工程部门与技术管辖单位，所辖军、文职人员超过 80000 人，以及上千家国防合约商共同来研发、设计、建造及维修美国海军舰队的舰艇。海上系统司令部管理超过 150 个项目，团队负责执行造舰项目管理、军舰全寿期管理工作，提供美国海军舰队工程支持、技术管辖及整体后勤支持等。海上系统司令部是美国海军总部五个司令部之中最大的一个，每年的经费预算占海军的四分之一，达 300 亿美元。图 1-8 是 NAVSEA 的徽标。

图 1-8 NAVSEA 的徽标

1.2.1 总部

海上系统司令部总部位于华盛顿特区海军工厂（Washington Navy Yard，DC），在多个领域提供政策、指导、监督和支持，包括财务管理、合同、后勤/维修/工业运营、工程、水下战、部门运营、信息技术、法律支持和安全等，划分为多个部门，如表 1-1 所示。

NAVSEA 总部组织机构如图 1-4 所示①。现任司令官为比尔·加里尼斯中将（VADM Bill Galinis），于 2020 年 6 月 19 日上任，此前他是舰船项目执行办公室（PEO Ships）的项目执行官。其前任汤姆·摩尔中将（VADM Thomas Moore）自 2016 年起担任 NAVSEA 司令官，在美国海军服役 39 年之后于当天退休。②

---

① Naval Sea Systems Command Home：Who We Are：Headquarters. June 2020. [2020-6-21].
https://www.navsea.navy.mil/who-we-are/headquarters/.

② Megan Eckstein. VADM Bill Galinis Takes Command of NAVSEA，VADM Tom Moore Retires After 39 Years. USNI News，June 19，2020. [2020-6-23].
https://news.usni.org/2020/06/19/vadm-bill-galinis-takes-command-of-navsea-vadm-tom-moore-retires-after-39-years.

表 1-1 NAVSEA 总部的部门设置

部　门	名　称	主 管 业 务
SEA 00	COMMANDER	司令官：VADM Bill Galinis
SEA 00B	EXECUTIVE DIRECTOR	
SEA COS	Chief of Staff	总参谋长：Capt. Derrick Blackston
SEA 01	Comptroller（审计）	提供财务政策、建议和优质服务，以确保 NAVSEA 客户的预算得到有效执行。SEA 01 管理拨款领域，并提供成本工程和工业分析
SEA 02	Contracts（合同）	每年授予近 240 亿美元的合同，用于建造新的舰船和潜艇、舰船维修、主要武器系统和服务
SEA 03	Cyber Engineering & Digital Transformation（网络工程与数字化转型）	见下文
SEA 04	Logistics，Maintenance & Industrial Operations（后勤、维修和工业运营）	重要任务是使舰船出海并做好准备，优先选择 SEA 04 提供后勤、维修和工业运营的集成商。SEA04 管理着 4 个海军造船厂
SEA 05	Naval Systems Engineering（海军系统工程）	提供必要的工程和科学专家、知识和技术权威，负责设计、建造、维护、修理、更新、认证和处置海军的舰船、潜艇和相关作战系统。SEA 05 分为 15 个工作组
SEA 06	Warfighting Capability & Enterprise Readiness（作战能力与企业战备）	汇集了致力于弥合政府与行业之间沟通差距的人员，以便在整个采办生命周期内降低成本和差异。SEA 06 还为远征任务、海军小武器计划、以及爆炸物处理团体提供领导支持
SEA 07	Undersea Warfare（水下战）	为在役潜艇和水下部队提供全方位的研究、开发、测试和评估（RDT&E）、HM&E 系统工程和舰队支持服务。潜艇/水下作战技术（SUBTECH）协调技术发展，以满足水下作战能力要求
SEA 08	Naval Nuclear Propulsion（海上核动力）	
SEA 10	Corporate Operations（部门运营）	为 NAVSEA、外勤活动以及 PEO 提供所有运营保障。支持包括行政产品和服务、职业规划、员工发展、设施、外军销售协调、人力资源、安全和大学研究援助
SEA 21	Surface Ship Maintenance & Modernization（水面舰船维护与现代化）	管理所有非核水面舰艇的全寿命周期支持，是与水面作战企业的主要界面。负责维修和更新目前在舰队中的非核水面舰艇。 通过现代化和升级计划，SEA 21 将为当今的水面舰艇配备最新的技术和系统，使其在整个服役期内保持在舰队中。 此外，SEA 21 监督舰艇失活过程，包括向国外友军转让或出售舰艇、失活和/或处置

其中，SEA 03（网络工程与数字化转型）是海军 NAVSEA 于 2020 年 4 月成立的一个新部门，任务是通过企业数字化能力、网络安全数字工作和创新的基础设施，以及增强企业用户体验，向舰队交付作战能力。[①]

海军信息战系统司令部（NAVWAR）负责舰载网络和通信工具的网络空间安全。NAVSEA 拥有舰上其他所有网络的技术责任：船机电系统（HM&E）、雷达、声呐、作战系统以及水手们用来航行和作战的其他装备。司令官摩尔表示，NAVSEA 拥有网络空间安全、网络鲁棒性以及在网络环境中操作舰上所有装备的能力。

SEA 03 的一个重要功能是，当发现网络漏洞时，帮助推动修复工作。不仅确保漏洞被

① Megan Eckstein. New Cyber Office Will Unify NAVSEA's Digital Efforts. USNI News, May 27, 2020. https://news.usni.org/2020/05/27/new-cyber-office-will-unify-navseas-digital-efforts.

发现并编写补丁，还将维护所有舰只及其所有设备的数据库，并确保所有适用的系统最终安装所需的任何更新。

SEA 03 的主要工作包括：

- 保护网络空间和数字生态系统；
- 执行网络和数字业务；
- 设计、交付和维持网络空间与数字生态系统；
- 执行数字化工作和决策；
- 管理网络空间和数字化技能；
- 有效传递数字数据；
- 发展数字架构；
- 推动和使能数字创新；
- 实现基于模型的系统工程。

1.2.2 项目执行办公室

海上系统司令部下属的 5 个项目执行办公室（Program Executive Office，PEO）负责其管理项目的从方案到建造、服役、退役等全寿期管理工作。各项目执行办公室虽然直接向主管研究、开发及采办的助理海军部长（ASN（RD&A））报告，但海上系统司令部仍负责提供各 PEO 全舰系统工程支持，建立并协调海军内部各项技术政策、标准、测试程序等舰艇及系统技术需求、整体后勤支持。这是典型的海上系统司令部矩阵式管理架构（Matrix Organization Management），现在各种研发、建造案中广为世界各国所采用。

1. 综合作战系统项目执行办公室

综合作战系统项目执行办公室（Integrated Warfare Systems，PEO IWS）为海军开发、部署并保持优势的作战系统。

详见 1.3 节综合作战系统项目执行办公室。

2. 航空母舰项目执行办公室

航空母舰项目执行办公室（PEO Carriers）的宗旨是保持美国海军世界第一，无论何时、何地都可以通过最优的海基战术平台从海上投送航空力量，满足 21 世纪及未来的作战需求。其重点在于设计、建造、部署及全寿期保障所有航空母舰，将各系统集成到航空母舰。目前，下设 3 个项目办公室，分别负责在役航空母舰、福特级航空母舰（CVN 78）和 CVN 79/80，如表 1-2 所示。①

表 1-2 PEO Carriers 下设项目办公室

办公室	名称	业务范围
PMS 312	In-Service Aircraft Carrier Program	在役的航空母舰（尼米兹级）
PMS 378	CVN 78 Class Program	福特级航空母舰（CVN 78）
PMS 379	CVN 79/80 Program	福特级航空母舰第二、第三艘（CVN 79/80）

3. 舰船项目执行办公室

舰船项目执行办公室（PEO Ships）负责管理所有非核动力水面舰船的采办和全寿期保

① PEO Aircraft Carriers.［2020-1-29］https://www.secnav.navy.mil/rda/Pages/PEO_Carriers.aspx.

障，涵盖驱逐舰、两栖舰船、特种任务和保障船以及各种水面小艇从生到死的所有事情，包括研究、开发、采办、系统集成、建造和保障。舰船项目执行办公室致力于在赋予舰队关键作战能力的同时，推动舰船项目的经济可承受性。PEO Ships 下设项目办公室如表 1–3 所示。①

表 1–3 PEO Ships 下设项目办公室

办公室	名称	业务范围
PMS 500	DDG 1000	朱姆沃尔特级驱逐舰
PMS 400	CG 47	提康德罗加级巡洋舰
PMS 400D	DDG 51	阿利·伯克级驱逐舰
PMS 385	Strategic & Theater Sealift	战略与战区海上补给船，包括远征快速运输舰（EPF）、远征运输船坞舰（ESD）、远征移动基地舰（ESB）
PMS 377	Amphibious Warfare（两栖战）	美利坚级两栖攻击舰（LHA TO THE） 两栖攻击制导系统（AADS） 舰岸连接器（SSC） 通用登陆艇（LCU） 气垫登陆艇（LCAC）
PMS 325	Support Ships，Boats & Craft（支援舰船）	辅助舰船、汽艇、靶船、对外军售舰船（FMS）、特种船舶
PMS 317	LPD 17/LXTO THE	圣·安东尼奥级两栖船坞运输舰 替换惠德贝岛级和哈珀斯费里级船坞登陆舰（LSD 41/49）
PMS 320	Electric Ships Office（ESO）（电力舰办公室）	开发先进电力推进技术用于海军舰队 舰船采办管理 管理国家提供设备（GFE）与国家提供资料（GFI）采办的相关活动

4. 潜艇项目执行办公室

潜艇项目执行办公室（PEO SUBS）的重点是设计、建造、部署和改造潜艇、先进水下系统、反潜系统，包括特种部队投送系统、潜艇救援系统、鱼雷、拖曳式声学传感器，以及潜艇声呐、控制和电子战系统。其宗旨是打造世界上最强的潜艇和水下系统。PEO SUBS 下设项目办公室如表 1–4 所示。②

表 1–4 PEO SUBS 下设项目办公室

办公室	名称	业务范围
PMS 397	COLUMBIA Class（哥伦比亚级）	下一代战略核潜艇（SSBN）的研究设计
PMS 401	Submarine Acoustic Systems（潜艇声学系统）	开发实现作战系统现代化规划，制定潜艇作战系统未来升级、系统标准和接口定义，与其他海军机构协调工作完成研制任务
PMS 404	Undersea Weapons（水下武器系统）	监督所有水下武器系统的研究、开发、建造和现代化，包括那些水面舰船舰载和飞机机载的系统
PMS 415	Undersea Defensive Warfare Systems（水下防御作战系统）	研究、开发和建造潜艇防御系统，包括噪声发生器和反鱼雷鱼雷
PMS 425	Submarine Combat and Weapons Control（潜艇作战和武器控制）	开发、采办在役及新建造舰船的作战和武器控制系统

① PEO SHIPS，Program summary. ［2020–1–29］https://www.navsea.navy.mil/Home/Team-Ships/PEO-Ships/.

② PEO Submarines. ［2020–1–29］https://www.secnav.navy.mil/rda/Pages/PEO_Submarines.aspx.

（续）

办　公　室	名　　称	业 务 范 围
PMS 435	Submarine Electromagnetic Systems（潜艇电磁系统）	设计、开发并监督电磁战系统、潜望镜和光电桅杆的建造
PMS 450	VIRGINIA Class（弗吉尼亚级）	监督最新型弗吉尼亚级攻击核潜艇的设计、建造与部署
PMS 485	Maritime Surveillance Systems（海上监视系统）	提供沿海和开发海域长期的固定、移动海上监视能力

5. 无人与小型舰艇项目执行办公室

2018 年 3 月 13 日，美国海军负责研究、开发与采办的助理部长 James Geurts 签署备忘录，将原有的濒海战斗舰项目执行办公室（PEO LCS）改名为“无人与小型舰艇”（Unmanned and Small Combatants），即无人与小型舰艇项目执行办公室（PEO USC）。[①,②]

PEO USC 负责设计、开发、建造、维护及现代化改造不断扩展的无人海上系统（UMS）、水雷战系统、小型水面舰艇（SSC），以创新的技术和方案支持美国海军。其下设多个项目办公室，分别管理无人海上系统、水雷战、LCS 和护卫舰等业务（图 1-9 和表 1-5）。[③] 这次改名仍然保持原有的项目办公室组织不变，因此可以说成本为零，却使得 PEO USC 有更准确的定位。

图 1-9 ▎PEO USC 的项目办公室及主要业务

① Memo Establishing PEO Unmanned and Small Surface Combatants. USNI News, March 21, 2018. https://news.usni.org/2018/03/21/memo-establishing-peo-unmanned-small-surface-combatants.

② New Name for Navy PEO. NAVSEA NEWS, March 22, 2018. https://www.navsea.navy.mil/Media/News/Article/1473447/new-name-for-navy-peo/.

③ PEO Unmanned and Small Combatants. [2020-1-29]. https://www.navsea.navy.mil/Home/PEO-Unmanned-and-Small-Combatants/.

表 1-5 PEO USC 下设项目办公室

办公室	名称	业务范围
PMS 406	Unmanned Maritime Systems（无人海上系统）①	包括 USV 和 UUV，以及为完成任务所需的传感器等有效载荷 幽灵舰队（Ghost Fleet） 反水雷无人艇（MCM USV） 无人水面猎雷艇（MHU） 无人感应扫雷系统（UISS） AN/AQS-20 猎雷声呐 刀鱼无人潜航器（Knifefish） 大排量无人潜航器（LDUUV） MEDUSA 超大型无人潜航器等（XLUUV/AUP）
PMS 420	LCS Mission Modules（濒海战斗舰任务模块）	研制 LCS 任务模块，支持形成水面战（SUW）、反水雷战（MCM）、反潜战（ASW）任务包
PMS 495	Mine Warfare（水雷战）	交付从海滩到深水区的水雷战能力，负责管理的主要项目： 机载灭雷系统（AMNS） 机载激光探雷系统（ALMDS） 近岸战场监视与分析系统（COBRA） 梭鱼（Barracuda）灭雷系统
PMS 501	Littoral Combat Ships（LCS）（濒海战斗舰）	自由级（LCS-1） 独立级（LCS-2）
PMS 505	LCS Fleet Introduction & Sustainment（LCS 舰队引入与持续保障）	综合 LCS 维持、培训和后勤的所有方面，支持海上框架和任务包采办项目办公室的产品改进，根据多艘舰艇和任务模块每年交付的计划，合并这些支持功能被认为是最有效和最具成本效益的解决方案
PMS 515	Frigate/FFG（X）（护卫舰）	护卫舰的研制，FFG（X）
PMS 525	International Small Combatants（国际小型舰艇）	研制多任务水面舰艇（MMSC），LCS 的国际军售版变体

原 PEO LCS 成立于 2011 年 7 月，专门针对 LCS 这个关键项目②。之前 LCS 的采办和维护由两个不同的项目执行办公室负责：PEO Ships 和 PEO LMW（濒海与水雷战）。成立 PEO LCS 之后，PEO LMW 被撤销，相关业务职能转到 PEO LCS 或其他项目执行办公室，后来扩展了护卫舰（PMS 515）等任务。

1.2.3 造船厂

海军海上系统司令部下辖 4 个造船厂（Shipyard）：新罕布什尔州朴茨茅斯（东北）、弗吉尼亚州诺福克（东南）、华盛顿州普吉特湾（西北）、夏威夷州珍珠港（西南），见表 1-6。这 4 个造船厂是海军工程重镇，负责海军舰艇、潜艇的维修、加改装、性能提升、退役等工程，其位置如图 1-10 所示。

① 董晓明．海上无人装备体系概览［M］．哈尔滨：哈尔滨工程大学出版社，2020.1

② Navy Establishes Program Executive Office for Littoral Combat Ships. NAVSEA Office of Corporate Communications, 7/12/2011. https://www.navy.mil/submit/display.asp? story_id=61525.

表 1-6 NAVSEA 下辖造船厂

	造船厂名称	位 置
1	Portsmouth Naval Shipyard（朴茨茅斯海军造船厂）	Portsmouth, NH
2	Norfolk Naval Shipyard（诺福克海军造船厂）	Norfolk, VA
3	Puget Sound Naval Shipyard & IMF（普吉特湾海军造船厂）	Bremerton, WA
4	Pearl Harbor Naval Shipyard & IMF（珍珠港海军造船厂）	JBPHH, HI

图 1-10 | 海军 4 个造船厂的位置

1.2.4 舰船监造处

舰船监造处（Supervisors of Shipbuilding, SUPSHIP）在美国国防部订定的造舰与维修合约下负责合约管理工作，担任海军海上系统司令部驻厂（on-site）技术、合约、业务代表，监督经费、进度和质量。监造处与民间船厂同心协力，从建造蓝图开始直到交舰予海军为止，确保在其全寿期内，私营船厂军舰建造、改装及维修等工作，使海军舰艇服勤状况良好、性能优越。NAVSEA 有巴斯、格罗顿、湾岸和纽波特纽斯 4 个舰船监造处，如表 1-7 所示。

表 1-7 NAVSEA 下属的舰船监造处

	监造处名称	位 置
1	SUPSHIP Bath（巴斯）	Bath, ME
2	SUPSHIP Groton（格罗顿）	Groton, CT
3	SUPSHIP Gulf Coast（湾岸）	Pascagoula, MS
4	SUPSHIP Newport News（纽波特纽斯）	Newport News, VA

1.2.5 作战中心

海军海上系统司令部有 10 个战术作战中心（Warfare Center），其目标是确保舰艇作战指挥效果。作战中心的科学家和工程师为研究/开发/试验/鉴定（RDT&E）、工程和舰队保障提供支持。

水面作战中心（Naval Surface Warfare Center，NSWC）负责使舰艇船体、运作、机械、电机系统维持在世界一流水平，另外还负责扫布雷作战，以及提升扫布雷作战的战术与技术。

水下作战中心（Naval Underwater Warfare Center，NUWC）负责使潜艇的建造维持在传统上世界第一的水平，同时研发下一代美国海军潜艇作战系统，执行商用现货（COTS）导入。其目的是要美国海军潜艇作战系统可以不必完全依循军用标准（MIL-STD）来开发，而可以使用按民用标准开发的高科技商用现货。这个做法目前已广为欧美军方实行。

作战中心如表 1-8 所示。①

表 1-8 NAVSEA 的作战中心

	作战中心名称	位 置
1	NSWC Carderock Division	West Bethesda, MD
2	NSWC Corona Division	Corona, CA
3	NSWC Crane Division	Crane, IN
4	NSWC Dahlgren Division	Dahlgren, VA
5	Indian Head Explosive Ordnance Disposal Technology Division (NSWC IHEODTD)	Indian Head, MD
6	NUWC Keyport Division	Keyport, WA
7	NUWC Newport Division	Newport, RI
8	NSWC Panama City Division	Panama City, FL
9	NSWC Philadelphia Division	Philadelphia, PA
10	NSWC Port Hueneme Division	Port Hueneme, CA

1.2.6 海军兵器中心

海军海上系统司令部海军兵器中心（Naval Ordnance Center，NOC）负责美国海军舰艇作战武器（导弹、火炮）、弹药的装舰/拆卸/卸弹（load/unload）、维修与储存管理作业。

1.3 综合作战系统项目执行办公室

1.3.1 PEO IWS 的任务与组织机构

综合作战系统项目执行办公室（PEO IWS）是美国海军管理 AEGIS、CEC、OA、NIFC-CA、TSCE、SSDS 等项目的最高机构，在行政上直接隶属于海军海上系统司令部（NAVSEA），

① Naval Sea Systems Command Warfare Centers. WarfareCentersDivisions_FactSheets_2019. pdf.

业务上受负责研究、开发与采办的助理海军部长（ASN（RD&A））直接领导，即实际上受双重领导。其徽标如图 1-11 所示。

图 1-11 丨PEO IWS 的徽标

如图 1-12 所示，PEO IWS 的主要任务是引领水面舰艇和潜艇的作战系统与技术发展，并实现跨平台的海上作战解决方案。其宗旨是“为海军研制、交付和保持优势作战系统”。①

其组织机构如图 1-13 所示。该图片源自 2014 年 6 月时任 PEO IWS 执行官的海军少将约瑟夫·霍恩（RADM Joseph Horn）在美国国防工业协会（NDIA②）年度会议上的报告③。

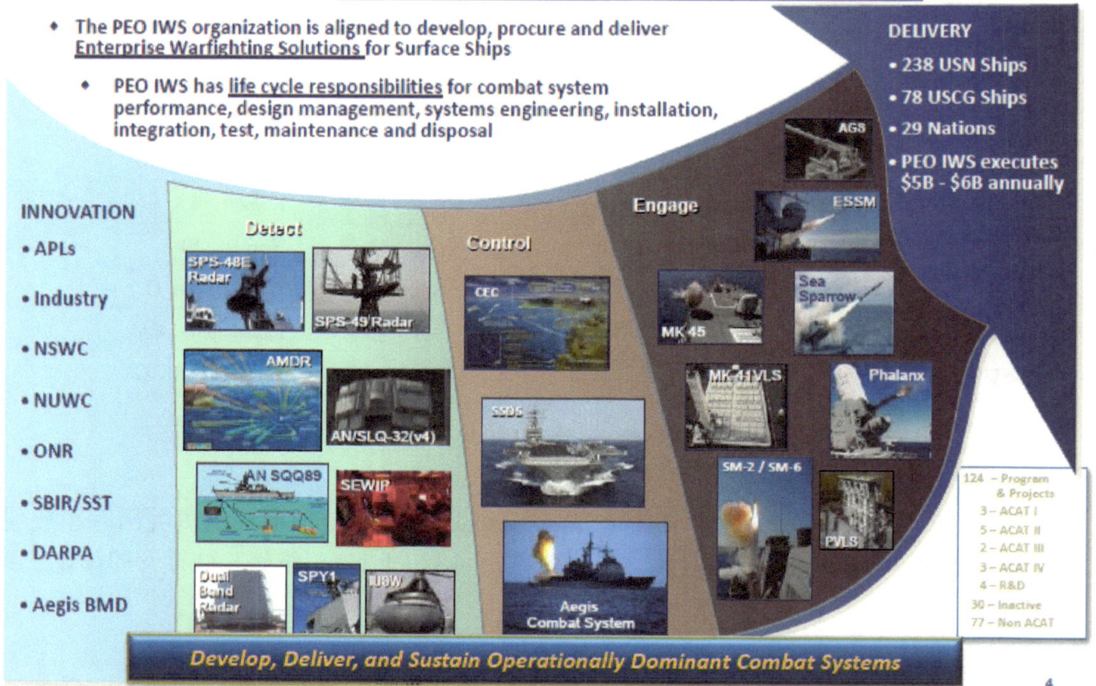

图 1-12 丨PEO IWS 的任务（探测、控制、交战）

① Mission Statement: To develop, deliver and sustain operationally dominant combat systems for Sailors.

② NDIA (National Defense Industrial Association) is working to bring informative and motivating speakers to present topics of interest regarding working with the government, specifically the Department of the Navy.

③ RADM Joseph Horn. State of IAMD 2014 "IAMD Achievements", June 12, 2014. https://ndiastorage.blob.core.usgovcloudapi.net/ndia/2014/IAMD/Horn.pdf.

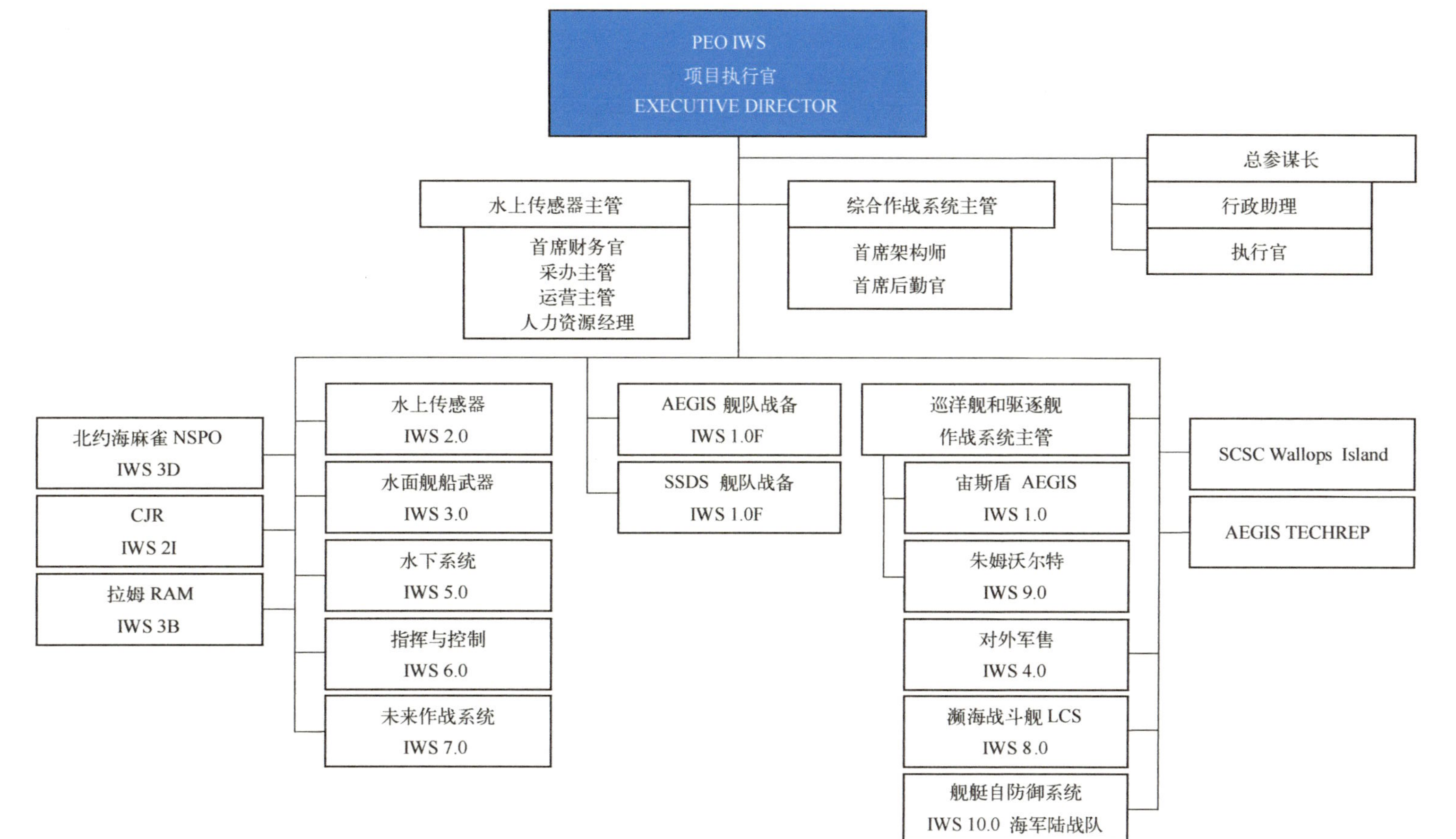

图1–13 PEO IWS 部门组织机构

项目执行官（Program Executive Officer）是项目（集）管理的最高执行者。2012 年 11 月，霍恩少将被任命为 IWS 的项目执行官①，同时他的前任 RADM James Syring 被任命为导弹防御局（MDA）局长。霍恩的继任者是 RADM Jon Hill（2014.7—2016.10）②，现任执行官是 RADM Douglas Small（2016.11 至今）③。

2020 年 7 月 13 日，美国海军宣布 Douglas Small 少将担任海军信息战系统司令部（NAVWAR）司令官，而 IWS 的下一任执行官是 RADM James Pitts。④

PEO IWS 下设 10 个具体的项目办公室，即 IWS 1.0~IWS 10.0。

1.3.2 PEO IWS 业务概述

PEO IWS 的 10 个项目办公室及其主要业务如图 1-14 所示。该图片源自 2014 年 6 月“海上战术指控工业日”（MTC2 Industry Day）的报告。⑤ 各个项目办公室的名称及其负责的主要业务见表 1-9。

表 1-9 PEO IWS 的 10 个项目办公室

办公室	名称	业务范围
IWS 1.0	AEGIS	宙斯盾作战系统，用于阿利·伯克级驱逐舰（DDG 51）和提康德罗加级巡洋舰（CG 47）
IWS 2.0	Above Water Sensors	水上传感器
IWS 3.0	Surface Ship Weapons	水面舰艇的武器
IWS 4.0	International & FMS	对外军售
IWS 5.0	Undersea Systems	水下系统
IWS 6.0	Command & Control	指挥和控制系统，如协同交战能力（CEC）、一体化防空反导（IAMD）
IWS 7.0	Future Combat Systems	未来作战系统、开放式架构（OA）及 NIFC-CA
IWS 8.0	Frigate/LCS	护卫舰/濒海战斗舰（LCS）的作战系统
IWS 9.0	Zumwalt	朱姆沃尔特级驱逐舰（DDG 1000）的作战系统，全舰计算环境（TSCE）
IWS 10.0	Ship Self Defense Systems	舰艇自防御系统（SSDS），用于航空母舰和两栖舰

需要说明的是，PEO IWS 项目办公室的设置随着业务发展变化也有调整。例如，2011 年的资料显示，当时共有 8 个项目办公室，其中：

IWS 1.0 是一体化作战系统（Integrated Combat Systems）办公室，负责水面战斗舰、航空母舰和两栖舰的作战系统，包括 AEGIS 和 SSDS。

---

① Rear Adm. Joseph Horn Named Integrated Warfare Systems PEO. Executive Gov, November 2, 2012. https://www.executivegov.com/2012/11/rear-adm-joseph-horn-named-integrated-warfare-systems-peo/.

② Hill Relieves Horn as PEO IWS. PEO IWS Public Affairs, July 31, 2014. https://www.navy.mil/submit/display.asp? story_id=82512.

③ Rear Adm. Douglas Small Named Navy Integrated Warfare Systems PEO. Executive Gov, November 14, 2016. https://www.executivegov.com/2016/11/rear-adm-douglas-small-named-navy-integrated-warfare-systems-peo/.

④ Megan Eckstein. Navy Announces New NAVWAR Commander, Task Force Commanders. USNI News, July 13, 2020. https://news.usni.org/2020/07/13/navy-announces-new-navwar-commander-task-force-commanders.

⑤ Kathy Emery. Combat SystemObjective Architectureand DF-NTC Perspective. MTC2 Industry Day, 24 June 2014 (14-011-OA and DF-NTC Perspective-IWS.pdf).

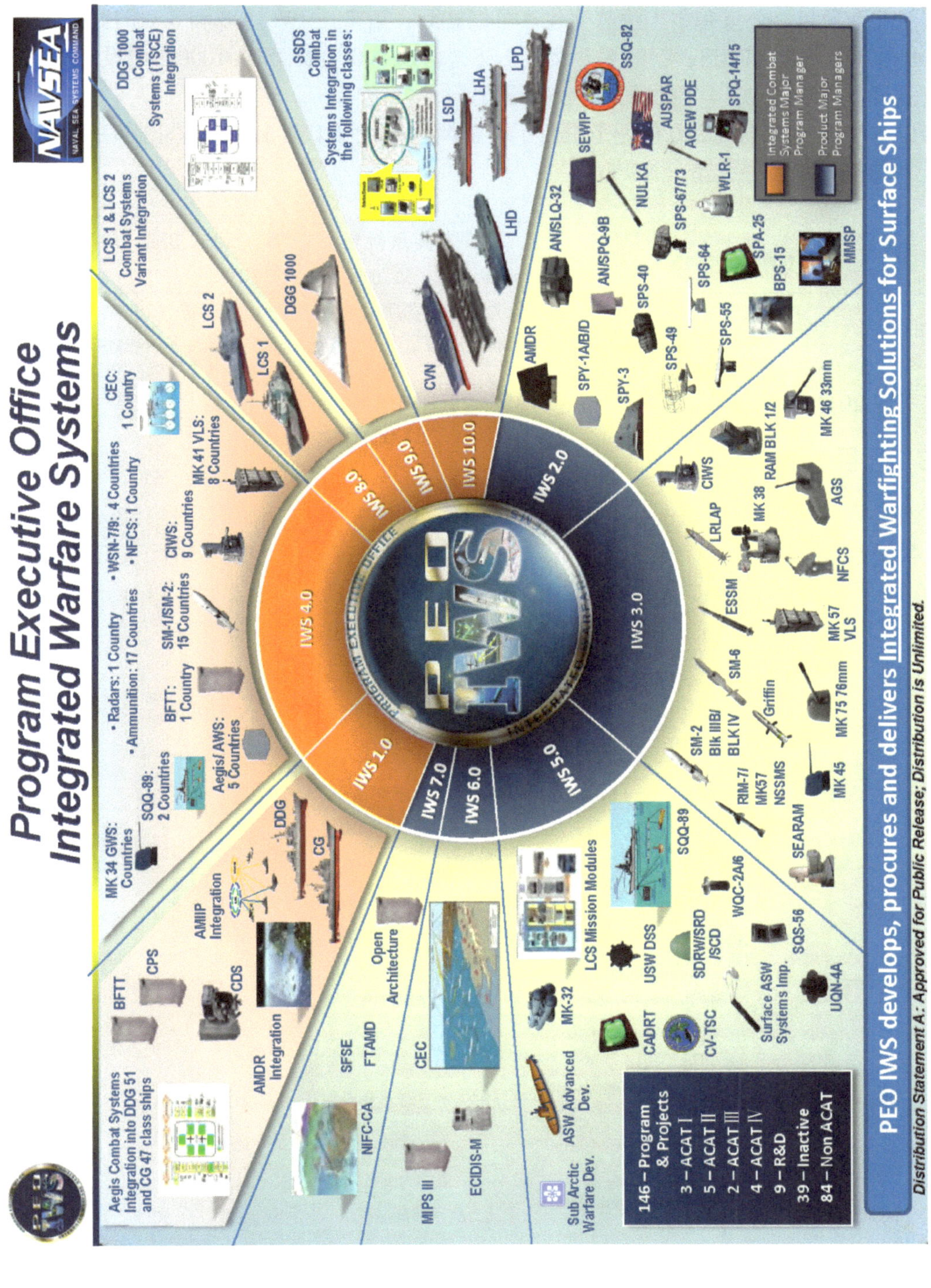

图1–14 | PEO IWS的项目办公室及主要业务

IWS 8.0 是两栖舰船综合管理（Amphibious Ship Integration Manager）办公室，负责布雷舰、两栖舰、军辅船和指挥舰（Mine，Amphibious，Auxiliary，and Command，MAAC）的作战系统设计，将各种作战要素集成进入两栖编队。

其他几个项目办公室基本上没有变化。可以看到，后来把 IWS 1.0 和 8.0 的业务进行了调整，1.0 专门负责 AEGIS，新的 8.0 负责 LCS，增设 9.0 负责 DDG 1000，增设 10.0 负责 SSDS，这样就形成了 2014 年的项目办公室设置。

2017 年 7 月，对 IWS 3.0 的业务进行了小幅调整，增设 IWS 11.0 末端防御系统和 IWS 12.0 北约海麻雀项目办公室（NSPO）。①

（续）

IWS 11.0	Terminal Defense	末端防御系统包括拉姆（RAM BLK 1/2）、海拉姆（SeaRAM）、近防武器系统（CIWS）
IWS 12.0	NSPO	北约海麻雀项目包括改进型海麻雀（ESSM BLK 1/2）、RIM-7 海麻雀、北约海麻雀导弹系统（NSSMS）

本书以 2014 年的图 1-14 为准，主要内容涵盖图中所有要素。

1.3.3 项目汇总

如表 1-10 所示，参考图 1-14 和 PEO IWS 的官方网站②，列出所有项目（Programs）的名称、类型及本书的对应章节。共有 136 个项目，其中 ACAT Ⅰ类项目 3 个，ACAT Ⅱ类 4 个，ACAT Ⅲ类 3 个，ACAT Ⅳ类 3 个，R&D 项目 4 个，非活动项目 27 个（Inactive），装备采办项目 13 个（Component）。本书对 110 个项目有详细描述。

表 1-10 PEO IWS 的项目列表

	缩略语/型号	英文名称	中文名称	项目类型	章节	备注
	IWS 1.0	Aegis Combat Systems Integration into DDG 51 and CG 47 class ships			2	
1	AEGIS/AWS	Aegis Combat Systems	宙斯盾作战系统		2.2	CG/DDG
2	AMDR Integration		防空反导雷达（AMDR）集成		2.8	
3	AMIIP	Accelerated Mid - Term Interoperability Improvement Plan	加速中期互操作改进项目（AMIIP）		2.6	
4	ADEPT	Adaptive Diagnostic Electronic Portable Testset	自适应诊断电子便携式测试工具（ADEPT）	Non-ACAT	N/A	
5	ARR-75	ARR-75 Sonobuoy Receivers. The ARR-75 radio receiving set is for the operation and management of antisubmarine sonobuoys.（LAMPS MkⅢ）	ARR-75 无线电接收器	Non-ACAT	N/A	
6	BFTT	Battle Force Tactical Training	兵力战术训练系统	ACAT Ⅳ	2.7	

① PEO IWS Programs and Projects，NAVSEA Small Business Industry，21 August 2018. https://www.navsea.navy.mil/Portals/103/Documents/Small_Business_Forum/SBID%2018%20PEO%20IWS.pdf.

② PEO Integrated Warfare Systems，Programs，[2020-1-29] https://www.secnav.navy.mil/rda/Pages/PEO_IWS.aspx.

（续）

	缩略语/型号	英文名称	中文名称	项目类型	章节	备注
7	CSOSS	Combat systems operational sequencing system	作战系统操作排序系统	Non-ACAT	N/A	
8	CDS	Common Display System	通用显示系统	Non-ACAT	2. 3. 6	
9	CPS	Common Processing System	通用处理系统	Non-ACAT	2. 3. 6	
10	SDTS	Self Defense Test Ship	自防御试验舰	Non-ACAT	N/A	
	CG	Cruisers	巡洋舰		2. 9	PMS 400
	DDG	Guided Missile Destroyers	导弹驱逐舰		2. 10	PMS 400D
	IWS 2. 0 Above Water Sensors				8	
11	AMDR	Air and Missile Defense Radar	防空反导雷达	ACAT Ⅰ	8. 4. 3	DDG 51 Flt Ⅲ
12	AOEW DDE	Advanced Offboard EW Decoy Development Effort	先进舷外电子战诱饵开发工作	New Start	8. 5. 2	
13	AUSPAR	Australia - United States Phased Array Radar	澳大利亚-美国联合研制相控阵雷达项目		8. 5. 7	
14	BPS-15	Submarine Navigation Radar	潜艇导航雷达		8. 5. 11	SSN
15	MMSP	Multi-Mission Signal Processor	多任务信号处理器	Component	8. 5. 3	
16	NULKA	Nulka is an Australian designed and developed active missile decoy	导弹诱饵	ACAT Ⅲ	8. 5. 4	
17	SEWIP	Surface Electronic Warfare Improvement Program	水面电子战改进项目	ACAT Ⅱ	8. 5. 1	DDG
18	SEWIP Lite		水面电子战改进项目精简版	New Start		
19	SLQ-32(V)	Electronic Warfare Suite	电子战系统	Non-ACAT	8. 5. 1	CVN
20	SLQ-32(V) 4 ESE		SLQ-32(V)电子监视增强设备	ACAT Ⅳ	N/A	
21	SPA-25	Remote Indicator AN/SPA-25G is an advanced navigation, air search, and tactical situation radar indicator	SPA-25 远程指示器	Inactive	8. 5. 8	
22	SPQ-9B	Surface Surveillance and Tracking Radar	水面监视与跟踪雷达	ACAT Ⅲ	8. 3. 5	LHA/LHD
23	SPQ-12 RADDS	SPQ - 12 Radar Display and Distribution System	SPQ-12 雷达显示和分发系统	Inactive	N/A	
24	SPQ-14 ASDS	SPQ-14 Advanced Sensor Distribution System	SPQ-14 先进传感器分发系统	Inactive	8. 5. 9	
25	SPQ-15 DDS	Shipboard Sensor and Data Distribution Systems	舰载传感器和数据分发系统	Non-ACAT	8. 5. 10	
26	SPS-40	2D Air Search Radar	空中搜索雷达	Inactive	8. 2. 3	LPD
27	SPS-48		远程三维对空搜索雷达	Inactive	8. 2. 2	
28	SPS-49	Very Long - Range Air Surveillance Radar	超远距离空中监视雷达	Inactive	8. 2. 1	LHA/LHD
29	SPS-55	surface search and navigation radar	水面搜索与导航雷达	Inactive	8. 3. 1	CG
30	SPS-64	surface navigation and search radar	水面导航与搜索雷达	Inactive	8. 3. 2	CG

（续）

	缩略语/型号	英文名称	中文名称	项目类型	章节	备注
31	SPS-67	short-range, two-dimensional, surface-search/navigation radar	短距离水面搜索与导航雷达	Inactive	8.3.3	DDG
32	SPS-73(V)		对海搜索雷达	Inactive	8.3.4	
33	SPY-3 (MFR)	3D dual frequency, phased array air search, tracking, and target illumination radar	相控阵空中搜索跟踪雷达	Component	8.4.2	DDG 1000
34	SPY-3 (MFR)/VSR	SPY-3 Multi-Function Radar(MFR)/Volume Search Radar (VSR)	多功能雷达/体搜索雷达	Component	8.4.4	CVN 78
35	SPY-1A/B/D	3D phased array air search radar	相控阵空中搜索雷达	Inactive	8.4.1	
36	SPY-1D(V)	3D phased array air search radar	相控阵空中搜索雷达	ACAT Ⅱ	8.4.1	
37	SSQ-82	Multiple Unit for Transmission Elimination (MUTE)	SSQ-82多重传输消除系统	Inactive	8.5.5	
38	SYS-2(V)	SYS-2(V) Integrated Automatic Detection and Tracking (IADT) system	SYS-2(V)集成自动探测和跟踪系统	Inactive	N/A	
39	WLR-1(H)	Over-The-Horizon Cued Detection, Classification and Targeting (OTH Cued DC&T)	WLR-1(H)超视距探测、识别和定位系统	Inactive	8.5.6	
40	WQN-2 DSVL	WQN-2 Doppler Sonar Velocity Log (DSVL)	WQN-2多普勒声呐速度记录仪	Inactive	N/A	
41	SPS-74	Periscope Detection Radar (PDR)	探潜雷达 潜望镜探测雷达		8.3.6	CVN
42	DBR	Dual Band Radar	双波段雷达		8.4.4	CVN 78
	IWS 3.0 Surface Ship Weapons				9	
43	AGS	Advanced Gun System Guns	先进舰炮系统	Component	9.2.4	DDG 1000
44	Ammunition	Armor Piercing Discarding Sabot	脱壳穿甲弹	Non-ACAT	N/A	
45	CIWS MK 15 Phalanx BLK 1B SEARAM/LPWS	Close In Weapon System	近防武器系统	Inactive	9.5.1	
46	ESSM	Evolved SeaSparrow Missile	改进型海麻雀导弹	ACAT Ⅱ	9.4.2	
47	ESSM BLK 2	ESSM BLOCK 2		New Start	9.4.2	
48	Griffin	Griffin Block ⅡB is a short-range, rocket-powered air-to-surface or surface-to-surface missile	格里芬近程空对海导弹	RDC	9.7.1	
49	LRLAP	Long Range Land Attack Projectile	远程对地攻击弹	Component	9.2.4	DDG 1000
50	Mk20 EOSS		光电传感器系统	Component	N/A	
51	Mk34 GWS	Gun Weapon Systems	主炮武器系统		N/A	
52	Mk38 Gun	25mm Gun	机关炮	Component	9.2.5	Mod 2
53	Mk41 VLS	Vertical Launching System	垂直发射系统	Inactive	9.6.1	
54	Mk45 Mod 1/2 Gun		舰炮	Non-ACAT	9.2.1	
55	Mk45 Mod 4 Gun	5”/62	舰炮	Inactive	9.2.1	
56	Mk46 33mm Gun		舰炮	Component	9.2.2	

（续）

	缩略语/型号	英文名称	中文名称	项目类型	章节	备注
57	Mk57 VLS	Vertical Launching System	垂直发射系统	Component	9.6.2	DDG 1000
58	Mk57 NSSMS	NATO SeaSparrow Surface Missile System	北约海麻雀导弹	Non-ACAT	9.4.1	
59	Mk75 76mm Gun		舰炮	Non-ACAT	9.2.3	
60	Mk110 57mm Gun		舰炮	Component	N/A	
61	Mk160 GCS	Gun Control System	舰炮控制系统	Component	N/A	
62	Mk419	Multi-function Fuze	多功能引信	Inactive	N/A	
63	NFCS	Naval Fire Control System	海军火控系统	Inactive	9.7.2	
64	RAM BLK 1	Rolling Airframe Missile a small, lightweight, infrared homing surface-to-air missile	拉姆导弹 Block 1	Inactive	9.5.2	
65	RAM BLK 2		拉姆导弹 Block 2	ACAT Ⅱ	9.5.2	
66	RIM-7	ship-borne short-range anti-aircraft and anti-missile weapon system	海麻雀导弹	Non-ACAT	9.4.1	
67	SEARAM	Anti-Ship Missile Defence System	海拉姆导弹		9.5.3	
68	SM-2 Blk Ⅲ B/BLK Ⅳ	fleet-area air defense weapon, providing superior anti-air warfare and limited anti-surface warfare	标准导弹 SM-2	Inactive	9.3.1	
69	SM-3	a ship-based missile system to intercept short- and intermediate-range ballistic missiles	标准导弹 SM-3		9.3.2	
70	SM-6	STANDARD Missile over-the-horizon offensive and defensive capability, supports anti-air warfare, anti-surface warfare and sea-based terminal ballistic missile defense	标准导弹 SM-6	ACAT I	9.3.3	
	IWS 4.0 International & FMS				11	
71	Aegis/AWS	AEGIS Weapon System (AWS)	宙斯盾武器系统		11.2	
72	Ammunition					
73	BFTT	Battle Force Tactical Training (BFTT)	兵力战术训练系统		11.3	
74	CEC	Cooperative Engagement Capability	协同交战能力		11.4	
75	CIWS	Close-In Weapon System	近程防御武器系统		11.5	
76	Mk34 GWS	Mk34 Gun Weapon System	Mk34 舰炮武器系统		11.6	
77	Mk41 VLS	Mk41 Vertical Launching System	Mk41 垂直发射系统		11.7	
78	NFCS	Naval Fire Control System	海军火控系统		11.8	
79	Radars				11.9	
80	SQQ-89	SQQ-89 Undersea Warfare/Anti-Submarine Warfare Combat System	SQQ-89 水下战/反潜战系统		11.10	
81	SM-1/SM-2		标准导弹 SM-1/SM-2		11.11	

（续）

	缩略语/型号	英文名称	中文名称	项目类型	章节	备注
82	WSN-7/9	WSN-7 Inertial Navigation System/WSN-9 Digital Hybrid Speed Log	WSN-7 惯性导航系统 WSN-9 数字混合计程仪		11.12	
	IWS 5.0 Undersea Systems				10	
83	ASW Advanced Development			Non-ACAT	N/A	
84	CADRT	Computer - Aided Dead - Reckoning Table	计算机辅助航位推算表	Inactive	10.3.3	
85	CV-TSC	Aircraft Carrier Tactical Support Center	航空母舰战术支援中心	Non-ACAT	10.3.2	
86	LCS Mission Modules		濒海战斗舰任务模块			
87	AN/AQS-20				10.6.1	
88	CAPTAS-4/2				10.6.2	
89	SDRW/SRD/SCD	Sonar Dome Rubber Window (SDRW)/Sonar Rubber Domes (SRD)/Sonar Composite Dome (SCD)	增强橡胶复合材料声呐透声窗/橡胶声呐罩/复合材料声呐罩		10.7.2	
90	SQQ-89(V) FOS	Anti - Submarine Warfare Combat System	反潜战作战系统	Non-ACAT	10.2.1	
91	SQS-56	a modern hull - mounted sonar	声呐		10.7.3	
92	SRQ-4	SH - 60B helicopter data link	直升机数据链（LAMPS Mk Ⅲ），SQQ - 89 系统组成之一	Non-ACAT	N/A	
93	Sub Arctic Warfare Dev	Submarine Arctic Warfare Development	潜艇北极作战发展计划	R&D	N/A	
94	Surface ASW Systems Imp	Surface ASW Systems Improvements Project	水面反潜战系统改进计划		N/A	
95	SVTT MK 32	Surface Vessel Torpedo Tube	水面舰艇鱼雷管	Non-ACAT	10.7.1	
96	UQN-4A	Sonar Sounding Set	声呐水深探测	Non-ACAT	10.7.4	
97	USW-DSS	Undersea Warfare Decision Support System	水下战决策支持系统	ACAT Ⅳ	10.3.1	
98	WQC-2A/6	Sonar Communications Sets	声呐通信	Non-ACAT	10.7.5	
99	DWADS	Deep Water Active Distributed System	深海主动探测系统		10.4.1	
100	RAP VLA	Reliable Acoustic Path, Vertical Line Array	可靠声路径垂直线阵列		10.4.2	
101	LWLCCA	Light Weight Low Cost Conformal Array	轻量低成本共形阵列		10.5.1	
102	CTA	Compact Towed Array	紧凑型拖曳阵列		10.5.2	
103	CAVES LVA	Conformal Acoustic Velocity Sonar Large Vertical Array	共形声速声呐大型垂直阵列		10.5.3	
	IWS 6.0 Command & Control				7	
104	BSN-2 DDD			Non-ACAT	N/A	
105	CEC	Cooperative Engagement Capability	协同交战能力	ACAT ID	7.2	
106	CNI			Non-ACAT	N/A	

（续）

	缩略语/型号	英文名称	中文名称	项目类型	章节	备注
107	ECDIS-N	Electronic Chart Display and Information System-Navy	海军电子海图显示与信息系统	Non-ACAT	7.5	
108	ECDIS-N Software	Electronic Chart Display and Information System-Navy Software	海军电子海图显示与信息系统软件	New Start		
109	MIPS	Maritime Integrated Air and Missile Defense (IAMD) Planning System	海上一体化防空反导计划系统	ACAT Ⅲ	7.3	
110	INS-R	Inertial Navigation System Replacement	惯性导航系统-替代型	New Start	7.4	
111	UYQ-21	AN/UYQ-21 display console	AN/UYQ-21 显控台	Non-ACAT		
112	WSN-2	WSN-2 Gyrocompass	WSN-2 陀螺罗经	Inactive	7.4.3.1	
113	WSN-7/7A RLGN	Ring Laser GYRO Navigation	环式激光陀螺导航系统	Inactive	7.4.3.2	
114	WSN-7B RLG	WSN-7B Ring Laser Gyroscope (RLG)	WSN-7B 环形激光陀螺仪	AAP	7.4.3.3	
115	WSN-8/8A DEML	WSN-8/8A Digital Electromagnetic Log	WSN-8/8A 数字电磁计程仪	Non-ACAT	7.4.3.4	
116	WSN-9 DHYSL	WSN-9 Digital Hybrid Speed Log	WSN-9 数字混合计程仪	Non-ACAT	7.4.3.5	
	IWS 7.0 Future Combat Systems				6	
117	OA	Open Architecture	开放式架构	R&D	6.2	
118	NIFC-CA	Navy Integrated Fire Control-Counter Air	海军一体化火控防空	Non-ACAT	6.3	
119	FTAMD	Future Theater Air and Missile Defense	未来战区防空反导	Non-ACAT	6.4	
120	SFSE	Strike Force Systems Engineering	打击力量系统工程	R&D	6.5	
121		Submarine Combat System Improvements	潜艇作战系统改进计划	R&D	N/A	
122		Enterprise Cyber Security	网络空间安全		6.6	
	IWS 8.0 LCS 1 & LCS 2 Combat Systems Variant Integration				5	
123	LCS 1&2 Variant ICS Package	LCS 1&2 Variant Integrated Combat System (ICS) Package	濒海战斗舰综合作战系统任务包	Non-ACAT	5.2	
124	LCS SUW Mission Package	LCS Surface Warfare (SUW) Mission Package	濒海战斗舰水面战任务包	Non-ACAT	5.2.3	
	LCS 1				5.3	PMS 501
	LCS 2				5.4	PMS 501
	FFG (X)				5.5	PMS 515
	IWS 9.0 Zumwalt DDG 1000 Combat Systems (TSCE) Integration				4	
125	DDG 1000 ICS Package	DDG 1000 Integrated Combat System (ICS) Package	DDG 1000 综合作战系统任务包	Component	4.2	
	DDG 1000		朱姆沃尔特级驱逐舰		4.5	PMS 500
	IWS 10.0 SSDS Combat Systems				3	
126	SSDS Mk1	Ship Self-Defense System (SSDS) Mk1	Mk1 型舰艇自防御系统	Non-ACAT	3.3	

（续）

	缩略语/型号	英文名称	中文名称	项目类型	章节	备注
127	SSDS Mk2 MOD 1A/B (CVN), MOD 2/2A (LPD), MOD 3 (LHD), MOD 4 (LHA)	Ship Self-Defense System (SSDS) Mk2	Mk2 型舰艇自防御系统 MOD 1A/B (CVN) MOD 2/2A (LPD) MOD 3 (LHD) MOD 4 (LHA)	Non-ACAT	3.3	
128	SSDS Mk2 MOD 5C-FY10 B/L FOR LSD			Non-ACAT		
129	SSDS Mk2 MOD 6C-ACB 12 FOR CVN 78		Mk2 MOD 6C-ACB 12 (CVN 78)	Non-ACAT		
130	NTDS	Naval Tactical Data System	海军战术数据系统	Non-ACAT	3.2.1	
131	ACDS	Advanced Combat Direction System	先进作战指挥系统	Inactive	3.2.2	
132	RAIDS	Rapid Anti-Ship Cruise Missile Integrated Defense System	快速反舰导弹综合防御系统	Inactive	3.2.3	
133	AW SSD T&E	Air Warfare Ship Self Defense Test and Evaluation	对空作战舰艇自防御测试和评估	Non-ACAT	N/A	
134	SACC-A	Supporting Arms Coordination Center-Automated	支援武器自动化协调中心	Non-ACAT	N/A	
135	SHAREM	Ship Antisubmarine Warfare Readiness/Effectiveness Measuring	联合作战演习	Non-ACAT	N/A	
136	STALKER/APDIS			Component	N/A	
	CVN		核动力航空母舰		3.5/3.6	PEO Carriers
	LHD	Amphibious Assault Ships	多用途两栖攻击舰		3.7.1	
	LHA	Amphibious Assault Ships	通用两栖攻击舰		3.7.2	PMS 377
	LPD	Amphibious Transport Dock	两栖船坞运输舰		3.7.3	PMS 317
	LSD	Dock Landing Ship	两栖船坞登陆舰		3.7.4	

1.4 舰船装备的研制生产

1.4.1 舰船设计流程

由于设计阶段在整个采办过程中有举足轻重的作用，下文将重点讨论美国舰船采办中的设计制度。

20 世纪 90 年代，美国国防部进行了采办过程的改革，并将其应用到所有武器系统的采办过程当中。也就是说，舰船的采办过程不再被认为由于其具有的特殊性而允许采用其他不规范的方法。国防部打算通过参与工业界对新系统的设计和开发来降低新系统的采办费用。

在过去的半个多世纪里，船厂参与舰船设计的程度和介入时间是随项目而变化的，在早期可行性研究阶段就参与或介入舰船设计的情况很少。直到现在，也一直要等到合同设计阶段才参与或介入进来，有的时候就根本不参与舰船设计。因此，采办过程的改革是一项“正在进行的工作”。

1. 20世纪50年代：海军独立完成设计

在20世纪50年代，舰船设计工作全部由海军来完成。在建造首制舰时，设计师有可能从船厂借用。然而，在一般情况下，设计师对于他们的设计决策对舰船可建造性的影响了解很少。海军与私营船厂之间没有竞争关系，只有少数造船合同是通过竞争得到的，大部分合同都是通过直接分配得到的。因此，在造船业几乎没有改革的动力。这是美国工业在第二次世界大战后的繁荣时期所出现的各种现象的反映。

多年来，美国海军海上系统司令部（NAVSEA）在海军内部一直保持着舰船设计的核心地位。这种海军内部的设计能力到目前为止仍然是建立庞大海军的有力工具。但是，在对舰船采办过程进行改革的形势下，随着海军将重点放在早期的概念系统化阶段，这种海军内部的设计能力呈现出一种新的形式。

2. 20世纪60年代：揽子采办

20世纪60年代，Robert McNamara担任美国国防部长，实施了许多改革措施，其中有一些措施仍沿用至今。他在全球范围内提出了“一揽子采办”（TPP）方法，将一些重要的舰船建造项目转交给企业，包括许多设计工作也交给私营船厂。采用这种方法后，美国海军将两个重要的新舰建造计划——塔瓦拉级（LHA-1）两栖攻击舰和斯普鲁恩斯级（DD 963）驱逐舰的设计任务转交给企业，海军部门仅进行现场指导，并允许企业有所创新。TPP方法主要包括两个阶段——合同拟订（CD）阶段和合同订立（CF）阶段。海军方面负责概念设计（可行性研究）阶段的工作，以确认设计方案能符合海军作战部长的要求。这一阶段所拟订的性能要求将传发送给备选船厂。在合同订立阶段，船厂完善方案设计和初步设计，完成图纸和技术规格书，并制订管理、设备和后勤保障等详细计划。

3. 20世纪70年代：按费用设计

由于TPP方法提出的节省费用和缩短建造周期的目标均没有达到，所以，TPP方法最终被放弃。1971年7月，美国国防部颁布了采办文件DOD 5000.1。该文件第一次正式提出了“按费用设计”（Design to cost）的原则，允许海军“先试后购”（Fly before buy）。文件提出：应确定采办费用和使用费用参数；应将各个费用要素（建造、使用和保障费用）转换成设计所依据的费用要求；系统研制应按这些费用要求不断地进行严格的评估；在系统能力、费用与计划进度之间作出实际的权衡分析。具体执行起来，“按费用设计”的基本概念是把限定的采办费用作为舰船设计人员必须力图达到的设计指标。在进行方案选择和决策时，要在性能和费用之间进行权衡分析，以尽可能少的费用满足合理的性能需求。

由于美国对舰船设计的复杂性和精确性的要求越来越高，NAVSEA在内部采取了许多措施来完善组织和采办等方面的集中舰船设计管理制度。海军仍然保留对舰船设计的控制权，但是能确保至少有两家船厂参与其中。海军方面确信，采用了这种采办策略以后可以加强技术质量、减少风险、简化合同签订流程。

在20世纪70年代，最大的水面作战舰船设计项目是提康德罗加级（CG 47）导弹巡洋舰，它同时具有系统工程和并行工程两大特征。在初步设计和合同设计阶段，该项目集中了NAVSEA全部设计人员，充分证明了集中设计人员的重要性。在合同拟订阶段，将技术规格书的内容发送给三家备选船厂。船厂审查舰船设计规格书和图纸，了解设计预算，并制订舰船建造计划。但是，由于船厂介入太晚，以至于船厂的这些工作不可能对合同拟订产生较大的影响。通常情况下，大多数人认为初步设计进行得太晚，这是由于大多数关键性的决定在合同拟订之前就已经定下来了。并且，就如下文将要所讨论的那样，船厂应当参与设计过程，而不仅仅是事后的设计审查。

4. 20 世纪 80 年代：多种采办策略

20 世纪 80 年代，美国海军计划逐步将舰队规模扩大到 600 艘。美国海军舰船采办已开始不局限于单一的最佳策略，而是具体根据每个具体项目综合实施过去使用的不同策略。但舰船研制有共同点，即强调竞争、固定研制费用以及使规格书合理化。

在这个过程中，美国采用了许多不同的采办策略。20 世纪 80 年代美国设计的最大的水面作战舰船是阿利·伯克级（DDG 51）导弹驱逐舰，它的设计基本上是从一张白纸开始的。DDG 51 的设计方法与 CG 47 相似，虽然集中设计人员的做法很难执行，但最终还是选择了这样的方法。在合同设计阶段，为了提高舰船设计的可建造性，找了三家备选船厂。为了控制费用，海军对该舰的排水量、长度、甲板高度和船体封闭容积提出了设计要求。此外，海军作战部长也提出了减小舰宽的指示，以使得该舰的结构非常紧凑。尽管受这些条件约束，最终还是成功研制出了耐波性好、生命力强的新船型。

5. 20 世纪 90 年代至今：IPT 设计团队

NAVSEA 总工程师对舰船的设计、采办和建造（DAC）过程进行了一次非常重要的反省。其中有一项很重要的结果就是发现在过去的 20 多年中，设计和建造舰船所花费的时间在逐步增加，到底原因何在？经分析，找出了以下原因：

- 舰船以及舰上所装备的系统越来越多；
- 可选择的设计方案增多；
- 花在决策上的时间更长；
- 原材料订购至交货的时间间隔增大；
- 工业基础削弱。

以上因素是造成这种变化的潜在原因。因此，必须对设计、采办和建造过程进行革命性的变革，而这些过程的改革必须从设计开始。

圣·安东尼奥级（LPD 17）两栖船坞登陆舰的设计与以前其他项目的设计相比发生了许多变化，这是采用 DoD 5000 系列采办指南的第一艘水面舰船设计。LPD 17 的设计由 NAVSEA 集中多学科设计人员完成，设计人员的组成反映了设计过程的重大变化。设计人员中包括如可建造性、费用、人-机工程、计算机辅助设计、可靠性、可维护性、可用性、船体、推进装置和作战系统等学科的有关人员。LPD 17 核心设计团队中的每一个成员都是各自学科领域的技术带头人。由于海军对 LPD 的操作需求非常严格，因此，专门为其任务系统和生命力系统成立了系统工程设计队伍。这样一种被称为“一体化产品设计团队”（IPT）的组织形式已被证明是非常有效的。现在，选择集中设计人员并组成设计团队的做法已成了一种制度。产生这种变化的原因主要是由于需求，即为了费用与作战有效性评估（COEA）/备选方案分析（AOA），需要连续不断地开发大量新的舰船概念设计。

20 世纪 90 年代前期，很多 NAVSEA 设计人员接受了现代化造船技术和舰船设计可建造性方面的培训。LPD 17 是第一艘从中获益的水面舰船。为了在初始设计阶段帮助设计人员在外观和结构方面做出决策，要求采用“虚拟船厂”（virtual shipyard）技术，并开发了统一的建造策略。

在合同设计阶段，选择了五家备选船厂，以便协助检查设计规格书、进一步改善可建造性，以及提出采用公制标准、采办、后勤保障和商业化的建议。对于未来海军舰船的设计者来说，LPD 17 项目是一个值得借鉴的模式。

1.4.2 舰船工业基础

海军船厂是美国船舶工业的另一个组成部分。它们原来一直从事海军舰船的建造、维修和改装工作，但 1971 年以后，美国政府决定各种军用舰船的建造任务完全由私营船厂承担，海军船厂则主要集中于军船的维修和现代化改装等工作。海军船厂隶属于美国海军部，由海上系统司令部领导。船厂的工作任务由海军部分配，船厂的工作内容与所在地海军基地的要求有很大关系。通常的工作是进行舰船的维修、旧设备更新、核动力装置的维修等。海军还要求船厂具备在各种紧急情况下维修舰艇的能力。海军船厂的技术力量较强，装备先进。在军事工业特点很强的美国造船业中，海军船厂的作用是很大的。在 20 世纪 80 年代，虽然有许多私营船厂发生较大的变化，但海军船厂的情况相对比较稳定，各厂的管理体制和特点都没有太大的变化。

中、小型船厂也是美国舰船工业的重要组成部分。这类船厂在数量上比较多，不同时期的数量增减变化较大。目前美国的中、小型船厂（职工人数在 10 人以上）有 360 多家。中、小型船厂主要为内河与沿海运输和工程提供所需的船舶。它们的市场是中小型船舶的建造与修理，诸如拖船、供应船、渡船、渔船、驳船，以及小型军用艇等。

美国的许多船厂都是造、修船兼营的，包括修船在内的能修理长 100m 以上舰船的 75 家船厂中，共有浮坞 90 座，干坞 51 座，还有各类升船机等设施。

美国的船厂，按地域来说主要分布在大西洋沿岸（东海岸）、太平洋沿岸（西海岸）、墨西哥湾沿岸和五大湖沿岸四个地区。环绕于北美大陆这四大区域的船厂，其造船历史的长短、综合发展水平、业务专长或分工、船舶产量与品种等都各不相同，并且由于各自的地理特征、劳动力资源和水平的不同，它们在劳动生产率和造船成本等方面也有一定的差异。

美国的大型船厂不多，且基本以军品为主。有美国海军这个超级大客户，订单一般都很充足，虽然很少建造民用船舶，但其设计能力和建造水准在世界上都处于领先地位。值得一提的是，美国的船厂在航空母舰、核潜艇、导弹驱逐舰等领域有独立的研发能力，这一点与中国有着显著的不同。在中国，军品的开发主要由专门的研究所来完成，船厂主要负责建造工作。

美国的六大船厂即纽波特纽斯造船厂、通用电力电船公司、英格尔斯造船厂（图 1-15）、巴斯钢铁造船厂、阿冯达尔船厂和国家钢铁与造船公司。经过近年的兼并和重组，目前这六家船厂已分别隶属美国的通用动力公司和诺斯罗普·格鲁曼公司，6 家船厂的职工总数占美国船厂职工总数的 90%，承担了美国海军 80%以上的舰艇建造任务。

美国的造船业基本由诺斯罗普·格鲁曼公司和通用动力公司掌握。二者都是全球五百强企业，军工界的巨头，产品领域包括航空航天、舰船、动力工程以及电子设备。其中诺斯罗普·格鲁曼公司下辖有纽波特纽斯造船厂、英格尔斯造船厂和阿冯达尔船厂；通用动力下辖有通用电船公司、巴斯钢铁造船厂和国家钢铁与造船公司，见表 1-11。

图 1-15 ▎英格尔斯造船厂（2019 年 5 月）

表 1-11 美国主要私营造船厂

	造船厂名称	位　置	主要业务
1	Newport News Shipbuilding（纽波特纽斯造船厂）	Newport News，VA	建造和大修超级航空母舰，建造核潜艇，CVN 68 级/CVN 78 级/洛杉矶级/弗吉尼亚级/哥伦比亚级
2	Ingalls Shipbuilding（英格尔斯造船厂）	Pascagoula，MS	建造导弹驱逐舰、巡洋舰和两栖舰，DDG 51 级/CG 47 级/LHD 1 级
3	Avondale（阿冯达尔船厂）	New Orleans，LA	建造船坞登陆舰、补给舰、滚装船
4	General Dynamics Electric Boat（通用电力电船公司）	Groton，CT	建造核潜艇，俄亥俄级/洛杉矶级/海狼级/弗吉尼亚级/哥伦比亚级
5	Bath Iron Works（巴斯钢铁造船厂）	Bath，ME	建造驱逐舰，DDG 51 级/DDG 1000 级
6	NASSCO（国家钢铁与造船公司）	San Diego，CA	建造后勤支援舰船
7	Fincantieri Marinette Marine（马里内特造船厂）	Marinette，WI	建造濒海战斗舰 LCS 1（自由级）
8	Austal Shipbuilding（奥斯塔（美国）造船厂）	Mobile，AL	建造濒海战斗舰 LCS 2（独立级）

（1）纽波特纽斯造船厂（Newport News Shipbuilding，NNS）是美国规模最大的造船厂，美国唯一的航空母舰制造商，也是全球唯一能建造十万吨级核动力航空母舰的造船厂，是美国三家核潜艇制造商之一。2019 年 5 月 23 日，美国海军哥伦比亚级战略核潜艇首艇（USS Columbia，SSBN-826）在纽波特纽斯造船厂切割首块钢板。

（2）英格尔斯造船厂（Ingalls Shipbuilding）是内河船厂，主要产品是导弹驱逐舰、导弹巡洋舰和两栖战舰。英格尔斯造船厂对于美国海军和世界各国军用船舶以及各种类型的商业船舶来说在设计、建造、使用保养、修理等各个方面都处于世界领先地位。该造船厂建造超过半数的阿利·伯克级（DDG 51）导弹驱逐舰、提康德罗加级（CG 47）导弹巡洋舰，以及美利坚级、黄蜂级、塔拉瓦级两栖攻击舰和圣·安东尼奥级两栖船坞运输舰。

（3）阿冯达尔船厂（Avondale）主要为美国海军提供运输舰、补给舰及大型滚装船。阿冯达尔船厂近十年一直是美国海军圣迭戈港所有大型甲板两栖战舰的维护与维修主承包商。

（4）通用动力电船公司（General Dynamics Electric Boat）是美国最大的核潜艇制造商，全部俄亥俄级导弹核潜艇以及绝大部分攻击型核潜艇都由它建造。通用动力电船公司是美国通用动力公司的一个部门，在超过 100 年的时间里一直都是美国海军潜艇的主建造商。1954 年 1 月，电船公司建造了世界上第一艘核动力潜艇鹦鹉螺号（SSN 571）；1959 年，该公司又建造了世界上第一艘弹道导弹潜艇华盛顿号（SSBN 598）。此外，俄亥俄级（SSGN 726）、洛杉矶级（SSN 688）、海狼级（SSN 21）和弗吉尼亚级（SSN 774）潜艇均为该公司建造。目前，美国海军已选定该公司作为最新型哥伦比亚级（SSBN 826）的总承包商。

（5）巴斯钢铁造船厂（Bath Iron Works，BIW）是驱逐舰制造商，主要建造阿利·伯克级驱逐舰。另外，该公司还持有美国最先进的 DDG 1000 驱逐舰建造合同。

（6）国家钢铁与造船公司（NASSCO）的主要产品是支援舰艇以及中小型导弹战舰。

另外 2 家造船厂分别是在 2009 年被欧洲资本兼并的意大利芬坎蒂尼集团旗下的马里内特造船厂和澳大利亚投资的奥斯塔（美国）造船厂，建造濒海战斗舰（LCS 1/LCS 2），见表 1-11。

1.4.3 美国海军造船厂现代化计划

2019 年 4 月，美国海军海上系统司令部（NAVSEA）发布信息称，将大力推动对 4 家国有造船厂基础设施的资本重组和现代化升级计划，以提高其生产力和吞吐量，更好地支持海军的战备状态。该计划为期 20 年，耗资约 210 亿美元。①

NAVSEA 司令汤姆·摩尔中将表示，NAVSEA 为海军维修并按时交付战备性良好的水面舰船和潜艇提供保障。对 4 家国有造船厂进行资本重组和现代化升级至关重要，这将为建设未来海军提供充分保障，也是满足未来任务需求的重要途径。否则，船厂将无法满足 2040 年前未来航空母舰和核潜艇的基地级维修和核动力停堆需求。

该计划由 NAVSEA“造船厂基础设施优化计划”（SIOP）项目办公室（代号 PMS 555，成立于 2018 年 6 月）负责，并与海军设施司令部（CNIC）和海军设施工程司令部（NAVFAC）合作推动，具体内容包括修理关键干船坞、恢复船厂设施并优化其布局，以及更换老化和劣化的相关设备。计划实施的第一个里程碑是海军造船厂“数字孪生”模型的成功开发，即开发可用于造船厂环境建模仿真的虚拟模型，以支撑未来造船厂基础设施的评估和规划。“数字孪生”（Digital Twin）技术是指通过集成物理反馈数据，并辅以人工智能、机器学习和软件分析，在信息化平台内模拟物理实体、流程或者系统，类似实体系统在信息化平台中的双胞胎。借助于“数字孪生”技术，可以在信息化平台上了解物理实体的状态，甚至可以对物理实体里面预定义的接口元件进行控制。这项虚拟仿真工作目前正处于早期阶段，重点是面向工作流程改善和减少无效工时，研究船厂焊接车间、泵管车间、材料仓库及办公空

---

① 美国海军大力推动 210 亿美元的造船厂现代化计划，https://mp.weixin.qq.com/s/54YDAKLTIZgcLPfAq2Tdvw.

间的新布局。项目办公室还将制定综合战略，以解决此次资本重组和现代化升级过程中的历史遗迹保护和环境合规性等问题。

PMS 555 项目经理史蒂文·拉格纳表示，造船厂基础设施优化计划阐明了造船厂基础设施有三个相互依赖的组成部分——干船坞、设施和固定设备，它们会对船厂执行任务的能力产生直接影响。该项目正在利用建模和仿真工具来集成这些组件，以便更好地为所需的基础架构布局提供信息。通过这种方式，海军将能够更好地进行有意义的、持久的投资，不仅可解决设施和设备老旧的状况，还可改变工作开展的方式。一旦完工，海军舰艇的有效部署时间将每年增加 30 多万个工作日。

如图 1-16 所示，目前美国海军共拥有 4 家国有造船厂，即诺福克海军造船厂、朴茨茅斯海军造船厂、普吉特湾海军造船厂、珍珠港海军造船厂。这 4 家造船厂始建于 19 世纪至 20 世纪，当时的主要业务是批量建造和维修帆船、传统动力船舶。因此，它们没有配备为核动力航空母舰和潜艇提供维修和现代化改装的相关设施。目前这些船厂已不再建造军船，而是为美国海军现役和退役舰船提供维修、现代化技术和后勤支援等。

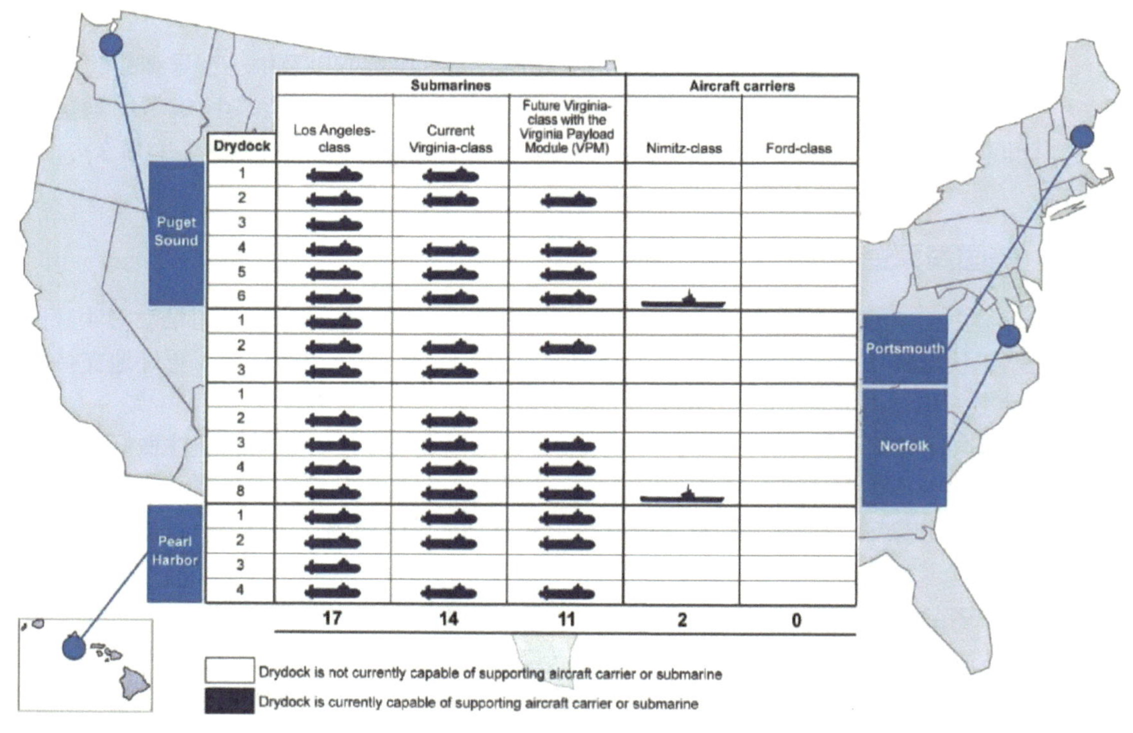

图 1-16 | 海军造船厂的干船坞配置及维修保障能力

1.4.4 舰船产业结构

美国整个舰船工业生产结构完整，配套齐全，可生产海军所需的各类舰艇。从排水量达 10 万吨的核动力航空母舰到只有几十吨的巡逻艇，从性能先进的弹道导弹核潜艇到普通的常规潜艇，还有两栖战舰艇、水雷战舰艇和各种军辅船，可以说是应有尽有。在配套工业方面，不但门类齐全，而且实力雄厚。美国舰船所使用的动力装置、电子设备和武器装备等完全由本国提供，同时还可大量出口。

1. 舰船建造

美国海军船厂的分工明确，从20世纪70年代起不再建造军舰，只进行舰艇的维修与现代化改装。这些船厂有很强的生产能力与技术力量，一旦需要，它们仍有力量建造海军需要的包括航空母舰、核潜艇在内的各种舰艇。私营船厂中较大的一些船厂有建造海军舰艇的任务，其余的只进行军船和商船的维修。多年来，美国海军的新舰艇订单主要集中在几家大型船厂，如纽波特纽斯造船厂、通用动力电船公司、英格尔斯造船厂、巴斯钢铁造船厂等就持有海军新舰艇订单的90%以上。

由于历史原因，美国各船厂基本上形成了自己的特点，有着各自的主要产品。如通用动力电船公司主要进行弹道导弹潜艇和攻击型潜艇的设计与建造工作；纽波特纽斯造船厂除建造核潜艇外，还进行航空母舰的建造与改装；英格尔斯造船厂以建造水面舰艇著称。美国商船的建造力量也是很强的，尤其是大型油船、集装箱船、液化气船和豪华型客船等均具有很强的生产能力。

2. 舰船动力装置制造

美国在舰船汽轮机、锅炉设计和制造能力方面居世界首位。20世纪70年代以前，护卫舰以上的军舰，包括航空母舰、战列舰、巡洋舰、驱逐舰和护卫舰，几乎百分之百采用汽轮机。其主要汽轮机制造企业有威斯汀豪斯电气公司、通用电气公司等。

进入20世纪70年代后，由于航空燃气轮机改装为舰用机技术在可靠性及油耗方面均有很大突破，因此使美国海军舰艇动力政策发生变化，即从采用汽轮机变为大量地采用燃气轮机，并且绝大多数为全燃气轮机联合动力装置。为了进一步提高经济性，美国自20世纪80年代初开始研究燃气轮机和蒸汽轮机复合动力装置，它与全燃气轮机动力装置相比，油耗可降低25%，功率可提高25%。

此外，美国在核动力的研究和使用方面也居世界之首。至今美国已拥有的核动力舰艇所用的反应堆全部都是压水堆，并且每隔1~2年，长则4~5年，就出现一种新型的核反应堆。由于核动力装置具有其独特的优点，因此可以预计美国从其全球战略出发，今后仍将继续在潜艇和航空母舰上使用新研制的核反应堆。

3. 舰船电子设备制造

雷达：雷达是舰船的重要装备，美国军界对雷达的研制和装备相当重视。20世纪70年代以来，美国军方每年的雷达采购费占年度军事开支的2%以上。美国的舰载雷达种类多，性能先进。主要舰用雷达有探测和搜索雷达、导弹制导雷达、炮瞄雷达、导航雷达、潜艇雷达、跟踪测量雷达和敌我识别器等几大类。美国舰载雷达的主要研制单位有通用电气公司、斯佩里公司、休斯公司、威斯汀豪斯公司等。

声呐：美国海军声呐主要用于水中目标警戒、目标定位及跟踪、反潜武器射击指挥、水中声波通信、探测与规避水雷、水中目标识别、水下导航、声呐侦察与对抗等方面。由于数字技术和电子计算机的应用程度高，美国的声呐在国际上处于领先地位。美国海军已装备使用的声呐设备种类和数量很多，按其性质和用途可分为潜艇声呐，水面舰艇声呐，机载声呐和声呐浮标，岸边海底固定式声呐监视系统，声呐对抗设备五大类。美国舰船声呐的主要研制厂商有通用电气公司、斯佩里公司、霍尼韦尔公司、国际商业机器公司等。

通信设备：为了确保指令和信息的畅通，美国舰船均装有多种无线电通信设备和内部通信设备，构成完整的通信系统。美国舰用无线电通信设备的研制和更新速度很快，且设备的性能和水平也很高。几乎所有的美国舰船都能进行卫星通信，多数大中型战斗舰艇都装备了双向通信终端。20 世纪 70 年代末，美国开始激光卫星中继对潜通信发展计划。为了实现对潜远程通信，截至 80 年代中期，美国已在世界各洲建立了 10 个大型超长波发射台。美国舰用无线电通信设备种类繁多。研制和生产舰用无线电通信设备的主要厂商有 E 系统公司通信设备分部、国际电话电报公司和罗克韦尔国际公司柯林斯电信产品分部等。美国生产舰载卫星通信终端设备的厂商有罗克韦尔国际公司柯林斯电信产品分部、E 系统公司通信设备分部和雷西昂公司设备分部等。

导航设备：导航设备是舰船的眼睛，它保证舰船的安全航行和定位。为此，美国海军和舰船设备研制及生产部门不惜花费大量的经费研制新型的舰用导航设备。美国舰用导航设备种类多、型号杂，但有代表性的产品是 GPS 全球定位系统和惯性导航系统。全球定位系统的生产厂商主要有罗克韦尔国际公司柯林斯无线电分公司、得克萨斯仪器公司和特林布尔导航设备公司等。惯性导航系统的厂商主要有斯佩里公司、罗克韦尔国际公司等。

舰用指挥与火控系统：为了适应现代海战的需要，美国海军在科研和工业部门的配合下，对舰艇的作战指挥和火控系统的研制投入很大的力量，以不断提高舰用指挥与火控系统的自动化、系统化、综合和智能化水平。美国海军在发展原有的舰载集情报、指挥、控制和通信于一体的 C^3I 的基础上，随着计算机的高速发展和广泛应用，现已构成 C^4I 系统。美国舰载指挥和火控系统种类很多，比较典型的有美国海军战术数据系统（NTDS）、Mk86 型舰炮火控系统、宙斯盾系统和 H930 系列指挥控制系统等。研制舰载指挥和火控系统的厂商主要有尤尼瓦克公司、休斯公司、洛克希德电子公司、美国无线电公司、霍尼韦尔公司、斯佩里公司和威斯汀豪斯电气公司等。

电子战设备：美国海军的电子战设备可分为电子支援措施/电子干扰设备、电磁和红外诱饵发射装置、通信电子战设备三大类。仅电子支援措施/电子干扰设备就有 100 多种型号。美国发展舰载电子对抗设备的特点之一是小型化。美国海军水面舰艇的无源干扰系统主要是箔条干扰，也包括红外诱饵。

4. 舰载武器系统制造

舰载导弹：为了保持海上优势，美国一直把发展导弹作为海军现代化的一个重点，导弹的重要性已超过火炮和鱼雷而居首位。在美国海军舰队中，大至航空母舰，小至水翼艇，都装有不同种类的导弹。美国是目前世界上舰载导弹种类最多、水平最高的国家之一。美国海军现役导弹已有 30 余种，具有代表性的舰载导弹主要是三叉戟弹道导弹、战斧 BGM-109A 巡航导弹、鱼叉反舰导弹、防空导弹和反潜导弹等。

舰炮：舰炮作为舰艇主要进攻武器的地位逐渐被舰载导弹所取代。但是，舰炮也有其所长，因而它仍将是水面舰艇攻防兼备的一种重要武器。美国在发展舰载火炮方面处于世界领先地位，目前装备于舰艇上的主要是 127mm、76mm 口径多用途炮和“密集阵”近程防空火炮，大口径舰炮已很少见。此外，美国还在研制新型舰炮，如威斯汀豪斯公司研制的电磁炮和美国海军水面武器中心研制的电热炮等。

鱼雷：由于近年来导弹发展迅速，鱼雷退居次要地位。尽管如此，鱼雷仍是反潜的主要武器。然而，新型核潜艇的航速高，下潜深，未来的反潜战将在 1000m 的水深处，小型鱼雷就显得无能为力了。因此，世界上许多国家都在研制新型大深度、高航速、远航程的鱼雷。比较先进的鱼雷有 Mk48 Mod5 大型鱼雷和 Mk50 轻型鱼雷。

1.4.5 美国五大军火商

美国媒体《防务新闻》（Defense News）维护着“全球百大军火商榜单”（Top 100），每年根据前一年度各家公司的收入，公布世界最大 100 家防务公司排行榜，可以大致了解世界主要军火商的规模概况（表 1-12）。例如，2019 排行榜按照各家公司 2018 年的销售收入为主要依据，榜单前十名中美国厂商占据 5 个，排名首位的是美国洛克希德·马丁公司（505.36 亿美元），其后依次为波音公司（2）、诺斯罗普·格鲁曼公司（3）、雷神公司（4）、通用动力公司（6）；而在上榜的所有 100 家企业中，美国军火商独占 41 家。①

表 1-12 美国五大军火商排名与主要产品领域

名　称	Lockheed Martin	Boeing	Raytheon	Northrop Grumman	General Dynamics
	洛克希德·马丁	波音	雷神	诺斯罗普·格鲁曼	通用动力
总部所在地	Bethesda, MD	Chicago, IL	Waltham, MA	San Diego, CA	Falls Church, VA
2019	1//505 亿美元	2//341 亿美元	4//252 亿美元	3//253 亿美元	6//241 亿美元
2018	1//480 亿美元	5//206 亿美元	2//236 亿美元	4//217 亿美元	6//196 亿美元
2017	1//435 亿美元	2//295 亿美元	4//224 亿美元	5//202 亿美元	6//197 亿美元
2016	1//406 亿美元	2//304 亿美元	4//216 亿美元	6//176 亿美元	5//191 亿美元
2015	1//401 亿美元	2//290 亿美元	4//222 亿美元	6//184 亿美元	5//186 亿美元
代表产品	F-22 战机	E-3 预警机	AIM-7 麻雀导弹	B-2 轰炸机	F-111 战斗轰炸机
产品领域					
A 飞机	●	●	●	●	
AR 火炮					
AV 装甲车					●
C 通信、控制系统	●	●	●	●	●
DE 防务电子设备	●	●	●	●	●
E 发动机					●
H 直升机		●			
IT 信息技术服务	●	●	●	●	●
M 导弹	●	●	●		
MD 导弹防御	●				
MU 维护升级	●	●	●	●	●
NV 舰艇				●	●
O 军械		●			●
PS 专业劳务			●		
SI 系统集成	●	●	●	●	●
SP 空间系统	●	●	●	●	
T 货车					
U 无人机、无人系统				●	

总的来说，美国企业在全球军火行业仍保持绝对优势，特别是洛克希德·马丁、波音、雷神、诺斯罗普·格鲁曼、通用动力五大军火商长期占据排行榜前几名的位置。

① Defense News Top 100 for 2019. http://people.defensenews.com/top-100/.

1. 洛克希德·马丁

世界第一大军火制造商洛克希德·马丁（Lockheed Martin）公司，前身是洛克希德公司，创建于1912年，是美国的一家航空航天制造商。公司在1995年与马丁·玛丽埃塔公司合并，更名为洛克希德·马丁公司。目前洛克希德·马丁的总部位于马里兰州的贝塞斯达（Bethesda，MD）。

目前，该公司的核心业务是航空、电子、信息技术、航天系统和导弹，主要产品包括美国海军所有潜射弹道导弹（如UGM-96A三叉戟）、战区高空区域防空系统、通信卫星系统，几乎包揽了美国所有军用卫星的生产和发射业务，在战略导弹系统、战略导弹防御系统、战术导弹系统、反坦克导弹及机载电子设备方面拥有优势，成为全球军火行业的龙头老大，在航空、航天、电子领域均居世界前列。

洛克希德·马丁是宙斯盾武器系统的主承包商，也是LCS-1自由级濒海战斗舰的承包商。

作为全球第一大军机制造商，该公司主导研发生产了F-22和F-35第五代隐身战斗机，使美国在该领域领衔世界至少20年。其代表产品有F-16战斗机，F-117隐形战斗机，U-2、SR-71黑鸟战略侦察机，C-5银河大型军用运输机，C-130系列军用运输机，P-3系列反潜机，S-3巡逻机，“海军陆战队一号”总统直升机等。

其他产品包括三叉戟-2洲际导弹、宇宙神运载火箭、爱国者-3地对空导弹、陆军战术导弹系统、战区高空区域防空系统、联合空对地防区外导弹、轻标枪反坦克导弹、地狱火反坦克导弹、紧凑型动能导弹、高机动火炮系统、Mk48鱼雷等。

2. 波音

波音（Boeing）公司是全球航空航天领域的领袖公司，也是世界上最大的民用和军用飞机制造商之一，总部位于芝加哥（Chicago，IL）。此外，波音公司设计并制造了旋翼飞机、电子和防御系统、导弹、卫星、发射装置，以及先进的信息和通信系统。作为美国国家航空航天局（NASA）的主要服务提供商，波音公司运营着航天飞机和国际空间站。波音公司还提供众多军用和民用航线支持服务，其客户分布在全球90多个国家。就销售额而言，波音公司是美国最大的出口商之一。

波音公司的主要产品有美国总统专机“空军一号”、波音737客机、E-3预警机、B-29轰炸机、F-15战斗机、F/A-18舰载机、P-8反潜机、E-3预警机、B-52战略轰炸机、AV-8攻击机、X-45无人机，以及包括C-17、C-40、KC-10、KC-135在内的各类运输机和加油机，AH-64武装直升机，CH-46、CH-47运输直升机，V-22倾斜旋翼机。此外，该公司的产品还有箭/箭-2地空导弹、捕鲸叉反舰导弹、斯拉姆巡航导弹、硫黄反坦克导弹、德尔它运载火箭等。和平卫士和民兵-3洲际弹道导弹也由波音主导和参与完成。

Raytheon

3. 雷神

雷神（Raytheon）公司是美国的大型国防工业承包商，总部设在马萨诸塞州的沃尔瑟姆

(Waltham, MA)。雷神在世界各地的雇员有 73000 名，营业额约为 200 亿美元，其中超过 90%来自国防合约。该公司由五个主要的业务部门组成：国防系统部，传感和电子系统部，指挥、控制和通信 C^3 系统部，情报、信息和飞机集成系统部，以及培训和技术服务部。其主营业务包括导弹、国防和商务电子、商用和执行特殊使命的飞机以及工程与建筑。

作为宙斯盾作战系统的分承包商，雷神负责研制 SM-2/SM-3 舰对空导弹、密集阵近防武器系统、AIM-162 改进型海麻雀导弹（ESSM）、BGM-109 战斧巡航导弹（最初由通用动力公司于 1972 年研制）、Mk99 照射控制系统、AN/SPG-62 照射雷达、AN/SPY-1 相控阵雷达发射机等系统和设备，装备于阿利·伯克级和提康德罗加级宙斯盾舰。

同时，雷神是舰艇自防御系统（SSDS）的系统集成商，负责提供海麻雀近程防空导弹、拉姆舰对空导弹和密集阵近防武器系统（CIWS）等。

雷神公司作为世界第一大导弹制造商，其产品除了上述舰载导弹外，还包括爱国者/爱国者-2 地对空导弹、AIM-7 麻雀空空导弹、AIM-9 响尾蛇空空导弹、AGM 防区外攻击武器系列、AIM-120 先进中程空空导弹、幼畜空对地导弹、毒刺地对空导弹、高速反辐射导弹、先进巡航导弹、动能拦截弹、轻标枪反坦克导弹、陶-2 反坦克导弹等，另外，还有激光武器、宝石路制导炸弹、神剑制导炮弹、T-6 教练机、Mk46 鱼雷等。

NORTHROP GRUMMAN

4. 诺斯罗普·格鲁曼

诺斯罗普·格鲁曼（Northrop Grumman）是美国航空航天飞行器制造商，也是最大的雷达与军舰制造商，在电子和系统集成、军用轰炸机、战斗机、侦察机以及军用和民用飞机部件、精密武器和信息系统等领域具有很大优势。公司总部位于加利福尼亚州圣地亚哥（San Diego, CA），在全世界 100 多个地区拥有工厂或办事机构，共有 125400 名职工，年收入为 200 亿美元左右。诺斯罗普·格鲁曼下设 8 个业务部：电子系统、集成系统、任务系统、造船系统、纽波特纽斯造船厂、信息技术部、空间技术部、技术服务部。

该公司由原诺斯罗普公司和格鲁曼公司于 1994 年合并而成。同年，诺斯罗普·格鲁曼公司收购了沃特飞机公司；1996 年又收购了威斯汀豪斯电气公司的防务和电子系统分部；1997 年完成了与防务信息技术公司的合并。1997 年 7 月，诺斯罗普·格鲁曼公司和洛克希德·马丁公司提出合并，美国政府未予批准。

纽波特纽斯造船厂（Newport News Shipbuilding, NNS），由企业家柯林斯·亨廷顿出资，创立于 1886 年，位于弗吉尼亚州纽波特纽斯市（Newport News, VA），是美国最大的私营造船厂。2001 年 11 月，纽波特纽斯造船厂被诺斯罗普·格鲁曼公司收购。2011 年 3 月，诺斯罗普·格鲁曼公司又将其与英格尔斯造船厂剥离，成立了独立的亨廷顿·英格尔斯工业公司（HII）。纽波特纽斯造船厂不但是美国最大的造船厂，也是唯一一个能够设计、建造核动力航空母舰以及对核动力航空母舰进行核燃料更换和大修的造船厂。纽波特纽斯造船厂负责建造美国海军所有的核动力航空母舰，以及 50%的驱逐舰（其余 50%为通用动力公司建造），是美国两大核潜艇制造厂之一，与邻近的美国海军诺福克海军基地有紧密合作关系。

诺斯罗普·格鲁曼公司在海空武器装上颇有建树，旗下打造出了诸多知名的预警机、无人机、无人直升机、航空母舰、核潜艇、驱逐舰、两栖舰、护卫舰等，其中包括 DDG-1000 朱姆沃尔特级驱逐舰、F-14 雄猫战斗机、E-2C 鹰眼预警机、E-2D 先进鹰眼预警机、EA-

6 电子战飞机、火力侦察兵舰载无人直升机、尼米兹级航空母舰、CVN 21 未来航空母舰（即 CVN 78 福特级航空母舰）、LHD-1 黄蜂级两栖攻击舰、LHA-6 美利坚级两栖攻击舰、LPD-17 圣・安东尼奥级两栖船坞运输舰、弗吉尼亚级核潜艇、B-2 隐身战略轰炸机、全球鹰无人机、X-47B 舰载无人机、KC-30 加油机、艾拉特级护卫舰等。

GENERAL DYNAMICS

5. 通用动力

通用动力（General Dynamics）是世界第六大国防工业承包商，总部位于弗吉尼亚州福尔斯彻奇市郊（Falls Church, VA），主营业务包括舰船系统（驱逐舰和核潜艇）、作战系统、信息系统与技术、航空航天（商用飞机和战斗机）四大领域。

该公司的代表产品是 F-111 超声速战斗轰炸机、F-16 战斗机，洛杉矶级、海狼级、俄亥俄级、弗吉尼亚级核潜艇，阿利・伯克级驱逐舰、LCS-2 独立级濒海战斗舰，其他还有艾布拉姆斯坦克、EFV 远征战车、食人鱼/斯瑞克/LAV 系列轮式装甲车、潘多尔轮式装甲车、皮萨罗步兵战车、未来战斗系统等。

F-16 战斗机由通用动力公司于 20 世纪 70 年代研制，与 F-15 战斗机并列为美国空军 20 世纪 80—90 年代的主力机种之一，从 1976 年开始批量生产到现在共有近 4600 架诞生。1992 年 12 月，尽管 F-16 的生产前景还比较看好，但通用动力公司还是宣布将其 F-16 生产线以 15.25 亿美元的价格卖给洛克希德・马丁公司。

此外，日本的直升机航空母舰用的也是通用动力提供的 LM2500 型燃气轮，该动力系统同样用在阿利・伯克级驱逐舰上。

1.5 美国海军兵力结构

1.5.1 概述

美国国防部集多种职能于一身，但其根本上是负责美国军队人员配备、装备和操演训练的组织。国防部绝大多数的经费和人员都投入到以某种方式协助组建军队并使其达到战备状态的任务上。因此，可将国防部视为将“输入”的经费和人员转化为作战能力“输出”并投入使用的组织。最好用兵力结构（Force Structure）来描述作战能力，即美国国防部可设立和维持的作战单位的数量和类型。

兵力结构相关的决策极大地影响国防部的开支、规模和能力，因此兵力结构通常是商讨国防部预算大幅调整的核心。2016 年 7 月，美国国会预算办公室（CBO）发布《美军兵力结构入门指南》①，涵盖了军队兵力结构要素，包括作为武装部队的常规中坚力量的主要作战单位（例如，装甲兵旅、航母战斗群和战术飞机中队），也包括向国防部提供专业能力的专门组织（例如，特种部队和导弹防御）。

海军兵力结构直接影响海军作战能力，同时也是造舰计划及军费预算的主要依据。一个国家的军事能力建设在很大程度上是为了应对未来可能出现的威胁和挑战。如何面向未来，

---

① Adam Talaber. The U.S. Military's Force Structure: A Primer. Congressional Budget Office (CBO), July 2016. [Chapter 3 Department of the Navy].

在平衡当前需求的基础上，合理分配资源，以打造一支满足未来作战需要的海军力量，是各国海军都必须面对的重大议题。

海军是负责提供所有美国海军兵力的军队分支，也是美国空中力量的重要组成部分。海军中最强大的常规部队是航母打击群（CSG），以前被称为航母战斗群。航母打击群由航空母舰、相关飞机（称为舰载机联队）和一队随行舰艇组成。海军的长期计划要求在今后30年的大部分时间里维持11个航母打击群。

除了航空母舰之外，海军拥有约100艘水面舰船，包括巡洋舰、驱逐舰、护卫舰和濒海战斗舰（大致按尺寸减小的顺序排列）。海军还包括10个两栖战备群（ARG）——部署海军陆战队地面和空中部队时，运输他们的3艘两栖舰。最后，海军维持一支由负责攻击敌方水面舰船和潜艇的潜艇（包括50多艘攻击潜艇）以及14艘负责为美国提供约三分之二核威慑力量（以其携带的核武器数量衡量）的弹道导弹潜艇组成的舰队。

海军陆战队是混合军种，包括地面和空中的作战单位。海军陆战队将其兵力组织成特遣部队（task forces），每个单位都包含指挥部、地面作战部队、空中作战部队和支援部队。（略）

海军部兵力的独特性不仅在于单位的数量和种类，而且在于不同类型的兵力经常紧密合作的方式。陆军和空军本质上专注于单一类型的军事力量（地面作战或空中作战），但海军和海军陆战队经常将舰船与飞机结合（如航母打击群）、舰船与地面作战部队结合（如两栖战备群）、飞机与地面作战部队结合（如海军陆战队远征部队）。

1.5.2 兵力结构现状

兵力结构现状的完整描述是一项艰巨的任务，兵力的确切数量因计数方法而异。因此，需要在一定程度上简化兵力结构的各种描述。美国国会预算办公室将国防部的所有实体划归为三大类：主要作战单元、支援单元和行政管理组织。

主要作战单元是国防部武器库中最著名、最显而易见、通常最重要的作战单元，包括航空母舰、巡洋舰、驱逐舰、护卫舰和濒海战斗舰、两栖舰、攻击型核潜艇及弹道导弹核潜艇等；支援单元主要配合主要作战单元进行作战，未被归为主要作战单元的每支可部署作战部队均被视为支援单元，通常不是美国兵力结构探讨的重点；行政管理组织主要承担作战部队和支援部队人员配备、装备和操演训练等行政管理职能，通常也不是美国兵力结构探讨的重点。

1. 作战舰艇组成

美国海军兵力结构装备由主要作战单元、支援单元两部分组成，主要包括各类直接或间接执行作战任务的作战舰艇。美国海军舰艇注册官网（www. nvr. navy. mil）将作战舰艇（Battle Force Ships）定义为“有能力参与作战行动的现役美国军舰，或直接参与海军作战与支援任务的美国海军船舶，应登记于注册作战舰艇名单”，并提供了详细的计数程序。根据上述定义及计数程序，截至2020年7月14日，美国海军拥有注册作战舰艇300艘。其中，航空母舰11艘、水面战舰113艘、潜艇70艘、两栖战舰33艘、反水雷舰11艘、作战后勤舰30艘、舰队支援舰31艘、辅助支援舰1艘（图1-17，表1-13）。①

---

① https://www. nvr. navy. mil/NVRSHIPS/FLEETSIZE. HTML [2020-7-19].

注：海军舰艇的分类符合美国海军部长指示 SECNAV Instruction 5030. 8C。

FLEET SIZE

Classification of Naval Vessels are in accordance with SECNAV Instruction 5030.8C

Note: Fleet size was last updated on 7/14/2020
If real time count is required contact CNO staff.

	Ship Battle Forces	Active in Commission
Totals	300	255
Aircraft Carriers	11	11
Surface Combatants	113	110
Submarines	70	70
Amphibious Warfare Ships	33	32
Mine Warfare Ships	11	11
Combat Logistics Ships	30	0
Fleet Support	31	6
Auxiliary Support	1	0
Combatant Craft	0	13
Other	0	2

图 1-17 美国海军舰艇注册官网显示的舰队规模

表 1-13 美国海军舰队规模（2020 年 7 月 14 日更新）

舰艇类别/型级	数　量
Aircraft Carriers（航空母舰）	11
CVN 68（尼米兹级航空母舰）	(10)
CVN 78（福特级航空母舰）	(1)
Surface Combatants（水面舰艇）	113
CG 47（提康德罗加级巡洋舰）	(22)
DDG 51（阿利·伯克级驱逐舰）	(68)
DDG 1000（朱姆沃尔特级驱逐舰）	(1)
LCS（濒海战斗舰（自由级/独立级））	(22)
Submarines（潜艇）	70
SSBN 726（俄亥俄级弹道导弹核潜艇）	(14)
SSGN 726（俄亥俄级巡航导弹核潜艇）	(4)
SSN 21（海浪级攻击核潜艇）	(3)
SSN 688（洛杉矶级攻击核潜艇）	(30)
SSN 774（弗吉尼亚级攻击核潜艇）	(19)
Amphibious Warfare Ships（两栖舰）	33
LHA 6（美利坚级两栖攻击舰）	(2)
LHD 1（黄蜂级两栖攻击舰）	(8)

（续）

舰艇类别/型级	数　量
LPD 17（圣·安东尼奥级船坞运输舰）	(11)
LSD 41（惠德贝岛级船坞登陆舰）	(8)
LSD 49（哈珀斯·费里级船坞登陆舰）	(4)
Mine Warfare Ships（反水雷舰）	11
Combat Logistics Ships（作战后勤舰）	30
Fleet Support（舰队支援舰）	31
Auxiliary Support（辅助支援舰）	1
Combatant Craft（战斗艇）	0
Other（其他）	0
Totals（共计）	300

图 1-18 显示了美国海军各型主战舰艇的平均服役寿命（截至 2019 年 10 月）和设计寿命。①

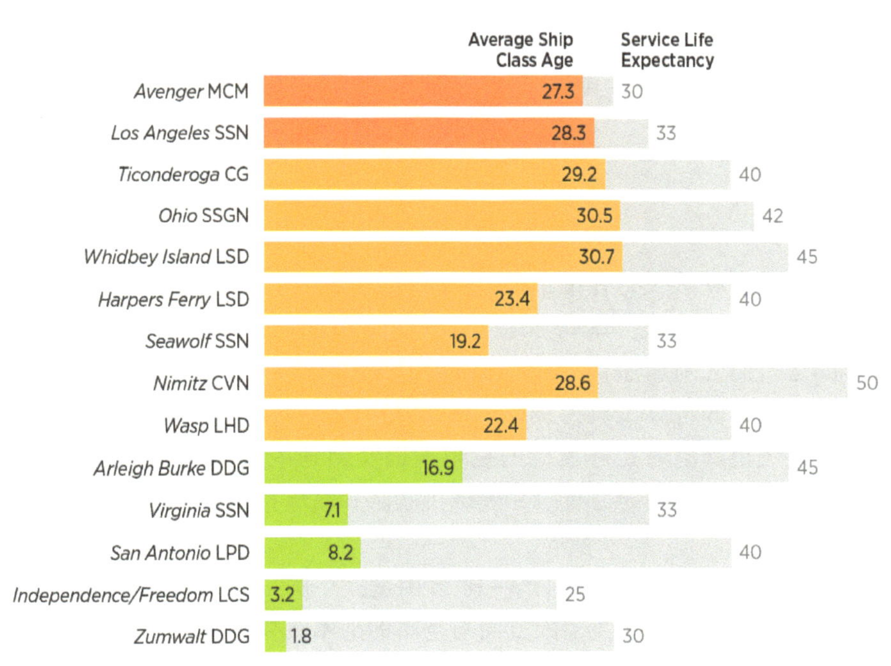

图 1-18 | 美国海军各型主战舰艇平均服役寿命（截至 2019 年 10 月）

① Dakota L. Wood. 2020 Index of U. S. Military Strength. The Heritage Foundation, October 2019, P362.

2. 作战舰艇分布

美国海军现有七大舰队，分别是第二舰队、第三舰队、第四舰队、第五舰队、第六舰队、第七舰队和第十舰队，任务区域划分如图 1-19 所示。舰队在美国海军中定位为武力提供者，不能自行拟定作战计划，只能维护和训练战斗单元以备随时供应区域联合作战司令部派遣。

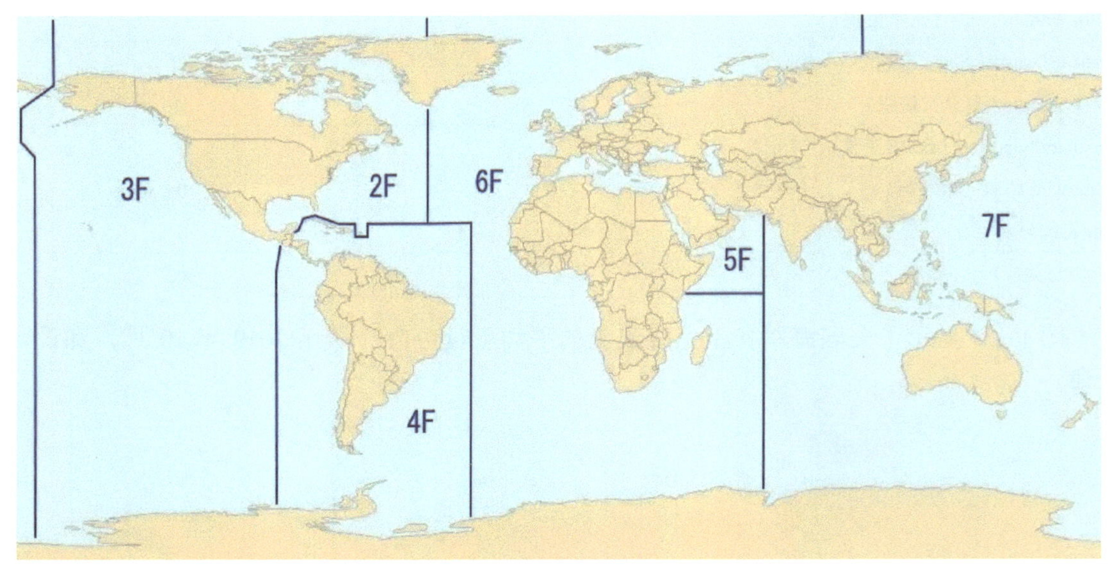

图 1-19 美国海军七大舰队任务区划分

1.5.3 航空母舰

航空母舰用作航空联队飞行作战的平台，也是航母打击群的核心（有关航母打击群的规模和组织，请参见图 1-20）。海军现有和计划中的所有航空母舰都是核动力的，这意味着它们可以长时间运行而无须加油。此外，它们都足够大并具有必要的设计特点，以允许无法短距起飞和垂直降落的固定翼飞机持续进行空中作战（这些设计特点包括用于发射飞机的弹射装置，用于在飞机降落时拦停飞机的拦阻索以及斜角甲板）。航空母舰本身防御导弹、飞机、潜艇或其他舰船攻击的能力有限。舰载机联队和航母打击群中的其他舰船负责保卫航空母舰。

舰载机联队中的大部分飞机都是 F/A-18 多用途战斗机，能够防御空中威胁和攻击海上或陆地上的目标。这些战斗机在大多数方面与空军的战术飞机相当，可携带大部分空军攻击机装载的先进弹药。舰载机联队中的其余飞机主要支持航空母舰和 F/A-18 多用途战斗机作战。

1.5.4 水面战斗舰

海军将其水面战斗舰分为大型水面舰船（驱逐舰和巡洋舰）（LSC）和小型水面舰船（SSC）（濒海战斗舰和 FFG-7 护卫舰，海军于 2015 年退役的一种船型）。大型舰船是配备垂直发射系统（VLS）的强大舰船，该系统允许舰船使用几种不同类型的导弹攻击空中、海上或陆地上的目标。小型舰船没有垂直发射系统，但携带各种主要用于防御目的（特别是

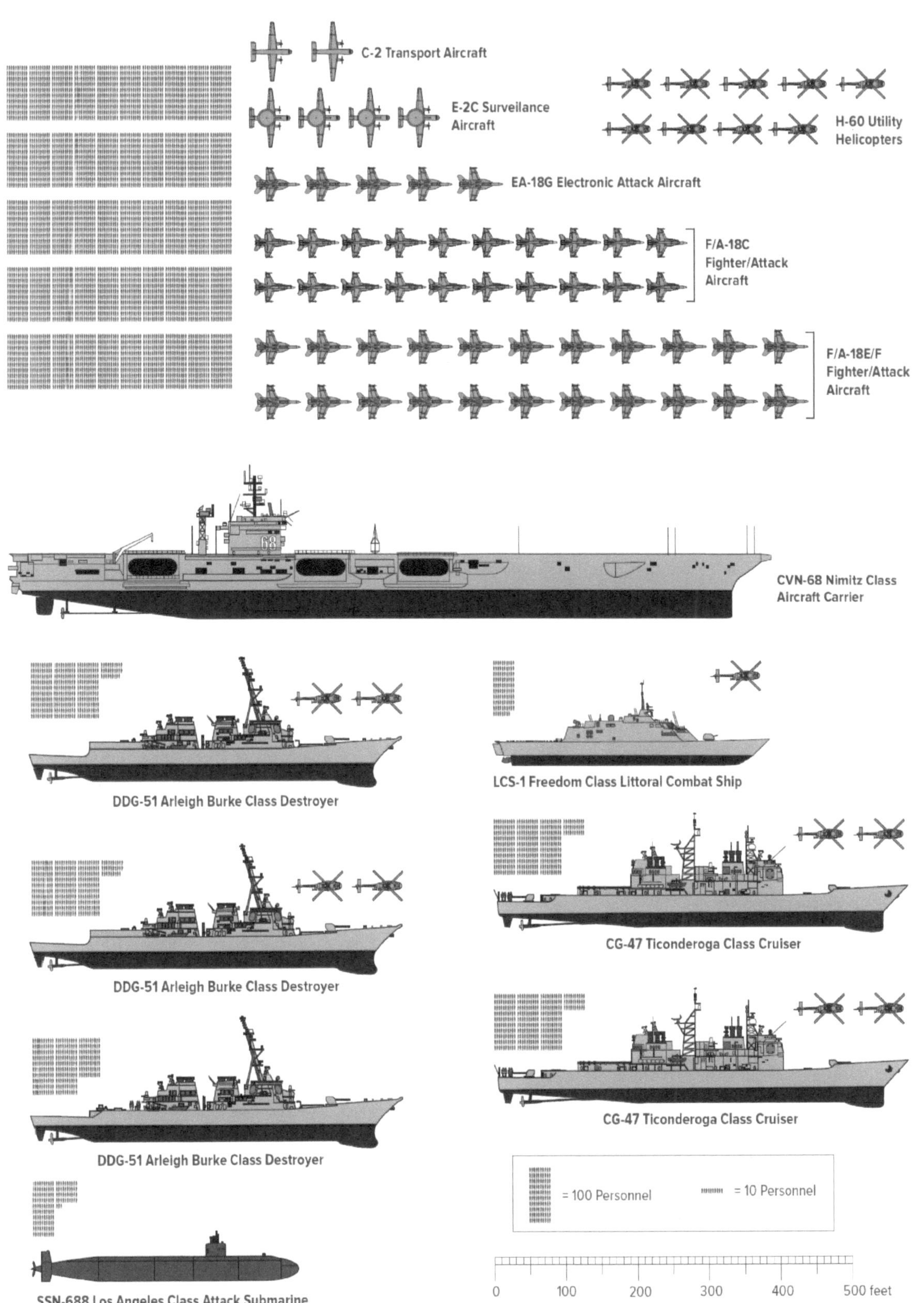

图 1–20 ‖ 航母打击群的舰船、飞机和人员

反潜战）的小型专用武器。海军的大部分水面舰船携带一架或两架 SH-60 海鹰直升机协助执行各项任务。

配备垂直发射系统的舰船可携带一套可互换的标准弹药，包括战斧（Tomahawk）巡航导弹、阿斯洛克（ASROC）反潜武器和标准（Standard）防空导弹。这种舰船还可以携带鱼叉（Harpoon）反舰导弹，它使用另外的发射系统而不是 VLS。此外，海军拥有数量有限的可拦截短程和中程弹道导弹的标准导弹，不过预计这个数量还会增加。同样，海军的小型水面舰船已变为多用途舰船，主要用于保护较大舰船免受潜艇和小艇的攻击，并取代海军的反水雷战舰。

海军的大部分水面舰船用于航母打击群以保护航空母舰。虽然数量有时会有所不同，但除了航空母舰和一艘攻击潜艇外，航母打击群通常还包括 5 或 6 艘水面舰船。在某些情况下，水面舰船也可以用来护送和保卫两栖战备群，但海军将水面舰船与这些群组部署在一起并不是目前正常的和平时期惯例。

此外，水面舰船经常自行部署或部署在小型大队（称为水面作战大队）中，以保卫一个区域免受弹道导弹攻击或允许数量有限的海军舰船在美国感兴趣的地方提供更多的前沿存在。

1.5.5 潜艇

由于美国海军的攻击潜艇是由核反应堆提供动力的大型舰船，因此能在水下航行很长时间而完全不对其航程产生实际限制。攻击潜艇配备了大量武器，例如，用于摧毁水面舰艇和其他潜艇的鱼雷以及用于打击陆地目标的战斧巡航导弹。

美国海军 2017 年部署 51 艘攻击型潜艇（SSN）（其中包括洛杉矶级潜艇、海狼级潜艇和弗吉尼亚级潜艇）。除此之外，还使用其他类型潜艇，例如，弹道导弹潜艇（SSBN）和巡航导弹潜艇（SSGN）。在和平时期，攻击潜艇的主要任务是监视、收集情报、支援航母打击群。美国海军的目标是在任何时候于海外部署至少 10 艘用于维和行动的攻击潜艇，其中也可能包括支援特种作战部队活动的攻击潜艇。

1.5.6 两栖舰船

两栖舰船的设计目的是开展从海上机动到陆地的作战，特别是开展将友军舰船上的部队运往敌军领地的作战。美国海军的两栖舰船通常以两栖战备群（ARG）形式作战，每个群组由 3 艘舰船组成（图 1-21）：

1 艘大甲板两栖攻击舰（LHA 级舰或 LHD 级舰），能够搭载直升机、倾转旋翼机和能执行短距垂直起降的专用固定翼飞机。这些舰船还拥有质量一流的甲板，能支持发射和回收美国海军登陆舰和海军陆战队的两栖突击载具。

2 艘船坞登陆舰（一艘 LPD 级舰和一艘 LSD 级舰），这两艘舰拥有大型货舱，能够发射和回收美国海军和海军陆战队的登陆舰和两栖突击载具。

一个两栖战备群用于运输一个海军陆战队远征分队（MEU），该远征队中包含一个步兵营以及空中支援部队和后勤支援部队，总计有约 2200 名人员和 30 架飞机，这些飞机由旋转翼飞机（直升机和倾转旋翼机）和固定翼飞机构成。

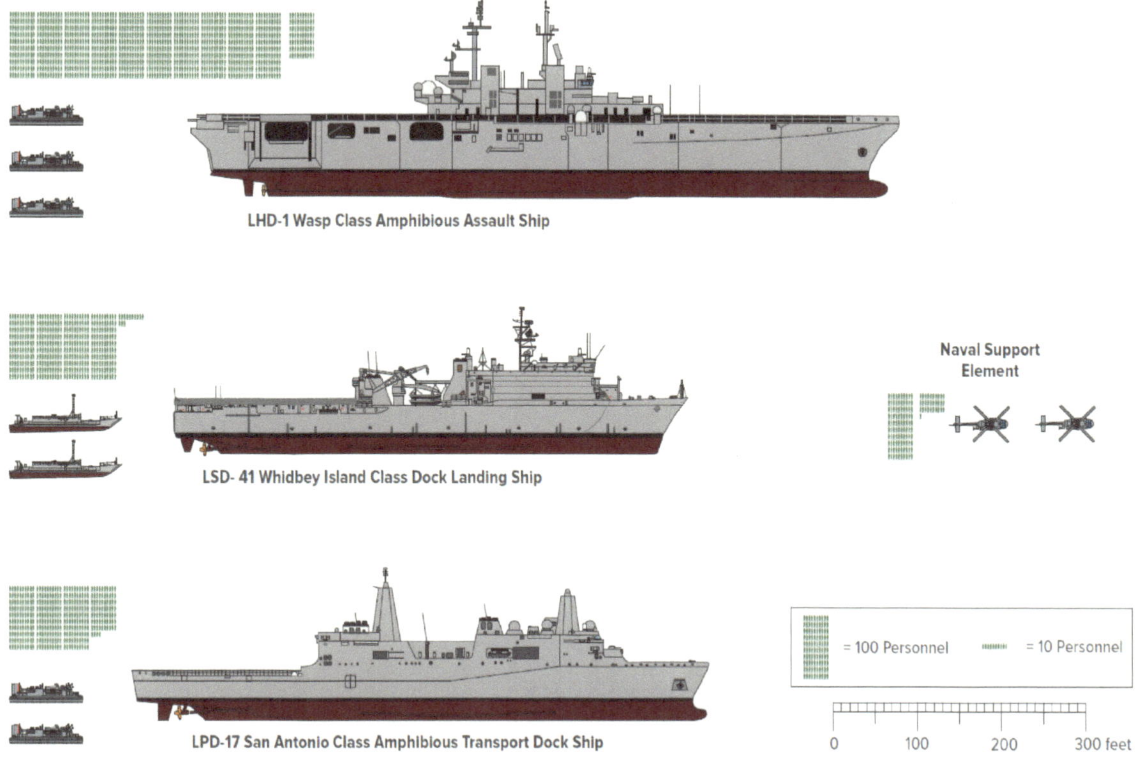

图 1-21 两栖战备群的舰船、飞机和人员

1.5.7 兵力结构评估

美国海军历来很重视兵力结构的分析研究工作，通过长期的研究工作及经验积累，逐步形成了“兵力结构现状分析→兵力结构评估（Force Structure Assessment，FSA）→造舰计划制订→经费预算控制，继而迭代优化”成熟的海军装备发展路径，一方面为美国海军打造了强大的舰艇装备，另一方面掌握了舰艇兵力结构分析、兵力结构评估、造舰计划制订及经费预算控制等方面的分析方法。

1. 评估依据

兵力结构目标必须满足和平时期存在的要求，以及在各威胁级别下获得胜利的作战能力及响应时间要求。这一目标兵力结构还必须提供足够的轮换条件以维持全球部署态势，而不至于缩短舰船平台的服役寿命或使人员轮换拖期。在提出兵力结构目标时，需考虑以下要素：国家、国防部和海军的战略指导；作战指挥官的战区战略规划；根据批准的防务计划想定或者海军作战部长指定指标提出的作战需求；舰船和飞机的战略布局；考虑部署周期、人员编制以及作战节奏限制等因素的作战概念。

2. 评估组织机构与流程

美国海军兵力结构评估由海军作战部评估分部（OPNAV N81）来领导和组织实施，评估过程遵循标准化的程序和步骤，并根据情况需要，每隔几年开展一次兵力结构评估，以确定其兵力结构目标。在主要影响因素，如战略指导、飞机和舰船的战略部署、作战概念或任务分配（影响作战单元的类型或数量）发生变动时，海军必须重新开展兵力结构评估。如

图 1-22 所示，根据美国海军作战部指令 OPNAVINST 3050. 27 的规定，兵力结构评估过程可概述为以下主要步骤：①战略指导分析；②全球海洋安全战略分析；③兵力优化分析；④作战战略分析；⑤确定兵力结构目标。

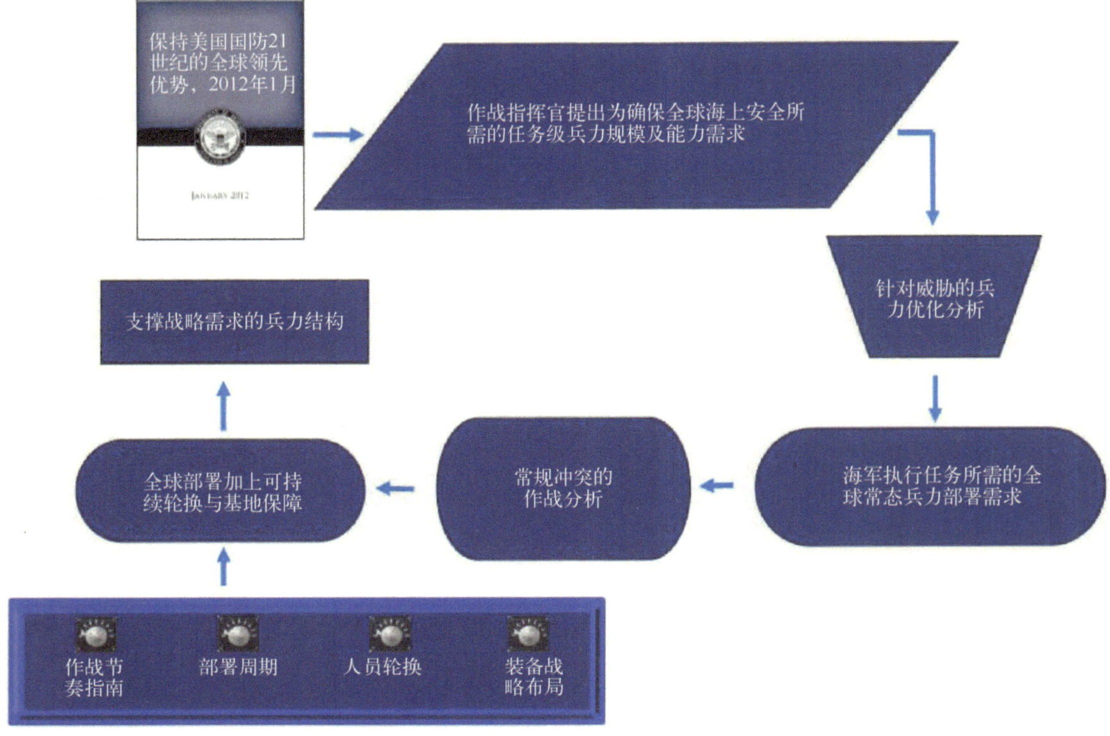

图 1-22 ｜美国海军兵力结构评估流程

3. 兵力结构目标

21 世纪以来，美国海军已完成多次兵力结构评估，提出了相应的兵力结构目标。上一轮兵力结构评估完成于 2016 年，提出了 355 艘舰艇的兵力结构目标（图 1-23），并于 2017 年 12 月 12 日写入《2018 财年国防授权法》而成为国家政策。

Ship Category	Number of ships
Ballistic missile submarines (SSBNs)	12
Attack submarines (SSNs)	66
Aircraft carriers (CVNs)	12
Large surface combatants (i.e., cruisers [CGs] and destroyers [DDGs])	104
Small surface combatants (i.e., frigates [FFGs], Littoral Combat Ships, and mine warfare ships)	52
Amphibious ships	38
Combat Logistics Force (CLF) ships (i.e., at-sea resupply ships)	32
Command and support ships	39
TOTAL	**355**

Source: U.S. Navy, *Report to Congress on the Annual Long-Range Plan for Construction of Naval Vessels for Fiscal Year 2020*, Table A-1 on page 10.

图 1-23 ｜355 艘舰艇兵力结构目标（2016 年 FSA 目标）

4. 新一轮兵力结构评估展望

美国海军新一轮兵力结构评估目前正在进行中。与以往不同，新一轮兵力结构评估被称为“综合兵力结构评估”（Integrated Force Structure Assessment，INFSA），以强调在本轮兵力结构评估过程中，将更全面统筹考虑海军陆战队发展要求。2020 年 3 月 25 日，美国国会研究服务处更新了《海军兵力结构及造舰计划：背景与相关问题》报告，透露美国海军 INFSA 将于今年春季发布。①

虽然目前 INFSA 尚未发布，但美国海军官员已多次在公开讲话中对评估结果进行了展望，指出 INFSA 可能对舰队架构（包括舰艇组成、编成及执行任务的方式）带来颠覆性变化。据海军近期声明，新计划提出美国海军应建造 390 艘有人舰艇以及 45 艘无人或可选无人舰艇。该计划目前正在接受国防部长马克·埃斯珀（Mark T. Esper）的审查，因此其提出的舰艇数量有可能会被改动。

报告指出，INFSA 将调整海军舰队结构，转为更分布式的架构，包括减少大型舰船（LSC）的比例，增加小型舰船（SSC）的比例，并增加新的舰艇种类，如大型无人水面艇（LUSV）、中型无人水面艇（MUSV）、超大型无人潜航器（XLUUV）等，如图 1-24 所示。舰队架构的这一变化可能会大幅改变美国海军舰艇采办计划及相关造舰工业基础工作负荷与分配。

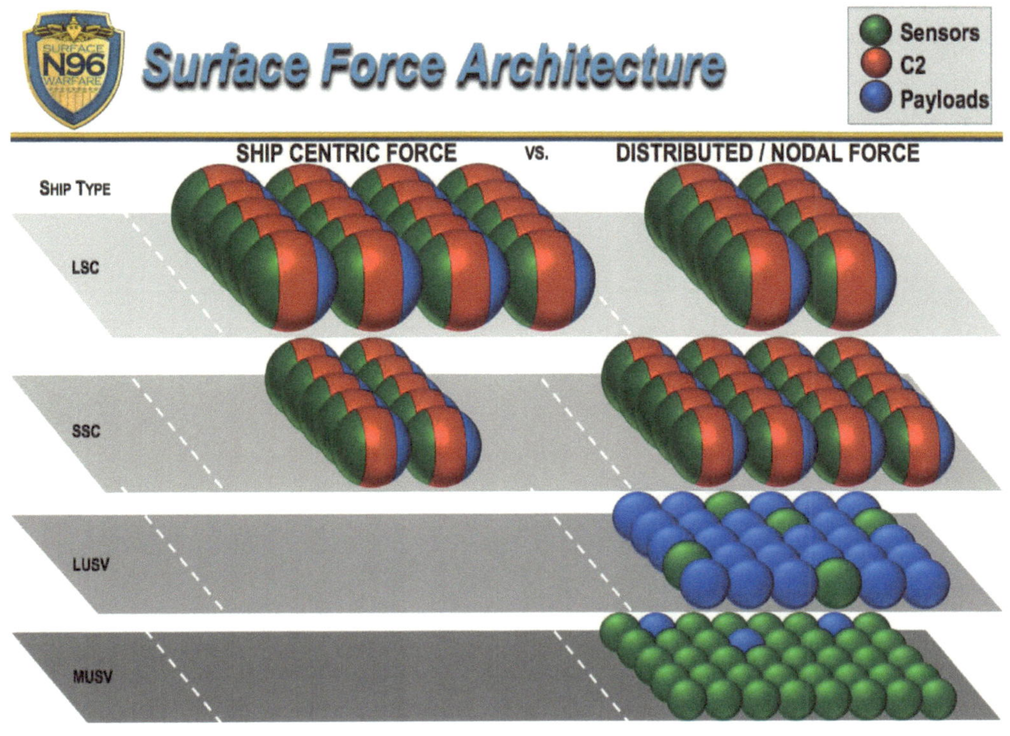

图 1-24 ▎美国海军舰队架构对比（传统架构 VS 分布式架构）

由于大型无人水面艇及大型无人潜航器可直接从码头布放（而不是从有人母艇上布放），并执行由有人舰艇及潜艇承担的任务，军事观察家提出美国海军注册作战舰艇是否应

① Ronald O'Rourke. Navy Force Structure and Shipbuilding Plans: Background and Issues for Congress. Congressional Research Service, CRS Report RL32665, March 25, 2020. [https://crsreports.congress.gov].

纳入大型无人水面艇及大型无人潜航器。

2019 年 12 月，有报道称美白宫行政管理和预算局指示美国海军在其即将提交的 2021 财年预算申请中，加入一项正式修改“作战舰艇”定义的提案，以将大型无人舰艇纳入注册作战舰艇。然而 2020 年 1 月，美国海军作战部长迈克尔·吉尔戴（Michael Gilday）表示，在即将发布的 INFSA 中，将不会把大型无人舰艇纳入美国海军注册作战舰艇。

1.5.8 造舰计划

造舰计划是指根据兵力结构目标，结合兵力结构现状及造船工业基础，在未来一段时间内，按一定的节奏建造新的舰船，并退役旧的舰船，即制订远期造舰计划（美国海军一般每财年都发布 30 年造舰计划）。制订造舰计划涉及经费和进度的安排、造船工业基础能力的维护、采办策略的制订、船厂劳动力的维持等一系列因素，是一项极其复杂的工作。

美国海军造舰计划横向指标为每财年，纵向指标为装备类型（包括航空母舰、大型水面舰艇、小型水面舰艇、攻击型核潜艇、弹道导弹核潜艇、两栖舰、作战后勤舰艇、保障舰），对每财年各类型舰艇装备的远期建造计划、远期交付计划、远期退役计划进行分析和预测，并生成相应的图表。

1.5.8.1 2020 财年 30 年造舰计划

美国海军一般每年都会发布未来财年 30 年造舰计划。按以往惯例，美国海军计划于 2020 年 3 月发布 2021 财年 30 年造舰计划，但截至目前尚未发布。因此，目前最新的为 2019 年 3 月发布的 2020 财年 30 年造舰计划（FY 2020—2049），与 2019 财年 30 年造舰计划相比，其内容出现较大调整，如图 1-25 所示。[①]

注：美国海军财年（FY）与自然年并不重合，如 2021 财年为 2020 年 10 月 1 日—2021 年 9 月 30 日。

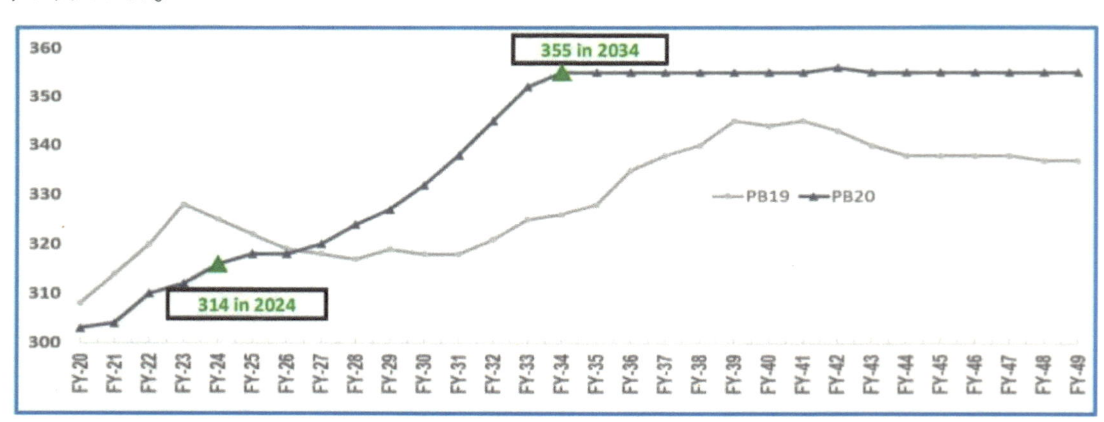

图 1-25 2020 财年与 2019 财年造舰计划对比

近年，国际安全形势快速变化，美国认为中、俄的崛起对其构成了严重威胁，遂于 2018 财年调整了国家安全战略重点，视中、俄为主要威胁，并提出了“大国竞争”的对抗思想。与此同期，美国海军以其水面部队司令部 2015 年提出的“分布式杀伤”概念和 2017 年提出的

① Office of the Chief of Naval Operations, Report to Congress on the Annual Long-Range Plan for Construction of Naval Vessels for Fiscal Year 2020, March 2019.

“重回制海”战略为标志，开始能力建设重大转型——由重点发展“由海向陆”的力量投送，转向全面增强制海作战能力，主要措施包括强化反舰作战能力、扩大舰队规模至355艘等。

但在2019财年30年造舰计划中，美国海军虽加大了造舰力度，但舰队规模直至2048年依然无法达到355艘的规模。为此，美国海军、智库等均先后提出了舰艇延寿、重启封存舰艇等建议，并开展了相关论证研究。

伴随着美国国内“大国竞争”呼声的日益加大，美国军事力量建设呈现出跑步前进的态势。2020财年30年造舰计划积极回应了该呼声，对2019年的计划进行了较大调整，使得美国海军可在2034年即可实现355艘的舰队规模目标，同时还加速了大型无人系统、水雷战装备、后勤与战略海运装备的发展，全面建设可应对“大国竞争”的具备强大制海作战能力的舰队。

主要内容包括：

1. 通过舰艇延寿更快实现355艘兵力结构目标

根据2020财年30年造舰计划，美国海军通过舰艇延寿，将比2019财年计划提前20年实现355艘的兵力结构目标。美国海军主要通过对所有阿利·伯克级驱逐舰和部分洛杉矶级攻击型核潜艇实施延寿改造，大幅延缓相关舰艇退役进度，来使舰队规模从当前增至2024年的314艘，再到2034年的355艘。

2. 将355艘确定为舰队规模上限，但保持规模扩充灵活性

根据2016年FSA结果，美国海军认为“355艘舰艇是海军经验证的最低规模需求”。但在“造舰计划”中，美国未来30年舰队规模未超过355艘，在2034年达成355艘的舰队规模目标后，新舰建造量立即开始下降，使355艘实际成了舰队规模的上限，而不是最低需求，此举主要是为了降低运行与维护成本。但在维持355艘舰队规模的同时，美国海军保留了对新增驱逐舰延寿的选项，将根据安全环境、总体造舰计划动态、经费或更新后的规模要求等，随时通过延寿扩充舰队规模。

3. 提前退役舰艇及打包采购2艘航空母舰，为新技术装备研制腾出充足资金

美国海军计划按照预期寿命退役6艘较老的提康德罗加级巡洋舰，及提前退役杜鲁门号航空母舰。6艘巡洋舰在2019财年已获得延寿改造资金，但“造舰计划”提出放弃延寿，按其既定寿命退役；杜鲁门号航空母舰原计划2024财年开始换料大修，然后再服役25年，但“造舰计划”放弃其换料大修，提前将其退役。（注：2019年5月1日，白宫否决了之前将杜鲁门号航空母舰提前退役的建议，决定让其继续服役。）此外，美国海军还计划打包采购CVN 80和CVN 81两艘航空母舰，此举可节省约40亿美元采购资金。“造舰计划”指出，通过这些方式，可腾出部分资金，以发展新兴技术装备，寻求高端、高生存率平台与未来新技术能力发展上的平衡。

4. 加大无人系统发展力度

“造舰计划”指出，无人系统在能力上的持续升级，预计将成为所有战争阶段和战争领域的关键使能器。美国海军在2020财年预算中投入了大量资源以加快无人系统发展，如申请2020年为2艘排水量达2000吨的大型无人水面舰艇投入4亿美元；在“未来五年国防采办计划”中投入27亿美元发展10艘无人水面舰艇，该艇将装载不同类型传感器、可发射多种导弹的垂直发射系统等。此外，还申请为无人潜航器发展提供3.59亿美元，其中包括为虎鲸超大型无人潜航器提供1.82亿美元等。

1.5.8.2　2021 财年造舰计划

虽然目前美国海军 2021 财年 30 年造舰计划尚未发布，但 2020 年 2 月 10 日美国海军正式提交了 2021 财年预算申请，披露了 2021 财年造舰计划①，致力于通过以下途径在 2021 财年底实现 306 艘舰艇的规模：

（1）维持 11 艘航空母舰和 33 艘两栖舰，其是航母打击群和两栖战备群的基础。

（2）交付 15 艘战舰，包括 4 艘阿利·伯克级驱逐舰、3 艘弗吉尼亚级攻击型核潜艇、5 艘自由/独立级濒海战斗舰、1 艘圣·安东尼奥级两栖船坞运输舰、1 艘亨利·凯泽舰队油船（T-AO）和 1 艘纳瓦霍级打捞救援船（T-ATS）。此外，还将退役 6 艘战舰，包括 4 艘自由/独立级濒海战斗舰、1 艘惠德贝岛级船坞登陆舰和 1 艘波瓦坦级舰队远洋拖船（T-ATF）。

（3）投资 8 艘新舰，包括 1 艘哥伦比亚级弹道导弹核潜艇、1 艘弗吉尼亚级攻击型核潜艇、2 艘阿利·伯克级驱逐舰、1 艘 FFG(X)新型护卫舰、1 艘圣·安东尼奥级两栖船坞运输舰、2 艘纳瓦霍级打捞救援船（T-ATS）。

（4）投资建造 2 艘大型无人水面舰艇。

如图 1-26 所示，在美国海军 2021 财年预算申请中，还同步披露了 2021—2025 财年新舰采办计划，将合计采办 44 艘新舰，具体包括：②

- 2 艘哥伦比亚级弹道导弹核潜艇；
- 9 艘弗吉尼亚级攻击型核潜艇；
- 8 艘阿利·伯克级驱逐舰；
- 9 艘 FFG(X)新型护卫舰；
- 1 艘美利坚级两栖攻击舰；
- 3 艘圣·安东尼奥级两栖船坞运输舰；
- 4 艘约翰·刘易斯级舰队油船；
- 1 艘艾莫里·兰德级潜艇供应舰替代舰；
- 3 艘纳瓦霍级打捞救援船；
- 4 艘 T-AGOS(X)新型海洋调查船。

1.5.8.3　美国海军的装备研制与采办

1. 新的远期造舰计划展望

2019 年底至 2020 年初，美国海军向国防部提交 2021 财年 30 年造舰计划，但因国防部长埃斯珀及 OSD 相关官员认为美国海军并未提出实现 355 艘舰艇的可靠路径，美国国防部阻止将其提交至国会，并发起了“未来海军兵力研究”（Future Naval Force Study，FNFS）。2020 年 10 月 6 日，在出席美国智库战略及预算评估中心（CSBA）的在线活动中，美国国防部长埃斯珀公布了一份新的名为“作战兵力 2045”（Battle Force 2045）的宏伟计划③。该计划为 FNFS 的初步成果，旨在大幅提升美国海军舰队的规模。根据该计划，美国海军将在

---

① Department of the Navy FY 2021 Presidents Budget. February 2020.

② Highlights of the Department of the Navy FY 2021 Budget. Office of Budget - 2020,Feb 10, 2020. https://www.secnav.navy.mil/fmc/fmb/Pages/Fiscal-Year-2021.aspx.

③ Megan Eckstein. SECDEF Esper Calls for 500-Ship Fleet by 2045, With 3 SSNs a Year and Light Carriers Supplementing CVNs. USNI News, October 6, 2020.

https://news.usni.org/2020/10/06/secdef-esper-calls-for-500-ship-fleet-by-2045-with-3-ssns-a-year-and-light-carriers-supplementing-cvns.

(Dollars in Billions)	FY 2020	FY 2021	FY 2022	FY 2023	FY 2024	FY 2025	FY21-25
New Construction:							
Columbia Class Submarine	AP	1	-	-	1	-	2
CVN 78 (Ford class)[1]	1	-	-	-	-	-	-
SSN 774 (Virginia class)	2	1	2	2	2	2	9
DDG 51	3	2	2	1	2	1	8
LCS	-	-	-	-	-	-	-
FFG (X)	1	1	1	2	2	3	9
LHA(R)	*	-	-	1	-	-	1
LPD Flight II / LX(R)	*	1	-	1	-	1	3
Expeditionary Sea Base (ESB)	-	-	-	-	-	-	-
Expeditionary Fast Transport (EPF)	1	-	-	-	-	-	-
T-AO 205	2	-	-	1	2	1	4
Submarine Tender Replacement (AS(X))	-	-	-	-	1	-	1
T-ATS	2	2	1	-	-	-	3
T-AGOS(X)	-	-	1	1	1	1	4
New Construction Total QTY	12	8	7	9	11	9	44
New Construction Total ($B)	$ 22	$ 16.4	$ 17.8	$ 20.8	$ 24.0	$ 23.8	$ 102.8

图 1-26 ‖ 2021—2025 财年新舰采办计划

2045 年前建成超过 500 艘有人及无人舰艇，并在 2035 年前建成 355 艘有人舰艇。截至 2020 年 10 月底，美国国防部尚未正式发布 FNFS 研究结果，但埃斯珀承诺将于 2020 年向国会提交 FNFS 研究结果及美国海军 30 年造舰计划。“作战兵力 2045”提到了打造未来美国海军舰队的七个方面。具体如下：

（1）潜艇。

埃斯珀表示美国海军的当务之急是建立一支规模更大、能力更强的潜艇部队。计划中写道：“我们通过研究得出了一致的结论，那就是需要快速壮大潜艇部队，要增加到 70~80 艘。它们才是未来强国冲突中生存力最强、打击力最大的平台。就算我们其他什么都不做，也必须保证美国海军尽快开始建造潜艇，做到一年建 3 艘弗吉尼亚级核潜艇。”这份计划还呼吁给第 7 艘洛杉矶级核潜艇换装燃料，同时继续投资打造未来攻击型潜艇 SSN(X)。

（2）航母。

埃斯珀表示核动力航母将仍然是美国“最显而易见的威慑力量”，但是美国海军也会仔细考虑支持短距起飞和垂直降落舰载机的轻型航母。他表示“我们正在考虑的一个型号是能武装十多架 F-35B 的两栖攻击舰美利坚号，轻型航母能提供更多的存在和更强的能力来执行日常任务，腾出超级航母来执行更重要、更高端的战斗”。美国海军仍然需要研究核动力航母与轻型航母的正确组合比例。据埃斯珀估计，美国海军需要 8~11 艘核动力航母和 6 艘轻型航母。

（3）两栖舰。

美国海军陆战队希望能更多地在海上行动，埃斯珀表示支持美国海军陆战队的这种想法，这意味着美国海军需要更加壮大，投资打造更多两栖舰来将陆战队员运送到全世界。埃斯珀表示需要比原计划更多的两栖战舰，大约 50~60 艘。

（4）无人舰艇。

埃斯珀提到，美国海军未来将大量投资打造无人平台或者有人/无人两用平台，数量在 140~240 艘之间。无人舰队也称“幽灵舰队”，可执行补给、侦察、布雷和导弹打击等多种任务。根据埃斯珀的描述，无人舰艇人力和费用成本相对较低，但却能极大地增强海军舰队的攻击和防御能力。2020 年 10 月初，海上猎手号无人水面艇完成了与拉塞尔号驱逐舰（DDG 59）的联合行动，展示了无人水面艇的技术可行性与作战价值。

（5）水面战舰。

美国海军希望舰队中能增加 60~70 艘小型水面战舰。埃斯珀提到，2020 年 4 月美国海军授出价值 7.95 亿美元的 FFG(X) 首舰设计与建造合同，这是美国海军 10 多年来首个新的大型造舰项目，将为多种军事选择提供支持。

（6）作战后勤舰。

美国海军和海军陆战队领导人均强调，要遏制中国就难免要在亚太地区进行分散作战。海军陆战队会分成小组，由彼此之间相隔较远的舰艇送上岸。埃斯珀表示要成功执行这些任务，美国海军可能需要 70~90 艘作战后勤舰。

（7）海上无人机。

埃斯珀表示，美国海军必须研发和部署各种类型的舰载无人机，包括战斗机、加油机、预警机和电子攻击机。计划中没有详细分析美国海军舰载常规飞机和无人机的混合比例，埃斯珀称这个问题还有待进一步研究。

2020 年 10 月 7 日，美国国会研究服务处发布新版《海军兵力结构及造舰计划：背景与相关问题》报告，其中增加了埃斯珀有关“作战兵力 2045”的描述，如表 1-14 所示是新的 2045 年目标与 355 艘兵力结构目标比较。[①]

表 1-14 “作战兵力 2045”提出的兵力结构目标

类　别	355 艘舰艇目标	作战兵力 2045 已披露细节	备　注
有人舰艇			
弹道导弹核潜艇（SSBN）	12	未知	据报道暂无潜在调整
攻击型核潜艇（SSN）	66	70~80	采办速率从现有 2 艘/年尽快提升为 3 艘/年，以实现 70~80 艘目标
大型航母（CVN）	12	8~11	据报道 2020 年中 OSD 倾向于调整为 9 艘
轻型航母	0	6（最多）	6 艘中部分可能基于现有 LHA 型两栖攻击舰母型及使命任务，并搭载 F-35B 战斗机
大型水面战舰（巡洋舰、驱逐舰）	104	未知	据报道可能调整为 64~90 艘
小型水面战舰（护卫舰、濒海战斗舰）	52	60~70	增加至 60~70 艘可能意味着 FFG（X）数量将超过原计划的 20 艘
两栖战舰	38	50~60	50~60 艘中包括新型轻型两栖战舰（LAW），据报道 LHA/LHD/LPD 数量可能比原计划有所减少
大甲板两栖战舰（LHA/LHD）	（12）	未知	据报道可能减少为 8~10 艘
两栖船坞运输舰（LPD）	（26）	未知	据报道可能减少为≤19 艘
轻型两栖战舰（LAW）	（0）	未知	美国海军原计划数量为 28~30 艘，据报道可能调整为 20~26 艘

① Congressional Research Service. Navy Force Structure and Shipbuilding Plans: Background and Issues for Congress. CRS Report RL32665, October 7, 2020 [https://crsreports.congress.gov].

（续）

类　别	355 艘舰艇目标	作战兵力 2045 已披露细节	备　注
作战后勤舰（CLF）	32	70~90	美国海军计划新增称为“中型后勤舰”的新型作战后勤舰，据报道其数量为 18~30 艘
指挥支援舰	39	未知	哈德逊研究所提供给 OSD 的报告中建议增加至 53 艘①
小计（有人舰艇）	355	未知	2035 年前达到 355 艘有人舰艇，再考虑 140 艘无人与可选有人舰艇中的可选有人舰艇，则有人舰艇总量可超过 360 艘
无人与可选有人舰艇			
大型无人水面艇（LUSV）	0	未知	据报道 LUSV、MUSV 数量可能为 65~87 艘，从而无人与可选有人舰艇数量为 140 艘（加上 XLUUV）
中型无人水面艇（MUSV）	0	未知	哈德逊研究所提供给 OSD 的报告中建议 MUSV 数量为 99 艘
超大型无人潜航器（XLUUV）	0	未知	据报道可能为 40~60 艘
小计（无人与可选有人舰艇）	0	140~240	若按照哈德逊建议建造 99 艘 MUSV，则无人与可选有人舰艇数量为 240 艘
合计（有人与无人舰艇）	355	500+	2035 年前达到 355 艘有人舰艇，再考虑 140 艘无人与可选有人舰艇中的可选有人舰艇，则有人舰艇总量可超过 360 艘；2045 年前有人与无人舰艇数量超过 500 艘

美国国会研究服务处在 2020 年 12 月 10 日更新的《海军兵力结构及造舰计划》报告中②，基于总统换届、国防部长埃斯珀遭解职等形势变化，分析了“作战兵力 2045”的未来走向。新一届拜登政府可能选择审查或修改前任政府的国防计划，提出新的国家安全战略与（或）国防战略，因此可能搁置现有“作战兵力 2045”，也可能提出新的海军兵力结构目标。尽管如此，预计将舰队向分布式方向发展、减少大型舰艇占比、增加小型舰艇占比、新增无人舰艇的主流调整方向仍将延续。因为随着技术进步及潜在对手威胁提升，这些调整方向已经在美国海军酝酿多年并深入人心。

1.5.8.4　2022 财年 30 年造舰计划（草案）

2020 年 12 月 9 日，美国海军作战部长办公室发布了《美国海军远期造舰计划》。该文件应该是特朗普政府发布的 2022 财年 30 年造舰计划的草案版本，体现了美国海军 2019 财年以来的国防战略，包括 2022—2051 财年的采办计划、交付计划、退役计划和舰艇保有量。③,④

① Bryan Clark, Timothy A. Walton, and Seth Cropsey. American Sea Power at a Crossroads: A Plan to Restore the US Navy's Maritime Advantage. Hudson Institute, October 2020.

② Congressional Research Service. Navy Force Structure and Shipbuilding Plans: Background and Issues for Congress. CRS Report RL32665, December 10, 2020. [https://crsreports.congress.gov].

③ Office of the Chief of Naval Operations, Report to Congress on the Annual Long-Range Plan for Construction of Naval Vessels, December 9, 2020.

④ Megan Eckstein. White House-Led Navy Shipbuilding Plan Set to Push Boundaries of Pentagon Budgets, Industry Capacity. USNI News, December 10, 2020.

https://news.usni.org/2020/12/10/white-house-led-navy-shipbuilding-plan-set-to-will-push-boundaries-of-pentagon-budgets-industry-capacity.

除了阐述2022—2051财年30年造舰计划，该文件在附件1“未来舰队架构”（Future Fleet Architectures，FFA）还披露了未来海军兵力研究（FNFS）的最新进展，并与当前舰队规模进行对比，指出将在2031—2033财年达到355艘作战舰艇的目标，如图1-27和图1-28所示。

Platforms	Current Inventory	Plan FY45 Inventory	FNFS FFA Ranges
Aircraft Carrier	11	11	8-11
CVL	0	0	0-6
LHA/LHD	10	9	9-10
Amphibious Warfare Ships (less LHA/LHD)	23	57	52-57
Large Surface Combatant	91	74	73-88
Small Surface Combatant	30	66	60-67
Attack Submarines / Large Payload Submarine	54	72	72-78
Ballistic Missile Submarines	14	12	12
Combat Logistics Force	29	69	69-87
Support Vessels	34	33	27-30
Unmanned Surface	0	119	119-166
Unmanned Subsurface	0	24	24-76
Battle Force	296	403	382-446
Battle Force + Unmanned Surface	-	522	501-612
Battle Force + Unmanned Surface + Unmanned Subsurface	-	546	525-688

图1-27 美国海军兵力结构对比（当前，FY2045，FNFS）

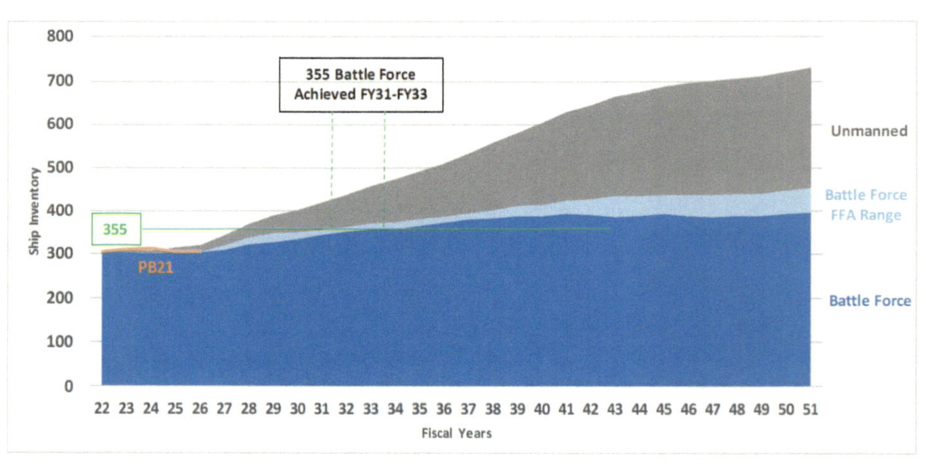

图1-28 美国海军作战舰艇、无人舰艇规模变化

同时，轻型航母（CVL）、未来大型水面舰、轻型两栖舰（LAW）、下一代后勤舰（NGLS）以及LUSV、MUSV、XLUUV等新型舰艇平台的作战能力有待进一步研究、测试与开发，分析明确未来海军舰队的能力、战备率、作战表现及规模需求。

1.6 本书章节结构

本书共11章。全书章节结构如图1-29所示。

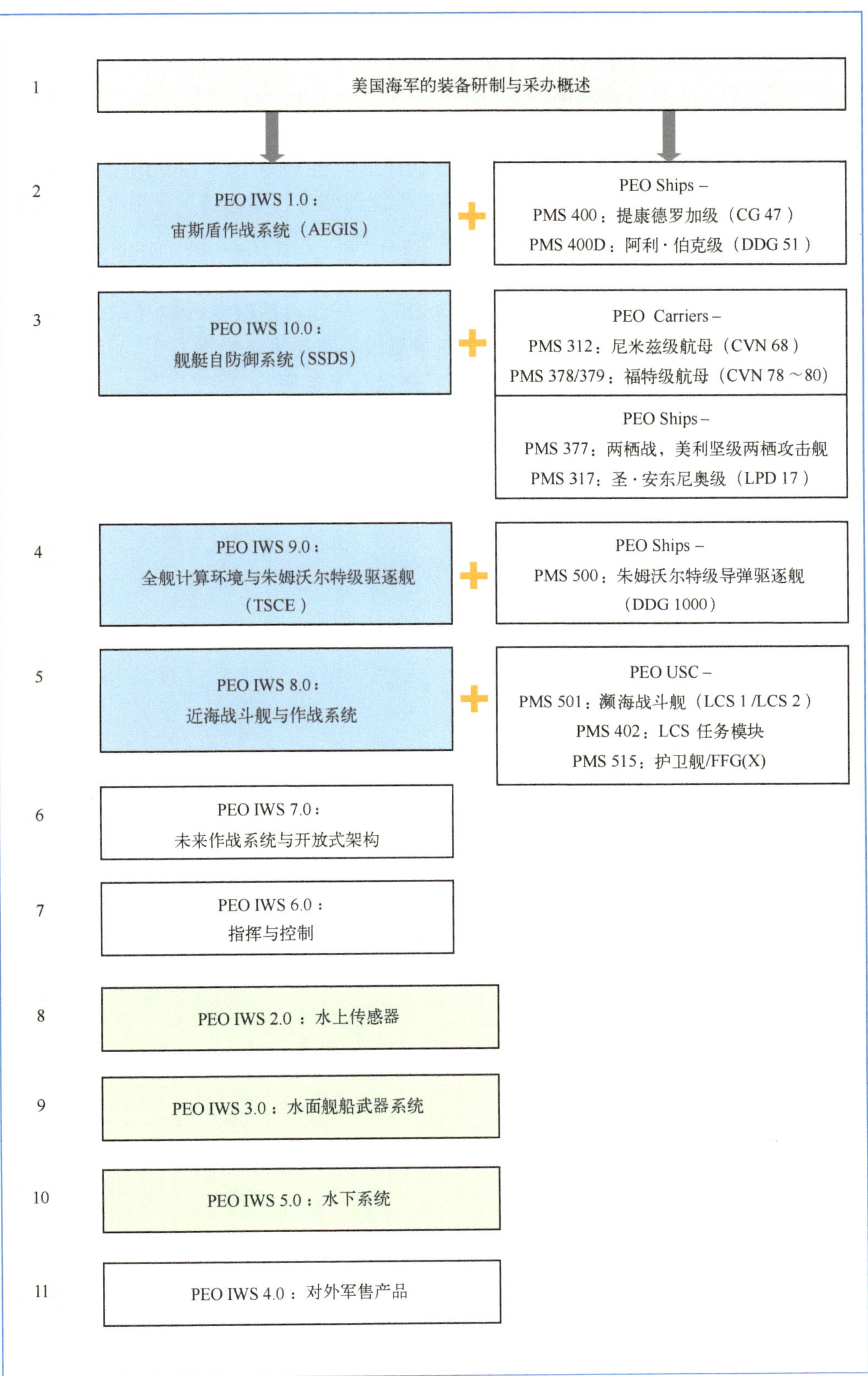

图 1-29 本书章节结构框图

第 1 章是美国海军的装备研制与采办概述，首先对美国海军的国防采办管理体制、组织架构、海军兵力结构等进行介绍；然后分 10 章分别对应 PEO IWS 下属的 10 个办公室 IWS 1.0~10.0，详述各办公室的业务范围及分管的 110 多个国防采办项目，涵盖了美国海军的水面舰船作战系统和装备体系。

第 2~5 章的内容结构类似，每一章首先分别详细论述 PEO IWS 1.0/10.0/9.0/8.0 办公室分管的作战系统项目，然后从发展概况、主要性能与装备、建造情况、采办动态和总体评价等方面介绍承载该作战系统的舰船平台。包括：

第 2 章是 IWS 1.0：宙斯盾作战系统（AEGIS）；

第 3 章是 IWS 10.0：舰艇自防御系统（SSDS），平台包括航空母舰（尼米兹级和福特级）和两栖舰（黄蜂级、美利坚级、圣·安东尼奥级、惠德贝岛级等）；

第 4 章是 IWS 9.0：全舰计算环境与朱姆沃尔特级驱逐舰；

第 5 章是 IWS 8.0：濒海战斗舰与作战系统。

显然，一型舰船的采办涉及多个项目执行办公室。第 2~5 章在介绍 PEO IWS 作战系统业务的同时，还介绍了 NAVSEA 所属的 PEO Ships、PEO Carriers 和 PEO USC 等项目执行办公室相关的舰船平台业务。

第 6 章是 IWS 7.0：未来作战系统与开放式架构。

第 7 章是 IWS 6.0：指挥与控制。

第 8~10 章分别针对舰载系统（设备），它们是作战系统的组成部分，包括：

第 8 章是 IWS 2.0：水上传感器；

第 9 章是 IWS 3.0：水面舰船武器系统；

第 10 章是 IWS 5.0：水下系统。

最后，第 11 章是 IWS 4.0：对外军售产品。

第2章 IWS 1.0：宙斯盾作战系统

2.1 概述

宙斯盾（AEGIS）是美国海军最重要的武器系统。从1969年诞生至2020年4月，宙斯盾系统已经装备了27艘提康德罗加级巡洋舰（CG 47~73，前5艘已退役）和68艘阿利·伯克级驱逐舰（DDG 51~117，119），现役90艘宙斯盾舰是美国海军水面作战力量的绝对主力。

宙斯盾作战系统，以宙斯的神盾命名，是一个高度集成的全舰作战系统。宙斯盾巡洋舰和驱逐舰构成了美国水面海军的主体，并将在未来几十年继续构成水面舰队的核心。宙斯盾作战系统能够在许多前线同时作战：防空、反水面、反潜和打击战。宙斯盾部署在美国海军、美国全球主要盟国海军100艘舰艇、美国海岸警卫队舰艇，甚至陆基弹道导弹防御设施上。宙斯盾是一个保护资产免受来自飞机或导弹的空袭的系统，它探测空中威胁、计划如何应对威胁并发射导弹拦截和消灭威胁。

如图2-1所示，宙斯盾的任务包括：

- 自我防御（保护主机平台不受攻击）；
- 区域防空（例如，保护包含主机平台的海军特遣部队）；
- 远程防空及弹道导弹防御（例如，保护一个地理区域免受远程弹道导弹袭击）。

宙斯盾作战系统的核心是宙斯盾武器系统（AWS），这是一个集中的、自动化的指控及武器控制系统，被设计成一个从探测到杀伤的完整武器系统。宙斯盾武器系统的主要承包商是洛克希德·马丁公司的任务系统和训练部门。在那里，大约有1500人为宙斯盾项目工作，他们维护着宙斯盾使用的超过10万条AWS需求和超过1000万行源代码（仅在上一次主要升级中就有约1800万SLOC）。洛克希德·马丁公司在全球拥有11.6万名员工，是世界上最大的国防承包商之一。

美国海军《2010年国防预算》对若干装备项目进行调整后，又借2010年出台的《四年防务审查》《2011财年国防预算》《30年造舰计划》等机会，继续调整舰船装备项目，取消了CG(X)巡洋舰项目，决定继续发展阿利·伯克级Ⅲ型驱逐舰。经过一系列的调整，未来

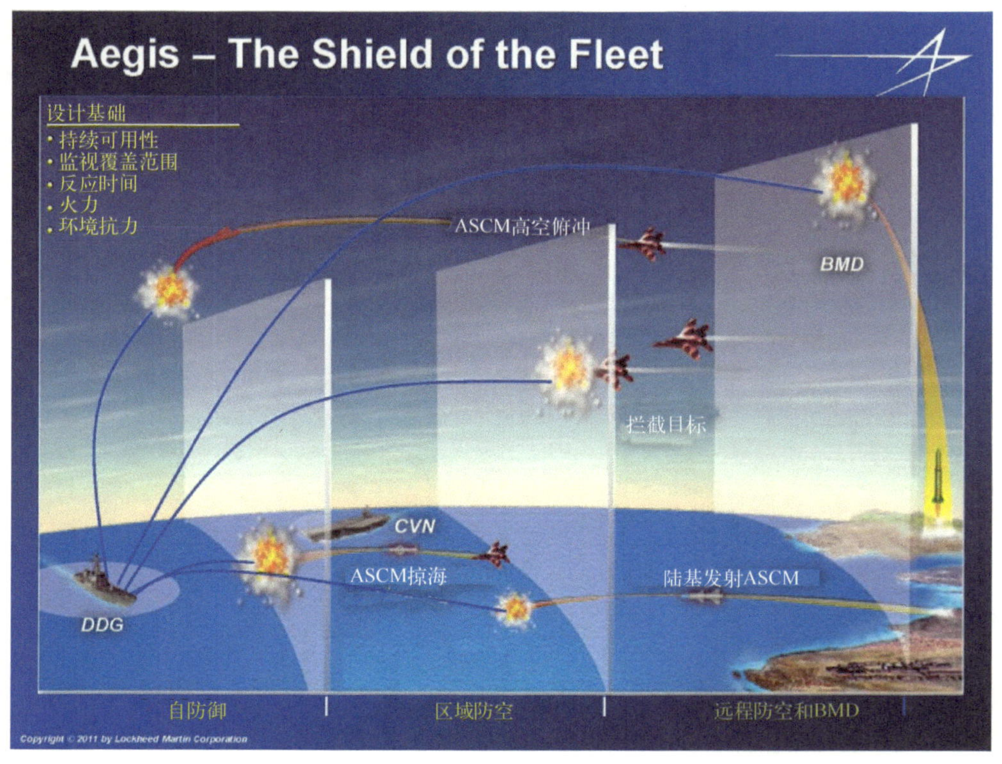

图 2-1 舰队之盾

一个时期装备发展的思路逐渐明晰，即：注重成熟技术的应用，以便严格控制 DDG 1000 等项目成本的飙升；加强项目成本的分析，从而提高成本估算的精确性。这一调整意味着阿利·伯克级舰“常青树”的美誉成真，遂使宙斯盾作战系统的升级成为各国海军关注的中心。当我们着力于宙斯盾现代化计划及弹道导弹防御体系的解读与分析时，还是得从宙斯盾的缘起开始。

本章首先回顾宙斯盾的发展历程。宙斯盾从系统的研发到上舰，开拓海军系统工程之先河。第一艘宙斯盾舰下水是 1981 年。40 年来，宙斯盾舰在对船体等硬件不断改装的同时，宙斯盾作战系统的版本也从基线 0 升级到了基线 9、基线 10。宙斯盾与宙斯盾舰如同“毛”与“皮”，随着应用的不断扩大，宙斯盾系统的外延也更加丰富。不同的场景、不同的主题，“宙斯盾”的内涵是不同的。

通过宙斯盾现代化计划，透视宙斯盾的现在。朱姆沃尔特（DDG 1000）级舰的问世，一度使得阿利·伯克级舰的建造计划到 DDG 112 终止。但是，由于朱姆沃尔特级的费用持续高涨，海军已明确该级舰仅建造 3 艘，而阿利·伯克级舰还要追加建造。同时，一项针对提康德罗加级和阿利·伯克级现役宙斯盾舰的现代化计划也在实施，美国海军正在实施的“宙斯盾现代化”计划是指对装备着宙斯盾系统的舰实施以武器体系为中心的软/硬件现代化改装。其中最耐人寻味的就是“软件螺旋式更新”和“计算机系统 COTS 化及 OA 化”。目前完成现代化改装的舰所使用的宙斯盾作战系统的基线称为基线 7 CR3/CR4，这是完全基于美国海军开放式架构计算环境（OACE），将硬件和软件分开实施的结果。他们相信，宙斯盾作战系统采用开放式架构后，可以通过与不同公司合作，使宙斯盾舰在余下的服役期限内能够更简便、更经济地进行升级改进。

接着展示的是宙斯盾弹道导弹防御系统，以期能够透视宙斯盾的未来。由于弹道导弹的威胁在迅速蔓延，加强弹道导弹防御（BMD）及区域防空能力显得更加迫切。宙斯盾 BMD 是未来发展的重点之一，未来宙斯盾的改装主要围绕弹道导弹防御能力展开。其于 20 世纪 80 年代中期开始研发，90 年代末调用伊利湖号和皇家港号两艘宙斯盾巡洋舰作为试验舰，试射 SM-3 导弹，它能够拦截更远程、更复杂的弹道导弹。美国海军的防御构想取决于防御政策，BMD 能力的提高分三个阶段实施，防护区域也是阶段性的扩大。2012 年之后，BMD 功能成为宙斯盾作战系统的标准配置，实现其多层部署的构想。

而阿利·伯克级Ⅲ型舰似乎是宙斯盾未来的新亮点。从 2010 年开始计划，在 2016—2031 年，美国海军计划要装备 24 艘（根据每年的国防预算计划仍在调整，实际建造多少艘仍是变数）。在Ⅲ型舰上要搭载为 CG(X)研发的双波段雷达（DBR）缩小版的防空反导雷达（AMDR），有人说，Ⅲ型舰实质上是提康德罗加级的后续舰。如果Ⅲ型舰上没有作为宙斯盾系统代表的 SPY-1，严格地说就不能算是宙斯盾舰，或许可以说成是由 AMDR 组成的发展型的宙斯盾式的舰。

纵观宙斯盾系统与宙斯盾舰的发展，我们从计划的实施上面看到的是精确的管理与控制，的确是美国海军系统工程的典范。

究竟是什么推动了宙斯盾系统的持续发展？显然是威胁的不断变化，是 IT 技术的不断创新。这些因素促使美国海军转变观念，大量采用商用成熟技术（COTS）、贯彻开放式架构（OA）及认同开源软件产品。就是说宙斯盾舰作战系统功能/性能的再提高，以软件螺旋式更新来实现，是仅从外观上看不到的。

观念转变带来的直观效益就是经济的可承受性和技术成熟度的提高，这正是美国海军压缩 DDG 1000，转而发展阿利·伯克Ⅲ型舰的直接原因。

本章主要涉及下列项目办公室的主管业务：

PEO IWS 1.0：宙斯盾系统（AEGIS）；

PEO Ships - PMS 400：提康德罗加级导弹巡洋舰（CG 47）；

PEO Ships - PMS 400D：阿利·伯克级导弹驱逐舰（DDG 51）。

2.2 宙斯盾的发展

2.2.1 宙斯盾系统的诞生

20 世纪 60 年代末，美国海军认识到现有水面作战系统在各种环境中的反应时间、火力、战备完好性都不足以应付苏联饱和攻击的威胁，于是提出先进水面导弹系统（ASMS）的提案。经过不断发展，在 1969 年 12 月改名为空中预警与地面整合系统（Airborne Early-warning Ground Integrated System），英文缩写刚好是希腊神话中的宙斯之盾（AEGIS），所以译为宙斯盾系统。正式命名后，项目进入具体的系统研发。

1969 年，美军与美国无线电公司（RCA）签署 SPY-1 相控阵雷达的研制合同，宙斯盾系统的设计工作于 1972 年 4 月完成。宙斯盾的徽标如图 2-2 所示。

宙斯盾武器系统不是在设想出特定的舰之后开发的，甚至在研发宙斯盾时，对该系统应该安装在何处，还存有分歧。最初的宙斯盾系统样机是架设在陆地上的。1973 年，在新泽西州原空军的设施内，搭建了类似于巡洋舰上层建筑的建筑物，着手 SPY-1 相控阵雷达的技术开发，即工程开发原型一号（EDM-1），位于陆基试验场（LBTS），如图 2-3 所示。EDM-1 在 LBTS 进行陆上试验之后，移到诺顿海峡号试验舰上，1974 年开始进行海上试验。那时在该舰上只配备 1 面 SPY-1 雷达、照射装置和 Mk26 导弹发射装置，同年，“标准”-1 导弹的实射试验取得成功。

宙斯盾系统的工程开发原型二号（EMD-2）主要着眼于防空导弹的射控，安装在新墨西哥州白沙导弹测试场来支援 ASMS 导弹系统的研发测试工作（后来此合约成为 SM-2 导弹）。1976 年 10 月，美国海军与 RCA 签署合约来改装位于新泽西州摩尔斯顿的原空军雷达测试场，称为作战系统工程开发场（CSEDS）。美国海军打算在此

图 2-2 宙斯盾的徽标

图 2-3 位于陆基试验场的 EDM-1（左）和诺顿海峡号试验舰（右）

测试拥有完整宙斯盾武器系统（AWS）功能的宙斯盾工程开发原型三号（EMD-3），包含 1 个 AN/SPY-1A 相控阵雷达（单天线）、4 个照射雷达、2 个 Mk26 发射器模拟器等，而武器控制与雷达控制分别由一部 AN/UYK-7 主机负责。CSEDS 于 1977 年 5 月启用，随后安装宙斯盾系统的 EMD-3，并在 1978 年完成与其他周边系统的集成，1978 年 3 月 30 日首度进行目标测试并获得成功。宙斯盾系统正式量产进入服役后，CSEDS 仍持续不断地为宙斯盾系统的后续发展提供支持；用来发展 AN/SPY-1B/D 雷达的宙斯盾系统工程原型为 EMD-4，20 世纪 90 年代用来开发 AN/SPY-1D(V)的宙斯盾系统工程开发原型为 EMD-4B。

由于测试成果良好，美国海军海上系统司令部（NAVSEA）遂于 1977 年启动名为 PMS-400 的宙斯盾舰艇建造计划，SM-2 导弹亦于 1977 年开始量产。1978 年，美国海军与 RCA 签署 SPY-1 雷达的量产合约。1980 年年初，完成定型试验之后称为 AN/SPY-1A。

在宙斯盾研发期间，美国海军的核动力派一度占主导地位，1973 年左右，产生了核动力打击巡洋舰（CSGN）的构想。CSGN 的排水量是一万多吨，能够搭载宙斯盾防空系统和

鱼叉舰舰导弹（SSM）、战斧对陆巡航导弹（SLCM）和203mm舰炮，能够运用直升机或垂直短距起降机（V/STOL）。作为巡洋舰，不但要为航空母舰护卫，还要把长期单独行动作为任务。可是由于越战后的不景气和国防预算的削减，海军想要进行这样奢华的采购已经不可能了，当时的福特政权轻易地就将CSGN计划否决了。

1975年开始，议会就指示海军和国防部对宙斯盾系统的搭载舰进行研讨，在宙斯盾系统装备弗吉尼亚级核动力导弹巡洋舰、核动力攻击巡洋舰的计划都不能实现的情况下，提出把宙斯盾系统运用在全燃气轮机推进的斯普鲁恩斯级驱逐舰（DD 963）的发展型上。采用与该级驱逐舰相同的船体和动力装置，以降低研制费用和进度，这一计划得到了国会的批准。斯普鲁恩斯级驱逐舰1960年代末开始计划，1972年建造第一艘，一共订购了31艘，都在英格尔斯造船厂建造，直到1980年。

最终美国海军宙斯盾系统的搭载舰是提康德罗加级巡洋舰（CG 47）和阿利·伯克级导弹驱逐舰（DDG 51）。这是美国海军历史上最成功的舰船系统工程项目，不仅设计建造了两型成功的水面作战舰，而且创造了宙斯盾舰队全寿命期的保障结构（含训练、后勤和服务工程等）。“宙斯盾计划”一直被认为是美国海军在系统工程领域所取得的卓越成就。[①,②]

2.2.2 宙斯盾武器系统

随着宙斯盾系统的上舰，宙斯盾（AEGIS）一词在不同的场合所指是不同的，可以指舰、作战系统或者武器系统。简单地说，宙斯盾舰是装备了宙斯盾作战系统（AEGIS Combat System，ACS）的水面舰，而宙斯盾作战系统是围绕宙斯盾武器系统（AEGIS Weapon System，AWS）构建的。从时间上讲，宙斯盾武器系统要早于宙斯盾舰和宙斯盾作战系统，是宙斯盾作战系统和宙斯盾舰的核心。

宙斯盾武器系统是一个防空系统，其任务是防御飞机、反舰巡航导弹和弹道导弹的攻击。宙斯盾武器系统的体系结构设计出色，优良的可伸缩性、可扩展性使其保持近半个世纪的不断发展，在美国海军中的历史最久。毫无疑问，宙斯盾武器系统的研制开发也是最具挑战性的。

宙斯盾武器系统（AWS Mark 7）主要由8个部分组成：

- AN/SPY-1A相控阵雷达；
- Mk1指挥决策系统（C&D）；
- Mk1宙斯盾显示系统（ADS）；
- Mk1武器控制系统（WCS）；
- Mk99火控系统（FCS）；
- 垂直发射系统（VLS）；
- 标准导弹系列（SM）；
- Mk1战备完好性测试系统（ORTS）。

图2-4所示是以CG 52为例，宙斯盾武器系统的组成。之所以选择第6艘宙斯盾舰邦克山号CG 52，是因为2008年8月，第一艘安装开放式架构的邦克山号成功测试了改进后的

---

① Joseph T. Threston. The Roots of AEGIS 1945 Through 1970. The Story of AEGIS, Naval Engineer's Journal, 2009 Vol. 121 No. 3：71-83.

② イージス艦の発達——その誕生から今日まで，「世界の艦船」2010. 10：75-81.

宙斯盾作战系统，从而标志着这艘服役时间最长的宙斯盾舰已经成为当时美国海军最先进的巡洋舰。①

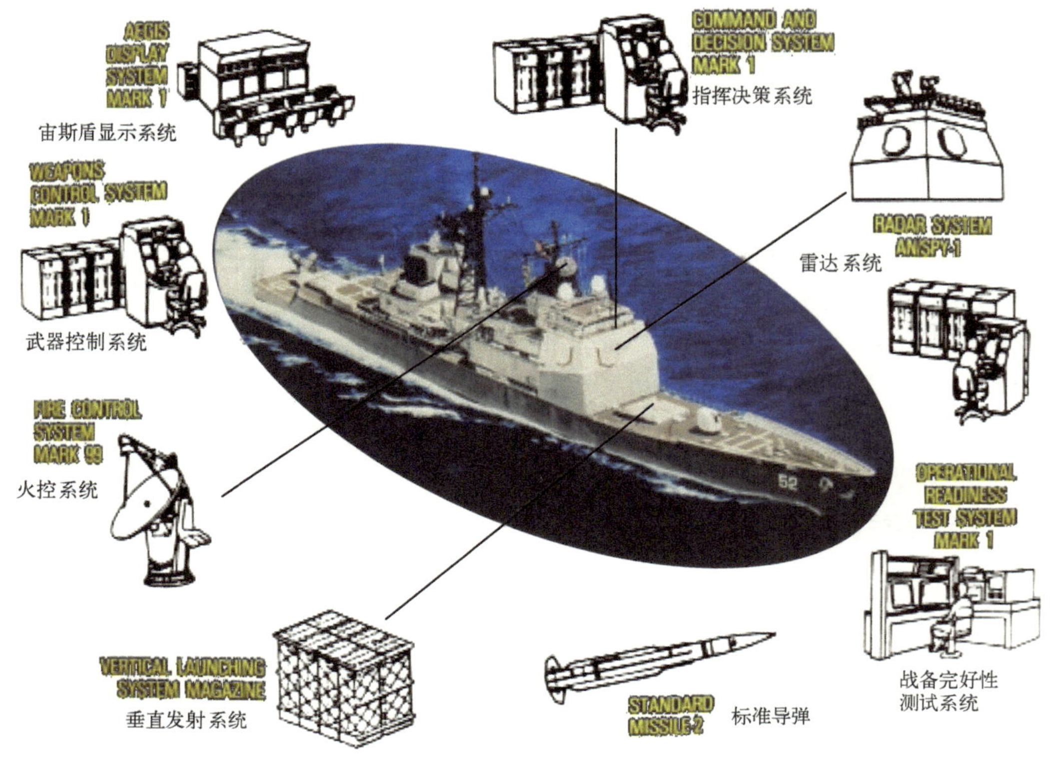

图 2-4 宙斯盾武器系统的组成（CG 52）

宙斯盾武器系统自投入使用起，便定期地通过一系列武器更新而得到改进，包括引入新的武器、传感器等。如 1988 年 CG 49 击毁伊朗民用客机事件发生之后，美国海军就为提康德罗加级第一批次舰（CG 47~51）研制了“非协同”目标识别系统。

再如海湾战争后，SPY-1D 沿海战雷达（EDM-4B）的改进型是为了克服由于油井大火产生的大气杂波和沙暴温度上升，造成雷达虚假目标大增的问题。改进后的雷达在强干扰和陆地杂波环境中可维持清晰的战斗空间图象，同时改进了对低反射截面的掠海飞行威胁的探测性能。

图 2-5 所示宙斯盾武器系统同时用于巡洋舰和驱逐舰。

1. 相控阵雷达系统 AN/SPY-1A

全世界第一种实用化舰载相控阵雷达系统 AN/SPY-1 是宙斯盾作战系统的核心，可提供宙斯盾舰所需要的强大侦察与火控能力。SPY-1 属于被动式相控阵雷达，采用 S（E/F）波段（E 频，波长 10~15cm；F 频，波长 7.5~10cm）操作（3100~3500MHz），对空探测距离大于 325km，最大有效探测距离约 450km，能够同时探测和追踪 200 个以上的目标，计算武器发射参数，并以分时的方式同时为 SM-2 防空导弹进行导引。AN/SPY-1 由相控阵天

① Joseph T. Threston. The AEGIS Weapon System. The Story of AEGIS, Naval Engineer's Journal, 2009 Vol. 121 No. 3: 85-108.

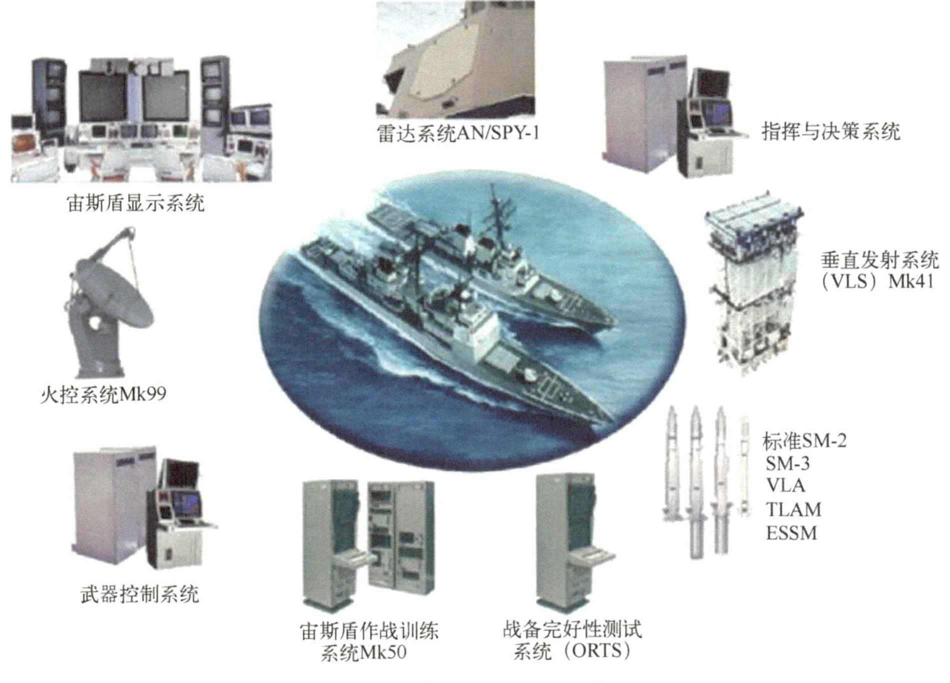

图 2-5 宙斯盾武器系统

线、发射机组、信号处理组、雷达控制器等部件构成。

AN/SPY-1 雷达系统采用四面平板状八边形固定式相控阵天线，每面天线涵盖 90°方位角，因此用四面阵就能全时间涵盖所有的方位角；计算机负责控制平板天线上移相器的运作，进而控制雷达波束的功率、指向与波形等。SPY-1 能在极短时间内完成监视空域内的扫描，目标更新速率极快，拥有极佳的多目标搜索/跟踪能力。此外，由于要波束指向的改变相当灵敏快速，目标反射信号的相位角出现变化时雷达能立刻感知，并在瞬间改变波束指向，从而继续将目标锁定于波束范围内，因此目标就算高速运动且剧烈闪避也很难摆脱。

美国海军在航母战斗群的测试应用结果显示，20 世纪 90 年代以来，经过改进的 AN/SPY-1 能同时承担广大区域搜索监视、目标精确追踪、空中交通管制、空中拦截指挥、反潜作战指挥、气象监视、点防御低空/海面搜索、攻击控制等多种任务，可完全代替过去美国海军的 AN/SPS-43A/49 二维远程低频对空预警雷达、AN/SPS-48 远程三维对空监视雷达、AN/SPS-58 脉冲多普勒近程搜索与目标跟踪雷达、AN/SPS-55 平面搜索导航雷达。

2. 指挥决策系统

指挥决策系统（C&D）是一艘宙斯盾舰艇的指挥/控制核心，负责建立战术原则，显示、整合并处理舰上以及舰载直升机各传感器获得的所有数据，进行敌我识别、威胁判断、目标优先级排序以及交战时的火力分配，指挥 WCS 遂行打击，此外也负责协调与控制整个宙斯盾作战系统的运作。

依照人工介入的程度，C&D 有以下四种运作模式：全自动“标准”导弹交战模式（或称全自动模式）、自动模式、半自动模式以及人工操作。其中，全自动模式是一种条令模式（Doctrine Mode），在此模式下宙斯盾系统乃至于舰上所有作战装备的运作都无须人力介入，

C&D 整合所有传感器获得的目标数据，依照程序逻辑完成分析判断，只要目标判断符合威胁条件，C&D 就立刻命令 WCS 分配舰上武器系统（主要是标准系列导弹或 ESSM 改进型海麻雀防空导弹等）交战。在此模式下，SPY-1 雷达探测到目标后，C&D 系统首先排除可能是大气或背景环境造成的虚警，然后通过雷达目标特性（包括速度、航向）判断是否是威胁（包括目标是否朝舰船来袭、飞行速率是否超过 500kn 门槛值、目标的敌我识别问答器是否回传非民用代号等），完成这些分析之后马上将数据传送给 WCS 进行交战。一般而言，在全自动模式下，目标只要一出现在战情中心（Combat Information Center，CIC）的雷达显示器上，下一秒 WCS 就会将待射的“标准”导弹发射升空。然而，即便在全自动模式下，操作人员仍能随时介入，改变 C&D 的运作模式。

提康德罗加级导弹巡洋舰的 C&D 型号为 Mk1，阿利·伯克级导弹驱逐舰的 C&D 型号则改称为 Mk2。

3. 宙斯盾显示系统

宙斯盾显示系统（ADS）位于宙斯盾舰的战情中心，由一些大型显示屏幕以及负责控制显示的计算机组成，负责将宙斯盾系统的信息显示给舰上的最高指挥官。

4. 武器控制系统

武器控制系统（WCS）是宙斯盾舰所有武器系统的控制中枢，由 C&D 指挥控制，接收 C&D 传输的指令与数据后，针对各武器系统进行目标分配、拦截计算、下达发射指令以及导弹发射后的导控工作等。因此，WCS 连接并控制舰上各武器系统的火控系统（包括 Mk99 导弹火控系统、Mk86 舰炮火控系统、Mk116 或 SQQ-89 反潜作战系统等），在进行 SM-2 防空导弹的导引照射工作时还可命令 SPY-1 相控阵雷达将数据传输过来，以校正导弹的航路以及 SPG-62 照射器的指向。而 WCS 的所有数据也将反馈至 C&D，并显示在控制台显示屏上供决策者参考。

在提康德罗加级巡洋舰上，WCS 的型号为 Mk1，阿利·伯克级驱逐舰则变成 Mk8。

5. 火控系统

Mk99 导弹火控系统（FCS）由 4 座 SPG-62 照射雷达、Mk82 指挥仪和数据转换装置组成。该系统负责按照 Mk1 武器控制系统的指令，配合 SPY-1 雷达一同对 SM-2 导弹实施导引，SPG-62 负责提供末端的目标照射。

6. 垂直发射系统

Mk41 垂直发射系统（Vertical Lunch System，VLS）是一种革命性的舰载导弹发射系统，拥有发射速度极快、无射角限制、结构简单、性能可靠、利于舰体隐匿、使用弹性大等诸多好处，故成为全世界最广泛使用的 VLS。早在 20 世纪 60 年代，美国就开始针对舰载垂直发射系统进行大量实验。Mk41 的原始构想是配合宙斯盾作战系统而来，希望能提供一种突破传统发射器射速瓶颈、能有效应付饱和空中攻击的导弹发射系统。

Mk41 发射系统采用模块化结构，最基本的单元是一个 2×4 的八联装发射模组。此八联装发射模组由发射槽构架、顶板、舱口盖、开启机构、排烟道、热焰排除系统、压力通风系统等部分构成，每个八联装发射模组还拥有一个动力控制面板、电源供应单元、发射序列信号产生器等周边装置。Mk41 配备两组发射控制单元（LCU），一般情况下，每个 LCU 控制垂直发射装置里面一半的导弹；不过两者实际上都可控制所有 Mk41 内的导弹，万一其中一台 LCU 故障，另一台随时可以接管所有导弹的发射指令。Mk41 每个八联装模组都是按照同时准备和发射2枚导弹来设计，以8个Mk41单元组成的64管发射器为例，每次总共能迅速发射16枚导弹。

Mk41采用热发射方式，导弹在发射管内点燃发动机直接升空。这种方式的最大技术挑战，在于导弹于管内点火时会产生大量高温高压的燃气，温度往往超过2000℃，喷发速度超过马赫数2，并夹带多种固态、液态剧毒粒子，如不能迅速有效地将之排除，就会对发射器、导弹本身造成严重的侵蚀，除了缩短发射器寿命外，甚至可能酿成巨大灾祸。每个Mk41八联装发射模组都拥有一套由8个隔舱共用的排焰系统，排气道内部整个表面都敷设抗烧蚀材料，以尽量减少高温燃气向发射箱体传导的热量。

7. 标准导弹系统

标准导弹系统（SM）以同一种基本设计，发展出射程不同的两个基本构型——中短程的中程型（Medium Range，MR）以及长射程的增程型（Extended Range，ER），两者仅在电池持久力、推进系统与自动驾驶仪的设置上有所差异，其余包括弹体设计、支援设备等均完全相同。

SM-1是第一个进入美国海军服役的标准导弹系列，于1967年3月首批量产，到1987年生产终止。美国海军以SM-1为基础进行改良升级，更换寻标器与导航控制元件，并改良导引机制，使得导弹的整体性能大幅提升，这就是SM-2。与SM-1相比，SM-2的外型、尺寸并无太大改变，但是电子系统、射程则进步许多。SM-2配合宙斯盾作战系统而发展，SM-2 MR被提康德罗加级和阿利·伯克级宙斯盾舰采用，可由Mk41垂直发射装置发射。1987年，由雷神公司作为主承包商，专门配合拥有Mk41 VLS的宙斯盾舰研发SM-2ER Block Ⅳ，而之前20年所有标准导弹系列研发都由通用公司主导。

SM-3是高空层反弹道导弹，承担海军战区广域（Navy Theater Wide，NTW）弹道导弹防御任务，编号为RIM-161。相较于在大气层内拦截目标的NAD，NTW拦截位于飞行中段、处于大气层之外的敌方弹道导弹，因此要求的射程、射高与拦截作业型态都与NAD大不相同。

作为现役SM-2系列的后继者，美国海军于2002年展开增程主动导弹（ERAM）计划，发展SM-6（2008年获得军方编号RIM-174），用来取代现有的SM-2 Block3/4防空导弹，成为新一代美国海军的长程区域防空/反巡航导弹系统的主力。SM-6采用诸多最尖端科技，包括纳入主动雷达寻标器、纳入协同交战能力（CEC）以实现超视距打击。

8. 战备完好性测试系统

战备完好性测试系统（ORTS）与作战任务无直接关系，但却是不可或缺的幕后角色。ORTS连接宙斯盾系统的各主要子系统，监视各系统的运作，故障时进行自动检测，并调整整个宙斯盾系统的运作，将故障装备的影响降至最低并尽量维持整个宙斯盾系统的正常运作。具体而言，如果宙斯盾系统的局部部位发生问题，ORTS就能将该部分与整个系统加以隔离，避免妨碍其他部分的运作；此外，ORTS也会告知故障的发生，并立刻提供维修记录，供维修人员参考。提康德罗加级舰的ORTS型号为Mk1，在阿利·伯克级舰上则为Mk7。

2.2.3 宙斯盾作战系统

宙斯盾作战系统由以宙斯盾武器系统为中心的20多个子系统组成，除了前述8个部分之外，还包括：

- 对海搜索雷达（SSRS）；
- 敌我识别系统（IFF）；
- 水下监视与通信系统（US&CS）；
- 拖曳阵声呐（TASS）；
- SH-60J 直升机；
- 电子战系统（EWS）；
- 密集阵武器系统（PWS）；
- 鱼叉武器系统（HWS）；
- 反潜武器系统（UWS）；
- 主炮武器系统（GWS）；
- 鱼雷对抗系统（TCMS）；
- 导航系统（NAV）；
- 外部通信系统（EXCOM）；
- 内部通信系统（ICOM）；
- 后勤装置（LE）；
- 作战系统保障装置（CSSE）。

宙斯盾作战系统具有多任务能力，可同时支持防空（AAW）、对海（SUW）、反潜（ASW）和对陆打击（Strike）等方面战。它通过对舰上的对空、对海和水下传感器及武器的全面控制，为编队提供综合的纵深防御。

美国海军决定基于正在研制的宙斯盾武器系统开发全综合的作战系统，一方面是为了解决水面舰船建造中出现的问题；另一方面是为了解决技术问题，达到武器系统的预定性能。美国无线电公司（RCA）作为 AWS 的承包商，同时承担宙斯盾作战系统的工程实施任务。

宙斯盾作战系统的研制工作于 1976 年 2 月开始，当时搭载武器系统和作战系统的平台尚在争论之中。问题是 RCA 到底应该针对哪个平台开展作战系统设计呢？最终的解决方法来自“超集”的概念，也就是说，作战系统设计必须满足武器系统和组成部分变化的最大可能，经过裁减就可以适应较小的舰。这样作战系统的设计才能独立于平台的选择。

提康德罗加级舰 CG 47 是美国海军于电子与数字时代设计建造的第一艘水面作战舰船，作为一体化的、全综合的战舰，其作战系统不仅贯穿各个组成部分，而且整个系统与舰船本身的设计建造紧密集成。提康德罗加级舰及其作战系统是一个海军项目办公室 PMS 400 的产品，该项目办公室负责宙斯盾舰队的设计、建造、部署和维护。

图 2-6 所示是宙斯盾作战系统框图，其核心也是宙斯盾武器系统的关键组成部分为 C&D、WCS 和 SPY-1A。图示从左到右分别完成探测、控制和交战功能。最初部署在提康德罗加号上的作战系统是一个简化版本（没有图中的战斧导弹），由 850 多台设备组成。①

---

① Joseph T. Threston. The AEGIS Combat System. The Story of AEGIS, Naval Engineer's Journal, 2009 Vol. 121 No. 3: 109-132.

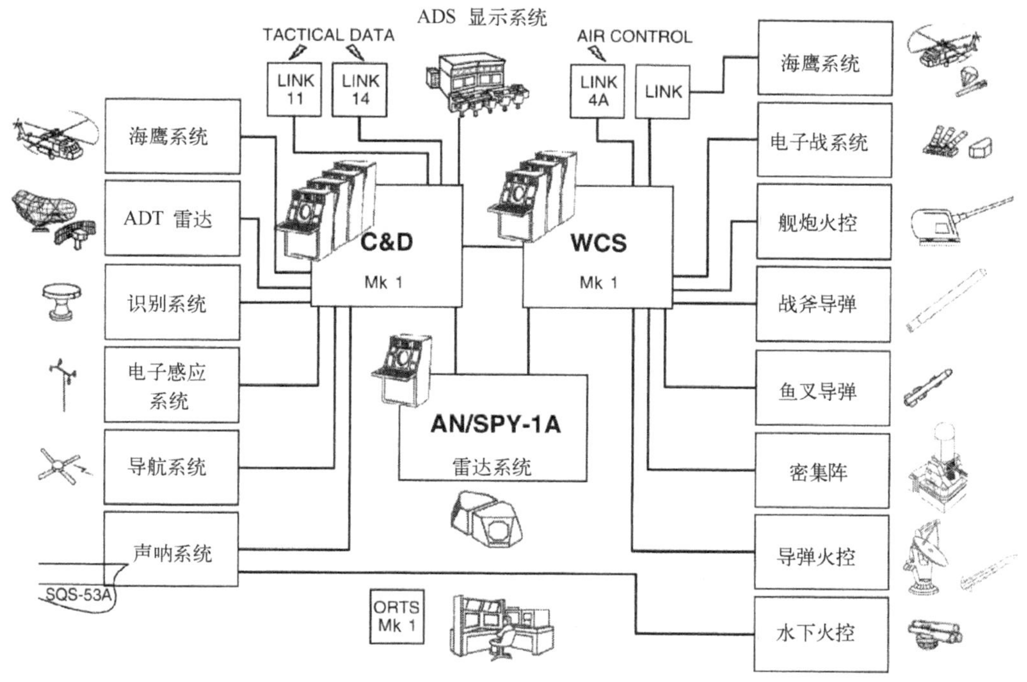

图 2-6 ‖ 宙斯盾作战系统

为了符合协同交战能力（CEC）的要求，美国海军对 SPY-1A、C&D、WCS 和 ADS 的程序都进行了改进，并增设协同交战能力处理器和数据分布系统，这样的宙斯盾系统才能适应战斗群协同交战能力的要求，同时也为实施联合作战的战区弹道导弹防御（TBMD）系统打下基础。

宙斯盾作战系统是一个高度综合了现代雷达和导弹技术的全武器作战系统，所有的子系统均由战备完好性测试系统（ORTS）保障。该系统能为编队更有效地部署 F-14 和 F/A-18 战斗机提供清晰的空中态势图。当编队中的巡洋舰和驱逐舰为战斗群承担区域防御任务时，宙斯盾作战系统能使战斗机集中在外层防空上。

目前对宙斯盾作战系统产生深远影响的是 BMD 计划，它不但推动了宙斯盾舰的现代化改装，而且还使得改装成为常态。

2.2.4 宙斯盾舰的问世

宙斯盾舰因其装备宙斯盾系统而得名。没有宙斯盾系统，自然就谈不上宙斯盾舰。从 20 世纪 80 年代开始，配备宙斯盾作战系统的提康德罗加级导弹巡洋舰与阿利·伯克级导弹驱逐舰就成为美国海军最为倚重的水面舰艇（图 2-7）。

2.2.4.1 提康德罗加级

1976 年签订了以斯普鲁恩斯级舰为基础的提康德罗加级舰的设计合同。原计划是导弹驱逐舰，所以接续的是孔茨级导弹驱逐舰的最后一艘普雷布尔号 DDG 46 的舷号，从 DDG 47 开始延续。提康德罗加级的舰种变成导弹巡洋舰是 1980 年 1 月的事情，但仍延用序号“47”，不过接在 CG/CGN 的代码后面，这就导致原来 CGN 41 后面的序号断档。

在 1981 年的美国“武装力量日”，由当时的第一夫人南希·里根主持了首舰 CG 47 的

图 2-7 提康德罗加级导弹巡洋舰（前）与阿利·伯克级导弹驱逐舰（后两艘）

下水仪式。1983 年 1 月 23 日，CG 47 正式服役。提康德罗加级舰按照船体结构可分为三种类型，分别包括第 1、2 艘，第 3~5 艘，第 6~27 艘。

由于原型斯普鲁恩斯级舰强调速度，线型比较瘦长，这就使得提康德罗加级舰在船型设计上遇到不少麻烦，最大问题是如何抑制重心提高。尽管在设计上做了更改，其重心还是上升了，并不理想。首舰提康德罗加号和第 2 艘约克城号都是在船的底部加了 110t 的压载后服役的。后续舰采用 TOTS（Take Off Tons Sensibly）方法，有效减轻了重量。第 6 艘舰之后，采用在前后甲板下嵌入 Mk41 VLS（垂直发射系统）替代了 Mk26 发射装置。如此，搭载导弹的数量由 88 枚增加到 122 枚，不用再在甲板上安装战斧箱形发射器，同时也解决了加压载的问题。

在大致解决了船体问题之后，改进的重心便放在作战系统上，其核心自然还是宙斯盾系统。提康德罗加级舰从系统角度又可分为 5 个批次，每个批次的宙斯盾系统版本均不同，而系统升级版本依改进内容与整合子系统的不同而定。第 1、2 艘为基线 0，第 3~5 艘为基线 1，第 6~12 艘为基线 2，第 13~18 艘为基线 3，第 19~27 艘为基线 4，共 5 个版本。

由于采用了模块设计，该级舰成为历史上美军海军设计较为成功的舰。在建造过程中就不断地改进和升级，每一批次都比前一批次融入了更多的新技术和新装备，具有更多更强的能力。首次配备垂直发射系统（VLS）的第 6 艘舰邦克山号开启了美国海军的一个新纪元。VLS 使得舰载导弹发射系统的通用性、火力和可维护性达到一个前所未有的新高度。

传统上在设计新舰时，舰体、动力设计是主导，作战系统只是一个关键子系统。而宙斯盾舰的整个设计是围绕宙斯盾系统展开的，这是军舰和作战系统设计一体化的开始。美国海军从舰体的机电设计、作战系统、计算机软件研发，到升级维修、备件计划、人员培训、战术技术规范的制定等，实行的是统一管理，使得宙斯盾舰从一开始就作为一个完整的作战整体交给军方。这也是美国海军研发、采购改革的一个里程碑。从此，新装备的研制、采购、全寿期支持成为一个整体，打破了条块和阶段的分割。事实上从提康德罗加级舰开始，宙斯盾舰就是美国海军最杰出的系统工程。

1996—2007 年，CG 47 级舰中的 22 艘装备协同交战能力（CEC）。从 CG 59 号舰开始作战系统的计算机从 UYK-7 和 UYK-20 升级为 UYK-43/44 型，CG 59 以及后续舰开始配备 AN/SPY-1B 雷达。然后 CG56~58 也做了同样的升级，加装 16 号数据链，并将装 22 号链。从 CG 65 开始，该级舰使用更先进的 AN/UYK-43/44 计算机系统，以进一步缩短宙斯盾系统的反应时间。

总之，在该级舰的服役期内，只要技术、工程和财政允许，美国海军就不断地将新技术、新能力融进去，从而使整个宙斯盾巡洋舰群能够满足当下和未来的作战需求。

2.2.4.2 阿利·伯克级

让驱逐舰来承载宙斯盾系统的念头起于 1971 年末。当时的海军作战部长的提案为“DG 宙斯盾”，是只有防空任务、排水量在 5 000t 以内的舰，造价在 1 亿美元以内。这一提案受到核动力派的猛烈攻击。

1982 年年底，DDX/DDGX 计划已走到向企业提规格要求和投标的阶段，就在此时，海军部长突然取消了投标。1983 年 2 月，美国海军决定设计新一代驱逐舰。新型驱逐舰暂时称为 DDG 51 计划，这个序号是接续提康德罗加级第 4 艘舰而来。1984 年 4 月，海军又开始研发较紧凑的第二代宙斯盾系统，以装备第二型宙斯盾舰，当时提康德罗加级舰入役仅一年零一个月。DDG 51 是 1985 年 4 月向巴斯钢铁造船厂订货的，1988 年 12 月开工，1989 年 9 月下水，正式命名为阿利·伯克级舰。

阿利·伯克级舰的设计一反传统高速军舰瘦长的线型，改为短肥的线型；不再强调航速，而是强调适航性和可用空间。较宽的阿利·伯克级舰不仅降低了重心，还有足够的宽度可以在两个直升机机库之间容纳下后甲板的垂直发射装置，这是瘦长船型难以做到的。阿利·伯克级舰的平顶金字塔形舰桥是为了相控阵具有较好的海空视界，这样的倾斜角度同时也降低了雷达反射特征，成为当代驱护舰艇设计的范本。

在阿利·伯克级舰上装配的宙斯盾系统是基线 4，雷达是轻量版的 SPY-1D。最初为了搭载宙斯盾系统所做的设计，从整个配置上看比提康德罗加级舰要合理一些。虽然该级舰是以防空作战为主设计的，但是舰上装备了 SQQ-89 综合反潜战系统。该系统如今已升级到版本(V)10，其基本构成是 SQS-53 球艏声呐、SQR-19 战术被动拖曳声呐、SQQ-28 轻型机载多用途系统（LAMPS）、Mk116 反潜火控系统和相关武器系统、UYQ-25 水声传播预报数据处理系统等。只是早期的阿利·伯克级舰 DDG 51~78 没有设置机库，平时不搭载直升机，显然要影响到全舰的综合作战能力，不能充分发挥整个系统的效能。后续阿利·伯克ⅡA 级舰弥补了这一不足。

当时在反潜战方面，阿利·伯克级舰略逊于斯普鲁恩斯级驱逐舰。不设机库的主要原因是在设计时军方要控制造价，而且已有斯普鲁恩斯级舰承担反潜作战任务。那时驱逐舰的运用构想，是防空、反潜各司其职。

在阿利·伯克级舰的建造过程中，阶段性地对船体和装备进行了改进，以便提高性能。阿利·伯克级舰的改进是以型（Flight）来区分的，Ⅰ型舰建造了21艘，从DDG 51～71；Ⅱ型舰建造了7艘，从DDG 72～78。在Ⅱ型舰中，作战系统的改进只是增加了联合战术信息分发系统（J-TIDS）、作战定向（DF）等设备。

阿利·伯克级驱逐舰是美国海军建造数量最多、建造周期最长的一级驱逐舰，从1988年首舰开工建造，到2010年9月DDG 112舰下水，前后历时22年，建造62艘。在此期间，国际形势风云变幻，苏联解体，冷战结束，美国海军调整了战略。为适应新战略的需要，对阿利·伯克级驱逐舰的设计方案再次调整，最终建造了二代三型驱逐舰，即Ⅰ型、Ⅱ型和ⅡA型（Flight Ⅰ/Ⅱ/ⅡA）。与DDG 1000相比，阿利·伯克级驱逐舰的最大优势就是“物美价廉”：平均每艘造价12亿美元，只有新一代战舰的一半左右。目前Ⅲ型舰已纳入计划之中。在美国其他兵种，能享受到类似“常青树”待遇的武器系统还包括美军的C-130大力神运输机。这种飞机自从1957年首飞后，已经生产了50多年，但仍很受欢迎。

斯普鲁恩斯级驱逐舰已于2005年全部退役，美国海军现役驱逐舰只有阿利·伯克级舰，这就意味着阿利·伯克级舰必须身兼数职，幸运的是，该舰在设计之初就朝着多用途驱逐舰打造。

2.2.4.3 阿利·伯克级ⅡA型

第一次开始研讨阿利·伯克级Ⅲ型舰是1988年，但是冷战结束和苏联垮台，以及海军相关的环境发生了很大的变化，使得阿利·伯克级舰的改进型计划也要从根本上进行修改。于是，ⅡA型问世。

由于战略重点从“两强全球对抗”变化为“地区冲突”，从“海上决战”变为“沿海对陆支援”，所以要求新舰应具备远距离续航、浅海反水雷、对陆打击和联合作战能力。为此，该级舰取消了鱼叉反舰导弹，增设了双直升机库，增加了导弹载量，并采用了诸如抗爆炸气浪冲击舱壁、先进的推进器装置、区域式配电系统、综合生存能力管理系统和光纤数据多路传输系统等一系列高新技术。

阿利·伯克级ⅡA型在Ⅱ型的基础上所做的主要改进如下：

- 增设了机库，可搭载2架SH-60直升机；
- 为保证直升机甲板的要求，船体向舰尾延长了1.5m；
- SPY-1的位置变化较明显，在舰桥前面两面雷达的位置与Ⅰ型、Ⅱ型是一样的，而后部的两面其安装位置提高了一层甲板；
- 撤掉鱼叉SSM、SQR-19拖曳声呐和20mm CIWS；
- Mk41 VLS的单元数不变；
- 舰内的数据通信配线由原来的铜线换成了光缆；
- 增强对陆打击能力，127mm舰炮为长射程的；
- 满载排水量增加了200t。

ⅡA型的首舰奥斯卡·奥斯汀号DDG 79于1994年7月订货，1997年10月开工，1998年10月下水，2000年8月服役。

表2-1是阿利·伯克级Ⅰ型/Ⅱ型/ⅡA型舰的主要性能对照。

表 2-1 阿利·伯克级三型舰对照

	Ⅰ型舰/Ⅱ型舰 DDG 51~71/DDG 72~78	ⅡA 型舰 DDG 79~112
满载排水量/t	8950（Ⅰ型）/8946（Ⅱ型）	9155
长×宽×吃水/m	153.8（总长）；142（水线长）×20.3×6.7；9.8（声呐）	155.3oa；143.6wl×20.3×6.7；9.8（sonar）
主机	COGAG，LM2500×4	COGAG，LM2500-3×4
功率（hp）/MW	105000/78.33；2 轴；可调距螺旋桨	100000/74.6；2 轴；可调距螺旋桨
航速/kn	32	31
续航力/(n miles/kn)	4400/20	4300/20
定员	346 人（Ⅰ型）/352 人（Ⅱ型）（22 名军官）	278 人（24 名军官）
作战系统	宙斯盾，协同交战能力（CEC），TADIX-B 战术数据信息交换系统，海军战术数据系统（NTDS Mod5），4A、11、14 号数据链（Ⅱ型为 16 号）	宙斯盾，协同交战能力（CEC），TADIX-B 战术数据信息交换系统，战术数据信息链（TADIL-J），或 4、11 和 16 号数据链，DDG 91 以后为 22 号数据链
雷达	SPY-1D 相控阵雷达，SPS-67(V)3 对海搜索，SPS-64(V)9 导航，URN25 塔康战术空中导航系统，3×SPY-G 照射雷达	SPY-1D 相控阵雷达，SPS-67(V)3 对海搜索，SPS-64(V)9 导航，URN25 塔康战术空中导航系统，3×SPY-G 照射雷达
声呐	SQQ-89 综合反潜系统，SQS-53C 球艏声呐，SQS-19B 被动拖曳声呐（Ⅱ型已取消）	SQQ-89 综合反潜系统，SQS-53C 球艏声呐，遥控猎雷系统（DDG 91~96）
电子战	SLQ-32A/SLY-2（DDG 68~78），SRS-1DF（Ⅱ型），SLQ-25，Mk36 Mod12 SRBOC，SLQ-95，SLQ-39	SLQ-32A/SLY-2，SLQ-25A，Mk36 Mod12 SRBOC，SLQ-95，SLQ-39
主要武备	2×Mk41（前部 29 单元，后部 61 单元，战斧、标准和阿斯洛克共用）；2×鱼叉四联装；1×Mk45 Mod1/2 127mm 炮；2×Mk15 20mm 近防武器；2×Mk32 Mod14 三联装鱼雷发射装置	2×Mk41（前部 32 单元，后部 64 单元，战斧、标准和阿斯洛克共用，DDG 85 起有 8 个单元装改进型海麻雀，前后各 4 个）；1×Mk45 Mod2/4 127mm 炮；2×Mk15 20mm 近防武器；Mk32 Mod14 三联装鱼雷发射装置
直升机	设有起降平台	LAMPS Ⅲ型 SH-60R 直升机×2

2.2.5 宙斯盾作战系统的基线特征

在超过 40 年的发展过程中，宙斯盾作战系统在不断改进。新的威胁出现，就用新的技术来应对。另外，海军也在研制新的作战装备，希望能尽快用到舰上。同时，技术的进步，特别是雷达、计算机和显示技术的飞速发展，使有的装备很快过时淘汰，因此必须引入新的替代品。为了解决这些现实问题，只有改变观念，把改进当作正常的开发过程来对待。海军宙斯盾项目办公室创建宙斯盾基线升级的过程就是改进和研发。

从 1978 年到 2005 年一共发布了 8 个基线（Baseline），即基线 0（CG 47 服役时）至基线 7（第一个安装的是 DDG 91）。宙斯盾作战系统的基线特征如图 2-8 所示。

如前所述，提康德罗加级舰 CG 47 于 1983 年服役时是基线 0，8 年之后 CG 65 服役时，宙斯盾作战系统的发展已经经过了基线 0、1、2、3 和 4。CG 65 的基线 4 与阿利·伯克级舰 DDG 51 基本相同。这 4 个基线的升级涉及作战系统的几乎每个组成部分，CG 47 的 865 个设备中，在 CG 65 上有 429 个都发生了变化，设备数量也从 865 个增加到 924。计算机软件程序也有很多改变。第一艘装备基线 3（使用 UYK-7 计算机）的舰 CG 59 于 1989 年服役

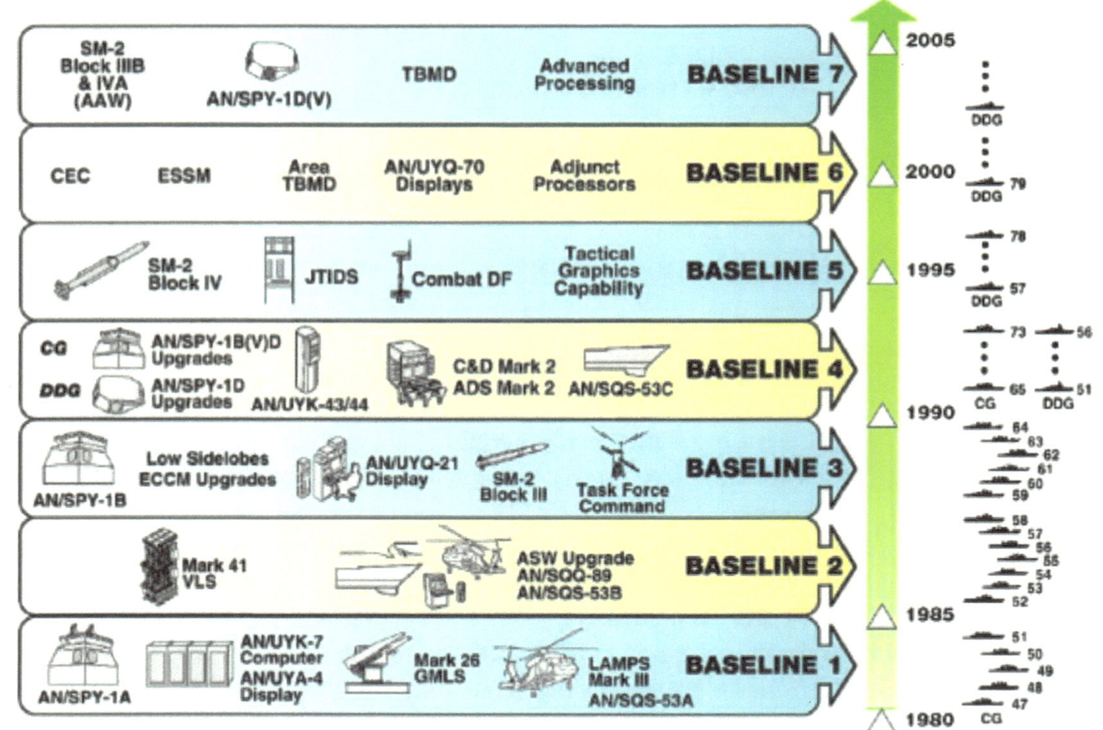

图 2-8 宙斯盾作战系统的基线

时，其软件程序比 CG 47 大 25%，至少三分之一的代码都变了。基线 4 使用 UYK-43 和 UYK-44 计算机，其软件程序比基线 3 大 3 倍。

今天宙斯盾系统使用的当然不是 20 世纪七八十年代的技术，而是目前海军和工业的最高水平，并且保持不断进步。

如图 2-9 所示，时任 PEO IWS 项目执行官 RADM Jon Hill 在美国海军工程师协会（ASNE）的学术年会上描绘“灵活的水面作战系统”，突出宙斯盾的基线演进对作战系统灵活性或“柔性”（Flexibility）的支持。①

下面概要描述宙斯盾作战系统基线 1～10 的主要特征。②

2.2.5.1 基线 0/1

这是最早期的宙斯盾系统，配备于前 5 艘提康德罗加级导弹巡洋舰（CG 47～51，已分别于 2006 年前退役）。这 5 艘舰艇使用 Mk26 导弹发射系统，而之后所有宙斯盾舰都使用 Mk41 导弹垂直发射系统。其中，CG-47/48 配备基线 0，这是最早的宙斯盾系统，核心组成包括 SPY-1A 相控阵雷达、Mk1 指挥决策系统（C&D）、Mk1 武器控制系统（WCS）、Mk1 宙斯盾显示系统（ADS）、Mk1 战备完好性测试系统（ORTS）、Mk99 火控系统（FCS）等，共拥有 6 部 UYK-7 主机和 11 部较小的 UYK-20 计算机，全系统重达 610t。CG 49～51 的宙斯盾系统升级为基线 1，改进项目包括扩大作战信息中心（CIC）显示屏幕、加装战术情报

① RADM Joe Horn. Flexible Combat Systems in Surface Ships. ASNE Day 2014, February 20, 2014.

② RDT&E Project Justification: PB 2013 Navy, Project: Surface Combatant Combat System Implementation, February 2012. (0604307N_5_PB_2013. pdf).

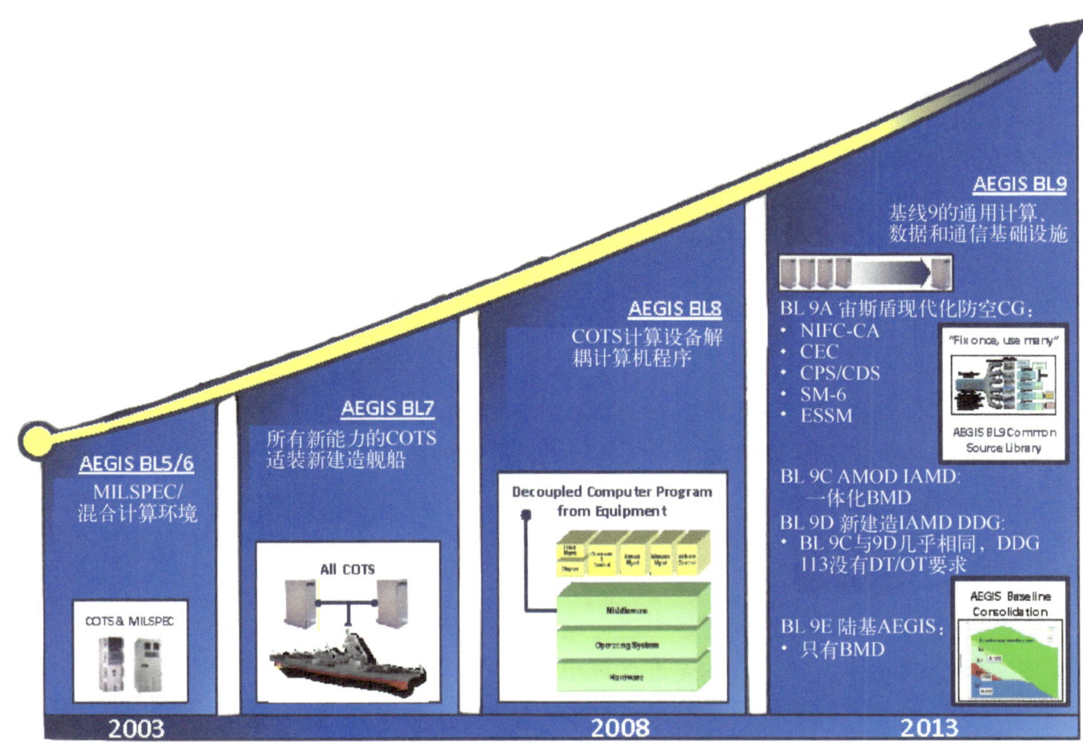

图 2-9 | 宙斯盾基线 5/6 至 9 的演进

系统、以 LAMPS MkⅢ反潜直升机系统取代 LAMPS MkⅠ等。

2.2.5.2 基线 2

用于 1986—1989 年入役的 CG 52~58 这 7 艘舰上，其主要改变在于增加 Mk41 导弹垂直发射系统（VLS）和运用战斧导弹的能力。VLS 的引入代表着宙斯盾作战能力的巨大提升，为以后更大型的标准导弹 SM-2 Block Ⅳ和改进型海麻雀导弹（ESSM）留下空间，也使宙斯盾舰可以使用 SM-3 获得弹道导弹防御能力。CG 54 以后又陆续强化了反潜（ASW）能力。CG 54 和 CG 55 均增设了 SQR-19(V)1 拖曳声呐与 UYQ-25 处理器，与 SQS-53A 球艏声呐配合。CG 56 以后各舰则升级为 SQS-53B，还搭载了 1 套 SQQ-89(V)3 综合反潜系统。这 7 艘提康德罗加级舰在 1990 年代陆续将宙斯盾系统升级为基线 2A，包括以 UYK-43/44 计算机取代 UYK-7/20、引进 OJ-194B 型显控台等。

2.2.5.3 基线 3

用于 1989—1991 年入役的 CG 59~64 这 6 艘舰上，这个版本最重要的改进是采用新的 SPY-1B 雷达。SPY-1B 的天线使用了较轻的移相器，每一面天线重量比 SPY-1A 减轻 35%，旁波瓣也更低，另外通过超大规模集成电路（VLSI）技术的使用，使电子机柜数目从 11 个降到 5 个，重量减轻 30%。其他还包括升级 ECCM 能力，SM-2 Block Ⅱ导弹，UYQ-21 战术态势显控台替换部分 UYA-4 单色系统。与之前的版本相比，基线 3 更新了 1/3 的软件，总重量也增加到 650t。

2.2.5.4 基线 4

第一个同时适装巡洋舰和驱逐舰的基线，用于 1991—1994 年入役的最后 9 艘提康德罗加级巡洋舰 CG 65~73 以及 1991—1996 年入役的前 17 艘阿利·伯克级驱逐舰 DDG 51~67。

主要改进在于以新一代的 UYK-43/44 计算机取代先前的各版本的 UYK-7/20，并全面采用 UYK-21 系列显控台（基线 3 仍保留部分 UYA-4），还增设新的指挥决策系统。基线 4 的另一个重要改进是加装 Mk29 宙斯盾作战训练系统（ACTS），其核心是一台 UYK-43 计算机，可连接宙斯盾作战系统执行模拟训练。从 CG 67 开始，球艏声呐也改换为 SQS-53C，其探测距离、多目标跟踪能力都有相当程度的提高。

巡洋舰版本的基线 4 仍沿用 SPY-1B 雷达，而阿利·伯克级舰使用的版本为了适应驱逐舰的单舰岛上层建筑，换装使用更先进且轻量化的 SPY-1D 雷达，只有一套功率放大器，其他与“B”版本相同。

2.2.5.5　基线 5

装备于 1997—1999 年入役的阿利·伯克级 DDG 68~78，其中基线 5.1/5.2 装备于 DDG 68~71，基线 5.3 装备于Ⅱ型舰（DDG 72~78）。所做的改进完全适于驱逐舰及护卫舰，包括联合战术信息分发系统（JTIDS）、16 号战术数据链（TADIL）（Link 16）、指挥控制处理器（C2P）、AN/SRS-1 作战定向（DF）、AN/SLQ-32(V)3 型有源电子对抗和 SM-2 Block Ⅳ导弹。

从基线 5 开始，宙斯盾系统开始引进商用现货（COTS）来加强性能和维修性，并降低购置、维护和升级成本，使用战术先进计算机 TAC-3/4 运行新增装备，并逐渐取代旧的军用标准计算机。不过此时美国海军刚刚引进 COTS，仍存在较大疑虑，所以商用现货组件多半用在非核心的系统中，例如，先进显示系统（ADS）就使用了 22 部 TAC-4 计算机。

基线 5 的研制始于 1992 年，包括两个版本（Phase 1 和 3）。基线 5.1，集成增程（ER）导弹并形成初始作战能力（IOC）；基线 5.3，升级防御性电子攻击、航迹加载控制算法、航迹初始处理机等。

2.2.5.6　基线 6

安装于阿利·伯克级ⅡA 型舰上（DDG 79~90），主要引入战术弹道导弹防御（TBMD）和协同交战能力（CEC）。CEC 也给 C&D 和 ADS 带来较大变化。使用 SPY-1D(V)多功能相控阵雷达系统，UYK-70 显示系统，ESSM 改进型海麻雀导弹替换“密集阵”近防武器系统。AN/UYQ-70 先进战术显示系统（DDG 81 以后），改进的 SQS-53C 球艏声呐（增加水雷探测能力），改进敌我识别能力（第 1 阶段），联合海上指挥信息系统（JMCIS），CDL 数据链管理系统（CDLMS），综合舰船控制系统（ISV）（DDG 83 以后）等。

基线 6 引进更多商用现货（COTS）组件，包括更多使用 TAC-3/4 计算机，以及商用的 FDDI 局域网，取代原来的点对点同轴电缆网络架构，使宙斯盾系统的分布式架构初具雏形。由于引进高性能的商用计算机，20 世纪 90 年代末期的宙斯盾系统同时跟踪目标数已经超过 3000 个，计算能力为最早基线 1 的将近 100 倍。

另一项重要改革是引进 AN/UYQ-70 先进显示系统（ADS），逐步替换原有的 UYQ-21 显控台。海军军标的 UYA-4、UYQ-21 都是单纯的终端输出设备，画面、数据完全由中央计算机 UYK-7 或 UYK-43 提供，而新的 UYQ-70 不再只是个终端而是具备强大计算能力的图形工作站。UYQ-70 系列使用基于商用成熟技术的开放式架构，成为美国海军下一代的标准工作站，将用于各型水面舰艇和潜艇。

基线 6.3 升级的系统包括舰载直升机、光纤数据复用系统（FODMS）、DDG 的 CEC 和 BFTT、ADS、ESSM、战斧武器控制系统、火控系统升级、联合海上指挥信息系统（JMCIS）。

2.2.5.7 基线 7

安装于 DDG 91～102 阿利·伯克级舰上。主要改进包括 SPY-1D(V) 第三代相控阵雷达，SM-2 Block ⅢB/ⅣA 标准导弹，UYK-43 计算机及附件全部采用 COTS 产品，海军全战区弹道导弹防御（NTW），改进敌我识别能力（第 2 阶段：CIFF+AN/SLQ-20B），WLD-1 远程猎雷系统，先进的计算机体系结构，火控系统升级。

2003 年 8 月完成基线 7.1 的演示验证，这是第一个全部 COTS 化的基线。不过，虽然硬件架构已经彻底翻新，但是并未全盘改写过去 20 年美国海军心血积累的宙斯盾系统软件。基线 7.1C 第一次实现开放式架构（OA），2005 年进行演示验证。这些基础设施的重要改进通过基线 7.1R 引入开发主线，并安装在 DDG 103～112 舰（2008 年起服役）。这时，才真正换装为全分布式架构的软件。同时升级的系统还有近程防御武器系统（CIWS）。

2.2.5.8 基线 8/ACB 08

从 2002 年起，美国海军开始规划为提康德罗加级舰进行宙斯盾现代化计划（AMOD），第一阶段的程序称为 CR2/ACB 08/TI 08，从 2008 年度展开（CG 52～58），早期称为基线 6R，后来改称为基线 8，将作战系统架构更新到基线 7.1R 的水平。

现代化计划引入新技术并替换老旧设备、延长服役寿命，降低宙斯盾作战系统的维护成本，提高开发效率。

2.2.5.9 基线 9/ACB 12

2007 年，美国海军开展宙斯盾现代化计划第二阶段，称为 AMOD CR3/ACB 12，主要项目包括 SM-6 导弹、一体化火控防空（NIFC-CA）、开放式架构（OA）、通用显示系统（CDS）、通用处理系统（CPS）、多任务信号处理器（MMSP）、弹道导弹防御 BMD 5.0 等，具备一体化防空反导（IAMD）能力。基线 7 虽然全面引入 COTS，但仍残留部分旧的军用标准系统，例如，BMD 4.0 仍旧采用专用的软硬件架构。ACB 12 则在系统架构层面完全与商用技术市场同步，实现真正的开放式架构，不再有封闭的软硬件系统。而 ACB 12 随后就成为宙斯盾系统基线 9 的基础。

基线 9 不仅用于新造的阿利·伯克级舰，也用于升级现有的宙斯盾舰。其中，基线 9A 是用于提康德罗加级舰的版本（CG 59～73），拥有 ACB 12 架构、CDS、CPS、NIFC-CA 和 SM-6，但是不包括 MMSP 和 BMD 5.0，因此只能执行一般的防空作战任务，不具备反弹道导弹能力，升级后的提康德罗加级舰将会专注于舰队防空任务。基线 9C 是现有阿利·伯克级 Flight Ⅰ/Ⅱ/ⅡA（DDG 51～90）升级的版本，基线 9D 用于新造的ⅡA 型（DDG 113～124），两者规格相同，同时具备舰队防空与弹道导弹防御能力（即 IAMD）。

2.2.5.10 基线 10/ACB 20

美国海军原计划在 ACB 16 中集成双波动雷达（DBR），后来由于预算删减，推迟到 2020 财年开始的 ACB 20 中才能实施。基线 10C 基于 ACB 20，用于阿利·伯克级Ⅲ型驱逐舰（DDG 125～），项目包括集成 AMDR S 波段雷达、BMD 6.0 版、AN/SLQ-32 SEWIP Block 3 电子战系统、Nulka 主动反制诱饵、Mk160 舰炮火控系统升级、ESSM Block 2 防空导弹、Link 16 数据链信号提升、先进防空/弹道导弹防御任务计划器等。ACB 20 兼容的防空导弹包括 SM-2、ESSM Block 1/2、SM-6 Block Ⅰ/ⅠA、SM-3 Block ⅠA/ⅠB/ⅡA 等。

如图 2-10 所示，宙斯盾基线的升级总是伴随着能力提升。

如图 2-11 所示是宙斯盾作战系统 ACB 12/16/20 的演进，包括 IAMD。

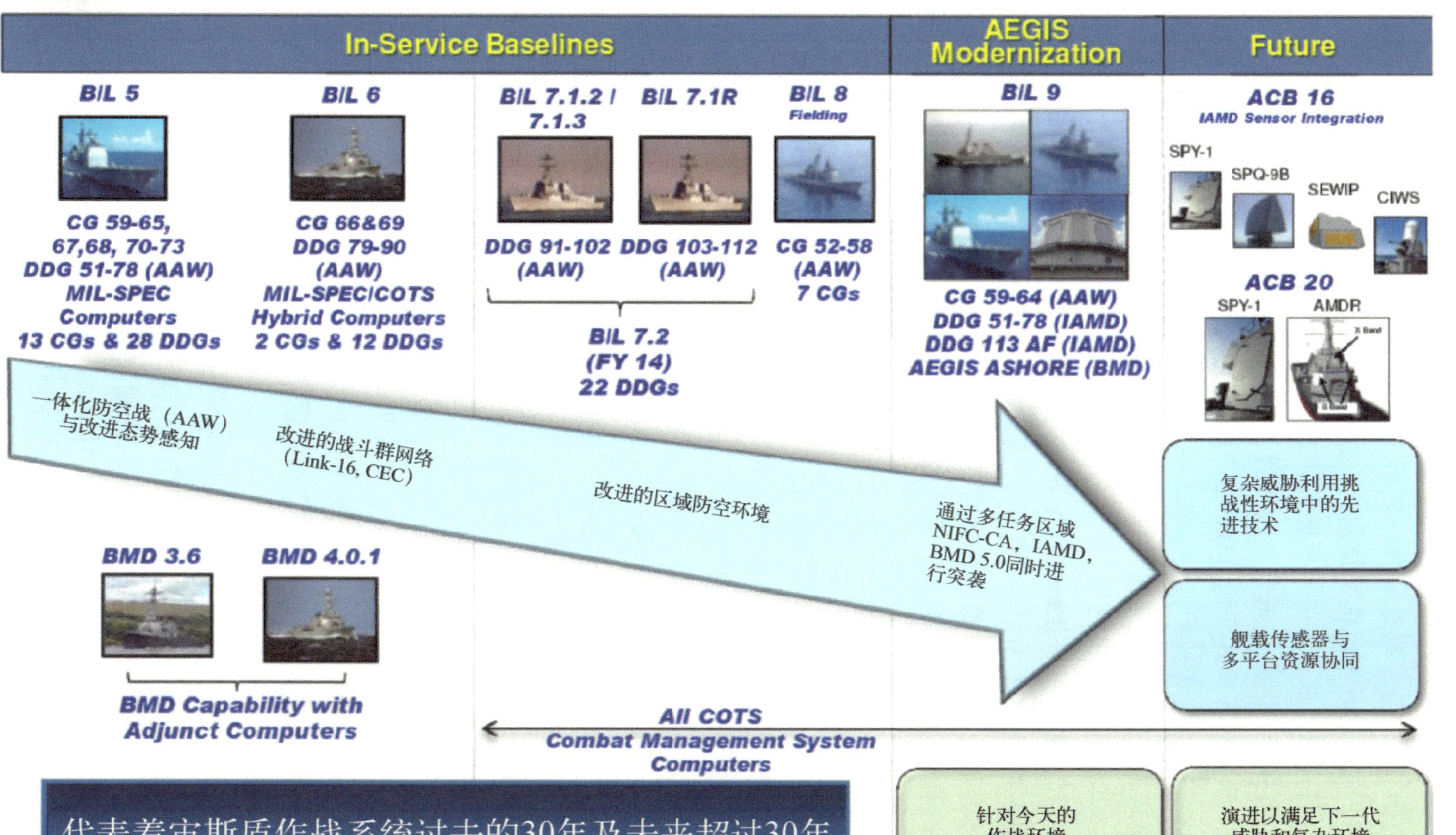

图2-10 宙斯盾基线与能力

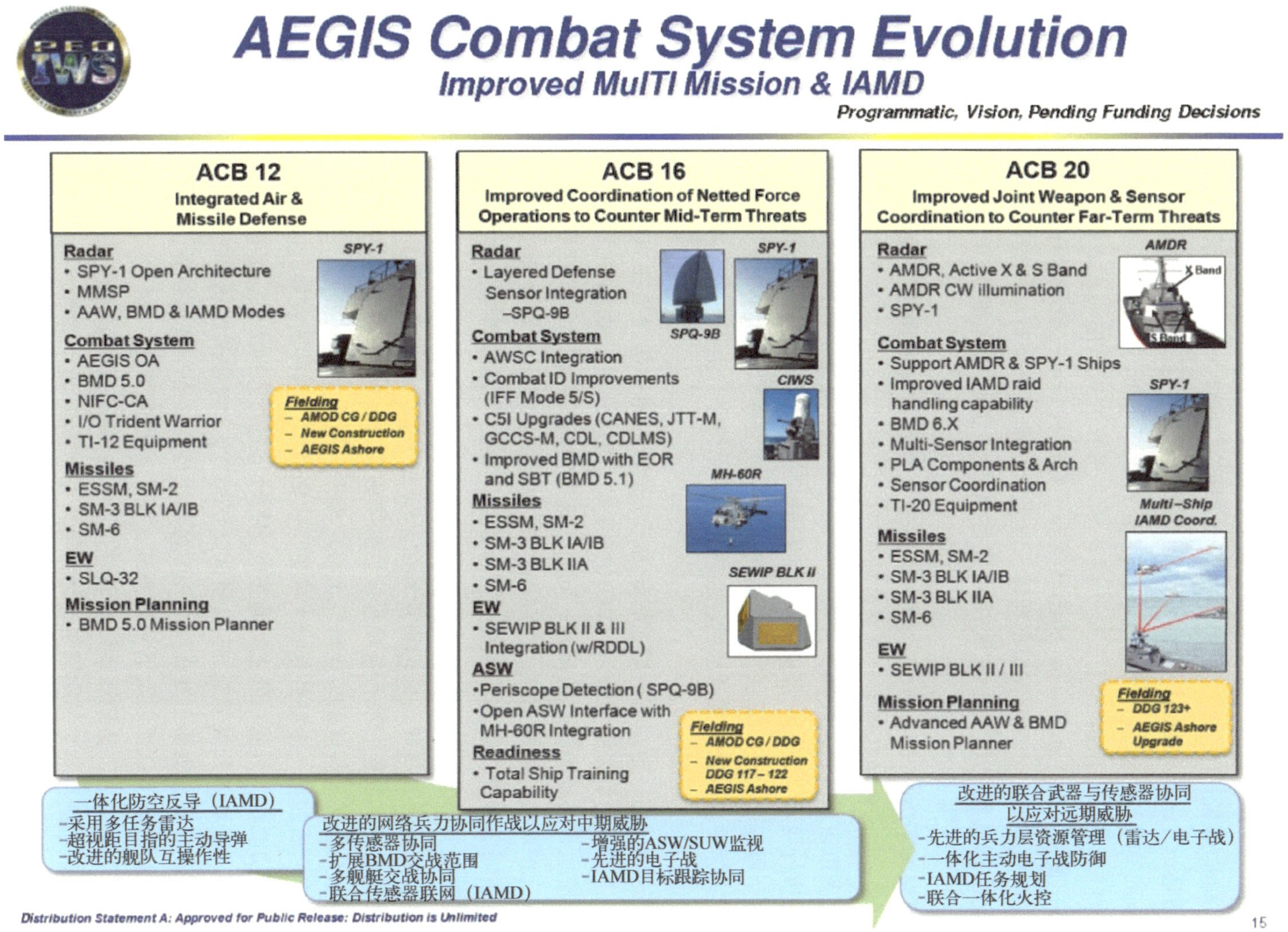

AEGIS Combat System Evolution

Improved MulTI Mission & IAMD

Programmatic, Vision, Pending Funding Decisions

ACB 12
Integrated Air & Missile Defense

Radar
- SPY-1 Open Architecture
- MMSP
- AAW, BMD & IAMD Modes

Combat System
- AEGIS OA
- BMD 5.0
- NIFC-CA
- I/O Trident Warrior
- TI-12 Equipment

Missiles
- ESSM, SM-2
- SM-3 BLK IA/IB
- SM-6

EW
- SLQ-32

Mission Planning
- BMD 5.0 Mission Planner

SPY-1

Fielding
- AMOD CG / DDG
- New Construction
- AEGIS Ashore

ACB 16
Improved Coordination of Netted Force Operations to Counter Mid-Term Threats

Radar
- Layered Defense Sensor Integration –SPQ-9B

Combat System
- AWSC Integration
- Combat ID Improvements (IFF Mode 5/S)
- C5I Upgrades (CANES, JTT-M, GCCS-M, CDL, CDLMS)
- Improved BMD with EOR and SBT (BMD 5.1)

Missiles
- ESSM, SM-2
- SM-3 BLK IA/IB
- SM-3 BLK IIA
- SM-6

EW
- SEWIP BLK II & III Integration (w/RDDL)

ASW
- Periscope Detection (SPQ-9B)
- Open ASW Interface with MH-60R Integration

Readiness
- Total Ship Training Capability

SPQ-9B SPY-1 CIWS MH-60R SEWIP BLK II

Fielding
- AMOD CG / DDG
- New Construction DDG 117 – 122
- AEGIS Ashore

ACB 20
Improved Joint Weapon & Sensor Coordination to Counter Far-Term Threats

Radar
- AMDR, Active X & S Band
- AMDR CW illumination
- SPY-1

Combat System
- Support AMDR & SPY-1 Ships
- Improved IAMD raid handling capability
- BMD 6.X
- Multi-Sensor Integration
- PLA Components & Arch
- Sensor Coordination
- TI-20 Equipment

Missiles
- ESSM, SM-2
- SM-3 BLK IA/IB
- SM-3 BLK IIA
- SM-6

EW
- SEWIP BLK II / III

Mission Planning
- Advanced AAW & BMD Mission Planner

AMDR (X Band, S Band) SPY-1 Multi–Ship IAMD Coord.

Fielding
- DDG 123+
- AEGIS Ashore Upgrade

一体化防空反导（IAMD）
-采用多任务雷达
-超视距目指的主动导弹
-改进的舰队互操作性

改进的网络兵力协同作战以应对中期威胁
-多传感器协同
-扩展BMD交战范围
-多舰艇交战协同
-联合传感器联网（IAMD）
-增强的ASW/SUW监视
-先进的电子战
-IAMD目标跟踪协同

改进的联合武器与传感器协同以应对远期威胁
-先进的兵力层资源管理（雷达/电子战）
-一体化主动电子战防御
-IAMD任务规划
-联合一体化火控

Distribution Statement A: Approved for Public Release: Distribution is Unlimited

15

图2–11 | 宙斯盾作战系统 ACB 12/16/20

2.2.6 虚拟宙斯盾

2017 年 12 月 5 日，在美国海军工程师协会（ASNE）的作战系统学术年会（Annual Combat Systems Symposium）上，宙斯盾综合作战系统（Aegis Integrated Warfare Systems）项目主管 Todd Boehm 上校对美国海军学会新闻网（USNI News）表示，美国海军正在进行虚拟宙斯盾（Virtual Aegis）实验性计划，准备在宙斯盾舰上设置宙斯盾系统的虚拟孪生（Virtual Twin），这是一个软件层面的虚拟宙斯盾系统，虚拟运算环境上包含宙斯盾系统的所有软件。虚拟宙斯盾已经在位于弗吉尼亚州的达尔格伦海军水面作战中心（NSWC-Dahlgren）使用；而 Todd Boehm 的团队现在正在进行一项三阶段程序，将虚拟宙斯盾实际安装在宙斯盾舰艇上。配合虚拟宙斯盾，舰上也会加装一个自动协同测试/再测试（ATRT）设备，能选择从舰上相关子系统接收实际数据并实时送入虚拟宙斯盾中，或单纯记录资料。①

美国海军于 2018 年 2 月在一艘宙斯盾舰上装置虚拟宙斯盾（执行宙斯盾基线 9 的软件），在海上实际作战环境中，舰上各项传感器、子系统的实际参数会实时输入虚拟宙斯盾中，因此虚拟宙斯盾系统会同步“看”与舰上实际系统完全相同的数据图像；而当舰上宙斯盾系统执行战术工作时，虚拟宙斯盾系统软件也会在自己的作业环境下工作，依照情况执行各项宙斯盾程序功能、算法，模拟各种战术功能。虚拟宙斯盾等于是在舰上设置了一个能获得舰上实际输入数据的测试环境，与舰上实际系统平行运作，完全不会介入与影响宙斯盾系统的功能。

根据这项计划，虚拟宙斯盾上舰分为三个阶段：第一阶段是在 2018 年 2 月虚拟宙斯盾装舰后，进行复合训练单位演习（COMPTUEX）程序。在 COMPTUEX 演习中，舰上实际的宙斯盾系统执行各项测试作业流程；同时，虚拟宙斯盾系统会同步接收舰上各系统的输入数据，并执行相对应的战术程序。COMPTUEX 会测试虚拟宙斯盾系统是否正常工作，以及其上执行的宙斯盾软件的运作情况是否符合预期。第二阶段的测试是这艘宙斯盾舰在 2018 年春季至夏季进行作战系统/舰船认证测试（CSSQT），包含“标准”导弹的对空实弹射击，或其他的舰队演习；届时，虚拟宙斯盾会从舰上系统获得来自实际作战环境的各项实时参数，做出相对应的反应、执行各项程序。如果虚拟宙斯盾在实际演习中工作顺利，此计划的第三阶段就是在整个舰队的宙斯盾舰上推广虚拟宙斯盾。

虚拟宙斯盾的第一个好处是大大推进了宙斯盾系统软件的发展。以往宙斯盾系统项目开发新的软件功能时，只能在陆上实验室的虚拟环境进行先期测试，必须等软件成熟度达到一定程度，排入专属的开发测试/作战测试（DT/OT）、包含测试所需的防空导弹与靶机等经费，才能实际部署在舰船上并在实际作战环境下检验；等军舰返航后，研发团队获得测试的数据，再进行修改、认证以及下一轮测试，整个流程需要 18~24 个月。有了虚拟宙斯盾这个舰上实测环境之后，宙斯盾系统新软件成熟度较低的版本就能在进入专属的 DT/OT 程序之前跟随舰队中例行的实弹演习机会“顺便”在实际环境下作业，免费从舰船实际传感器、子系统获得各项资料数据来测试新软件功能，整个过程完全不会影响舰船本身的作业，也不会增加额外的花费。美国海军希望虚拟宙斯盾最终能实现前方测试舰船与后方开发团队的无

① http://www.mdc.idv.tw/mdc/navy/usanavy/E-Aegis-3.htm.

缝连接，宙斯盾测试软件在虚拟宙斯盾上的运作情况通过数据链实时传送到后方陆地上的实验室环境，使开发团队能即时监看、获取实时的客观质量证据（OQE），达成实时确认、实时调整程序，并且立刻将修正的软件部署到虚拟宙斯盾上。因此，虚拟宙斯盾可以大幅缩短软件研发改进的时间。

此外，美国海军其他单位充分利用虚拟宙斯盾，从软件研发/测试/认证扩展到其他应用。例如，PEO IWS 主管 Douglas Small 少将也在 ASNE 作战系统学术年会中对 USNI 表示，由于宙斯盾以及相关子系统的功能升级频繁，因此，如何让舰队中的第一线海军官兵迅速熟悉这些新功能并有效操作，成为一大课题；除了陆地上学校或基地的教学训练设施外，最终必须在舰船上提供相应的训练能力。而部署了完整宙斯盾系统软件、与舰船实际系统独立的虚拟宙斯盾，就提供了良好的选择。美国海军海上系统司令部的水面训练系统主要计划主管 Samuel Pennington 上校也表示，虚拟宙斯盾系统能让学校训练设施迅速地重构舰队使用的不同版本宙斯盾系统，只须在虚拟宙斯盾系统上传对应宙斯盾版本的软件，即在可重构的显控台上执行（根据不同的宙斯盾版本而载入不同的界面）；如此，同一个宙斯盾系统地面训练模拟设施，能连续让不同宙斯盾版本的训练学员使用。Samuel Pennington 上校表示，这些软件层面的模拟设施所需的计算硬件资源远少于真实的宙斯盾系统，例如，实际装在舰上的整套宙斯盾系统的相关服务器总共占用几个机架，但是用来模拟一体化防空反导（IAMD）的服务器硬件只需要半个机架。而宙斯盾系统主承包商洛克希德·马丁集团副总裁 Jim Sheridan 也表示，洛克希德·马丁集团正努力构建一个“小到能放入呼拉圈”的模拟宙斯盾系统，能应用在新的宙斯盾升级之中。这些小型化的宙斯盾模拟训练设施利于广泛购置、大量部署，除了配置于宙斯盾舰外，也可部署于各个第一线基地，例如，当宙斯盾舰停航整修时，舰上人员仍可通过基地内的宙斯盾系统继续进行训练，对各项功能保持熟悉。

美国海军 PEO IWS 水下作战系统主管 Doug Adams 上校表示，海军作战系统平均每两年发布一版先进能力构建（ACB），是这段期间发展成熟的各项软件功能的批次性发布，每艘舰船、潜艇则配合预先排定的翻修作业将新 ACB 版本软件部署上舰；如果一艘舰船的维修日程正好错过一次更新软件 ACB 版本的时间，则平均每艘潜艇要再等 6 年，巡洋舰与驱逐舰要再等 9 年，到下一次翻修时才能跟上当时最新的软件 ACB。要想加快升级软件版本部署到舰上的速率，利用随舰虚拟化设备提前测试是个重要的措施。Doug Adams 上校以他负责的 SQQ-89A(V)15 反潜作战系统（是宙斯盾基线 9 的反潜子系统）为例，其软件于 2018 年春季在舰上的虚拟计算环境下进行测试，并与舰上的声呐系统一同工作；通过随舰部署的虚拟化设备，让发展中的软件提前与舰上实际装备联合工作测试，可大幅缩短软件研制与发布的时间，甚至最终可以打破每两年发布一版 ACB、批次更新改进软件功能的作法，转变为各项子系统软件各自进行接近实时的（near-real-time）升级。

美国海军航空系统司令部司令 Paul Grosklags 中将也在 ASNE 年会中表示，正推动美国海军构建基于模型系统工程（MBSE）概念，根本性地改革海军武器系统设计、研发、测试、部署乃至于训练的流程。Paul Grosklags 中将表示，希望美国海军构建一个有实体基础模型（physics-based model）的系统工程环境，包括作战环境、美国海军资源、预测敌方拥有的资源等因素，在此模型之下设计新的武器系统，快速地拟定需求、设计、测试并进行验证，并将新武器的模型输入第一线训练系统，使得第一线人员在新能力部署之前就提前展开训练与熟悉工作。Paul Grosklags 中将表示，民间行业利用这样的作业模型，已经缩短了40%的研发周期。PEO IWS 主管 Douglas Small 少将表示，虚拟宙斯盾之类的武器系统虚拟化技术，将是改革美国海军武器研制/测试/部署/训练程序的“数字革命”的一部分。

2019 年 3 月 25 日，哈德纳号驱逐舰（Thomas S. Hudner DDG 116）参加了使用宙斯盾“虚拟孪生”系统的实弹导弹演习，在弗吉尼亚海岸发射了一枚 SM-2 导弹成功拦截目标。①

哈德纳号舰员操纵虚拟孪生向来袭目标发射导弹，证明虚拟孪生可以控制雷达和导弹执行交战任务。使用虚拟化技术，可大大减少宙斯盾作战系统运行所需的舰内硬件占用。这种模式也可能降低现代化的成本。诺曼底号巡洋舰（CG 60）装备完整的宙斯盾基线 9 套件（包括新的显示器、控制台和一个充满强大刀片服务器的计算机室），海军花费了 1.88 亿美元及该舰一年的系泊费用。该试验预示着海军宙斯盾舰现代化的方式将发生巨大变化。

2.3 宙斯盾现代化计划

美国海军推行宙斯盾现代化（AEGIS Modernization，AMOD）计划是为了更有效地应对现代威胁。从第一艘称为宙斯盾舰的导弹巡洋舰提康德罗加级舰 CG 47 服役（1983 年）至今经过了近 40 年，所谓现代化是指对装备宙斯盾系统的舰实施以武器体系为中心的软/硬件现代化改装（图 2-12）。

图 2-12 宙斯盾现代化的概念

① David B. Larter. Off the Eastern Seaboard, a US Navy missile test could make big waves. C4ISRNET, April 25, 2019. https://www.c4isrnet.com/digital-show-dailies/navy-league/2019/04/25/off-the-eastern-seaboard-a-us-navy-missile-test-could-make-big-waves/.

与构成舰本身的船体、轮机、电气各部分相比，威胁的变化和武器技术的革新以极快的节奏在领跑。因此，在服役期中途对舰载武器装备等的现代化改装，是为了在船体本来的有效寿命之前，使作战系统不至于老化而能够继续使用。通常，美国海军船体的有效寿命是35年，而阿利·伯克级ⅡA型以后的新舰计划将寿命延长到40年。

目前美国海军现役提康德罗加级和阿利·伯克级各型共有90艘宙斯盾舰。它们已成为水面作战部队的主力舰，一项对全舰实施现代化的计划正在进行，而这个计划的实施将长达20年左右。

美国海军同时正在进行新型朱姆沃尔特级导弹驱逐舰的研制与建造，以替代已经退役的斯普鲁恩斯级驱逐舰。同时进行的还有提康德罗加级的后续舰CG(X)和阿利·伯克级的后续舰DDG(X)计划。不过，在近几年对这些计划进行了大幅修改，有的缩减，有的终止，同时公布了再建造DDG 51舰和其Ⅲ型舰研制计划。

本节通过美国海军未来水面舰（FSC）计划大幅修改以及宙斯盾舰现代化改装的背景，探讨以宙斯盾现代化计划为基础的未来水面舰的构想。

2.3.1 大型水面舰船建造计划

针对威胁形式的变化，美国海军于2008年7月终止了朱姆沃尔特级的批量建造计划，改为仅建造3艘。接着于2009年12月终止了CG(X)的研发与建造计划。之后又公布再建造阿利·伯克级ⅡA型舰的计划和建造改进型Ⅲ型的计划意向。原计划到DDG 112迈克尔·墨菲号终止的阿利·伯克级ⅡA型舰重启继续建造。

由此发展出适合现役舰的宙斯盾现代化计划，这也使得人们对正在着手的未来水面舰计划有了新的认识。可以看出，美国海军长远的大型水面舰研发建造计划中将融入对现役舰的现代化改装的思想。

2.3.1.1 朱姆沃尔特级舰的计划修改

朱姆沃尔特级舰的研发工作进展一直不顺利，从DD 21的预计建造32艘到DD(X)的采购计划削减为7艘，再到最终决定DDG 1000级仅建造3艘，原因大致可以归纳如下。

一是国防战略调整。DDG 1000论证周期长，其间美国海军多次调整战略，需求也不断随之发生变化，造成与战略调整结合不紧密，在新的战略中定位不准。因此，该级舰在DD 21时期开发的重点是对陆攻击能力，现在配合战略调整，逐步成为一型具备防空、反潜和打击能力的多用途舰。在近年来的国际形势下，由于弹道导弹的威胁在迅速蔓延，因此与当初对朱姆沃尔特级舰所要求的对陆攻击能力相比，加强弹道导弹防御（BMD）及区域防空能力显得更加迫切。

二是造价太高，经济可承受性差。DDG 1000过于追求高新技术，投入研发了双波段雷达（DBR）、综合电力系统（IPS）、先进舰炮系统（AGS）、全舰计算环境（TSCE）等10项关键技术，但是研发与建造费用高。目前，DDG 1000舰的平均建造成本超过33亿美元。

三是与新一代巡洋舰的界线不明显，基本可以说是新一代巡洋舰的过渡舰。

2010年6月，为减少朱姆沃尔特级舰的建造费用，从原定的能进行远程目标搜索和导弹控制的双波段雷达（DBR，S波段和X波段）中取消了S波段雷达，将其作为未来的装备。这项决定是以与阿利·伯克Ⅲ型舰所搭载的雷达和研发相重复为由而做出的，而且目前尚不明确双波段雷达在已经安装了它的核动力航空母舰福特号上将产生的效果。

全舰计算环境的研发基本满足进度和预算要求。TSCE 的操作系统是 Linux，这是一种开放源代码的类 UNIX 操作系统，可以运行于 PC。程序设计语言是 Java，因为现在年青的程序员普遍比较熟悉 Java。选用 Java 而不是国防部原本打算的军用程序设计语言，也反映了采用 COTS（商用现货或商用成熟技术）的趋势。

2.3.1.2　CG(X)计划的中止

CG(X)是 2021—2029 年将退役的提康德罗加级后续舰的计划，其主要任务是未来对空战中枢，当然 BMD 也是主要任务之一。

CG(X)计划得以实施的前提是采用朱姆沃尔特级舰的技术研发模块的成果，所以当朱姆沃尔特级舰研发延迟造价高昂成为问题时，受影响的当然就是 CG(X)。为此，美国海军于 2009 年 12 月取消了 CG(X)计划，公布了 2016 年度装备阿利·伯克级改进型Ⅲ型舰（从 DDG 122 开始）的计划。

2.3.1.3　计划修改的背景

在一连串未来水面舰计划修改的背景中，也有美国财政上的问题。陷入金融危机的经济恢复问题和目前还不能结束的中东问题困扰中的美国财政，已经不能承受什么种类的水面舰都同时研发，况且还要考虑到今后俄亥俄级战略导弹核潜艇后续型号的研发建造也需要大量的经费支撑。

从使用构想方面看，也得修改当初对高度威胁的设想，更现实的做法是优先考虑处理紧迫问题的课题。

当初决定朱姆沃尔特级舰和 CG(X)的角色时，东西方冷战刚刚结束，设想的都是大规模对陆地攻击和远程弹道导弹攻击下的美国本土防御等，是针对这类大规模作战场景将实施的技术配备。但是，“9·11”事件之后，使美国棘手的多是与恐怖分子及支持恐怖分子的国家的非对称战争，或偶然发生的局部战争，直面这些问题成为新一代舰船更加紧迫的任务要求。

正因为看到了这个问题，在 BMD 用到的未来拦截导弹的技术中，准备在 CG(X)上也要装备的动能拦截器（KEI，在洲际导弹、中程导弹增压阶段）的研发被中止了，因为与设想的威胁远程化相比，中、近程弹道导弹量的扩大成为当务之急，于是奥巴马政权做出了修改它的决定。

同样，在布什当政时，作为欧洲弹道导弹防御用的 GBM（Global Ballistic Missile）系统提案，没得到俄罗斯的同意，一直悬而未决，而由宙斯盾舰和陆上装备宙斯盾 SM-3 的战区导弹防御系统的提案（2009 年 9 月）得到相关国的同意，即将实现。因此欧洲防卫用宙斯盾舰需求的增加也是计划修改的主要原因之一。

2.3.2　宙斯盾舰现代化改装

图 2-13 和图 2-14 分别是美国海军宙斯盾舰再建造及现代化时间表，这是一个每一阶段都有针对硬件和软件修改的计划表。

2008—2011 年度，首先把 7 艘提康德罗加级舰的作战系统换装成基线 7，这相当于阿利·伯克级ⅡA 型舰上装备的最新的宙斯盾作战系统，其中加入基本上依照美国海军开放式架构计算环境（OACE）武器系统体系的 CR2/ACB08。这 7 艘提康德罗加级舰上层建筑

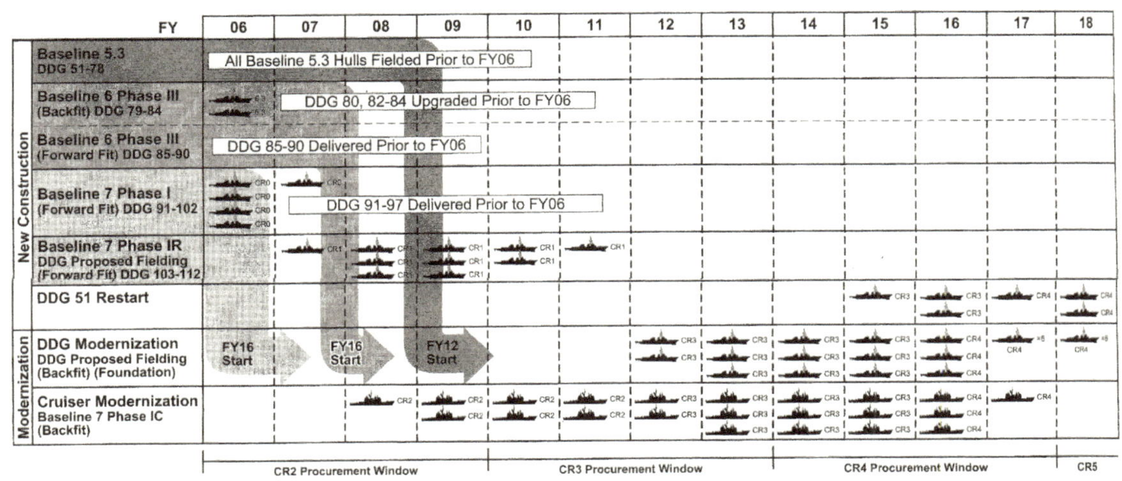

图 2-13 宙斯盾现代化和再建造时间表

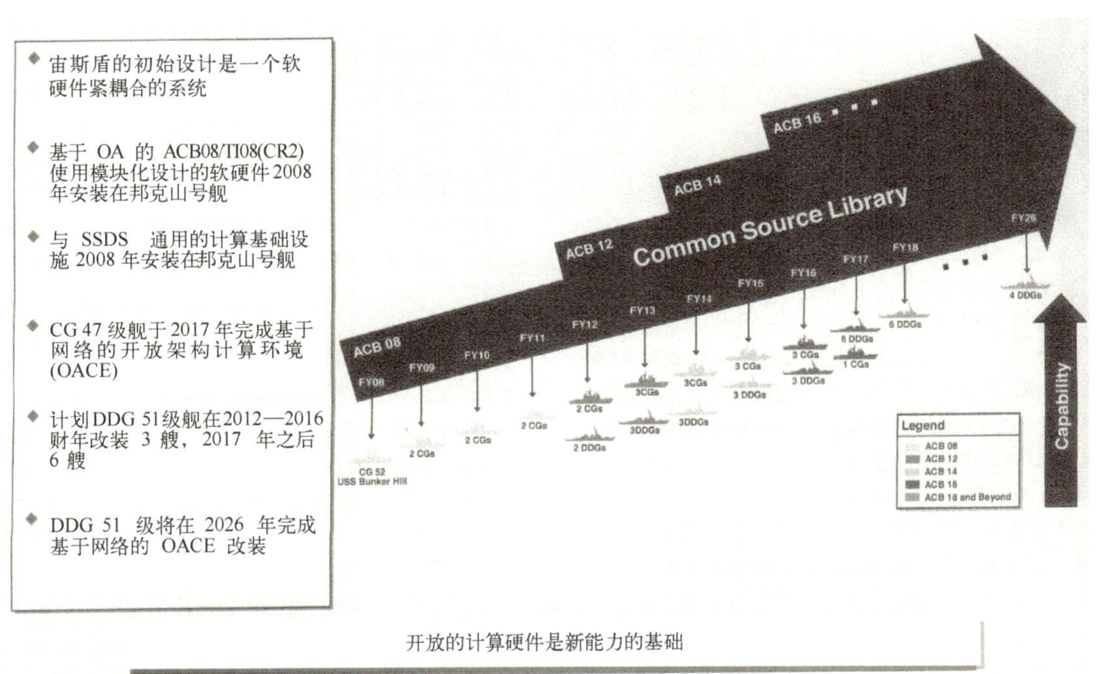

图 2-14 宙斯盾现代化时间表

的顶部都改变了，而已经完成 CR2/ACB08 换装的邦克山号 CG 52 已于 2010 年完成改装后归队。

本书中所用的 CR 是 COTS Refresh 的缩写，即商用现货更新之意，后缀数字表示进步的程度。ACB 是 Advanced Capability Build 的缩写，即先进能力构建（软件更新）之意，后缀的两个数字表示更新的年份，ACB08 是指 2008 年开始更新。无论是 CR 还是 ACB，其后缀数字越大，就表明武器系统体系越先进。

2012 年开始，美国海军对提康德罗加级舰和阿利·伯克级舰将完全依照 OACE 加入 CR3/ACB12，到这个阶段，BMD 功能已经是作战系统的标准配置。

2.3.2.1　提康德罗加级舰的现代化

当1994年7月最后一艘提康德罗加级舰皇家港号服役时，首舰CG 47已经服役11年了，为使先服役的各舰能跟上基线4的水准，美国海军又从20世纪90年代中期开始实施了一系列现代化计划。到2003年时，美国海军又认为最早几艘没有装备VLS的提康德罗加级舰的系统过于老旧，且船体结构也与后续舰存在许多差异，要提升到最新标准将需要更多的费用，尤其CG 47、48在结构与航海性能上还存在重大缺陷，除非大幅改造，否则难以修正原有问题，成本效益相当不划算，故决定让CG 47~51从2004年下半年开始提早退役，平均役期仅20年。

提康德罗加级舰的宙斯盾现代化计划分为两个阶段。第一阶段的程序称为CR2/ACB 08，从2008年开始（CG 52~58执行），早期称为基线6R，后来改称基线8，同时引进TI 08，将作战系统计算机软硬件架构更新到基线7.1R的水平。

在役各舰的升级将持续进行，由于越新的舰只修改的难度越低，因此升级顺序以基线3/4的舰船优先，如CG 60~64、70、72、73均从2002年开始接受基线6.0的升级，重点在于增设了CEC的USG-2终端设备，并将密集阵系统升级到Block 1B。另外这些舰艇的SPY-1B换装SPY-1D(V)的处理器，并搭载ESSM、TTWCS（战术战斧武器控制系统）、SPS-49雷达、SPQ-9B/ASMD雷达、SARTIS识别系统等新装备。舰载系统也将全面COTS与OA化，更新到相当于基线7.1水准。

除上述8艘外，某些系统试验舰也提前安装了其他新系统，如CG 55、56和CG 66、69均在20世纪90年代中期安装CEC的USG-2终端设备以便执行相关试验，不久，CG 68、71也在20世纪90年代末期安装了USG-2投入测试，因此22艘现役提康德罗加级舰中至少已有14艘装备了CEC。在最引人注目的弹道导弹防御方面也有类似情形，作为试验舰的CG 67、70、73在2006年先升级到具有远程监测追踪（LRS&T）与发射SM-3能力的宙斯盾BMD3.0，不久又升级到更成熟、增加JRE/JREAP网络连接能力的BMD3.6。

图2-15所示为开始实施提康德罗加级舰现代化的概要。内容有：为加强协同交战能力（CEC）及提高对空战能力，采用专门加强本舰防御的改进型海麻雀导弹（ESSM）；将用于补充SPY-1相控阵雷达低空目标搜索的SPQ-9A（X波段）雷达改为SPQ-9B型，可以在更好地完成对低雷达波反射截面（RCS）目标搜索的同时，强化对SPY-1的补充作用。

为扩大127mm舰炮的打击范围，安装了光学指挥系统，炮身也从54倍口径加长到62倍口径，原来设想使用长射程制导炮弹（ERGM），由于炮身延长，ERGM的研制也就中止了；把20mm的近程防御武器系统（CIWS）换成装有红外传感器具有对海攻击能力的CIWS Block 1B。

反潜系统的变化：采用最新的SQQ-89A(V)15声呐系统，还采用将球艏声呐和拖曳声呐组合的多功能拖曳声呐（MFTA），装备MFTA的舰只是使用宙斯盾作战系统基线3的舰（CG 59~64）和基线4的舰（CG 65~73），而对使用基线2的那些舰（CG 52~58）只是对其反潜情报处理系统（ASWCS）进行了改装，其他的各种装备也是改造和换装同时进行，以求使用新型的系统；撤掉了后部桅杆上作为SPY-1备用的SPS-49对空雷达。

在提康德罗加级舰中，2008—2011年度完成了CR2/ACB08换装的有7艘，那几艘舰的现代化在完成阶段还不能说具备了BMD功能，真正具备BMD功能的是2012年度首先实施CR3/ACB12改装的2艘舰。它们是夏洛号CG 67和伊利湖号CG 70，是作为宙斯盾BMD系

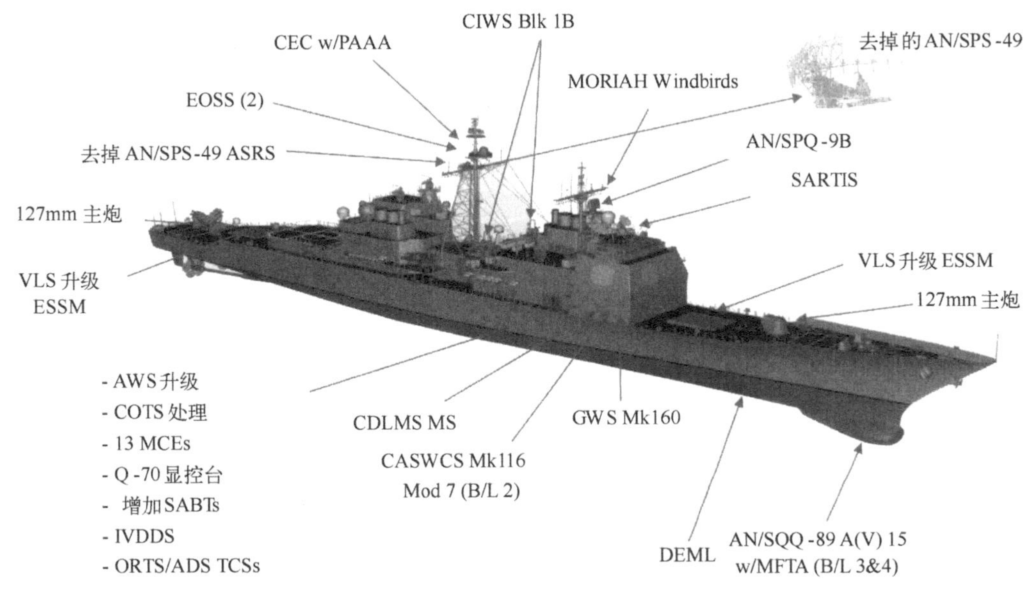

图 2-15 ‖ 提康德罗加级舰现代化概要

统的实验舰实施改装的，这是“巡洋舰现代化”的另一个版本，或许是将来其他舰改装的样版。

随后的第二阶段称为 CR3/ACB 12，从 2012 年开始执行（CG 59~64），也就是升级为宙斯盾基线 9A 的水平。AMOD CR3 是在 CR2/ACB 08 的基础上，计算机架构与显控系统软硬件再次升级，依据海军开放式架构（OA）为宙斯盾系统构建了一个通用计算机程序库（CSL），并引入 SM-6 导弹，海军一体化火控防空（NIFC-CA），换装 AN/SQQ-89A(V)15 反潜系统，技术嵌入 TI 12 计算机硬件，敌我识别 IFF Mod5，通用显示系统（CDS）与通用处理系统（CPS）。完成 ACB 12 之后，宙斯盾系统原有旧的军用标准架构软硬件将完全被新的开放式商用现货系统取代。

美国海军在宙斯盾现代化的 ACB12 阶段决定先为阿利·伯克级舰换装多任务信号处理器（MMSP）与弹道导弹防御 BMD 5.0，同时升级的提康德罗加级舰（CG 59~64）基线 9A 则不具备 MMSP 与 BMD 5.0。这是因为最初 MMSP 是专门配合阿利·伯克级ⅡA 型舰的 SPY-1D(V)雷达所开发，如果要配合提康德罗加级舰的 SPY-1A/B 相控阵雷达，则又需要不少集成与开发工作。原本美国海军打算在更进一步的 ACB 14 中为最后 9 艘提康德罗加级舰（CG 65~73）增加 MMSP 与 BMD 5.0 反弹道导弹能力，而宙斯盾基线 9A 结合 MMSP 和 BMD 5.0 称为基线 9B；然而由于预算因素，这个计划被取消，因此 CG 59~73 的宙斯盾系统版本都是基线 9A，不会引入 MMSP 与 BMD 5.0。

根据 2016 年以后的计划，美国海军决定除了蒙特尼号（USS Monterey CG 61）外，其余 21 艘提康德罗加级导弹巡洋舰陆续将宙斯盾系统升级到基线 9A 的水平，但排除了 MMSP 与 BMD 5.0，因此提康德罗加级舰经现代化改装后不再担负反弹道导弹任务，而是专注执行航空母舰的防空任务；先前 CG 52~58 升级装备的旧版 BMD 4.0 或 3.6 也会在改装工程中移除。

不过，美国在 2016 年 4 月提交国会的未来 30 年造舰计划中，只有 11 艘提康德罗加级舰保留现役，另外11艘逐步封存并进行改装升级，目前最老的邦克山号（USS Bunker Hill CG 52）计划在2020年退役。提康德罗加级舰的宙斯盾现代化计划实际执行状况可能仍有变数，有待观察。①

改进后，现役22艘宙斯盾巡洋舰役期将可延长到35年，目前最老的邦克山号的役期仅21年，预计可服役到2021年，而最新的皇家港号至少要到2029年才会退役，因此在未来的10~15年中，提康德罗加级舰将仍是美国海军水面舰艇的核心。

提康德罗加级巡洋舰（CG 47~73）的宙斯盾基线版本、现代化改装版本和BMD系统版本参见表2-7。

2.3.2.2 阿利·伯克级舰的现代化

从2002年开始，美国海军宣布开展阿利·伯克级驱逐舰的升级计划。其中，Flight Ⅰ/Ⅱ（DDG 51~78）主要是将宙斯盾系统版本统一到基线5.3左右的水平。对于阿利·伯克级ⅡA型舰的DDG 79~90来说，升级的装备包括CEC的USG-2终端设备、CDL数据链管理系统、重新配置兵力战术训练系统（BFTT）、计算机辅助航迹跟踪系统（CADRT）、综合导航系统（NAVSSI）等，并扩大商用现货计算机硬件的应用。在这个阶段并没有增添BMD能力。

阿利·伯克级舰的现代化改装于2012年首先从使用宙斯盾作战系统基线5的DDG 51~78开始，到2016年排到使用基线6的DDG 79~90和使用基线7的DDG 91以后的舰，就是说，与提康德罗加级舰正好相反，是从最老的舰开始改装。

原计划以所有阿利·伯克级舰更新到基线9/ACB 12为目标，实际的宙斯盾现代化计划执行过程又有变化，受经费预算消减的影响，计划缩减为：配备基线6.3的ⅡA型（DDG 79~90）全部升级到基线9；而较早的28艘Flight Ⅰ/Ⅱ之中，只有7艘Ⅰ型（DDG 51、52、53、57、61、65、69）升级到基线9，其余14艘Ⅰ型和7艘Ⅱ型（DDG 72~78）进行较低成本的升级。

2017年特朗普当选美国总统，美国海军恢复原定的阿利·伯克舰升级计划，ⅡA型舰将全部升级到基线9C，其中罗斯福号（USS Roosevelt DDG 80）于2017年开工，升级为基线9C，BMD 5.1（使用SM-3 Block ⅡA和SM-6 Block Ⅰ），ACB 16软件架构与TI 12硬件架构，具备NIFC-CA能力，并成为第一艘以AN/SPQ-9B X波段跟踪雷达取代SPS-67的阿利·伯克级舰，其改装工程于2018年5月完成，接着进行了为期一年的系统测试、训练及实弹测试。

对于相对较新、装备宙斯盾基线7系列的22艘ⅡA型舰（DDG 91~112），开始并未列入现代化改装计划。不过特朗普总统上任以后，美国海军终于决定将ⅡA型舰升级为基线9/BMD 5。目前的34艘阿利·伯克级ⅡA型舰（DDG 79~112），除了DDG 90、96尚未排入计划外，其余都已经排入升级日程。

完成现代化改装的这些舰所使用的宙斯盾作战系统的基线称为基线7 CR3/CR4，是完全依照美国海军OACE做的，在这之后，硬件和软件的更新就完全可以分开实施。

图2-16是DDG 113（CR3舰）以后的阿利·伯克级舰再建造时间表，图2-17所示为阿利·伯克级ⅡA型再建舰（DDG 113）的主要系统构成。

---

① http://www.mdc.idv.tw/mdc/navy/usanavy/E-Aegis-2.htm.

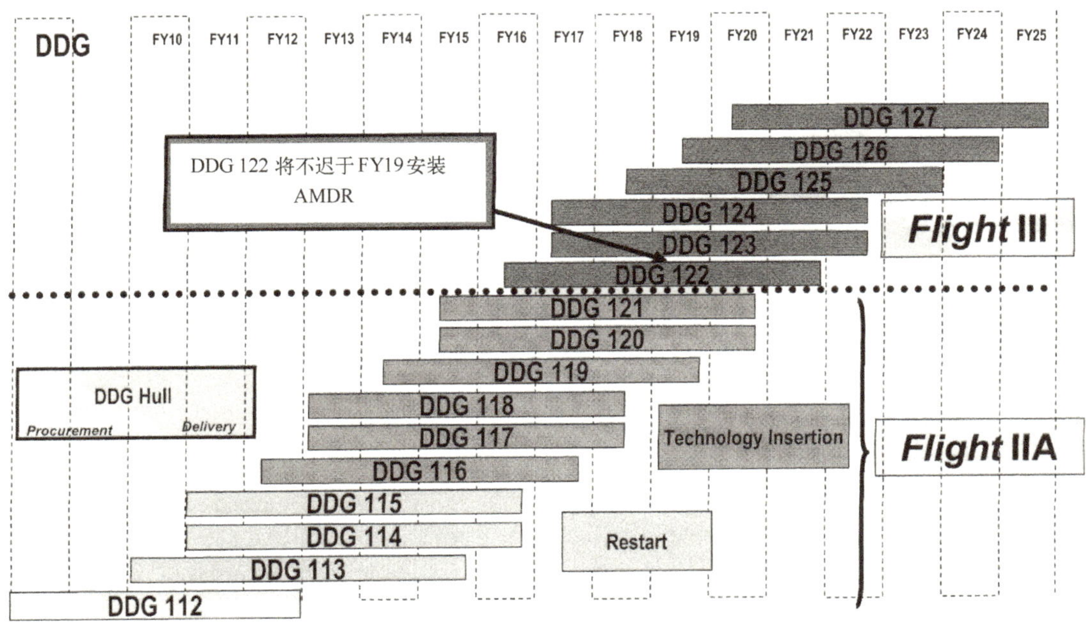

图 2-16 ▎阿利·伯克级舰再建造时间表

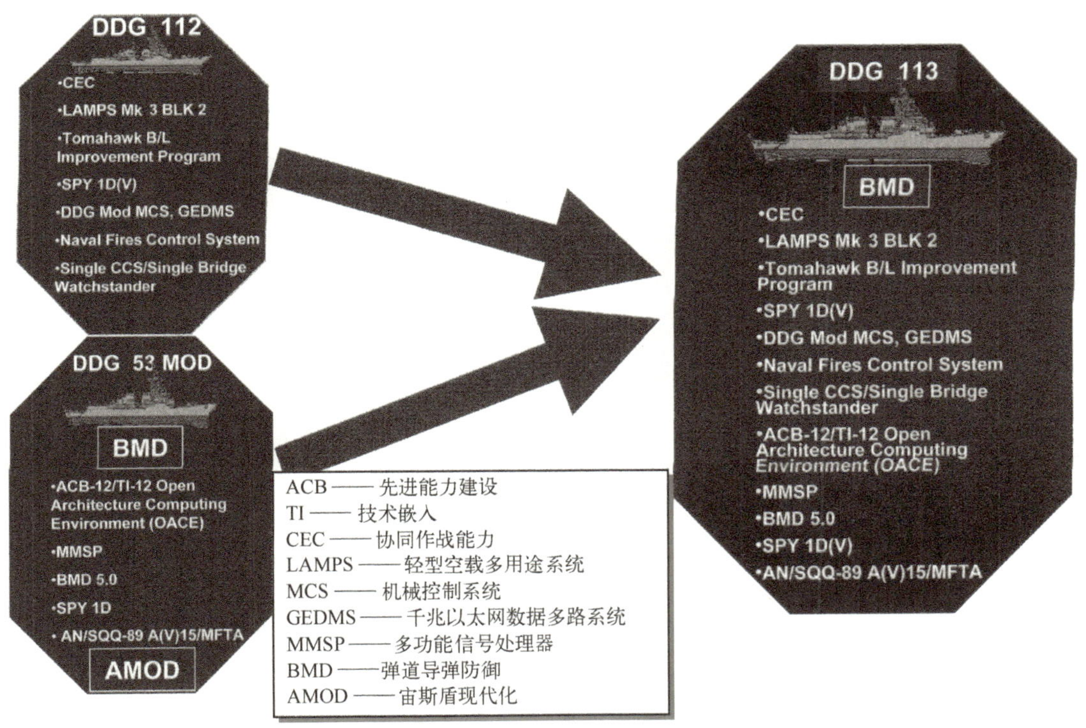

图 2-17 ▎阿利·伯克级ⅡA 型再建舰的主要系统构成

在决定再造时，ⅡA 型舰的最后一艘舰是 DDG 112(CR1)，其使用的最新系统中综合了在役舰 DDG 53 的宙斯盾现代化思路而研发的功能。

DDG 113 以 DDG 112 的协同交战能力（CEC）和具有双波段对海搜索功能的 SPY-1D

(V)相控阵雷达为基础，加上 DDG 53 的具有 DACE 和 BMD 功能等，例如，在 SPY-1D(V) 雷达信号处理装置中采用了多任务信号处理器（MMSP）。

DDG 113～115 在作战系统开放式架构改造（OA 化）的阶段相当于 DDG 53 的 CR3/ACB12，具有对应拦截弹道导弹的 SM-3 Block IA 和 Block ⅠB 的 BMD5.0 功能。后续舰 DDG 116～121 将使用 CR4/ACB14，采用 COTS 的计算机和显示装置等硬件将做到定期更新，而用于直升机控制的软件功能也将提高。

阿利・伯克级舰中使用基线 5 的那一部分，已经在实施宙斯盾 BMD 能力的改造，如前所述，DDG 现代化是从 2012 年开始的。

阿利・伯克级驱逐舰（DDG 51～112）的宙斯盾基线版本、现代化改装版本和 BMD 系统版本参见表 2-9。

2.3.2.3 宙斯盾 BMD 系统的功能综合

宙斯盾现代化引入的新功能包括：

（1）NIFC-CA（Naval Integrated Fire Control-Counter Air）是处理威胁的又一种模式，它利用“标准”SM-6 导弹的主动功能，在超过宙斯盾视界的范围，通过 CEC 与飞机协同作战，能够对威胁予以拦截。

（2）SIAP（Single Integrated Air Picture）是用共同的算法综合多层次情报，使战区内所有舰艇都能够获得统一态势感知的信息系统，是美国海军实现联合作战在内的网络中心战（NCW）不可缺少的功能。

（3）IABM（Integrated Architecture Behavior Model）是实现 SIAP 所必要的，是提供共同算法的基础。

图 2-18 所示为从宙斯盾 BMD 的实现到 ACB14 的宙斯盾现代化（AMOD）的路线图，在向上的箭头之下是箭身，箭身右边为宙斯盾武器系统的发展，左边为宙斯盾 BMD 系统的发展。

从图 2-18 中可以看到，走到 ACB08 阶段之后，宙斯盾武器系统另一个版本 ACB12 与宙斯盾 BMD 系统合为一体。

而在 ACB12 阶段的岸基宙斯盾就是欧洲用于防卫的岸基宙斯盾 SM-3 战区导弹防御系统。

从 2016 年度开始采办的阿利・伯克级Ⅲ型舰，计划装备由 S 波段和 X 波段组成的双波段雷达（DBR），这是按比例减小的为 CG(X)研发的 AMDR（防空反导雷达）。这种新型雷达所需要的电力很大，可想而知，电源装置和冷却功能也要相应大幅增加。

作为 CG(X)的要求，前提是靠本舰雷达探测、跟踪目标并控制导弹，所以考虑的是使用 22 英尺 S 波段天线。但是，若有效利用遥感和网络技术，目前 S 波段天线的规模就没有必要再考虑。其Ⅲ型用 12～14 英尺的 S 波段天线就可以了。

关于对付弹道导弹的问题，将来要修改的海上配备把对付 IRBM 和 ICBM 级的中、远程弹道导弹作为 2030 往后威胁的那些型号，根据评估来看，到 2030 年左右，对付中、短程弹道导弹的配备将会变成当务之急。

之前计划以 ACB14 为起点实现宙斯盾 BMD5.1，从 CG(X)开始以 ACB16 为起点来开发宙斯盾 BMD6.0，可是在这次大幅度的计划更改中，Ⅲ型舰的目标改为从 ACB16 开始将宙斯盾 BMD5.1 和宙斯盾武器系统现代化时间表相结合来实现。

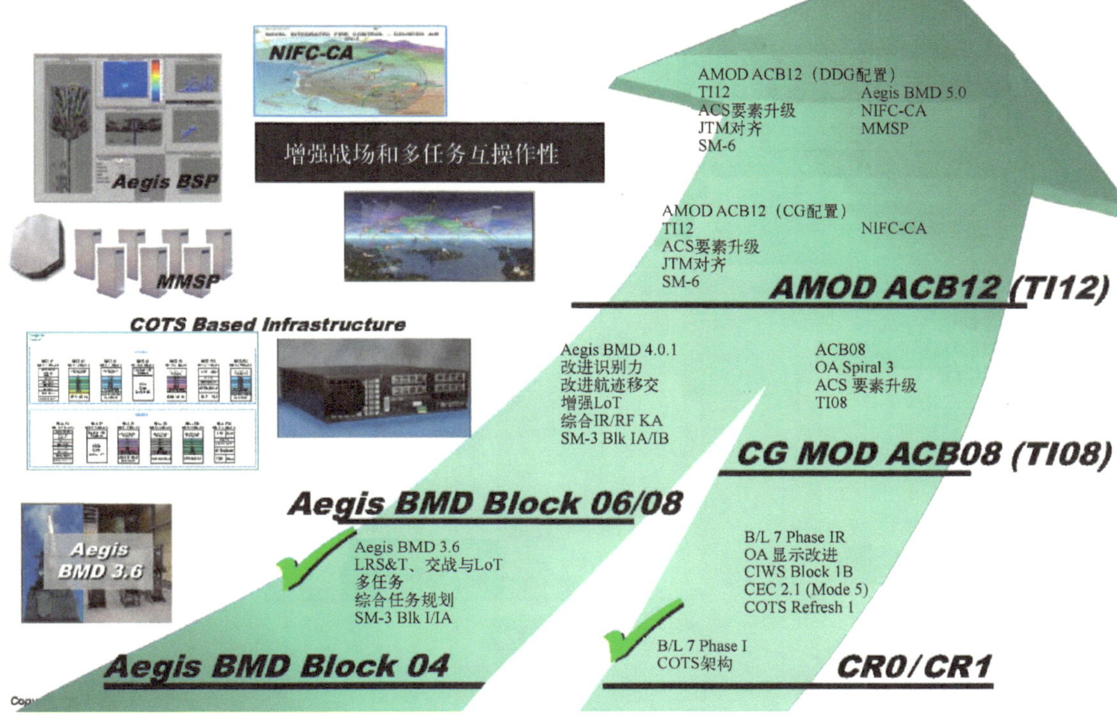

图 2-18 宙斯盾现代化的路线图

随着计划的修改，如果说洛克希德·马丁公司是宙斯盾的武器系统集成公司，而从ACB14及TI16（CR4的技术基础）开始将由指定的公司去竞争合同，目前这方面的计划还不明确。

2.3.3 美国海军水面舰的OA化

美国海军趁宙斯盾现代化之机实现了软件部件化（Component，亦译为“构件”“组件”），同时推进下一代舰艇基础设施的确立。这项工程不仅针对宙斯盾舰，而且是贯穿于新型核动力航空母舰福特级的舰艇自防御系统（SSDS）、朱姆沃尔特级和濒海战斗舰（LCS）等所有水面舰，它具有如下特征：

（1）计算机系统COTS化及OA化，不仅采用商用技术的水平，而且制定了全军的基准，根据OACE实施阶段性的配备。

（2）为了实现选定几个平台的软件部件化、程序库化（将通用性高的几个程序集合在一起），在制作使用要求和软件文档过程中除了采用新的系统工程技术外，还确定开放架构功能分配（OAFA），以求扩大软件的复用。

（3）SIAP、IABM以及CCID等成为C^4ISR的基础部分，革新的新技术就引入其中。

这里，程序库的添加/变更相当于个别新功能的添加和个别功能的更新，这种螺旋式的研发能够一直进行下去。前面说到的ACB就是利用最新的程序库，构建给特定平台使用

（与新舰所使用或现代化年度计划相当），对其进行评估确认之后，实际装备的一组程序。因此，所谓 ACB12 就是在程序库的基础上使用 2012 年以后的最新系统。

图 2-19 所示为宙斯盾现代化、新型核动力航空母舰福特级的 SSDS、朱姆沃尔特级舰（DDG 1000）的 OA 化预定推进状况，以 2012 年完成的 ACB12 确立基础的共用程序库，以后新功能的开发、螺旋式的更新也会一直进行，美国计划 2012 年之后每 2 年实施定期更新。2014 年以后，其应用将覆盖所有舰种，按计划实施小规模改装。

As of November 2009

- 完成尼米兹级舰和邦克山号舰的软硬件解耦
- 2009 年 6 月完成尼米兹级舰 SSDS 软件的最终认证
- 2009 年 7 月30日邦克山号舰成功完成CSSQT (作战系统认证试验)
- 2009 年11月完成邦克山号舰的软件认证

2012

- 宙斯盾现代化 (ACB12) 发布部件级接口CDR（2010年1 季度）和计算机程序
- 完成 SSDS 接口和部件级文档
- 少量通用部件集成进入宙斯盾系统和 SSDS ACB12

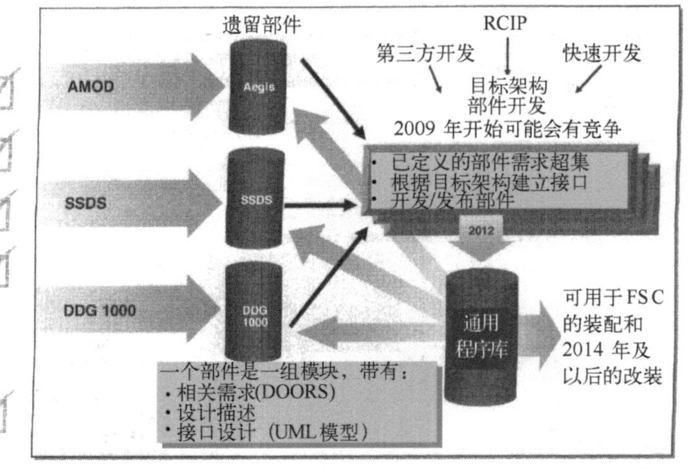

2014 — 2022

- 每个 ACB 的通用部件数量将增加，最终所有水面舰艇作战系统将使用通用的软件核心
- 作战能力需求将决定哪些部件需要更改

图 2-19 ▎水面舰作战系统集成和 OA 化

近几年武器系统功能/性能的提高，不是去增大传感器、舰炮的能量或作用距离，而是靠提高信号处理敏感度、精度等方式来实现，所以主要依靠后端计算机软件。

以往，在个别配置设备变更一览表中就能够显示功能/性能的提高，如今是以没有表现形式的软件螺旋式更新来实现的时代。这就意味着，一开始选定几个平台，满足集成基础设施 OA 化的要求就可以了。

前面提到，适合现役舰的宙斯盾现代化计划，也使人们对正在着手的未来水面舰计划有了新的认识。但是，宙斯盾现代化中正式配备的 OA 集成基础设施是为了适合以这种螺旋式研发为中心提高功能/性能的商用模块，可以看到对它的评价是能够符合未来舰的需求。

就是说，过去新造舰、现代化改装舰以及未来舰的计划，内容完全不同，而今后，由于软件螺旋式的研发，必须要把握它们之间相互关联的脉络。

如图 2-20 所示为通过宙斯盾现代化或者水面舰集成 OA 化的螺旋式研发流程和它们之间的密切关联，从中可以解读正在进行的未来舰的研发状况。

美国和日本共同研发的用于宙斯盾 BMD 的导弹是 SM-3 Block ⅡA，以 Block ⅡA 运用为对象的 BMD5.1 的功能决定首先从阿利 · 伯克级Ⅲ型舰嵌入。

在武器系统 OA 化的过程中穿插了舰的小改装。

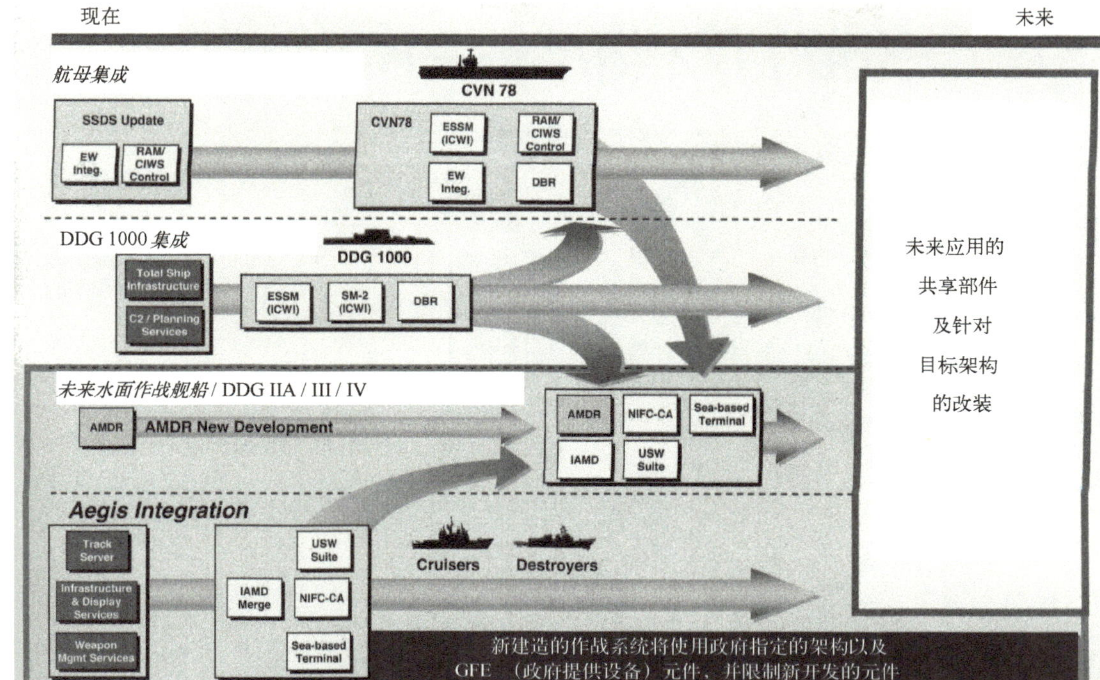

图 2-20 ▎水面舰研发和现代化改装

2.3.4 宙斯盾基线 9/ACB12

1. 基线特征

宙斯盾作战系统基线 9 也称为 ACB 12（先进能力构建）系统，如图 2-21 所示，通过开发多任务信号处理器（MMSP）将反导与防空的信号处理集成在一块芯片上，使宙斯盾武器系统具有多任务并行处理能力，实现防空能力和弹道导弹防御（BMD）能力的整合，成为美国海军巡洋舰和驱逐舰一体化防空反导（IAMD）作战的核心系统。宙斯盾作战系统基线 9 的基本特征为宙斯盾武器系统软件整体升级（包括改进的协同交战能力）、装备 SPQ-9B 雷达、装备 SQQ-89A(V)15 改进型反潜系统、包括安装两门 Mk54 型 127mm/62 倍口径火炮在内的武器系统升级、装备光电瞄准系统和 Mk160 火控系统。

按照美国海军发展计划，宙斯盾基线 9 系统有多种版本，宙斯盾基线 9 不仅用于新造的阿利·伯克级ⅡA 型舰（DDG 113~），也用于升级现有的阿利·伯克级导弹驱逐舰（DDG 51~78）和提康德罗加级导弹巡洋舰（CG 59~73）。其装备的舰只和具有的能力如表 2-2 所示。

表 2-2 宙斯盾基线 9 的多个版本

版　本	装备平台	能　力	备　注
基线 9A	CG 59 ~ 64	防空（AAW）	
基线 9B	CG 65 ~ 73	IAMD	取消
基线 9C	DDG 51 ~ 78	IAMD	
基线 9D	DDG 113 ~124	IAMD	
基线 9E	陆基宙斯盾系统	BMD	

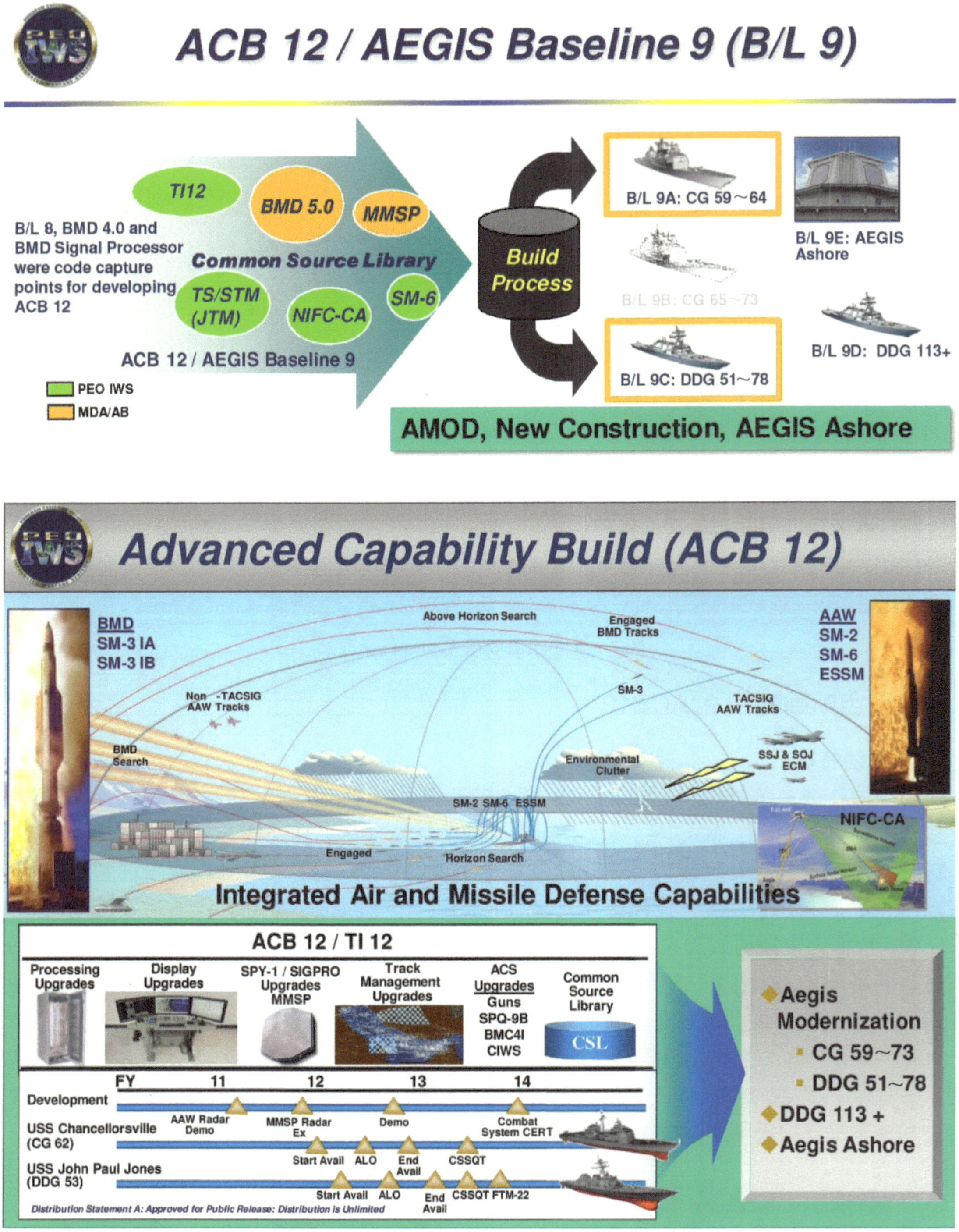

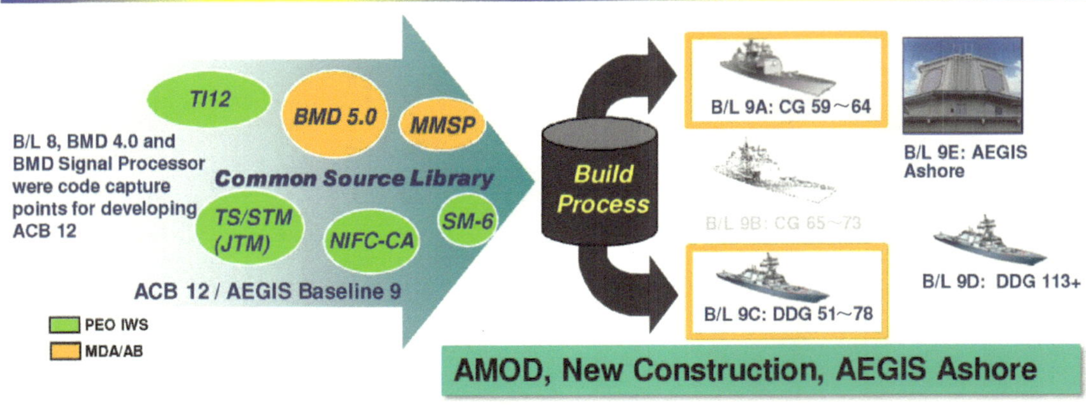

图 2-21 ▎宙斯盾作战系统基线 9/ACB 12

其中，宙斯盾基线 9A 是用于提康德罗加级舰的版本，配置有 ACB 12 计算机硬件架构、NIFC-CA 及 SM-6 防空导弹，但不包括 MMSP 和 BMD 5.0，因此只能执行一般的防空作战任务，不具备弹道导弹防御能力。美国海军原本曾打算以宙斯盾 Basline 9A 进一步引进

MMSP 与 BMD 5.0，称为宙斯盾基线 9B，但由于预算因素而取消。升级后的提康德罗加级巡洋舰专注于舰队防空任务。

基线 9C 是为现有阿利·伯克级舰 Flight Ⅰ/Ⅱ/ⅡA（DDG 51~90）升级的型号，基线 9D 用于新造的ⅡA 型舰（DDG 113~124）。基线 9C 与基线 9D 的规格相同，版本发展也完全对应，都具备 MMSP 与 BMD 5.0+，能同时执行舰队防空与 BMD 能力（即 IMAD）。

陆基宙斯盾版本最初称为基线 9E，在原本为提康德罗加级舰规划的基线 9B 取消后就改称为 9B 来递补；陆基宙斯盾最早部署于罗马尼亚与波兰，罗马尼亚的版本是基线 9B1，稍后建造的波兰陆基宙斯盾则为基线 9B2。

宙斯盾基线 9C0 的 BMD 能力为 5.0 版，结合 ACB12/TI12 系统架构，使用多任务信号处理器（MMSP），具备 IAMD 能力以及 NIFC-CA 的增量 1（Increment 1）。宙斯盾基线 9C0 只能使用大气层外拦截的 SM-3 反弹道导弹。

随后的 ACB 12/宙斯盾基线 9C1 进一步引进 BMD 5.0 能力升级（Capability Upgrade，CU），除了大气层外拦截的 SM-3 Block ⅠA/ⅠB 反弹道导弹之外，首次引进海基终端弹道导弹防御（Sea-Based Terminal，SBT）的增量 1，也就是使用可在大气层内拦截弹道导弹的 SM-6 双用型第一阶段（Dual 1），此外还有担负常规防空任务的 SM-6 Block Ⅰ/ⅠA、SM-2 Block Ⅳ、ESSM Block 1 防空导弹等。

宙斯盾基线 9C2 是基于 2016 财年展开的 ACB 16；阿利·伯克级ⅡA 型舰从 DDG 119 起使用宙斯盾 9C2，之后现有阿利·伯克级舰也会升级到这版本。ACB 16/宙斯盾基线 9C 包括 NIFC-CA 的增量 2、AN/SPQ-9B X 波段雷达（DDG 118 起）、战场敌我识别改进（IFF Mode 5/S，DDG 118 起）、BMD 5.1（结合 EOR 与 SBT Increment 1）、C^5I 系统升级（含 CANES、JTT-M、GCCS-M、CDL、CDLMS）、AN/SLQ-32（V）6（即 SEWIP Block 2）电子战系统（DDG 117 起）、TI 16 计算机硬件套件（DDG 121 起）、通用源程序库（CSL）、与 MH-60R 反潜直升机之间的开放式界面集成（Open Interface Integration，即 Hawk Link 通用数据链，DDG 118 起）、AN/SPQ-9B X 波段雷达侦测潜望镜能力提升、全舰战术训练能力（Total Ship Training Capibility，TSTC，DDG 118 起）。ACB 16/宙斯盾基线 9C2 能使用的防空导弹包括 SM-2、ESSM Block 1、SM-6 Block Ⅰ/ⅠA 与 Dual 1/2、SM-3 Block ⅠA/ⅠB/ⅡA 反弹道导弹。

新造舰（DDG 113~124）宙斯盾基线 9D 的规格基本上从基线 9C1 起跳，从 DDG 119 起相当于基线 9C2 的规格。

阿利·伯克级舰从 DDG 116 开始增加名为综合海上网络企业服务（CANES）的开放式网络环境，将舰上原本各种独立的网络计算环境/应用系统的功能整合为单一的网络架构，包括 ISNS、CENTRIXS-M、SCI Networks、SubLAN、VIXS 等；CANES 的核心思想是通过软件虚拟服务器，在一套通用的计算硬件（通用计算环境，CCE）上执行原本不同网络系统的应用，取代各网路系统不同的专属机柜硬件。

2010 年 3 月，美国海军授予诺斯罗普·格鲁曼与洛克希德·马丁两组竞争团队关于 CANES 的初始发展与概念展示合同，经过两年的概念和原型测试评估后，于 2012 年 2 月正式选择诺斯罗普·格鲁曼公司为 CANES 的承包商；2013 年 3 月 27 日，美国海军空间与海战系统司令部（SPAWAR）发出 CANES 全面部署量产单元的 RFP，2014 财年起开始全面部署，预定在 10 年内（2023 年之前）部署到超过 190 艘水面舰艇与潜舰上。CANES 服役后，硬件以四年为周期进行升级，计算环境软件以两年为周期进行升级，应用程序以一年为升级周期。

基线 9 的先进之处体现在以下四个方面：

（1）针对之前版本的宙斯盾系统的软硬件问题进行了全面升级。通过采用性能更好的 COTS 商用处理器，基线 9 型宙斯盾系统降低了系统使用成本并提升了运算能力，同时新的显示系统也具有更友好的界面。

（2）基线 9 采用 MMSP 信号处理器取代宙斯盾系统 SPY-1D 雷达中的信号处理器。它集成了早期弹道导弹防御战舰信号处理器的功能，将其合并成一组设备。

（3）在作战能力方面，基线 9 型采用了新型的 NIFC-CA，采用该系统的战舰不但实现了同时执行防空和反导任务的能力，而且还具备了由本舰根据其他平台回传的目标信息发射 SM-6 型防空导弹并进行“超地平线”攻击的能力。

（4）采用了新的 BMD 5.1 版本软件系统，通过提升控制精度和改进反导拦截弹的弹道算法，基线 9 型宙斯盾系统使用 SM-3 系列导弹的反导能力也有所提升。

2. 装备情况

2013 年，海军在两艘驱逐舰本福德号和巴里号以及一艘巡洋舰普林斯顿号上安装基线 9 型系统。2015 年，阿利 · 伯克级驱逐舰米切尔号、米利厄斯号，巡洋舰圣乔治角号安装该型系统。第一艘新造舰装备基线 9 系统的驱逐舰是约翰 · 芬恩号（DDG-113），后续的 DDG-114 至 DDG-118 都装备基线 9D 型系统，这是专为新建造战舰设计的系统。基线 9E 型系统用于陆基宙斯盾，即部署于罗马尼亚和波兰的弹道导弹防御系统。

目前共有 7 艘ⅡA 型阿利 · 伯克级驱逐舰正在建造中。现有驱逐舰和新型约翰 · 芬恩号以及所有后续驱逐舰，将装备宙斯盾基线 9 型升级系统，其中包括 NIFC-CA 和其他先进技术。

2015 年 9 月，洛克希德 · 马丁公司获得美国海军总值 4.82 亿美元的合同，继续将现役宙斯盾舰的作战系统升级为基线 9。此外，美国奥巴马政府从 2009 年开始建造的陆基宙斯盾（Aegis Ashore）弹道导弹防御系统，也以基线 9/ACB 12 为基础。

2016 年 8 月，洛克希德 · 马丁公司总共获得 4.9 亿美元的合同，为美国、日本、韩国订购的宙斯盾驱逐舰提供具有 IAMD 能力的宙斯盾系统（大致都是基线 9/BMD 5.1），2018 年 12 月完成。日本在 2015 年起部署两艘新造宙斯盾驱逐舰，具有 IAMD 能力，配备宙斯盾基线 9/BMD 5.1 组合（日本称为 Baseline J7）；韩国也在 2013 年年底决定购买第二批三艘 KDX-3 宙斯盾驱逐舰。美国国防安全合作局（DSCA）公布了日本和韩国的宙斯盾军售情况。

3. 项目研制

1999 年度，美国海军展开两项关于宙斯盾系统的主要升级计划，第一项是由弹道导弹防御组织支持的计划，为宙斯盾作战系统发展一种通用的战区雷达升级单一信号处理器，能在可承受的成本范围内提供战区外大气层弹道导弹的识别能力；第二项升级计划则是将 AN/SPQ-9B X 波段近距离跟踪雷达整合至宙斯盾武器系统中，以提升宙斯盾舰对近距离低角度目标的精确跟踪能力。①

---

① http://www.mdc.idv.tw/mdc/navy/usanavy/E-Aegis-2.htm.

第一项计划由洛克希德·马丁公司主导研发，称为多任务信号处理器（MMSP），计划在2015年左右推出，可将宙斯盾之下的各子系统融入一个标准的开放式软硬件环境内，这是宙斯盾系统首次将一般的舰队防空与反弹道导弹功能整合在同一个操作环境，两种任务可一同执行（先前宙斯盾舰上的BMD 4.1以前的版本都采用独立的专属硬件，只能在反弹道导弹与舰队防空任务之间选择其一），称为一体化防空反导（IAMD）。结合MMSP之后，SPY-1D(V)雷达的后端处理能力大增，具有良好的自适应数字信号处理能力，低角度地形/海面杂波和电子对抗能力都大幅提高。多任务信号处理器（MMSP）采用开放式架构，有高达67%的比例使用商用成熟技术（原本宙斯盾系统的处理单元仅6%）。原本宙斯盾系统能让雷达连续工作4000小时左右，换用MMSP之后可望大幅增加至100000小时的水准。此外，MMSP的成本也比现阶段宙斯盾系统的处理单元大幅降低。

2007年，美国海军展开宙斯盾系统先进能力构建ACB 12计划，主要项目包括引入SM-6防空导弹、NIFC-CA、开放式架构（OA）、MMSP以及弹道导弹防御能力BMD 5.0等，具有一体化防空反导能力。宙斯盾基线7虽然全面引进商用货架产品（COTS），但仍残留部分旧的军标系统，例如，弹道导弹防御系统直到BMD 4.0，都是在专用的封闭式军标计算机软硬件上独立执行。而ACB 12则在系统架构层面上完全与商业市场同步，实现真正的开放式架构。ACB 12随后就成为宙斯盾基线9的硬件基础。

2008年，美国海军确定将DDG-1000级驱逐舰减产为3艘，随后CG(X)导弹巡洋舰计划也在2011年被取消。作为替代，美国海军继续建造10艘阿利·伯克级ⅡA型舰，其中前3艘（DDG 113~115）属于重启型（Restart），后7艘（DDG 116~122）为技术嵌入型（Technology Insertion），并紧接着建造Ⅲ型舰（原计划DDG 123起，建造24艘）。阿利·伯克级ⅡA型舰开始，使用的宙斯盾系统版本就是基线9，2012财年起正式换装。

ACB 12的研发耗资14亿美元，这还不包括采购设备以及为各舰升级安装的费用。宙斯盾系统主承包商洛克希德·马丁公司认为ACB 12是非常先进的项目，首次为宙斯盾系统提供了一体化防空与反弹道导弹能力。ACB 12也奠定了接下来ACB项目的基础架构；由于实现了开放式架构，ACB的后续升级主要是通过增加新的软件任务包（package）来引进新的能力，而不再像过去需要同时修改好几个相互独立的子系统。依照计划，美国海军所有宙斯盾巡洋舰/驱逐舰的宙斯盾系统升级到BL 9/ACB 12以上的版本之后，都可以使用通用计算机源程序库（CSL），大幅提高整个宙斯盾舰队的作战能力与后勤可维护性。

4. 试验情况

1）切斯劳维尔号海上试验

2013年3~4月，宙斯盾基线9作战系统在经过现代化改装的提康德罗加级导弹巡洋舰切斯劳维尔号（CG 62）上进行了海试，这是美国海军就NIFC-CA作战能力进行的首次舰上试验。试验期间，切斯劳维尔号舰成功探测和跟踪了1枚中空亚声速目标，并使用SM-2导弹实施了拦截。切斯劳维尔号是第一艘前沿部署宙斯盾基线9作战系统的舰船。

2）约翰·保罗·琼斯号驱逐舰认证测试

2014年6月18~20日，约翰·保罗·琼斯号（DDG 53）在加州外海穆谷角（Point Mugu）的太平洋导弹发射场（Pacific Missile Range）完成宙斯盾基线9C的舰船认证测试（Combat Systems Ship Qualifications Trials，CSSQT），期间包括五次实弹射击以及NIFC-CA测试，总共发射4枚SM-6与1枚SM-2防空导弹。此外，琼斯号首次进行弹道导弹跟踪演习，同时跟踪 2 个超声速与 2 个亚声速空中目标，成功展示了宙斯盾基线 9C 的能力。

3）FTM-25 试验①

2014 年 11 月 6 日，DDG 53 在夏威夷海域首次实际测试同时拦截弹道导弹与传统巡航导弹的演习（代号 FTM-25）；这是 DDG 53 换装宙斯盾基线 9C1 作战系统以及 BMD 5.0 的第一次测试。在这次演习中，位于考艾岛的太平洋导弹发射场（PMRF）在夏威夷时间下午 12:03 发射一枚分离式的近程弹道导弹靶弹，DDG 53 探测与跟踪目标后，发射一枚 SM-3 Block ⅠB 成功拦截这枚弹道导弹靶弹，而在演习中该舰也另外发射 2 枚 SM-2 Block ⅢA 成功拦截两个模拟巡航导弹的目标。

2014 年 11 月 20 日，PEO IWS 宣布，部署了宙斯盾基线 9 的 DDG 53 FTM-25 试验成功，标志着一体化防空反导雷达优先级模式下的实弹活动拉开序幕。

4）多任务作战试验

2015 年夏天，美国海军和导弹防御局（MDA）进行宙斯盾基线 9 的多任务作战（MMW）试验，验证 BMD 5.0 以及同时执行舰队防空、反弹道导弹任务的能力。2015 年 7 月 28 至 7 月 29 日，美国海军连续两天进行 SM-6 拦截短程弹道导弹的测试，仍由 DDG 53 担纲。在这两天的试验中，考艾岛的太平洋导弹发射场（PMRF）各发射一枚分离式近程弹道导弹靶弹，两次测试中 DDG 53 都成功探测、跟踪目标并发射 SM-6 将靶弹击落，首开 SM-6 拦截弹道导弹类目标的纪录。2016 年 1 月，美国海军与 MDA 宣布 DDG 53 的宙斯盾基线 9C1 通过了认证测试，证实其先进的作战能力。

2.3.5 多任务信号处理器

装备有基线 9 作战系统的宙斯盾驱逐舰基于战术威胁图像，将能够在单一计算环境中更具动态性地分配其计算机资源，目的是在不降低防空作用的情况下最大限度地提高其弹道导弹防御性能。这种能力的主要促成因素是用于宙斯盾 SPY-1D 雷达的多任务信号处理器（MMSP）。

早期的弹道导弹防御计算机套件采用的是分开的信号处理器，在 BMD 模式下运行时，空战能力会有所下降，因此在 SPY-1D 雷达的多任务信号处理器研制成功前，一体化防空反导能力无法实现。新的多任务信号处理器可在减少人员负担的同时，提高 SPY-1D 雷达套件的效力，并增强濒海环境中的交战能力、多波束作战能力、弹道导弹防御远程搜索与跟踪能力以及与高度混乱环境中掠海飞行的反舰巡航导弹的交战能力。

SPY-1D 雷达此前的 BMD 计算套件使用单功能信号处理器，意味着具备弹道导弹防御能力的水面舰可以拦截弹道导弹或飞机/巡航导弹威胁，但不能同时拦截这两种威胁。而 MMSP 可以有效整合来自弹道导弹防御信号处理器和现役传统宙斯盾信号处理器的输入信息。其最新的商用现货硬件和软件算法能控制雷达波形的生成，并允许同时处理防空战和弹道导弹防御雷达信号。至关重要的是，MMSP 提高了宙斯盾 SPY 雷达系统在濒海环境中的性能，还改进了 BMD 搜索、远程监视与跟踪、信号处理器距离分辨率、识别、表征及实时功能显示等方面的能力。装备宙斯盾基线 9 作战系统的驱逐舰将能在单一计算环境中，根据战术威胁图像，更动态灵活地分配计算机资源，从而在不降低防空作用的情况下，最大限度

① 梁静，常丽萍，鲁江伟，等．美军“宙斯盾”基线 9 型作战系统试验分析[J]．航天电子对抗，2016，32(3)：61-64.

地提高导弹防御能力。

依照美国海军最初的计划，从2012年财年起，DDG 51~78会展开ACB 12/宙斯盾基线9的升级，将较旧宙斯盾版本中残留的军标UYK-43/44计算机完全移除，全面由开放式计算机架构取代，而提康德罗加级也进行相同的升级；而从2011年开始建造的阿利·伯克Ⅱ A型舰后续型，DDG 113的ACB 12/宙斯盾基线9就会引入多任务信号处理器。然而，MMSP的发展计划面临进度延误与预算超支，至2010年12月仍无法在原订的雷达测试中验证功能，影响了软件的开发测试。根据2012年10月的国会报告，MMSP的开发进度延误4个月，开发成本超支1000万美元，并且估计需要再追加500万美元；此时为MMSP开发的八套软件都已经开发完成，但只有28%完成集成测试，这也使ACB 12/宙斯盾基线9的原型安装与测试工作顺延。

ACB 12/宙斯盾基线9原型与MMSP在新泽西州摩尔斯顿（Moorestown）的作战系统工程发展处（Combat Systems Engineering Development Site，CSEDS）产品测试中心完成地面测试，2012年5月安装在正进行大修的约翰·保罗·琼斯号（USS John Paul Jones DDG 53）上进行测试工作，而提康德罗加级舰的MMSP版本则在赛勒维尔号（USS Chancellorsville CG-62）导弹巡洋舰上进行测试；然而由于MMSP开发延误，直到2012年12月才安装在DDG 53上。为了赶上进度，美国海军压缩测试时间，并按时在2013年5月向英格尔斯造船厂交付安装在DDG 113上所需的第一套宙斯盾基线9量产型。

2.3.6 通用显示系统

通用显示系统（CDS）和通用处理系统（CPS）是过时的显示和处理设备（如AN/UYQ-70）的替代技术，用于水面战斗舰艇的作战系统。CDS通过显控台为操作员提供人机界面，完成作战系统的操作。CPS提供计算机处理和内存、数据存储及输入/输出接口，开发开放式架构的计算机处理硬件，支持作为海军作战系统软件应用和计算资源的宿主（hosting），支持宙斯盾现代化、新造宙斯盾舰、陆基宙斯盾、DDG 1000、舰艇自防御系统（SSDS）Mk2、舰炮武器系统（GWS）、水面电子战改进项目（SEWIP）及其他海军项目。

ACB12中，海军进一步开放作战系统。作战系统的不同部分已经用竞争合同的方法分别授予。这也是美国海军有史以来第一次将宙斯盾武器系统公开竞标。在竞争中，通用动力公司获得了通用显示系统（CDS），而弗吉尼亚全球技术系统公司（GTS）获得了通用处理系统（CPS）。

CDS是一系列显示系统，提供给美国海军水面舰艇平台，也可能给海军陆战队或其他军种使用，最初是为DDG 1000和宙斯盾现代化（AMOD）设计的显示解决方案，目前已经扩展到所有宙斯盾驱逐舰和巡洋舰、航空母舰、两栖舰，也在考虑用于海军飞机和潜艇。

CDS设计用于满足开放式架构和开放式业务模型的需求，同时最小化寿命周期费用，确保互操作能力，并且可以适应不断的技术升级。CDS产品族包括一系列的基于标准化可互换的显示配置。同时，CDS显示系统还提供强健的能力以满足海军当前和未来关于开放式系统、安全特征以及费效比等方面的需求。根据设计，CDS系统可以服役30年之久。

通用动力公司是美国海军CDS计划的主承包商。2011年3月，NAVSEA授予通用动力公司先进信息系统分部（GD/AIS）一份价值2700万美元的合同，研制基于商用现货（COTS）的通用显示系统。

据军事与航空电子网站 2019 年 10 月报道，NAVSEA 要求洛克希德·马丁公司运营与任务系统分部（RMS）根据一份 4390 万美元的订单，生产 281 台 CDS 系统的显控台，2020 年 9 月之前完成。该显控台有三个水平显示终端，符合开放式架构标准和人机集成设计原则，如图 2-22 所示。①

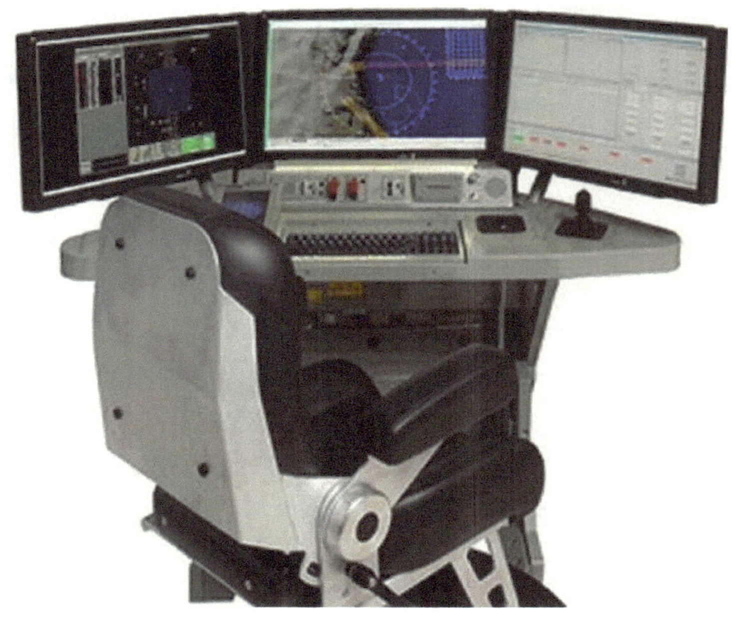

图 2-22 CDS 系统显控台（TI-16）

该订单源自 2016 年 4 月美国海军授予洛克希德·马丁公司的 CDS 项目 TI-16（技术嵌入）合同的产品部分。根据这个合同，洛克希德·马丁公司从 DRS 技术公司接管了 CDS 项目。DRS 技术公司是意大利 Finmeccanica S. p. A. 的全资子公司，是上一个版本 CDS 系统的集成商。2012 年，DRS 技术公司获得 CDS 系统 TI-12 的合同，洛克希德·马丁公司一直是重要合作伙伴。历史上曾经参与海军 CDS 项目的其他公司有通用动力公司任务系统分部、Barco 公司和 Aydin 显示公司。

2009 年 1 月，Avdin 显示公司从通用动力公司先进信息系统分部获得了一份多年期合同，对美国海军的通用显示系统（CDS）计划进行支持，提供 24 英寸的 4424 型加固平板显示器，这种显示器专门设计用于满足海军严格的防振动、抗电磁干扰和温度需求。

朱姆沃尔特级驱逐舰作战中心采用海军通用显示系统（CDS），其三屏显控台由加固机箱内的一组四核处理器和 Intel 主板构成，运行多个 Linux 操作系统虚拟机（LynuxWorx LynxSecure），允许连接舰上不同安全级别的网络。雷神公司的 DDG 1000 开发主管 Robert Froncillo 表示，操作员可以通过任何一个 CDS 显控台操作不同的系统。过去的舰船上，显控台是针对不同的武器系统或传感器定制开发的，每个系统都有不同的配置和界面。如图 2-23 所

① Navy looks to Lockheed Martin 281 openarchitecture shipboard displays for submarines and surface warships. Military & Aerospace Electronics, Oct 7th, 2019.

https://www.militaryaerospace.com/communications/article/14068099/openarchitecture-displays-shipboard.

示是雷神公司位于朴茨茅斯的朱姆沃尔特级舰作战中心一比一实体模型。①

图 2-23 朱姆沃尔特驱逐舰作战中心的通用显示系统

2.3.7 通用处理系统

海军通用处理系统（CPS）由全球技术系统公司（GTS）② 研制，为舰载作战系统提供通用的计算设施，包括处理和内存、数据存储、输入/输出接口。CPS 的设计利用 COTS 的硬件和软件产品，例如，刀片中心（BladeCenter）技术提供计算处理和网络公共基础设施。其他部件是热插拔的，由 GTS 的先进商用机箱（Advanced COTS Enclosure，ACE）提供高可用性。③

CPS 由 3 个子系统组成：处理子系统、存储/提取子系统和输入/输出（I/O）子系统。处理子系统提供计算资源，执行舰船作战系统应用程序；存储/提取子系统为操作系统镜像、程序存储、数据提取、数据库管理提供存储资源。I/O 子系统提供处理和存储硬件对外的接口资源。整个 CPS 系统设计有隔振机箱（机柜），使未加固的普通商用产品能够避免水面舰船带来的强烈冲击和振动（也有可能来自导弹或鱼雷）。CPS 有气冷和水冷两个版本，如图 2-24 所示。

CPS 系统的隔振机箱除了先进商用机箱（ACE），还有可能使用洛克希德 · 马丁公司的关键任务机箱（Mission Critical Enclosures，MCE）或扩容关键任务机箱（EC-MCE），这些机箱在新造舰艇中集成安装。制冷和电气的硬件配置相对标准化，有利于海军作战系统的模块化，但是，机箱类型的增多，可能减弱开放式架构所要求的通用性。

2019 年 2 月，NAVSEA 的 IWS 1.0 项目办公室在小企业创新研究（SBIR）计划官方招

① The Navy's newest warship is powered by Linux. Ars Technica，10-18-2013. https://arstechnica.com/information-technology/2013/10/the-navys-newest-warship-is-powered-by-linux/.

② Global Technical Systems in Virginia Beach，Va.，http://gts.us.com.

③ Navy searches for small business to manufacture shipboard Common Processing System（CPS）. Military & Aerospace Electronics，July 2013. https://www.militaryaerospace.com/computers/article/16715808/navy-searches-for-small-business-to-manufacture-shipboard-common-processing-system-cps.

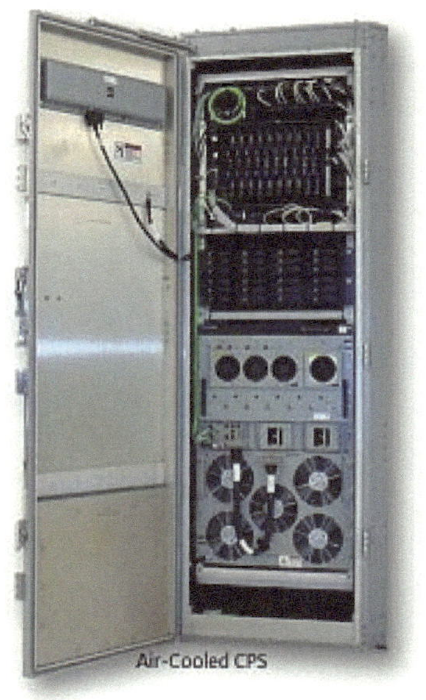

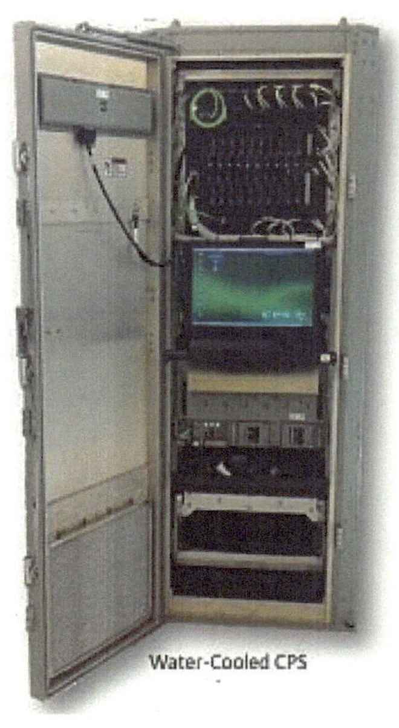

图 2-24 通用处理系统（CPS）气冷版和水冷版

标文件中提出了结构综合机箱（Structurally Integrated Enclosure，SIE）的需求①。SIE 能够装入前述多种机箱涉及的所有部件，提供通用的结构作为冷却和电力设备的宿主，利用最新的计算技术节省时间和费用。通用的结构化接口能够促进标准化和开放式架构，减少过时作废的部件。SIE 的引入，应该能够减少 CPS 和宙斯盾现代化升级相关装备费用的 50%，缩短安装所需的时间（从数月到数天）。

在弗吉尼亚级潜艇项目中已经成功应用了 SIE 的概念，作战系统计算资源装入一个单独的 SIE 机柜，促进先进计算能力的升级，同时减少采购费用、缩短工程时间。SIE 的设计努力使作战系统硬件升级满足包括空间、重量、电力、冷却等系统需求的限制，对船机电（HM&E）计算硬件接口的影响最小或没有影响。目前宙斯盾作战系统的变更会严重影响船体设计和维护，每次新的硬件升级都要对重量、冲击和振动、电力和冷却进行评估，通常会导致舰船和相关计算环境的重新设计。

不过，弗吉尼亚级潜艇的 SIE 并不适合直接用于宙斯盾平台。宙斯盾作战系统所涉及的计算机硬件数量多、分散、更复杂，需要符合美军标 MIL-S-901D 的 A 级冲击和 MIL-STD-167-1 的振动要求，开发通用接口涉及 72 个参与采办资源管理（PARM）产品线，相比之下弗吉尼亚级潜艇只需要 12 个 PARM 产品线。

商业上也没有 SIE 的等价品。公众使用的服务器机房或计算设备一般位于大型建筑物内部，没有冲击威胁，结构上也没有重量和尺寸的限制，而这些因素对于舰船或潜艇来说都是很关键的。

CPS 最初的设计目的是支持提康德罗加级巡洋舰和阿利·伯克级驱逐舰的宙斯盾武器系统升级，目前已经扩展到其他海军平台。

---

① Structurally Integrated Enclosure for AEGIS Combat System Computer Hardware. Navy SBIR - Topic N192-108, 2019.2. https://www.navysbir.com/n19_2/N192-108.htm.

2019年1月，NAVSEA从GTS公司采购15套CPS水冷版计算机给水面电子战系统改进项目（SEWIP），2套CPS空冷版计算机给SSDS项目。[①]

CPS系统的设计采用开放式架构，包括诺斯罗普·格鲁曼、DRS技术、IBM、Oracle等公司的商用成熟技术和产品。

2.3.8 通用源程序库

洛克希德·马丁公司为了在竞争环境中维持他们在宙斯盾系统中担任的角色，采用产品线工程作为其开发途径，形成了基于“工厂”的产品线方法，如图2-25所示。到2009年，构建了宙斯盾历史上最大的需求和代码基线，已经将不同的防空作战和导弹防御软件组件从各种不同的软件程序合并成一个通用的综合防空和导弹防御系统，可以配置以支持宙斯盾家族中的任意舰船。

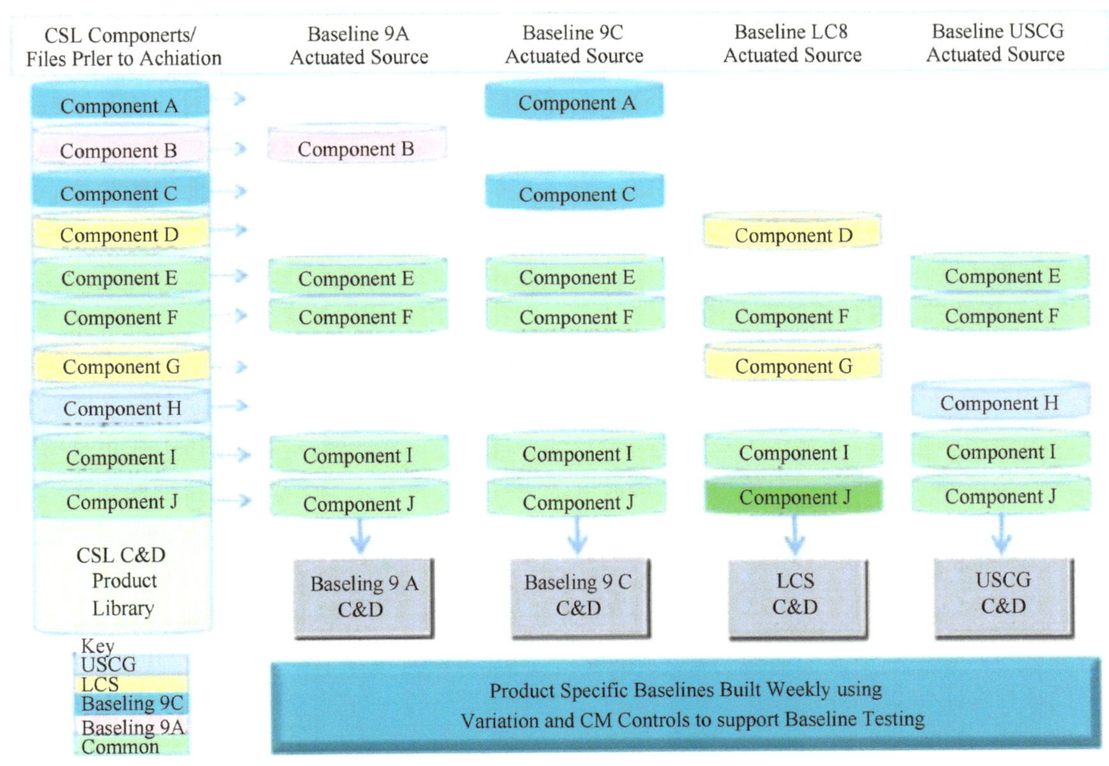

图2-25 “工厂”的软件视图

产品线方法（product line approach）的主要目标是根据一套通用资产进行一次性开发、多次构建和部署，通用资产主要包括需求、源代码和测试。基于特征的需求和代码的变体使得可以构建具有或不具有特定能力的产品线成员。

① Navy chooses open-architecture water-cooled shipboard computers from GTS for SEWIP and self defense systems. Military & Aerospace Electronics, Jan 2019.

https://www.militaryaerospace.com/computers/article/16722033/navy-chooses-openarchitecture-watercooled-shipboard-computers-from-gts-for-sewip-and-self-defense-systems.

洛克希德·马丁公司称其产品线中的一个成员为“配置”（configuration）。例如，一个配置可能是部署在特定驱逐舰上的某个武器系统。因此，产品线方法就是为客户产生配置。

洛克希德·马丁公司称其工厂为通用源程序库（Common Source Library，CSL）。CSL 被定义为开发、存储和维护需求和源代码以支持产品线开发所需的全套工具和过程。①

CSL 的愿景基本上就像 iPhone 的 iOS 一样，美国海军可以使用 CSL 开发应用程序，运行传感器和武器系统。假如海军想要运行一个新的导弹系统，软件应用将基于 CSL 进行开发，部署有 CSL 的舰船能够快速集成新的导弹系统，就像智能手机下载最新版的游戏软件。

1）通用共享资产

对于需求，CSL 使用了一个通用规范库（一个 DOORS 数据库），它包含了所有项目/基线的所有需求，以及在基于特征的变化点中捕获的各种需求。这个模型允许多个基线共享需求，同时为每个基线提供了灵活性，使其拥有唯一的需求。

对于代码，使用主软件开发存储库，其中包含源文件、库和支持多种配置的配置文件。配置包含通用的和独有的功能，使得对通用配置的修改只需要实施一次，并且使用基于特征的变化来自动地在配置中包含或排除每个功能。

在测试和验证阶段，CSL 使用一种统一的测试方法来最大化通用需求和能力的效率。这将导致基于更改了的功能区的定制回归测试。通用测试工作被最大化地利用，并且合并的问题报告避免了冗余测试导致的重复报告。

2）有规律的、可预测的构建节奏

CSL 每年发布三个构建版本，每个版本分别在 1 月、5 月和 9 月发布。这种所谓的“1—5—9”节奏给项目带来很大的稳定性。无论是在 CSL 内部或外部，每个人都可以期待并计划下一个版本。洛克希德·马丁公司每周都举行构建会议，确保下一个版本在正常的轨道上。不是产品线中的每一个客户配置都需要接受每一个版本；每个项目都根据操作需求和特定构建的内容作出自己的决定。

3）需求审查周期

与所有产品线一样，为一个配置所做的需求更改（无论是添加新功能或是解决缺陷）都可能会对其他配置产生预期的和非预期的影响，因此必须在整个产品线中对其进行审查。严格的项目需求审查周期在 3 月、7 月和 11 月进行（“3—7—11”节奏），是洛克希德·马丁公司和政府联合举行的。

4）CSL 治理

CSL 的项目处于开发的各个阶段，包括宙斯盾家族的全新项目，如图 2-26 所示。

洛克希德·马丁公司致力于建立流程以管理相关的协调规划方法和日常开发活动，从而服务于多种角色，与此同时政府需要落实一种结构和相关流程，确保提供清晰而一致的指导，最大化所有项目成功的可能性。该结构需要在三个层次上支持决策制定：战略、规划和技术。为此产生了三个决策制定主体和一组管理工件。

---

① Susan P. Gregg, Rick Scharadin, Eric LeGore, et al. Lessons from AEGIS: Organizational and Governance Aspects of a Major Product Line in a Multi-Program Environment. SPLC '14, September 15-19, 2014, Florence, Italy.

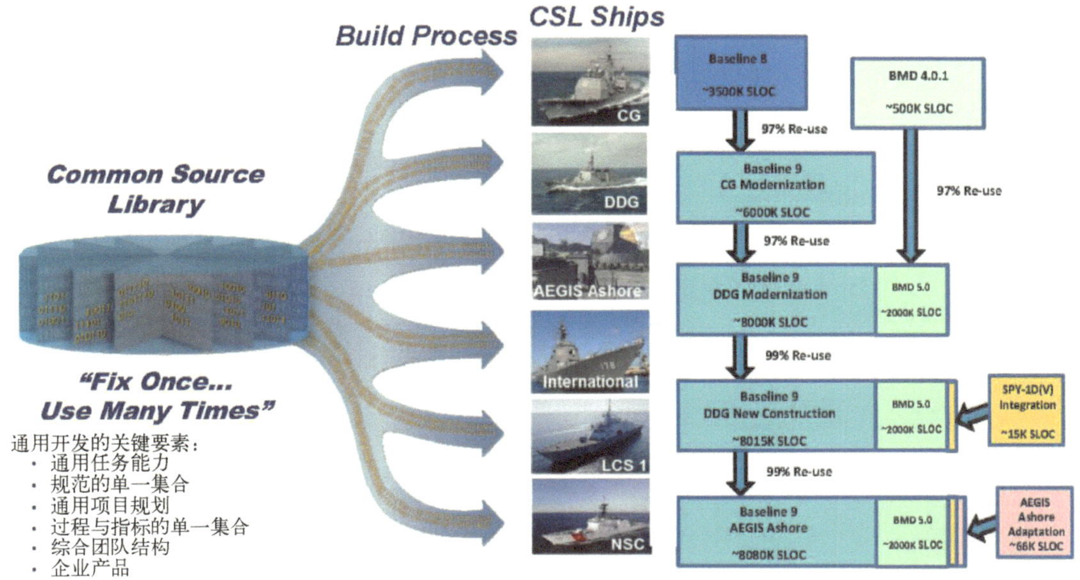

图 2-26 | AEGIS 通用源程序库

2.3.9 DDG 53 宙斯盾现代化实例

如表 2-3 所示是约翰·保罗·琼斯号舰（DDG 53）的现代化工作包。该舰于 2010 年春季开始，进行为期 11 周的船、机、电现代化改装升级，之后完成海上试验。DDG 53 是第一艘完成现代化升级的阿利·伯克级驱逐舰，并于 2011 年 12 月起执行 7 个月的独立部署。①

表 2-3 DDG 53 现代化工作包描述②

需　求	系　统	执行的影响
74012	垂直发射系统弹药库通风	略
75928/82635	CKT 3TV	理由：无法支持和不能操作的 CKT 3TV 系统将无法提供当前环境中所需的可视性，以支持舰队安全和整体态势感知。 影响：DDG 现代化 ACB12 上层甲板监视/摄像机 COTS 升级，CKT 3TV 系统被实施为 VLS/直升飞机操作提供监视。当前的 CKT 3TV 系统组件是过时的和不可支持的，这导致一个不能操作的系统，不能为 VLS/直升飞机操作提供态势感知和足够的覆盖

① First DDG Modernization Warship Departs on Deployment. December 5, 2011. https://www.public.navy.mil/surfor/ddg53/pages/firstddgmodernizationwarshipdepartsondeployment.aspx.

② John F. Schank, Scott Savitz, et al. Designing Adaptable Ships: Modularity and Flexibility in Future Ship Designs. RAND Corporation, Santa Monica, Calif. 2018. [Appendix D USS John Paul Jones (DDG-53) Mid-Life Modernization].

（续）

需　求	系　统	执行的影响
76829	SPA-25H	理由：没有这一变更，由于过时的设备留在船上，舰船将增加故障和维修次数。 影响：解决了用新的AN/SPA-25H指示器组件替换旧的AN/SPA-25G指示器组件的问题。AN/SPA-25H指示器组件是一种先进的导航和战术态势固体雷达指示器，用于作战信息中心（CIC）和舰桥环境。该系统是美国海军AN/UYQ-70计划的一个改型，提供用于海军舰艇应用的基于计算机的雷达显示控制台
76869	通告系统1MC	略
77052	内部语音通信系统	理由：目前的AN/STC-2(V)在经济上是不可扩展的，并且已经到了使用寿命的尽头，需要大量的维护来保持它的运行。它目前已经停产，后勤支持也很快无法得到。 影响：该变更将用AN/STC-2(V)系统代替AN/STC-3(V)2(SHINCOM ⅣCS)系统。用信通ⅣCS替换AN/STC-2系统将引入一个通用通信基础设施，将内部管理和战术系统与外部通信集成
77615	开放式架构计算	理由：若没有这个变更，DDG 51~78将无法执行ACB12/TI12中的防空（AAW）任务。 影响：这一变更将交付和安装与DDG 51~78上的核心宙斯盾武器系统（AWS）CR3 OA计算工厂升级相关的设备，作为ACB12/TI12的一部分。这一变更的范围主要涉及与AWS CR3计算工厂相关的设备。这一变更删除/替换现有的AWS计算硬件和安全的语音系统、交付和安装以下：通用处理器系统（CPS）机柜、宙斯盾转换设备组（ACEG）机柜、海军战术数据系统输入/输出（NTDS I/O）机柜、宙斯盾局域网互联系统（ALIS）机柜、瘦客户端显示、COTS打印机、局域网雷达数据分配系统（LRADD）和安全的语音系统
78391	SQQ-89A(V)15及MFTA	理由：若没有这个变更，舰船将不会收到最新的声呐系统，包括OSA和许多其他的改进。 影响：AN/SQQ-89反潜战系统为ACS提供综合水下作战能力。这一变更将ASW系统升级为AN/SQQ-89A(V)15及EC-211，包括一个集成声学拦截（ACI）的多功能拖曳阵列（MFTA），并移除AN/SQQ-89(V)4（DDG51）和AN/SQQ-89(V) 6 Block 1（DDG 52-78）系统
78511	CIC显示升级	理由：这一变更为反恐/部队防护提供了必要的因素；取代已成为不可用的、过时的或不可靠的AN/UYQ-21系列设备；通过降低材料成本和维护时间来降低总拥有成本；它是改善作战计划的一部分。此升级是ACB12/TI12的一部分 影响：这一变更将交付和安装新设备，并将重新调整现有设备，在DDG上重新设计CIC，以解决利用新的通用显示系统（CDS）控制台和视频技术作为ACB12/TI12的一部分的问题。CIC的重新调整是必要的，因为在当前的AN/UYQ-21/70控制台改型的基础上增加了控制台尺寸。这次CIC的重新调整/重新设计工作也提供了一个机会，以重获目前被现有的后投影仪显示器占用的空间，解决未来的能力和作战改进的问题，并优化观看台功能
78512	多任务信号处理器（MMSP）	理由：若没有安装多任务信号处理器，DDG 51~78将无法在ACB12/TI12中执行防空和BMD任务。 影响：这一变更将用新的MMSP取代传统的SPY-1D信号处理器组OL-356/SPY-1D。MMSP是ACB12/TI12系统的关键推动者，因为它提供SPY-1D(V)防空作战和BMD 5.0能力，利用现有的宙斯盾BMD信号处理器（BSP）设计。MMSP提供了COTS信号处理架构，减少了占用空间和获取成本

（续）

需　　求	系　　统	执行的影响
78513	杀伤评估系统（KAS）	理由：若没有安装 KAS 弹头数据接收柜（WDRC），DDG 51～78 将无法在 ACB12/TI12 中执行弹道导弹防御任务。 影响：KAS 的甲板下部分由两个安置在关键任务舱内的 WDRC 组成。这些与火控主管系统以及位于 TI12 计算基础设施中的武器控制处理系统相连。对于在接收 ACB12/TI12 之前具有 BMD 4.0.1 能力的 DDG 51～78，这一变更将通过安装单门门将现有的 Mk78 Mod0 WDRC 机柜修改为 Mk78 Mod1 版本。此外，BMD 4.0.1 舰船将把任务计划控制台用作 KAS 显示器移除，因为它们在 ACB12/TI12 中不需要
78819	火炮武器系统升级	理由：火炮武器系统（GWS）无法在 CDS/CPS/OA 环境下工作，并且与 ACB12/TI12 的 ACS 规范中为 GWS 指定的接口和要求不兼容。 影响：这一变更的目的是把 Mk34 Mod0 GWS 升级到 Mk34 Mod7，通过用 Mk160 Mod15 火炮计算机系统替代现有的 Mk160 Mod3（DDG 51～73）/Mod6（DDG 74～78）火炮计算机系统，用 Mk20 Mod0 光电瞄准系统替代 Mk46 Mod0 光学瞄准系统
79256	CEC ANUSG-2B	理由：AN/USG-2B 协同交战能力（CEC）系统安装在适用的舰艇上，通过允许合作单位之间的协作来增强和改进远征打击群的整体作战能力。CEC 基于分布式生成的融合传感器数据库、目标识别和决策数据的数据库，以实现为寻求武器系统的协调与合作使用而在整个部队范围内提供信息共享的目的。如果这一变更没有完成，战斗群（BG）将没有能力发送/接收实时信息和数据交换，并允许 BG 的合作单位之间进行交战协调。 影响：CEC 安装由 CEC 处理组 AN/USG-2B 和天线组件 AS-4558/USG-2 组成。处理组设备安装在 MT-7292/USG-2B（LC 28-01-51）通信处理组中。AS-4558/USG-2 天线组件由四个聚烯烃（PAO）液冷天线阵列串联组成。这些天线负责发射和接收 CEC 数据
79584	VLS 升级	理由：如果这一变更没有完成，VLS 将不能支持下一代发展的海麻雀导弹和宙斯盾 BMD 5.0 计划，其中包括完全支持 SM-3 Block IA/IB 导弹改型的能力。 影响：这一变更的目的是用两套基于 Q-70 的 Mk235 Mod6 型 LCU 型取代 VLS AN/UYK-44 型发射控制单元（LCU），提供 BL Ⅲ和Ⅶ型功能（每艘船两套）。新的 Q-70 将包含 VLS 全球定位系统（GPS）积分器（VGI）的能力，是驻留在以前的 VGI 机架。基于 COTS 的 VME 机箱将内置 LCU 处理器和高级 LCU 外设（ALP）的功能模块。VLS 数据终端组和信号数据记录器/复制器集设备将作为此更改的一部分被移除。每个发射装置中的一个标准模块升级到 BL Ⅶ（F8 和 A8）
70403	数字燃料	略
71604	机械/损坏控制系统升级	理由：这一变更提供必要的硬件和软件修改，以减少人员配备，允许工程工厂由一名值班人员和工程人员操作。 影响：单中央控制站监视台是 DDG 现代化的核心改变之一，目前正在 DDG 111 和 112 上实施前向配合。通用控制台（UCC）方法被采用，它允许一个人在一个控制台上操作推进装置和电力装置。两个主要的 UCC 将位于当前 PACC 和 EPCC 控制台所位于的中央控制站的位置。UCC 也将存在于两个机舱中，取代轴控单元（SCU）
71605	先进的厨房	略

（续）

需　求	系　统	执行的影响
71726	全综合舰桥导航系统升级	理由：减少人员配备，允许舰船与驾驶员（OOD）、副船长（JOOD）和一名值班水手一起操作。 影响：单舰桥监视站变更是DDG现代化升级的核心之一，在DDG 111和112上的前向安装过程中执行，并安装综合舰桥导航系统（IBNS），通过必要的硬件和软件更改来降低操作人员配备水平，由三名舰桥人员组成的团队执行。主操纵台从现有的舰船操纵台（SCC）移至正位于驾驶室前窗下方的舵前操纵台。舰船操作台被保留作为备份操作站。舵机正舵设计包括窗户下的四个操作站，ARPA、转向/推进控制（SPCS）、VMS和驾驶室机械厂/维修站控制台（MCS/RSC）
73088	千兆以太网数据多路传输系统	理由：数据多路传输系统（DMS）是DDG 51级驱逐舰的任务关键型、通用型、控制数据、第一代舰载网络。该网络处理来自机械控制系统（MCS）、损害控制系统（DCS）、转向控制系统（SCS）、作战系统、导航显示器和内部通信（IC）警报和指示的输入和/或输出。安装在DDG 51~78上的基于无线电频率的DMS网络正变得越来越过时。安装千兆以太网数据多路传输系统（GEDMS）是替代DMS支持DDG现代化的唯一可行的解决方案。 影响：没有足够的带宽来满足增加的数据和视频吞吐量，以实现大幅度减少值班需求，这是减少DDG人员规模的关键一步。 舰船将不会从降低人员配备的成本削减中受益。 射频元件正变得越来越过时，零件的成本在增加，而零件的可用性在下降。 维护、故障排除和修理的时间、成本和工作量将继续增加
73622	硫化氢探测器	略
76034	紧急JP-5填补能力	略
76186	船体中部吊点海上补给系统重新安置	略
76253	MRG/CPP/L-O REPL w/Filter SEP	略
76648	舷外冷藏设备减压系统	略
76974	增加Moriah风系统（MWS）	略
77259	AN/WSN-9(V)1替换遗留的电磁计程仪	理由：如果无法为这项工作提供资金，将导致Ⅰ型舰和ⅡA型舰继续使用计程仪，因为目前缺少可替换组件，因此会加剧可支持性问题，需要频繁校准，而且很难维护。 影响：该SCD将DDG 51 Ⅰ型舰和ⅡA型舰自有船舶计程仪从Mk4系列或Mk6系列电磁计程仪升级到AN/WSN-9(V)1数字混合计程仪（DHYSL），即根据PEO IWS 6记录自有船舶航速（OSS）日志的程序。电磁计程仪（EM Log）是海军水面舰艇和潜艇常规导航系统的组成部分。电磁计程仪与一个安装在船体上的传感器一起工作，以测量船舶相对于水的速度和从给定起点出发的距离
77269	更换多余的油舱液位指示器	略
77419	纺织管道	略
77427	数字化指示器	略
77829	安装雷达和TDR油箱液位指示器	略

2.4 宙斯盾弹道导弹防御系统

2.4.1 弹道导弹威胁

2006 年美国导弹防御局（MDA）公布了宙斯盾弹道导弹防御系统（AEGIS BMD）的主要应对领域概念图（图 2-27），由此可以看到他们对宙斯盾 BMD 强大处理能力的期待。MDA 根据导弹的射程、速度、飞行路径及处理时间不同，对弹道导弹进行了分类，并定义与之相对应的拦截机制。

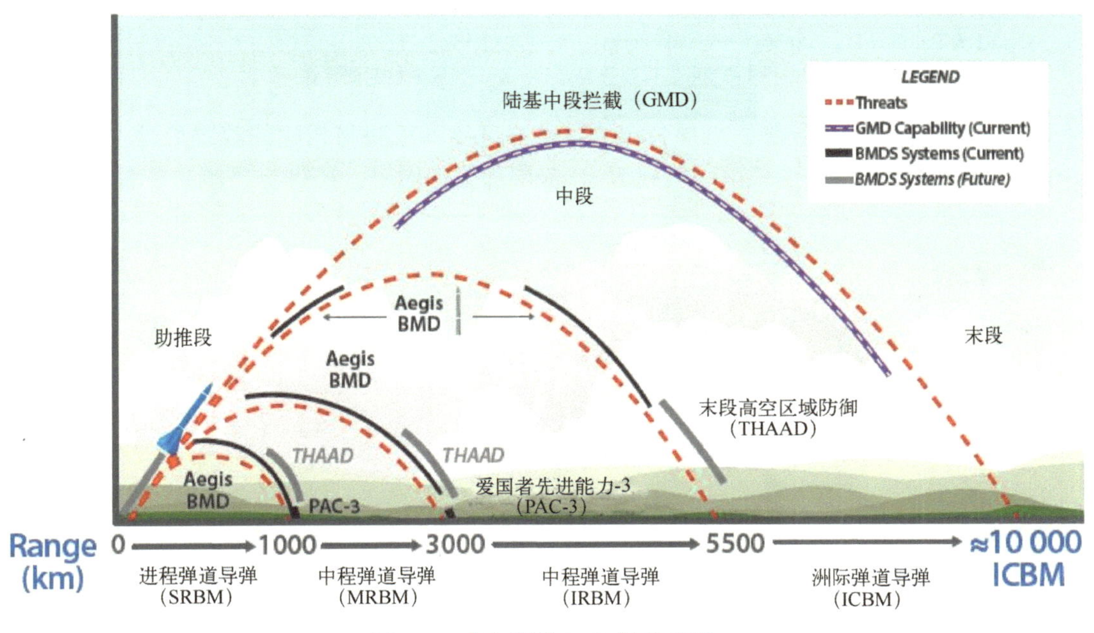

图 2-27 宙斯盾 BMD 拦截范围

美国海军和 MDA 计划 2015 年配备对应 SM-3 Block ⅡA 和 SM-6 之后的体系。该体系的 SM-3 Block ⅡA 能够在 SRBM 和 MRBM 上升时的末端阶段和中间阶段拦截，对 IRBM 能够在中间阶段拦截，而 SM-6 对 SRBM 和 MRBM 能够在再次进入大气层的末端阶段拦截。图 2-27 所示与表 2-4 略有不同。

表 2-4 弹道导弹威胁和拦截导弹

威胁分类	射程	加速/上升阶段拦截 Boost/Accent	中间阶段拦截 Midcourse	末端阶段拦截 Terminal
ICBM（洲际）	5500km 以上	~~KEI~~ ~~ABL~~ （SM-3 Block ⅡA）	GBI	
IRBM（中程）	2400~5499km	~~KEI~~ ~~ABL~~ （SM-3 Block ⅡA）	GBI （SM-3 Block ⅡA） （SM-3 Block ⅠB）	THAAD

（续）

威胁分类	射　　程	加速/上升阶段拦截 Boost/Accent	中间阶段拦截 Midcourse	末端阶段拦截 Terminal
MRBM（准中程）	800～2399km	~~ABL~~ （SM-3 Block ⅡA）	（SM-3 Block ⅡA） （SM-3 Block ⅠB） （SM-3 Block ⅠA）	THAAD （SM-TBD）
SRBM（近程）	150～799km	~~ABL~~	（SM-3 Block ⅡA） （SM-3 Block ⅠB） （SM-3 Block ⅠA）	THAAD （SM-TBD） PAC-3

注：1. KEI——Kinetic Energy Interceptor；ABL——Air Borne Laser；GBI——Ground Based Interceptor；THAAD——Theater High Altitude Air Defense；PAC-3——Patriot Advanced Capability-3。
2. 括号内为计划或研发阶段的系统。
3. KEI为中止的计划。ABL是由于可能性再评估，验证实验计划推后。
4. SM-TBD是现在评估中的SM-3 Block Ⅳ改造弹之后，下一代的末端拦截导弹

图2-28所示是美国导弹防御局公布的各种弹道导弹威胁与相应的威胁处理。显然，依靠单个系统不能应对所有的威胁。实施BMD多层部署的同时，还得与“威胁”俱进。①②

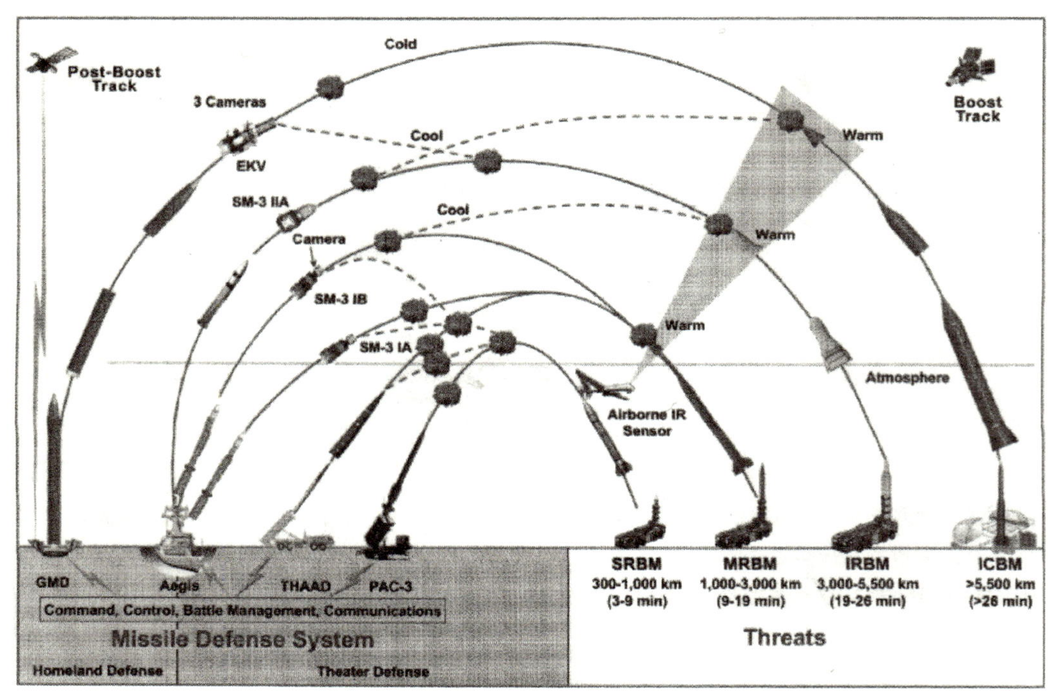

图2-28 | 各种弹道导弹威胁与相应的威胁处理

2.4.2 美国海军的导弹防御计划

2010年9月，由美国航空航天学会（AIAA）主办的第23次弹道导弹防御（BMD）国际会议在日本京都召开。会议的主要议题包括重新确认东北亚地区导弹防御态势，介绍未来欧洲地区导弹防御的方针、美国本土防御问题、新开发装备以及宙斯盾弹道导弹防御系统未

① 日米イージスMDの最新ロード・マップ，「世界の艦船」2008.5：86-91.
② 「あたご」型護衛艦のイージスBMD化プラン，「世界の艦船」2011.4：96-101.

来的发展计划等。该会议由世界有关国家轮流主办，2003 年 6 月首次在日本京都举行，主要议题是东北亚地区以朝鲜导弹为防御对象的导弹防御和中东地区以色列的导弹防御。当时正值美国正式推进导弹防御计划之际：布什总统发表“新导弹防御构想”、美国宣布退出与俄罗斯签订的《反弹道导弹条约》、美国设立导弹防御局（MDA）、以色列于 2000 年与美国完成导弹防御系统的研制并实战部署等。然而当时美国尚未正式部署成为当今反导主力的宙斯盾导弹防御系统和爱国者-3 导弹防御系统。

1998 年 8 月，朝鲜发射大浦洞-1 型弹道导弹，给美国当时的导弹防御系统开发政策带来重大影响。美国时任总统克林顿修改了优先发展战区导弹防御系统（TMD）的发展计划，决定优先发展国家导弹防御系统（NMD），这是因为美国认为大浦洞-1 型导弹经过改良可以打到其本土。但当时美国尚不具备拦截弹道导弹的手段。

2001 年就任的美国总统布什开始大力推进导弹防御计划，决定利用现有的技术开发和部署导弹防御系统，同时研究更先进的技术。于是，美国开始研制海基型宙斯盾导弹防御系统和末端拦截用陆基型爱国者-3 导弹防御系统。

2004 年 9 月，具备弹道导弹探测与跟踪能力的柯蒂斯·威勃号（DDG 54）导弹驱逐舰开始执行弹道导弹的警戒巡逻任务。2005 年 2 月，具备反导能力的伊利湖号（CG 70）巡洋舰首次成功实施弹道导弹拦截试验。此后，2006 年 8 月，夏洛号（CG 67）巡洋舰部署在日本横须贺，这是美国部署在日本的首艘搭载宙斯盾导弹防御系统的舰艇，该舰在部署日本之前，曾于同年 6 月在夏威夷海域成功实施导弹拦截试验。据夏洛号舰长透露，当时该舰装备的是 BMD 3.6.1。截至 2007 年年末，美国宙斯盾导弹防御系统已进行了 13 次拦截试验，其中有 11 次取得成功。

2010 年 2 月，在奥巴马政府最初提出的导弹防御政策中，美国将日本在其导弹防御战略中的地位定义为“最重要的导弹防御系统伙伴国之一”。政策中还明确了作为宙斯盾导弹防御系统主要装备的 SM-3 导弹的未来发展计划，并指出将继续致力于其性能的提高，时间大致分为 2015 年之前和之后两个阶段。①

在美国导弹防御局的文件中，关于宙斯盾 BMD 系统的现状有如下记载：已经在海上执行导弹防御的巡逻任务；通过 SM-3 导弹的升级，能够拦截更远程、更复杂的弹道导弹；日本在美国弹道导弹防御系统的同盟国中处于第一位；欧洲及太平洋各国对于获得部署在海上的导弹防卫系统保持兴趣。

2.4.3 SM-3 导弹的改进

SM-3 导弹的几种改进型号如图 2-29 所示。目前，美国海军和日本海上自卫队装备的用于宙斯盾导弹防御系统的导弹称为 SM-3 Block ⅠA。导弹直径约为 343mm（13.5 英寸），最大射程 600km，拦截高度 160km，最大飞行速度达 3~3.5km/s；利用动能弹头（KW）直接摧毁弹道导弹，利用其运动能量实现完全摧毁（这种方式最适合用于摧毁核弹头使其丧失杀伤力）。Block ⅠA 导弹可拦截的弹道导弹包括近程导弹（SRBM，射程 600km）、准中程导弹（MRBM，射程 1300km），能够有限拦截中程弹道导弹（IRBM，射程 5500km）。②

---

① 山崎真（日），王海军编译．日本海上自卫队“宙斯盾”弹道导弹防御系统发展计划［J］．现代舰船，2011-04A.

② Rear Admiral Alan B. Hicks. Aegis Ballistic Missile Defense System Status and Upgrades. George C. Marshall Institute, November 28, 2007.

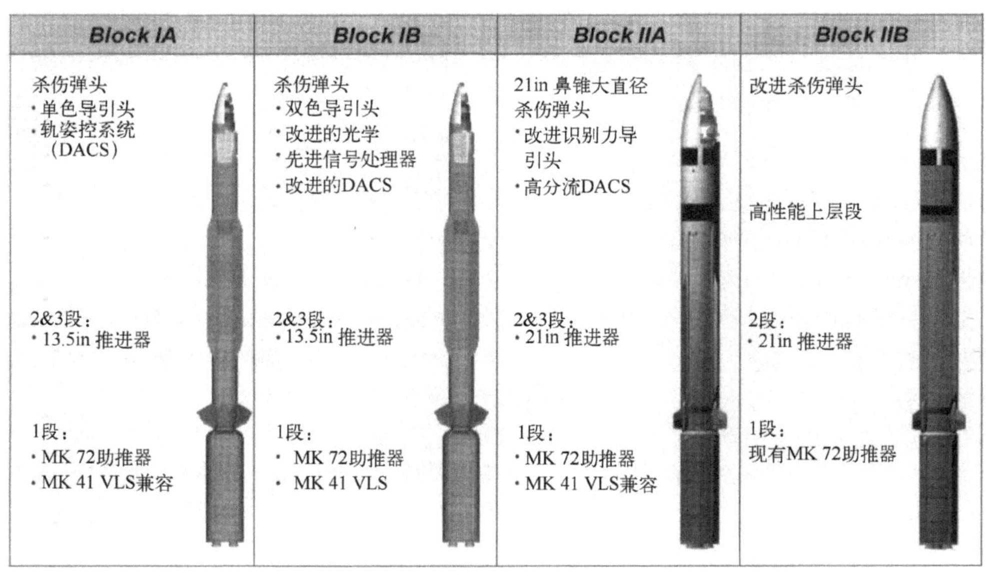

图 2-29 ‖ SM-3 拦截导弹的改进

SM-3 Block ⅠB 导弹是 Block ⅠA 的改进型号，直径相同，红外线传感性能得到提升，弹头姿态控制装置有所改善。Block ⅠB 可能在 2015 年之前实现部署，随着这种导弹的装备，对弹道导弹的识别能力有望增强，防御区域也会进一步扩大。Block ⅠB 能够拦截近程（SRBM）、准中程（MRBM）以及中程弹道导弹（IRBM）。

SM-3 Block ⅡA 导弹从 2006 年开始由美国和日本联合开发，导弹直径约为 533mm（21 英寸），射程可达 1200km，拦截高度 500km，最大飞行速度可达 4.5~5.6km/s。动能弹头的摧毁能力增强，导弹制导装置及姿态控制装置的性能也大幅提高。装备改型导弹后，防御区域将会进一步扩大，能够拦截包括诱饵在内的多种弹道导弹，使用灵活性也有所增加。按照计划，Block ⅡA 将在 2015 年研制完成，2017 年开始部署。Block ⅡA 能够拦截近程、准中程及中程弹道导弹，并能够有限拦截洲际弹道导弹（ICBM，射程 10000 km）。

奥巴马政府明确表示将会开发 SM-3 Block ⅡB 导弹。虽然这种导弹的直径与 Block ⅡA 同为 533mm，但性能将会大幅提升，射高、防御区域也会进一步扩大，能够对中程弹道导弹及洲际弹道导弹实施早期拦截。该型导弹可能会在 2020 年以后开始部署。

2.4.4 宙斯盾弹道导弹防御能力的提高

美国海军和 MDA 决定以螺旋式的方式来实施宙斯盾现代化计划，同时分阶段提高宙斯盾弹道导弹防御体系的能力。

如图 2-30 所示为从 BMD 的角度显示螺旋式研发的日程。

第一块（Block 2004）是宙斯盾 BMD 初期配备体系（BMD 3.6）。第二块（Block 2006/08）为下一个阶段（BMD 4.0），除了使用 SM-3 Block ⅠA 外，还要运用 Block ⅠB 以及弹道导弹防御信号处理器（BSP）。BMD 4.0 的研发成果用在宙斯盾基线 7 CR3 系统搭载舰上之后成为 BMD 5.0，就是最后一个方块（Block 2010/12/14），这是美日共同研发的对应 SM-3 Block ⅡA 的武器体系。从 BMD 5.0 开始就只是对软件进行更新，并对已经安装 BMD 5.0 的舰进行改装（Backfit）。

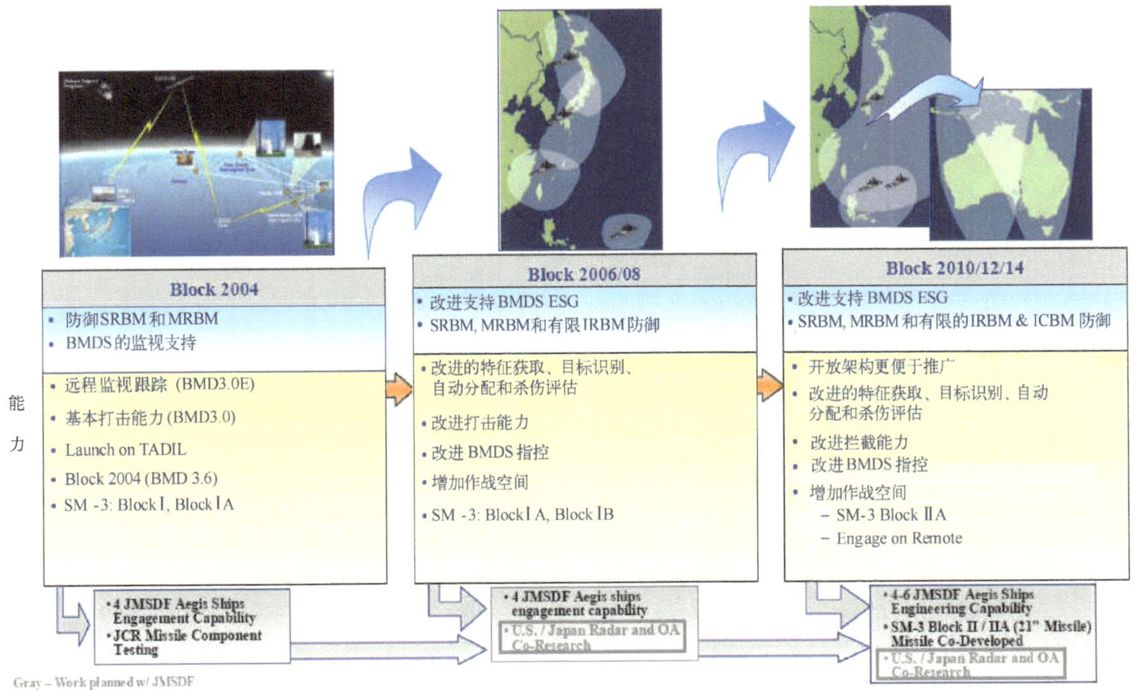

图 2-30 宙斯盾 BMD 的螺旋式研发时间表

2.4.4.1 第一阶段（BMD3.0 系列）

确保具有拦截近程、准中程弹道导弹的能力以及有限拦截中程弹道导弹的能力；确保具备对洲际弹道导弹的探测跟踪能力；利用 16 号卫星数据链，向部署在美国本土的地面系统发送目标数据；提高 C^2BM&C（指挥、控制、战斗管理及通信）能力；确保具备 Launch on TADIL 的能力，即通过战斗数据链从其他传感器获取情报，利用宙斯盾舰上的雷达探测弹道导弹，发射 SM-3 导弹；使用 SM-3 Block ⅠA 导弹。

2.4.4.2 第二阶段（BMD4.0 系列）

强化拦截近程、准中程弹道导弹的能力以及有限拦截中程弹道导弹的能力；装备宙斯盾弹道导弹防御信号处理器（BSP）；提高指挥、控制、战斗管理及通信能力；确保具备 Launch on Remote 的能力，即利用弹道导弹防御系统内的各种传感器获取情报，利用宙斯盾舰上的雷达探测弹道导弹，发射 SM-3 导弹；使用 SM-3 Block ⅠB 导弹。

2.4.4.3 第三阶段（BMD5.0 系列）

确保具有拦截近程、准中程、中程弹道导弹的能力以及有限拦截洲际弹道导弹的能力；完成宙斯盾开放式架构化（OA）进程；武器系统向 ACB12/TI12（先进能力构建/技术嵌入）转换，计算机采用商用现货更新（CR）；确保具备 Engage on Remote 的能力，即通过地面雷达、卫星等手段获取情报，宙斯盾舰根据情报，在利用舰载雷达探测弹道导弹之前先行发射 SM-3 导弹，一旦舰载雷达探测到目标，宙斯盾舰将根据获取的数据引导雷达命中目标，由此可以延伸拦截的距离；使用 SM-3 Block ⅡA 导弹。

如果上述计划能够顺利实施，宙斯盾弹道导弹防御系统的能力将会分阶段地得到提高。

如图 2-31 所示，BMD 防护区域阶段性地扩大，不仅使拦截导弹的距离更远，而且使纳入舰外传感器的拦截模式更加多样。

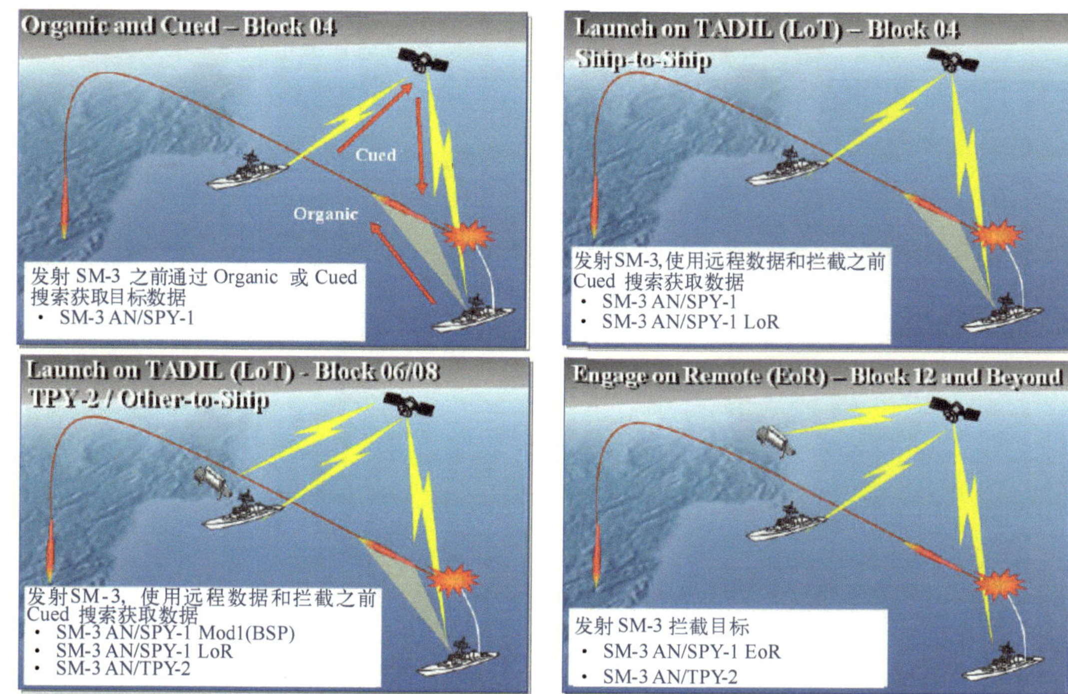

图 2-31 SM-3 拦截范围的扩大和多样化的拦截模型

2.4.5 陆基宙斯盾

2009 年 9 月，奥巴马政府推出一项导弹防御系统部署方案，即欧洲分阶段适应性方案（European Phased Adaptive Approach，EPAA），旨在保护欧洲部分地区（应对来自伊朗的威胁），包括装备弹道导弹防御系统的美国军舰、设在土耳其的尖端雷达及设在罗马尼亚和波兰的陆基宙斯盾（AEGIS Ashore）设施。该方案分为三个阶段实施：第一阶段是 2011 年在土耳其部署 AN/TPY-2 雷达并在地中海部署 4 艘宙斯盾舰，第二阶段是 2015 年在罗马尼亚部署岸基宙斯盾反导系统和陆基 SM-3 型导弹，第三阶段是 2018 年将该系统扩至波兰。

陆基宙斯盾作为一种陆地使用的反导系统，比大型陆基导弹拦截系统更为灵活，可配备 24 枚 SM-3 导弹，具备强大的短程和中程弹道导弹末端拦截能力。其将海基宙斯盾上部的菱形结构改为三层建筑，系统内部与海基系统一样安装四部大型 AN/SPY-1 相控阵雷达，以及除拦截导弹之外的所有作战要素，包括指挥自动化系统、垂直发射系统、计算机系统、显示系统、电源和水冷却系统、外墙、地面和楼梯。系统布局也与驱逐舰上装备的相同：指挥控制位于第一层，中央处理器安装在第二层，雷达装置安装在第三层。

SM-3 系列导弹是宙斯盾系统的反弹道导弹，主要用于大气层外直接拦截处于上升段或中段的来袭弹道导弹，为美国海军和北约盟国提供全战区高层弹道导弹防御能力。部署在罗马尼亚的陆基宙斯盾系统所使用的拦截弹为 SM-3 Block ⅠB 型导弹，部署在波兰的宙斯盾系统采用更加强大的 SM-3 Block ⅡA 型（由美国和日本合作研制）。

按美军部署计划，陆基宙斯盾系统先使用海陆通用的 SM-3 Block ⅠB，2018 年使用扩大射程的 Block ⅡA，将陆基宙斯盾系统的拦截高度从 160km 扩大到 500km。SM-3 Block ⅡA 导弹能够覆盖更大的范围，其将配备性能更好的焦平面红外成像探测器，探测距离和识别能力都有提高，性能提升的发动机赋予了动能战斗部更大的机动范围和机动性，具备洲际导弹防御能力。

第一座陆基宙斯盾反导系统于2013年夏天安装至夏威夷考爱岛（Kauai，Hawaii）的太平洋导弹靶场（PMRF），建成宙斯盾岸基导弹防御试验场（AAMDTC），如图2-32所示。2014年，第二座陆基宙斯盾部署在莫里斯顿试验场。

图2-32 位于夏威夷考爱岛的宙斯盾岸基导弹防御试验场（AAMDTC）

这个陆基试验设施使用的设备与装备BMD系统的宙斯盾舰上的设备相同，包括装有AN/SPY-1雷达系统的甲板室和发射SM-3拦截导弹的Mk41垂直发射系统。这里的甲板室距大海不到0.5英里，发射装置则在3.5英里以外。

美国导弹防御局（MDA）表示，考爱岛上的设施将为部署在欧洲的陆基宙斯盾系统的认证试验提供支持。

2016年5月，美国海军和导弹防御局宣布，部署于罗马尼亚Deveselu的陆基宙斯盾BMD系统具备作战能力。该阵地的建造开始于2013年10月，包括一部SPY-1D(V)对空搜索雷达、三部8单元Mk41垂直发射系统及SM-3拦截导弹。① 而波兰的阵地建造缓慢，可能推迟到2020年交付。②

除了部署在罗马尼亚和波兰的陆基宙斯盾系统，在太平洋方向，日本宣布计划于2023年部署陆基宙斯盾系统。日本政府在洛克希德·马丁公司的远程识别雷达（LRDR）和雷神公司的SPY-6(V)雷达两者之中选择了前者，采购两部洛克希德·马丁公司雷达，每部

① Aegis Ashore Site in Romania Declared Operational. USNI News, May 12, 2016.
https://news.usni.org/2016/05/12/aegis-ashore-site-in-romania-declared-operational.

② Construction issues still plague Polish Aegis Ashore site. Defense News, August 14, 2018.
https://www.defensenews.com/land/2018/08/14/construction-issues-still-plague-polish-aegis-ashore-site/.

11.7 亿美元。[①]

2018 年 10 月，美国《防务新闻》网站报道，美国海军和导弹防御局利用位于夏威夷的陆基宙斯盾系统成功击落一枚远程弹道导弹靶弹。该测试标志着正在开发中的 SM-3 Block ⅡA 导弹在该年度连续两次成功拦截目标。同时，这也是 SM-3 Block ⅡA 在 5 次拦截测试中第 3 次拦截成功，有报道将这次拦截称为“一个里程碑式的事件”。[②]

导弹防御局在一项声明中表示，当天的成功试验证明了欧洲分阶段适应性导弹防御方案第 3 阶段架构的有效性，它对于多域导弹防御作战的未来具有重要意义，并为 SM-3 Block ⅡA 导弹计划关键的初始生产采购奠定了基础。SM-3 Block ⅡA 预计将装备在罗马尼亚和波兰的美国陆基宙斯盾阵地以及日本未来的陆基宙斯盾系统上，这使其成为美国中短程弹道导弹防御战略的基石。

SM-3 Block ⅡA 导弹的拦截能力和拦截范围比现有的 SM-3 有很大提高，发动机直径加大，飞行速度更快，具备了对射程 5500km 以内的中远程弹道导弹的拦截能力，拦截高度超过 1000km，拦截范围 2500km 左右，同时具备反卫星能力。尽管其弹体进行了加粗，但与美军现有垂直发射系统是兼容的，既可以装备在陆基宙斯盾的垂直发射系统中，也可装备在舰载垂发系统上，拥有很强的灵活性。

2.4.6 试验演习

1. FTX-21 反导演习

2016 年 5 月 17 日美国导弹防御局（MDA）和太平洋舰队成功进行了宙斯盾反导系统名为 FTX-21 的演习，重点考核宙斯盾基线 9.C1 系统在大气层内探测跟踪中程弹道导弹的能力，演习内容主要是追踪太平洋靶场考爱岛发射的一枚中程弹道导弹靶弹（图 2-33）。这次演习并非实弹拦截试验，但仍是宙斯盾反导系统发展的重要一步。

根据美国导弹防御局的消息，夏威夷当地时间 5 月 17 日晚上 9 点 02 分，试验人员自考爱岛发射场发射了一枚中程弹道导弹靶弹。部署在夏威夷西部海域的 DDG 53 约翰·保罗·琼斯号导弹驱逐舰在自身宙斯盾基线 9.C1 武器系统的支持下，使用舰载的 AN/SPY-1 雷达探测到这枚靶弹并进行了跟踪操作。

宙斯盾基线 9.C1 武器系统于 2016 年 1 月 11 日正式通过认证，是宙斯盾系统的最新版本，它不仅支持同时进行防空和反导的能力，还包括最新的宙斯盾反导能力 5.0 升级，这一升级支持宙斯盾反导系统同时拦截大气层外和大气层内的弹道导弹目标，在美国导弹防御局 2015 年 7 月 28 日和 29 日的多任务作战（MMW）试验中，一枚 SM-6 导弹和一枚 SM-2 Block Ⅳ各自成功在大气层内拦截了短程弹道导弹靶弹，这也是 SM-6 导弹的首次反导亮相。在 FTX-21 试验中，虽然并没有发射 SM-3 或是 SM-6 导弹，但它成功地证明了宙斯盾基线 9.C1/反导 5.0 能力升级系统在大气层内对中程弹道导弹目标的探测和跟踪能力。美军正在通过试验相关的遥测数据和其他信息评估新型宙斯盾系统的表现，试验结果有助于美国导弹防御局进一步改进和增强宙斯盾反导系统。

---

① Japan Selects Lockheed Martin to Supply Radar for Aegis Ashore System. USNI News, July 30, 2018. https://news.usni.org/2018/07/30/35399.

② After consecutive failures, watch US Navy intercept test missile with SM-3 weapon. Defense News, October 26, 2018. https://www.defensenews.com/naval/2018/10/26/after-consecutive-failures-navy-has-successful-sm-3-missile-intercept/.

图 2-33 宙斯盾反导系统 FTX-21 试验

宙斯盾反导系统虽然技术先进、性能强大，但它其实是个跛足巨人。美国陆军反导系统在大气层外和大气高层有 THAAD，在大气低层也有爱国者 PAC-3，且爱国者 PAC-3 不断进行升级，最新的爱国者 PAC-3MSE 导弹不惜改动导弹直径和气动设计，以实现更好的末段低空反导能力。宙斯盾反导系统的 SM-3 导弹性能比 THAAD 导弹有过之而无不及，但末段低空反导却十分尴尬：原定用于末段低空反导的 SM-2 Block ⅣA 导弹，2001 年由于研制难度大和进度经费超支被迫取消，美国海军只能用原有的 SM-2 Block Ⅳ导弹存货应付，虽然 2006 年以来 4 次拦截试验 SM-2 Block Ⅳ导弹都成功，但是这种导弹毕竟不是专用的反导导弹，性能和潜力有限。根据规划，美国海军将使用 SM-6 导弹的增量改进型号承担未来的大气层内低空反导拦截任务。

FTX-21 试验对宙斯盾反导系统增强末段低空防御部分具有十分重要的意义，是美国导弹防御局和美国海军海基末段防御（SBT）的关键一环。等待了多年之后，新一代 SM-6 导弹的服役为海基末段防御带来了曙光，2015 年 DDG 53 号驱逐舰在多任务作战试验中首次使用宙斯盾基线 9. C1 系统发射 SM-6 导弹，成功击落了一枚短程弹道导弹靶弹。现在 FTX-21 试验中宙斯盾基线 9. C1 系统又证明了在大气层内探测和跟踪难度更高的中程弹道导弹靶弹的能力，这将为未来使用 SM-6 导弹大气层内拦截中程弹道导弹靶弹奠定基础。

众所周知，爱国者 PAC-3 型导弹具备对中短程弹道导弹的拦截能力。美国海军的 SM-6 导弹虽然仍然使用传统的破片杀伤战斗部，但也将通过增量升级具备对中短程弹道导弹的拦截能力。好马配好鞍，宙斯盾反导系统的升级将配合性能更好的 SM-6 导弹，使美国海军具备大气低层拦截短程和中程弹道导弹的能力，补上宙斯盾反导系统的短板。从这个意义上说，FTX-21 试验的成功可谓于无声处见惊雷，要比 SM-2 Block Ⅳ导弹甚至 2015 年多任务作战中

SM-6 导弹成功拦截短程弹道导弹靶弹更有价值。在不远的将来，以 FTX-21 试验的成功为基础，美国海军将进行末段低空拦截中程弹道导弹的试验，从而具备真正的多层反导拦截能力，这将显著提高美国海军的反导防御能力，大大提高 DF-21D 等反舰弹道导弹的突防难度。

2.5 阿利·伯克级Ⅲ型舰的发展

2.5.1 使命任务及能力分析

从目前美国发展阿利·伯克级Ⅲ型舰的背景看，该舰将部分代替 DDG 1000 和 CG(X)两型舰，综合承担防空反导、对陆攻击、编队反潜、反舰任务。但该舰又是美国海军将战略重心向远海倾斜的产物，因此其关键能力将比 DDG 1000 更加适应远海作战环境。

防空反导能力是美国海军目前对水面主战舰艇最为看重的能力，也是技术开发的重点。重启建造的ⅡA 型驱逐舰将融入升级改造的成果，装备一体化防空反导（IAMD）系统，集成对弹道导弹、反舰导弹、巡航导弹的防御能力。Ⅲ型驱逐舰将采用为 CG(X)巡洋舰开发的先进防空反导雷达（AMDR）的技术成果，装备缩小版的防空反导雷达，提高防空反导能力。

对陆攻击能力是 DDG 1000 驱逐舰着重强调的能力，也是现役宙斯盾舰具备的能力之一。Ⅲ型舰不可能完全继承 DDG 1000 驱逐舰的对陆攻击能力，但至少会和现役宙斯盾舰一样，通过垂直发射战斧巡航导弹实现对陆攻击。而作为 DDG 1000 标志性配置的 155mm 舰炮，在Ⅲ型舰上安装的困难较大。

编队反潜能力是新型驱逐舰普遍具备的能力，主要通过舰载装备和直升机实现。美国海军为 DDG 1000 开发了 SQQ-90 综合水下战系统，但其双频段球艏声呐和拖曳声呐更适合濒海反潜，阿利·伯克Ⅲ型舰更有可能使用现役最新版 SQQ-89 水下战系统。Ⅰ型和Ⅱ型舰没有直升机库，编队反潜能力受到限制。ⅡA 型舰延长了舰尾，加设了机库，可以携带 2 架直升机，具备编队探潜和攻潜能力。Ⅲ型舰应当会以ⅡA 型舰为基础，能够搭载直升机。

Ⅲ型舰的反舰能力可能得到提高。阿利·伯克Ⅰ/Ⅱ型舰配备了鱼叉反舰导弹，但ⅡA 型舰加设机库后，艉部 Mk41 VLS 前移，占据了鱼叉导弹发射装置的空间，该型舰的本舰反舰能力仅依靠 127mm 舰炮。在航母编队中，对海打击主要由舰载机完成，在驱护编队中，仅依靠舰炮形成的反舰能力明显偏弱。Ⅲ型舰很可能会加强反舰能力。

Ⅲ型舰最明显的变化是防空反导雷达（AMDR）。现役具备弹道导弹防御能力的宙斯盾舰依靠 SPY-1D(V)雷达对敌方弹道导弹进行探测、跟踪、武器引导和目标指示，该雷达天线直径 3.66m（12 英尺）。为了提高弹道导弹防御能力，美国海军原计划在 CG(X)巡洋舰上安装 AMDR，目前尚处于研发初级阶段。CG(X)被取消后，阿利·伯克Ⅲ型作为替代舰，须具备比现役宙斯盾舰更强大的防空反导能力。但是 AMDR 的研发进度赶不上 2016 财年开始建造的Ⅲ型舰。因此，美国海军计划在Ⅲ型舰上安装缩小版的 AMDR，即 SPY-6，取代 SPY-1D(V)雷达。新雷达将对电力供给和冷却能力提出更高要求，并引起船体加长和排水量增大。此外，作战系统也会相应进行升级。①

图 2-34 是针对阿利·伯克Ⅲ型舰的概念图。

---

① 罗婷婷. 美国海军“阿利·伯克”Flight Ⅲ型驱逐舰解析［J］. 现代舰船，2011-04A.

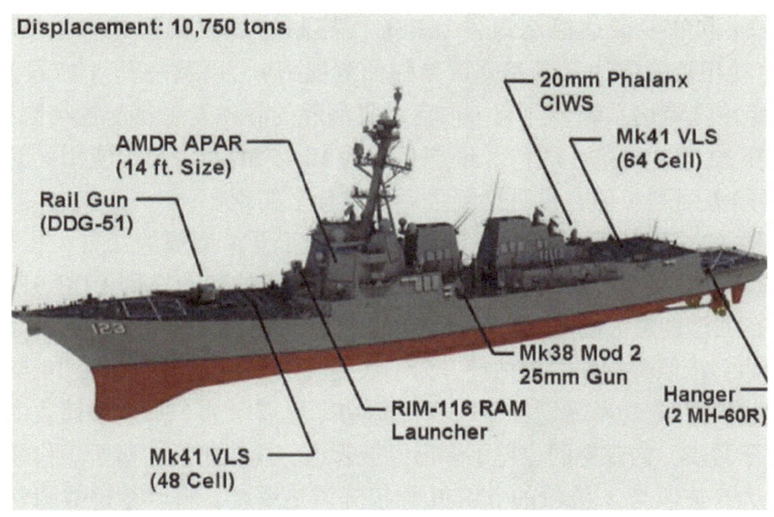

图 2-34 阿利·伯克Ⅲ型舰的概念图（2014 年）

在阿利·伯克Ⅲ型舰的设计论证过程中，重点考虑的问题是经济可承受性和技术成熟度。第一，经济可承受性问题是促使美国国防部对装备发展策略进行大幅调整的首要原因，也是取消 DDG 1000，转而发展阿利·伯克Ⅲ型舰的直接原因。因此，在设计Ⅲ型舰时，经济可承受性是置于第一位考虑的因素。

当前一艘ⅡA 型舰的成本约为 13 亿美元，美国海军估计Ⅲ型舰造价（不含研发费用）为 20 亿美元，国会预算署估计为 24 亿美元，都远低于 DDG 1000 超过 40 亿美元的造价，这使得Ⅲ型舰无法承受大量先进设备。除了美国海军已明确表态希望采用的先进雷达、机电混合推进外，鱼叉导弹、综合桅杆、先进舰炮等都需视经费而定。除了在建造上控制成本，Ⅲ型舰还将努力缩减使用费用，包括采用自动化设备以减少人员配置，采用电力驱动以提高燃油效率，加装新型球鼻艏等。

第二，技术成熟度问题是造成国防部许多重大装备项目费用飙升的主要原因，也是采办改革重点强调的问题。DDG 1000 驱逐舰采用了十大新技术，若干关键技术迟迟无法突破造成了进度和费用的严重问题。而对于Ⅲ型舰，美国海军已明确表示将采用Ⅰ/Ⅱ/ⅡA 型舰的大量现成设计，并融合未来几年成熟的先进技术。

2.5.2 配置分析

在 2010 年 2 月公布的美国海军 2011 预算年度造舰计划中，对于阿利·伯克级Ⅲ型舰有若干叙述，其沿用类似ⅡA 型舰的舰体平台，基本尺寸船型没有变化，细节设计可能进行较大幅度的变更，包括重新设计上层结构，并引进更先进的技术，例如，应用部分 DDG 1000 的阶段性成果（包含集成桅杆、综合电力推进系统、AGS 先进舰炮系统、Mk57 垂直发射系统等）[①]。不过由于应用 DDG 1000 技术的构想需要更多时间，而且成本较高，无法满足美国海军对取得新舰、强化反弹道导弹能力的迫切需要，因此到 2011 财年的长期造舰计划时，美国海军已经决定阿利·伯克级Ⅲ型舰专注于搭载新开发的防空反导雷达（AMDR），取代过去的 SPY-1D，其余设计与配置则尽量不要做大幅度的变化。

---

① http://www.mdc.idv.tw/mdc/navy/usanavy/DDG51-4.htm.

AMDR 是一种由单一雷达控制组件（RSC）控制的双波段雷达，包括一套 S 波段的 AMDR-S 远程主动相控阵雷达（具备弹道导弹侦测能力），以及一套 X 波段的 AMDR-X 中短程搜索/跟踪相控阵雷达系统。阿利·伯克级Ⅲ型舰的导弹发射器配置与数量将不做变更，仍为 Mk41（前部 32 管、后部 64 管），舰炮也仍为 Mk45 Mod4。至于应用更新技术、大幅度变更的构想，必须等阿利·伯克级Ⅲ型舰之后的设计来实现。

依照美国海军的估计，阿利·伯克级Ⅲ型舰相较于ⅡA 型舰的变更，相当于 1998 财年规划首艘搭载宙斯盾基线 7.1 系统的阿利·伯克级ⅡA 型的变动（即 DDG 91 起）。

阿利·伯克级Ⅲ型舰最大的难题在于换装功能更强大的 AMDR 相控阵雷达之后必须大幅强化供电与冷却能力；依照美国海军的估计，为了换装 AMDR 雷达（以直径 14 英尺的 S 波段天线为基准），Ⅲ型舰的发电功率需增加 66%，冷却功率更需增加 81%。然而，由于阿利·伯克级舰原始设计过于紧凑，内部空间也差不多已经被管道、缆线挤满，对于工作效率与成本都非常不利。安装分为 S 波段与 X 波段的 AMDR 相控阵雷达系统，将严重挑战阿利·伯克级舰已经所剩不多的重心上升裕度，势必要对上层结构进行相当多的修改才能配合，往往是“牵一发而动全身”，要连带变动其他许多既有的设计与配置，才能腾出相对应的空间与重量来容纳变更设计。因此，阿利·伯克级Ⅲ型舰面临的上部过重以及机电、冷却相关工程修改等问题，幅度远远高过 2010 至 2012 财年订购的 10 艘阿利·伯克级ⅡA 型舰后续型（DDG 113~122）。

美国海军以 2009 年驱逐舰雷达/舰体研究（Radar/Hull Study）为基础，针对阿利·伯克级Ⅲ型舰进行进一步的研究，把 AMDR 雷达区分为完整构型（包含 S 波段与 X 波段相控阵雷达）以及简化构型（只使用 AMDR-S S 波段相控阵雷达，X 波段部分改用 AN/SPQ-9B 跟踪雷达），分别计算对应的供电与电力、冷却、船只重心、燃油消耗等。这项研究总共分为四个构型（AMDR-S 雷达以天线直径 14 英尺来计算），其中两种使用简化构型 AMDR 雷达，另两种使用完整构型 AMDR，如表 2-5 所示。

表 2-5 阿利·伯克级Ⅲ型舰的四种构型对比

	基线构型	构型 A	构型 B	构型 C
雷达	简化（AMDR-S 与 AN/SPQ-9B）	简化（AMDR-S 与 AN/SPQ-9B）	完整（AMDR-S 与 AMDR-X）	完整（AMDR-S 与 AMDR-X）
电力系统	燃气涡轮发电机组 3MW×3，450V AV 交流电输配电系统	燃气涡轮发电机组 4MW×3，4160V 交流输配电系统	同构型 A	燃气涡轮发电机组 4MW×4，4160V 交流输配电系统
冷却系统	空调制冷机组 300t×5	同基线构型	空调制冷机组 300t×6	同构型 B
SLA/发电功率	245kW	2145kW	828kW	4628kW
SLA/耗电增长	4.3%	28.2%	10.9%	40.6%
SLA/冷却增长	22%	22%	29%	29%
燃油消耗量	102069 桶/年，增加 5.7%	103563 桶/年，增加 7.3%	109830 桶/年，增加 13.3%	113377 桶/年，增加 17.4%
满载排水量	9467t	9558t	9714t（含 75t 压舱物）	9794t（含 75t 压舱物）

以基线构型为例：基于简化的 AMDR 雷达构型（AMDR-S 与 AN/SPQ-9B），搭配最低限度的电力/冷却，电力系统与阿利·伯克级ⅡA 型舰后期型完全相同，采用三具功率各 3MW 的燃气涡轮发电机组（总功率 9MW），也继续沿用旧有的 450V AV 交流电输配电系

统，冷却系统则以五部功率300吨级的空调制冷机组取代原本的五部200吨级机组。在服役时期裕度（Service Life Allowance，SLA）方面，发电功率与后期型阿利·伯克级ⅡA型舰完全相同的基线构型，剩余功率只有245kW，允许的耗电增长仅有4.3%，冷却消耗允许的增长裕度为22%，燃油消耗量预估为每年102069桶（比阿利·伯克级ⅡA型舰增加5.7%）。此种基线构型的满载排水量预估为9467t。

为了避免阿利·伯克级Ⅲ型舰刚服役就面临重量增长裕度趋近饱和的窘境，美国海军决定2016财年订购的前12艘阿利·伯克级Ⅲ型舰采用简化的AMDR雷达构型，以一套AN/SPQ-9B X波段跟踪雷达代替AMDR-X相控阵雷达，与AMDR-S（天线直径14英尺）由同一个RSC雷达控制组件控制；而后续至少10艘阿利·伯克级Ⅲ型舰（13号开始）则会以一种新开发的X频雷达来取代AN/SPQ-9B。

依照2013年初美国海军阿利·伯克级驱逐舰建造项目主管Mark Vandroff上校提交给美国海军水面舰艇委员会（SNA）的报告，前两艘阿利·伯克级Ⅲ型舰相对于ⅡA型的主要技术变更如下（图2-35）。在Mark Vandroff上校2016年5月接受国际海上安全中心（CIMSEC）的专访中对此次技术变更也有相关描述。①

（1）雷达：装备DBR双波段雷达系统，以S波段AMDR主相控阵雷达取代原本的AN/SPY-1D，仍维持四阵面的配置，而X波段雷达则为AN/SPQ-9B。

（2）作战系统：弹道导弹防御（BMD）以及计算机硬件的技术嵌入（TI）升级，包括BMD 6.0版（结合AMDR S波段相控阵雷达）与TI 16（DDG 121就开始引进）。

（3）电力：仍维持3部主燃气涡轮发电机，但是每部机组的功率从原本3MW级增为4MW级，使总功率达12MW，并引进新的4160V交流供电系统；整体而言，阿利·伯克级Ⅲ型舰的总发电量提高28.2%，电力裕度达2145kW（电力增长裕度28.2%）。

（4）空调冷却：因应SPY-6 AMDR相控阵雷达的冷却需求，阿利·伯克级Ⅲ型舰提升了制冷能力，将原本5个制冷能力200吨的机组升级为300t，冷却增长裕度22%。

（5）舰体结构：因应设置AMDR相控阵雷达与相关变更带来的重量成长，阿利·伯克级Ⅲ型舰的设计人员透过加厚舰底等方式来平衡上部增加的重量，使重心高度维持在近似阿利·伯克级ⅡA型舰的水平，并加宽舰尾起降甲板区域水线的船体，扩大内部容积与浮力，将极限排水量从原本的10300t增加到10700t；然而，这些变更也小幅改变了阿利·伯克级Ⅲ型舰的船型特性。

（6）舱室变更：由于容纳许多新增的设备，挤占了一些原有的舱室，舰上需要腾出更多空间，因此在舰体右舷主甲板以上增建一层封闭的舱室。阿利·伯克级Ⅲ型舰也需扩编人员，相对降低了起居舒适性。

（7）经过以上变更后，阿利·伯克级Ⅲ型舰标准排水量增为9200t，满载排水量增加为9558t，长510英尺（155.448m），宽66.4英尺（20.239m）。

依照2015年年初美国海军研究、开发、采购部门助理部长（ASN RD&A）向众议院提交的阿利·伯克级ⅡA型舰的工程修改报告，阿利·伯克级Ⅲ型舰满载排水量增至9709t，舰体重心高25.96英尺，作战状态的总电力负载约5458kW，制冷能力1206t。在SLA方面，

① CIMSEC Interviews Captain Mark Vandroff, Program Manager DDG 51, PART 1. CIMSEC, May 4, 2016. http://cimsec.org/cimsec-interviews-capt-mark-vandroff-program-manager-ddg-51/25050.

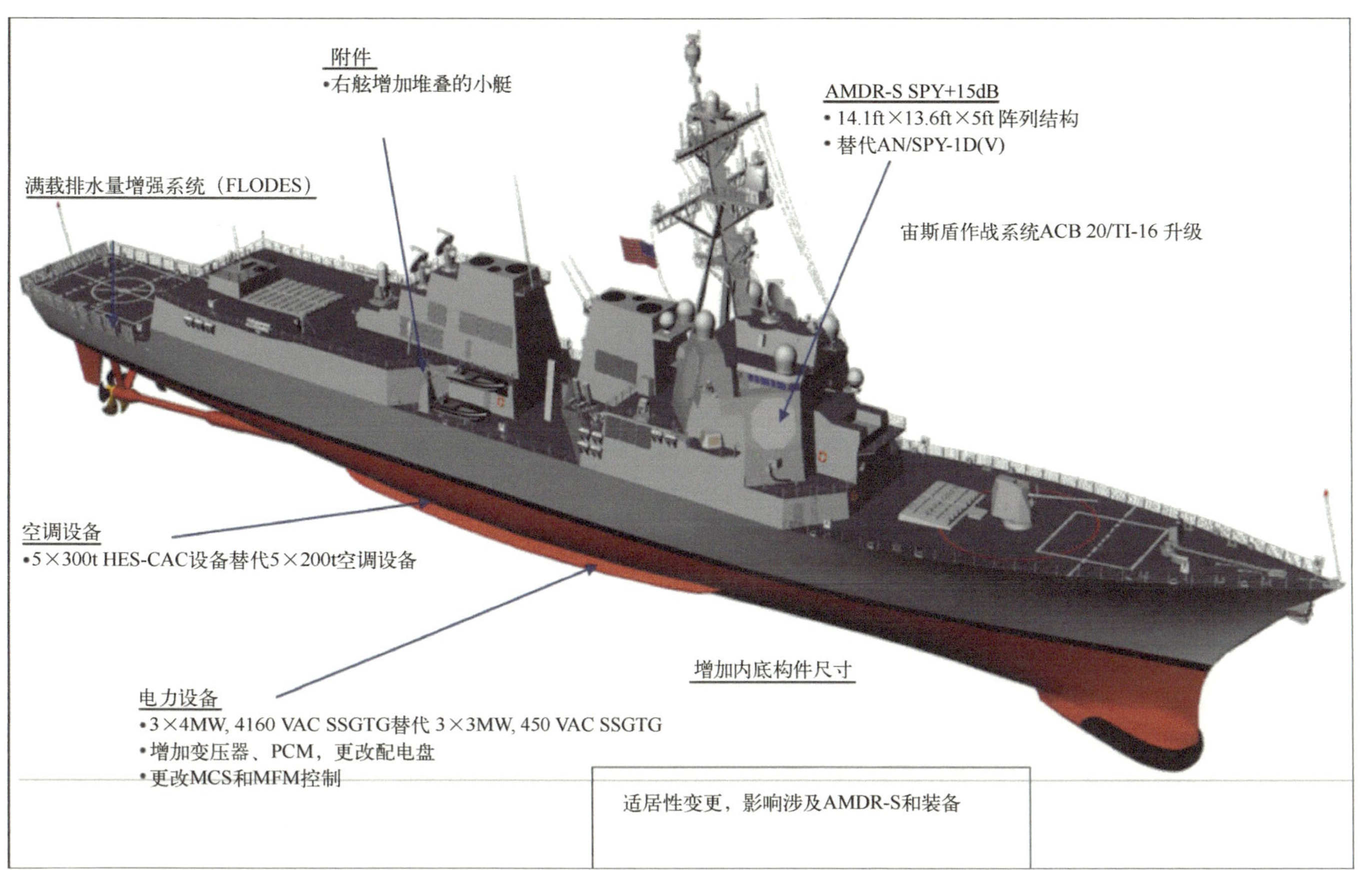

图2–35 阿利伯克级Ⅲ型舰的主要改变

排水量的增长裕度为991t（为原始的10.2%），重心上升的裕度为0.62英尺，电力负载的增长裕度为1904kW（约为原始的40%），制冷能力增长裕度为294吨（约为原始的20%）。这些SLA数据不仅比先前对阿利·伯克级Ⅲ型舰的预估更理想，甚至还全面优于阿利·伯克级ⅡA型舰。

阿利·伯克级Ⅲ型舰的宙斯盾基线9采用开放式架构，战情中心的三平面显示器通用显示系统（CDS）具有极佳的任务弹性，能分派来执行不同的任务。

2.5.3 宙斯盾基线10/ACB20

基线10是宙斯盾下一代作战系统，根据美国ACB-20规划，基线10系统将是阿利·伯克级Ⅲ型驱逐舰的标配，该版本将在2023年具备初始作战能力。①,②

1. 基线特征

从美国目前公布的信息来看，基线10将整合SPY-6（AMDR）雷达、Link 16/CEC数据链、标准系列导弹（SM-3，SM-6等），具备海军一体化火控防空（NIFC-CA）能力。此外，基线10继续升级弹道导弹防御能力，扩大探测防御范围，未来将突出编队体系化协同能力，同时注重防空反导两方面的任务使命。

宙斯盾作战系统基线10具有以下特点。

1）采用的新型雷达系统

在基线10系统中，阿利·伯克级Ⅲ型驱逐舰最明显的变化是将原有的主雷达系统SPY-1替换为SPY-6（AMDR）雷达系统，AMDR将成为下一代宙斯盾系统的核心。

AMDR是世界上第一部具备一体化防空反导能力的舰载双波段多功能有源相控阵雷达，雷达资源共用程度达到新高度，不仅可同时执行防空反导任务，在反导作战中可完成来袭导弹的远程预警探测、跟踪识别、拦截引导与毁伤评估全流程，而且具备潜望镜探测、对陆远程攻击辅助、电子防护、气象、导航等多种功能。

AMDR采用双波段固态有源相控阵体制，其完整版包括1部四面阵S波段雷达（AMDR-S）、1部X波段雷达（AMDR-X）以及1部雷达控制器（RSC），整套系统将通过统一接口与宙斯盾作战系统连接。AMDR-S负责远程对空对海搜索跟踪、弹道导弹防御、支援对陆攻击等，AMDR-X用于精确跟踪、导弹末段照射、潜望镜探测和导航等，RSC负责提供雷达资源管理，协调与宙斯盾作战系统的交互关系。

考虑到驱逐舰平台的排水量和电源能力有限，前12艘阿利·伯克级Ⅲ型驱逐舰采用简化版AMDR雷达构型，其中AMDR-S雷达是新研型号，取代现役SPY-1D（V），用于远程探测和跟踪空中气动目标和弹道目标，而其X波段雷达则为现役SPQ-9B单面阵旋转雷达的改进型。从第13部生产型装备开始，AMDR系统将集成新的三面阵X波段相控阵雷达（AMDR-X）。

与现役SPY-1相比，AMDR-S雷达的探测距离提高了2倍，可探测的最小目标是SPY-1雷达的一半，覆盖范围提高13倍，同时处理目标数是SPY-1雷达的30倍，同时跟踪目标数是SPY-1雷达的6倍，同时制导的飞行中导弹数量增加了3倍，故具有更强的抗饱和攻击能力。

---

① Navy Mulling Installing AN/SPY-6, Baseline 10 on Legacy Destroyers. USNI News, January 15, 2020. https://news.usni.org/2020/01/15/navy-mulling-installing-an-spy-6-baseline-10-on-legacy-destroyers.

② Aegis Combat System Baseline 10 Set to IOC in 2023. USNI News, January 15, 2019. https://news.usni.org/2019/01/15/40397.

该装备服役后，将大幅提升美国海军单舰自防御与区域防御、舰—机/舰—舰协同与多任务作战能力，支撑航空母舰作战体系的驱护编成，构成美国海军新型海战场网络信息作战体系的核心。此外，该雷达的一体化防空反导能力设计，及双波段雷达的作战协同与资源高度共用，将引领全球舰载雷达设计的潮流。

此外，基线 10 系统还采用了 AN/SPQ-9B 近程搜索/跟踪雷达，该型雷达可探测视距外突然出现的反舰导弹，这可以减轻 AMDR 主雷达系统在执行反导等作战任务时应对空中目标的压力。

2）反导能力

在反导指挥控制系统方面，基线 9～10 版本宙斯盾系统已具备了一体化防空反导（IAMD）能力，能够同时应对空中目标和弹道导弹目标的威胁。宙斯盾系统在进行反导任务时，宙斯盾战情中心（CIC）把系统任务构型设定为 BMD 模式或 IAMD 模式，弹道导弹信号处理器设定宙斯盾主雷达对弹道导弹进行搜索。但在 IAMD 模式下，由于宙斯盾系统需要同时兼顾空中目标和导弹目标，其反导性能相对于 BMD 模式会有些许削弱。

基线 10 系统将继续升级弹道导弹防御能力至 BMD 6. x 版本，并应用先进防空/反导任务规划器，采用 AMDR 雷达，大幅度提高系统探测距离和精度，能够满足应对大批量、更加复杂的弹道导弹突发袭击的作战需求，进一步强化了防空反导一体化作战能力。

在拦截弹方面，基线 10 可应用 SM-3 B1A/1B 和 SM-3 B2A 拦截弹进行反导作战，增强了与拦截弹之间的上下链通信。此外，基线 10 首次具备了应用 SM-6 导弹进行弹道导弹末段拦截的能力，充分挖掘了 SM-6 导弹的作战潜力。

3）协同交战能力

基线 10 系统采用 Link 16 J3. 4 数据链和 CEC 系统，将逐渐整合 MH-60R 和 F-35 等多种武器平台，结合美国 NIFC-CA 体系，实现传感器协同和联合一体化火控，具备更强的多传感器整合能力，从而获得更强的协同交战能力。

4）电子战能力

基线 10 系统将应用 SEWIP BLK 2/3 新型电子战系统。相对于之前版本，该装备采用了功能更强的宽带数字接收机，将电子战任务扩展到反监视和反目标瞄准领域。此外，最新型 SEWIP BLK 3 将具备高功率电子攻击能力，可有效应对现代岸基、舰载雷达及先进反舰巡航导弹。

2. 项目研制

美国海军原本也打算在 ACB 16 中把 AMDR 双波段雷达（DBR）与宙斯盾系统结合，准备 2016 财年开始订购，然而由于预算削减，美国海军只好将这项工作从 ACB 16 删除，等到 2020 财年展开 ACB 20 时才能进行。

配合阿利·伯克级Ⅲ型驱逐舰与 AMDR 雷达的 ACB 20 称为基线 10C，项目包括结合 AMDR S 波段主动相位阵列雷达、BMD6. 0 版（主要变更就是结合 AMDR S 波段雷达）、AN/SLQ-32 SEWIP Block 3 电子战系统、Nulka 主动反制诱饵强化、Mk 160 舰炮火控系统（GCS）升级、ESSM Block 2 防空导弹、近程防御武器系统（CIWS）传感器集成（即 Mk15 Block 1B Baseline 2C）、Link 16 J3. 4 信号提升（Message Update）、先进防空/弹道导弹防御任务规划器（Advanced AAW & BMD Mission Planer）。ACB 20 能相容的防空导弹包括 SM-2、ESSM Block 1/2、SM-6 Block Ⅰ/ⅠA、SM-3 Block ⅠA/ⅠB/ⅡA 反弹道导弹。

根据美国 ACB-20 规划，基线 10 系统将是未来美国阿利·伯克级Ⅲ型驱逐舰的标配，目前该级舰首舰卢卡斯号 DDG 125 正在建造中，将于 2021 年交付海军，而宙斯盾基线 10 版本将在 2023 年具备初始作战能力。

值得注意的是，据洛克希德·马丁公司负责人声称，基线 10 系统将不仅装备于最新型的阿利·伯克级Ⅲ型舰，还将整合在阿利·伯克级较老型号的驱逐舰上。在这种情况下，基线 10 系统将整合较旧版本驱逐舰的 SPY-1 型雷达，而并不会为所有驱逐舰更换 SPY-6 雷达系统，这也为美国对其盟国的宙斯盾舰升级提供了便利。

2.5.4 采办计划

根据 2011 财年的“30 年造舰计划”，美国海军将在 2011—2016 财年开工建造 10 艘小幅改良的阿利·伯克级ⅡA 型舰，随后在 2016 财年开始采购阿利·伯克级Ⅲ型驱逐舰，计划 2016—2031 财年采购 22 艘；然后在 2032—2041 财年采购 21 艘更先进的 DDG(X)来取代最早批次的Ⅰ型。而Ⅲ型舰的详细设计将从 2012 或 2013 财年开始。

2013 年 6 月 3 日，美国海军与亨廷顿英格尔斯工业（HII）和通用集团巴斯钢铁造船厂（BIW）签署总值约 62 亿美元的多年份采购合约（Multi-Year Procurement，MYP），建造 9 艘阿利·伯克级（DDG 117~125）以及附加 1 艘的选择权，在 2013—2017 财年执行，此时第一艘阿利·伯克级Ⅲ型可能是 DDG 123 或 DDG 124。

2014 财年，美国海军估计阿利·伯克级Ⅲ型舰的研发经费为 39 亿美元，购置总成本约 382 亿美元；每艘舰的每年度运作费用 8190 万美元，整个Ⅲ型舰队（22 艘）的全寿期作业总费用达 1342 亿美元，包含采购项目总计为 1844 亿美元。当时计划采购 DDG 123、DDG 124 这两艘舰的总成本约 35 亿美元，DDG 123 花费约 15 亿美元，而当时预定为Ⅲ型首舰 DDG 124 的花费为 20 亿美元，两者相差的 5 亿美元主要来自于Ⅲ型舰的 AMDR 雷达以及相关的 4160V 供电、冷却设备以及设计修改为建造工作增加的成本。

2015 年，美国海军调整了由 BIW 与 HII 建造阿利·伯克级舰的舷号序列，这是因为 2014 年美国海军决定向 BIW 增购一艘阿利·伯克级舰（DDG 120），插入了原本的建造顺序；从 DDG 116 起，舷号为偶数的由 BIW 建造，舷号为奇数的阿利·伯克级舰由 HII 建造。

2015 年 2 月，美国海军与 HII、BIW 船厂拟定修改设计合约，正式进入Ⅲ型舰的详细设计阶段，首艘阿利·伯克级Ⅲ型舰计划 2019 年切割第一块钢板展开建造。2017 年 6 月 27 日，美国海军宣布，HII 赢得设计建造首艘阿利·伯克级Ⅲ型舰的合约，而阿利·伯克级Ⅲ型首舰也确定是由 HII 负责建造的 DDG 125。2017 年 9 月 29 日，美国海军授予 BIW 建造 DDG 126 与 DDG 127 的合约，其中 DDG 126 属于 2013 财年多年份合约的最后一艘，是 BIW 建造的第一艘阿利·伯克级Ⅲ型舰；而 DDG 127 则是国会另外立法授权海军采购的阿利·伯克级舰，仍采用ⅡA 型舰规格。

虽然阿利·伯克级Ⅲ型舰的建造有所延迟，但 SPY-6 AMDR 主动相控阵雷达的研制计划仍在轨道上；依照美国海军与业界的消息，至此 AMDR 已经达到全部 13 项里程碑，计划 2017 年春达到里程碑 C 决策，进入初期少批量生产，第一部生产型的 SPY-6 雷达计划 2019 年交付造船厂。

依照 2016 年 5 月美国海军向国会提交的 2017 财年预算申请书，阿利·伯克级舰在 2017—2021 财年都维持每财年编列 2 艘的速率，包含先前 2013—2017 财年执行的多年份采购合约（MYP）的 10 艘中的最后一批。

在2018年2月11日白宫公布的2019财年联邦预算中，国防预算达6861亿美元，较2018财年（约6400亿美元）增加9%。美国海军计划在接下来五个财年内（2019—2023财年）编列建造46艘新舰，目标是在2023年使美国海军舰船总数增至326艘（2018年是280艘），并且在2050年达到355艘。2018年9月27日，美国海军正式与BIW和HII签署阿利·伯克级Ⅲ型舰的第一笔多年份采购合约，2018—2022财年编列10艘，总值约90亿美元。

美国海军水面舰船主管（Surface Warfare Director）Ron Boxall少将在2018年10月下旬受访时表示，美国海军已经确定在2023或2024财年左右编列建造第一艘未来大型水面舰船（LSC），而阿利·伯克级Ⅲ型舰的数量只有10~12艘；这意味着Ⅲ型舰在2018—2022财年的10艘多年份生产合同完成之后，不会再继续增购。

2.6 AMIIP集成

加速中期互操作改进计划（Accelerated Mid-Term Interoperability Improvement Program，AMIIP）定位于解决有关数据链的严峻的互操作问题。该能力将大大改进所有参与者战术监视图像的质量，降低跟踪错误目标的可能性、减轻蓝军打击蓝军的风险。AMIIP提供稳定的传感器融合以支持传感器/武器的协同需求。涉及该计划的项目包括宙斯盾作战系统、协同交战能力（CEC）、11号/16号战术数据链、舰艇自防御系统（SSDS）、E-2C/D预警机、舰载网格锁定与自动协同系统（SGS/AC）、指控处理器系统（C2P）等。

2.6.1 数据链简介

高技术条件下的现代战争要求战术信息的传输、处理和分发要做到安全、及时和高效，战术数据链是为了适应这种要求而产生的。本节将主要介绍Link 11和Link 16这两种典型的数据链。①

2.6.1.1 Link11数据链

Link 11数据链又称战术数字信息链A（TADIL-A），于1964年开始在美国海军服役，采用网络通信技术和一种标准的报文格式在飞机、陆基和舰艇战术数据系统之间交换数字信息。

Link 11主要用于完成不同作战单元之间的信息交换，其特点是采用模拟音频信号传输数据和话音信号。Link 11工作在HF和UHF波段。战术数据系统接收来自于雷达、导航系统和操纵员的传感器数据，这些战术信息是有明确定义的报文结构，数字式报文输入到一个缓冲器，用于输入或输出而存储在计算机内存区域，然后经过加密的数据被传送到数字终端机上，数字终端机把这种数据的数据格式转换成相应的模拟音频信号，发射时用音频信号作为调制信号调制载频。

Link 11在美国海军和空军中得到了广泛的使用。装备Link 11的飞机平台有E-2C预警机、S-3A反潜机、P-3C反潜巡逻机及E-3预警机等。在潜艇中，Link 11也得到了很多的应用。海军中采用Link 11的有鲟鱼级和洛杉矶级核动力潜艇。除了海军和空军外，陆军的控制中心也装备了Link 11设备。

2.6.1.2 Link 16数据链

Link 16数据链又称战术数字信息链路-J（TADIL-J），是被美国海军、联合部队和北约

---

① 余晓刚，王华，龚诚. 美军主要战术数据链介绍［J］. 航空电子技术，2002，30（3）：25-28.

部队广泛采用的一种新型战术数据链路，于1994年开始在美国海军舰艇和飞机上投入使用。Link 16在战术数据链路的信息交换方面，很大程度上依然沿用了Link 11等数据链多年来形成的基本原理，但Link 16数据链在操作上有了较大的改进，提高了现有战术数据链的能力。相较于Link 11数据链，Link 16数据链增强了抗干扰能力，增强了信息安全，增加了数据速率，增加了信息交换的数量和量化率，减小了数据终端的尺寸，允许安装于战斗机和攻击机，实现了数字化、抗干扰、加密语音、相对导航、精确入网单元定位与识别等功能，实现了无节点组网，增加了网络的灵活性和可靠性。

截至2015年，美国海军已经装备的联合战术信息分发系统（JTIDS）平台数量约为5000个。美国海军已经装备了Link 16系统的舰船有航空母舰（CVN）、巡洋舰（CG）、驱逐舰（DDG）和两栖攻击舰（LHD/LHA）。海军飞机中安装了Link 16设备的有E-2鹰眼预警机、F-14雄猫战斗机和F/A-18大黄蜂战斗机。

2.6.1.3 Link 11与Link 16间互操作性问题

为Link 16与Link 11提供数据转发的设备称为联合战术情报分配系统转发设备（Forwarding JTIDS Units，FJU），两条链路之间的转发工作通过FJU来完成。由于Link 16不仅具有更高的数据速率，而且报告的战术信息量也更多，如果向Link 11转发Link 16的所有信息量，将可能使饱和的Link 11出现较高的风险，或使网络周期变得很大，因此增加了数据转发滤波器，在操作员的控制下进行，只有当链路加载了切实可行的条件与战术形式要求时，滤波数据才能被转发出去。FJU不仅能够过滤从各条链路发来的数据，其本身还能够过滤本机待转发的数据。

在一个具备多个链路设备的部队里，所有设备间的连接随时都能保持畅通，且FJU随时处于可操作状态，因此，操作员每次无须多条链路，只需一条链路即可完成操作。在这种状态下，Link 16以及具有多链路能力的设备可通过Link 16进行操作，仅具有Link 11能力的设备可以通过FJU实现互操作。只有FJU时，既需要使用Link 11，也需要使用Link 16。

2.6.2 数据链互操作性

数据链在现代战争中发挥着越来越重要的作用。各作战平台通过数据链实现互联互通，组成作战网络，能够增强战场态势感知能力，形成协同作战能力。实践证明，数据链和互操作性是作战平台之间的纽带。数据链互操作性的定义如下：①

（1）系统、单元或武装力量之间相互提供和接收服务的能力，通过交换和共享服务，提高作战效能。

（2）电子通信系统或设备直接和有效地交换信息或服务需要满足的条件。

（3）使用预先定义的方式交换和处理数据的能力，通过数据处理提取情报信息，用于作战控制和协调。

数据链系统的实质是作战平台与作战之间的信息传递和数据处理。数据链系统中的系统和设备要实现兼容和互操作，必须实现4个层面的统一：②

（1）空中接口。统一的电磁波形标准，一个通信端机产生的电磁波形能够被其他通信

---

① 石教华．战术数据链互操作性实现方法和条件．火力与指挥控制，2015，40（8）：136-139.

② Sabatini MAJ R, Aulanier CDR L, LT. Rutz COL H. Multi-functional Information Distribution System (MIDS) Integration Programs and Future Developments [C]//IEEE, 2009.

端机解读。

（2）物理接口。统一的物理接口标准，端机的物理接口应统一，能够与作战平台链接，如 STANAG3910、MIL-STD-1553、Ethernet、X. 25 等。

（3）消息格式。具有唯一识别号的消息中包含的信息的组织规范、可用于通信传输。Link 16 消息是指具有一定功能的、由 1 个或多个消息字组成的可变长度的字符串，每个消息字的长度为 70 位。

（4）指挥控制过程。不同作战平台对统一消息的处理办法要统一，这样才能在网内形成统一的战场态势和协调一致的作战行动。

其中指挥控制过程，即对消息的处理方法的统一，是实现数据链互操作系统性最重要的一个条件。

2.6.3 加速中期互操作改进计划

在美国海军一份针对先进鹰眼预警机项目的 2018 财年预算书中①，提到了少量有关 AMIIP 的信息。E-2D 先进鹰眼项目的目标是开发 AN/APS-145 雷达系统的替代品，改进 E-2 武器系统以使美国海军保持濒海监视、作战管理、海军一体化火控防空（NIFC-CA）和战区防空反导（TAMD）的能力。海军于 2014 年 10 月宣布了 E-2D 的初始作战能力（IOC），并持续投入预算进行 E-2D 的研究、开发、测试与评估（RDT&E）。

舰队能力的形成将基于德尔塔系统/软件配置（DSSC），约以 24 个月为周期构建升级。以初始作战能力配置为基线，称为 DSSC-1；而 DSSC-3 计划 2019 财年完成实施，其中包括 E-2D 的 AMIIP。

在另一份针对“水面舰船作战系统工程”的预算书中②，也出现少量 AMIIP 的相关内容。该项目提供宙斯盾巡洋舰和驱逐舰的基线升级支持，集成新的装备和系统。其中，AMIIP 提供计算机程序的更新，针对宙斯盾基线 6.3、7.1.3、7.1R、8.1、9A/C/D 解决互操作性问题。

2013 年《国防新闻》显示，宙斯盾系统升级到基线 7.1.2 的时候曾经出现一些问题，包括自动跟踪目标的数据库管理不同步，显示出的目标数量与实际数量不符（例如，把 1 个目标显示成 3 个），需要更多人为的介入修正；为了避免将错误数据分享给同一打击群的其他舰船，美国海军一度限制配备宙斯盾基线 7.1.2 的阿利·伯克级舰只能接收数据，而不能将本身获取的战术数据分享给其他舰船，或者在有限制的条件下将自身战术数据传输给其他舰船。这个问题在基线 7.1.3 中得到解决。通过 AMIIP 可进一步减少系统所需的人工干预，提高整个舰队的作战效能。③

2.7 兵力战术训练系统

2.7.1 项目背景

兵力战术训练系统（Battle Force Tactical Trainer，BFTT，海军编号 AN/USQ-T46）是美

---

① RDT&E Budget Item Justification：FY 2018 Navy，Program Element：PE 0604234N / Advanced Hawkeye，May 2017.（U_0604234N_5_PB_2018. pdf）

② RDT&E Project Justification：PB 2013 Navy，Project：Surface Combatant Combat System Implementation，February 2012.（0604307N_5_PB_2013. pdf）

③ Christopher P. Cavas. U. S. Navy Finds New Ways To Improve Aegis. Defense News，Apr. 7，2013.

军高度灵活的交互式单舰、群或部队级兵力战术训练系统。BFTT 的目的是提供训练以增强海军作战准备水平。BFTT 提供了至关重要的整体培训能力，以发展和保持在当今作战环境中与复杂的现代舰载作战系统作斗争所需的能力。BFTT 环绕在舰艇作战系统，以提供全面而协调的训练环境。①

BFTT 模拟战斗场景，以培训包括 Aegis 和 SSDS 在内的大多数当前舰载作战系统的操作员。BFTT 细分为不同的组件，每个组件都有自己的特定功能，这些功能有助于系统的整体运行。

BFTT 操作员处理控制台（BOPC）为 BFTT 的其他部分提供人机界面。BOPC 用于通过使用监视器、键盘和鼠标来创建场景，这些场景的位置、环境（如海况、天气）、联系人、功能和操作各不相同。

BFTT 使用了国防部当前的标准分布式交互仿真（DIS）接口，并且正在向较新的高层体系结构（仿真）（HLA）演进。该系统通过海军持续训练环境（NCTE）连接到其他舰船，联合部队和联合部队，进行大规模的部队级训练活动。

作为 BFTT 的产物，美国海军开发了 BFTT 电子战训练器（BEWT）和训练模拟器刺激系统（TSSS）。美国有超过 100 艘军舰安装了 BFTT 系统。BFTT 的后续服务，即总船舶培训系统（TSTS），已被取消，并且已启动名为 BFTT mod 的部分增量改进计划。

除单舰训练外，BFTT 在通过海军持续训练环境（NCTE）与其他部队联网时，允许多艘船参加分布式训练活动。超过 130 艘美国海军战舰，包括核动力航空母舰（CVN）、巡洋舰（CG）、驱逐舰（DDG）、两栖攻击舰（LHA、LHD）、两栖船坞运输舰（LPD）和两栖船坞登陆舰（LSD）都装有 BFTT 系统。

嵌入式舰载训练系统对于确保美舰队维持战备完好性至关重要。综合作战系统团队训练对舰队而言并不是一个新概念；如今，全舰训练能力（TSTC）是一种持续性训练理念，包括岸基和舰载训练，以确保舰队战斗准备。舰载训练是海军持续性训练的重要组成部分，它产生了人员的协同效果，使船员和舰队可以在船上“训练我们的战斗方式”。

从理论上讲，创建一个可以在舰艇内使用的合适的作战系统团队训练系统，远比创建和参与一系列杂乱的事件和场景更为有效。随着最初的舰艇训练需求日趋成熟，1994 年 3 月，BFTT 作战需求文件（ORD）第 1 版得以实施。BFTT 是一种舰载作战系统团队训练能力，可提供：

- 在所有作战区域内进行实际单位级别的团队训练；
- 使用分布式交互仿真（DIS）协议将位于不同母港的舰艇连接在一起进行协同训练的方法；
- 通过战术装备项目管理者提供的舰载训练设备对舰上传感器进行激励；
- 模拟非舰载兵力，例如，友方/中立/敌方的飞机和潜艇；
- 具有与海上（联合）战术作战训练系统（[J]TCTS）的接口。

基本上，BFTT 的构思和设计是将位于不同港口的真实船只和船员以电子方式转移到公共的综合战区（STOW）。它提供了一个现实的、交互式的环境，支持所有战区的从战斗群指挥官到单位级别操作员进行积极的团队训练。但是，要针对复杂的系统之系统（SoS）完成此训练，则需要三个训练阶段。

（1）基础训练阶段，在维护或系统升级之后立即完成。在此期间，海上训练小组

① https://wikimili.com/en/Battle_Force_Tactical_Training.

（Afloat Training Group）为舰艇的作战系统操作员提供了一系列单舰训练活动，包括战备和训练的指挥评估、全舰训练可用以及最后评估期。

（2）中间阶段，将船只聚在一起进行多舰训练，其中包括舰队综合训练（FST）活动。这些活动通过其任务领域（如防空战和打击战）分多个步骤进行。

（3）高级阶段，作战场景更复杂，最终要在部署之前进行海上舰队演习（FLEETEX）或联合战术部队演习（JTFEX）。

在所有活动中，均使用作战系统操作排序系统（CSOSS）（设备/系统起燃、重新配置和关机的流程）并评估其熟练程度。

美国 L3 综合海上系统公司为世界各主要海军港口和宙斯盾岸基站点提供指导和培训支持。

2.7.2 系统架构

自成立以来，BFTT 系统已经成熟，它已从支持所有港口舰艇训练和单舰船海上训练活动，发展到为多舰船海上训练或舰队综合训练 FST 活动提供支持。

当前的 BFTT 因技术和经验教训的变化而发展。但是，基本概念理念没有改变。我们仍然需要“训练我们的战斗方式”。当前的 BFTT 的概念架构接受一定程度的变更，旨在接受同时对硬件、软件和人员造成的影响最小的变化和解决方案，从而降低操作和保障代价成本。

此概念架构的核心是 BFTT 核心训练能力功能，可支持训练和战备信息的规划、执行、评估，以及训练和准备情况信息的管理。这些 BFTT 核心能力将与通用服务一起实现，这些服务有助于集成多个训练领域的系统组件，用于训练领域的功能不同的培训师组件，以及支持培训师和受训者的独立培训工具和辅助。图 2-36 描绘了 BFTT 训练环境以及组件之间的关系。①

海军持续训练环境（NCTE）作为全球信息网格（GIG）的一部分，提供了与 BFTT 的所有外部连接。从 BFTT 角度看，NCTE 可以两种模式运行：一是 NCTE 提供了一个使能训练环境，其中工具和/或应用程序为整个真实、虚拟和构造（LVC）环境提供了场景和激励，而 BFTT 是模拟/激励（SIM / STIM）的主平台；二是 BFTT 可以使用 NCTE 连接性来实现多舰或战斗群（BG）场景。

BFTT 的核心是舰载系统。它把所有舰载训练器材连接在局域网上并且提供开放结构，以便为进一步发展而增加其他训练器，例如宙斯盾作战训练系统（ACTS）。由于这些闭环系统在特定战区能提供高水平的逼真训练，所以证明了现有安装这些系统的舰艇的价值。

作为一个全协同的多任务作战系统训练器，BFTT 能充分发挥这些系统的能力，提供所有战区的训练。通过激励己舰可能有的传感器和模拟武器发射，控制台显示器将显示出与操作人员在真实作战态势中看到的相同信息，因此操作员将获得“虚拟现实”的感觉。如图 2-37 所示是早期的 BFTT 舰载配置。②

如图 2-38 所示是宙斯盾 ACB12 作战系统的 BFTT 及接口。其中近程防御武器系统（CIWS）、舰炮武器系统（GWS）等少数舰载系统没有与 BFTT 集成。

---

① Lori Skowronski. Integrated Training for Combat Systems: Past, Present, and Future. LEADING EDGE, Combat Systems Engineering & Integration, February 2013.

② H·C. 卡勒，乔恩 P. 沃尔曼 . BFTT：一种产生虚拟现实的系统［J］. 苏长云，译 . 情报指挥控制系统与仿真技术，1994（05）.

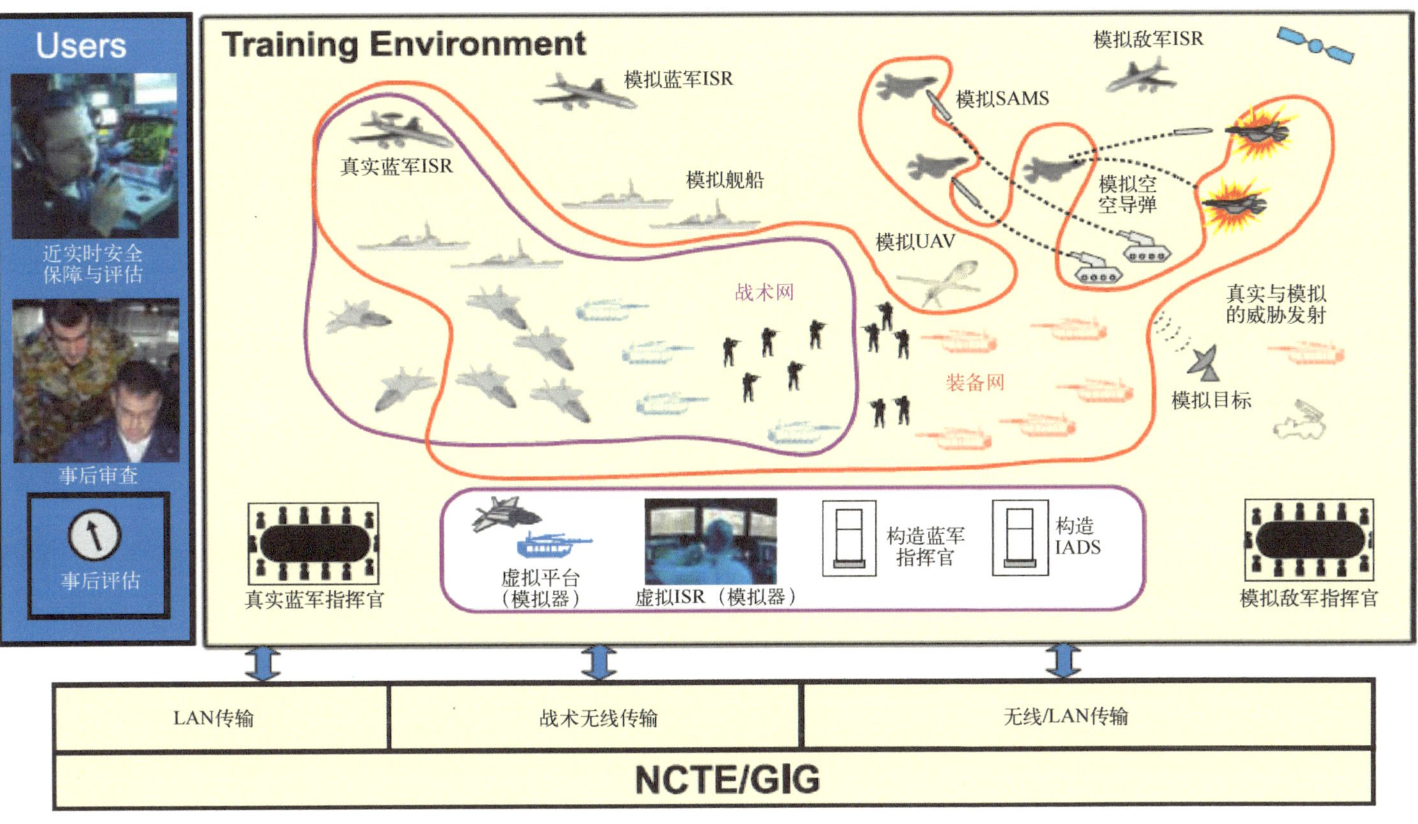

图2-36 BFTT训练环境

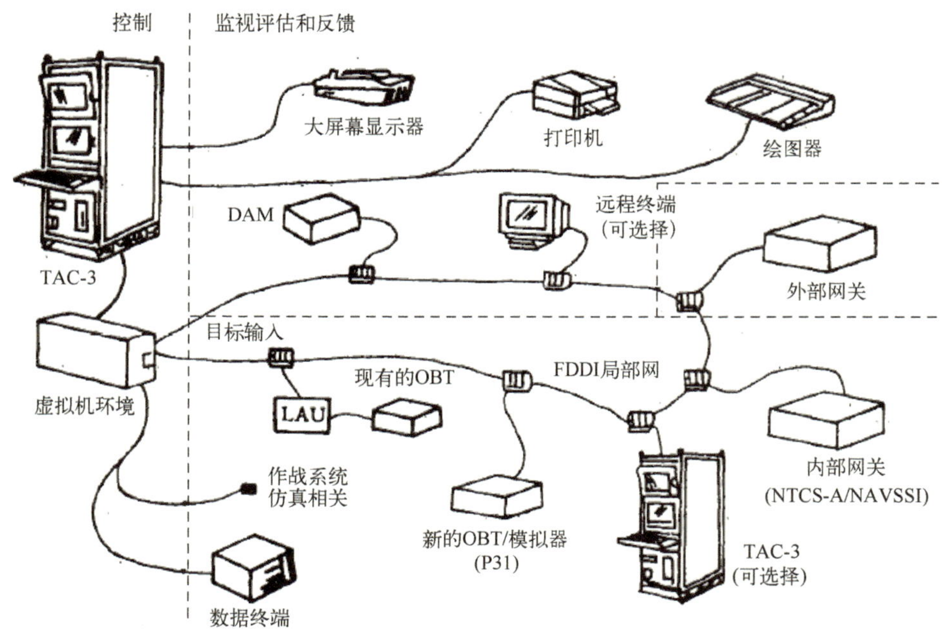

图 2-37 | BFTT 舰载配置

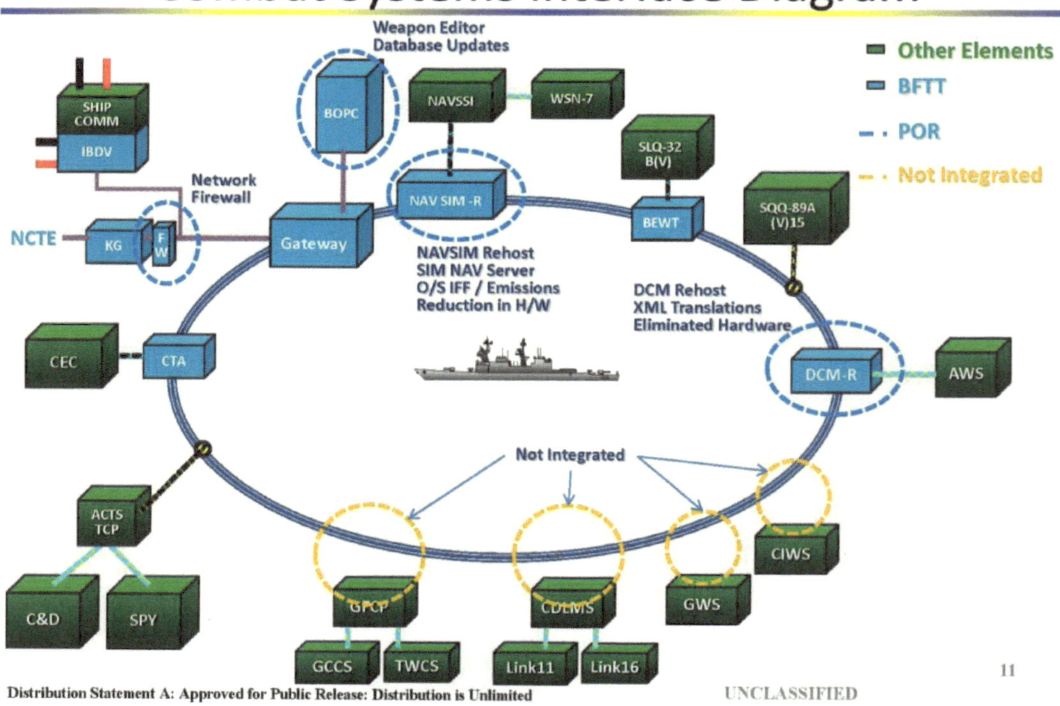

图 2-38 | 宙斯盾 ACB12 作战系统的 BFTT 及接口

2.7.3 BFTT 系统的现代化

目前，BFTT 项目实现了 7 种不同的构建方案，涵盖 127 艘舰艇和岸上站点。随着舰艇退役和 BFTT 淘汰升级，BFTT 基线的数量将减少。BFTT 系统的现代化，可确保按照先进能力构建（ACB）作战和系统需求流程的要求完成 BFTT 基线的开发。

未来建设的目标将是提供一个更真实、更强大的训练环境，改善训练过程和能力，以确保有效且可度量的通过培训改进个人/团队/舰船/作战力量的性能。BFTT 要求将训练能力“技术嵌入”到最近和未来建造的舰艇系统中，例如作战系统、传感器系统、舰船工程、链路通信、导航等。如图 2-39 所示是《联合构想 2020》《21 世纪海上力量》中预期随着能力成熟的训练演变。

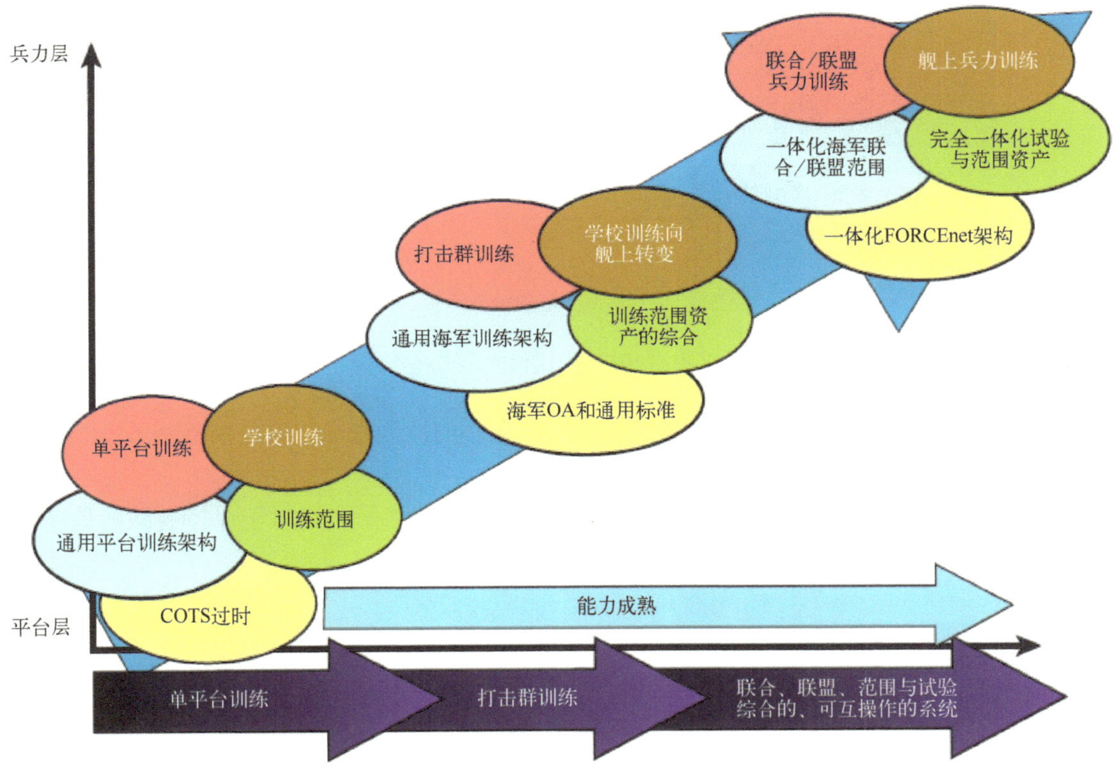

图 2-39 训练的演变

BFTT 现代化的未来规划如图 2-40 所示。每个建设版本的一些能力如下。

飞机模拟：飞机可以是训练场景中的模拟实体，也可以模拟机务站以启用实时人在回路综合训练活动。功能包括基本飞行演练、战斗演练、规避演练和应急程序，包括综合任务场景中的无线电通信和模拟链路。

航行器管理：控制舰外航行器及其传感器、武器和通信系统。这些航行器包括旋翼飞机、固定翼飞机、小船、无人机（UAV）、无人水面艇（USV）和无人潜航器（UUV）。

场景生成和控制：基于能力的训练需要基于认知理论的场景生成和控制模块，它基于能力构建场景。场景生成器用于为激励/模拟的实际环境创建场景。

通用数据库格式：通用数据库开发将包括所有训练数据。

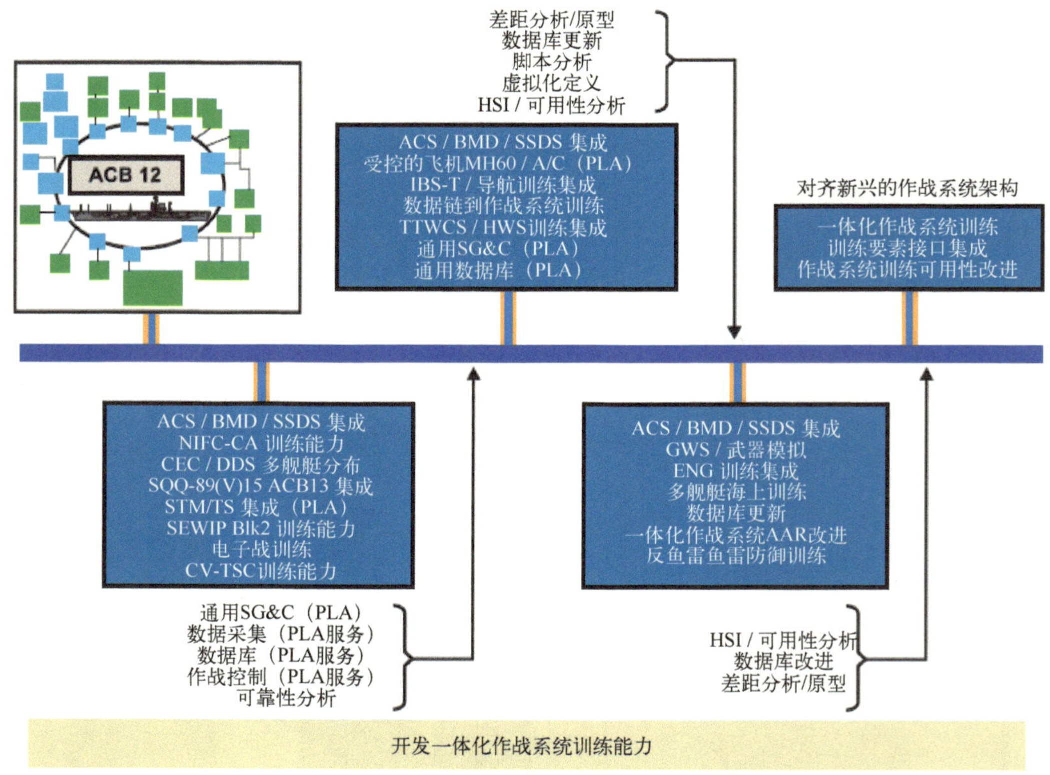

图 2-40 BFTT 现代化的未来规划

事后评审报告：向首长提供有关在训练活动中捕获的性能指标，该反馈将个人/团队/舰艇/作战力量的实际表现与预期表现进行比较。

未来的目标是使 TSTC 在作战系统训练中继续保持卓越水平，这对于保持舰队的战备完好性势在必行，BFTT 系统确保能够“训练我们的战斗方式”。

2.8 AMDR 集成

美国海军的防空反导雷达（AMDR，现特指 AN/SPY-6）是一种用于弹道导弹防御和防空的下一代一体化雷达设备，由雷神公司研制，它将安装在 DDG 51 Ⅲ型阿利·伯克驱逐舰上来对抗威胁，替代ⅡA 型的 SPY-1D 雷达。AMDR 由三部分组成：新的 ADMR-S 雷达（弹道导弹防御和防空）；基于当前技术的 X 波段水平搜索雷达；一个用于有效管理雷达资源对抗复杂的导弹攻击的雷达设备控制器（RSC）。雷神公司与宙斯盾作战系统的承包商洛克希德·马丁公司协调商议 AMDR 雷达的集成问题。

该项目有防空反导雷达模块化装配和可伸缩性设计，可以根据未来舰船尺寸和任务要求进行重新配置。该项目已经进入低速初始生产（LRIP）阶段，目前计划采购 22 套设备，其中两套设备在未来年度国防计划（FYDP）内每年采购一次。该项目自 2016 年以来已经在夏威夷的太平洋导弹靶场进行了陆上试验，并将于 2020 年开始在海上试验。预计在 2023—2024 年形成初始作战能力（IOC）。

2.8.1 项目背景

随着战机、弹道导弹和超声速反舰导弹等技术的不断进步，美国海军急需发展可以同时探测导弹目标和空中目标的雷达，以减少响应时间。提高宙斯盾弹道导弹防御能力需要增加雷达灵敏度和波宽，以侦察、跟踪并能在一定范围内支持对先进弹道导弹袭击的作战。同时，防空战任务需要在恶劣陆地和海上干扰中精确识别隐蔽性强和超低空飞行的袭击目标，也对雷达的杂波抑制能力提出了更高要求。在这种背景下，美军正在研发一种新型固态有源相控阵雷达，即防空反导雷达（AMDR），并将其作为海军的新一代雷达，如图 2-41 所示（雷神公司）。

图 2-41 ▎防空反导雷达（AMDR）构想图

2009 年 6 月，美国海军开始部署新一代防空反导雷达的研制工作。2010 年 9 月，AMDR 项目进入技术开发阶段，为满足竞争测试的要求，美国海军成立了先进雷达探测实验室（ARDEL），于 2011 年 8 月开始 AMDR 的测试工作。

2013 年 10 月，雷神公司击败其他竞争对手（洛克希德·马丁公司和诺斯罗普·格鲁曼公司），获得 NAVSEA 授予的 3.86 亿美元合同，负责设计、开发、集成、测试和交付美国海军 AMDR 中的 S 波段雷达（AMDR-S）和雷达设备控制器（RSC）的工程研制样机。①

2014 年 7 月，雷神公司完成了 AMDR-S 雷达的硬件初始设计评审和集成基线评审，转入工程化和制造开发阶段。2015 年 4 月，AMDR 通过关键技术评审，确认了系统软硬件的有效性。2015 年，雷神公司完成 AMDR 建造工作，2016 年转场至太平洋导弹靶场进行测试，2017 年年底完成了工程化和制造开发阶段的工作。

美国海军计划在 2024 年后对阿利·伯克级Ⅲ型驱逐舰换装 S 波段 AMDR 搭配 X 波段 AMDR。AMDR 具有开放式架构和灵活的升级能力，可部署于不同舰船平台，是美国海军未来 40 年主要的雷达系统。②

2.8.2 AMDR 系统组成与技术特点

防空反导雷达（AMDR）在美国海军的装备型号为 AN/SPY-6 雷达，采用双波段固态

---

① Raytheon Wins Next-Generation Navy Radar Contract. USNI News, October 10, 2013. https://news.usni.org/2013/10/10/raytheon-wins-next-generation-navy-radar-contract.

② 李庶中，李迅，赵东伟，等. 美军新型防空反导雷达发展综述 [J]. 舰船电子对抗，2018，41(06)：39-42.

有源相控阵体制，完整版由 1 部四面阵 S 波段雷达（AMDR-S）、1 部三面阵 X 波段雷达（AMDR-X）和 1 部雷达控制器（RSC）三部分组成。①

（1）AMDR-S：S 波段雷达是 AMDR 的核心，采用数字波束成形（DBF）架构，是一种全固态有源相控阵雷达，可提供高效、精确的多波束搜索跟踪能力，负责远程对空对海搜索跟踪、导弹通信和终端指示、弹道导弹防御、支援对陆攻击等，用于提供针对空中与弹道导弹目标的全空域搜索、跟踪、弹道导弹识别和导弹指令制导等功能，采用 4 个 S 波段阵面（3.7~11m 直径多尺寸可选），凭借大口径、高功率、高灵敏度与大工作带宽等优势，提供比现役雷达更高的探测与识别能力。

（2）AMDR-X：基于成熟的相控阵技术，用于精确跟踪、导弹末段照射、潜望镜探测和导航等，为 AMDR-S 提供低空补盲及水面探测等辅助信息，采用 X 波段，具备水平搜索、精确跟踪、海面小目标探测等功能，采用 3 个 X 波段多功能相控阵（1.2m×1.8m），应为 AN/SPY-3 雷达（天线口径为 2.7m×2.1m）的缩小减配版，而初期的阿利·伯克级Ⅲ型舰采用的是 X 波段 SPQ-9B 雷达。

（3）雷达控制器：用于在后端控制、协同和雷达综合管理，为 S 和 X 波段雷达提供接口，确保 AMDR-S 和 AMDR-X 两部雷达在导弹防御、空中防御以及水面战的不同角色中快速转换，在复杂多变的作战环境中完成各自的作战任务。

在 AMDR 的初始设计指标中，美国海军就提出“雷达应该设计成一种尺寸可调的系统，以适应不同的平台，满足当前和未来的各种作战要求”。因此，AMDR 设计将采用模块化的软硬件和开放式架构，天线尺寸可调，系统设计具有一定的灵活性，根据不同的舰船平台，选用不同尺寸的模块搭建，并且具备即插即打的能力，新软件和硬件能以对系统影响最小的方式嵌入，使系统快速升级。②

AMDR 在世界舰载雷达技术史上创造了多项突破：第一次采用大孔径数字波束形成技术，第一次采用基于氮化镓半导体技术 T/R 组件，第一部真正意义上的完全可扩展雷达。③

首先是采用大孔径子阵级数字阵列技术，堪称 AMDR 的最大技术难题，也是美国首次在大型舰载雷达装备上应用该技术。通过软件编程形成满足不同作战需求的数字波束，AMDR 的灵敏度比现役 SPY-1D 高 32 倍，具有更强的抗主被动干扰能力。

其次是采用氮化镓 T/R 组件。这是世界上首次在如此大规模天线口径的舰载雷达上应用氮化镓半导体技术，AMDR 将具备更高的功率容量和功率密度，在保持较小尺寸的同时具有更宽的工作频带、更大的输出功率、更高的信噪比以及更好的传导性。雷达总功率可达到约 10MW，是现役 SPY-1D 的 2 倍。

第三是采用模块化与开放式架构，具备灵活性和扩展性。AMDR-S 雷达是美国海军第一部真正意义上的开放式架构雷达，软硬件均为模块化组件，雷达系统前后端均可根据不同舰艇平台的大小和功能进行调整，也便于快速升级。AMDR-S 目前的设计方案是 SPY+15dB，即比 SPY-1 雷达的增益提高 15dB，但可轻易扩展至 SPY+30dB 或缩减至 SPY+10dB，从而提高对更大或更小舰艇平台的适装性。

---

① 练学辉，郭琳琳，庄雷．美国“宙斯盾”系统及主要传感器进展分析［J］．雷达与对抗，2016，36(3)：14-18.

② 李庶中，李迅，赵东伟，等．美军新型防空反导雷达发展综述．舰船电子对抗，2018，41(6)：39-42.

③ 李源．揭秘美国海军下一代防空反导雷达［J］．中国船检，2014（10）：71-74.

四面阵相控阵雷达 AN/SPY-1 是美国海军现役舰载宙斯盾系统的核心。与 SPY-1 雷达相比，AMDR 具有以下优势：

（1）AMDR 的探测距离是 SPY-1 雷达探测距离的 2 倍（对中段弹道导弹最大作用距离大于 960km、对隐身飞机最大作用距离大于 350km、对掠海反舰导弹最大作用距离大于 27km）。

（2）AMDR 可以探测到一个大小只有它一半的物体。

（3）AMDR 支持飞行中的导弹数量是 SPY-1 雷达的 3 倍。

（4）AMDR 轨道容纳目标物的数量是 SPY-1 雷达容纳量的 6 倍以上。

2.8.3 AMDR 与宙斯盾系统的集成

美国海军于 2016 财年启动首艘装备 AMDR 的阿利·伯克级Ⅲ型驱逐舰的采购①，预计将于 2021—2024 年入役。如图 2-42 所示是阿利·伯克级Ⅲ型安装 AMDR AN/SPY-6（V）雷达构想图（雷神公司）。

图 2-42 阿利·伯克级Ⅲ型驱逐舰安装 AMDR AN/SPY-6(V)雷达构想图

与现役宙斯盾舰相比，其作战能力在三方面得到大幅提升。

（1）弹道导弹防御能力：与现役 AN/SPY-1 雷达相比，AMDR 对弹道导弹的探测距离更远、精度更高，可更好地发挥 SM-3 导弹的作用，从而加强对远程弹道导弹的防御能力，并具备一定的对洲际弹道导弹的拦截能力。

（2）对低空反舰导弹的防御能力：与现役宙斯盾舰的 AN/SPY-1 雷达相比，AMDR 所采用的 AMDR-X 或 AN/SPQ-9B 雷达都具有更好的低空探测能力，特别是抗海杂波能力、

① 原计划是 DDG 124，后来有所推迟，实际的阿利·伯克 Flight Ⅲ首舰是 DDG 125.

目标稳定性等方面具有明显优势。

（3）综合防空反导能力：现役宙斯盾舰的 AN/SPY-1 雷达由于受无源相控阵技术体制限制，功率口径积无法进一步提高，难以同时完成对飞机、低空反舰导弹探测和对弹道导弹探测两方面的任务，需要采用多舰编队协同实现防空反导的综合。AMDR 具备同时担负防空探测（对飞机、低空反舰导弹）和反导探测（对弹道导弹）任务，确保舰艇综合防御能力的发挥。

海军正在努力将阿利·伯克级驱逐舰的宙斯盾作战系统升级到基线 9，用现代的服务器和信号处理器替代老旧的计算部件，从而更好地利用 SPY-1D 的信号。宙斯盾现代化计划使阿利·伯克级驱逐舰能够打击弹道导弹目标，同时应对传统的防空威胁；另外，也能够加入海军一体化火控防空（NIFC-CA）计划，使阿利·伯克级舰能够使用舰外传感器的信息。宙斯盾基线 10 升级支持具有这些能力，兼顾 SPY-6 AMDR（S 波段）雷达和现有的 SPY-1 雷达。

卢卡斯号 DDG-125 是第一艘阿利·伯克级Ⅲ型驱逐舰，配置了宙斯盾基线 10 和 SPY-6 雷达，正在英格尔斯造船厂建造，计划 2021 年交付。海军期望基线 10 于 2023 年形成初始作战能力（IOC）。①

同时，海军也在考虑在现有阿利·伯克级ⅡA 型驱逐舰上换装 AN/SPY-6 雷达，将宙斯盾作战系统升级到为下一代Ⅲ型舰开发的基线 10。海军 PEO IWS 官员在 2020 年度 SNA 研讨会上表示，海军将从 2021 财年开始，在部分ⅡA 型驱逐舰的中期现代化维护期间，进行雷神公司的 AMDR 雷达换装和洛克希德·马丁公司的作战系统升级。②

AMDR 的模块化设计支持创建不同尺寸的雷达。安装在Ⅲ型舰的 SPY-6 雷达由 37 个 RMA 模块组成；而准备安装在ⅡA 型舰上替换洛克希德·马丁 AN/SPY-1D(V)的雷达较小，由 24 个 RMA 模块组成，需要向后适合（back-fit）ⅡA 型舰现有的空间、重量、电力和制冷条件。

2.9 提康德罗加级巡洋舰（CG 47）

2.9.1 发展概况

目前，美国在役的巡洋舰只有提康德罗加级，计 22 艘，而且暂无新建巡洋舰的计划。

美国海军原本计划建造新一代巡洋舰 CG(X)，以取代 2021—2029 年退役的提康德罗加级巡洋舰，根据美国海军的设想，CG(X)舰载系统将最大限度地与美国新一代的驱逐舰朱姆沃尔特级舰 DDG 1000 通用，其船型也类似，CG(X)实际上是扩大版的朱姆沃尔特级舰，但对空、反导能力大大增强。然而，由于美国海军舰艇建造计划调整，2008 年 7 月，美国海军宣布取消朱姆沃尔特级 DDG 1000 后续舰的采购，只建造 3 艘就停止该项目，受此影响，CG(X)随后也于 2009 年 12 月取消计划。

---

① Aegis Combat System Baseline 10 Set to IOC in 2023. USNI News, January 15, 2019. https://news.usni.org/2019/01/15/40397.

② Navy Mulling Installing AN/SPY-6, Baseline 10 on Legacy Destroyers. USNI News, January 15, 2020. https://news.usni.org/2020/01/15/navy-mulling-installing-an-spy-6-baseline-10-on-legacy-destroyers.

提康德罗加级（CG 47）巡洋舰是美国海军首次装备宙斯盾系统的水面舰艇，如图 2-43 所示。首舰 CG 47 是 1978 财政年度批准的，1980 年 3 月开工建造，1981 年 4 月下水，1983 年 1 月按时完工服役。该级舰共建造 27 艘，最后 1 艘 CG 73 于 1991 年 10 月开工，1992 年 11 月下水，1994 年服役，目前 CG 47~51 这 5 艘舰均已退役。

图 2-43 ▎提康德罗加级巡洋舰伊利湖号（CG 70）

首舰 CG 47 造价为 9.38 亿美元，CG 51~53 总造价为 29.24 亿美元，CG 54~56 总造价为 32 亿美元，每艘的平均造价为 12.82 亿美元。

提康德罗加级是以对付编队空中饱和攻击为主要目的，同时兼顾编队区域反潜和对海对岸作战的战斗力极强的巡洋舰，其使命任务为：作为航母编队的护卫兵力，担负编队的防空作战任务，使航母编队能够在世界的任何高威胁区执行任务；担负航母编队的对空作战指挥舰，组织和实施防空武器为编队提供空中保护；为航母编队担负反潜护卫任务；为其他编队提供空中保护；攻击海上和岸上目标，支援两栖作战等。

2.9.2 主要性能与装备

提康德罗加级舰 CG 52 的侧视图如图 2-44 所示，主要性能与装备（CG 52~73）如表 2-6 所示。

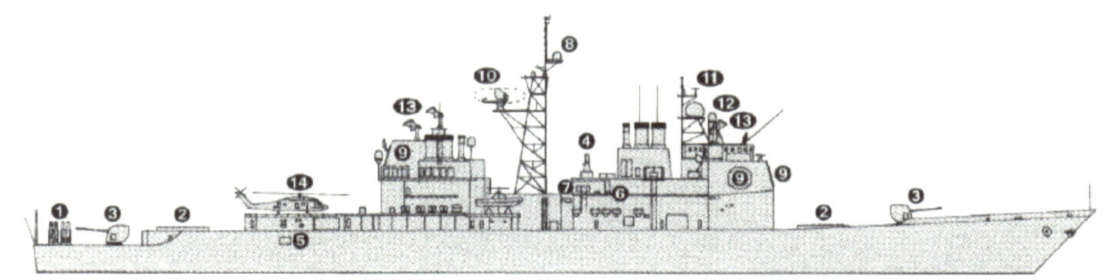

图 2-44 ▎提康德罗加级巡洋舰侧视图（CG 52）

表 2-6 提康德罗加级巡洋舰主要性能与装备

名称	Ticonderoga Class（CG 47）（提康德罗加级巡洋舰）
制造商	Ingalls Shipbuilding，Pascagoula（英格尔斯造船厂）； Bath Iron Works，Maine（巴斯钢铁造船厂）
建造数量	27（前 5 艘已退役）
服役时间	1986 年（CG 52）
排水量	10117t（CG 52~73），满载
主尺度	172. 8m×16. 8m×9. 5m（声呐）（566. 9ft×55. 1ft×31. 2ft）
航速	30kn
续航力	6000n mile/20kn
舰员编制	舰员 330 名（军官 30 名），备用铺位 47 个，共 377 个铺位
动力装置	COGAG 全燃联合动力装置，4 台 LM2500 燃气轮机，持续总功率 80000hp（59. 7MW）；双轴，2 个调距桨；4 台 501-K34 燃气轮机发电机组，每组 2500kW，总发电量 10000kW
导弹	舰载巡航导弹：战斧 Block 3 和 Block 4 型，TERCOM 地形匹配+数字景象匹配+GPS 导航，飞行速度为马赫数 0. 7 时，射程超过 1600km，战斗部（WDU36B）454kg； 舰对舰导弹：2 座 4 联装鱼叉反舰导弹装置①，主动雷达寻的，飞行速度为马赫数 0. 9 时，射程为 240km，战斗部 227kg；增程的巡航导弹可由改进的鱼叉导弹发射装置发射； 舰对空导弹："标准" SM-2 Block Ⅲ/ⅢA/ⅢB 和Ⅳ型，指令/惯性导航，半主动雷达和红外寻的（仅ⅢB），飞行速度为马赫数 2. 5 时，射程为 148km；SM-3 IA 型（在指定船上），指令/惯性/GPS 导航以及红外寻的，射程为 1200km（马赫数 3）；SM-6，指令/惯性/主动雷达导航，半主动和主动雷达末端寻的，射程为 370km（马赫数 3. 5）；共计 122 枚标准导弹；RIM-162A ESSM 改进型海麻雀舰空导弹，主动雷达寻的，射程为 55km（马赫为 3. 6），战斗部 38kg； 反潜导弹：垂直发射的阿斯洛克导弹，射程为 16. 6km，惯性导航距离 1. 6～10km，有效载荷 Mk46 Mod5 NEARTIP 或者 Mk 50； 舰对空导弹和阿斯洛克反潜导弹可由前后两组 Mk41 垂直发射装置②发射（每组发射装置配备 61 枚导弹）
舰炮	2 座 Mk45 Mod1 型 127 mm/54 舰炮③，20 发/分，射程为 23km，炮弹重 32kg；2 座 Mk15 Block 1B 型 20mm 6 管密集阵火炮④，射速为 3000 发/分，射程为 1. 5km；2 挺麦道 25mm，4 挺 12. 7mm 机枪
鱼雷	2 座 3 联装 Mk32 Mod14 型 324mm 鱼雷发射管⑤，发射管布置于直升机平台下的主甲板两舷，备弹 36 枚霍尼韦尔 Mk46 Mod5 型反潜鱼雷，主/被动寻的，速度为 40kn 时，射程为 11km，战斗部为 44kg；或威斯汀豪斯 Mk50 型鱼雷，主/被动寻的，速度为 50kn 时，射程为 15km，战斗部为 45kg 聚能装药
对抗措施	物理对抗：8 座 Mk36 Mod2 型 6 管干扰火箭⑥；Mk53 Mod5（Nulka）舷外有源干扰诱饵；SLQ-25 型水精拖曳式鱼雷诱饵。 电子对抗：SLQ-32V(3)型电子战系统或 SLY-2 组合式雷达预警、干扰和欺骗系统⑦
作战数据系统	CEC 协同交战能力系统（1996 年后开始装备）；NTDS 海军战术数据系统，4A、11、14 号数据链，GCCS(M)和 16 号数据链待安装，22 号数据链也计划安装；卫星通信系统（SATCOMS）WRN-5，WCS-3(UHF)，USC-38（EHF）；UYK-7 计算机（CG 52-58），CG 59 后各舰装 UYK-43/44 计算机；SQQ-28 声呐浮标数据链⑧
火控系统	宙斯盾 Mk7 Mod4 型指挥控制系统；Mk99 导弹火控系统；SWG-3 型战斧导弹武器控制系统；SWG-1A 鱼叉导弹发射控制系统；洛克希德·马丁公司 Mk86 Mod9 型火炮火控系统；Mk116 Mod6（53B）或 Mk116 Mod7(53C）型反潜火控系统
雷达	对空搜索/火控：CG 52-58 舰装 RCA 公司 SPY-1A 型相控阵雷达⑨，3D，E/F 波段，CG 59 舰以后各舰装雷神公司的 SPY-1B 型相控阵雷达，3D，E/F 波段。 对空搜索：雷神公司 SPS-49(V)7 或 8 型⑩，C/D 波段，作用距离为 457km（250nmile）。 对海搜索：ISC Cardion SPS-55 型（11），I/J 波段。 导航雷达：雷神公司 SPS-64(V)9，I 波段。 火控雷达：洛克希德 SPQ-9A/B(12)，I/J 波段；4 部雷神 SPG-62 型（13），I/J 波段。 塔康：URN25 战术空中导航雷达，Mk Ⅻ AIMS UPX-29 型敌我识别雷达
声呐	雷神 SQQ-89(V)5 型反潜作战系统，配备 SQS-53B（CG 52-67）或 SQS-53C（CG 68-73）舰壳主动声呐，SQR-19 型被动拖曳阵声呐
直升机	2 架 SH-60B 海鹰 LAMPS Ⅲ或 2 架 MH-60R(14)；计划搭载无人机

2.9.3 建造情况

提康德罗加级巡洋舰建造清单见表 2-7，其中分段标示出宙斯盾版本及宙斯盾现代化版本。

表 2-7 提康德罗加级巡洋舰建造清单与宙斯盾现代化版本

弦号	舰名	开工	下水	服役	母港/状态
			B/L 0		
CG 47	Ticonderoga	1980/1/21	1981/4/25	1983/1/22	已退役，2004
CG 48	Yorktown	1981/10/19	1983/1/17	1984/7/4	已退役，2004
			B/L 1		
CG 49	Vincennes	1982/10/19	1984/4/14	1985/7/6	已退役，2005
CG 50	Valley Forge	1983/4/14	1984/6/23	1986/1/18	已退役，2006
CG 51	Thomas S. Gates	1984/8/31	1985/12/14	1987/8/22	已退役，2006
			B/L 2 //AMOD B/L 7. 1C CR2/ACB08→ACB 12/TI 08		
CG 52	Bunker Hill	1984/11/1	1985/11/3	1986/7/21	San Diego
CG 53	Mobile Bay	1984/6/5	1985/8/22	1987/2/21	San Diego
CG 54	Antietam	1984/11/15	1986/2/14	1987/6/6	Yokosuka
CG 55	Leyte Gulf	1985/3/18	1986/6/20	1987/9/26	Norfolk
CG 56	San Jacinto	1985/7/24	1986/11/14	1988/1/23	Norfolk
CG 57	Lake Champlain	1986/3/3	1987/4/3	1988/8/12	San Diego
CG 58	Philippine Sea	1986/5/8	1987/7/12	1989/3/18	Mayport
			B/L 3→ 5. 3 //AMOD B/L 9A CR3/ACB 12		
CG 59	Princeton	1986/10/15	1987/10/2	1989/2/11	San Diego
CG 60	Normandy	1987/4/7	1988/3/19	1989/12/9	Norfolk
CG 61	Monterey	1987/8/19	1988/10/23	1990/6/16	Norfolk
CG 62	Chancellorsville	1987/6/24	1988/7/15	1989/11/4	Yokosuka
			B/L 3→ 5. 3 //AMOD B/L 9A ACB 16/TI 16		
CG 63	Cowpens	1987/12/23	1989/3/11	1991/3/9	San Diego
CG 64	Gettysburg	1988/8/17	1989/7/22	1991/6/22	Norfolk
			B/L 4→ 5. 3 //AMOD B/L 9A ACB 16/TI 16		
CG 65	Chosin	1988/7/22	1989/9/1	1991/1/12	San Diego
CG 66	Hue City	1989/2/20	1990/6/1	1991/9/14	Mayport
CG 67	Shiloh	1989/8/1	1990/9/8	1992/7/18	Yokosuka
CG 68	Anzio	1989/8/21	1990/11/2	1992/5/2	Norfolk
CG 69	Vicksburg	1990/5/30	1991/8/2	1992/11/14	Norfolk

（续）

弦号	舰名	开工	下水	服役	母港/状态
CG 70	Lake Erie	1990/3/6	1991/7/13	1993/5/10	San Diego
CG 71	Cape St. George	1990/11/19	1992/1/10	1993/6/12	San Diego
CG 72	Vella Gulf	1991/4/22	1992/6/13	1993/9/18	Norfolk
CG 73	Port Royal	1991/11/20	1992/11/20	1994/7/4	Pearl Harbor

注：1. CG 52~58 舰于 2008—2011 年度完成 CR2/ACB08/BMD4.0 换装；根据 2016 年以后的计划，会进一步升级至 ACB 12/TI 08。

2. CG 59~73 舰原计划于 2012 年之后实施 CR3/CR4/BMD5.0 改装，其中夏洛 CG 67 和伊利湖号 CG 70 是实验舰；根据 2016 年以后的计划，将会升级至更先进的基线 9A 版本，采用 ACB 16 软件架构和 TI 16 硬件架构。

3. 针对提康德罗加级舰的宙斯盾基线 9A 排除了弹道导弹防御能力，之前装备的旧版 BMD 4.0 或 3.6 也会在改装工程中移除

2.10 阿利·伯克级驱逐舰（DDG 51）

2.10.1 发展概况

阿利·伯克级为装备了宙斯盾（Aegis）作战系统的驱逐舰，其首舰舷号为 DDG 51，故亦称为 DDG 51 级宙斯盾驱逐舰，如图 2-45 所示。DDG 51 级策划于 20 世纪 70 年代中期，当时研制这级舰的目的有两个：一是用于替换 1959—1964 年服役的老导弹驱逐舰；二是作为提康德罗加级（CG 47）宙斯盾巡洋舰的补充力量。

图 2-45 | 阿利·伯克级驱逐舰首舰 DDG 51

阿利·伯克级舰原计划建造 62 艘就停止建造，但由于 2008 年 DDG 1000 计划缩减，阿利·伯克级项目又重新启动（DDG 113~）。截止到目前，阿利·伯克级舰已建造四型：Ⅰ、Ⅱ、ⅡA 和Ⅲ型，现役 68 艘，正在建造或合同中 20 艘，详见表 2-9。

Ⅰ型（DDG 51~71）舰建造 21 艘，Ⅱ型（DDG 72~78）舰建造 7 艘，Ⅰ型舰和Ⅱ型舰共 28 艘，于 1991 年 7 月至 1999 年 3 月全部服役。

ⅡA 型舰最重要的改变是增加了一个直升机库，1994—2020 财年共建造 47 艘（DDG 79～124，127），已服役 40 艘（DDG 79～117，119）；最近服役的一艘ⅡA 型舰是 DDG 119，由英格尔斯造船厂建造，原计划 2019 年服役，由于事故导致建造延迟，于 2020 年 4 月服役；2017 年 9 月 29 日，美国海军授予巴斯钢铁造船厂建造 DDG 127 的合约。

Ⅲ型舰的主要改变是新的防空反导雷达（AMDR）或 SPY-6，以及电力系统、制冷系统的相关修改设计，从 2017 财年开始采购建造。2017 年 6 月 27 日，美国海军宣布，亨廷顿英格尔斯工业（HII）赢得设计建造首艘阿利·伯克级Ⅲ型舰的合约，即 DDG 125。根据 2018 年预算，国会授权美国海军多年份采购合约（MYP FY2018—2022），计划采购 10 艘阿利·伯克级驱逐舰Ⅲ型。美国海军官网显示，目前正在建造或合同中的 Flight Ⅲ是 13 艘（DDG 125，126，128～138）[①]。

阿利·伯克级驱逐舰的建造商是通用动力的巴斯钢铁造船厂（GD/BIW）和亨廷顿英格尔斯工业的英格尔斯造船厂（HII/Ingalls），宙斯盾作战系统的主承包商是洛克希德·马丁公司，Ⅰ/Ⅱ/ⅡA 型舰主雷达 SPY-1 的制造商是洛克希德·马丁公司，Ⅲ型舰主雷达 AMDR 的制造商是雷神公司。[②]

首舰 DDG 51 的造价为 14.63 亿美元。Ⅱ型舰的估计造价为 8.64 亿美元（1993 财年年度），ⅡA 型舰估计造价为 9.5 亿美元（1995 年）。2016 财年预定为Ⅲ型首舰的 DDG-124 的花费估计为 20 亿美元，而根据 2018 年正式签订的 MYP 合约（10 艘，总价值约 90 亿美元），Ⅲ型舰的造价平均为 9 亿美元。

阿利·伯克级舰的使命是航母编队和其他机动编队的护航，它是一级以防空为主的多用途大型导弹驱逐舰。该级舰的具体任务如下：在高威胁海区担负水面作战编队的防空、反潜护卫和对海作战任务；为两栖作战编队和海上补给编队担负防空、反潜护卫和对海作战任务；对岸上重要目标用战斧巡航导弹进行常规打击和核打击。

2.10.2 主要性能与装备

阿利·伯克级ⅡA 型舰 DDG 109 侧视图如图 2-46 所示，主要性能与装备见表 2-8。

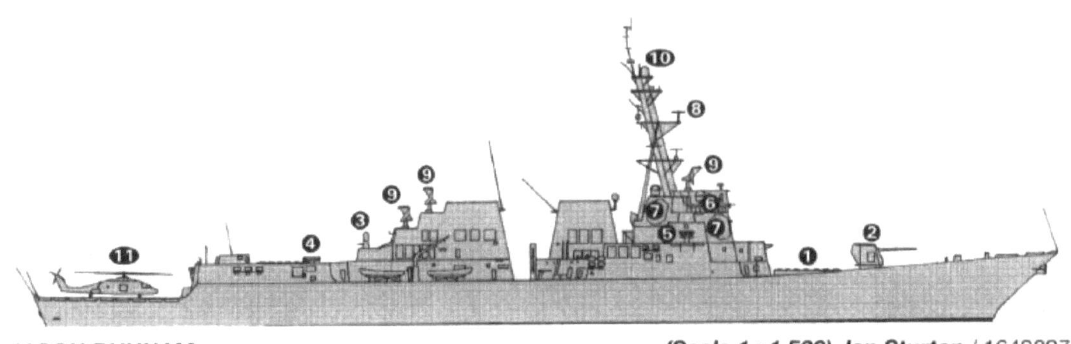

图 2-46 ‖ 阿利·伯克级驱逐舰ⅡA 型侧视图（DDG 109）

---

① United States Navy Fact File: Destroyers - DDG. [2020-5-4].
https://www.navy.mil/navydata/fact_display.asp?cid=4200&tid=900&ct=4.

② Congressional Research Service. Navy DDG-51 and DDG-1000 Destroyer Programs: Background and Issues for Congress. CRS Report RL32109, Updated March 22, 2020.

表 2-8 阿利·伯克级ⅡA 型舰的主要性能与装备

名称	ARLEIGH BURKE (FLIGHT IIA) CLASS (DDG 51)
制造商	Bath Iron Works, Maine (巴斯钢铁造船厂); Ingalls Shipbuilding, Mississippi (英格尔斯造船厂)
建造数量	47 艘 (DDG 79~124, 127, 已服役 40 艘)
服役时间	2000 年 (DDG 79)
排水量	9425t, 满载
主尺度	155.3m×20.3m×6.7m (船体), 9.8m (声呐); 水线长 143.6m
航速	31kn
续航力	4300n mile/20kn
舰员编制	舰员 279 或 276 名 (军官 24 或 30 名)
动力装置	COGAG 全燃联合动力装置, 4 台 LM2500-30 燃气轮机, 持续总功率 100000hp (74.6MW); 双轴, 2 个调距桨; 3 台 2500kW 的爱利生 501-K34 燃气轮机发电机组
导弹	导弹发射装置: 2 座 Mk41 导弹垂直发射装置 (首部 32 单元, 尾部 64 单元) ①, 可垂直发射战斧、标准和阿斯洛克导弹。 舰载巡航导弹: 战斧 Block Ⅲ/Ⅳ型, TERCOM 地形匹配+数字景象匹配+GPS 导航, 飞行速度为马赫数 0.7 时, 射程超过 1600km, 战斗部为 454kg。舰对空导弹: SM-2 Block Ⅲ/ⅢA/ⅢB/Ⅳ型, 指令/惯性导航, 半主动雷达和红外寻的, 飞行速度为马赫数 2 时, 射程为 167km; SM-6, 指令/惯性/主动雷达导航, 主动雷达末端寻的, 射程达到 370km (马赫数 3.5); 32 枚 RIM-162A ESSM 改进型海麻雀导弹 (艏、艉部各布置 4 个 4 联装), 半主动雷达寻的, 飞行速度为马赫数 3.6 时, 射程为 55km, 战斗部为 38kg。反潜导弹: 垂直发射的阿斯洛克导弹, 惯性导航, 射程为 1.6~16.6km, 有效载荷 Mk46 Mod5 NEARTIP (近期鱼雷改进计划)
舰炮	1 座 Mk45 Mod2 型 127mm/54 倍口径舰炮 (DDG79-80) ②, 射程为 23km, 20 发/分, 炮弹重 32kg; DDG 81 开始装备 1 座 Mk45 Mod4 型 127mm/62 舰炮②, 20 发/分, 射程为 23km, 炮弹重 32kg; 2 座 (DDG 79-84) 或 1 座 (DDG 85 后续舰) Mk15 Block 1B 型 20mm 6 管密集阵火炮③, 4500 发/分, 射程为 1.5km
鱼雷	2 座 3 联装 Mk32 Mod14 型 324mm 鱼雷发射管④, 雷神 Mk54 型鱼雷, 主/被动寻的, 速度为 50kn 时, 射程为 20km, 战斗部为 45kg
对抗措施	物理对抗: 2 座 Mk36 Mod12 型 6 管干扰火箭⑤; Nulka 有源干扰系统 (DDG 91 后续); SLQ-25A 型水精拖曳式鱼雷诱饵; Mk59 诱饵发射装置 (特定舰); SLQ-95 AEB、SLQ-39 箔条浮标。 电子对抗: SLQ-32V(3) 型电子战系统, 诱骗及干扰⑥或 SLQ-32BV(2) (特定舰)
作战数据系统	TADIX-B 战术信息交换系统和 TADIL-J 战术数据信息链, CEC 协同交战能力系统; 4A、11、16 号数据链, 计划安装 22 号数据链
火控系统	AN/SWG-4 或 AN/SWG-5 型战斧巡航导弹武器控制系统; 宙斯盾多目标跟踪系统, 由 Mk99 Mod3 型导弹火控系统和 3 部 Mk80 照射雷达组成; 1 套 Mk34 火炮火控系统 (含 Mk160 计算系统和 Mk20 型光电系统); 1 套 Mk116 Mod7 型反潜火控系统
雷达	对空搜索/火控: SPY-1D 型 (DDG 91 开始装 SPY-1D (V)) 相控阵雷达⑦, 3D, E/F 波段。 对海搜索: DRS SPS-67(V)5 (DDG 79-118) ⑧, G 波段; AN/SPQ-9B (DDG 119-124, 127), I 波段。 导航雷达: 雷神公司 SPS-73(V)12 (DDG 79-89, 91-93), Bridgemaster 雷达 (DDG 90, 94-124, 127), I 波段。 火控雷达: 3 部雷神公司 AN/SPG-62 型⑨, I/J 波段。 塔康: AN/URN-25 战术空中导航雷达⑩, Mk XII AIMS UPX-29 型敌我识别雷达
声呐	洛克希德·马丁公司 SQQ-89A(V)15 型反潜作战系统配备 SQS-53C 舰艏声呐
直升机	2 架 SH-60R 海鹰 LAMPS III⑪; 在指定型号搭载无人机

2.10.3 建造情况

阿利·伯克级驱逐舰建造清单见表 2-9，其中分段标示出 Flight Ⅰ/Ⅱ/ⅡA/Ⅲ型及宙斯盾版本、宙斯盾现代化版本。

表 2-9 阿利·伯克级驱逐舰建造清单与宙斯盾版本

弦号	舰名	开工	下水	服役	母港/状态
FLIGHT Ⅰ					
B/L 4→5.3 / BMD5.0 //AMOD B/L 7.1 CR3/CR4①					
DDG 51	Arleigh Burke	1988/12/6	1989/9/16	1991/7/4	Norfolk
DDG 52	Barry	1990/2/26	1991/5/10	1992/12/12	Yokosuka
DDG 53	John Paul Jones	1990/8/8	1991/10/26	1993/12/18	Pearl Harbor
DDG 54	Curtis Wilbur	1991/3/12	1992/5/16	1994/3/19	Yokosuka
DDG 55	Stout	1991/8/8	1992/10/16	1994/8/13	Norfolk
DDG 56	John S. McCain	1991/9/3	1992/9/26	1994/7/2	Yokosuka
DDG 57	Mitscher	1992/2/12	1993/55/7	1994/12/10	Norfolk
DDG 58	Laboon	1992/3/23	1993/2/20	1995/3/18	Norfolk
B/L 5.1→5.3 / BMD5.0 //AMOD B/L 7.1 CR3/CR4					
DDG 59	Russell	1992/7/24	1993/10/20	1995/5/20	San Diego
DDG 60	Paul Hamilton	1992/8/24	1993/7/24	1995/5/27	San Diego
DDG 61	Ramage	1993/1/4	1994/2/11	1995/7/22	Norfolk
DDG 62	Fitzgerald	1993/2/9	1994/1/29	1995/10/14	Pascagoula
DDG 63	Stethem	1993/5/11	1994/6/17	1995/10/21	San Diego
DDG 64	Carney	1993/8/3	1994/7/23	1996/4/13	Rota
DDG 65	Benfold	1993/9/27	1994/11/9	1996/3/30	Yokosuka
DDG 66	Gonzalez	1994/2/3	1995/2/18	1996/10/12	Norfolk
DDG 67	Cole	1994/2/8	1995/2/10	1996/6/8	Norfolk
B/L 5.3 / BMD5.0 //AMOD B/L 7.1 CR3/CR4					
DDG 68	The Sullivans	1994/7/27	1995/8/12	1997/4/19	Mayport
DDG 69	Milius	1994/8/8	1995/8/1	1996/11/23	Yokosuka
DDG 70	Hopper	1995/2/23	1996/1/6	1997/9/6	Pearl Harbor
DDG 71	Ross	1995/4/10	1996/3/22	1997/6/28	Rota
FLIGHT Ⅱ					
DDG 72	Mahan	1995/8/17	1996/6/29	1998/2/14	Norfolk
DDG 73	Decatur	1996/1/11	1996/11/10	1998/8/29	San Diego
DDG 74	McFaul	1996/1/26	1997/1/18	1998/4/25	Norfolk
DDG 75	Donald Cook	1996/7/9	1997/5/3	1998/12/4	Rota
DDG 76	Higgins	1996/11/14	1997/10/4	1999/4/24	San Diego

（续）

弦号	舰名	开工	下水	服役	母港/状态
DDG 77	O'Kane	1997/5/8	1998/3/28	1999/10/23	San Diego
DDG 78	Porter	1996/12/2	1997/11/12	1999/3/20	Rota
FLIGHT ⅡA					
B/L 6.1→6.3 / BMD5.1 //AMOD B/L 9C ACB 16/TI 12					
DDG 79	Oscar Austin	1997/10/9	1998/11/7	2000/8/19	Norfolk
DDG 80	Roosevelt	1997/12/15	1999/1/10	2000/10/14	Mayport
DDG 81	Winston S. Churchill	1998/5/7	1999/4/17	2001/3/10	Norfolk
DDG 82	Lassen	1998/8/24	1999/10/16	2001/4/21	Mayport
DDG 83	Howard	1998/12/9	1999/11/20	2001/10/20	San Diego
DDG 84	Bulkeley	1999/5/10	2000/6/21	2001/12/8	Norfolk
6.3 / BMD5.1 //AMOD B/L 9C ACB 16/TI 12					
DDG 85	McCampbell	1999/7/15	2000/7/2	2002/8/17	Yokosuka
DDG 86	Shoup	1999/12/13	2000/11/22	2002/6/22	San Diego
DDG 87	Mason	2000/1/20	2001/6/23	2003/4/12	Norfolk
DDG 88	Preble	2000/6/22	2001/6/1	2002/11/9	Pearl Harbor
DDG 89	Mustin	2001/1/15	2001/12/12	2003/7/26	Yokosuka
DDG 90	Chafee	2001/4/12	2002/11/2	2003/10/18	Pearl Harbor
B/L 7.1 / BMD5.0 //AMOD B/L 9C ACB 16/TI 12					
DDG 91	Pinckney	2001/7/16	2002/6/26	2004/5/29	San Diego
DDG 92	Momsen	2001/11/16	2003/7/19	2004/8/28	Everett
DDG 93	Chung-Hoon	2002/1/14	2002/12/15	2004/9/18	Pearl Harbor
DDG 94	Nitze	2002/9/17	2004/4/3	2005/3/5	Norfolk
DDG 95	James E. Williams	2002/7/15	2003/6/25	2004/12/11	Norfolk
DDG 96	Bainbridge	2003/5/7	2004/10/30	2005/11/12	Norfolk
DDG 97	Halsey	2003/2/5	2004/1/9	2005/7/30	Pearl Harbor
DDG 98	Forrest Sherman	2003/8/12	2004/6/30	2006/1/28	Norfolk
DDG 99	Farragut	2004/1/7	2005/7/9	2006/6/10	Mayport
DDG 100	Kidd	2004/3/1	2004/12/15	2007/6/9	Everett
DDG 101	Gridley	2004/7/30	2005/12/28	2007/2/10	Everett
DDG 102	Sampson	2005/3/14	2006/9/17	2007/11/3	Everett
B/L 7.1R CR1/ BMD3.6 //AMOD B/L 9C ACB 16/TI 12					
DDG 103	Truxtun	2005/4/11	2007/4/17	2009/4/25	Norfolk
DDG 104	Sterett	2005/11/17	2007/5/20	2008/8/9	Everett
DDG 105	Dewey	2006/10/4	2008/1/18	2010/3/6	San Diego
DDG 106	Stockdale	2006/8/10	2008/2/24	2009/4/18	San Diego
DDG 107	Gravely	2007/11/26	2009/3/30	2010/11/20	Norfolk

（续）

弦号	舰名	开工	下水	服役	母港/状态
DDG 108	Wayne E. Meyer	2007/5/17	2008/10/19	2009/10/10	Pearl Harbor
DDG 109	Jason Dunham	2008/4/11	2009/8/2	2010/11/13	Norfolk
DDG 110	William P. Lawrence	2008/9/16	2009/12/15	2011/5/19	Pearl Harbori
DDG 111	Spruance	2009/5/14	2010/6/6	2011/9/1	San Diego
DDG 112	Michael Murphy	2010/6/12	2011/5/8	2012/9/5	Pearl Harbor
FLIGHT ⅡA 重新启动					
B/L 9D CR3/ACB12 / BMD5.0					
DDG 113	John Finn	2013/11/18	2015/3/28	2017/6/2	San Diego
DDG 114	Ralph Johnson	2014/9/12	2015/12/12	2018/3/9	Everett
DDG 115	Rafael Peralta	2014/10/22	2015/11/1	2017/7/29	San Diego
DDG 116	Thomas Hudner	2015/11/6	2017/4/23	2018/12/1	Mayport
DDG 117	Paul Ignatius	2015/9/11	2016/11/11	2019/6/7	Mayport
DDG 118	Daniel Inouye	2018/3/20	2019/10/27	2021/12/8	Pearl Harbor
DDG 119	Delbert D. Black	2016/5/23	2017/9/8	2020/4/24	Mayport
DDG 120	Carl M. Levin	2019/2/1	2021/5/16	/	建造中
DDG 121	Frank E. PetersenJr.	2017/2/21	2018/7/13	2022/5/14	Pearl Harbor
B/L 9D CR4/ACB14 / BMD5.1					
DDG 122	John Basilone	2020/1/10	2022/6/12	/	建造中
DDG 123	Lenah H. Sutcliffe Higbee	2017/11/14	2020/1/27	/	建造中
DDG 124	Harvey C. Barnum Jr.	2021/4/6	/	/	建造中
DDG 127	Patrick Gallagher	2022/3/30	/	/	建造中
FLIGHT Ⅲ					
B/L 10C ACB 20 /BMD6					
DDG 125	JackH. Lucas	2019/11/7	2021/6/4	/	建造中
DDG 126	LouisH. Wilson Jr.	/	/	/	建造中
DDG 128	Ted Stevens	2022/3/9	/	/	建造中
DDG 129	Jeremiah Denton	/	/	/	建造中
DDG 130	William Charette	/	/	/	建造中
DDG 131	George M. Neal	/	/	/	建造中
DDG 132	Quentin Walsh	/	/	/	建造中
DDG 133	Sam Nunn	/	/	/	合同中
DDG 134	John E. KIlmer	/	/	/	合同中
DDG 135	Thad Cochran	/	/	/	合同中
DDG 136	Richard G. Lugar	/	/	/	合同中
DDG 137	John F. Lehman	/	/	/	合同中
DDG 138	J. William Middendorf	/	/	/	合同中

① 宙斯盾基线/BMD 系统版本//宙斯盾现代化版本

2.10.4 采办动态

1. DDG 119 完成验收试航

最近准备交付的阿利·伯克级驱逐舰是布莱克号（USS Delbert D. Black DDG 119）。2020 年 3 月 17 日，美国海军宣布 DDG 119 驱逐舰上周完成验收试航①。DDG 119 由英格尔斯造船厂（Pascagoula，MS）建造，于 2017 年 9 月下水，原计划 2019 年服役。不过，这艘尚未完工的驱逐舰在去年的一起事故中被一艘驳船撞击损伤，导致建造延迟。DDG 119 于 2020 年 4 月交付。

2 月 22 日，DDG 119 在墨西哥湾完成了 3 天的建造商试航，如图 2-47 所示。②

图 2-47 DDG 119 完成试航

DDG 119 是一艘ⅡA 型驱逐舰，装备宙斯盾作战系统基线 9，支持远海作战的同时也支持低强度冲突/沿海作战，具备兵力投射、前沿存在和护航行动等能力。

亨廷顿英格尔斯工业英格尔斯造船厂同时还在建造 DDG 121、DDG 123 和 DDG 125。

2. 阿利·伯克级Ⅲ型首舰 DDG 125 签约建造

2017 年 6 月 27 日，亨廷顿英格尔斯工业（HII）获得美国海军授予的合同，建造第一艘阿利·伯克级Ⅲ型导弹驱逐舰，名为 Jack H. Lucas（DDG 125），如图 2-48 所示。③

为了适应雷神研制的 AN/SPY-6 雷达安装上舰，海军分别与英格尔斯造船厂、巴斯钢铁造船厂针对当前ⅡA 型设计上的工程变更建议书（Engineering Change Proposal，ECP）已经谈判了一年多，以提供必要的电力、冷却以及合适的空间裕量。为此，将安装 3 部 4MW 的罗尔斯·罗伊斯公司（Rolls-Royce）发电机组替代ⅡA 型的 3 部 3MW 罗尔斯·罗伊斯发电机组，全舰电网也将由 450V 配置升级到 4160V。

---

① Ben Werner. Future USS Delbert D. Black Completes Acceptance Trials After Damage Delay. USNI News, March 17, 2020. https://news.usni.org/2020/03/17/future-uss-delbert-d-black-completes-acceptance-trials-after-damage-delay.

② Future USS Delbert D. Black Completes Builder's Trials. NAVSEA, February24, 2020.

https://www.navsea.navy.mil/Media/News/SavedNewsModule/Article/2091809/future-uss-delbert-d-black-completes-builders-trials/.

③ Sam LaGrone. Huntington Ingalls Industries Awarded First Flight III Arleigh Burke Destroyer. USNI News, June 28, 2017. https://news.usni.org/2017/06/28/hii-wins-award-build-first-flight-iii-arleigh-burke-destroyer.

之前，2016 年 4 月美国海军曾经表示将由巴斯钢铁造船厂建造Ⅲ型首舰。[①] 当时涉及一项复杂的交换协议，DDG 的建造合同授予 BIW，而英格尔斯将获得两栖舰 LPD-28 的建造合同。然而，后来 BIW 表示质疑Ⅲ型舰设计概念的成熟度，认为相关系统尚未完成设计，新型舰的建造风险较大。

图 2-48 ▎阿利·伯克级Ⅲ型首舰 DDG 125

3. 巴斯钢铁获得 DDG 126~127 建造合同

2017 年 9 月 28 日，巴斯钢铁造船厂（BIW）获得美国海军合同，DDG 126 按照Ⅲ型舰配置建造，而 DDG 127 将建造为ⅡA 型舰（图 2-49）。[②] USS Louis H. Wilson, Jr. DDG 126 将成为巴斯钢铁建造的第一艘阿利·伯克Ⅲ型舰，USS Gallagher DDG 127 则是最后一艘ⅡA 型舰。

图 2-49 ▎最后一艘ⅡA 型阿利·伯克舰 DDG 127

① Sam LaGrone. Bath Iron Works Will Build First Flight III Arleigh Burke DDG. USNI News, May 1, 2016. https://news.usni.org/2016/05/01/bath-iron-works-will-build-first-flight-iii-arleigh-burke-ddg.

② Bath Iron Works Awarded Second Flight III Destroyer In Two Ship Contract Modification. USNI News, September 28, 2017. https://news.usni.org/2017/09/28/bath-iron-works-awarded-first-flight-iii-destroyer-two-ship-contract-modification.

2.11 评价与展望

美国海军从第一艘宙斯盾舰下水（CG 47，1981 年）至今已经 40 年了，如今已有 Flight Ⅰ/Ⅱ/ⅡA/Ⅲ等多型宙斯盾舰，而且还在不断改进。没有了冷战时期大国间无休止的军备竞赛，有人说 21 世纪很难再出现革命性的军舰。即使想创新，从外形上也很难表现出来。虽说提出 NCW、CEC 等理念，从外观上却不会发生大的改观。诸如舰本身大小、火炮口径等硬件要素会相对稳定。而新概念软件要素的技术革新将成为重点，即所谓 21 世纪的武器技术。未来作战系统功能/性能的提高，将是以没有表现形式的软件螺旋式更新来实现的。

宙斯盾系统的升级换代是用基线来标识的，性能是逐渐提高的。宙斯盾现代化就是对已有系统的不断改进与更新，最终目的是要向一个完全开放的计算体系结构转变。这种体系结构不仅包含新型的商用成熟技术计算机硬件，还包含作战系统软件代码的一种复杂的“再设计”。新增的弹道导弹防御（BMD）能力是改进的结果之一，已经服役的宙斯盾舰不久的将来都要赋予弹道导弹防御能力，再建造宙斯盾舰也会把 BMD 作为标准配置。

宙斯盾现代化的要点如下：

第一，计算机系统的 COTS 化和 OA 化，也就是软硬件采用商用成熟技术和系统实现开放式架构；不仅如此，美国还制定了全军的基准，根据 OACE 实施阶段性的配备。

第二，设定多个平台，进行软件的部件化和复用，采用新的系统工程技术实现软件的螺旋式更新。

第三，对于未来水面舰来说，为了能够适应多样化的任务，最重要的是必须具有变化和改进的灵活性，因此装备就得做成模块化和插件化（plug-in）的。武器系统趋向于自主式、分布式，诸如宙斯盾舰那样大规模的作战管理系统（CMS），不是指挥控制各个系统，而是各个系统本身向 CMS 提供指挥控制所必需的软件。

如此一来，受益于系统开放和软件升级的宙斯盾舰，是不存在过时问题的，只要时间排得过来、资金能到位，新老宙斯盾舰具有同等的作战能力。

在我国海军舰船装备研制建造过程中，美国宙斯盾舰的发展历程无疑值得我们借鉴和学习。

针对目前存在的舰船装备总体优化设计不足、系统集成水平不高、设备重复配置等突出问题，海军装备部及相关单位正在舰船装备研制工作中全面开展集成优化工作。集成优化的目标是通过顶层设计、资源共享，实现系统优化配置，信息综合利用，简化使用流程，减少人员战位，提高综合作战效能。提高舰船装备集成优化水平是加快推进海军装备建设科学发展的重要举措，也是解决当前舰船装备发展存在问题的迫切需求。为了做好集成优化工作，要求我们必须统一思想认识、更新发展理念，努力突出总体作用、加强过程管理、完善法规制度、坚持技术推动等。

我们在未来舰船装备研制和集成优化工作中，特别要注意做好以下几个方面：

一是需求牵引、顶层设计主导系统集成。突出总体作用，强化顶层设计能力，加快平台和作战系统的融合，以作战任务为基础的需求牵引，采用自顶向下设计，主导系统集成。需求构成与系统构成相互关联，依据功能分区进行子系统划分，各子系统之间没有明确的物理分界，资源共享，从而避免形成烟囱式的堆砌。各层需求设计驱动各层系统定义和验证。

二是技术推动、构建信息系统集成平台。着眼提高舰船装备作战效能和信息化水平，加强集成优化关键技术攻关和成果转化，充分利用信息化技术，构建统一的、开放的信息系统集成平台，逐步实现全舰信息的综合管理和武器的一体化指挥控制。基础设施的软硬件采用商用现货和开放式架构，领域应用实现模块化和插件化，因此具有变化和改进的灵活性。

三是演示验证、技术成熟促进风险控制。技术成熟度问题是造成许多重大装备项目费用远超预算的主要原因。一定要通过工程开发模型对新技术、新装备进行充分的试验和论证，通过演示验证促进技术成熟度的提高，控制工程实施的风险。

四是系统工程，改进集成过程降低成本。构建体系结构框架，明确系统集成过程的分析、设计、实现和测试等各阶段以及利益相关各方（责任单位）的工作内容。进行软件的部件化和复用，采用系统工程技术实现软件的螺旋式更新。重视增强软件维修性，降低舰船装备的全寿期费用。

第3章 IWS 10.0：舰艇自防御系统

3.1 概述

舰艇自防御系统（SSDS）提供自动、快速反应、高火力和多目标的自卫防御能力，目前已发展有 Mk1、Mk2 两个型号，部署于美国海军所有航空母舰和两栖舰平台。SSDS 通过 SAFENET 光纤局域网络整合舰上的所有与防空作战相关的侦察、追踪、火力控制与武器系统，包括 AN/SPS-49A 远程对空警戒雷达、AN/SPS-67 对海搜索雷达、AN/SLQ-32V 电子战系统、密集阵武器系统和拉姆导弹系统等。SSDS 设计成为在人工控制或几种半自动控制方式下工作，其一般操作模式为先部署主动和被动红外箔条诱饵，接着用拉姆导弹系统或海麻雀系统进行拦截，最后用密集阵近防武器系统来防御，从而提供分层的、自动化的自卫防御能力。SSDS 减少了系统的人工操作次数，提高了应对来袭反舰导弹的反应速度，从而加快了探测反击程序；在识别和判断威胁优先级的同时，通过对电子支援系统、雷达及敌我识别传感器输入信息的集成，提高目标轨迹追踪能力；同时，还提高了软杀伤和硬杀伤系统锁定威胁的能力。

1998 年，美国海军重新制订了 SSDS 计划，决定在 SSDS Mk1、协同交战能力（CEC）、先进作战指挥系统（ACDS）的基础上研制 SSDS Mk2 系统，以使作战系统部件之间达到比以前更高的互操作水平，改进主战水面舰艇的防御系统。

SSDS Mk2 将航空母舰上现有的传感器、自卫防御武器、对抗设备以及 AN/UYQ-70 先进显示系统整合成一个自动化的、一体化的开放结构系统中，提供快速的、主动和被动的防御能力，来对付来自空中特别是掠海飞行反舰导弹的威胁（图 3-1）。这种新的开放结构使系统能够接受大量来自传感器、武器和对抗设备的输入信息，并对目标进行识别、分类、威胁判断和评估，为指挥官提供对抗来袭威胁的最佳战术防御方案，并控制舰载武器系统进行交战。

本章首先介绍舰艇自防御系统的项目背景、发展现状、体系结构等；然后分别介绍 SSDS 的安装部署平台，包括尼米兹级航空母舰（CVN 68）、福特级航空母舰（CVN 78）、黄蜂级多用途两栖攻击舰（LHD 1）、美利坚级通用两栖攻击舰（LHA 6）、圣·安东尼奥级

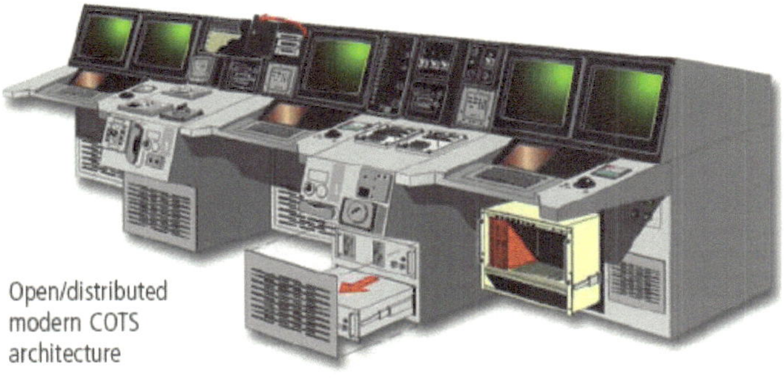

图 3-1 舰艇自防御系统

两栖船坞运输舰（LPD 17）、惠德贝岛级两栖船坞登陆舰（LSD 41）。主要涉及下列项目办公室：

PEO IWS 10.0：舰艇自防御系统（SSDS）；

PEO Carriers-PMS 312：在役的航空母舰（尼米兹级）；

PEO Carriers-PMS 378：福特级航空母舰首舰（CVN 78）；

PEO Carriers-PMS 379：福特级航空母舰（CVN 79/80）；

PEO Ships-PMS 377：两栖战，美利坚级两栖攻击舰（LHA TO THE）；

PEO Ships-PMS 317：圣·安东尼奥级两栖船坞运输舰，替换惠德贝岛级和哈珀斯·费里级船坞登陆舰（LSD 41/49）。

舰艇自防御系统（SSDS）的徽标如图 3-2 所示。

图 3-2 舰艇自防御系统（SSDS）的徽标

3.2 SSDS 项目背景

舰艇自防御系统（Ship Self-Defense Systems，SSDS）是航空母舰本舰作战系统的核心，将舰艇上所有硬杀伤（导弹系统和快速反应火控系统）和软杀伤（诱骗）的武器系统、雷达等所有的传感器综合在一起，实现对反舰巡航导弹的分层防御能力。探测—指控—交战过程的综合集成，如图 3-3 所示。

图 3-3 SSDS 将探测—控制—交战过程综合集成

舰艇自防御系统主要安装在航空母舰和两栖舰上。编队内其他舰艇根据驱护舰的职责安装其他种类的作战系统，以防空功能为主的巡洋舰与驱逐舰装备功能强大的宙斯盾作战系统，以反潜功能为主的护卫舰装备 SQQ-89 综合反潜战系统。

自 20 世纪 60 年代引入海军战术数据系统（NTDS）至今，美国海军发展计算机作战管理系统已经超过 40 年的历史，但起步早、部署规模大也带来沉重的包袱。历经十几年的发展，海军发现 NTDS 不但缺乏弹性、硬件设备落伍、升级更新麻烦，而且军队专用的软硬件价格昂贵、维护十分困难，更糟糕的是，其采用了集中式处理结构，如果中央处理器故障或损毁，整套 NTDS 都将无法使用，可靠性与抗损性均不理想。

于是，美国海军在 20 世纪 80 年代发展了先进作战指挥系统（ACDS），试图对 NTDS 进行更新，不过 ACDS 只是商用技术（COTS）化的 NTDS，虽然商业规则软硬件的引入，改善了 NTDS 原有的不易维护升级的缺点，但仍未能改变 NTDS 的基本架构，虽然引入了更多的电脑分摊原有的中央处理器的负荷，但只能算是半分散式系统，仅能容忍一定程度的系统失效。因此，美国海军 90 年代后期的发展重点，便放在一开始只能作为应急系统的 SSDS 上。

1987 年，伊拉克 2 枚飞鱼巡航导弹对美国斯塔克号巡洋舰进行攻击，使舰体遭到重创。37 名船员遇难，这一惨痛的教训促进并加速了美国海军对 SSDS 的研究和部署。为防止类似事件再次发生，美国海军首先启动了名为快速反舰导弹综合防御系统（RAIDS）的计划，将舰艇上的自防御资源进行综合集成，由海军水面战中心达尔格伦分部负责系统设计，充分利用舰上的传感器数据并综合硬杀伤和软杀伤武器。RAIDS 实质上是一种基于软件的指挥辅助决策系统，能够为指挥官提供最有效的降低舰艇雷达截面积的舰艇操纵方法，并在最有效地使用软对抗系统的同时利用硬杀伤武器。

3.2.1 海军战术数据系统

海军战术数据系统（Navy Tactic Data System，NTDS）是美国乃至世界上研制最早、使用最广泛的海军舰载作战指挥系统，用于没有安装宙斯盾系统的水面舰艇、航空母舰以及两栖舰船，可完成对目标的检测、识别、分类、情报综合、威胁评估及武器分配等，从 20 世纪 50 年代开始研制，1961 年开始装舰，1962 年服役。

1. NTDS 的组成

NTDS 由数据处理系统、显示系统、数据传输系统等组成。

数据处理系统一般包括 3 或 4 台 AN/UYK-7 或 AN/UYK-20 计算机及其软件和外设。传感器数据通过中央设备系统和传感器控制板进入系统并传输给计算机，计算机辅之以雷达视频处理器以及信标处理器（IFF 数据）和 Link 11 的数据对传感器数据进行处理，经过处理和评估的数据被传输给有关舰只和岸上的平台。

20 世纪 80 年代早期，Unisys AN/UYK-44 和 AN/UYK-43 计算机取代了 AN/UYK-7 或 AN/UYK-20，主机是 AN/UYK-43。AN/UYK-43 有一个 CPU 和一个 I/O 控制器，而 AN/UYK-44 有两个 CPU 和两个 I/O 控制器。CPU 的数据吞吐量为 2.45 MIPS，I/O 的数据吞吐量为 3 MIPS。

NTDS 的软件采用海军的 CSM-2 语言，并不断更新以适应新的作战要求，它分为空中控制、水面作战和跟踪作战等几个大模块，每个模块包含上万条代码。

显示系统完成各种作战方案的显示，大型舰艇安装 30 多个显控台，较小的舰艇也安装有 10 多台显控台。显示子系统采用休斯公司生产的水平和垂直显控台，它们能显示 200 多条带有目标符号、速度矢量、字母数字数据的航迹以及海岸线。水平显控台用于显示战术态势，而垂直显控台用来显示特定的任务，如监控特定的传感器、空中和水面态势、武器控制和战术坐标等。通常一台显控台对应一个传感器（两台显控台对应一台 AN/SPS-49 雷达）。

数据传输系统有四种数据链路：Link 4 用于舰艇和飞机之间的自动通信；Link 11 与 AN/TYQ-3 用于同海军陆战队的战术数据系统之间的数据传输；Link 14（电报）用于装有 NTDS 的舰艇与未装有 NTDS 的舰艇之间的数据传输；Link 16 是一种新型数据链，以甚高频传输。

随着高技术的发展和战术要求的提高，NTDS 体系结构也不断地改进和发展，目前已有五种型号服役，即 NTDS Ⅰ~NTDS Ⅴ，各种型号的主要不同在于：数据处理能力不同；自动化程度不同；Link 11 的报文标准不同尤其是功能不同。如 NTDS Ⅴ型的反潜功能、电子战和反舰导弹防御系统的功能都得到了有效的改进，它是与 Link 16 兼容的系统。

NTDS 可以根据不同舰艇进行适当地剪裁，它既可以适应于航空母舰、巡洋舰、蓝岭号指挥舰，也可满足驱逐舰、护卫舰以及小型护卫舰的作战要求。到 1989 年，美国海军有 151 艘舰只安装了 NTDS。

2. NTDS 的主要功能

（1）通过各种传感器、预警飞机、巡逻机等采集空中、海上、水下乃至陆上的动态、静态信息，并对此进行快速精确的信息处理和显示，为各级指挥人员提供战术决策依据。

（2）指挥和控制舰载飞机的起、降，并引导舰载飞机在半径 50nmile 空域内拦截空中、海上来袭目标，以及引导反潜直升飞机对水下敌方潜艇等进行搜索和攻击。

（3）组织和协调战斗群内相关电子战设备、导弹等软硬武器等，实现作战区域内的目标指示和目标分配。

（4）为舰上指挥人员和参谋人员提供实时指挥控制手段。

3. NTDS 的特点

（1）采用标准化显控台。较新的 NTDS 采用标准化显控台可完成不同功能。配备表格显示器，用于显示目标详细数据。作战总显控台为水平型，便于舰长、战术作战指挥官和有关人员观察作战图像。

（2）重视软件改进。1970年左右，重新研制和装备了模块化的软件，每个模块旨在完成一个专门的任务或一组功能上相关的任务。20世纪70年代，其软件数量不断发展。NTDS的软件采用美国海军CSM-2语言写成。为了适应程序规模和复杂性增长的要求，80年代初开发了一种新软件结构RNTDS，它的效费比高，可以简便的方式加入新系统和更换老的接口，并能利用已有的NTDS硬件改进软件的性能。RNTDS已装备使用。

（3）重视数据传输链。NTDS能与机载战术数据系统（ATDS）和海军陆战队战术数据系统（MTDS）相对接，它使用多种数据链，例如Link 4A、Link 11和Link 14等。

（4）扩大应用范围和发展新系统。1980年，美国将简化的NTDS列入DDG级驱逐舰的改造项目中，并在23艘舰进行了全面改装。NTDS的改进产生了新型的ACDS作战指挥系统。

3.2.2 先进作战指挥系统

由于NTDS系统最初是为空中设计的，它只提供有限的反水面舰艇和反潜战能力，无法对付日益增长的来自水面舰艇和潜艇的威胁。于是在1987年，美国海军开始一项作战指挥系统改进计划，研制了NTDS的升级改进系统——先进作战指挥系统（Advanced Combat Direction System，ACDS）。ADCS能够提供更快、功能更强的数据处理能力，从而得到更详细的作战态势。

ACDS-0型采用了一些新的硬件，包括新的UYQ-21系列显控台。ACDS-0系统的软件是4.1型，它是原来NTDS用4.0型软件的改写型。4.1型软件也叫RNTDS（新结构NTDS）软件，由优利系统公司开发。ACDS-1型采用5型软件，是由休斯地面系统分公司开发的。

与NTDS相似，ACDS-0型系统的容量、范围和“词汇”（即对航迹的描述能力）是有限的。ACDS-0型系统的网格同步能力只限于自相关，它只有很有限的综合电子侦察和海洋监视数据的能力，而这两类数据的重要性都日益重要。此系统也不是设计用于自动判定来对付一个目标的方案，因而反应时间提高得不太多。

ACDS-1型系统在原则上有明显的差别。NTDS基本上是一个显示系统，战术作战军官应用其经验加入判断所需的信息。ACDS-1型系统具有扩大的监视范围、探测设备自动处理功能以及扩大的数据交换能力，包括在战斗群内以及战斗群与外部信息源间的数据交换能力。

ACDS-1系统中增加了第二台UYK-43计算机，采用了全新的软件，在航空母舰上从指控控制处理器（C2P，另一台UYK-43计算机）中接收作战舰队的战术数据。C2P的数据是由战术数据链路（还由OTCIXS和TADIXS卫星链路）传来的。ACDS系统直接接收舰上的信息：从SLQ-32侦察接收机接收电子侦察信息，从战术信号利用系统接收情报信息，从SYS-2自动检测系统接收雷达信息，从反潜战模块接收水下信息，从海上相关系统得到信息，从岸上情报中心接收TADIXSB卫通信息，还可从旗舰数据显示系统得到信息。

与NTDS系统比较，ACDS-1系统的作战适用范围扩大了4倍。ACDS-1系统可处理4倍的航迹文件并增加了航迹自动识别（现为七级，而NTDS为三级人工识别）。ACDS-1采用Link 16——一种工作在969~1206MHz频段的抗干扰数据链，具有10倍于11号链的吞吐量。由于有更多的数据，因而 ACDS-1 可能进行自动航迹相关并自动保持网格同步。此系统采用了高保密的 Link 16 数据链传送电子侦察数据，因而能充分综合本舰和远处电子侦察数据。

在此系统中有足够的信息对电于侦察数据进行相关处理并用于目标定位。这种相关处理需要对各个探测设备和辐射源特性的专门了解，并且需要在各舰间交换辐射源数据，这样，相关器知道哪些舰在探测相同的辐射源。战斗群指挥系统必须对单个看来是相同辐射源的截获信息进行相关处理以获得足够准确的位置用于目标定位。

ACDS-1 系统最明显的效果在图形上，它比 NTDS 系统或 ACDS-0 型系统更为详细。图形的改进由第二台 UYK-43 判断支持处理器实现。第一台 UYK-43 主要是一台航迹管理器。图形处理可以在一个航迹相对一个预定区域的情况下作出反应，容易实现。区域处理对旨在接受原则规则“如……则”语句的系统结构进行补充，并对操作员和战术作战军官示出实现这些规则的当即操作含意。

这种原则处理可用于产生自动作战系统清单（ACSCL）。指挥官和参谋人员建立清单表示特定的态势，每个清单是一系列对应那种态势的最佳操作和作战模式。每个清单也可进行检查并按意愿进行修正。所有清单都可作为计算机文件，当检测到适当的情况时，作战指挥系统就自动实现清单上所列的模式。它的作用包括显示清单内容，这样，当系统在某些时候用了一个不合适的 ACSCL 时，可以进行否决。这种形式的自动化在威胁告警时间变短的情况下是必要的，它是一种日益通用的自动反击功能的扩展形式。

ACDS-1 是第一种包括联机情报数据库的作战指挥系统，这种数据库可用于实际的威胁判断。而 NTDS 则必须完全以目标速度、航向和距离作为判断的基础。

NTDS 系统不能直接接收来自电子支援措施（ESM）的输入，而 ACDS 系统则可以。ACDS-0 系统仅能接收来自 AN/SLQ-32 电子战系统的有限的输入，ACDS-1 系统能接收到大量的数据，足以在对海中识别舰船的种类。ACDS 系统可以与 Mk14 武器指挥系统、MKS68 和 86 火控系统、鱼叉反舰导弹系统以及巡洋舰和驱逐舰中的水下火控系统交互。航空母舰中的 ACDS 系统只与 Mk 23 目标捕获系统交互。

ACDS-0 系统采用 Link 11、14 和 4A 数据链进行通信，ACDS-1 系统用 Link 16 取代了 Link 14。

ACDS-1 系统共有四项主要指挥和控制功能：

（1）跟踪自动化。

（2）作战编队和舰艇的相互可操作性，通过综合来自舰艇上的传感器和武器的数据、非在编来源、11 号数据链、4A 号数据链和最新的 16 号数据链等的数据，提供空中、陆上和海上战术图像。

（3）显示支援。采用新型数字地图显示器以及综合智能数据库；战术区域处理和显示；用于防空、反舰和反潜战指挥的显示图像；多数据链对空拦截控制支援、自动状态显示板、操作员专用彩色符号和显示滤波器。

（4）提供实时反应的武器到目标的响应，如作战规则的自动实现、目标的威胁判断、自动和半自动武器指令、用于对空防御的半自动武器指令、完成多数据链对空拦截控制支援、操作员警戒以及跟踪目标识别的确认。

3.2.3 快速反舰导弹综合防御系统

美国早期的两栖舰船、航空母舰等大型舰只的雷达和防空武器都是相对独立配置，通过探测、跟踪、威胁判断和交战决策等一系列过程，完成对反舰导弹等目标的探测和拦截，但期间需要较多的人工干预环节，从而导致舰艇自防御作战的自动化程度低、反应速度慢。为防止1987年斯塔克号舰事件的重演，美国海军首先启动了快速反舰导弹综合防御系统（RAIDS）的研究计划，其实质是开发一种基于软件的指挥辅助决策系统，充分利用舰上的传感器并综合使用软硬武器，使它们发挥各自最优的战术性能，以实现对反舰导弹的快速反应、提高多目标自动化拦截能力。该系统是一种由美国海军水面武器中心设计的自动战术决策辅助系统，用来提高海军斯普鲁恩斯级驱逐舰和佩里级导弹护卫舰的反舰导弹防御（ASMD）能力。

RAIDS提供了一种费效比上佳的综合作战能力，用来协调传感器信息，识别和评估威胁，衡量舰艇的防御准备态势，并可对反舰导弹的攻击作出最有效的反应。RAIDS的多个微处理器系统可计算出威胁目标的性能、环境数据、自身舰艇的特点，并确定战术原则，为操作者提出优化专用舰载防御系统的专家建议。RAIDS是一个开放结构的系统，它包括商业流行的处理器、软件、显示器以及与局部区域网络（LAN）连成一体的光纤显示系统，LAN包括作战信息中心和操舵室的显示器。

舰艇的战术行动指挥官、武器协调人员及电子战管理人员都可利用等离子体触摸式屏幕或者手持光导遥控装置与RAIDS互相配合。系统设计采用硬件冗余法以及在出故障时可自动把功能度转移给其他处理器的软件。轨迹数据和舰艇防御系统的状态都直接来源于舰艇的作战指挥系统、SLQ-32(V)3或者(V)5电子战系统以及Mk15近防武器系统（CIWS）。输入数据、详细的目标数据以及战术数据库用来监测和评估战术环境。

美军于1997年开始在佩里级导弹护卫舰上的安装RAIDS，而后取消了RAIDS项目，取而代之的是基于拉姆近程防空导弹武器系统（GMWS）、Mk15密集阵近防武器系统（CIWS）、AN/SLQ-32电子战（EW）系统和光电等传感器的快速反应作战能力（QRCC）计划①。通过该计划，美国海军于1993年1月演示了用于开发SSDS的技术。

3.3 舰艇自防御系统

3.3.1 发展现状

1993年6月，美国海军成功地在惠德贝岛级（LSD 41）船坞登陆舰上进行了首次舰艇自防御系统（SSDS）的概念验证。1995年5月，SSDS Mk1进入工程制造与发展阶段。1997年6月，在阿希兰号船坞登陆舰（LSD 48）上进行SSDS Mk1的最后作战测试评估，测试评估结果表明，SSDS Mk1可以有效地对抗亚声速低空反舰导弹。

1997年10月，阿希兰号船坞登陆舰正式成为美国第一艘装备SSDS Mk1系统的舰艇。

1998年底，SSDS计划进行了重新调整，新系统称作SSDS Mk2型。为使作战系统的各

---

① 谭昕．美国海军舰艇自防御系统的发展［J］．现代军事，2013.

部分之间达到比原先更好的配置，SSDS Mk2 保留了 Mk1 的大部分硬件设备，并配备了更多的传感器，增加了 ACDS 的部分功能（指挥保障、空中交通管制、战斗数据链管理、电子战以及全系统的目标跟踪、分类和识别），同时集成了协同交战能力（CEC）系统，增强了 SSDS Mk1 在编队协同交战方面的能力。

尼米兹号（CVN 68）航空母舰首先安装了 SSDS Mk2 Mod0，后在 2006 年系统升级时，改装为 SSDS Mk2 Mod1 型。SSDS Mk2 Mod1 型先后装于尼米兹级的 4 艘航空母舰，分别是里根号（CVN 76）、布什号（CVN 77）、尼米兹号（CVN 68）和艾森豪威尔号（CVN 69），随后又根据各类舰艇的差异研制出 SSDS Mk2 Mod2 型装于圣·安东尼奥级（LPD 17）两栖船坞运输舰，SSDS Mk2 Mod3 型装于黄蜂级（LHA1）两栖攻击舰。

SSDS 的发展历程如图 3-4 所示。

图 3-4 | SSDS 的发展历程

从 2004 年开始，美国海军致力于舰艇自防御系统的开放式架构改造工作，相关海试工作也于 2005 年起陆续进行，并于 2008 年进行了装备部署。

2008 年 7 月，雷神公司向美国海军交付了首套采用开放式架构和全舰计算环境技术的 SSDS 硬件，安装在了美国海军尼米兹级航空母舰上。

SSDS Mk2 的开放式架构移植项目，是使 SSDS 能够满足海军项目执行办公室综合作战系统办提出的开放式架构计算环境标准，主要包括使当前的系统：

（1）遵循美国海军开放式架构计算环境的标准，例如，发布/订阅中间件更换为满足开放式架构计算环境的商用产品（DDS）；选用满足开放式架构计算环境的处理器（Intel）和操作系统（Lynx）。

（2）消除目前多个局域网并存的局面。

（3）比特位冗余的核心交换机。

（4）通用处理器和输入/输出处理器分离。

目前，满足开放式架构计算环境（OACE）标准的 SSDS Mk2 Mod4 型安装于美利坚级（LHA 6）两栖攻击舰，SSDS Mk2 Mod5 型用于 9 艘惠德贝岛级（LSD 41～49）船坞登陆舰现有 SSDS 的装备改装，SSDS Mk2 Mod6 型安装于 2017 年服役的福特号航空母舰（CVN 78）。SSDS 型号及相应安装的舰船，如表 3-1 所示。

表 3-1 SSDS 型号及相应安装的舰船

SSDS	安装舰船
SSDS Mk1	惠德贝岛级和哈珀斯·费里级（LSD 41/49）两栖船坞登陆舰
SSDS Mk2 Mod1	尼米兹级（CVN 68）航空母舰
SSDS Mk2 Mod2	圣·安东尼奥级（LPD 17）两栖船坞运输舰
SSDS Mk2 Mod3A	硫磺岛号舰（LHD 7）和马金岛号舰（LHD 8），可能用于其他黄蜂级（LHD 1）两栖攻击舰
SSDS Mk2 Mod4B	美利坚级（LHA 6）两栖攻击舰
SSDS Mk2 Mod5C	惠德贝岛级和哈珀斯·费里级（LSD 41/49）两栖船坞登陆舰，由 SSDS Mk1 升级
SSDS Mk2 Mod6B	福特级（CVN 78）航空母舰，可能用于升级部分尼米兹级航空母舰，如里根号（CVN 76）

图 3-5 所示堆积图表示 SSDS 在两栖舰上的安装情况。

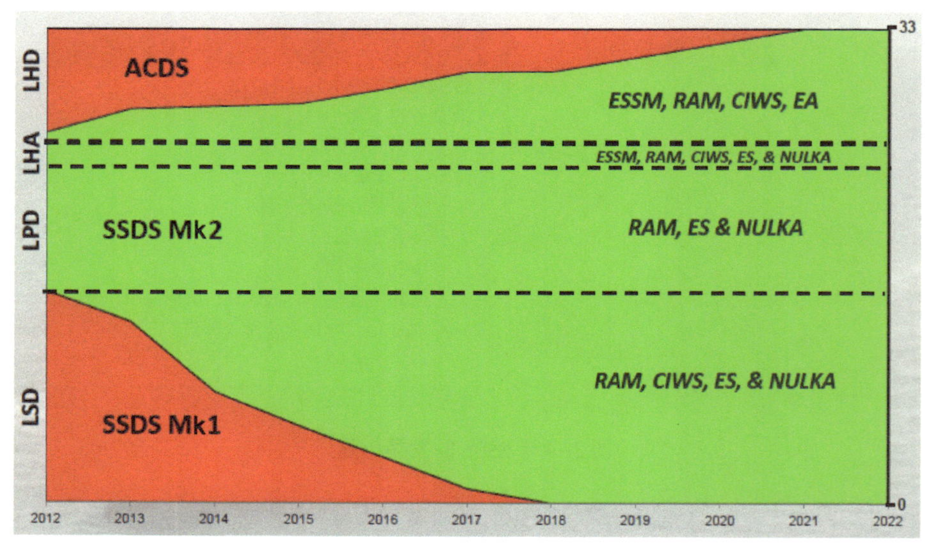

图 3-5 SSDS Mk1/Mk2 在两栖舰上的安装

3.3.2 系统功能与组成

SSDS 的研制目的是使航空母舰和两栖舰能够对抗愈加致命的反舰巡航导弹（ASCM）的威胁。近年，随着软件工程和商用电子技术的快速发展，SSDS 的版本不断更新升级，升级后的 SSDS 与以前航空母舰和两栖舰上采用的作战系统显著不同，是一种采用开放式架构的全分布式处理系统，大量采用商业成熟技术（COTS）硬件和软件，通过光纤局域网将舰艇上所有硬杀伤（导弹系统和快速反应火控系统）和软杀伤（诱骗）武器系统及所有传感器、指控系统、通信链路等综合在一起，加速两栖舰艇和航空母舰从发现反舰巡航导弹到使用武器交战这一过程。SSDS 通过自动化武器控制指令、协同交战能力（CEC）以及先进的战场感知能力，使航空母舰具备了强大的自防御能力，支持美国海军“海上盾牌”概念的实现。SSDS 采用嵌入式作战原则，能够对来袭导弹威胁做出综合响应，提供从战术辅助决策到使用软、硬杀伤武器交战等能力，具有如下功能：

1. 目标跟踪与威胁级别判断能力

由于 SSDS 综合了来自多个传感器的探测数据而形成一个合成航迹，增加了对目标的跟踪能力。例如，SSDS 将相关来自各部雷达、电子侦察（ESM）系统以及敌我识别（IFF）系统的目标探测进行综合，形成合成目标航迹，识别威胁和给出威胁优先级别，并及时将目标相关信息通过计算机网络传输给指挥官或武器系统。

2. 对反舰导弹的分层防御能力

SSDS 通过计算机和网络，并借助 CEC 系统综合利用编队内其他平台上的目标传感器信息，加快参加交战的武器分配过程，向操作人员建议并显示交战方案，或以自动方式立即启动武器射击、电子对抗（ECM）发射、假目标布放或它们之间的组合来实现对来袭反舰导弹的拦截和摧毁，不仅为舰艇提供了远中近分层的自动化防御能力，而且大幅缩短了系统从探测、识别、跟踪到拦截反舰导弹的时间。SSDS 对反舰导弹的分层防御如图 3-6 所示。

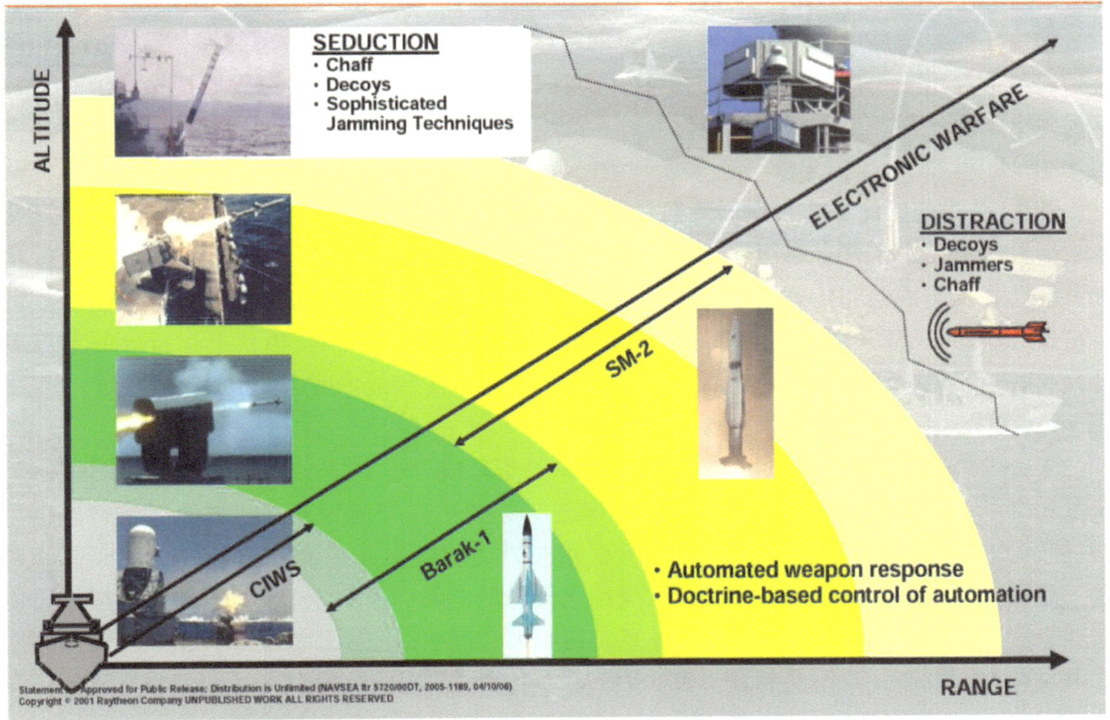

图 3-6 SSDS 对反舰导弹的分层防御

从第四艘尼米兹级航空母舰——罗斯福号（CVN 71）开始，SSDS 升级为 Mk2 Mod 1B

型并全面实现了OA化，这是美国海军首个基于开放式架构计算环境（OACE）开发的作战系统，具有快速反应交战能力（QRCC）。SSDS集成了从传感器、指挥控制到武器和武器控制等在内的几乎所有本舰作战资源，形成自动化的快速防空反应能力。新的传感器、武器子系统模块可方便地加入到SSDS之中，而不用考虑传感器与武器的点对点互联细节。以CVN 71为例，其软硬件配置情况如图3-7所示。

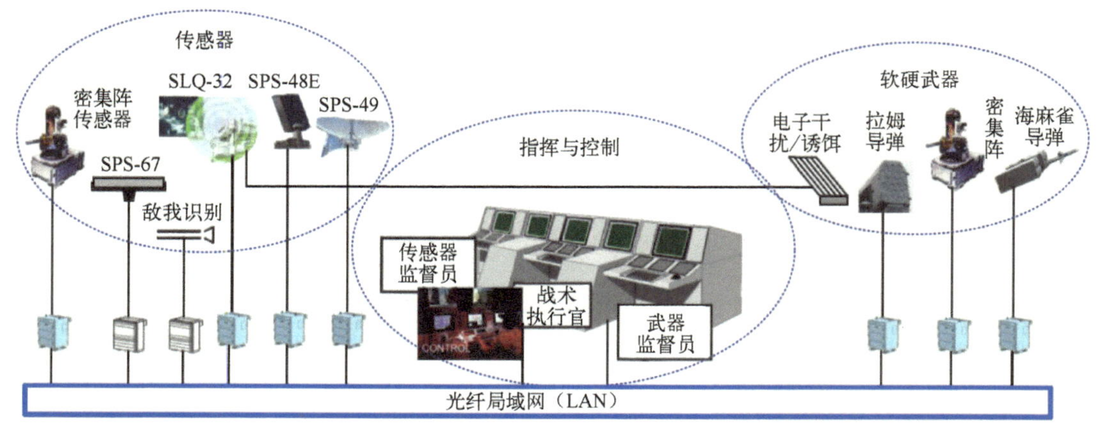

图3-7 | SSDS自动实现从传感器到武器发射装置

3.3.3 SSDS Mk1体系结构

随着反舰导弹威胁的不断增强，以及海军在近岸沿海地区作战的可能性，对两栖舰艇的自防御能力提出了更高的要求。实际上，这些舰艇需要一个自动化作战指挥系统（CDS），其规模小于驱逐舰、巡洋舰和航空母舰等主战舰艇，但具有高度的探测、控制和交战所必需的功能。

SSDS是为美国海军非宙斯盾舰艇提供自我保护和作战系统能力而设计的。这套自动化作战指挥系统使用了许多商用硬件和软件元素，实现了海军第一套分布式处理作战系统，集成了已经开发的武器和传感器系统。SSDS体系结构是一种创新，也有一定的风险，事实证明它是成功的。SSDS Mk1之前安装在惠德贝岛级两栖舰（LSD 41/49）上运行（目前已升级为Mk2）。SSDS已经成功地提高了美国舰队的技术水平和战术能力。①

1. 软件架构

SSDS的软件架构提供一个开放、松耦合的处理环境，而不是点对点的功能和物理接口，如图3-8所示。SSDS采用面向信息的设计概念，系统可以描述为带有“属性”的许多信息“实体”及相互关系，数据将会广播到所有相关的功能模块。系统“消息”包含实体和属性，被定义并广播。系统消息的总和构成系统信息的总和，所有SSDS功能都会根据需要使用这些信息，并且按指定的方式发布消息；接收端功能根据需要过滤消息。这一套软件架构后来发展为“发布—订阅”机制，在SSDS Mk2中采用商用成熟的DDS（数据分发服务）软件实现。

---

① Larry S. Norcutt. Ship Self-Defense System Architecture. JOHNS HOPKINS APL TECHNICAL DIGEST, Vol. 22, No. 4, 2001.

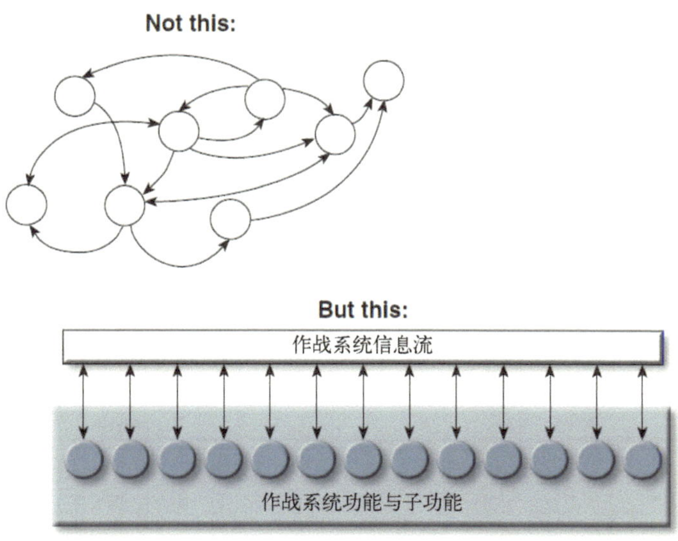

图 3-8 | SSDS Mk1 软件架构

2. 功能架构

SSDS 具有“扁平”的功能架构（图 3-9），由左至右包括探测、控制、交战的交战顺序。传感器主管、武器主管和战术行动主管代表显示功能，从网络接收所需显示的任何信息，并向网络提供操作员操作，由相关功能模块解释执行。

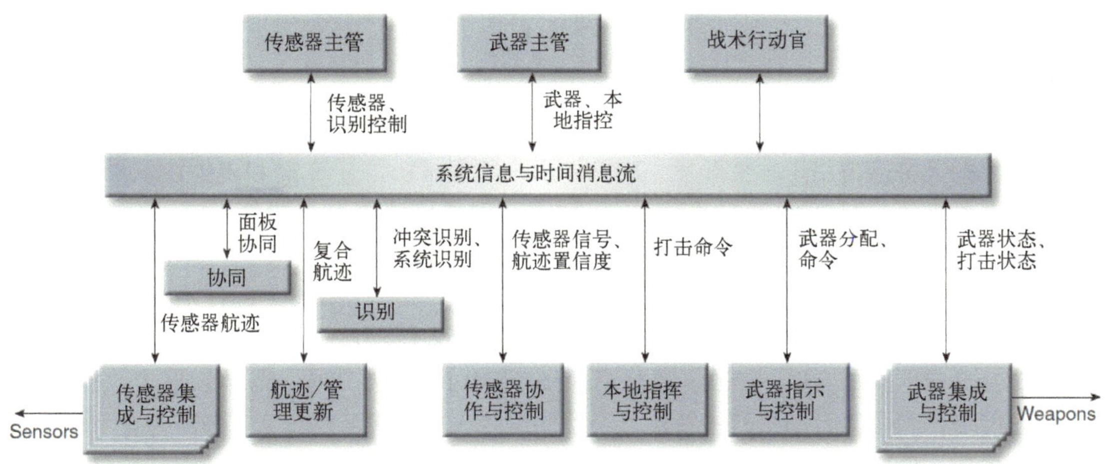

图 3-9 | SSDS Mk1 软件功能架构

SSDS 的软件根据最优数据管理和功能连续性分为多个功能模块，分别执行传感器综合与控制、航迹管理、系统识别、威胁评估、交战决策、交战支持、武器调度、武器集成与控制、杀伤/存活评估等功能。不同功能模块之间通过消息进行通信。

3. 物理架构

如图 3-10 所示，SSDS 物理架构由局域网（LAN）及一系列局域网接入单元（LAU）构成。LAU 一般包括基于 VME 的单板计算机和接口卡，用于提供与特定舰载系统的连接、战术处理与通信，如传感器、武器、数据链等。由于 SSDS 系统数据的广播性质，不服务于特定物理外部接口的计算机程序可以在任何处理器、任何 LAU 中执行。那些与特定外部系统集成的处理接口以及相应的物理接口板放在同一个 LAU 和 VME 背板中。

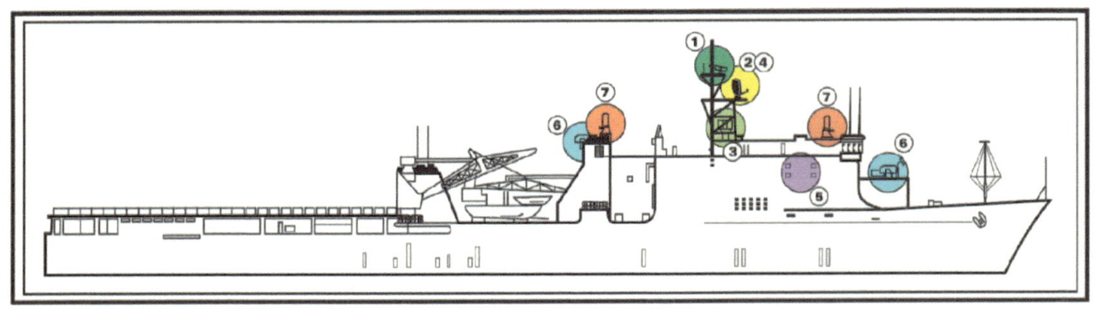

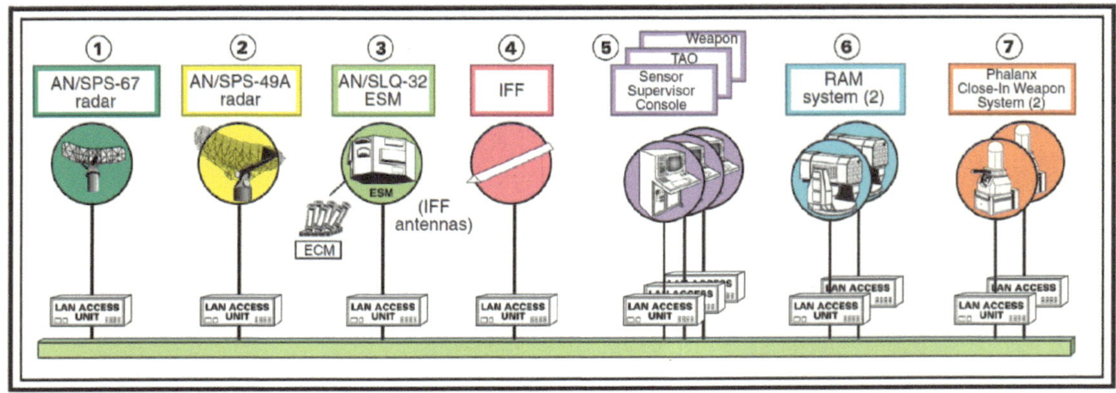

图 3-10 | SSDS Mk1 系统架构（LSD 41/49）

网际协议 IP（Internet Protocol）家族的通用网络中间层协议被证明对于高效的数据传输是足够的，并且普遍适用于软件开发。UDP（用户数据报协议）广播和多播协议的易用性、效率和独立性被用来传送大量的 SSDS 网络数据，例如传感器航迹更新。在一些关键情况下，实现了数据传输确认，以确保数据接收。

当时认为以太网 CSMA/CD 物理层协议不足以作为 SSDS 网络骨干网使用。众多分布式处理器和作战系统内战术数据的频繁发送特性，以及以太网随机、逐渐延长的重试特性的结合，可能会造成严重的 SSDS 数据传输延迟。SSDS Mk1 选择 FDDI（光纤分布式数据接口）作为物理网络，利用其自动重路由特性、可预测的物理层令牌环协议、100Mb 性能和商业软件支持等优势。SSDS 网络采用双星形拓扑结构，包含位于船舶不同区域的网络集线器。双集线器提供抗战损能力和自动通信冗余，以提高系统的可靠性。

3.3.4 SSDS Mk2 体系结构

SSDS Mk1 和 Mk2 型系统均采用光纤局域网通信实现舰艇传感器和武器的集成，每一个武器和传感器都连到一个局域网接入单元（LAU）上，LAU 与 SSDS 系统局域网相连，并和显示设备连接。

SSDS 能够将雷达、光电、红外、电子侦察、声呐、敌我识别等传感器数据进行融合，基于人工智能辅助决策技术，自动调用条令库中的作战条令，对目标进行实时跟踪、识别，并对武器进行引导，实现自动化的交战控制。如图 3-11 所示为 SSDS 软件处理流程，系统能够在数秒甚至更短时间内，调用全舰作战资源，实现从目标发现到实施防御和拦截整个过程。

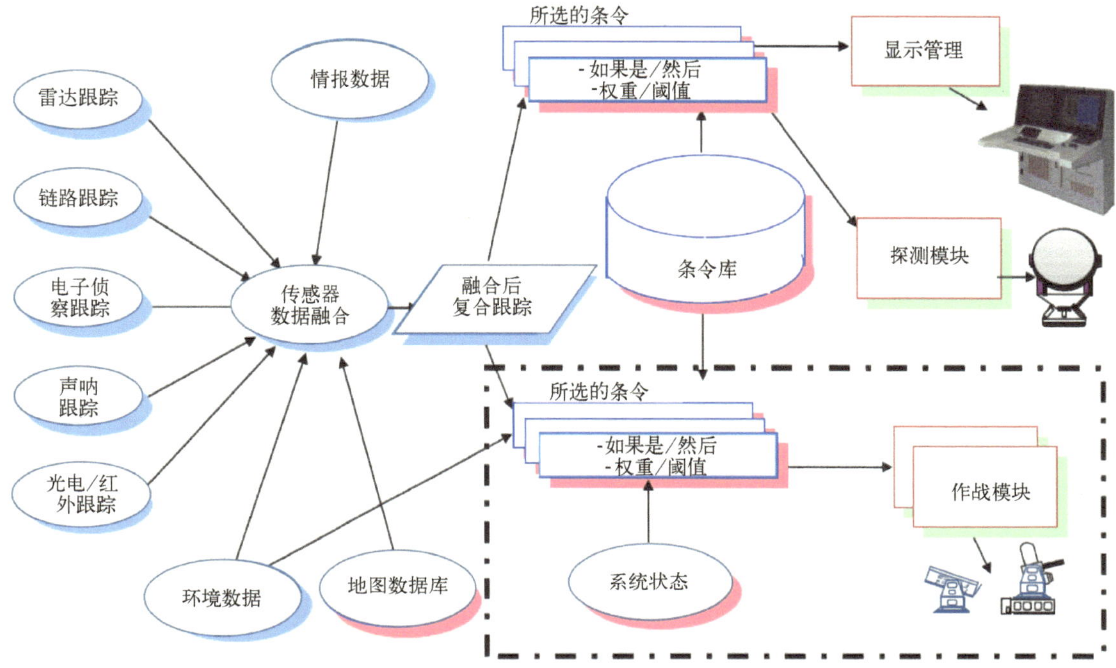

图 3-11 SSDS 软件处理流程

SSDS 采用分层的软件架构，如图 3-12 所示。

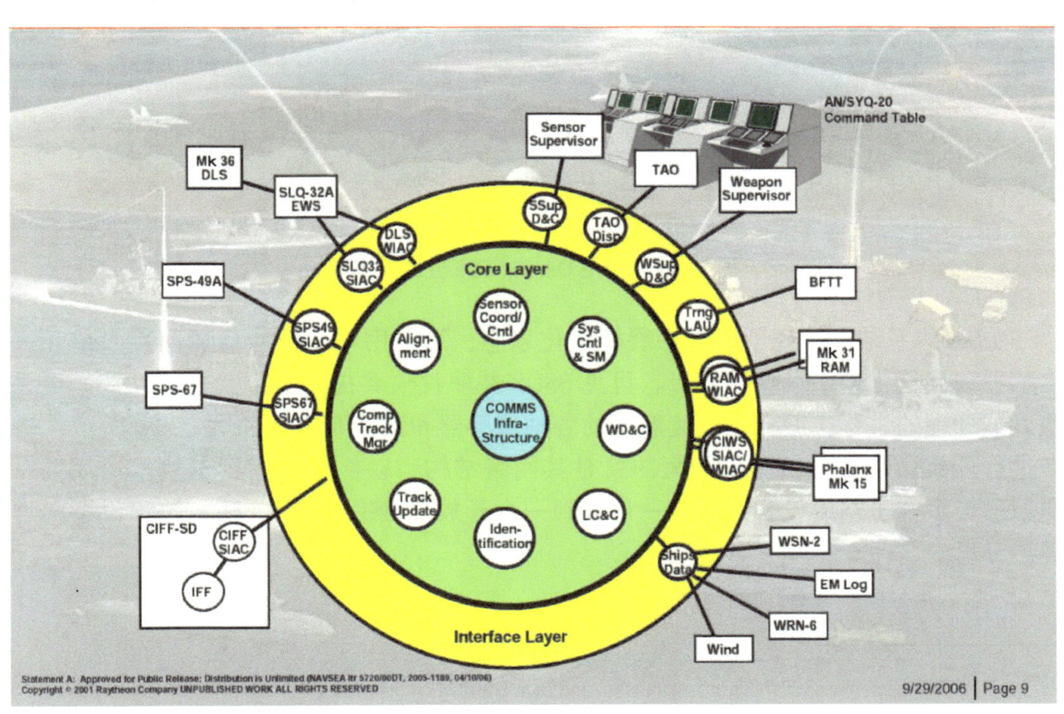

图 3-12 SSDS 的分层软件结构

（1）核心是通用通信基础设施，用于将系统单元连接到局域网以获取数据。每个大型软件模块都运行在各自的处理器上（这些处理器的通信体系结构都保持一致）。

（2）通信核心的周围是 SSDS 中的各标准功能：航迹管理器、调节器、传感器协调、系统控制/管理、武器指挥与控制（WD&C）、识别以及航迹更新。

（3）系统外层功能随装备平台及应用系统的不同而不同，包括传感器与显控台接口、兵力战术训练系统（BFTT）、舰船导航数据输入、敌我识别等。最新型的 SSDS 通过集成 CEC，增加了远程传感器指示功能，在拉姆导弹和近程防御系统基础上增加了改进型海麻雀导弹的控制功能。

SSDS Mk2 还应用了开放式架构（OA）和全舰计算环境（TSCE）部分技术，如图 3-13 所示。①

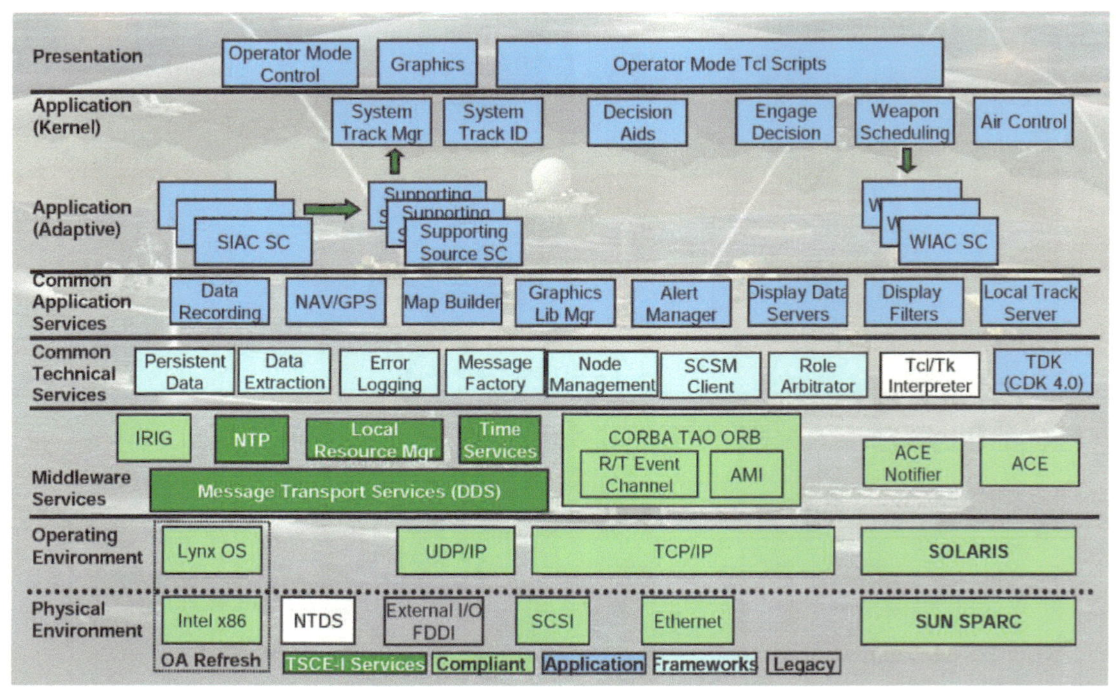

图 3-13 | 采用 OA 的 SSDS 分层架构②

SSDS 的体系结构体现了系统扩展模块化思想，可采用增加新的局域网接入单元来增加传感器和武器，使系统快速升级，可见 SSDS 并非仅仅要提高单个武器的性能，更是要加快武器分配的进程，综合和调度舰艇的各种传感器和武器系统。如图 3-14 所示，SSDS Mk2 进行开放式升级后，变化最大的就是其网络结构，以往分别运行于战术局域网、显示局域网等多个子网的设备，被统一集成到一个开放式 SSDS 网上，输入输出设备与通用处理器分离。

① Ronald Townsen. Ship Self Defence System Mk 2 and Data Distribution Standard (DDS). Raytheon, 26 September 2006. http://www.omgwiki.org/dds/sites/default/files/dds_06-09-07.pdf.

② Ship Self-Defense System (SSDS): A Combat Management System for When Seconds Count//www.raytheon.com.

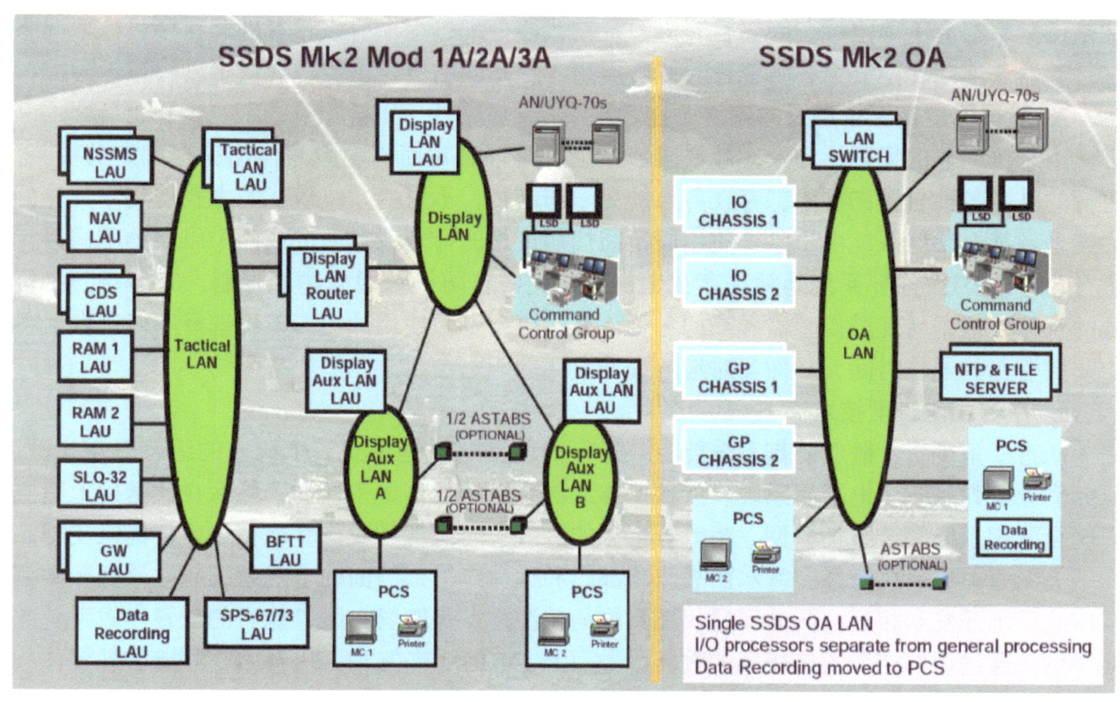

图 3-14 SSDS Mk2 OA 体系结构的变化

3.3.5 关键技术

SSDS 的发展改变着战争的面貌，而 SSDS 所面临的挑战则是必须实现新技术的突破，并保证 SSDS 能与多样化的、复杂的、不断发展的作战系统实现有效的集成。SSDS 具有突出的技术优势：一是具备极强的目标跟踪与威胁级别判断能力；二是具备对反舰导弹的分层综合防御能力；三是自动化程度高，对空防御可实现全自动化，具有快速、自适应的交战控制能力；四是具备多平台协同交战能力；五是采用智能化辅助决策技术实现武器资源优化调度；六是采用开放式架构，系统具有良好的扩展性等。其关键技术主要包括：

1. 多传感器数据融合技术

要构建舰艇自防御系统，首先是实现对目标信息的资源共享，通过利用各防御武器系统的传感器，采用数据融合技术，提取目标信息，形成目标航迹，为决策和交战系统提供信息输入。数据融合是对来自多个传感器的测量数据或者其他信息进行综合处理以便使融合系统能够提供更多的单个传感器无法提供的信息，实现单个传感器数据处理无法实现的系统功能完成单个传感器无法完成的信息提取任务。对舰载已有目标探测和跟踪设备进行信息融合处理，需要解决的问题主要集中在时空层信息融合处理层面上。它的主要任务是利用多传感器输出的目标参数、传感器平台参数和时统参数等各种数据对目标进行参数估计和预测。对于探测设备而言，融合面临的主要问题有多传感器情形下的航迹起始、航迹维持航迹撤消以及多传感器数据关联等。对于跟踪设备信息融合模块来说，主要问题是如何输出精度更高的融合跟踪当前值和预测值。

2. 武器的实时调度技术

SSDS 中涉及多种高速输入以及不同射程和不同效率的软、硬杀伤武器，同时目标类型和杀伤概率都有不确定性。舰艇自防御系统在武器分配过程中应该具有处理在多目标情况下多种武器调度问题的能力，并能针对威胁类型，给不同的自防御资源提供辅助决策。

3. 武器调度资源管理及冲突协调技术

由于传感器的局限性和及时性要求，系统有时很难对面临的威胁作出完全确定的决策。更糟的是，各种自防御资源都存在各自的局限与制约，不可能总以最优的方式使用。常见的冲突是：某个武器系统由于已被使用而不能按照理想的计划，对两个或两个以上的不同目标进行攻击，SSDS 需要系统地解决存在的冲突，克服自防御资源的物理限制，完善对防御资源的管理，根据从舰载传感器得来的各种信息，协调资源使用冲突，正确选择和确定发射各个防御资源的最佳时间，从而实时地解决冲突问题。

4. 综合毁伤模型技术

从指挥角度看，舰艇防御系统能有效运行的前提之一是建立一个统一的综合毁伤模型。研究反导导弹系统、电子战系统、近程反导武器系统的毁伤概率模型，然后在此基础上建立舰艇自防御系统综合毁伤模型，为武器资源的有效实时调度和毁伤性能在线评估提供支持。

美国海军项目执行办公室水面战威胁部门和远征作战部门面临着复杂的航空母舰和两栖舰作战系统开发和相互协同的问题。其具体的关注重点是舰艇自防御能力的全舰作战系统效能评估，通过评估空袭毁伤概率的效能参数（P_{RA}MOE）来实现，P_{RA}MOE 可指示舰艇作战系统对抗快速反舰巡航导弹的能力，由于各种原因，P_{RA}MOE 的陆基和海上试验是极其复杂和昂贵的。图 3-15 为美国海军 P_{RA}的评估过程。

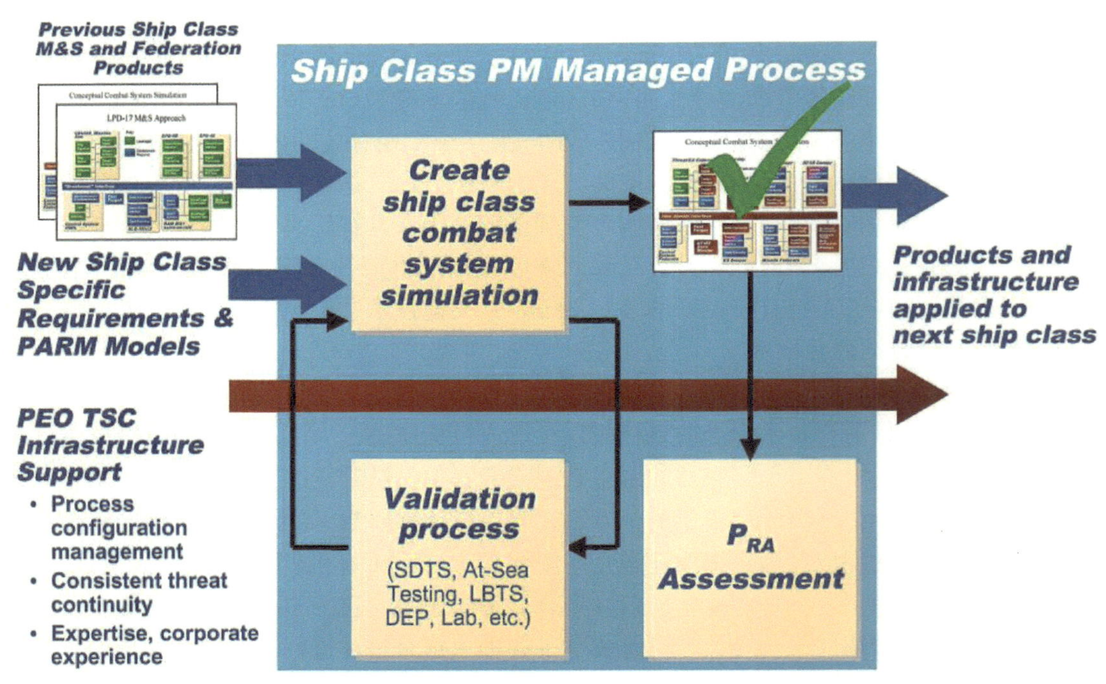

图 3-15 美国海军 P_{RA}的评估过程

P_{RA}MOE 测试通过现场实物和 HLA 仿真实现，P_{RA}联邦被开发、认证，并用于支持 LPD 17 和 CVN 76 作战平台的系统开发测试和评估（DT&E）。P_{RA}联邦的输出和海基、陆基试验

结果一起实现 P_{RA} 可信度评估，美国海军通过分布式仿真这一过程实现作战系统的效能试验。P_{RA} 联邦的关键就是以对抗反舰巡航导弹威胁能力为代表，测评舰上所有的通用自防御相关子系统。

5. 舰艇自防御辅助决策技术

在多传感器数据融合技术和综合毁伤模型技术研究的基础上，根据现有的防御资源、交战准则，以及航迹评估参数武器交战参数和电子战非交战区域等信息，为指挥员提供对威胁目标进行综合防御的规划建议，辅助指挥员进行决策。

3.3.6 发展趋势

美国海军设计并建造航空母舰作战系统半个多世纪，从海军战术数据系统（NTDS），到先进作战指挥系统（ACDS），再到舰艇自防御系统，其在该领域的经验、教训对我国相关系统的设计有一定参考和借鉴的作用。从 SSDS Mk1 到 SSDS Mk2，舰艇自防御系统经历了多方面的升级和更新，其技术发展趋势如下。

1. 规则库不断扩大

SSDS 可以被认为是一种基于规则库的辅助决策系统。早期的 SSDS 仅包括一些简单的辅助决策条例，后期随着美国海军作战相关经验的不断扩大，逐渐形成作战条令库并不断扩大。

2. 应用 TSCE 技术成果

从 CVN 71 上的 SSDS Mk2 开始，SSDS 全面实现开放式架构升级，使其满足海军综合作战系统项目执行办公室提出的开放式架构计算环境（OACE）标准。开放式的 SSDS 应用了 TSCE 相关技术，借助中间件实现应用系统的分块计算，以及运行环境的统一实现，同时商用成熟技术得到广泛应用。例如，原发布/订阅的中间件更换为商用产品 DDS，以及与全舰计算环境相同的处理器（Intel）和操作系统（LynxOS）。

3. 系统规模不断扩大

SSDS Mk2 型系统的升级保留了 Mk1 型系统的大部分硬件设备，并配备了更多的传感器和武器。SSDS Mk2 型系统新增了 ACDS 的部分功能，例如指挥保障、空中交通管制、战斗数据链管理、电子战，以及全系统的目标跟踪、分类和识别功能等，同时集成了协同交战能力（CEC）系统，增强了原来 SSDS Mk1 在编队协同作战方面的能力。CEC 系统将来自网络中全部传感器的高质量跟踪数据分发到其他所有协同单元上，通过相同的算法，经过滤波和数据融合，建立一个单一的、共用的对空防御战术态势图，实现作战信息共享，统一协调战斗行动。它将航母战斗群中各舰艇目标探测系统、指挥控制系统和武器系统以及预警机等有机地联系起来，实现信息广泛共享，以及作战行动的协调和统一。

4. 流程不断优化

SSDS 在获取传感器信息后，对目标信息进行航迹融合，合成航迹、目标识别、威胁判断，并发布交战指令对武器系统进行调度，监控交战状态、武器状态，并对杀伤目标进行评估。从 Mk1 型到 Mk2 型 SSDS 系统，作战流程不断优化。

5. 集成优化程度高

SSDS 将多型武器的统一管理分配功能集成到一套显控设备中，集成优化程度较高。SSDS 采用 UYQ-70 多功能显控台，这种显控台不但具有普通显控台的模块化、通用化水平，而且从软、硬件平台、人—机接口、系统接口等方面均具有全分布式作战系统要求的功能。在接入全分布式系统后，无须换硬、软件模块和硬件连接，仅用软件命令，便可使该控制台在系统中实现备用和完成其他控制台的任务，实现传感器、控制台、武器的动态重组。

3.4 SSDS 在典型舰船上的应用

3.4.1 尼米兹级航空母舰上的 SSDS

尼米兹级航空母舰是美军现役航空母舰的中流砥柱，从 1972 年首舰尼米兹号下水到 2009 年布什号正式服役，30 余年时间内先后有 10 艘尼米兹级航空母舰加入美国海军，全部安装 SSDS Mk2 型作战系统。如图 3-16 所示，在尼米兹级航空母舰上，SSDS 与下列设备有接口关系。

3.4.2 福特级航空母舰上的 SSDS

美国海军福特级（CVN 78）航空母舰于 2017 年服役，采用全新的本舰作战指挥系统，即 SSDS Mk2 Mod6 型系统实现本舰作战任务。新的舰艇自防御系统采用开放式架构，与外部通信、编队指挥系统、航空信息保障系统都有接口关系，如图 3-17 所示。

- AN/SPS-49 远程对空警戒雷达；
- AN/SPS-48 对空搜索雷达；
- AN/SPQ-9B 对空搜索雷达；
- AN/SPS-67 对海搜索雷达；
- 红外搜索与跟踪系统（IRST）；
- 导航传感器系统接口（NAVSSI）；
- 兵力战术训练系统（BFTT）；
- 协同交战能力（CEC）系统；
- AN/SLQ-32 电子战系统；
- 海麻雀系列舰空导弹系统；
- 拉姆（RAM）导弹系统；
- SRBOC 无源干扰系统；
- 密集阵近防武器系统（CIWS）。

从图 3-17 中可以看出，本舰作战系统与编队指控之间的联系主要依靠 SSDS 与 GCCS-M。GCCS-M 的主要显示决策设备位于战术旗舰指挥中心（TFCC），SSDS 的主要显示决策设备位于作战指挥中心（CDC）。SSDS 与 GCCS-M 目前主要是点对点的固定信息格式的接口。GCCS-M 向 SSDS 下发作战命令，并传输兵力部署、航迹与环境等信息，SSDS 主要向 GCCS-M 传输实时的战场态势信息，以支持编队指挥官的指挥决策。

在福特级航空母舰上，SSDS 是本舰作战系统的核心，主要负责反舰巡航导弹等空中威胁的防御，如图 3-18 所示。此外，对于其他的防御任务，有专门的系统负责实施。其中，鱼雷防御系统（SSTDS）负责鱼雷防御任务，协同交战能力（CEC）负责编队的防空任务，海上战术支援中心（TSC-M）负责编队反潜任务。下面详细研究美国航空母舰本舰作战系统的工作过程及信息流程。

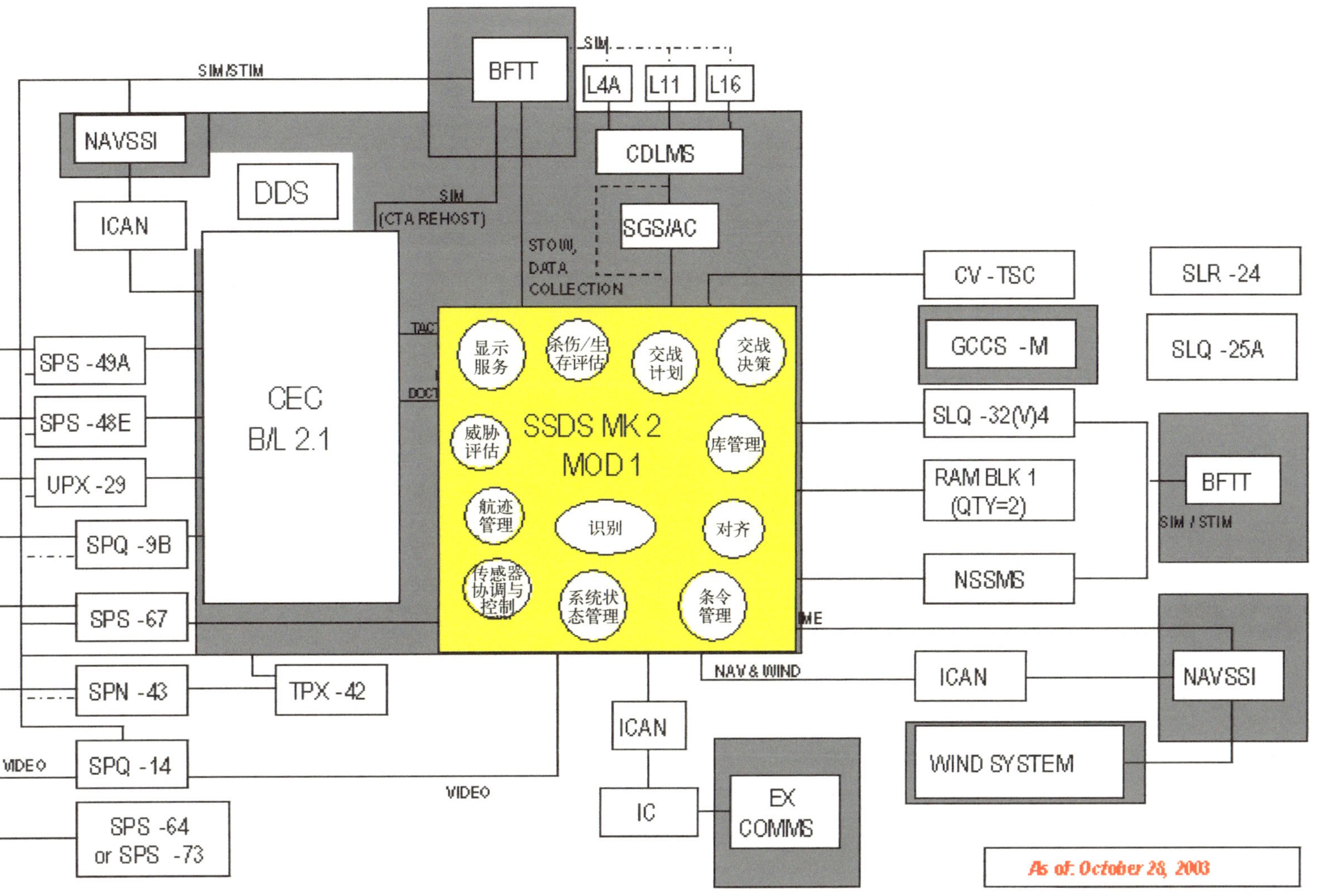

图3-16 尼米兹级航母SSDS构成

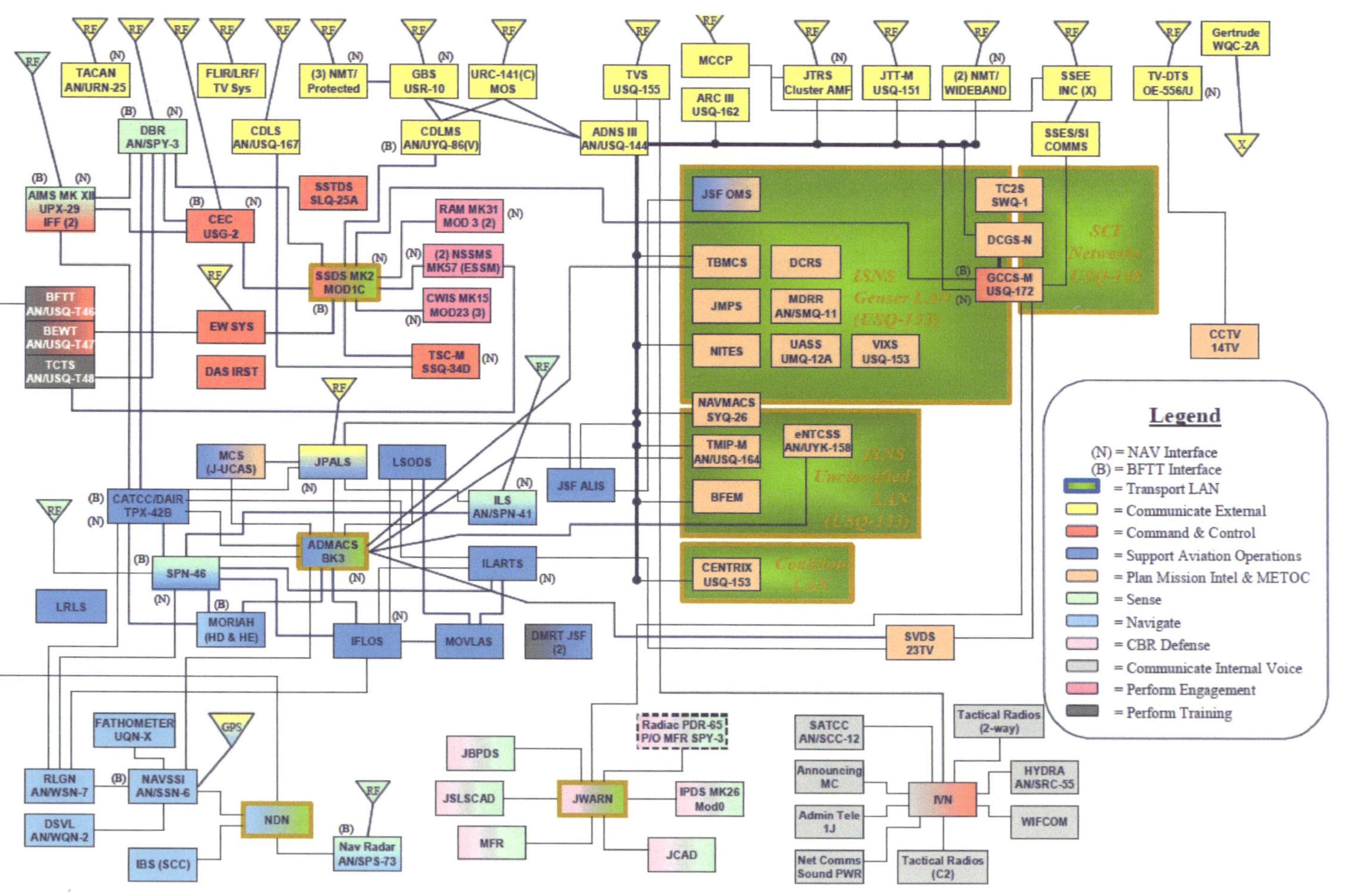

图3-17 福特级航母电子信息系统

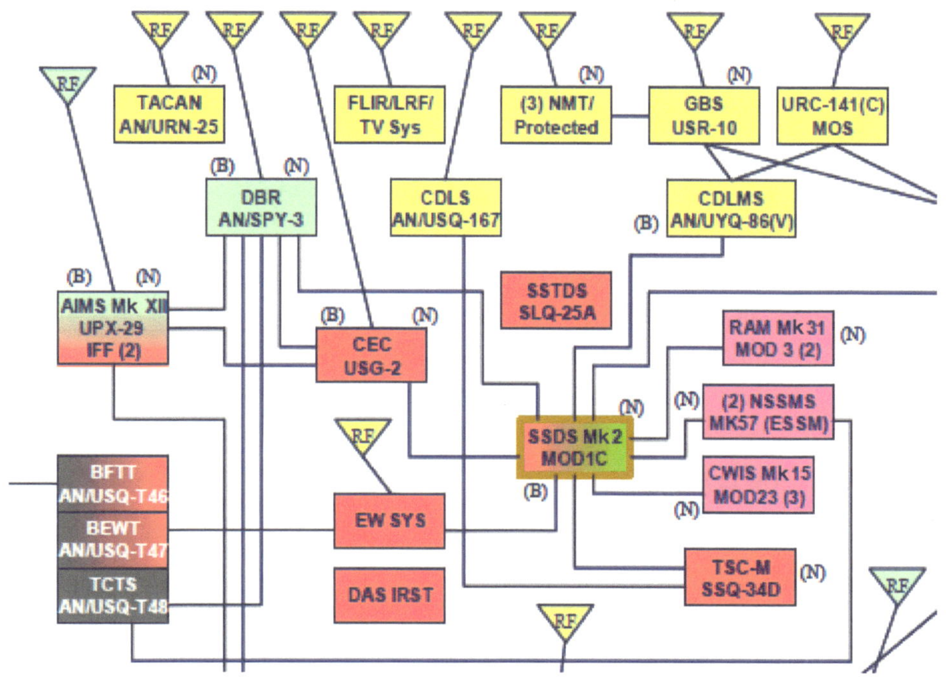

图 3-18 ▎福特级航空母舰 SSDS 接口关系

从图 3-18 中可以看出，在福特级航空母舰上与舰艇自防御系统存在接口的主要设备包括：

- AN/SPY-3 双波段雷达（DBR）；
- 通用数据链管理系统（CDLMS）；
- AN/URC-141 舰上多功能信息分发系统；
- 全球广播系统（GBS）；
- 海军多波段终端（NMT）；
- 电子战系统（EW）；
- Mk15 密集阵武器系统；
- Mk57 北约海麻雀导弹系统（NSSMS）；
- Mk31 拉姆近程反导系统。

3.4.3 圣·安东尼奥级两栖舰上的 SSDS

圣·安东尼奥级（LPD 17）两栖船坞运输登陆舰是美国海军新一代两栖船坞运输舰，相较于以往的两栖舰艇，LPD 17 着重减少对友军岸上设施的依赖、降低人力需求、减低作业成本，以及提高独力作战能力，特别是自防御能力。美国海军计划建造 12 艘圣·安东尼奥级两栖船坞运输舰，但由于预算删减，美国海军在 2010 年将建造数量降至 10 艘（后来又增为 11 艘）。首舰圣·安东尼奥号于 2003 年 7 月下水，2006 年 1 月 14 日正式服役，以替换现役的 27 艘两栖舰艇。圣·安东尼奥级两栖舰融合了先进的侦测、C^4I、武器等装备，可在单一操控台上监控全舰一切航行、轮机、装卸、战斗、损管维修等任务，大幅减轻舰上人员的工作负荷。

每艘圣·安东尼奥级两栖舰上都安装了 SSDS Mk2 Mod2 型作战系统，可整合舰上所有的雷达与电子战系统以统整精确的目标资料，并指挥改进型海麻雀 ESSM 与拉姆短程防空导弹进行接战，防空自卫能力较以往的两栖舰艇大幅增加。根据雷神公司的报道，从第 6 艘 LPD 17 开始，原有的 SSDS 系统将进行改造升级，升级后的系统与新型雷达、改进型海麻雀导弹、先进的综合电子战系统和红外搜索与跟踪系统等都有接口关系，并将在后期对前 5 艘 LPD 17 进行改装。

圣·安东尼奥级两栖舰上与其舰艇自防御系统有接口关系的设备包括：

- SPS-48E 三坐标对空搜索雷达；
- Mk23 对空搜索雷达；
- SPS-67(V)3 对海搜索雷达；
- SPS-64(V)9 型导航雷达；
- SPQ-9B 超视距搜索雷达（火控雷达）；
- 改进型海麻雀导弹；
- 拉姆对空导弹；
- Mk46 型 30mm 舰炮；
- Mk26 型 12.7mm 机枪；
- SLQ-32A(V)3 电子侦察和干扰设备；
- SLQ-49 假目标发射装置；
- SLQ-25 水精（Nixie）拖曳式鱼雷诱饵；
- Mk36 箔条发射装置。

3.5 尼米兹级航空母舰（CVN 68）

尼米兹级航空母舰共有 10 艘，是第二次世界大战后世界上批量建造数量最多的一级航空母舰，也是美国海军较为成功的一种舰型。10 艘尼米兹级航空母舰构成了美国海军的支柱力量，也是 21 世纪上半叶美国实施全球战略不可或缺的重要工具。

3.5.1 研制背景

继美国第一艘核动力航空母舰——企业号（CVN 65）充分显示了核动力的巨大潜力后，美国海军接着提出了建造第二代大型核动力航空母舰的要求。但采用 8 个压水堆的企业号航空母舰，造价相当昂贵，高达 4.5 亿美元，为常规动力航空母舰福莱斯特号造价的 2 倍。正因如此，美国军方和国会围绕是否建造下一代核动力航空母舰，展开了激烈的争论。一些高级军官主张建立全核海军，而另一些人则认为，在以反舰导弹为代表的对舰攻击武器相当发达的时代，即使是大型核动力航空母舰也是不堪一击的，因此不如用造价较低、数量更多的中小型常规航空母舰取而代之。就连当时的美国国防部长麦克纳马拉也极力散布核动力花费太大的观点。一时间，反对派的意见在美国海军内外占了上风，以致原计划作为核动力建造的肯尼迪号（CVN 67）航空母舰不得不改为常规动力。

但是，大型核动力航空母舰的支持者们并未放弃努力。他们在一份向国会提交的报告中提出，大型航空母舰尤其是核动力航空母舰是实现美国全球战略的支柱，是实施炮舰外交、对外炫耀武力不可缺少的工具，只有大型核动力航空母舰才能有效执行反舰、防空和反潜等多种作战任务，只有大型核动力航空母舰才具备强大的攻击力、超群的机动力和无限的续航力，能够在最短时间内赶往冲突地区发挥作用。特别是大型核动力航空母舰是在充分考虑防御反舰导弹的基础上设计的，具有较强的自身防护能力，建造单艘中小型航空母舰固然省钱，但效费比不如大型核动力航空母舰，影响海军作战能力，即使是大型常规动力航空母舰也无法与核动力航空母舰比拟。根据美国海军的计算，两艘中型航空母舰的作战能力大体与 1 艘大型航空母舰相当，可造价则要高出许多。而大型常规航空母舰也无法与核动力航空母舰相比。

正当大型核动力航空母舰受到非难、处于进退维谷之际，美国于 1964 年卷入了侵越战争。美国海军航空母舰奉命开赴越南海区作战。在此后不到一年的作战时间里，常规动力航空母舰的一些不足暴露无疑。越南战争的实践和经验教训使美国军界和国会认识到，大型航空母舰在各种作战效能上均优于小型航空母舰，经过深入分析和对比，大型核动力航空母舰具有更高的作战威力和效费比。同时，美国“核海军之父”——海曼·里科弗海军中将当时保证以后所建的核动力航空母舰只需安装 2 个反应堆，造价可相应减少。如此一来，主张建造大型核动力航空母舰的一派最终得到了美国国会多数人的支持，美国国防部长麦克纳马拉也一改初衷，积极支持建造核动力航空母舰。在此背景推动下，美国海军开始了尼米兹级核动力航空母舰的可行性研究。

1966 年初，美国国防部长麦克纳马拉提议，要求以每两年建造 1 艘核动力航空母舰的速度再建 3 艘核动力航空母舰，以保持 15 艘航空母舰的水平（4 艘福莱斯特级、4 艘小鹰级、3 艘中途岛级和 4 艘核动力航空母舰）。随后，他又建议这 3 艘拟建的核动力航空母舰应同属尼米兹级，以节省费用。自此之后，尼米兹级航空母舰系列诞生了。

尼米兹级航空母舰首舰尼米兹号（图 3-19）的建造计划于 1967 财政年度提出并批准，1968 年 6 月 22 日由纽波特纽斯造船厂开工建造，1972 年 5 月 13 日下水，1975 年 5 月 3 日服役，从建造到服役长达 7 年。该级舰共建有 10 艘。

图 3-19 | 尼米兹级航空母舰首舰 CVN 68

3.5.2 发展概况

尼米兹级航空母舰是继企业号航空母舰之后的美国第二代核动力航空母舰，也是现今世界上排水量最大、舰载机最多、现代化程度最高、作战能力最强的一级航空母舰。该级舰从1968年开始建造，共建10艘，最后1艘布什号如图3-20所示，于2009年1月服役。虽然该级舰的设计建造始于20世纪60年代末，但在长达40多年的研制建造中，每次建造新舰都吸纳高新技术，并在大修和改装时，对老舰装备随时更新换代，使该级航空母舰始终保持世界先进水平。

图3-20 尼米兹级航空母舰布什号（CVN 77）

冷战结束后，美国的国防预算遭到删减，尼米兹级航空母舰的建造工作也随之放缓。1994财年，美国订购CVN 76，1998财年又订购CVN 77，这是最后两艘尼米兹级航空母舰。由于这两舰的订购间隔增大（CVN 76于1994年12月8日订购，CVN 77则在1998年9月3日订购），加上美国海军已经开始规划下一代的核动力航空母舰，因此CVN 76与77各有相当程度的设计改良。第九艘尼米兹级航空母舰CVN 76被命名为罗纳德·里根号（USS Ronald Reagan），2001年3月4日下水，2003年7月服役，取代了2003年8月退役的小鹰级航空母舰星座号（USS Constellation CV 64）。①

3.5.3 主要性能与装备

尼米兹级航空母舰的主要特点是：

（1）装备了新型反潜指挥中心和相应的反潜设备，使其成为第一型既能执行攻击又能进行反潜作战的多用途航空母舰。另外，该舰还装备了战术旗舰指挥中心，还能作为编队指挥舰来使用。实际上，尼米兹号和艾森豪威尔号航空母舰最初是按核动力攻击型航空母舰的要求设计的，后来才改装成多用途航空母舰，而卡尔·文森号航空母舰是第一艘按核动力多用途航空母舰建造的。

（2）该级舰的甲板和舰体全用优质高强度合金钢制成，舷侧某些重要部位的钢板厚度达6.35cm，可有效地防御半穿甲弹的冲击。全舰机库甲板以下的舰体都是双层整体式水密

① Schank, John; Arena, Mark; Rushworth, Denis; Birkler, John; Chiesa, James (2003). Refueling and Complex Overhaul of the USS "Nimitz" (CVN 68): Lessons for the Future. Santa Monica, California: RAND Corporation. pp. xiii-xviii. ISBN 978-0-8330-3288-1.

结构，能有效地对付反舰导弹和鱼雷等现代武器的攻击，有效地提高了该级舰的不沉性或生存能力。

（3）与企业号航空母舰相比，反应堆由 8 座减为 2 座，全寿命期只需更换一次核燃料。另外，该级舰可搭载 90 架能执行各种战斗任务的固定翼飞机和直升机。良好的适航性和较长的自持力与性能先进的各类舰载机的综合使用，使该级航空母舰具有强大的作战能力。

图 3-21 为罗纳德·里根号航空母舰（CVN 76）的布置图。表 3-2 为尼米兹级航空母舰的主要性能与装备。

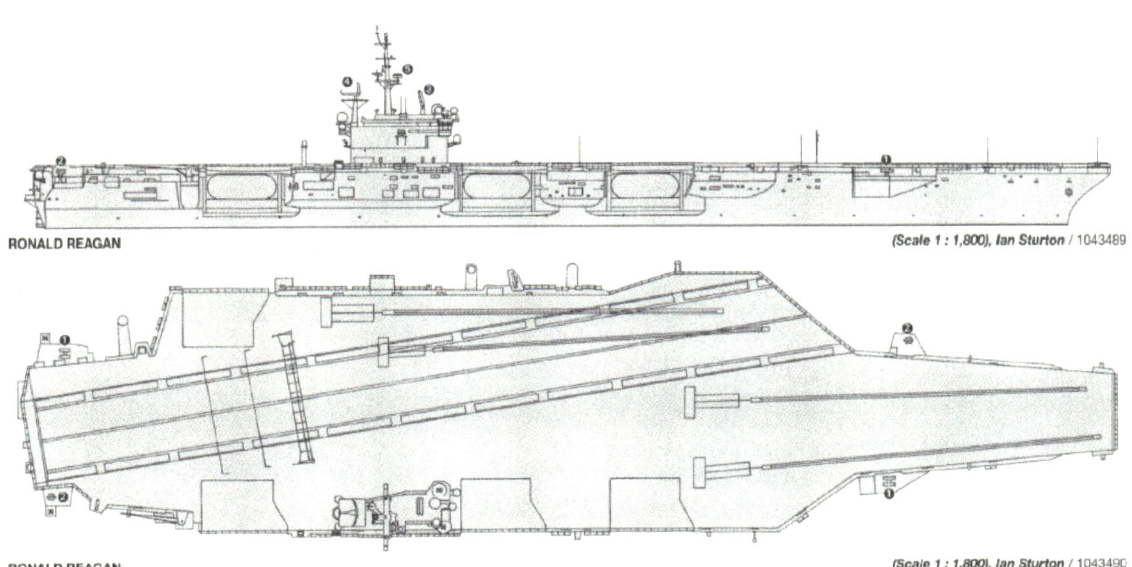

图 3-21 尼米兹级航空母舰罗纳德·里根号（CVN 76）布置图

表 3-2 尼米兹级航空母舰的主要性能与装备

名称	NIMITZ（CVN 68）CLASS （尼米兹级核动力航空母舰）
制造商	Newport News Shipbuilding （纽波特纽斯造船厂）
建造数量	10 艘（CVN 68~77）
服役时间	首舰 CVN 68 于 1975 年服役，最近一艘 CVN 77 于 2009 年服役
排水量	74086t（CVN 68~70），75160t（CVN 71），标准； 92955t（CVN 68~70），97933t（CVN 71），103637t（CVN 72~77），满载
主尺度	长 332.9m，宽 40.8m，型深 30.63m 吃水 11.3m（CVN 68~70），11.8m（CVN 71），11.9m（CVN 72~76），12.1m（CVN 77）
航速	30kn
舰员编制	舰员 5750 名（军官 505 名，航空人员 2480 名），编队司令部 70 名
飞行甲板	长 332.9m，斜角甲板长 237.7m，宽 76.8m
升降机	4
动力装置	核动力，2 座西屋/通用公司生产的 A4W/A1G 压水堆，4 台蒸汽轮机，总功率为 209MW（280000hp）；4 轴，4 桨，2 舵

（续）

电站	8 台汽轮发电机，单机功率 8000kW；4 台柴油发电机，单机功率 2000kW；全舰总发电量 72000kW；4 台应急柴油发电机功率为 8MW（10720hp）
导弹	2 座雷神公司 GMLS Mk29 型 8 联装导弹发射装置①，北约改进型海麻雀导弹 RIM-162D ESSM，采用半主动雷达寻的，射程为 55km，飞行速度为马赫数 3.6，战斗部重 38kg； 2 座 GMLS Mk49 型 21 联装导弹发射装置②，RIM-116 导弹采用被动红外/被动雷达寻的，射程 9.6km，飞行速度为马赫数 2.5，战斗部重 9.1kg
舰炮	2 座 Mk15 型 20mm 6 管密集阵火炮，射速 4500 发/分，射程为 1.5km；4 座（CVN 68，70，72，76）Mk 38 机枪
对抗措施	SLQ-25 型鱼雷防御系统，SLQ-32（V）4 型电子战系统
作战数据系统	ACDS 0 型海军先进作战指挥系统（CVN 71，72，75），4A、11、16 号数据链和卫星战术数据信息链路 J（S-Tadil J）以及 GCCS（M）卫星通信系统（SATCOMS）：SSR-1，WCS-3A（UHF DAMA），SRC-61 DMR（SATCOM），WSC-9 和 CBSP，WSC-6（SHF），WSC-8（SHF），USC-38（EHF），SSR-2A（GBS）；SSDS Mk2 舰艇自防御系统
火控系统	4 部 Mk9 Mod1 TJS 型导弹指挥仪，属北约海麻雀导弹系统（NSSMS）Mk57 舰空导弹（SAM）系统的一部分
雷达	对空搜索：ITT 公司的 SPS-48E/G 型三维雷达③，E/F 波段，作用距离 407km（220nmile）；雷神公司的 SPS-49A(V)1 型二维雷达④，C/D 波段，作用距离 463km（250nmile）；SPQ-9B 型雷达⑤。 对海搜索：诺登公司的 SPS-67(V)1 型雷达，G 波段。 空中管制：SPN-41、SPN-43C 和 2 部 SPN-46 型精密进近雷达，E/F/J/K 波段；TPX-42A 高度与身份数据显示系统（DAIR）。 导航雷达：雷神公司的 SPS-73(V)12。 火控雷达：4 部 I/J 波段（对付反辐射导弹）的 Mk9 舰载火控雷达（对导弹）。 战术空中导航系统：URN25 塔康空中战术导航雷达
固定翼飞机	舰载机航空联队编成取决于所执行的任务，典型配置为 44 架 F/A-18C/E/F 大黄蜂，4 架 EA-6B 徘徊者（或者 5 架 EA-18G 咆哮者），4 架 E-2C/2D 鹰眼
直升机	SH-60F，HH-60F 和 MH-60S 的配置或者 MH-60R 和 MH-60S 的配置
航空设施	4 部蒸汽弹射器；5 台 Mk7-3 型阻拦机（CVN 76-77 为 4 台），1 台用于阻拦网；4 部舷侧式飞机升降机，平台尺寸为长 25.91m，宽 15.85m

3.5.4 系统总体设计

3.5.4.1 总体结构与布置

尼米兹级航空母舰的舰型、总体结构、基本布置与第一代核动力航空母舰企业号基本相同，即仍沿用了改进的福莱斯特型——小鹰级航空母舰的基本设计，采用封闭式舰首、闭式机库、斜角甲板、舷侧飞机升降机，舰体从舰底至飞行甲板形成整体式的箱型结构，飞行甲板为强力甲板，参加全舰的总纵强度，保证了高性能飞机着舰的要求。

尼米兹级航空母舰从龙骨到桅顶，高达 76m，相当于一幢 20 余层楼房高。飞行甲板距水面距离为 19.11m，距基线距离为 30.63m。

飞行甲板以上的“岛”式结构为上层建筑，大致可分为 7 层。最上面的 3 层从上到下依次是航空舰桥、航海舰桥、司令部舰桥。

飞行甲板以下约可分为 11 层，如图 3-22 所示。机库甲板至飞行甲板占 4 个甲板层高，为 11.3m，其中包括吊舱甲板。

飞行甲板向下第 1 层为吊舱甲板（gallery deck，美军也称其为 03 甲板）。吊舱甲板位于机库甲板和飞行甲板之间，机库顶部，飞行甲板之下，是支撑飞行甲板的重要结构。美国大型航空母舰的机库总面积可达6000~7000m²，由于飞机出入机库要进行调运，所以这么大的机库不能有任何支柱阻挡。没有柱子的支撑，那就得依靠顶部的大跨度结构支持。另外，由于机库顶部是强力甲板，必须承受船体的总纵弯曲所产生的拉压作用力，所以在飞行甲板下的吊舱甲板可以与飞行甲板组成双层组合结构，与机库两侧的双层纵壁形成巨大的箱形结构。吊舱甲板从舰首到舰尾，有数条纵向通道，分成许多舱室。吊舱甲板集中布置了与弹射器、阻拦装置等甲板设施相关的机械舱，作战指挥中心、空中交通控制中心等多个作战区，飞行前指导室等与飞行相关的舱室。吊舱甲板还连接岛形建筑和舷侧走廊，并设有飞行员待飞室、包括舰长室在内的各种办公室。部分军官和士兵住舱也设在该甲板上。

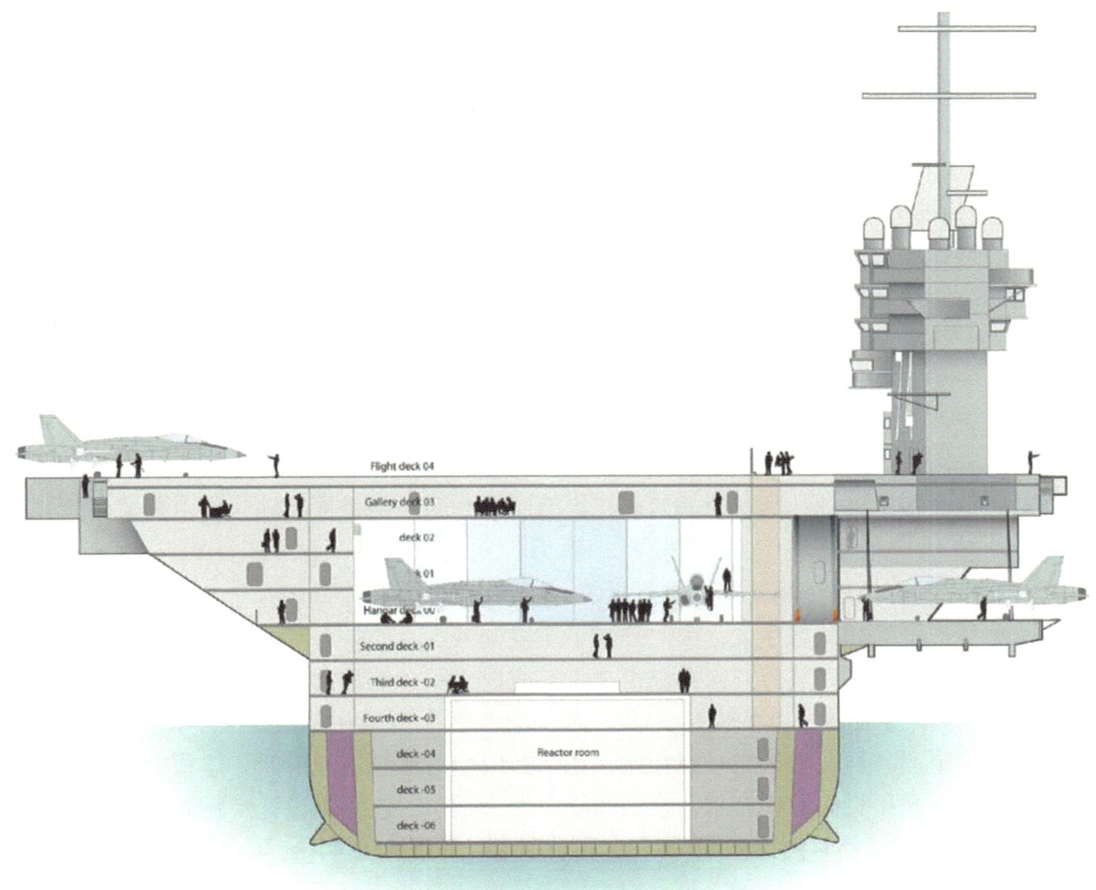

图 3-22 尼米兹级航空母舰的甲板分层示意图

第 2~4 层为机库所在层（02~主甲板），机库前方和外飘的两舷为 3 层结构；02 甲板前部布置有厨房、餐厅，靠舰首处是锚链舱，装有起锚机、系留装置等设备，两舷、尾部布置有住舱；01 甲板两舷布置有住舱，艏部有设备维修间；机库周围多为与飞机维修相关的修理间和仓库，在外飘处，机库甲板层（主甲板）上设有补给站。此外，还布置了柴油发电机、空调、通风机等各种辅助设备。舰空导弹发射装置、近程防御武器系统等也布置在外飘处。

第 5 层（第 2 甲板）布置了舰上最重要的舱室，主舰体由 20 多道主横隔壁细分成多个分区，各舱之间还装有水密门。这层甲板上有厨房、军官和士兵餐厅，前后还布置了军官和士兵住舱。舰上医院等医疗设施布置在该甲板，其收容能力很强。

第6层（第3甲板）上主横隔壁没有开口，各区之间不能通行，主要布置了住舱及其相关设施，由于舰员数量大，所以其他舰船的一些布置原则在航空母舰上并不适用，如在中小型舰艇上一般不在摇摆较大的舰尾布置住舱。另外，女性舰员目前约占20%，对女兵住舱予以了特别考虑。

第7~10层（第4~7甲板）在水线之下，舷侧有厚装甲防护。两舷有多道几乎与舰同长的纵隔壁，将其划分成多层防御区。布置了核反应堆、主机、辅机舱、泵舱等动力系统的设备，共占4层甲板，由于体积庞大的设备较多，所以没有全通的甲板，根据需要悬置了一些称为“平台”的机械控制室。反应堆设在舰体中央，配合多层防御隔壁和密封结构形成严密的防护。在它的前后设置了航空燃料舱，通向飞行甲板加油站的管路从舰体内部穿过。在舰尾设有舵机舱。

第11层为内底水舱和油舱。

3.5.4.2 动力系统

尼米兹级航空母舰的核动力装置由2座A4W/A1G型压水反应堆（CVN 68~70舰上采用的是西屋公司的A4W型压水堆，CVN 71~77舰上采用的是通用电气公司的A1G型压水堆）、蒸汽发生器、4台蒸汽轮机、4根推进轴、4个5叶螺旋桨。总推进功率达209MW（280000hp），航速30kn以上。2座压水堆分别设在前后反应堆舱内，前堆舱的后面是前机舱，舱内设置两套由高低压汽轮机组成的汽轮机组；后堆舱和后机舱位于前机舱后面，后机舱也设有两套由高低压汽轮机组成的汽轮机组。4台蒸汽轮机置于前后机舱内，前机舱两套机组驱动舷侧两根推进轴；后机舱的两套机组驱动靠中间的两根推进轴，均由减速齿轮装置传动。即2座反应堆驱动4部蒸汽轮机，动力传送到4根长140.8m、直径0.6m、重达330.21t的推进轴，推进轴驱动单个重量近30t，桨叶直径为6.71m的4个5叶螺旋桨。尼米兹级舰的每根推进轴如此之巨大，因此分成了7段安装。

尼米兹级航空母舰的航行方向操纵由2个舵完成，每个舵重达45.4t，高8.84m。

A4W/A1G反应堆单堆功率达600MW，是企业号舰上所采用的A2W的4倍。与采用8座核反应堆的企业号核动力航空母舰相比，尼米兹级舰的反应堆造价低、体积小、占用空间少、方便布置，显得更为紧凑有效，换料间隔也大为延长，该级舰设计换料间隔时间为13~15年，但实际换料间隔时间达到了23年，两次换料之间能够航行80万~100万海里，相当于绕地球航行三四十圈。

3.5.4.3 航空保障系统

为保障舰载机在航空母舰上的驻留、转运及飞行作业，航空母舰上必须提供满足舰载机驻留的环境条件，并配备必要的航空保障设施，以对舰载机飞行作业的各个环节提供必要的技术支持和保障。航空母舰上配备的保障舰载机作业的各项航空设施构成航空保障系统。尼米兹级航空母舰的航空保障系统主要有蒸汽弹射器、喷气偏流板、阻拦装置、升降机、助降系统等。

尼米兹级航空母舰设有4部蒸汽弹射器（CVN 68~71上为C13-1型，CVN 72~77上为C13-2型）。其中两部设在舰艏、飞行甲板起飞区前端（这两部弹射器不对称于舰的纵中线），另外两部弹射器设在斜角甲板前端。C13型蒸汽弹射器能量大、加速性能好，能在几十米的距离内用 2.5s 的时间使飞机速度骤然达到 273km/h。弹射间隔时间是 20s，4 部弹射器可同时使用，这样，加上每次弹射后就位所需要的时间，4 部弹射器一分钟就可弹射 8 架飞机。

3.5.4.4 舰载机

尼米兹级航空母舰的舰载机联队编成和机种经历过多次较大的变化。冷战时期，美国出于与苏联海军海上对峙的需要，不仅航空母舰上搭载的飞机和直升机数量、种类繁多，而且突出了战斗机和攻击机的数量，一般保持在 3 个中队（2 个战斗机、1 个攻击机）以上。冷战结束后，尤其是 20 世纪 90 年代中后期以来，由于战略对手和作战对象发生重大变化，尼米兹级航空母舰上的舰载机联队编成陆续调整与变化，先后取消了原来的 A-7E、A-6E 等战术性能不高的攻击机，替换成了可兼顾战斗和攻击两项任务的 F/A-18 大黄蜂战斗攻击机。而从 2002 年起，尼米兹级航空母舰舰载机联队再次发生重大变化，原编成内的 F-14 雄猫战斗机全部退役，代之以 F/A-18E/F 超级大黄蜂，同时，F/A-18E/F 还在逐步替换原来的 F/A-18C/D。现在，尼米兹级航空母舰的一个舰载机联队一般编 4 个 F/A-18 系列战斗攻击机中队，每个中队装备 10~12 架飞机。未来，尼米兹级航空母舰上还将搭载 F-35C 联合打击战斗机，作战能力将进一步提高。

据 2019—2020 版的《简氏舰船年鉴》，尼米兹级航空母舰上搭载的固定翼飞机包括 44 架 F/A-18A/C/E/F 大黄蜂战斗攻击机，4 架 EA-6B 徘徊者电子战飞机（或者 5 架 EA-18G 咆哮者），4 架 E-2C/2D 鹰眼空中预警机；搭载的直升机包括 SH-60F、HH-60F 和 MH-60S 的混合配置，或者 MH-60R 和 MH-60S 的混合配置。

3.5.4.5 武器系统

由于航空母舰的作战任务主要由舰载机和周围护航舰艇上的武器装备来承担，所以航空母舰自身配备的舰载武器的数量和种类较少，仅以近程防御导弹和末端拦截武器为主，尼米兹级航空母舰的具体配置情况如下：

- 2 座/3 座 Mk29 型 8 联装导弹发射装置，用于发射北约海麻雀近程舰空导弹；
- 2 座 Mk49 型 21 联装导弹发射装置，用于发射拉姆近程舰空导弹；
- 2 座/3 座 Mk15 型 20mm 6 管密集阵火炮。

海麻雀导弹射程 16km，拉姆导弹射程 9.6km，密集阵火炮射程 1.5km。三种武器基本覆盖了近程防御的范围。

这些导弹发射装置布置在独立外飘的平台上，在它的附近有专用弹药库。海麻雀导弹发射装置布置在舰首右舷和舰尾左舷，拉姆导弹发射装置布置在舰首左舷和舰尾右舷，密集阵系统的发射装置布置在舰首右舷和舰尾左舷。

3.5.4.6 电子信息系统

航空母舰的电子信息系统是航空母舰完成各项攻防作战任务的核心，主要包括指挥控制、预警探测、通信、导航和电子战等系统。指挥控制系统是航空母舰的核心，担负情报处理、指挥决策、武器系统控制和作战管理等任务，其能力决定着航空母舰的整体作战效能。预警探测系统是航空母舰获取战场态势信息的源泉，主要包括雷达、光电、红外和声呐等探测系统，但尼米兹级等大型航空母舰通常不装备声呐，因为降低航空母舰发出的噪声是非常困难的，即使装了也很难获得预期的效果，对潜探测多由反潜飞机、直升机和护航舰艇去完成。通信系统是航空母舰内外联系的神经中枢，是联络、指挥、协同作战的纽带，主要包括内部和外部通信。导航系统主要用来保证航空母舰的出航、进港和航行的安全，引导舰载机的起飞和着舰以及与舰载武器配套使用。电子战系统是航空母舰的防御屏障，用于对敌舰艇、飞机、雷达、通信和武器制导等系统进行侦察、干扰、掩护己方舰队作战和保障航空母舰及其编队安全。本节主要介绍尼米兹级航空母舰的指挥控制系统，用于探测、导航的主要雷达设备及其 SLQ-32（V）4 型电子战系统和 SLQ-25 型水声对抗系统。

尼米兹级的 CVN 68~70 三艘舰在建造时采用的指挥控制系统是 NTDS（海军战术数据系统）；CVN 71~75 五艘舰建造时采用的是在 NTDS 基础上发展起来的 ACDS（先进作战指挥系统）；CVN 76~77 在建造时，舰艇自防御系统 SSDSMk2 已经研制出来并得到成功应用。在后来的改装中，CVN 68~70、73~74 装备了 SSDS Mk2 系统。因此，目前尼米兹级的 CVN 71~72 和 75 舰上采用的是 ACDS 0 海军战术及先进作战指挥系统（NTDS/ACDS），CVN 68~70、73、74、76、77 舰上则装备了 SSDS Mk2 型开放式舰艇自防御系统。

尼米兹级航空母舰安装的对空搜索雷达包括 AN/SPS-48E、AN/SPS-49(V)5（CVN 71，72，75）或 AN/SPS-49A(V)1（CVN 68，69，70，73，74，76，77）雷达、Mk23 TAS（CVN 71，72，75）或 AN/SPQ-9B（CVN 68，69，70，73，74，76，77）雷达。

尼米兹级航空母舰安装有 AN/SPS-67(V)1 型对海搜索雷达。

AN/SPS-67(V)1 是 AN/SPS-67(V)型雷达的基本型，是一种两坐标（方位和距离）脉冲雷达，主要用于监测水面反舰导弹和低飞目标，工作波段在 G 波段，频率在 5450~5825MHz 范围。

尼米兹级航空母舰上装备有 AN/SPN-43C 空中管制雷达。

尼米兹级航空母舰装备的舰载导航雷达为 SPS-64(V)9（CVN 71、72、75）、SPS-73(V)12（CVN 68、70、73、74）或者 SPS-73(V)17（CVN 69、76、77）。

尼米兹级航空母舰上现在安装的是 AN/SLQ-25 型水声对抗系统。它是美国海军 20 世纪 70 年代中期发展的一个项目。

AN/SLQ-25 也称为水精鱼雷防御系统，目的是使航空母舰能够对抗鱼雷攻击。AN/SLQ-25 是一种拖曳式电声装置，它可为航空母舰对付自导鱼雷提供有效的对抗手段，它与指令、显示和信息处理系统一起，组成音响和鱼雷对抗系统。由于存在被敌方声呐和自导鱼雷探测和识别的威胁，因此也可将这套装置用于干扰对方音响传感器和转录必要的数据，以便使航空母舰采取适当的应对措施。

尼米兹级航空母舰采用的是 AN/SLQ-32(V)4 型电子战系统。

AN/SLQ-32 是雷神公司电磁系统部、休斯飞机公司地面系统部联合研制的一种舰用电子战设备，主要任务是对抗来袭的反舰导弹，负责舰艇的点防御。系统采用晶体了视频测向和瞬时测量频率相结合的方案。系统天线采用介质透镜馈电多波束天线阵，16 个波束用于接收阵列，36 个辐射源用于发射阵列，每个辐射源后有一个 500W 行波管，整个天线辐射合成脉冲功率可达 1.2MW。这种发射阵技术使系统获得 100%占空有效辐射功率，并解决了噪声干扰设备与欺骗干扰机联合使用相互影响的矛盾。AN/SLQ-32 有 AN/SLQ-32(V)1、AN/SLQ-32(V)2、AN/SLQ-32(V)3 和 AN/SLQ-32(V)4 等型号。AN/SLQ-32(V)1 为基本型，后面几型都是在前面型号的基础上改进而成的。

3.5.4.7 辅助系统

1. 消防系统

航空母舰舰体庞大，装备复杂，携载大量燃油、弹药等易燃易爆物，加上舰载机在航空母舰起降过程中存在许多不确定因素，发生飞行事故的概率高于岸基飞机，因此，引发航空母舰发生火灾和爆炸事故的因素远远多于任何类型的舰艇，在战时就更易引发火灾。例如，1981 年 5 月，一架 EA-6B 徘徊者电子战机在尼米兹号上着舰时引发了重大火灾事故，共造成 14 人死亡、42 人受伤、11 架飞机被损毁；2009 年 1 月，正在地中海希腊海域进行军演的俄罗斯库兹涅佐夫号航空母舰发生火灾，一名水兵在救火中丧生；企业号航空母舰多次发生火灾……。由此可见，要保障航空母舰安全及航空母舰的战斗力，消防问题非常重要。航空母舰的飞行甲板与机库是航空母舰舰载机作业或停放区域，同时也是火灾事故易发区域，美国海军一直将两者作为航空母舰消防的重点区域，并安装了较为完善的消防系统，以确保火灾发生时把损失减少到最低。

2. 三防系统

为了预防、减少或消除核武器、生物武器及化学武器对航空母舰及舰员造成的损害及破坏，航空母舰上设置了三防系统（核武器为 N，生物武器为 B，化学武器为 C，三防系统也可简称为 NBC 系统）。三防系统一般由核爆炸探测、核辐射监测、生物战剂样品采集和检验、化学毒剂侦检和报警、集体和个人防护、船体和设备洗消等设备、设施和器材组成。

三防系统通过系统所设置的各类探测、报警元器件，预先得知核爆炸的当量、波及范围、方位（三坐标），生化武器的种类，以便及时发出报警并采取相应的预防措施，诸如关闭门窗，人员撤离至露天部位并进入三防通道洗消或穿戴防毒服及面具，开启滤毒通风装置进行与外界隔离的闭式通风，适时开启水幕系统对有害沾染物进行冲洗等。此时，航空母舰根据战斗使命的需要一般宜全速进行回避，以便脱离危险区域，最大程度地保持战斗力。在脱离危险区后，用固定洗消设施和便携式洗消器对有害沾染物部位进行洗消，以保证全舰安全。

航空母舰的三防具体包括核生化探测、核生化环境下的人员防护，以及核生化环境下的舰体和武器设备等防护。三防系统由航空母舰三防管理与监控中心控制和管理。

3. 海上补给系统

航空母舰的海上航行补给是一项很关键的工作，它对保持航空母舰作战能力非常重要，如在海湾战争的“沙漠风暴”行动中，美国的常规动力航空母舰 2.7~3.1 天补给一次，核动力航空母舰 3.3 天补给一次，以补充弹药、燃油和生活用品等各种消耗品。

3.5.5 建造情况

1967 财年批准尼米兹号；1970 财年批准艾森豪威尔号；1974 财年批准卡尔·文森号；1980 财年批准罗斯福号；1983 财年批准林肯号和华盛顿号两舰；1988 年 6 月签订约翰·斯坦尼斯号和杜鲁门号两艘舰的造舰合同；1993 财年拨款 8.322 亿美元作为里根号的前期预研资金并于 1995 财年拨款建造该舰；1997 财年提出布什号的建造设想，1998 财年国会通过逐年拨款计划，2000 财年提出建造方案，2001 年签订建造合同。这 10 艘尼米兹级航空母舰均在纽波特纽斯造船厂的 12 号干船坞内建造，该船坞原长 487.66m，宽 76.19m，深 9.97m，近年来经扩展后长达 662m，具体建造情况如表 3-3 所示。

表 3-3 尼米兹级航空母舰的建造清单

舷号	舰名	开工	下水	服役	母港/状态
CVN 68	Nimitz 尼米兹	1968/6/22	1972/5/13	1975/5/3	Bremerton, WA
CVN 69	Dwight DEisenhower 德怀特·艾森豪威尔	1970/8/15	1975/10/11	1977/10/18	Norfolk, VA
CVN 70	Carl Vinson 卡尔·文森	1975/10/11	1980/3/15	1982/3/13	San Diego, CA
CVN 71	Theodore Roosevelt 西奥多·罗斯福	1981/10/13	1984/10/27	1986/10/25	San Diego, CA
CVN 72	Abraham Lincoln 亚伯拉罕·林肯	1984/11/3	1988/2/13	1989/11/11	San Diego, CA
CVN 73	George Washington 乔治·华盛顿	1986/8/25	1990/7/21	1992/7/4	Norfolk, VA
CVN 74	John Stennis 约翰·斯坦尼斯	1991/3/13	1993/11/11	1995/12/9	Bremerton, WA
CVN 75	Harry S Truman 哈里·杜鲁门	1993/11/29	1996/9/7	1998/7/25	Norfolk, VA
CVN 76	Ronald Reagan 罗纳德·里根	1998/2/12	2001/3/4	2003/7/12	YOKOSUKA 日本横须贺
CVN 77	George H Bush 乔治·布什	2003/9/6	2006/10/8	2009/1/10	Norfolk, VA

尼米兹级航母的造价如下：尼米兹号为7.25亿；艾森豪威尔号为7.44亿美元；卡尔·文森号为12.8亿美元；罗斯福号为32亿美元；里根号约为45亿美元；布什号为61.9亿美元。

航空母舰在整个服役期内要进行多次定期和不定期各种级别的维修改装。换料大修（RCOH）是核动力航空母舰服役中期所进行的历时最长的一次大修，除反应堆换料外，还同时对舰载设备和基础结构进行升级改造，以保持航空母舰的现代化程度。尼米兹号（CVN 68）、艾森豪威尔号（CVN 69）、卡尔·文森号（CVN 70）、罗斯福号（CVN 71）已分别在1998—2001年、2001—2003年、2005—2009年、2009—2012年完成了换料大修（RCOH）。CVN 68、CVN 69、CVN 70三舰除换料外，其现代化的改装主要有：换装了一个新型天线桅杆，该天线桅杆可让雷达更好地发挥作用，同时，还安装了一个新型雷达天线塔。另外，还进行了其他一些改进，如针对弹射器、作战系统进行了大量的升级工作；对居住舱室、牙医舱室、洗衣舱和淋浴舱等数千个舱室进行了现代化改装；对水线以下的舰体部分喷涂了新涂料；更换了数千个阀门，修理了近百个阀门。

从尼米兹级航空母舰的第4艘舰——罗斯福号（CVN 71）开始，舰上加装了反潜战控制中心和相应的反潜设备，设置有专门反潜飞机检修设施，增加了反潜作战人员，成为一型多用途航空母舰。而以前建造的尼米兹级航空母舰原都作为攻击型航空母舰设计，不具备反潜能力。但后来，也都按罗斯福号舰的标准进行了改装，增设了反潜设施，搭载了反潜飞机，改装成了多用途航空母舰。

为提高防空自卫能力，从罗斯福号开始，舰上还加装了3座海麻雀武器系统，并将密集阵近防武器系统数量由3座增加到4座。而在20世纪80年代中后期，CVN 68~70在现代化改装过程中也分别加装了3座Mk29海麻雀导弹系统，替换掉了原来的点防御导弹系统，还安装了4座密集阵近防武器系统。后来，尼米兹级航空母舰的武器系统又陆续进行了改装，如从1999起，所有舰加装了2套拉姆导弹系统，有些舰取消了一座海麻雀系统，还有些舰取消了一座或两座甚至是全部的密集阵系统。总的来说，经过持续改装和改进后，到目前为止，尼米兹级舰上拥有 2 座（CVN 68，69，70，73，74，76，77）或 3 座（CVN 71，72，75）海麻雀武器系统，2 座（CVN 70，71，73）或 3 座（CVN 72，74，75）密集阵武器系统以及两座 21 联装的拉姆导弹发射装置。

为提高对低空飞机和巡航导弹的防御能力，从罗斯福号开始，还加装了 Mk23 TAS 目标捕获系统；进一步完善了海军战术数据系统，同时加装了 DE-82 卫星通信设备；并用 SLQ-32(V)4 型舰载综合电子战系统取代 SLQ-29 型系统。而在 20 世纪 80 年代中后期 CVN 68~70 的现代化改装过程中，也做了这方面的改进。

2001 年，在尼米兹号（CVN 68）的换料大修期间，还安装了 SSDS Mk2 开放式舰艇自防御系统，2006 年升级成了 SSDS Mk2 Mod1 型，该自防御系统包括 2 套“拉姆”武器系统和 1 部 SPQ-9B 雷达，SPQ-9B 雷达用来替换原来的 Mk23 TAS。后来，CVN 69、70、73、74、76 和 77 也按此标准进行了改进。

3.5.6 采办动态

2020 年 6 月 8 日，两个航母打击群（CSG）部署在太平洋地区，这是自海军制定了一套新的程序来保护正在航行的舰船免受 COVID-19 病毒感染以来的第一次。①

美国第七舰队宣布，里根号（USS Ronald Reagan，CVN 76）当地时间周一（6 月 8 日）离开位于日本横须贺的母港，开始航母打击群的部署巡逻，搭载第 5 航空兵联队（CVW 5）和第 15 驱逐舰中队（Destroyer Squadron 15）。这艘航空母舰在 4 月完成了年度维修，5 月进行了海上试航。

同样，在美国西海岸，尼米兹号（CVN-68）航母打击群搭载第 17 航空兵联队（CVW 17）于当地时间周一上午（6 月 8 日）离开圣地亚哥，前往西太平洋部署。这艘航母上周完成了它的综合训练单元演习（COMPTUEX）返回。

7 月 4 日，美国海军里根号和尼米兹号航母打击群从菲律宾海转战南海，并在那里举行了 2014 年以来的首次双航母演习（图 3-23）。

图 3-23 里根号和尼米兹号航空母舰（2020 年 7 月）

① Sam LaGrone. Reagan, Nimitz Carrier Strike Groups Deploy. USNI News, June 8, 2020 . https://news.usni.org/2020/06/08/reagan-nimitz-carrier-strike-groups-deploy.

3.5.7 总体评价

尼米兹级是美国海军于20世纪60年代末开始设计建造的第二代核动力航空母舰，也是连续40多年批量建造创纪录的一级航空母舰，是美国海军较为成功的一种舰型。无论从哪一方面来说，尼米兹级航母都是海上的“巨无霸”，其技术和作战效能目前都处于绝对领先的地位。然而，尼米兹级航母毕竟是20世纪60年代设计的，尽管其设计在当时的技术条件下非常先进，而且每次建造新舰，都增加了高精尖新技术，并在大修和改装时，对老舰装备更新换代，使之始终保持世界顶级水平，但经过这么多年，尼米兹级的升级提高已经达到设计极限，发展潜力不大，新技术在向该级航母移植时显得困难越来越大，使得其在快速部署、持续作战和遂行网络中心战等方面的能力已不能适应21世纪的作战需求。总的来看，现役尼米兹级航空母舰存在的主要不足与问题如下：

（1）隐蔽性差，极易暴露行踪，从而易遭致对方多种兵力兵器的打击。实验表明，尼米兹级航母的雷达反射截面积较大（尤其是前几艘），虽然后几艘特别是最后一艘布什号在隐身方面有了很大改进，隐身性大为提高，但由于结构上固有的缺陷，多数尼米兹级航母不能从根本上解决其雷达总体反射截面积较大的弊端。布什号的改进只能算是有限改进，其目标过大，隐身性较差的问题无法从根本上得到解决。

（2）核动力装置的性能落伍，功率值过小，其电力输出能力难以满足未来电磁弹射器和新概念武器等较大功率的需求。目前，美国现役10艘尼米兹级航空母舰上装设的A4W/A1G型压水堆，只有在大幅度降低堆芯寿命的前提下，才能提供电磁飞机弹射系统及其他新型系统所需的电能。该级航母反应堆的结构也较为复杂，其管道型号就达30余种，安装了1200多个阀门和20多个大型泵，在航母航行状态下需由舰员监控60个观察站。

（3）舰上的武器已不太适应现代海战的要求，尤其是较难对付超低空来袭反舰导弹的打击。针对日益复杂、激烈多变的海战新特点、新情况，美国海军感到原有的舰空导弹和速射炮已难以适应未来海战的要求，尤其是应对超低空来袭反舰导弹和飞机的打击，以及面对水下潜艇与水雷时，愈加显得力不从心。因此，加紧研制和安装航空母舰上的各种新式武器系统，包括各种新概念武器，并抓紧对各种武器系统进行测试，已成为美国海军的当务之急。对于现有的武器系统，美国海军也不断地加以改进。

（4）蒸汽弹射器日益显现出其明显的不足，特别是对于重型有人机和轻型无人机，难以提供可靠的弹射服务。虽然蒸汽弹射技术已发展得相当成熟，但实际上目前仍只有美国一家掌握。尽管如此，该技术如今越来越难以适应更快捷地弹射重型飞机、轻型飞机或无人机等机种的要求。鉴于此，美国海军开始研发电磁飞机弹射器，目前已取得一定的进展。

（5）原有的航母舰载机不仅机种种类繁多，而且战术性能不高，急需新机更换。近年，美国海军尽管相继淘汰了不少航母舰载机的机种，如较为老旧的A-6、A-7、F-14等，并改由F/A-18A/C/E/F战斗攻击机来替代。尽管机种种类有所减少，但这些机种依然只停留在第三代舰载机的水平上，其作战性能虽然总体上还算不错，但已难以应对现代信息化海战的要求。因此，美国急于发展第四代舰载机F-35C及舰载无人机。

3.6 福特级航空母舰（CVN 78）

福特级航空母舰是21世纪美国海军装备重点发展的项目之一。该级舰是继尼米兹级后，适应新战略和新的任务需求，吸纳先进技术，进行全新设计的新一代航空母舰。迎着诸多新的挑战和威胁，承载各种崭新技术的福特级航空母舰正在启航。

3.6.1 研制背景

进入 20 世纪 90 年代，美国海军为了在经费预算有限的情况下保持海军航空兵的核心战斗力，适应 21 世纪战略发展的需要，除了继续建造尼米兹级航空母舰外，开始寻求发展一型比尼米兹级航空母舰具有更强的作战能力，同时全寿期费用更低的新一代航空母舰，以逐步取代服役到期的老龄航空母舰，并最终替代尼米兹级航空母舰，从而构筑未来 100 年间航母战斗群的基础。新一代航空母舰 CVX 计划就是在这样的背景条件下于 1993 年底提到议事日程上来的。

20 世纪 90 年代初，美国提出了新的国家安全战略，即地区防务战略。它的基础是战略威慑与防御、前沿存在、危机反应、具备兵力重组能力，即在战略上强调“国家安全主要是经济安全”，在国防体制上强调“全面调整美国军事力量的结构”、保持美军在重要地区的“前沿存在”。为配合美国国家战略的调整，海军也确定了与之相适应的新战略，即“前沿存在，由海到陆”。其战略调整的实质内容是加强海军对陆攻击能力。美国海军认为，航空母舰在 21 世纪仍是海军远征作战不可或缺的装备，新一代航空母舰必须满足战略调整提出的作战需求，特别是航母战斗群的对陆攻击能力。美国海军将新一代航空母舰的使命任务确定为：和平时期在无陆上基地支持的情况下，能够提供可靠的、持久的、独立的前沿存在；危机发生时，可作为联合部队/盟军的海上远征部队的坚强后盾；在联合作战中发挥更大的作用，打击敌陆上、水面或水下目标，为己方部队提供全维防护，具备持续作战能力。据此，美国海军要求新一代航空母舰必须具备以下几种能力。

（1）战略机动能力：必须具备独立地快速部署和反应能力，无论何时何地都能配合海上远征舰队作战。

（2）持续作战能力：在远离基地，持续作战的情况下，必须具有很强的自持力，支持飞机和掩护其他兵力的能力。

（3）生存能力：必须具有很强的自身防御能力；一旦被敌方击中，仍具有一定的抗损、抗毁、抗沉和机动能力。

（4）精确打击能力：必须能够指挥足够数量的战术飞机实施精确作战；必须为联合作战提供战术空中支持。

（5）联合指挥和控制能力：必须具有联合作战能力，其通信设备必须能够完全与海军其他舰艇或编队、远征部队、联合部队及盟军的通信设施兼容；必须能够作为指挥与控制中心，将情报信息综合分析后形成连贯、清晰的战术图像为联合作战提供技术支撑；必须具备与基地和其他战术平台实时交换数据的能力和较强的数据融合能力。

（6）灵活性和升级潜力：必须具有搭载现役和新一代舰载机的能力；必须具有同时执行多种任务、随时做好改变作战任务准备的能力；必须具有适应未来威胁、使命、技术等变化的能力。

在新一代航空母舰计划开始的同时，为保证航空母舰的发展不中断并保持造船厂的航空母舰建造能力，美国仍在建造尼米兹级航空母舰。1998 年 7 月第 8 艘尼米兹级航空母舰杜鲁门号（CVN 75）建成服役，替代了独立号航空母舰。第 9 艘里根号（CVN 76）1998 年开工建造，2003 年服役。第 10 艘布什号（CVN 77）2003 年开工建造，2009 年 1 月服役。

2006 年，新一代航空母舰首舰命名为福特号（CVN 78），2009 年该舰正式开始建造。福特级航空母舰首批将建造 3 艘，该级航空母舰的建造总量可能会达到 10 艘或 11 艘，以逐步替代现役的尼米兹级航空母舰，整个福特级航空母舰的建造工期要持续到 2058 年，时间跨度长达半个世纪之久。

3.6.2 发展概况

1993 年，美国开始新一代航空母舰概念论证。

1996 年 3 月，美国海军提出“开发 21 世纪新的战术航空母舰海基平台”用于代替现役的尼米兹级航空母舰，称为 CVX 项目。经国防部采办委员会批准授权，海军正式开始新一代航空母舰研制和总体方案的先期论证。总体方案分析主要涉及两种类型的评估和分析工作：海军海上系统司令部设计小组、费用估算办公室主要负责设计工作和相应的费用估算；海军分析中心负责作战效能、可靠性等论证研究工作。总体方案分析紧紧围绕任务需求书（MNS）进行，对新一代航空母舰的作战能力、生存能力、适应性、未来改装、降低全寿期费用等核心问题开展了大量工作。

1997 年 10 月，第一阶段的总体方案论证工作完成，该阶段重点比较了大型航空母舰和小型航空母舰的性能和可行性、常规起降和短距起飞垂直降落航空母舰的性能和可行性，研究人员先后对大约 70 种不同方案进行了比较探讨，其中包括舰载机数量和类型等。

1998 年 9 月，第二阶段的总体方案论证工作结束，主要完成了舰体尺寸、甲板布置和动力系统类别等论证，并进行了大量成本模型的研究。美国国防部采办委员会批准了海军大甲板核动力的方案，因决定采用核动力，CVX 遂改称为 CVNX。

在 CVNX 计划之初，美国海军原打算一步就完成全新设计的航空母舰的研制，就是走所谓的革命性的发展途径。尽管全寿期费用分析清楚地表明，按整个一级航空母舰的总费用来看，有最大降低的可能，但航空母舰全新设计加上子系统技术开发的前期费用预计约为 60 亿美元，另还有 50 亿美元的建造费，按照海军当时的预算水平，确实难以承受。为了保证新一代航空母舰的研制成功，不断引进新技术，增强作战能力，降低研制风险，同时与费用承受能力相适应，美国海军决定采取三步走的渐进发展战略，逐步由尼米兹级航空母舰平稳过渡到 CVNX 航空母舰。第一步，建造 CVN 77，作为新一代航空母舰的过渡，引进新的研发与管理方法/程序，应用关键技术改进作战系统等，以满足作为网络中心战中关键节点的需求；重新设计上层建筑，并改进机械控制和仪表显示系统等。第二步，建造 CVNX1，目的是提高作战能力，在基本保持尼米兹级舰体的情况下，使用新型核动力装置、综合电力系统和电磁弹射/阻拦装置等。第三步，建造 CVNX2，采用全新的舰型设计，重新设计飞行甲板，综合利用经过 CVN 77 和 CVNX1 验证的技术，形成美国新一代航空母舰的基本配置。

1999 年 10 月，总体方案论证最后一个阶段的工作完成，该阶段主要对各种总体布置进行了费用估算，并研究了其他相应的关键技术和分系统等内容。1999 财年，美国国会共拨款 1.495 亿美元用于初始研制工作，以及发展航空母舰的子关键技术，包括先进弹射器技术、先进推进系统概念、增强生存能力、综合信息管理技术、减少人力的自动化技术以及计算机辅助设计工具等。

上述三个阶段的总体方案分析论证得出的结论是：新一代航空母舰仍将采用常规起降、

大吨位、大甲板、核动力。

2000 年 6 月，国防采购局批准了海军关于建造新一代大型核动力航空母舰的计划提案。

2001 年，美国海军提出了 2190 万美元的预算需求，主要用于 CVNX1 型的预采购和组件研究。

2002 年 11 月，项目发生重大变化。拉姆斯菲尔德入主五角大楼后要求国防部对大量的主要国防采购项目进行重新审查，使军事采购项目更加符合拉姆斯菲尔德军事转型的要求。CVNX 计划也受到了影响，对 CVNX 的设计出现争论。美国国防部认为，CVNX1 的巨额投入与设计改进能达到的最终性能不成比例。

2003 年 1 月，美国国防部决定放弃原来的三步走发展战略，而选择以 CVN 77 作为过渡航空母舰，合并 CVNX1 和 CVNX2 的设计方案，新的项目被重新命名为 CVN 21，即 21 世纪新型核动力航空母舰计划，并对其重新规划、设计，最终决定新航空母舰的所有舰均采用尼米兹级的船体，但要加快首舰中新技术的引入力度，后续舰将大部分采用首舰的设计，仅做少量改进，完成“单一的、转型的舰艇设计”，为其他在研的水面舰艇设计、建造，树立一个楷模。

为了降低 CVN 21 的技术风险，降低研发成本，美国海军决定在 2003 年 9 月开始建造的最后一艘尼米兹级航空母舰 CVN 77 上应用部分 CVN 21 的新技术。

美国海军评估 CVN 21 的研制费用为 30.1 亿美元，采购费用为 80.6 亿美元，全部费用为 110.7 亿美元，改进项目包括优化飞行甲板和飞行甲板下的结构布置以提高飞机出动架次，改善武器搬运系统，新的飞机弹射和回收系统，重新设计舰上岛式上层建筑，新的核动力装置，允许未来技术扩展，提高自动化水平，减少人工操纵程度等。

2004 年 4 月，美国海军和诺斯罗普·格鲁曼公司纽波特纽斯造船厂宣布双方签订了 CVN 21 航空母舰的建造准备合同，这标志着 CVN 21 项目进入了新的阶段，那些由国防部负责采办的系统进入全面的系统研制和验证阶段，合同为期 3 年，总价值为 14 亿美元，涉及详细设计、装备研制、长期采购和首舰的先进建造方式等内容。同年 8 月开始，美国国防部将 CVN 21 计划称为“三舰”计划，即决定该级航空母舰首批建造 3 艘，舷号分别为 CVN 78、CVN 79、CVN 80。3 艘航空母舰计划共花费 361 亿美元，平均每艘航空母舰的费用大约为 120 亿美元。

2005 年 8 月 11 日，福特级航空母舰首舰 CVN 78 举行了首块钢板的切割仪式，仪式上切割了重 15t 的一块钢板，用作舷侧外板。

2006 年，美国海军部长为 CVN 78 命名，首舰以前总统福特的名字命名，为福特号（USS Gerald R. Ford），确立该级舰为福特级，如图 3-24 所示；美国海军决定将首舰的建造合同推迟一年签署，以保证其他项目能够顺利进行，首舰交付时间也顺延一年。

2007 年 1 月 16 日，福特号航空母舰举行命名仪式。国会在国防授权法案中为 CVN 78 确立了 105 亿美元的一揽子经费标准。随后，海军申请 CVN 78 的 2008 年建造预算；海军和国防部分别提交了最新经费预测以支持此次评审工作。

2008 年，CVN 78 建造合同授予诺斯罗普·格鲁曼公司纽波特纽斯造船厂。11 月 27 日，美国柯蒂斯·怀特公司获得美国贝克特尔公司 8300 万美元合同，为美国海军第 2 艘福特级航空母舰和 4 艘弗吉尼亚级核潜艇提供设备。第 2 艘福特级核动力航空母舰计划在 2013 年开始建造。

图 3-24 福特总统和以他名字命名的福特号航空母舰

2009 年 11 月 14 日，首艘福特级航空母舰——福特号的龙骨铺设仪式在诺斯罗普·格鲁曼公司下属纽波特纽斯造船厂进行。福特总统的女儿苏珊·福特·贝丽丝见证了龙骨铺设仪式。在仪式上，她用粉笔将自己名字的首字母“SFB”标记在一块钢板上，然后由船厂的工人将其焊接成形，最终这块钢板将永久固定在福特号航空母舰上。侧倒放置的“福特”号的舷侧结构组件如图 3-25 所示。

图 3-25 侧倒放置的福特号的舷侧结构组件

2011 年 2 月 25 日，福特级航空母舰第 2 艘 CVN 79 举行了首块钢板的切割仪式。

2013 年 11 月 9 日，CVN 78 正式下水，2017 年 7 月 22 日服役。该舰当时是美国乃至全世界最大的航空母舰。

2017 年 8 月 24 日下午，亨廷顿·英格尔斯工业公司在纽波特纽斯造船厂为第 3 艘福特级航空母舰企业号（CVN 80）举行了首块钢板切割仪式，标志着该航空母舰正式开工建造。在仪式上切割下的钢板重达 35t，未来将成为企业号航空母舰主船体的一部分。

如图 3-26（a）所示是 2020 年 6 月 4 日福特号在大西洋，（b）是 2020 年 3 月 29 日福特号正在准备发射一架 F/A-18F 超级大黄蜂舰载机进行飞行训练①。

(a)

(b)

图 3-26 福特号航空母舰（CVN 78）

3.6.3 主要性能与装备

福特级航空母舰是继尼米兹级核动力航空母舰设计建造以来，美国海军航空母舰设计理念首次出现重大变革的一型舰。为达到设计目标，提高性能，减少人员开支，降低航空母舰的运行费用，满足作战需求，福特级上大量采用了新设计、新设备、新技术，例如寿期更长、功率密度更高的新型核动力装置、高性能的发电配电设备、“一站式保障区”的甲板设计、先进的

---

① Megan Eckstein. Acting SECNAV McPherson Ends Navy Future Carrier Study; Nominee Braithwaite Gives Full Support to Ford Program. USNI News, May 12, 2020.

https://news.usni.org/2020/05/12/acting-secnav-mcpherson-ends-navy-future-carrier-study-nominee-braithwaite-gives-full-support-to-ford-program.

物流系统、电磁弹射器、先进的阻拦装置、新型综合作战系统，以及 F-35C 联合攻击战斗机、X-47B 无人战斗机、EA-18G 咆哮者电子战飞机、E-2D 先进鹰眼预警机、MH-60R/S 海鹰直升机等新一代舰载机。其布置图如图 3-27 所示，主要性能与装备如表 3-4 所示。

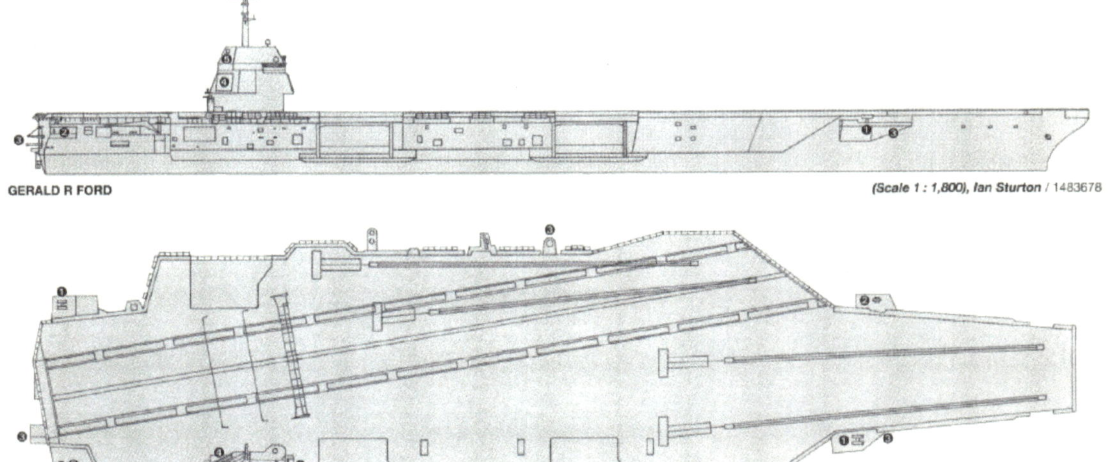

图 3-27 福特级航空母舰（CVN 78）布置图

表 3-4 福特级航空母舰的主要性能与装备

名称	GERALD R FORD（CVN 78）CLASS （福特级核动力航空母舰）
制造商	Huntington Ingalls Industries（Newport News Shipbuilding） （纽波特纽斯造船厂）
建造数量	首批 3 艘（CVN 78~80）
服役时间	2017 年（CVN 78）
排水量	101605t，满载
主尺度	332. 8m×40. 8m×12. 4m（1091. 9ft×133. 9ft×40. 7ft）
航速	30kn
舰员编制	4550 名
飞行甲板	332. 8m×78. 0m（1091. 9ft×255. 9ft）
升降机	3 座
动力装置	核动力，2 座 A1B 压水堆，4 轴
导弹	2 座雷神公司的 Mk29 型导弹发射装置①，改进型海麻雀舰空导弹 RIM-162D，采用半主动雷达寻的，射程 55km，飞行速度为马赫数 3. 6，战斗部重 38kg； 2 座 Mk49 型导弹发射装置，RIM-116 舰空导弹②
舰炮	3 座雷神公司的 Block 1B Mk15 型 20mm 6 管密集阵火炮③
对抗措施	电子支援措施/电子干扰措施采用水面电子战系统改进项目（SEWIP）中的 Block 2/3 型，SLQ-25C 型水面舰鱼雷防御系统
作战数据系统	协同交战能力系统（CEC），USG-2B，4、11、16 号数据链； SSDS Mk2

（续）

雷达	对空搜索：CVN 78：双波段雷达（DBR），雷神公司的 3D，I 波段 SPY-3 雷达④；洛克希德·马丁公司的 3D，E/F 波段 SPY-4 体搜索雷达（VSR）⑤；CVN 79：企业对空监视雷达（EASR）。 导航雷达：SPS-73(V)12。 火控雷达：CVN 78 上为 SPY-3；CVN 79 上为 SPQ-9B。 精密进近雷达（PAR）：SPN-46。 塔康：URN25 战术空中导航雷达
固定翼飞机	根据任务组成舰载机联队，将包含 75 架以上飞机：F-35C，F/A-18E/F，EA-18G，E-2D，UCLASS 无人机（未来）
直升机	MH-60R/S
航空设施	4 部电磁弹射器；先进阻拦装置

3.6.4 关键技术

美国海军对福特级航空母舰的要求是：在获得比现有尼米兹级航空母舰更强的作战能力的同时，具有更低的全寿期费用。而为适应在长达 50 年的服役周期内未来新技术的嵌入，福特级航空母舰还重点强调了互通性，采用适应未来灵活变化的基本配置结构并充分考虑了重量和稳性等方面的裕量。

为了满足对新航空母舰制定的战术要求，2007 年，美国海军确定了 15 项关键技术。这些技术新颖而独特，攸关福特号航空母舰的研发、建造、使用和作战等环节。15 项关键技术的大致情况如下：

1. 65 号高强度低合金钢

65 号高强度低合金钢（HSLA-65）使用在飞行甲板以外的其他甲板和船体各部分，与以前使用的钢材相比，重量约减轻 700t，2002 年完成性能试验，2003 年获得使用认证，2005 年 8 月首块钢板切割仪式后，该型钢在船体各模块建造中广泛使用。

2. 核动力推进和电力系统

新一代航空母舰装 2 座新研制的 A1B 压水堆，其单堆提供的推进功率应与尼米兹级的 A4W 型相同，同为 14 万马力，但效率超过 A4W 三倍，是一型高性能反应堆，且堆芯寿命延长。

另外，在大型的电力设备上使用了碳化硅半导体材料构成的大功率电子模块（HPEM），取代了原来厚重宽大的变压器。小而轻的发电机的供电能力是尼米兹级航空母舰的 3 倍，通过分布在舰内各处的由计算机管制的区域配电系统（ZEDS），可高效合理地配送电力。

该系统从 1998 年开始研发，设计工作已经完成，美国海军在 2005 年进行了必要的设计实验，同年对该系统的发电机进行了测试，并授权制造，随后进入建造阶段。

3. 逆渗透海水淡化装置

该装置不依存于以往的水蒸气发生装置，而是利用一种称为逆渗透膜（ROM）的过滤膜进行海水淡化，因此海水淡化装置的重量减轻。2003 年的陆基试验对该设备的性能进行了验证。此后，该设备装到两栖登陆舰上进行了评估试验。目前，在福特号航空母舰上搭载该设备的设计工作已经完成，进入到建造阶段。和前面提到的“核动力推进和电力系统”一并，计划可以减少 1350t 重量，同时减少 220 名舰上操作人员。

4. 新型空调装置

新型的空调装置相对于尼米兹级航空母舰上的空调装置体积更加小巧，但功率大幅提高。如此大规模的空调在舰上使用还是首例。

5. 先进武器升降机（AAE）

该武器升降机不是以前那种电动钢丝绳升降机或电动液压升降机，而是基于永磁直线同步电机的升降平台，与以前的武器升降机相比，速度更快（45m/min），载重量是以前的2倍以上（22t），操作人员大幅减少（20人以上），维修费用也将减少。

另外，为了保障舰载飞机的起降和后勤保障，在飞行甲板的右舷配置了4座武器升降机（尼米兹级航空母舰仅有3座），其中一座为提高武器运输的效率设置在航空母舰的舷侧。影响武器装载效率的先进武器升降机，对提高飞机出动架次率做出了很大贡献。

6. 115号高强度韧性钢

航空母舰飞行甲板上使用的是弹性好、高强度、高韧性的HSLA-115钢，这种钢的屈服强度是115kPa/inch^2。性能良好且价格适当使这种钢材很快得到应用。与以前采用的钢材相比，新型钢材使飞行甲板的重量减轻了175t，2008年，HSLA-115在福特号航空母舰飞行甲板上的使用得到批准，2009年开始建造。

7. 电磁弹射器

电磁弹射器（EMALS）与尼米兹级航空母舰上搭载的装置复杂、规模庞大的高压蒸汽弹射器有很大的不同。利用电磁弹射器可发射飞行甲板上的各种舰载机，发射装置的体积和重量都将大幅减小，同时操作人员和维修人员的数量也有所减少，大约共减少32名。2010年12月18日，电磁弹射器实机弹射试验首获成功。

8. 先进阻拦装置

先进阻拦装置（AAG）依靠飞行甲板上的阻拦索挂住高速滑行的舰载机，这一点与尼米兹级航空母舰上使用的方法没有太大的区别，但飞行甲板以下阻拦索的制动方式有所改变，装置趋于小型化、轻量化。利用数字控制系统，这种先进阻拦装置可调整舰载机回收的方法，实现高效、有秩序地回收舰载飞机。这使得设备操作人员的数量大幅减少，同时保养维修的费用也将减少。

先进阻拦装置将不仅仅在福特级航空母舰上应用，同时还可能在今后尼米兹级航空母舰的改装大修中代替现有的Mk7型飞机阻拦装置。

9. 重型航行补给装置

通过提高高架索等装置的性能，航空母舰与并行补给舰之间的距离由原来的55m增大到90m，从而提高了航行补给操作的安全性。另外，高架索一次输送货物的重量由原来的2.6t增至5.4t，缩短了海上补给所用的时间，这一装置改善了当前的航行补给技术。

10. 等离子电弧垃圾处理系统

该装置利用等离子电弧的超高温处理舰内产生的废弃物（纸张、塑料、布、木材、剩饭、金属、玻璃等），一天大约可以处理3t的废弃物。由于各类废弃物可以一同处理，所以减少了以往垃圾分类的时间。另外，与以前的垃圾处理装置相比，该装置的重量有所减轻，此类垃圾处理系统早在商船上得到了应用。

11. 双波段雷达

双波段雷达（DBR）由S波段的体搜索雷达（VSR）和X波段的多功能雷达（MFR）组成。舰岛上装有各种雷达天线，有源相控阵天线并不是以往的回转式而是固定形式，从而促进了舰岛的小型化，减轻了船体重量。另外，由于雷达性能的提高，以舰船本身为中心的半球空间区域内由远至近的目标搜索能力、航空飞机管制能力、防空导弹制导能力都有所提高。

12. 改进型海麻雀导弹

改进型海麻雀导弹（ESSM）是以前使用的海麻雀导弹的改进型。包含双波段雷达在内的武器系统的人机交互界面是必不可少的，在新型航空母舰上使用这种舰载防空导弹是没有问题的。

13. 联合精确进场着舰系统

福特级航空母舰上将采用不断发展的联合精确进场着舰系统（JPALS）。JPALS 利用差分 GPS 技术，可引导飞机全天候不分昼夜地精确进场并着舰。

JPALS 已在尼米兹级航空母舰 CVN 71 上成功完成性能试验。

14. 航空数据管理和控制系统

舰内的实时数据与网络相连的同时，与作战行动直接相关的电磁弹射系统、先进阻拦装置和武器升降机等新型装置也都相互联网，航空数据管理和控制系统（ADMACS）可由此最优且快速地进行飞行甲板和机库内舰载机的移动管理，飞机燃油补给的状态管理以及舰载机装载的武器弹药的分类，舰内弹药库的管理等。通过该系统可大大削减相关工作人员的数量，提高飞机出动架次率，从而提高作战效能。以前尼米兹级航空母舰上采用实体的舰载机状态显示模板，而航空数据管理与控制系统将采用数字化的显示模板，优化舰载机管理与调度。

15. 武器弹药搬运装填装置

该装置采用全电动方式，可以在飞行甲板上行走，搬运武器弹药并装填舰载飞机。以前在飞行甲板上依靠人力进行弹药搬运和装填，新型武器弹药搬运装填装置提高了飞机的安全性和出动架次，在 5~6 级海况下，可在飞行甲板上搬运 1. 36t 武器弹药。该装置利用电动式机械臂为飞机装填武器弹药。目前，一部武器弹药搬运装置可取代 4 名或 5 名搬运装填人员。

福特号航空母舰预想技术能力的实现在于上述关键技术能否达到要求，而福特号的能力体现在 5 个关键技术指标中：出动架次率、人力减少数量、发电能力、设计重量和稳性裕度。

3. 6. 5 方案论证

1996 年 3 月，美国国防部采办委员会批准了研制新一级航空母舰 CVX 的计划后，与所有重大的新计划一样，国防部长办公室领导海军进行了正式的方案论证（AOA），重新审核航空母舰设计方案的基本设想，包括飞机类型、航空母舰尺度和推进概念，并研究其他关键系统的设计参数，评估各种方案的费用和作战效果。方案论证分为三个阶段。每一阶段论证分析大约进行一年。第一阶段于 1997 年 10 月完成，这一阶段的论证中心是小型与大型航空母舰，常规起降（CTOL）与短距起飞垂直降落（STOVL）飞机的比较。第二阶段完成于 1998 年 9 月，论证中心是大型与中型航空母舰，核动力与常规动力的比较。第三阶段完成于 1999 年 10 月，主要分析比较采用不同结构配置方案和技术的费用。

下面概括了方案论证的有关结果，所涉及的主要方面有飞机类型、舰载机联队规模、推进装置和舰体型式。

3.6.5.1 飞机类型：CTOL 与 STOVL 的比较

在方案论证的第一阶段主要对常规起降（CTOL）与短距起飞垂直降落（STOVL）飞机进行了比较。20 世纪 70 年代晚期，美国海军曾认真考虑过采用短距起飞垂直降落飞机作为航空母舰的舰载机，但最后还是否定了该方案，主要原因是，根据 70 年代的技术水平，适合于航空母舰上使用的短距起飞垂直降落飞机比具有相当能力的常规起降飞机要大得多，也贵得多。然而，70 年代以来，舰载机技术已取得长足进步，短距起飞垂直降落飞机又一次受到美国海军的关注。美国目前的联合攻击战斗机（JSF）计划之一就是研制新型的、能力更强的短距起飞垂直降落的攻击战斗机。

长期以来，短距起飞垂直降落飞机一直与小型航空母舰相关联。小于 30000t 左右的航空母舰，由于其尺度不适合现代常规起降战斗机的起飞和回收，只适于装备短距起飞垂直降落飞机。这就是英国海军为其 25000t 携载 20 架飞机的小型航空母舰发展了短距起飞垂直降落飞机的原因。然而，对于 40~80 架飞机而言，方案论证分析的设计研究表明，短距起飞垂直降落飞机和航空母舰的型号并没有必然的联系。设计搭载 40 架飞机的中型航空母舰，并不一定要选择短距起飞垂直降落飞机，如法国约 40000t、载机 30~40 架的新型核动力航空母舰戴高乐号就未要求采用短距起飞垂直降落飞机。

此外，短距起飞垂直降落飞机并不是只能在短距起飞垂直降落飞机航空母舰上使用，它也能有效地在常规起降飞机航空母舰上作业。设计研究中考虑只搭载短距起飞垂直降落飞机的航空母舰方案的原因是这种方案能够节省费用，但问题是所节省的费用与仅搭载短距起飞垂直降落飞机的航空母舰的一些局限性相比是否合算。新一代航空母舰方案论证中有关设计和费用数据表明这个答案是否定的。主要原因如下：

（1）航空母舰因采用短距起飞垂直降落飞机所节省的费用很有限。如果能大量降低费用，牺牲一部分作战能力是值得的。然而，设计和费用分析表明由仅采用短距起飞垂直降落飞机（不需弹射器或阻拦装置，并且采用小型飞行甲板）节省的重量和费用所占百分比不大。所节省的重量大约占满载排水量的 6%，节省的费用约占初始建造费用和全寿期费用的 6%。

（2）只搭载短距起飞垂直降落飞机的航空母舰不能使用传统的常规起降飞机。而海军对舰队将来很长一段时间所使用的常规起降飞机投资巨大。例如，对将来数十年内服役的 F/A-18 攻击战斗机和 E-2C 侦察支援飞机就投入了大量资金。

（3）短距起飞垂直降落飞机的机体不适宜担负侦察和其他支援使命。短距起飞垂直降落飞机的结构是高性能攻击战斗机中性能损失最小的；对作战性能有利的高推重比发动机也有助于短距起飞垂直降落作业。但支援飞机（例如 E-2 和 S-3 侦察飞机）高有效载荷重量和续航时间长的要求使得其设计有很大的不同，推重比也小得多，不适宜进行短距起飞垂直降落操作。满足现代舰队航程、有效载荷、高度和续航力要求的短距起飞垂直降落飞机的大小和重量几乎是常规起降飞机的 1.5 倍，这样大的飞机在航空母舰上操作是不实际的。

鉴于上述考虑，美国海军认为，新一代航空母舰应设计成具有弹射器和阻拦装置，可操纵常规起降飞机，同时也便于将来短距起飞垂直降落攻击战斗飞机作业的航空母舰。

3.6.5.2 舰载机联队规模：大型与小型航空母舰比较

在新一代航空母舰方案论证中，对历来关于大型航空母舰与中、小型航空母舰的争论再次进行了详细研究。下面是主要研究结果：

单艘小型航空母舰不能携载足够数量的飞机。载 40 架飞机的航空母舰在飞行甲板上可容纳 25 架飞机进行作业。这个飞机数量甚至不足以维持应付空中和水面威胁，有效打击作战，及侦察、电子对抗支援和运输作业的一般强度的作战。两艘载 40 架飞机的航空母舰能担当这个任务，但费用比相应能载 75～80 架飞机的大甲板航空母舰多 50%。有一些弥补小型航空母舰的方案，但在重大情况下都不管用，具体讨论如下：

陆基飞机能力很强，但不是总能用。历史证明陆基飞机并不能在需要的时候和地区随时随地提供使用。机动海上基地（MOB）——1mile 长半潜式结构是解决飞机基地问题的一个方法。美国国防部考虑将这个概念用于后勤，但这个方法不太适用于战术作战，因为这样会使机动海上基地暴露在潜在的威胁中。此外，机动海上基地的费用和技术性能也只是从理论上推测出的。

导弹能担当重要的任务，但取代飞机进行持续打击则费用太高。用导弹补充小型航空母舰执行打击任务更为可靠。战斧对陆攻击导弹在应急打击中已证明了其价值。但上百万美元的导弹不太适用于持续打击战的“密集打击”。例如，一个航空母舰舰载机联队在 30 天的打击战中可运送约相当于 5000 枚战斧导弹打击潜能的精确制导武器。要用导弹取代绝大部分海基（或陆基）的空中打击，需要将导弹部队从几千枚扩增到几万枚，并为导弹发展新的发射系统。

中型航空母舰携载 55～60 架常规起降飞机，与小型航空母舰相比，其能力较强，但费用也较高；与大型航空母舰比，费用低，但战斗力大为削弱。特别是 55 架舰载机的航空母舰与相应的可载 75 架舰载机的航空母舰相比，所节省的初始建造费用和航空母舰全寿期费用仅约 8%。另外，在作战期间，载 55 架飞机的航空母舰飞机出动架次率大约只是载 75 架飞机的航空母舰的一半。

大型航空母舰除作战能力远远胜过中、小型航空母舰外，在各种威胁下的生命力、恶劣天气下的适航性都更胜一筹，因此，对于新一代航空母舰，美国海军仍然青睐能搭载 75～80 架舰载机的大型航空母舰方案。

3.6.5.3 推进装置

新一代航空母舰方案论证对各种推进装置类型的优缺点以及航速对航空母舰费用和操作能力的影响进行了综合调研，对核动力、常规蒸汽、燃气轮机和柴油机等各种推进方案进行了研究，研究范围为从比目前的尼米兹级航空母舰航速慢 5 kn 到比其快 2kn 的速度。

方案论证考虑了不同主推进装置方案对排水量和后续航空母舰全寿期费用的影响，该项调研选取了载 65 架常规起降飞机，舰船机动性和被动生命力与 CVN 76 相似的航空母舰进行分析。

所选择的核动力装置是吸收了从 20 世纪 70 年代的洛杉矶级和俄亥俄级到目前的弗吉尼亚级几代潜艇核推进装置的经验和技术而新研制的设备。常规蒸汽动力装置采用基于目前蒸汽动力装置技术的蒸汽动力装置。燃气轮机推进方案为以 6 台通用电气公司的 LM 6000 Sprint I 燃气轮机为基础的综合电力推进系统。柴油机推进采用的是基于 8 台中速柴油机的综合电力推进系统。但若要航空母舰的柴油机能提供大的总功率，所占空间和重量就太大，因此柴油机推进装置选择功率小一些（约是尼米兹级的 75%），采用三轴系布置的方案，航空母舰最大航速与采用其他主动力装置相比要低 2～3kn。

与现有的航空母舰相比，新型的核动力装置将提供更大的发电能力：①可用电力系统取代蒸汽辅机设备，包括用电磁弹射器取代蒸汽弹射器；②为未来的电气系统、电力推进以及更远的将来可能出现的电磁武器提供所需的电源。新反应堆不但提供了更多能源，而且设计简化，减少了人员编制，提高了可维护性。

设计方案中的非核动力航空母舰也比美国海军现有的非核动力航空母舰能力强得多。在非核动力航空母舰方案中，燃气轮机的全寿期费用比柴油机或燃油蒸汽动力装置略低，同时燃气轮机功率比柴油机大，可维护性比蒸汽动力好。因此，关于推进装置的讨论就集中在燃气轮机和核动力方案上。对核动力和燃气轮机推进装置的总评估主要集中在如下几个方面。

全寿期费用：新型核动力装置降低了费用，燃气轮机可节省更多。航空母舰方案分析评估指出，航空母舰使用和保障费用占今天核动力航空母舰 50 年全寿期费用的 3/4。分析表明，采用新型核动力装置，能大量减少人员编制和维护工作。例如，新型反应堆可将反应堆部门的人员减少 50%，并大量减少基地维修的费用。核动力和燃气轮机最大的差别是燃气轮机航空母舰的初始建造费用估计少 10 亿美元。如果美国海军停止购买核动力航空母舰，核动力攻击潜艇核反应堆堆芯和其他核部件的研制费用将增加约 3 亿美元。这样美国海军每艘舰总建造费用净节省 7 亿美元。方案论证中对核动力航空母舰所增加费用的估算比以前的一些研究要低。这是因为方案分析比较的是除推进装置类型外其他能力都相似的航空母舰，而在过去的研究中往往将大型、能力强大的核动力航空母舰与较小、能力较弱的非核动力航空母舰相比。方案论证分析中将因推进装置不同而多出的费用分离出来，得出的结论是核动力航空母舰建造费用约多 7 亿美元（15%），50 年全寿期费用多 11%。

性能：核动力在作战方面有许多优点。非核动力推进装置虽能达到航空母舰运行所需的高轴功率和持续的高速度，但存在不少弱点。例如，新型的燃气轮机航空母舰能有与现有核动力航空母舰同样大小的弹药舱、航空燃油（JP-5）舱，同等的生命力以及燃油蒸汽动力装置（oil-fired steam）不容易达到的快速加速能力。但这样的结果是所设计的航空母舰的满载排水量将比美国海军目前的常规动力航空母舰多 30000t，比相应的新设计的核动力航空母舰约多 5000t。然而即使这样大排水量的燃气轮机航空母舰，也不具有与核动力航空母舰同样的作战能力，特别是高速续航力和作战灵活性远不如核动力航空母舰。核动力的优点在航空母舰对突发危机快速反应的情况下是显而易见的，航空母舰的快速抵达是美国对潜在的严重危机作出反应的关键因素。核动力航空母舰途中无须加油就能保持高速，抵达后可立即投入战斗的能力在军事反应中极具优势。

风险：美国海军具有大型航空母舰核动力推进装置的经验，核推进装置的风险比燃气轮机低。而研制适于航空母舰级别的燃气轮机装置的技术不确定性和风险更大，所以比核动力方案需花费更长的研制时间和更高的研究开发费用。

就所调研的推进装置来看，采用核动力推进装置的航空母舰的满载排水量最低，费用最高。但核动力除全寿期费用仅比最有吸引力的常规动力推进装置（即燃气轮机）约高 11%外，其他方面都远胜于燃气轮机，而且新型的核动力航空母舰的全寿期费用还将比美国海军现有的航空母舰少 15%~20%。

方案论证中还研究了不同推进装置功率和航速对排水量和后续航空母舰全寿期费用的影响。分析表明，试航速度增减 5%（以 CVN 76 的航速为标准），全寿期费用增减不到 3%。

1998 年 9 月根据第一阶段和第二阶段方案论证得出的结论，美国国防采购委员会批准了海军研制 CVNX 大型核动力航空母舰的计划。

3.6.5.4 舰体型式

1999 年完成的第三阶段的方案论证主要评估了原计划的 CVNX2 采用不同结构配置和技术的费用。

论证结果表明，采用称为扩展能力型（Expanded Capabilities Baseline，ECBL）的全新设计方案，不仅核心能力大大提高，而且 50 年服役期的费用明显减少（按 1999 财年美元不变价格估算，后续舰每艘大约节省 17 亿美元），但前期研制分系统技术和新设计的一次性费用太高，约需 30 亿美元（除原计划 CVNX1 所需的费用外）。

采用“尼米兹”改进型设计的优点是首制舰的费用比全新设计的方案要低很多，缺点是由于受现有尼米兹级航空母舰舰体发展余地不大的限制，其性能改善很有限。因此，CVNX2 选择改进的尼米兹级舰体还是全新的设计方案是海军每个预算周期所面对的费用与能力权衡的典型问题。一方面是全新设计方案理想的特性，加上新舰的模块设计的特点，保证了在 50 年全寿期和新一级航空母舰近百年的时间内能适应未来技术和威胁的变化；另一方面是全新设计的方案一次性成本与改进的尼米兹级设计方案相比额外多 20 亿美元，短期可承受性还有很大问题。所以在方案论证的第三阶段，美国海军并未得出各方都能接受的全优方案。

总而言之，从 1996 年到 1999 年，经过三个阶段，美国海军对未来航空母舰的技术、费用和使用等问题进行了调研，比较、分析、论证了大约 70 种方案，得出新一代航空母舰应选择大型常规起降核动力方案的结论。

2003 年，美国国防部最终决定新航空母舰的所有舰均基本采用尼米兹级的船体，但舰体内部和飞行甲板将重新设计，并加快首舰新技术的引入力度。

3.6.6 系统总体设计

3.6.6.1 总体结构和总布置

福特级主尺度与尼米兹级基本相同，舰体结构也基本沿用尼米兹级。为提高生存能力，该航空母舰的油料库和弹药库这些储存油料、炸弹、导弹以及其他弹药的地方加装了厚装甲，船壳也被加固，以防御水雷和鱼雷的攻击。

与尼米兹级相比，福特级虽然舰体外形变化较少，但舰体内部格局进行了大幅度调整，飞行甲板也进行了重新设计，以提高飞机出动架次率和武器弹药的输送速度。福特号斜直两段式飞行甲板上安装有 4 部电磁弹射器、先进的阻拦装置、3 部舷侧飞机升降机等。4 部电磁弹射器包括直通甲板首部和斜角甲板舯部各布置 2 部。飞行甲板舷侧的飞机升降机由尼米兹级的 4 部减为 3 部，即右舷岛式上层建筑前 2 部、左舷斜角甲板艉部 1 部。根据尼米兹级航空母舰的实际作战经验，限制航空母舰舰载机出动架次率的主要因素是弹药的搬运，福特级航空母舰减少一部飞机升降机并不影响其舰载机出动架次率，同时还增加了飞行甲板的停机面积。此外，一部飞机升降机的重量为 100t 左右，其数量从 4 个减为 3 个有助于降低福特级航空母舰的重心高度，增加重心裕度。另外武器升降机置于右舷侧，避开起飞与回收区域，保证武器升降系统与舰载机能够同时作业。斜角甲板尾部布置 3 道阻拦索。

岛式上层建筑充分考虑了视野、湍流影响、飞机移动范围与路线，以及舰上指挥、飞行控制、各种雷达和通信设备对空间的要求等因素，最终决定采用一个尾岛的模式，岛移向后方，更接近舰艉以增大飞行甲板的可用面积，利于飞机的停放、移动和收放，可提高出动架次率。岛式上层建筑设计还特别注重隐身设计，其外形比尼米兹级简洁，更显扁平、低矮，对一些突出部位采用敷设雷达吸波涂料等措施，以大大降低雷达散射截面积。

福特级航空母舰将司令部舰桥（作战指挥中心）从原来的07甲板移到了03甲板，位于航空母舰飞行甲板以下，而舰桥和主飞行控制室仍然在岛式上层建筑内。这样做可能是为了突出作战指挥中心的重要性，而指挥人员不需要通过肉眼观察周围的情况（整个战场的态势事实上无法通过肉眼观察），因而该中心可以移至飞行甲板以下的位置，这样做能够提高作战指挥中心在战争中的生存概率。

与尼米兹级的机库由2道防火门分为3个机库隔舱不同，福特级航空母舰的机库只设1道防火门，分为两个机库隔舱，据称这样能减轻航空母舰重量。

3.6.6.2 动力系统

福特级航空母舰采用2座A1B型反应堆，4轴，4桨。A1B型反应堆中的“B”代表该型反应堆的主承包商贝切特（Bechtel）公司。在20世纪90年代提出研制下一代航空母舰的新型核反应堆时，反应堆型号原为A5W，但后来改为A1B。研制该型反应堆的主要实验室是贝蒂斯原子能实验室，该实验室属国家所有，由企业负责运营，其运营商在1999年之前是西屋电气公司，1999年之后改为贝切特公司。新研制的A1B型反应堆可提供比尼米兹级反应堆高25%的能量，3倍于尼米兹级反应堆的电力，以满足福特级航空母舰电磁弹射器以及未来高能武器上舰的需求。此外，A1B型反应堆还具有舰上维护人员只有尼米兹级航空母舰反应堆维护人员的一半、使用寿命更长等优点。

福特级航空母舰引进综合电力系统（IPS）的概念，因为电力系统在分配管理上十分便利，因此尽可能地用其取代原先航空母舰上的蒸汽系统。然而不仅电磁弹射器、回收系统、升降机、烹饪、热水供应、洗衣及暖气等需要使用电力，各式侦测、作战和指控通情设施也用电力驱动，因此福特级航空母舰的动力系统必须提供远高于现役航空母舰的电力，并需配备更全面、完善的电力供应设施。

在核反应堆选用上，长年为美国海军核动力航空母舰提供反应堆的西屋（Westinghouse）公司提出新的A5W反应堆方案，然而在1999年的竞标中，西屋公司败给位于宾夕法尼亚州的属于美国政府的贝蒂斯核子动力实验室（Bettis Atomic Power Laboratory），因此福特级航空母舰的反应堆便称为A1B（B代表贝蒂斯）。福特级航空母舰将配备两具A1B反应堆，功率较尼米兹级航空母舰增加25%以上，同时配备13500V输配电系统，供电能力则高达20万千瓦，几乎是尼米兹级（4000kW）的3倍，能充分供给EMALS所需的电力；由于有充裕的电力，福特级航空母舰成为第一种所有机房都设有冷气空调的舰艇，增加了操作人员的舒适性，并降低了机房内设备的维修保养需求。此外，A1B反应堆的堆芯使用寿命长达50年，可以使福特级航空母舰在服役期间的大部分时间都保持正常的动力功率，不需要回到船坞更换堆芯，从而增加了寿命周期内的执勤时间。

除了新反应堆外，福特级航空母舰使用了全新的整体轮机系统以及配电系统，因此电力的整合、分配架构也重新规划，例如在全舰各处设置分区供电系统，并设置一个计算机控制配电系统，使电力的分配合理化。最初福特级航空母舰甚至打算连推进系统也采用电力推进，即以反应堆发出的电力驱动由电动马达带动的推进器（例如可转式囊荚推进器），然而由于供10万吨级舰艇使用的电力推进系统尚未发展成熟，因此前三艘福特级航空母舰仍以蒸汽涡轮直接驱动四轴螺旋桨推进，推进功率将达到104MW（约280000马力），略高于尼米兹级。

3.6.6.3 航空保障系统

福特级航空母舰最具革命性变化的当属航空保障系统。

飞机弹射系统采用新研制的电磁弹射器，与美国现役航空母舰普遍使用的蒸汽弹射器完全不同，但布设数量和布置位置仍与尼米兹级等航空母舰相同。福特级航空母舰飞行甲板上共设4部电磁弹射器，其中2部设在舰艏、飞行甲板起飞区前端，另外2部设在斜角甲板前端。

飞机的阻拦回收设备采用的先进阻拦装置也不同于现役航空母舰采用的液压型阻拦装置。福特级航空母舰采用3道阻拦索，1道阻拦网。

与企业级、尼米兹级航空母舰相比，飞机升降机减少了1部，仅设舷侧升降机3部，右舷2部，设在岛式上层建筑前；左舷舰艉1部。

福特级与企业级、尼米兹级航空母舰一样，均装备有光学助降系统和电子助降系统，两者相互配合使用。光学助降系统主要是改进型菲涅耳透镜光学助降系统（IFLOLS）。电子助降系统为联合精确进场着舰系统（JPALS）。

福特级航空母舰的航空数据管理与控制系统也是其亮点之一，这套实时信息管理系统可集成管理几乎所有的航空作业，其数字化的“舰载机状态显示模板”完全取代了尼米兹级航空母舰上使用的实体舰载机状态显示模板。

3.6.6.4 舰载机

福特级航空母舰上的舰载机具体配置根据任务而定，但一般可搭载75架以上飞机，包括联合攻击战斗机F-35、F/A-18E/F超级大黄蜂、EA-18G咆哮者电子战飞机、E-2D先进鹰眼空中预警机、MH-60R或MH-60S直升机、X-47B无人战斗机。

美国海军根据目前航空母舰舰载机的配置情况，初步拟定了未来福特级航空母舰的舰载机配置。到2020年，它的航空母舰舰载机联队主要编成配置如下：

- 战斗机中队2个，机型F-35C，数量22架；
- 老战斗攻击中队2个，机型F/A-18E/F，数量22架；
- 预警机中队1个，机型E-2D，数量5架；
- 电子战中队1个，机型EA-18G，数量5架；
- 直升机中队1个，机型MH-60S，数量8架；
- 反潜直升机中队1个，机型MH-60R，数量11架；
- 运输机分遣队1个，机型C-2A/CV-22，数量2~3架；
- 舰载无人机4~6架。

然而，美国海军对于福特级航空母舰的配置，目前和今后一段时间还将处于不断的摸索和调整改进过程中。特别是未来到底能够有多大规模的F-35C，尚未可知。

3.6.6.5 综合作战系统

福特级航空母舰的新型综合作战系统实际上是一个将不同的传感器系统、指挥控制系统、武器系统等整合成具有开放式架构、在使用期内易于升级、能适应执行各种不同任务的作战系统。与现役的航空母舰相比，福特级航空母舰的C^4ISR系统能力、自防御能力将大为增强。

福特级航空母舰的综合作战系统主要包括协同交战能力（CEC）系统和舰艇自防御系统（SSDS Mk2）。

协同交战能力（CEC）系统是在网络中心战概念下发展起来的一个由软件和硬件共同组成的对空作战系统。CEC 将协同作战的所有舰艇和飞机的传感器通过网络连接起来，并将传感器数据综合成一个单一的实时火控质量的合成航迹图像，而且将空中威胁目标信息同时分发给编队中的每艘舰艇，使舰艇对付敌方导弹的距离远远超过本舰雷达视距，从而极大地提高区域、本地和自防御能力。CEC 还与编队中每艘装备有 CEC 设备的舰艇的指挥控制系统和武器进行接口，形成综合作战能力，大大扩展和提高了舰艇自身、编队和战区的对空作战能力。

在福特级航空母舰上，SSDS Mk2 至少与下列系统有接口关系：双波段雷达、导航系统、红外搜索与跟踪系统、电子战系统、CEC 系统、改进型海麻雀导弹发射系统、拉姆导弹发射系统、“密集阵”近防武器系统。

如图 3-28 所示，CVN 78 作战系统也包括 BFTT 系统，与 CEC、DBR、SSDS、SEWIP、WSN-7 等系统有集成接口。

3.6.6.6 双波段雷达

双波段雷达（DBR）是美国海军继 AN/SPY-1 多功能相控阵雷达、AN/SPS-49 远程对空警戒雷达、AN/SPS-67 对海搜索雷达之后研制的又一型全新的舰载雷达。该型雷达由 X 波段的 AN/SPY-3 多功能雷达（MFR）和 S 波段的 AN/SPY-4 体搜索雷达（VSR）组成，故称双波段雷达。

多功能雷达的主承包商为雷神公司，体搜索雷达则由洛克希德·马丁公司承制，最后由雷神公司将两种雷达集成，组成先进的双波段雷达。该雷达采用双波段协同工作模式，支持各种任务需要，包括防空战、反潜战、反水面战、对陆攻击、海上火力支援、态势感知、海上搜索、导航和空中交通管制。

双波段雷达原本是为朱姆沃尔特级导弹驱逐舰（DDG 1000）研发的，是海上最先进的防空雷达，它将为福特级航空母舰的空中作战和航空母舰本身提供先进的防空监视能力，满足航空母舰深海和濒海环境下的任务需求。双波段雷达由于具有多种功能，因此将代替航空母舰上星罗棋布的各种传感器和天线。

3.6.6.7 一站式保障区

航空母舰的飞行甲板是其支持空中作战的主要场所，舰载机的起飞降落、弹药装载、燃料补充、部分维修保障等工作都在飞行甲板进行，飞行甲板的尺度、布局和装备直接影响到航空母舰可支持的舰载机种类、舰载机的最大起降效率、舰载机维修保障效率、舰载机最大作战任务种类和规模以及机载武器的装载能力等。飞行甲板上的设备复杂，包括舰岛、飞机弹射器、飞机回收阻拦装置、助降系统、飞机升降机、武器升降机等，如何有计划地分配这些设施的位置、合理进行飞行甲板的布局设计，是关系航空母舰作战、维护、补给效能的系统工程，是关系航空母舰是否具有长时高效打击能力的关键。

现役尼米兹级航空母舰的飞行甲板，划分有回收区、停机区、加油区、武器装载区、维修区等多个工作区域，每个区域有专职人员负责。虽然尼米兹级航空母舰能够保证在执行飞机回收作业的同时有足够的空间使用两部弹射器使舰载机升空作战，但是舰载机在降落后，若不需执行连续作战任务则滑行至停机区，由飞机升降机送至机库停放，若需要执行连续作战任务，则需先滑行至加油区，关闭发动机进行燃料的加注，待加注结束后由牵引车引导至弹药装载区进行武器补充，补充结束后再引导至弹射阵位进行下一次起飞作业。这一系列动作需要在停机、加油、挂弹、起飞 4 个区域分别进行并且需要飞机牵引车的参与。此外，若

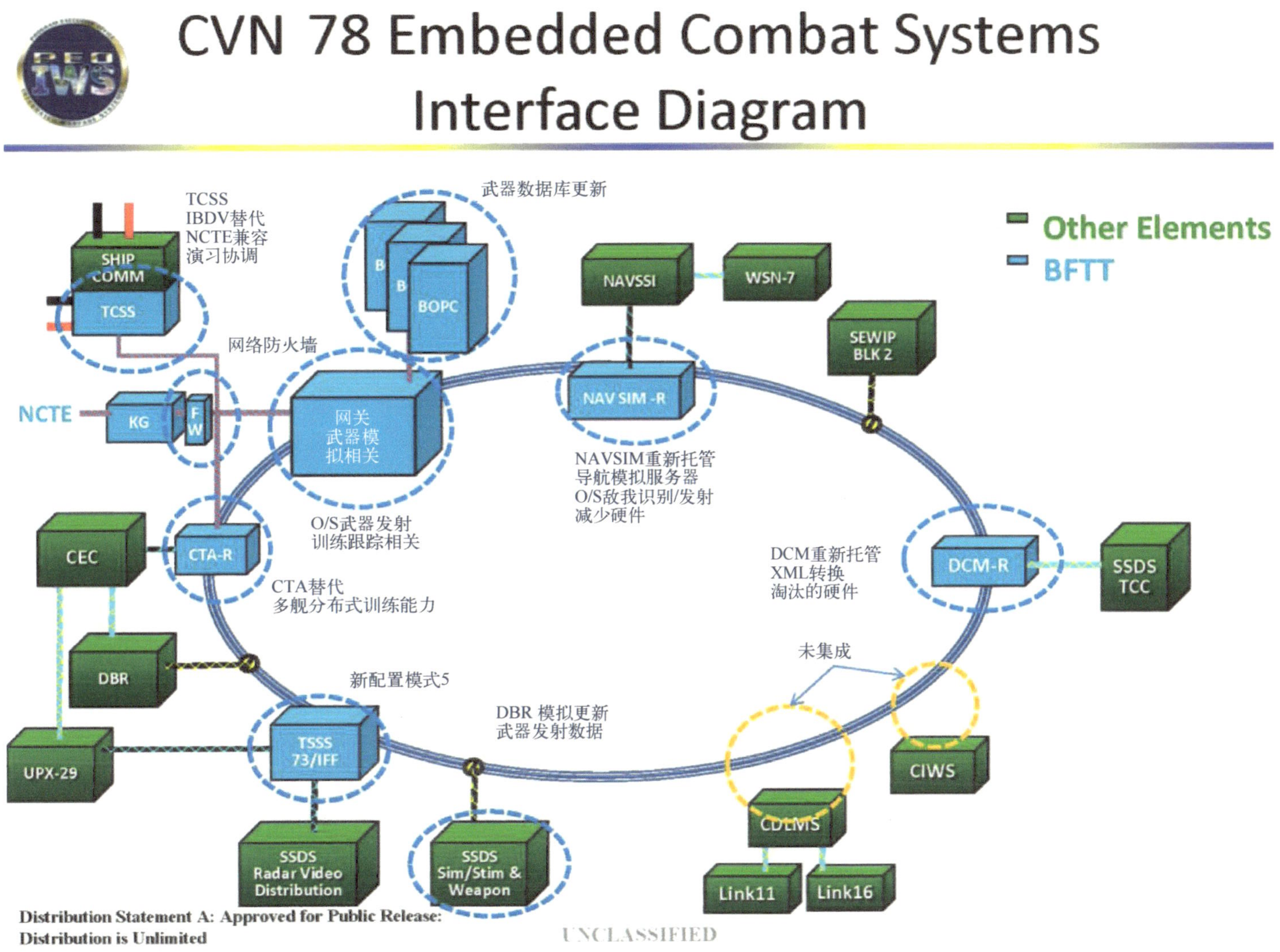

CVN 78 Embedded Combat Systems Interface Diagram

图3–28 CVN 78作战系统的BFTT及接口

舰载机降落后需要进行维修，则在加油前要先滑行至维修区进行检查修理维护，从降落到重新起飞的一个循环内需要舰载机转换 4 个或 5 个工作区域，无疑大大减少了单位时间内的飞机架次，降低了补给效率，增大了维修工作难度与任务量，给航空母舰的作战与防御能力带来了严重的负面影响。为了解决舰载机返航到再次起飞作业循环中存在的效率低、工作量大、指挥难度高等问题，美国海军提出了基于“一站式保障区”概念的设计方案。

福特级航空母舰的“一站式保障区”类似于美国国家赛车联合会（NASCAR）采用的一站式保障方法。简单而言，就是在飞机甲板上设置了若干个固定位置的保障区域，该区域类似加油站，但集合了加油、装弹、维修等一系列工作，使舰载机降落后只需在这一个工作点停靠修整即可重新由弹射器弹射起飞。“一站式保障区”的关键在于提供足够通畅的飞行甲板，使着舰舰载机上的飞行员能从回收跑道上操纵舰载机直接到达“一站式保障区”，关闭发动机，进行加油、挂弹，接受维修，然后启动舰载机，使其滑行到弹射阵位等待重新起飞，这种设计可以不必多次移动舰载机即可全部完成补给与保障工作，且不需要任何飞机牵引车的参与，缩短了流程，简化了配套设备，提高了工作效率。

甲板各区域的布置协调是“一站式保障区”概念得以顺利实施的关键，美军本着高效、简洁、低成本的思路对飞行甲板进行重新设计，例如尼米兹级航空母舰的武器升降机布置在甲板中部，这一设计沿袭了冷战时期的设计思路，由于当时航空母舰执行作战任务时携带核弹，美军担心航空母舰受到攻击而引爆核弹，故将一部武器升降机设计在航空母舰中部，由于飞行甲板中部是舰载机起飞降落的必经区域，这就意味着当舰艇中部的武器升降机装卸武器时，舰载机的起降作业必须停止，而新的甲板设计将上层武器升降机设计在右舷侧，避开起飞与回收区域，使武器出入弹药库的过程不会影响舰载机的起降作业，保证武器升降系统与舰载机能够同时作业。

3.6.7 建造情况

2008 年 9 月 10 日，美国海军与诺斯罗普·格鲁曼公司签署价值 51.6 亿美元的后续合约，全面展开福特级航空母舰 CVN 78 的建造工作。2009 年 11 月 13 日，纽波特纽斯造船及船坞公司安放了首舰福特号的龙骨。该舰于 2017 年 5 月 31 日交付海军，2017 年 7 月 22 日服役。海军目前正在努力完成所有武器升降机的建造、试验和鉴定，并纠正船上的其他技术问题。

福特级航空母舰的二号舰（CVN 79）原订于 2012 年开始建造，不过在 2008 年 9 月爆发的全球金融海啸之后，2009 年初新上任的奥巴马政府决议将 CVN 79 的建造工作延至 2013 年才展开，同时缩减在 2010 年度的先期投资。2009 年 1 月 15 日，美国国防部与纽波特纽斯造船厂签署二号舰（CVN 79）的先期筹备工作，包括设计、规划、采买等，总值 3.74 亿美元；同年 5 月初，美国海军与纽波特纽斯造船厂签署先期备料的修正合约，总值 7726 万美元，这项先期合约于 2010 年 10 月执行完成，并紧接着在 11 月 11 日签署一个后续的设计与工程发展价值 1.892 亿美元的合约。CVN 79 在 2011 年 2 月 26 日于纽波特纽斯造船厂切割第一块钢板，2015 年 8 月 22 日铺设第一根龙骨。

根据 2019 年 12 月国会研究服务处（CRS）发布更新的报告《美国海军“福特”CVN 78 级航空母舰项目》，说明了海军 2020 财年预算估计给出福特级的采办费用情况。①

① Congressional Research Service. Navy Ford (CVN-78) Class Aircraft Carrier Program. CRS Report RS20643, December 2019.

首舰 CVN 78 的采购成本约 131 亿美元。该舰在 2001—2007 财年获得了预付采购（AP）资金，并在 2008—2011 财年使用国会批准的四年期增量资金为该船提供全额资金。

二号舰 CVN 79 的采购成本约 113 亿美元。由于造船厂采用改进的组装和建造工艺，与 CVN 78 相比，CVN 79 的实际建造成本可大幅降低。CVN 79 计划于 2022 年交付海军。

三号舰（CVN 80）于 2018 财年采购，采购成本为 123 亿美元左右。该舰在 2016 财年和 2017 财年获得 AP 资金，海军计划在 2018—2025 财年使用增量资金为该船提供全额资金。CVN 80 计划于 2027 年交付海军。

四号舰（CVN 81）计划于 2023 财年采购，采购成本约 125 亿美元。海军计划从 2019 财年开始，为该舰提供全额资金，并延长至 2026 财年之后。CVN 81 计划于 2032 年 2 月交付海军。

命名方面，美国众议员 Harry Mitchell 在 2007 年 12 月 7 日珍珠港事件 66 周年纪念日时提议将 CVN 79 命名为亚利桑纳号；2009 年，众议员 John Shadegg 提议用已故的亚利桑纳州参议员 Barry Goldwater 的名字来命名 CVN 79 或 CVN 80。2011 年 5 月 29 日，美国国防部正式宣布，将 CVN 79 命名为约翰·肯尼迪（John F. Kennedy）①，接替 2007 年从美国海军除役（2009 年除籍）的同名航空母舰 CVN 67。在 2012 年 12 月 1 日企业号航母 CVN 65 停役当天，美国海军正式宣布，将第三艘福特级航母 CVN 80 命名为企业号（Enterprise）②。这是美国独立战争以来第 9 艘以“企业”命名的舰艇。

2020 年 1 月 18 日，美国海军拟用第二次世界大战期间的黑人英雄多里斯·米勒（Doris Miller）的名字命名第四艘福特级航母 CVN 81，这在美国海军史上还是第一次。米勒是非洲裔美国人，第二次世界大战时曾在美国海军中服役，是第一位被授予美国海军十字勋章的非裔美国人。按美国军舰命名规则，航母通常以已故美国总统或军事将领的名字命名，米勒创下了美国海军的一项新纪录，以非总统、非军事将领、非海军重要人物的名字命名一艘航母。③

福特级航母的建造情况见表 3-5。

表 3-5 福特级航母的建造清单

舷号	舰名	开工	下水	服役	母港/状态
CVN 78	Gerald R. Ford 杰拉尔德·R·福特	2009/11/14	2013/11/17	2017/7/22	Norfolk, VA
CVN 79	John F. Kennedy 约翰·肯尼迪	2015/8/22	2019/10/29	2024	建造中
CVN 80	Enterprise 企业	2022/4/5	2025	2027	建造中
CVN 81	Doris Miller 多里斯·米勒	2026	2029	2032	建造中

① Navy Names Next Aircraft Carrier USS John F. Kennedy. U. S. DOD. May 29, 2011.

② Navy's Next Ford-Class Aircraft Carrier to be Named Enterprise. U. S. DOD01. 2012.

③ Sam LaGrone. Next Ford-class Carrier to be Named After Pearl Harbor Hero Doris Miller. USNI News, January 18, 2020. https://news.usni.org/2020/01/18/next-ford-class-carrier-to-be-named-after-pearl-harbor-hero-doris-miller

3.6.8 采办动态

1. 福特号航空母舰电磁弹射器海试期间出现故障

美国海军学会新闻网 2020 年 6 月 8 日报道，美国海军在 6 月 7 日的一份声明中表示，福特号航空母舰的电磁弹射器（EMALS）在近期海试期间发生故障，使得该航空母舰五天内无法弹射飞机。①

6 月 2 日，舰员发现电磁弹射器中连接舰船发电系统和电磁弹射器供能系统的能源管理系统出现故障。该故障发生在飞行作业前对能源管理系统进行手动设置期间。经过舰上电磁弹射器专家和舰员数天的故障排查和评估，电磁弹射器于 6 月 7 日恢复工作。

6 月 8 日，海军发言人表示，美国海军目前仍在查找导致该故障的根本原因。福特号航空母舰于 2017 年 7 月开始在美国海军服役，2019 年 10 月完成试航后维修/有限可用性维修，当时正处于为期 18 个月的交付后试验试航阶段的中期，后续将开展全舰冲击试验，并最终在 2023 或 2024 年部署。迄今，福特号航空母舰已使用电磁弹射器进行了 3480 次舰载机弹射起飞，但电磁弹射器的可靠性问题一直未得到有效解决，此番再次出现故障也是电磁弹射器可靠性问题的一个反映。除了 EMALS，海军还在对先进阻拦装置（AAG）和先进武器升降机（AWE）等新技术进行试验。

2015 年 6 月，安装在福特号航空母舰上的电磁弹射器开始首次舰上试验，先后开展了舰上空载试验和舰上质量车试验。福特号航空母舰 2017 年 7 月服役后，电磁弹射器开始舰上的舰载机弹射。

作为提高福特号航空母舰出动架次率的关键技术之一，美国电磁弹射器的研制一直不是很顺利，出现了进度一再拖延、成本严重超支等问题。2017 年 5 月 8 日，特朗普总统在与《时代》杂志记者谈到福特级航空母舰这一议题时，表示要美国海军弃用电磁弹射器，改回使用蒸汽弹射器。尽管福特号航空母舰电磁弹射器的技术问题逐步得到解决，能弹射的机型也逐步扩展到所有舰载机，但其可靠性问题一直很严峻。

2. 福特号航空母舰服役后的试验及维修

福特号航空母舰 2017 年 7 月 22 日服役，开展了一年的试验后，于 2018 年 7 月 14 日返回船厂，接受为期一年的试航后维修。存在严重问题的动力系统、先进武器升降机、电磁弹射器和先进阻拦装置是维修和升级改进的重点。该航空母舰 2019 年 10 月离开船厂，开展下一轮海试。

截至 2018 年 7 月返回纽波特纽斯船厂维修前，福特号航空母舰共独立航行 8 次，在海上航行 81 天，成功完成了固定翼舰载机和直升机的适配和兼容性测试、空中交通控制中心认证、JP-5 燃料系统认证、白天和夜间航行时的补给能力演示验证、本舰防御系统演示验证、双波段雷达测试和推进装置操作等，并利用全新的电磁弹射器和先进阻拦装置，成功完成了 747 次舰载机弹射和阻拦试验，远超过原定计划约 400 次的目标。福特号航空母舰服役后的试验总体进展较为顺利。此外，在船厂维修期间，福特号还完成了 SSDS 的首次实弹火力测试。②

---

① Sam LaGrone. USS Gerald Ford EMALS Launching System Suffers Fault During Testing Period. USNI News, June 8, 2020.

https://news.usni.org/2020/06/08/uss-gerald-ford-emals-launching-system-suffers-fault-during-testing-period.

② 葛宋．美国海军“福特”号航空母舰服役后的试验及维修．蓝海星智库，2019-03-23.

航空母舰服役后的试验试航主要目的在于发现航空母舰设计或设备存在的问题，并在航空母舰部署前及时修正调整。福特号航空母舰服役后在试验试航中发现了诸多问题，其中航空作业关键系统（包括电磁弹射器、先进阻拦装置等）的可靠性问题将严重制约 CVN 78 航空母舰的架次率。

1) 试验期间动力系统频繁发生严重故障

试验期间，福特号航空母舰共独立航行 8 次，其中有 3 次由于动力系统故障导致航空母舰不得不提前返航。动力系统将是航空母舰后续维修升级工作的重点之一。

2018 年 1 月，福特号航空母舰在海上航行时发生轴承故障，轴承出现过热情况，被迫返回港口维修。同年 3 月，海军发布的消息将该故障描述为“高于轴承温度设定值 92 华氏度”，并且“在确保设备不受损坏后，航空母舰安全返回港口”。福特号航空母舰的建造商 HII 认定，此次故障的主要原因是“制造缺陷”，并非舰员“操作不当”。美国海军海上系统司令部表示，轴承故障将在试航后维修阶段被彻底修复。此次事故也导致试航后维修阶段的开始时间由原定的 4 月推迟到 2018 年夏天，持续时间也由 8 个月延长到 12 个月。

2018 年 5 月，福特号航空母舰主动力系统再次发生故障。5 月 19 日，福特号航空母舰从诺福克启程开始新一轮海试，但随后其推进系统出现机械故障，被迫返航。美国海军称此次故障与上一次并无关联，此次机械故障导致核反应堆产生的蒸汽无法使重达 30t 的螺旋桨全速旋转。

而在服役前，福特号航空母舰的动力和电力系统就曾发生过多次故障。

2) 先进武器升降机尚未全部交付

作为福特号航空母舰关键新技术之一的先进武器升降机进度严重滞后。试验期间，舰上的 11 台先进武器升降机虽然已经安装，但由于船厂仍在开展相关研究工作，海军并未接收这些武器升降机。在整个试验期间，航空母舰的武器升降机都未投入使用。直到 2019 年 3 月，海军才接收了第二部武器升降机。海军部长公开承诺所有武器升降机将在 2019 年夏天航空母舰再次出海前完成交付。

3) 电磁弹射器和先进阻拦装置的可靠性仍存在严重问题

该航空母舰 8 次独立航行期间，有 4 次开展了航空作业，利用舰上全新的电磁弹射器和先进阻拦装置，完成了 747 次 F/A-18E/F 舰载机的弹射和阻拦试验，远超过原定计划约 400 次的目标。对于电磁弹射器和先进阻拦装置来说，这是一项很大的进展。但总的来看，电磁弹射器和先进阻拦装置的可靠性仍存在很大不确定性，尤其是先进阻拦装置的问题突出。

一是舰上起降机型的限制。舰上弹射和阻拦的舰载机机型仍仅限于 F/A-18E/F 超级大黄蜂，而重量更大的 E-2C 鹰眼、E-2D 先进鹰眼舰载固定翼预警机和 C-2A 灰狗舰载运输机仍无法在舰上起降。先进阻拦装置对于这些重型舰载机的阻拦试验仍处在陆上试验阶段。此外，舰上已安装的先进阻拦装置还需要根据陆上试验结果进行升级改造。

二是电磁弹射器和先进阻拦装置等关键系统的可靠性。2017 年美国国防部试验鉴定局（DOT&E）发布的福特号航空母舰试验鉴定年度报告指出，截至 2017 年 6 月，电磁弹射器的关键故障间平均周期（Mean Cycles Between Critical Failure）估计为 455 次，而设计要求达到 4166 次，按照此可靠性，电磁弹射器仅有 9%的概率完成为期四天的高强度出动（一天连续 24 小时飞行作业、持续四天），70%的概率完成一天的持续出动（一天 12 小时飞行作业，12 小时停飞）。而据 2018 年的试验鉴定年度报告，福特号服役后的舰上实际试验，747 次弹射中电磁弹射器出现了 10 次关键故障，实际可靠性甚至比原估计值还要低不少，远远达不到设计要求。

先进阻拦装置的问题则更为严重。国防部试验鉴定局 2017 年的年度报告显示，截至 2017 年 6 月，先进阻拦装置的关键故障间平均周期估计仅为 19 次，而设计要求达到 16500 次。按照此可靠性，先进阻拦装置无法支持常规的作业，完成一天持续飞行作业的概率低于 0.2%。在一般的阻拦作业中，先进阻拦装置仅有 53%的概率可完成连续 12 次回收作业及 1%的概率成功完成连续 84 次回收作业。而据 2018 年的试验鉴定年度报告，福特号服役后在舰上实际试验中尝试了 763 次回收，先进阻拦装置同样出现了 10 次故障，实际可靠性比上一年的估计值有所提高，但仍远远达不到设计要求。电磁弹射器和先进阻拦装置的可靠性短期内大幅提升的可能性不大，后续仍需持续不断地探索和改进。

3.6.9 总体评价

福特级航空母舰是继尼米兹级核动力航空母舰设计建造以来，美国海军航空母舰设计理念首次出现重大变革的一型舰。为达到设计目标，提高性能，减少人员开支，降低航空母舰的运行费用，满足作战需求，福特级航空母舰上大量采用了新设计、新设备、新技术，例如寿期更长、功率密度更高的新型核动力装置，高性能的发电配电设备，“一站式保障区”的甲板设计，先进的物流系统，电磁弹射器，先进的阻拦装置，新型综合作战系统，以及 F-35C 联合攻击战斗机、X-47B 无人战斗机、EA-18G 咆哮者电子战飞机、E-2D 先进鹰眼预警机、MH-60R/S 海鹰直升机等新一代的舰载机。与尼米兹级航空母舰相比，这些新技术的引入将使得福特级航空母舰飞机出动架次率、作战能力、生命力、自动化水平、信息化水平以及支持未来升级改装的灵活性等大幅度提高，而人员编制、全寿期费用则大为减少。正因如此，福特级航空母舰有潜力成为继尼米兹级后又一型大批量采购的航空母舰项目，但同时也面临着如下三个方面的挑战：

（1）某些关键技术的不确定性，可能直接影响经费和建造进度。几种给未来航空母舰带来革命性变化的主要技术都是研发项目，到福特号开工建造时，仍未完全成熟，特别是电磁弹射系统、先进阻拦装置、双波段雷达等在研制中均出现了不同程度的问题，能否按时按要求交付船厂存在很大未知数，可能会导致整艘舰的经费增长和建造进度的拖延。

（2）对可维护性要求提高。美国国防项目合同常常开始以降低全寿期费用为目标，但后来在实践中证明不可行。在航空领域尤其如此，由于武器系统的复杂性增加，因此提高了维护要求，并大量增加了集中维护而不是现场维护，从而降低了飞机的可靠性/可用性。

福特级航空母舰人员减少，这是减少费用更直接的方式，其效果在福特号服役不久就能评估。许多技术上的改进被证明在商船和民用方面很有价值，而且风险低。但另外，潜在的风险确实存在，无疑应谨慎处理。新型核反应堆肯定是技术性能、维护潜在风险最大的一个方面，这对人员和寿命期维护都提出了更高要求。电磁弹射器亦如此。因此，这些新技术项目需要特别注意。

（3）实践中和结构上应易于改装升级。要将武器系统设计成能有效服务 50 年不是一件容易的任务。福特级上的飞机将换装几次，其上的武器系统、电子系统也需更新换代。航空母舰在全寿期必须适应这些变化。

3.7 两栖舰

3.7.1 LHD 1 黄蜂级多用途两栖攻击舰

黄蜂级两栖攻击舰（Wasp class amphibious assault ship，LHD）是美国海军隶下的以直升机和垂直/短距起降（STOVL）战斗机为主要作战武器，配备船坞的多功能两栖攻击舰。

该级舰基于塔拉瓦级两栖攻击舰设计建造，但相较于塔拉瓦级能使用更先进的舰载机和登陆艇。黄蜂级两栖攻击舰几乎能运输一整支美国海军陆战队远征部队（MEU），并通过登陆艇或直升机在敌方领土纵深或前沿作战。

该级舰末舰马金岛号以全新的复合燃气涡轮与电力推进动力系统（Auxiliary Propulsion System，APS）取代了复杂笨重且反应缓慢的蒸汽涡轮系统，成为美国海军第一种使用综合电力推进系统的作战舰艇。

3.7.1.1 研制背景

美国海军为了取代老旧的硫磺岛级两栖攻击舰，以塔拉瓦级（Tarawa class）两栖攻击舰的设计发展出黄蜂级。黄蜂级两栖攻击舰的外型与塔拉瓦级十分类似，并使用相同的动力系统，但是黄蜂级两栖攻击舰在设计与概念上有重大的改良，并且功能更多。本级舰的命名多半沿用以往的名舰名，例如黄蜂号（USS Wasp LHD 1）、埃塞克斯号（USS Essex LHD 2）的前身都是第二次世界大战中著名的航空母舰。埃塞克斯号 LHD 2 如图 3-29 所示。

图 3-29 LHD 2 埃塞克斯号两栖攻击舰

而博克瑟号（USS Boxer LHD 4）与好人理查德号（USS Bonhomme Richard LHD 6）的前身也是第二次世界大战时期的埃塞克斯级航空母舰舰名。此外，有的两栖舰以著名战役名命名，例如第七艘硫磺岛号（USS Iwo Jima LHD 7）。

为了应对进入 21 世纪以后“强度较低、对陆地投送武力为主”的新海上作战型态，美国海军从 2003 年起以两栖登陆舰艇为核心组建远征打击群（Expedeitionary Strike Group，

ESG)，每个打击群由一艘黄蜂级两栖攻击舰为核心，搭配两艘船坞运输舰或船坞登陆舰，外加用于护航的一艘提康德罗加级巡洋舰、一艘伯克级驱逐舰、一艘佩里级护卫舰以及一艘攻击核潜艇；其中，打击群里的三艘两栖舰艇能搭载的陆战队总兵力大约有 2000 名。

ESG 的投送能力不及传统的航母战斗群，不过实际上黄蜂级两栖攻击舰所搭载的航空武力已经超过大部分国家所拥有的短距起降航空母舰，足以满足一场低强度区域性冲突所需的火力支援与垂直输送需求。ESG 凭借着黄蜂级两栖攻击舰以及两艘所属两栖舰艇所搭载的各式直升机队与登陆载具，将所携带的部队以最快速度送上陆地，并借由黄蜂级两栖攻击舰优越的指管通情能力以及舰载 STOVL 战机、AH-1W/Z 攻击直升机提供的火力支援这场军事行动。在未来，美国海军不一定要动用庞大的航母战斗群，靠 ESG 也能有效完成大部分的海外武力投送行动。

3.7.1.2　技术特点

不同于塔拉瓦级两栖攻击舰，黄蜂级两栖攻击舰的原始设计中就被赋予操作 LCAC 气垫登陆艇以及 AV-8 战斗机 B 型的能力。黄蜂级的舰内空间结构与塔拉瓦级相似，不过舰内车库甲板面积（1980m^2）仅有塔拉瓦级的 73%，货舱甲板容积（3030m^3）只有塔拉瓦级的 92%，腾出的空间用来容纳航空器相关设施，可装载比塔拉瓦级更多的航空器。黄蜂级两栖攻击舰的泛水式舰内坞舱长 82.1m，宽 15.3m，虽然账面尺寸比塔拉瓦级小，不过由于内部结构变更的关系，黄蜂级的坞舱一次能容纳 3 艘 LCAC 气垫登陆艇或 12 艘 LCM-6 机械登陆艇（塔拉瓦级一次只能搭载 1 艘 LCAC 或 4 艘 LCU 登陆艇），并且能在坞舱内直接为其所属小艇进行整补。①

在原始设计中就纳入了 AV-8B 的运用能力，黄蜂级两栖攻击舰无须接近滩头便能进行攻击任务，因此并未如同塔拉瓦级两栖攻击舰般装置 Mk 45 舰炮，飞行甲板可用面积遂得以增加，这是两级舰在外观上的主要区别之一。与塔拉瓦级两栖攻击舰相同，黄蜂级拥有两部供运送航空器用的大型升降机，但两部皆为甲板边缘升降机，而不像塔拉瓦级将一部升降机设在舰尾中线。这两部升降机都能运送 CH-53 重型直升机。黄蜂级的舰内车库甲板的标准搭载量包括 5 辆 M-1 主战坦克、25 辆 AAV-7 两栖登陆车、8 辆 M-109 自行炮、将近 68 辆 HMMVVV 战术轮型卡车、10 辆补给车辆、20 辆 5t 军用卡车、2 辆水柜拖板车、2 辆发电机拖板车、1 辆油罐车、4 辆全地形堆高机等。

车库甲板并未设置驶进/驶出舱门，这些车辆需驶入舰内坞舱，由登陆载具运上岸，或由货运升降机送至甲板上，由重型直升机吊挂至陆上。舰上有 6 部长 7.6m、宽 3.6m 的货运升降机，比塔拉瓦级两栖攻击舰多一个。黄蜂级两栖攻击舰的飞行甲板由 HY-100 高张力钢板建造，长 249.6m，宽 42.67m。

1. 航空配置

在标准的搭载模式下，黄蜂级两栖攻击舰的舰载机阵容可为 4 架 CH-53 运输直升机、12 架 CH-46 运输直升机、4 架 AH-1W 攻击直升机、6 架 AV-8B 垂直起降攻击机、2 架 UH-1N 通用直升机，或者是 9 架 CH-53、12 架 CH-46、4 架 AH-1W、6 架 AV-8B、4 架 UH-1N，机队总数大致为 30 架。在突击模式（Assault Mode）下，舰上可搭载 42 架 CH-46 运输直升机；而在操作最新一代的 MV-22 倾斜旋翼运输机时，黄蜂级两栖攻击舰最多能容纳

① LHD-1 Wasp class 美国科学家联合会.

12 架。

除了以直升机进行垂直包围作战外，黄蜂级两栖攻击舰还能搭载 20~25 架 AV-8B 垂直起降战机与 4~6 架 SH-60B 反潜直升机，当作 STOVL 航空母舰来使用，此功能与 20 世纪 70 年代美国海军进行的 Project-60 舰队整建计划中遭取消的制海舰（Sea Control Ship）相同。原本美国海军打算在飞行甲板前端装置滑跃甲板（Ski-jamp）以增加 AV-8B 的出击能力，但是为了避免减少直升机起降空间而作罢；由于黄蜂级的飞行甲板够长，因此AV-8B 即使不靠滑跃甲板都能顺利起飞。在一般编制 6 架 AV-8B 的情况下，黄蜂级平均每日出击架次（只计算 AV-8B）10~20；如果在制海舰模式、搭载二十几架 AV-8B 的情况下，每日出击架次可提高到约 30。

2. 舰电武装

本级舰配备 SWY-3 武器指挥系统与 ACDS 作战指挥系统，两者连接舰上所有的雷达与电子战系统（包括 SPS-48、SPS-49、Mk 23 TAS、SPS-67、Mk15 密集阵 CIWS 上的雷达、SLQ-32 电子战系统以及日后新增的 SPQ-9B 目标跟踪雷达），指挥 Mk15 Block 1A 密集阵近防武器系统以及北约海麻雀防空导弹进行防空接战。黄蜂级两栖攻击舰亦配备 SYS-2 整合目标自动追踪系统（IADT），首舰黄蜂号使用的版本为(V)3，虽然黄蜂号在 1989 年 7 月就已成军，但舰上的 SYS-2(V)3 直到 1991 年才通过所有测试。后续的黄蜂级两栖攻击舰则使用 1990 年开发的 SYS-2(V)5。2005 年起，美国海军开始在 LHD 5~8 上加装 Mk 38 Mod2 型 25mm 遥控机炮。

黄蜂级两栖攻击舰具备完善的 C^3I 设施以便指挥两栖作战，并且拥有齐全完善的医疗设施，当登陆部队出发后，舰上的床位空间能立刻转换并成立一所拥有 600 张病床的野战医院，此外，舰上还有 4 间手术房。首舰黄蜂号最初只装有 SPS-49 对空雷达，LHD 2 之后增加 SPS-48E 雷达以及 SYS-2 IADT，后来的黄蜂级也追加这些装备。未来黄蜂级两栖攻击舰会增加运用 MV-22 倾斜旋翼机以及 F-35 战斗机的能力。此外，黄蜂级两栖攻击舰正陆续加装 Mk 31 Block 1 拉姆（RAM）短程反导弹系统并将其纳入 SWY-3 武器指挥系统，以大幅强化自卫能力。

3.7.1.3 主要性能与装备

图 3-30 为埃塞克斯号舰侧视图，黄蜂级两栖攻击舰的主要性能与装备如表 3-6 所示。

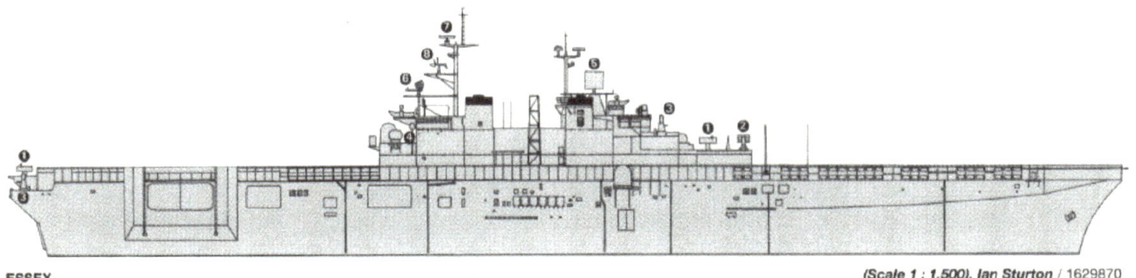

图 3-30 LHD 2 埃塞克斯号两栖攻击舰侧视图

表 3-6　黄蜂级两栖攻击舰的主要性能与装备

名称	WASP CLASS Amphibious Assault Ships（LHD 1） （黄蜂级多用途两栖攻击舰）
制造商	Ingalls Shipbuilding，Pascagoula（LHD 1~7）（英格尔斯造船厂） Northrop Grumman Shipbuilding（LHD 8）
建造数量	8 艘（LHD 1~8）
服役时间	1989 年（LHD 1）
排水量	41302t（LHD 1~4），41006t（LHD 5~7），42330t（LHD 8），满载
主尺度	257.2m×42.7m×8.1m
航速	22kn
续航力	9500nmile/20kn
舰员编制	994 人（65 名军官）
动力	LHD 1~7：2×600psi 锅炉/70000hp（52.2MW）；2×蒸汽涡轮；1×舰首推进器；双轴 LHD 8：2×GE LM-2500+燃气涡轮/70000 hp（52.2MW）；2×APS 辅助电力推进系统/10000hp（7.5MW）；1×舰首推进器；双轴 CRP
导弹	2 座雷神公司的 Mk29 型 8 联装导弹发射装置①，RIM-7P 海麻雀对空导弹，采用半主动雷达寻的，射程为 40km，飞行速度为马赫数 2.5，战斗部重 38kg； 2 座 GDC 公司的 Mk49 型 21 联装导弹发射装置②，RIM-116 导弹，采用被动红外/被动雷达寻的，射程为 9.6km，飞行速度为马赫数 2.5，战斗部重 9.1kg
舰炮	2（LHD 5-8）或 3（LHD 1-4）座雷神公司的 20mm 6 联装密集阵 Mk15 火炮③，4500rds/min，1.5km； 3（LHD 5-8）或 4（LHD 1-4）座波音公司 25mm 毒蛇 Mk 38，4×12.7mm 机枪
火控系统	2 部 Mk 91 型（LHD 1-6）或 2 部 Mk 9 型（LHD 7-8）导弹发射控制系统（MFCS）
作战数据系统	ACDS Block 1（LHD 7）、Block 0（LHD 2-6）作战指挥系统；SSDS Mk2 舰艇自防御系统（LHD 8，LHD 7，LHD 2，LHD 1）；陆战队两栖战术暨管制系统（MTACCS）；4A、11（改进型）、14、16 号数据链；卫星通信系统（SATCOMS）④SSR-1，WSC-3（UHF），USC-38（EHF）
雷达	对空搜索：ITT 公司的 SPS-48E 型三维雷达⑤，E/F 波段；雷神公司的 SPS-49（V）9 型雷达⑥，C/D 波段；休斯公司的 Mk23 TAS 型雷达⑦，D 波段；SPQ-9B⑨（LHD 7，LHD 8）。 对海搜索：诺登公司的 SPS-67 型雷达⑧，G 波段。 导航雷达：SPS-73，I 波段。 空中管制：SPN-35B（LHD 1-7）、SPN-35C（LHD 8）和 SPN-43C。 火控雷达：2 座 Mk 95 雷达，I/J 波段；SPQ-9B 雷达（LHD 8）。 塔康：URN25 战术空中导航雷达。 敌我识别器：CIS Mk XV UPX-29
对抗措施	物理对抗措施：4 或 6 座六管 Mk36 SRBOC 干扰弹发射器；SLQ-25 型水精拖曳式鱼雷诱饵；SLQ-49 箔条浮标；AEB SSQ-95。 电子对抗措施：ESM/ECM 采用 SLQ-32（V）3/SLY-2 拦截和干扰器；雷神公司的 ULQ-20
固定翼飞机	CH-46E 运输直升机×42；AH-1W 攻击直升机或 AH-1Z 攻击直升机；CH-53E 运输直升机；CH-53D 运输直升机；UH-1N 通用直升机；AH-1T 直升机；SH-60B 反潜直升机（适时搭载无人机）
登陆载具	LCAC 气垫登陆艇×3 或 LCU 通用登陆艇×2 或 LCM-8 机械登陆艇×6 或 LVTP-7 两栖突击载具×40~61

3.7.1.4　建造情况

黄蜂级两栖攻击舰的建造情况见表 3-7。

表 3-7　黄蜂级两栖攻击舰的建造清单

舷号	舰名	开工日期	下水日期	服役日期	母港/状态
LHD 1	Wasp 黄蜂	1985/5/30	1987/8/4	1989/7/6	Norfolk
LHD 2	Essex 埃塞克斯	1989/3/20	1991/1/4	1992/10/17	San Diego
LHD 3	Kearsarge 基萨奇	1987/11/20	1992/2/6	1993/10/16	Norfolk
LHD 4	Boxer 博克瑟	1988/10/3	1991/4/8	1995/2/11	San Diego
LHD 5	Bataan 巴丹	1991/12/20	1994/6/22	1997/9/20	Norfolk
LHD 6	Bonhomme Richard 好人理查德	1995/4/18	1997/3/14	1998/8/15	San Diego
LHD 7	Iwo Jima 硫磺岛	1997/12/12	2000/3/25	2001/6/30	Mayport
LHD 8	Makin Island 马金岛	2004/2/14	2006/9/22	2009/10/24	San Diego

3.7.2　LHA 6 美利坚级通用两栖攻击舰

美利坚级两栖攻击舰（America class amphibious assault ship）如图 3-31 所示，属直升机登陆突击舰（Landing Helicopter Assault，LHA）类别，主要作为美国两栖登陆作战中空中支援武力的投射平台，计划建造的前两艘舰称为 Flight 0，将拥有巨大的机库、弹药库与维修设施，着重航空武力的强化；计划建造的后三艘舰称为 Flight 1，拥有不大相同的设计概念与构造，将会缩小舰桥体积，以腾出机库空间，并保留一小规模的坞舱结构，在航空与水面作战能力之间寻求较佳的平衡性。

美利坚级两栖攻击舰诞生于世纪之交的美国海军战略转型期，用以替换塔拉瓦级两栖攻击舰，主要任务是作为美国海军两栖战备群的旗舰，指挥、搭载、运送、支援海军陆战队员进行登陆作战，首舰于 2009 年 7 月 17 日在美国英格尔斯造船厂开工，2012 年 6 月 4 日下水，2014 年 10 月 11 日服役，取代舰龄已过 30 年的塔拉瓦级两栖攻击舰贝里琉号（USS Peleliu LHA 5），计划建造 5 艘。

3.7.2.1　研制背景

冷战结束后，美国对其海军战略进行了数次重大调整，先后于 1992 年和 1994 年公布了《由海向陆》和《前沿存在：由海向陆》两部战略白皮书，开始推行远洋前沿进攻型的由海向陆、以海制陆战略，将主要作战对象由苏联转向威胁美国利益的地区性军事强国；强调以机动、灵活、多样的“前沿存在”代替“前沿部署”，采用联合作战的方式从海上采取军事行动，夺取制陆权。

2001 财年，美国海军专门成立了研究论证小组，对新一级两栖攻击舰的设计方案进行论证研究。美国海军新一代两栖攻击舰有两个项目，一为 LH(X)项目，二为 LHA(R)（R 为“替代”（Replacement）之意）项目。前者是一种正处于概念阶段的新一代两栖攻击舰，采取全新船体结构设计和装备系统，而后者则计划采用现有舰体设计。LH(X)作为全新设

图 3-31 LHA 6 美利坚级两栖攻击舰

计的舰艇，其作战能力比黄蜂级两栖攻击舰的第 8 艘也是最后一艘较大改进的马金岛号 LHD 8 更加强悍，服役时间也更长。但是 LH(X)项目的研制费用超过 10 亿美元，研制时间需要 4~5 年，且由于采用全新设计，研制过程中的风险非常大。美国海军综合考虑后，将该项目暂时终止，全力以赴进行 LHA(R)项目，即后来的美利坚级两栖攻击舰。LHA(R)项目最初有三种设计方案：第一种是马金岛号的舰体设计，第二种是马金岛号设计的改进型，第三种是全新的航空母舰型舰体设计。

2001 年 3 月，美国海军和参谋长联席会议批准并宣布了 LHA(R)的任务需求声明，负责采购、技术和后勤的国防部副部长办公室批准了该项目的采购计划，并同意该项目在 2001 年 7 月进入概念实验阶段。

2002 年 7 月，美国海军出台《21 世纪海上力量》战略报告，强调未来美国海军要在现有基础上重新组合，成立 37 支独立的打击群，并提出了在海上打击、海上盾牌、海上基地三个方面加强海军建设。几份重要的战略文件清晰地勾勒出美国海军想要建立的机动灵活的兵力结构：第一是航空母舰打击大队，这是美国海军作战力量的核心；第二是远征打击大队，由两栖战备大队、水面作战舰艇和攻击型核潜艇组成，是美国海军作战力量的重要支柱；第三依次为水面舰艇战斗大队、经过改装的俄亥俄级战略核潜艇、战斗后勤力量。其中以两栖攻击舰为中心的远征打击大队是这些组成力量中最为活跃、最为机动的部分，既可与航空母舰打击大队一起组成远征打击部队，在战斗后勤力量的保障下应对大规模武装冲突和严重安全威胁，又可以单独出征应对规模较小的武装冲突，是美国海军将作战范围进一步向敌国内陆推进，实现其由海制陆战略的重要力量基础。

美国海军为了满足“同时打赢两场局部战争”的战略需要，要求远征打击大队具有在未来作战中同时投送 2.5~3 个海军陆战队远征旅的能力，而美国海军现有的投送能力尚不超过 2 个远征旅。因此，在这样的背景下，美国海军高度重视两栖作战舰艇的发展，强调要建设并保持 12 个两栖战备群（ARG），每个两栖战备群至少由 3 艘舰组成，即 1 艘黄蜂级两栖攻击舰、1 艘圣·安东尼奥级两栖船坞运输舰和 1 艘惠德贝岛级船坞登陆舰。然而，美国海军现有的两栖攻击舰序列中只有 5 艘 1976—1980 年服役的塔拉瓦级两栖攻击舰和 8 艘 1989—2001 年建造服役的黄蜂级两栖攻击舰。其中塔拉瓦级两栖攻击舰经过近 30 年的风雨洗礼已渐显老态，虽然美国海军曾对其进行大规模的现代化改装，并将其使用寿命延长至 2011—2015 年，但其舰体已经老化，最重要的是其设计思想已经远不能满足未来美国海军濒海作战，特别是搭载 LCAC 气垫登陆艇和 V-22 “鱼鹰” 倾旋翼飞机等新型武器系统的要求，因此海军取消了再次进行中期延寿改装的计划，转而研制建造新一级两栖攻击舰。

2005 年 2 月 11 日，美国国防部负责采购、技术和后勤的副部长执行署批准了海军提交的 LHA(R)项目采购策略报告，基本确定了海军两栖攻击舰研制发展计划的总体框架，使得海军能够顺利与建造商进行具体的谈判。

2005 年 7 月 15 日，诺斯罗普·格鲁曼舰艇系统公司按照先前与海上系统司令部签订的采购合同，获得海军 1.099 亿美元的追加投资，用于采购建造材料、系统工程研究以及 Flight 0 阶段舰艇的总体设计研究。2006 年 6 月 15 日，建造商又得到 2000 多万美元的追加款。2006 年 12 月，前期工作基本完成。2005—2006 财年，海军都在为建造美利坚级两栖攻击舰做前期准备，并计划于 2007 财年开始建造美利坚号舰。尽管美国海军 2006 财年的预算仅包括建造 4 艘两栖攻击舰所需的资金，但是海军已将两栖攻击舰作为首要发展项目，向国会递交了一个 4.17 亿美元的预算议案以争取更多的资金，从而加速美利坚级航空母舰的建造进程。

3.7.2.2　技术特点

美利坚级两栖攻击舰作为美国下一代两栖攻击舰，也是有史以来吨位最大的两栖攻击舰，其承袭了塔拉瓦级和黄蜂级的强悍风格，同时在很大程度上汲取了圣·安东尼奥级船坞运输舰建造的经验做法，在配备大量先进装备、保持远洋投送能力和海上作战能力的同时，着重强调隐身性能、自动化及人员舒适程度等方面。

1. 舰型结构

美利坚级两栖攻击舰在设计过程中参考了马金岛号舰的舰体结构，同时强调了增大载机数量和主要舱室面积，因此其总体布局、设计和马金岛号舰类似，即采用钢结构单体船型，全贯通飞行甲板。但是不同的是，美利坚级舰去掉了登陆艇和井型甲板的设计，飞行甲板与舰体长度相当，甲板上设有两部飞机升降机，分别布置在上层建筑中部和舰艉处。飞行甲板下方设有机库、货舱和车辆甲板。

美利坚级两栖舰为了有效降低舰被探测系统发现的概率，借鉴并采取了圣·安东尼奥级舰的成功经验，将其舰岛建筑的外形设计成大倾斜面，同时减少舰体外表面的附属装备和电子天线。在此基础上，还将主机、辅机、传动装置均装在减振隔音双缓冲弹性支架上，减小了水下声响信号；并且在烟囱排气口、机舱等产生红外信号的主要热源处设置了热敏式喷水冷却系统，有效减少了强烈的红外信号。

2. 动力系统

美利坚级两栖攻击舰的动力系统与美国海军以往建造的黄蜂级、塔拉瓦级、硫磺岛级等各级别两栖攻击舰不同，后三者采用了蒸汽轮机动力系统，而美利坚级舰则采用了技术先进的柴电燃联合推进装置（CODLAG），这种推进方式安静性能好、推进效率高、启动运转速度快，是未来大型水面舰艇动力的发展趋势。采用这种推进方式的还有新近服役的西班牙的胡安·卡洛斯一世级舰。

舰上装有 2 台通用电力公司生产的 LM2500+型燃气轮机，功率达到 52199kW；6 台柴油机及 2 台电动机，电动机功率为 3729kW，最大航速为 22kn。当航速大于 12kn 时，舰上由 2 台燃机通过主齿轮箱带动 2 根主轴驱动变距桨推进，当航速低于 12kn 时，则由舰上 2 台交流电机接入主齿轮箱驱动，尽可能发挥了燃气轮机满功率运转时比功率高及柴电推进系统低速巡航省油的特点。节油效果还是十分明显的，之前使用蒸汽动力的两栖舰一天的燃油消耗量约为 15 万升，而美利坚级两栖舰一天的燃油消耗量仅为 5.7 万升。两种动力系统交替使用，可实现快速切换。

3. 机库扩容

美利坚级两栖攻击舰在设计时取消了坞舱，当然也就没有搭载气垫登陆艇。此外，用于交通运输的下甲板也取消了。这样在移除可浸没井甲板后，美利坚级两栖舰在机库甲板上扩充了两个较宽的高舱区，每个高舱区都装备有用于飞机维修的起重机。取消坞舱的 LHA 6 两栖攻击舰的机库长度大幅增加了 42%，其理想的舰载机编组模式为 12 架 MV-22B 飞机、4 架 CH-53 海马直升机、2 架 SH-60S 直升机、4 架 AH-1 超眼镜蛇攻击直升机、3 架 UH-1 休伊直升机以及 6 架 F-35B 战斗机。当然，根据任务可搭载 20 架 F-35B 和 2 架 SH-60S，火力全开。

扩大了机库甲板面积后得以重新组合并扩充了航空维修设施，尤其是增加了零部件及配套设备，使 LHA 6 具备了更好的维修能力。舰上空间扩大也提供了额外的燃料及军械搭载能力，有效提升了在航率及任务能力。

为了加强航空运载能力，美利坚级两栖舰取消了两栖舰标志性的坞舱，导致了登陆艇和两栖装甲车运载能力的缺失，不过从 3 号舰开始，美国海军将恢复坞舱设计。

4. 运输支援

美利坚级两栖攻击舰最值得称道的是其强大的航空作战能力和兵力投送能力。为了提高航空作战能力，增加飞机搭载数量，设计人员对机库甲板面积进行了扩大，设置了 2 个高帽区，每个高帽区安装了高架起重机用于舰载机维修；同时增加了航空燃油储量，可携带 3400t 航空燃油，几乎是“马金岛”号舰的 2 倍，并且储存了更多的飞机部件和保障设备。该级舰可有效搭载近 38 架舰载机，其典型搭载模式为 12 架 MV-22、4 架 CH-53K 海上种马直升机、8 架 AH-1W 超眼镜蛇武装直升机、4 架 MH-60S 直升机以及 10 架 F-35B 联合作战飞机。此外，该级舰还增强了两栖运输能力特别是货物和车辆的运输能力，舰内货舱容积达 3965m^3，车辆甲板面积为 2362m^2，能够容纳先进两栖突击车（AAAV）、M1A2 主战坦克等装甲车辆、1800 人的海军陆战队及其装备。美利坚级两栖攻击舰比黄蜂级舰长 23.5m，飞行甲板宽 3m 多，空间面积增加 22%，主要增加了 2 个分别长 6.4m 和 17.1m 的舰体区域，可以容纳 20 架 F-35B 联合攻击战斗机、MV-22 倾旋翼飞机和其他各型直升机，搭载各种登陆工具和超过 1800 名海军陆战队队员。

提供较强的远洋作战支援能力是该级舰设计的主要目标之一，因此在设计过程中设计师们强调注意改善舰员的居住性和医疗卫生条件，按照要求，该级舰配备了 1 家 600 张病床的医院、6 个手术室、4 个牙科治疗室、1 个 X 射线室、1 个血库和几个化验室。同时该级舰将内部舱室用防火墙隔开，安装固定的泡沫灭火系统，并采用非燃材料，改善了防爆防火能力，提高战舰的生命力。

美利坚级两栖舰并没有设置相应的坞舱，也不能搭载 LCAC 气垫登陆艇。但是由于 LHA

6 与 LHD 8 在总体设计上有一定程度的继承性，而且多平面登陆一直以来都是美军强调的重点。作为美国海军寄予厚望的新一代两栖攻击舰，LHA 6 将在更广阔的海域执行更加繁重的任务，其面临的威胁更加多元化，作战环境更加复杂，虽然垂直登陆已成为登陆作战的主要样式，但是在一些地域，气垫登陆艇发挥的作用不可替代，因此美国海军不会去除如此重要的功能，LHA 6 应该会保留搭载 LCAC 气垫登陆艇的能力。

5. 武器装备

美利坚级两栖攻击舰没有装备过多的攻击性武器，只配备了 2 座 20mm 6 管 Mk15 Block1B 密集阵近防炮、2 座 21 联装 RIM-116 拉姆近程舰空导弹发射器、2 座 RIM-162 改进型海麻雀（ESSM）舰空导弹发射装置和 7 挺 MZ 双联装 50 口径重机枪。

密集阵 Block1B 在原型号的基础上进行了改进，除火炮架构不变外，安装了改进型 Ku 波段搜索与跟踪雷达、新型炮内控制站和遥控站，对计算机火控系统进行了升级，并加装了前视红外摄像机，可进行 24 小时的被动搜索跟踪，具有多光谱探测和跟踪能力，提高了强电磁干扰环境下近程反导能力。同时，“密集阵” Block1B 对火炮身管进行了改进，炮管比原来更长、更重。新系统通过简化炮弹的散射模式和使用新型炮口抑制系统提高了近防系统的射击精度。所使用的 Mk 244 “增强毁灭性弹药” 是 Mk 149 弹药的改进型，在发射初速不变的情况下，打击目标时提高了近 50%的贯穿动能，对反舰导弹、快艇和飞机的杀伤力更大。该系统的最大射速为 4500 发/min，最大射程 3km。

拉姆导弹是美国海军新一代防空盾牌，它采用了响尾蛇导弹的外形、战斗部与发动机，采用尾刺导弹的红外导引头，成功率和可靠率相当高，美军已经在最新建造的新型舰艇上普遍安装此型导弹，用以替代部分密集阵近防炮。拉姆导弹最大飞行速度超过马赫数 2，导弹作战半径为 9. 6km。

改进型海麻雀是海麻雀导弹的最新改进型，是一种全新的尾控（即正常式布局，控制舵面在尾部）的导弹，采用了类似标准舰空导弹的小展弦比弹翼加控制尾翼的布局方式，代替了原来的旋转弹翼方式。导弹采用了全新的单级大直径高能固体火箭发动机，新型自动驾驶仪和钝感高爆炸药预制破片战斗部，有效射程与 RIM-7P 相比显著增强，达到了中程舰对空导弹的标准。美利坚号舰装备了采用 Mk 29 箱式发射系统的 RIM-163D 导弹。

美利坚级两栖舰可以搭载 6 架 F-35B 闪电 Ⅱ 型战斗机，12 架 MV-22B 鱼鹰倾旋翼机，4 架 MH-53E 海龙重型直升机，7 架 AH-1 眼镜蛇攻击直升机，2 架 MH-60S 海鹰搜救直升机。

6. 舰电系统

美利坚级两栖舰上将装备海上全球指挥控制系统、海军战术指挥支援系统、JTIDS 联合战术信息系统、AN/USQ-119(V)27 联合海上指挥信息系统、AN/KSQ-1 两栖攻击指挥系统、Link 16 数据链等一系列先进的濒海两栖作战系统。此外，在黄蜂级 LHD 8、LPD 17 等舰上出现的 SPS-48E 三坐标雷达由于性能稳定、探测距离远等优点，在美利坚级两栖舰上也应该会装备，电子战设备将采用最新的 SUQ-32A（V）3 型电子对抗系统，具备预警、侦察、电子干扰等功能。由于舰上空间较大，该级舰还装有多座干扰弹发射装置，与电子战系统共同构成完整的主被动电子干扰及对抗系统。

3. 7. 2. 3　主要性能与装备

图 3-32 是美利坚级两栖攻击舰侧视图，其主要性能与装备如表 3-8 所示。

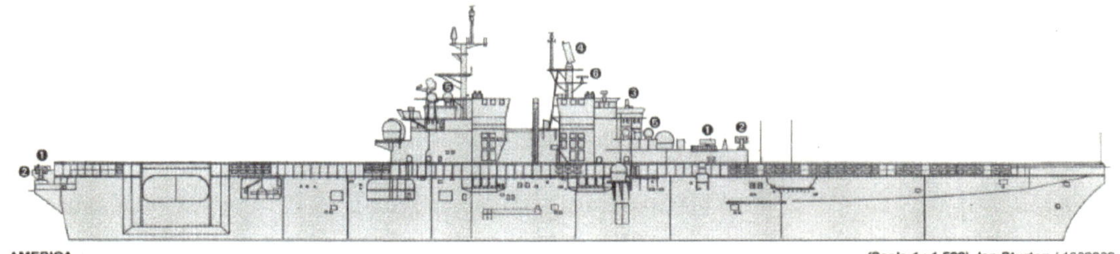

图 3-32 LHA 6 美利坚级两栖攻击舰侧视图

表 3-8 美利坚级通用两栖攻击舰的主要性能与装备

名称	AMERICA CLASS Amphibious Assault Ship (LHA 6) (美利坚级通用两栖攻击舰)
制造商	Huntington Ingalls Industries, Mississippi (英格尔斯造船厂)
建造数量	计划建造 11 艘，目前已建造 3 艘（LHA 6-8）
服役时间	2014 年（LHA 6）
排水量	44,447t，满载
主尺度	260.7m×60.35m×8.8m
飞行甲板	249.6m×36.0m
航速	22kn
续航力	9,500nmile/20kn
舰员编制	1102 人（102 名军官）
动力	2 具 LM-2500 燃气涡轮发动机，70000hp（52.2MW）；6 具柴油发电机，32184hp（24MW）；2 具 10000hp（7.46 MW）的辅助推进发动机；双轴推进
导弹	2 座雷神公司的 Mk29 型 8 联装导弹发射装置①，16 枚 RIM-162D 海麻雀对空导弹，采用半主动雷达寻的，射程为 55km，飞行速度为马赫数 3.6，战斗部重 38kg； 2 座雷神公司的 Mk49 型导弹发射装置②，RIM-116 导弹，采用被动红外/被动雷达寻的，射程为 9.6km，飞行速度为马赫数 2.5，战斗部重 9.1kg
舰炮	2 座 Mk15 型 20mm 6 管密集阵火炮③，25mm Mk38 Mod2 型机枪，12.7mm 机枪
雷达	对空搜索：ITT 公司的 SPS-48E（V）10 型三维雷达④，E/F 波段；雷神公司的 SPS-49A（V）1 型雷达；SPQ-9B 型雷达⑤。 对海搜索：2 座 SPS-73 型雷达⑥，I 波段。 空中管制：SPN-35C、SPN-41A 和 SPN-43C。 塔康：URN25 战术空中导航雷达。 敌我识别器：CIS UPX-29
作战数据系统	SSDS Mk2 Mod4B 舰艇自防御系统；协同交战能力系统（CEC）；USG-2A，4A、11（改进型）、16、22 号数据链；卫星通信系统（SATCOMS）：SSR-1，SRC-67(V)1（UHF），USC-38（EHF），URC-131(H)（HF），SRC-54E（VHF），USC-69A(V)2（CBSP），WSC-6C(V)9（SHF）
火控系统	2 部 Mk29 导弹发射装置带 2 部 Mk9 型导弹发射控制系统（MFCS）
对抗措施	物理对抗措施：Mk53 Mod6 型 MULKAY 诱饵发射装置，SLQ-25 型水精拖曳式鱼雷诱饵； 电子对抗措施：SLQ-32B(V)2
固定翼飞机	6-8 架或者多达 20 架 AV-8B 猎鹰战机；12 架 MV-22 鱼鹰倾斜旋翼机；23 架 F-35B 闪电 Ⅱ 型战斗机
航空设施	2 部飞机升降机

3.7.2.4 建造情况

2007 年 6 月 4 日，美国海军与诺斯罗普·格鲁曼公司舰艇系统部正式签署 LHA 6 美利坚号两栖攻击舰的建造合同，合同金额 24 亿美元。按照合同安排，首舰在密西西比州的帕斯卡古拉船厂开工建造，2012 年左右建造完毕，交付美国海军。首舰开工建造后，每 3 年采购 1 艘。LHA(R)项目 Flight 0 阶段全部 4 艘舰计划于 2013—2014 财政年度全部交付。

2009 年 7 月 17 日，美利坚号两栖攻击舰龙骨铺设仪式在诺斯罗普·格鲁曼公司英格尔斯造船厂进行。美军参谋长联席会议主席彼得·佩斯的夫人琳·佩斯对龙骨铺设进行了验证。

2012 年 6 月 5 日，美利坚号两栖攻击舰在英格尔斯造船厂的浮动式干船坞下水。

2014 年 10 月 11 日，美利坚级两栖攻击舰美利坚号正式服役，美国海军部长雷·马布斯在交接仪式上进行主旨演讲。作为本舰的资助人，美国退役海军陆战队将军皮特·佩斯的夫人琳恩·佩斯下令士兵上舰。

2017 年 5 月，第二艘美利坚级两栖攻击舰的黎波里号从干船坞下水。

2020 年 7 月 15 日，的黎波里号（LHA 7）正式服役。

美利坚级通用两栖攻击舰的建造清单见表 3-9。

表 3-9 美利坚级通用两栖攻击舰的建造清单

舷号	舰名	开工日期	下水日期	服役日期	母港/状态
LHA 6	America 美利坚	2009/4/27	2012/6/4	2014/10/11	Sasebo
LHA 7	Tripoli 的黎波里	2014/3/5	2017/5/1	2020/7/15	San Diego
LHA 8	Bougainvile 布干维尔	2019/3/14	/	/	建造中

3.7.2.5 采办动态

2020 年 7 月 15 日，第二艘美利坚级两栖攻击舰的黎波里号（USS Tripoli LHA 7）正式服役。该舰于 2020 年 2 月交付海军，将准备在 2020 年晚些时候转到位于加州圣迭戈海军基地的新母港。①

的黎波里号两栖攻击舰避开了之前黄蜂级两栖攻击舰的井甲板，采用了航空增强设计。相比首舰美利坚号 LHA 6，的黎波里号两栖攻击舰重新布置和扩大了航空维护空间，以容纳 MV-22B 鱼鹰倾旋翼机和 F-35B 闪电Ⅱ联合攻击战斗机，增加了喷气燃料储备容量，并更多地支持海军陆战队的最新和最好的飞机类型。作为美利坚级两栖攻击舰重新设计的一部分，下一艘布干维尔号两栖攻击舰 LHA 8 将包括井甲板和发射水面连接器，以将海军陆战队员带上岸。

这艘 45000t 的战舰还配备了混合动力推进装置，当航行速度低于 12kn 时，使用电动机驱动。这种推进系统首次被引进到最后一艘黄蜂级两栖攻击舰马金岛号（USS Makin Island，LHD 8）。

如图 3-33 所示是 2019 年 7 月的黎波里号两栖攻击舰在墨西哥湾试航。

① Sam LaGrone. Second America-Class Amphib USS Tripoli Commissions. USNI News，July 15，2020. https://news.usni.org/2020/07/15/second-america-class-amphib-uss-tripoli-commissions

图 3-33 LHA 7 的黎波里号两栖攻击舰在墨西哥湾试航（2019 年 7 月）

3.7.2.6 总体评价

美国海军认为，与新海上战略的要求相比，其远程独立作战能力和前沿部署能力远远不足。因此，为适应新军事战略的调整和未来作战需求的变化，美国海军将会对现有部队重新进行编组，建设更多的远征打击群。根据美国海军全球作战兵力构想，美国海军未来主战力量将由 12 支航母打击群、12 支远征打击群、9 支水面作战群和 4 艘经过改装的俄亥俄级核潜艇组成。远征打击群将在原来两栖战备群力量的基础上增加 1 艘提康德罗加级导弹巡洋舰、1 艘阿利・伯克级驱逐舰、1 艘护卫舰和 1 艘核攻击型潜艇。

随着能够搭载 F-35B、MV-22 和更多作战人员的 LHA 6 美利坚级两栖攻击舰陆续服役，美国海军远征打击群将形成以 LHA 6 为核心、圣・安东尼奥级两栖船坞运输舰和惠德贝岛级船坞登陆舰为中坚的兵力格局，整体的力量投送和前沿存在能力将会在现有基础上大幅增强，所担负的作战任务也会有更大拓展，作战地域将会向对手陆地边界更加接近。

3.7.3 LPD 17 圣・安东尼奥级两栖船坞运输舰

圣・安东尼奥级船坞运输舰（San Antonio class amphibious transport dock）是美国海军于 21 世纪初建造服役的新型多功能两栖船坞运输舰，如图 3-34 所示。

图 3-34 LPD 17 圣・安东尼奥级两栖船坞运输舰

本级舰是21世纪上半叶美国海军新锐主力之一，整合了坦克登陆舰（LST）、货物运输舰（LKA）、船坞登陆舰（LSD）和船坞运输舰（LPDS）的功能，预计建造12艘取代总数27艘的现役两栖舰只，将可满足未来美国海军快速应付区域冲突、将两栖陆战队运送上岸的任务。①

圣·安东尼奥级两栖船坞运输舰的剖视图如图3-35所示。

图3-35 圣·安东尼奥级两栖船坞运输舰的剖视图

3.7.3.1 研制背景

1993年1月11日，美国国防采购委员会批准了LP-X（LPD 17）计划。它是美国海军为实施其“由海向陆”新战略而建造的第一批新一代战舰之一，是第一级根据美国海军陆战队“舰对目标机动作战”而设计的两栖战舰。它是一级多功能两栖战舰，用以替代现役的奥斯汀（Austin）级两栖船坞运输舰、安克雷奇（Anchorage）级船坞登陆舰、新港（Newport）级坦克登陆舰，以及已经退役的查尔斯顿（Charleston）级两栖货船。在两栖作战时用直升机、登陆艇和两栖战车运送海军陆战队的人员、装备和物资登陆，遂行基本的两栖作战任务。

首舰圣·安东尼奥号原计划在2002年7月服役，然而由于进度落后，该舰2003年7月才下水，2006年1月14日正式服役；原计划12艘在2015年左右如数成军，但由于预算删减，美国海军在2010年将建造数量降至10艘（后来又增为11艘）。在用来建造本级舰第五艘纽约号（USS New York LPD 21）的钢材中，包括在2001年9月11日被恐怖分子摧毁的纽约世贸双塔的一段重达24t的钢梁，这段原本属于世贸南塔的钢梁成为建造纽约号舰首的原料之一，最后共有7.5t融入舰首之中。为了纪念“9·11”事件，纽约号两栖船坞运输舰上最主要的通道被命名为“百老汇”（Broadway），若干通道动线以曼哈顿最著名的三十四街和四十二街命名。

3.7.3.2 技术特点

1. 舰体设计

本级舰最初预计采用类似阿利·伯克级驱逐舰的倾斜式轻质合金桅杆，但后来改成先进的封罩式桅杆/雷达系统（AEM/S），把包括SPS-48E对空搜索雷达在内的收发天线藏在由FSS频率选择材料制作的AEM/S塔状外罩内，大幅增加隐身性，也可避免装备受海水盐害或外物损伤。本级舰拥有高度的隐身造型，舰上各装备也尽量采取隐藏式设计，大幅降低了

① US Navy Fact File: Amphibious Transport Dock — LPD.
https://www.navy.mil/navydata/fact_display.asp? cid=4200&tid=600&ct=4.

雷达截面积，此外也致力于降低红外线等其他信号。圣・安东尼奥级两栖船坞运输舰的上层构造分为前、后两部分，前部船楼包含舰桥、前部 AEM/S 桅杆以及一号烟囱等，后部船楼包含机库、库房、后部烟囱以及后部 AEM/S 桅杆等，两船楼之间的空隙由两侧舷墙包围，中间形成的天井空间可用来停放小艇，而且侧面受到舷墙遮蔽，可降低雷达截面积（RCS）。①

相较于以往的两栖舰艇，圣・安东尼奥级两栖船坞运输舰着重减少对友军岸上设施的依赖、降低人力需求、减低作业成本、保留未来改良空间以及提高独力作战能力，特别是自卫能力。圣・安东尼奥级两栖船坞运输舰融合了最新的建造科技，并拥有最先进的侦测、C^4I、武器等装备，舰上的各侦测、武器系统、作战系统、动力轮机控制等都由雷神公司研发的舰船光纤广域网络（SWAN）系统连接，可由单一操控台监控全舰一切航行、轮机、装卸、战斗、损管维修等机能，大幅减轻舰上人员的工作负荷。

2. 运载设计

相较于老一代的船坞运输舰，圣・安东尼奥级两栖船坞运输舰的飞行甲板与机库收容设施进一步扩大，能操作海军陆战队各型航空器，包括 CH-46 中型运输直升机、CH-53 重型运输直升机或下一代运输主力——MV-22 倾斜旋翼机。机库设置于舰岛末段，能容纳一架 CH-53 重型直升机或一架 MV-22 倾斜旋翼机，如果是 CH-46 中型直升机则可容纳 2 架，如果是 UH-1Y 或 AH-1Z 则可容纳 3 架；舰尾的大型飞行甲板能同时操作两架 CH-53 或 MV-22 等级的重型旋翼机，或者 4 架 CH-46 或 UH-1Y 等级的中/轻型直升机，必要时还可让 AV-8B 等 STOVL 战斗机降落。②

3. 船电设计

LPD 17 拥有 SSDS Mk2 Mod2 舰艇自防御系统（SSDS），可整合舰上所有的雷达与电子战系统以统整精确的目标资料，并指挥海麻雀 ESSM 与拉姆短程防空导弹进行接战，防空自卫能力较以往的两栖舰艇大幅增加。2010 年中期开始，圣・安东尼奥级两栖船坞运输舰将陆续追加综合海上网络企业服务（CANES）的整合开放式网络环境，将舰上原本各种独立的网络运算环境/应用系统整合为单一的网络架构，以简化系统架构、改进系统效率与安全性、降低整体成本等。第一批用来装备圣・安东尼奥级两栖船坞运输舰的两套 CANES 于 2013 财年订购。

SSDS 是美国海军第一套真正实现全分布式架构的舰载作战系统，此系统通过 SAFENET 光纤区域网络整合舰上所有防空作战相关的侦搜、追踪、火控与武器系统，包括 AN/SPS-48E 对空搜索雷达（位于 AEM/S 封闭桅杆内）、AN/SPQ-9B 跟踪雷达（位于前桅塔的顶端）、AN/SAR-8 红外线追踪瞄准系统、AN/SLQ-32（V）2 电子战系统（其天线组位于艏艛结构两侧）、Mk 36 干扰火箭发射装置、密集阵近防武器系统、ESSM 改进型海麻雀防空导弹的火控系统、拉姆导弹发射装置，以及负责统一监控的 AN/UYQ-70 先进显控台等；每个子系统均拥有各自的模块化网络连接单元（LAU），负责执行运算处理以及网络连接工作。

---

① LPD 17 On The Shipbuilding Frontier: Integrated Product & Process Development. 美国科学家联合会.

② LPD 17 A Ship Built By and For the Expeditionary Warriorby Gary L Pickens and Rear Admiral L. F. Picotte, USN (Ret). 美国科学家联合会.

4. 武器设计

根据原始设计，圣・安东尼奥级两栖船坞运输舰拥有以改进型海麻雀 ESSM 与 Mk 31 Block 1 拉姆（RAM）导弹构成的两层式近程防空导弹网，其中射程较远的 ESSM 短程防空导弹以四枚装一管的方式装填于舰首的两组八联装 Mk 41 垂直发射装置中，总共可装填 64 枚；至于射程较短的拉姆导弹则是 Mk15 密集阵近防武器系统的取代者，装填于舰上的两具 21 联装 Mk 49 导弹发射装置中，其中一具位于舰桥前方左侧的平台，另一具位于直升机库上方右侧。不过首舰圣・安东尼奥号现并未配备 Mk 41 垂直发射装置，可能是考虑到必要性不高以及节省成本。

此外，本级舰也将装备美澳两国最新开发的 Mk 53 Nulka 主动式消耗性诱饵（AED）发射装置。在主动电子反制方面，LPD 17～21 配备现役的 AN/SLQ-32（V）2 电子战系统，最初预定从 LPD 22 起换装美国最新研发的先进综合电子战系统（AIEWS），不过此系统的研发后来被取消。为了对付接近舰体的小型水面目标（例如敌方炮艇或恐怖分子的自杀快艇），LPD 17 配备两门 Mk46 Mod1 型 30mm 机炮以及两挺 Mk26 Mod18 型 12.7mm 机枪，其中两门 Mk 46 机炮塔分别位于舰桥前方以及直升机库上方左侧的平台上，两型机枪机炮分布于左右两舷。

5. 动力设计

圣・安东尼奥级两栖船坞运输舰采用柴油机推进系统，主机为 4 台柯尔特-皮尔斯蒂克（Colt-Pielstick）2.5STC 中速涡轮增压柴油机，电力供应则交给 5 台 2500kW 的卡特彼勒（Caterpillar）SSDG 柴油主发电机，此发电机具有自我清洁能力。圣・安东尼奥级两栖船坞运输舰的推进系统使用新设计来提高航速性能，然而这个性能是通过压榨发动机在极限性能指标负禁运作而达成的，所以之后问题重重，调整工作也十分艰辛。

6. 反导舰改型

2013 年 4 月 8 日，亨廷顿・英格尔斯在华盛顿举行的海军水面/空中/太空联盟展（Navy League's Sea-Air-Space）中正式公开展出 LPD Flight Ⅱ的弹道导弹防御（BMD）版本。LPD Flight Ⅱ BMD 取消了舰尾楼结构，因而腾出了大主甲板面积，两舷总共装备 18 组 16 联装 Mk 57 垂直发射系统，总共有 288 个发射管空间，可装填 SM-2/6 防空导弹与 SM-3 系列反弹道导弹。LPD Flight Ⅱ BMD 舰桥上方设置一个大容量的塔状结构，用来装置四面 AMDR 相控阵雷达，其天线尺寸远大于阿利・伯克Ⅲ型航空母舰所能配备的版本，具有更优秀的侦测弹道导弹能力，此外舰桥顶部还装有一座 21 联装 RAM 短程防空导弹发射装置。

LPD Flight Ⅱ BMD 的舰体中部设有一个包含一个烟囱的小型上层结构，纵列安装了第二座 21 联装拉姆短程防空导弹发射装置以及一门博福斯 57mm 舰炮。虽然原本的机库结构被取消，但 LPD Flight Ⅱ BMD 舰尾划出一个大面积的起降甲板，包括一个能操作 MV-22 倾斜旋翼机的大型直升机起降区；而原本舰尾坞舱则被改成一个升降式的机库，足以容纳一架机翼折叠状态的 MV-22 倾斜旋翼机，使用时由升降机举升至舰面甲板，如此就充分利用了原本坞舱的空间。此外，舰首装置一门口径至少为 5 英寸（127mm）的舰炮；依照此炮塔模型的比例，可能是先进舰炮系统的轻量版本。当然，LPD Flight Ⅱ BMD 也强化了电力供应，以应付功率庞大的 AMDR 防空雷达以及未来可能出现的直接能量防空武器。

3.7.3.3 主要性能与装备

图 3-36 为 LPD 17 圣・安东尼奥号两栖船坞运输舰侧视图，其主要性能与装备，如表 3-10

所示。

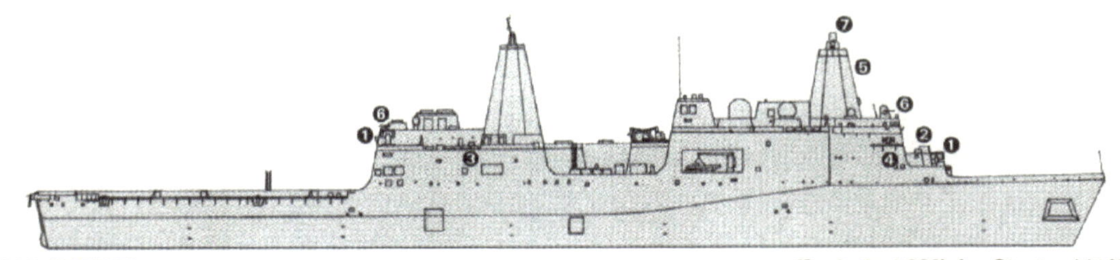

图 3-36 | LPD 17 圣·安东尼奥号两栖船坞运输舰侧视图

表 3-10 圣·安东尼奥级两栖船坞运输舰的主要性能与装备

名称	SAN ANTONIO CLASS Amphibious Transport Dock (LPD 17) (圣·安东尼奥级两栖船坞运输舰)
制造商	Northrop Grumman Shipbuilding (LPD 17-21) (诺斯罗普·格鲁曼造船厂) Huntington Ingalls Industries (LPD 22-29) (英格尔斯造船厂)
建造数量	13 (LPD 17-29), 计划建造 Flight Ⅱ型 13 艘 (LPD 30-)
服役时间	2006 年 (LPD 17)
排水量	24,900t, 满载
主尺度	208.5m×31.9m×7m (684.1ft×104.7ft×23.0ft)
航速	22kn
续航力	7000nmile/15kn
舰员编制	374 人 (29 名军官)
动力	4×Colt-Pielstick 2.5 PC 柴油机/41600hp (31.02MW); 双轴
导弹	2 座雷神公司的 Mk49 型 21 联装导弹发射装置①, RIM-116 导弹, 采用被动红外/被动雷达寻的, 射程为 9.6km, 飞行速度为马赫数 2.5, 战斗部重 9.1kg
舰炮	2×30mm Mk 46②, 10×12.7mm 机枪
对抗措施	物理对抗措施: 6 座 Mk53 Mod4 型 Nulka 箔条发射装置③, SLQ-25A 型水精拖曳式鱼雷诱饵; 电子对抗措施: SLQ-32A (V) 2 拦截干扰器④
雷达	对空搜索: ITT 公司的 SPS-48E 型三维雷达 (LPD 17-25) ⑤, E/F 波段; SPS-48G 型雷达 (LPD 26-28), E/F 波段。 对海搜索/导航雷达: 雷神公司 SPS-73(V)13⑥, I 波段。 火控雷达: 洛克希德·马丁公司的 SPQ-9B 雷达⑦, I 波段
作战数据系统	SSDS Mk2 舰艇自防御系统; GCCS(M), 协同交战能力系统 CEC, JTIDS (Link 16), AADS
直升机	1×CH-53 运输直升机或 2×CH-46E 运输直升机或 1×MV-22 倾斜旋翼机
登陆艇	2×LCAC 气垫登陆艇或 15×先进两栖突击载具 (AAAV)

3.7.3.4 建造情况

如表 3-11 所示, 前 9 艘圣·安东尼奥级两栖船坞运输舰延续美国海军以城市名命名 LPD 的传统, 其中第 8 艘阿灵顿号 (USS Arlington LPD 24)、第 9 艘萨默塞特号 (USS Somerset LPD 25) 都是为了纪念 "9·11" 恐怖袭击。阿灵顿号两栖船坞运输舰是被攻击的五角大楼所在的城市 (位于维吉尼亚州), 萨默塞特则是联合航空 93 号班机坠毁地点 Stonycreek

Township 所在的郡（Somerset County，位于宾系法尼亚州），以纪念联合航空 93 号上英勇抵抗恐怖分子的乘客。

用来建造阿灵顿号舰首的钢料中使用被撞毁的五角大楼中的钢梁，萨默塞特号的舰首钢料则使用重达 22t、位于联航 93 班机坠毁地点附近的一座起重机的融铁。第 10 艘舰约翰·穆萨号（USS John Patrick Murtha LPD 26）以一位曾参与越战、退伍后当选众议员的美国海军陆战队士兵约翰·帕特里克·穆萨（John Patrick Murtha）的名字命名，约翰·帕特里克·穆萨也是第一位被选为众议员的越战退伍士兵，1989—2010 年任职于众议院国防预算委员会（House Appropriations Defense Subcommittee），并曾担任主席。

劳德代尔堡号两栖船坞运输舰（LPD 28）将依据美国海军开发的下一代两栖战舰 LX（R）（该计划于 2018 年 4 月命名为圣·安东尼奥级 Flight Ⅱ）进行设计改进，后者未来将取代惠德贝岛级和哈珀斯·费里级船坞登陆舰。

英格尔斯公司目前还在建造理查德 M·麦克库尔号（LPD 29）和哈里斯堡号（LPD 30）两栖船坞运输舰，其中 LPD 28 和 LPD 29 将作为 LPD 30 的过渡舰，而 LPD 30 则是首艘圣·安东尼奥级 Flight Ⅱ两栖船坞运输舰。美国海军计划建造 13 艘 LPD 17 Flight Ⅱ。

表 3-11 圣·安东尼奥级两栖船坞运输舰的建造清单

舷号	舰名	开工日期	下水日期	服役日期	母港/状态
LPD 17	San Antonio 圣·安东尼奥	2000/12/09	2003/7/12	2006/1/14	Norfolk
LPD 18	New Orleans 新奥尔良	2002/10/14	2004/12/11	2007/3/5	Sasebo
LPD 19	Mesa Verde 梅萨维德	2003/2/25	2004/11/20	2007/12/15	Norfolk
LPD 20	Green Bay 绿湾	2003/8/07	2006/8/11	2009/1/24	Sasebo
LPD 21	New York 纽约	2004/8/30	2007/12/19	2009/11/7	Mayport
LPD 22	San Diego 圣地亚哥	2007/5/23	2010/5/7	2012/5/19	Sasebo
LPD 23	Anchorage 安格雷齐	2007/9/24	2011/2/12	2013/5/4	Sasebo
LPD 24	Arlington 阿灵顿	2008/5/26	2010/11/23	2013/2/8	Norfolk
LPD 25	Somerset 萨默塞特	2009/12/11	2012/4/14	2014/3/1	Sasebo
LPD 26	John P. Murtha 约翰·穆萨	2012/2/06	2014/10/30	2016/11/8	Sasebo
LPD 27	Portland 波特兰	2013/5/20	2016/2/13	2016/12/14	Sasebo
LPD 28	Fort Lauderdale 劳德代尔堡	2017/10/13	2020/3/28	/	建造中
LPD 29	Richard M. McCool Jr 理查德 M·麦克库尔	2019/4/12	/	/	建造中
LPD 30	Harrisburg 哈里斯堡	/	/	/	合同中
LPD 31	TBD				合同中

3.7.3.5 采办动态

2019年10月，美国海军宣布将圣·安东尼奥级的第14号舰LPD 30正式命名为哈里斯堡号，这是第一艘LPD-17 Flight Ⅱ。2020年4月，LPD 30在英格尔斯造船厂开始建造，切割头100t钢板①。从美国海军公布的图片（图3-37）上可以看到，圣·安东尼奥级两栖船坞运输舰最具代表性的一体化隐身桅杆，在LPD-30上已寻不到一丝踪迹。取而代之的则是与阿利·伯克级驱逐舰类似的桁架式桅杆。对比之下，整体设计像倒退了半个世纪。

作为美国海军第一款实用化的舰载一体化隐身桅杆技术，圣·安东尼奥级两栖船坞运输舰所采用的先进封闭式桅杆/传感器（AEM/S），曾一度引领了全球范围一体化桅杆设计领域的潮流。而如今AEM/S桅杆的取消将对其整体隐身性能造成重大的负面影响。其实在建造LPD-28时，这套隐身桅杆系统就已经被删除，而后续的LPD-29和LPD-30延续了这一设计。据悉，除了标志性的主桅杆之外，哈里斯堡号两栖船坞运输舰还缩小了机库，增加了坞舱和车辆甲板的面积。此外，圣·安东尼奥级两栖船坞运输舰原本由4台中速大功率柴油机组成的动力系统，在哈里斯堡号两栖船坞运输舰上也只保留了2台。

显然，LPD-17 Flight Ⅱ所面临的动力系统配置腰斩和隐身桅杆设计退化，其最终目的只有一个，那就是省钱，单价从原版的20亿美元降至约15亿美元，从而为之后的批量采购做好准备。

图3-37 LPD 30哈里斯堡号

3.7.3.6 总体评价

相较于以往的两栖舰艇，圣·安东尼奥级舰着重减少对友军岸上设施的依赖、降低人力需求、减低作业成本、保留未来改良空间以及提高独力作战能力，特别是自卫能力。且由于其优异的舰体设计可衍生出两栖作战（Amphibious Warfare）、联合指挥管制（Joint Command and Control）、医院船（Hospital Ship）以及弹道导弹防御（Ballistic Missile Defense）型等，称为多功能舰艇平台。

① HII starts fabrication of US Navy's 1st Flight II LPD ship, Naval Today, April 17, 2020. https://navaltoday.com/2020/04/17/hii-starts-fabrication-of-us-navys-1st-flight-ii-lpd-ship/.

圣·安东尼奥级舰具有三个总面积达 2230m^2 的车辆甲板、三个总容量为 962m^3 的货舱、一个容量为 1192m^3 的 JP5 航空燃油储存舱、一个容量达 37.8m^3 的车辆燃油储存舱以及一个弹药储存舱，为登陆部队提供充分的后勤支援。舰内设有一个全通式泛水坞舱甲板，由舰尾升降闸门出入，坞舱容积也比上一代船坞登陆舰更大。此外，该级舰亦拥有完善的医疗设施，舰内医院编制 24 名医护人员，拥有 2 个手术室、2 个牙医诊疗室与 24 个病床。圣·安东尼奥级舰的航空运作能力与两栖载具运用能力都比老一代船坞运输舰有所增加，但载运货物与兵员的数目却明显减少，仅能搭载 720 名士兵。

3.7.4 LSD 41 惠德贝岛级两栖船坞登陆舰

惠德贝岛级船坞登陆舰是美国于 20 世纪 80 年代建造的船坞登陆舰，一共建造了 8 艘（LSD 41~48）。惠德贝岛级船坞登陆舰是美国海军两栖舰艇的主力之一，也是美国海军陆战队进行远程兵力投送的主要舰艇，如图 3-38 所示。

图 3-38 | 惠德贝岛级船坞登陆舰（LSD 50）

在 2003 年伊拉克战争期间，惠德贝岛级船坞登陆舰承担了美军大量的人员和车辆运输任务。截至 2015 年 7 月，惠德贝岛级船坞登陆舰仍全部在役。

惠德贝岛级船坞登陆舰的上层建筑布置在舰舯前部，上层建筑后部有宽敞的甲板，舰内有较大的装载空间，总体布置体现了“均衡装载”的设计思想。该舰既可以使整个坞舱进水，又可用挡水板在坞舱中部将坞舱分成干坞和湿坞两部分，还可以使整个坞舱不进水，以满足装载较多坦克、车辆和气垫登陆艇的需要。该舰没有直升机库，只有较大的飞行甲板，这样设计的好处是根据需要既可装载直升机，又可装载坦克、火炮和车辆等。

惠德贝岛级船坞登陆舰可装载登陆部队、坦克、直升机或垂直短距起降飞机，其坞舱较大。惠德贝岛级船坞登陆舰装有 1 座通用动力公司拉姆舰对空导弹发射装置、2 座 Mk15 密集阵近防系统、2 门 25mm Mk 38 机炮、8 挺 12.7mm 机枪，自卫火力较强。

哈珀斯·费里级船坞登陆舰是美国海军最新的船坞登陆舰，如图 3-39 所示。它是惠德贝岛级舰的改进型，提高了货物的运输能力。

图 3-39 LSD 49 哈珀斯·费里级两栖船坞登陆舰

哈珀斯·费里级与惠德贝岛级两级舰约有 90%的设备是相同的。前者主要是增加了货物运载能力，满载排水量为 16740t，坞舱减小，坞舱装载量减少一半，只能装载 2 艘气垫登陆艇；货舱从原来 141.5m^3 扩大到 1914m^3，车辆甲板面积也有增加；主要以运载物资为主；增加了空调、管道系统和局部改变舰体结构；把艏部密集阵安装在舰桥的前面，起重机由 2 台改为 1 台。

3.7.4.1 研制背景

为了取代 20 世纪 50 年代服役的杜马斯顿级船坞登陆舰和装备当时正在研制的新型气垫登陆艇，早在 70 年代后期美国海军就已决定建造新型船坞登陆舰惠德贝岛（Whidbey Island）级。在 1978 年海军五年计划中宣布了该级舰的建造计划，计划建造 8 艘（LSD 41~48）。该级舰设计以安克雷奇级舰为基础，首舰惠德贝岛号于 1981 年 8 月动工，1985 年 2 月服役，其余 7 艘已分别于 1986—1992 年服役，前 3 艘在洛克希德造船建筑公司建造，后 5 艘在阿冯达尔工业公司建造，最后一艘舰的造价为 2.2 亿美元。前 4 艘该级舰曾经参加过海湾战争。

为了增加载货能力，计划建造 5 艘该级舰的改进型哈泊斯·费里（Harpers Ferry）级，其中 3 艘已分别于 1995—1996 年服役，第 4 艘 1998 年 4 月服役，均由阿冯达尔工业公司建造。这两型舰有 90%是相同的，只是改进型舰在满载排水量和装载能力上略大些，部分舰体结构作了少量调整。

该级舰的主要任务是在登陆战中运送和投入各种登陆艇（尤其是气垫登陆艇）和车辆，并为登陆艇提供维修服务。

3.7.4.2 技术特点

该级舰是美国海军最新的船坞登陆舰，是世纪初美国海军登陆战舰艇主力之一，其主要技术特点如下。

1. 均衡装载

该级舰上层建筑布置在舯前部，上层建筑后部有宽敞的甲板，舰内有较大的装载空间。因此，总体布置体现了均衡装载的设计思想。该级舰能装载登陆部队、坦克、直升机或垂直短距起降飞机，尤其是坞舱较大，其尺寸为 134m×15.24m，可容纳 4 艘气垫登陆艇或 21 艘机械化登陆艇，突出了以装载登陆艇为主、其他装备兼顾的做法。

2. 一舰两型

这两型舰基本相同，主要在排水量和装载能力上有所区别。改进型舰比惠德贝岛级舰约重1000t，可以装载较多的装备。由于装载能力不同，舱内空间利用亦有区别。惠德贝岛级的货舱容积为141.58m^3，车辆甲板面积为1161.3m^2。改进型的货舱容积为1914.2m^3，车辆甲板面积为1876.6平方米。因此，两型舰的装备搭载各有侧重，惠德贝岛级上登陆艇装载量比改进型多一倍，而改进型的其他装备较多。两舰装载不同，功能不一，便于灵活使用。

3. 反导能力

该级舰上装备了被动红外/反辐射寻的对空导弹（射程9.6km，飞行速度为马赫数2，战斗部重9.1kg）和多种小口径舰炮，以及密集阵近防武器系统。尤其是首舰安装了舰艇自防御系统（SSDS），并于1993年进行了试验。该系统能组合和控制传感器（如SPS-49对空搜索雷达、SLQ-32电子战系统和SAR-8红外指挥仪）和武器（如密集阵近防武器系统或对空导弹），以缩短该级舰反巡航导弹的反应时间，增强自身的对抗能力。

4. 船坞与甲板

该级舰有一较大的坞舱（134.1m×15.2m）和飞行甲板。坞舱主要用来装载气垫登陆艇，该级舰是美国第一级装载气垫登陆艇的船坞登陆舰。飞行甲板可起降如CH-53E类的大型直升机。一个大的坞舱和飞行甲板在登陆作战中可满足不同装载的需要。

该舰将坞舱分为干（前）、湿（后）两部分，既可使整个坞舱进水，以满足装载较多通用登陆艇、机械化登陆艇等常规登陆艇的需要；又可用挡水板在坞舱中部将坞舱分为干坞和湿坞两部分，以满足同时装坦克、车辆（在干坞）和常规登陆艇（在湿坞）的需要；还可使整个坞舱不进水，以满足装载较多坦克、车辆和气垫登陆艇的需要。该舰没有直升机库，只有较大的飞行甲板，这样设计的好处是根据需要既可装直升机，又可装坦克、火炮和车辆等。

3.7.4.3 主要性能与装备

图3-40为LSD 48阿希兰号惠德贝岛级两栖船坞登陆舰的侧视图，其主要性能与装备，如表3-12所示。

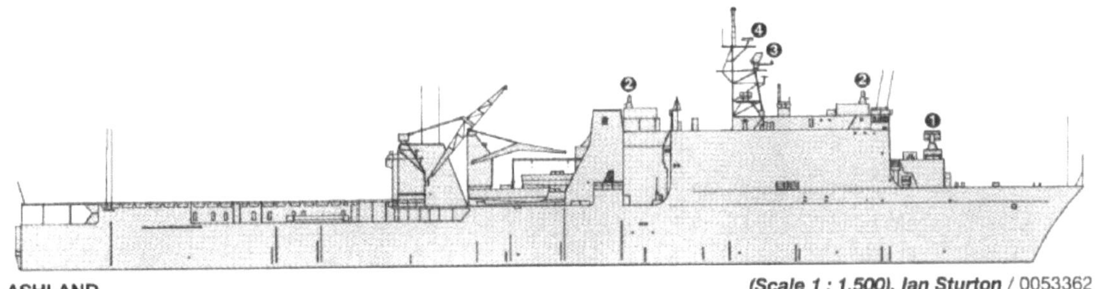

图3-40 ‖ LSD 48阿希兰号两栖船坞登陆舰侧视图

表 3-12 惠德贝岛级两栖船坞登陆舰主要性能与装备

名称	WHIDBEY ISLAND CLASS Dock Landing Ships（LSD 41） （惠德贝岛级船坞登陆舰（LSD 41））
制造商	Lockheed SB & Construction Co（LSD 41-43）（洛克希德·马丁造船建筑公司）， Avondate Shipyards，New Orleans（LSD 44-52）（阿冯达尔工业公司）
建造数量	12
服役时间	1985 年（LSD 41）
排水量	11,304t，标准；16,195t（LSD 41-48），17,009t（LSD 49-52），满载
主尺度	185.8m×25.6m×6.3m（609.6ft×84.0ft×20.7ft）
航速	22kn
续航力	8000nmile/18kn
舰员编制	413 人（21 名军官）
动力	4 台 16 PC 2.5V400 柴油机，33000hp（24.6MW），双轴
导弹	1 座 GDC/休斯公司的 Mk49 型 21 联装 RIM-116 导弹发射装置①，被动红外/被动雷达寻的，射程为 9.6km，飞行速度为马赫数 2.5，战斗部重 9.1kg
舰炮	2 座 Mk15 六管 20mm 密集阵近防武器系统，4500rds/min，1.5km；2 座 Mk38 型 25mm 舰炮；6 挺 12.7mm 机枪
雷达	对空搜索：SPS-49(V)1③，C 波段； 对海搜索：SPS-67(V)④，G 波段； 导航雷达：SPS-64(V)9 或 SPS-73(V)12，I/J 波段； 塔康：URN25 战术空中导航雷达； 敌我识别器：Mk XII UPX-29/UPX-36
对抗措施	物理对抗措施：4 座六管 Mk 36 型和 Mk 50 型 SRBOC 干扰弹发射器；SLQ-25 型水精拖曳式鱼雷诱饵。 电子对抗措施：SLQ-32(V)1 拦截器；SLQ-49 型箔条
作战数据系统	SSDS Mk2 舰艇自防御系统； 卫星通信系统（SATCOMS）：SSR-1，WSC-3（UHF）
直升机	2×CH-53 运输直升机
搭载能力	2 艘气垫登陆艇或 6 艘 LCM-6 型机械化登陆艇或 1 艘通用登陆艇或 64 辆两栖装甲输送车，2 艘人员登陆艇； 坦克：22 辆 M60 或 20 辆 M1E 坦克

3.7.4.4 建造情况

惠德贝岛级两栖船坞登陆舰，首舰于 1985 年开始服役，该级舰共 8 艘（LSD 41～48），至今均在服役。哈珀斯·费里级两栖船坞登陆舰，首舰（LSD 49）建造计划于 1988 年批准，1991 年 4 月 15 日在阿冯达尔工业公司开工建造，1995 年 1 月建成服役。建造清单见表 3-13。

表 3-13 惠德贝岛级两栖船坞登陆舰建造清单

舷　号	舰　名	开工日期	下水日期	服役日期	母港/状态
LSD 41	Whidbey Island 惠德贝岛	1981/8/4	1983/6/10	1985/2/9	Little Creek
LSD 42	Germantown 日耳曼城	1982/8/5	1984/6/29	1986/2/8	Sasebo
LSD 43	Fort McHenry 麦克亨利堡	1983/6/10	1986/2/1	1987/8/8	Sasebo

（续）

舷　号	舰　名	开工日期	下水日期	服役日期	母港/状态
LSD 44	Gunston Hall 冈斯顿厅	1986/5/26	1987/6/27	1989/4/22	Little Creek
LSD 45	Comstock 康斯托克	198610/27	1988/1/16	1990/2/3	San Diego
LSD 46	Tortuga 托尔图加	1987/3/23	1988/9/15	1990/11/17	Little Creek
LSD 47	Rushmore 拉什摩尔	1987/11/9	1989/5/6	1991/6/1	San Diego
LSD 48	Ashland 阿希兰	1988/4/4	1989/11/11	1992/5/9	Little Creek
LSD 49	Harpers Ferry 哈珀斯·费里	1991/4/15	1993/1/16	1995/1/7	San Diego
LSD 50	Carter Hall 卡特霍尔	1991/11/11	1993/10/2	1995/9/30	Little Creek
LSD 51	Oak Hill 奥克希尔	1992/9/21	1994/6/11	1996/6/8	Little Creek
LSD 52	Pearl Harbor 珍珠港	1995/1/27	1996/2/24	1998/4/27	San Diego

3.7.4.5　总体评价

惠德贝岛级船坞登陆舰是美国海军为适应新形势下两栖战的需要而开发的一种功能多、性能先进的两栖作战舰。该级舰在相当一段时间内是美国海军最新的船坞登陆舰，是21世纪初美国海军登陆战舰艇主力之一，是美国海军陆战队一段时间内进行远程兵力投送的主力舰艇。

第4章

IWS 9.0：全舰计算环境与朱姆沃尔特级驱逐舰

4.1 概述

作为美国海军新型多任务驱逐舰 DDG 1000 的十大关键技术之一，全舰计算环境（TSCE）代表了舰船信息系统集成技术的先进水平，带来了舰船系统设计和集成方式的变化。DDG 1000 采用 TSCE 作为舰艇各系统（指控情报、平台控制、动力系统、武器系统等）的集成系统来进行信息整合，以发挥系统整体资源优势，最终形成一个统一的“网络中心战”节点。TSCE 基于开放式架构（OA），通过软、硬件的模块化、构件化和服务化，解决了各分系统独立运行、互操作困难、资源无法共享等问题，最终达到跨平台、跨领域的协同作战能力①。

本章主要阐述了美国海军 TSCE 的发展背景、内涵、体系结构、研发与管理以及商用成熟技术的应用，并分析了 TSCE 所代表的舰载信息系统集成发展方向，从而起到一定的参考借鉴作用。然后，介绍了全舰计算环境的装载平台——DDG 1000 多任务驱逐舰的研制背景、主要性能与装备、建造与发展现状、技术特点、采办动态等。

主要涉及下列项目办公室的主管业务：

PEO IWS 9.0：朱姆沃尔特级驱逐舰作战系统，即全舰计算环境的集成；

PEO Ships-PMS 500：朱姆沃尔特级导弹驱逐舰（DDG 1000）。

4.2 全舰计算环境（TSCE）

4.2.1 项目背景

20 世纪 90 年代初，美国海军启动“SC 21”项目，计划研制面向 21 世纪的系列水面作

① 董晓明，石朝明，黄坤，等. 美国海军 DDG 1000 全舰计算环境体系结构探析. 中国舰船研究，2012，7(6)：7-15.

战舰船。几经周折，该项目于 1997 年改名为 DD 21，核心是发展 21 世纪的驱逐舰。2000 年，其首舰被命名为朱姆沃尔特号。2001 年 11 月，美国国防部宣布停止 DD 21 计划，随后以 DD（X）计划取而代之，原因是经费预算大幅削减。2002 年 4 月，美国海军确定由诺斯罗普·格鲁曼公司担当 DD（X）的主承包商。2006 年 4 月，DD（X）的项目代号改为 DDG 1000，标志着该级舰的论证已基本结束，将转入施工设计和建造阶段。

威胁的不断变化和信息技术的不断创新促使美国海军转变观念，开始大量采用商用现货产品（COTS）、贯彻开放式架构及认同开源软件产品。2008 年 7 月，美国海军终止了朱姆沃尔特级的批量建造计划（最初预计 32 艘），改为仅建造 3 艘。接着，于 2009 年 12 月又终止了 CG（X）的研发与建造计划。之后，公布了再建造阿利·伯克级ⅡA 型的计划和建造改进型Ⅲ型的计划意向，由此便发展出适合于现役舰船的宙斯盾现代化计划。该计划对装配着宙斯盾作战系统的舰船实施以武器体系为中心的软/硬件现代化改装①。这是完全基于美国海军开放式架构计算环境（OACE），将硬件和软件分开实施的结果。对于宙斯盾舰作战系统功能/性能的提高，将以外观上看不到的软件螺旋式更新来实现。②

美国海军趁着宙斯盾系统现代化的机会实现了软件构件化，开始全面转向面向服务架构（SOA），同时有效推进下一代舰船基础设施的确立。这项工程不只是针对宙斯盾舰，而是贯穿于新型核动力航空母舰福特级 CVN 78 的舰艇自防御系统（SSDS）、新型驱逐舰朱姆沃尔特级 DDG 1000 和濒海战斗舰等所有水面舰船。

从 DDG 1000 的曲折历程中，也折射出美国海军的装备发展思路已发生变化，不再一味追求舰船的高性能，不一定会选用最先进的技术方案。观念转变带来的直观效益就是经济的可承受性和技术成熟度的提高。

4.2.2 基本概念

全舰计算环境（Total Ship Computing Environment，TSCE）是 DDG 1000 任务系统集成的重要基础。在 DDG 1000 舰上，通过 TSCE 对作战系统和平台机电等系统的软件开发进行了规范和统一，采用了大量商用计算机、服务器以及分布式中间件等商用现货产品来对系统进行集成。图 4-1 所示为美国海军水面战中心（NSWC）于 1998 年在风险分析中给出的基于 TSCE 的 DD（X）配置示意图③，这是公开资料中第一次出现“全舰计算环境”的概念。

TSCE 是一个分布于全舰范围的开放式系统，将舰上所有战时和非战时的操作集成到一个公共全局的计算环境之中，同时扩展了许多岸上作业，包括维护、后勤及训练功能等，以支持 DDG 1000 的调度部署。开放式系统的接口和服务规范使部件经过最小修改就可在广泛的系统中使用，并提供与其他本地或远程系统部件的互操作性。通过借助先进的商业计算机处理能力、分布/综合数据网络和软件，使舰内所有计算机和舰外相关计算机以“即插即用”的方式结合起来。此种开放结构可充分利用商用成熟技术，在效费比较好的条件下进行软件开发、升级、集成、测试和发布等工作。

---

① O'ROURKE R. Navy DDG-51 and DDG 1000 destroyer programs: background and issues for congress [R/OL]. Congressional Research Service, USA, March 14, 2011. http://www.fas.org/sgp//crs/weapons/RL32109.pdf.

② 米イージス艦——その近代化計画と将来構想 [J]. 世界の艦船, 2010 (10): 90-97. USN AEGIS ships: modernization plan and the future [J]. Ship of the World, 2010(10): 90-97.

③ MASTERS M W. Total ship computing risk analysis [C/OL] //DARPA Quorum PI Conference, November, 1998. http://citeseerx.ist.psu.edu/viewdoc/download? doi=10.1.1.196.8139&rep=rep1&type=pdf.

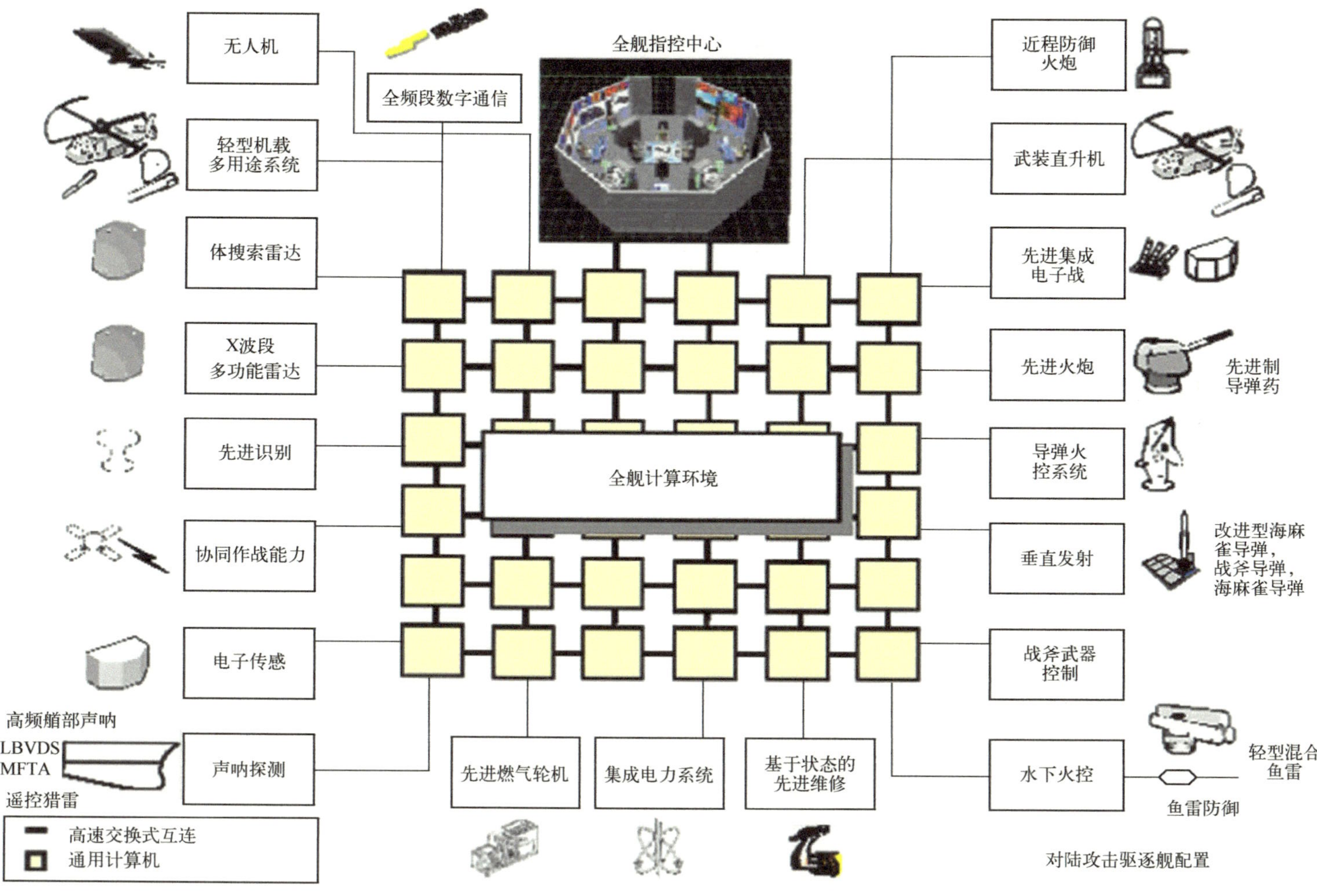

图4-1 全舰计算环境概念及DD(X)配置

在 TSCE 中，处理机柜和显控台等设施根据作战系统、机械、电气、通信等专业的不同进行了分类标准化和通用化，硬件主要选用商用现货产品。全舰计算环境的基础设施（TSCE-I）形成一个开放的、虚拟的计算环境，所有计算资源统一调度管理，可为其他领域的应用提供服务，所有应用软件均分布在这个虚拟的计算环境中。所有传感器、受动器、激励器和武器通过适配器与全舰计算环境连接。

TSCE 的核心部分定义了 21 世纪水面舰艇的全部计算特征，将全部平台、作战和 C^4ISR 功能集成于公共的基础设施之上。美军认为，采用 TSCE 后，系统可获得免维护部署能力、更强的生命力、更高的自动化能力以及更少的人员配置需求，并具备可升级、可重构等特性。

4.2.3 系统定义

总体来说，TSCE 是一个包括岸基保障、C^4ISR、交战以及船机电平台的全舰系统（图 4-2）。全舰计算环境基础设施（TSCE-I）是为全舰任务应用提供服务的计算硬件和公共软件。

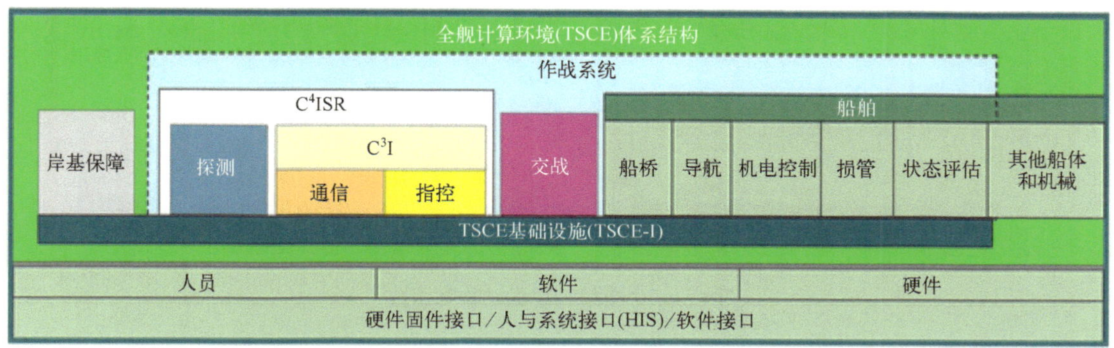

图 4-2 | DD(X)全舰计算环境系统定义

如图 4-3 所示，TSCE 系统自顶向下划分为 5 个层次，分别是系统（System）、段（Segment）、

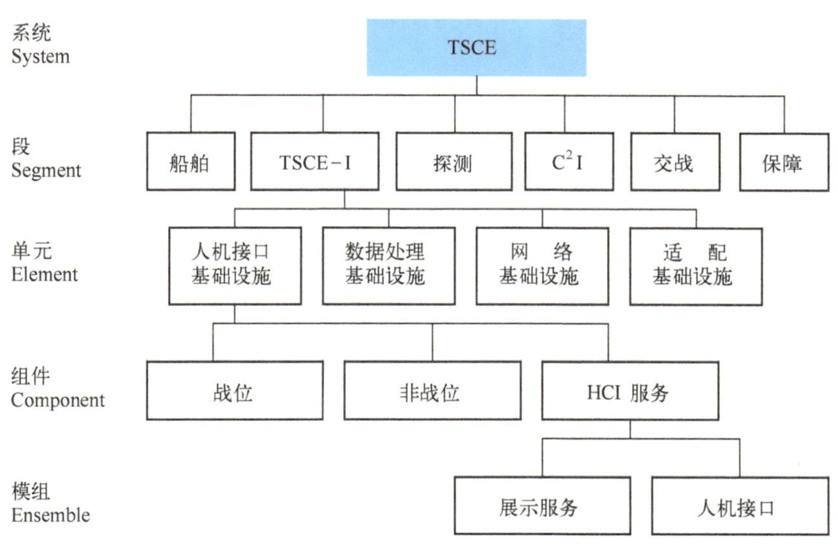

图 4-3 | TSCE 系统划分层次

单元（Element）、组件（Component）和模组（Ensemble）。整个 TSCE 系统包括 6 个段：船舶平台、基础设施（TSCE-I）、探测、指控与情报（C^2I）、交战、保障。图 4-4 所示为“交战”段的结构和组成示意图。

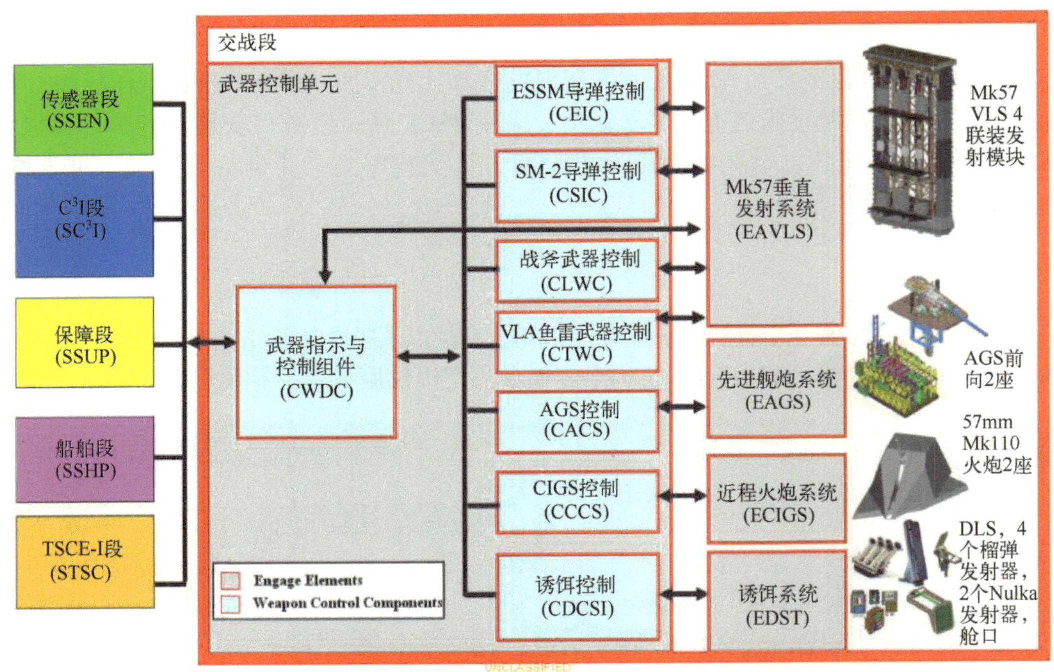

图 4-4 “交战”段的结构和组成

综上所述，在 TSCE 中，处理机柜和显控台等设施根据作战系统、机械、电气、通信等专业的不同进行了分类标准化和通用化，硬件主要选用商用成熟产品。TSCE-I 形成一个开放的虚拟化计算环境，所有计算资源统一调度管理，为其他领域的应用提供服务，所有应用软件分布在这个虚拟化计算环境中。所有传感器、受动器、激励器和武器通过适配器与 TSCE 连接。

作为一种基于开放式架构的集成方法，TSCE 将应用层与基础软硬件相分离，消除了以往武器与传感器必须严格配对使用的固化模式，同时也消除了必须独立管理战术软件程序的要求。DDG 1000 通过实现 TSCE，为整个海军舰艇开放式架构改革确立了整体技术框架。

4.2.4 TSCE 的特征

传统的舰艇系统采用“烟囱式”体系结构，每一应用程序都拥有专用的硬件、软件和接口，所有应用程序就像一个个“烟囱”一样“矗立”在底层网络层上。在这种体系结构中，某一应用程序中的任一部分（包括软、硬件和接口等）出现问题，该系统便会丧失功能，如果底层网络层出现问题，则全舰系统的整体效能就要大打折扣。

TSCE 实现了舰上作战、平台、通信等全部网络信息的集成，是一个开放的、分散的、可生存的、可伸缩的、统一的、可重构的计算及显示环境（图4-5），其主要设计思想如下①：

（1）采用商用现货基础设施，所有设备尽可能采用成熟技术和标准化的软件。

（2）实现“即插即用”的构件化体系结构。

（3）全舰所有系统全部由局域网连接。

（4）摒弃以往专为某型设备、某级舰、单舰设计软件的做法，以便日后升级、维护，从而降低研制和使用成本。

（5）适应现在和未来的各种作战任务。

（6）支持维修、补给、舰员训练等各种辅助性任务。

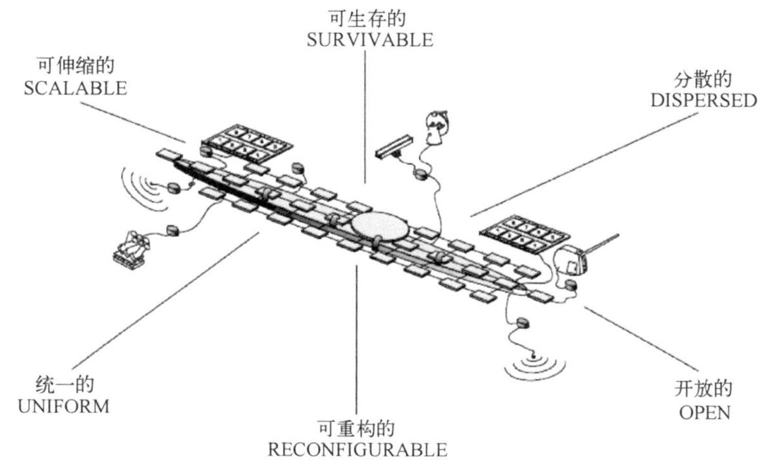

图4-5 ‖ TSCE的技术特征

与传统系统不同，基于OA的系统能够进行方便而快速的升级，能够采用商用现货，消除由于采用专有软件、硬件、接口及软硬件连接所产生的限制。总的来说，基于OA的TSCE具有开放性、可扩展性、可移植性、互操作性、自适应性、易获得性、高可用性和高抗毁性等特性。

（1）开放性。TSCE是基于开放式架构（OA）建立起来的，支持系统和模块的快速升级和更新，支持系统或模块的快速植入或去除，即使在不同应用环境中，其都可以高效率地实现用户的要求。

（2）可扩展性。TSCE采用基于OA的中间件技术，各种舰载系统的专用应用程序、专用应用程序请求服务和公共服务等以中间件的形式封装，理论上其具有无限的可扩展性。这种可扩展性使得TSCE能够根据新的操作需求而进行升级，TSCE适用于目前和未来所有的海军任务，可使海军在空中、陆地和水下各平台中使用和执行的产品和方法类型更为广泛、通用。

（3）可移植性。TSCE采用中间件技术，可使舰载系统的各具体应用程序与底层计算机、操作系统和网络基础设施之间相互隔离。TSCE中的应用程序能在具有OA特性的各种计算机系统之间进行移植，不论这些计算机是否同种型号、同种机型。另外，为某一个型号研制的系统或模块，直接或仅经过简单修改后也可移植到其他具有TSCE的舰艇上进行

① Time Critical Systems—A Schedulability Theory for Distributed Dynamic Task Systems. Lockheed Martin. 2002

应用。

(4) 互操作性。TSCE 中各节点都具有 OA 特性，各节点之间可实现相互操作和资源共享；舰艇上各个工作节点都能实现对全舰各系统的控制，提高了系统可用性。

(5) 自适应性。这主要表现在两个方面：一是适应任务环境的变化，即根据舰艇执行任务的不同，可以进行应用系统或模块的变更；二是适应舰上可调用资源的变化，即根据作战任务的变更或资源的变化，对可用资源进行动态的分配。

(6) 易获得性。TSCE 中的软硬件都大量采用商用成熟产品和技术，因而其软硬件环境易于从多方获得，不受某个来源所限制。

(7) 高可用性。即使 TSCE 中的某一个节点失效，它的任务也可由其他节点执行，可有效防止单点失效，从而保证各项任务的正常执行。

(8) 高抗毁性。在舰艇遭受攻击使得系统某些部分遭受到较大损坏的情况下，仍能保持较高的战斗能力。

4.2.5 TSCE 的意义

作为 DDG 1000 的十大关键技术之一，TSCE 是美国海军为不同作战平台开发通用、开放作战系统结构所迈出的重要一步，同时也是 21 世纪海上力量革命的核心。相较传统的网络计算环境，TSCE 的开放性、伸缩性和灵活配置能力得到很大提高，有利于加速装备集成和现代化、提高协同交战能力、减轻维护工作量、降低全寿期费用，获得全面的构件化、模块化和连通化。

在未来的综合作战中，这些计算机系统、网络结构必须满足陆、海、空之间的一系列情报交换和迅速决策的要求，为此 TSCE 不但强化了 DDG 1000 的 C^4ISR 的功能，还促使了整个作战环境由历来的“平台中心战”转向“网络中心战”模式。美国海军提出并积极落实 TSCE 项目的主要意义如下。

1. 顺应“网络中心战”需求，打造多任务作战武器平台

美国海军将传统的作战模式定义为“平台中心战”，是指军舰、战斗机、坦克、指挥中心等平台主要依靠自身的探测装置和武器进行作战，平台之间只能通过有限的方法共享少量的信息。随着网络技术的迅猛发展，“网络中心战”这一全新作战模式应运而生，“网络中心战”是指利用信息网络系统，把地理上分散部署在陆、海、空、天广阔区域内的各种探测系统、指挥系统和武器系统等，集成为一个一体化的作战体系，使各级作战人员能够利用该网络共享战场态势、交流作战信息、指挥与实施作战行动。“网络中心战”是美国海军为之奋斗的目标，也是其装备发展的主线，DDG 1000 的研制自然也不例外。美国海军在 DDG 1000 上应用 TSCE 技术，目的之一就是使该舰在未来的“网络中心战”中充分发挥各种作战能力，这也是美国海军开放式架构策略的首次大规模应用。

DDG 1000 是一型多用途水面舰艇，具有强大的防空、反潜和对陆打击能力。TSCE 有效地将 DDG 1000 的各种作战功能集成到统一网络中，可快速增加、删减、修改各功能模块，以满足“网络中心战”的具体要求。可见，TSCE 的应用能促使“网络中心战”中提出的“发挥整体优势、战斗力上升、互联互通网络结构和作战部队数字化”等目标的实现，是提

高 C^4ISR 能力、实现各个作战平台网络一体化的关键一步①。

2. 降低全寿期费用

舰艇的设计和建造是一项复杂的系统工程，需要很强的重工业和系统集成能力。舰上的组件或分系统需要多种技术综合实现，其中主要涉及电子、机械和软件等专业。由于国际局势变化、技术更新以及作战理论发展等原因，美国几乎没有建造过两艘同样的舰艇，而是不断追求舰艇的作战性能、可靠性和生命力。而且由于建造速度慢，建造周期一般在三至十几年之间。如果有好几家船厂具备建造某型舰的能力，该型舰就有可能会在几家船厂同时建造。这些都会导致舰艇采办费用的不断攀升。美国前海军作战部长在递交给国会的报告中曾指出，从 1967 年至 2005 年，美国主战舰艇采办费用增长率为 100%～400%，年增长率为 1.8%～4.3%②。采办费用的持续增长导致舰艇造价越来越高，甚至超出了政府的支付能力。在造船预算固定的情况下，采办费用的不断攀升会导致采办数量的下滑，进而会导致舰队规模的缩小。

采用 TSCE 的一个最主要的好处是能使海军从传统的专为某一级舰艇开发的昂贵专用系统中脱离出来。借助于通用开放式架构、软硬件共享仓库、标准接口等方式，海军可以更快地开发系统，更容易地对系统进行升级。而且，凭借良好的可伸缩性和可扩展性，TSCE 能适用目前和未来所有的海军任务。这些不仅可以减少舰艇的研制费用，还会大大压缩系统的测试和训练成本，同时还可降低目前海军舰队内由于多种软件基线并存而产生的高昂维护费用。

3. 改变现役舰艇多网并存的局面，实现数据共享、资源共用

在美国海军现役舰艇上，C^4I 系统、传感器系统、武器系统、外部通信系统、导航和船机电控制系统以及航空系统等通常被划分为几个独立的子网，分别由海军 C^4I 项目执行办公室（PEO C^4I）、综合作战系统项目执行办公室（PEO IWS）、海军海上系统司令部（NAVSEA）和海军航空系统司令部（NAVAIR）等几家单位负责。各子网独立运行，彼此之间采用直接接口和专用解决方案，很少有跨领域的系统集成。

而借助于 OA/OACE 技术和理念，可将各子系统的信息基础设施并入到一个集中的计算环境中，各系统之间采用网络化接口以及公共和互操作的技术解决方案，完成跨领域的系统集成，实现各系统间的数据共享、资源共用、互连互通和互操作，便于日后系统升级和在不同作战平台之间移植、灵活配备。

4. 提高舰艇的作战性能，减少人员编制

“减员增效”一直是美国海军积极探索的目标，尤其是对作战效能、自动化水平要求较高的未来新型舰艇的减员研究，更是被提升到了至关重要的地位。DDG 1000 作为美国海军新一代多任务驱逐舰，总排水量比 DDG 51 ⅡA 型驱逐舰型的首舰奥斯卡·奥斯汀号（DDG 79）多 5409t，但舰员数量却比它少 166 人（52.8%），仅有 148 人，却要实现比其更高、更复杂的性能要求。在 DDG 1000 的减员措施中，采用 TSCE 系统集成的新技术以及人与系统集成的设计方法，对实现该舰的减员增效目标至关重要，不仅实现了较大的减员幅度，还为美国海军新型舰艇舰员系统的设计提供了新思路。

---

① 21 世纪作战系统工程“网络中心战”，浅析“网络中心战”理论对美军作战指挥的影响。

② Why Has the Cost of Navy Ships Risen? RAND National Research Institute，2006.

DDG 1000 项目副主席曾表示："TSCE 不仅有利于舰艇减员，还将改变海军作战系统的技术性能。对于传统的水面舰艇来说，对陆攻击、防空作战和反潜作战都采用各自独立的作战系统，而在 DDG 1000 上，TSCE 将各子系统集成为一体，借助于一个集成的指挥控制中心，统一规划、安排和实现对陆、防空、水下、信息等多领域作战的任务需求，综合实现各个领域的功能。作战系统的基础构架正在面临彻底地变革，这正是 DDG 1000 设计方案的主要部分，利用 TSCE 体系结构，将显著改善海军舰艇作战系统的技术性能"。

三级战备状态下 DDG 51 ⅡA 和 DDG 1000 的值班战位对比如表 4-1 所列。

表 4-1 三级战备状态下 DDG 51 ⅡA 和 DDG 1000 的值班战位对比①

值班战位	DDG 51 ⅡA 型	DDG 1000
舰桥	5	2
作战情报中心（CIC）/DDG 51 ⅡA 舰上任务中心/ DDG 1000	26	16
机舱	8	0
作战系统维护中心	6	0
无线电通信/局域网	4	0
总计	49	18

5. 提高战损时的系统存活能力

为了降低成本，提高在高威胁战场上的存活能力，改善数据与硬件资源分配运用的灵活性，DDG 1000 上全部的运算机能（包括侦测、探测、火控、C^4I 系统、武器、动力、电动机等）均由同一个整合的计算机网络负责，形成舰上总体的计算环境。在这个总体计算环境中，舰上如果有任何环节功能失效，则该功能将视当时系统资源状况而被其他系统代替，故理论上舰上各项机能可在全舰运算网络的任何一个节点上被监视与执行，这使得 DDG 1000 的系统不会因为局部损坏问题而导致全面的瘫痪，不像传统舰艇各类系统往往各自独立，运算能力无法相互备援。采用网络化系统的 DDG 1000 能自由地与友军分享各种数据，搭配协同交战能力 CEC，使各舰艇、飞机之间能够完全实现跨平台联合防空作战。这也是美军"IT-21"计划中联网作战的必备能力，以功能方框组织设计，通过网络和传输方框实现一体化网络中心服务，有利于将战场上的不确定性降至最低，并使指挥官能获得更详细的实时战场情报，帮助其正确且迅速地做出决策并下达命令。

TSCE 给系统各方干系人带来的好处如表 4-2 所列。

表 4-2 TSCE 给系统各方干系人带来的好处

干　系　人	带来的好处
国防部、NAVSEA （Planner）	适应全军"网络中心战"需求，发挥整体资源优势，支撑功能设备研制、集成与采购，降低全寿期费用和人员配备需求。 实现装备研制由各任务系统独立运行、配置向较高层次的跨领域系统集成方向转变，装备可靠、顶用，并能够保持总体技术先进

① Reducing Manpower for a Technologically Advanced Ship. Applied Physics Laboratory，2010.

（续）

干　系　人	带来的好处
舰队用户 （Owner）	解决各分系统独立运行、互操作困难、资源无法共享等问题，实现跨平台、跨领域的协同作战能力。 促使“网络中心战”中提出的“发挥整体优势、战斗力上升、互联互通网络结构和作战部队数字化”等目标的实现，有利于提高 C^4ISR 能力、实现各个作战平台网络的一体化。 将舰载系统的各种具体应用软件同底层基础软硬件平台和服务相隔离，可确保系统内无单一故障点，增强了舰船装备的抗毁能力。 采用一体化体系结构，以商用现货为基础框架，模块化的程序设计方法与统一的软件接口形式，能方便地实现新系统设备上舰，使得仅需较小的代价就能实现系统的升级，减低后期保障的难度和成本
设计机构 （Designer）	增强总体设计与集成优化能力
船厂 （Builder）	无
分承包商 （Sub-Contractor）	利用商用成熟技术和产品，提高研制产品（软硬件）的通用性和开放性，降低成本投入和风险，提高领域应用的技术含量，实现“择优开发，多家共用”

注：Planner 规划方、Owner 用户、Designer 设计者、Builder 建造者、Sub-Contractor 分承包商等 5 方干系人遵循 Zachman 企业体系结构框架。

2008 年，美国海军决定取消 DDG 1000 的后续建造计划，在建造完目前已拨款的 3 艘舰之后，转而恢复建造 DDG 51 级驱逐舰，但会对其上的一些系统、设备，甚至整体布局、人员编制等情况进行改进和升级，形成全新的 DDG 51 Ⅲ型、Ⅳ型舰①。美国国会研究服务处（CRS）于 2009 年发布的《美国海军 DDG 51 和 DDG 1000 驱逐舰项目：背景和问题》报告②中有如下描述：

“与 DDG 1000 相比，DDG 51 级驱逐舰的技术风险和采办成本更低，但性能却不逊色，更能满足海军变化了的能力需求。鉴于 DDG 51 能以较好的经济可承受性为海军提供理想的作战能力，所以该驱逐舰项目得以重启。”

尽管 DDG 1000 计划已终止，但通过研究、挖掘现有的公开资料情况来看，作为其关键技术之一的 TSCE 不但不会就此消亡，它所代表的舰载信息系统集成发展方向——通用计算环境，反而还会随着新技术、新理念、新应用的出现和发展而不断演变，并逐步向前推进，从而达到新的发展高峰。

4.3 全舰计算环境体系结构

4.3.1 开放式架构

TSCE 以 OA 为基础，基于 TSCE-I 所提供的平台化计算支持，能够更好地解决各系统集成时的“烟囱”问题，为舰船提供了可升级、自组织、可配置、可高水平完成系统集成和

① 米イージス艦——その近代化計画と将来構想．「世界の艦船」，2010(10).

② Navy DDG 51 and DDG 1000 Destroyer Programs: Background and Issues for Congress. Congressional Research Service. 2009.

自动化操作的平台，提升了装备的快速交付能力。图 4-6 所示为 OA 的结构层次图①。

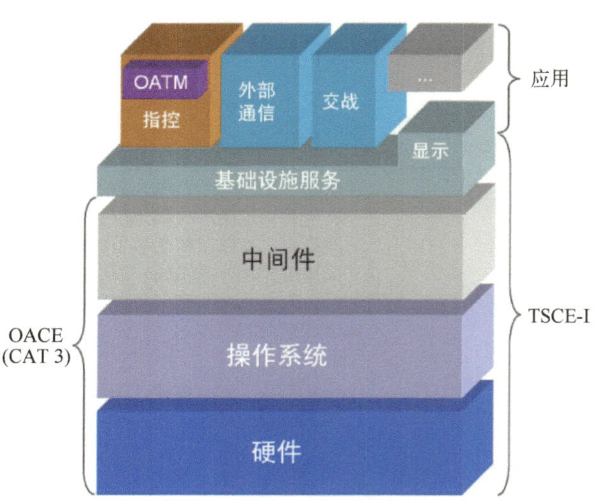

图 4-6 | 开放式架构的结构层次

根据美国国防部开放式系统联合任务组（OSJTF）的定义，OA 是指采用开放标准，作为一个系统的重要接口的体系结构。OA 首先是一个技术架构，强调基于开放的标准规范，采用主流的商用现货建立计算环境；OA 也是一个功能架构，通过技术参考模型明确了软件功能域的划分以及接口关系；OA 还提供了标准和设计指南。②,③,④

OA 的原则与“模块化的开放系统方法”（MOSA）兼容，包括“使用模块化设计、允许渐进的设计、技术嵌入、有竞争力的创新”等⑤。

4.3.2 技术架构

TSCE 由基础设施和各种领域应用组成，技术架构见图 4-7。其中，基础设施部分包括硬件、操作系统、中间件和资源管理；领域应用部分包括公共服务和应用。TSCE-I 形成一个开放、虚拟的计算环境，所有计算资源统一调度管理，为其他应用组件和功能领域提供服务，所有应用软件均分布在这个虚拟的计算环境中。

TSCE-I 包括网络设备、计算设备、存储设备、显示设备、操控设备等硬件设备以及一组核心、通用的基础软件，这些软硬件采用主流商用成熟技术，构建成为一个基于开放式架构的计算环境，为系统的各种领域应用提供服务。

（1）硬件层。硬件层包括支撑系统运行的计算机、网络、电缆设备、交换机、驱动器等硬件设施，这些硬件设施均采用商用成熟技术和产品，以 IEEE、TIA、IETF 标准为主，它们构成了 TSCE 的网络和计算环境基础。

（2）操作系统层。操作系统包括运行于硬件层计算机之上的各种符合 POSIX 标准的实时操作系统和设备驱动程序。例如，电子模块化集装箱（EME）中的刀片服务器采用

---

① LISZNIANSKY M, LALIBERTY T. DDG 1000 - First of the Zumwalt class transforming the navy [C/OL] //Systems and Software Technology Conference, 2006. http://sstc-online.org/2006/pdfs/sps42.pdf.

② GRISCOM D. AEGIS open architecture [C/OL] //Asia Pacific Systems Engineering Conference (Adelaide), 2007. http://www.globalsecurity.org/military/systems/ship/systems/aegis-oa.htm.

③ WINKLER A. The modernization of the AEGIS fleet with open architecture [R/OL]. Lockheed Martin, 2011. http://www.documbase.com/The-Modernization-of-the-Aegis-Fleet-with-Open-Architecture.pdf.

④ PEO IWS. Open architecture computing environment design guidance, version 1.0 [S/OL]. 2004. http://www.everyspec.com/USN/NSWC/download.php? spec=OACE_DSN_GUIDANCE_VER-1.011546.PDF.

⑤ IREY IV P M, MADDEN L A, MARLOW D T, et al. Managing computing technology change for surface navy combat systems. NSWCDD, 2010. https://navalengineers.org/SiteCollectionDocuments/2010% 20Proceedings% 20Documents/ETS% 202010% 20Proceedings/Irey.pdf.

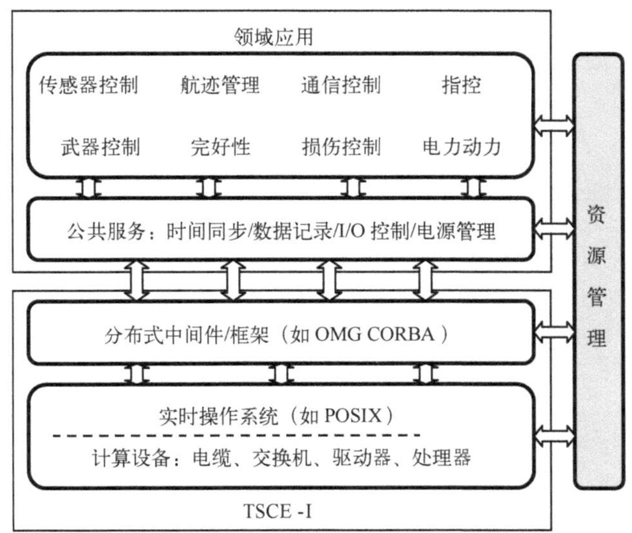

图 4-7 ‖ 全舰计算环境技术架构

RedHat Linux 操作系统，分布式适配处理器（DAP）中的单板计算机（SBC）运行 Lynx 操作系统和具有实时内核的微软 Windows 操作系统。

（3）中间件层。中间件是 TSCE-I 的核心部分，提供分布式、适应性的框架。它位于操作系统和应用程序之间，实现各种类型操作系统和应用程序之间的消息通信和资源共享，如对象管理组织（OMG）的公共对象请求代理架构（CORBA）和数据分发服务（DDS）等。

（4）资源管理。资源管理负责完成对 TSCE 所有软件和硬件设施的统一分配、管理和部署。

（5）公共服务层。公共服务层为上层应用提供信息交换、处理和管理等各项软件服务，如时间同步、数据记录、输入/输出控制和电源管理等。

（6）应用层。应用层直接面向用户，为完成各种作战任务提供界面和支持，开发、部署在 TSCE-I 之上。DDG 1000 舰将领域应用软件分为外部通信、传感器管理、舰船控制、显示、无人平台控制、武器管理、航迹管理、作战控制、基础设施及保障等 10 个域。

4.3.3 任务系统

2005 年，在完成 DD（X）项目第 3 阶段（Release 3）的关键设计评审之后，雷神公司作为系统集成商，获得了 DDG 1000 任务系统的详细设计和集成合同。TSCE 是 DDG 1000 任务系统集成的重要基础，如图 4-8 所示，任务系统包括舰船控制系统（SCS）、探测、C^2I、交战、通信、保障和航空①。

（1）舰船平台。即图 4-8 中的红框部分，主要包括导航、综合舰桥、光电侦察、机电控制等多个领域，可统称为舰船控制系统（SCS）。

其中，机电控制系统（ECS）是 SCS 的一部分，也是一个相当先进和高度集成的机电设备控制系统，下面以其作为任务系统的实例。ECS 在层次上支撑 SCS 为作战系统提供舰船机动和电力，其主要由 3 个部分组成，即综合电力控制系统、自动损管和辅机控制系统。ECS 是一个分布式实时控制系统，用于自动监视和控制 DDG 1000 机电设备，实现电力自动化和

① HENRY M, IACOVELLI M, THATCHER J. DDG 1000 engineering control system (ECS) [R/OL]. 2010. http://esrdc.mit.edu/library/ESRDC_library/Henry-DDG 1000.pdf.

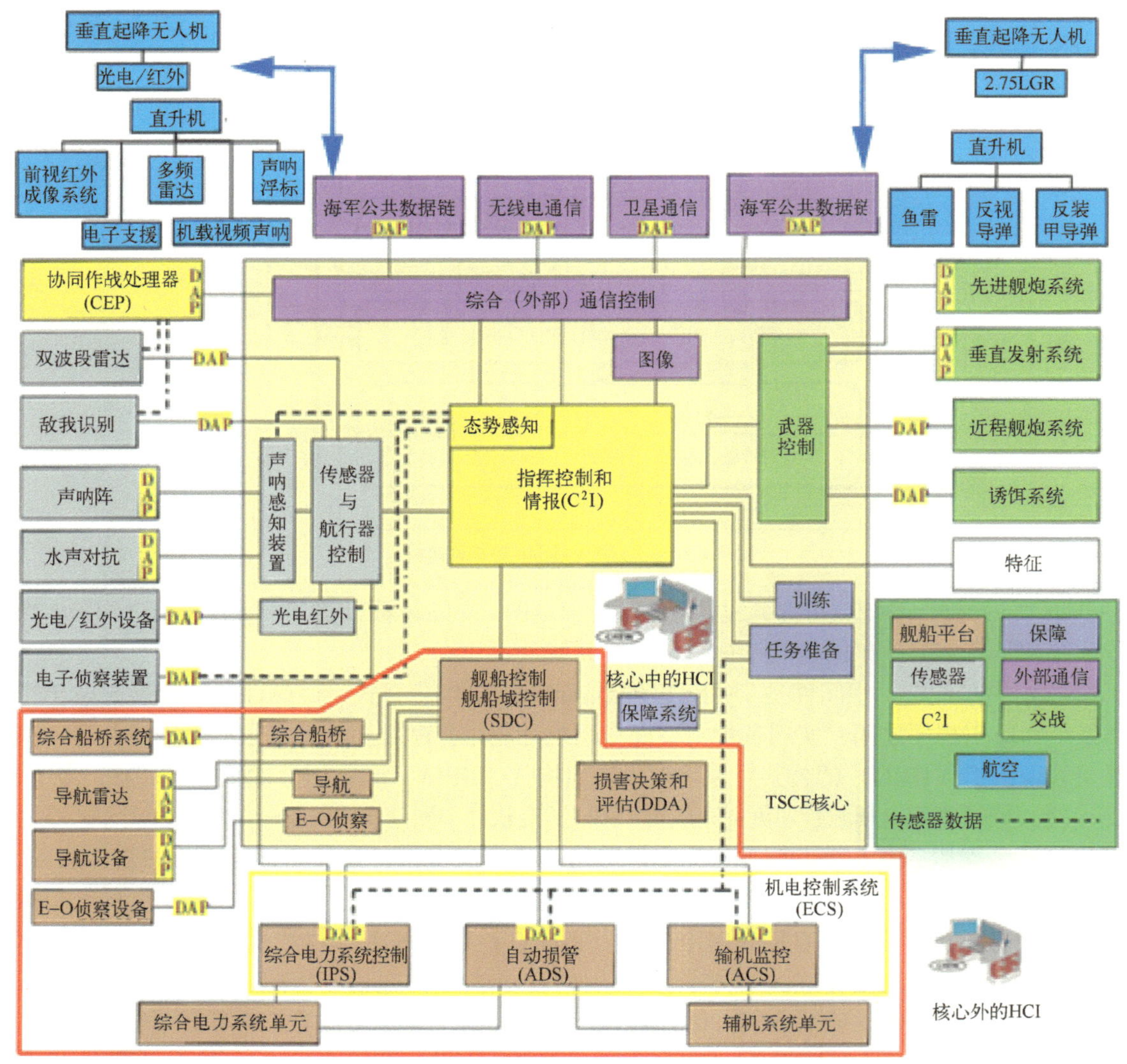

图 4-8 | DDG 1000 的任务系统

辅机控制自动化。ECS 采用网络分布式控制单元（DCU）和远程终端单元（RTU）作为与全舰船机电设备之间的接口，用于监视和控制传感器、执行机构、接触器和电力设备等。

（2）探测。主要包括雷达、声呐、敌我识别、光电/红外和电子支援设备等几个子模块系统。

（3）C^2I。即指挥、控制和情报系统。

（4）交战。包括武器控制系统、先进舰炮系统（AGS）、外围垂直发射系统（PVLS）、近程火炮和诱饵发射系统等。

（5）综合（外部）通信控制。主要包括海军公共数据链（CDL-N）、无线电通信、卫星通信（SATCOM）等系统。

（6）保障。主要是指训练系统、战备状态评估系统等。

（7）航空。主要包括垂直起降无人机系统、直升机系统等。

DDG 1000 采用 TSCE 作为上述各任务系统的集成系统来进行信息整合，以发挥系统整体资源优势，最终形成一个统一的“网络中心战”节点。

4.3.4 全舰计算环境基础设施（TSCE-I）

TSCE-I 段的设计实现符合联合技术架构、技术参考模型和海军 OA 技术标准，包括 CORBA、GIOP、DDS、NTP、SNMP、IP、光纤通道、POSIX 等。支持的程序设计语言是 C++、Java 和 Ada95。TSCE-I 可以认为是 OA 的第一个实例。

TSCE-I 的系统集成具有 3 层结构：核心层、表示层和适配层，如图 4-9 所示。

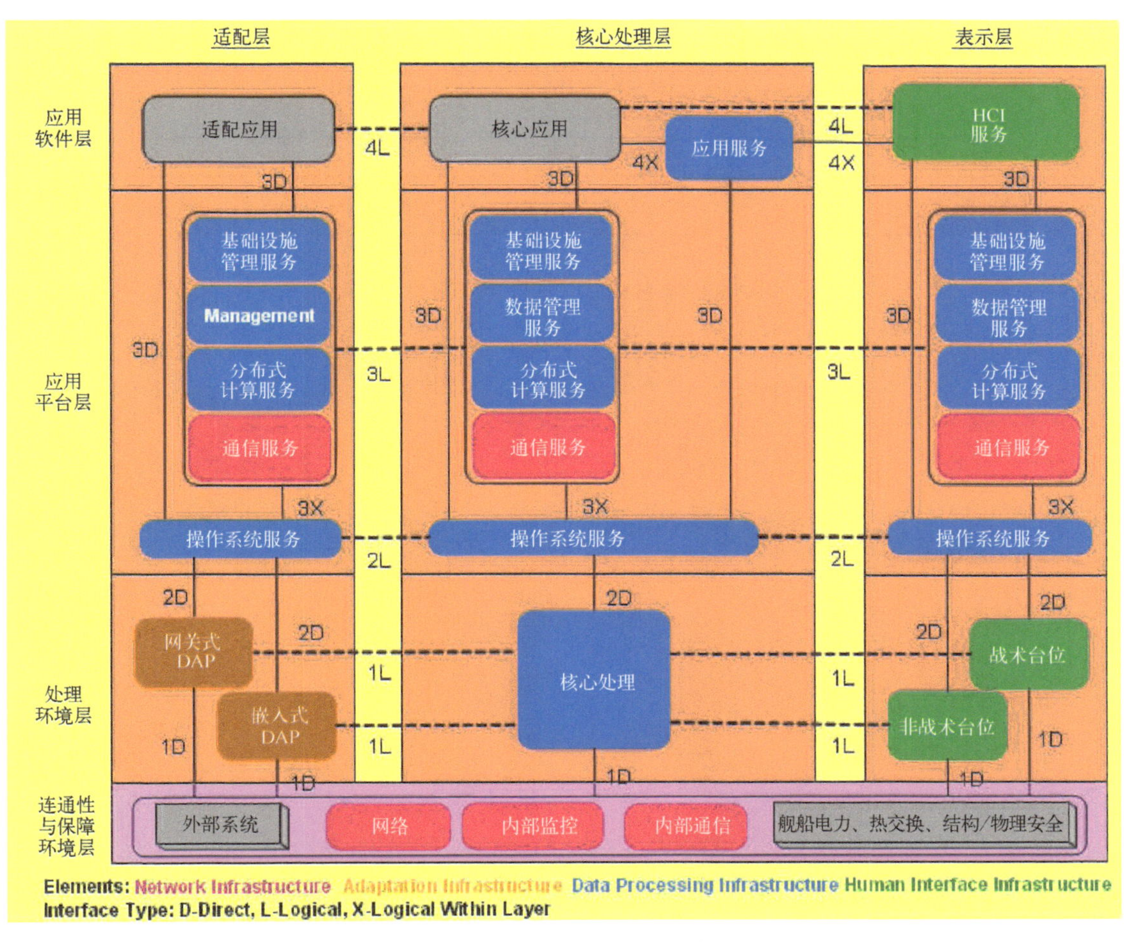

图 4-9 | TSCE-I 的 3 层结构

核心层提供公共环境，其上运行 DDG 1000 的大多数应用软件，这些软件运行于冗余的基础设施之上，其目标硬件位置独立于具体应用。其他各种前端设备通过 DAP 与 TSCE 核心连接，DAP 支持多种标准接口的物理和协议转换，并具有较强的接口扩展能力，利用工控机或单板计算机实现。核心层提供一体化信息系统集成，集成的对象是船体控制、综合舰桥、指挥作战、决策支持、外部通信、在线培训等系统，经过数据融合，实现智能舰内全局的、综合性的信息交互和共享。核心层处理器采用高性能服务器，被封装在 EME 中，分散放置于舰船的许多地方。

表示层负责将显示内容绘制在显控台上。

适配层负责将各种控制软件整合到TSCE分布在全舰不同位置的DCU和RTU处理器中，主要功能是执行高级控制逻辑及管理功能。在适配层中，DCU一方面通过DAP和其他运行在TSCE设施上的应用程序进行接口，DAP支持多种标准接口的物理和协议转换，并具有较强的接口扩展能力；另一方面控制和驱动放在远处的RTU的I/O底盘，来与各种底层设备接口。采用单板计算机作为适配层的处理器硬件，加强移动性和冗余性，使这些控制及接口软件的位置更靠近它们所控制的系统。

TSCE-I段的组成如图4-10所示，包括人机接口、数据处理、网络和适配等基础设施（单元），详见以下几小节。

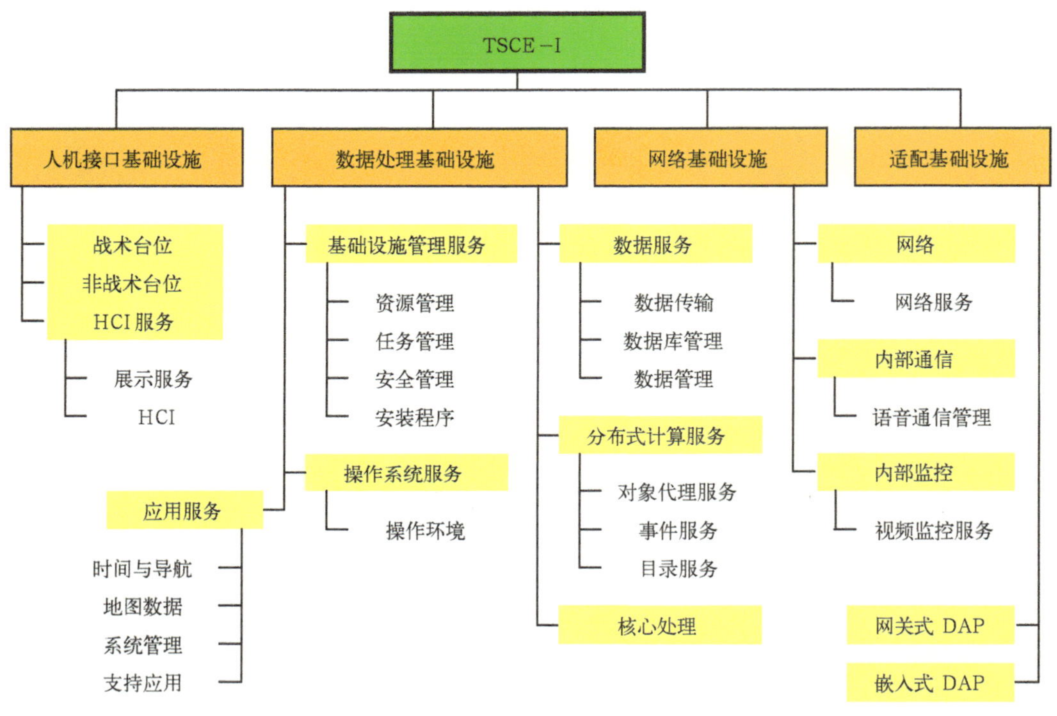

图4-10 | TSCE-I段的组成

4.3.4.1 数据处理设备

舰载计算所处的极端操作环境要求使用能够抵抗更大范围电力和温度波动的装备。在作战系统环境中，采用商用成熟技术的成功策略是建造坚固的箱体，使其隔离苛刻的环境条件。如图4-11所示，DDG 1000全舰计算环境的核心硬件由16个体积巨大的EME组成①，有4种不同的尺寸。在EME中容纳有IBM刀片服务器机柜及控制、自动化、导航、内部通信系统等处理与存储配套设施，全舰冗余布置。核心层处理设备是IBM刀片服务器，操作系统为Red Hat Linux。EME负责为商用现货产品硬件提供合适的振动、热度、电磁等环境以及电源控制，设备在工厂安装调试后整体上舰布置。

EME内部构造具有如下特点：

---

① ROA M J. Application of ABS rules to electronic modular enclosures (EME) [C/OL] //ASNE Automation and Controls Symposium. Milwaukee WI, 2010.

https://www.navalengineers.org/SiteCollectionDocuments/2010%20Proceedings%20Documents/ACS%202010/Papers/Roa.pdf.

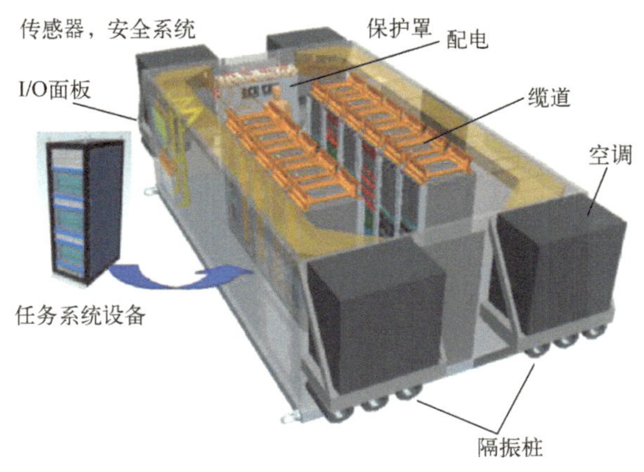

图 4-11 TSCE 的电子模块化集装箱（EME）

（1）满足舰用规范的封闭性设计原则，为商用现货提供运行环境。

（2）多型设计，适应不同舱室空间。

（3）双层防护设计：内层 PDU/EMI 过滤防护，外层刚体外壳防护。

（4）I/O 接口分离设计：信号 I/O 接口布置在面板上方，电源 I/O 接口布置在面板底部。

（5）空调器四周分布：冷却管路位于集装箱顶部沿四周分布，且分别设计基座隔振，以降低振动和噪声特性。

（6）顶端接线：线缆槽位于机柜顶部，便于集装箱内部设备布置，确保较大的维修空间。

（7）进出口设计：针对不同的型号等级，数量和位置皆不相同。

（8）工厂级集成设计：集装箱整体通过侧面吊装上舰。

在 DDG 1000 上，EME 按照大小不同可分为迷你型、小型、中型和大型四种尺寸①，最小尺寸为 5. 5m×2. 1m×2. 3m，所有 EME 的高度都相同。DDG 1000 共拥有 16 个 EME，所有 EME 共容纳 236 个机柜。其中，9 个小型 EME 用于保障可生存性和冗余性，跨多个火灾区域布置；2 个迷你型和 1 个中型 EME 位于混合甲板室；4 个大型 EME 位于临近天线区域，见图 4-12。

TSCE 基础设施（TSCE-I）的设备沿着船长方向（包括一层、二层平台甲板以及上层建筑甲板等区域）在作战情报中心、数据中心等全船主要功能舱室进行布置，见图 4-13。

4. 3. 4. 2　适配设备

适配层采用更加紧凑的硬件设计以提供一种方式将软件集成到 TSCE，但其处理设备可位于任何合适的机柜或其他地方。对于 ECS，适配层包括 16 个分布于全舰的 DCU，每个 DCU 采用成对的 Radstone 公司的 SBC 和通用微系统公司的 SBC，并位于同一个 VME 机箱，被称为分布式适配处理器（DAP）。ECS 一共使用 32 个 DAP，ECS 控制代码利用 DAP 作为与其他 TSCE 应用程序的交互接口，以支持模块软件靠近所控制的系统。全舰共有 287 个嵌入式 DAP，139 个网关式 DAP（图 4-14）。

---

① Application of ABS Rules to Electronic Modular Enclosures（EMEs）. ASNE Automation and Controls Symposium，2010.

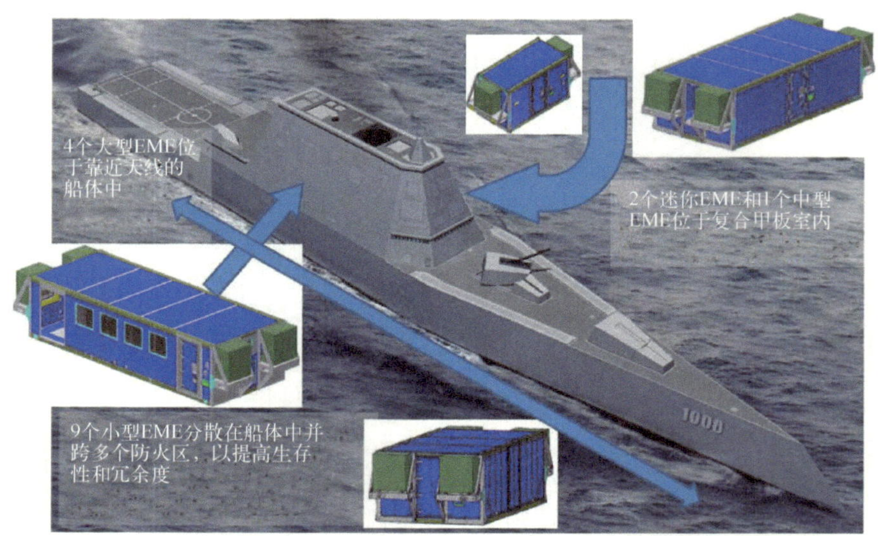

图 4-12 DDG 1000 的 EME 配置示意图（4 种尺寸）

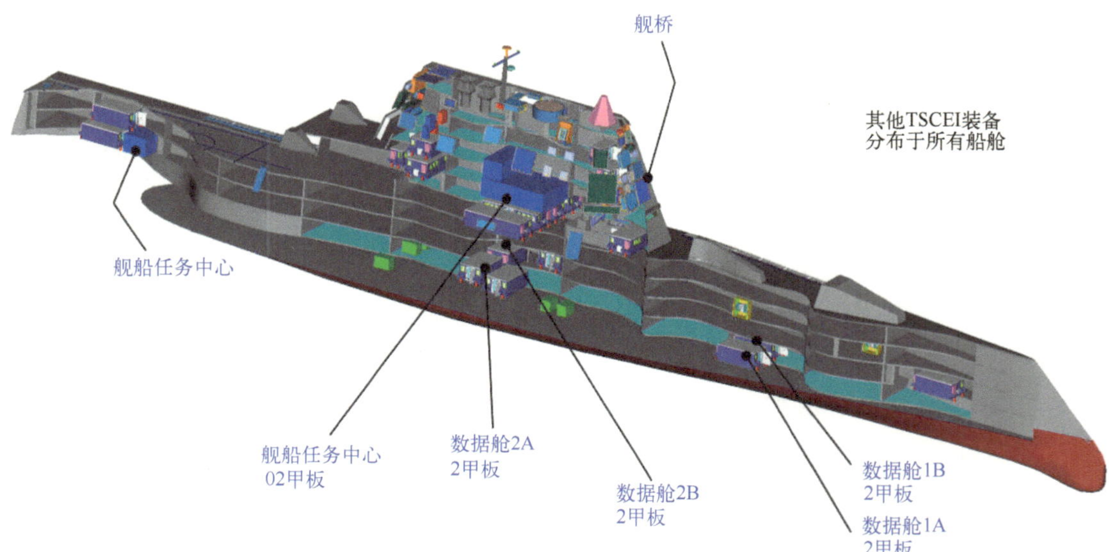

图 4-13 TSCE 基础设施的设备布置

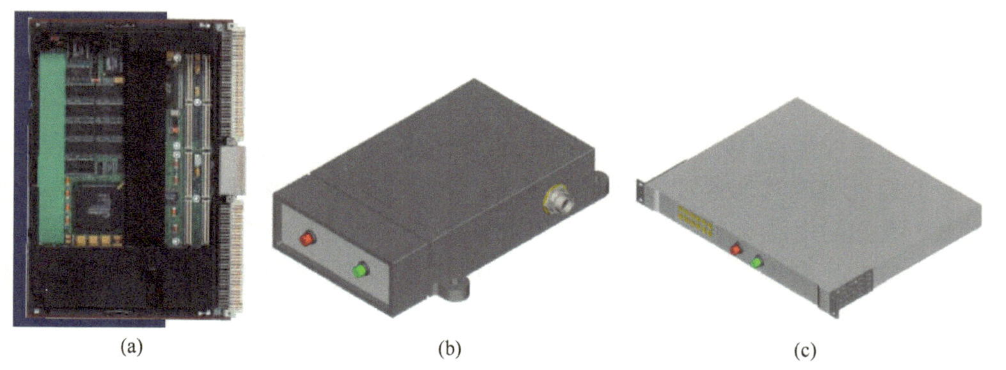

图 4-14 分布式适配处理器（DAP）

（a）嵌入式 DAP；（b）网关式（壁挂）；（c）网关式（机架）

Radstone 公司的 SBC 运行的是 Lynx 操作系统，即 UNIX 的一种，其采用 Java 和 C++语言编写的应用程序，完成控制并与运行于 TSCE-I 上的其他应用程序交互。通用微系统公司的 SBC 计算机上运行的是具有实时内核的微软 Windows 操作系统和西门子 Simatic WinAC RTX 软可编程逻辑控制器（Soft PLC）应用程序，以控制和驱动被称为 RTU 的远程 I/O 机柜，RTU 提供与机电设备交互的接口。ECS 共有 180 个 RTU 分布于全舰，靠近与其有接口关系的硬件设备。通过标准的数字和模拟模块、串行现场总线/通信网关，各 RTU 分别连接到船机电设备。

RTU 包含通用的 Slice I/O 模块和多种不同的串行网关，以提供与船机电设备的通信接口。串行网关接口采用有限数量的现场总线协议与船机电设备进行通信。这样的一组现场总线接口称为区域现场总线。为了最大程度降低成本、改善配置管理并便于全寿期维护，DDG 1000 选择如下 5 种现场总线协议：Profibus DP（电缆型）、工业以太网协议、ControlNet、Modbus 和 LonWorks。这几种是工业领域应用最为通用的现场总线，能够满足船机电设备的需求。

4.3.4.3 人机接口设备

TSCE-I 表示层的功能是在系统任意位置显示需要的信息而不受显示设备的限制，同时符合安全约束。实现显示与应用的分离，可以灵活地分配操作员或战位的功能和任务。除了战术显控台、大屏幕显示器等之外，人机接口设备还包括培训计算机、个人数字助理（PDA）和便携式计算机等非战术设备。

如图 4-15、图 4-16 所示，DDG 1000 舰上任务中心和舰桥使用的战术显控台拥有 3 个显示屏和 1 个触摸屏。显控台在设计时旨在实现模块化，并充分考虑了人体工程学等技术。显控台使用 LynxWorx 公司的 LynxSecure 虚拟主机，能执行多个不同的 Lynx 虚拟机（Virtual Machine，VM），每个 VM 用来连接不同安全等级的舰内子网路。通过 USB 来连接不同的人机接口装置，可根据操作人员使用习惯来选择触控面板或者较传统的键盘与滚球等。

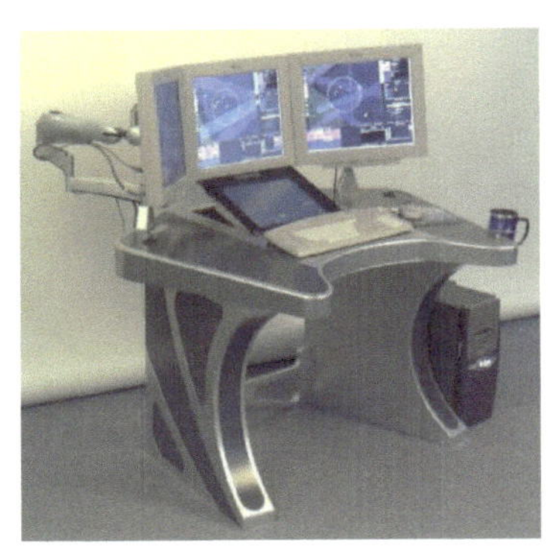
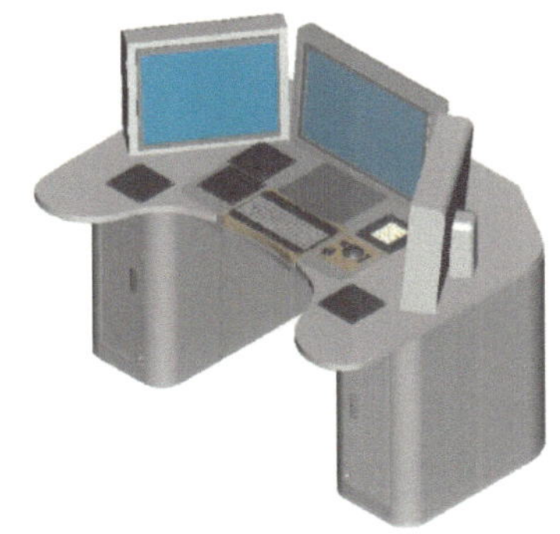

图 4-15 DDG 1000 的三屏显控台

4.3.4.4 网络设备

TSCE-I 网络基础设施为数据、语音、视频通信以及内部监控等功能提供支撑，实现全舰战术和非战术网络一体化。TSCE 采用“核心+接入”两层光纤以太网结构，包括 3 台核心交换机（30Gbit）和 20 多台接入交换机（10Gbit），每台接入交换机都分别与这 3 台核心交换机相连接，具有低延迟、高带宽和快速故障恢复能力，提供可靠的、安全的网络服务。内部通信可以采用网络语音电话和视频会议方式进行，如图 4-17 所示。同时，TSCE-I 在网络安全、服务质量（QoS）和网络管理等方面也进行了充分的优化设计。

图 4-16 DDG 1000 的任务中心

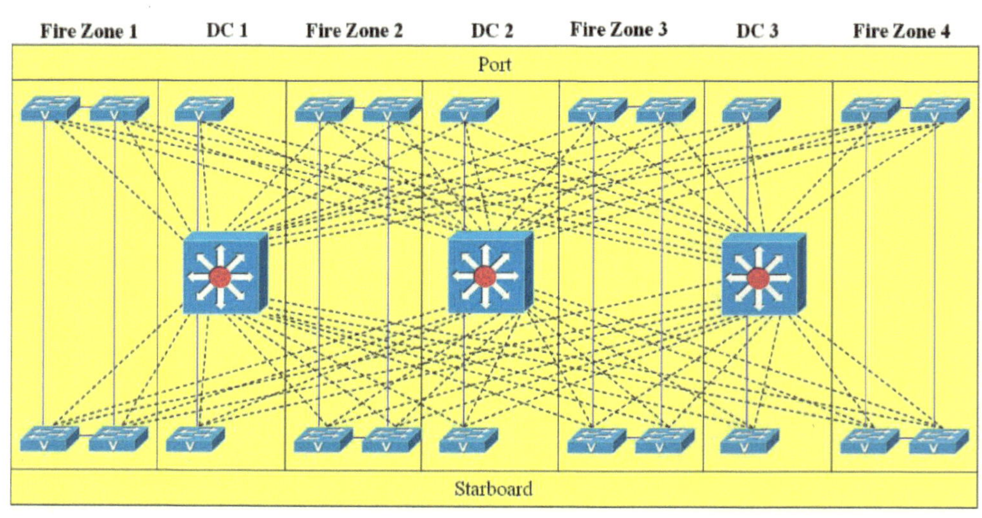

图 4-17 DDG 1000 网络交换机互联关系

TSCE 与 ECS 的两级网络见图 4-18。DCU 与 TSCE 网络的接口是 1000Mb/s 光纤以太网。同时，基于西门子公司的 Profinet 体系结构的 DCU 和 RTU 网络组合在一起构成 ECS 网络，满足 DCU 和 DCU 之间以及 DCU 和 RTU 之间的通信需求，包括主/备用处理设备故障切换、机电设备和系统的监控。西门子公司的 Scalence X408-2 交换机支持 1000Mb/s 光纤 Profinet “可管理环网”，该环形网络将所有 DCU 连接在一起，并接入 Scalence X202-2IRT 交换机提供的 100Mb/s 冗余光纤 RTU 网络。X408-2 交换机还为 Soft PLC 提供网络接口。

此外，在 TSCE 的上述两层网络结构中，还涉及三层设备，分别是指位于底层的现场设备，如传感器、执行器等 RTU；位于中层的具有通用接口的 DCU，它由带有实时操作系统的主机或嵌入式系统组成；位于上层的是装有 TSCE 核心应用程序的计算机服务器、数据库服务器集群、综合显控台。

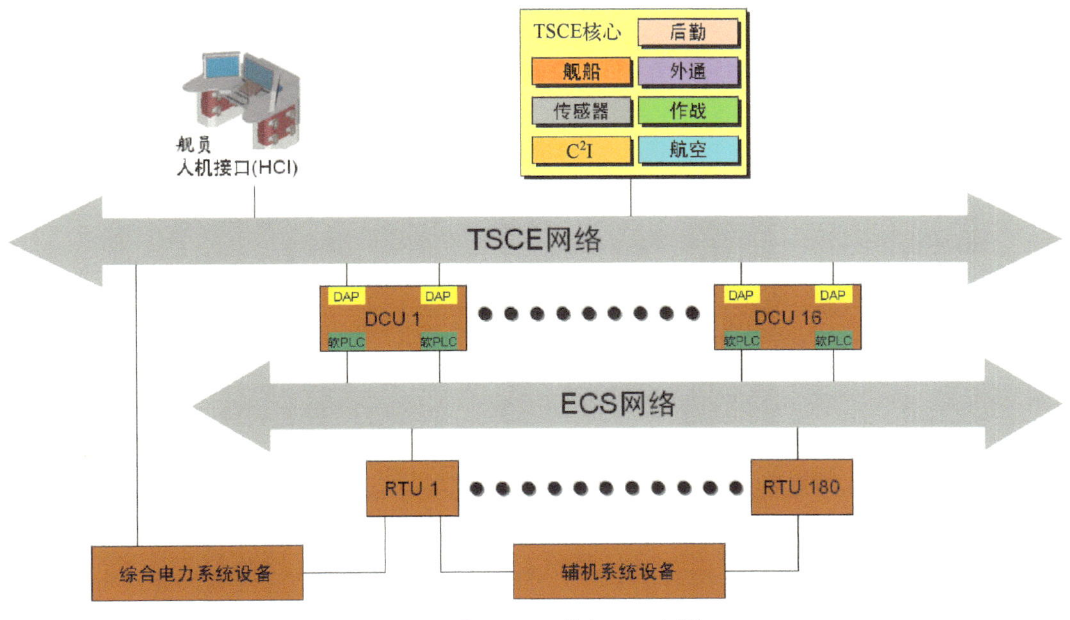

图 4-18 TSCE 网络与 ECS 网络

4.3.5 领域应用

TSCE 的领域应用部分主要包括如下两个层次：

（1）公共服务层。公共服务层为上层应用提供信息交换、处理和管理等各项软件服务，如时间同步、数据记录、输入/输出控制、电源管理等。

（2）应用层。应用层直接面向用户，为完成各种作战任务提供界面和支持，开发、部署在 TSCE-I 之上。DDG 1000 将领域应用软件分为外部通信、传感器管理、舰艇控制、显示、无人平台控制、武器管理、航迹管理、作战控制、基础设施、保障等 10 个域。对应用软件层来说，关键是进行合适粒度的功能分解，即模块划分。各种功能将在 TSCE-I 上以软件模块的形式提供，资源充分共享，通过灵活组织和系统管理支持完成任务。

4.3.6 资源管理

TSCE 能够保持高效运转且具备高可用性和高抗毁性的核心保障条件之一，就是其采用的动态资源管理技术。资源管理器所采用的动态机制将根据战术平台所处情况的具体需求，动态地分配应用程序所需的计算和网络资源。例如，当确认一个来自空中的威胁时，“处理器池”将主要被分配用于打击空中目标所需的各类显示、计算任务，而当这种威胁消除时，该“处理器池”将又被分配用于反舰攻击的各项运算任务。对比目前美国海军现役舰船武器平台所采用的“烟囱”式系统体系僵硬固定、专属专用的基础结构软件和硬件而言，这种机制在应对不断变化的作战环境和资源故障等方面无疑具有极大的灵活性。换句话说，借助于资源管理器，TSCE-I 的各类计算和网络资源可被统一封装为一个“计算资源池”，无论具体的物理位置和网络结构如何，“池”中的计算资源将能在系统运行过程中，根据舰载应用软件的具体需求和系统资源的状态，恰当地进行分配，以确保系统的持续运行达到预期 QoS 的要求。

TSCE 的资源管理器能够在分布式系统环境中监控网络、运行系统、中间件和应用程序资源，主要具备应用软件/处理监控、运行系统监控、网络监控、系统健康监控、资源和应用软件控制、系统和资源规范化管理、故障检测/故障隔离/故障恢复、动态资源分配等功能，见图 4-19。

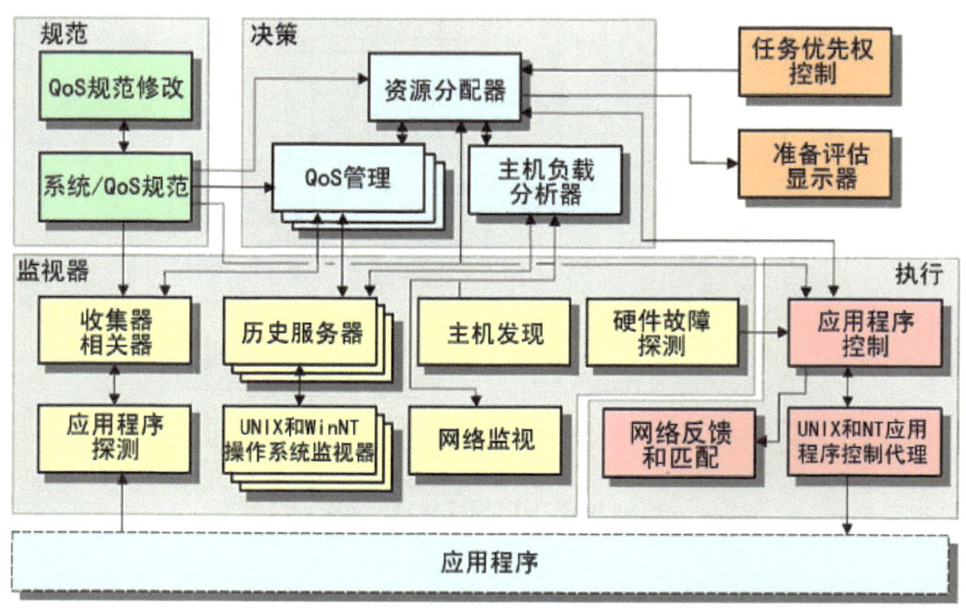

图 4-19 | TSCE 的资源管理体系结构

在资源管理器体系结构高端运行的是由监视、决策和控制组件组成的反馈控制回路。应用程序监视器用于衡量组件满足特定需求的性能。当出现超出既有性能的需求时，资源管理器的决策模块则会通过监控获取组件处理器和网络负载的状态、负载、性能和故障等指标，进而做出是否、何时及如何执行计算资源重新配置动作。资源控制组件随后将根据资源管理器的控制命令映射生成低层控制指令，以实现预期的资源再配置功能。

为了将资源管理功能的引入对基础应用软件开发的影响降到最低，TSCE 的资源管理器功能主要依靠运行在公共中间件服务层的多层资源管理（MLRM）中间件体系来实现（图 4-20）。

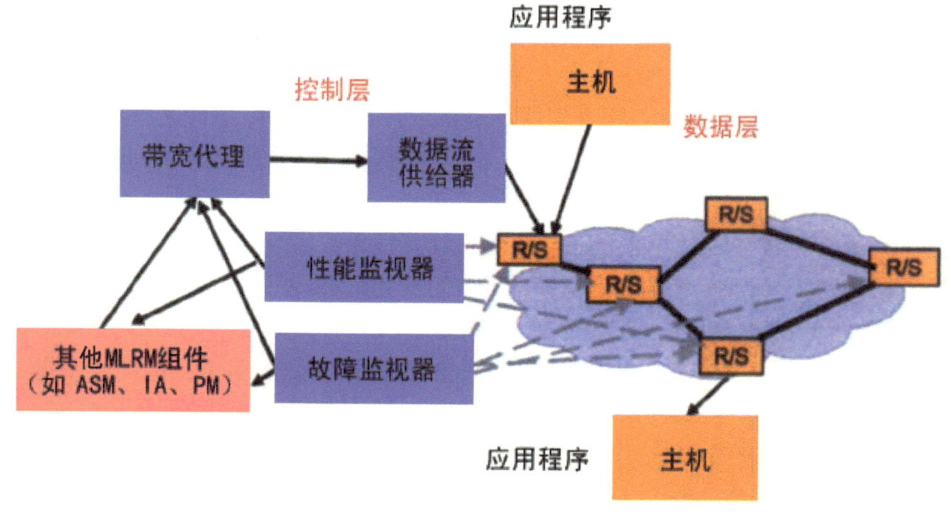

图 4-20 | MLRM 运行体系结构

在多层资源管理体系中，居于底层的中间件包括：

（1）带宽代理（Bandwidth Broker）。主要用于：探测并适应任务需求、工作负载及配置的变化，通过采用发现算法掌握当前资源的可用性，并采用通信量探针技术探测高优先级数据流需求的变化情况，在成对的资源池和子网之间检索不同类带宽的可用性以支持处理任务向处理器的分配，变更带宽分配策略以支持不同的任务模式，以及通过监控平均延迟和丢包率等指标对服务进行监控和反馈。

（2）数据流供给器。用于将由带宽代理生成的与技术无关的配置指令翻译成为特定供应商的路由器和交换器指令，以便对数据流的数据包进行分类、标记和修正。

（3）性能监视器。用于探测数据流的过载情况，检测关键数据流是否满足其时间性要求，特别是端到端通信的延迟和抖动指标。

（4）故障监视器。其目的不是查找故障的根源或修复故障，而是实现 QoS 的恢复，具有故障探测、冲击分析和 QoS 恢复等功能。如果批准的数据流的 QoS 不能够得到保证，故障监视器将向带宽代理提交一个故障例外事件，带宽代理则随后向 MLRM 的高层应用组件（应用程序串管理（ASM）和资源池管理（PM）组件等）提交一个高端事件，以进一步求解。例如，在网络结构中，当网中某两点（如 A-B）网络的直接连接出现故障时，故障监视器将通过其他节点建立这两点之间的间接连接（如 A-C-B、A-D-C-B、A-C-E-B…），并保证通信的通畅性，见图 4-21。

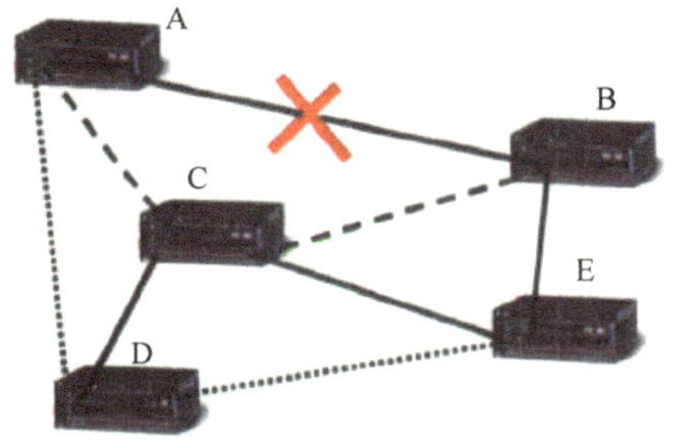

图 4-21 | TSCE 的网络故障克服机制

在多层资源管理体系中，居于高层的中间件包括：

（1）基础设施分配器。根据可获得的资源，包括 CPU、网络和安全性等，将应用请求分配到资源池。

（2）应用程序串（任务）管理器。应用程序串是一系列应用程序，通常也称为实时计算任务。应用程序串管理器用于安装应用程序串，并对其执行情况进行监控和适应性管理。

（3）资源池管理器。主要是指将应用程序分配到资源池中的具体计算平台和子网。

（4）资源管理器。用于各种独立资源的管理。

上述可知，TSCE 的资源管理器对网络延迟的测量精度已达到了毫秒级，并具备了探测网络和设备故障（甚至包括某些灾难性故障）以及迅速恢复网络 QoS 的能力。可以说，通过资源管理器，将能够实现舰载公共计算机资源的网格化共享，提高计算机设备和网络的冗余度，从而获得系统的高可用性和抗毁伤能力。

综上所述，TSCE 的技术架构主要包括 TSCE-I、领域应用和资源管理这三部分。TSCE 以 OA 为基础，通过采用面向服务的体系结构，能够有效实现舰上 C^4ISR、交战、平台、航空以及岸基保障等系统领域的网络信息集成，将各个子系统并入到一个集中的计算环境中，从而达到较高层次的跨领域系统集成，实现真正的数据共享、资源共用、互联互通和互操作。

4.3.7 技术方案分析

TSCE-I 作为基本的操作环境，为 DDG 1000 提供公共服务。软件体系结构、操作系统和中间件是计算环境的重要部分，必须支持标准的基础设施服务和应用编程接口。这些技术往往比硬件技术跨越更多的设计模式，可能无法产生满足所有需求的单个技术方案，因此，在 TSCE 中必然存在着技术的权衡和桥接，例如，面向服务与基于构件、实时与非实时等。

全舰计算环境基础设施由 IBM 公司、美国海军和主要系统集成商实现。TSCE-I 包括 IBM 的刀片服务器系统、IBM 的实时应用服务器（WebSphere Real Time，WRT）、对象管理组织的相关规范、内存数据库以及各种任务应用程序①②。

TSCE-I 采用 OMG 的 DDS 标准，以满足低延迟应用的消息传输需要。一方面是 TSCE 中基于 CORBA 的实时性的作战系统应用；另一方面是基于网络中心企业服务（NCES）的 J2EE 应用程序。NCES 以 J2EE 为基础，其中的消息传输采用 JMS 标准。同时，全球信息网格（GIG）也使用 Web Services 标准。DDS 与 JMS 的桥接提供两种应用的无缝集成（图 4-22），并通过桥接进行数据转换，TSCE 应用可以很容易地在两个具有不同时间特质的域中发布/订阅数据③。

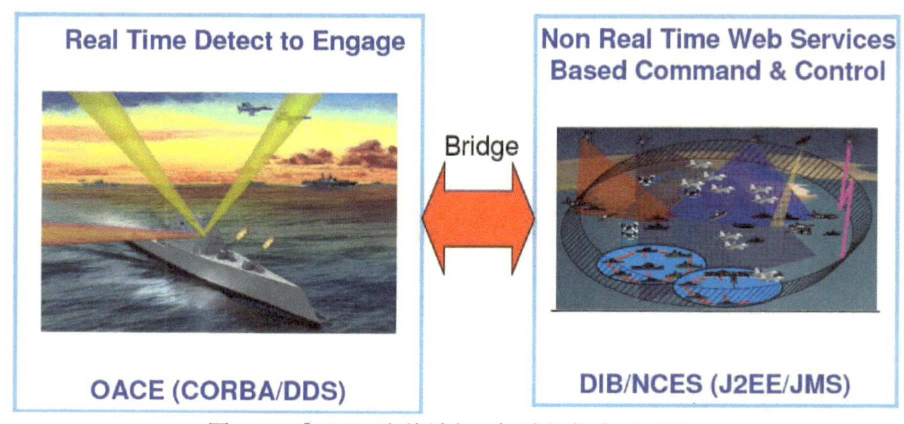

图 4-22 TSCE 交战域与 C^4I 域的集成（桥接）

使用标准的企业级 Java 编程模型和面向服务架构是降低企业应用程序生命周期成本的关键。然而，Java 在处理过程中由于垃圾回收或动态加载类库造成延迟不可预测，目前，大多数嵌入式和实时系统都是用诸如 C/C++等低层语言开发，有时通过 CORBA 提供分布式实时服务。但为了提高应用程序的质量并减少开发成本，国防部门从 C，C++，Ada 向 Java 转换的想法已存在了好几年。WRT 包括 Java 和 Linux 的实时实现。IBM TSCE-I 的硬实时环境对于标准的 Java（有垃圾收集机制）来说，可使节点内的延迟降低到 1ms；对于 Java 的实时规范来说，避免了使用垃圾回收带来的影响，延迟可降低至 70μs。在实时 Linux 环境中，Java 应用程序（以及遗留的 C，C++，Ada 应用程序）可以通过 DDS 进行实时通信。

许多 TSCE-I 活动不需要达到系统中的最高响应水平。重要的是，虽然能够用硬实时的方式来构建整个应用程序，但是把实时实现限制在应用程序各部分所要求的实时响应范围内往往更容易并且代价更低，因此，应该建立多个服务质量域（图 4-23）。

---

① DESAI D M, BRADICICH T M, CHAMPION D, et al. Blade center system overview [J]. IBM Journal of Research and Development, 2005, 49(6): 809-821.

② BERRY R F, MCKENNEY P E, PARR F N. Responsive systems: an introduction [J]. IBM Systems Journal, 2008, 2 (47): 197-206.

③ MADSEN R. USN C^4I migration to a service oriented architecture and common computing environment [C/OL] //National Defense Industrial Association (NDIA) Net Centric Operations Conference, 2007.
https://www.dtic.mil/ndia/2007netcentric/Madsen_USNC4IMIgrationtoSOAFinal.pdf.

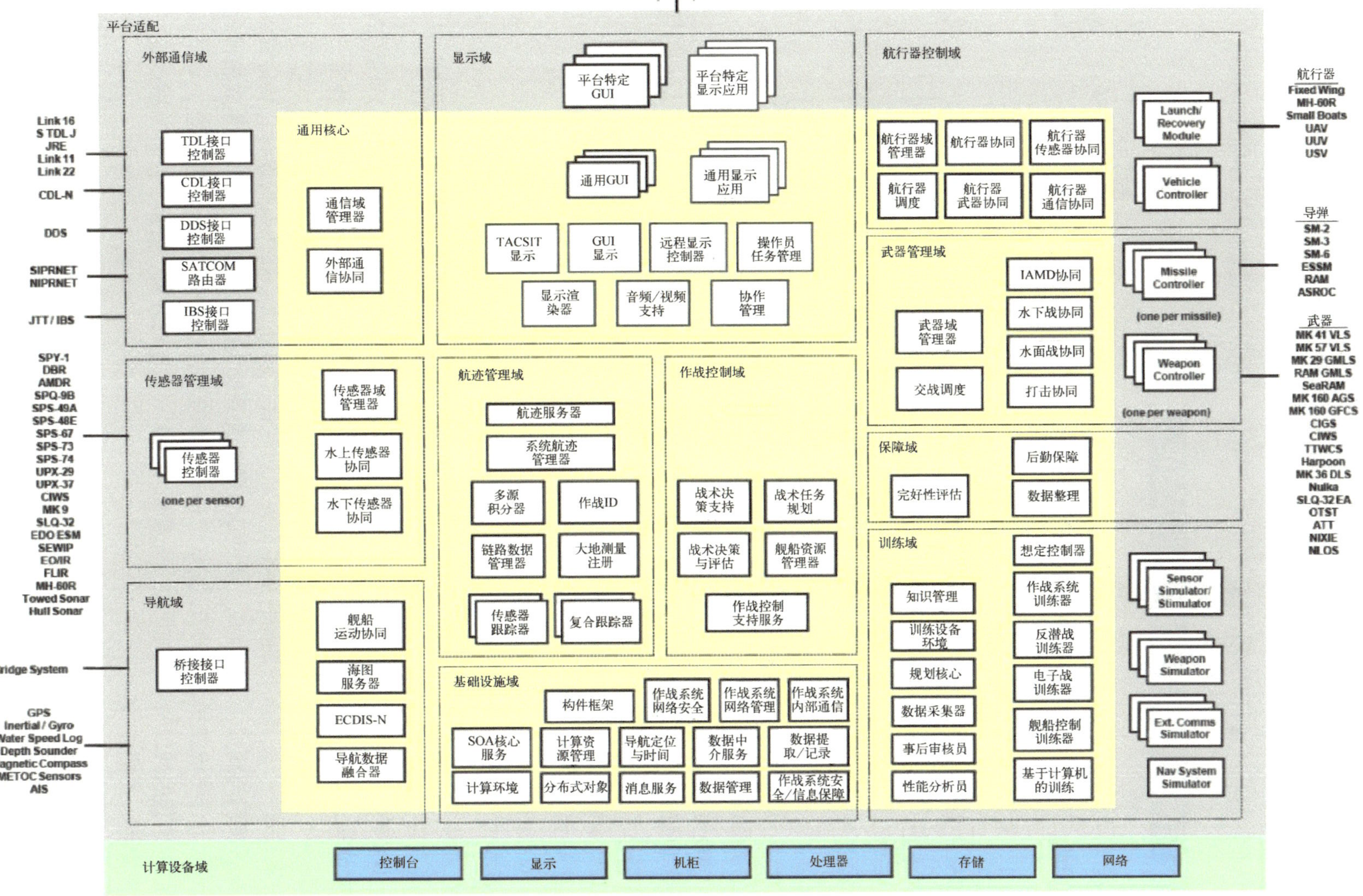

图4-23 TSCE-I服务质量域

从长远的发展趋势来看，更有可能的是仍然使用多个标准的SOA和数据分发技术。一些桥接机制虽然出现了，但是必须要解决数据验证、数据处理开销、传输开销、吞吐量和延迟等问题。这些问题都属于接口描述语言（IDL）和可扩展标记语言（XML）的模式一致性、运行时解析、运行时数据组织等领域。同时，也促使了二进制XML等标准的成熟①。

4.4 TSCE的项目管理与开发策略

作为一项庞大、复杂的软件工程，TSCE的绝大部分研发工作主要围绕“软件”来开展。因此，下面将主要针对TSCE的软件开发策略及进展进行阐述。

4.4.1 软件开发策略

TSCE采用Linux操作系统和Java程序设计语言。如图4-24所示，TSCE项目策划从舰艇设计的第一和第二阶段就开始了，而具体的软件开发工作主要在第三和第四阶段完成。

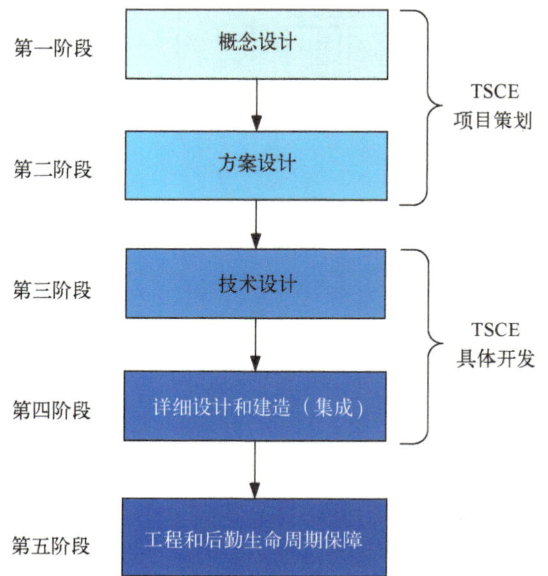

图4-24 舰艇设计建造流程和TSCE开发阶段

TSCE软件开发的数量和复杂程度前所未有。美国海军该项目办公室评估TSCE将包括1400万到1600万行代码，其中700万行新编和修改代码用于新增的软件模块。TSCE的软件开发采用“螺旋式”的发展策略，分7个阶段逐步扩充软件功能。美国海军最初计划从2003年初到2005年末完成DDG 1000的技术设计，同时发行Release 1~3三个版本的TSCE软件，提供TSCE-I的基本服务，并初步实现对空防御功能、对陆和水下作战功能。2005年底到2011年底，完成DDG 1000的详细设计和建造，同时继续发行Release 4~6和Spiral四个版本的TSCE软件，逐步集成舰上所有任务系统，实现TSCE的全部功能。也就是说，TSCE的软件开发一共包括Release 1~6这6个正式发行版本阶段以及Spiral这一个“螺旋上升”阶段。

TSCE每一个正式发行的软件版本都要经历软件需求分析、软件架构设计、软件详细设计、软件编码与测试、软件集成、软件认证测试和系统集成的过程。为了保证集成软件的质量，采取了分阶段独立认证的方式。6个正式版本的开发过程在时间上存在交叠，每个版本开发过程中获取的经验教训和反馈意见都将指导下一版本的开发，各版本性能持续改进、功能逐渐完善，见图4-25。

① ZILIC A M, BARON N T. Real-time realities: the application of commercial information technology to combat control systems [J]. Naval Engineer Journal, 2009, 121(1): 17-33.

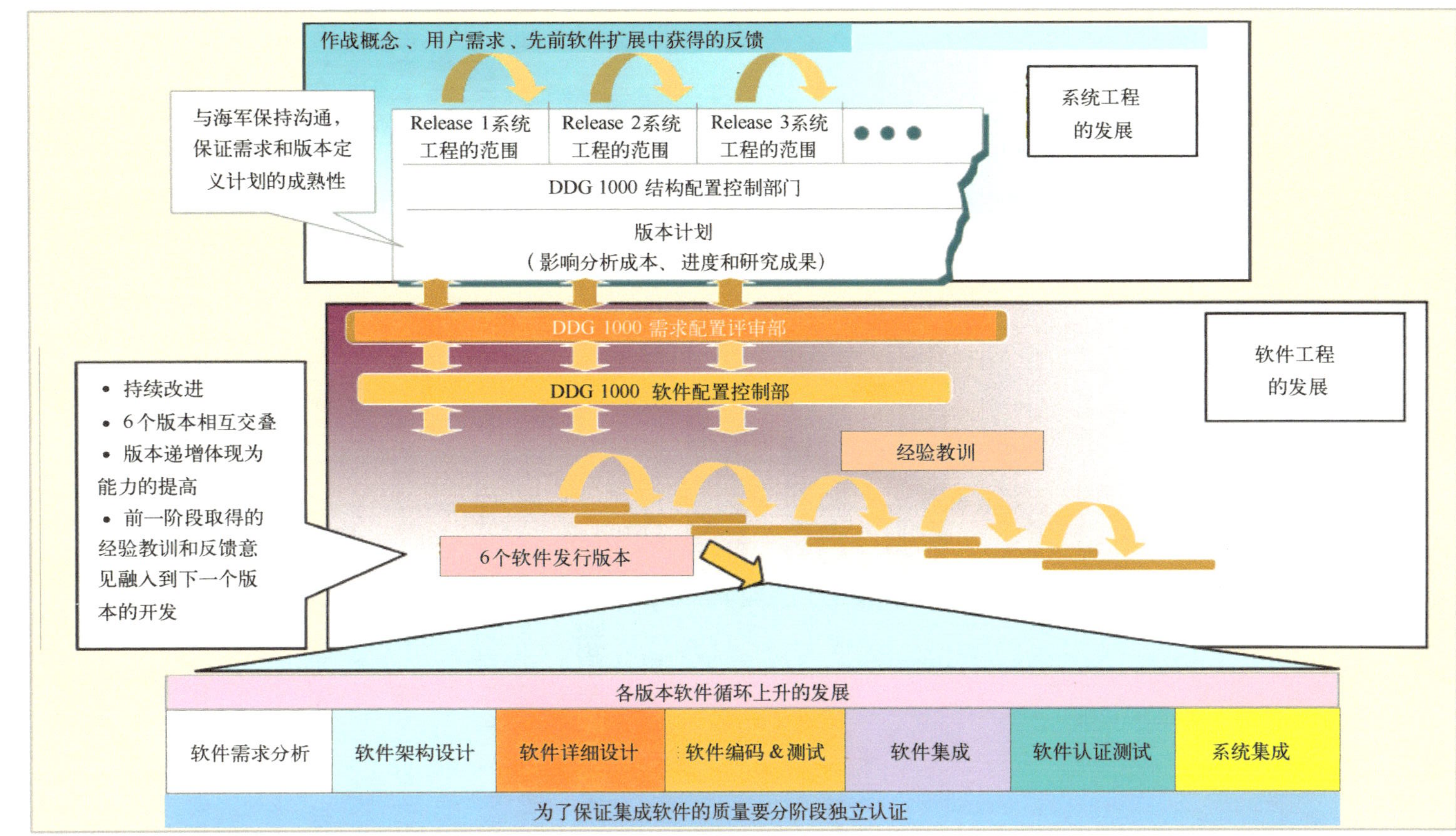

图4–25 TSCE循环式上升的软件发展过程

此外，在 Release 1~6 阶段，每一个正式发行的软件版本还都要经过如下 7 步的评审过程，才能获得政府认可和接收。如图 4-26 所示，详细的评审流程可保证项目承包商与海军公开及时地沟通，从而提供透明的服务。

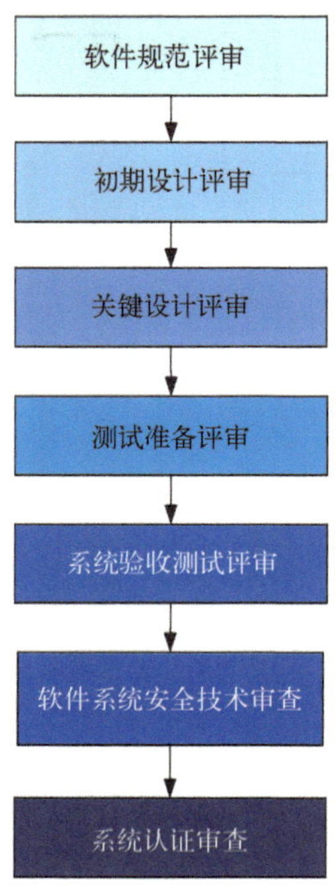

图 4-26 ▎TSCE 软件发行版本的评审流程

4.4.2 软件开发过程和进展

图 4-27 是 TSCE 软件 Release 1~6 以及 Spiral 阶段的设计目标和发展原则。在 Release 1 阶段只实现简单的 TSCE-I 基础服务。Release 2 阶段实现自动对空防御功能，同时扩充 TSCE-I，该阶段的成果为雷神公司 2006 年发行的 SSDS 开放式版本奠定了基础。Release 3 增加了对陆和水下作战功能，实现多任务作战线程。从 Release 4 开始，TSCE 软件开发进入了更加艰难的大规模集成阶段，加强 Release 2 和 Release 3 中的水面作战能力，同时在原版本的基础上增加了通信控制、平台控制、传感器与飞行器控制等部分的多个子模块。Release 5 和 Release 6 阶段主要是具体细化各子模块的功能，并增加决策评估、支援保障等软件单元。表 4-3 分别给出了 Release 1~6 版本逐步集成的各子模块。此外，舰上还有许多重要的功能没有集成或仅部分集成到前 6 个阶段的发行版本中，Spiral 阶段主要负责补充实现这部分缺失的功能。

表 4-3 Release 1~6 版本逐步集成各子模块

TSCE 子模块	发行版本					
	Release1	Release2	Release3	Release4	Release5	Release6
TSCE-I	√	√	√	√	√	√
人机交互				√	√	√

（续）

TSCE 子模块	发行版本					
	Release1	Release2	Release3	Release4	Release5	Release6
传感器与飞行器控制集成						
双波段雷达				√	√	
敌我识别				√		
声呐组合					√	√
光电/红外					√	
飞行器控制				√		√
武器控制集成						
改进型海麻雀		√			√	√
标准-2				√	√	√
阿斯洛克						√
战斧						√
先进舰炮系统			√		√	
近程火炮					√	√
诱饵系统					√	
通信系统集成						
综合通信				√	√	
平台控制集成						
机电控制				√	√	√
损管决策与评估					√	
综合舰桥				√	√	√
导航				√	√	√
后勤保障集成						
训练				√	√	√
IS3					√	

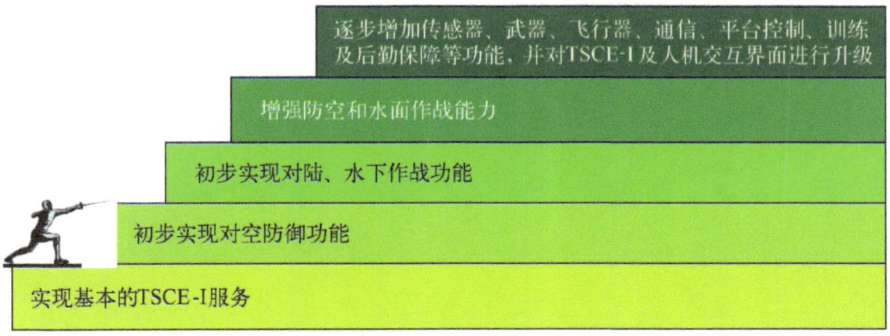

图 4-27 TSCE 逐步递进的发展路线

图 4-28 是 TSCE 软件开发的时刻表①，具体的开发过程详见以下几个小节。

① DDG 1000——First of the Zumwalt Class Transforming the Navy. 2006 System & Software Technology Conference，2006.

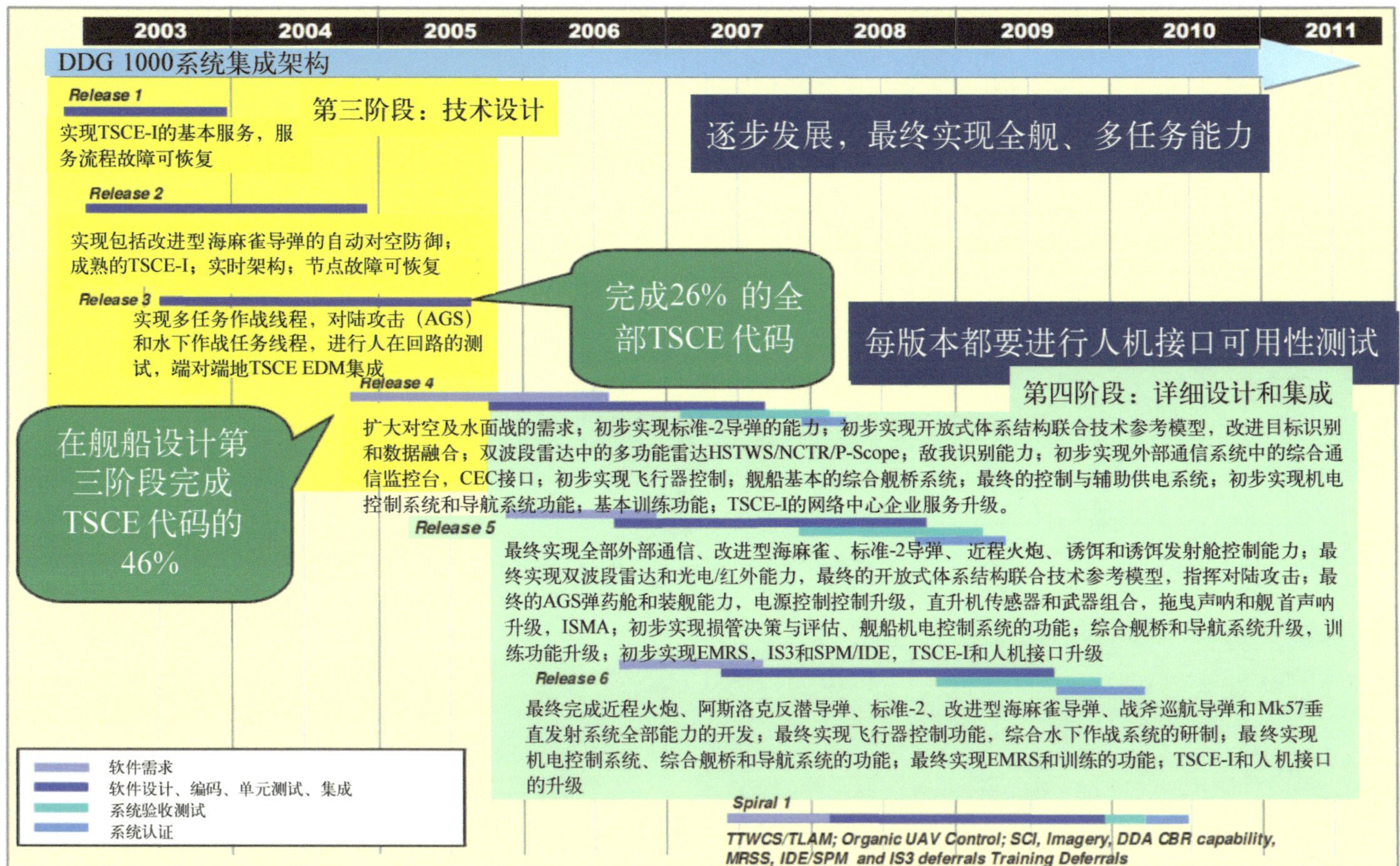

图 4-28 TSCE 技术发展时刻表（初始规划）

4.4.2.1 Release 1~3 阶段

TSCE 软件开发项目从 2002 年正式开始，2004 年发行 Release 1.0 软件代码，实现 TSCE-I 的基本服务，且服务流程故障可恢复。2005 年发行 Release 2.0 软件代码，实现改进型海麻雀导弹的自动对空防御功能，进一步扩充 TSCE-I，实现节点故障的可恢复性。2006 年发行 Release 3.0 软件代码，实现多任务作战线程、对陆攻击和水下作战任务线程，进行人在回路的测试和端到端的 TSCE EDM 集成。可以说，TSCE 的 Release 1~3 阶段的软件研制工作已基本上按照计划顺序完成，此后 TSCE 项目开始进入更加复杂且充满挑战的软件开发阶段，也因此，Release 4~6 和 Spiral 阶段的时间进度都被依次推迟。

4.4.2.2 Release 4 阶段

自 2005 年美国海军授出 DDG 1000 的详细设计和系统集成合同后，雷神公司就成为了 DDG 1000 上所有电子设备和作战系统的主要任务集成商，TSCE 作为整个系统集成的核心部分也在雷神公司的努力下随之不断推进。

Release 4 阶段的主要任务是：扩大对空及水面战的需求；初步实现 SM-2 导弹的能力；初步实现 OA 联合技术参考模型，改进目标识别和数据融合；开发敌我识别能力；初步实现外部通信系统中的综合通信监控台；开发“协同交战能力”（CEC）接口；初步实现飞行器控制；初步实现机电控制系统和导航系统功能；具备基本训练功能；推进 TSCE-I 网络中心企业服务的升级，等等。

2007 年 2 月，雷神公司正式交付了 TSCE Release 4.0 软件代码，用于 DDG 1000 的开放式架构。Release 4.0 可在 IBM（R）Blade Server 处理器以及 Redhat 公司的 Linux（R）操作系统下运行，是雷神公司的工程师和合作商们在集成了开放式架构 Release 3 和 SSDS Mk2 优点的基础上开发的，开发出不久之后就在 DDG 1000 的多个任务系统应用发展基地试运行，其中包括雷神公司的 3 个相关部门以及各子供应商和系统开发商等。DDG 1000 系统软件的开发主管 Bob Martin 表示：“Release 4.0 是 DDG 1000 软件项目组里程碑似的进步，这是基于标准架构的开放式体系结构软件开发的又一杰出成就”。

不久之后，雷神公司还向美国海军综合作战系统项目执行办公室（PEO IWS）交付了一套完整的 Release 4.1 的说明书、设计文件、源代码和用户指南。Release 4.1 是在 Release 4.0 基础上增加了软件时间定时器功能和数据整合能力，这些新功能不但可以在 DDG 1000 上得到应用，而且还可用于整个开放式架构单元。和 Release 4.0 一样，Release 4.1 在 IBM（R）Blade Server 处理器上运行时也显示出了极为优良的性能特征。

这里需要注意的是，美国海军 2005 年曾发布声明，表示 TSCE 和双波段雷达是 DDG 1000 项目 10 项关键技术中成熟度最低的。截至 DDG 1000 技术设计结束时，其他关键技术的成熟度都达到 6 级或 6 级以上水平，但 TSCE 等个别技术成熟度仅为 5 级（图 4-29），直至 2010 年 9 月才将 TSCE 的成熟度定为 6 级，由此可见 TSCE 项目的难度。

如果说在 2005 年时，TSCE 项目勉强可称为“进度和经费都在预算之内”，但在此后的几个开发阶段中，TSCE 的进度就逐渐落后于原计划日程了。图 4-30 反映了 Release 4~6 以及 Spiral 阶段的原定进度和实际进度对比情况。Release 4 阶段集成了舰上主要系统的基本功能，总结开发前 3 个版本中遇到的问题，并将经验教训吸纳到本阶段的开发过程中。但 Release 4 阶段并没有满足当初定义的全部要求，而是将一部分工作推延到 Release 5 中实现。事实上，海军认证的 Release 4 版本中有将近一半的软件代码没能满足要求，具体有 32%的代码在验收测试中失败，还有 15%的代码根本没有接受该版本的测试。承包商表示主要问题出在 C^2I 组件部分，该部分占据了 Release 4 版本中超过 1/3 的代码，此组件多次在重要节点上出现错误，是因为其不能够满足可恢复性的要求。在 Release 4 阶段研制过程中发现了许多问题，在下一步的开发中还会遇到更多、更大的软件问题，影响 Release 5 和 Release 6 阶段的开发工作，开发进度也因此不断被延迟。

关键技术	第三阶段初技术成熟度	2002		2003				2004				2005			三阶段末技术成熟度
		Q3	Q4	Q1	Q2	Q3	Q4	Q1	Q2	Q3	Q4	Q1	Q2	Q3	
综合电力系统（IPS）	3	H	H	H	H	H	H	H	M	H	M	M	L	L	6
全舰计算环境（TSCE）	3	H	H	H	H	H	M	M	L	L	L	L	L	L	5
外围垂直发射系统（PVLS）/先进垂直发着系统（ALVS）	3 / 3	H	H	M	M	M	M	M	M	M	M	M	M	M	5 / 5
红外（IR）模型	3	M	M	M	M	M	M	M	L	L	L	L	L	L	6
双波段雷达组合—多功能雷达（MFR）/体搜索雷达（VSR）	5 / 3	M	M	M	M	M	L	L	L	L	L	L	M	L	6 / 5
综合水下作战系统（IUSW）	4	M	M	M	M	M	M	M	M	M	L	L	L	L	7
先进舰炮系统（AGS）和远程对陆攻击射弹（LRLAP）	3	H	H	H	H	H	H	H	M	M	M	M	M	M	6
舰体形状小比例模型	3	H	H	H	H	H	H	H	H	H	M	M	M	M	6
集成上层建筑&孔径（IDHA）	3	H	H	H	H	H	H	H	H	M	M	L	L	L	5
自发防火系统	4	M	M	M	M	M	M	M	M	M	L	L	L	L	6

图 4-29 ▎DDG 1000 技术设计阶段（第三阶段）的关键技术成熟度变化情况

注：QX 表示第 X 季度；H 表示项目风险程度高；

M 表示项目风险程度为中级；L 表示项目风险程度较低

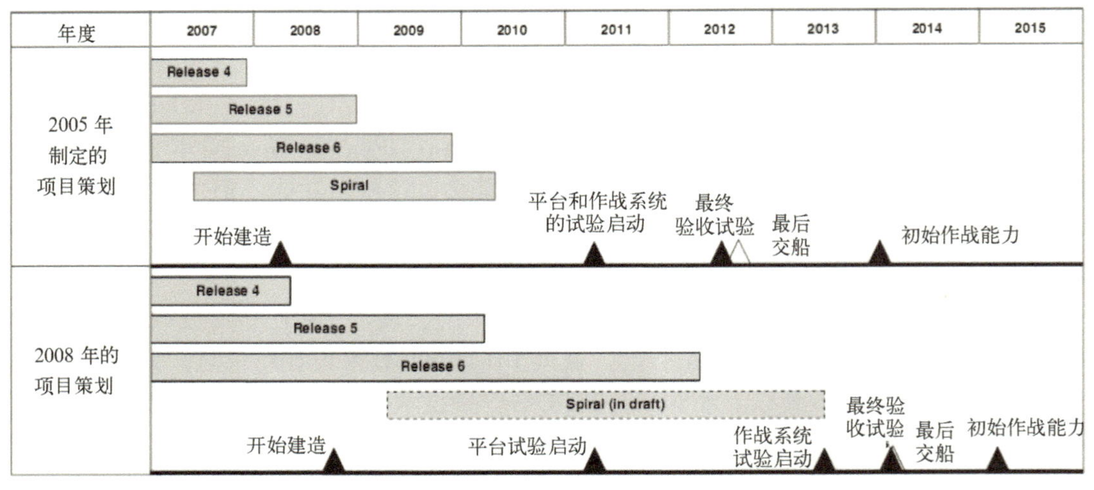

图 4-30 ▎TSCE 软件开发进度的推迟情况

4.4.2.3　Release 5 阶段

Release 5 阶段的主要任务是：最终实现外部通信、改进型海麻雀、SM-2 导弹、近程火炮、诱饵和诱饵发射舱控制等能力；最终实现双波段雷达和光电/红外能力；最终实现 OA

技术参考模型，指挥对陆攻击；最终实现先进舰炮系统的弹药舱和装舰能力；推进直升机传感器和武器的整合；推进电源控制系统、拖曳声呐和舰首声呐、综合舰桥系统和导航系统以及训练系统的功能升级；初步实现损管决策与评估系统、机电控制系统的功能；推进 TSCE-I 和人机接口的升级，等等。

Release 5 版本为舰艇作战系统引入了水面作战、综合水下作战、信息处理和通用海军作战能力等功能，并且提供了用以保障舰船工程控制系统的软件框架，还为舰艇提供了一个开放的体系网络，可实现全舰系统的无缝集成。2008 年 9 月，雷神公司成功完成了 Release 5 版本的关键设计评审。Release 5 版本由 30000 套软件组成，每套软件包括 16 个单元、32 个组件和 126 个软件包，可使 DDG 1000 交付的软件代码增至 590 万行，如图 4-31 所示。由于前一个阶段遗留下来的问题以及新发现的问题，Release 5 阶段的进度延迟了一年多。

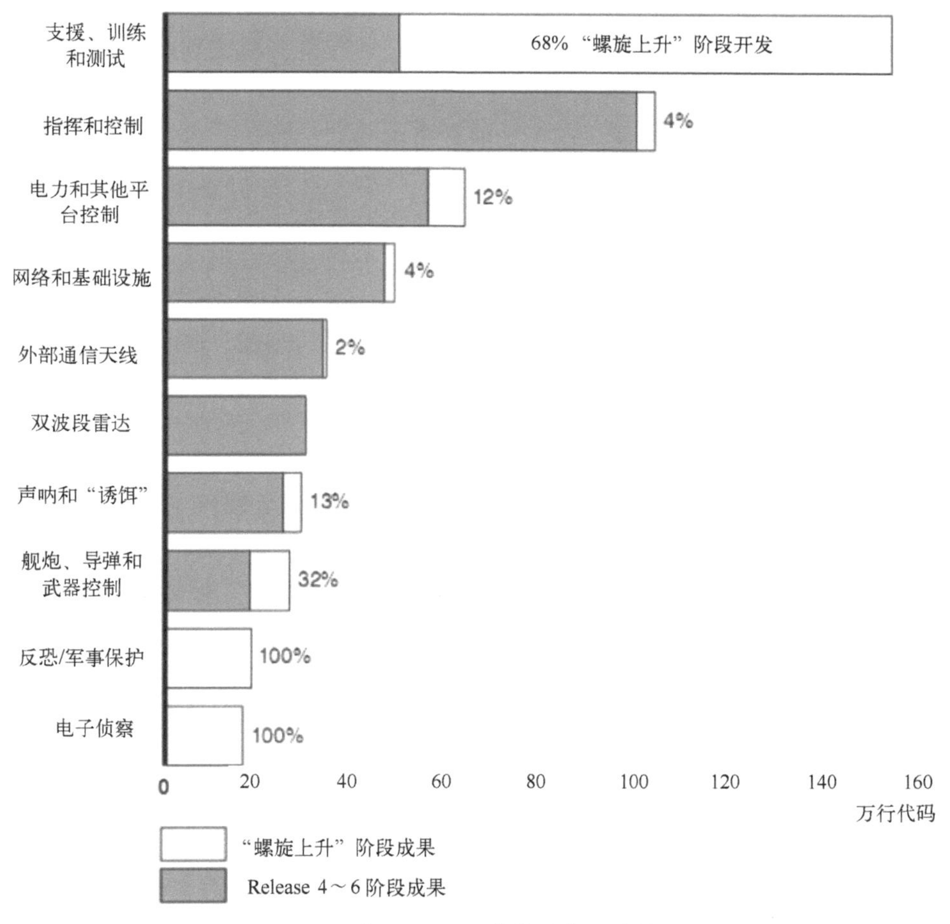

图 4-31 ‖ Spiral 阶段软件功能继续扩展

4.4.2.4 Release 6 阶段

Release 6 阶段的主要任务是：最终完成近程火炮、阿斯洛克反潜导弹、SM-2 导弹、改进型海麻雀导弹、战斧巡航导弹和 Mk57 垂直发射系统全部能力的开发；最终实现飞行器控制功能；最终完成综合水下作战系统的研制；最终实现机电控制系统、综合舰桥和导航系统、训练系统的功能；继续对 TSCE-I 和人机接口进行升级，等等。

2010 年 2 月，雷神公司成功召开了 TSCE 体系结构 Release 6 版本的软件评审，Release 6 实现了 25000 多个软件需求，并将使软件代码总数超过 900 万行①。通过这一评审，TSCE 超过 70%的软件代码都已编完。但是，Release 6 阶段包含关键的机电控制软件，到 2008 年时，Release 6 的开发进度就已经推延了 28 个月。截至 2013 年 4 月，Release 1~5 版本均已完成认证，而 Release 6 版本虽已完成了编码工作，但仍处于集成和测试阶段②，交付时间一拖再拖。

4.4.2.5 Spiral 阶段

早在 2005 年项目的关键设计评审时，美国海军就认为 TSCE 的 6 个发行版本的代码不能满足全部需求，从而另外又增加了一个阶段，即软件开发过程中的“螺旋上升”（Spiral）阶段。按照美国海军的解释，大约有 25%的 TSCE 软件将在 6 个版本发行之后的 Spiral 阶段继续开发。

如图 4-31 所示，舰上有许多重要的功能没有集成或仅部分集成到前 6 个阶段的发行版本中，Spiral 阶段主要负责补充实现这部分缺失的功能，即图中的白框部分③。例如，自动电力监测系统、反恐/军事保护系统以及电子侦察系统等软件将在平台试验启动之后才集成入整个 TSCE 软件之中。这些软件以及 Spiral 阶段的最终软件计划在作战系统试验启动之前装舰。截至 2015 年 12 月，Spiral 阶段的软件开发合同仍在执行当中。

综上所述，TSCE 是一种先进的开放式系统构架，可通过数百项代码的重复利用，为未来低成本地增加新的功能提供升级平台。根据 Release 1~6 以及 Spiral 阶段的开发策略、原则和设计目标，TSCE 软件集成采取螺旋式推进、逐步扩展的方式，逐步集成各个子模块的功能，自底向上逐层集成，最终形成完整的一体化 TSCE 架构。

4.4.3 项目管理原则

DDG 1000 设计建造之初，制定了 10 项关键技术，每项关键技术均以工程开发模型（EDM）的形式展开科研试验，每项 EDM 都有明确的责任单位。其中，雷神公司作为 DDG 1000 任务系统的总集成商，负责全舰电子信息系统和武器系统的总集成，承担了 10 项 EDM 中的 5 项，分别是 TSCE、双波段雷达、综合水下作战系统、先进垂直发射系统和上层建筑集成孔径技术。在实际研制过程中，TSCE 采用了最前沿的先进技术，软件开发的数量和复杂程度前所未有，且其他 4 项 EDM 均在不同程度上渗透到了 TSCE 项目集成之中。如此一来，TSCE 作为一个复杂的软件开发工程，其组织管理和开发工作十分艰难，充满了挑战。为此，雷神公司作为 TSCE 项目的开发商，在具体的开发过程中，遵循了以下 3 条核心原则：

（1）注重研发团队的整体实力，确保系统集成达到较高水平。自 20 世纪 80 年代中期以来，卡内基·梅隆大学软件工程学会创造了能力成熟模型（CMM）后，该模型就在政府开发的软件工程项目中被广泛应用，它为防务组织提供了一个评估和描述软件开发商能力的标杆，衡量其在限定的时间和预算之内，实现满足标准要求软件的能力。该模型将软件实现能

---

① http://www.raytheon.com.

② DDG 1000 Class Destroyer. PMS 500, 2013.

③ Cost to Deliver Zumwalt Class Destroyers likely to exceed Budget. GAO, 2008.

力定义为5个等级，分别为：①初始级；②可重复级；③已定义级；④管理级；⑤优化级。绝大多数公司水平都仅为1~2级，只有像IBM这样实力雄厚的企业才能达到3~4级的水平，可以达到5级的公司几乎没有。DDG 1000项目明确要求，参加TSCE研发的软件公司的软件实现能力至少不低于3级，据统计，最终TSCE团队的这种平均能力达到了3.7级，这在现阶段的舰船系统开发领域中是十分罕见的。

（2）采用OA和商用成熟技术。尽管在商业社会中保持长期的合作关系存在许多优势，但OA的独有特征仍使其成为目前美国海军装备研制的技术发展趋势。因为这种方法可以使软硬件组件随时简单地添加到整个系统当中。舰上系统包括大量的组件设备，采用不同厂家的产品可使更多供货商的产品可用，从而降低舰艇的设计建造费用，同时提高集成系统之间的互操作性。由于美国国防部决定不再为某项应用单一的技术开发投资，但仍需解决技术快速升级的问题，因此，投资商用成熟技术成为一种较好的解决办法。这样系统的设计可以很容易地进行修改和认证。这种思路始终贯穿于TSCE的研发过程中。

（3）采用“国家队”的组织形式。如果没有一个优秀的团队和配套的管理办法，TSCE这种复杂的集成系统是不可能实现的，这些团队成员包括签署长期协议和担保的，以及临时友情协助的。因此，DDG 1000软件开发策略的关键因素就是顶尖作战系统集成商的广泛联合和协作，包括：诺斯罗普·格鲁曼、雷神、洛克希德·马丁以及波音等公司，它们组成了系统研发“国家队”。TSCE软件的1700万行代码在“国家队”授权、分布在全国25个地方的80个不同的公司同时开发。此外，海军实验室负责确保参与TSCE系统开发的全部团队成员都对DDG 1000的整个系统架构保持彻底的公开透明。

4.4.4 合同分包管理

为了研制TSCE这项庞大的软件工程，雷神公司联合了众多实力雄厚的防务公司，同时也本着“同族最优”的原则精选了多家拥有先进技术的小型商业公司，参与团队一度囊括80几个公司，达上千名技术开发人员。

TSCE的软件按照由小到大的粒度分为模组、组件、单元和段（分段）4个层次。以TSCE软件的Release 5版本为例，包括16个单元、32个组件和126个模组。相关任务单位负责研制具体的模组或组件，集成商自底向上逐层将模组和组件集成为单元和各个分段。

TSCE技术架构的各具体组成部分的合同分包情况见图4-32。雷神公司负责TSCE的研发和总集成，洛克希德·马丁公司凭借其在宙斯盾系统和LCS舰载系统研制和集成项目中积累的成功经验，也在TSCE工程研制中发挥了重要作用。可以说，TSCE是雷神和洛克希德·马丁等众多公司“强强联合”的产物，他们在C^2I、传感器、武器、平台、支援保障以及TSCE-I各个分段的研制集成过程中的合作分工关系如下：

（1）C^2I。洛克希德·马丁公司以其30年开发宙斯盾作战系统的经验，加盟了C^2I分段的软件设计工作。

（2）传感器。洛克希德·马丁公司承担了大量的工作，如双波段雷达中的体搜索雷达（VSR）、声学传感器、红外/光电（5套）等系统的设备及其嵌入式软件单元。雷神公司负责双波段雷达中的多功能雷达（MFR）以及双波段雷达的集成工作。最终，再由雷神公司负责传感器的信息融合，产生统一的航迹，并将“传感器分段”与“TSCE-I分段”的接口连通。实际上，后来由于技术和费用原因，美国国防部宣布取消DDG 1000的VSR雷达系统，只保留 MFR 雷达。

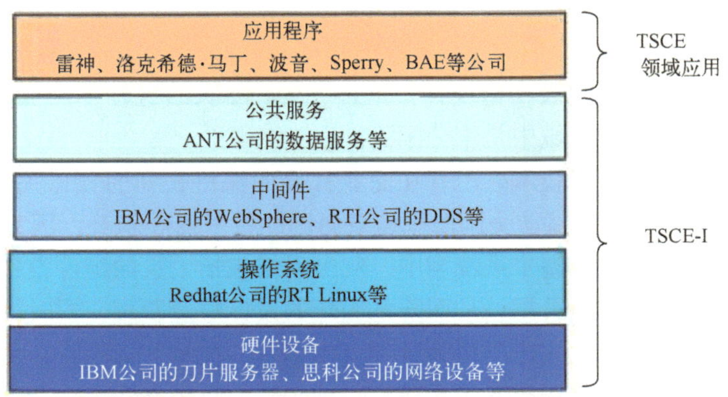

图 4-32 TSCE 技术架构各层次的具体分包情况

（3）平台。雷神公司将“平台控制单元”的“机电控制组件”承包给了洛克希德·马丁公司，“综合舰桥组件”承包给了 L-3 公司，“导航组件”由雷神公司自己完成。“机电控制组件”又分为“综合电力模组”“辅机控制模组”“自动损管模组”，这些模组又由洛克希德·马丁公司拆解后分包给了 Converteam、Sperry 等公司。

（4）武器。主要由雷神和英国 BAE 系统公司、美国联合防务以及巴斯钢铁造船厂共同合作实现。雷神公司负责 Mk57 新型垂直发射系统的研制，BAE 系统公司参与了先进舰炮系统和垂直发射系统的研制，洛克希德·马丁公司仅参与了先进舰炮系统中的“远程对陆攻击弹”（LRLAP）的研制工作。

TSCE 项目任务分包情况如表 4-4 所列。

表 4-4 TSCE 项目任务分包情况

防务公司	工作划分内容
雷神	TSCE 系统总集成 上层建筑集成孔径中的通信部分 传感器信息融合产生统一航迹（雷达信息融合、声呐信息融合） 双波段雷达集成和其中的多功能雷达研制 综合水下作战系统的集成 导航系统 光电/红外设备的集成 Mk57 垂直发射系统
洛克希德·马丁	TSCE 集成和全舰系统工程 C^2I 系统及其人机交互部分 武器控制系统 双波段雷达中的体搜索雷达 综合水下作战系统中的声呐单元 提供光电/红外设备及其嵌入式软件 平台控制中的机电控制系统软件 先进舰炮系统中的 LRLAP
IBM	刀片服务器和 WebSphere 集成平台
思科	提供路由器、交换机等网络设备
Redhat	实时 Linux

（续）

防务公司	工作划分内容
ANT	数据服务/数据资源管理
RTI	DDS 中间件等
波音	参与 C^2I 系统开发
L-3 通信	综合舰桥系统
诺斯罗普·格鲁曼、Sperry	提供机电控制系统硬件和辅机控制软件
Converteam	综合电力系统及其监控系统
BAE	参与先进舰炮系统和 Mk57 垂直发射系统研制
巴斯钢铁	自动灭火系统 船体结构模型

4.4.5 开放式商业模型——OpenAIR

TSCE 作为 DDG 1000 强大战斗力的核心，先后由 80 多家不同的公司联合参与设计，为了合理地分配、协调各公司之间的利益和关系，雷神公司采用了开放式商业模型“OpenAIR”的运作模式①。

“OpenAIR”是指一种可降低研发成本、加快产品投向市场的速度、鼓励合作、协调竞争关系的新型商业模式，其本质是鼓励不同的合作商之间相互补充、共同努力。例如，一个拥有创新技术的小型供货商，可能缺少具体的组织机构将产品投入市场，在 OpenAIR 商业模式纲领的指导下，这种小公司可与有能力集成这项新技术的大公司合作，发挥其优势，共同将产品投入市场。雷神公司表示借助 OpenAIR 这种开发模式，客户可以在有限的时间内得到最优化且可承担得起的解决方案，通过这一方案便可轻而易举地击败领域内的其他对手。

OpenAIR 模式已经成功运用到雷神公司的多个项目之中，DDG 1000 项目就是其中的一个典型案例。通过利用许多小公司的快速创新能力和敏锐的市场洞察力，DDG 1000 在保持尖端性能的同时，将研发成本降至最低。例如，TSCE 的开发就是雷神公司与许多小企业共同合作的成果，所有合作商共享硬件设备目录，采用统一的标准，从而提高了整体效率，减少了 DDG 1000 的研发成本。此外，OpenAIR 也充分应用到了其他工程项目中，如美国陆军的 RAID、AN/BYG-1 潜艇作战系统和澳大利亚科林斯级潜艇的系统集成等项目。

OpenAIR 这种商业模型的重点在以下几个方面：

（1）硬件。重点采购商用成熟技术、标准件，规范化选择，在一次次反复的竞争中透明化。

（2）软件。基于标准接口和最大化再利用的原则进行设计。

（3）数据权限。鼓励供应商向客户和合作商开放数据权限，共享数据。

（4）知识产权。在保证对所有合作商公正、公平的前提下，灵活地满足知识产权拥有者的需求。

OpenAIR 这种商业模型几乎适用于所有的新项目，它是雷神公司满足甚至超越客户需求

① OpenAIR Business Model-An open business model that drives affordability, innovation and results.

的关键驱动因素。雷神公司表示，今后这一商业模式将会用在所有的新项目中，从而促使将价格合理的创新产品快速推向市场。这种模式同样也可用于现有的工程项目中，促进研发效率获得质的提升。

综上所述，对于 TSCE 这项庞大、复杂的软件工程，美国海军为其确立了专门的项目办公室 IWS 9.0 来负责组织 TSCE 项目从研制、生产到装备使用全过程的具体管理工作。同时，雷神公司作为 TSCE 的研发和总集成商，为了在获得最优化解决方案的同时，保持费用、进度和效率的最佳平衡，还专门针对 TSCE 的组织管理和研发工作，制定了需要严格遵守的 3 条核心原则，并本着“同族最优”的思路细化了具体的合同分工，还创新性地采用了“OpenAIR”开放式商业模型来处理和协调各参与公司之间的利益和关系。这些都是确保 TSCE 项目管理工作顺利推进的关键因素。

4.5 DDG 1000 新型多任务驱逐舰

4.5.1 研制背景

4.5.1.1 新时代的美国海军与 SC-21

冷战结束后，苏联对于美国大洋制海权的威胁降低，但是地区性冲突却与日俱增。因此，美国海军的战略方针从冷战的大洋对抗，逐渐演变成对陆地上的武力投射，以应付不断发生的地区性冲突。

1992 年 9 月，美国海军部长、海军作战部长与海军陆战队司令共同颁布题为《从海上来》（From the Sea）的战略白皮书，内容明显针对对沿岸目标投射武力、控制沿海以及通往海洋战略要道，以对地面投射武力为考量，大幅修改了冷战时代在大洋上争夺制海权的政策①。随后于 1992 年 10 月，美国海军进一步提出“21 世纪驱逐舰技术研究”，其概念随后被纳入到美国海军新一代水面作战舰艇框架之中，即“21 世纪水面作战”（Surface Combatant of 21th Centry，SC-21）。

1994 年 9 月，美国海军提出《前沿……从海上来》（*Forward...from the Sea*，*FFTS*），首度将近岸作战、支援对地攻击纳入海军主要使命任务之一，具体要求舰队能对深入陆地 100n mile（185km）的地面部队实施支援，并提出“前沿存在、前沿部署、前沿作战”等新概念。

因此，确立对陆地投送武力的未来新方针之后，美国海军开始规划对地投射武力的新型水面舰艇，作为除了航空母舰、海军陆战队外，美国海军投射武力至陆上的重要武器。

依照前述的海军作战新思维，美国海军成立联合需求审查委员会（JROC）来制定 SC-21 的基本概念与需求。在 1994 年 9 月 2 日，JROC 通过了 SC-21 舰艇计划的任务需求报告（Mission Need Statement，MNS），一方面寻求取代斯普鲁恩斯级与佩里级的新舰艇，同时也重新审视未来美国海军的作战架构，规划下一代美国舰队的兵力结构。1995 年 1 月 18 日，美国国防采办委员会（DAB）批准 SC-21 进入方案探讨与拟定阶段，即里程碑 0（Milestone 0）；

① FROM THE SEA：PREPARING THE NAVAL SERVICE FOR THE 21ST CENTURY. September 1992. https://www.navy.mil/navydata/policy/fromsea/fromsea.txt

1995 年 10 月，美国海上系统司令部（NAVSEA）成立了负责管理 SC-21 计划的组织：PMS 400R。

虽然 SC-21 的目标是发展斯普鲁恩斯级与佩里级的后续舰，但由于美国海军面临的战略环境已经大幅改变，因此 SC-21 并非在既有舰艇思维之下分别发展其衍生型，而是思考未来海军兵力结构，重新定义未来的水面舰艇类型与规格。随后，SC-21 的费用与作战有效性评估（COEA）小组选择了一种满载排水量约 9400t 级的 COEA 3B1 设计方案作为斯普鲁恩斯级的替代者，将反潜、陆攻放在重点，但是没有区域防空能力，而这种舰艇随后被称为 DD-21。同时，还打算以这种舰体为基础衍生出新一代防空巡洋舰 CG-21 来取代提康德罗加级，与 DD-21 共用舰体设计、动力系统以及大部分电子系统。此外，SC-21 计划还打算挑出一种巡防舰等级的作战舰艇来取代佩里级。

然而 1995 年左右，美国海军作战部长布尔达（Jeremy Boorda）暂时搁置了 SC-21/DD-21，全力展开“武库舰”（Arsenal Ship 或 Bombardment Ship）的研发。武库舰一度被部分媒体誉为将取代航空母舰的明日之星，但是这种设计十分极端的舰艇在美国海军内部引发了颇大的争议，最主要的原因是缺乏独立探测、运作与自防御的能力，需要其他友舰支援保护，在战场上可以说是限制重重且风险极高。1996 年 5 月，最支持武库舰的布尔达上将因故举枪自尽，之后武库舰顿失靠山，继任的海军作战部长约翰逊（Jay Johnson）上将重新启动 SC-21/DD-21 计划，而武库舰在 1996 年 4 月被降为 SC-21 附属的子计划（海上火力支援实验舰，MFSD）；1997 年 10 月的追加预算遭到国会封杀，随后一度风光的武库舰在 1997 年 12 月被国防部正式撤销。

1997 年 7 月，联合需求审查委员会（JROC）完成了重新启动的 DD-21 的费用与作战有效性评估（COEA）。这项评估报告分析了 DD-21 采用全新设计或从阿利·伯克级改良的效益。接着，美国海军舰艇特性改良委员会（Ship Characteristics Improvement Board）也同意选用全新开发的 DD-21 而非改良型阿利·伯克级，并在 1998 年 1 月设定了 DD-21 的需求细节。1998 年 2 月 25 日，DD-21 的项目执行办公室成立，后来为了强调其发展特性而改名为 Strike 项目执行办公室。

通常美国海军典型的舰艇开发流程，都是先由 NAVSEA 研究不同作战需求对设计与整体成本造成的影响，然后制定具体的需求并完成一系列草案，再发包给各家厂商，依照 NAVSEA 的草案进行详细设计与原型舰建造。然而，在先前的武库舰计划中，美国海军首次让军火厂商参与概念定义阶段，最后得到了比 NAVSEA 原计划更好的方案。当时，美国国防部采办与技术副部长（USD A&T）甘斯勒博士（Dr. Jacques Gansler）认为，私人企业为了赢得 DD-21 这个总金额超过 250 亿美元、数量超过 30 艘的大型生意，很可能激发出许多 NAVSEA 想不到的创意；官方的 NAVSEA 思想较为保守，未能充分地整合武器系统与舰体设计。所以，甘斯勒博士希望 DD-21 的作战系统与总体设计之间能有更紧密、更有效率的融合，而私人企业将有可能比官方的 NAVSEA 更能满足 DD-21 的需求。在甘斯勒博士的主导之下，美国海军在 1998 年 1 月重新调整了 DD-21 的计划方向，决定将 DD-21 的概念设计放手交给竞标厂商决定，海军只负责制定基本需求、设计指标。然而，将概念定义放手给民间厂商，最大的风险就是成本膨胀与计划失控，为此海军需要更精确的成本控制手段。在这种新模式之下，DD-21 的合约范围不再像过去那样局限于设计建造，而包括服役后的维护升级直到退役，这种新的概念称为全寿期合约（Full-Service Contracting，FSC）。

4.5.1.2 金蓝两队设计竞标（图 4-33）

最初只有一个竞争团队角逐 DD-21 的研发合约。美国海军考虑到 DD-21 是一种深具革命性的崭新舰艇，为了降低风险，遂在 1998 年 6 月 18 日宣布参与厂商必须组成两个造舰联盟（Shipbuilder Alliance）来角逐，每个团队各由一家造船厂与一家系统承包商主导，两个团队分别是由 Litton/Ingalls 造船厂（该厂于 2001 年 4 月被诺斯罗普·格鲁曼集团并购）、雷神、波音公司组成的金队（Gold team），以及通用 BIW、洛克希德·马丁公司组成的蓝队（Blue team）。

DD-21 的研发建造工作分为 5 个阶段。第一阶段为初期概念设计（1998—1999 预算年度），第二阶段为初步系统设计（2000—2001 预算年度中期），前两个阶段都分别由两组团队各自进行；第三阶段为完整系统设计（2001—2004 预算年度），在这个阶段会选出获胜的团队，随后展开正式建造的预备工作；第四个阶段为详细设计以及首艘 DD-21 的建造，从 2004 预算年度展开，并预定在 2005 预算年度起每年订购 3 艘，当时美国海军打算订购多达 32 艘 DD-21，首舰预计在 2008 年交舰，2009 年服役；第五阶段则是服役后的后勤维护、升级与技术支援。1998 年，美国海军各拨款一亿五百万美元给两团队，展开第一阶段的设计工作。

DD-21 的初期概念以先前的 SC-21 COEA 3B1 为基础，以反潜与陆攻为主要任务，进一步强调隐身能力与陆攻火力，为此，DD-21 以两门发展中的 155mm 先进舰炮系统（AGS）或先进垂直舰炮系统（VGAS）来取代原 SC-21 COEA 3B1 的 Mk45 Mod4 型 127mm/62 倍径舰炮，同时配备 32～128 管的垂直发射装置；其他装备设计大致沿用 SC-21 COEA 3B1 的规划，包括双波段相控阵雷达系统、新型声呐与整合式全电力推进系统等。

美国海军对 DD-21 的指定装备包括：DBR 双波段（MFR/VSR）雷达系统，由多功能舰体低频主/被动声呐系统、多功能主/被动拖曳阵列声呐系统（MFTA）、低频可变深度声呐（LBVDS）、直升机载吊放式声呐组成的整合声呐系统，AGS 先进舰炮系统，动力系统组合等，其中动力系统包括 2 具功率各 35MW（47600 马力）等级的燃气涡轮主发电机、2 具功率各 4MW（5440 马力）的辅助发电机，以及 2 具推进用的永磁电动机（PMM），全系统最大输出功率 78MW。这些规划大致沿用先前 SC-21 COEA 3B1 的架构，至于其他主要装备如垂直发射系统、近程防御武器系统则都没有指定要使用现役装备，由厂商自由发挥。

2000 年，蓝队的联合防卫公司（United Defense，2005 年被英国 BAE 购并）推出了 DD-21 的设计方案，采用穿浪单体内倾船型与一体化上层建筑，舰面为单纯的全通式平面甲板，机库整合于上层建筑之中，整个干舷低矮，虽然提高了隐身性，但是也增加了甲板上浪的机会。两门 AGS 舰炮分别位于舰首与舰尾直升机甲板后方，垂直发射装置布置于中心线上。不过蓝队在 2001 年 1 月公布的 DD-21 设计则又有不少变化，首先干舷大幅拉高，上层建筑正面由原本的角锥形改为平面，并采用长舰首构型，上层建筑后方的甲板略高于舰首主甲板，里面设有机库，而舰尾直升机甲板则设在较低的位置，后部的 AGS 舰炮设置于机库结构之上。蓝队的新构型仍维持一体化上层建筑以及单体穿浪内倾船型，垂直发射系统（VLS）集中在舰体前部中心线上，两门 AGS 舰炮分置于舰首与后部，此外机库顶设置两门 57mm 火炮。蓝队的 DD-21 拥有高度自动化的舰桥，只需 15 名船员就能操作，并配备多模式先进任务控制中心（MMC），整合战情室、声呐室与损管中心的功能。推进方面，蓝队采用先进的可转式囊荚电动推进器。

金队的设计则同样采用单体穿浪内倾船型，不过舍弃了将 VLS 安装于中心线上的传统式配置，改采用 PVLS 舷侧垂直发射系统，分为 4 组，以长条状沿着船舷两侧排列；4 组 VLS 分散可降低遭到一次全部诱爆的风险，万一任何一组 VLS 被引爆，爆炸威力也会被引导向较薄的舷外，而不是在舰体内部造成重大伤害。此外，将 VLS 布置在侧舷，就不必在主甲板与下方数层甲板中间开洞，可避免减弱舰体结构强度，同时也增加舰内空间运用效率。金队设计的第二大特色就是将两门 AGS 舰炮纵列于舰首，这是因为诺斯罗普·格鲁曼公司认为 AGS 舰炮的炮弹具有制导功能，对舰炮射界的依赖较低，所以可以将两门舰炮集中在舰首，腾出舰尾空间来扩大直升机甲板，可同时停放两架直升机。此外，金队还主动以瑞典 Bofors Mk3 型 57mm 快炮代替原本美国海军 20mm 的密集阵近程防御武器系统，除了反弹之余还兼具足够的水面射击火力，可有效对付恐怖分子的小型舰艇，这是个与传统小口径机炮大不相同的思维。蓝队和金队的 DD-21 设计方案如图 4-33 所示。

图 4-33 蓝队设计（2000 年，左）与金队设计（2003 年，右）

4.5.1.3 从 DD-21 到 DD(X)

2001 年小布什政府上台后，新任国防部长拉姆斯菲尔德（Donald Rumsfeld）积极推行美国国防组织的大规模转型。除了面临政策转变的威胁之外，DD-21 也由于计划与成本的膨胀而面临问题。为了应对这个险峻的变局，美国海军部在 2001 年 11 月 1 日宣布取消 DD-21，改由“转型”后的 DD(X)“未来水面作战舰艇”替代。不过，实际上 DD(X)的需求与 DD-21 完全相同，行政管理组织与竞标团队也完全没有变化。美国海军继续向国会游说，首先 DD(X)是先前 SC-21 舰艇族系的一环，因此一系列新发展的技术能够应用在更小、更便宜的多功能濒海战斗舰（LCS）之上，能节省部分成本；此外，美国海军也强调如果能确保 CG-21 新世代防空巡洋舰，就能让 DD(X)的设计趋于简化，将排水量与成本控制在合理的范围内，而这也是 DD-21“转型”为 DD(X)中唯一较具实质意义的改变。美国海军在 2001 年估计 DD(X)首舰造价为 20 亿美元，后续舰的单舰造价为 10~12 亿美元，比 1998 年 DD-21 需求决策备忘录的不合理数字高得多。

在 DD(X)计划重组之际，美国海军也开始探讨尽可能压低 DD(X)排水量与成本的可行性。在兼顾隐身性与单体穿浪内倾船型设计之下，船舷与上层结构势必会大幅向内收缩，导致可用甲板面积减少，如要保有一定程度的武装、航速与航行性能，吨位很难低于 12000t；而如果要求必须具备像样的独立作战能力，则吨位不可能降至 14000t 以下。虽然美国海军对缩水低价版的 DD(X)没有兴趣，但美国国会预算办公室（CBO）与战略及预算评估中心（CSBA）仍然草拟了几种 DD(X)的低价替代方案，包括以 LPD-17 搭载 AGS 舰炮、衍生自阿利·伯克级的对陆攻击支援舰等，这些方案都比 DD(X)便宜许多。CSBA 把这几种方案也递交国会，建议能与 DD(X)一并建造，最终都不了了之。

总之，DD(X)计划确立了美国海军下一代主要水面舰艇的两个部分——DD(X)与CG(X)。DD(X)等于原先DD-21的多功能陆攻舰，而CG(X)则是原本的CG-21。DD(X)与CG(X)将共用相同的基本设计，包括舰体、动力系统、全新相控阵雷达、新一代垂直发射系统等，而CG(X)的作战系统则着重于防空，此等模式类似于斯普鲁恩斯级与提康德罗加级的关系。

2002年4月29日，美国海军宣布金队得标，其优势很可能就在于前述舷侧垂直发射系统（PVLS）、较大的直升机甲板等变更设计。美国海军随即授予金队厂商一份价值2.65亿美元的系统设计/建造/测试合约，为期3年。依照原定计划，未得标的蓝队厂商仍能以DD(X)次承包商的身份参与后续的建造合约。美国海军计划在DD(X)详细设计完成后，于2004至2005预算年度颁布DD(X)首舰建造工作的招标书，并由诺斯罗普·格鲁曼舰船系统（NGSS，即前Ingalls造船厂）与通用动力的BIW竞标DD(X)首舰的全寿期承包商合约。

4.5.2 技术特点

朱姆沃尔特级驱逐舰上采用了众多新技术，最突出的特点是更强调21世纪联合作战所需的多种能力，可执行对陆攻击、反潜和火力支援多种任务。作为新世代主力水面舰艇，DDG 1000的开发如此地具有先进性与挑战性，所以美国海军除了采用螺旋推进的开发策略外，在论证的早期就列出了DD(X)的十大关键技术，并分别指定承包商通过工程开发模型（Engineering Development Models，EDM）的方式进行研制。

如图4-34所示，这十大关键技术包括①：

- 穿浪内倾船型舰体（Wave Piercing Tumble Home，WPT）；
- 舷侧垂直发射系统（Peripheral Vertical Launch System，PVLS）；
- 集成上层建筑与雷达孔径（Integrated Composite Deekhouse and Apertures，IDHA）；
- 红外实体模型（IR Mockups）；
- 综合电力系统（Integrated Power System，IPS）；
- 双波段雷达（Dual Band Radar，DBR）；
- 综合水下作战系统（Integrated UnderSea Warfare，IUSW）；
- 先进舰炮系统（Advanced Gun System，AGS）；
- 全舰计算环境（Total Ship Computing Enviroment，TSCE）；
- 自动灭火系统（Autonomatic Fire Suppression System，AFSS）。

诺斯罗普·格鲁曼公司在2005年完成DD(X)的系统设计以及十大关键技术的EDM，同年9月通过美国海军的详细设计审查，国防部并在稍后的11月23日宣布DD(X)进入阶段IV。

DDG 1000的技术特点包括：为提高隐身性，采用穿浪单体内倾船型以降低雷达反射波截面积；桅杆、传感器和天线、舰桥、排气井等都集成封闭在集成甲板室和采用复合材料的上层建筑内，顶部看不见众多的雷达、通信天线，外观干净简约；采用沿舷侧分布在舰艇周围双层壳体之间，而不是集中布置在舰艇中心的先进垂直发射系统，通过将导弹分散部署在舰艇外围，避免了一弹命中导弹舱，就会损失所有导弹而导致舰艇灾难性损失的情况，从而

① 熊艳晔，席伟，李坡．美国海军朱姆沃尔特级驱逐舰前景分析．国防科技，2016，37（6）：57-61.

大大提高了舰艇的生命力；采用先进舰炮和弹药系统，可在两栖作战和联合对陆作战中提供持续高强度的火力支援；采用综合电力系统，可将电力按需分配给各系统，所设计的综合电力系统为未来的高能武器上舰还预留了电力裕量；采用具有开放式架构的全舰计算环境（TSCE），DDG 1000 通过 TSCE 将舰艇各系统（指控情报、平台控制、动力系统、武器系统等）的集成系统进行信息整合，以发挥系统整体资源优势，最终形成一个统一的“网络中心战”单元。

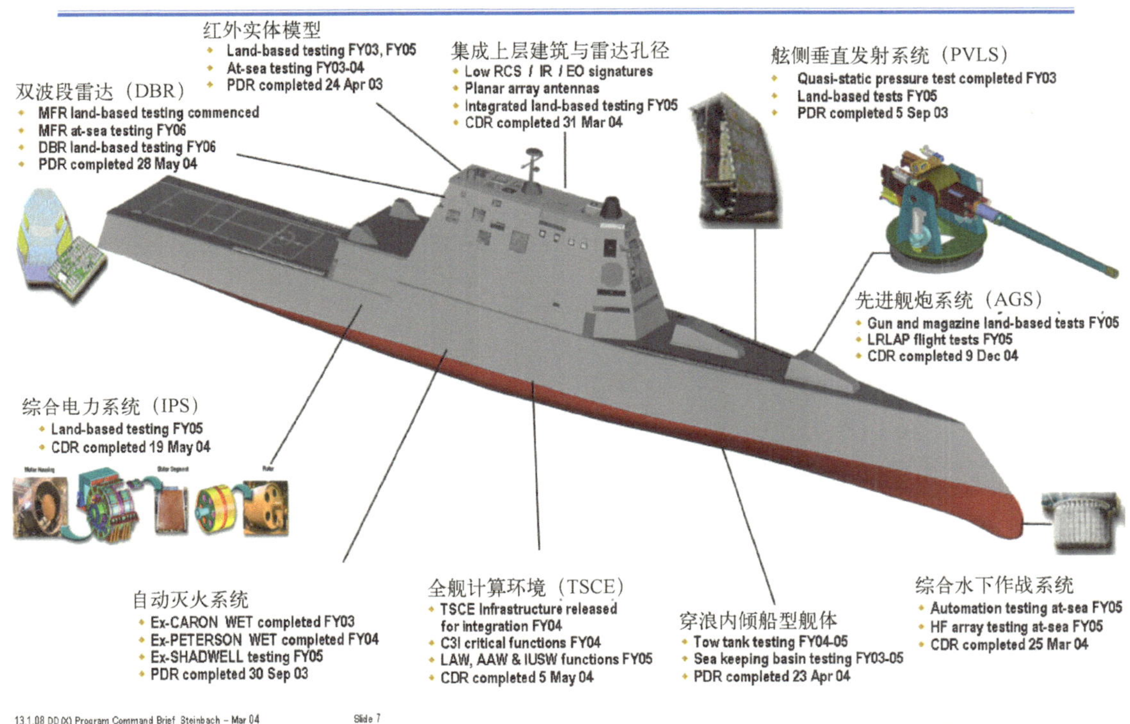

图 4-34 DD(X)的十项关键技术

4.5.2.1 船体与隐身设计

舰体设计方面，最初 DD-21 考虑过 4 种设计方案：传统式、小水面双体船（Small Waterplane Area Twin Hull，SWATH）、三体船（Trimaran）和单体穿浪逆船舷（Wave-piercing Tumblehome Monohull，WTM），如图 4-35 所示。小水面双体船的横向稳定性远优于单体排水型船，可获得较大的可利用甲板空间，但是内部可用空间大幅缩减，而且吃水对载重的反应十分敏感，所以不太适合用于大型舰艇。三体船则具有大甲板面积，但没有航向稳定性以及舰内空间太小的问题，还可将烟囱等高红外线信号结构放置于船体之间，对隐身颇有帮助；三体船计划由英国主导，美国也有投资，该计划以三叉戟号实验船进行验证，不过实际使用经验是 4 种设计中最少的。传统式和 WTM 主要差别在于传统式的船舷向前，船体角度由下而上向外倾斜，WTM 则正好完全相反。WTM 由于舱面由下而上向内倾斜，使舰首“切穿”海浪而不是“破浪”，因此航行阻力低于传统式设计，而且切穿海浪能降低兴波对船体带来的横向与纵向力矩，理论上在恶劣海况拥有较佳的稳定性；此外，WTM 船型由于船舷向内倾斜，故雷达隐身能力较佳，而舰体也不易因为摇晃而产生趋近垂直的雷达反射角；但是海浪较容易打上 WTM 的甲板，恶劣天气下甲板装备维护能力较差。由于船舷向内收缩，WTM 船型可使用的甲板面积也比传统单体船舶更小，在容纳相同装备的前提下，舰体规模势必大于传统设计。而传统式单船体设计的特性则正好与 WTM 相反，其设计成熟，风险低，可用甲板面积与甲板抗上浪能力优于 WTM，但是航行阻力最大，隐身能力最差，即便融入舰体隐身设计，在风浪摇晃时船舷也容易变成与海面垂直而形成良好的雷达反射角。

图 4-35 DD-21 计划初期曾考虑的 4 种船型，由左而右是小水面双体船、三体船、传统式、单体穿浪逆船舷

DDG 1000 采用先进而全面的隐身设计，在海上作业时被发现的概率远低于 10%。DDG 1000 的舰面上只有一个全封闭式上层建筑，即称为集成上层建筑与雷达孔径（IDHA），整个结构与上面的天线设计都由雷神公司负责。IDHA 是一个一体成型的模块化结构，采用重量轻、强度高、雷达反射性低且不会锈蚀的复合材料制造，整体造型由下往上向内收缩以降低雷达反射截面（RCS），除了集成舰桥、所有的电子装备天线之外，还容纳有主机烟囱的排烟道，尾部则含有直升机库。IDHA 的上半部壁面开有许多大大小小的天线孔径位置，以安装舰上所有的电子装备的射频天线，包括 DBR 双波段雷达系统、微波通信天线、数据链、UFH 卫星通信、CEC 协同交战系统、电子战等，而且都采用平板式阵列天线以安装于 IDHA 的表面。而这一切都是美国海军办公室在 21 世纪初期的先进多功能射频系统（AMRFS）计划的成果，其先进多功能射频概念研究于 2004 年在 6~18GHz 波段射频天线系统内实现雷达、通信、电子战功能；只有在上层建筑顶端一个六面体角锥构造物内部，才能容纳传统旋转式雷达的天线（如导航/直升机管制雷达），当然这个角锥结构物是由频率选择材料制造。IDHA 在 2006 年底通过进入详细设计前的审查，2007 年底进行生产前审查，2008 年中开始生产与组装，用于头两艘 DDG 1000。不过，之后由于经费因素，DDG 1000 原计划嵌入上层建筑表面的几种相控阵天线（包含卫星通信）遭到取消，服役初期仍使用传统式的通信天线（如球型的 UHF/EHF 天线和鞭状的 HF 天线等），这些都设置在突出于上层建筑两侧的平台上，这会使 DDG 1000 的外部雷达波反射截面积略增（仍符合美国海军需求）。

DDG 1000 舰身同样采用倾斜表面设计，避免复杂的外型与死角，并且将一切零星装备都予以隐藏；此外，DDG 1000 的上层建筑将使用多种可以吸收雷达波的材料，大幅降低敌方雷达可接收到的回波。除了对付雷达之外，DDG 1000 的设计也着重于应付红外线侦测系统，推进系统的废气先与海水以及空气冷却，由集成上层建筑顶部的排气口排出，只能从上方才能观测到排烟口，减少了敌方的红外线观测方位。其他用来降低热信号的装备还有海水喷雾冷却，抽取海水冲刷船身的热点，以及抑制热信号的涂料、材料等。静音设计方面，DDG 1000 的动力系统将装置于减振浮筏上，以降低被潜舰声呐发现的概率。由于 WTM 船体低阻力的穿浪特性，加上多种先进的减振降噪措施，DDG 1000 号称能将水面航行时的噪声降至 110dB 左右，相当于后期的改良洛杉矶级潜舰，成为全世界最安静的水面舰艇。

DDG 1000 首次航行试验如图 4-36 所示。

图 4-36 | DDG 1000 首次航行试验（左，2015 年 12 月），第二次航行试验（右，2016 年）

朱姆沃尔特级驱逐舰采用穿浪内倾船型，结合智能蒙皮和整体式舰桥设计，实现了全舰高度隐身化。斜面式船舷减低了雷达反射面，而复合材料减轻了船体的重量。按照公开的资料，其雷达波反射截面积（RCS）只有 220m^2。一般来说，大型战舰的 RCS 大致在 50000m^2 的量级上，美国海军的阿利·伯克级 IIA 型驱逐舰经过一定的隐身处理后 RCS 控制在 10000m^2 左右，而 DDG 1000 的吨位（满载排水量超过 15000t）比阿利·伯克级驱逐舰还要大，RCS 却小得多。500t 级的小型沿海货船的 RCS 值在 40~2000m^2，DDG 1000 在雷达上的回波信息大致就与此相当。根据俄罗斯苏-35 战斗机雷达的公开资料，该机的雷达能在 400km 距离上发现雷达反射截面积为 50000m^2 的目标；而如果要探测反射面积只有 220m^2 的 DDG 1000，那么其发现距离将缩小到 50~100km。实际上，对海搜索雷达还要面临大量海杂波的处理，220m^2 RCS 的目标很容易混淆其中。①

2016 年 4 月上旬 DDG 1000 首舰朱姆沃尔特号试航期间，波特兰当地新闻先驱报（Press Herald）有新闻报导，当地渔民劳伦斯·派伊（Lawrence Pye）开捕虾船进行作业时，船上雷达发现一艘 12~15m 长的小渔船正在靠近，原本劳伦斯·派伊没有特别在意，不料随后出现在眼前的却是长度超过 180m 的朱姆沃尔特号驱逐舰；这则新闻侧面印证 DDG 1000 的雷

① 熊艳晔，席伟，李坡．美国海军朱姆沃尔特级驱逐舰前景分析［J］．国防科技，2016，37（6）：57-61.

达隐身性能优异，不过也容易成为潜在的航行安全顾虑。因此，美国海军平时会在 DDG 1000 舰体加装反射器来刻意增大雷达波反射截面积，提高和平时期在其他船只航行雷达上的可视度。

4.5.2.2 综合电力推进系统

1994 年，美国海军提出一项名为综合电力系统（IPS）的概念，这是“海军先进舰船轮机计划”（ASMP）的一个项目。在 IPS 系统中，主机的动力全部先通过发电机转成电力，再通过配电设施来供应船上一切的子系统；而在 IPS 架构下的推进系统，就是用来带动推进器的电动马达，算是系统之中的一个耗电负载，不再由主机通过传动齿轮来直接带动。由于电力管理分配技术的大幅进步，综合电力推进系统之下，主发电机所产生的交流电力可直接通过管理系统经过变压而任意分配给所有不同的负载，而不是过去的单独供应或转换成直流的方式。为了精确调控全舰所有的电力，满足舰船上各式各样性质不同、电压各异的负载，综合电力推进需要一套精密复杂、计算机控制的电力管理系统（PMS），其主要的控制功能包括对各项装备进行控制、监视与保护，例如控制马达的启动/调速/反转、防止电机与马达过载、监测各装备的运转数据（包括电压、电流、频率、温度、压力等）；而电力管理系统则根据舰船各系统不同的运转情况与负载需求，在计算机的运算下进行电力分配。

根据美国国会研究服务处（CRS）的一份报告，美国海军若采用综合电力推进系统，能比传统机械系统节省 10%~25%的燃油消耗，以及降低 15%~19%的后勤维修成本。综合电力推进系统可大幅简化整体轮机的结构，它以电缆传递能量，取代了传统系统复杂庞大的齿轮、轴系、液压管路等，可节省许多体积重量，多出的空间便可用于增加燃油、武器搭载量或人员居住空间；而电缆贯穿舱间的设计也远比机械与液压管路简单，可简化船舶的设计与建造工作。另外，综合电力推进系统中，驱动推进器完全由推进电机负责；相较于过去的机械直接传动，推进电机可以拥有大得多的扭矩/转速调节范围，因此可以使用固定距螺旋桨，不再需要依靠调整螺旋桨的螺距来平衡不同速度下的推力大小与特性；相较于可变距螺旋桨，定距螺旋桨购置与维护成本都较低，维修工作简单，可靠度更高，更为耐用，噪声也比较低。例如 DDG 1000 就采用定距螺旋桨。DDG 1000 的定距螺旋桨推进器由 Rolls Royce 生产，有 5 片桨叶，采用镍-铝-青铜合金，直径超过 19 英尺（约 5.8m），重量超过 60000 磅（27215.5kg）。

但是，综合电力系统将发动机产生的力学能先转换成电能输配，再将电能转换回力学能使用，其间的功率消耗要高于以往直接以机械传递的方式；这对于不需要高速的商船或研究船等还不成问题，但对时速需要达到 30kn 以上的军舰而言，电力推进系统根本无法满足需求。这就是为何电力推进概念在 20 世纪 70 年代末期就进入商船界（目前已成主流），但是在 21 世纪才开始被主战舰艇采用的原因。此外，电力推进系统本身的成本也比传统机械推进系统高约 25%，不过这可以藉由寿命周期相对较低的操作与维持成本来抵销。

采用大量电力系统虽然免除过去许多机械装置的问题，但却面临了电力分配、管理领域的种种技术难题，容易衍生易发生电器/电线走火以及交流马达同步变频器易受谐波干扰等问题，尤其是需要性能可靠的高功率变频器（Frequency Adaptor）来连接发电机网和推进用的大功率电动机，精确地控制进入大功率电动机的电能。为了满足下一代作战舰艇更高、更精确、更可靠的供电需求，全电力推进系统需要突破许多瓶颈，包括高功率燃气涡轮、高能量密度电容、固态电子电力设备（如高功率变频器或低损耗的电子电力开关）、高性能电力储存体（如再生式燃料电池）、永磁同步马达（Permanent Magnet synchronous Motors，PMM）、高温超导同步马达（High Temperature Superconducter Motor，HTSM）、高爆驱动磁流体电动机或固态/液态驱动磁流体电动机等领域。PMM 以及其他相关发电/电动机技术的优劣关系到军舰的高速性能，美国海军希望 DDG 1000 至少能有 30kn 的航速。

2006 年 8 月，DRS 动力科技公司获得 GD 集团/BIW 船厂的合约，成为 DDG 1000 综合电力推进系统的主承包商，负责系统研发、测试以及制造安装等工作。DDG 1000 的综合电力系统的原动机组合，包括两台功率各 36MW（约 48276hp）的 MT-30 主燃气涡轮（MTG），以及两台功率各 4MW（约 6035hp）的 MT5（RR 4500 型）辅助燃气涡轮机组（ATG），额定的总输出功率约 77.5MW。MT-30 与 4500 型主机分成两个燃气涡轮主发电机组（MTGS），单机功率 36.5MW，相关的电力控制设备亦由 DRS 提供。理论上，DDG 1000 的综合电力系统能为舰上推进以外系统提供最高 58MW 的功率，此时能用来推进的功率上限为 20MW，可提供 18~20kn 的航速；而在推进系统满载的情况下，功率消耗约为 70MW。这为该舰在不影响控制系统以及航速的情况下，未来安装更强大的雷达、定向能武器、电磁炮等在供电方面留下了余地。

DDG 1000 采用了综合电力推进系统，这种设计将传统舰船机械推进系统和电力系统合二为一，通过电力网络为推进系统，高能武器系统，通信、导航与探测系统和日用设备等提供电能，实现了全舰能源统一供应、分配、使用和管理，是全电化舰船的标志①。虽然单从推进效率看，由发动机直接转动推进轴的效率会更高。但是，综合电力推进系统可统筹管理推进系统和其他舰上设备所需电力，从整舰电力使用效率看，完全可弥补推进效率偏低的问题。

4.5.2.3 作战与电子系统

为了增加在高威胁战场的生存性以及资源分配运用的弹性，并降低日后维护升级的成本，DDG 1000 舰上几乎所有子系统（包括探测、武器火控、指控情报、电子战、导航与航行控制、动力电机、损害管制、训练、支援等）都集成到一个单一舰内网路（图 4-37），形成以网络为中心的全舰计算环境（TSCE），主承包商为雷神公司，这是美国海军首创的概念。(详见 4.2 节和 4.3 节)

在 DDG 1000 的几个作战信息中心（CIC），舰员利用通用显示系统（CDS）来访问舰上系统的功能。理论上每个 CDS 节点都能操作全舰计算环境内的任何功能，而不像过去的舰艇，不同的系统都由专门的显控台负责，彼此之间不具备（或仅具备有限的）相互交换功能的备份能力。

DDG 1000 的集成上层建筑容纳相控阵雷达、微波通信天线、IFF 敌我识别器、Ku/Ka 频段卫星通信天线（用于全球广播系统）、UHF/EHF 卫星通信天线、CEC 协同交战能力的传输天线、Link 11/16/22 数据链天线、控制 UAV 的战术通用数据链（Tatical Common Data Link，TCDL）、搭配 MH-60R 的声呐数据链、电子战等舰上所有射频天线。依照最初的规划，前述大部分系统都会使用平板阵列天线，整合于舰桥顶端的塔状桅杆结构中，天线表面以频率选择材料（FSS）覆盖。平时为了航行安全需求，上层建筑前、后各安装 2 个雷达波反射截面积（RCS）放大器。

---

① 马伟明．舰船动力发展的方向——综合电力系统［J］．海军工程大学学报，2002，14（6）：1-5.

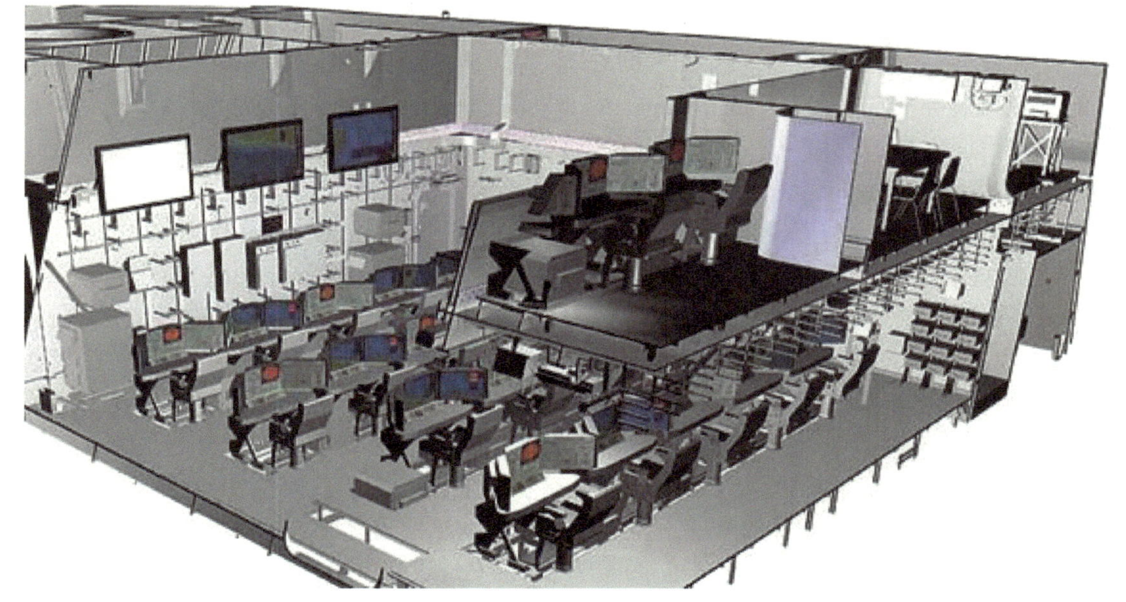

图 4-37 | DDG 1000 控制中心示意图

美国海军研究局（ONR）进行先进多功能射频系统（AMRFS）计划，目标是研究一种舰船综合射频系统概念，将舰上各种射频收发机能（包含雷达探测、导航、通信、电子战）整合在一套宽频口径天线、后端信号与数据处理、显示控制界面等通用硬件中，由统一的软件架构管理所有资源。DDG 1000 的通信阵列天线系统称为通用数据链（Common Data Link，CDL），采用 X/Ku 频段运作，舰上最多可同时连接 8 具 CDL 终端。不过如同前述，基于控制成本的考虑，最后 DDG 1000 的大部分通信装置仍继续沿用传统式天线，如 EHF/UHF 卫星通信天线、传统 X/Ku 频段抛物面天线、鞭状的 HF 通信天线，最后只有 SPY-3 相控阵雷达、敌我识别器、CEC、电子战系统采用平板相控阵天线。

根据朱姆沃尔特号完成作战系统集成之后再次试航时的照片（2018 年 9 月 11 日），上层建筑结构两侧与顶部已经装妥各种传统式的通信传输天线，包括两侧的两个 AV 2099 UHF（甚高频）卫星通信天线和 2 个 WSC-9 EHF（极高频）卫星通信天线，以及顶部加装的空中战术导航系统（TACAN）系统的小型桅杆以及 2 部 TCDL（战术通用数据链）的 Ku 波段数据链天线；此外，烟囱之间增加一个弧形天线罩，里面是 X/Ka 波段卫通天线。此时还安装了 SLQ-32（V）6 SEWIP 电子战系统的 4 个天线（采用平板阵列）。虽然这些通信传输天线改为传统形式，稍微破坏了整个舰船外观的隐身性，但整体雷达波反射截面积并没有显著放大（图 4-38）。

DDG 1000 采用名为综合舰艇防御系统（ISDS）的分布式高度集成舰载作战系统，以其为核心，连接宽频主被动声呐、主动相控阵雷达与电子战系统。与过去的作战系统将不同传感器与不同武器所需要的输出/输入系统分别配置的作法不同，ISDS 通过 TSCE-I 集成控制所有的舰上装备。最初 DD(X)的任务并非担任舰队防空，因此预期 ISDS 作战系统不具备区域防空作战能力，仅能在反舰导弹最后逼近的阶段加以拦截，也不具有宙斯盾系统同时处理上千个目标的能力；但是 ISDS 的集成水平与自动化程度远比宙斯盾系统高，也有更强的跨平台信息集成/作战能力。

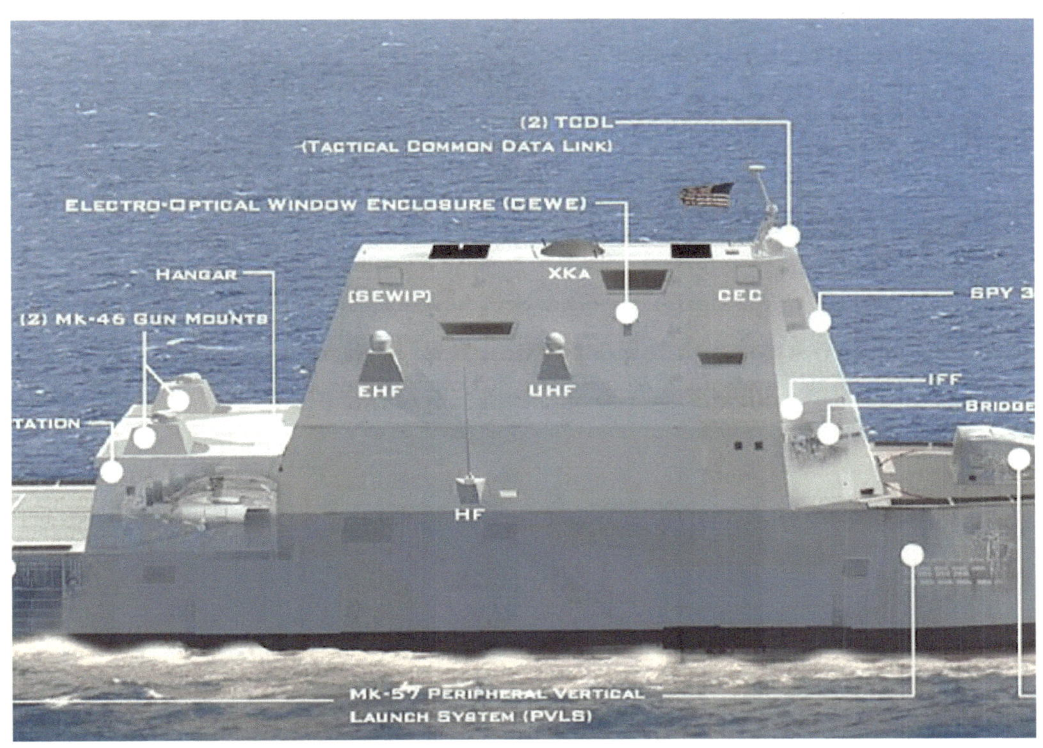

图 4-38 DDG 1000 上层建筑侧面突出平台上安装的传统球形和鞭状天线（2018 年）

反潜探测方面，DDG 1000 配备 AN/SQQ-90 综合水下作战系统（IUSW），子系统包括 AN/SQR-20 多功能拖曳阵列声呐系统（MFTA）、拥有主/被动模式的轻量化宽频可变深度声呐（LBVDS）、综合双频（高频/中频）主被动舰首声呐、直升机载吊放声呐、投射式探温仪、拖曳鱼雷反制系统、水下声学反制系统、相关的数据传感装置等，所有声呐系统构成一套双基（Bistatic）接收机，并采用未来作为美国海军通用标准的开放式系统架构。整套 AN/SQQ-90 的电子设备都集成在一个电子模块化集装箱（EME）之中，在交付造船厂之前就能完成集成与测试工作，不仅节省许多安装与测试时间，还可减低整套设备的体积与重量，同时也获得最佳的电力供应和冷却效率。由于自动化与集成程度高，AN/SQQ-90 所需的操作人力只有宙斯盾舰使用的 AN/SQQ-89 的 1/3。

损管方面，DDG 1000 配备先进的灭火系统（AFSS），在舰上自动化提升可用损管人力减少的同时，仍维持高水准的生存性，无论在平时或战时都具有较好的效益与效能。AFSS 通过网络与 TSCE 连接，系统中包括设置于全舰各处的电视摄影机、火灾探测器与各型自动灭火装置，在火灾发生后最短时间内探测感知，并立刻自动启动灭火系统将之扑灭，把可能的损害降至最低。部署在重点部位的灭火机器人能部分取代过去需要靠人员操作的消防水龙的功能，在一些中小规模火灾发生时立即反应，而不需要立刻启动较大规模、附带损害较大的消防系统（如全区域的喷淋系统）。

4.5.2.4 双波段雷达

DDG 1000 最主要的雷达系统为双波段雷达系统（DBR），主承包商为雷神公司，分为两个部分：一是由洛克希德·马丁公司研发的 S 波段远程广域搜索雷达（Volume Search Radar，VSR），二是由雷神公司开发的 X 波段多功能雷达（Multi Fuction Radar，MFR）。按照最初的设计，两种雷达都采用三面相控阵天线，VSR 拥有大范围搜索能力，可用于远程防空与反导；MFR 拥有目标精确跟踪与分辨能力，可用于搜索中低空、海面目标与火控照射。两者相辅相成，再加上采用多种先进的杂波抑制、目标搜索等算法和计算处理技术，使得该雷达能够同时完成以前 6~10 部舰上雷达才能实现的目标搜索与跟踪、目标照射、目标信号获取、导弹跟踪等功能。

后来在研制中，VSR 雷达遇到很多技术上的问题。2009 年 1 月下旬，DDG 1000 计划由于成本上涨，触发 Nunn-McCurdy 修正法案而遭到审查。经过审查之后，2010 年 6 月 2 日，美国国防部宣布取消 DDG 1000 的 VSR 雷达系统，只保留 MFR 雷达，估计每艘 DDG 1000 可节省 1~2 亿美元。取消 VSR 雷达以及相关的冷却、供电等后端设备能减少 DDG 1000 上部的重量，并预留未来可能的扩充空间。美国海军打算通过修改软件的方式提高 SPY-3 MFR 雷达的广域搜索能力，弥补 VSR 雷达取消的空缺。这表明即使取消了 VSR，DDG 1000 仍有能力进行局部区域防空作战，然而其火力打击系统却无法配套现有远程防空或导弹拦截武器。

4.5.2.5 武器系统

DDG 1000 上部署了 2 门 155mm 先进舰炮系统（AGS），可发射多种型号的精确制导武器，主要执行对陆打击任务；Mk57 先进垂直发射系统（AVLS），可以发射战术战斧对陆攻击巡航导弹、改进型海麻雀舰空导弹（ESSM）、阿斯洛克反潜导弹，并不支持标准系列导弹，因此不具备远程防空与弹道导弹防御能力；两座 Mk46 型 30mm 机炮作为近程防御舰炮系统（CIGS），兼具防空与射击水面目标的功能，如图 4-39 所示。另外，未来可能装备电磁轨道炮或激光武器等。

图 4-39 ▎DDG 1000 最主要的武器是先进舰炮系统与 Mk57 舷侧垂直发射系统（左），AGS 使用的远程对陆攻击弹药（右）

1. 先进舰炮系统（AGS）

自从进入航空与导弹时代之后，海军对陆地投射武力的主要工作落在可以长距离精准打击敌方目标的飞机以及导弹身上，传统的舰炮被束之高阁。不过在若干对地投射武力的场合，使用昂贵而数量相对稀少的导弹并不能满足需求，或者不符合成本效益；例如碰上敌方陆上部队的大面积工事设施，往往就不适合使用以“点穴”见长的导弹，反倒是能在短时间内于一个区域内倾倒大量弹药的大口径舰炮更符合任务特性与成本效益。此外，炮弹的体积较小，火力密度比导弹高，舰上可存放更多的火力。

美国军方资源需求评估委员会在1994年提出的费用与作战有效性评估（COEA）中提出了三阶段的规划：首先是延长现役Mk45型127mm舰炮的有效射程，推出配备62倍径炮管的Mk 45 Mod4增程舰炮，使用新开发的EX－171型火箭推进增程GPS制导炮弹（Extended Range Guided Munition，ERGM），射程提升至63n mile（117km），从2001年开始部署；中期目标则是以现有技术发展一种可快速服役的中/短程舰载陆攻导弹，考虑的包括由标准防空导弹改装的LASM陆攻型导弹，以及陆军战术导弹（ATACMS）的舰载衍生型，最初预计2006年起服役；而最终目标则是开发崭新的次世代陆攻舰炮，当时打算发展的是革命性的垂直舰炮（Vertical Gun for Advanced Ship，VGAS），计划2012年开始服役。

垂直舰炮的炮管十分类似于垂直发射装置，乃以多管为一组的方式垂直植入舰体，炮管朝上；相较于装填导弹的垂直发射装置，垂直舰炮的装载密度、储弹量都比较高。相较于传统构型的舰炮，VGAS由于没有炮塔尺寸、重力对炮管拉扯等限制，因此口径可以大于AGS，炮管长度更可达AGS的两倍，因而发射药的作用时间可以增加，射程便跟着增加了；而由于后座力系施加于龙骨之上，其容许的量值比炮塔大，因此可容许比传统火炮更大的膛压与后座力，炮弹口径与装药量都可大幅增加。此外，VGAS的炮弹储存于甲板下方，储量也大于AGS，整体结构也比较简单。当然，如同垂直发射装置，VGAS也没有射击角度限制的问题。根据美国海军的评估，即便是发射传统的无导引155mm炮弹，VGAS都能轻易达到96km的射程。

从1996年SC-21到之后的DD-21，VGAS都一直是舰上的标准武器系统，但随后却在评估中遭到一连串质疑。VGAS无法如传统火炮般预先将炮口指向目标，赋予炮弹初始的方向，意味着VGAS只能使用导引炮弹，不仅十分不合成本效益，而且也无法射击近距离目标。

实际估算后，相关单位发现在使用相同装药与炮弹的情况下，VGAS的射程反而会比传统火炮低5%~10%。因此，美国海军于1999年8月放弃了VGAS，选择传统炮塔设计的先进舰炮系统（AGS）作为DD-21的主炮。AGS由联合防卫公司主导研发，1998年秋季首先提出概念方案，并于1999年展开实际设计工作。2000年7月，联合防卫向金队和蓝队提交AGS的设计方案，作为两组团队的设计参考。

AGS使用具备高度隐身设计的多角型炮塔，整座炮塔空重87.5t，比现役Mk45 Mod4舰炮多出近4倍。AGS的炮塔构型经过多次修改，原本炮管采用裸露在外的设计，并于炮管外部加装隐身外罩；后来考虑到隐身外罩会增加不少重量，对炮管的举升与维护造成不少困扰，遂改成可折收式，平时炮管折收于炮塔前方的整流罩内。AGS的155mm炮管长度为62倍口径，具有液冷系统，炮膛药室容量29.5L，炮管俯仰范围-5°~+71°，最大射速约10~12发/min，相当于6门陆军155mm火炮的火力（每门炮每分钟只能发射2发）；而AGS炮弹射出炮口的初始动能则为35~36MJ，几乎是过去Mk45舰炮的2倍。AGS具有多发炮弹同时弹着（MRSI）能力，通过不同的发射参数（仰角、炮弹弹道设定等），每门火炮可让4~6枚先后发射的炮弹在75n mile的距离外同时落地，如此一艘DD(X)便具有同时让8~12发炮弹同时落地的能力，2门AGS的火力便抵得上一个由6门M-777 155mm榴弹炮组成的美国海军陆战队炮兵营。

相较于现役的 Mk45 Mod4，AGS 的装药量是其 3 倍，持续发射能力为 2.5 倍，齐射压制能力为 4.5 倍。AGS 使用无助推的传统炮弹（总重 90kg）时，射程可达 44km，发射总重 113kg 的 LRLAP 增程弹时，炮口初速 825m/s，射程可达 185km，炮弹射出炮口时的初始动能高达 35～36MJ。备弹方面，最初美国海军规划每座 AGS 的下甲板弹舱容量为 600～750 发，满载时系统全重（含炮塔）达 300t，弹舱的再装填完全自动化，由自动轨道滑车负责将炮弹送入炮塔。根据 2007 年 9 月公布的规格，每艘 DDG 1000 的两门 AGS 的主弹库总容量为 600 发，平均一门 AGS 分配到 300 发，其中每炮各有 35 发 LRLAP，而容量 320 发的自动化辅助弹舱则没有改变。

弹药方面，AGS 主要使用 GPS 导引的远程对陆攻击弹药（LRLAP），最初由洛克希德·马丁/SAIC 团队以及雷神团队进行竞标，最后联合防卫在 2003 年 4 月选择了洛克希德·马丁/SAIC 团队的方案。LRLAP 的技术由 127mm 的 ERGM 发展而来，采用弹头、药筒分离设计，两者结合后全长 2.23m，重 113kg（炮弹重 102kg，装药重 11kg），弹头由战斗部、GPS/INS 导引段、火箭助推发动机与控制翼面组成，弹头前部设有四面滑翔翼面，弹头尾部设有 8 片控制面，最大射程指标为 100n mile（185km），圆周误差仅 20m。LRLAP 进行接战时，先将目标的座标输入 GPS 系统，然后以大仰角将炮弹射至 30000m 的高空，随后调整飞行姿态朝目标转向，展开弹翼以最节省力学能的方式滑翔，并启动 GPS 接收卫星定位信号，借助 INS 惯性导航系统产生弹翼的控制信号，接近目标后开始俯冲。由于 LRLAP 的单价高昂，因此 AGS 还将搭配其他弹种，包括用来对付水面目标的毫米波雷达导引火箭助推弹（射程 56km），以及无导引的普通炮弹（射程 41km）等。此外，美国海军在开发电磁轨道炮的过程中，也打算修改电磁炮使用的轻量化高速炮弹（HVP）来由 AGS 155mm 舰炮发射，在炮弹本身没有助推火箭的情况下，射程估计可超过 70n mile。

第一门 AGS 的原型于 2007 年推出；依照当时的规划，LRLAP 预定在 2009 年生产出实用化的原型弹药，在 2010 年结束前交付 100 枚测试用 LRLAP 给美国海军，并在 2011 年进入全速量产。2007 年 4 月下旬，美国海军正式与 BAE System 签约，将 AGS 正式纳为 DDG 1000 的子项目，价值 1 亿 890 万美元，全部工作于 2009 年 9 月完成。至 2010 年中旬，首艘 DDG 1000 所需的第一门 AGS 舰炮已经完成建造，在 2010 年 1 月的试射中达到 63n mile（约 114km）的射程。2011 年 8 月 30 日，AGS 在白沙测试场进行实弹试射，两发 LRLAP 炮弹在 GPS 的引导下都成功命中了距离 45n mile（83km）以外的目标。

此外，BAE System 也自行开发轻量化的 AGS，希望未来能获得美国海军采用，装备于阿利·伯克级的新舰上。轻量化 AGS 的全系统重量降至 51t，弹药库容量缩减为 288 发（包括 240 枚 LRLAP 与 48 枚传统炮弹），发射 LRLAP 的最大射程也降为 137km。外观上，轻量化 AGS 的炮塔改为比较传统且紧凑的设计，省略了原本炮塔前部用来收容炮管的构造物。

虽然 AGS 火炮与 LRLAP 炮弹的研发过程堪称顺利，但由于 DDG 1000 驱逐舰的建造数量最后只剩 3 艘，导致 AGS 火炮与 LRLAP 炮弹产量大减，连带使得 LRLAP 炮弹单位成本暴涨，平均每一发炮弹至少在 80 万美元以上，美国海军根本无法负担。因此，到 2016 年 11 月，消息传出美国海军在 2018 财年项目目标备忘录（Program Objective Memorandum 2018, POM18）记载，将取消 LRLAP 炮弹的生产与后续发展，另觅其他较便宜的制导炮弹来装备 AGS 舰炮。

2. 先进垂直发射系统

虽然先进舰炮是 DDG 1000 的重要装备，但是导弹的有效射程远比炮弹长，因此仍然是 DDG 1000 重要的对地打击火力来源。发射系统部分，联合防卫公司与雷神新开发的 Mk57 先进垂直发射系统（AVLS，也称 PVLS 舷侧垂直发射系统）是 DDG 1000 的重要武器系统之一，是从联合防卫先前开发的 Cocoon 垂直发射系统演变而来的。Cocoon 最初是安装于甲板表层、无须贯穿舰体的轻型 VLS，演变成 PVLS 之后演变成设置于舰体内部的重型 VLS。

Mk57 以 6 管为一个单元的结构，每个单元重 15240kg，长 14.2 英尺（4.33m），宽 7.25 英尺（2.29m），高度 26 英尺（7.925m），每个导弹发射管长宽皆为 28 英寸（71cm），深度 283 英寸（7.19m），每个发射管内可封装的导弹重量最大为 4091kg。AVLS 主要用于装填各式对地攻击导弹、改进型海麻雀（ESSM）近程防空导弹以及标准系列防空导弹，其模块化程度与可维修性较现有的 Mk41 VLS 更高，安全设计也更好。AVLS 采用开放式架构与模块化延伸电子单元（Canister Electronic Unit，CEU），并通过模块化控制单元（Module Controller Unit，MCU）与舰上全舰计算环境（TSCE）相容，能更经济而迅速地集成各种现有或新开发的导弹，只需要更换新的导弹控制与软体接口，而不需改动发射装置本身的软硬件（这是先前 Mk41 办不到的）。AVLS 另一个组件就是舱盖控制总成，负责控制导弹发射装置与排气道的舱盖。AVLS 也拥有新的排烟系统，能让导弹发动后的废气顺畅地排出，能容纳火箭推力比现役弹种增加 45%的新导弹。此外，AVLS 的发射管内径比 Mk41 大得多，所以能装填 Mk41 塞不下的武器。

金队 DD(X)的 PVLS 设置在舰体前部两舷以及舰体后部甲板两舷，全舰总共有 80 个 Mk57 发射管。由于 AVLS 发射管直径比 Mk41 大得多，导致 DDG 1000 吨位虽比阿利·伯克级大得多，载弹量反而降低。

3. 近程防御舰炮系统（CIGS）

由于 DDG 1000 以对地攻击为主要任务，且不需要担任区域防空任务，因此仅配置短程武器以供自卫。防空部分，DDG 1000 以垂直发射的改进型海麻雀（ESSM）近程防空导弹作为主要的点防御自卫装备。ESSM 以现役海麻雀导弹为基础大幅改良而来，采用矢量推力控制技术与新的射控软件，射程、机动性能较现役海麻雀导弹大幅提升，可有效应对超声速掠海反舰导弹。ESSM 整合于 AVLS 中，不需要配备另外的垂直发射系统，而其折叠弹翼的设计使 AVLS 的每个发射管可装入 4 枚此型导弹。

由于 DDG 1000 可能与敌方小型武装水面舰船狭路相逢，而笨重的先进舰抱系统并不适合执行此类任务。因此，由诺斯罗普·格鲁曼集团领军的金队便建议加装一种新型中口径快炮，兼具防空与射击水面目标的功能。为了节省成本，雷神公司与联合防卫直接在市场上挑选发展成熟的现货；经过详尽的研究后，认为瑞典波佛斯防卫公司（Bofors Defence，已被联合防卫购并）的 Mk3 型 57mm 多用途隐身快炮最符合 DDG 1000 的需求，对付空中、水面或陆地目标都有极佳的威力与效能。2004 年 10 月底，美国海军决定以美国版的 Mk3 快炮——由联合防卫生产的 Mk110，作为 DDG 1000 的最后一道防线，美军称此系统为近防火炮系统（Close In Gun System，CIGS），将以往 CIWS 狭隘的反导弹定义拓展为“对付任何自空中/水面迫近的威胁”。除了 DDG 1000 外，Mk110 亦配备于 LCS 多功能近岸战斗舰船上。然而，到 2014 年 8 月，美国海军海上系统司令部（NAVSEA）却公开表示，将以 2 座 Mk46 型

30mm 机炮取代 Mk110，这是基于节约成本、减轻重量，以及针对潜在敌人大量部署小型攻击艇，而 Mk46 型 30mm 机炮面对这类威胁时被认为成本效益更好。

4. 区域防空与弹道导弹防御

舰队防空与反弹道导弹并非 DDG 1000 最初的任务范畴。2005 年 1 月，美国海军表示，DD(X)由于具有新型雷达，具备超越阿利·伯克级驱逐舰防空能力的潜力，能够配合发射 SM-2与 SM-6 防空导弹，宣称看不出有任何开始执行 CG(X)的急迫性。然而 2008 年 7 月 31 日，美国海军中将巴瑞·麦克劳（Vice Adm. Barry McCullough）表示，DDG 1000 无法执行区域防空任务，无法部署 SM 系列防空导弹，也无法执行反弹道导弹任务。对此，雷神集团综合防卫系统部门（Integrated Defense Systems division）总裁 Dan Smith 则反驳，DDG 1000 的雷达与作战系统能力都与其他配备 SM-2 的宙斯盾舰相当，而且舰上的作战系统软件虽然还没完全完成，但都具备控制 SM-2 与 SM-3 的能力，唯一的差别是 DDG 1000 的作战系统还没有反弹道导弹能力（宙斯盾系统的 BMD 能力经过了相当时间的发展），不过未来也都有提升的空间。

5. 电磁轨道炮

随着科技进步，美国海军也考虑让 DDG 1000 在日后换装几种目前仍在研究阶段、更具前瞻性的崭新武器，例如电磁轨道炮（Electromagnetic Railgun，EMRG）。电磁轨道炮由两条通上电源的固定平行导轨，以及一个沿平行导轨轴线方向可滑动的炮弹底推板作为电枢组，电枢与两个导轨接触，而电磁炮弹就放置在电枢（炮弹底推板）前方；发射时，电流由一条导轨流经电枢，然后由另一条导轨流回，构成闭合电流回路；而强大的电流在两平行导轨间产生感应磁场，并与流经电枢的感应电流相互作用，产生强大的电磁力，推动电枢沿着平行导轨方向快速加速，而炮弹也被电枢带动而沿着导轨加速、以高速射出。

理论上，电磁轨道炮比起传统的化学装药，能赋予炮弹更高的动能，炮弹不仅不需要发射用的装药，甚至不需要使用高爆战斗部就能有效摧毁军舰等目标，如此可降低弹丸成本，并提高舰船安全性（不需要在舰船上储存大量高爆弹药）。美国海军最初发展电磁炮作为海上火力支援任务，主要是攻击沿岸目标、支援海军陆战队攻势，但随后进一步扩大到拦截弹道导弹与巡航导弹等防御性任务。

不过，电磁炮虽然理论上拥有比化学能炮弹更高的发射能量，但仍然面对大量问题。技术上，电磁炮每次发射需要很高的电能，而欲缩短每次发射之间的间隔，意味着必须在短时间内再次充电蓄能，需要更高的发电能力、变电系统以及发射前储存能量的电容系统，使舰船平台的供电需求大增。另一个问题是，即便发电与蓄电系统能够不断提升，电磁轨道炮能给予炮弹的能量依旧受到限制；电磁炮发射时的能量是经由轨道（炮管）传递给炮弹，轨道通电之后必然生热，一味地提高发射时的电能将使轨道烧毁，此外发射时与轨道连结的电枢高速运动时会严重磨损轨道并产生电弧，这两项因素决定电磁炮能给予炮弹能量的物理上限。

美国海军研究局（ONR）在 2005 年展开舰载电磁轨道炮计划，随后委托美国通用原子（General Atomics）与英国航太集团（BAE Systems）等两家厂商各研制一种原型炮进行第一阶段测试（图 4-40），并在 2012 年展开评估程序。

图 4-40 美国通用原子（左）与 BAE Systems（右）研制的电磁轨道炮第一阶段测试原型

2014 年 4 月，美国海军作战部长（CNO）Jonathan Greenert 宣布，由于初期测试进度十分理想，舰载电磁炮将在 2016 财年于联合高速舰（JHSV）上进行海上测试。通用原子与 BAE System 研制的电磁轨道炮的炮口初速可达 4500～5600 英里/h（约海平面马赫数 5.9～7.4）等级，炮弹质量 23 磅（10.43kg），发射时动能约 20～32MW，能以 GPS 制导炮弹攻击距离最远 100n mile 以外的目标，每次发射的成本（含炮弹）约 25000 美元，约为导弹系统每次攻击成本的 1%。

2015 年 4 月上旬的海上—空中—太空展（Sea-Air-Space 2015）中，美国海军透露，将在 2016 年夏季在佛罗里达州附近的艾格林空军基地海上试验场进行电磁轨道炮首次海上试射，打算安装在届时新交付的联合高速舰特伦顿号（USNS Trenton JHSV-5）上进行测试。

依照 2017 年 5 月中旬美国海军研究局（ONR）发布的消息，美国海军电磁轨道炮研究计划的方向有所调整。原本美国海军希望在 2017 年左右进行电磁炮海上测试，但经过 3 年的执行，海军已经改变了计划，先集中力量在两处陆地测试场进行更完整的测试，包括弗吉尼亚州的美国海军水面作战中心达尔格伦分部（NSWCDD）的测试场，以及美国陆军在新墨西哥州沙漠的白沙导弹测试场。

2017 年 12 月上旬，消息传出美国海军可能会在完成预定的第二阶段测试（至 2018 财年）之后，于 2019 财年划下休止符，而且不会进行上舰测试。此时，美国国防部打算优先集中力量发展 HVP 炮弹，并配合现有陆军与海军的传统火炮。在此同时，美国海军决定优先发展激光武器，例如水面海军激光武器（Surface Navy Laser Weapon，SNLW）计划的高能激光与综合光学杀伤监视系统（High Energy Laser and Integrated Optical-dazzler with surveillance system，HELIOS），耗能 60～150kW。

依照当前美国国防部计划的进度，电磁炮不太可能在 2020 年之前突破所有的关键技术难题（包括储能、体积、炮身寿命、可靠度等）并达到实用化的程度，也不会以目前开发的形式成为制式武器。如同前述，32MW 级的电磁轨道炮，就已经需要 DDG 1000 这样拥有最先进全电力系统的大型驱逐舰才能供应，然而美国海军在一段时间内建造的主战舰艇都是阿利·伯克Ⅲ型导弹驱逐舰，根本没有足够的电力与空间来装备电磁炮。更何况此时美国海军的发展方向又回到以防空、制海和反弹道导弹作战为主，电磁炮作为陆攻武器的优先性自然大幅下降。相较于现阶段成本昂贵但效益成疑、技术尚未成熟的电磁炮，将 HVP 炮弹转用于传统火炮才是更符合成本效益、更快速生效的投资。然而长期而言，美国国防部仍会继续发展电磁轨道炮。

4.5.3 主要性能与装备

朱姆沃尔特级驱逐舰侧视图如图 4-41 所示，主要性能与装备如表 4-5 所列，① 主要舰载武器系统如图 4-42 所示。

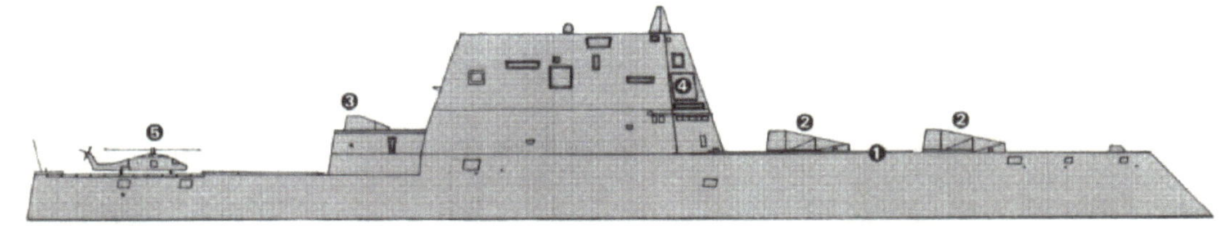

图 4-41 朱姆沃尔特级驱逐舰侧视图

表 4-5 朱姆沃尔特级主要性能与装备

名称	ZUMWALT（DDG 1000）CLASS
制造商	General Dynamics Bath Iron Works 通用动力巴斯钢铁造船厂
建造数量	3
服役时间	首舰 DDG 1000 于 2016 年服役，2020 年 4 月再次交付
排水量	15995t，标准
主尺度（长×宽×吃水）	186m×24.6m×8.4m（610.2ft×80.7ft×27.6ft）
航速	30kn
续航力	4500n mile/20kn
舰员编制	147 名（28 名机组人员）
动力装置	综合电力系统（IPS），2 台主燃气轮机发电机（MTG）/72MW，2 台辅燃气轮机发电机（ATG）/8MW，2 台永磁推进电机/合计约 105270hp（78.5MW），双轴推进
导弹	80 单元的 Mk57 先进垂直导弹发射系统（VLS）①； 舰上发射的巡航导弹（SLCM）：战斧 Block 4 型对陆攻击巡航导弹，TERCOM 地形匹配+数字景象匹配+GPS 导航，飞行速度马赫数 0.7 时，射程 1600+km，战斗部（WDU-36B）454kg； 舰对空导弹：SM-2 Block IIIA 导弹，指令/惯性制导，半主动雷达和红外寻的，飞行速度马赫数 2 时射程 167km；RMI-162 改进型海麻雀 ESSM 导弹，半主动雷达寻的，马赫数 3.6 飞行射程 55km，战斗部重 38kg。 反潜导弹：垂直发射的阿斯洛克导弹
舰炮	2 座 155mm 先进舰炮系统②，能远程对陆攻击；2 座 30mm 的 Mk46 Mod2 舰炮③
鱼雷	未公布
对抗措施	鱼雷诱饵

① Alex Pape. Jane's Fighting Ships 2019-2020. Jane's Information Group，2019：948.

（续）

雷达	对空/对海搜索：SPY-3 型多功能雷达④，3D，I 波段； 导航：SPS-73(V)18； 对海搜索：SPS-73(V)18
声呐	SQQ-90 声呐系统：SQS-60 中频与 SQS-61 高频船体声呐； SQR-20 多功能拖曳阵声呐
作战数据系统	开放式架构（OA）；雷神全舰计算环境（TSCE）
光电系统	未公布
直升机	2 架 MH-60R⑤；或 1 架 MH-60R 及 3 架无人机

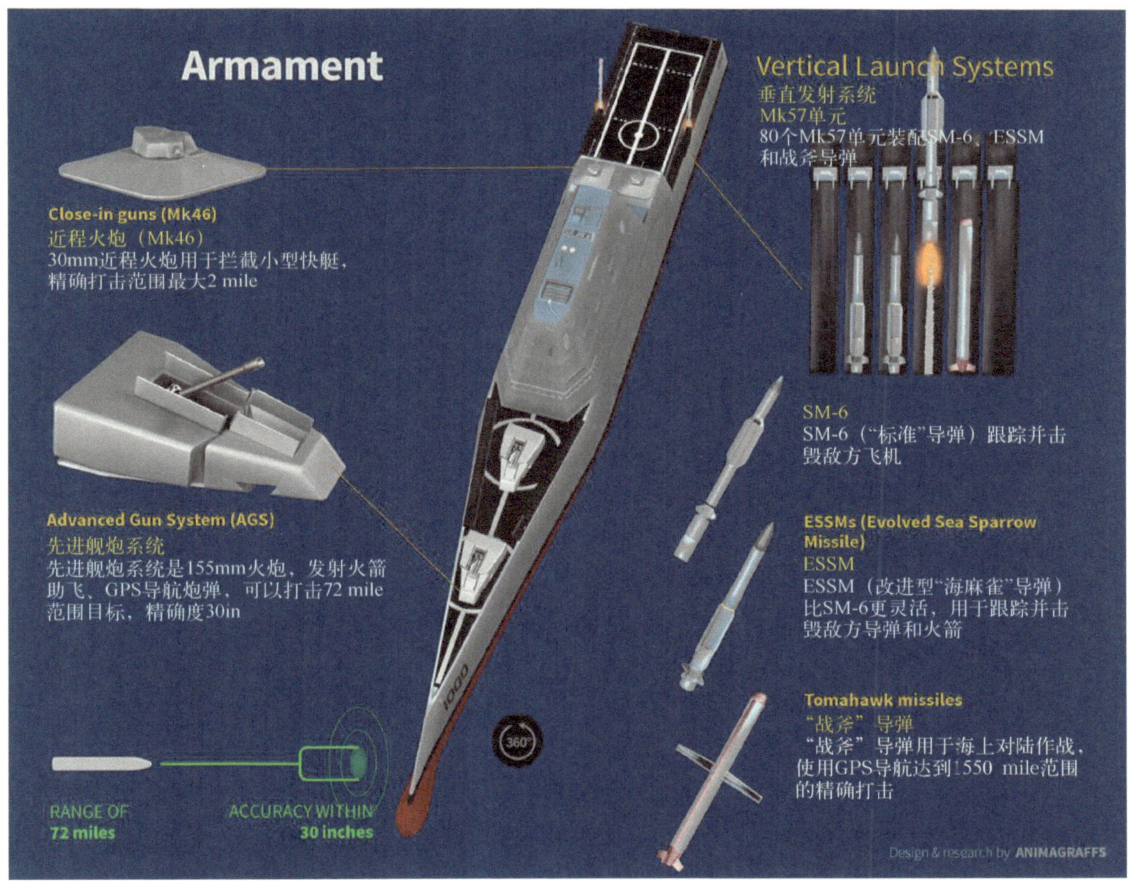

图 4-42 | DDG 1000 舰载武器系统

4.5.4 建造情况

朱姆沃尔特级是美国在建的一型 21 世纪的驱逐舰。2000 年首舰命名为朱姆沃尔特号（USS Zumwalt DDG 1000）。2002 年 4 月，美国海军确定由诺斯罗普·格鲁曼公司担当 DD(X)的主承包商，最初计划采办 32 艘，最终国防部进行了大幅度削减，仅建造 3 艘，建造商为通用动力的巴斯钢铁造船厂（BIW），如表 4-6 所列。

表 4-6 朱姆沃尔特级建造清单

舷号	舰名	开工	下水	服役	母港/状态
DDG 1000	Zumwalt 朱姆沃尔特	2011/11/17	2013/10/28	2016/9/7	San Diego
DDG 1001	Michael Monsoor 迈克尔·蒙苏尔儿	2013/5/23	2016/6/20	2019/1/26①	San Diego
DDG 1002	Lyndon B. Johnson 林登·约翰逊	2017/1/30	2018/12/9②	2020	建造中

4.5.4.1 建造过程

2006 年 4 月 7 日，美国海军为 DD(X)赋予 DDG 1000 的正式编号。2006 年 8 月，美国海军与诺斯罗普·格鲁曼集团正式签署 DDG 1000 的详细设计合约。

从 2005 至 2007 三个预算年度，美国海军已经获得用来建造前两艘 DDG 1000 所需的 35.67 亿美元预算。原本预计在 2007 或 2008 年分别与诺斯罗普·格鲁曼旗下 Ingalls 厂以及通用动力旗下 BIW 厂正式签约，各建造一艘 DDG 1000；打算让 DDG 1000 的主承包商——诺斯罗普·格鲁曼集团来承造首舰，预计在 2012 年下水交舰。然而到 2007 年 9 月 25 日，美国海军却宣布 DDG 1000 首舰的建造工作由通用动力的 BIW 船厂负责，而 NGSS 改为承造第二艘。

2008 年 2 月 14 日，美国海军与 BIW 签署首舰朱姆沃尔特号（DDG 1000）的建造合约；一年后，美国官方宣布 DDG 1000 计划进入全速生产，而首舰也正式开工建造。

在 2009 年的美国国防预算报告中，决定 DDG 1000 最多建造 3 艘。为了节约开支，美国国防部决定将全部 3 艘 DDG 1000 交给建造首舰的 BIW 厂建造，而原本预定建造二号舰的诺斯罗普·格鲁曼 Ingalls 厂则不会建立产能。通过这一变更，美国国防部终于在砍得所剩无几的 DDG 1000 计划中，达成了“赢者全拿”（winner take all）。虽然分散合约的作法在长远而言，有助于刺激各厂家良性竞争，使美国军方受益，然而由于 DDG 1000 总产量稀少，不仅完全看不到分散合约的长远好处，两家厂商同时生产一种不可能大量建造的驱逐舰，绝对不符合成本效益。

2010 年 3 月，朱姆沃尔特级的二号舰（USS Michael Monsoor DDG 1001）展开相关建造工作。2011 年 9 月 15 号，美国海军与 BIW 签署二、三号舰（DDG 1001、1002）的建造合约。2012 年 4 月 4 日，BIW 厂为三号舰（DDG 1002）举行开工建造仪式。此时，首舰朱姆沃尔特号的舰体建造进度已达 65%，二号舰建造进度约为 25%。依照当时规划，DDG 1000 将会在 2014 财年交付美国海军（实际上是 2015 年 5 月），DDG 1001 在 2016 财年交付，而 DDG 1002 则在 2018 财年交付。

首舰朱姆沃尔特号（DDG 1000）在 2015 年 12 月 7 日离开位于缅因州的 BIW 船厂展开首航。首次试航于 2015 年 12 月上旬顺利完成并回到 BIW 船厂，进行必要检修和第二次试航后，在 2016 年交付美国海军。2016 年 1 月，美国海军说明朱姆沃尔特号的首次海试情况，表示性能“超出预期”，全功率运转时达到了 33kn 的最大航速，并能在 90s 内从全速完

① Commissioning Information-USS MICHAEL MONSOOR (DDG 1001) Commissioning. www.monsoorcommissioning.org.

② David B. Larter. The US Navy's last stealth destroyer is in the water. Defense News, December 10, 2018. https://www.defensenews.com/naval/2018/12/10/the-us-navys-last-stealth-destroyer-is-in-the-water/.

全停船，满舵急转弯时倾斜不超过 8°。而隐身性能的测量也满足美国海军的要求，后来还必须加挂角反射器增大雷达波反射截面积，以维持航行安全。2016 年 5 月 20 日，朱姆沃尔特号正式交付美国海军，10 月 15 日在巴尔迪摩举行成军典礼。2019 年 1 月 26 日，美国海军在圣迭戈为二号舰（DDG 1001）迈克尔·蒙苏尔号举行服役仪式。

4.5.4.2　建造数量与价格的变化

在 DD-21 的时代，美国海军打算采购 32 艘此型驱逐舰，演变成 DD(X)后则为 30 艘左右；随后因成本飞涨，需求数量降至 24 艘。根据 2001 年的估计，DD(X)首舰预估造价约 20 亿美元，后续舰单价 10~12 亿美元。然而到 2005 年详细设计审查完成之际，DD(X)的首舰预估建造经费已经涨到 33 亿美元，后续舰也开出每艘 24 亿美元的天价。成本的飞涨促使美国海军在 2005 年中决定将 DD(X)的建造数量由原先预定的 30 艘大砍至 12 艘。

由于美国众议院对 DDG 1000 失控的造价相当不满，在 2006 年预算案中要求 DDG 1000 的后续舰降至每艘 17 亿美元，那么 DDG 1000 的性能势必得缩减。美国海军希望 DDG 1000 头两艘造价能控制在 33 亿美元以内。最后美国海军与国防部达成协议，暂订建造 7 艘，前 2 艘为原型舰，依照双首舰策略，分别由 NGSS 与 BIW 厂承造；而是否批准后 5 艘的建造，则根据前 2 艘的建造与测试情况而定。

美国国会在 2006 年 7 月批准建造 7 艘 DDG 1000 的计划，并在 2007 年 11 月将头两艘的建造合约颁给 BIW 厂。根据美国海军的期望，7 艘 DDG 1000 中，最贵的前两艘预计分别需要 33 亿美元，从第五艘起造价则希望降至 23 亿美元，7 艘 DDG 1000 的总经费将达 182 亿美元，平均每艘 26 亿美元。然而实际上，根据 2007 年 10 月 1 日美国国防部长办公室（OSD）所做的费用修正评估报告显示，前两艘 DDG 1000 的总成本已经上涨到 72 亿美元，比美国海军原先的预估高出 13%，而全部 7 艘的所需经费则高达 271 亿美元，平均每艘达 38.7 亿美元，比最初预估高出 48%。因此，有人悲观地预测，成本一路上涨的 DDG 1000 很可能在前两艘建造完毕后就遭到终止。众议院极力主张停造 DDG 1000，美国海军对此案的支持也相当冷淡，只有参议院仍然表态支持 DDG 1000，认为这是现阶段美国海军最具前瞻性的计划。

美国海军终究还是在 2008 年 7 月 23 日正式通知国会，除了前两艘 DDG 1000 外，取消后续的建造计划。2008 年 8 月 19 日，美国海军部长文特（Donald Winter）表示，打算让 BIW 厂再建造一艘（第三艘）DDG 1000 型，使该厂的生产能维持到阿利·伯克级的生产线重启。因此，第三艘 DDG 1000 能否复活，仍须看参众两院角力的结果。美国海军近年在造舰上的管理混乱、成本失控，加上这次的决策反覆，已经使美国海军在美军以及国会中的威信受损。2008 年下半年，美国国会原则同意可给予第三艘 DDG 1000 约 50%的预算；而如果 DDG 1000 能将单位造价控制在 35 亿美元以内，就有可能同意继续建造第四与第五艘 DDG 1000。

2009 年初奥巴马政府上台之后，基于金融海啸的重创以及奥巴马政府删减军备的政策，新任美国国防部长盖茨（Robert Gates）在 2009 年 4 月 6 日公布的国防预算报告中，打算大规模删减美国三军的军备计划；其中，DDG 1000 最多只会建造 3 艘，而原定在 2011 与 2013 年编列预算建造前两艘的 CG(X)计划也进一步推迟（2010 年 2 月遭到取消）。

在 2010 年度美国国防预算中，DDG 1000 项目总预算为 198 亿美元，包含当初研发（R&D）、生产机具的成本，以及由于取消 Ingalls 建造之后的违约赔偿金。由于此时只剩下 3

艘 DDG 1000 来分摊研发成本，所以平均每艘要价 66 亿美元，这已经相当于尼米兹级核动力航空母舰的价格。

美国海军研究所在 2014 年 4 月 26 日发表一篇文章指出，3 艘朱姆沃尔特级的建造成本在过去 5 年内上涨了 20 亿美元，仅在前一年（2013 年）就上涨 4.5 亿美元，整个驱逐舰的建造成本至此已经达到 120.69 亿美元。建造成本上涨的主因是舰艇交付计划的变更，以及预算封存造成的影响。此时 DDG 1000 项目的计划进度将舰艇交付和作战系统交付分开考量，美国海军在寻找将二者结合的方式，以获得更合理的计划进度表。

4.5.4.3 原因分析

该级舰从 20 世纪 90 年代开始论证，最初希望建造 32 艘，后因成本过高，缩减为 24 艘，继而减少到 7 艘，而到 2008 年 7 月，美国海军又宣布调整未来几年驱逐舰的发展计划，即取消朱姆沃尔特级 DDG 1000 后续舰的采购，转而重启阿利·伯克级 DDG 51 驱逐舰的采购计划。这次调整使 DDG 1000 的最终数量降至 3 艘。美国海军还曾提出取消建造第 3 艘朱姆沃尔特级驱逐舰，但由于其建造经费已经包括在原有的预算申请中，美国海军在国会压力下最终还是同意建造第 3 艘。

对于美国海军为何取消 DDG 1000 后续舰计划，尽管众说纷纭，但综合各方意见无外乎有以下几方面的原因①：

1. 美国海军认为未来作战需求变化

美国海军声称之所以调整驱逐舰采购计划，主要是因为重新评估了未来海军部队所面临的威胁。海军官员称，威胁的变化也带来了海军驱逐舰在能力需求上的变化，所以未来数年采购的驱逐舰也要反映出这些能力需求的变化。

美国海军认为，弹道导弹、反舰巡航导弹以及在蓝水海域活动的现代化常规动力潜艇的威胁在逐渐增长，因此，美国海军需要在未来数年的驱逐舰采购上做一些调整，以提高海军舰队的弹道导弹防御能力、区域防空作战能力、蓝水海域反潜作战能力。美国海军官员称，尽管 DDG 1000 驱逐舰非常适应海上水面火力支援任务（NSFS）以及濒海水域的作战行动，但区域防空能力、弹道导弹防御能力不足，其声呐系统在蓝水反潜作战行动中并不能最大限度地发挥作用。而 DDG 51 的设计却恰恰相反，具备弹道导弹防御能力，适合区域防空作战行动，声呐系统也非常适应蓝水海域的反潜作战。所以，美国海军认为 DDG 51 比 DDG 1000 更能满足海军变化了的能力需求，这足以使其成为海军在未来数年采购的主要驱逐舰种。此外，美国海军还认为，目前美国在对陆攻击能力上已经比较强大，包括航空母舰投送的精确打击弹药，以及战斧式巡航导弹在内，足以满足提供火力支援岸上作战的需要。

2. 费用大幅上涨超过预期

某些系统、武器和整个军舰的价格急剧上涨。例如，2005 年国会预算委员会计算，按 2007 年的价格 1 艘 DDG 1000 导弹驱逐舰的全寿期费用约为 38 亿~40 亿美元，超出预算 11 亿美元，而这个费用仍在继续增长。2009 年 1 月 26 日，五角大楼采购部门负责人在其报告中指出，到 2008 年 7 月，1 艘 DDG 1000 驱逐舰的成本已达 59.64 亿美元，也就是说比美国海军司令部最初的估算增加了 27 亿美元，涨幅达 81%（不包括 2 艘舰的建造开支，13 年来用于 DD-21/DDG 1000 驱逐舰的总开支达 100 亿美元）。

---

① 谷荣亮，马洪霞．美军新型驱逐舰 DDG 1000 未被大批量采购的原因分析．国防科技，2012（2）：13-16.

与之相比较，海军认为，DDG 51 的建造费用是已知的，其采购费用比 DDG 1000 更易于控制，采购 DDG 51 要比采购 DDG 1000 更能够降低费用上涨的风险。按 2010 财年美元价格计，采办 10 艘 DDG 51 的总费用少于采办 7 艘 DDG 1000 的总费用。对希望以有限的预算经费在未来数年内采办更多艘驱逐舰，维持一定舰艇规模的美国海军而言，重启 DDG 51 计划无疑更具吸引力。

3. 关键技术不成熟，项目进度拖延

DDG 1000 舰是全面创新的一型舰，采用了大量新技术，也带来了许多新的问题。例如有人对内倾船型在恶劣海况的稳定性提出了质疑，认为当船停在海上时，在恶劣海况时 DDG 1000 有可能失去横向稳定性并导致翻覆。许多关键技术的研制、验证耗用了大量时间，整个项目进度的一拖再拖浇灭了美国海军期待的热情。

虽然美国海军目前取消了 DDG 1000 级舰后续建造计划，但这并不代表该项目遭到了全面否定。就是对于后续舰的取消，美国海军内部意见也并非一致。对于 DDG 1000 弹道导弹防御、区域防空以及反潜能力的评价也有不同的声音，认为原设计的 DDG 1000 的上述能力并不低于 DDG 51，或者认为 DDG 1000 稍加改进就能胜任上述作战任务。从经费、建造进度角度而言，重启技术成熟、费用较少、建造速度更快的 DDG 51 级也可能是美国海军为了以有限经费在一定时间内维持一定规模数量舰艇所选择的权宜之计。总之，DDG 1000 是美国海军曾寄予厚望，集尖端技术之大成的一型舰，绝不可能因后续舰计划取消而就此偃旗息鼓，所以不排除在未来某个适宜时机 DDG 1000 项目有重启的可能，或者 DDG 1000 的设计理念和研制的新技术在另一项目中重生。

4.5.5 采办动态

根据美国海军学会新闻网 2020 年 4 月 24 日报道①，首舰朱姆沃尔特号（DDG 1000）已完成作战系统安装并正式完整交付美国海军；2 号舰迈克尔·蒙苏尔号已于 2020 年 3 月完成作战系统可用性测试，并已转入针对武备、传感器及通信系统的综合海上测试，但尚未完整交付美国海军。经查询美国海军舰艇注册（NVR）官网，DDG 1000 状态为“入列并在役”，已重新列入注册作战舰艇名单，计入美国海军注册作战舰艇总数。同时，DDG 1001 因为尚未完整交付美国海军，状态为“特殊在役”，不计入美国海军注册作战舰艇总数。

此前，这 2 艘舰艇采用“分步式交付”的方式，已分别于 2016 年 5 月、2018 年 4 月交付美国海军，2016 年 10 月、2019 年 1 月服役。然而 DDG 1000 在 11 月下旬就出现全舰失去动力的重大故障，不得不继续进行长时间的系统完善和测试。

2018 年 8 月，美国国会批准 2019 国防授权法案，一项动议得到实施——2 艘朱姆沃尔特级驱逐舰（DDG 1000、DDG 1001）被开除出美国海军注册作战舰艇名单，直到这 2 艘舰的作战系统得到进一步完善并完全被交付给美国海军为止。理由是如果发生冲突，没有完整作战系统的舰艇是无法进行作战的，从而不满足美国海军作战舰艇定义及计数程序要求。

---

① Destroyer USS Zumwalt Delivers to Navy After Combat System Activation. USNI News, April 24, 2020. https://news.usni.org/2020/04/24/destroyer-uss-zumwalt-delivers-to-navy-after-combat-system-activation.

直到这一次的重新服役，已经差不多过去了4年时间。而此次朱姆沃尔特号在交付后，仍然不会执行作战任务，而是进入“下一阶段的开发和综合海上测试”，到2021年通过初始作战能力（IOC）评估后，才算正式编入美国海军战斗序列。

据报道，DDG 1000将会加入美国太平洋舰队，而且是舰队中一个2019年才成立的新单位——第一水面发展中队（Surface Development Squadron 1，SURFDEVRON）。可以预见，DDG 1000未来会与太平洋舰队中的航母战斗群一起参加行动，演练合适的战法。此前，朱姆沃尔特的定位是一款侧重对地攻击的火力支援舰，但随着作战环境的不断变化，美国海军已经在2017年12月宣布，朱姆沃尔特将专门用于实施“水面打击”任务。美国已经开始将战斧巡航导弹升级为射程可达1600km对陆反舰两用的新版战斧，可以方便地整合进朱姆沃尔特的Mk 57垂发装置中。在未来航母编队中，朱姆沃尔特很可能将利用隐身能力的优势，突破受远程反舰导弹威胁的“反介入”区域，然后再大量发射反舰战斧实施饱和攻击。这种战术在美国航母编队作战中是前所未有的，未来朱姆沃尔特可能会进行大量的战术演练，提升美国航母战斗群的综合战斗力。另一方面，新成立的第一水面发展中队作用就是探索未来海军新的技术和战术，尤其是无人水面舰艇作战，未来几年中，美国海军海上猎手无人水面艇（ACTUV）也将陆续引入这个部队。因此，朱姆沃尔特另一个重要角色，很可能就是负责完善海军无人有人舰艇混编战术，这将会给海战带来颠覆性的影响。

4.6 评价与展望

朱姆沃尔特号称是全世界最先进水面舰艇，采用了包括穿浪内倾舰体、舷侧垂直发射系统、综合电力系统、双波段雷达、先进舰炮系统、全舰计算环境等在内的十项全新的军事科技，被誉为引领未来海军技术的发展潮流，自问世以来就引起了世人的广泛关注。但由于技术上太过激进，造成研制难度大，系统成熟度低，造价也过高，导致该级舰仅仅建造3艘。大家对其褒贬不一，评价也趋于两极化。有人夸赞它是属于未来的科幻战舰，也有人批评它是落后20年的还魂铁甲舰。

很明显，朱姆沃尔特虽然技术先进，但如同科曼奇直升机、海狼核潜艇一样，它在历史上只是一款过渡性质的武器。因此，这3艘朱姆沃尔特级驱逐舰在美国海军扮演什么角色，也是一个值得思考的问题。

未来水面舰船需要担负多项使命，必须具备较高的信息化水平和较全面的综合作战能力。同时，在舰船长达几十年的服役期间，信息技术飞速发展，海军的作战理念不断变革，因而任务系统的研制应该是渐进的和螺旋式上升的，以支持新技术、新装备的快速引入。因此，为了适应威胁的变化和技术的发展，要求任务系统必须具有良好的灵活性和可扩展能力。

全舰计算环境（TSCE）为全舰“即插即用”地集成各设备功能提供了一个开放、通用、标准的运行集成环境，有利于系统灵活地组织运行，可为舰船减员增效提供技术支撑，更好地支持后续保障和改装升级，支持装备“通用化、系列化、模块化”的发展。显然，作为朱姆沃尔特级驱逐舰的作战系统，TSCE的技术路线与宙斯盾现代化的方向是一致的。因此，TSCE将发展成为舰船装备信息化和系统集成的基础。通过对DDG 1000全舰计算环境系统的借鉴分析，可以得到如下技术特征和趋势：

（1）基础设施的COTS化和OA化，即计算机系统软、硬件采用商用现货产品，系统实现开放式架构，从而可以制定统一的基准，根据型号项目的需要实施阶段性配备。

（2）各种领域应用与基础设施相分离，进行软件的构件化和复用，采用面向服务架构实现软件系统的集成，应用和服务的位置透明，可扩展性好。

（3）系统资源统一管理，应用动态部署，具有变化和改进的灵活性，能够适应多样化的任务。同时，支持装备的模块化和插件化，使任务系统具有更好的自适应性和高可用性。

当然，TSCE的成功实施除了依赖技术上的突破之外，也离不开工程研制、组织管理方面的创新和支持。

第5章

IWS 8.0：濒海战斗舰与作战系统

5.1 概述

濒海战斗舰（Littoral Combat Ship，LCS）是美国海军为取代佩里级护卫舰在90年代初期进行的SC-21水面战斗舰艇计划一部分，是美国进入21世纪之后建造的一种全新水面战舰，和朱姆沃尔特级驱逐舰一样，濒海战斗舰和以往的传统舰艇有很多不同之处。濒海战斗舰共有两种型号，分别是由洛克希德·马丁公司设计的自由级LCS 1和由通用动力公司设计的独立级LCS 2。濒海战斗舰的诞生，确实给人耳目一新的感觉，但是在服役过程中也暴露出不少问题。

濒海战斗舰的研制，和时代的发展变化有很大关系。20世纪90年代初苏联解体后，美国海军的作战任务也进行了调整，朝着“由海向陆”“前沿存在”等方向转变，作战重点从“控制海洋”转向“近岸作战和支援陆上作战”。2002年7月，美国海军发布了题为《21世纪海上力量》的战略报告，提出了“海上打击、海上盾牌、海上基地”的发展概念，进一步明确了从“远洋”到“近陆”的转变。2005年3月，美国海军表示将在未来30年里缩减大型舰艇的数量，大力发展以濒海战斗舰为代表的小型战舰。

濒海战斗舰基于冷战结束后美国海军可能面对的战术场景，主要对手的海空军力量都不强，难以在海上直接威胁美国作战舰队；主要的任务是由海向陆地投送武器与兵力，因此濒海战斗舰主要着眼于在敌国沿岸水域的各种低强度作战需求，包括对付敌方沿岸比较可能出现的威胁，例如在近距离与敌方水面舰艇交战、浅水海域反潜作战、清除敌国在沿海布设的水雷等。基于上述设计思想，濒海战斗舰与佩里级等传统护航舰艇相比较，其打击火力减弱不少，使用一种能兼顾高速、耐波能力与隐身性的舰体构型，以轻量化的高科技材料建造，以便能在充满变数与威胁的敌国濒海执行任务并确保生存。

濒海战斗舰采用任务包系统，目标是实现任务模块“即插即用”，根据不同的用途而规划出几种不同的任务包，以便在短时间内重新配置舰船任务系统以执行其他任务。然而，濒海战斗舰在服役之后出现不少技术故障，进度落后且成本攀高。原先计划采用的许多任务模块无法到位，LCS无法按照最初的预定计划形成完整战斗力。美国海军濒海战斗舰的建造数量也由最初的55艘削减到35艘。

在此背景下，美国海军于2017年5月启动了未来新型导弹护卫舰FFG(X)的设计，要求比LCS拥有更强的作战能力与生存能力。这种新型护卫舰能同时执行反潜与反舰作战任务，而不像LCS每次只能通过搭配不同的任务模块来执行两者之中的一种。在美国海军FFG(X)项目计划中，总共将建造20艘，首舰2020财年采购。在本书编写过程中，2020年4月30日，美国海军正式宣布下一代护卫舰FFG(X)竞标结果是意大利芬坎蒂尼集团（Fincantieri）获胜，该方案基于意大利版FREMM舰设计。

本章首先介绍濒海战斗舰的模块化任务包架构，以及目前部署的3种任务包：反水雷（MCM）、反潜战（ASW）和水面战（SUW）；然后是自由级濒海战斗舰和独立级濒海战斗舰的研制与建造情况；最后介绍未来新型护卫舰FFG(X)。

主要涉及IWS 8.0和无人与小型舰艇项目执行办公室（PEO USC）的相关主管项目。

PEO IWS 8.0：办公室的名称是“护卫舰/濒海战斗舰”，负责濒海战斗舰两个变体LCS-1/LCS-2的作战系统集成任务；

PEO USC-PMS 501：负责分管濒海战斗舰的建造；

PEO USC-PMS 402：LCS任务模块研制；

PEO USC-PMS 495：水雷战（AMNS/ALMDS/COBRA/梭鱼），支撑反水雷任务包；

PEO USC-PMS 515：护卫舰/FFG(X)研制任务。

PEO USC的前身是PEO LCS，2018年3月美国海军更改了该项目执行办公室的名称。

5.2 LCS作战系统

濒海战斗舰（LCS）是一种快速、敏捷和网络化的水面战斗舰，针对沿海作战进行了优化。LCS的主要任务包括应对常规潜艇威胁、沿海水雷威胁和水面威胁（如小型水面快艇袭击），以确保联合部队的海上通道。LCS的潜在优势在于其创新的设计方法、模块化的应用提高作战灵活性。这种方法的基础是能够将可互换的任务包（MP）快速安装到海上框架上以完成特定任务、随后卸载，然后在任务包保障设施（MPSF）中进行维护和升级，以备将来在任何LCS海上框架上使用。①②

LCS可在冲突地区的濒海环境作战一段时间，能与美国海军舰队、美国海岸警卫队或盟邦舰队协同作业，此外也可以独立作战。如图5-1所示，LCS包括两大部分：“海上框架”（LCS Seaframe）或称“核心系统”（core systems）是所有LCS的最基本共通单元，不因任务而有不同，包括舰体平台、动力与航行操纵系统以及其他必备的基础系统等；而“任务包”（Mission package）则是LCS用以执行任务的装备，是即插即用（plug and play）的装备模块，根据不同的用途而规划出几种不同的任务包，每个任务包提供独特的作战能力。目前开发的3种任务包如下：

- 反水雷任务包（Mine Countermeasure，MCM）：探测、消除水雷威胁；
- 水面战任务包（Surface Warfare，SUW）：海上安全和小艇威胁；
- 反潜战任务包（Anti-Submarine Warfare，ASW）：探测、识别、定位敌方潜艇。

为了达到“即插即用”，LCS的作战系统使用开放式架构，具备任务包计算环境（MPCE）以及任务包应用软件（Mission Package Application Software，MPAS）。为了便于快速换装，LCS的任务模块都安装在符合标准货柜尺寸的容器内，安装固定后只需连接电源以及舰上作战系统

---

① LITTORAL COMBAT SHIPS-MISSION MODULES. U. S. Navy Fact File，Updated：27 April 2017 [2020-4-10] https://www.navy.mil/navydata/fact_display.asp? cid=2100&tid=406&ct=2.

② 李楠，王珏，陈忠杰，等. 美国海军濒海战斗舰任务包的研制与发展［J］. 舰船科学技术，2017，39（8）.

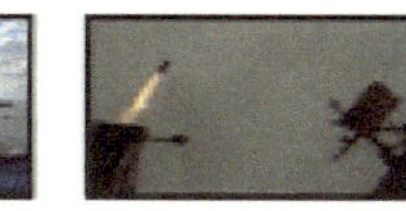

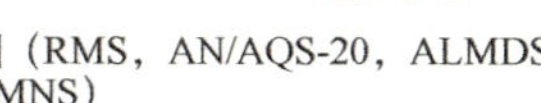

图5-1 LCS“海上框架”与任务包

的数据电缆，就能运作。一个基本的“海上框架”结合特定任务所需的任务包之后，便形成一个完整的 LCS 单元；若要更换任务，LCS 只需换装对应的任务模块，而“即插即用”的特性使 LCS 能直接在一线军港基地里迅速换装任务模块（不需回到场站设施进行）。

5.2.1 任务包与任务包计算环境

为了应对沿海沿岸的高威胁环境，并以合理的成本增加任务指挥官的选择权，濒海战斗舰旨在通过提供重点作战能力的模块化任务包（Mission Package，MP）来增强其核心自防御能力。该系统将基于 COMBATSS-21，该系统是宙斯盾的衍生产品。[①] 濒海战斗舰的模块任务包由不同的系统组成（SoS），包括任务系统、支持设备、软件、任务人员分遣队和航空系统。然后，这些系统集成到更大的 SoS 中以提供独特的功能。为了支持加速的开发进度，正在使用一种渐进式采集过程，以随着时间的推移不断提高战斗能力。最初的 MP 增量专门用于扩大反潜战（ASW）、反水雷（MCM）和水面战（SUW）的作战领域。目前，模块化、开放的业务模型和开放的体系结构是支持将来新技术嵌入任务包的关键支持因素。

任务包的概念如图 5-2 所示[②]，可主要分为任务系统、任务模块和任务包 3 个层面。

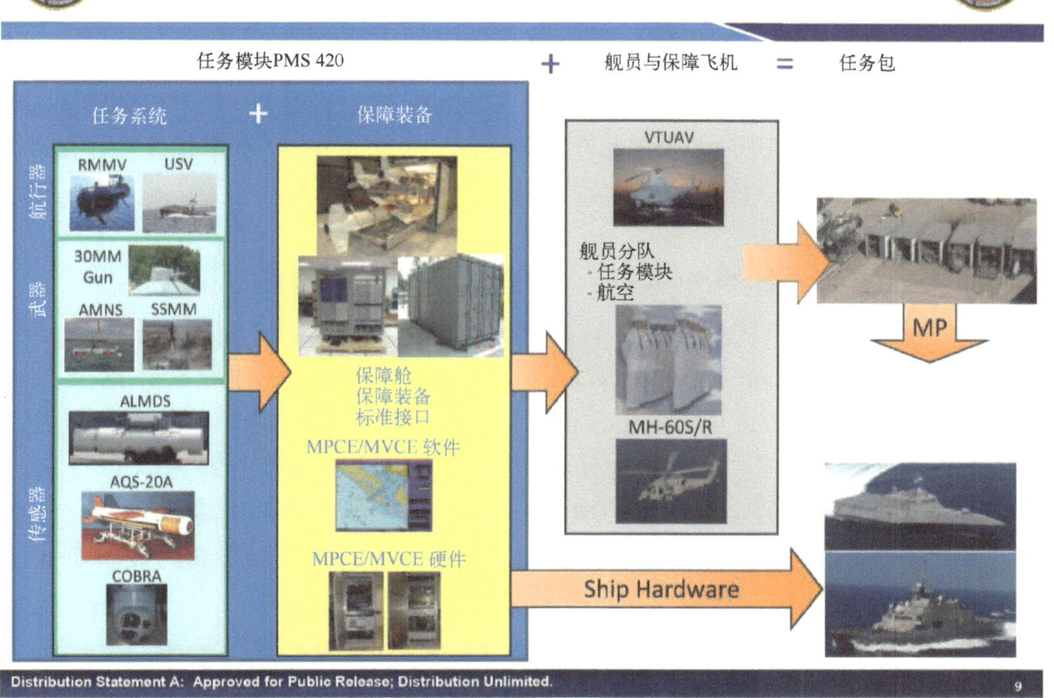

图 5-2 | LCS 任务包的概念

① David B. Larter. The two US Navy littoral combat ships will soon share a brain. Defense News, January 14, 2020. https://www.defensenews.com/digital-show-dailies/surface-navy-association/2020/01/14/the-us-navys-lcs-program-designed-as-two-distinct-ships-is-taking-a-big-step-toward-commonality/.

② LCS Overview. PEO LCS. 2012.

5.2.1.1 任务系统

任务系统(MS)=平台+通信+传感器和武器系统

反水雷：执行反水雷作战，包括1架配备一系列水雷侦测、反制载具的MH-60海鹰多用途直升机，3架MQ-9A垂直起降型无人机。此外，舰上亦配备无人水面艇（USV）、WLD-1遥控猎雷系统（RMS）、战场准备自主无人潜航器（BPAUV）和REMUS无人潜航器（UUV）。其中，首艘通用无人水面艇于2018年6月交付并开始试验，该无人艇将作为LCS反水雷任务包的一部分拖曳扫雷具、猎雷声呐开展猎雷作业。

水面战：主要为对付濒海或沿岸水面舰艇特别是高速密集小艇，并为舰艇提供海上封锁能力，包括1架安装有光电/红外传感器和地狱火反舰导弹、机枪、火箭的MH-60R型反潜直升机。舰上搭载的MQ-8B无人机和无人水面艇也配备光电/红外传感器和武器。至于LCS本身搭载的武装，包括2套拥有稳定基座的Mk44型30mm遥控舰炮、3组非视线火力投射系统（Non-Line-of-Sight Launch System，NLOS-LS）的15联装发射器（共45枚），以及2组非致命武器套件，用来对付迫近的敌方高速快艇。此外还包括2艘11m刚性充气艇、1支19人的水面战分队和1支23人的航空分队。

反潜战：用于反潜作战，如图5-3所示，包括1架配备吊放声呐、声呐浮标和鱼雷的MH-60R/S海鹰反潜直升机，3架可携带传感器和发射武器的MQ-8B型火力侦察兵无人机，以及配备了改进型鱼雷系统的反潜无人机。舰载装备则包括1套轻量化主动式宽带变深声呐（LBVDS）、1具AN/SQR-20多功能拖曳阵列声呐（MFTA），其中LBVDS与MFTA能够成1套完整的主/被动拖曳阵列声呐系统。此外还包括轻型反鱼雷系统、反潜任务管理与指控系统以及相应的支持和保障系统等多种装备。

5.2.1.2 任务模块

任务模块(MM) = 任务系统(MS)+支持设备

任务模块包含任务系统（平台、传感器、通信和武器系统）、支持设备、任务包计算环境（Mission Package Computing Environment，MPCE）硬件和软件以及多平台通信系统（Multiple Vehicle Communications System，MVCS）硬件和软件，它们通过标准接口安装到海上框架中。MPCE为任务包操作提供了本地信息技术（IT）基础设施，并为LCS海上框架的全舰计算环境（TSCE）提供了所需的网络接口。它是使任务包能够在船上工作的主要接口。MPCE由每个海上框架中永久安装的设备组成，如图5-4所示。

任务系统可部署在10或20ft标准的国际标准化组织（ISO）所规定的机箱（SC）内，或者符合ISO要求的扁平机架和集装箱。其体积小、便于移动的特点大大简化了任务系统的运输和存储，并正确处理设备、集装箱从岸上到船上或者从船上到岸上的移动。任务包的重配置将在母港或海上完成，使用预先布置的任务包，或者通过海陆空运输进入战区到达LCS作战区域附近。

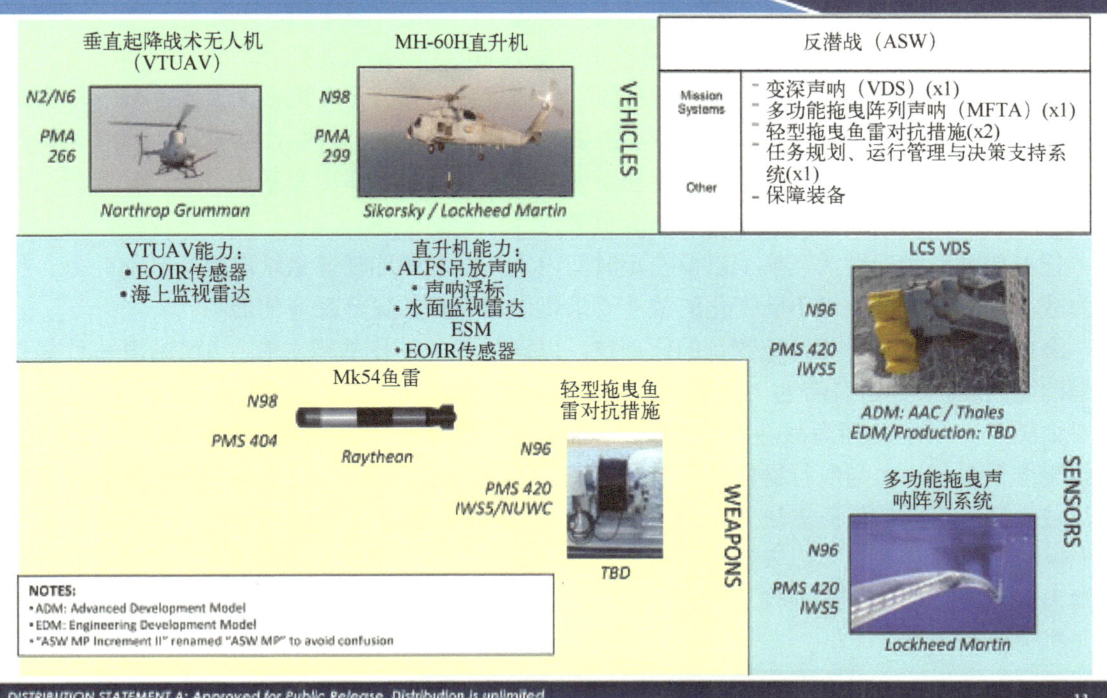

图 5-3 | 反潜战任务包的任务系统

图 5-4 | MPCE 硬件和软件

任务包可以互换，以便在短时间内重新配置舰船以执行不同的任务，从而使战斗指挥官对不断变化的战斗要求具有独特的灵活性。为了实现这种灵活性，海军正在开发和采购任务包，以满足联合作战的要求。每种任务包类型的数量根据对预计作战需求的分析而有所不同；因此，任务包是与 LCS 分开开发和采购的。这使 LCS 的战斗能力可以使用改进的技术快速适应不断发展的威胁。该概念还有助于降低 LCS 的总体成本，并允许规模较小的船员持续操作和维护核心系统。

5.2.1.3 任务包

任务包(MP) = 任务模块的集合+执行任务人员+飞机

LCS 的任务模块包含广泛的无人航行器，包括垂直起降的无人机、无人水面艇、半潜式无人艇、水下无人潜航器等；LCS 的核心系统包括有限度情报/监视/侦察系统、指管通情系统、水面目标侦测/识别/追踪系统、导航系统、自卫装备、水雷回避系统、鱼雷侦测与回避系统、警告性射击武器以及相关的核心人员等。

任务包可以实现灵活互换，以便在短时间内重新配置舰船任务系统以执行其他任务，从而为战斗指挥官提供面对不断变化的战斗要求以做出独特的灵活反应的能力。

海军正在开发和采购特定数量的任务包，以满足舰队的作战需求①。当前的海军计划要求采购总共 44 个 LCS 任务包（10 个 ASW、24 个 MCM 和 10 个 SUW）②。

如图 5-5 所示，濒海战斗舰任务模块分为基本单元与任务包，基本单元为核心系统，包括舰体平台、动力与航行操作系统以及其他必备的基础系统等。任务包则根据不同任务需要组装、搭配不同的任务模块并实现“即插即用”。任务模块可集成到标准尺寸的集装箱中（图 5-6），这些集装箱可以安装在濒海战斗舰上，也可以安装在其他系统上，在需要时转移到濒海战斗舰上。这些系统将与网络连接，可以和濒海战斗舰上的其他系统、其他水面舰艇和飞机通信。

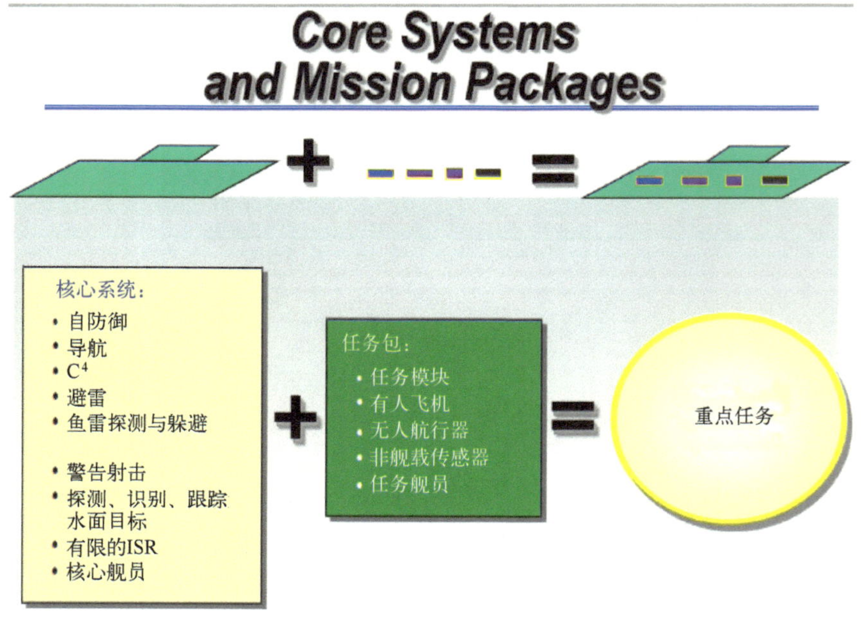

图 5-5 核心系统与各任务模块的组合

① RICHARD V., CARLY J., CECIL W. Development of modular mission packages providing focused warfighting capability for the littoral combat ship [J]. Naval Engineers Journal, 2010, 4: 75-92.

② Navy Littoral Combat Ship (LCS) Program: Background and Issues for Congress. Updated December 17, 2019.

任务包独特的功能将由位于加利福尼亚州文图拉县（Ventura，CA）海军基地的 LCS 任务包保障设施（MPSF）提供支持。由于 LCS 能够灵活地快速转换任务能力，因此 MPSF 担负着所有任务包的主要提供者的角色。MPSF 将解决海上维护问题，并为任务模块水手提供技术支持。MPSF 还将通过远程支持来提供虚拟存在，为所有已部署的 LCS 任务模块提供 24h 不间断的服务，并确保 LCS 能够根据作战需求重新配置任务包。美国东海岸的 MPSF 正处于规划阶段，地点位于佛罗里达州梅波特（Mayport，FL）的海军站。

图 5-6 | 容纳任务系统设备的集装箱

5.2.2 反水雷任务包

濒海战斗舰反水雷任务包（MCM）由遥控猎雷模块、近水面探测模块、机载灭雷模块、近岸水雷监视模块、无人扫雷模块、掩埋雷猎雷模块、任务包应用软件、项目管理工作站、任务管理计算环境和计算设备组成。反水雷任务包应对不同水深和不同类型水雷的措施见图 5-7 和表 5-1[①②]。反水雷任务包目前已通过技术鉴定和演示验证，首次部署时间为 2019 年。

表 5-1 反水雷任务包不同水雷威胁应对措施

<table>
<tr><th>水雷威胁</th><th>探测/分类</th><th>识　别</th><th>对　抗</th></tr>
<tr><td>沙滩雷</td><td>MQ-8B 和近岸战场监视分析系统Ⅰ</td><td>不具备</td><td>不具备</td></tr>
<tr><td>水面雷</td><td>MQ-8B 和近岸战场监视分析系统Ⅱ</td><td>不具备</td><td>不具备</td></tr>
<tr><td>漂雷</td><td>MH-60S 和机载激光探雷系统</td><td>过渡期：“远征”反水雷
后续：梭鱼灭雷具 MH-60S+射水鱼机载灭雷系统</td><td>过渡期：远征反水雷艇
后续：梭鱼灭雷具</td></tr>
<tr><td>锚雷</td><td rowspan="2">过渡期：遥控多功能无人潜航器+AQS-20A 探雷声呐。
后续：无人水面艇+AQS-20A 探雷声呐或刀鱼无人潜航器</td><td rowspan="2">过渡期：遥控多功能无人潜航器+AQS-20A 探雷声呐。
后续：无人水面艇+AQS-20A 探雷声呐或“刀鱼”无人潜航器</td><td>MH-60S+射水鱼机载灭雷系统或刀鱼无人潜航器</td></tr>
<tr><td>沉底雷</td><td>机载灭雷系统和无人持续扫雷系统</td></tr>
<tr><td>掩埋雷</td><td>刀鱼无人潜航器</td><td>刀鱼无人潜航器</td><td></td></tr>
</table>

① CASEY J. M.. LCS mission modules program update [R]. Navy League 2016 Sea-Air-Space Exposition, 2016.

② SAM LA G.. LCS mission packages: The basics [EB/OL]. USNI News, August 08, 2013. https://news.usni.org/2013/08/21/lcs-mission-packages-the-basics.

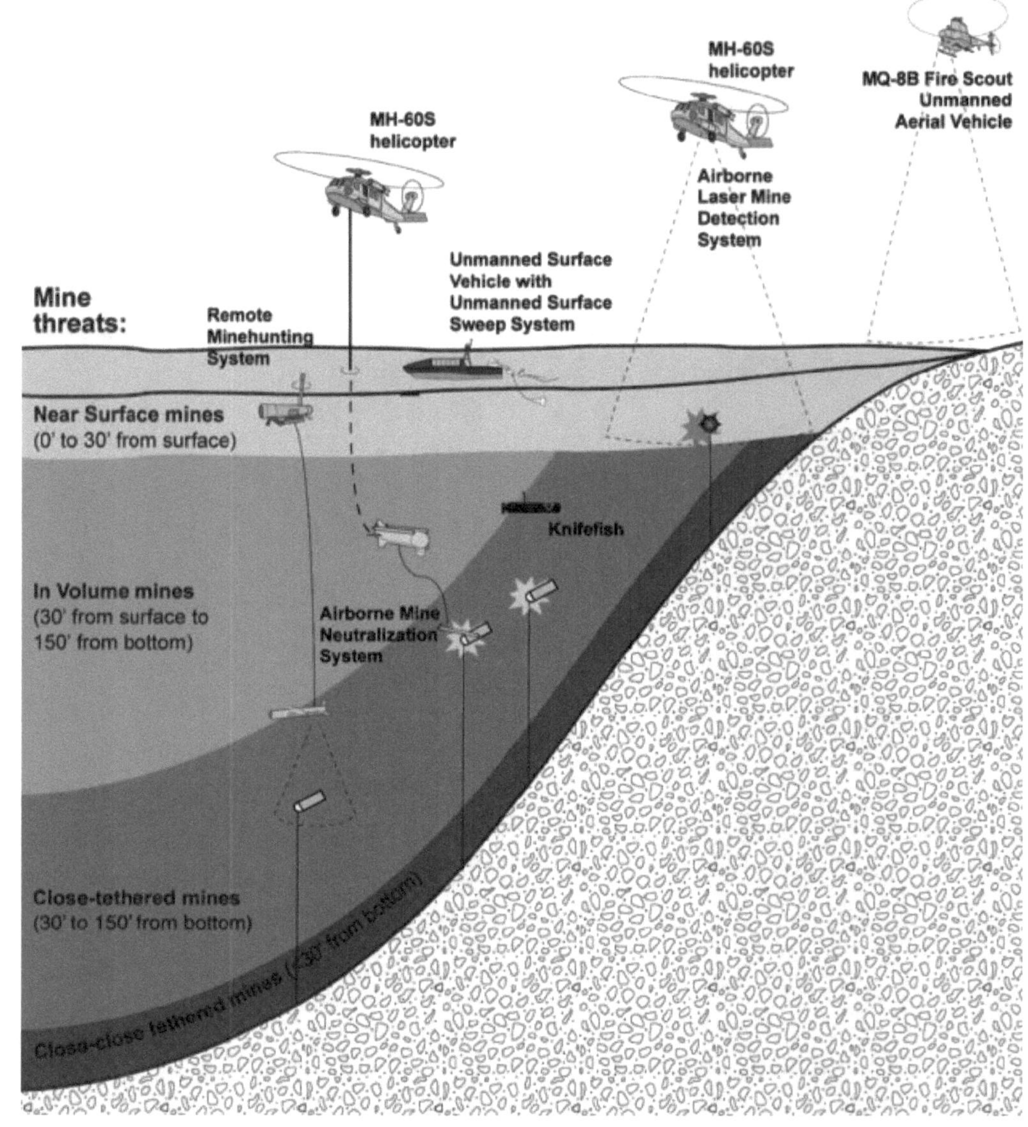

图 5-7 ‖ 反水雷任务包反水雷措施

图 5-8 所示为反水雷任务包相关的项目及分管办公室。

1. 遥控猎雷模块

濒海战斗舰最初的遥控猎雷模块主要装备 AN/WLD-1 “遥控猎雷系统”，由半潜式遥控多功能无人潜航器（RMMV）和 AN/AQS-20A 探雷声呐组成，主要用途是浅水区沉底雷的识别和深水区沉底雷、近底锚雷的探测、定位和分类。但由于 RMMV 的可靠性和可用性未达到海军要求，已于 2016 年 3 月被取消。遥控猎雷模块将改由“舰队”级通用无人水面艇（CUSV）、AQS-20A 探雷声呐和捕捉系统等猎雷组件组成。AQS-20A 探雷声呐携带侧扫声呐、体搜索声呐、盲区填补声呐、前视声呐或光电识别传感器，可实现对所有种类水雷的实时、半自主探测和分类。侧扫声呐主要用于底部和近距离内的水雷探测和分类；体搜索声呐用于浅水区域近水面水雷的探测和分类；盲区填补声呐和前视声呐将补充其他猎雷声呐的盲区并提供进一步的水雷探测和规避能力。联合使用侧扫声呐、前视声呐、盲区填补声呐进行1次搜索即可实现对从海床到近水面区域内类水雷物体的探测和分类，并通过光电识别传感器对近距离的锚雷和沉底雷生成高分辨率三维图像进行主动识别。

Program Office	Program
PMS 420	LCS Mission Modules
PMS 495	AMNS
	ALMDS
	COBRA
	Barracuda
PMS 406	Knifefish
	UISS
	AN/AQS-20A

图 5-8 ┃ 反水雷任务包的相关项目及分管办公室

2. 近水面探测模块

近水面探测模块由 MH-60S 直升机、AN/AES-1 机载激光探雷系统（ALMDS）组成，主要用途是深水区漂雷和近水面锚雷的探测、分类和定位。机载激光探雷系统外部尺寸长2.7m，直径 0.53m，重 365kg，采用脉冲激光激发器和条纹管接收器进行近水面区域的三维扫描。2012 年 11 月，机载激光探雷系统在 MH-60S 直升机上的测试结果表明其成熟度和部分能力未达到预期要求，但美国海军当时仍接收了 7 套并计划采购额外 15 套。目前，该任务模块预计已于 2017 年第一季度形成了初始作战能力。

3. 机载灭雷模块

机载灭雷模块由 MH-60S 直升机、AN/ASQ-235 机载灭雷系统（AMNS）和 EX64“射水鱼”灭雷具组成，主要用途是浅水区沉底雷和锚雷的识别、消除。MH-60S 直升机通过安装与 AN/AQS-20A 共用的可拆卸装载、发射、拖曳和回收系统进行布放与处理系统的部署，实现 EX64 射水鱼灭雷具的布放。其中，布放与处理系统长 3.4m，直径39.4cm，空中时空载重 274.9kg，载 4 个灭雷具时重 341.5kg，入水后空载重 98.4kg，载4 个灭雷具时重 101.4kg，光纤长度 1500m。EX64 射水鱼灭雷具长 1.05m，直径 13.5cm，空中重 16.6kg，入水后重 0.4kg，采用电压 16.8V、20A 锂电池动力，航速 0.5~6kn，光纤长度 2000m。

4. 近岸水雷监视模块

近岸水雷监视模块由 MQ-8B 火力侦察兵无人机及其搭载的 AN/DVS-1 近岸战场监视与分析系统（COBRA）、项目管理工作站组成，主要用途是提供精确战场环境信息，如沙滩近水面区域的战术目标、雷区和障碍物等。近岸战场监视与分析系统计划于 2017 财年完成演示验证。COBRA 是一个数字多光谱成像传感器组件，长 28cm，装于万向转向架上，包括1 架高分辨率数字摄像机、6 色旋转滤光轮、1 部激光测距仪和电子控制设备。COBRA Block1 仅在白天使用，Block2 具备昼夜探测能力。

5. 无人感应扫雷模块

无人感应扫雷系统（UISS）由 2 艘舰队级无人艇（CUSV）和无人水面扫雷系统（USSS）组成。其中，无人水面扫雷系统由微型涡轮供电磁性拖曳线缆和声信号发生器组成。无人水面持续扫雷模块已于 2011 年夏成功开展了原型试验，计划 2018 财年具备扫雷能力并交付。

6. 掩埋雷猎雷模块

掩埋雷猎雷模块由“刀鱼”无人潜航器（UUV）、收放装置等组成，主要用途是沉底雷和掩埋雷的探测。组成该模块的“刀鱼”无人潜航器预计 2019 年交付。刀鱼无人潜航器是刚添加进任务包的新型反水雷装备，濒海战斗舰的需求文件中还未有此装备，因为无人潜航器会降低反水雷任务探测和清除效率。

7. 梭鱼灭雷系统

梭鱼（Barracuda）灭雷系统是一个 ACAT Ⅲ采办项目，2018 年第二季度达到里程碑 B（研制决策）。当碰上疑似水雷并定位之后，海军将使用梭鱼进行海上水雷识别和灭雷操作，其作战概念如图 5-9 所示。①

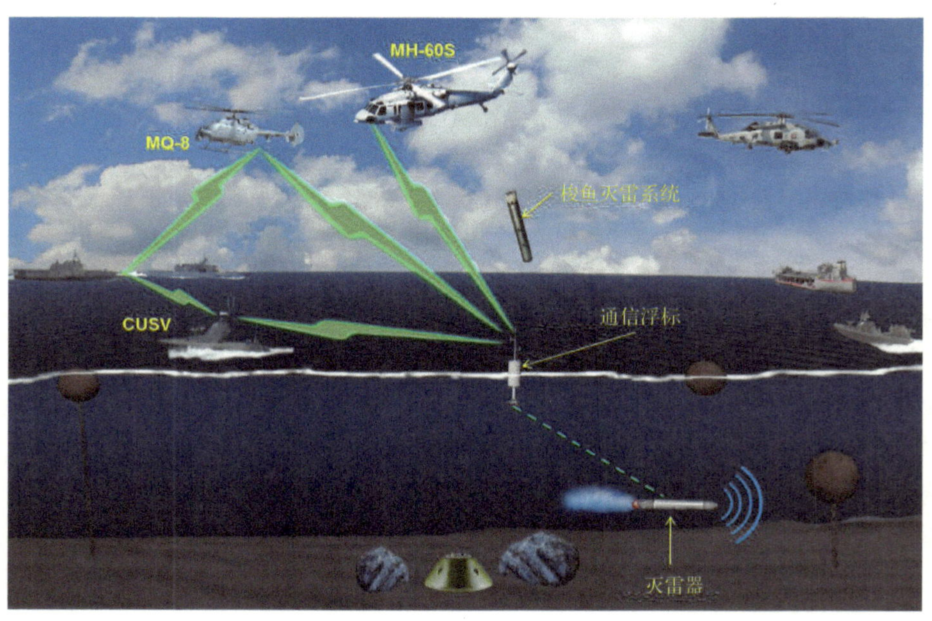

图 5-9 ｜梭鱼灭雷系统作战概念

5.2.3 水面战任务包

濒海战斗舰的水面战任务包（SUW）由舰炮任务模块、反舰导弹模块、航空模块、海上安全模块和任务包应用软件组成，如图 5-10 所示。②

① Acquisition of the Navy's Mine Countermeasures Mission Package. Report No. DODIG-2018-140, Inspector General DOD, July 25, 2018; Appendix B. Individual Mine Countermeasure Mission Package Systems.
https://media.defense.gov/2018/Jul/27/2001947725/-1/-1/1/DODIG-2018-140.pdf.

② United States Navy. Littoral combat ships-surface warfare mission package [EB/OL]. 2016.
http://www.navy.mil/navydata/fact_dispaly.asp? cid=2100&tid406&ct2.

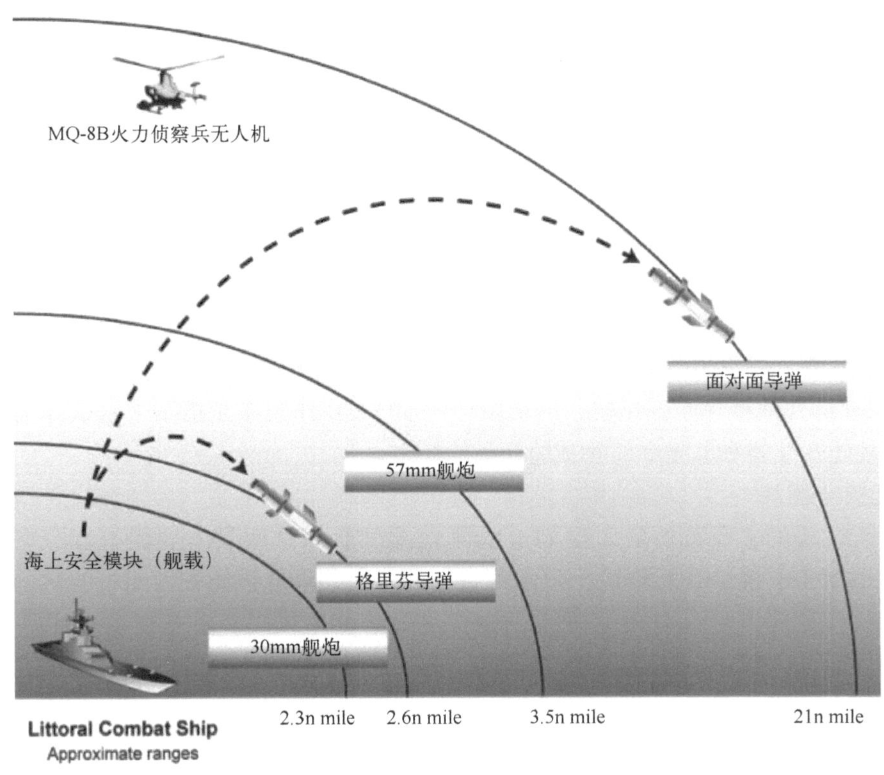

图 5-10 ‖ 水面战任务包组成示意图

1. 舰炮任务模块

舰炮任务模块的主要装备是 2 套 Mk46 Mod2 型舰炮系统，配备 Mk44 Mod2 型 30mm "巨蝮" 自动加农炮，最高射速 200 发/分，使用 30×173mm 炮弹，弹舱装弹量 400 发，2 个装弹机装弹量 240 发/个。此外，该系统还配备了前视红外传感器、热成像仪和激光测距仪。目前，该任务模块具有对快速攻击小艇和无人艇蜂群等水面目标的较强打击能力，已通过上舰验证，具备了初始作战能力。

2. 反舰导弹模块

反舰导弹模块的主要装备是长弓地狱火反舰导弹以及配套的自持式火力控制发射系统、垂发支架系统、气体管理系统和模块化控制计算机等，其主要用途是应对近岸快速攻击小艇和不断发展的无人艇蜂群威胁。由于空间和重量问题，在濒海战斗舰上安装远程反舰导弹存在较大困难。最初美国海军和美国陆军联合开发了通用型导弹替代此前的非视距（N-LOS）导弹系统，2011 年改为雷神公司的格里芬 ⅡB 型导弹，2014 年最终选择了长弓地狱火反舰导弹。舰载长弓地狱火反舰导弹 AGM-114L 长 1.76m，重 49kg，战斗部重 9kg，射程 8km，单舰装备 24 枚，能够使用舰载海上长颈鹿雷达照射目标，并利用自身毫米波雷达引导打击目标，具有较强的齐射能力和"发射后不管"的优势，部署后将大幅提升濒海战斗舰的水面目标定点清除能力。该导弹已于 2017 年 2 月成功通过了试验验证，目前正在进行模块的集成与测试，计划 2018 年形成初始作战能力。

3. 航空模块

航空模块的主要装备是 MH-60S 海鹰直升机和 MQ-8B 火力侦察兵垂直起降无人机，2016 年 10 月已形成初始作战能力。濒海战斗舰的机库可容纳 2 架 MH-60S 或 1 架 MH-60S 和 3 架 MQ-8B。其中，MH-60S 挂载可携带 8 枚地狱火导弹的 2 个 Mk299 Mod2 型发射架，配备 GAU-21 型 12.7mm 和 M240 型 7.62mm 机枪。MQ-8B 以商用施韦茨 333 直升机为基础，机身长 7.3m，宽 1.9m，高 2.9m，主旋翼直径 8.4m，空重 940kg，最大起飞重量 1429kg，视距内飞行控制范围 277km，升限 3800m，有效载荷 272kg，续航时间 9h，续航力 110n mile，巡航速度 230km/h，最大航速 231km/h。初始设计集成 Telephonics 公司 RDR-1700B 海上监视雷达，精确搜索范围为 13.5n mile，最大范围 43n mile，升级后配备 AN/ZPY-4 雷达，性能得到极大提升，可在 70n mile 范围内精确搜索跟踪 200 多个目标。MQ-8B 部署在濒海战斗舰上的主要用途是执行舰、反潜、反水雷和中继通信、目标指示、情报监视侦察等任务，已通过了与 MQ-60R 直升机的有人-无人协同作战概念验证试验，成功验证了 MQ-8B 作为激光指示平台引导 MH-60S 执行打击快速攻击小艇群和其他非对称威胁任务的能力。

4. 海上安全模块

海上安全模块的主要装备是 2 艘 11m 长刚性充气艇以及配套的登船临检、搜救、搜查装置，具有适用于巡视、登船临检、搜索和查扣的能力并降低被检查者对抗执法的能力，目前已形成初始作战能力。自由级濒海战斗舰舰尾配备泛水尾门，上部设置通用 3 轴悬吊系统，用于小艇等任务模块的在航布放和回收；而独立级濒海战斗舰尾门设置较高，没有泛水尾门，需通过上方设置的悬吊系统进行小艇和其他无人系统的收放。

5.2.4 反潜战任务包

如图 5-11 所示，反潜战任务包（ASW）由反潜战护航模块、鱼雷防御模块、航空模块、反潜任务管理/指挥控制中心组成①。反潜战任务包的核心模块均为成熟产品，其主要技术难题是集成，因此反潜战任务包没有增量。2014 年 9 月，反潜战任务包在独立号上进行了原理样机试验验证。目前，反潜战任务包正聚焦于减轻重量和软件集成成熟度的提升，2018 年交付。

（1）反潜战护航模块。反潜战护航模块由可变深声呐、多功能拖曳声呐阵列、收放装置、持续主动声呐处理与控制系统、储存装置组成。其中，可变深声呐为主动可收放声呐；拖曳声呐阵列为主被动低频拖曳声呐阵列，采用已广泛应用于英国皇家海军舰船的泰利斯公司 2087 型声呐。

（2）鱼雷防御模块。鱼雷防御模块由探测预警用多功能拖曳声呐阵列声拦截器（ACI）、轻型拖曳诱饵组成。

（3）航空模块。濒海战斗舰执行反潜任务时搭载 MH-60R 直升机，配备 AN/AQS-22

---

① United States Navy. Littoral combat ships-anti-submarinewarfare (ASW) mission package [EB/OL]. Http://www.navy.mil/navydata/fact_dispaly.asp? cid=2100&tid412&ct2, 2016.

机载低频声呐、前视红外传感器、激光测距仪、逆合成孔径雷达、主/被动声呐浮标、AN/APS-153潜望镜探测雷达、Mk46/50/54轻型鱼雷。其中，AN/APS-153潜望镜探测雷达为洛克希德·马丁公司集成到MH-60R海鹰直升机航空电子套件上的海上监视雷达，配备敌我识别雷达、自动雷达潜望镜探测识别系统、远程高清成像仪，可提供濒海和海上态势感知能力。机组任务人员可通过机上8英寸×10英寸的彩色多任务显示器控制，舰上人员可通过机载C波段数据链同步接收雷达信号。Mk46鱼雷主要用于深水区，Mk50鱼雷主要针对高价值的核潜艇，Mk54鱼雷主要用于浅水区。

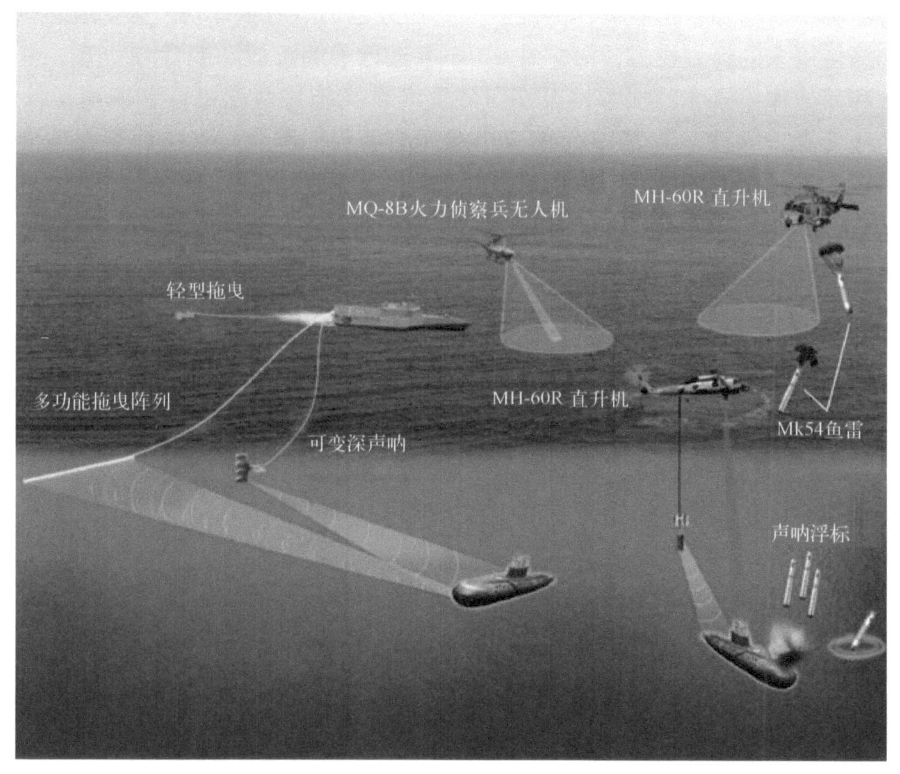

图 5-11 ‖ 反潜战任务包示意图

自2015年以来，美国海军一直致力于开发新的濒海战斗舰反潜战任务包，以改善初始设计中重量太大的缺陷。2017年5月，美国海军授予雷神公司一份2790万美元的合同，以发展次级搜寻能力。如果海军对研发结果感到满意，合同中还包括一项价值高达3亿美元的生产制造选项。2018年7月，美国海军无人与小型作战舰艇项目执行办公室（PEO USC）宣布反潜战任务包完成了两个里程碑试验。其中第一个是对双模阵列发射系统（Dual-mode ARray Transmitter（DART）Mission System）拖体和相关布放与回收组件进行了为期10天的1号码头试验，试验地点为佛罗里达州皮尔斯堡。第二个是该双模阵列发射系统完成了水下全功率发射试验，试验地点为纽约德累斯顿海军水下战中心塞内卡湖分部试验设施。双模阵列发射系统的开发步骤包括：首先对单个系统组件进行增量测试；其次逐步进行更大范围的集成和试验；最后对整个反潜战任务包进行试验。

2018年初，在众议院军事委员会听证会上美国海军曾表示，其并不打算为每艘濒海战斗舰采办全部任务包。相反，濒海战斗舰将被分成几组执行任务，并根据需要更换任务包。

截至目前，美国海军预计购买 10 个反潜战任务包，并计划在 2019 财年实现任务包的初始作战能力。

5.2.5 发展现状与趋势

濒海战斗舰如图 5-12 所示。LCS 最初计划建造 55 艘，由于美国海军战略转型（从“由海向陆”到“重回制海”），其建造数量削减为 35 艘。其中，自由级 LCS 计划建造 16 艘，目前已服役 10 艘；独立级 LCS 计划建造 19 艘，目前已服役 12 艘。濒海战斗舰在水面舰队中所占比例不断增加，但舰只作战经验及其任务包仍落后于计划。为了应对执行舰船独特的作战和维持概念的计划挑战，海军在 2016 年进行了濒海战斗舰计划审查，并宣布了对舰员、维护和其他作战概念的根本性改变。随着海军实施这些变更，它取消了计划的 2018 年濒海战斗舰部署，但宣布了 2019 年的 3 个濒海战斗舰的部署。这些部署将为海军提供另一个机会，以测试其作战和维持概念的修订可行性，即使有更多的濒海战斗舰进入船队。

图 5-12 濒海战斗舰

濒海战斗舰的每个任务包均包含多个增量研制设计，分别对应不同的关键系统。当所有增量均实现作战能力时，任务包才具备完整的海军所需的能力。由于设计问题、成本超支、制造工期延误等多种原因，各任务包增量均出现了如前所述不同程度的问题和延期，如反水雷任务包“增量”1 的遥控猎雷模块预计在 2015 年实现初始作战能力，而该模块的半潜式遥控多功能无人潜航器由于可靠性和可用性问题于 2016 年 3 月遭取消，目前需采用无人艇重新设计验证。

濒海战斗舰不同任务包增量的关键系统、试验鉴定主计划预期的初始作战能力试验进度及其延期计划见表 5-2。① 从表中可以看出，濒海战斗舰两型舰的任务包初始作战能力试验进度均受到不同程度的延迟。

---

① United States Government Accountability Office. Littoral combat ship: Additional testing and improved weight management needed prior to further investments [R], 2014.

表 5-2 濒海战斗舰初始作战能力试验进度及其延期计划

任务包类型	增量	关键系统	2014	2015	2016	2017	2018	2019
水面战任务包	1	Mk45 型 30mm 舰炮系统/航空模块	○	□				
	2	海上安全模块	○	□				
	3	垂直起降无人机/反舰导弹					○	□
	4	反舰导弹升级					○	□
反水雷任务包	1	机载激光探雷系统/机载灭雷模块、AN/AQS-20A 声呐/遥控多功能无人潜航器		○□		●■		
	2	垂直起降无人机/近岸战场监视和分析系统		○	□	●■		
	3	无人水面持续扫雷系统			○□		●■	
	4	无人猎雷系统				□	○	●■
反潜战任务包	1	多功能拖曳声呐阵列/可变深声呐/轻型拖曳鱼雷诱饵/垂直起降无人机			○	□	●■	

○：自由级濒海战斗舰初始作战能力试验安排
●：自由级濒海战斗舰延期计划
□：独立级濒海战斗舰初始作战能力试验安排
■：独立级濒海战斗舰延期计划

根据 2019 年美国国会报告，海军计划为 LCS 加装更多武器，以使其功能更像 FFG(X)。海军开始在所有濒海战斗舰上改装超视距武器系统（OTH WS），以增加杀伤力。OTH WS 于 2018 年 5 月获得海军打击导弹合同，为濒海战斗舰带来了技术成熟的武器系统，并扩展了该舰的进攻能力。

5.3 自由级濒海战斗舰（LCS-1）

自由级（Freedom class）濒海战斗舰能搭载无人飞机、无人水面和水下载具，具有吃水浅、航速高的特点，可以根据不同的战斗任务灵活调整战斗模块，实现“即插即用”①。

图 5-13 | 自由级濒海战斗舰 LCS-1

自由级濒海战斗舰自 2002 年由美国洛克希德·马丁公司开始设计，首舰 2005 年 6 月 2 日在美国马里内特造船厂开工建造，2006 年 9 月 23 日下水，2008 年 11 月 8 日服役，至 2020 年共建造有 14 艘，其中 10 艘已服役，如图 5-13 所示。

① 傅琦．濒海战斗舰 LCS-1“自由”号［J］．兵器知识，2009，(1)：62-65.

5.3.1 研制背景

1991 年苏联解体，美国海军开始不断地调整军事战略，先后提出了“由海向陆”和“前沿存在”等战略思想。2002 年，美国海军又提出了“海上打击、海上盾牌、海上基地”的概念，标志着其“濒海战略”正式替代了“远洋战略”。事实上，早在 20 世纪 80 年代，美国海军的作战区域便已主要集中在濒海，面临的威胁也大都来自濒海。而在最近 30 年中，美国海军舰船在战斗中共损坏了 5 艘，全部都发生在濒海水域。其中 3 艘被水雷损坏，1 艘被反舰导弹击中，还有 1 艘被自杀性小艇炸弹炸坏。鉴于战略上以及实际战术的要求，美国海军认为，虽然其现有的舰艇具备了在濒海区域对抗反介入威胁的能力，但若以放弃其主要战斗使命为代价，这样做将得不偿失。而且，美国海军也没有足够的多任务舰艇去控制所有濒海区域或战场空间。因此在未来必须有一型新舰船来保证在任何情况下、任何地点都能自由地实施武力威慑和非战争军事行动的需要，能补足航空母舰和潜艇的“短处”，填补战略转型后深海作战舰艇和与海岸作战之间的火力空白，既能保障美国海军在濒海区域的安全介入，也能够保证其他作战舰艇从事其主要的作战使命，从而确保美国海军将主要战斗力量用于执行“对陆突击”这一中心任务。

因此，在未来必须有一型舰船能补足航空母舰和潜艇的“短处”，既能保障美国海军在濒海区域的安全介入，也能够保证其他作战舰艇从事其主要的作战使命，从而确保美国海军将主要战斗力量用于执行“对陆突击”这一中心任务。①

20 世纪 90 年代初期，美国提出了 SC-21 水面战斗舰艇计划，打算研发一种低成本的小型多功能水面作战舰艇来取代佩里级护卫舰，以满足 21 世纪初期日趋多元的濒海作战以及美国本土海岸线的防卫需求（美国海岸线以往都由接近警察性质的海岸警卫队来看守）。后来这个计划演变成“Street Fighter”，目标是一种快速灵活、成本低、网络化的多功能小型舰艇，美国海军的研究选型范围从 400t 级巡逻艇到 4000t 级护卫舰都有，而“Street Fighter”便成为了多功能濒海战斗舰的前身。因此，濒海战斗舰实际上并不是一个新的舰种，只是一级新型护卫舰，在任务模块和执行能力上提出了更高的要求。②

2001 年，美国海军为了适应海军战略的调整，在濒海海域有效应付各种不对称威胁，把研制单一舰级的 DD-21 计划转变为研制水面舰艇系列，包括担负对地攻击任务的未来驱逐舰 DD(X)、担负防空任务的新一代巡洋舰 CG(X)和执行濒海作战任务的濒海战斗舰。LCS 具有濒海制海功能，可以完成传统大型水面舰只所不能完成的一些作战任务，主要目的是发展一种平台，能相对大量的部署并依靠灵活的作战模块，支持大范围的联合作战行动，保障海军部队在敌方水面舰艇、潜艇和水雷的威胁下进入濒海地区，但这并不意味着它是在“濒海”作战，而主要是在濒临大海的沿岸地区，担负着保障美军顺利进入濒海地区的任务。根据设计要求，LCS 将主要用于全球沿海水域作战，必须具备大洋航行能力，能抵达全球任何距海岸几百海里的濒海区域，因此其排水量也要更大一些，至少应在 800~3000t 左右；能够快速机动地提供高度精确、强大的火力打击；舰体将采用模块化结构，可以根据任务的需要由不同的模块来搭建，实现“即插即用”。简言之是一种快速、机动、吃水浅、吨位不大、性能独到的水面舰艇。

---

① SC-21-21st Century Surface Combatant，https://www.globalsecurity.org/military/systems/ship/sc-21.htm.

② 李杰. 濒海战斗舰的来龙去脉 [J]. 现代军事，2006，(12)：38-41.

2001 年 9 月，美国海军正式宣布建造一型吨位小、速度快、隐身能力强的舰艇，用于在近岸执行任务①。2002 年，LCS 项目正式启动，2003 年进行了初样设计，2004 年初样设计完成。

美国海军首次提出 LCS 的构想时，最初将其定位为 500～600t 的小型巡逻舰，不过 500～600t 的舰体规模根本不可能有像样的搭载能力、适航性与持续作业能力，无法满足美国海军对 LCS 的众多需求；加上美军又开始希望 LCS 具备快速运输一定兵员与车辆的能力，所以 LCS 的吨位遂逐渐放大。因此，前来参加竞标的设计大多超过 2000t，而达到轻型护卫舰的等级，造价则介于 1.5 亿～2.2 亿美元。参与竞标的团队主要包括洛克希德·马丁公司、通用动力公司、雷神公司、诺斯罗普·格鲁曼公司和德事隆集团（Textron Systems）。其中洛克希德·马丁竞标方案是名为“海刃”（SeaBlade）的设计方案，采用一种被称为“先进半滑航船体”的非传统单船体设计；通用动力旗下巴斯钢铁联合英国 BMT 公司竞标方案是以英国海神号为原型的三体穿浪设计大甲板高速舰型，称为通用动力多用途舰艇（GDMMC）；雷神公司则以挪威盾牌级导弹艇为基础加以放大修改的水面效应船为竞标方案；诺斯罗普·格鲁曼集团则采用维斯比级巡逻舰为基础放大修改的复合材料船体高度隐身化舰型设计；德事隆提出的设计案则为混合双船体气垫船（Hybrid Catamaran Air Cushion，HCAC）。②

2003 年 7 月 17 日，美国海军宣布洛克希德·马丁、通用动力以及雷神等 3 组团队通过初选，与之签署价值 1 亿美元初步设计合约，以各团队在第一阶段的概念为基础，在 7 个月内完成 LCS Flight 0 的设计。美国海军打算选择一到两家厂商，不过通用动力表示希望美国海军只选择一家厂商，这样比较节省成本。诺斯罗普·格鲁曼集团虽然落败，不过与雷神公司的 LCS 团队建立了合作关系。

2004 年 5 月，美国海军宣布竞标结果，通用动力与洛克希德·马丁两个团队同时获选，显然美国海军面对这两组最被看好、各有所长的设计很难完全割舍任何一方，所以先由双方各自建造原型舰进行测试，根据结果再选择其一。

2004 年 12 月，自由级濒海战斗舰首舰 LCS-1 自由号的建造合同签订，单舰成本不应超过 2.2 亿美元。2005 年 6 月，自由号在马里内特海事公司位于威斯康星州的船厂内铺设龙骨，并于 2006 年 9 月下水，2008 年 7 月开始接受建造商海上测试。

2008 年 9 月，美国海军接收了自由号濒海战斗舰，2008 年 11 月 8 日，美国海军宣布自由号濒海战斗舰加入海军服役，母港设在圣地亚哥海军基地，服役初期主要在加勒比海执行海上走私管制任务。

2010 年，美国海军原计划在两型 LCS 中二选一后批量生产，最后美国海军提交了一个折中预案，两种型号都保留，各造 10 艘。2010 年 12 月，美国海军向分别将 10 艘舰艇的建造合同授予了洛克希德·马丁公司和通用动力公司奥斯塔造船公司。

5.3.2 技术特点

洛克希德·马丁公司和通用动力公司各自独立设计的 LCS 海上框架能够容纳核心任务和特殊任务设备与操作舰员，都实现了冲刺速度超过 40kn 和远程运输距离超过 3500 英里的目标，但是它们设计迥异。自由级濒海战斗舰是一种高速半滑行单船体军舰，而通用动力的

① Freedom-class littoral combat ship，https://en.wikipedia.org/wiki/Freedom-class_littoral_combat_ship.

② Independence-class littoral combat ship. https://en.wikipedia.org/wiki/Independence-class_littoral_combat_ship.

独立级濒海战斗舰是一种舰首为细长型稳定单船体的三船体军舰，船体外形都能使信号特征降低，当自由级以 40kn~50kn 的速度冲刺时，通过其单体船托起军舰上层建筑从而尽可能多地脱离水面。此外，这两种设计采用了不同的方式来组合可重构的内部空间，虽然都能够有效发射、控制和回收各种作业工具，但水中作业和空中作业工具的发射与回收策略有所不同，并将随着设计目标的调整而继续发展。

自由级濒海战斗舰的“先进半滑航船体”（Advanced Semi-Planing Seaframe）最早是以“海上刀刃”的概念被提出，是一种非传统单船体设计，其设计依据是意大利著名游轮生产商芬坎蒂尼（Fincantieri）建造的 1000t 级半滑航商船战马号（Destrier），该船曾创造并保持着横渡大西洋的最高速纪录，该技术已成功应用于欧洲高速客货滚装船上，它结合了常规排水型船排水量大和滑行艇快速性好的优点，在波浪中速度损失最小。自由级具有出色的机动能力、适航性、任务执行能力和适居性，相较于独立级濒海战斗舰的设计，其舰体特性最趋近于传统单船体，风险最低，且在航速、价格、操作成本、综合机动性以及模组装设能力上都有优势，虽然可用甲板面积较少，但其内部可用容积较美国海军的要求多出 50%。再加上自由级的预估报价比美国海军的上限低约 37.5%，因此一开始就是 LCS 中呼声颇高的设计。

2008 年，以色列计划出资 19 亿美元采购 4 艘 LCS-I 濒海战斗舰（Israel），后来因为造价过高（单位超过 6 亿美元）而放弃。LCS-I 濒海战斗舰的全舰结构组成如图 5-14 所示。①

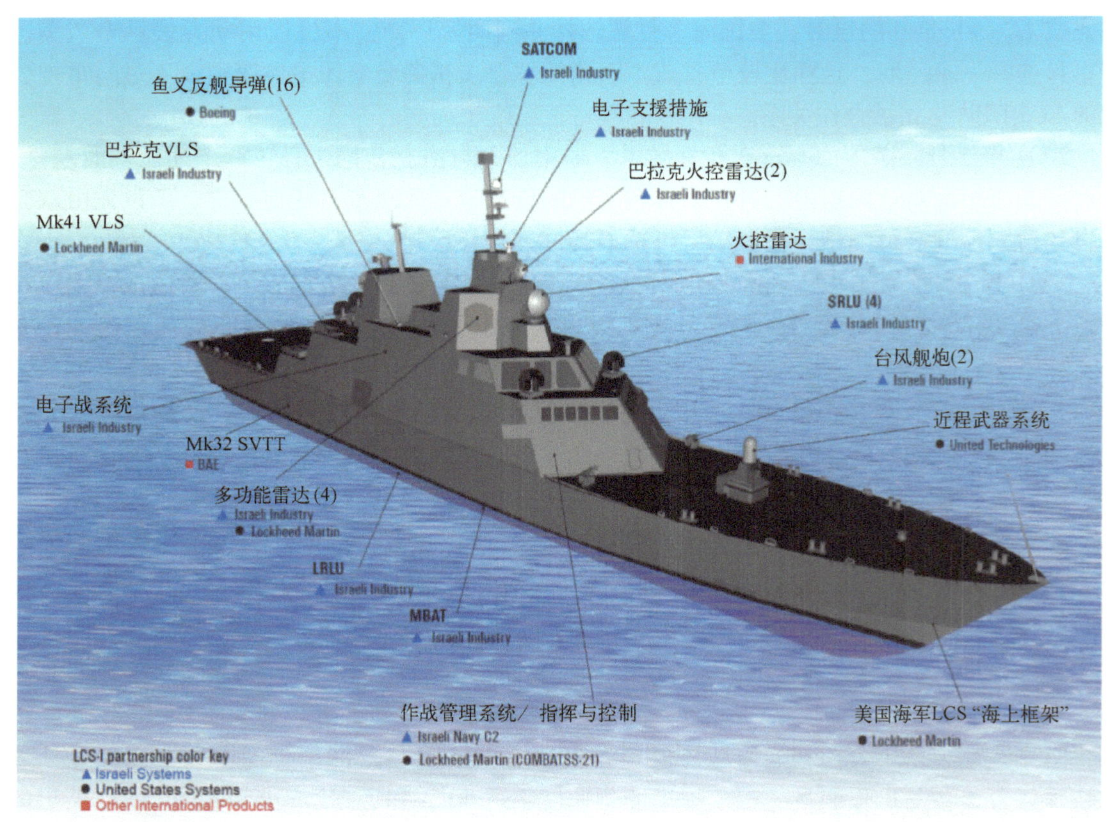

图 5-14 LCS-I 濒海战斗舰结构组成

① https://www.defenseindustrydaily.com/files/LCS_Lockheed_Israel_Variant_Brochure.pdf.

5.3.2.1 舰型结构

自由级濒海战斗舰在高速航行时会向上浮起，吃水减少，阻力遂大幅降低。依照传统习惯，船只航行时由水产生的上扬力与船身重量的比值（称为 Fround Number）在 0.4 以下称为排水船体，航行时介于 0.3~1.02 称为半滑航船体，而至少在 0.7 以上者则称为滑航船体。根据自由级的航行特点，所以将其定义为半滑行军舰，它拥有特别的深 V 形舰艏，可以切开艏部波浪；宽大而浅的舰艉可以在艉部提供升力，航行时艉部得到抬升，减小了艉倾和波浪中的阻力，航行稳定性更好。此外较大的舰宽使自由级拥有良好的耐波性和出色的货物容纳能力。

自由级濒海战斗舰舰体采用模块化结构，舰体材料先进。为了减轻重量，最初设计上采用铝合金来制造舰体与上层结构，后来为了强化抵抗战损能力，其舰体部分改用钢材来制造，不过这样也导致自由级出现超重问题。由于需要在离敌方最近的地方进行作战，隐身性能必不可少，因此濒海战斗舰船体、上层建筑和桅杆均采用带有倾角的多面体和全封闭设计，以散射雷达波；同时，还采用雷达吸波涂料和隐藏于舰身内的多功能垂直发射装置，以减少雷达信号；此外，濒海战斗舰还采用喷水推进技术，使水下振动和声响更小。

自由级濒海战斗舰航程可达 6900km 以上，具有高度的自动化水平，舰员编制控制在 50~70 人，携带持续 21 天的必需品，也可以进行海上补给。兵员配置方式上与美国战略核潜艇一样，舰员分 2 组，一组乘舰执行任务时，另一组在基地休整，每 6 个月进行一次包括舰长在内的轮换。另外自由级还可以为 75 名舰员和特殊任务人员提供住宿，它们的战备率将达到 95%。自由级设置了 3 个损管控制站，都位于第二层甲板，舰上各处都有完善的灭火设施。自由级拥有能灵活移动舰上各飞行载具的 TRIGON 吊放系统以及高架装卸系统，比美国海军要求的运载能力要高出 50%，堪称高速“海上卡车”。

5.3.2.2 舰电系统

自由级舰桥顶端设有光电搜索装置，将配备 EADS 研制的 EADS TRS-3D 型 C 波段对空/平面搜索雷达，以实施空中与水面目标的定位、监测、跟踪和火力分配，该雷达还采用了最先进的信号处理技术，尤其适合在极端条件下对低空飞行或慢速移动目标进行探测，如反舰导弹和直升机。自由级引入了潜艇无线通信，还将配备 Argon ST 公司的 WBR-2000 电子对抗系统和丹麦 Terma A/S 公司研制的 SKWS 诱饵发射系统，SKWS 系统的发射管可以向 8 个方向发射 RBOC/SRBOC 和所有现有的 130mm 的铝箔干扰弹和红外干扰弹。自由级采用美国海军惯用的单一战情室设计，与任务控制中心连为一体，设置在舰体中段主甲板下方；此种设计符合美国海军现有使用习惯，但未来只能纵向增长，可扩充空间较小。

5.3.2.3 动力系统

自由级濒海战斗舰安装有两台罗尔斯·罗伊斯生产的 MT30 型单机功率 36MW 的燃气轮机，具有可靠性好、功率重量比大、结构紧凑等突出优点。两台费尔班克斯·莫尔斯公司生产的单机功率 6.4MW 的皮尔斯蒂克 16PA6B STC 柴油发动机，用以驱动 4 部罗尔斯·罗伊斯生产的卡梅瓦 153SII 大型声学优化喷水推进器。该喷水推进器具有推进效率高、噪声和振动小、操纵性能好等优点，特别适合浅水航行，大大提高了机动性。四台伊索塔—弗拉西尼公司生产的 V1708 型船用柴油发电机组提供辅助电力，而意大利 Fincantieri 海事系统北美公司将为其供应驾驶控制系统。

自由级濒海战斗舰的最大速度是 45kn，能在 230m 的距离内从 30kn 航速立即停车，在

345m 的距离上以 30kn 航速突然转弯。全速航行时，可在 800m 的距离内作 360°的回转。优秀的机动性可以使自由级濒海战斗舰在濒海灵活摆脱高速来袭的快艇，还可以躲避水下潜艇和鱼雷的攻击。同时，自由级可以迅速接近目标网络或基地探测范围之外的岸上目标或海上舰艇并随时攻击，也能支持特殊的 SOF 单位部署，包括提供飞行甲板或登舰。因此，濒海战斗舰的任务远远超出了轻型护卫舰的范畴，在某种程度上可以视为美国航母编队的一架超远程预制“舰载机”。

5.3.2.4 作战系统

自由级濒海战斗舰的作战管理系统是洛克希德·马丁开发的基于开放式架构的 COMBATSS-21，融合了其最新开发的开放式架构宙斯盾系统（基线 7）的经验与规格，能与雷达、声呐、舰炮系统、导弹发射装置、干扰弹发射器和电子战等单元相连，可以根据任务的变化轻易换装不同的模组和装备，实现“即插即用”，与宙斯盾基线 7 的共通性达到 60%左右，能提供全范围海军和美国海岸警卫队舰船之间的互操作性。

自由级濒海战斗舰最多可搭载 220t 的武装及任务模块系统，舰艏装备了 BAE 系统公司地面和武器装备分部（前身是联合防务公司）制造的一门博福斯 57mm 舰炮 Mk110 型，发射 Mk295 型炮弹，射速 220 为枚/min，射程为 14km。直升机库上方设有一套 RIM-116 拉姆防空导弹发射器，舰桥前后方的两侧各有一挺 12.7mm 机枪，共计 4 挺。直升机库结构上方还预留两个武器模组安装空间，可依照任务需求设置垂直发射装置来装填短程防空导弹或者安装 Mk 46 型 30mm 舰炮模组。

自由级濒海战斗舰可根据任务不同而配备相应的模块，并可在 24h 内完成调整、测试并正常工作。2006 年 10 月，美国海军授予通用动力机器人公司一份合同，由其为反潜战模块开发 4 种无人驾驶水面航行器，这其中就包括斯巴达（Spartan）无人水面艇。

自由级濒海战斗舰都配置一个直升机甲板和机库，飞行甲板比现役水面作战舰艇大 1.5 倍，可以为直升机和无人机提供作业，起降 MH-60R/S 海鹰直升机，发射和回收 MQ-8B 火力侦察兵（FireScout）战术无人机。该无人机最多可以配备导航雷达、红外照相机和摄像机等 272kg 的有效载荷，续航力 204km。其机库 2 倍于现役水面舰艇，可容纳 2 架 MH-60R/S 直升机或 1 架 MH-60R/S 直升机、3 架无人机。自由级濒海战斗舰的直升机甲板下方设有一个运输舱，可搭载任务装备与士兵，侧面设有一具 11m 长的液压伸缩跳板，靠岸时可伸出舰体与码头连接，车辆进出装卸。下甲板任务舱区分为 3 个分隔的部分，主要作业舱间称为“湿舱”，主要用来收容/操作 RHIB 快艇，透过舰体右侧水线附近的舱门收放，收放作业所需的滑轨式起重机安装在舱顶；另一个舱区则是干舱，此外还有一个储藏舱间，之间有走道相通。将任务舱区分隔的好处是：“湿舱”打开作业时，其他两个舱间仍然可以保持水密，不会受到进水影响。

2008 年 7 月，美国海军授予通用动力机器人系统公司一份合同，由该公司为濒海战斗舰开发一种无人驾驶和其他水运工具通用布放和回收系统（Common Launch and Recovery System，CLRS），该系统采用自动式艉门和舰尾坡道，以及为布放和回收有人驾驶与无人驾驶航行器而设计的侧面布放门和桥式起重机。可以布放斯巴达无人水面艇，该航行器长 11m，重 7.7t，有效载荷约 2270kg，速度 35kn，可连续航行 24h 以上。使用该系统在 5 级海况下，即在风速高达 27kn，平均浪高在 6.4 英尺到 9.6 英尺时，濒海战斗舰仍可以起降飞机。在 4 级海况下，即在风速高达 21kn，浪高达 5 英尺情况下，濒海战斗舰在 15min 之内可以布放和回收像 40 英尺长高速快艇那样的水运工具，发射效率和稳定性非常高。

5.3.3 主要性能与装备

自由级濒海战斗舰侧视图如图 5-15 所示，主要性能与装备如表 5-3 所列。

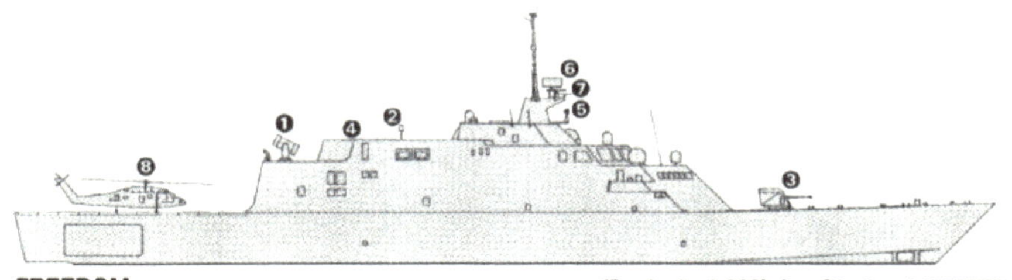

图 5-15 LCS 1 自由号侧视图

表 5-3 自由级濒海战斗舰主要性能与装备

名称	FREEDOM CLASS LCS FLIGHT 0
制造商	Marinette Marine，Marinette，WI 马里内特海事公司
建造数量	16
服役时间	2008 年（LCS 1）
排水量	3360t（LCS 1），3462t，满载
主尺度	115.3m × 17.5m × 4.1m（LCS 1） 118.1m × 17.6m× 4.3m
航速	40kn
续航力	3500n mile/14kn
舰员编制	40 名（军官 8 名）
动力装置	2 台罗・罗公司 MT30 燃气轮机，总功率 96550 hp（72MW）；2 台 16PA6B 柴油发动机，总功率 17373 hp（12.96MW）；4 部喷水推进器
导弹	舰空导弹：1 座 21 单元 Mk99 发射装置①，RIM-116 防空导弹，主动红外/被动雷达波寻的，射程 9.6km（马赫数 2.5），战斗部重 9.1kg； 舰舰导弹：洛克希德・马丁公司 AGM 114L 地狱火反舰导弹②，主动雷达寻的，射程 8.3km，战斗部重 9kg
舰炮	1 座 BAE 系统公司 Mk110 型 57mm 舰炮③，220 发/分，射程 17km，炮弹重 2.4kg；4 挺 12.7mm 机枪；2 门大毒蛇 Mk46-II 型 30mm 舰炮④，200 发/分，射程 6.8km
对抗措施	物理对抗：2 套 SKWS 诱饵发射装置（LCS 1-3），或 4 套 ALEX 诱饵发射装置（LCS 5-23）； 电子对抗：ST WBR 2000 系统
作战数据系统	洛克希德・马丁公司 COMBATSS-21 作战管理系统； 武器控制系统：DORNA TV/IR（LCS 1-3）⑤，或 BAE 公司 FCS-57 与 TOPLITE（LCS 5-23）
雷达	对空/对海搜索：EADS 公司 TRS-3D 型 C 波段雷达⑥； 导航：斯佩里 BridgeMaster 型 E/F/I 波段导航雷达⑦
声呐	主动拖曳阵系统（正在开发）
舰载机	1 架 MH-60R/S 海鹰直升机⑧，或 1 架 MH-60R/S 海鹰直升机与 2 架火力侦察兵无人机

5.3.4 建造情况

自由级濒海战斗舰计划建造 16 艘，目前已服役 10 艘，最近服役的是 LCS 19。自由级濒海战斗舰的建造情况见表 5-4①。

表 5-4 自由级濒海战斗舰建造清单

舷号	舰名	建造日期	下水日期	服役日期	母港/状态
LCS 1	Freedom 自由	2005/6/2	2006/9/23	2008/11/8	San Diego
LCS 3	Fort Worth 沃思堡	2009/7/11	2010/12/4	2012/8/6	San Diego
LCS 5	Milwaukee 密尔沃基	2011/10/27	2013/12/18	2015/11/21	Mayport
LCS 7	Detroit 底特律	2012/11/8	2014/10/18	2016/10/22	Mayport
LCS 9	Little Rock 小石城	2013/6/27	2015/7/18	2017/12/16	Mayport
LCS 11	Sioux City 苏城	2014/2/19	2016/1/30	2018/11/17	Mayport
LCS 13	Wichita 威奇托	2015/2/9	2016/9/17	2019/1/12	Mayport
LCS 15	Billings 比林斯	2015/11/2	2017/7/1	2019/8/3	Mayport
LCS 17	Indianapolis 印第安纳波利斯	2016/7/18	2018/4/18	2019/10/26	Mayport
LCS 19	St. Louis 圣路易斯	2017/5/17	2018/12/15	2020	现役，特殊
LCS 21	Minneapolis-Saint Paul 明尼阿波利斯-圣保罗	2018/2/22	2019/6/15	/	建造中
LCS 23	Cooperstown 库珀斯敦	2018/8/14	2020/1/19	/	建造中
LCS 25	Marinette 马里内特	2019/3/27	/	/	建造中
LCS 27	Nantucket 楠塔基特	2019/10/9	/	/	建造中
LCS 29	Beloit 贝洛伊特	/	/	/	合同中
LCS 31	Cleveland 克利夫兰	/	/	/	合同中

① https://www.nvr.navy.mil/NVRSHIPS/HULL_SHIPS_BY_CATEGORY_LCS_127.HTML.

5.4 独立级濒海战斗舰（LCS-2）

独立级（Independence class）濒海战斗舰前身是20世纪90年代初美国“SC-21水面战斗舰艇计划”的一部分，是冷战后美国舰艇转型的一种三体试验舰（图5-16），主要用于全球沿海水域作战，舰体采用模块化结构，并选用先进的舰体材料和动力装置，能搭载无人机、无人水面和水下载具，具有吃水浅、航速高的特点，可以根据不同的战斗任务灵活调整战斗模块，实现“即插即用”。

图5-16 独立级濒海战斗舰（LCS 4）

独立级濒海战斗舰自2003年由美国通用动力公司开始设计，首舰LCS-2于2006年1月19日在美国奥斯塔造船厂开工建造，2006年4月4日被命名为独立号，2008年4月26日下水，2010年1月16日服役，至2020年共建造有15艘，其中11艘已服役。

2008年10月4日，在奥斯塔造船厂美国海军正式为独立号举行了命名仪式，2008年11月中旬，独立号在墨西哥湾进行接收海试，海试中独立号全速航行时航速最快达到46kn。海军舰船检验局经过检测认定独立号的推进装置、适航性和本舰防御能力满足交付的要求。

5.4.1 技术特点

5.4.1.1 舰型结构

独立级濒海战斗舰的结构组成如图5-17所示。

独立级濒海战斗舰为铝合金复合型高性能三体舰，长127.6m，排水量2784t，由一个瘦长的中央船体和两个狭长的、约1/2主船体长度的侧体组合而成，它的中央主船体从舰艏水线部位往后是由水线以上部分的深V形和水线以下部分尖削的半小线面糅合而成，从整船的1/3处开始，逐步融合过渡到普通的V形，水线面较小，船体狭长，形成了一个水动力

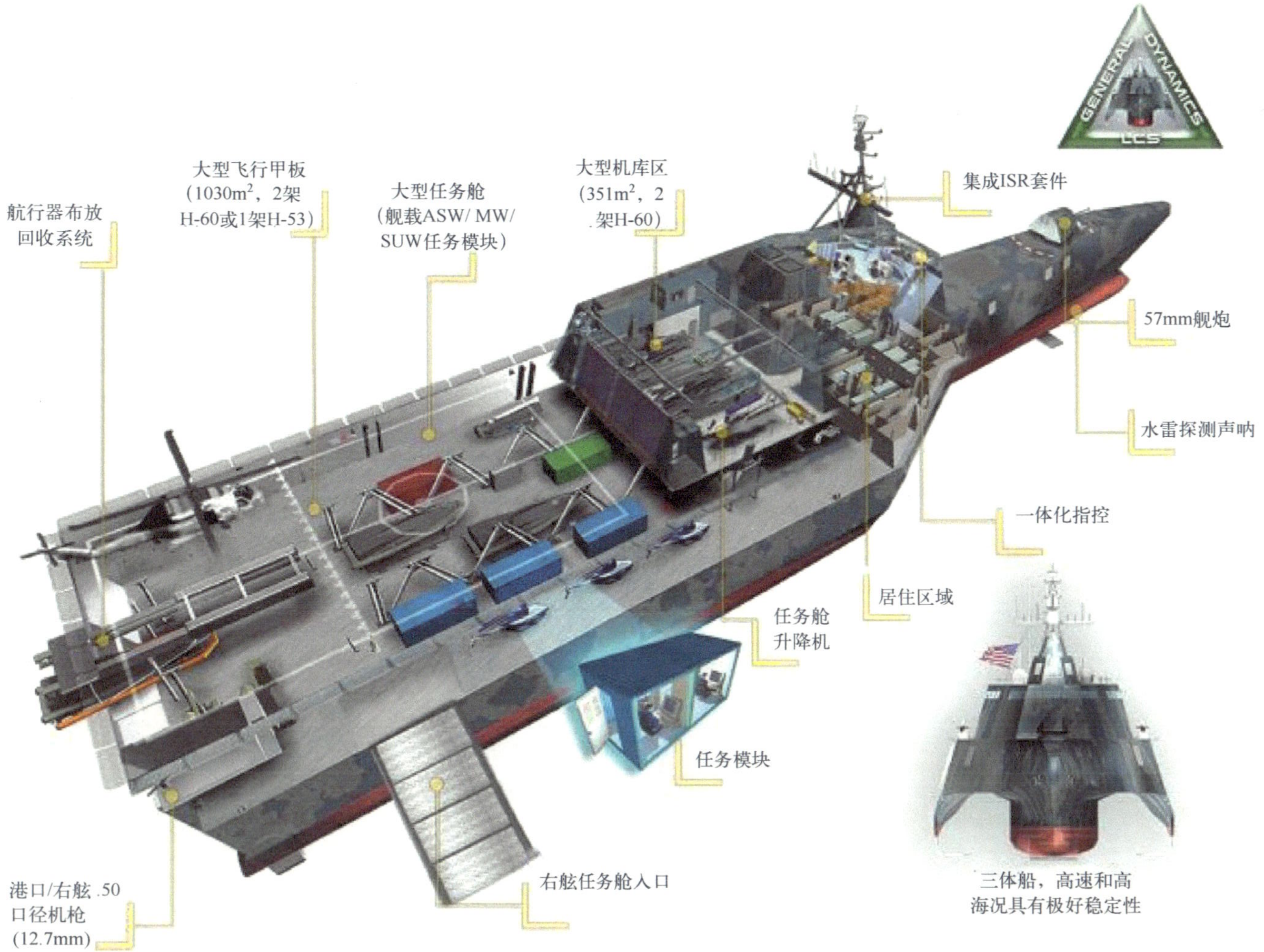

图5-17 独立级近海战斗舰结构组成

优化了的细长主船体，艏部水下没有明显的潜体。这种船体不仅能减少波浪对船艏的撞击，降低兴波阻力，而且使舰船的纵向稳定性和推进效率均得到很大提高。此外，独立级细长中央主船体的前后两侧各有一对自动控制的减摇鳍，其作用是进一步改善主船体的垂向加速度，使船体在波浪中获得更高的纵向稳定性和耐波性，船体在不良海况下高速航行时的平稳性和适航性也大为改善。传统设计的护卫舰一般在不利海况下 60h 的航程约为 1852km，而独立级的半小水线面深 V 形设计 30h 就能达到 2590km，很大程度改善了高性能舰船续航力不足的问题。另外，由于独立级的动力系统是 4 台柴燃联合的喷水推进装置，这使其推进效率进一步提高，最高航速可以达到 50kn 以上。

独立级利用下部两个尖削的侧体来增加整船的储备浮力，较好地解决了大长宽比小水线面船体的横摇问题。三体船型起主要支撑作用的是中央船体，主要设备都安装在船体内的中央位置，两个侧体不仅能够降低和改善横摇角，还能使舰船获得宽大的甲板面积和上部舱室容积，在相同排水量下，甲板面积要比单体船大 40%，为更合理地布置武器装备、携载舰载直升机提供了充裕的空间，同时也为屏蔽主船体上的居里特征以提高舰艇的隐形能力提供了帮助。而两个侧体所提供的舱室空间，主要是作为压载水舱来调节整船的恒定吃水，甚至还可以用来储备燃料和淡水以提高自持力。

5.4.1.2　动力系统

独立级濒海战斗舰的动力系统与自由级濒海战斗舰完全相同，安装有两台罗尔斯·罗伊斯生产的 MT30 型单机功率 36MW 的燃气轮机，具有可靠性好、功率重量比大、结构紧凑等突出优点。两台费尔班克斯·莫尔斯公司生产的单机功率 6.4MW 的皮尔斯蒂克 16PA6B STC 柴油发动机，用以驱动 4 部罗尔斯·罗伊斯生产的卡梅瓦 153SII 大型声学优化喷水推进器。该喷水推进器具有推进效率高、噪声和振动小、操纵性能好等优点，特别适合浅水航行，大大提高了机动性。4 台伊索塔弗拉西尼公司生产的 V1708 型船用柴油发电机组提供辅助电力，而意大利 Fincantieri 海事系统北美公司将为其供应驾驶控制系统。

5.4.1.3　隐身技术

独立级濒海战斗舰上层建筑采用了与主船体融合的一体化设计，整船水线以上的主横剖面是一个两舷内倾、在多面锥体上形成的一个有一定内倾角的封闭多边形，而且大部分武器装备内置隐蔽在水线以上的封闭体内，外表看上去十分简洁。这样看上去外型比较“怪异”，但十分有利于它的电磁波隐身，其上层建筑可能采用了碳纤维复合材料制作，外表涂敷了吸波材料，动力采用噪声比较低的喷水推进，主机废气被引入主船体与侧体之间排出，热信号特征被两个侧体屏蔽，加上红外信号特征也较低，所以独立级的声、光、电等物理特征的隐身性能也要比普通舰艇更好。

5.4.1.4　搭载能力

独立级濒海战斗舰具有大面积的飞行甲板，可以容纳 2 架 MH-60R/S 海鹰直升机或者 1 架 MH-60R/S 海鹰直升机和 3 架 MQ-8B 火力侦察兵无人机，甚至能单独搭载 1 架美国海军最大型的直升机 CH-53 海上种马直升机，并能够同时进行 2 架 MH-60R/S 海鹰直升机或黑鹰直升机的作业，这在相同排水量的美国海军战舰中是不可能实现的，这就是独立级采用三体船型所带来的优势。独立级还配备有升降机，可让火力侦察兵无人机配置到飞行甲板下的任务舱内，配备有舰艉舱门和一个双尾撑吊臂，可以携带、布放并回收小艇、水中传感器和各种无人航行器。直升机甲板下还装有折叠跳板，可以进行轻型装甲车火炮等装备的滚装运输以及两栖突击队的运载。

5.4.1.5 作战系统

独立级濒海战斗舰采用了三体船设计，其重心在船体中央，比单体船要稳定得多，结构强度则要优于双体船，这有利于把各种雷达电子传感器布置在上层建筑较高的位置上，从而减小了因地球曲率所造成的扫描死角，扩大了探测范围，能更早更远地发现来袭目标，并为舰艇提早预警和为舰载武器远距离引导提供方便。独立级采用三角桅杆，配备 EADS 研制的 TRS-3D 型 C 波段对空/平面搜索雷达，以实施空中与水面目标的定位、监测、跟踪和火力分配，该雷达还采用了最先进的信号处理技术，尤其适合在极端条件下对低空飞行或慢速移动目标进行探测，如反舰导弹和直升机。还装备了瑞典萨博公司建造的海上长颈鹿（Sea Giraffe）雷达，该雷达在测试中成功跟踪了模拟飞机和巡航导弹的假目标。在进行传统水面作战时，独立级将运用全新的技术，使用海上长颈鹿雷达来进行远程探测，采用拉姆导弹系统实现精确导引，打击任何目标，并进行有效火力控制。此外，独立级具有高度的自动化设计，舰员编制将控制在 100 人以内。

独立级濒海战斗舰装备了 1 门美国联合防务公司制造 Mk110 型 57mm 隐身舰炮系统，配用西班牙伊萨尔船厂生产的多娜舰炮火控系统，底部可以配置一部非观瞄导弹发射装置，发射射程为 22n mile 的精确攻击导弹。在直升机机库上方装备了 2 门 30mm 舰炮和一套 RIM-116 拉姆反舰导弹防御系统，拉姆反舰导弹系统由雷神公司制造，该系统由拉姆导弹发射装置和与“密集阵”近防武器系统关联的火控雷达组成，在濒海战区，特别是充满着杂波干扰的地区，具有巨大的优势。独立级的舰载导弹发射系统是 Mk48 通用型垂直发射系统，能发射北约改进型海麻雀防空导弹和阿斯洛克反潜导弹，此外独立级还可以根据任务需求加装反舰导弹。

5.4.2 主要性能与装备

独立级濒海战斗舰侧视图如图 5-18 所示，主要性能与装备如表 5-5 所列。

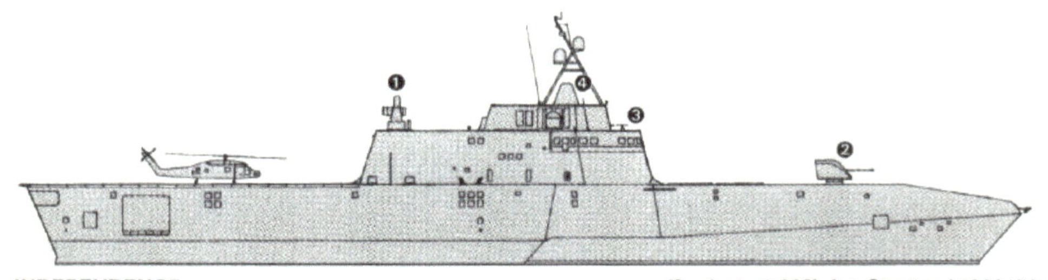

图 5-18 LCS 2 独立号濒海战斗舰侧视图

表 5-5 独立级濒海战斗舰主要性能与装备

名称	INDEPENDENCE CLASS LCS FLIGHT 0
制造商	Austal USA，Mobile 美国奥斯塔造船厂
建造数量	19
服役时间	2010 年（LCS 2）
排水量	3188t，满载

（续）

主尺度	128.5m×31.6m × 4.5m
航速	50kn
续航力	3500n mile/14kn
舰员编制	40 名（军官 11 名）
动力装置	2 台 GE 公司 LM 2500 燃气轮机，总功率 59005hp（44MW）；2 台 MTU-20V-8000 柴油机，总功率 25748hp（18.2MW）；4 部 153SII 喷水推进器，1 部方向推进器
导弹	舰空导弹：1 套 RIM-116B 海拉姆 11 单元防空导弹系统①，主动红外/雷达波被动寻的，射程 9.6km（马赫数 2.5），战斗部重 9.1kg；舰舰导弹：4 套波音 Block 1C 型鱼叉反舰导弹，主动雷达寻的，射程 124km（马赫数 0.9），战斗部重 227kg
舰炮	1 门 BAE 公司 Mk110 型 57mm 舰炮②，220 发/min，射程 17km，炮弹重 2.4kg；2 门 Mk46 型 30mm 舰炮（水面战任务包），200 发/min，射程 6.8km；4 门 12.7mm 机枪
对抗措施	物理对抗：4 套 ALEX 诱饵发射装置； 电子对抗：ES-3601 系统
作战数据系统	诺斯罗普·格鲁曼公司综合作战管理系统（ICMS）； 海星 Safire III EOS 武器控制系统③
雷达	对空对海搜索：AN/SPS-77 型 3D、G/H 波段雷达（萨博公司 Saab 海上长颈鹿 AMB）④； 导航雷达：斯佩里公司 Bridgemaster 型 I 波段导航雷达； 火控雷达：海星 Safire III 火控雷达
声呐	主动拖曳阵系统（正在开发）
舰载机	2 架 MH-60R/S 海鹰直升机与 2 架火力侦察兵无人机

5.4.3 建造情况

独立级 LCS 计划建造 19 艘，目前已服役 12 艘，最近服役的是第 22 艘濒海战斗舰 LCS 24。独立级濒海战斗舰的建造情况见表 5-6。①

表 5-6 独立级濒海战斗舰建造清单

舷号	舰名	开工日期	下水日期	服役日期	母港/状态
LCS 2	Independence 独立	2006/1/19	2008/4/26	2010/1/16	San Diego
LCS 4	Colorado 科罗拉多	2009/12/22	2012/1/10	2014/1/27	San Diego
LCS 6	Jackson 杰克逊	2012/10/18	2013/12/14	2015/12/05	San Diego
LCS 8	Montgomerie 蒙哥马利	2013/6/25	2014/8/6	2016/9/10	San Diego
LCS 10	Gabrille Gilfors 嘉贝丽·吉佛斯	2014/4/16	2015/2/25	2017/6/10	San Diego

① https://www.nvr.navy.mil/NVRSHIPS/HULL_SHIPS_BY_CATEGORY_LCS_127.html.

（续）

舷号	舰名	开工日期	下水日期	服役日期	母港/状态
LCS 12	Omaha 奥马哈	2015/2/18	2015/11/20	2018/2/3	San Diego
LCS 14	Manchester 曼切斯特	2015/6/29	2016/5/13	2018/5/26	San Diego
LCS 16	Tulsa 塔尔萨	2016/1/11	2017/3/16	2019/2/16	San Diego
LCS 18	Charleston 查尔斯顿	2016/6/28	2017/9/14	2019/3/2	San Diego
LCS 20	Cincinnati 辛辛那提	2017/4/10	2018/5/22	2019/10/5	San Diego
LCS 22	Kansas City 堪萨斯城	2017/11/15	2018/10/19	2020/6/20	San Diego
LCS 24	Oakland 奥克兰	2018/7/20	2019/7/21	2021	现役，特殊
LCS 26	Mobile 莫比尔	2018/12/14	2020/1/10	2022	建造中
LCS 28	Savannah 萨凡纳	2019/9/20	/	2023	建造中
LCS 30	Canberra 堪培拉	2020/3/10	/	2023	建造中
LCS 32	Santa Barbara 圣巴巴拉	/	/	2023	建造中
LCS 34	Augusta 奥古斯塔	/	/	2024	合同中
LCS 36	Kingsville 金斯维尔	/	/	2024	合同中
LCS 38	Pierre 皮埃尔	/	/	2024	合同中

5.4.4 采办动态

1. LCS 加装 NSM 导弹，进行杀伤力和生存能力升级

据美国海军学会新闻网 2019 年 9 月文章称，美国海军正在为 LCS 两型舰增强火力打击能力。①

吉福德号（LCS-10）近期在其位于主炮后方的多功能任务模块区安装了两座四联装反舰导弹发射装置，安装部署“海军打击导弹”（Naval Strike Missile，NSM），为其增加了更

① Megan Eckstein. The State of LCS：Navy Moving to Add Firepower，Capability to Both Classes. USNI News，September 6，2019. https://news.usni.org/2019/09/06/the-state-of-lcs-navy-moving-to-add-firepower-capability-to-both-classes.

大的打击能力（图 5-19）。美国海军无人与小型作战舰艇项目执行办公室（PEO USC）少将凯西·莫顿（Casey Moton）负责 LCS 的建造和任务包开发，他表示，所有的 LCS 都将安装 NSM 发射装置，这一安装过程将持续几年时间。从 LCS-27 开始，后续 LCS 的建造都会从一开始就为 NSM 预留足够的空间。

图 5-19 吉福德号（LCS-10）在西太平洋海域执行作训演习（2019 年 7 月）（左）；飞行中的海军打击导弹（NSM）（右）

在 LCS 上部署 NSM 已经成为如何快速增加舰队能力的一个榜样，这为其他能力的快速插入建立了一个模型，包括水面战任务包中的舰舰导弹模块。NSM 由挪威康斯伯格（Kongsberg）公司和美国雷神公司共同研发，在美国“超地平线武器系统”项目竞标中胜出，击败了波音公司的“鱼叉”Block 2 Plus 和洛克希德·马丁公司的 LRASM 舰载型。除了濒海战斗舰，NSM 导弹还将装备下一代护卫舰和其他舰艇。

美国海军将在 2022 财年或者更早的时候开始对 LCS 进行杀伤力和生存能力升级，这将解决长期以来对其加装火炮和装甲的要求。美国海军中将理查德·布朗称，目前的计划是于 2022 年在圣迭戈基地和梅波特基地分别升级一艘自由级和独立级 LCS，此后每个基地每年升级两艘。

整个杀伤力和生存能力升级的工作包括超视距导弹（OTH）、水面电子战改进项目（SEWIP）、纳尔卡 Mk53 诱饵发射系统（Nulca）、安装 Mk48 Mod2 舰炮武器控制系统以改进 57mm 舰炮等，还包括将独立级 LCS 从全舰计算环境过渡到自由级已在运行的 COMBATSS-21 作战系统。升级将会以集成的方式进行。

2. 美国海军建议提前退役前 4 艘濒海战斗舰

2019 年 12 月，美国白宫行政管理和预算局（OMB）致五角大楼的一份备忘录显示，为响应预算紧缩计划，美国海军建议在 2021—2025 财年期间，削减多型舰艇的采办数量，并提前退役若干舰艇，从而将美国海军舰艇总数从当前的 293 艘减少至 287 艘。其中包括提前退役 4 艘濒海战斗舰（自由级、独立级各 2 艘）。

濒海战斗舰目前现役 19 艘，设计寿命 25 年，平均服役年限仅 3.2 年。因系统故障和操作员失误导致了一系列重大事故，美国海军于 2016 年提出濒海战斗舰改造方案，将前 4 艘用作检验未来任务模块的试验舰①。但根据上述备忘录，美国海军建议提前退役首批 4 艘濒

① David B. Larter. US Navy proposes decommissioning first 4 LCS more than a decade early. Defense News, December 24, 2019 https://www.defensenews.com/naval/2019/12/24/us-navy-proposes-decommissioning-first-4-lcs-more-than-a-decade-early/.

海战斗舰自由号（LCS 1）、独立号（LCS 2）、沃思堡号（LCS 3）和科罗拉多号（LCS 4），相比设计寿命提前 12~17 年，这将打乱美国海军濒海战斗舰的试验计划。

据说计划提前退役的原因是，这 4 艘 LCS 还需要进行重大升级才能进行实战部署。海军希望通过这些舰的提前退役，能够节省约 12 亿美元。同时建议加速退役的还有 4 艘提康德罗加级巡洋舰和 3 艘惠德贝岛级船坞登陆舰。①

这份备忘录可以视为美国国防部与白宫 OMB 之间的一次博弈，双方围绕美国国防部 2021 年预算申请存在分歧。国防部一反常态地提出缩减造舰计划和舰队规模，希望通过“以退为进”来争取更充裕的预算支持。

3. 第 22 艘濒海战斗舰 LCS 24 交付

当地时间 2020 年 6 月 26 日，在阿拉巴马州莫比尔市举行的仪式上，奥斯塔美国公司向美国海军交付了独立级濒海战斗舰奥克兰号（LCS 24）。②

奥克兰号是第 12 艘独立级濒海战斗舰，也是第 22 艘加入舰队的濒海战斗舰（LCS）。它的交付标志着该舰从造船厂正式移交给海军，使美国海军的在役舰艇数量达到 300 艘。该舰于 2018 年 7 月 20 日开工建造、2019 年 7 月 21 日下水，交付使用后将以圣迭戈基地为母港。这是该舰 2021 年初计划正式服役前的最后一个里程碑（图 5-20）。

图 5-20 ‖ LCS 24 奥克兰号完成验收海试

另外 4 艘独立级正在奥斯塔美国公司莫比尔造船厂建造：莫比尔（LCS 26）、萨凡纳（LCS 28）、堪培拉（LCS 30）和圣巴巴拉（LCS 32）；还有另外 3 艘已授予合同，正在等待开始建造。奥克兰号是 2020 年交付海军的第三艘 LCS。圣路易斯号（LCS 19）于 2 月 6 日交付；堪萨斯城号（LCS 22）于 2 月 12 日交付。还有另外两艘（LCS 21 和 LCS 26）计划今年交付。

---

① Megan Eckstein. Navy's New Shipbuilding Plan 'Dead on Arrival,' Lawmakers Say--Early Ship Decommissionings. USNI News, February 10, 2020 https://news.usni.org/2020/02/10/navys-new-shipbuilding-plan-dead-on-arrival-lawmakers-say.

② Navy Accepts Delivery of Future USS Oakland (LCS 24). US Navy, PEO USC Public Affairs, 6/26/2020. https://www.navy.mil/submit/display.asp? story_id=113390.

5.4.5 总体评价

濒海战斗舰设计用于满足濒海水域作战对浅吃水舰艇的迫切需求，以应对新兴的潜在“非对称”威胁、提供获取和支配沿海水域的战场空间。作为一种快速、易操作和可联网的水面作战武器，濒海战斗舰凭借其战斗能力和灵活性来解除各种威胁，包括沿海水雷、静音柴油动力潜艇以及携带炸药与恐怖分子的小型、快速武装小艇等，能够和其他舰船、潜艇、飞机、卫星、联合作战单元和濒海战斗舰共享战术信息。濒海战斗舰填补了当前美国海军力量与新海上战略之间存在的“空白”，将是美国军事力量网络化和全球化作战的重要组成。

濒海战斗舰的主要优点如下：

一是航速高，机动性强。濒海战斗舰的航速超过了所有的驱逐舰和护卫舰，能够快速部署到指定海域，快速接近危险目标，高航速和高灵敏性还能降低被攻击的风险。二是吃水浅，对航行水域的适应性强。濒海战斗舰的吃水深度只有 4m 左右，远远低于其他大中型战舰，可以在濒海甚至内河航道上行驶，可以驶入大部分港口。三是模块化设计比较优秀，可变能力强。濒海战斗舰可以根据需要加装不同的任务模块，可以强化一种或几种作战能力，以满足不同的作战需求。

在濒海战斗舰研制立项的早期，对其功能、特征的评价多是正面的，普遍抱有较高的期望。特别是对于三体船型的独立级，下面是一段具有代表性的评价。

独立级濒海战斗舰是一种高速、高机动性的网络化水面战斗舰，也是被称为 DD(X) 的美国未来水面战舰家族中的一种专用舰型。独立级的舰载传感器、作战系统和 C^4ISR 系统等设计突破传统观念，能根据任务需要灵活组装、搭配不同的武器模块系统，使其在反潜艇、反水雷和反水面作战的技战术性能方面有质的提升。独立级凭借其战斗能力和灵活性对各种威胁做出快速反应，如能攻击和躲避水面舰艇特别是高速密集小艇；能切断潜艇接近的途径；避开水雷从容地进行反水雷作战；配备先进的传感器和近程防御武器，承担有限的防空任务；凭借其隐身能力和电子设备，能担负情报监视和侦察任务；特殊情况下，还可以作为医疗救援平台，为其他舰艇提供维修和保障以及用于打击走私、缉毒等非作战任务。此外，独立级还具有良好的雷达探测规避能力和通信指挥能力，能秘密行驶至敌方海岸线附近协助特种部队执行秘密任务。因此，独立级不仅但可用于传统的作战模式，还将具备对付敌方“非对称作战”的能力，是未来的“全能战舰”。独立级的列装标志着高性能船舶技术开始成功地在大中型舰船领域广泛应用，具有里程碑式的重大意义。独立级提供获取和支配沿海水域的战场空间，是美国海军军事战略由远洋走向濒海的重要标志，是美国近岸水域的重要海上力量，堪称是革命性的新一代海军舰艇。①

然而，随着美国海军战略从“由海向陆”向“重回制海”转变，以及濒海战斗舰在建造和服役过程中暴露出的诸多问题，导致对该型战舰的质疑声不断。濒海战斗舰计划自国会通过预算后多次进行重大变更，最初是由于成本超支，后来测试与部署期间发现生存能力和杀伤力不足的问题，任务模块也全部出现严重的技术问题和进度延宕。

2019 年 5 月，美国《国家利益》杂志以“美国海军濒海战斗舰完全是个错误”为题，

---

① 杜朝平 . DD（X）前传［J］. 现代舰船，2003，（1）：8-12.

批评了这个“费钱又无用”的战斗舰计划，评价其为“美国海军有史以来最失败的项目”。花了近 20 年的时间，前后共花了 300 亿美元，美国海军终于承认濒海战斗舰计划彻底失败。[①] 这是典型的负面评价。

显然，濒海战斗舰有优点，也有缺点，美国并没有中断濒海战斗舰的生产，而是决定继续完成建造计划，采购数量从 55 艘砍至 32 艘，美国国会还意外地增加了 3 艘，总数成为 35 艘。

濒海战斗舰存在的主要问题如下：

（1）任务模块的转换慢，没有达到预期效果。在美国海军设想中，濒海战斗舰装备的各任务模块可根据作战任务随时更换，比如从反潜舰转换为突击小艇杀手。但实际上，从交付使用那天起，各任务模块之间的转换就成了美国海军的“挠头事”，耗时耗力，故障不断。虽然濒海战斗舰可以加装不同任务模块以执行不同任务，但模块的拆装效率较低，设计更换时间为 96h，实际情况是大约需要两周才能完成，而且必须停靠在具备一定条件的港口内进行。

（2）武器系统配置不够完善，火力打击能力弱。濒海战斗舰没有安装垂直发射装置，所携带的武器种类也比较少。防空能力差，引以为傲的高航速在先进反舰导弹面前优势荡然无存。仅靠“海拉姆”防空导弹无法抵挡住超声速反舰导弹的饱和攻击。而且一旦受损的话，由于舰体较小，很容易沉没，生存能力较弱。

（3）自持力较短，作战半径较小。濒海战斗舰的吨位较小，而且以 MT30 燃气轮机为主的动力系统体积较大，挤压了其他空间，包括武器、燃料、生活物资等都受到了影响，该型战舰的自持力只有 21 天，限定了它的作战范围。

（4）造价和使用成本高，经济性较差。濒海战斗舰的最初设计是 500t 的小型战舰，造价不高，但后来“层层加码”，变成一款 3000t 的战舰，原来的成本优势荡然无存。濒海战斗舰的首舰造价约 6 亿~7 亿美元，量产之后虽然有所减少，但是单个任务模块的造价也高达 1 亿美元，总体成本仍然偏高。在使用过程中，各任务模块的更换也需要一定投入，使用和维护成本都不低。

后期美国海军对濒海战斗舰进行了多项武器系统升级，执行杀伤力和生存能力升级计划，例如加装 NSM 反舰导弹、加装导弹垂直发射装置、试射“长弓海尔法”导弹等。

濒海战斗舰的最初定位是在美国海军全面夺取制空权制海权的情况下，快速游弋在相关沿海和岛屿周围水域，堵在对手“家门口”反潜、反水雷、反水面的小型舰艇。但随着形势的快速变化，它的部分任务区已经不得不从沿岸延伸到远海，通过加装更多武器装备，来遂行自身以前并不“擅长”的任务。

5.5 未来护卫舰（FFG(X)）

什么是 FFG(X)？FF 代表护卫舰，G 代表装备了导弹的舰艇，(X)代表该型号舰船的设计尚未确定。因此，FFG(X)是指设计尚未最终完成的新型导弹护卫舰。等到该型舰的设计

① David Axe. It's Official: The U. S. Navy's Littoral Combat Ship Is a Complete Failure. The National Interest, May 22, 2019. https://nationalinterest.org/blog/buzz/its-official-us-navy%E2%80%99s-littoral-combat-ship-complete-failure-58837.

确定之后，项目标识有可能改为 FFG-62，因为上一型护卫舰的最后一艘是 FFG-61。当然也有可能命名为其他（如 FFG-1000 或 FFG-2000），就像新型驱逐舰 DDG 1000，这取决于美国海军。

5.5.1 研制背景

由于美国海军濒海战斗舰（LCS）在服役之后出现不少技术故障，进度落后且成本攀高。原先计划采用的 3 个任务包（反水雷 MCM、水面战 SUW 和反潜战 ASW），许多任务模块无法到位，LCS 不仅无法按照最初的预定计划形成完整战斗力（服役初期基本上只有部分反水面作战套件可用），而且实际操作显示，原本希望通过采用人员轮换配置模式来转换任务构型的构想不切实际，甚至 LCS 本身人员编制数量（包括核心人员与任务人员）都不符合需求。

更重要的是，2000 年以后，中国海军发展迅速，在西太平洋乃至印度洋的军事存在日增；而在冷战结束后一度一蹶不振的俄罗斯，在 2000 年后也随着经济复兴开始重整海空军备。这使得美国海军在西太平洋、南海等附近水域作业时，面临超乎预期的海空“威胁”；中国海军水面舰船、潜艇与空中力量自 2010 年起普遍配备超视距反舰导弹，这使得只有视距内反舰能力与近程点防空能力的 LCS 显得捉襟见肘；且 LCS 的生存能力并未得到足够重视，自由级 LCS 的上层结构采用耐火性差的铝合金制造，而独立级 LCS 更为了追求高速而采用全铝合金制造，它们在战损后仍能在战区维持作业的能力令人关注。总之，两种 LCS 平台既没有足够的整体生存防护设计，加装高强度作战装备（如大型远程防空雷达、垂直发射系统等）的空间也十分有限，这使得 LCS 在 2012 年左右开始面临诸多批评声浪，认为最初的规划就不够周详。与此同时，2010 年前期由于经济衰退、财政紧张，时任美国总统奥巴马频繁削减国防预算，2013 年 3 月更因政府赤字达到上限而启动预算封存，严重冲击了美国国防预算。因此，美国国防部从 2013 年起开始考虑降低 LCS 产量并提前停止这项造舰计划，转而以作战能力更强的新型小型水面作战舰艇来取代 LCS。

在此背景下，美国海军于 2016 年 9 月提出了一种新的护卫舰（FF）设计，要求比 LCS 拥有更强的作战能力与生存能力。这种新护卫舰能同时执行反潜与反舰作战任务，而不像 LCS 每次只能通过搭配不同的任务模块来执行两者之中的一种。经过一系列评估之后，美国海军于 2017 年 4 月把接替 LCS 的新型护卫舰（FF）项目升级为导弹护卫舰（FFG）项目，使之具备更强的防空作战能力。此外，美国海军组成了一个需求评估团队（RET），研究在目前两种 LCS 设计方案中增加区域防空作战能力的可行性，用来保护后勤保障舰队。这个需求评估团队与多个美国海军项目办公室、司令部以及国防部成本与计划评估办公室等进行了一项快速审查，在 2017 年 5 月底提出了对 FFG 计划的建议，FFG(X)项目应运而生。

在 FFG(X)的设计方面，美国海军表示，由于希望在 2020 财年采购首艘 FFG(X)，这意味着并没有足够的时间为 FFG(X)开展全新设计。若采用全新设计，需经过较长的需求评估阶段，并采用全新设计的非升级采购策略，首舰的采购时间将推迟至 2025 财年。因此，美国海军打算为 FFG(X)采用现有舰船设计的改进版本，这种方法称为母型设计。该舰的母型舰可能是美国舰艇或外国舰艇。采用母型设计方法可以大幅减少舰船的设计时间、设计成本、进度和技术风险。此外，同样基于项目成本、进度和技术风险等方面的考虑，美国海军没有为 FFG(X)开发新技术或系统，该舰将采用现有的或其他项目的在研系统和技术。①

1. 采购计划

2016 年 12 月，美国海军公布的目标是实现和保持海军 355 艘舰艇，包括 52 艘小型水面舰船，其中 32 艘为 LCS，20 艘为 FFG(X)。2018 财年末，美国海军共有作战舰艇 27 艘，其中护卫舰 0 艘，濒海战斗舰 16 艘，水雷战舰 11 艘。美国海军 2020 财年的 30 年（2020—2049）造舰计划中，预期在 2034 财年小型水面舰船增长至 52 艘（34 艘 LCS，18 艘 FFG(X)），在 2040 财年达到 62 艘的峰值（30 艘 LCS、20 艘 FFG(X)和 12 艘 SSC 后续型）；然后在 2049 财年下降到 50 艘（20 艘 FFG(X)，30 艘 SSC 后续型）。在美国海军 FFG(X)项目计划中，总共将建造 20 艘 FFG(X)，首舰 2020 财年采购，并在 2021—2029 财年每年采购 2 艘，2030 财年完成最后 1 艘的采购。②

根据 2020 年 2 月公布的 2021 财年美国国防预算报告，在预算限制和削减总体舰船采购计划的情况下，FFG(X)项目正在放缓。美国海军将在 2021、2022 财年每年仅采购 1 艘 FFG(X)，在 2023、2024 财年增长至每年两艘，然后在 2025 财年增长至每年 3 艘并可能需要考虑引进另一家船厂加入建造。目前国会计划给出 13 亿美元采购 FFG(X)首舰，同时计划给出 11 亿美元采购第二艘 FFG(X)，虽然第二艘低于首舰的成本，但第二艘舰的 11 亿美元高于小型战斗舰的成本目标（8~9.5 亿美元），这意味着 FFG(X)与濒海战斗舰相比是一种升级，但比驱逐舰便宜。③

2. 项目进度

2017 年 7 月，美国海军发布导弹护卫舰更换计划需求，提出 FFG(X)的征求建议书草案。

2019 年 5 月，据报道第五家工业部门（洛克希德·马丁公司）决定不参与 FFG(X)项目的竞标，此前其已提供在 F/MM 建造 FFG(X)的方案。

2019 年 6 月，美国海军发布了 FFG(X)计划中最多 10 艘舰艇（主力舰加 9 艘备选舰）的详细设计和施工建造（DD&C）合同征求建议书（RFP）。

2020 年 7 月，美国海军计划完成 FFG(X)首舰的合同签订。

2026 年 7 月，首舰交付（距离合同签订时间 72 个月）。④

3. 项目经费

表 5-7 所列为美国海军在 2020 财年预算中考虑未来为 FFG(X)项目提供的研发与采购经费。

---

① 【专题研究】美国海军 FFG(X)护卫舰简析，中国舰船研究. https://mp.weixin.qq.com/s/mBxWbWzmhbQZD8Ipn438Ww.

② Navy Frigate (FFG [X]) Program: Background and Issues for Congress. Congressional Research Service, December 2019.

③ Navy Budgeting $1.1B for 2nd Frigate as Timeline Slows. USNI News, February 14, 2020. https://news.usni.org/2020/02/14/navy-budgeting-1-1b-for-2nd-frigate-as-timeline-slows.

④ https://www.defensenews.com/naval/2020/02/11/heres-the-timeline-for-the-us-navys-next-generation-frigate/.

表 5-7 FFG(X)研发与采购费用 （单位：百万美元）

财　年	更　早	2018	2019	2020	2021	2022	2023	2024
研究与开发费用	84.6	137.7	132.8	59.0	85.3	75.4	70.7	72.1
采购费用	0	0	0	1281.2	2057.0	1750.4	1792.1	1827.9
采购数量	—	—	—	1	2	2	2	2
	—	—	—	1	1	1	2	2

作为降低采购成本的一种手段，美国海军可能采用一个或多个固定价格的大宗合同来采购舰船。FFG(X)项目的需求建议书规定：在合同授予之后，政府可以指定任何或所有（9艘备选舰）作为批量采购的一部分。在未来财政年度根据国家国防授权法签订了大宗交易后，承包商将与政府为每件大宗商品确定一个公平合理的价格。任何被指定为整批购买的舰船单价不得超过相应的非整批购买单价。

5.5.2 使命任务和能力需求

与巡洋舰和驱逐舰被设计用于高威胁区域相比，护卫舰通常被设计用于低威胁区域。美国海军护卫舰执行许多与美国海军巡洋舰和驱逐舰相同的和平时期和战时任务，但由于护卫舰常在低威胁地区执行这些任务，与巡洋舰和驱逐舰相比，它们装备的武器更少，雷达和其他系统的能力更弱，工程冗余和生存能力也更低。

美国海军旨在使FFG(X)既可达成有限的制海目标，又能执行海事巡逻任务，同时能在各种环境下支持打击群和其他编队作战。根据美国海军的“分布式杀伤”概念，FFG(X)可拓展舰队的传感器、武器效能，为舰队提供更完善的战场态势信息，同时对敌人的情报监视侦察能力构成挑战。该舰的设计目标是：冲突期间为舰队的水下战与水面战提供支持，也能独立在对抗环境下执行作战使命，拓展舰队战术节点，同时能操控无人系统；分担大型水面舰艇的日常巡逻等非战使命。

平台将使用无人系统渗透到靠近敌方的区域，获取对敌探测与打击优势。FFG(X)能使用被动式舰载传感器、舰载机和无人系统建立局域探测网络，一方面可搜集信息，另一方面充当舰队通信节点。

在和平时期，FFG(X)将独立行动，建立海上和空中态势图，执行前沿任务和海上安全巡逻活动，支持人道主义救援；执行安全救援等。该舰将在反潜、水面战、战场安全合作等领域降低对大型水面舰艇的需求，以使大型水面舰能在局势紧张区域维持前沿存在，应对拥有强大海军的国家。

在战时，FFG(X)导弹护卫舰将编入航母打击群或大型水面作战群，接入舰队战术网络，但也具备独立的自防能力。因此，FFG(X)需要装备先进的硬杀伤和软杀伤武器，以具备在复杂电磁和反舰威胁环境下作战的能力，FFG(X)在该阶段的任务包括：为航母打击群与远征打击群提供反舰能力支持，用远程反舰导弹慑阻或击败敌人侵略，或在舰队网络体系下与防空型驱逐舰和巡洋舰联合作战或独立作战；应对小艇突袭；执行反潜搜索与巡逻，使用主被动声呐为航母打击群和战场反潜作战提供支持；支持跨洋后勤保障；可独立为后勤保障舰艇提供护航，主要是区域防空；提供强大的情报监视侦察能力；提供强大的电子战能力。

此外，FFG(X)导弹护卫舰还能搭载舰载机。舰艇的雷达、作战系统、C^4ISR 系统、武器发射系统、船机电等系统均与其他海军平台保持良好的通用性。①

2019 年 1 月，美国水面海军协会（Surface Navy Association，SNA）提出 FFG(X)具备的能力，如图 5-21 所示。

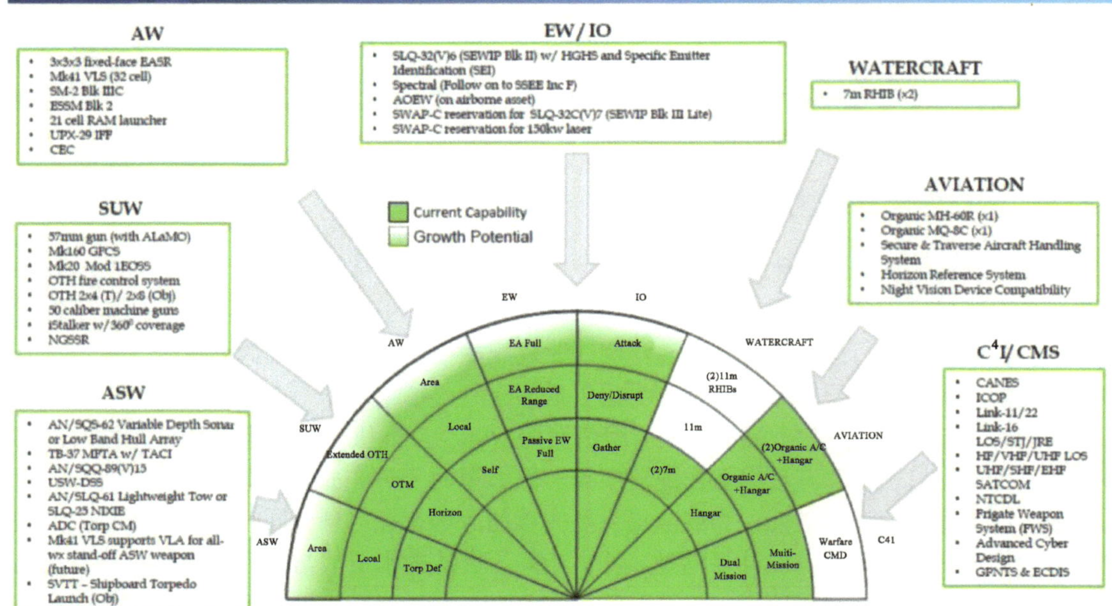

图 5-21 | FFG(X)护卫舰的能力需求

（1）成本，能力和增长率与舰船的能力需求分析。这一问题主要是针对美国海军在征求建议书草案中提到的填补能力差距或满足任务需求所需要的能力，美国海军是否完成了完备的需求分析。

（2）国防部独立成本估算。美国海军已经提出为 FFG(X)首舰提供资金的请求，尚没有完成关键的成本估算工作，例如独立的成本估算，以验证预期成本的可信度。但目前在明确哪个 FFG(X)设计有望获得合同授予之前，这一估计数值难以明确。

（3）成本与能力的平衡。美国海军就 FFG(X)能力与舰艇采购成本之间是否达到一个切合实际的平衡进行研究，两者之间若不平衡则可能带来项目成本增长的风险。美国海军目前通过 5 份 FFG(X)概念设计合同以及与工业部门其他的沟通，促使工业集团帮助美国海军达成需求与预算的平衡。

（4）提升余量。美国海军传统的护卫舰提升余量（也称为使用寿命津贴）为 5%，这意味着舰船能够适应升级和其他可能对船舶设计进行变更的能力。美国海军希望 FFG(X)设计

---

① 宋杨，柳正华．揭秘美国未来导弹护卫舰［J］．军事文摘，2017（19）：22-24.

具有额外的提升余量（高于5%的系数），以适应未来的定向能源系统（如激光或大功率微波设备）或主动的电子攻击系统（电子战系统）。

5.5.3 技术特点

在2017年美国海军发布的信息邀请书（RFI）草案中，提出了FFG(X)的初步需求。总体上FFG(X)导弹护卫舰船体需要达到A级防护指标，寿命至少25年。舰艇续航力3000n mile/16kn，最高航速不低于28kn，舰员200名以内；为定向能武器和主动电子对抗系统预留供电能力600kW。其详细需求如表5-8所列，其中需求的严格程度分层级罗列，层级1为最为需要的。①

表5-8 FFG(X)关键属性门限

层级	属性	门限值
1	装备可用性（由可操作成品数/总成品数定义）	>0.64
	使用可用性（运行时间/（运行时间+停用时间））	>0.72
	服役寿命	25年
	易损性（由承受初始伤害影响并继续执行主要任务的能力定义）	A级冲击强化（推进、关键系统和作战系统元件的冲击强化，以保留完整的防空和推进能力）
2	人员配备	最多200名人员（包括所有支队）
	航程（船舶在使用所有可燃燃料时不需要补充的最小航程）	3000n mile/16kn
	为未来定向能武器和主动电子攻击储备的重量、功率计冷却储备	26t，600kW，300加仑/min
3	空间、重量、功率、冷却寿命裕量	5%
	持续速度（由满载排水量、正常配平和无污底情况下可保持的速度定义）	28kn（80%最大功率）

注：1加仑=3.78L。

在武器装备上，其详细需求如表5-9所列，其中需求的严格程度分层级罗列，层级1为最为需要的。

表5-9 FFG(X)武器系统需求

层级	武器系统
1	C^4I套件（附带高频/超高频/甚高频/卫星通信天线/企业网）
	COMBATSS-21作战管理系统（CMS）
	EASR对空监视雷达（3面固定阵列（3×3×3雷达模块组件））
	MH-60R直升机
	自防御发射装置（发射改进型海麻雀Block2导弹或SM-2导弹）
	Mk53诱饵发射系统（Nulka）
	超视距反舰武器（2×4）
	Mk15 Mod31海拉姆近防导弹

① RFI：FFG(X)-US Navy Guided Missile Frigate Replacement Program. July 2017.

（续）

层　级	武器系统
1	SLQ-32(V)6 电子战系统 战术密码系统
	无人机（1×MQ-8C）或未来类似大小的无人机
2	7m 长的刚性充气艇
	AN/SLQ-61 轻型拖曳式鱼雷防御模块（LWT）
	AN/SQS-62 变深声呐（VDS）
	AN/SQQ-89F 水下/反潜作战系统
	协同交战能力（CEC）
	360°光电一体化探测系统
	任务控制系统(MCS)(MD-4A)
	Mk110 型 57mm 舰炮
	Mk160 舰炮火控系统
	Mk20 Mod1 型光电瞄准系统（EOSS）
	新型对海搜索雷达（NGSSR）
	反舰导弹（SSMM 长弓地狱火）
	TB-37 多功能拖曳阵列（MFTA）
	UPX-29 敌友识别系统（IFF）

2019 年 6 月，美国海军发布的最终征求建议书（RFP）重点突出以下方面技术细节：①

（1）装备“企业”对空监视雷达（EASR）用于防空探测；

（2）装备至少 32 个 Mk41 垂直发射单元，可发射 SM-2 Block IIIC、改进型海麻雀、反潜导弹等；

（3）装备基于宙斯盾系统的 COMBATSS-21 作战管理系统；

（4）具备协同作战能力，可与其他舰艇和飞机共享目标信息；

（5）具备搭载 8-16 枚超视距反舰导弹的空间、重量和冷却能力余量；

（6）可搭载 1 架 MH-60R 海鹰直升机和 1 架 MQ-8C 火力侦察兵无人机；

（7）装备 AN/SQQ-89(V)15 综合水下战（ASW）系统及 AN/SQS-62 变深声呐；

（8）装备 SLQ-32(V)6 Block 2 型水面电子战改进系统；

（9）具备搭载 150kW 激光武器系统的空间、重量和冷却能力余量。

部分人认为 FFG(X)应装备更多的 VLS 管，比如 48 管。该数量是最新 DDG 51 配置数量的 1/2，对应 FFG(X)的采购成本大约是 DDG 51 驱逐舰的 1/2。同时在与潜在对手重新展开大国竞争的背景下，由 32 管提升至 48 管只会略微增加 FFG(X)的采购成本。反对者认为需要 32 个 VLS 管的分析已经考虑了对手能力（以及其他美国海军能力），同时FFG(X)配置了 21 单元 RAM 导弹，并可以考虑在舰队内大型水面无人平台上布置缺少的 16 个 VLS 管。

① Navy Issues Final RFP for FFG(X) Next-Generation Frigate. USNI News, June 20, 2019. https://news.usni.org/2019/06/20/navy-issues-final-rfp-for-ffgx-next-generation-frigate.

与 FFG(X)后续舰艇的单位采购成本约 9 亿美元相比，增加 VLS 管带来船体改变和 16 单元 VLS 管预计将带来 1600 万美元至 2400 万美元费用的增长，等同于 FFG(X)单位采购成本增长约 1.8%至约 2.7%。

5.5.4 竞争工业团队

如表 5-10 所列，有 5 个工业团队在争夺 FFG(X)项目：①通用动力/巴斯钢铁造船厂（GD/BIW）联合西班牙纳万蒂亚公司（Navantia）基于 F100 护卫舰的设计方案；②奥斯塔美国公司（Austal USA）以独立级濒海战斗舰（LCS 2）为基础的设计方案；③亨廷顿·英格尔斯工业公司（HII）在传奇级国家安全艇（NSC）上修改设计方案；④意大利芬坎蒂尼海事集团（Fincantieri）基于意大利版 FREMM 舰的设计方案；⑤洛克希德·马丁公司基于自由级濒海战斗舰（LCS 1）为母型的设计方案。①

表 5-10 参与 FFG(X)项目竞标的团队

	牵头工业部门	母型设计	负责建造的船厂
1	通用动力/巴斯钢铁造船厂 General Dynamics/Bath Iron Works	西班牙 F100 护卫舰	通用动力/巴斯钢铁造船厂，缅因州
2	美国奥斯塔 Austal USA	独立级（LCS-2）濒海战斗舰	奥斯塔造船厂，阿拉巴马州
3	亨廷顿·英格尔斯工业 Huntington Ingalls Industries	[未披露]	亨廷顿·英格尔斯工业/英格尔斯造船厂，密西西比州
4	意大利芬坎蒂尼集团 Fincantieri Marine Group	意大利芬坎蒂尼 FREMM 护卫舰（欧洲多用途护卫舰）	芬坎蒂尼/马里内特海事造船厂，威斯康星州
5	洛克希德·马丁 Lockheed Martin	自由级（LCS-1）濒海战斗舰	芬坎蒂尼/马里内特海事造船厂，威斯康星州

有两个团队建议在建造濒海战斗舰（LCS）的造船厂建造 FFG(X)，两个船厂分别是奥斯塔造船厂和芬坎蒂尼/马里内特海事造船厂（Marinette Marine），另外两家团队提议在缅因州通用动力/巴斯钢铁造船厂和密西西比州亨廷顿·英格尔斯工业/英格尔斯造船厂完成。

其中洛克希德·马丁公司于 2019 年 5 月宣布退出 FFG(X)项目竞争。②

图 5-22 所示为参与 FFG(X)项目竞标的 4 个方案。

5.5.5 采办策略及相关考虑

1. 母型设计方法

美国海军希望在 2020 财年采购第一批 FFG(X)，因此没有足够的时间为 FFG(X)开发全新的设计（美国海军表示采用全新的设计将会使第一艘船的采购推迟到 2025 财年）。美国海军计划使用母型设计的方法将 FFG(X)构建为现役舰船的修改版本，其母型舰船可以是美国舰船或外国舰船。

---

① Congressional Research Service. Navy Frigate（FFG［X］）Program：Background and Issues for Congress. CRS Report R44972，Updated December 20，2019.

② Lockheed Martin Reportedly Drops Out of FFG（X）Build Race［J］. Marine Log，2019，124（6）.

图 5-22 参与 FFG(X)项目竞标的 4 个方案

用母型设计方法可以减少建造舰船的设计时间、设计成本以及技术、进度和成本风险，相反使用全新设计将使得 FFG(X)在 2024 财年左右开始采购，在此之前只能继续采购 LCS。全新设计可能更准确匹配美国海军的期望能力，从长期看更具成本效益，同时为美国船舶行业提供更多工作量。另外一个考虑是应用已完成研究但尚未施工的护卫舰设计，类似英国新型 26 护卫舰，其施工在 2018 年还处于早期阶段，使用已开发但尚未施工的舰船设计可以减少设计时间和成本，但在施工过程可能不会像使用已建造的舰船设计那样减少技术、进度和成本风险。

2. 建造商数量

美国海军考虑到当前预期每年两艘 FFG(X)舰船的采购速度，其基本计划设想使用一个建造商来建造船只。按照美国法律，即使该型舰船使用了国外舰船的设计，它也应该在美国的船厂建造。因此，使用外国的设计需要考虑美国建造商与国外的开发商之间的合作或团队工作安排。

美国海军并未排除在两或三个造船厂建造船只的可能性。在 2018 年 12 月 12 日，在两个小组委员会（海上力量小组委员会和准备与管理委员会）听取了海军的准备情况，国会倾向于在工业基础和采购方式上，在 5 家竞争企业中选择一家承担所有的 20 艘舰船的设计建造，但是同时考虑快速推进工作进程方面可以听取拆分订单到两个或者三个企业的可能性。美国海军认为：一方面要考虑工业基础和保持部队运转和训练的能力，另一方面需要考虑单船厂建造过程中后期需要同时完成早期建造船只维修带来船厂拥挤的问题，但目前还没有完全确定，美国海军将进一步研究权衡相关工作。

承建船厂数量的问题是按照美国海军的基线计划，在一个造船厂建造 FFG(X)，还是在两个或三个造船厂建造 FFG(X)。在二或三个船厂建造 FFG(X)可以将 FFG(X)的产量从目前计划的每年 2 艘提高到每年 4 艘或更多，大大加快了实现美国海军小型水面舰艇目标的时间，同时能够通过竞争来帮助抑制 FFG(X)价格，并确保生产质量和交货周期。但增加承建船厂数量将降低 FFG(X)项目的竞争强度，同时在国防部资金有限的情况下，加快采购进度可能造成海军或国防部其他项目的削减，同时采用两个或多个 FFG(X)方案将带来后勤保障系统费用增加。

3. 成本、进度和技术风险

(1) 不采用新技术新系统。作为另一项减少 FFG(X)项目成本、进度和技术风险的措施，美国海军设想不为 FFG(X)开发新技术或系统，舰船将应用已有或正在使用的系统和技术或者在其他项目中已经在被开发的技术。

虽然使用母型设计方法和仅使用已有或在其他项目中已使用的系统和技术，理论上该方案的成本、进度和技术风险已经减少。但实际施工过程，因为首舰是整个项目的原型，通常会带来成本、进度和技术风险。美国海军造船项目中的 32 艘首舰建造成本均高于预期费用。

(2) 施工合同中的担保或者维修。美国海军提议在 FFG(X)项目的详细设计和施工(DD&C) 合同中使用担保而不是保修。作为 2019 年 6 月 20 日发布的 FFG(X)详细设计和征求建议书 (RFP) 的一部分，美国海军计划要求每艘船至少有 500 万美元的担保金，以用来弥补在舰船交付后 18 个月内出现的造船商责任缺陷。这种安排体现了适当的价格-风险平衡，确保造船商能负责弥补舰船初步验收后暴露的缺陷，并且允许每个造船商提出基于自身商业权衡下的担保金额。

(3) 在 2020 财年采购 LCS，以对冲 FFG(X)延迟。防范 FFG(X)项目的延迟，美国国会可能考虑 2020 财年采购更多的 LCS，以充分利用 LCS 现行的生产线从而以合理的成本规避进度风险，但目前美国海军对额外数量的 LCS 需求不明确，且额外采购会占用 2020 财年其他海军或国防部项目的可用资金，产生对国防和军队的不确定影响。

4. FFG(X)项目潜在的工业基础影响

美国海军计划从 2020 财年开始将小型水面舰艇的采购从 LCS 转移到 FFG(X)，如果两个 LCS 造船厂不参与建造 FFG(X)，将带来 LCS 造船厂未来工作量和就业水平的影响。

目前，美国海军的计划是在一个船厂建造 FFG(X)。可能的替代方案是在两个或三个造船厂（包括一个或两个 LCS 造船厂）建造 FFG(X)。或者将一个 LCS 船厂（如果另一个赢得了 FFG(X)竞标）或两个 LCS 船厂（如果两个船厂都没有赢得 FFG(X)竞标）的海军造船工作转移到大型军舰（如 DDG-51 驱逐舰或两栖舰）的生产和配合建造上。这一个或两个 LCS 船厂将作为参与生产大型军舰的船厂发挥作用，这些舰艇将在其他船厂进行最终组装。

美国海军对作战系统、雷达、C^4I 套件、电子战、武器和许多其他作战要素的要求非常明确。然而，与目前舰队中的所有主要水面战斗舰艇（CG 巡洋舰、DDG 驱逐舰）不同，FFG(X)的征求建议书草案没有明确主要的 HM&E（船体、机械和电气）部件，如推进系统、机械、控制、发电和其他对船舶运行和任务执行至关重要的系统。相反，征求建议书草案将这些决定交给了造船厂或其外资合作伙伴，并且没有要求在美国造船供应商工业基地内采购这些部件。

目前，参与竞争的行业团队中有两家 FFG(X)方案使用欧洲护卫舰设计作为母型。外国母型舰船，具有大多数外国组件供应商基础。许多零部件供应商享受有当地政府的税收等政策优惠，使得美国制造商不太可能在成本上展开竞争，美国供应商失去 FFG(X)的订单将增加其在其他海军平台的成本（同时为其他美国军舰制造零部件的美国供应商会降低总体生产规模）。同时引入外国供应商带来后勤、培训、维修服务以及船舶寿命期内零部件和服务等多方面的成本。更为重要的是，保持强大的国内供应商制造能力，可以在需要支持主要军事行动时确保快速扩展的能力，从而实现能力激增，这是美国国防部和美国海军领导人经常强调的主题。一旦失去该能力，就不太可能或需要极高代价去弥补。

但另一方面，美国制造的部件早已被应用于外国军舰，外国制造的部件也早已应用于美国军舰，同时将一个以外国母型舰设计的 FFG(X)的部件更换为美国制造将增加 FFG(X)采购费用、进度和技术风险。

5. 美国海军水面兵力结构的潜在变化

美国海军正在进行的新的兵力结构评估（FSA）可能会将海军转变为新的舰队结构，其中包括更大比例的小型水面战舰，也就是说，更小比例的大型水面战舰（巡洋舰和驱逐舰）。美国海军海上兵力结构可能发生的变化，将对所需的 FFG(X)数量具有潜在影响。

5.5.6 采办动态

1. 竞标胜出：意大利芬坎蒂尼集团

美国海军于 2020 年 4 月 30 日正式宣布意大利芬坎蒂尼集团赢得海军下一代护卫舰 FFG(X)的竞标（图 5-23），将签署首舰详细设计与建造合同，价值 7.95 亿美元，连同附加合同总价值估计为 12.81 亿美元，建造工作由意大利芬坎蒂尼集团下属的美国马里内特造船厂负责。合同还包括后续 9 艘的选择权，如果全部执行，合约总价值可达 55.8 亿美元左右。首舰计划 2022 年开工建造，2026 年交付美国海军。①

图 5-23 | 意大利芬坎蒂尼基于 FREMM 的 FFG(X)设计方案

① Megan Eckstein. Fincantieri Wins $795M Contract for Navy Frigate Program. USNI News, April 30, 2020. https://news.usni.org/2020/04/30/fincantieri-wins-795m-contract-for-navy-frigate-program.

FFG(X)护卫舰是具备防空、反潜、反舰、电子战能力的多功能舰艇。美国海军于2019年6月发布正式招标书，8月收到技术方案。

美国海军FFG(X)导弹护卫舰设计将基于意大利海军FREMM护卫舰的反潜战型号，舰体长度151.18m（496ft），舰宽为19.81m（65ft），满载排水量达到7400t，采用燃-燃联合动力系统，最大航速超过26kn，续航能力达到6000n mile/16kn。芬坎蒂尼的FFG(X)方案供电能力达到12MW，未来将适合配备电磁轨道炮、激光炮等武器系统。

下一步，详细设计阶段将立即开始，施工将不迟于2022年4月开始。根据美国海军2021财年预算文件，美国计划用六年的时间完成首艘FFG(X)导弹护卫舰的设计和建造，于2026年建成交付，2030年达到初始作战能力。第二艘护卫舰预计将在2021年4月订购，2026年10月交付。美国海军原计划2020财年购买一艘，之后每年购买2艘，但是在2021财年预算中采购方式变为错峰购买，逐步增加的方式。

尽管时任海军代理部长托马斯·莫德利（Thomas Modly）曾试图将护卫舰命名为敏捷级（Agility class，FFG-80），但该级的第一艘舰艇仍有待命名。①

美国海军没有承诺在前10艘之后对FFG（X）的采购策略。造舰和采办计划要求该级舰达到20艘，但海军越来越感兴趣的是一个小型作战舰艇，它将比现在的LCS更有能力，可以替代驱逐舰在全球的许多任务，作为分布式海上作战概念的一部分。一旦前10艘护卫舰的最后一艘被授予，很可能在2025财年，海军可以再授予芬坎蒂尼造船厂另外10艘护卫舰，或者也可以选择引进第二家造船厂建造同一艘舰艇。根据合同，海军有权获得该舰的技术数据包。

美国海军此前表示，以2018年定值美元计算，其目标是第2至20号舰的平均成本为8亿美元，要求保持在9.5亿美元以下。

美国海军已将其FFG（X）计划作为未来舰艇采办的模式。通过召集一个FFG需求评估团队（RET），其中包括采办团队、资源赞助、预算团队、舰队代表、政府内外的技术人员以及造船商和其他行业人士，海军能够及早发现如何平衡能力和成本。与传统方法相比，这种方法缩短了6年的时间。

在竞标过程中，海军平衡成本与非成本因素，以获得最佳价值。设计和设计成熟度的权重等于舰艇满足国防战略中描述的海军作战需求的能力。进度、生产方法和设施的加权较低，数据权是加权最低的非成本因素。海军并不是在寻求直接的价格竞争，而是希望这些公司为获得最佳的性能和价值而竞争。

2. 新一代导弹护卫舰首舰命名为星座号

2020年10月7日，美国海军部长肯尼思·布雷思韦特（Kenneth J. Braithwaite）在巴尔的摩港举行发布会，将美国海军FFG（X）新一代导弹护卫舰首舰命名为星座号（USS Constellation），舷号为FFG-62，接续于佩里级护卫舰英格拉姆号（USS Ingraham，FFG-61）

---

① Ben Werner. Navy Leaders Sink Ship Names Proposed in SECNAV Modly's Last Days. USNI News, April 8, 2020. https://news.usni.org/2020/04/08/navy-leaders-sink-ship-names-proposed-in-secnav-modlys-last-days.

注：2020年4月，美国海军代理部长托马斯·莫德利因在新冠病毒（COVID-19）肺炎疫情中解职罗斯福号航空母舰舰长布雷特·克罗泽（Capt. Brett Crozier），遭到反对而被迫辞职。

之后。①

星座是美国海军使用历史最为悠久的舰名之一。星座用于舰名的意义来源于美国国旗上的众多星星，比喻这些星星组成了天上一个“新的星座”。美国海军历史上有过 4 艘以星座命名的军舰，上一艘星座号是 1961 年服役的小鹰级航空母舰的次舰 CV-64，2003 年退役。

根据 2020 年 10 月 28 日国会研究服务处发布更新的报告《美国海军星座级护卫舰［前 FFG（X）］项目》，星座级护卫舰计划总共建造 20 艘。首舰 FFG-62 于 2020 财年采办，经费约 13 亿美元，应在 2021 年 4 月之前展开建造工作，2026 年 7 月前交付美国海军，2030 年之前形成初始作战能力（IOC）；美国海军在 2021 财年预算中，需要约 11 亿美元用于第二艘舰的采办；估计后续舰的采办成本大概为每艘 9.4 亿美元。未来五年（FY2021—2025）后续 9 艘舰的建造计划分别是 1-1-2-2-3。②

共有 4 家工业团队参与星座级护卫舰项目竞标。2020 年 4 约 30 日，美国海军宣布授予芬坎蒂尼/马里内特海事造船厂（F/MM）详细设计与建造合同，首批 10 艘星座级护卫舰应在 2035 年全部建造完成。同时，美国海军拥有选项，有可能在首舰 FFG-62 之后重新竞标。另外三个工业团队分别是奥斯塔美国公司（Austal USA）、通用动力/巴斯钢铁造船厂（GD/BIW）和亨廷顿·英格尔斯工业/英格尔斯造船厂（HII/Ingalls）。

星座级导弹护卫舰的主要性能与装备如表 5-11 所示。

表 5-11 星座级护卫舰主要性能与装备

名称	CONSTELLATION（FFG 62）CLASS 星座级导弹护卫舰
制造商	Fincantieri/Marinette Marine（F/MM），Marinette，WI 芬坎蒂尼/马里内特海事造船厂
建造数量	20
服役时间	首舰 2026 年交付（FFG 62）
排水量	7400t
主尺度	151.18m×19.81m×7.01m（496ft× 65ft× 23ft）
航速	26kn
续航力	6000n mile/16 kn
舰员编制	200 名
动力装置	柴电燃气联合动力装置（CODLAG）联合推进系统，功率 12MW
导弹	32 单元 Mk41 垂直发射系统（VLS） 改进型海麻雀导弹（ESSM Block 2） 标准导弹 SM-2 Block ⅢC 21 单元 Mk15 Mod31 海拉姆近程防空导弹 8 枚 NSM 超视距反舰导弹
舰炮	1 门 Mk110 型 57mm 舰炮
对抗措施	AN/SLQ-32(V)6 SEWIP Block2 电子战系统 MK53 Mod9 DLS（NULKA）有源诱饵

① Megan Eckstein. SECNAV Braithwaite Names First FFG（X）USSConstellation. USNI News, October 7, 2020. https://news.usni.org/2020/10/07/secnav-braithwaite-names-first-ffgx-uss-constellation.

② Congressional Research Service. Navy Constellation (FFG-62) Class Frigate (Previously FFG[X]) Program: Background and Issues for Congress. CRS Report R44972, Updated October 28, 2020.

（续）

作战数据系统	COMBATSS-21 作战管理系统 AN/SQQ-89(V)15 反潜作战系统 CEC 协同交战能力
雷达	AN/SPY-6（V）3 企业对空监视雷达（EASR） AN/SPS-73(V)18 下一代水面搜索雷达（NGSSR）
声呐	AN/SLQ-61 轻型拖曳式鱼雷防御模块（LWT） AN/SQS-62 变深声呐（VDS） TB-37 多功能拖曳阵列声呐（MFTA）
舰载机	1 架 MH-60R 海鹰直升机 1 架 MQ-8C 火力侦察兵无人机

5.5.7 总体评价

在美国以“由海向陆”战略和“濒海作战”概念指导下，美国海军规划和发展了 3 型主战水面舰艇，包括 CG(X)、DDG 1000、LCS，伴随着战略环境的变化，这些技术先进、研制周期长的型号不能充分适应作战使用场景。在快速变化的国防形势和威胁环境下，美国海军的思路从“求新”转变为“求稳”：通过集成成熟技术的思路来发展 FFG(X)，以控制进度风险和成本风险。这主要体现在要求 FFG(X)的设计以现有成熟船型作为母型船，大量集成现有装备和系统。同时，为满足未来升级需求，重点强调保留排水量、冷却能力、电力和甲板面积等余量，以便在未来引入新技术和新装备。

从美国海军招标需求可判断，FFG(X)导弹护卫舰将是一型具备区域防空、反潜、远程反舰作战能力的多功能舰艇，拥有强大的态势感知能力和电子战能力，既可独立遂行作战任务，也能与编队共同行动，还能为作战后勤舰艇提供护航。

1. 出色的防空作战能力

FFG(X)导弹护卫舰将装备 EASR 三面固定阵雷达，EASR 采用氮化镓半导体技术，依托美国海军下一代 AN/SPY-6(V)雷达的硬件和软件，采用数字波束成像，在高电磁干扰环境中用先进算法操作，探测能力强。一面固定阵由 9 个 RMA 雷达模块组件构成，性能相当于 SPY-1D(V)雷达的一面阵，因此总体探测能力与当前 DDG 51 型驱逐舰相当。该雷达是美国正在研制的新型雷达。

导弹武器上，将搭载改进型海麻雀导弹或 SM-2 导弹或二者同时搭载，因此判断很可能装备 Mk41 型垂直发射装置，一个 Mk41 垂直发射单元可装备 4 枚改进型海麻雀导弹，因此若装备 16 单元垂直发射系统，单独装备改进型海麻雀将达到 64 枚，混合搭载改进型海麻雀导弹和 SM-2 导弹也能具备不俗的区域防空作战能力，足以为自身、后勤作战舰艇或编队提供一定的防空作战能力。

2. 不俗的反潜作战能力

FFG(X)导弹护卫舰具有 AN/SQS-62 可变深拖曳声呐、AN/SQQ-89F 反潜作战系统、TB-37 多功能拖曳声呐等多种声呐可选方案。

无论装备 3 种声呐中的哪种，均能为舰艇提供大范围的水下态势感知能力，Mk41 垂直发射系统还能搭载阿斯洛克反潜导弹，为舰艇提供近程攻潜能力。舰载机如果搭载反潜探测系统和攻潜武器，也能为舰艇提供远程反潜探测与攻潜能力。

舰艇计划大量使用无人系统拓展舰艇的情报监视侦察能力，当前美国海军正在发展深海探测系统、大排水量无人潜航器、蓝鳍-21 型无人潜航器等无人系统，这些系统均可搭载于水面舰艇，布放后均可遂行反潜探测与攻击作战，能大幅拓展 FFG(X) 导弹护卫舰的反潜作战能力。

3. 强大的反舰作战能力

根据美国“分布式杀伤”概念，美国未来所有水面舰艇均将装备反舰导弹，均将具备远程反舰作战能力。鉴于要求 FFG(X) 导弹护卫舰既具备远程反舰能力，为航母打击群与远征打击群提供反舰能力支持，又能拦截小艇突袭，因此很可能同时装备长弓地狱火近程反舰导弹和一型远程反舰导弹。

4. 其他作战能力

美国海军将在 FFG(X) 导弹护卫舰上搭载 SLQ-32（V）6 电子战系统等，强化舰艇的电子对抗能力。

综合来看，FFG(X) 导弹护卫舰将是一型实力强劲的综合性水面作战舰艇，能成为美国海军水面舰队重要的机动作战力量，既能独立开展海事巡逻作战，也能与其他舰艇组成编队，为编队提供区域防空和反潜作战能力，还能为编队的反舰作战提供火力支援。

IWS 7.0：未来作战系统与开放式架构

6.1 概述

PEO IWS 7.0 办公室的名称是“未来作战系统”，其任务是获得优化海军全系统性能的领域能力，同时最小化总拥有成本。愿景是为海军作战系统交付解决方案，能够在舰队和联合部队中高效运行。① 主管项目包括：

开放式架构（OA）；

海军一体化火控防空（NIFC-CA）；

未来战区防空反导（FTAMD）；

打击力量系统工程（SFSE）；

网络空间安全（Cybersecurity）。

开放式架构（OA）在一个系统中采用开放性标准来定义主要接口。OA 具有应用系统的可移植性和可剪裁性、网络上各节点间的互操作性以及易于从多方获得软件等优点，它的发展是为了适应更大规模地推广计算机的应用和计算机网络化等需求。与传统系统相比，基于 OA 的系统能够进行方便而快速的升级，能够采用商用成熟技术，消除由于采用专有软件、硬件、接口以及软硬件连接所产生的限制。

美国国防部长办公室（OSD）将开放式架构定义为一个多元战略，它为开发联合互操作系统提供一个框架。这一框架包含一套原则、流程和最佳实践：为竞争和创新提供更多的机会；快速部署经济上可承受、可互操作的系统；降低总拥有成本；优化系统整体性能；生产的系统易于开发和升级；实现软件部件可重用。OA 过程鼓励创新，鼓励政府和工业界的协作。它允许项目在系统采办活动中接纳小企业，并把这些小企业作为技术与能力重要的、价

① PEO IWS 7.0-Gannon. pdf

Mission：Field capabilities that optimize the Navy Enterprise’s total systems performance while minimizing total ownership costs.

格适中的、创新的来源，其结果就是能够获得更好的产品。

PEO IWS 于 2004 年经美国海军研发与采办部授权，将开放式架构引入海军作战系统中，采用开放式架构计算环境（OACE）实现舰艇中各系统的集成。OA/OACE 的设计思想已经贯穿到美国海军舰艇作战系统设计的全过程，典型应用项目包括："宙斯盾"现代化（AMOD）、舰艇自防御系统（SSDS Mk2）、全舰计算环境（TSCE）、任务包计算环境（MPCE）、综合海上网络和企业服务（CANES）等。

海军一体化防空火控（NIFC-CA）是一种新型的网络化、分布式、远程防空火控体系。NIFC-CA 项目着重于"海上杀伤链"的系统工程集成和测试，目的是最大延伸海军战区防空反导作战空间。"海上杀伤链"由 E-2D 先进鹰眼预警机、协同交战能力（CEC）、宙斯盾系统和 SM-6 增程舰空导弹组成。NIFC-CA 的核心是系统工程，是系统的集成。从军方的角度，该过程是一个体系能力采办的过程。其最终目的不仅是海军内部的集成，还有与其他军种的集成。NIFC-CA 系统扩展了目标探测、分析与拦截范围，对于美国海军具有颠覆性意义。

网络空间已经成为继陆、海、空、天之后的第五大主权领域空间。网络空间的安全问题已经成为世界各国关注的热点问题。毫无疑问，从美国防部组建网络司令部 CYBERCOM 到 NAVSEA 设立负责网络工程的新部门 SEA 03，逐级落实推进，都充分说明网络战、网络安全日益显著的重要性。

另外两个项目，未来战区防空反导（FTAMD）和打击力量系统工程（SFSE），可用资料非常少，本书暂不论述。

6.2 开放式架构（OA）

6.2.1 项目背景

21 世纪的海军将更多关注新概念、新技术，并更大程度地实现一体化空间作战。在统一的作战空间里，借助全球指挥决策能力，海洋将提供广阔的作战区域。未来海上战争将利用革命性的信息优势，以及分布式的网络作战力量，实现前所未有的攻击能力、防御保障能力以及联合舰队指挥下的独立作战能力。"海上打击""海上盾牌""海上基地"成为美军"21 世纪海上力量"设想的核心能力，其中"海上打击"突出精确、持续的打击能力，"海上盾牌"突出全球性的防御保障能力，"海上基地"突出联合作战的独立支撑保障能力。这 3 项作战概念都是通过"部队网"（FORCEnet）实现的，首要任务就是将士兵、传感器、网络、指控系统、平台以及武器系统聚集为全网络覆盖的作战力量，实现各作战要素的互联、互通、互操作，以满足海战场全域（海、陆、空、天、网络）各军兵种实施统一指挥、协同作战的要求。

开放式架构（Open Architecture，OA，也称为"开放式体系结构"）的目标是将目前的海军战术系统转型为同一个结构框架，以实现"21 世纪海上力量"和"部队网"的概念。通过采用开放式架构下联合开发的模式，实现多项目和平台共同实施策略，从而使引入执行层能力的过程变得更快、成本更低。

近年来，随着计算机、通信技术的不断发展，各国舰艇越来越多地采用了计算机系统来执行各种任务，但目前的舰艇各系统采用了不同的软、硬件平台和通信标准，维护、升级和功能扩展非常麻烦，全寿期成本过高，难以实现各系统间的互操作和舰艇内各电子系统的集成。对于支持未来海战进行多平台协同作战也是非常大的障碍。

然而，舰艇平台过时的计算能力、专用私有的硬件以及紧耦合的软件结构严重限制了作战能力的扩展，例如宙斯盾武器系统的计算性能和结构就存在这样的局限性，如不改变系统的体系结构，就难以同步引进强大的多任务“弹道导弹防御”（BMD）功能。对于一些采用复杂笨重体系结构的作战系统，从提出相对有限的作战概念，到具备相应的作战能力需要5年左右的时间，而在这期间技术和战术都可能发生很大的变化，很可能在系统交付时就已落后。OA可以更易于加快引入新的作战能力，从而有效缩短这一时间。①

在20世纪80年代初，全球民用市场的要求是优先考虑新技术和产品开发，其中商用计算和信息技术工业占据主导地位。在非防务领域，由于信息技术和系统、高性能微处理器芯片、廉价的内存和磁盘以及局域网的出现，促使新技术和产品的价格急剧降低。商用技术更新周期一般以月来估算，远短于正在使用的军用先进系统和经过现代化改装的现役军用系统的更新周期。这一点在信息技术和计算领域尤为明显，正如1965年Gordon Moore预测的：计算机性能每18个月左右翻一番②。如今在信息技术领域这种更新周期甚至会更快，例如：处理器速度、通信性能、大容量存储的能力更显现出指数式的增长，而每单位的计算“能力”的成本却呈现暴跌趋势。显然，持续依赖于军事特有、专用的、烟囱式和纵向集成的系统将使海军和其他服务远远落后于商用技术发展水平。海军亟需采用商用技术以适应军事系统的快速更新并降低成本。③

综上所述，作战需求的变化和商用计算机技术的飞速发展，使得OA在包括海军舰船系统在内的军事系统内得到快速发展和应用。OA能以最低的费用，通过采用广泛认可的硬件和系统软件标准、标准应用组件和成熟的接口对已存在的系统进行最小化改动，以此实现系统在功能上的改变和性能上的提升。

为此，美国海军、国防部高级研究计划局、高校和工业部门共同致力于海军装备集成、信息共享、体系结构评估、减轻风险、降低全寿期成本和提高技术性能等方面的研究。

开放式架构是基于商用现货技术，针对信息系统的一种集成工程学科、一种技术途径和一种商业策略。目前，许多海军强国成立了专门采用开放式架构进行集成的技术小组，以美国国防部开放系统联合特别工作组（OSJTF）和英国BAE系统公司集成系统技术组（Insyte）为代表。

美国海军认为，OA能够快速而有效地提高海军舰队的能力。不同于传统的系统，开放式架构下的系统能够进行方便而快速的升级，能够采用民用的成熟技术，消除采用专有软件、硬件、接口以及软硬件连接所产生的限制。

PEO IWS在执行开放式架构项目推广时的口号是：将开放式架构引入海军作战系统，直到永远。开放式架构在多种潜艇、水面舰艇和舰载机上得到广泛应用。由此可见，开放式架构思想将长期贯穿于美国海军装备的研发过程中。

---

① THOMAS J. STREI. Overview of Naval Open Systems-The Plans, The Approach, The Promise. PEO IWS, 2008.

② 摩尔定律是由英特尔（Intel）创始人之一戈登·摩尔（Gordon Moore）提出来的。其内容为：当价格不变时，集成电路上可容纳的元器件的数目，每隔18~24个月便会增加一倍，性能也将提升一倍。换言之，每一美元所能买到的计算机性能，将每隔18~24个月翻一倍以上。摩尔定律揭示了信息技术进步的速度。

③ THOMAS J. STREI. Open architecture in naval combat system computing of the 21st century. Military Technology, 2003 (12).

海军开放式架构的应用目前已经取得显著成绩，包括开放式“宙斯盾”（AOA）、任务包计算环境（MPCE）、新型舰艇自防御系统（SSDS），再到应用于美军最新驱逐舰 DDG 1000 的全舰计算环境（TSCE），开放式架构应用有条不紊地顺利推进，如图 6-1 所示。

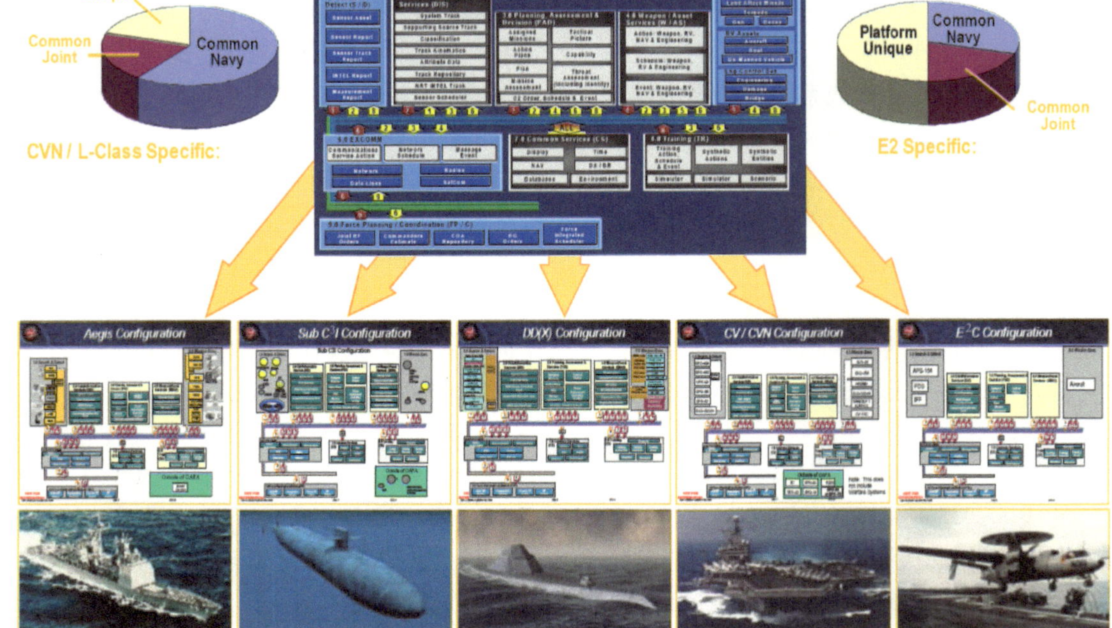

图 6-1 ▎美国海军开放式架构的应用

OA 作为一个综合策略，提供了一个适应于开发联合互操作系统的框架，采用开放式设计原理和体系结构，提出通过指南和标准建立开放式架构计算环境。OA 的可扩展性允许在多种产品上使用，包括海上、空中、陆地和水下平台的可重用软件构件、需求分析、过程描述、测试案例和场景、模型、仿真、设计和体系结构，以及人机接口等技术。反映了从以平台为中心的作战系统开发方法到以战斗部队为中心的转移。

6.2.2 开放式架构概念

随着计算机技术和通信技术的飞速发展，美国海军舰艇中越来越多地采用了计算机系统来执行各种任务。但目前摆在美国海军面前的一个难题是，在舰艇各系统中采用了不同的软硬件平台和通信标准，各自负责管理或处理本系统内部事务，很难实现各系统之间的互操作，这极大地阻碍了未来海战从“平台中心战”向“网络中心战”的转变。为此，美国海军提出了基于 OA 的开放式设计理念。

1. 开放式系统

开放式系统（OS）是指在系统接口、提供的服务和支持格式中大量采用开放标准，使得所设计的部件（包括软、硬件）经过极小的改变就可以在大部分系统中使用，能够与本地的其他部件或远程系统进行互操作，并方便用户实现对系统的移植。

根据开放式系统原理构建起来的开放系统和结构拥有很多共同特征，主要有以下几方面：

（1）使用通用的标准；

（2）采用标准接口；

（3）采用标准服务（指定功能）；

（4）使用多个卖方支持的产品类型；

（5）选择稳定的拥有较大市场份额的卖方；

（6）最小综合范围的互操作性；

（7）易于伸缩和升级；

（8）应用程序可移植性；

（9）用户可移植性。

2. OA 的概念

开放式架构（OA）于 20 世纪 80 年代初提出，与开放系统概念的提出和实现密切相关。开放式架构具有应用系统的可移植性和可剪裁性、网络上各节点间的互操作性和易于从多方获得软件等优点，它的发展是为了适应更大规模地推广计算机的应用和计算机网络化的需求。

美国国防部将 OA 定义为：在一个系统中采用开放性标准来定义主要接口的体系结构。按照 MIL-STD-2036 军用标准，OA 应该被定义为一种设计方法，利用这种设计方法，可按非专利标准设计硬件和软件，允许有多个供应方制造的部件和系统接口。OA 具有应用系统的可移植性和可剪裁性、网络上各节点间的互操作性以及易于从多方获得软件等优点，它的发展是为了适应更大规模地推广计算机的应用和计算机网络化等需求。与传统系统相比，基于 OA 的系统能够进行方便而快速的升级，能够采用商用成熟技术，消除由于采用专有软件、硬件、接口以及软硬件连接所产生的限制。

由图 6-2 所示 OA 的概念可以看出：开放式架构 = 通用计算环境（Common Computing Environment）+平台通用功能+平台特定功能。

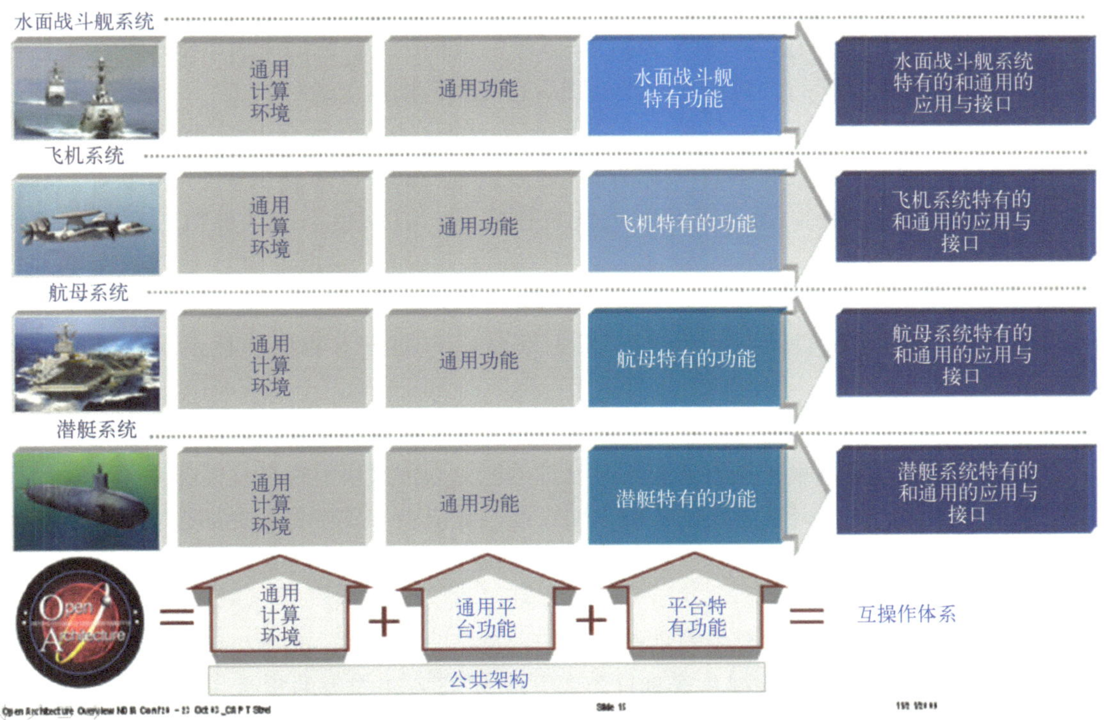

图 6-2 OA 的基本概念

美国海军认为，OA 能够快速而有效地提高舰队的能力。在 OA 的基础上，美国海军于 2000 年提出了“海军开放式架构”（NOA）的概念，同时指出了发展 NOA 的 5 个基本原则（模块化设计、软件可重复使用、可实现互操作的作战应用软件、全寿期费用的可承受性、鼓励合作且竞争的关系）。2002 年，美国海军成立 PEO IWS，负责海军水面舰船和潜艇的技术与系统。2004 年，PEO IWS 经美国海军研发与采办部授权，将 NOA 引入海军作战系统中，采用开放式架构计算环境（OACE）实现舰艇中各系统的集成。

OA 基于 COTS 技术，作为一种综合策略，提供了一个适应于开发联合互操作系统的框架，采用开放式设计原理和体系结构，提出通过指南和标准建立 OACE。OA 具有可扩展特性，允许海军在空中、陆地和水下各平台中使用和执行更为广泛类型的产品，包括可重用软件组件以及需求分析、过程描述、测试、建模、仿真、设计和构造等模块。

3. 技术特点

归纳起来，开放式架构具有以下特点：

（1）互操作性。两台或多台，相同或不相同的计算机系统应用和它们软件的交换能力，以及使用已交换信息的能力。

（2）兼容性。两种应用在它们工作中的相互协调的总能力，即使原来没有这样设计。

（3）可移植性。应用硬件或软件构件能够容易地从一种硬件或软件环境转移到另一种环境中的能力。各种计算机应用系统可在具有 OA 特性的各种计算机系统间进行移植，不论这些计算机是否同种型号、同种机型。

（4）可重用性。在产生的另一种应用中，重用某种应用设计，源代码部分的能力。

（5）可维性。通过取消应用代码部分接口的唯一性，改进维持应用能力的性能。

（6）可塑性。配置应用能力，允许从微型计算机到大型计算机都能在平台上运行。如果某个计算机系统是具有 OA 特性的，则在该系统的低档机上运行的应用系统应能在高档机上运行，原在高档机上运行的应用系统经处理后也可在低档机上运行。

（7）易获得性：在具有 OA 特性的机器上所运行的软件环境易于从多方获得，不受某个来源所限制，与供应方无关，不同供应方都能通过竞争提供接口是兼容的硬件和软件。

（8）改善用户生产率：通过简化的功能复制实现，以满足不同计算机供应方配置的要求。

20 年来，美国海军、国防部高级研究计划局、高校和工业部门共同致力于在海军装备集成、信息共享、体系结构评估、减轻风险、降低全寿期成本和提高技术性能等方面的研究。

开放式架构提供的优点包括开发和拥有成本降低、升级速度加快以及信息可访问性增强等。分布式数据处理和以可扩展方式应用该处理的能力为传递所需任务性能提供了所需的计算能力。可移植性，作为开放系统的关键方面，通过让更新和技术更新更加独立于基本的计算设备和支持软件使成本得以降低。和任何军用系统一样，容错性也是系统可用性和生存力的关键成分。

上述结构特征中的大多数都拥有广泛的先例，意义非常明显。其中可能的一个例外是资源管理（RM），即从资源消耗视角管理计算系统所需服务和能力的集合。该项能力与诊断系统健康和获取纠正策略所需的测试设备一起提高了性能、任务灵活性以及可用性。事实上，它构成了一套闭合环路控制系统，动态地调节计算资源的应用使其符合系统性能和可用性目标。

此外，软件的重复使用问题也应该在开放式架构计划中被认真考虑。可复用性可以通过各种方法实现。其中一种方法是通过创建应用代码段的可复用资源库，以供更大的多重结构使用。还有一种与其相对的方法是在应用程序级别上的重复使用。尽管面向对象技术绝不是为了实现重复使用的目标强制采用的，但面向对象技术（在实时效能要求允许的情况下）为这种重复再使用提供了能力框架。虽然重复使用低水平代码段已经时不时地被成功采用，但一般而言，它还是需要广泛地管理控制，而这一般很难维持。因此，除了特殊情况，一般都会建议重新使用整个程序。

6.2.3 OA 技术架构（OATA）

OA 技术架构（OATA）定义用于所有平台（水面、水下和空中）的 OACE。OACE 采用商用成熟硬件（COTS）、操作系统、中间件产品，以及没有民用等价产品的官方开发软件作为 OACE 组件。所有 OACE 软件产品都是基于成熟的工业开放标准，以保证最大的可移植性和组件的互操作性。所有 OA 软件组件，不论是通用的还是平台特定的，都应在 OACE 中运行。图 6-3 所示为 OA 技术架构。OATA 包括 OACE 的特点，基于开放的规范、标准、中间件、操作系统和计算设备。OACE 是分层的、基于标准的计算环境，可用于所有的作战系统。

开放式架构计算环境（OACE）是用于开放式架构作战系统的统一的标准计算机资源，是一个用于分布式处理的高性能计算环境，能够控制和执行战术级的分布式应用程序。OACE 基于一系列国际通用标准，这些标准能够最少化甚至是消除定制软件的使用，加速新型应用软件的开发，显著降低技术升级的成本。OACE 以组件为基础，这些组件包括设备、操作系统的中间件，标准的中间件是 OACE 最主要的基础部件。OACE 具有的可扩展特性，允许海军在空中、陆地和水下各平台中使用和执行的产品和方法类型更为广泛、通用，具体包括可复用软件组件以及需求分析、过程描述、测试、建模、仿真、设计、构造等方法，这反映了作战系统的开发方法正在从传统的“以平台为中心”向更为集成的“以战斗群为中心”的方向转变。

因此，OACE 的功能需求就是提供一个分布式实时计算环境支撑未来海军作战系统各组成部分的需要。对于这些组成部分，容错、时限、升级、扩展和维护等问题是至关重要的。

OACE 主要由 14 个部分组成：电缆敷设和机柜设备；信息传输；计算资源；外围设备；操作系统；适配式中间件；分布式中间件；设计模式、框架和包装；资源管理；测试设备、记录和评估；故障管理；信息保障；时间服务；程序设计语言设施等。

开放式系统方法的主要优点是使废弃或失效的组件能够快速而便利地替换更新。从商业主流市场中挑选产品对这一点的有效完成极有帮助。

OACE 应该使用产业标准来最大限度地利用商业现货技术。要注意的是，在只要有可能的情况下，服从 OACE 的组件应该遵守适当的产业标准。系统组件应该在可能的最低程度上依赖卖家专有的特征。当应用存在标准的特征时，那些标准也应该被采用。对 OACE 组件的建造和/(或）选择应该促进在各类低水平技术库组件之间的可移植性。应该确定进行测量的度量标准，对于这些度量还应设立目标阈值。

OACE 规定了组成开放式架构应用构件建立的底层基础的原则、结构和构件。OACE 属性支撑应用构件的开发，包括提供实时应用的、有保障的、QoS 所需的技术。

作战系统工程代理
舰船系统工程代理
在与行业协调合作之后，政府选择/批准标准和接口规范，从而实现通用性和互操作性
计算机
应用程序
（特定域）
传感器
控制
航迹编队
通信控制
指挥控制
武器控制
其他：
训练，准备
损害控制
动力推
进控制
Isolated
公共服务：
同步（时间）/数据记录/ O/I控制/电源管理
Isolated
中间件
（基于标准）
* OMG定义
的标准
例：CORBA
分布式中间件
框架
适配中间件
多个COTS
供应商
Isolated
COTS
计算技术
（基于标准）
* IEEE定义
的标准
例：POSIX
实时操作系统
多个COTS
供应商
计算机设备
技术变化频繁
电缆线路
机柜
交换机
驱动器
处理器
多个COTS
供应商
资源管理
商用计算机行业提供

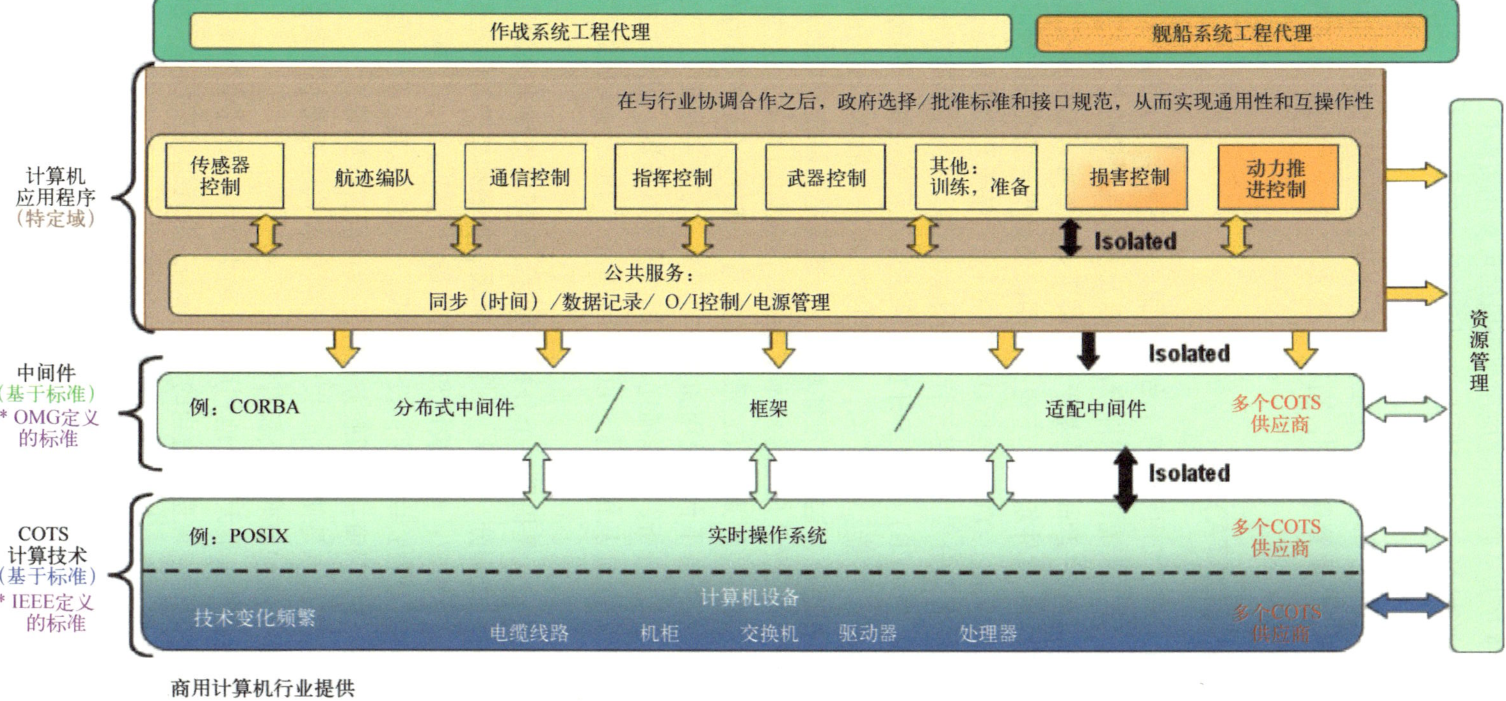

图 6-3 OA技术架构

6.2.4 OA 功能架构（OAFA）

OA 功能架构（OAFA）是基于 OA 的海军作战系统的功能特征，包括性能需求和信息交换标准。OAFA 定义一组通用的“服务”（如时间和导航）、通用功能（如航迹管理、识别、训练等）、独特功能和重要接口。通用和独特功能实际上是实现任务能力的组件，通用服务是支持任务能力的组件。OAFA 提供功能性划分和信息交换能力。重要接口定义 OA 组件之间的 API。

OAFA 涵盖海军作战广大的功能范围。如图 6-4 所示，有 9 个 0 级分区（partition），每个 0 级分区包括多个 1 级分类（class）。其中绿色的分区/分类是 OA 中的通用组件，蓝色是平台特定的组件。9 个 0 级分区如下：[①]

1.0 搜索/探测（S/D）

2.0 数据/信息服务（DIS）

3.0 计划、评估和决策（PAD）

4.0 武器/资产服务（WAS）

5.0 任务执行（ME）

6.0 外部通信（EXCOMM）

7.0 通用服务（CS）

8.0 培训（TR）

9.0 兵力规划/协调（FP/C）

1. OA 开发

进行 OA 开发需要理解 OACE 与 OAFA 的关系。如前所述，OACE 包括基于标准的中间件、操作系统、主流 COTS 技术以及通用性设计指南。OAFA 被定义用来标识海军跨平台/系统的作战功能，可能包括通用功能、过程、设计、接口或数据交换，并进一步识别平台特定的系统、功能或接口。OACE 必须能够满足预期 OAFA 作战能力的性能要求。

OA 开发与其他顶层架构和标准协调、兼容，例如 FORCEnet 和 SIAP。FORCEnet 是支持海军实现全球信息栅格（GIG）的信息基础设施和网络架构。GIG 提供支持网络化情报、侦察与监视（ISR）、指挥与控制（C2）、武器的联合互操作。FORCEnet 是连接海上打击、海上盾牌和海上基地的胶黏剂。

FORCEnet 的目标是“在合适的时间以合适的方式提供合适的信息给战士”。OA 的目标是定义基于标准的系统架构，最大化作战单位之间的通用性，解决现存的互操作性问题。OA 提供了计算环境和功能框架，其信息交换通过 FORCEnet 信息基础设施。

SIAP 是为了解决空军的互操作性问题，SIAP 架构及其与 OA 的集成由 PEO IWS 和联合 SIAP 系统工程办公室负责。SIAP 和 OA 应用通过 FORCEnet 和 GIG 信息基础设施联网，提供联合互操作能力。

---

① THOMAS J. STREI. Overview of Naval Open Systems：The Plans，The Approach，The Promise，Section 2. ASNE DAY 2004，Naval Engineering：Transforming Maritime Defense and Sea Power，Hyatt Recency Crystal City，Alexandria，Virginia，28 & 29 June 2004.

OA Warfare System Domain
1.0搜索/探测（S/D）
传感器资产
传感器报告
传感器跟踪报告
INTEL报告
测量报告
2.0数据/信息服务（DIS）
系统航迹
航迹存储库
多传感器关联
复合/协作航迹
INTEL产生的航迹
3.0规划、评估与决策（PAD）
分配的任务
战术图像
行动规划
规划
威胁评估（包括识别）
任务评估
C²命令、计划和活动
4.0武器/资产服务（W/AS）
武器行动
交战计划
RV行动
RV行动计划
工程行动
工程计划
5.0任务执行（ME）武器
对地攻击导弹
空中/水面导弹
鱼雷
火炮
诱饵
RV资产
飞机
船
无人车
舰船资产
工程
损害
桥
6.0 外部通信
通信服务行动
网络计划
消息事件
DDS
无线电
数据链
卫星通信
7.0公共服务
显示
时间
NAV
DXDR
数据库
环境
ALL
8.0训练
场景
培训行动规划
培训计划
培训活动
模拟器
激励器
9.0兵力规划/协同（FP/C）
联合BF命令
指挥官评估
行动过程（COA）
BF命令
兵力网络
本地网
候选OA通用功能/应用
候选OA特定平台功能/应用
提供的数据
消耗数据

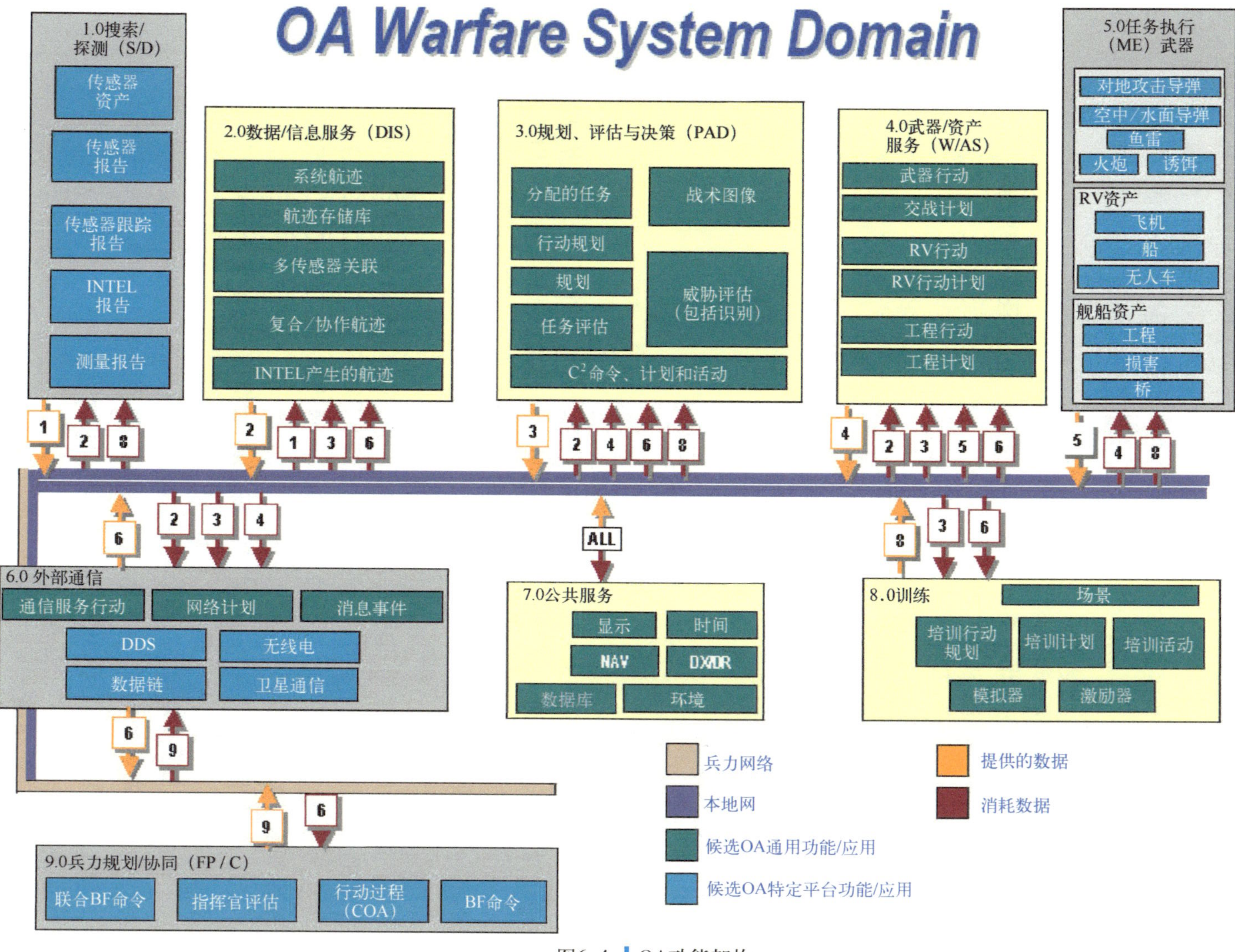

图6–4 OA功能架构

2. 多平台系统工程

OAFA 的开发在与所有海军干系人协作的环境中开发，称为“多平台系统工程”（MPSE）团队，如图 6-5 所示。MPSE 代表来自 PEO IWS 以及联合、空军、潜艇部队的技术和系统架构专家。该团队的目的执行系统工程，开发一个可扩展的体系结构可以支持所有的项目需求、重用通用部件、管理平台特定的部件。

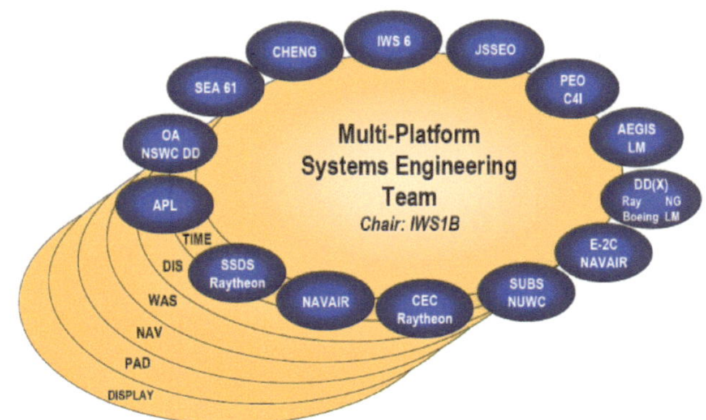

图 6-5 多平台系统工程的参与方与分组

6.2.5 OA 的分级

（1）基于硬件适配器相连接的系统（1 级）。将不符合 OACE 标准的遗留系统与基于 OACE 标准开发的应用程序结合起来，通过 OACE 标准的硬件适配器相连接的系统。判断系统是否符合此种级别的唯一依据是看硬件适配器是否满足要求，而不是遗留的系统。这种方法并没有用到 OACE 的符合性评估。

（2）遵循 OACE 接口的系统（2 级）。利用适配层将传统的应用程序（基于非 OACE 基础设施的组件）从 OACE 基础设施中隔离开来的系统。适配层可提供操作系统打包功能，设计模型化组件以及非 OACE 标准的应用程序所需的系统接口。遵循 OACE 要求的中间件用于所有遵循 OACE 要求的应用程序之间的通信。传统的分发中间件（不符合 OACE 标准）可用在使用本方法的应用程序的端口中，该中间件可用于传统应用程序之间，而并不用于满足 OACE 要求的应用程序之间的信息传递。由于传统的中间件在处理应用程序（或者其关键组件）复用方面十分复杂，因此需要定期检测，已逐步由满足 OACE 要求的中间件取代。遵循 OACE 接口就是通过使用 OACE 分布式中间件标准实现非 OACE 应用程序与 OACE 应用程序之间的通信。

（3）遵循 OACE 标准的系统（3 级）。是一种完全满足 OACE 要求的方法，使用符合 OACE 的基础设施，但并未使用 OA 公共服务和 OA 通用功能的系统。因此在不要求使用 OA 公共服务和通用功能的情况下，在 OACE 基础设施之上，使用或重复使用这一类型的软件是可行的。以该状态为最终目标的系统希望将传统的应用程序运行在 OACE 基础设施之上，以控制 COTS 升级成本。通过这一接入应用程序的端口，应用软件框架只需进行极小的修改。舰艇自防御系统（SSDS）和部分“宙斯盾”系统等先进作战系统都遵循了这一路径。还有一些系统达到第 3 级要求仅是先决条件，实现第 4 级要求才是其最终目标。此外，一些新启动的精选采办项目必须满足动态资源管理（RM）要求。在该要求的指导下，将产生一种用于未来系统的公共计算资源管理方法，该方法可以提高作战的可扩展性和生命力。

(4) 使用 OA 通用功能的系统（4 级）。是一种完全满足 OACE 要求的方法，使用符合 OACE 的基础设施，在该基础设施上运行的应用程序适当地采用 OA 模式（如 OA 的容错模式）/框架进行设计的系统，这些应用程序必须使用 OA 公共服务（如时间同步、导航、数据提取和数据压缩（DX /DR））和 OA 通用功能以应对不同（如传统的）方法对服务和功能的需求。只要新的 OA 基础设施能力、公共服务和通用功能得以实现，则这些应用程序在开发的同时就预计可得到定期升级。大多核心的海军作战系统都将以该方式逐步进行开发。

之前的 OA 计划中还定义了第 5 级“全舰计算系统”，该级别是在第 3 级和第 4 级系统基础上的升级，增加了动态资源管理的能力，通过一种集成的软件方法实现应用程序位置透明和基础设施资源共享。后来，PEO IWS 对这种分级方式进行了修改，第 5 级不再作为单独的一种系统，动态资源管理的要求提到了第 3 级系统中，并且按照要求，只用于海军新研的追求全舰计算方式的水面舰艇采办项目中。普遍认为，现有的项目采用相对一般的静态资源管理的方式即可满足其生命力需求。这次重新分级的目的是理清海军采办项目的动态资源管理的角色，以及其与第 3 级系统要求之间的关系。

开放式架构分级如图 6-6 所示。

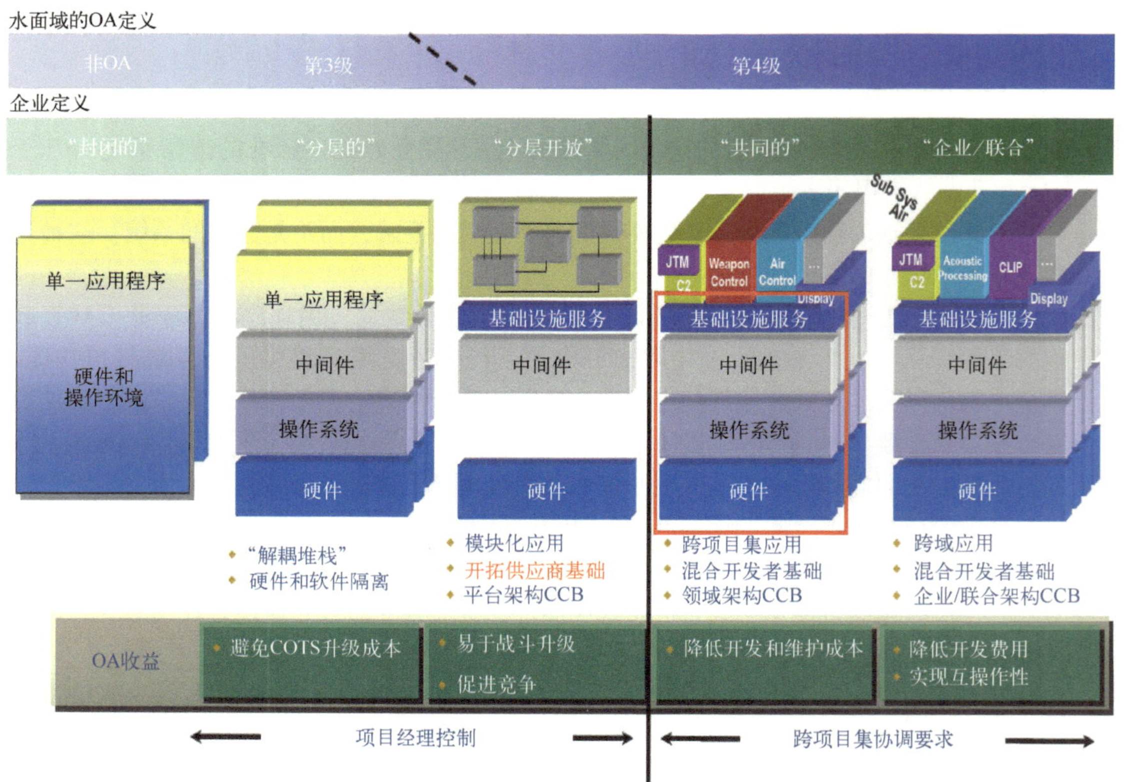

图 6-6 开放式架构分级（3/4 级）

6.2.6 OA 的工程开发模型

海军开放式架构（NOA）将基于 COTS 技术、系统以及被广泛采纳的开放式商用信息技术标准和非专用的标准接口、服务、格式。NOA 具备一致的广泛服务功能体系结构，该体系结构在功能、容量和工作量上可扩展、可裁减，以满足联合作战需求，而且使得计算机程序能够重用。在通用功能体系和计算环境中，OA 程序能够使得海军只需要进行一次公共的作战应用、服务、计算资源的开发和演进，而不需要在多个项目中各自独立开发和演进。关键的评价指标包括可移植性、可伸缩性、可扩展性以及灵活性。

PEO IWS 的 OA 项目组将采用 OACE 来运行工程开发模型（EDM）。该环境包括了被选的公共、专用作战服务和应用。EDM 的第一个“螺旋式开发”阶段在 2003 财年予以实施，2004 年实现路线图中的第一个重大目标——基于 OA 的“宙斯盾”系统。到 2005 年，DDG 1000 级驱逐舰的许多应用开始运行。每一年，来自不同级别的水面舰艇和作战领域的作战系统服务、应用都将加入到 EDM 之中。OA 计划中降低风险的阶段以多任务 OA 作战系统的验证与运行的成功作为结束标志。舰队将在技术演进方面继续推行 OA 解决方案。EDM 的具体目标如下：

（1）作战系统、武器系统、指挥支持系统以及船机电系统的能力能够持续应对威胁。

（2）对于系统设计和公共组件鼓励以可承受的费用进行开发和全寿期维护，并鼓励最大化的重用。

（3）体系结构与快速更新的商用产品分离，体系结构可复制。

（4）改进海军作战系统人机系统集成水平。

对于今天和未来的海军舰队而言，海军将越来越多地采用“压缩包”商用产品来实现作战系统，这些“压缩包”产品在功能上满足作战要求，同时便于技术的灵活更新并降低全舰费用。

6.2.7 OA 与面向服务架构（SOA）

国防系统采办包括广泛的项目、架构和采办方法。为建立一个面向开发和采办的通用框架，美国国防部（DoD）采用 OA 和面向服务架构（SOA）的原则。开放式架构是用于开发和采办系统的缔约、架构和商业处理方法，面向服务架构是在标准化架构中设计软件的特定方法，它运用可替换的和互操作的称之为“服务”的软件组件。把它们结合起来，就产生这样一个商业模式，以获取在通用工程架构下设计的软件，从而促进重复使用、降低成本，促进竞争、增加机遇、增加可扩展性、促进创新、促进相似系统之间的互操作性。

“服务化”是目前实现系统开放性的重要途径。面向服务架构（SOA）建立在过去的计算机工程技术途径之上，为企业级系统提供一个体系化的方法，为网络用户提供服务。这种面向服务的方法重点是定义服务接口和服务行为。一系列冠以 Web Services 的工业标准提供并实现了一般的 SOA 概念，已经成为工程师们当前 SOA 项目的实践工具。某些 Web Services 标准已经得到广泛认可成为基础性标准，然而很多标准仍在寻求工业或政府接受。

从工程的角度来说，SOA 可带来的优势包括：

（1）语言中立的集成：基础性的 Web Services 标准使用可扩展标记语言（XML）。无论系统使用哪种开发语言，通过一致的方法提供并调用服务，编程语言的中立性是与过去集成方法的关键区别。

（2）组件重用：利用 Web Services 技术，如果某组织已经构建了一个软件组件并发布为服务，其余部分就可以调用该服务。通过合适的服务支配，Web Services 有助于提供更有效的管理，实现“构建一次然后共享”的能力。多个组件能够组合提供更强的能力，通常称为“业务流程”（orchestration）。

（3）组织敏捷性：SOA 通过发布满足需求的服务来定义软件功能模块。这些模块一旦定义并可靠运行，能够快速重组和集成。

（4）促使现有系统的改变：通常利用 SOA 来定义现有应用系统的元素或功能，使它们能够以一种标准的方式使用，促使大量现有系统的改变。

SOA 及其 Web Services 标准是在计算历史中的某个特殊时刻到来的。然而有几个重要的进步，例如语言中立性，作为集成技术已经有较长的历史，包括称之为“企业应用集成”（EAI）的研究领域。

促使 Web Services 获得接受的重要趋势之一是目前集成跨度的扩大。系统集成的复杂性无论在组织内部还是跨越外部组织都在增加。这种趋势还会继续，因为我们需要集成更大量的数据源、提供更高价值的信息。图 6-7 描绘系统集成复杂性增加的趋势。①

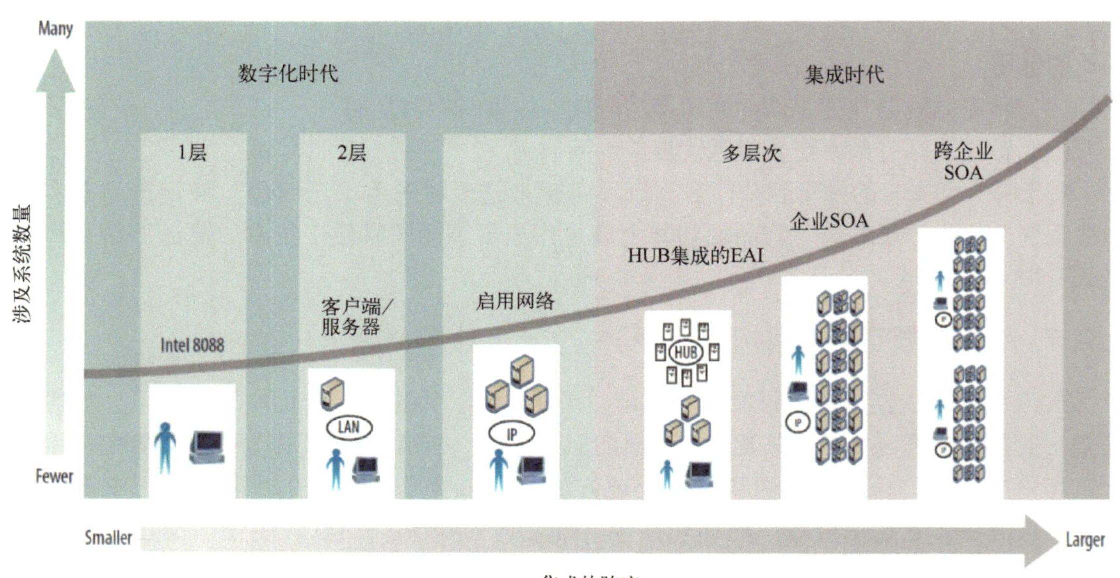

图 6-7 增大系统集成范围和复杂性跨度

面向服务架构提供一套原则或指导概念，用于不同阶段的系统开发和集成。这种类型的架构试图在各个商业领域中将功能包装成可互操作的服务。面向服务架构通过集成新服务来提升其功能，这些服务的开发是独立的，但是集成至系统的通用框架中则成为新的功能。它们的接口同应用行为与商业逻辑不相关联，使接口在支持应用程序变化时变得灵活，使跨不同软件和硬件环境的操作成为可能。

6.2.8 基于 OA 的应用实例

美国国防部要求，未来美军所有作战系统的开发以及现役部分作战系统的升级改造都要以 OACE 设计规划为基础。在此背景下，OACE 的设计思想已经贯穿到美国海军舰艇作战系

① RAINES G. Cloud Computing and SOA. Technical papers, The MITRE Corporation, 2009.

统设计的全过程，典型的基于 OA/OACE 的项目[①]包括：

（1）舰艇自防御系统（SSDS Mk2）：用在尼米兹级航空母舰、福特级航空母舰、LPD-17 两栖船坞运输舰、LHD-1 两栖攻击舰、LHA-6 两栖攻击舰、LSD 41-49 船坞登陆舰上。

（2）全舰计算环境（TSCE）：用在 DDG 1000。

（3）任务包计算环境（MPCE）：用在自由级和独立级濒海战斗舰上。

（4）“宙斯盾”现代化（AMOD）：对象包括 DDG 51 ⅡA 型驱逐舰、提康德罗加级巡洋舰、DDG 51 Ⅲ型驱逐舰。

（5）综合海上网络和企业服务（CANES）：对象包括导弹巡洋舰（15）、航空母舰（8）、导弹驱逐舰（65）、两栖舰（32）、核潜艇（62）、海上作战中心（6）以及技术训练设备（4）等 192 个平台。

自 20 世纪末以来，为了满足舰艇装备新型号研制和旧型号改装中的舰载信息系统集成等需求，美国海军先后针对不同的装备型号开展了一系列的研发项目，如表 6-1 所列。

表 6-1 针对不同装备平台的舰载信息系统集成项目

项目/计划	SSDS Mk2	TSCE	MPCE	AMOD	CANES
主管部门	PEO IWS	PEO IWS	PEO LCS	PEO IWS	PEO C^4I
项目类型	新型号研制	新型号研制	新型号研制	现有型号改换装	现有型号改换装
项目目标	基于 OACE 集成舰内作战资源，形成自动化的快速防空反应能力	基于 OACE 构建舰载系统的集成平台		基于 OACE 和商用成熟产品，对“宙斯盾”舰实施以武器体系为中心的软硬件现代化改装	基于 OA 构建 C^4ISR 网络体系结构
主要组成		TSCEI（基础设施，支持所有的舰载应用系统）	任务包操作环境（MPOE）、任务包应用软件（MPAS）等	“宙斯盾”作战系统、弹道导弹防御系统等	CCE、ACS、CDS
应用对象	传感器、指控、武器等系统	作战、航空、HM&E、C^4I、支援保障等系统	3 个任务包系统（反水雷、水面战和反潜战）	作战系统、HM&E 设备	C^4I 系统
启动时间	1998	1998	2002	2006	2008
部署平台	尼米兹级航空母舰、福特级航空母舰、两栖舰	DDG 1000	自由级和独立级濒海战斗舰	DDG 51 ⅡA 和Ⅲ型驱逐舰、提康德罗加级巡洋舰	水面舰艇、潜艇、海上作战中心
部署平台数量	34	3	52	84	192
基础理念/技术	OA/OACE	OA/OACE	OA、MPCE	AOA/OACE	OA、CCE、SOA、云计算

1. SSDS Mk2（舰艇自防御系统）

这是美国海军首个基于 OACE 开发的系统，强调信息化网络环境的建设和商用成熟技术的应用，将各种传感器、防御武备及指挥控制中心联为一体，新的传感器、武器子系统模块可以方便地加入到 SSDS 系统中，而不用考虑传感器与武器的点对点互联细节。

---

① PEO IWS：Vision for the Future. PEO IWS. 2006.

舰艇自防御系统是美军目前舰艇新型综合防御系统的典型代表，是美国海军最大的优先发展项目。它突出了开放式系统结构和商用现货的应用，将各种传感器、防御武备及指挥控制中心联为一体，综合使用硬杀伤武器和软杀伤电子战设备摧毁来袭目标，提高了舰艇的早期预警能力和导弹拦截能力，为舰艇提供分层的自动化防御能力。

目前，舰艇自防御系统包括 Mk1 和 Mk2 两种型号。主要用于航空母舰和大型两栖舰艇。SSDS Mk2 型是在 SSDS Mk1 型的基础上，引入开放式架构进行的改进和升级，目前已有 6 个版本（Mk2 Mod0~Mk2 Mod5）。此外，Mk2 还在保留 Mk1 的大部分硬件设备基础上，引入协同交战能力（CEC）、SPS-48E 与 SPQ-9B 雷达、ACDS Block1 先进作战指挥系统、改进型“海麻雀”导弹和新型多功能雷达等。Mk2 系统主要装备于尼米兹级航空母舰（Mk2 Mod0）、圣·安东尼奥级两栖运输舰（Mk2 Mod1）、黄蜂级两栖攻击舰（Mk2 Mod3A）、LHA-6 两栖攻击舰（Mk2 Mod4）以及最新的福特级（CVN-78）航空母舰（Mk2 Mod5）。

SSDS Mk2 是美国海军基于开放式架构开发的系统，是一种分布式作战管理系统，具有快速反应交战能力（QRCC）和较高的集成度与开放度。系统符合开放式架构计算环境要求，自身的软件也是由 C、C++和 Ada 的分布式软件模块组成的，操作系统是基于 X86 构架的 Lynx OS。采用 UYK-70 显示系统、光纤局域网技术和冗余分布式处理机结构，在易用性、容错性、可扩展性、系统反应时间及成本等方面表现较好。

2. DDG 1000 TSCE（全舰计算环境）

这是一个分布于全舰范围的开放式系统，将舰上所有战时和非战时的操作集成到一个公共全局的计算环境之中，同时扩展了许多岸上作业，包括维护、后勤及训练功能等。在 TSCE 中，TSCE-I 是为全舰任务应用提供服务的计算硬件和公共软件，可形成一个开放的虚拟化计算环境，所有计算资源统一调度管理，为其他领域的应用提供服务，所有应用软件分布在这个虚拟化计算环境中。

全舰计算环境（TSCE）是开放式架构在 DDG 1000 上的应用。它是 DDG 1000 上标准的硬件、操作系统、中间件和基础结构服务等的集成。其目标是实现舰上各系统之间的集成，使舰艇软、硬件模块化、构件化，最终达到跨平台、跨领域的协同作战能力。

全舰计算环境将舰上所有作战和非作战状态下的操作集成到一个单一的、公共的计算环境中，这使得海军能够在舰艇上更多地采用标准软件和商用成熟硬件。

全舰计算环境不仅包括 C^4KISR、武器系统和舰船状态监控系统，还扩展到岸上以支持舰船的维护、补给和训练等功能。采用全舰计算环境的一个最主要的好处是使海军能够从传统的专为某一级舰艇开发昂贵的专用系统中脱离出来。这样，海军就能够更快地开发系统，并且更容易对系统进行升级，从而降低全寿期的成本。全舰计算环境的可伸缩性和可扩展性能适用于目前和未来海军所有任务。

TSCE 包括了 DDG 1000 战术级应用软件层，该应用软件层运行于全舰计算环境基础设施（TSCE-I）之上。TSCE-I 是 DDG 1000 项目中软件应用开发的平台，该环境包括集成的标准硬件、操作系统、中间件、基础结构服务。TSCE-I 形成了 DDG 1000 上全舰网络计算系统的骨干，全舰所有应用软件都运行于其之上。TSCE-I 包括了硬件层、操作系统层、中间件层和基础结构服务层。

中间件是海军全舰计算环境的核心技术，DDG 1000 把以中间件技术作为核心的开放式架构技术放到极其重要的地位。美军已表示下一代舰艇的开发和所有舰艇的升级都采用全舰计算环境。

3. DDG 51 AMOD（宙斯盾现代化）

美国海军在决定停建 DDG 1000、重启再造 DDG 51 级驱逐舰的同时，也在实施一项针对现役提康德罗加级和 DDG 51 级宙斯盾舰的软/硬件现代化改装计划，即 AMOD 计划①。该计划采用 OACE 将宙斯盾作战系统的软件和硬件分开实施，如图 6-8 所示。

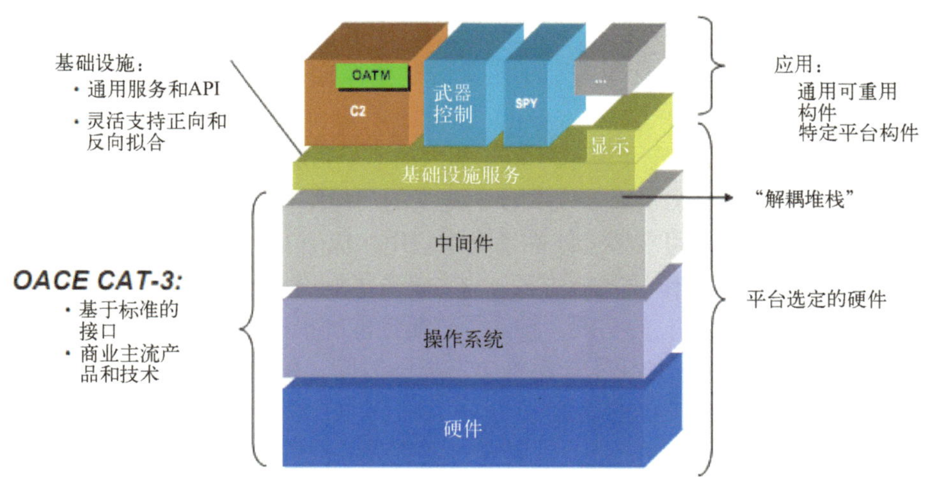

图 6-8 基于 OACE 的 AMOD 结构层次

基于开放式架构的“宙斯盾”系统，是将传统的“宙斯盾”防空作战系统移植到符合开放式架构的框架之上，实现宙斯盾系统的标准化、模块化。是美国海军现有的“宙斯盾”驱逐舰、巡洋舰现代化改装的基础。

开放式的体系结构可使海军简化“宙斯盾”系统软硬件升级的过程，使各子系统尽量以最少的成本和商用现货的方案保持最高的技术性能，并通过人与系统集成（HSI）提高系统的可用性。

2005 年，美国海军启动“宙斯盾”现代化改装（AMOD）计划，将现役的 22 艘宙斯盾巡洋舰和 62 艘宙斯盾驱逐舰全部换装 AOA 作战系统；2008 年 5 月，海军将包括硬件采购、平台系统过程代理和 AMOD 物资供应 3 项改装合同授予洛克希德 · 马丁 MS2 公司，标志着改装计划全面启动。

4. LCS MPCE（任务包计算环境）

MPCE 利用开放式计算基础设施，为濒海战斗舰的 3 个任务包（反水雷、水面战和反潜战）的操作提供监控接口。MPCE 与作战管理系统组成统一网络来支持任务的规划、执行和分析以及与“海上构架”之间进行战术图像数据的交换，其硬件将永久地安装在“海上构架”中。

5. CANES（综合海上网络和企业服务）

CANES 旨在减少舰上服务器等硬件的数量，将现有的舰载网络硬件转变为集中式的、

① Aegis Open Architecture. Lockheed Martin MS2. 2006.

可管控的处理模式，通过创建一种单一的公共网络系统来代替先前多种分散式的 C^4I 网络系统。CANES 的关键技术包括通用计算环境（CCE）、基于面向服务体系结构（SOA）的海上核心服务（ACS）和跨域解决方案（CDS）。其中，CCE 能有效地利用“虚拟化软件”技术将舰载网络硬件、机架、服务器和通信媒介等整合到公共网络核心中，以取代相似的硬件独立的操作，从而实现硬件基础设施的虚拟化管理，并创建一个统一的计算环境。

6.2.9 意义

OA 采用海军的技术结构定义一个基于国际标准的计算环境，实现技术结构文档（OACE 技术与标准、OACE 设计指南）中定义的这些标准，这将有利于促进软件应用程序与计算硬件资源的分离。

OA 的另一目标是开发并定义整个海军范围内的 OA 功能架构（OAFA），使公共组件和关键接口实现标准化。实现 OAFA 定义文档中定义的功能结构，可使开发的公共作战计算应用程序仅进行细微的修改就可在多个终端系统中应用。应用 OA 的意义如下：

（1）提高作战效能。在作战效能方面，OA 提高了联合舰队的互操作性，促进了“21 世纪海上力量”和“部队网”的实现，推动了舰艇性能的提高。

（2）优化项目管理。OA 加快了产品推向市场的时间，使 COTS 升级和新技术引入变得简单易行，同时拓宽了基础工业的范围。

（3）降低费用。OA 最重要的优点就是通过实现公共软件开发以及维护和使用无需测试和认证的 COTS 技术产品来实现装备费用的可承受性和人员编制的缩减。目前，美国海军舰队大力推广 OA 的重要目标就是降低开发和维护成本，具体体现在：①降低海军计算环境配置中为跟上商用计算技术发展而付出的成本；②降低系统基线和配置数量不断增加的情况下，在舰队范围内开发和维护执行层作战能力时所需的费用。

总之，OA 并不是产生一个独特的计算环境，也不是产生一系列独特的计算机程序。OA 的成果将是一个公共的可在整个海军范围内通用的技术和功能架构，并且该架构可以根据联合作战环境的变化进行扩展。OA 将最大程度地使用基于国际标准的软硬件产品，最大程度地复用作战应用程序和公共服务应用程序，还将促进装备实现快速的、费用可承受的升级改装和全寿期保障。

6.2.10 启示

通过对上述项目进行研究、对比后不难发现，无论是 SSDS Mk2、TSCE 和 AMOD 所采用的 OACE，还是 MPCE，抑或是 CANES 的 CCE，致力于创建一个统一的通用计算环境是其共同特征。通用计算环境是正在发展中的先进系统集成模式，代表着美国海军舰载信息系统集成的发展趋势和方向，具有如下特点：

（1）硬件资源集中部署，统一管理。在上述项目中，都将网络设备、计算设备、存储设备、显示设备、通信设备等硬件作为开放的、公共的“资源”，进行统一管理和部署，从而发挥整体优势。例如，TSCE 采用 EME 将 IBM 刀片服务器机柜以及控制、自动化、导航、内部通信系统等处理及存储配套设施进行集中封装，全舰冗余布置。MPCE 采用 10 或 20 英尺的标准化保障集装箱（SC）来对任务系统设备进行集中安装。CANES 的刀片服务器等设施则通过舱室集中的方式进行放置。

（2）软件统一架构。除了硬件集中部署外，这些项目还对软件进行了规范和统一架构，形成了一组核心、通用的基础软件，这些软件分布在虚拟化的计算环境中，与硬件资源结合在一起进行统一调度管理，为其他应用组件和功能领域提供服务。例如，TSCE 积极推进软件的构件化和复用化，并借助于中间件技术，将各种舰载系统的专用应用程序、专用应用程序请求服务和公共服务等以中间件的形式封装，且与底层计算机、操作系统和网络基础设施之间相互分离。这些应用程序能在具有 OA 特性的各种计算机系统之间进行移植，且具有无限的可扩展性。CANES 的 ACS 在虚拟化硬件资源之上开发了一种 SOA 架构，这种架构能够创建一种可升级的服务交互分层模型①，将现有烟囱式系统的传统应用分解、转换为面向用户、数据的可复用式公共服务和应用，通过采用标准化的接口，系统可以调用这些公共服务，从而满足不断变化的作战需求。

（3）采用 OA 设计理念和商用成熟技术，将舰载基础硬件以及基础软件构成统一的集成化通用计算环境，支持功能领域应用在该环境中的运行，实现舰上任务系统的综合集成。例如，在 TSCE 项目中，TSCE-I 包括各种硬件设备和通用的基础软件，这些软硬件采用主流商用成熟技术，构建成为一个基于 OA 的开放式、虚拟化的通用计算环境，为系统的各种领域应用提供服务。TSCE 的这种一体化体系结构，有利于实现系统内部信息的交互共享和互操作，还为各组件提供了一个“即插即用”的环境，以便简单、快速地对系统进行扩展和螺旋式升级。在 CANES 项目中，基于 OA 和面向服务的设计理念，利用标准化的网络基础设施和通用化的机柜体系结构创建了一个统一的通用计算环境（CCE），并通过企业服务为作战和管理应用软件提供“托管服务”，为 C^4I 应用提供了运行与集成的平台，同时，通过开放通用的接口，支持各应用系统调用公共服务。MPCE 采用了大量的商用成熟技术，任务包应用和集成软件运行在这些硬件设备之上，形成了基于 OA 的通用计算基础设施，为舰艇提供了任务模块的控制接口。

可见，通用计算环境已成为美国海军舰艇装备信息化建设的发展趋势。在舰载通用计算环境的向前发展演变过程中，将不断地吸纳和融入新兴的先进技术和先进理念（如 OA、SOA、云计算等），再加上作战需求和项目定位的不断变化，从 OACE/TSCE，到 MPCE，再到 CCE，舰载通用计算环境的内涵和外延一直都在向前演变着，且其应用对象灵活多变，可适用于不同的任务系统；部署范围不断扩展，几乎覆盖了绝大部分的主战舰艇装备平台。因此，可以预见，当新一波信息和网络等技术出现和逐渐成熟之时，舰载计算环境又将发生新的变化，取得新的突破，但开放式架构应该是未来舰载信息系统集成不变的发展方向。

6.3 海军一体化火控防空（NIFC-CA）

海军一体化火控防空（Naval Integrated Fire Control-Counter Air，NIFC-CA）系统是一种新型的网络化、分布式、远程空中防御火力控制系统。NIFC-CA 有助于美国海军获得完整的空中战术画面，发挥美国海军作战系统的最大功效，提升美国海军的超视距（over-the-

① Service Oriented Architecture in Support of the Consolidated Afloat Network and Enterprise Services（CANES）Program. SPAWAR，2013.

horizon，OTH）作战能力。

NIFC-CA 实质上是一个系统集成项目，包括称为“空中杀伤链”（FTA）、“海上杀伤链”（FTS）和“陆上杀伤链”（FTL）的三大杀伤链。根据海军作战部长办公室（OPNAV）的指示，NIFC-CA 项目着重于“海上杀伤链”的系统工程集成和试验（SEI&T）[①]，目的是最大延伸海军战区防空反导作战空间，这包括能超越射手（shooter，发射武器）的探测范围，即能远程交战（Engage on Remote，EoR）和超视距（OTH）打击目标。NIFC-CA 项目利用现有系统本身具有的能力，在各个组分系统（component system）的升级改进中优化现有的和新兴的技术，并将其集成在一起，进行杀伤链试验，形成一个可互操作的体系（SoS），以使未来防空能力达到最大化。“海上杀伤链”由 E-2D“先进鹰眼”预警机、协同交战能力（CEC）、宙斯盾作战系统和 SM-6 导弹组成。

6.3.1 项目背景

1996 年 1 月 11 日，时任美国国防部采办与技术副部长（USD A&T）Paul Kaminski 与参谋长联席会议副主席（VCJCS）W. A. Owen 在一份函令中，针对陆上巡航导弹（overland cruise missile）的威胁提出了一项动议。他们认为巡航导弹对美国的威胁日益增长。由于地球的曲率、沿海的山丘、高山和各种各样地形的影响，加上巡航导弹还会改变路线和速度，使得对巡航导弹的探测与跟踪极具挑战性。

1996 年的这份文件为技术和采办指定了项目方向，给出了项目指南，以确保将要研发的系统具有的能力能够支持陆上巡航导弹防御（OCMD）体系，特别是陆军的航空器研发项目、现称为陆军联合对地攻击巡航导弹防御高空网络探测系统（JLENS）、海军的 E-2C 改进项目、空军的 E-3C 预警飞机和先进的拦截导弹导引头等研发项目能支持 OCMD 体系的发展。

2002 年，在负责研究、开发和采办的海军部长助理（ASN（RD&A））与海军作战部副部长（VCNO）的联合函令中，OCMD 项目正式改称为 NIFC-CA 项目。该文件拓展了 OCMD 原有的项目范围，要求该项目具有对抗超视距有人驾驶战斗机和超视距反舰巡航导弹的能力。该文件还指定由综合作战系统项目执行办公室（PEO IWS）负责设立一个 NIFC-CA 系统工程和综合计划办公室，办公室的工作职责是“将各单个项目集成，以保障 NIFC-CA 能力的研发和采办。”NIFC-CA 作为一个基于能力[②]的采办项目，对各个组分系统的要求极小，而这些独立的组分系统集成后却能形成体系（SoS）的独特能力。

2010 年，NIFC-CA 已发展成为一个先进的体系家族系列（FoS）工程项目，NIFC-CA 通过适合一体化火控的（IFC-compliant）作战系统把多个传感器结合起来以增加己方主动导弹的射程。

6.3.2 NIFC-CA 的组成

NIFC-CA 体系包括 3 条完整的称为“杀伤链”（kill-chains）的系统，如图 6-9 所示。每条杀伤链都包括传感器、传感器网络、武器控制系统和主动式寻的导弹。

---

① Exhibit R-2，RDT&E Budget Item Justification：PB 2015 Navy，March 2014.

② 进入 21 世纪后，美国军方更为强调能力建军，“基于能力”取代了“基于威胁”的防务理论。

SoS (Killchain)	Remote Sensors	Sensor Network	Weapon Control System	Active Missile
From-the-Air (FTA)	E-2D F-18 E/F	Link-16	F-18 E/F	AMRAAM
From-the-Sea (FTS)	E-2D JLENS	CEC	Aegis ACB12	SM-6
From-the-Land (FTL)	E-2D JLENS TPS-59 G/ATOR	CTN	CAC2S	- None - Currently TBD

AMRAAM - Advanced Medium Range Air-to-Air Missile (AIM-120D)
CEC - Cooperative Engagement Capability
CTN - Composite Tracking Network (CEC Network hosted on USMC land-mobile vehicles)
CAC2S - Common Aviation Command and Control System
G/ATOR - Ground/Air Task-Oriented Radar

图 6-9 | NIFC-CA 体系家族系列

第一条杀伤链是“空中杀伤链”。在未来的作战行动中，诺斯罗普·格鲁曼公司研制的 E-2D 先进鹰眼预警机将把目标数据传输给一架 F-18E/F 型战斗攻击机，在接到目标数据后，超级大黄蜂战斗攻击机就可发射空空导弹 AIM-120D 拦截并击落来袭的敌方飞机或导弹。

第二条杀伤链是“海上杀伤链”。该条杀伤链主要由宙斯盾系统 ACB12（基线 9）、CEC、E-2D 以及 SM-6 增程舰空导弹四部分组成①。SM-6 由雷神公司研制和建造，该型导弹采用了 SM-2 Block 4 型导弹的弹体和 AIM-120 型“阿姆拉姆”先进中程空空导弹（AMRAAM）的主动导引头，具备主动寻的性能，可捕获和拦截“宙斯盾”舰艇雷达有效探测范围之外的敌方目标，提高美国海军防御超视距空中威胁的能力。CEC 是负责将所有作战系统连接在一起的关键网络。E-2D 可对远在内陆的目标进行跟踪，确保特混舰队能够对上百个跟踪目标进行处理，并能在极其混乱的作战环境中，为特混舰队提供远程空中预警。

第三条杀伤链是“陆上杀伤链”。

NIFC-CA 通过高带宽数据通道连接飞机和舰船，如 TTNT 能力。同时还有低带宽数据通道，如标准的 Link 16 数据链。NIFC-CA 网络将与位于航空母舰上的打击群指挥中心建立路由连接。

NIFC-CA 各系统之间的高带宽和低带宽数据通道如图 6-10 所示。

下面重点介绍海上杀伤链（From-The-Sea，FTS），如图 6-11 所示②。NIFC-CA 系统的海上杀伤链主要由 E-2D 先进鹰眼预警机、联合对地攻击巡航导弹防御高空网络探测系统

① Richard R. Burgess，Broader Shield-Navy hones the NIFC-CA to improve its prowess in the outer-air battle，Sea Power，2007（3）：32-34.

② Jeffrey H. McConnell. Naval Integrated Fire Control-Counter Air Capability-Based System of Systems Engineering. Naval Surface Warfare Center，Dahlgren Division，14 November 2013［2013_11_14-SOSECIE-McConnell-brief. pdf］.

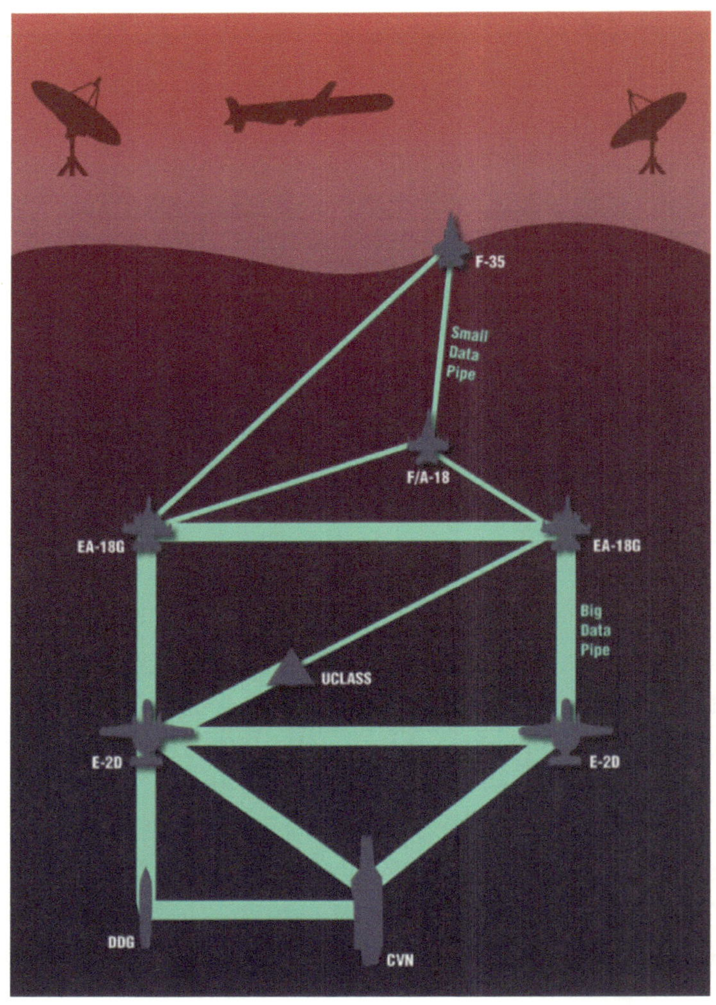

图 6-10 NIFC-CA 各系统之间的高带宽和低带宽数据通道

(JLENS)、CEC 协同交战能力、宙斯盾系统和 SM-6 导弹等五部分组成，未来还会进一步扩展，将会包含更多的作战要素。为了进行一体化火控交战，系统工程团队负责将单系统杀伤链拆解并分配在各独立的支柱系统中，支柱系统由多个非建制传感器组成，通过 CEC 网络连接到宙斯盾作战系统，以便宙斯盾能够控制 SM-6 导弹，直到 SM-6 超出视距，随后 SM-6 主动寻的，自主完成末段交战。在整个交战过程中，从探测目标到发射导弹，各个环节的精度匹配也是必须解决的重要问题。

1. E-2D 预警机

在关键节点中，E-2D 预警机是 NIFC-CA 系统的指挥中心，也是形成一体化作战能力的基础。E-2D 预警机具有强大的战场管理、态势感知能力和多传感器数据融合能力，能够与海军导弹/传感器防御网连接，并利用 CEC 与“宙斯盾”协同，具备巡航导弹探测能力。E-2D 预警机配置如图 6-12 所示。在具体性能上，E-2D 装备的 AESA 新型固态电子甚高频波段雷达，适合探测更小的目标，对水面目标的跟踪能力和在杂波环境中的陆地和近岸跟踪性能大幅提升。在跟踪目标数量上，一个区域内能够同时跟踪的目标数量是原来 E-2C 预警

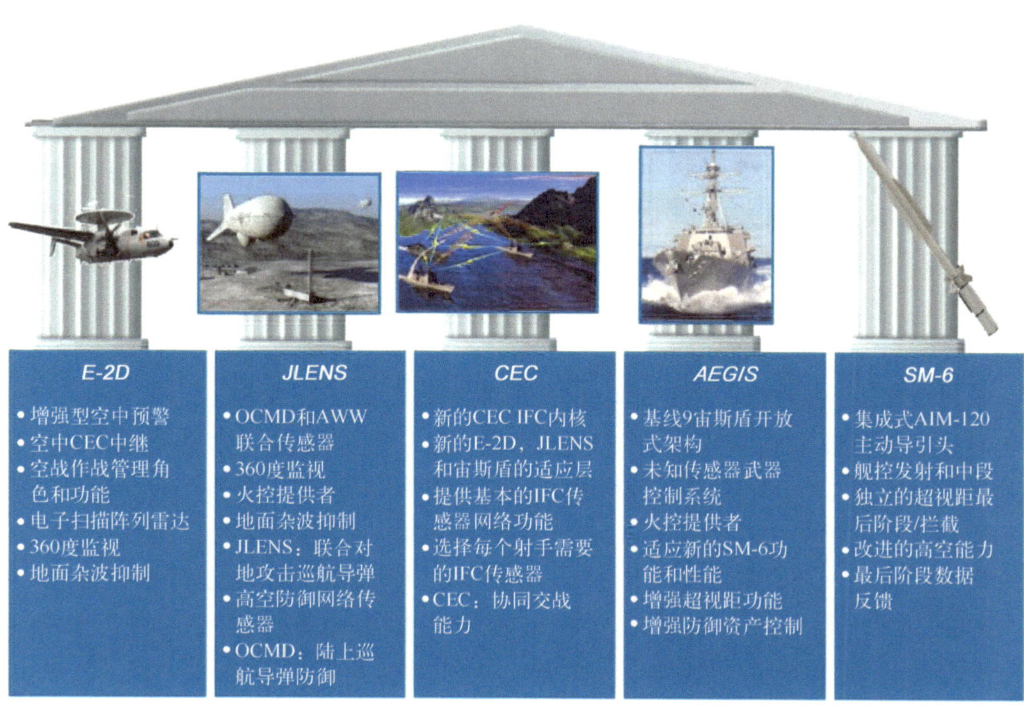

图 6-11 NIFC-CA 海上杀伤链的组成

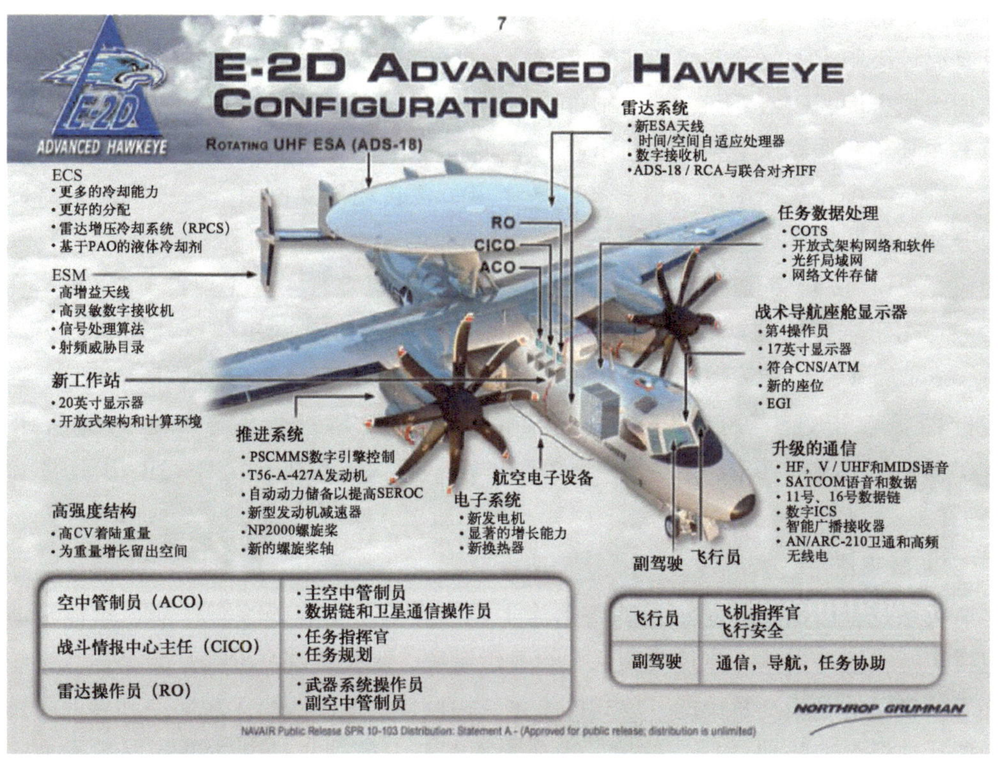

图 6-12 E-2D 预警机配置

机的3倍；在探测距离上，7.6km的飞行高度，能够看到320km甚至更远，而水面舰艇的探测距离受视距限制，对飞行高度5m的巡航导弹只有32km，因此E-2D预警机能够为水面舰艇编队提供更好的防御能力。

E-2D预警机支持区域导弹防御交战，能够从自身和其他侦察监视系统的传感器提取威胁数据，形成统一作战态势图，指挥不同系统的火力打击空中和导弹威胁，这也是网络化指挥控制的一个方面。通过建立交战优先权，匹配最合理的武器给目标，E-2D预警机还能够定位隐身目标，提供火控数据给防空反导兵力兵器，这些平台可能是飞机、舰艇，甚至是潜艇。

在作战应用上，美军在《2014—2025年美国海军航空兵构想》中曾提出，E-2D预警机等作战飞机要加强与水面舰船等武器平台的协同，实现一体化作战，共同构成打击链，主要涵盖18个环节。预警机是打击链中的核心节点，主要完成9个环节：发现、形成航迹、新增航迹和态势图相参、识别和分类、拦截器发射、中段引导、移交导弹自引导、拦截与杀伤效果评估。2014年初美国海军验证了E-2D预警机APY-9雷达的NIFC-CA能力，它使用Link 16数据链和CEC为F/A-18和“宙斯盾”战舰提供目标指示信息。

2. 协同交战能力（CEC）

协同交战能力（CEC）是美国海军开发的一种用于武器平台之间协同作战的系统，CEC将作战编队内的传感器和武器系统组成分布式信息系统，实现传感器和武器系统直接互联，产生具有火控级精度的复合跟踪，实现武器平台之间信息共享和对威胁目标的协同打击。在具体结构组成方面，CEC系统主要由协同交战处理机（CEP）和数据分发系统（DDS）组成。CEP主要负责跟踪大量空中目标（航迹管理和更新），在舰队运动平台间保持精确的目标跟踪，进行数据相关、航迹合成等。DDS主要负责自动建立网络，把关键传感器数据近实时地分发给舰队所有成员，供所有平台使用。

为满足CEC协同交互的能力，美国海军其他平台装备有4种主要的CEC变体。其中USG-2/2A用于选定的宙斯盾巡洋舰和驱逐舰、LPD 17/LHD两栖舰艇和尼米兹级（CVN 68）航空母舰。USG-2B是USG-2/2A的改进版本，用于选定的宙斯盾巡洋舰/驱逐舰以及选定的两栖攻击舰。USG-2B还用于福特级（CVN 78）航空母舰和朱姆沃尔特级（DDG 1000）驱逐舰。USG-3用于E-2C Hawkeye 2000飞机。USG-3B用于E-2D预警机。

3. 宙斯盾系统

宙斯盾系统是以大型无源相控阵雷达为主要标志的水面舰艇综合作战、指控、训练系统，主要包括相控阵雷达、指控决策系统、显示系统、火控系统、导弹系统与检测系统、维护系统等。宙斯盾基线9系统的开放式体系化结构设计扩展了舰艇区域防空和导弹防御作战空间，包括在海上和陆地作战，超越了现在水面舰艇只能独立控制防空武器的能力。借助SM-6导弹、宙斯盾武器系统、CEC协同交战能力以及空基传感器，通过运用NIFC-CA系统拓展了武器交战空间，具备了超视距远程交战能力。

4. SM-6 导弹

SM-6 导弹是 NIFC-CA 的主要武器，射程最远可达 370km，目前可以用于打击各型飞机、无人机、弹道导弹、低空机动飞行或高空超声速飞行的各型巡航导弹、反舰导弹以及水面舰艇。目前，美军试验的 SM-6 导弹（图 6-13）与最新版本的宙斯盾基线 9C 配合使用，使用了先进引信技术和功能强大的指导系统和电子设备，在保留半主动制导模式的同时采用了主动雷达导引头，其由 AIM-120D（AMRAAM）的主动导引头基础上改进而成，这使 SM-6 可不依靠发射舰的雷达也可与远程目标，乃至在远远超出照射雷达作用距离上的目标进行交战。

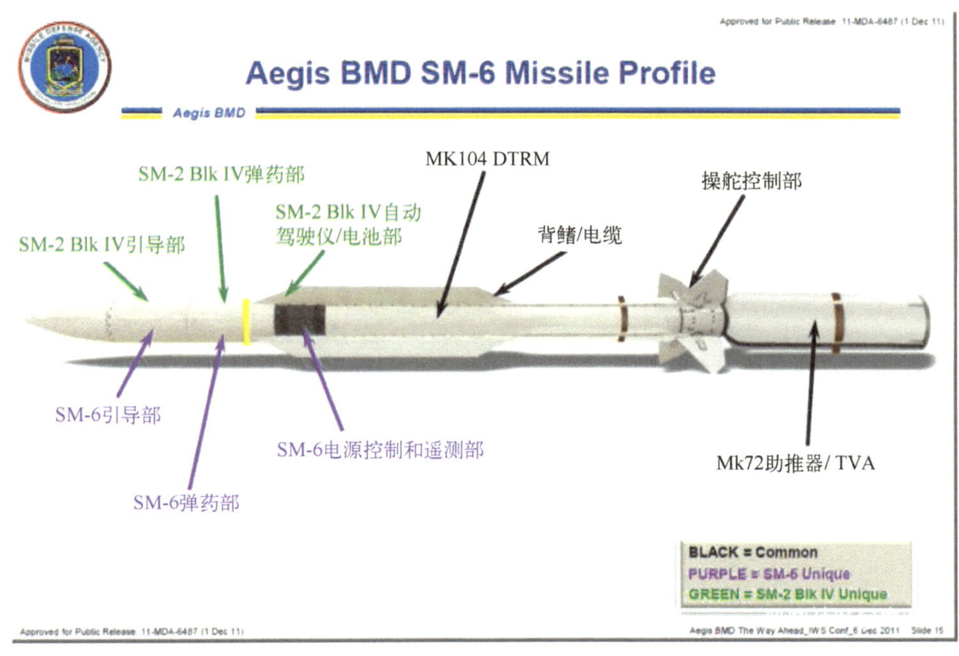

图 6-13 | SM-6 导弹

5. JLENS 系留浮空飞艇

如图 6-14 所示，联合对地攻击巡航导弹防御高空网络探测系统（JLENS）主要包括 2 艘 74m 长的系留浮空飞艇、雷达，以及相关的机动式系泊站、通信和处理设备等。飞艇的飞行高度为 3048m，能够持续执行任务 30 天。在探测范围上，对于空中的飞机 JLENS 可以探测半径为 340 英里的圆形区域；对于地面的飞行器则可以探测半径为 140 英里的圆形区域。JLENS 系统中一艘飞艇装备远程监视雷达，能进行 360° 监控，可跟踪数百个目标；另一艘则装载了高性能的火控雷达，可应对几十个威胁目标。JLENS 旨在通过新型雷达和高性能传感器，对来袭巡航导弹进行有效的超地平线探测、跟踪和识别，并为防空系统提供及时告警，然后迅速发射拦截武器。

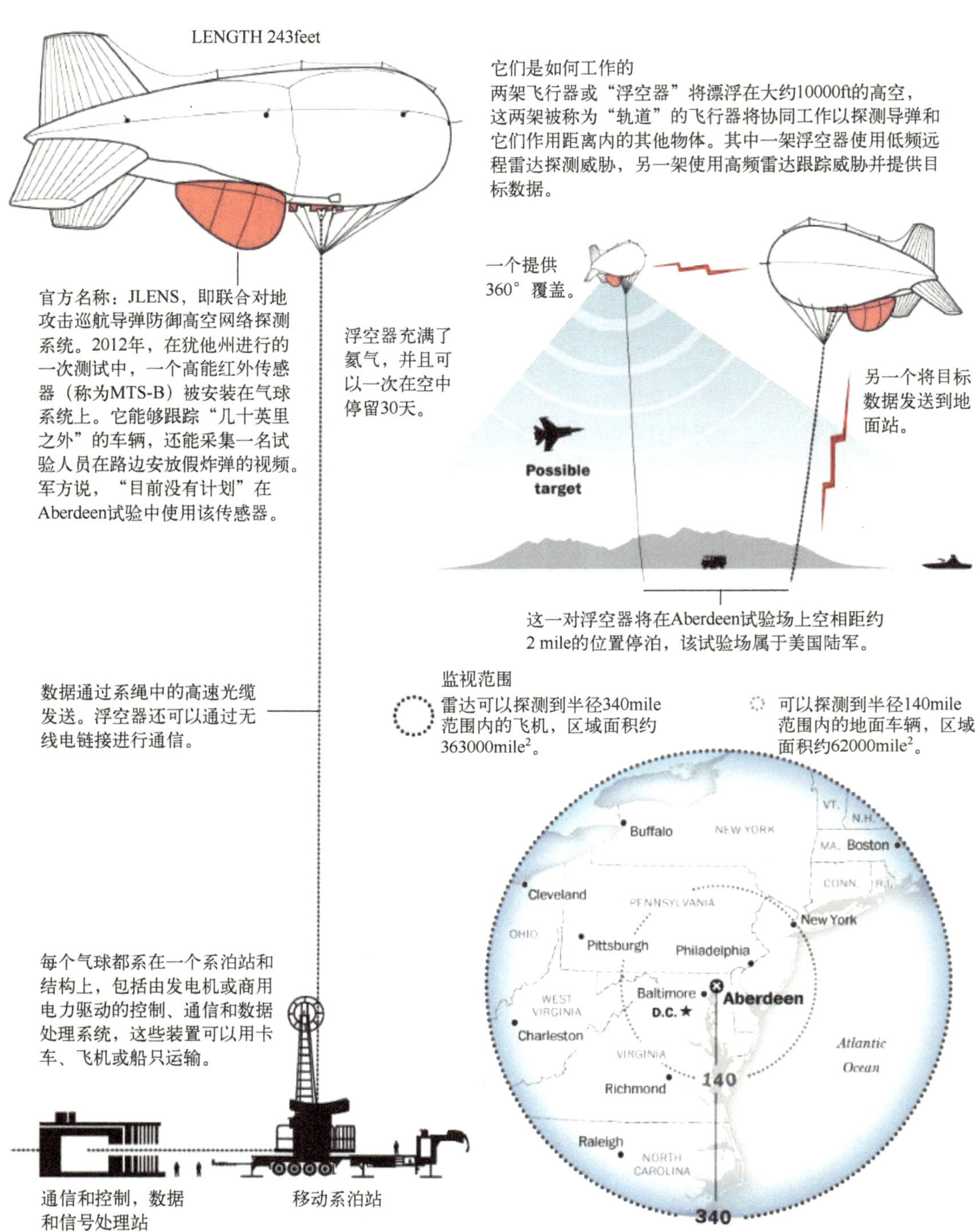

图 6-14 JLENS 系留浮空飞艇示意图

6.3.3 项目进展

2002 年，海军的 OCMD 项目改为 NIFC-CA 项目，确定了 NIFC-CA 体系（NIFC-CA SoS）的定义。

2006 年，NIFC-CA 项目办公室与每一个相关的系统总承包商订立系统工程集成和试验（SEI&T）合同，初步确定效能指标（MOE）和性能指标（MOP）定义，并行工程研究开始启动。

到 2009 年 11 月，随着宙斯盾基线 9（ACB12）完成关键设计评审（CDR），SM-6、E-2D、CEC、ACB12 等 4 个关键系统均完成了关键设计评审。

2011 年，各系统开始集成、试验接近完成，NIFC-CA SoS 集成和试验开始。

2013 年 8 月，美国提康德罗加级巡洋舰钱斯勒维尔号（CG 62）完成了首次 NIFC-CA 概念的海上演示验证，SM-6 导弹完成首次海上超视距目标拦截（图 6-15），成功击落两架模拟敌方导弹的 BQM-74 靶机。

图 6-15 SM-6 导弹完成拦截试验

2014 年 6 月，在美国阿利·伯克级 I 型舰“约翰·保罗·琼斯”号（DDG 53）上进行了 NIFC-CA 和宙斯盾基线 9C 实弹测试，该测试于作战系统舰艇认证试验（CSSQT）和 NIFC-CA 能力试验期间进行，验证了 NIFC-CA 的超视距作战能力。

在 6 月 18~20 日的试验中，DDG 53 成功发射 5 枚导弹，包括 4 枚 SM-6（图 6-16）和 1 枚 SM-2，成功拦截了 5 个目标。SM-6 达到了其最远的交战距离。DDG 53 在其航行中还进行了第一次弹道导弹跟踪演习，同时跟踪了 2 枚超声速导弹和 2 枚亚声速导弹目标。对于海军及其综合作战能力来说，这是一次巨大的进步。

在试验的第一天，NIFC-CA 测试了执行远程任务的能力。在复杂的环境中，NIFC-CA 使用了来自非宙斯盾系统（如 E-2D）的数据识别目标。根据美国海军报道，这次测试达到了美国海军历史上最远的舰空交战距离，但美国海军并未公布具体的数字①。雷神公司 SM-6 导弹高级项目总监 Mike Campisi 称自己无权透露具体的拦截范围。但该公司在一份报告中称，对抗 BQM-74 时，SM-6 导弹拦截范围接近导弹的最大射程。根据简氏海军武器系统数据，该导弹的射程大约是 370km。在第二天、第三天的测试中，难度增加，包括要应对不同高度，不同横截面的目标。

---

① Live fire tests demonstrate Aegis Baseline 9，NIFC-CA capability，Richard Scott，London-IHS Jane's Navy International，14 July 2014.

图 6-16 SM-6 从 DDG 53 上发射

2015 年，NIFC-CA 系统首次在西奥罗·罗斯福（CVN 71）号航母打击群（CSG）上部署，美国海军在航空母舰上测试该系统。装备 NIFC-CA 系统的美国海军航母打击群于 3 月 11 号开始依次前往欧洲、中东和亚太地区。具体测试情况未见报道。NIFC-CA 这次在航母打击群上的部署试验也是根据海军 2015 财年研究、开发、试验和评估计划执行①。

西奥罗·罗斯福号航母打击群包括提康德罗加级导弹巡洋舰诺曼底号（CG 60）、阿利·伯克级导弹驱逐舰温斯顿·丘吉尔号（DDG 81）、弗雷斯特谢尔曼号（DDG 98）、法特格特号（DDG 90）。CVN 71 航空母舰与 CG 60、E-2D 预警机共同形成了西奥多·罗斯福号航母打击群“海军一体化火控防空”能力的骨干力量，NIFC-CA 系统可使航母打击群进行超视距作战，尤其是在反介入/区域拒止环境下，通过搭建传感器和火力发射网络，扩大了航母战斗群的杀伤范围。

2015 年 6 月，日本防卫相中谷元在众议院和平法制特别委员会上，明确提出为应对低空掠海巡航导弹攻击，日本将筹备引进美军的 NIFC-CA 系统，用来对抗“中国导弹威胁”。同期，在新墨西哥州的白沙导弹靶场的试验中，SM-6 导弹首次成功拦截超视距的超声速目标。

美国海军工程师也在将新的飞机传感器和新的武器引入 NIFC-CA 架构，目标是引入 F-35 射频传感器和 SM-6 导弹的反舰改型。2016 年 1 月，导弹驱逐舰约翰·保罗·琼斯号（DDG-53）在夏威夷太平洋导弹靶场的实弹试验中，发射反舰型 SM-6 导弹 Block I，成功打击了水面目标 FFG-57（靶船），证明新型武器及其与 NIFC-CA 体系集成的能力，NIFC-CA 可以被调整用来对抗水面威胁（图 6-17）。②

PEO IWS 的项目经理 Anant Patel 在 2016 年 6 月的一次采访中表示，NIFC-CA 在防空作战时，使用 E-2D 作为传感器发现目标，然后使用 CEC 作为连接来将目标数据传送给最终发射武器的舰艇。但在进行反舰打击时，需要一个新型传感器来识别水面目标，并且这个传

① Department of Defense Fiscal Year（FY）2015 Budget Estimates，Navy Justification Book Volume 3 Research，Development，Test & Evaluation，Navy Budget Activity 5，p486/1100.

② Megan Eckstein. Navy Expanding NIFC-CA To Include Anti-Surface Weapons，F-35 Sensors. USNI News，June 22，2016. https://news.usni.org/2016/06/22/nifcca-expands-sm6-f35.

感器不能使用CEC，也就是整个交战过程将依赖于Link 16数据链。目前，宙斯盾作战系统基线9已经做了修改来接收新的传感器数据。海军也通过引进更多的传感器（特别是F-35）来扩展NIFC-CA。NIFC-CA目前主要依靠数量有限的E-2D。F-35将在世界各国大量部署，所以海军渴望证明NIFC-CA/F-35的有效组合。

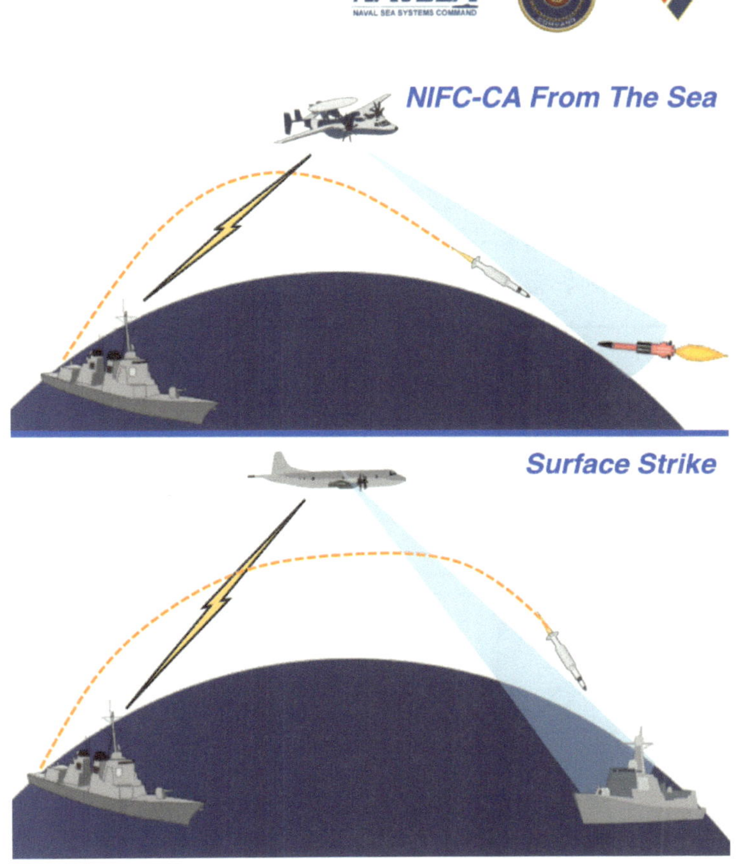

图6-17 | NIFC-CA扩展反舰能力

Anant Patel表示，目前该项目存在的难题：一是找到打击大而缓慢移动目标的武器存在困难。目标缓慢移动时，虽然比较容易追踪，但也存在其复杂性，美军的武器大多数都不是为寻找缓慢移动目标而设计的，所以我们必须有对抗缓慢移动目标的能力以确保满足需求。二是PEO IWS将必须与空中系统司令部（NAVAIR）及其PEO合作。

2016年9月12日，F-35闪电Ⅱ和宙斯盾武器系统首次完成联合实弹演习，成功演示验证了F-35B与NIFC-CA系统集成的实弹拦截能力。F-35B充当传感器角色，探测超视距威胁目标。F-35B通过机载多功能先进数据链（MADL）将数据发送至地面站，地面站与美国海军沙漠战舰（USS Desert Ship，LLS-1）上的宙斯盾武器系统相连。LLS-1的陆上宙斯盾模拟基站首次利用F-35B飞机提供的空基信息，发射了一枚SM-6导弹，成功攻击并拦截了靶机，实现了分布式杀伤。NIFC-CA系统扩展了目标探测、分析与拦截范围，对于美国海军具有颠覆性意义。①②

6.3.4 项目组织管理与经费

图 6-18 所示为 NIFC-CA 项目组织管理结构。2006 年，由美国海军部研发与采办助理部长办公室负责建立 NIFC-CA 项目办公室（PEO IWS-7D），该办公室下设系统集成和试验（SEI&T）领导团队负责项目管理和技术监管，其职责是通过使各个独立的系统与体系（SoS）的性能目标相匹配，而确保所集成的体系可行。SEI&T 团队分为系统定义工作组、性能评估工作组、集成和试验工作组。SEI&T 团队由政府和工业部门联合建立，团队成员主要来自 NIFC-CA 项目办公室、政府试验室、学院以及研制各个分系统的工业部门。NIFC-CA 项目办公室的技术顾问有海军水面作战中心达尔格伦分部（NSWC-DD）、怀尼米港分部（NSWC-PHD）、约翰斯·霍普金斯大学应用物理研究所（JHU/APL）。5 个分系统的研制部门分别是诺斯罗普·格鲁曼公司（E-2D）、雷神网络中心系统公司（CEC）、洛克希德·马丁公司（宙斯盾）、雷神导弹系统公司（SM-6）、雷神综合防御系统公司（JLENS）。

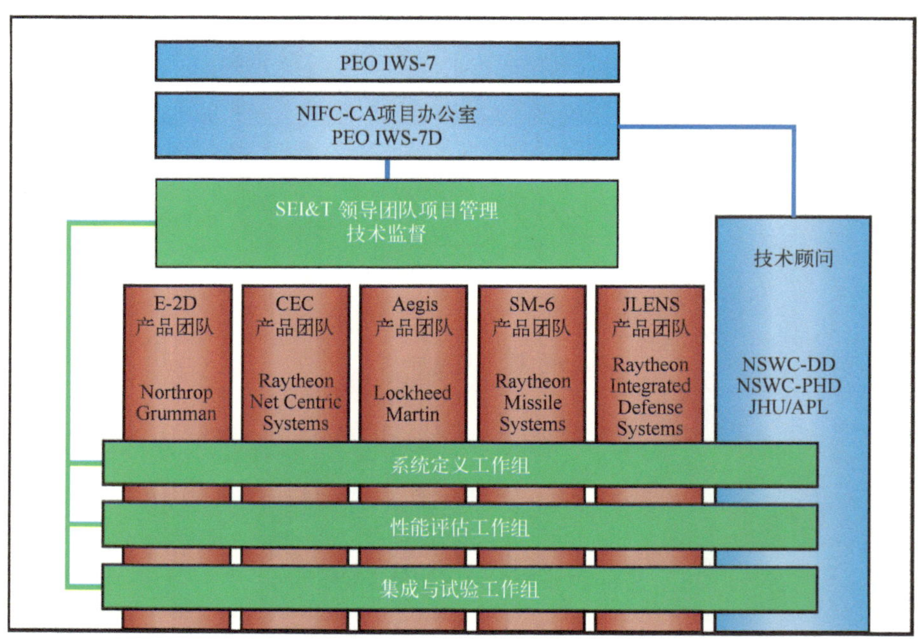

图 6-18 | NIFC-CA 体系组织管理③

根据 2014 年 3 月美国海军的预算，NIFC-CA 系统工程集成和试验（SEI&T）的年度预算如表 6-2 所列，到 2019 财年，预算合计约 2.5 亿美元。④

---

① Navy Conducts First Live Fire NIFC-CA Test with F-35. NAVSEA NEWS, September 13, 2016. https://www.navsea.navy.mil/Media/News/Article/942188/navy-conducts-first-live-fire-nifc-ca-test-with-f-35/.

② Sam LaGrone. Successful F-35, SM-6 Live Fire Test Points to Expansion in Networked Naval Warfare. USNI News, September 13, 2016. https://news.usni.org/2016/09/13/video-successful-f-35-sm-6-live-fire-test-points-expansion-networked-naval-warfare.

③ Jeffrey H. McConnell, Lorra L. Jordan, Naval Integrated Fire Control-Counter Air Capability-Based System of Systems Engineering, Leading EDGE, Combat Systems Engineering & Integration, 2013, p27.

④ Exhibit R-2, RDT&E Budget Item Justification: PB 2015 Navy, March 2014.

表 6-2 NIFC-CA SEI&T 项目预算

费用/百万美元	2013 年前	FY2013	FY2014	FY2015 基础费用	FY2015 OCO	FY2015 总计	FY2016	FY2017	FY2018	FY2019
总项目	94.687	35.872	21.413	15.263	—	15.263	26.167	21.647	17.319	17.647
NIFC-CA SEI&I	94.687	35.872	21.414	15.263	—	15.263	26.167	21.647	17.319	17.647

NIFC-CA SEI&T 项目经费支持“海上杀伤链”的系统定义和体系结构研究、性能预测、性能评估、系统试验和降低风险研究、系统分析、模拟和仿真以及能力验证等方面的研究。该项目经费也用于推动作战人员作战理念的发展，旨在使 NIFC-CA 部署到舰队时，能达到最大的效能。

根据 2013 财年经费分配使用情况看，集成和试验综合产品组 2013 财年经费 15.422 百万美元，该综合产品组的任务是制定和执行评估“海上杀伤链”作战能力的试验计划，进行风险降低测试。试验数据将用于“海上杀伤链”仿真联盟（FTS simulation federation）的验证、核实和授权。2013 年成功完成了 38 次陆上仿真交战（Trackex）和投射，在白沙导弹试验场进行了“海上杀伤链”的陆上实弹试验。成功完成了 16 次海上仿真交战（Tracex）和首次在海上进行了“海上杀伤链”实弹演示，这个实弹演示在太平洋导弹试验中心（PMTC）进行，使用了 CG-62 巡洋舰、战术 CEC 和 SM-6，利用远程传感器数据验证了体系（SoS）的性能，达到了 NIFC-CA 的目标。

工程管理和系统定义研究 2013 财年经费为 20.450 百万美元，其研究包括系统性能文件（SPD）的编制，SoS 的功能分配、要求、跟踪能力、SoS 均衡比较研究，SoS 情报交换要求、接口规范和传感器网络能力分析。通过联合仿真完成“海上杀伤链”性能分析和接口验证。SoS 联合仿真支持体系研究、场景研究、试验预测性分析，并界定“海上杀伤链”部署使用的能力和限制。

2013 财年完成的任务有：继续将更新的支柱计划模型与 NIFC-CA 联合体集成，以支持 NIFC-CA 陆上和海上试验前后的分析；开展检验和鉴定研究；在仿真试验和实弹试验后，为各支柱项目（Pillar Programs）提供性能反馈。继续确保试验计划和支柱项目接口中的效能指标（MOE）和性能指标（MOP）是有效的，维护和更新接口和性能规范。更新和维护 NIFC-CA 风险记录。

6.3.5 基于能力的体系工程

NIFC-CA 项目研发采用了“共识型”体系工程的方法，这一方法使得体系的系统工程团队和各独立组分系统的系统工程团队能够协同工作，从而实现体系的能力和目标。NIFC-CA 体系工程的发展既具有很大的挑战性，但同时也极有价值。美国国防部采办与技术副次长（DUSD A&T）将该项目看作是未来体系采办项目的示范模式。2009 年，所有关键设计评审（CDR）里程碑成功完成，NIFC-CA 体系工程环境、方法及成果也及时完成评审，而这对类似的研发项目均具有指导意义。①

① Jeffrey H. McConnell and Lorra L. Jordan. Naval integrated fire control-counter air capability-based system-of-systems engineering. Combat Systems Engineering and Integration, LEADING EDGE, 2013 (2): 24-31.

1. 体系的类型

体系（System of Systems，SoS，也称为系统的系统或大系统）定义为一组或一系列独立的、有用的系统集成所构成的一个具有独特能力的更大的系统①。

掌控体系研发成果的能力是 SoS 管理者或 SoS 集成者的职责之一。对于任何 SoS 的采办项目，研发环境都是关键的，它将决定能够完成什么目标，系统采办和系统工程将如何实施以及最后的结果是否成功等。

表 6-3 所描述的体系“类型”，指出对于实现 SoS 的目标，SoS 负责人和系统工程团队拥有多少权力和控制度是有效的。类型进一步定位 SoS 组分系统的独立性，以及组分系统达到体系能力要求的方式，是直接的或是协同的。

表 6-3 SoS 的类型

虚拟型（Vistual）	虚拟型 SoS 没有集中管理权威机构以及集中商定的目的。所涌现的大规模的行为，或许正是所希望的，但是这一类型的 SoS 必须依赖相对无形的机制来维持。如按照国防部网络中心的政策和战略，所有国防部系统均连接到虚拟网络中，以共享信息，这就创建了一个虚拟型 SoS
协作型（Collaborative）	在协作型 SoS 中，系统或多或少自愿合作以实现集中商定的中心目的。国际互联网（Internet）即是一个协作型系统。Internet 工程任务团队制定了标准，但并没有权力强制实施这些标准
共识型（Acknowledged）	共识型 SoS 有公认的目的、指定的管理者和 SoS 所需的资源。然而组分系统保持它们的独立身份（所有权关系）、目的、资金以及开发和持续维持的途径。组分系统的变化建立在基于 SoS 与组分系统之间的协同的基础上
受控型（Directed）	受控型 SoS 是实现特定目的而构造并管理的一体化 SoS。在长期运行中，该体系集中管理，以持续地实现这些目的以及系统所有者可能提出的新目的。组分系统保持独立运行的能力，但它们的正常运行模式服从于集中的管理

DUSDA&T 颁发的《体系工程指南 1.0 版》描述了国防部和工业部门的 4 种典型 SoS 类型②。表 6-3 列出 4 种类型并给出简短的描述，以帮助描绘和定义 NIFC-CA 所利用的共识型 SoS 方法。

虚拟型和协作型没有被用来开发具有杀手锏目的的 SoS。而目的性更强的共识型和受控型 SoS 的系统工程方法，对于研发杀手锏系统则是必需的。

导弹防御局（MDA）是当代受控型 SoS 的一个例子。2002 年 1 月 2 日，国防部长调整原有的弹道导弹防御（BMD）项目，将其归入新成立的 MDA 管理，并授权 MDA 管理组分系统的各个方面，使整个 SoS 协同。这种类型的 SoS 非常具有吸引力，但却非常稀少，典型的部长级授权的国家优先项目，例如战略系统项目、国家侦察办公室以及 MDA。

NIFC-CA 是美国国防部副部长（USD）掌管的共识型 SoS 的一个示范项目。NIFC-CA 负责若干独立的主要国防采办项目作为组分系统集成为 NIFC-CA 体系。这些项目有各自的运行要求、专门项目资金、独立开发时间节点以及部署的时间表。虽然国防部副部长、海军部长助理和海军领导等高层领导已传达了支撑 NIFC-CA 项目管理和系统工程团队的协作指令，对所有参与的项目经理仍要提出严格的控制平衡的条例。

---

① Department of Defense（DoD），Defense Acquisition Guidebook，Chapter 4：“System of Systems Engineering，” Washington，DC：Pentagon，October 14，2004.

② Systems Engineering Guide for Systems of Systems Version 1.0. Department of Defense，Office of the Deputy Under Secretary of Defense for Acquisition and Technology（DUSD A&T），Washington，DC，August 2008.

2. NIFC-CA 采办的组织管理

成功管理共识型 SoS 的系统工程项目，要求能够跨越组织界限来建立一组最终要达到的目标，以及为实现这些目标所需要的资源计划。共识型 SoS 增加了计划过程和系统工程的复杂性、范围和费用，并需要各项目之间相互协作，多个项目负责人之间需要达成一致协议，尽管项目负责人可能在 SoS 中没有确定的利益。

到 2002 年，海军固化了 NIFC-CA 的发展规划，其组织结构如图 6-18 所示。NIFC-CA 项目办公室建立了一个政府、工业部门系统工程集成和测试（SEI&T）团队，主要由 NIFC-CA 项目办公室的人员、国家实验室、学术单位及工业部门（来自各个组分系统的人员）组成。NIFC-CA SEI&T 的任务是努力确保子项目的集成，通过使各个单独系统的贡献度与 SoS 性能目标相匹配，而建成一个可行的 SoS。驱动 NIFC-CA 能力开发过程的不是事先根据一组初始的需求确定子项目，相反，NIFC-CA 能力是由预测的 SoS 性能来驱动的，SoS 性能的预测要经过分析、SoS 建模和组分系统预期性能仿真等步骤。

6.3.6 NIFC-CA 能力采办

十几年来，NIFC-CA 政府/工业部门团队在“海上杀伤链”SoS 的杀伤链层级和支撑的组分系统这两个方面的采办都取得了显著的成就。图 6-19 说明了贯穿于 NIFC-CA 能力开发过程中所涉及的学科、过程、工具和已完成的产品。

SEI&T 团队与组分系统工程团队所面临的挑战：

（1）宙斯盾作战系统设计于 20 世纪 70 年代，至今已发生了非常大的变化。

（2）宙斯盾作战系统通过专用多功能相控阵雷达，健壮的、时敏的指挥决策系统和在拦截过程中始终受到紧密控制的半主动拦截导弹（SM-2），提供了一个独立完备的、高度工程化的对空作战系统。

（3）为了进行一体化火控（IFC）交战，SEI&T 团队负责将单系统杀伤链拆解并分配在各独立的支柱系统中，支柱系统由多个非建制传感器组成，通过 CEC 网络连接到宙斯盾作战系统，以便宙斯盾能够控制 SM-6 导弹，直到超出视距，随后 SM-6 主动寻的，自主完成末段交战。

图 6-19 是常见的系统工程 V 形图，但图中的这些步骤和功能可能并不常见。基于预算的限制和目前的采办/工程管理环境，该图描述重新组合分布式杀伤链、自动远程传感器和拦截管理，以及确保在多种威胁目标态势下对抗威胁范围所需要的性能而必需的分析和工程设计。

图中驱动时间轴的是 4 个 CDR，每个组分系统的进度满足系统采办时间轴。SEI&T 面对的挑战是执行并完成全部的 NIFC-CA 分析、功能分配和按时完成设计文件，以支持各组分系统的 CDR。V 形底部表示从分析和工程设计阶段转换到实施、集成和测试评估（T&E）阶段，这个转折标志着最后一个组分系统 CDR 完成，这个时间点是 2009 年 11 月。下面将讨论 V 形图左边的几个执行过程。

1. 系统体系结构开发

对于共识型 SoS 的 NIFC-CA，显然，一个好的系统体系结构对于研发 NIFC-CA 是基本的要求。2002 年，海军水面战中心达尔格伦分部开始与支柱项目办公室、FTA 杀伤链系统工程师和主要承包方一起，遵循国防部体系结构框架（DODAF）进行 NIFC-CA 体系结构开发。

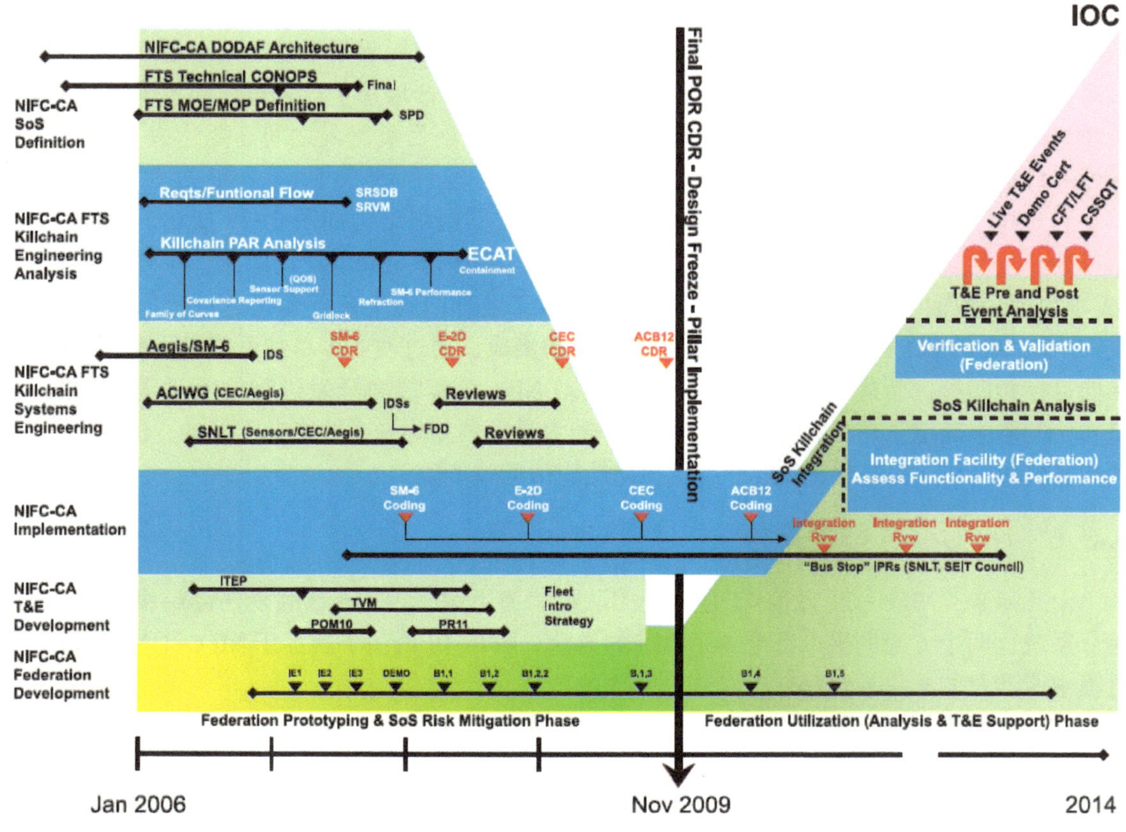

图 6-19 | NIFC-CA 能力采办和体系工程

2006 年，在设立工业部门的 SEI&T 团队的同时，体系结构的研究向形成一个完备的体系结构发展，研究人员对组分系统也有足够的了解，从而能在整个杀伤链范围验证 NIFC-CA 的功能分配和信息交换需求（IER）是否正确。每个支柱系统的杀伤链分析设计工作增加了详细的 SoS 功能，确保分配设计能够满足作战体系结构。

NIFC-CA 的体系结构已经被用来作为指导系统工程工作，同时也是高层与其他军种、联合一体化对空和导弹防御办公室（JIAMDO），以及其他组织机构讨论所需的权威的信息源。NIFC-CA DODAF 的体系结构已经证明是把握 NIFC-CA 体系功能性、通信和基本信息的一个有力工具。它支撑建立横跨杀伤链以及各个支撑组分系统间的通信，编制未来传感器、武器、作战系统的需求文件，支持 IFC 以及功能和能力的螺旋发展。

2. FTS 杀伤链工程分析

如前文所述，NIFC-CA FTS 项目关键的工程挑战是对高度集成的实时杀伤链进行分解，然后将该杀伤链在各独立的组分系统再分配。杀伤链工程分析是确保跨越各组分系统所合成的分布式杀伤链有效、安全运行的不可或缺的部分。

为了进行更详细的分析，在政府/工业部门 SEI&T 团队的协作环境内，对整个海上杀伤链 SoS 进行评估，并确定关键的性能和时间函数。制订性能评估报告（PAR）计划，并按计划将性能评估分配给与不同主承包商和政府人员合作的小组，以进行关键函数的分析。下面用 2 个例子来说明这一分析的范围和重要性：

（1）容许度 PAR 分析：为了支持 SM-6 导弹主动制导头的性能，通过 CEC 网络的远程传感器所要求的最大尺度误差。

（2）传感器支持服务质量（QoS）：PAR 定义武器控制系统所要求的属性和参数，以使 CEC 所寻找并提供的远程传感器满足服务质量的要求。

3. FTS 杀伤链系统工程

基于杀伤链工程分析的结果，以及在 NIFC-CA DODAF 的体系结构指导下，成立工作组来处理特定的杀伤链系统工程问题。为了使组分系统项目办公室和参加海军 IFC 相关单位的工程师们更好地协同工作，创建了协同工作小组，以便于工程任务的分派，以接口工作组（IWG）和技术碰头会（TIM）的形式进行信息交换。

由于各个组分系统 CDR 时间节点是错开的，而且 SM-6 导弹的时间最早，所以宙斯盾 SM-6 导弹 IWG 是第一个收集和编制宙斯盾作战系统 ACB12 与导弹之间接口文件的工作组。这对标准导弹家族的所有型号而言，是回溯到几十年前的工作。虽然如此，SM-6 导弹能力仍有大幅度提升，因此还是有重大的设计和接口工作需要完成。

为了设计和验证 CEC 与宙斯盾的接口，成立了第二个工作组，即“宙斯盾/CEC” IWG。为了使现有的和未来的多种型号的传感器能够支持 SM-6 导弹交战，“宙斯盾”武器控制系统（WCS）建成为“传感器待定”的状态；其本质是还不能确定远程雷达特殊的技术特征，只是确定了它的跟踪信息实时性。为了支持这种非耦合，CEC 被指定要承担起搜索发现和提供远程传感器的功能，所提供的传感器应能满足宙斯盾与各目标交战的 QOS 需求。因此，ACIWG 组面临着这样的挑战：要为 IFC 在传感器的支持方面创建和验证一个新范例。

2006 年中期，明显需要一个由 CEC、宙斯盾、所有传感器的工程师和领导阶层参加的组织，以讨论和验证支持整个 NIFC-CA 体系结构的详细工程问题。这个论坛就是传感器网络领导小组（SNLT）。该团队的工作与 ACIWG 组紧密结合在一起，承担充实中级体系结构的挑战性工作（IER、功能分配、作战程序图）以及一般在承包方研发设施外部不可见的最终的低层集成协议。后一类基本上是接口两端的两个公司之间的商讨和协议，例如数据单位解释、数学矩阵的转换以及矩阵旋转的约定等。之所以需要 SNLT 这样的一种职能，是因为过去这种协作出现是在单个主要承包方中。对于分布式的 SoS 杀伤链，为了使接口两端的主要承包方之间能够进行讨论并记录下来，必须设立类似政府论坛的组织。

4. NIFC-CA 体系工程成果

随着 2009 年 11 月宙斯盾 ACB12 CDR 成功完成，跨越 NIFC-CA 海上杀伤链能力的支柱系统，建立起一个能力强、灵活的和可扩展的一体化火控设计方案。在本书的写作期间，各组分系统正在进行“海上杀伤链”SoS 的详细设计。最终的产品将使舰队能够利用各种传感器与任何目标交战，从近视距到 SM-6 导弹和未来拦截器的最大动力学范围。

同时，NIFC-CA 工程团队抓住机遇，将系统工程的基本原则应用到跨越各组分系统的分布式 NIFC-CA 杀伤链中，为未来一体化火控能力的快速发展建立了牢固的基础。关键的系统工程和软件工程技术，包括模块化、抽象化以及信息隐藏等，在系统的功能分配和分布过程中都得到应用，以使系统更具扩展性，使其未来允许大幅度的改进和创新。以下是一些 SoS 工程创新在 NIFC-CA 设计过程中应用的案例：

（1）传感器待定的武器控制系统。为了适应多种远程非 SPY 型相控阵雷达，“宙斯盾”基线 ACB12 被选为实施新型的减少状态评估（RSE）武器控制系统滤波设计方案的基线。这一设计不依赖传感器的硬件编码技术以及性能（信息隐藏），而是接收基础的协方差数据，描述传感器的跟踪误差区间，并在滤波器内动态地应用这一数据。它打破了 WCS 与传感器之间的硬耦合接口（更好的模块化），在没有对 WCS 的设计或编码进行任何修改的情况下，允许许多不同的传感器成为交战信息的提供者。

（2）CEC 最佳传感器选择（BSS）。在 NIFC-CA 早期的设计过程中，制定构建基本网络中心的原则，即把 NIFC-CA 远程传感器的选择和管理任务分派给 CEC 网络。这种设计完全支持将 WCS 与远程传感器解耦合，并将传感器管理进一步交给实际的传感器。以保证满足 WCS 精度和实时性需求。基于 WCS 对每个目标所需要的服务质量，新型 CEC 的最佳传感器选择功能将搜索出一到数个能够满足服务质量的传感器，并与每个传感器订立提供用于交战的数据协议。经由这些协议，CEC 将提供一个或更多传感器的跟踪数据流到 WCS，进行最后的滤波和多数据流的融合后引导拦截器的飞行。

（3）主动寻的技术。这一技术打破了舰艇与拦截器之间的硬件连接以及依赖关系。舰艇将保持对拦截器多数飞行段的控制，但拦截器的飞行不再受舰艇的雷达和照射器的视距范围的限制。当导弹进入主动寻的阶段时，在拦截前的最后几秒钟不需要有来自其他平台的任何控制和照射。舰队可应对各种威胁的全部作战空域，高至拦截器运行的最高限度，低至地面或海面，作战距离则是从己方舰船延伸至拦截器的最大运动学范围。

这些只是 NIFC-CA 系统研发过程中几个主要的系统工程成果。这些成果支持国防部更高层级的一体化火控的采办目标，使其能够通过日益多样化的机载和舰载传感器来支持超视距作战。这种解耦合和开放的接口将促进跟踪传感器和主动制导导弹能力的工业创新和未来军事能力的进一步提高。

体系工程提供了利用国家在用途确定的军事系统上的投资机会，以获得 SoS 独特和强大的能力。显然，未来多数军事 SoS 的采办和工程项目将会是共识型的。从上面对 NIFC-CA SoS 工程的简要回顾来看，共识型 SoS 的系统工程环境充满机遇和挑战。体系工程要求有灵活的、富于创造性的和积极的项目领导，以及牢记系统工程的基本原则，并且能鼓励和引导工程团队为实现体系特定目标而充分协作的系统工程领导。在这样的一个领导组织框架形式下，由 SoS 工程师和各组分系统工程团队一道工作的协作团体，将产生创新的、可扩展的强有力解决方案。

6.3.7 典型的作战场景

图 6-20 所示为 NIFC-CA 的高层作战概念图（OV-1），在 DUSDA&T 的《体系工程指南 1.0 版》中作为美国海军的典型体系工程案例进行介绍。

在这种作战中，美国海军需要突破反介入/区域拒止（A2/AD）舰载机联队要发射所有的飞机。联合攻击战斗机 F-35C 利用其隐身能力深入到敌方空域并利用其传感器收集情报、监视和侦察（ISR）数据。EA-18G 咆哮者电子战飞机利用下一代干扰器进行远程干扰或至少降低敌方的预警雷达的能力。当 F-35C 探测到目标时，F-35C 将航迹（weapons-quality track）传递给 E-2D，并将这些信息传递给 F/A-18E/F 超级大黄蜂或其他 F-35C。F/A-18E/F 战斗机将尽可能深入到被重点争夺的空域，比一般的第四代飞机要远，然后发射远程弹药。无人飞机 UCLASS 利用空中加油及本身的 ISR 传感器延伸其打击能力。

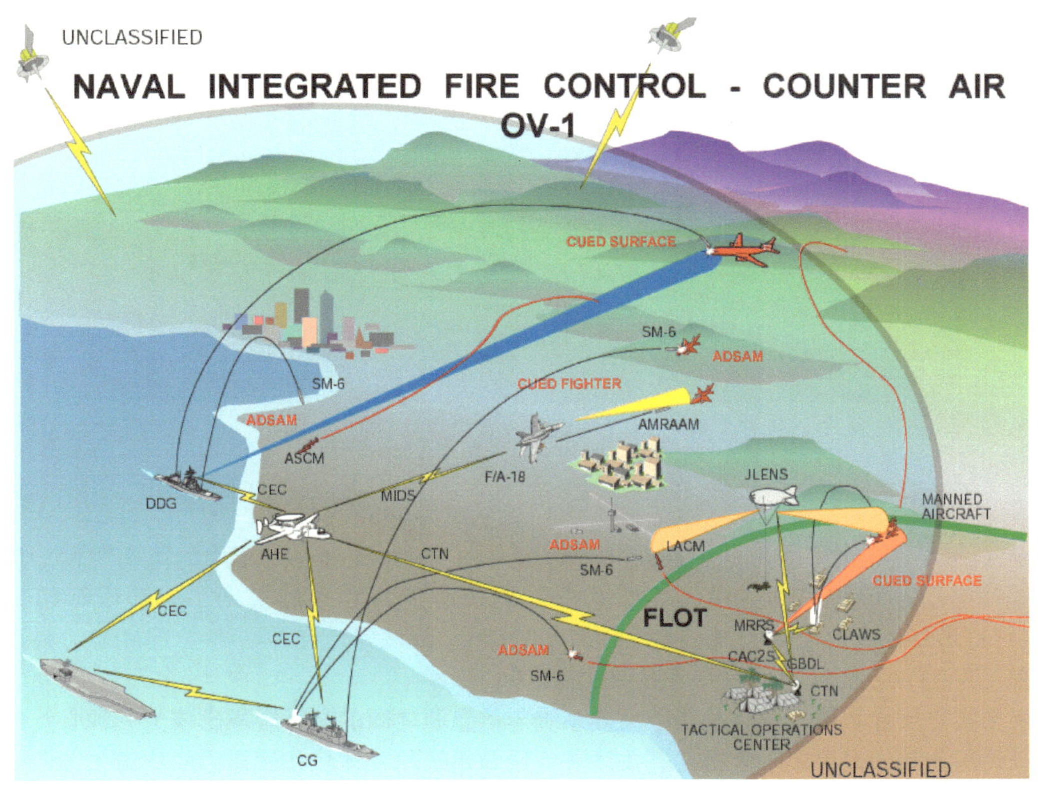

图 6-20 NIFC-CA 高层作战概念图（OV-1）

NIFA-CA 利用数据链为每一艘舰船和每架飞机提供全战斗图景。投放武器的飞机在发射导弹后并不需要控制导弹，因为 E-2D 可通过目标数据流引导导弹。其他飞机也可引导其他飞机发射的导弹到达确定的目标，只要在它们所在的范围内，这使得前沿部署的 F/A-18 或 F-35C 不需要其自身的雷达工作就能收到数据并发射弹药。E-2D 是 NIFC-CA 的中心节点，它将打击群与航空母舰连接起来，而每架飞机通过它们自身的链路与所有其他飞机连接起来。两架 E-2D 利用“战术目标网络技术”（TTNT）波形远程快速分享巨量的数据。其他飞机将通过 Link 16 或并行多网-4（CMN-4）① 与 E-2D 连接。EA-18G 利用数据链互相合作以确定敌方陆上和海上的雷达发射机。大范围分散的传感器也极大地提高了系统电子战的能力，而且这些系统传感器本身很难被敌方干扰或跟踪、摧毁。网络的冗余性及其本身分布在很大的地理范围也使其很难被干扰②。

NIFC-CA 将极大地提高美国海军的防空反导能力和超视距攻击的能力。图 6-21 所示为宙斯盾 SM-6 导弹的防空反导范围，三角形区域是 NIFC-CA 作用下扩展的防空反导空间，针对低空来袭目标。

---

① a variant of four Link 16 radio receivers “stacked up” on top of each other.

② http://en.wikipedia.org/wiki/Cooperative_Engagement_Capability.

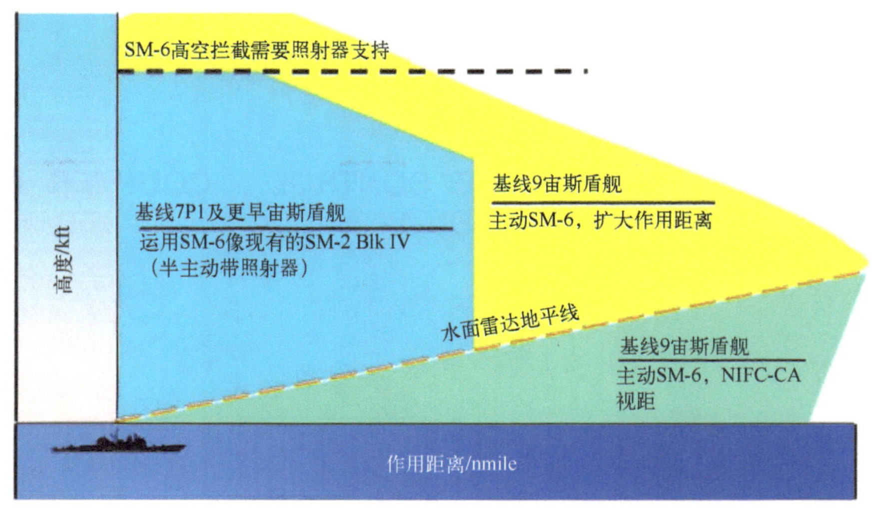

图 6-21 NIFC-CA 扩展作战空间

6.3.8 启示

NIFC-CA 是美国国防部陆上巡航导弹防御（OCMD）计划在海军中的落实贯彻，最初针对的是巡航导弹的威胁，现已扩展到海军战区防空反导作战空间，能远程和超视距（OTH）打击目标。而以前的国家导弹防御（NMD）、战区弹道导弹防御（TBMD）、弹道导弹防御（BMD）主要针对的是弹道导弹威胁。

实现防空反导系统之间以及防空反导系统与信息源之间的交互服务已成为一种必然的趋势。以美国为首的世界军事大国尤其关注防空反导系统的一体化作战能力的建设，以期实现防空反导系统资源的一体化和充分高效的利用①。

实现一体化防空反导系统最明显的好处在于可避免只依靠增加新的系统为战区防御计划人员提供额外的火力，减少了系统规模。在不改变体系结构的情况下，增加可用防御资源既可在一定的区域内增加防御范围，又可扩大设防区域的边界。针对特定战术弹道导弹的多种拦截方案，允许选择最佳方案对特定威胁实施最优防御，得到更大的杀伤概率。防御特定区域时资源的交叉使用，可减少由于资源过载或敌方电子对抗措施导致的系统故障，具有更好的强健性。与远程传感器实现一体化，将比单纯采用最初的防御体系结构具有更好的早期预警和外部提示。一体化的体系结构可有效地防御以前无法防御的威胁，处理更多类型的威胁。与简单体系结构相比，利用上述优点可在特定区域内达到最低费效比。

NIFC-CA 的实施依赖的是“基于能力的体系工程”理念。NIFC-CA 的核心是系统工程，是系统的集成。其最终目的不仅是海军内部的集成，还有与其他军种的集成。

6.4 网络空间安全

6.4.1 网络安全的概念

在过去的半个多世纪，信息技术（IT）产业有了很大的发展。随着计算机处理能力和

① 施荣．美国一体化防空反导系统作战能力分析［J］．航天电子对抗，2008（2），1-4.

内存容量的飞速提升，计算机硬件不仅变得更快，而且更小、更轻、更便宜、更容易使用。传统的 IT 行业逐渐与通信行业融合，成为一门新的技术——信息和通信技术（ICT）。在现代社会中，ICT 随处可见地被应用，这项技术已经融入到现代社会的方方面面。ICT 设备和组件通常是相互依赖的，一个设备的中断可能会影响到其他许多设备。

在过去几年里，专家和决策者越来越关注保护 ICT 系统不受网络攻击，这些网络攻击通常是由未经授权的人蓄意尝试访问 ICT 系统，其目的通常是盗窃、破坏或其他非法行为。许多专家预计，未来几年网络攻击的数量和严重程度将会增加。因此，将保护 ICT 系统及其内容的行为称为“网络安全”（cybersecurity）。①

此处的网络安全不是传统意义上的网络安全（network security）。网络安全的全称为网络空间安全（cyberspace security）。网络空间已经成为继陆、海、空、天之后的第五大主权领域空间。网络空间的安全问题已经成为世界各国关注的热点问题。②③

在 ISO/IEC 27032：2012《信息技术 安全技术 网络安全指南》中，将 cybersecurity/cyberspace security 定义为：保持网络空间信息的保密性、完整性和可用性。此外，也可包括如真实性、可核查性、不可否认性和可靠性等其他属性。

术语“网络安全”暂时没有一个准确的定义，它通常是指下列 3 项之一或多项：

（1）一组活动或措施，用来保护计算机、计算机网络、相关硬件设备、软件及其包含和通信的信息（包括软件和数据），以及网络空间的其他要素，免受攻击、干扰或其他威胁；

（2）被保护免受威胁的状态或品质；

（3）为了实现或改进上述活动和品质而采取的更多努力。

网络安全问题有多严重呢？拿一部智能手机做例子。一家美国公司设计了这部手机，但是这部手机可能是由 B 国的另一家公司使用 C 国的材料制造的。而这部手机使用的软件又是由 D 公司借用 E 公司代码编制的操作系统开发而成的。一旦用户使用该手机，它就有可能连接到各种网络，比如家庭网络、公司网络、蜂窝网络等。每个网络都有自己的基础设施，也共享公共的互联网基础设施。此外，用户也将会安装由其他许多公司开发的应用程序，使用其他基础设施。以用户为中心，有大量复杂的系统来创建这些设备，还有大量系统来确保这些设备正常工作。④

网络安全有多么复杂呢？要知道，至今联邦政府对网络安全没有一个统一的定义。美国加强国家网络安全委员会将网络安全定义为“通过防止、调查和应对未经授权的访问、使用、披露、干扰、修改或销毁以提供机密性、完整性和可用性，从而保护信息和信息系统的过程”。虽然这个定义可能适用于系统管理员和其他信息技术专业人员，但它没有考虑相关的政策制定。

网络安全本质上是网络空间的安全，因此，了解网络空间也是同样重要。网络空间是一个建立在 IT 技术基础上的虚拟世界，讨论网络空间安全的逻辑与讨论信息安全的逻辑完全

① Cybersecurity Issues and Challenges：In Brief. Congressional Research Service，August 2016.

② 陆天波，谢丰，彭勇，等．网络空间安全战略发展趋势［J］. 2010 Third International Conference on Education Technology and Training，49-52.

③ 谢宗晓．信息安全、网络安全及赛博安全相关词汇辨析［J］．中国标准导报，2015（12）：30-32.

④ Cybersecurity An Introduction. Congressional Research Service，December 2018.

不同。对于信息安全而言，核心是“信息”，信息安全是围绕信息为中心展开的架构，之所以讨论软件、硬件直至物理环境等安全，本质都是为了保护信息。但是网络空间安全不同，网络空间本身就是广义的，包括了方方面面，ISO/IEC 27032:2012 的定义相对是狭隘的，对于网络安全而言，其保护的对象应该是“网络空间”，而不仅仅是“网络空间信息”。例如，在网上对另一个人进行人身攻击，这并不涉及信息的保密性、完整性和可用性；当然，既然是攻击，可能会涉及一部分“真实性”等问题，但是对人的谩骂，信息是否真实，并不是重点，这只是表达激烈的情绪。在这个案例中，网络空间信息并没有受到太大影响，但是网络空间的秩序却遭到了破坏。

这也是信息安全和网络安全的最主要区别之一。

6.4.2 网络安全发展现状

20 世纪 70 年代，美军的信息战理论奠基者约翰·波伊德提出“OODA 循环”理论，指每个军事行动都必须经过观察（O）、判断（O）、决策（D）与行动（A）4 个阶段[①]。在机动作战中，只能注重如何使己方的 OODA 循环得比对手快，达到先发制人的目的；但在信息战中，注重的则是如何攻击对手的信息系统，使对方的 OODA 循环比己方长，或是生成错误的决策。

然而，尽管美军信息化程度最高，敌人也可以从计算机网络破坏其 OODA 循环。因此，美军很早就意识到计算机的安全问题。1985 年，美国国防部制定了“可信计算机系统评估标准”（TCSEC）规定了大型主机的管控权限，保护信息的机密性。这套标准目前已被全球通用的“通用标准”所取代，后者涵盖了计算机网络的机密性、完整性和可用性。此后，美军各层级纷纷成立专门机构，采取各种措施，加强网络防御。

为了强化网络安全，美国国防部专门成立了联合特遣部队全球网络作战部、计算机应急小组等机构，从 2008 年开始，美军又着手组建“网络靶场”，提高网络攻防能力。

美军的信息战由国防部下的战略司令部（USSTRATCOM）负责，由其统管的远程轰炸、导弹防御、卫星、情报收集、信息战等全球作战任务。其中，信息战由 3 个部门负责：

（1）联合功能部队司令部网络战部：负责与其他政府部门进行协调及沟通；

（2）联合特遣部队全球网络作战部：统管并协调各军种的信息战；

（3）联合信息作战司令部：协助战区的联合部队指挥官进行信息战。

联合特遣部队全球网络作战部于 1998 年成立，原名为联合特遣部队计算机网络防御部，隶属于原航天司令部。2000 年，它接管了计算机网络攻击任务，改称为联合特遣部队计算机网络作战部。2002 年，由其负责的攻击任务转交给战略司令部下新成立的网络攻击支援参谋部，2004 年改为现名，专门负责美军网络的运维与防护。

美国国防部计算机应急小组（CERT）是联合特遣部队全球网络作战部下属的网络防御部门，专门负责网络防护。CERT 是信息系统的 911（美国紧急求援电话），当计算机用户怀疑系统发生入侵、中毒、程序错误等故障时，由 CERT 提供调查与咨询服务。美三军也相继成立各自的 CERT，自动监视网络威胁，并推动可阻止事故发生的防御机制。

2008 年 5 月 1 日，美国国防高级研究计划局（DARPA）发布关于展开“国家网络靶

---

① 赵静，杨茜．美军网络战发展概述［J］．中国信息安全，2010（3）：68-72.

场”（National Cyber Range，NCR）项目研发工作的公告。公告称，网络空间是美国经济、关键设施和国家安全的重要基础，对于美国至关重要。为此，美国高度重视研发以网络为中心的 C^4ISR 系统和网络攻防装备，推进网络中心战能力建设。

2009 年 1 月 8 日，美国总统布什签署第 54 号国家安全总统令和第 23 号国土安全总统令，要求美国政府所有与安全有关的部门（包括国土安全部、国家安全局等）都参与实施“国家网络安全综合计划”（Comprehensive National Cybersecurity Initiative，CNCI）。这是一项长期计划，将由多个部门参加并分步骤实施，其最终目的是保护美国的网络安全，防止美国遭受敌对的电子攻击，并能对地方展开在线攻击。该计划被称为网络空间安全的“曼哈顿计划”，将由多个部门参加并分步骤实施，其最终目的是保护美国的网络空间安全，防止美国遭受敌对的电子攻击，并能对敌方展开在线攻击。CNCI 是高度机密的，外界分析 CNCI 在若干年内的预算可能达到 400 亿美元。

在“国家网络安全综合计划”中，DARPA 的任务是组建“国家网络靶场”。该靶场将为美国国防部模拟真实的网络攻防作战提供虚拟环境，针对敌对电子攻击和网络攻击等电子战手段进行试验。

经过三届政府的努力，2012 年 5 月 21 日正式启动网络司令部（USCYBERCOM）①。随后，美国国家网络靶场正式交付军方试用。2013 年，网络司令部由 900 人扩编到 4900 人，宣布 3 年内扩建 40 支网络战部队。2014 年，美国国防部发布的《四年防务评估报告》中明确提出“投资新扩展的网络能力，建设 133 支网络任务部队”。

2015 年 4 月发布的新版网络安全战略首次公开表示，美军在与敌人发生冲突时，将把网络战作为选项之一，且赋予安全战略区 3 类使命：保护国防部内部网络；本土和国家利益免受后果严重的网络攻击；对军事行动和应急计划提供网络能力支持。另外，明确了 133 支网络任务部队的职责，即 13 支保障美国本土免受袭击的国家任务队伍，68 支防止美国国防部网络受攻击的网络任务队伍，27 支提供一体化网络支援的战斗任务队伍，以及 25 支为国家任务队伍和战斗任务队伍提供计划和分析支持的支持队伍。网络部队已成为美国的第六大军种。这一系列部署表明，美军突破了网络战在编制体制、装备设备、融入联合等一系列问题的瓶颈。其在网络安全战略上是防御性的，在危机出现之前率先介入，给潜在对手以震慑。在战术上，通过组成战斗任务队伍，攻击性明显提升，强调报复能力。

国家网络靶场是国家网络安全计划重要的组成部分，是 20 世纪 50 年代“人造地球卫星计划”以来，美国国会向 DARPA 直接下达的唯一项目。该靶场意在为网络攻防作战训练模拟真实的网络环境，可灵活制造出各种遭遇网络攻击的场景，针对敌对电子攻击和网络攻击等电子作战手段进行试验，以实现网络战能力的重大变革。国家网络靶场是美国政府的国家级战略资源，美国政府以及拥有授权的机构有权分配靶场的时间和资源。试验组织提出试验计划和配置方案，并提出安全事项，获得认可后，靶场将为特定试验搭建临时的逻辑平台并分配资源。国家网络靶场支持多任务试验、同步试验、单元试验，试验结束后，靶场将清理分配的资源，并负责完成回收。

战术网络靶场为国家网络靶场项目的一部分，海军研究局称战术网络靶场的目标是将网络空间训练扩展至无线电频率的物理空间，更好地整合信息技术与传统作战，支持具有

---

① 刘方琦．网络中心战中的海上网络战［J］．中国船检，2015（12）：74-77.

战术优势的任务目标。未来海军陆战队所有基地的城市作战培训靶场都将具备通信情报和网络战中海军士兵动态和全频谱训练的能力。在演习中，作战人员还佩戴了增强现实眼镜，可直接呈现摄像头和信号处理单元等接收的信息，并具有人脸识别功能和健康监控功能，使得情报人员在不失去情景意识的情况下阅读和处理信息，同时避免了信息过载。

在 2014 年 10 月 22 日召开的海军潜艇联盟研讨会上，美国海军海上系统司令部司令威廉·希拉里德斯中将表示，美国海军目前发现一个重大问题，即：其潜艇的关键系统存在网络安全漏洞，网络攻击将会对潜艇构成威胁，海军必须提高网络安全方面的能力，以保障潜艇的安全。弗吉尼亚级潜艇正逐渐成为海军水下舰队的主力，该级潜艇的后背柴油发动机则存在网络漏洞。网络漏洞产生源于控制发动机的计算机芯片，该芯片在微软的 Windows XP 系统上运行，并与潜艇的其他部分连接。芯片上的数据信息同时还可发送给作战中心的维护人员，数据通过非加密网络自动共享。这样，潜艇柴油发动机上的芯片无疑成为潜艇一个网络安全漏洞。一旦黑客发现该漏洞，便可攻击并控制潜艇的系统，进而引发混乱，可能会给舰艇带来毁灭性的后果。海军应该采取一定的措施，为这些关键系统提供快速、合理的安全保障，但是，舰艇最终需要的是从一开始便构建好网络安全系统。①

2017 年 8 月，美国网络司令部正式升级为一级作战司令部，说明美国已经具备了开展网络战的能力。美国网络司令部从 2012 年开始每年组织“网络卫士”演习，探索军队、政府和私营企业之间联合应对网络威胁。2017 年共有来自政府、军队、企业、研究机构的 700 多人参与演习。国土安全部自从 2006 年开始每两年都会组织“网络风暴”演习，至今已经举办了 6 次，思科、微软等大量私营企业都参与其中，对完善美国的网络空间防御和进攻体系都获得了大量高价值数据。美国国民警卫队自 2012 年开始组织“网盾”演习、美国陆军组织“网络探索”演习、美国空军的“红旗”演习、美国海军陆战队的“大胆美洲鳄鱼”演习等。

图 6-22 是美国网络安全主要机构职责的简化示意图。通常，美国国家标准与技术研究所（NIST）根据《联邦信息安全现代化法案》（FISMA）制定适用于联邦民用 ICT 的标准，而管理与预算办公室（OMB）负责监督这些标准的实施。美国国防部（DoD）负责军事信息通信技术、国家网络空间的防御，并通过国家安全局（NSA）负责处理机密信息的国家安全系统的安全。美国国家安全局也是情报系统（IC）的一部分。国土安全部（DHS）负责保护联邦民用系统，是协调联邦共同努力协助私营部门保护 CI 资产的领导机构，它也是通过其国家网络安全和通信集成中心（NCCIC）为民用系统共享信息的主要联邦聚焦重点。司法部（DOJ）是执行相关法律的领导机构。

2019 年 6 月，美国海军空间与海战系统司令部（SPAWAR）更名为海军信息战系统司令部（NAVWAR），将工作重点从信息技术和卫星网络的采办与维护，转移到信息战上，作为海军推动“信息战成为海军常规作战方式”的一部分，负责舰载网络和通信工具的网络空间安全。

企业信息系统项目执行办公室（PEO EIS）是 NAVWAR 下属的 3 个项目执行办公室之一。如图 6-23 所示，网络安全是 PEO EIS 的主要业务之一，相关技术包括移动数据保护、

---

① Dave Majumdar. NAVSEA：Submarines Control Systems are at Risk for Cyber Attack. USNI News，October 22，2014. https://news.usni.org/2014/10/22/navsea-submarines-control-systems-risk-cyber-attack.

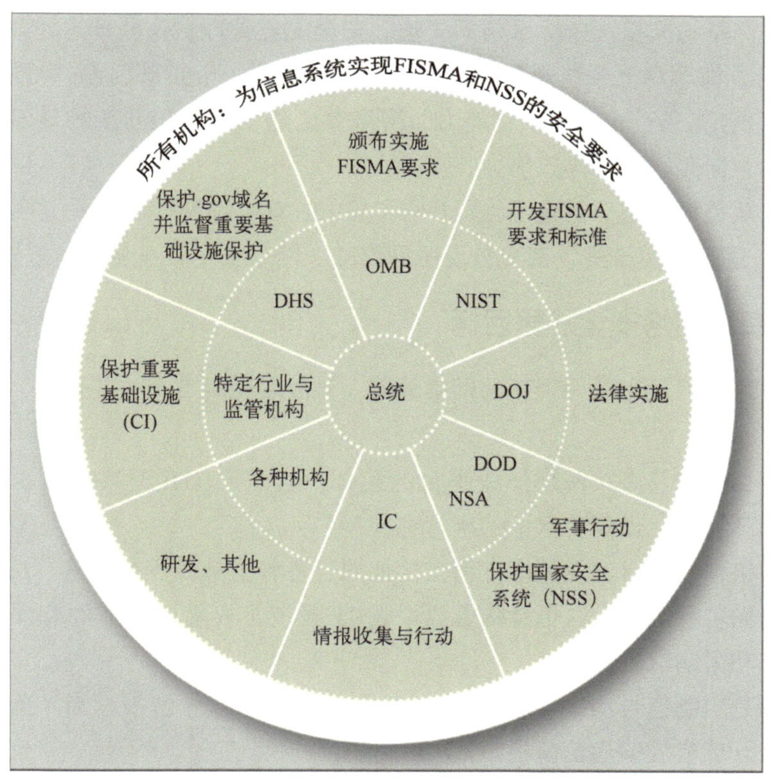

图 6-22 | 美国联邦机构网络安全角色

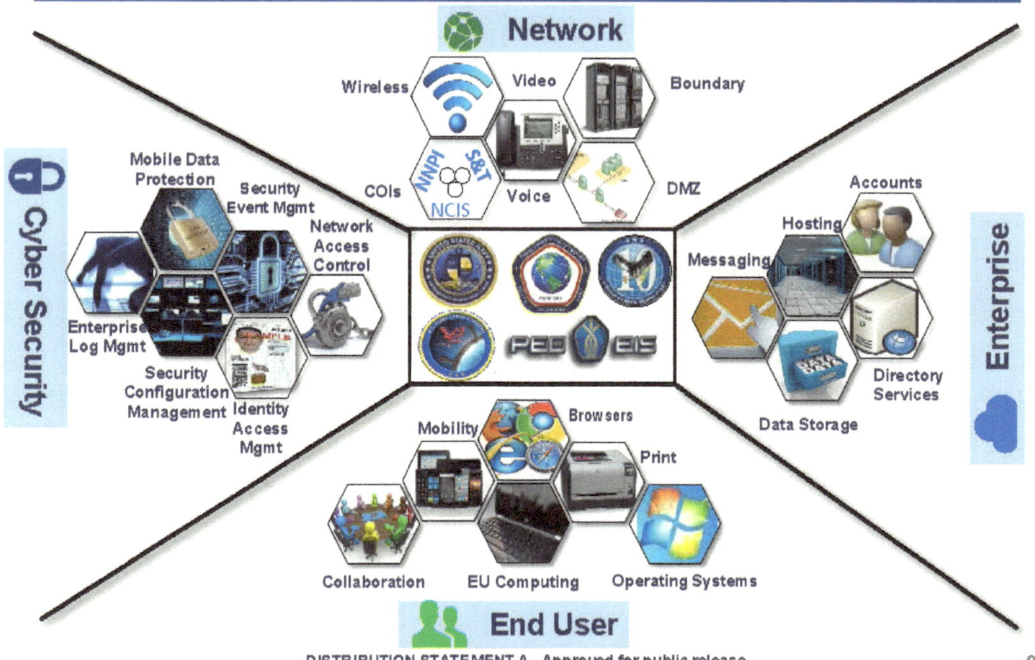

图 6-23 | PEO EIS 的主要业务职能

安全事件管理、网络访问控制、标示访问管理、安全配置管理、企业日志管理等。

2020 年 4 月，海军海上系统司令部（NAVSEA）成立一个新部门 SEA 03（网络工程与数字化转型），任务是通过企业数字化能力、网络安全数字工作和创新的基础设施，以及增强企业用户体验，向舰队交付作战能力。

毫无疑问，从美国国防部组建网络司令部 CYBERCOM 到 NAVSEA 设立负责网络工程的新部门 SEA 03，逐级落实推进，都充分说明网络战、网络安全日益显著的重要性。

6.4.3 美国海军网络安全战略目标

美国海军网络部门发布了一个新的网络战略，该战略围绕 5 个主要目标，积极推动海军网络作战现代化。①

该战略首要目标涉及海军网络作战平台的运作，这需要“在网络环境、海岸和海上环境以及不同技术环境下，做到有保证的指挥和控制”。

打造一个网络作战平台涉及诸多方面，比如通过各种措施减少被攻击。这些措施包括保证命令执行和防御各种威胁。这也意味着要平衡 IT 投资，权衡成本节约和深度防御，以及改变规则、预算和采购流程。

第二个目标是定制信号情报（SIGINT），特别是分布式信号情报。当今美国海军非常依赖网络通信，来开展有效的通信情报。

第三个目标是开展网络进攻作战。海军需要努力做好相关工作，确保执行方案得到国家指挥当局允许。网络领域是作战领域之一，就像在其他作战领域一样，必须能做到战略进攻和战略防御相结合。对此，海军必须持开放态度。

第四个目标是提高海军网络态势感知能力。该功能可归入网络作战平台运作中。但由于很重要，所以单列出来。相关网络业界不论在提供必要的分析方面，还是实现共享态势可视化方面，都发挥重要作用。它们可提供必要的经验、系统和数据策略，以有效实现服务和系统的态势感知。

第五个目标是成立海军网络特遣队。该特遣队由 40 个小组组成。特遣队仍需要借助某些工具并提高自身敏捷性，包括组织敏捷性。

同时，为了改善网络安全，美军网络司令部推出几项改善措施。②

一是将网络系统视为武器系统。当前，美国国防部已经改变了对网络安全和网络战的认知。随着作战能力和技术越来越依赖网络，国防部已经将信息技术基础设施视为武器系统进行发展。国防部已按照“网络即武器”的理念，着手制定网络作战人员的相关责任标准。

二是推进网络作战指挥能力发展。国防部不断推进网络战作战概念的发展，着力于先确立联合需求，进而建立由上而下（由网络司令部向军兵种网络作战单元）的网络作战指挥能力。

---

① 吴海．美国海军网络安全战略五大主要目标［J］．防务视点，2015.

② 韦玮．美军网络司令部改善网络安全的几项举措［J］．防务视点，2015.

三是加强全球网络态势感知能力建设。美军的网络传感器设置较为完善，能够探测网络攻击和恶意网络活动。但国防部对国家关键基础设施网络状态的了解却远远不够。这要求政府能够完善网络立法，使军地两方的网络态势感知信息实现充分共享。另外，网络司令部已经探讨在处理针对非军事目标的网络攻击时的权责。

四是加强网络作战部队的培训和训练。网络司令部主导建立的网络国家任务小组主要关注外国网络威胁，网络作战任务小组主要支持各作战司令部的网络作战，网络防护小组则主要致力于网络防御工作。在财政紧缩大背景下，网络司令部会持续关注人力资本及人员培训工作，建设好上述3类网络作战小组。

IWS 6.0：指挥与控制

7.1 概述

PEO IWS 6.0 办公室的名称是“指挥与控制”，其任务是为舰队开发交付传感器联网与航迹管理、导航、显示与处理产品、系统和能力，支持并增强作战能力、降低成本，同时满足国防部的需求（图 7-1）。①

该办公室的主管项目主要包括：

协同交战能力（CEC）；

海上一体化防空反导计划系统（MIPS）；

惯性导航系统-替代型（INS-R）；

电子海图显示与信息系统（ECDIS）。

Develop and Deliver Sensor Netting & Track Management, Navigation and Display & Processing products, systems and capabilities to the Fleet that support and enhance warfighting capability at a reduced cost while meeting evolving DoD requirements.

图 7-1 IWS 6.0 办公室的任务

---

① PEO IWS 6.0-Hoover. pdf

Mission：Develop and Deliver Sensor Netting & Track Management，Navigation and Display & Processing products，systems and capabilities to the Fleet that support and enhance warfighting capability at a reduced cost while meeting evolving DoD requirements.

"协同交战能力"（CEC）系统是美国海军在原 C^3I 系统的基础上为加强海上防空作战能力而研制的作战指挥控制通信系统。该系统利用计算机、通信和网络等技术，把航母战斗群中各舰艇上的目标探测系统、指挥控制系统、武器系统和舰载预警机联成网络，实现作战信息共享，统一协调战斗行动。每艘舰艇都可以及时掌握战场态势和目标动向。对来袭的空中目标，可以由处于最佳位置的军舰发射武器进行拦截，从而大大提高整个航母编队的防空能力。

海上一体化防空反导计划系统（MIPS）是面向 IAMD 的海军系统，是 NIFC-CA 的网络通信支柱。MIPS 系统位于舰队司令部和水面舰艇的海上作战中心，具备 IAMD 计划和近实时的态势感知能力。目前美国海军宙斯盾系统已配备 MIPS，美国在发展海基防空反导系统过程中，采取先分系统后集成的方式推进其 IAMD 作战能力形成。同时，介绍一体化防空反导（IAMD）、弹道导弹防御系统（BMDS）以及宙斯盾舰在 IAMD 方面的进展。宙斯盾系统、CEC、NIFC-CA、"标准"导弹等都是实现海上一体化防空反导的关键要素。

美国海军现役的 AN/WSN-7/7A 型惯导系统是船舶姿态（纵摇、横摇、航向）周期性数据的主要数据源，向平台用户提供位置及速度。诺斯罗普·格鲁曼公司斯佩里海事分部正在开发惯性导航系统替代型（INS-R），作为 WSN-7 的替代品，使水面舰艇能够在没有 GPS 卫星导航的情况下准确导航。这个新系统将被称为 AN/WSN-12。此外还介绍了美国海军典型的水面综合导航系统，一般由陀螺罗经、惯性导航系统、计程仪、卫星导航系统、无线电导航系统等组成。

电子海图显示与信息系统（ECDIS）是一种能够同时显示海图信息和导航信息的助航设备。ECDIS 能直观、实时地反映舰船的动态态势，大幅提高军事航海作业效率、保障航行安全、改善战场空间态势感知，满足信息化条件下海战对高效、精确、智能化导航和作战需要，是纸质海图导航方式的跨越性重大转变。本节介绍了 ECDIS 系统的功能与组成、ECDIS 的相关国际标准。美军采用的海军电子海图显示与信息系统（ECDIS-N）是 21 世纪美国海军导航系统的中心部分，实现从纸质海图导航向电子海图导航的转变。美军现役满足 ECDIS-N 标准的系统包括 VMS 系统、NAVSSI 系统以及 ECPINS-M 系统等。

7.2 协同交战能力（CEC）

7.2.1 研究背景

为完善航母编队对空防御能力，美国海军于 20 世纪 80 年代提出了"协同交战能力"建设的构想。"协同交战能力"（Cooperative Engagement Capability，CEC）系统是美国海军在原 C^3I 系统的基础上为加强海上防空作战能力而研制的作战指挥控制通信系统，该系统通过各种传感器的相互联网，利用计算机、通信和网络等技术，将航母战斗群中各舰艇的目标探测系统、指挥控制系统、武器系统和预警机联成网络，从而实现作战信息共享，统一协调战斗行动，极大提高了航母战斗群的防空作战能力。[①,②]

---

① 董志刚，宋福晓．美国海军 CEC 系统研究现状探析［J］．无线电工程，2005（11）：35-37+49.

② 陈康，罗雪山，罗爱民．CEC 条件下的舰艇编队防空问题［J］．火力与指挥控制，2006（04）：32-35.

美国海军利用该项目通过数据链将传感器和武器集成到单一网络中，来提高海军的整体防空能力，优化目标探测和武器制导，覆盖美国和部分盟国的一组地面机动部队、舰艇和飞机。它也是海军一体化火控-防空（NIFC-CA）的基础①，它允许 E-2D 通过 Link 16 将平台与 CEC 连接起来，并扩展了 NIFC-CA 网络中平台与目标交战的范围。舰载和机载（E-2D）版本分别从 2002 年和 2014 年开始全速生产，预计将持续到 2026 年年底。②

通过近几年进行的一系列 CEC 演习以及反复论证和逐步改进最后形成武器装备，并经近期局部战争的实际考验，验证了其对航母战斗群的防空作战能力有极高的使用价值。③

7.2.2 系统组成

CEC 系统是一个网络化作战系统，其中的任何一个作战平台或探测平台都是网络的一个节点，称之为协同单元（Cooperative Unit，CU）。每个协同单元都由 3 部分组成：协同作战处理机（Cooperative Engagement Processor，CEP）、数据分发系统（Data Distribute System，DDS）以及与现有系统的集成。CEC 系统组成如图 7-2 所示，系统各部分具体情况阐述如下：

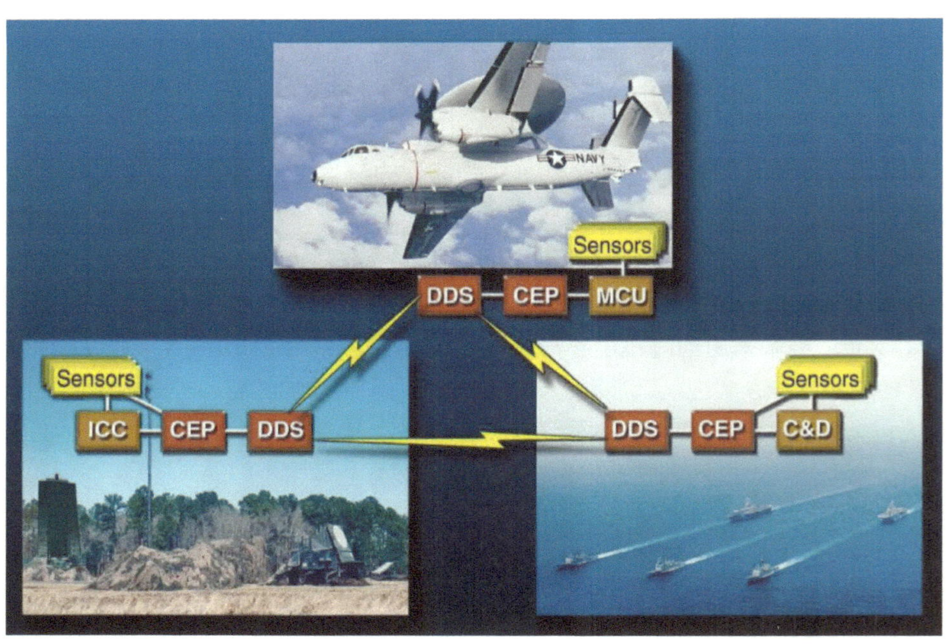

图 7-2 CEC 的系统组成

1. 协同作战处理机（CEP）

CEP 用于跟踪、处理主舰和网络内各舰提供的目标数据，通常与武器分系统的处理机

① Jeffrey H，Mc Connell，Jordan Lorra L. Naval integrated fire control-counter air capability-based system of systems engineering. NIFC-CA. Leading Edge Input，2010.

② 赵峰民，朱传伟，黄敏．美国海军一体化火控-制空系统作战能力分析［J］. 飞航导弹，2019（09）：84-88+94.

③ 蔺立泳，杨万海．协同作战能力简析［J］. 火控雷达技术，2004（02）：58-62+77.

相连接①。由于每一个 CEP 要同时处理来自平台自身传感器和整个 CEC 网络中各个协同单元的数据，因此必须拥有与整个作战系统规模相当的处理能力和吞吐率。一般情况下，CEP 直接与单元自身的传感器对接，以保证本地探测数据能够在极少的时间内传输到 CEP。CEP 还要与协同单元的本地指控子系统对接，保证与本地作战系统的行动协调。最后，CEP 连接到武器子系统的计算机上，确保能够及时地把精确的火控数据送到武器子系统上，指导协同作战。

2. 数据分发系统（DDS）

DDS 是一个高可靠性抗干扰数据链，通过 DDS 在战斗群各作战单元间实时分配传感器信息，可使战斗群指挥官能够超视距发现和攻击威胁目标②。DDS 采用的是相控阵通信天线和大功率行波管发射机，能可靠、近实时地交换分配群体数据，其传输能力比通常的战术数据链高几个数量级。DDS 必须确保在极少的时间和不限制 CEC 网络中报告数据容量的条件下，高度可靠地传输数据。DDS 采用高抗干扰和抗敌方侦听的窄定向信号。这种信号可以同时在各个协同单位之间进行单位对单位的通信，使 DDS 输出作为实时火控数据。这些数据传送给舰艇的作战系统，作为火控质量数据，舰船可以用这些数据与目标交战，无须用自己的雷达实际跟踪目标。

3. 与现有系统的集成

CEC 与海军装备的作战系统相链接是一个复杂的系统工程，为使新型的 CEC 软件与旧的宙斯盾系统相兼容，CEC 系统采用了由高速无线网络与先进的具有复杂算法的软件以及特殊的计算机组成③。CEC 软件包括 CEC 应用程序的软件核心和 CEC 系统与宙斯盾、先进作战指挥系统、舰艇自防御系统等相联系的软件层，从而使 CEC 与武器系统的集成变得较为容易。CEC 硬件主要由 VME 底板标准总线和商用成熟（COST）硬件组成，其设计采用开放式架构。CEC 的 2 个子系统中，CEP 大约采用 75%的 VME 总线标准的 COST 产品。DDS 为了能够与商用成熟 VME 处理器、接口和支持硬件兼容，其采用 COST 的比例达到了 60%。

7.2.3 工作原理

在组成网络的所有节点（协同单元）中，通常以指挥舰为控制节点，负责整个网络的开启、关闭及其他网络维护工作。网络开始工作后，首先由控制节点的相控阵天线发出探询波束，寻找其他节点，进行身份印证，建立网络联系。网络接通后，各节点都知道其他单元的位置，从而完成与视距内其他协同单元的时间校准和频率沟通。进行网络通信时，各协同单元相控阵天线的波束相互照射，以单工的方式进行数据传递。网络间隔协同单元传递的只是各种传感器数据，最后由各协同单元的作战处理机以相同的算法独自完成对所有数据信息的融合滤波，生成综合对空态势图。如果某一协同单元出现故障，网络将使数据绕过这一链路，同时整个系统自动调整网络的范围，随时增加新的单元和连接新的链路。所有的功能将由系统自动完成，从而大大简化了操作程序。

CEC 系统的工作流程可以分为 3 个步骤，即 CEC 网络建立、CEC 网络时间同步以及

---

① 白桦，戴锋，陆杰青．CEC 系统效能模型分析及反制策略研究［J］．信息工程大学学报，2004（01）：54-56+69.

② 马颖．舰艇生命力的延伸-CEC［J］．舰船科学技术，2002（06）：13-15.

③ 张一明．美国海军协同作战能力系统（CEC）分析［J］．电子工程信息，2006（6）：21-23.

CEC 网络数据融合，工作流程图如图 7-3 所示。①、②、③

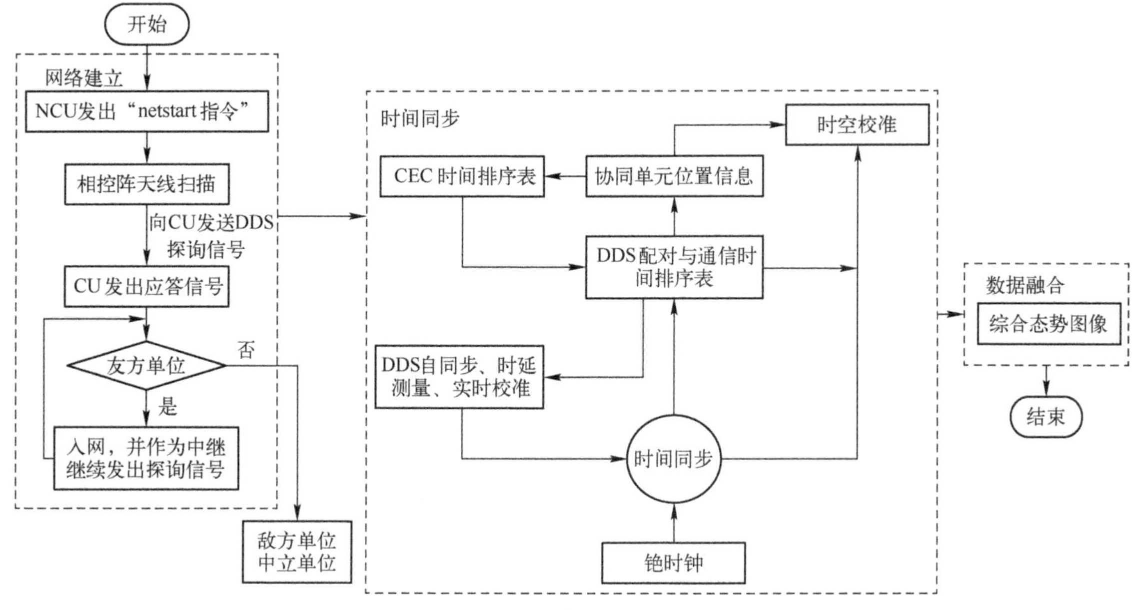

图 7-3 ‖ CEC 系统的工作流程图

具体的工作流阐述如下。

步骤 1：CEC 网络建立

（1）编队指挥舰（如航空母舰等）搭载的 CEC 网络控制单元（Network Control Unit，NCU）向网络中的各协同单元发出 netstart 指令；

（2）网络控制单元 NCU 的数据分发系统 DDS 开启相控阵天线扫描波束，对视距内的协同单元 CU 发送 DDS 探询信号。探询信号包括身份码、位置信息、工作模式和同步信息等；

（3）视距内的单元接收到 NCU 发出的探询信号后，若为友方单位则以相同的方式发出入网请求；若某单元不能以正确的方式（预先定义）应答，则暂时认定其为敌方单位或中立单位；

（4）新入网的协同单元 CU 继续作为中继，寻找其视距内的友方单位，并邀请其入网；

（5）循环迭代，动态地组建起 CEC 协同网络。

步骤 2：CEC 网络时间同步

（1）网络建立后，网内的所有协同单元会针对各成员的位置信息按照相同的算法各自独立生成统一的时间表。该时间排序表包含协同单元在各个时隙的配对信息；

（2）网内各个单元保持精确的时间同步，以时隙作为传输数据的基本时间单元，成对地依照精确的时间相互发送/接收突发高速数据；

（3）经过若干个时隙，所有的协同单元能够完成互通信一次，从而完成 CEC 网络内的数据共享。

---

① 陈升来．协同交战能力（CEC）组网技术［J］．指挥信息系统与技术，2012，3（01）：29-32.

② 周星群，李莉．国外海军协同作战能力 CEC 发展趋势研究［J］．舰船电子工程，2002：2-7.

③ 王硕，王平，刘典宏，等．协同作战能力（CEC）时间同步分析［J］．通信技术，2013，46（09）：61-63.

步骤 3：CEC 网络数据融合

由各协同单元 CU 中的协同作战处理器 CEP 以相同的融合算法独立地完成对网络内的所有传感器数据的融合滤波，从而生成统一的对空态势图像。

7.2.4 主要功能

CEC 主要有两个目的：一是传感器组网，最大限度提升传感器的效能；二是当本地武器系统无法利用自身的传感器来进行追踪时，可以利用其他传感器传来的态势信息继续跟踪。CEC 网络将传感器和武器这两种系统强有力地组合在一起，提升了整个作战效能。CEC 代表了在“网络中心战”方面的一个重要进展，它所具有的性能是空前的。它将为航母编队提供 3 个主要功能：①CEC 将能使多个舰载的、机载的和陆基的系统生成和共享一个一致的、精确的和可靠的空中威胁图像；②它将使作战系统的威胁应对决策能够实时地在战斗群的所有兵力中进行协调；③CEC 能在网络上传送火控质量的目标诸元信息，一旦有可能，兵力群中的某一艘舰船或飞机能够在其本身的雷达并没有掌握这些目标诸元数据的情况下对来袭飞机和导弹进行拦截。CEC 系统的主要功能如图 7-4 所示，具体功能情况阐述如下：

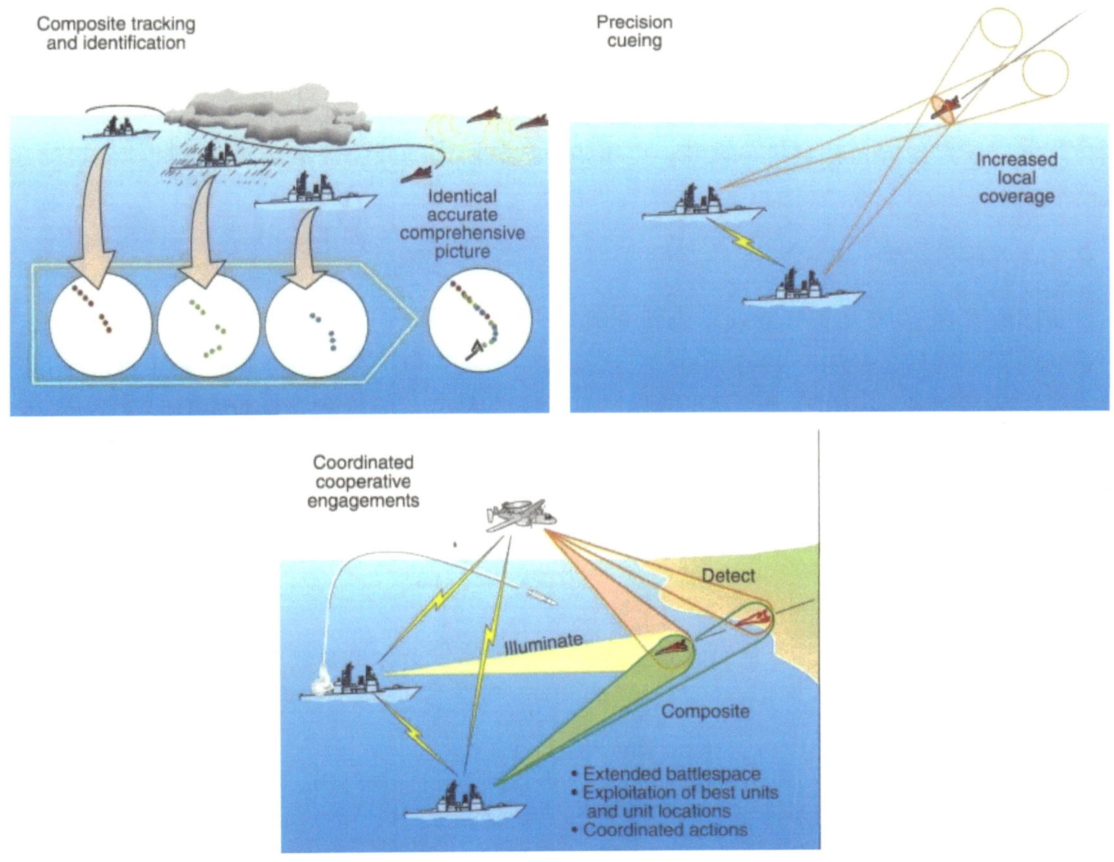

图 7-4 | CEC 系统的主要功能

1. 合成跟踪与识别

装备 CEC 系统的各舰艇传感器获得的空中目标数据（包括原始的距离、方位角、高低角和多普勒修正等）经过各自单独处理后，重新合成满足每个传感器输入探测精度要求的目标混合航迹，以便对其进行编号并跟踪和判断。航母战斗群中各舰载雷达的探测数据经过滤波、加权和集中，经综合处理后得出威胁目标的航迹，各舰可据此进行目标跟踪和识别。如果某舰载雷达在一段时间内未能更新目标诸元，可利用其他舰艇的雷达数据对目标航迹进行更新。①

2. 精确提示与威胁告警

在 CEC 系统中已形成目标航迹的情况下，如果某舰的雷达未能获得此航迹，那么 CEC 系统可以自动启动捕获提示功能，使该雷达能快速捕获目标，从而大大增加捕获距离②。对于 CEC 系统中已经建立的目标航迹，如果战斗群中某舰艇不能依靠自身雷达锁定跟踪，而该目标又对该舰艇构成威胁，则 CEC 系统在为该舰艇提供合成航迹图像的同时，还可以自动对该舰进行威胁告警，使其做好防御准备。

3. 协同联合作战

在形成火控质量的合成航迹和合成识别的基础上，可以实现舰队内各平台协同的防空作战。这种协同作战包括提示作战、利用远程数据作战和前传作战③。在提示作战中，发射平台可根据 CEC 系统的航迹提示，进行精确、自动的传感器捕获。在利用远程数据作战中，发射平台可利用 CEC 或远程平台提供的火控质量的数据，对 SM-2 型舰空导弹进行发射、中段制导和末端照射控制。在前传作战中，在导弹中段制导阶段或者在终端制导阶段，导弹的控制可以从发射舰转移到另一艘舰。用于防空作战协调的威胁评估和武器分配软件目前还在研制中，一旦研究成功将为 CEC 系统提供决策辅助功能。

7.2.5 研究现状

美国海军在 1987 年正式立项了协同交战能力（CEC）计划，在此之后美国海军进行了一系列的实际行动，最初于 1995 年在“艾森豪威尔”CVN 69 航母战斗群的舰艇上进行了试验。然后在 1998 年年初，在美国海军的肯尼迪号（CVN 67）航母和维克斯堡号巡洋舰上安装了 CEC 系统④。将 CEC 基线 1 安装在美国海军的艾森豪威尔号、大黄蜂号（LHD-1）、安吉奥号（CG-68）和圣乔治角号（CG-71）等舰艇上。将 CEC 基线 2 安装到肯尼迪号（CVN 67）、休城号（CG-66）和维克斯堡号等舰艇上，并已在 2000 年进行了一系列试验。随后，在提康德罗加级巡洋舰、尼米兹级航空母舰和黄蜂级两栖攻击舰中的部分舰艇已经装备了 CEC 系统⑤。其早期实际安装情况如图 7-5 所示。

近些年，CEC 系统在其主要设备上进行了许多更新，主要设备的更新如表 7-1 所示。

---

① 宋福晓，时信华，董志刚．协同作战能力网络系统对抗措施研究［J］．通信对抗，2007（02）：15-17.

② 马颖．舰艇生命力的延伸-CEC［J］．舰船科学技术，2002（06）：13-15.

③ 王庆业，王平，林茜，等．舰艇编队 CEC 系统对抗策略研究［J］．舰船电子工程，2015，35（01）：40-42+143.

④ John Hopkins University，Cooperative Engagement Capability（CEC）［DB/OL］．U．S．：JOHNSHOPKINS APL TECHNICAL DIGEST，VOLUME 16，NUMBER 4（1995）.

⑤ Grey Hawk．Cooperative Engagement Capability（CEC）［C］．U．S. Washington D．C．：network-centric air defense，2001/6.

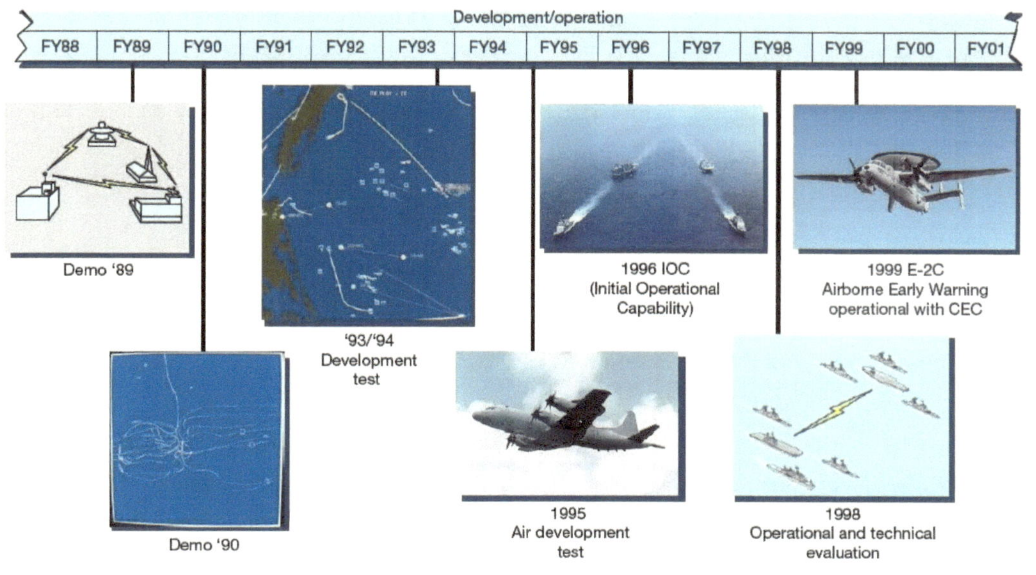

图 7-5 CEC 系统早期情况

表 7-1 主要设备更新

主要设备	更新情况
USG-1(V)	应用于舰载系统
USG-2(V)	此设备舰载版本体积小、重量轻，并改进了其处理能力，广泛应用于各类舰船
USG-2/2A	安装在宙斯盾舰、LPD-17/LHD 两栖舰和 CVN-68 级航空母舰上
USG-2B	为宙斯盾基线 9A 作战系统设计，计划安装在宙斯盾舰、CVN-78 航空母舰和 DDG-1000 级驱逐舰
USG-3(V)	专为 E-2C 预警机设计，更轻巧省电
USG-3B	专为支持 E-2D 预警机设计
USG-4	专为美国海军部队复合跟踪网（USMS CTN）设计，并能够应用在 JLENS 上。复合跟踪网络（CTN）是专为海上部队使用所改造的 CEC 此网络允许海上部队分发复合跟踪数据和火控数据给 C^2 节点和武器系统。
USG-4/5	为美国海军协同作战传输处理装置（CETPS）

国内外研究学者对 CEC 系统也做了相应的理论研究。2003 年，美国海军研究生院的 Jong Seo Hwang 采用 D. M. Schutzer 的指挥控制理论研究了 CEC 的效能分析问题，通过改进相关的效能指标（MOE）分析了 CEC 对体系作战能力提高的原因和影响①。2004 年，信息工程大学的白桦等对舰艇编队 CEC 系统作战效能模型进行了研究，总结了 CEC 系统作战体系特点，给出了 CEC 系统作战效能指标②。2009 年，海军航空工程学院的杨春周等也进行了 CEC 系统效能模型分析及反制策略研究③。经过 20 多年的研究，CEC 概念已被美军方广

① Jong Seo Hwang. ANALYSIS OF EFFECTIVENESS OF CEC (COOPERATIVE ENGAGEMENT CAPABILITY) USING SCHUTZER'S C2 THEORY [D]. NPS, USA, 2003.

② 白桦，戴锋，陆杰青．CEC 系统效能模型分析及反制策略研究 [J]．信息工程大学学报，2004 (01)：54-56+69.

③ 杨春周，滕克难，战希臣，等．舰艇编队 CEC 系统作战效能模型研究 [J]．计算机仿真，2009，26 (09)：12-14+23.

泛认可和接受。美国海军陆战队、空军和陆军都先后参加了以海军为主体的一系列 CEC 战术演示，积极参与 CEC 项目，并在其新研制的装备中预留与 CEC 设备的接口，或改造现役的关键性武器，以便在将来的联合作战中与海军的作战力量建立网络联系，提高联合作战的效能。将历年来 CEC 项目的里程碑事件整理于表 7-2 中。

表 7-2 CEC 项目里程碑事件

时　间	重要进展
1990 年	完成 CEC 宙斯盾驱逐舰试验
1997 年	完成 IOC、USG-1（V）设备的集成验证
2001 年 2 月	继续研发 CEC 项目
2001 年 8 月	完成 CEC 系统与 AWACS 系统的互操作性演示验证，并交付 2 个 LRIP Ⅱ舰载系统
2001 年 9 月	对 OPEVAL 和 CEC 进行操作使用验证
2001 年 10 月	向英国提议将 CEC 集成到 23 型和 45 型驱逐舰上
2002 年 4 月	生产 CEC USG-2 舰载设备以及 E-2C“鹰眼”USG-3 机载设备
2003 年 2 月	雷神公司和洛克希德·马丁公司一同开发 Block 2 项目
2003 年 12 月	美国海军取消 Block 2 项目
2005 年	生产 Block 1 项目
2005 年 5 月	英国皇家海军推迟 CEC 研发，直到 2010 年
2006 年	生产迷你终端
2007 年	完成 USG-3A 飞行试验，研制用于 E-2D 预警机的 CEC 版本
2008 年	继续为 E-2D 预警机集成 CEC 系统
2009 年	继续为 ACDS、AEGIS 和 SSDS 平台研发、集成和测试 CEC 项目
2010 年	继续改进 CEC 项目，包括增强通信能力
2011 年	继续扩展 CEC 系统工程工作
2012 年	继续为 ACDS、AEGIS 和 SSDS 平台研发、集成和测试 CEC 项目
2013—2015 年	开展网络功能电子防御能力（NEEDS）的研发
2015 年	CEC 作为 NIFC-CA 的主题，完成空中杀伤链（FTS）实弹试验
2015 年 7 月	集成 USG-2B 到宙斯盾基线 9A 作战系统
2016 年 2 月	雷神公司表示还将交付美国海军 15 套 CEC 系统

7.2.6 发展趋势

根据 CEC 系统的发展现状中存在的一些弊端，若要解决这些问题，CEC 系统未来的发展趋势可能为以下三个方向：

1. 新一代通用设备组件

美国海军正致力发展 CEC 系统的小型化、低成本和可安装在更多平台上的能力，主要技术途径是发展新一代通用设备组件（CES），主要包括以下几个方面：

CES 使用单片微波集成电路（MMIC）传输/接收模块，可制造出性能好、重量轻、成本低、功耗小的相控阵通信天线，这一技术降低了系统的重量，也降低了系统的功耗。通过对安装有 MMIC 模块的 P-3 上的 CEC 系统的检测表明，每个模块功率效率提高了 35%。下一代 MMIC 模块的特点是更大规模的集成电路、更低的单位成本和更长的生命周期。

CES 使用专用集成电路技术，系统的电路插件可以减少 50%以上，从而减小系统的体积和重量，提高可靠性和生命周期。

CES 还采用基于 Motorola 大功率 PC 芯片的新一代商用微处理器技术，提高系统的处理能力，可以将系统扩展到更多的平台上，实现高级的协作能力。在各项服务的升级上，也有了更大的灵活性。设备重达 9000 磅，但配置到黄蜂级两栖舰上时已不到 3000 磅，预计配置到 E-2C 预警机的系统重量为 500 多磅。

2. 未来集成 CEC 的系统

CEC 系统技术将推广到各种指挥系统，使 CEC 已成为一种提高指挥系统协同交战能力的重要技术。具体的规划有如下例子：

美国海军与陆军和空军合作，拟将 CEC 系统与爱国者导弹系统、军级防空导弹系统、空军预警机、战区高空区域防御/地基雷达系统联网，从而组成海、空、地一体化的传感器网络，形成一种真正“疏而不漏”的战区反导防御体系。

美国海军通过中继为 E-2C 预警机配备 CEC 系统，不仅带来了复合航迹图和网络的扩展，而且显著提高了飞机空中拦截与导弹发射拦截的复杂协同交战能力。

有着新型结构的 LPD-17 两栖舰集成先进的作战系统（包括 CEC 和 SSDS），可以使该舰艇成为网络的神经中枢，连接海上及海岸的各项操作，为自我防御、协同网络和指挥控制系统提供无缝隙能力。

3. 更为高级的 CEC 功能

随着高速网络内有用信息量不断增加，CEC 的更多高级功能也在不断的开发之中。具体功能扩展例子如下：

广域防御是一个与 CEC 紧密联系的高级概念和计划，其目标为探索更为先进的传感器协作和地对空导弹终端导引支持技术，以扩展战斗群的无缝隙的作战范围。其主要目的是增强对于巡航导弹的防御能力。早期的检测和分析表明，CEC 对于战术弹道导弹（TBM）的防御在生成复合航迹的质量与导弹拦截方面都还有着巨大的潜力。随着未来的精确传感器具有支持高精度 TBM 复合航迹的能力，更为复杂的目标行为将被辨知，对于战术弹道导弹的拦截也将更加准确和有效。

由于采用卫星传输 CEC 数据，预计美国海军将会把来自被动传感器的数据引入 CEC 系统，借助卫星通信将网络扩展到当前数据链的视线以外。卫星在网络跟踪战区弹道导弹的能力中具有极其重要的作用，它能将完整的战术弹道导弹作战图像送至有关方面，使各方人员都能看到入射导弹的航迹，并有多次发射机会，以增强作战效能。

总之，CEC 系统的诞生真正实现了舰艇编队的协同作战，也提升了舰艇编队的防空反导能力。CEC 充分体现美国海军实施的网络中心战的新作战思想，它将舰艇的自身防御作战扩展为网络化的协同作战，将网络中的信息资源共享和火力系统的互操作性合二为一，使舰艇防空作战能力得以极大提高。特别的，CEC 条件下的编队协同防空已完全摆脱了单平台各自为战的作战模式，在信息基础设施的支持下，形成了传感器网、指挥控制网和火力打击网三大网络，有效缩短了舰艇编队内各协同单元的目标锁定和识别时间，实现了编队内各作战单元态势的统一，解决了交战过程中武器的互联、互通、互操作问题。

7.3 MIPS与一体化防空反导（IAMD）

7.3.1 背景和威胁环境

第二次世界大战后期，德国研发出可突破英国防空的新技术——世界第一枚弹道导弹（V-1）和第一枚巡航导弹（V-2）。尽管德国未及在第二次世界大战中使用这些导弹，未能扭转战争趋势，这些新武器系统对一体化防空反导的必要性产生了立即和深远的影响。

在冷战期间，美国制造了很多新型武器系统，并研发了多元化战略，包括主动防御、被动防御和攻击作战的结合，以此改进一体化防空反导，抗击苏联的威胁。冷战年代见证了导弹作为空中力量首选武器的出现。从地面或飞机上发射的导弹，提供了前所未有的距离、速度、载荷和准确性的优势。为了反制导弹的威胁，各国制造了更多的导弹，而拥有导弹最多或导弹性能最好的国家，最终占据了战略优势。正因为此，美国空军上校伯纳德·施里弗（后来晋升到上将）主导了1950年代中期到1960年代初期美国核洲际弹道导弹（ICBM）系统的研发及采购。由于这个时期没有拦截ICBM的可行技术，美国因此获得极大的战略优势，从而进一步刺激了防御设计和IAMD的演变，当然也促使苏联争锋相对开展研发。

苏联的弹道导弹和高空战略轰炸机，连同其压倒性武器装备优势，对美国的主动防御构成巨大挑战，迫使美国加大投入建设其被动防御能力，包括探测和预警、冗余能力、加固等增加生存性的措施。美军运用天基和地面系统加强探测和预警，提前发现苏联弹道导弹发射和轰炸机升空的最初迹象。此外，美军采用机载战场C2中心，以及“民兵”洲际弹道导弹的应急火箭通信系统，是以改进C2系统的冗余能力和韧存性，确保遭遇袭击时或受袭击后，美军具备指挥和控制部队的后备手段。ICBM的发射井、飞机库，及北美空防司令部等C2节点，都以混凝土掩体加固和强化，或埋藏在地下深处，防止袭击中被摧毁。

随着冷战的结束，美国开始实施其针对飞机空袭威胁和短程至中程导弹的防御作战。这一发展催生了能力极高的防御武器系统，如体现1980年代末和1990年代新技术的爱国者导弹系统和宙斯盾作战系统。到第一次海湾战争时，美军已充分装备，能够一举压倒并摧毁苏式一体化防空系统，同时有效保护自己对抗战区弹道导弹。1991年和2003年发起的针对伊拉克的第一次和第二次海湾战争，充分展示出盟军的空中威力，这些空中力量都经过专门构建，旨在彻底打败原本可能有效的冷战时代的一体化防空系统。

随着美国结束了长达十年之久的战争，促成IAMD力量体系建设的新常态正在浮现。在2013年12月发布的《2020联合一体化防空反导构想》中提出了IAMD将面临的战略和战区环境，如图7-6所示①。首先是不断恶化的全球安全环境，这不仅包括敌对国家的空中威胁和导弹威胁日益加剧，还包括这些系统质量（即其在射程、精确性、机动性、速度、隐身性以及瞄准方面）有所提高；其次是作战空间不断扩大，美军需要在地区、

① DOD. Joint Integrated air & Missle Defense: Vision 2020 [R]. 5 December 2013.

跨地区和本土领域间进行规划和作战；与此同时，美国正处于国防预算不断减少的时期，但作战司令部对 IAMD 的需求却与日俱增，美军旨在打造一支多用途、积极响应、果断坚定且能够负担得起的联合部队，提高其相互依赖性并不断整合新的能力；最后是同盟国和合作伙伴对防空反导系统及其所提供保护的能力提出了更高要求，无疑加大了美军防御系统的压力。

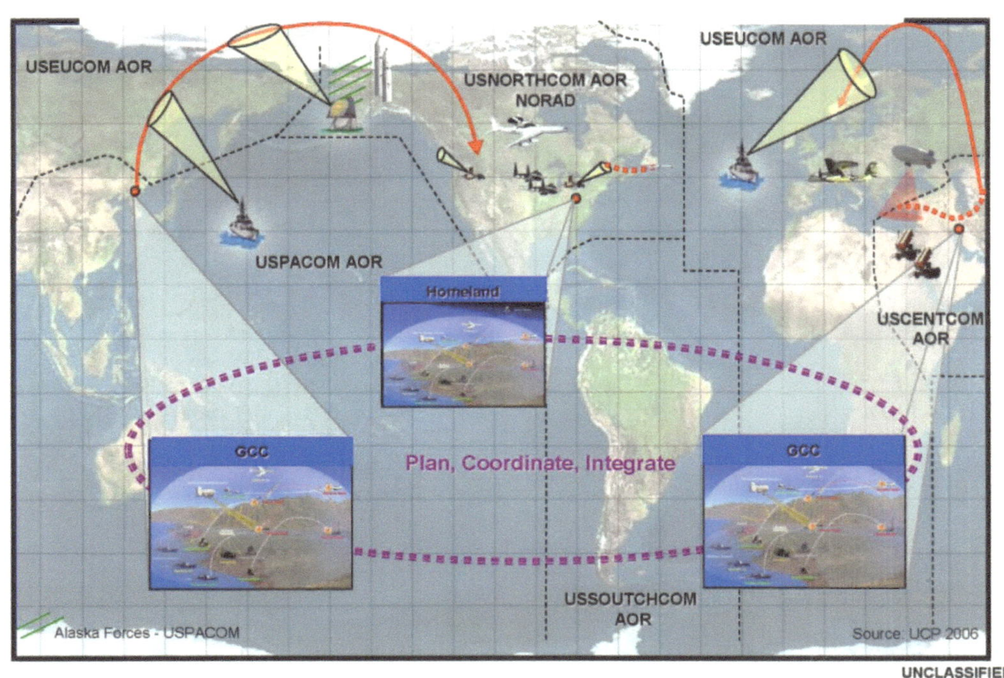

图 7-6 IAMD 面临的战略/战区环境

除了受复杂的战略环境影响外，战区环境也将改变 IAMD 力量体系建设的走向。未来的 IAMD 环境将以全面的空中威胁和导弹威胁为特征，例如弹道导弹、喷气式空袭威胁（巡航导弹、飞机、无人机系统）、远程火箭弹、火炮和迫击炮等，并且这些武器装备具有隐身性、电子攻击、机动再入飞行器、诱饵以及能够进行精确瞄准的先进终端导引头等一系列先进的能力。以喷气式空袭威胁为例，利用隐身性电子战将使其更难以被探测和跟踪，IAMD 部队可构成威胁的射程可能会因此减小，防御系统的数量和类型或射击机会等级也可能会减少，威胁的复杂性和广泛性将迫使美军 IAMD 体系作战的行动范围不断扩展，驱使 IAMD 装备在监视、识别和瞄准方面的有效性达到新的水平。此外，弹道导弹和巡航导弹的射程以及发射平台将推动超越战区层次的 IAMD 作战，使所有地区都面临受攻击危险，也将改变战略和作战决策空间，从而调整适应地区、跨地区和本土作战，以及为特定战区进行规划和分配部队成为美军 IAMD 作战力量的发展目标之一。

7.3.2 IAMD 的概念

联合出版物《JP 1-02 美国国防部军事术语》《JP 3-01 对抗空中和导弹威胁》将 IAMD 定义为：“为捍卫本土和国家利益、保护联合部队而整合能力与行动，使敌人无法通过空中和导弹力量对美国造成不利影响”①。上述定义只是“防空反导”（AMD）的正式说法，即通过化解或减轻敌人的空袭和导弹攻击来赢得战争。

一体化防空反导的任务包括对抗有人机、无人机系统（UAS）、巡航导弹以及弹道导弹。2017 年 4 月，美军对 JP 3-01 进行了更新，将反火箭弹、反火炮与反迫击炮（C-RAM）任务整合到一体化防空反导中。图 7-7 描述了一体化防空反导相关的各种威胁。

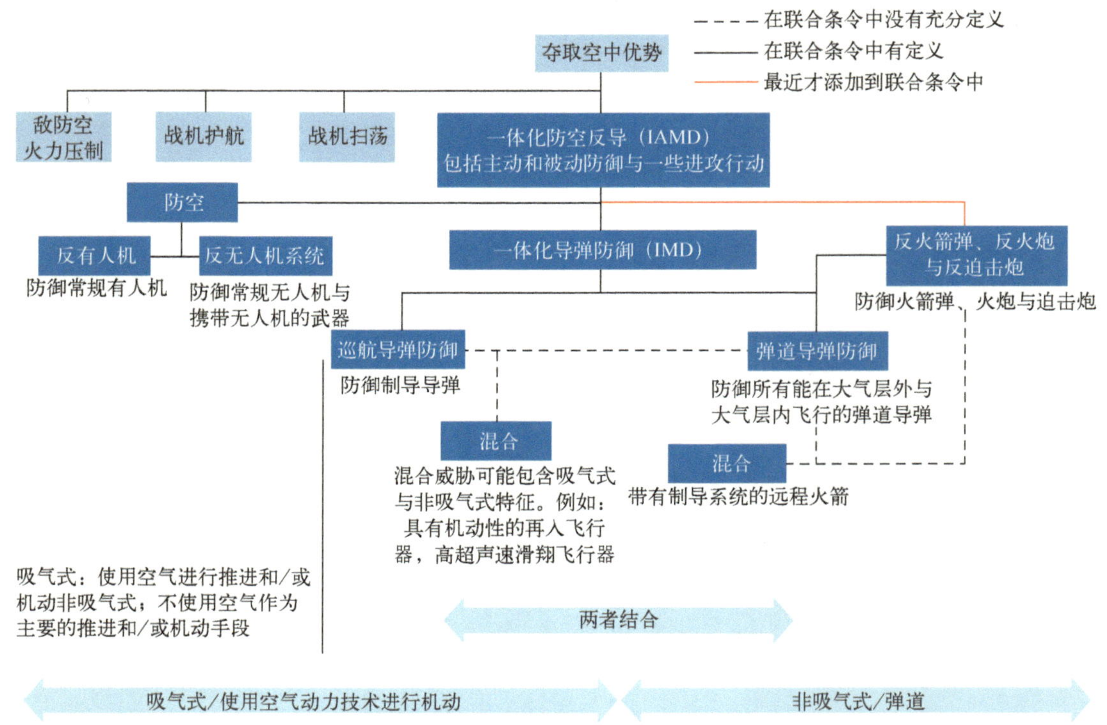

图 7-7 | 防空反导任务的分类

装备机动再入式飞行器或高超声速滑翔飞行器的弹道导弹、致命性单程无人机或装备末端引导的远程火箭等混合威胁要求进行多层防御；射程更远的弹道导弹、有人机与无人机以及巡航导弹的发展，要求改进跨作战司令部的整合能力；对一体化防空反导任务提出进一步挑战的是反火箭弹、反火炮与反迫击炮（C-RAM）任务。

IAMD 不是“防空”的同义词，也不是单指某一作战任务或行动，防空任务与 IAMD 的关系如图 7-8 所示。2012 年和 2017 年版的 JP 3-01 都做出了明确区分。其中防御性防空任务是 IAMD 的子集，进攻性防空任务中的攻击作战和压制敌人防空是 IAMD 的一部分，而战斗机护航和空中扫荡则不属于 IAMD 范畴②,③。

尽管使用了“防空”术语，并将 IAMD 项目的领导分配给空军，但 IAMD 是一项共同责任，要求所有军种在政府机构的支持下开展综合行动，并酌情与盟军以及联军整合。例如，

---

① Joint Publication（JP）1-02, Department of Defense Dictionary of Military and Associated Terms. Washington, DC: Department of Defense, November 8, 2010. <www.dtic.mil/doctrine/new_pubs/jp1_02.pdf>.

② JP 3-01. Countering Air and Missile Threats. 21 April 2017. <https://fas.org/irp/doddir/dod/jp3_01.pdf>.

③ Col Craig R. Corey, USAF. The Air Force's Misconception of Integrated Air and Missile Defense. Air & Space Power Journal, Winter 2017: 81-90.

美国海军的 NIFC-CA 计划，美国导弹防御局的指挥控制、作战管理与通信（C2BMC）计划和美国陆军 IAMD 作战指挥系统（IBCS）都是 IAMD 项目不可分割的一部分。

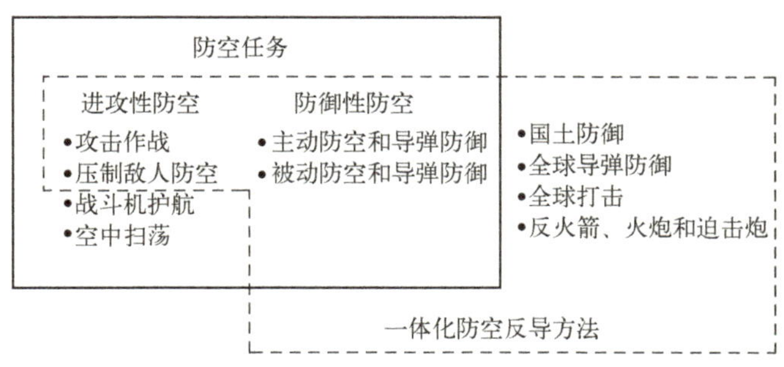

图 7-8 防空任务与 IAMD 的关系

美国《2020 联合一体化防空反导构想》的核心内容是将所有能力——防御性、被动、进攻、动能、非动能（如网络战、定向能以及电子攻击）——融入一支深度联合及合成的部队，从而抵御敌人有效运用任何进攻性空中武器和导弹武器。IAMD 本质是多种考虑平衡的结果，它既要考虑电子战因素和主动防御应用，又要考虑和盟友的密切合作，既要考虑外交和财政负担，又要能对周边导弹威胁进行稳健的被动防御。①

联合 IAMD 力量体系将横向整合作战能力，纵向整合政策、战略、概念、战术以及训练等。这通常需要与国防部以外的合作伙伴和同盟国实现跨机构合作，鼓励合作伙伴投资发展 IAMD 系统，并且需要大量的准备时间，如外交努力、建立伙伴关系或条约谈判。联合 IAMD 首要目的是威慑敌人，若此计划落空，则将阻止敌人有效地运用空中装备和导弹装备。IAMD 可为作战指挥官聚集其他力量争取时间和空间，但其无法单独在冲突中占据优势，应该在整个联合战役的背景下考虑加入 IAMD 力量体系。主动防御和被动防御以及针对空中和导弹威胁的进攻性行动都应成为每个作战计划中最先受关注的一部分，发展和部署有效可靠的防御能力不仅可以在敌对行动期间保护作战部队，还可以威慑企图进行空中攻击和导弹攻击的敌人。有力的主动防御和被动防御会使敌人耗费数量更多且性能更好的武器，最终导致敌方的作战成本增加。

如果威慑未能成功，在敌人使用进攻性空中装备和导弹装备之前对其进行压制仍然是抵制敌人的首选方法，并且在数量增加的情况下，这是击败积存威胁的唯一实用手段。IAMD 在进攻性和防御性作战之间建立联系至关重要，最初的进攻性作战应优先考虑攻击空中和导弹系统及其支持的指挥和控制结构，采用一切手段（包括穿透装备）来执行任务。虽然进攻性作战可以消除部分空中威胁和导弹威胁，但并不能保证可以完全压制这些威胁。作战指挥官将始终依靠主动和被动一体化防空反导能力来应对空中攻击和导弹攻击，IAMD 任务失败可能迫使整个战役遭受潜在破坏性攻击的风险。

7.3.3 联合一体化防空反导体系简介

联合一体化防空反导应由联合部队承担，对隶属的多军种防空反导力量统一组织应用，

① DOD. Joint Integrated air & Missile Defense: Vision 2020 [R]. 5 December 2013.

形成“高中低空合理配系、远中近程有效衔接”的无缝隙大区域立体防空反导体系，如图 7-9 所示。美军一贯重视体系建设，在国家、战区、战术以及武器层面上全球领先①。

图 7-9 一体化防空反导作战概念图

1. 全球战略预警体系

在国家层面，自“9·11”后，并随着新的空天威胁目标特征和立体化袭击样式发展，美国着力进行防空反导一体化体系建设。美国的全球战略预警体系是由遍布全球的各类传感器，以及夏延山情报中心、指挥控制中心等分系统组成，实现弹道导弹、空中、空间等战略目标的全球警戒。其中，防空预警系统能够及时探测发现美国本土及周边 500km（重点区域 3500km）以远范围内的空中目标。弹道导弹预警系统能够对美国本土实施全方位覆盖，对全球陆射和潜射弹道导弹实施全天 24h 的不间断探测，能够在洲际和潜射弹道导弹发射 20s 后探测到目标，10s 内将预警和攻击数据发送给指挥中心。空间目标监视系统对空间探测距离超过 36000km，编目管理近 20000 个在轨目标，可对直径大于 10cm 的 8000 个空间目标进行识别和分类，还可分析空间碎片环境等。

2. 全球导弹防御体系

美国全球导弹防御体系是以“指挥控制作战管理和通信系统”（C^2BMC）为核心，将分布全球的传感器、指控、武器等资源有机集成在一起，有效应对各类弹道导弹威胁。同时，建立不同层级防空反导系统。美依托网络设施，有机连接全球各地预警雷达和预警卫星，构建了集“防空预警、反导预警、空间目标监视、天基侦察”于一体的夏延山战略预警中心，为各级指挥中心、武器拦截系统提供对美本土、海外基地以及盟友威胁的空天目标预警信息。

C^2BMC 具有战略战役战术一体指控与交战管理功能，能基于任务提供规模可调、功能可选软件套件，部署于战略和战区司令部、战区 AOC、基地、防空反导部队指挥所、P/X

① 贾正望．联合一体化防空反导体系构建问题浅谈［C］．中国指挥与控制学会，2018：162-169.

波段预警雷达，以及 GMD/SM-3/THAAD/PAC-3 等武器系统，从而将体系中的决策者、武器、传感器紧密连在一起。

3. 战区联合防空反导体系

在战区层面，通过战区联合空中作战中心（JAOC）统筹协调战区联合空中司令部、联合地面司令部和联合海上司令部作战任务，制定战区联合防空反导计划，统一指挥战区航空、地防、舰艇等作战力量进行联合防空反导作战。

4. 战术及以下防空反导一体化

在战术层面，美军建设一体化指控系统（IBCS），按任务解耦萨德、爱国者、复仇者和 JLENS 等武器隶属关系，按需灵活编组，形成空中和弹道目标一体化防御能力。2017 年 4 月，美军对 JP3-01 进行了更新，将对抗短程火箭、火炮与迫击炮威胁整合到 IAMD 中。

在武器层面，建立海上一体化火力控制（NIFC）模式，打破海上武器与火控系统的“硬链接”，通过一体化火控网（IFCN）优选不同武器探测传感器、火力等单元进行最佳组合，实现编队的精准协同作战。美国海军 IAMD 火控系统设计了 FTS（From-The-Sea）、FTA（From-The-Air）、FTL（From-The-Land）三类杀伤链路，能够将防空反导作战的杀伤链路交迭，以扩展整个作战空域，减少防御漏洞，提供最大限度的目标再拦截能力。①

面对日益复杂的导弹威胁，2018 年美军提出将 IAMD 升级为分布式防御，创建一支更加灵活、更加分散的防空反导部队，形成一套新的架构，提高防空反导力量的弹性和灵活性。

7.3.4 防空反导力量组织结构

一体化防空反导需要来自各军种的能力，以便能够在各作战司令部的责任区和跨作战司令部的责任区开展作战行动。联合一体化防空反导任务需要众多的国防部机构共同发展、部署和使用各种一体化防空反导能力，为此美军成立了相应的组织机构，界定了相应的职能，如图 7-10 所示。

美国战略司令部（USSTRATCOM）是美一体化导弹防御（IMD）“全球同步机构”。为执行一体化导弹防御任务，该司令部成立了一体化导弹防御联合职能部队司令部（JFCC-IMD）。它的主要任务是行使全球导弹防御职能来保护美国、部署的美军部队、友军和盟军免遭弹道导弹袭击，并跨作战司令部同步弹道导弹防御的需求和行动。其最初职责仅局限于一体化弹道导弹防御，但目前已扩展到包含巡航导弹与高超声速导弹的防御。

联合一体化防空反导组织（JIAMDO）是一体化防空反导企业内的另一个重要组织，负责为参联会主席（CJCS）与美国战略司令部的工作提供支持，以便开发和集成传感器、武器与指挥控制系统，并制定及整合防空反导任务领域运用这些传感器、武器与系统的概念。

导弹防御局（MDA）主要负责弹道导弹防御能力的开发，于 2013 年被赋予联合一体化防空反导技术权（TA），“领导一体化防空反导工程与集成工作以实现联合能力”。该技术权能够建立并建议系统标准、变更以及其他能够弥补互操作能力缺陷的联合需求，并在整个国防部范围内促进一体化防空反导能力的集成。

---

① 荀飞正，金钊，邹德广．美国海军防空反导一体化火控系统发展研究［J］．飞航导弹，2015（2）：36-40.

负责采办、技术与后勤的国防部长办公室
- 导弹防御局
- 政策

参联会主席
- 联合需求监督委员会
- J8
- 联合一体化防空反导中心
- J3、J5、J7

作战司令部
- 美国战略司令部
- 一体化导弹防御联合职能部队司令部

地域性作战指挥官
- 下属军种部队

情报单位
- 国家空中与空间情报中心
- 导弹和空间情报中心
- 海军情报办公室
- 国家地图情报中心

美国空军
- 空军总部A3/5、A7
- 空中作战司令部
- 空军航天司令部
- 空军器材司令部
- 空军教育训练司令部

美国陆军
- 训练与条令司令部
- 火力卓越中心
- 空间和导弹防御司令部
- 负责采办、后勤与技术的陆军助理部长
- 陆军防空反导司令部

美国海军
- 海军海上系统司令部
- 海军航空系统司令部
- 负责研究、开发与采办的海军助理部长
- 第三舰队
- 海军防空反导司令部

- 部队战备
- 能力缺口与需求评估
- 牵头预算编制与能力需求倡议
- 拟制条令/战术、技术与程序
- 联合训练
- 全球/战区演习
- 系统体系结构与技术需求
- 作战支持
- 采办执行

防空
- 反有人机
- 反无人机

一体化导弹防御
- 巡航导弹防御
- 弹道导弹防御
- 混合威胁

C-RAM
- 火箭弹
- 火炮
- 迫击炮
- 混合威胁

图 7-10 ‖ 一体化防空反导任务领域的机构、职能与部分威胁

美国空军将一体化防空反导视为夺取空中优势任务领域的一部分，空军在联合部队中的优先任务之一是获取并维持空中与空间优势，远超一体化防空反导能力的要求。

美国海军将一体化防空反导分为两大任务领域：其重要舰载资产的自我防护和弹道导弹防御以保护关键资产。由于海上作战的特性，海军必须能够保护其资产免遭各种威胁的攻击，确保这些资产能够支持联合作战行动。

美国陆军一体化防空反导主要是为关键资产与地面机动部队提供防护。由于联合部队在过去 30 年的冲突中一直保持着空中优势，陆军防空炮兵的重心已经转变为以弹道导弹防御与反火箭弹、反火炮、反迫击炮为核心，对固定的关键资产、设施与基础设施进行防护。美国陆军近期将可用于反有人/无人机系统和巡航导弹的传统近程防空（SHORAD）能力用于一体化防空反导。随着对手巡航导弹与无人机的发展与扩散，陆军正将其重心转回到发展具备间接火力防护能力（IFPC）的近程防空部队，将再次为地面机动部队提供防空覆盖。

每个军事部门都为一体化防空反导任务领域做出了较大贡献，但这些部门还有其他任务与优先事项需要权衡。各军事部门负责为作战司令部组织、训练与装备军事部队，并在权衡未来潜在冲突风险的同时确保美军能够在当前的冲突中实施作战行动。因而，任何一体化防空反导能力都将严重依赖于各军种的投资计划，还受到各军种的文化、优先事项与可用资源的影响。

美《联合部队季刊》刊出文章认为，面对新兴的空中与导弹威胁所构成的复杂环境，联合部队应该重新评估未来的组织结构，以确保联合部队能够集中权力与资源，在国防部防空反导企业中实现联合能力的同步。①

① Gabriel Almodovar，Daniel P. Allmacher，Morgan P. Ames III，et al. Joint Integrated Air and Missile Defense：Simplifying an Increasingly Complex Problem，JFQ 88，1st Quarter 2018.

7.3.5 一体化防空反导作战指挥系统（IBCS）

美国陆军充分运用网络中心战概念，大力发展一体化防空反导（Army IAMD）系统，其中一体化防空反导作战指挥系统（IBCS）作为 IAMD 系统的核心组成部分，是美国陆军能否成功实现防空反导一体化作战的关键。

IBCS 由位于阿拉巴马州的红石兵工厂，隶属于导弹与太空项目执行办公室（PEO MS）的 IAMD 办公室负责管理。该办公室的职能是开发、采办、部署和维持美国陆军的一体化防空反导能力，作为联合 IAMD 的组成部分，支持当前和未来的传感器和射手，提供高效的 IAMD 能力。①

IBCS 系统是一套以网络为中心的“系统之系统”防空反导指挥控制与防空反导作战的发展方案，旨在将美陆军用于防空反导的传感器，防空武器，战斗管理、指挥、控制、通信和情报系统通过一体化火控网络（IFCN）相连接，使防空反导部队通过该火控网采用任意传感器和武器系统来完成防空反导任务，从而实现防空反导系统效能的最大化和整个体系的最优化。②

该系统为美国陆军的防空反导一体化作战提供了一个以网络为中心的体系化解决方案，计划接入 IBCS 的主要装备包括：爱国者 PAC-2/3（Patriot Advanced Capability）防空反导系统、复仇者（Avenger）防空导弹系统、萨德末段高空区域防御系统（THAAD）和 C-RAM 反火箭弹、炮弹、迫击炮弹系统等现役防空反导武器系统，改进型哨兵（Improved Sentinel）防空雷达系统、联合对地攻击巡航导弹防御高空网络探测系统（JLENS）等现役防空反导传感器系统，以及正在研发的“间接火力防护能力”（Indirect Fire Protection Capability，IFPC）近程防空系统、基于斯特赖克（Stryker）轮式装甲车的“机动短距离防空系统”（M-SHORAD）等多种类、多建制的武器系统和传感器系统。

美国陆军这样的一体化火控网络建成并装备使用后，相关装备都能通过 IBCS 系统实现互联、互通、互操作，使防空反导部队实现对各种作战飞机（侦察机、战斗机、轰炸机等），巡航导弹、弹道导弹、直升机、无人机等空中目标的全谱防御。

IBCS 采用开放式架构，着力于打造传感器、武器、联合指挥控制系统和导弹防御的一体化。该系统主要组成部分包括：

（1）作战中心（Engagement Operation Center，EOC）。EOC 是通用的一体化防空反导指挥控制中心或指挥所，负责资源分配、指挥调度和武器控制，建立统一共享的战场空间态势。

（2）一体化火控网络中继器（Integrated Fire Control Network Relay，IFCN Relay）。IFCN 中继器是 IFCN 的射频接入节点，IFCN 是自组织、自配置和自愈合的综合火控网络，采用企业集成总线架构和发布订阅机制实现 EOC 与作战资源交链。

（3）A/B 即插即打接口套件（A/B Plug & Fight Interface Kits）。A-Kit 是置于作战资源端的即插即打接口，可有效实现作战资源的灵活分配和动态组合，大幅提升 IAMD 作战效

---

① Integrated Air & Missle Defense（IAMD）. U. S. ARMY. https://www.msl.army.mil/Pages/IAMD/default.html.

② 岳松堂，徐洪群，吴晓鸥，等．美陆军一体化防空反导作战指挥系统发展研究［J］．火力与指挥控制，2019，44（11）：1-3.

能；EOC 通过置于 IFCN 中继器的 B-Kit 实现与各型作战资源的耦合交链。①

美国陆军一体化防空反导（AIAMD）整体架构如图 7-11 所示。从图中可以看出，美国陆军 IAMD 作战资源有 3 种方式接入 IFCN：一是直接通过 Relay 入网作战，采取这种做法灵活度高，更能适应防空作战全域全向全天候的复杂性特点，爱国者导弹发射车及其制导雷达和改进型哨兵防空雷达就是采用这种接入方式。二是同一类型作战资源按火力单元的形式成建制，通过 EOC 入网作战。比如“萨德”火力单元成建制通过连级 EOC 入网作战，这种接入方式的灵活度比直接 Relay 入网方式差，但是考虑到 TBM 目标的高速度，利用本地传感器对目标进行拦截能够提升准确度。三是不同类型作战资源按火力单元的形式进行组织，经过 EOC 入网作战。例如爱国者导弹发射车和改进的“哨兵”雷达这两种不同类型的作战资源按火力单元的形式进行组织，通过连级 EOC 入网作战，这种接入方式属于火力单元范围内的即插即打。

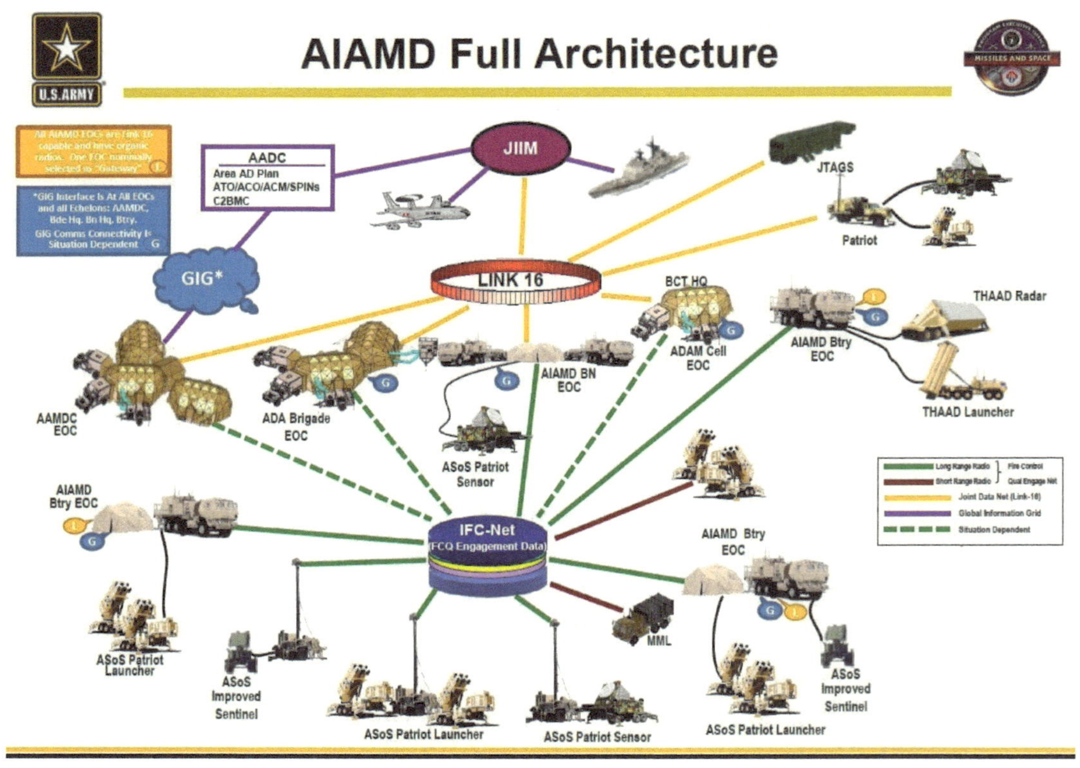

图 7-11 | 美国陆军一体化防空反导整体架构

美国陆军 IBCS 项目办公室 2008 年 9 月同时授予参与竞标的雷神公司和诺斯罗普·格鲁曼公司为期 11 个月的第一阶段研发合同（合同价值 1500 万美元），诺斯罗普·格鲁曼公司被选定为主承包商后，于 2010 年 1 月被授予为期 5 年的第二阶段研发合同（合同价值 5.77 亿美元），正式启动研制 IBCS 系统。IBCS 系统首套硬件设备于 2010 年 8 月交付美国陆军，标志着 IBCS 系统初步完成了原型系统样机设计，并于 2012 年底进入工程和制造研发阶段。

① 陈黎，李芳芳，赵广彤．美陆军一体化防空反导指控系统研究及启示［J］．现代防御技术，2016，44（05）：82-87.

作为美国陆军一体化防空反导体系（AIAMD）的关键中枢，IBCS 系统原计划 2018 财年具备初始作战能力，实现与爱国者 PAC-2/3 系统和哨兵雷达的一体化，2020 财年实现与萨德系统的一体化。但由于陆军扩大了其任务范围，以使其能集成其他重要系统，包括防御火箭弹、炮弹和迫击炮弹及巡航导弹和无人机系统的间接火力防护系统（IFPC），预计它将在 2022 财年形成初始作战能力。

IBCS 系统研制成功列装后，将具备模块化、通用化的网络能力，能为陆军所有防空反导武器系统提供标准化体系下的通用界面，并能根据技术的发展进行升级改进，集成新的防空武器系统，包括激光武器系统等。IBCS 系统的最终发展目标是，通过集成网络路由、中继和服务器组件，实现传感器、雷达、发射装置的标准化，以期为美军建立统一、共享的战场空间态势，允许任何军种的雷达和最佳拦截弹实施反导防御。

预计未来萨德、爱国者 PAC-3 基于 IBCS 系统，将为地面作战部队和重要设施提供一体化“双层”反导防御网：萨德最大拦截距离 150~200km，最大拦截高度 100~150km，负责高层防御，可拦截射程达 3500km 的弹道导弹，还能为低层拦截系统提供目标信息；PAC-3 最大拦截距离 50~100km，最大拦截高度 20~30km，负责低层防御，并能对萨德的“漏网之鱼”实施再次拦截。

2019 年 3 月，美国陆军发布《陆军防空反导 2028》①，阐述了“多域作战”（MDO）背景下陆军防空反导部队 2028 年发展愿景及实现愿景的方法举措，提出陆军防空反导部队在“多域作战”中，既要保护战场上的陆军机动作战部队及其固定/半固定设施，又要保护其他军种在作战区域和作战支援区域内的重要设施，还要集中力量为联合部队指挥官在作战空域创建“优势窗口”，将直接影响作战目标的实现。《陆军防空反导 2028》为美陆军基于 IBCS 系统的一体化防空反导体系建设指明了发展方向。

7.3.6 海上一体化防空反导计划系统（MIPS）

2016 年 3 月，海军海上系统司令部（NAVSEA）为海上一体化防空反导计划系统（MIPS）的软件开发发布一份全面公开的竞争性招标公告（N00024-16-R-5212）②。MIPS 系统位于陆上和水面舰艇的海上作战中心（Maritime Operations Center，MOC），具备 IAMD 计划和近实时的态势感知能力，这在美国海军的软件套件中前所未有。以上述能力为依托，美国海军将改进舰船布局规划，获取防空和弹道导弹防御（BMD）的最佳性能。MIPS 软件开发必须遵从系统需求文件（SRD），其中包括开放式架构标准、OPNAV 指令 9420.2A 要求和国际海事组织（IMO）规定。为保持宙斯盾防空反导性能的先进性，竞标要求增加防空和弹道导弹防御系统建模更新能力、包括但不限于 BMD 远程交战（Engage on Remote，EOR）功能。此外还涉及 MIPS 套件的软件更新、现有建模的持续维护、接口开发更新、系统维护、信息保障以及关注整个 MIPS 软件套件的时效性等工作。

海上一体化防空反导计划系统（MIPS）③ 是面向 IAMD、NIFC-CA 计划员的海军作战级计划系统，是 NIFC-CA 的网络通信支柱，提供计划功能和计划监控功能，支持在复杂环境

---

① Army Air and Missile Defense 2028. AMD Integration Division，USASMDC/ARSTRAT，March 2019.

② https://govtribe.com/opportunity/federal-contract-opportunity/maritime-integrated-air-and-missile-defense-planning-system-n0002416r5212.

③ RADM Joseph Horn. State of IAMD 2014—IAMD Achievements [R]. 2014.

中跟踪和交战困难目标。目前美国海军宙斯盾系统已配备 MIPS，美国在发展海基防空反导系统过程中，采取先分系统后集成的方式推进其 IAMD 作战能力形成。目前，已在宙斯盾系统中配置了 SM-3 Block IA 和 Block IB，具备了拦截中、近程弹道导弹能力；兼具拦截巡航导弹和末段拦截弹道导弹能力的 SM-6 导弹已完成研制试验，进入生产和部署阶段；开展了与机载传感器和其他拦截系统的协同作战能力研制与试验，并取得重大进展。

在海上环境中作战时，要成功实施 IAMD 行动，联合部队需要多种多样的装备。所需的装备包括配备具有弹道导弹防御能力的宙斯盾武器系统的导弹巡洋舰（CG）和导弹驱逐舰（DDG），以及可靠的指挥控制系统，包括 Link 11、Link 16 数据链和协同交战能力（CEC）。协同交战能力提供了一个传感器网络，可让参与单位之间进行火控质量数据的交换。火控质量数据可实现增程交战机会。军队将使用“标准”SM-2 和 SM-6 导弹完成对空中威胁的打击，并分别利用 SM-3 和 SM-6 导弹针对天基交战和末端交战的弹道目标进行打击。F/A-18、E-2D、F-35 等空中装备将协助提供更高的态势感知、深入的防御和进攻性能力。最后，NIFC-CA 的融入将能大幅提高传感器的能力，并实现超视距的导弹打击。

7.3.7 弹道导弹防御系统（BMDS）

按照美国国防部（DoD）的定义，弹道导弹防御（BMD）① 是一种防御性防空作战能力，且这种能力目前正用于应对三类威胁：①日益严峻的全球弹道导弹扩散威胁；②持续的技术进步令导弹的灵活性、机动能力、生存能力、可靠性和精确度不断提高；③导弹技术向美国及其盟友的敌对国家转移。BMDS 主要包括四部分：以导弹预警卫星为主的弹道导弹预警系统，目标探测、识别、跟踪系统，反导拦截导弹或反导拦截器，作战管理与指挥、控制、通信（BM/C3）系统。多层式 BMDS 旨在各个飞行阶段对美国、已部署部队、盟国和友军实施保护，使其免遭不同射程弹道导弹的攻击。

弹道导弹防御系统（BMDS）是由导弹防御局（MDA）领导的一个防御计划，旨在开发和部署分层防御系统，以保护美国及其盟友免受弹道导弹攻击。该项目包含许多主要的国防项目，包括用于国土防御的陆基拦截导弹（GBI），可运输雷达如用于跟踪导弹发射的 AN/TPY-2，用于保护部署部队的“萨德”末段高空区域防御系统（THAAD），配备了宙斯盾弹道导弹防御系统的舰船和岸基基地，以及其他支撑项目。②

美国自 21 世纪初积极开展建设分段拦截 BMDS，全力打造以地基和海基中段防御系统、末段高层区域防御系统、末段低层防御系统为核心的战区级 BMD 体系，基本具备对部分中程、近程弹道导弹目标多层拦截能力。美国不断扩大导弹防御系统规模，加大对地基中段防御系统（GMD）的投入，2017 年 9 月地基拦截弹（GBI）部署数量达到 44 枚，并计划在境内建立第三个 GBI 发射阵地③。为提高导弹防御系统拦截作战效能，美国同时加快发展天基和空基预警系统，着重发展第二代大气层外杀伤器（EKV），当前的天基反导应用包括国防支援计划（DSP）和天基跟踪与监视卫星（STSS）。

---

① Stefan Soesanto. US Missile Defense in the Age of Everything：From BMDS to IAMD [R]. 2016.

② Jacob Cohn，Ryan Boone，Amber Oar. FY 2018 Weapon Systems Factbook [R]. Center for Strategic and Budgetary Assessments (CSBA)，2017.

③ 陈兢，高雁翎．国外防空反导系统新进展 [J]. 战术导弹技术，2015 (06)：3-10.

导弹拦截方式主要有助推段拦截、中段拦截、以及末端拦截三种方式，如图 7-12 所示。助推段拦截方面，美国在研发机载激光拦截技术（ABL）和机载武器层（AWL），可以对各种不同射程的弹道导弹实施上升段拦截，但目前处于探索预研阶段。地基拦截弹可对射程约 10000km 的洲际弹道弹实施中段拦截①，此系统在 2017 年开展了试验，并取得了成功。中段拦截是在导弹飞行过程中实施拦截，此阶段导弹飞行轨迹稳定，拦截效率最高。SM-3 系列导弹可对中程、中远程弹道导弹实施中段拦截，此外，SM-3 Block ⅡA 可对射程超过 5000km 及部分洲际弹道导弹实施拦截。THAAD 系统可对射程 5000km 的弹道导弹实施末段高空拦截，美国正在发展增程型 THAAD（THAAD-ER），可进一步提升拦截高度和拦截

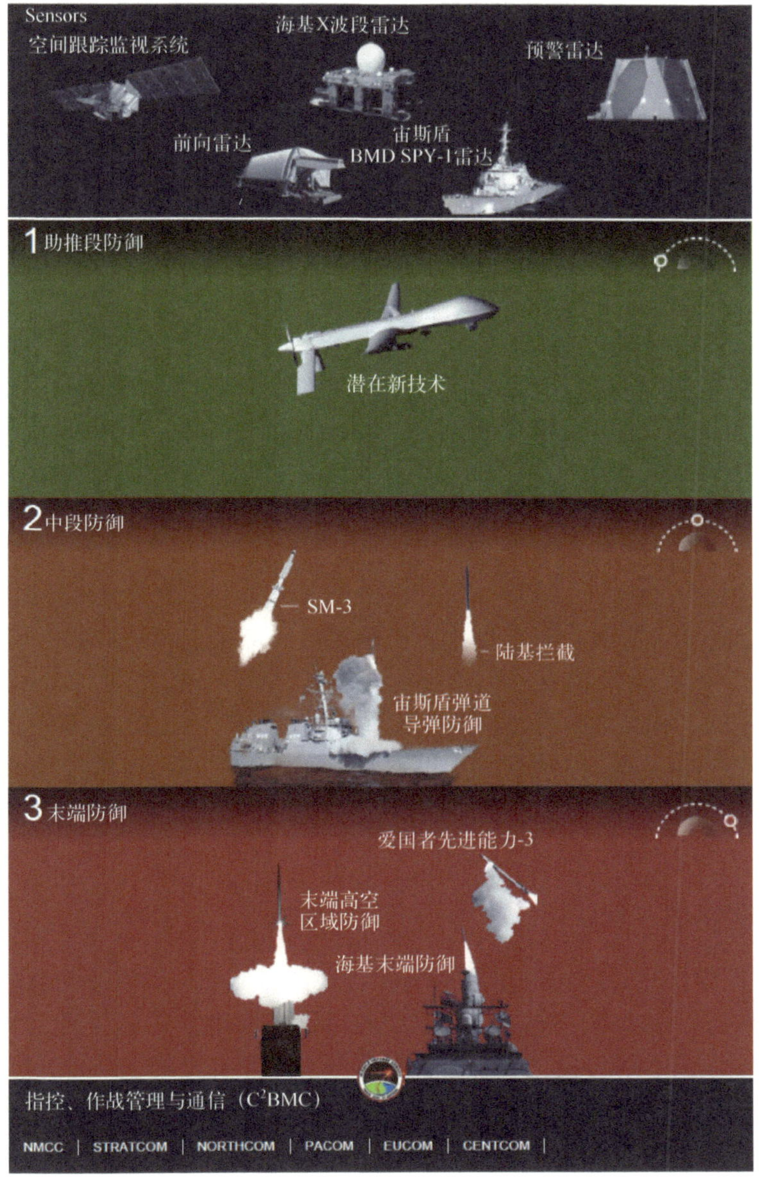

图 7-12 导弹拦截防御阶段

① 薛慧，沙舟．世界主要国家反导拦截武器发展研究［J/OL］. 飞航导弹，2020（03）：1-8.

距离。爱国者 PAC-3 可对射程 1300km 以下的弹道导弹实施末段低空拦截，美国发展的 PAC-3 导弹段增强（MSE）拦截器，2015 年已交付陆军，与基型 PAC-3 导弹相比，PAC-3 MSE 的拦截高度增大约 50%，拦截距离增大约 100%。

美国弹道导弹防御系统（BMDS）的最初设想是建立不断发展的、一体化的、可以互操作的军事能力，对不同射程的弹道导弹的各个飞行阶段实施拦截，使作战人员能够应对全球弹道导弹的威胁。尽管美军的 BMDS 已经在世界部分地区成功部署，并证实可以实现“用导弹打导弹”，但仍然存在很多问题。迄今为止，解决导弹防御问题的大部分努力都集中在多种 BMDS 集成上，美军 BMDS 可能在未来的导弹齐射竞赛中赢得胜利，但却无法有效遏制核扩散，也不能替代进攻性核武器和常规武器。对射过程中敌人的发射平台摧毁数量是致胜的关键，而不是以拦截导弹枚数来衡量。

随着诱饵弹头、多弹头分导再入飞行器和高超声速发动机等技术的发展，弹道导弹本质上是进攻方占优势的武器。在成本、数量、速度、射程、精确度、隐身性和杀伤力方面，弹道导弹防御（BMD）也都明显有利于进攻方，为导弹防御提出了巨大挑战。BMDS 覆盖范围也十分有限，未能覆盖巡航导弹、空对地导弹、空对空导弹以及精确制导弹药。此外由于缺少实现自由交互的标准化接口，初始设计中没有关联的系统要素将无法匹配、无法升级再利用、无法实现互操作。①

对于战区盟国和合作伙伴国，只有其采购导弹防御系统并且有与美军 BMDS 一体化的政治意愿，共同制定并遵守明确的交战规则，才能实现传感器数据交换和指挥控制一体化。然而在 IAMD 背景下，进攻性防空集中于控制空域、干扰和挫败敌方空中和导弹系统，防御性防空旨在反击敌方飞机、弹道导弹、巡航导弹、火箭、火炮、迫击炮和无人机系统，IAMD 体现了超越战区层次的全球打击和全球导弹防御。事实上，发展 IAMD 必然需要将全部对空作战系统及其相关组件纳入开放式架构，以满足联合部队的三个需求：一是实现广泛的态势感知；二是指挥控制一体化；三是将地理战区内外可用的全部传感器和交战能力融为一体。IAMD 有效解决了 BMDS 存在的种种弊端，使美国武装部队逐渐适应错综复杂形势下的新现实。

如果没有 IAMD，弹道导弹防御将是一个不完整的防御性对空作战系统，很容易受到各种非弹道式导弹的威胁。美国弹道导弹防御系统目前面临的主要挑战是，摆脱其反弹道导弹任务的唯一性，向 IAMD“多层、多边、多用途”的思路转变。为了打赢防空反导战争，导弹防御必须融入 IAMD 框架，以尽可能缩短响应时间和提高战略价值。

7.3.8 宙斯盾舰与 IAMD

地区一体化防空反导（IAMD）的关键是水面战，宙斯盾舰载作战系统被视为美国及其盟国在弹道导弹防御（BMD）中的核心要素，在 IAMD 和对空作战领域，水面舰艇部队主要依靠阿利·伯克级导弹驱逐舰和提康德罗加级导弹巡洋舰上的宙斯盾武器系统（AWS）。2015 年美国海军成功进行了多任务作战（MMW）系列拦截试验，从宙斯盾系统发射的 SM-2 和 SM-6 导弹成功拦截了近程弹道导弹和巡航导弹，标志着美国海基末段弹道导弹防御能力取得突破性进展，宙斯盾系统初步具备了防空反导一体化作战能力。

---

① The Aegis Warship Joint Force Linchpin for IAMD and Access Control. JFQ 80, 1st Quarter 2016.

AWS 有多个基线（软件和硬件升级），2009 年后，考虑到面临的威胁不仅是弹道导弹防御，还有防空作战的威胁，于是基线 9 代应运而生。宙斯盾基线 9 作战系统相关升级是宙斯盾一体化防空反导现代化的关键特征①，其包括 4 种不同的配置：

基线 9A：防空巡洋舰（CG 59~64）/非弹道导弹防御；

基线 9C：一体化防空反导（DDG 51~112）/防空+弹道导弹防御；

基线 9D：一体化防空反导（新建造 DDG 113 和后续舰）/防空+弹道导弹防御；

基线 9E：岸基宙斯盾/弹道导弹防御专用。

基线 9C 和基线 9D 的先进之处体现在以下三个方面：一是配备支持 IAMD 的多任务信号处理器（MMSP），能够同时承担对空作战和弹道导弹防御；二是通过实时传感器组网建立协同交战能力（CEC），为战舰提供通过舰机传感器网络实现一体化火力；三是配备宙斯盾 BMD 5. X 版。基线 9 系统还增加了海上一体化防空反导计划系统（MIPS）和分布式加权交战方案（DWES）等系统功能，这些系统功能都是美国海军网络中心战思想的产物，通过网络化将所有军舰融合，形成“1+1>2”的综合战力。

7. 3. 8. 1　多任务信号处理器（MMSP）应用

早期的弹道导弹防御计算机套件采用的是分开的信号处理器，造成在 BMD 模式下运行时，空战能力会有所下降，因此在 SPY-1D 雷达的多任务信号处理器研制成功前，一体化防空反导这种能力无法实现。新的多任务信号处理器可在减少人员负担的同时，提高 SPY-1D 雷达套件的效力，并增强濒海环境中的交战能力、多波束作战能力、弹道导弹防御远程搜索与跟踪能力以及与高度混乱环境中掠海飞行的反舰巡航导弹的交战能力。

SPY-1D 雷达此前的 BMD 计算套件使用单功能信号处理器，意味着具备弹道导弹防御能力的水面舰可以拦截弹道导弹或飞机/巡航导弹威胁，但不能同时拦截这两种威胁。而 MMSP 可以有效整合来自弹道导弹防御信号处理器和现役传统宙斯盾信号处理器的输入信息。其最新的商用现货硬件和软件算法能控制雷达波形的生成，并允许同时处理防空战和弹道导弹防御雷达信号。至关重要的是，MMSP 提高了宙斯盾 SPY 雷达系统在濒海环境中的性能，还改进了 BMD 搜索、远程监视与跟踪、信号处理器距离分辨率、识别、表征及实时功能显示等方面能力。装备宙斯盾基线 9 作战系统的驱逐舰将能在单一计算环境中，根据战术威胁图像，更动态灵活地分配计算机资源，从而在不降低防空作用的情况下，最大限度地提高导弹防御能力。

7. 3. 8. 2　实时传感器组网

一体化火力控制（IFC）是实现 IAMD 的重要力量，“海军一体化火控防空”（NIFC-CA）能力是一体化火力最复杂的变型，NIFC-CA 可大幅拓展传感器网络，使导弹能在雷达视距以外交战。其可以为战术环境中的防空和反舰巡航导弹防御提供一体化火控，从而大幅拓展水面战舰的超视距空战空间，促成第三方瞄准和智能导弹的使用。使用拥有必要数据链路的无人机为宙斯盾基线 9 作战系统提供跟踪和瞄准信息，可以减少宙斯盾基线 9 战舰对航母打击群装备的依赖，使其得以在未来 IAMD 体系中发挥作用。

现代化的宙斯盾巡洋舰和驱逐舰将接入导弹防御传感器网络，这一传感器-射手网络将提供一种灵活、统一的地区及区域导弹防御遥控发射/遥控交战能力，未来可能会拓展至某

① Stefan Soesanto. US Missile Defense in the Age of Everything: From BMDS to IAMD [R]. 2016.

些国土防御任务。更先进的IAMD传感器-射手网络在对抗反介入/区域拒止（A2/AD）威胁方面的潜能引导作战指挥官和联合一体化防空反导组织（JIAMDO）将关注重点放在航迹关联和数据链路上。JIAMDO一直在推动军兵种进行相关数据共享，使作战司令部和军兵种得以试验联合IAMD任务的战术、技术和程序。

7.3.8.3 弹道导弹防御系统配置

在宙斯盾基线5代以前，BMDS现代化同基线一起发展，后来BMD 3.0E版具备远程搜索追踪功能，从此BMD独自实施现代化规划。随着雷达处理功能的改进，实现了攻击效果的确认功能，应对开放式架构的BMD 5.0版由此而生。BMD 5.0 CU（Capability Update，能力升级）版本在综合防空反导的基础上为宙斯盾舰增加末端反导的能力，此次升级允许宙斯盾舰使用SM-2 Block Ⅳ，SM-6 Dual Ⅰ末端拦截短-中程弹道导弹。BMD 5.1版本为宙斯盾提供更大的防御范围和远程交战（EOR）的能力，使得宙斯盾舰可以使用射程更远的SM-3 Block ⅡA来拦截短-中-远程导弹，甚至是洲际弹道导弹。

截至2017年1月，美军共有33艘宙斯盾舰具备反导能力，包括5艘提康德罗加级CG 61、67、70、72、73和28艘阿利·伯克级Ⅰ/Ⅱ型的DDG 51~78，未来数年美国海军对宙斯盾舰的升级工作将会加速，基线9也将会登上越来越多的宙斯盾舰。未来，提康德罗加级除了CG 61外都将会退出反导任务，专心承担防空任务，而阿利·伯克级ⅡA型则会和Ⅰ/ⅠA/Ⅱ一道担起防空和反导两大重任，未来性能更为强悍的阿利·伯克级Ⅲ型还会担当起反导指挥舰的重担。旧舰改装和新舰入役双管齐下，美军的反导能力正在不声不响地迅速增长，也许再过20年反导能力将成为宙斯盾舰必不可分的一部分，和未来的下一代巡洋舰一起支撑起美国海基反导体系的大伞。

7.4 惯性导航系统-替代型（INS-R）

7.4.1 导航系统简介

从广义上讲，从起始点将航行载体引导到目的地的过程统称为导航。从狭义上讲，导航是指给航行载体提供实时的姿态、速度和位置信息的技术和方法。早期人们依靠地磁场、星光、太阳高度等天文、地理方法获取定位、定向信息，人们将天文测量技术应用于航海，产生了天文导航。随着科学技术的发展，惯性导航、无线电导航、卫星导航和综合导航等技术相继问世，在军事、民用等领域广泛应用。

现代舰船多采用综合导航系统，即同时拥有多种导航设备。美国海军典型水面导航系统①，如图7-13所示。

美国海军舰载导航系统一般由陀螺罗经、惯性导航系统、计程仪、卫星导航系统、无线电导航系统等组成，如表7-3所示。

---

① Captain Joe Reason，PEO IWS 6.0. U.S. Navy Perspective：Navigation Technology Current State，Future Possibilities，Gaps and Barriers. 08 June 2016.

Typical Surface Navigation System

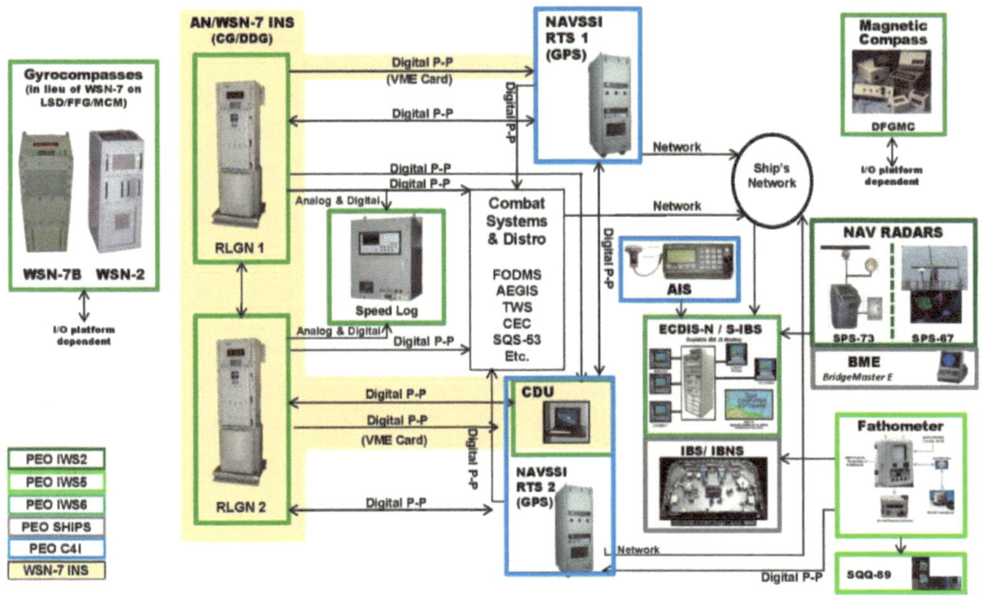

图 7-13 ┃美国海军典型水面导航系统

表 7-3 典型水面导航系统设备组成

Gyrocompasses	陀螺罗经
AN/WSN-7 INS RLGN	惯性导航系统环式激光陀螺导航
NAVSSI RTS（GPS）	导航传感器系统接口
GPS	全球定位系统
AIS	船舶自动识别系统
IBS/IBNS	综合舰桥及导航系统
Magnetic Compass	磁罗经
NAV RADARS SPS-73/SPS-67	导航雷达
Fathometer	测深仪
Speed Log	计程仪
ECDIS-N	电子海图

1. 罗经/陀螺罗经

罗经是航行器用来测量运动方位的，辅佐定位的仪器。分为磁罗经和电罗经。磁罗经可以形象地当作指南针，电罗经就要用到用电源驱动的陀螺仪。陀螺仪是一种物体角运动丈量设备。通过对陀螺仪双轴基点在不一样运动状态下偏移量的丈量，能够标定出物体水平、垂直、俯仰、加速度、航向方位。

罗经是水面舰艇的主要导航设备，它可输出舰船运动的航行和姿态信息，供导航和武器系统使用。世界上第一台罗经是 1940 年代末美国斯佩里（Sperry）公司研制的 Mk19 Mod3。

1970 年代，基于惯性导航技术的发展，又相继研制了多种陀螺罗经，如 Mk29、AN/WSN-2 等。

2. 惯性导航系统（INS）

惯性导航是为了满足装备核潜艇的需求而研制和发展的，其作用是为长期在水下的潜艇连续提供安全航行和发射导弹所需的导航参数和运动要素。它不依赖外界物标和信息，不向外部辐射任何能量，因此不受外界干扰，可在全球海域、全天候、自主、连续、隐蔽的为舰艇进行导航。具有代表性的惯性导航系统有 Mk2 Mod6、AN/WSN-7、静电陀螺导航仪等。

3. 导航传感器系统接口（NAVSSI）

导航系统在航空母舰及编队航行与作战过程中起到非常重要的作用，主要是保证航空母舰及编队的安全航行、确保飞机的安全起降、对准舰载飞机惯性导航系统，并作为舰载情报信息系统与武器系统的基准信息源。美国海军航空母舰和编队其他主战舰艇的导航系统组成基本相同，是以惯性导航系统（INS）为主，卫星导航系统（GPS）、多普勒计程仪、回声测深仪及电磁计程仪等导航系统为辅的组合导航系统。这些导航信息源通过导航传感器系统接口（NAVSSI）进行综合与处理，获取最优的、统一的导航信息，并将导航数据发送到各武器作战支持、C^4ISR 系统和其他信息系统。导航传感器系统接口是美军舰载导航系统的核心部件。为形成舰队统一的导航数据发送，1991 年 2 月由美国空海作战系统司令部着手实施 NAVSSI。截至目前，NAVSSI 经历了从 Block0 到 Block4 五个阶段的发展，采用开放式架构设计。①

NAVSSI 基本组成包括实时子系统、显示控制子系统及远程工作站。实时子系统（RTS）负责收集、处理及分发 PNT 数据，处理采用导航数据源综合（NSI）算法将 GPS 与惯性传感器数据综合。显示控制子系统（DCS）通过局域网与实时子系统进行通信，为实时子系统提供操作人员接口，提供电子海图和雷达接口。显示控制子系统（DCS）能实时显示导航传感器信息，并控制实时子系统。远程工作站（NRS）是操作人员的远程显示器，为舰桥及其他舱室人员提供远程控制与显示能力。

美国海军舰艇主要导航数据源包括惯性导航系统、多普勒计程仪、卫星导航系统、回声探深仪、电磁计程仪、罗经、风速仪及时间数据等。NAVSSI 主要导航数据源如表 7-4 所示。

表 7-4 NAVSSI 主要导航数据源

系　　统	信息频率/Hz	数 据 接 收
AN/WAN-7 惯性导航系统	50	PVT、姿态、速率、速度（相对水）
GAS-1 抗干扰 GPS 天线	0.1	位置、时间
数字电磁计程仪（DEML）	8	速度（相对水）
AN/WAN-2/V 多普勒计程仪	8	速度（相对水），速度（相对地）
电磁计程仪	持续	速度（相对水）
陀螺罗经	持续	姿态
AN/UQN-4/4A 测探仪	1	深度
同步风速仪	持续	风速和风向

① 宿勇，郭隆华．美国海军航空母舰及编队导航系统分析［J］．舰船科学技术，2012（8）：131-136.

（续）

系　　统	信息频率/Hz	数 据 接 收
航空数据管理与控制系统（ADMACS）	1	风速和风向
兵力战术训练系统（BFTT）	1	训练数据
Mk38 和 Mk39 宙斯盾时钟转换器	1024	宙斯盾作战系统时间
Mk105 和 Mk106ACEC	1024	宙斯盾作战系统时间

NAVSSI 通过导航数据源综合（NSI）算法综合 GPS 和惯性导航系统（INS）数据，提供高精度、鲁棒性好的位置及速度解决方案。导航数据源综合算法基于可用传感器误差特性估计，保障 NAVSSI 输出数据的精度，按用户系统的需求分发送数据信息。对于不同精度需求的用户，可采用设定不同数据的有效位数来实现。由于 GPS 战时易受干扰，无法满足舰艇对可靠精确时间的需求，NAVSSI 提供了一种精确授时装置（PTU）。该装置包括频率调整模块（FDM）、铷振荡器以及缓冲输出设备。一旦估计的时间误差超过 100ns，精确授时装置将进入工作模式，并利用铷振荡器来保持时间精度。

NAVSSI 是目前美国海军水面舰艇广泛采用的定位、导航与授时方案，将舰艇编队内 PNT 数据完全统一，为编队航行与作战提供重要信息基础保障。

4. 卫星导航系统

卫星导航系统由导航卫星、地面站、舰载卫星导航接收机三部分组成。导航卫星由多颗卫星组网，接收、存储地面站输入的导航信息，再依次向用户发射。目前，美国海军使用“子午仪”卫星导航系统、“导航星”全球定位系统等。

“导航星”全球定位系统（GPS）是一种全新的高精度导航定位系统，由空间、地面控制和用户接收三大部分组成，于 1995 年正式投入运行。GPS 的空间部分使用 24 颗卫星，包括 21 颗工作星和 3 颗备用星。卫星在地球上方 20108km 高的圆形轨道平面上运行，每隔 12h 绕地球运行一周，向用户发布导航定位数据信息。GPS 的地面控制部分由 5 个地面监控站、3 个上行数据（即由地面向卫星发射的数据）注入站和一个主控站组成。GPS 用户接收部分就是导航接收机。它由天线、接收机、处理机、定时器和显示器组成，能同时接收 4 颗卫星发射的 L 波段信号，通过对这些由卫星送下来的码同在用户装备内部产生的相同的码进行脉冲匹配，就可以信号传输的时间进行测算。鉴于 GPS 具有普遍性、准确性、不间断性和全天候等优点，美军实施了 GPS 导航战计划以进一步提高 GPS 的导航定位精度，发挥 GPS 的作战效能。

5. 船舶自动识别系统（AIS）

AIS 通过 VHF 电台全天候、自主地连续工作，实现船与船之间、船与岸之间的信息交换。AIS 传输的静态信息有 IMO 编号、呼号和船名、船长、船宽、船舶类型、国籍等。传播的动态信息有船位、国际协调时、对地航速、对地航向、航行状态、转向率等。IMO 要求所有 300 总吨及以上从事国际航运的货船、500 总吨及以上非国际航运的货船及所有客船均应从 2002 年开始逐步配备 AIS 设备。

6. 综合舰桥与导航系统（IBS/IBNS）

综合舰桥与导航系统是舰艇综合平台管理系统中，运用现代工程技术和军事航海理论，对舰艇导航/操纵以及与航行相关的通信、监视、报警、损管、训练、保障等平台管理控制功能和设备进行综合一体化集成，实现高效航行指挥控制功能的人机系统。自 20 世纪 60 年代起，综合舰桥与导航系统经历了形成、发展两个阶段，目前开始进入成熟阶段。60 年代初至 80 年代中期，是综合舰桥与导航系统的形成阶段。60 年代将各种导航仪表设备合理地集中配置在舰桥上，实现组合化。并且实现了主机遥控加自动操舵的模拟控制，是系统的雏形阶段。70 年代末期，是综合舰桥与导航系统的基本形成阶段，实现数字化。在舰桥部位实现了数字定位、数字航行、数字驾驶和数字雷达。80 年代中期至 90 年代末，是综合舰桥的发展阶段，实现集成化。综合舰桥与导航系统由导航与操纵的功能集成发展为以舰艇导航与操纵为核心集通信、监视、报警、损管、保障等功能于一体的系统。21 世纪初开始，综合舰桥与导航系统进入成熟阶段，实现标准化。主要采用信息技术和面向任务的设计方法，主要设备采用通用多功能显控台形式，具备较强标准化、兼容性和互联、互操作能力，体系结构逐步规范。

7. 导航雷达（NAV RADARS）

舰艇导航雷达，亦称“航海雷达”，用于保证舰艇安全航行的雷达。航海人员借助它观测岛岸目标，以确定舰位，并根据它显示的航路情况，引导舰船安全航行。导航雷达是保障船舶航行，探测周围目标位置，以实施航行避让、自身定位等用途的雷达。它特别适用于黑夜、雾天引导船只出入海湾、通过窄水道和沿海航行，主要起航行防撞作用。

8. 测深仪

测深仪是一种适用于江河湖泊、水库航道、港口码头、沿海、深海的水下断面和水下地形测量以及导航、水下物探等诸多水域的水深测量仪器。由便携式机箱、传感器、微型打印机、支架和信号电缆以及上位机软件等部分组成。测深仪的工作原理是根据超声波能在均匀介质中匀速直线传播，遇不同介质面产生反射的原理设计而成的，测深时将声波换能器放置于水下一定位置，换能器到水底的深度可以根据超声波在水中的传播速度和超声波信号发射出去到接收回来的时间间隔计算出来。

9. 计程仪

计程仪，是指一种测定船舶航速并累计航程的导航设备。早期的计程仪应用机械的方法（如拖曳式、转轮式等）测定旋转子的转数，再乘以桨叶的螺距求出船舶的航程，但不能指示船舶的速度。20 世纪 40 年代根据伯努利定理，利用船舶航行时水流的动压力与船舶吃水的静压力之差，求解压力差与速度平方成正比的关系而得出船舶的航行速度，这种计程仪称为水压式计程仪。60 年代出现了利用电磁感应原理设计的电磁计程仪。水压和电磁计程仪所测定的航速均系船舶相对于水流的速度（相对速度）。70 年代先后出现了利用声波在载体与接收体间有相对运动时声波产生的多普勒效应而设计的多普勒计程仪和利用相关技术处理回波信息和相关函数的声相关计程仪。这两种计程仪均可测定船舶相对于地（海底）的速度（绝对速度）。

通常，一套计程仪是由测速传感器、信号放大与处理器、航速航程解算器和航速航程显示器等组成。船用计程仪就其测量船舶相对于水或相对于地的速度划分为两大类。前者为相对计程仪，后者为绝对计程仪。计程仪所显示的航速，可直接供驾驶人员观察和进行海图作业，亦可直接输至卫星导航仪、真运动雷达和自动雷达标绘仪（ARPA）等导航设备，作为船位更新、避碰等作业所需要的数据。

10. 舰载无线电导航

舰载无线电导航设备通过测得地面或外层空间导航台发射的无线电电波的频率、振幅、传播时间或相位，求出舰艇相对于导航台的方位、距离、距离差等，建立位置线，从而实现舰艇定位和导航。在无线电导航方面，美国海军主要采用奥米加和罗兰 C 等系统。奥米加系统开发于 60 年代，建成于 70 年代，是第一个可以连续全天候使用的全球性地基中、远程无线电导航定位系统，应用于海上、水下、空中以及陆地，尤其适用于潜艇。鉴于全球定位系统正广泛用于港口和沿海地区导航，美国海岸警卫队于 1997 年 9 月 30 日终止使用奥米加导航定位系统。罗兰 C 是供航海航空军民两用的低频中、远程无线电导航系统。该系统在性能上已有极大提高，其覆盖范围从 40 年代的北大西洋、北太平洋、中太平洋、地中海和苏联地区扩大到 70 年代的美国和加拿大两国。美国海岸警卫队设有 29 个罗兰 C 导航站，为军民用舰船和飞机提供导航服务。

11. 电子海图（ECDIS）

海图（chart）是为适应航海的需要而绘制的一种地图，图上详细标绘航海所需要的资料，如岸形、岛屿、礁石、浅滩、水深、底质、水流资料以及助航设施等。海图可用于船舶航行前拟定计划航线、制定航行计划；航行中可用于航迹推算、定位与导航；航次结束后可用于总结航行经验，如果发生海事可用于判断事故责任。因此，海图是航海必备的资料和工具。

电子海图的发展经历了几个阶段。最初的电子海图是纸质海图复制品，仅是把纸质海图经过数字化处理后存入计算机，借助显示装置和标绘仪器，可以像在纸质海图上一样进行海图作业。1986 年左右，电子海图的功能扩展，在电子海图上显示船位、航线、航次计划设计，显示诸如船速、航向等船舶参数、搁浅、避碰等报警信息等。后来发展到航行信息系统，将电子海图作为航行信息的核心，人们从各个方面开展对电子海图的系统化、一体化开发研究与功能集成，使船舶航行自动化迈上了新的台阶，包括电子海图与雷达/ARPA、定位仪、计程仪、测深仪、GPS、VTS 等各种系统设备的接口，以及电子海图数据库的完善等。

7.4.2 惯性导航系统

惯性导航是使用装载在运载体上的陀螺仪和加速度计来测定运载体姿态、速度、位置等信息的技术方法。实现惯性导航的软、硬件设备称为惯性导航系统（Inertial Navigation System，INS），简称“惯导系统”。

通过陀螺仪和加速度计的测量数据，可以确定运载体在惯性参考坐标系中的运动，同时也能够计算出运载体在惯性参考坐标系中的位置，其工作环境不仅包括空中、地面，还可以在水下。现代比较常见的几种导航技术中，只有惯性导航是自主的，既不向外界辐射东西，也不用看天空中的恒星或接收外部的信号，它的隐蔽性是最好的。惯性导航的基本工作原理是以牛顿力学定律为基础，通过测量载体在惯性参考系的加速度，将它对时间进行积分，且把它变换到导航坐标系中，就能够得到在导航坐标系中的速度、偏航角和位置等信息，其中，陀螺仪的工作原理如图 7-14 所示。

捷联式惯性导航系统（Strap-down Inertial Navigation System，简称“捷联惯导”）是将加速度计和陀螺仪直接安装在载体上，在计算机中实时计算姿态矩阵，即计算出载体坐标系与导航坐标系之间的关系，从而把载体坐标系的加速度计信息转换为导航坐标系下的信息，然后进行导航计算。由于其具有可靠性高、功能强、重量轻、成本低、精度高以及使用灵活等优点，使得捷联惯导已经成为当今惯性导航系统发展的主流。

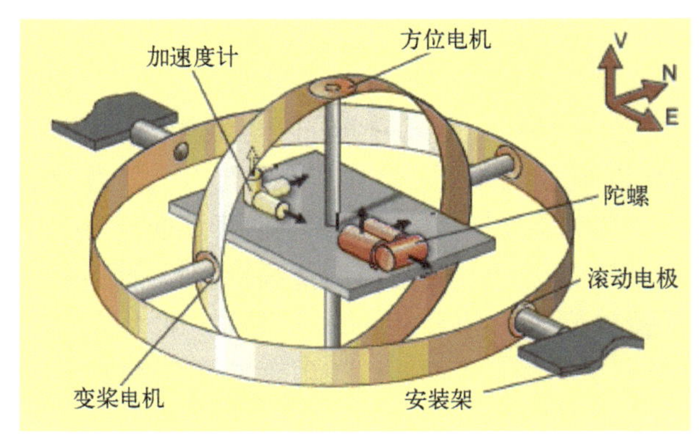

图 7-14 陀螺仪工作原理示意图

惯性导航系统是随着惯性传感器（陀螺仪和加速度计）技术的发展而发展起来的导航技术，目前已经发展出挠性惯导、光纤惯导、激光惯导、微固态惯性仪表等多种类型。其精度和成本主要取决于惯性传感器，尤其是陀螺仪，其漂移率对惯导系统位置误差增长的影响是时间的三次方函数，而高精度的陀螺仪制造困难，成本高。

惯导系统陀螺仪由传统的挠性陀螺发展到静电陀螺、激光陀螺、光纤陀螺、微机械陀螺等。激光陀螺测量动态范围宽，线性度好，性能稳定，具有良好的温度稳定性和重复性，在高精度的应用领域中一直占据主导位置。随着技术发展，成本较低的光纤陀螺（FOG）和微机械陀螺（MEMS）精度越来越高，是未来陀螺技术发展的方向。

惯性导航系统的主要缺点是定位误差随时间积累，长时间工作会产生很大的积累误差，要减小积累误差就必须提高惯性传感器的精度。为了满足长航时、远距离精确导航与制导的要求，以惯性导航系统作为基本导航设备，综合利用其他导航设备的信息构成的综合导航系统随之出现。

目前应用较多的组合方式有地形辅助/INS、多普勒/INS、INS/GPS 导航系统、INS/天文导航系统等，其中以 GPS/INS 组成的综合导航系统最为瞩目。GPS 等外部基准信息成功的引入，可以随时修正惯导系统随时间积累的误差、放宽对惯性器件苛刻的精度要求、实现惯导系统的动基座对准；而惯导系统反馈信息又拓宽了 GPS 的动态范围。可以说综合导航技术的应用是惯性导航技术的又一重大突破，已经和捷联技术、计算技术一起，被认为是综合导航系统级技术 40 年来的三个主要贡献，它已经成为导航系统发展的主要方向之一。

在综合导航导航系统的发展过程中，现代控制理论奠基人之一 R. E. Kalman 提出的卡尔曼滤波理论起了决定性作用，为综合导航系统提供了重要理论基础。

7.4.3 美国海军现役主要导航系统

AN/WSN-7/7A 型惯导系统是船舶姿态（纵摇、横摇、航向）周期性数据的主要数据源，向平台用户提供位置及速度。

AN/WSN-2 型罗经为平台用户提供船舶姿态数据，对于没有安装 AN/WSN-7 惯导系统的平台来说，罗经是主要的数据源。这些设备被 AN/WSN-7B RLG（环式激光罗经）替代。

传统的计程仪是电磁计程仪（EML）和数字电磁计程仪（DEML），测量本舰相对于水流的速度，以及相对于某起始点的航行距离。所有海军平台安装有不同版本的计程仪。新型的数字混合计程仪（DHYSL）提供更先进的速度测量方法①。

7.4.3.1 WSN-2

AN/WSN-2 型平台罗经是在 LTN-58 型民用机载惯性导航系统基础上改装而成的。1972 年制出样机，于 1972—1973 年在美国海军导弹驱逐舰“莱希”号上做了性能鉴定试验。经海军审定，批准该罗经为符合 Ships-G-5683 规范要求的平台罗经，并将其命名为 AN/WSN-2 型平台罗经。现在，该型平台罗经已被广泛装备在美国各种水面舰艇上。

AN/WSN-2 型平台罗经是完全符合美国军标要求的第二代平台罗经，它有以下几个特点：①体积小、重量轻；②采用积木插件式固体数字电路；③采用惯性级陀螺；④具有机内自测试系统；⑤可扩展成精确惯性导航系统；⑥具有备用电源；⑦陀螺校准采用联机自动校准；⑧可在恶劣的海况下修理和启动。在国际罗经市场上，其地位与 Mk29、PL41Mk3 相当，精度性能比较接近。在美国国内，AN/WSN-2 型平台罗经很受美国军方欢迎，在许多大型水面舰艇上都装备着该型平台罗经。随着科学技术的飞速发展，日趋成熟的捷联式平台罗经将成为现役 AN/WSN-2 型平台罗经的竞争对手。

7.4.3.2 WSN-7/7A RLGN

AN/WSN-7/7A 环式激光陀螺导航系统（Ring Laser Gyro Navigator，RLGN），是一种专门为海军舰艇设计的被动惯性导航系统。环式激光陀螺利用环式激光器在惯性空间转动时正反两束激光随转动而产生的频率差，来测量敏感物体相对于惯性空间的转角或角速度。与原旋转质量陀螺仪导航系统相比，环式激光陀螺具有体积小、无阻尼、无摩擦、功耗低等诸多优点，并且几乎没有运动部件，可在保证精度的同时提高可靠性。它将自动连续地计算和指示舰艇相对于地球自转的位置、姿态、航向和速率，并将数据转发给其他重要的船舶系统。INS 在其导航功能的执行中感测运动（惯性）、重力和地球自转。此外，INS 还可以接收外部提供的 GPS 更新和船速。舰上的标准配置包括两套完全独立的 INS 机柜，提供完全冗余和更高的生存能力。该系统能够在全球范围内运行，而无须长时间使用外部位置参考信息。在任务执行期间，INS 不会受到敌军的干扰或检测。

7.4.3.3 WSN-7B RLG

WSN-7 RLG 环式激光罗经（Ring Laser Gyrocompass，RLG）已经服役数十年，并被设计为安装在海军水面舰艇（AN/WSN-2）和潜艇（AN/WSN-2A）上的陀螺罗经的替代品。该系统是一种更可靠的捷联环式激光陀螺仪，可在 24 小时内提供 1n mile 偏差的精度。海军导航系统专家尽可能长时间地延长 WSN-7 的服役寿命。2017、2018 财年，海军海上系统司令部（NAVSEA）向诺斯罗普·格鲁曼公司斯佩里海事分部（Sperry Marine）发出新的订单，以建造更多 AN/WSN-7 导航系统，计划 2019 年 12 月完工。

7.4.3.4 WSN-8/8A DEML

WSN-8 数字电磁计程仪根据电磁感应原理来测量船舶航程。通过水流（导体）切割装在船底的电磁传感器的磁场，将船舶航行相对于水的运动速度转换为感应电势，再转换为航速和航程，由于其结构简单，线性好，灵敏度较高，可测纵向前进和后退速度，在美军现役水面舰船上得到普遍使用。

---

① Assured Positioning, Navigation and Timing (A-PNT) Request for Information (RFI). Inside GNSS, March 2015. https://insidegnss.com/wp-content/uploads/2015/04/APNT_RFI_AND_INDUSTRY_DAY.pdf.

WSN-8 数字电磁计程仪一般由传感器、放大器、指示器和数字处理器组成。由于采用了微处理机技术，与原来机电式计程仪相比，该仪器具有如下主要优点：

- 结构简单，重量轻，体积小，耗电省，噪声低；
- 由于采用数字解算与发送，大大提高了解算与发送精度，使其航程解算精度及复示传送精度均有显著提高；
- 在测速校正时能自动完成计时、速度误差计算、修正参数计算并显示上述结果，自动完成修正量装定工作。测速校正操作简单，大大缩短了测速校正时海上航行作业的时间，不但测速校正精度高，且其效果不依赖于操作者的经验水平；
- 具有软件诊断功能，能实现开机自检和故障报警显示。由于没有电机电刷及继电器等易损部件，提高了仪器设备的可靠性与可维修性；
- 具有多种形式与规格的数字与模拟量输出，接口功能齐全。

7.4.3.5　WSN-9 DHYSL

WSN-9 型数字混合计程仪（Digital Hybrid Speed Log，DHYSL）是一种基于微处理器的舰载计程仪，采用 ISA 总线背板和商用成熟技术。具有如下特点：

- 结合电磁和多普勒传感器技术；
- 具有数字输出和输入/输出扩展功能。I/O 接口包括以太网、串口、NMEA-0183；
- 具有五种工作模式和高精度；
- 用于水面舰艇和潜艇；
- 开放式架构计算设计采用非专有软件；
- 应用程序接口允许其他系统为各种应用集成数据和控制。

7.4.4　惯导系统替代型：WSN-12

美国海军一方面采购新型环式激光陀螺，延长 AN/WSN-7 激光惯导系统的服役时间，同时还针对首批 AN/WSN-7 激光惯导系统中 IMU 等核心器件组件寿命到期以及整机自主工作能力有待进一步提高的需要开发了替代型。

诺斯罗普·格鲁曼公司于 2015 年 12 月获得合同，斯佩里海事分部正在开发惯性导航系统替代型（INS-R），作为 WSN-7 的替代品，使水面舰艇能够在没有 GPS 卫星导航的情况下准确导航。

斯佩里海事分部报告称，2016 年 5 月完成了惯性传感器模块（ISM）的初步设计审查（PDR），这是 INS-R 的关键组成部分。初步设计审查意味着系统在操作上有效，并为详细设计明确了方向①。

2016 年 11 月，海军海上系统司令部授予诺斯罗普·格鲁曼公司斯佩里海事分部一项 1980 万美元的合同，用于研发惯性导航系统替代型（INS-R）惯性传感器模块（ISM），作为 AN/WSN-7 的最终替代型。这个新系统将被称为 AN/WSN-12。

2018 年 9 月，诺斯罗普·格鲁曼公司完成 WSN-12 ISM 的关键设计审查（CDR）阶段工作②。

---

① Northrop Grumman completes WSN-12 PDR. Shephard Media，May 18，2016. https://www.shephardmedia.com/news/digital-battlespace/northrop-grumman-completes-pdr-wsn-12/.

② Northrop Grumman Completes Critical Design Review for U. S. Navy WSN-12 Inertial Sensor Module. Naval Technology，September 6，2018. https://www.naval-technology.com/news/northrop-wsn-12-inertial-sensor-module/.

INS-R ISM 项目旨在设计一款新型惯性传感器模块，使水面舰艇可在 GPS 拒止状态下仍可精确导航，为其他舰载传感器、作战系统、舰炮和导弹系统提供船体位置、速度、高度等数据。合同要求斯佩里海事分部提供工程开发模型，预生产，小批量初始生产，及 2 年大批量生产。与 AN/WSN-7 相比，INS-R ISM 将为海军水面舰艇提供改进的实时导航功能，并为未来技术植入留有扩展空间。为提高战场生存力，INS-R 由两部双机冗余导航单元组成，一部位于船艉，一部位于船艏，可独立工作。诺斯罗普·格鲁曼公司将采用开放式架构，使用模块化设计，基于标准的接口以及广泛支持的标准。INS-R 在具有挑战性的海上作战环境中提供更高的导航精度，也是确保定位、导航和定时（PNT）要求的基础。

WSN-12 惯性导航系统包括惯性传感器模块（ISM）和导航处理模块（NPM），通过功率谱密度（PSD）能力提供舰艇平台姿态和速度数据的重要改进。功率谱密度在更宽的频率范围内提供更严密的容错。ISM 模块通过竞争性合同授予诺斯罗普·格鲁曼公司进行研制，而 NPM 模块是政府设计（Government design）①。惯性传感器模块（ISM）是 WSN-12 的主要子系统，包括惯性传感器、电磁支撑设备、导航计算软件。

INS 提供舰艇位置和姿态数据给舰载作战系统、雷达（及其他传感器）、主炮和导弹系统。INS 使用 GPS 数据周期性更新位置和内部时钟。在 GPS 缺失的情况下，INS 是舰上的主要数据源。WSN-12 准备作为美国海军大多数作战舰艇的主要舰载惯导系统，将安装在所有导弹驱逐舰（DDG）、导弹巡洋舰（CG）、核动力航空母舰（CVN）和攻击型核潜艇（SSN）。

7.5 电子海图显示与信息系统（ECDIS）

7.5.1 电子海图简介

海图（Chart）是为适应航海需要而绘制的一种地图，图上详细标绘航海所需要的资料，如岸形、岛屿、礁石、浅滩、水深、底质、水流资料以及助航设施等。海图可用于船舶航行前拟定计划航线、制定航行计划；航行中可用于航迹推算、定位与导航；航次结束后可用于总结航行经验，如果发生海事可用于判断事故责任。因此，海图是航海必备的资料和工具。

电子海图（Electronic chart）是在显示器上显示出海图信息和其他航海信息，所以也称为“屏幕海图”。电子海图及其应用环境组成电子海图系统。

电子海图的发展经历了几个阶段。最初的电子海图是纸质海图复制品，仅仅是把纸质海图经过数字化处理后存入计算机，借助显示装置和标绘仪器，可以像在纸质海图上一样进行海图作业。1986 年左右，电子海图的功能扩展，在电子海图上显示船位、航线、航次计划设计，显示诸如船速、航向等船舶参数、搁浅、避碰等报警信息等。后来发展到航行信息系统，将电子海图作为航行信息的核心，人们从各个方面开展对电子海图的系统化、一体化开发研究与功能集成，使船舶航行自动化迈上了新的台阶，包括电子海图与雷达/ARPA、定位仪、计程仪、测深仪、GPS、VTS 等各种系统设备的接口，以及电子海图数据库的完善等。

---

① Exhibit R-2, RDT&E Budget Item Justification: PB 2019 Navy, PE 0204228N: Surface Support, 3311: Navigation Systems, February 2018.

7.5.1.1　光栅海图与矢量海图

电子海图的数据格式有两种：光栅式海图和矢量式海图。光栅式海图和矢量式海图的效果图如图 7-15 所示。

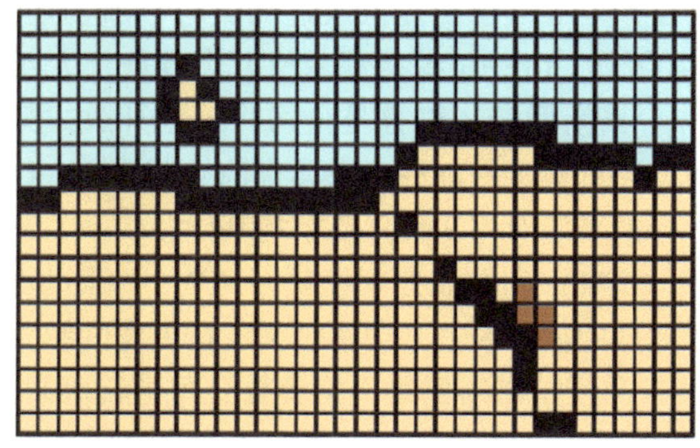

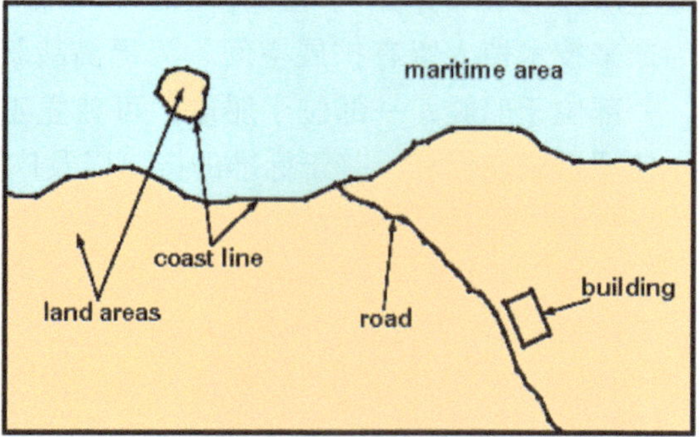

图 7-15 ｜ 光栅海图与矢量海图的效果对比

1. 光栅海图

光栅海图（Raster chart）是指以栅格形式表示的数字海图，就是对纸质海图进行一次性扫描，形成单一的数字文件。所有的光栅海图数据采用单一模式，显像仪器就是从这些数字文件中提取相关的海图而显示成像。对于光栅数据来讲，很难改变海图中的独特属性和要素，因为它们是不可分割的数据文件。由于海图颜色和亮度数值的数据被分配到每一个像素中，因而光栅海图容易被放大。

光栅海图可以看作是纸质海图的复制品，包含的信息与纸质海图一一对应。海图数据可以定期修正，可以与定位传感器（如 GPS）接口，但使用者不能对光栅海图进行询问式操作，因此也被称为“非智能化电子海图”。目前世界上主要的光栅海图产品有英国航道测量局（UKHO）制作的 ARCS、美国国际海洋级大气管理局（NOAA）生产的 RNC。

光栅海图具有以下主要特点：

- 光栅海图“忠实地”反映出纸海图上面所有的信息（如岸线、等高线、水深点、障碍物等），并且色彩、符号与传统纸海图保持一致。航海人员对这种海图很有熟悉感，对他们进行培训较容易，能较快掌握这种系统的使用方法；
- 具有同纸海图一样的精度和可靠性，能完成标准导航任务，而且信息更多；
- 光栅海图的数字信息文件是一种图像文件，形成过程简单、可行。这些信息未经分门别类，因此不能对光栅海图进行查询式操作（如查询本船周围某一个距离内的危险物情况，本船周围水深情况等）；
- 当加入其他信息时，图像变得杂乱无章；
- 不能任意旋转海图方向，不能提供自动深度报警；
- 一般比矢量海图占用空间大。

2. 矢量海图

矢量海图（Vector chart）是海图数据的另一种形式，是指以矢量形式表示的数字海图。它可以把数字化的海图信息分类分层储存（例如可以只显示小于 10m 的水深）。它包含图象文件和能够生成符号/点/线/文字以及颜色等要素的程序文件，这些程序文件可以改变海图中的属性和要素。矢量海图是一种智能化的电子海图，驾驶员可以选择性地显示某些所需要的信息（例如港口设施、潮汐变化、海流矢量等），矢量海图可以提供给驾驶员准确的物标间的距离，并能够设置警戒区、危险区的自动报警。

生产和提供矢量海图数据是 IMO 成员国航道测量局的责任，但有些电子海图制造商也生产矢量海图数据库。

矢量海图具有以下主要特点：

- 数字化的海图信息分类存储；
- 可以查询任意图标的细节（如灯标的位置、颜色、周期等）；
- 海图要素分层显示，使用者可以根据需求选择不同层次的信息量（例如只显示小于 10m 的水深）；
- 能设置警戒区、危险区的自动报警，还可以查询其他航海信息（如港口设施、潮汐变化、海流矢量等）。

光栅海图与矢量海图优缺点对比如表 7-5 所示。

表 7-5 光栅海图与矢量海图优缺点对比

	光栅海图	矢量海图
优点	制作工艺简单、成本低	存储量小、显示速度快、精度高、能够支持多种智能化功能
缺点	是纸质海图的翻版，不具有智能化	制作工艺复杂、成本高
作用和地位	辅助地位，在没有矢量电子海图的海域作为补充使用	主导地位

7.5.1.2 官方海图与商业海图

电子海图根据生产或授权机构不同，可分为官方海图和商业海图。

1. 官方海图

官方电子海图（Official chart）是由海道测量机构或其他相关政府机构定义的，或是由上述机构所有的。只有国家海道测量机构可以生产或授权其国家海域的电子海图生产。

用户可以通过查询官方电子海图的生产机构代码、版次和更新号等了解官方电子海图的产品信息。官方海道测量机构对私人生产的、非官方的电子海图的精度或可靠性不负任何责任。

官方矢量数据 ENC（Electronic Navigational Chart），由国家航道当局授权并颁发，按国际航道组织标准（S-57 电子海图数据的传输标准）生产，它通常称为 ENC 数据。

官方光栅数据 RNC（Raster Nautical Chart），是对纸海图进行扫描后而得到的数字信息文件，极受国家航道当局的欢迎，如英国的 UKHO、美国的 NOAA 和加拿大的 CHS。

2. 商业海图

商业海图（Non-offcial chart）也称非标准电子海图，是指不符合 IHO 相关标准的电子海图。由非官方机构按自己数据格式生产制作的电子海图数据均属于非标准电子海图。

在航海领域常用的非标准电子海图主要有 C-Map 公司的 CM93 数据、Transas 公司的 TX97 数据和美国国家地理空间情报局（NGA）生产的数字航海图（DNC）。

非标准电子海图相对标准电子海图（ENC）存在着明显的缺陷，主要有：

- 不是官方海道测量机构制作的，不能保证数据的权威性；
- 不直接从事海道测量，数据的现势性不能得到保证；

● 通用性较差。

官方海图和商业海图的主要对比如表 7-6 所示。

表 7-6 官方海图和商业海图的对比

官方海图	商业海图
符合国际标准 S-52（矢量）或 S-61（光栅）	国际标准或企业标准
发行水道机构对内容负责	非官方或授权机构
官方数字定期更正信息	无官方定期更正信息
如英国水道测局	如 Transas & C-map

7.5.1.3　数字海图格式

数字海图具有三种典型的格式（数据库）。

1. 数字航海图（NIMA DNC）

数字航海图（Digital Nautical Chart，DNC）由美国国家图像与测绘局（NIMA），现在的国家地理空间情报局（NGA）发布。DNC 符合国防部标准矢量产品格式（Vector Product Format，VPF），该标准是北约矢量关系格式（NATO DIGEST C Vector Relational Format）的一个实现。

2. 光栅航海图（NOAA RNC）

光栅航海图（Raster Nautical Chart，RNC）系指由政府授权的海道测量机构发出或经其授权分发的纸质海图的复制品。

RNC 是最初从纸质图表扫描成电子格式的数字图像。地理参考被添加到电子海图中，允许它实时刷新，允许水手识别和分析海图数据。使用栅格图显示系统（RCDS）将栅格图与全球定位系统（GPS）坐标集成。

栅格图的表现形式和使用方式与传统的纸质海图类似，可能更适合使用纸质海图的海员。免费每周通知水手（NTM）更新，以确保图表信息的准确可靠。

RNC 是一种安全可靠的主要导航选择，在某些情况下需要得到个别港口和船旗国的批准，例如在电子导航图（ENC）尚不存在的情况下（见国际海事组织决议 MSC 86（70））。批准的 RNC 符合国际水文组织（IHO）产品规范 S-61。大型栅格图可以帮助识别重要信息，如疏浚深度和泊位名称，有时很难在 ENC 中找到。

与矢量图相比，光栅图确实有其不足之处。与在 ENC 模式下运行的 ECDIS 不同，RNC 模式操作允许有限的警报和警告功能。因为图像是数字扫描的，所以分辨率有限。矢量图在放大时会显示更密集的信息。在这方面，光栅图的功能是有限的。RNC 的整体鲁棒性不如 ENC。当使用 ENC 时，某些功能可能会被关闭，以使视图更整洁。同样，光栅图的功能也受到限制。栅格图表上的文字可能是横向的，或者很难阅读。矢量图中的文本总是保持右侧向上，易于阅读。

总的来说，虽然栅格图有一些缺点，但它是一个很好的补充，可以与矢量图结合使用，帮助水手安全航行。

RNC 具有以下特点：

● 由官方纸质海图复制而成；

● 根据 S-61 标准制作；

- 内容的保证由发行数据的海道测量局负责；
- 根据数字化分发的官方改正数据进行定期改正。

3. 电子航海图（IHO S-57 ENC）

电子航海图（Electronic Navigational Chart，ENC）系指由政府，或政府授权的海道测量机构或其他相关政府机构发布的与 ECDIS 一起使用的数据库，其内容、结构和格式都已标准化，并符合 IHO 标准。ENC 包含安全航行所需的所有海图信息，并可包含纸质海图上没有但可视为安全航行所需的补充信息（例如航行指南）。

如果数据可用，则需要使用 ENC 或矢量图。矢量图只是信息数据库的一种表示。所有在栅格图上可用的相同信息都显示了出来，并添加了许多重要的内容。矢量图的使用优于栅格图。但是，有些地方没有矢量图，只要遵守 SOLAS 的规定，船员必须使用光栅图。

ENC 包含比 RNC 更多的信息，其外观与纸质图表略有不同。ENC 上的不同对象都有属性，例如，通过单击船只或灯塔，可以获得关于该物体的更多信息。建议配备 ECDIS 的船舶使用 ENC 操作。没有一个电子系统是完全安全的，它总是需要使用第二个独立的 ECDIS，从不同的电源运行，或携带覆盖整个航程的最新的纸质海图。

矢量图上的每个对象或特性都有不同的属性。这些属性可以为用户提供比栅格图更多的信息。例如，可以单击表示灯塔的图标并查看灯塔的属性。

因为矢量图是数据库的图形表示，所以限制要少得多。可以放大一个区域并获得更多细节。也可以缩小，从而看清前方的路径。由于栅格图的功能有限，要查看前面相当一段距离的路径很麻烦。矢量图允许用户更轻松地查看前方的路径。

由于可用数据量的增加，ENC 适合与警报和警告一起使用，以警告船员船只航行路线上的危险。矢量图上的地物位置使用世界大地测量系统 1984 年基准面（WGS84）。本系统是全球卫星导航系统（GNSS）的位置兼容系统。

ENC 具有以下特点：

- ENC 为矢量海图。
- 官方发布，内容基于主管海道测量局的原始数据或官方海图。
- 根据 S-57 标准进行编码和编制，根据 S-63 标准加密。
- ENC 采用 WGS84 大地坐标系。
- 内容的保证由发行机构的海道测量局负责。
- 只由主管海道测量局发行。
- 根据数字化分发的官方改正数据进行定期改正。

三种数字海图的主要对比如表 7-7 所示。

表 7-7 数字海图格式对比

数字海图格式	数据类型	数据来源	数据标准	服务	授权机构
DNC	矢量数据	NGA	VPF		NIMA/NGA
RNC	光栅数据	HO	S-61	官方更新	NOAA
ENC	矢量数据	IHO	S-57 ed3	官方更新	IHO

三种数字海图格式如图 7-16 所示。

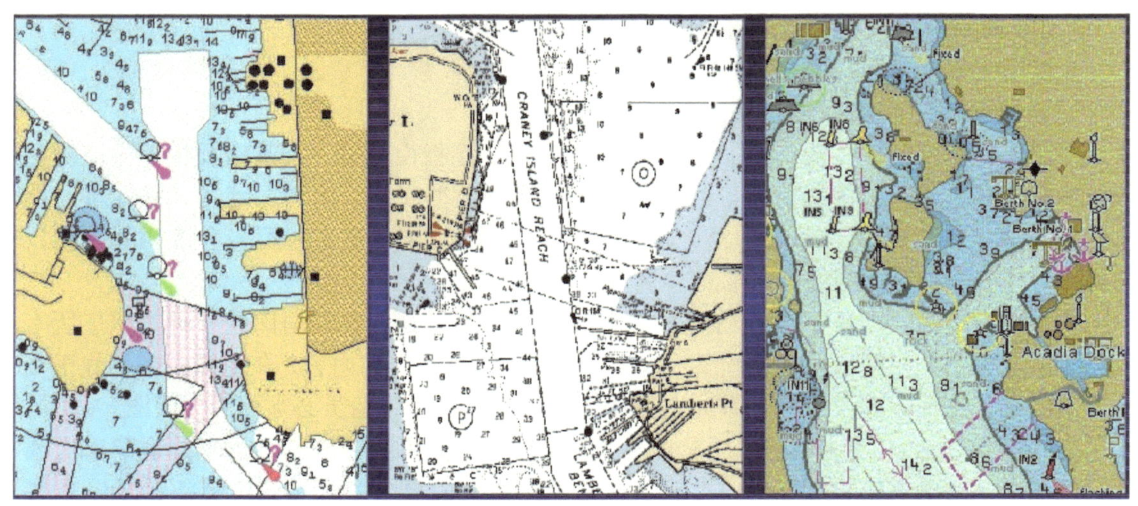

图 7-16 数字海图格式（从左到右）：DNC、RNC、ENC

7.5.1.4 ECDIS 与 ECS

1. 电子海图显示与信息系统（ECDIS）

国际海事组织在标准中对 ECDIS 的定义为：是一种导航信息系统，该系统有足够的备用装置，必须符合 1974 年国际海上生命安全公约（SOLAS）第 V/20 条规则要求的最新海图需求，可有选择地显示系统电子航海图（SENC）信息及航行传感器的位置信息来帮助航海人员计划航线和监控航线，如有要求，还可显示其他关于航行的信息。

具体是指符合 IMO、IHO 和 IEC 有关国际标准的船用电子海图系统，主要用于大型船舶的综合导航。ECDIS 的功能须满足 IMO ECDIS 性能标准、能使用 S-57 ENC 数据并按 IHO S-52 标准显示数据、硬件设备通过 IEC 61174 性能测试。ECDIS 硬件上集成了船舶多种航海设备信息，包括 GPS、测深仪、电罗经、计程仪、雷达和船舶自动识别系统（AIS）；软件基本功能包括电子海图操作（包括电子海图的导入、更新、显示、查询等功能）、计划航线设计、航行监控和报警、航迹记录和回放。

符合要求的 ECDIS 能够完全替代纸质海图。

2. 电子海图系统（ECS）

ISO 19379 对 ECS 的定义为：电子海图系统 ECS 是一个航行信息系统，能在屏幕上显示船位、海图及其他信息。但是不能全部满足 IMO 有关 ECDIS 的性能要求，也不能满足 SOLAS 公约有关海图配备的要求。

ECS 也是一种船用电子海图系统，但是它不必符合 IMO、IHO 和 IEC 的有关国际标准，主要用于小型船舶导航。ECS 的基本功能与 ECDIS 类似，但在硬件和软件方面可根据用户的需要灵活设计。

ECS 不能替代纸质海图。换言之，配备 ECS 系统的船舶，必须配备足够的纸质海图。

7.5.2 ECDIS 的系统功能与组成

1. 主要功能

电子海图显示与信息系统（Electronic Chart Display Information System，ECDIS）是一种能够同时显示海图信息和导航信息的助航设备。ECDIS 是依据国际海事组织（IMO）和国际海道测量组织（IHO）关于安全航行方面的有关规定研制的，它与移动通信（如 Inmarsat）、全球卫星定位系统（GPS）、雷达 ARPA 系统等多项技术有机结合，实现了舰船的电子航海图导航、通信、船位报告、航向航迹监测、航行管理、避碰、航行辅助、遇难救险和报警等多项功能。①

ECDIS 可自动完成各种航海作业，代替人工海图标绘作业，避免由于操作者素质和身心状态差异造成的失误，大大减轻了工作强度，提高了自动化水平。ECDIS 能直观、实时地反映舰船的动态态势，提供舰船运动的综合信息，使航海和管理指挥人员可把主要精力和时间集中在思考与决断方面，提高了舰船快速反应能力。

ECDIS 能大幅提高军事航海作业效率、保障航行安全、改善战场空间态势感知，满足信息化条件下海战对高效、精确、智能化导航和作战需要，是以往几个世纪之久的纸质海图导航方式的跨越性重大转变。

ECDIS 系统中数据库、海图显示和导航功能的主要关系如图 7-17 所示。ECDIS 的主要功能如下：海图显示、导航、航线设计、航行监控、船舶避碰、靠泊、航行记录、船舶操纵、数据更新。

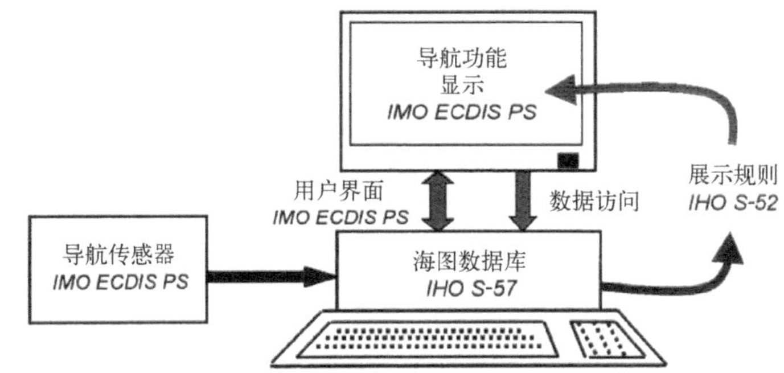

图 7-17 ‖ ECDIS 系统中数据库、海图显示和导航功能的主要关系

2. 硬件组成

ECDIS 实质上是一个具有高性能的内、外部接口符合 S-52 标准要求的船用计算机系统，系统组成如图 7-18 所示。系统的中心是高速中央处理器（CPU）和大容量的内部和外部存储器。外部存储器的容量应保证能够容纳整个 ENC、ENC 改正数据和 SENC。中央处理器、内存和显存容量应保证显示一幅电子海图所需时间不超过 5s。

内部接口应包括图形卡、语音卡、硬盘和光盘控制卡等。以光盘为载体的 ENC 及其改正数据，以及用于测试 ECDIS 性能的测试数据集可通过内部接口直接录入硬盘，船舶驾驶员在电子海图上所进行的一些手工标绘、注记，以及电子海图的手工改正数据的输入等可通过键盘和游标实现。同喇叭相连接的语音卡，以实现语音报警。

图形显示器用于显示电子海图，其尺寸、颜色和分辨率应符合 IHO S-52 的最低要求，即有效画面最小尺寸应为 350mm×270mm，不少于 64 种颜色，像素尺寸小于 0.3mm。在进行航路监视时显示海图的有效尺寸至少应为 270mm×270mm（IMO ECDIS 性能标准的要求）。文本显示器用于显示航行警告、航路指南、航标表等航海咨询信息，其尺寸应不小于

① 周永余．舰船电子海图显示与信息系统发展评述［J］．船舶工程，2005.

14inch，支持 24×80 字符显示。

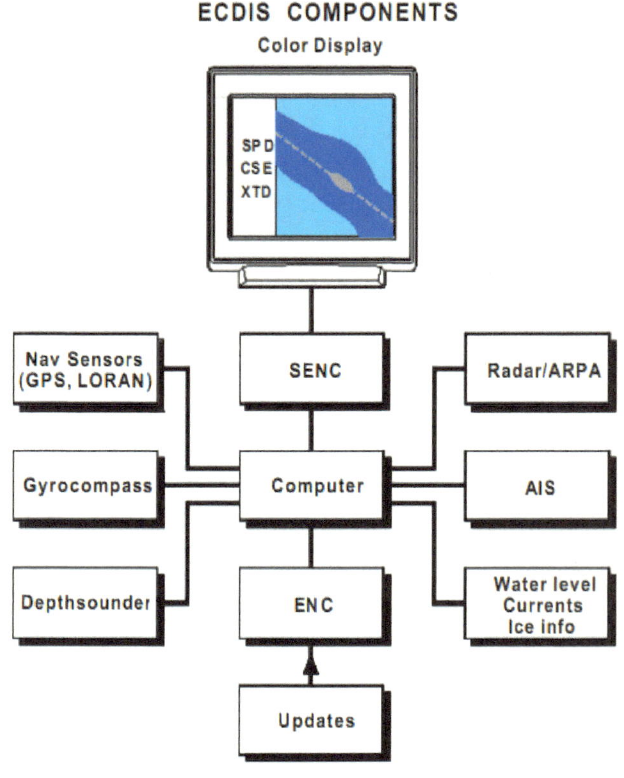

图 7-18 | ECDIS 系统组成

3. 软件组成

ECDIS 主要由以下软件组成。

海图信息处理软件：由 ENC 向 SENC 转换的软件、电子海图自动和手工改正软件、海图符号库的管理软件、航海咨询信息的管理软件、电子海图库的管理软件、海图要素分类及编码系统的管理软件、用户数据的管理软件等。

电子海图显示系统软件：电子海图合成软件（给定显示区域、比例尺和投影方式，搜索合适的海图数据，并进行投影和裁剪计算，生成图形文件）、电子海图显示软件（根据图形文件调用符号库，在屏幕上绘制海图）、电子海图上要素的搜索软件、航海咨询信息的显示软件等。

计划航线设计软件：在电子海图上手工绘制和修改计划航线、计划航线可行性检查、经验（推荐）航线库的管理、航行计划列表的生成（每个航行段的距离、航速、航向、航行时间等）。

传感器接口软件：与 GPS、罗兰 C、罗经、计程仪、风速风向仪、测深仪、AIS、雷达/ARPA、卫星船站、自动舵等设备的接口软件，以及从这些传感器所读取的信息的调度和综合处理软件。

航路监视软件：计算船舶偏离计划航线的距离、检测航行前方的危险物和浅水域、危险指示和报警等。

航行记录软件：记录船舶航行过程中所使用的海图的详细信息以及航行要素，实现类似

“黑匣子”的功能。

航海问题的求解软件：船位推算、恒向线和大圆航法计算、距离和方位计算、陆标定位计算、大地问题正反解计算、不同大地坐标系之间的换算、船舶避碰要素（CPA、TCPA）计算等。

7.5.3 ECDIS 的标准

对于 ECDIS 的规范标准的制定来自 3 个互相关联的组织（图 7-19）：国际海事组织（IMO）、国际海道测量组织（IHO）和国际电工委员会（IEC）。

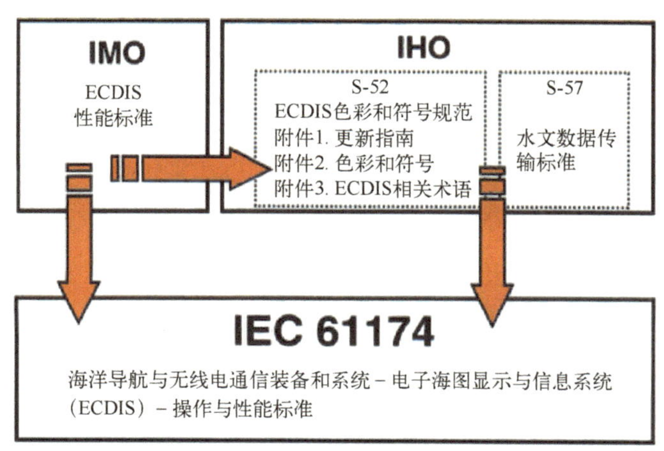

图 7-19 | ECDIS 国际标准及组织

7.5.3.1 IMO 制定的公约规范

国际海事组织 ECDIS 性能标准给出了 ECDIS 的定义，规定了信息显示、海图改正、航线设计、航路监视、航行记录等性能要求。该标准有 7 个附件。

国际海事组织在 1995 年 11 月首次公布了 ECDIS 的性能标准①，并规定了 ECDIS 取代纸质海图的必要条件。规定包括 15 个附则和 5 个附录，附录 6 于 1996 年正式通过，该附录规定了对 ECDIS 的补充要求；附录 7 于 1998 年正式通过，该附录规定了 ECDIS 在光栅海图模式下操作的要求，以前的相关标准仅仅适应于矢量海图。随着电子海图的发展，国际海事组织对官方电子导航海图（ENC）的发行、更新、显示、颜色、专业术语和修正后的图式等都做了详细的规定，对 ECDIS 操作上也做了详细的规定要求。

国际海事组织对 ECDIS 的操作标准总的来讲做了如下要求：使用由国家授权的部门发行的最新版本的矢量海图，并要具备航线设计、航路监视、手动定位以及连续标绘船位的功能；要具备官方纸质海图的可靠性并能够代替纸质海图来完成工作；当遇到故障或者显示一定的信息的时候要提供适当的报警或者显示；同时要具备一种操作模式使得可以在该模式下按照上述的标准操作光栅海图。

对 ECDIS 的操作标准除了上述以外，也规定了下列一些附加功能：

- 有 3 种可选择的不同标准来显示系统信息；

---

① IMO Resolution A. 817/19, Performance Standards for Electronic ChartDisplay and Information Systems (ECDIS), November, 1995.

- 确保具备正确输入 ENC 数据和海图改正信息的手段；
- 电子海图自动改正功能；
- 保护海图数据不被随意修改；
- 允许显示改正信息的内容；
- 分别存储改正信息的内容并在系统中保存运用记录；
- 能够使得存储中的大比例海图实现大比例显示或者小比例显示；
- 允许雷达或者 ARPA 的信息在 ECDIS 中显示；
- 要求使用北向上（NP）和真运动模式，同时也允许其他模式的使用；
- 使用 IHO 规定的方式、颜色和符号；
- 使用 IEC 规定的航海仪器和参数（量程和方位线标志、船位、本船的轨迹和矢量、转向点、潮汐信息等）在电子海图中使用规定的大小的符号、字母和数字；
- 允许以符号的方式或者实际比例显示船舶；
- 显示航线设计和别的任务；
- 显示航路监视；
- 允许一人或者多人不论白天还是晚上都可以观看 ECDIS；
- 允许设计的航线可以是直线也可以是曲线；
- 显示航路监视的信息；
- 可以规定计划航迹的范围，当船舶偏离安全航区或者驶近危险区域时能够提醒使用者；
- 当跟踪监视选择的航线时，要求能够显示船舶周围足够的视野范围；
- 能够在船舶偏离安全航区或者驶近危险区域时，提前一定的时间报警；
- 使用能够提供准确的连续性船位的仪器来确保船位标绘的顺利进行；
- 使用主定位系统和次定位系统来确保船位的来源；
- 当定位系统的信息丢失时能够提供报警；
- 当定位系统使用不同的地理测量系统时，能够提供报警；
- 提前 12h 能够检测仪器和电子海图的持续工作能力；
- 使用至少每隔 4h 标注一次船位的方式来记录整个航次的航迹；
- 不仅能够用数字的方式来显示距离和方位，而且能够用距离圈和方位线的方式来标注距离和方位；
- 要求系统连接相关的仪器而连续的显示船位、船首向和速度信息；
- 不能影响所连接的传感器的工作灵敏度，也不能因为这些传感器的连接而影响系统的工作灵敏度；
- 在船上能够对系统的主要功能进行测试，如果有故障要能够报警或显示；
- 在应急电源的支持下，能够满系统的工作需要；
- 允许电源突然停电 45s 或者重新启动电源而不对系统造成损坏；
- 能够使用备用的设备来代替主设备使系统继续工作。

当包含最新资料的电子导航海图能够满足本轮航行的需要，并且 ECDIS 的仪器设备符合 IMO 的要求，设备由互相连接的主设备和备用的副设备构成并和所有传感器连接，可以在没有纸质海图的帮助下穿越国家规定的可航水域；在上述条件都满足的情况下，根据 SO-

LAS 公约的规定，ECDIS 可以代替纸质海图。

第一个型号的 ECDIS 随着 1998 年标准的出台于 1999 年正式通过认证验收合格。

7.5.3.2 IHO 制定的公约规范

IHO 制定的公约主要内容如下：

1. S-52

电子海图显示与信息系统海图内容与显示规范（Specifications for Chart Content and Display Aspects of ECDIS），标准的草案由 IHO 1986 年成立的 ECDIS 委员会（COE）开发，1988 年 4 月正式形成第 1 版，以 IHO 第 52 号特殊出版物的方式出版，简称 S-52。此后历经多次修改，目前是 2010 年 3 月出版的第 6 版。

IHO S-52 规定了电子航海图的内容和显示、数据结构、改正方法和信息传输途径，以及屏幕上电子海图的颜色和符号使用规则等。该标准有 3 个附件。附件 1 电子航海图更新指南；附件 2 电子海图显示与信息系统色彩与符号规定；附件 3 电子海图显示与信息系统相关术语集。

2. S-57

数字海道测量数据传输标准（Transfer Standard for Digital Hydrographic Data），源于 IHO 数据交换委员会（CEDD）1987 年开发的数字制图数据交换与供给格式，1991 年正式形成第 1 版，以 IHO 第 57 号特殊出版物方式出版，简称 S-57。目前使用的是 2000 年 11 月发布的 S-57，3.1 版。为适应电子海图飞速发展而开发的新一代海道测量地理空间数据标准，2010 年 1 月正式颁布 S-100，1.0.0 版。该标准与国际主流的地理信息标准 ISO 19100 系列接轨，可以支持更多类型的数字数据源，例如遥感影像、DEM、时变数据等。S-100 将在短时间内与现行的数字海道测量数据传输标准 S-57 同时存在，并最终代替 S-57。

IHO S-57 描述了用于各国航道部门之间的数字化海道测量数据的交换以及向航海人员、ECDIS 的生产商发布这类数据的标准。它包括三章：一般性介绍、理论数据模型（海图信息描述的理论模型）、数据结构（电子航海图的数据格式 S-57），以及两个附件：IHO 物标目录（物标分类和编码系统）、ENC 产品规范（电子航海图产品规范、IHO 物标目录数据字典产品规范）。该标准是具有法律效力的矢量形式的电子航海图的数据传输标准。

3. S-61

光栅海图产品规范（Product Specifications for Raster Navigational Charts），目前为 1999 年 1 月发布的第 1 版。该标准定义了光栅数据产品的性能要求，就是要在显示形式和量测精度上等价于纸质海图，分辨率和压缩算法要满足目视阅读纸质海图的要求。

4. S-63

IHO 数据保护方案（IHO Data Protection Scheme），目前为 2008 年 3 月发布的第 1.1 版。该标准用于规范电子海图数据的分发与服务，包括防盗版、防伪造、选择性存取、数据制作者一致性和原型设备制造商一致性等条款，是安全结构与操作规程的推荐性标准，使用对象为数据生产者（海道测量部门）、ECDIS/ECS 设备制造商和最终用户。

S-63 方案中有四种角色：

① 方案管理者（SA）：仅有一个，即国际海道测量局秘书处。

② 数据服务商（DS）：数目很多，数据服务商（DS）需要通过国际海道测量组织的 S-

63 数据服务商（DS）资格认证，如 UKHO、航保部、海事局等。

③ 数据用户（USER）：数目很多，例如装载了 ECDIS 的船舶用户。

④ 原始设备制造商（OEM）：数目很多，通常为 ECDIS 系统开发提供商，原始设备制造商（OEM）同样需要通过国际海道测量组织的 S-63 原始设备制造商（OEM）资格认证。

7.5.3.3 IEC 制定的公约规范

IEC 61174《电子海图显示及信息系统操作与性能需求、测试方法和应达到的测试结果》（ECDIS-Operational and Performance Requirements，methods of Testing and Required Test Results）是相对于 ECDIS 测试的操作方式和所需测试结果进行认证的基础。因此，海上安全监督部门把它作为符合 IMO 标准 ECDIS 的认证基础。

符合该标准的 ECDIS 得到型式认可（Type-Approved），从而合法地成为船用设备。

7.5.4 美国海军 ECDIS-N

美军采用海军电子海图显示与信息系统（ECDIS-N），北约采用舰艇电子海图显示与信息系统（WECDIS），实现从纸质海图导航向电子海图导航的转变①。20 世纪 90 年代美军论证将民用电子海图导航系统与海军需求融合成 ECDIS-N 系统。1998 年海军作战部长发布《美国海军电子海图显示与信息系统政策》，指出 ECDIS-N 将是 21 世纪美国海军导航系统的中心部分。2005 年 7 月美军公布未来几年其海军传统纸质海图将完全由先进、交互、电子导航系统取代，2009 年在水面舰艇和潜艇上装备 ECDIS-N 系统。2011 年《美国海军作战部长指南》指出美军加快向 ECDIS-N 转变，作为各型舰艇必需导航手段。

ECDIS-N 主要数据源是国家地理空间情报局（NGA）的数字航海图（DNC）和战术海洋数据（TOD）。没有 DNC 或 DNC 超过 90 天没更新的海区，可使用 S-57 格式 ENC 数据；DNC 和 ENC 均不可用的海区可使用 IHO S-61 格式 RNC。

ECDIS-N 模仿了民用 ECDIS 标准，在高效保证航行安全方面它们基本相同，但 ECDIS-N 更关注军事航海需求，在数据、支持性、互操作性等方面要求高于民用 ECDIS。

（1）多源航海图与专题海图数据支持能力：ECDIS-N 与民用 ECDIS 最大区别是 ECDIS-N 可采用多种来源及格式的海图数据，并能叠加显示相关战术专题数据层。ECDIS-N 要求除了使用 DNC 数据外，还要能使用 ENC 和 RNC 数据，保证海军在任何潜在关注海区的航行可能性。ECDIS-N 可以在电子海图上叠加显示军事专题数据，包括战术海洋数据（TOD）、濒海作战数据（LWD）及附加军事层（AML）等，表示海底精细地形、气象、水文、濒海作战目标等重要濒海战术环境要素，辅助濒海作战尤其两栖作战的辅助决策，增强战场空间态势感知能力。

（2）操作性和后勤支持要求：ECDIS-N 根据海军需要特别添加了操作性问题、所需支持要求的性能要求：操作性问题包括海图信息改正、传感器数据接收、可维护性与可靠性、备份系统设置、兼容性、互操作性、安全性等内容，所需支持指综合性后勤维护和舰员培训等内容。

（3）软件体系体现互操作性：与民用 ECDIS 不同，ECDIS-N 的软件体系需按国防部要求采用联合技术体系和国防信息基础设施通用操作环境，实现与北约海军及不同军兵种间武

① 温朝江．美国海军电子海图显示与信息系统发展与启示［J］．海洋测绘，2013.

器及导航装备的兼容和集成，互操作强。

美军现役满足 ECDIS-N 标准的系统包括 VMS 系统、NAVSSI 系统以及 ECPINS-M 系统，分别应用在不同舰型上。其中 VMS 被批准为美国海军标准 ECDIS-N 系统，应用最广泛。

以潜用 VMS 为例，由 ECDIS-N、导航探测传感设备子系统、航路规划工作站、自动化目标识别子系统、自动航行控制子系统、航行告警子系统和航行数据记录仪等部分组成，可实时显示舰艇位置、运动及航行路线信息，保证航行安全，具有先进的水下导航和极地导航能力。导航传感设备子系统集成了雷达、罗经、气象信息系统、GPS 等导航装备。航路规划工作站用于航路规划、数字海图改正及图库管理，可实现气象导航和航路优化等功能，实时接受指挥部最新指令以更新计划，增强快速反应能力。为确保工作连续性，VMS 配备了一套同步备份系统和一台装有最新版本 VMS 的便携计算机。

VMS 可有效改善舰桥值班人员的战场态势感知能力，降低舰艇操控复杂性，节省人力和舰艇空间（所有海图存储光盘），提高舰艇航行安全性，使导航人员脱离乏味、耗时的纸上海图作业，具有先进的水下导航、极地导航和智能导航能力。美军表示，VMS 能减少 40%工作量，导航新人培训时间可缩短到三周，驾驶便捷如同操作“傻瓜”相机，加装 VMS 后潜艇整体战力提升不少。

1998 年，美国海军作战部长指示海军开始从使用传统的纸质海图过渡到使用电子海图系统（数字海图）。因此，ECDIS-N 开始发布。这项新技术可减少或防止未来与航行错误有关的碰撞和搁浅事故，并节省维修成本。据调查研究，ECDIS-N 系统与自动雷达标绘相结合，在 1998—2000 年间避免了 47%的碰撞和搁浅，节省 96.4%的综合维修费用。

目前，ECDIS-N 系统具体有如下几种：导航传感器系统接口（NAVSSI）、探路者 Mk2 ECDIS、ECPINS-M、航行管理系统（VMS）①，具体情况如下。

7.5.4.1 导航传感器系统接口（NAVSSI）

导航传感器系统接口（Navigation Sensor System Interface，NAVSSI）是于里程碑Ⅲ（Milestone-Ⅲ）生产和部署阶段发布的采购项目，由美国海军太空与海战司令部（SPAWAR）位于圣地亚哥的海军导航部门开发。本项目采用了 COTS 硬件及政府开发软件。NAVSSI 的目标是向舰载作战系统和武器系统提供准确、实时的航行信息。这些信息从导航系统接收，并分发到与每个用户（战斗和武器）系统兼容的适当的可接受信号中。NAVSSI 也通过美国海岸警卫队开发的 COMDAC 软件提供电子图标和导航数据。

NAVSSI 主要由三个子系统构成：实时子系统（RTS）、显控子系统（DCS）和舰桥工作站（BWS）。实时子系统分析从不同来源搜集的导航数据，将这些数据集成到一个最佳的实时可用的解决方案中，然后将这些信息分发给每个用户系统。实时子系统与显控子系统独立、并行地工作。显控子系统集硬件和软件于一体，这是 NAVSSI 的导航特点。该组件位于领航员的海图室，是船上导航团队管理系统的中央工作站。显控子系统提供船舶航行数据的实时可视化显示，并将其投射到数字海图上。船舶的领航员和舵手是显控子系统的主要操作人员。舰桥工作站位于舰桥上，是显控子系统的远程工作站。这是 NAVSSI 的主要组件，为桥上的观察员和操作导航团队使用。

---

① Edward Joseph Schweighardt. Electronic Chart Display and Information System-Navy：analysis and recommendations [D]. Master's Thesis，Naval Postgraduate School，June 2001.

NAVSSI Lite 是一个单独的版本，与完整的 NAVSSI 安装套件有明显的不同，区别在于 NAVSSI Lite 并不具备为舰载战斗和武器系统提供导航信息的任何硬件。此外，NAVSSI Lite 整合了 COMDAC 软件，是一个严格意义上的电子制图和导航工具。这使得 NAVSSI Lite 成为一个相对便宜的 NAVSSI 替代品。由于降低了成本和物理尺寸，NAVSSI Lite 是小型海军舰艇的理想选择，这些舰艇不需要或没有足够的空间来安装完整的 NAVSSI 设备。NAVSSI Lite 的另一个好处是它保留了 COMDAC 软件，这使得它可以与 NAVSSI 保持相同的操作。

7.5.4.2　探路者 Mk2 ECDIS

探路者 Mk2 ECDIS 由雷神海事（Raytheon Marine，雷神公司子公司）开发。利用 COTS PC 技术，雷神公司近十年来一直为世界商船队提供商用 ECDIS 技术。它根据最新的国际海事组织（IMO）标准和规范开发了探路者（Pathfinder）。探路者的目的是将实时位置信息、地理数据和姿态传感器集成到一个适合安装于舰桥的甲板控制台中。

探路者的设计包括一个中央处理器、高分辨率彩色显示器和几个外部接口。雷神公司将 ECDIS 系统不仅仅作为数字图表推销，还为探路者提供了重要的附加功能。这些功能包括：与舰载声呐接口以呈现可视水下图像的能力，与自动驾驶仪、舵和舵控制接口的能力，以及接收投射到雷达覆盖上的自动雷达标绘仪输入的额外能力。

探路者 Mk2 目前安装在 USS Rushmore（LSD 47）上，作为智能鳄鱼（Smart Gator）计划的一部分。此外，雷神公司已被选定为英国皇家海军新型 45 型驱逐舰 ECDIS 系统和 IBS 组件的所有主要组件的供应商。

7.5.4.3　ECPINS-M

电子海图精密综合导航系统-军用（Electronic Chart Precise Integrated Navigation System-Military，ECPINS-M）由海上系统国际有限公司（Offshore Systems International Ltd）制造，该公司位于加拿大不列颠哥伦比亚省的北温哥华，自 1977 年以来一直在开发电子导航技术。1993 年，该公司进入电子制图和数字导航的商业市场。与大多数电子制图系统不同，ECPINS-M 系统是专门为满足军事需求而开发的，即将达到 ECDIS-N 标准。

海上系统国际有限公司为商业海事公司和加拿大皇家海军提供 ECPINS，后者正在其 33 艘舰艇上安装 ECPIN-M。加拿大皇家海岸警卫队已经装备了 39 艘船只，美国海岸警卫队已经装备了 19 艘使用 ECPIN-M 技术的现役浮标供应船。

7.5.4.4　航行管理系统（VMS）

斯佩里海事分部是商用航行管理系统（Voyage Management System，VMS）-2100M 模型的最初设计者。利顿海运公司于 1996 年收购了该公司。在其他商用 ECDIS 产品中，VMS-2100M 是独一无二的，因为它具有模块化结构。这意味着可以对系统进行配置以满足用户需求（尺寸和功能），同时满足预期的预算。模块化的结构设计还允许系统在最初安装的基础上扩展，能够轻松地集成其他组件或传感器。VMS-2100M 的另一个特性是它能够从以前记录的演进和海上细节提供码头训练。该系统的一个比较独特的功能是在 ECDIS 显示器上添加了一个可以打开的视频窗口。摄像头不是最初的 VMS 包的一部分，但可以很容易地整合到系统的未来升级中。视频传感器可以集成到多个窗口显示，包括正常的视频、微光和声呐显示。

VMS-2100M 目前安装在几种不同类型的美国海军舰艇上。美国潜艇均已完成或正在进行 AN/BPS-16（V）雷达的升级，并接受 ARPA 和 VMS-2100M ECDIS 安装包。这个完整的套件将为美国潜艇舰队提供一个完整的综合导航套件（INS）。INS 是一个完全集成的导航包，但不包括 IBS 包中的舵和舵控制。然而，新的弗吉尼亚级攻击潜艇预定接受混合安装。这包括 NAVSSI（RTS），从而代替 COMDAC 导航软件，将拥有 VMS-2100M 作为 ECDIS-N 系统。值得注意的是，弗吉尼亚级将是第一艘没有传统的海图柜或海图表的军舰。这将是美国海军第一艘完全依靠 ECDIS-N 系统航行的舰艇。

VMS-2100M 也是美国海军“智能船”计划的一部分，利用完整的 IBS 软件包。来自美国“约克敦”号航空母舰的官方报告显示，“智能船”技术可以在不影响战备状态和安全的情况下减少 280 万美元的运营成本。

7.5.5 综合船桥系统（IBS）

综合船桥系统（Integrated Bridge System，IBS）是在综合导航系统（INS）的基础上发展起来的一种新型、功能更强的海上自动航行系统。IBS 采用系统设计的方法，将船上的各种导航系统、舰船操作控制系统和雷达避碰系统等通过现场总线网络有机地结合起来，利用计算机、现代控制、信息处理、人工智能等技术实现船舶的自动、安全和经济航行。系统的主要特点是具有完善的综合导航、自动操船、自动避碰、丰富图形界面、通信和航行营理控制自动化等多种功能。

综合船桥系统起源于 20 世纪 70 年代初，发展至今已经成为船舶自动化的核心装备。综合船桥系统是在船舶驾驶台构建的一个集导航、驾控、雷达避碰和航行管理于一体的高度信息化、自动化的集成系统，它利用计算机、自动控制、网络和信息融合等多学科现代技术，集中获取传感器信息、对信息集中监视、对事件灵敏检测和快速响应，及时发出各种控制命令、实施有效导航和控制，是全船的信息中心和指挥控制中心。根据国际海事组织（IMO）制定的 IBS 性能标准，综合船桥系统定义为：综合船桥系统是一个集成系统，系统的各个部分相互连接以便于能够集中使用来自传感器的信息或各工作站的命令、控制信息，其目的是通过专业人员操控提高船舶管理的安全性和效率。

20 世纪 70 年代初，在综合导航系统基础上应用计算机技术实现定位、雷达、航行、操舵的系统集成，推出一种船舶自动航行系统，命名为数据桥（Data Bridge），这是第一代综合船桥系统，实际上是一种计算机化的避碰辅助和综合导航系统，综合程度较低，功能主要限于导航。

到 20 世纪 70 年代后期，由于燃油价格上涨，促使航海界通过研究新技术来降低航行成本。自适应操舵仪研制成功，促成了第二代 IBS 的产生。在这期间，随着计算机技术的发展和自动控制理论的深入应用，IBS 的功能不断发展，自动化程度显著提高。第二代 IBS 一般由船舶定位、航行计划、避碰和自动操舵等子系统构成，与初期的 IBS 相比，第二代 IBS 增加了航行计划和自动操舵两个子系统，功能上从原来的导航功能扩展到控制功能，成为船舶综合导航和控制系统。可以实现沿计划航线自动航行，基本实现了船舶自动化航行。

20 世纪 80 年代后期开始，世界各国生产的 IBS 系统在功能上逐步完善，技术上逐步成熟，发展出第三代综合船桥系统。这一阶段的 IBS 在功能上逐步完善，技术上逐步成熟。第三代 IBS 在继承以往 IBS 功能的基础上，增加了航行控制显示、监视、通信和管理功能。特别是电子海图的出现使 IBS 的发展产生了飞跃，许多大型航海仪器公司纷纷投入基于电子海图的 IBS 的研制开发，开始研制基于电子海图的“一人船桥系统”（One Man Bridge）和航行管理系统（Voyage Management System，VMS）等。基于电子海图的 IBS 组合了 ARPA 雷达、ECDIS、航线设计、航迹保持及航线和船舶性能监视等功能，将 ECDIS、ARPA 雷达、GPS 等组成一个集成系统，将导航设备提供的信息以及一些机舱的数据经处理后显示在几个综合显示器上，从而更便于驾驶员观测、决策和操作，并增加了航行规划等功能。

20 世纪 90 年代中期至今，船桥系统进一步发展，其配套设备实现了模块化、标准化和智能化，形成第四代综合船桥系统。第四代 IBS 基于现场总线和局域网络技术，ARPA 雷达、电子海图、AIS 及 CONNING 工作站通过网络相互融合，系统自动化程度进一步提高，出现了以海图雷达为核心的多功能航行工作站，船舶航行的安全性、可靠性与经济性都得到提高。驾驶台设备的集成化与网络通信功能的增强是这一阶段 IBS 的突出特点。当前，IBS 不仅具有电子海图、导航定位、自动操舵功能，还能实现自动避碰、自动报警和主机遥控等功能，真正实现了“一人船桥”的自动化航行。综合船桥系统已经成为舰船自动化的核心装备，得到了普遍应用。充分利用计算机、现代控制、网络和信息融合等技术，将船舶导航技术与船舶信息化技术、船舶自动操控技术等有机地结合起来，把导航、自动航行、雷达避碰、机舱遥控以及船舶安全消防报警等功能模块集成于一个整体，构建高度信息化、自动化的船舶统一操控和管理平台，在这个平台上集成全部综合导航，实现各种导航信息测量、采集、优化处理和综合使用，航行状态监视、预报、航线设计、海图作业管理、综合船舶管理、能集成船舶操纵驾驶、机舱监测和遥控、自动避碰、航行控制、综合通信管理以及舰船安全、消防、自动监测和报警等众多功能，提供多样化的导航模式和航海控制功能，以丰富图形、图像和文字界面直观地实施对船舶信息和船舶状态的管理和控制，达到以最少的人力、最低的燃料消耗实施高效完善的航海导航技术服务，最高程度地提高船舶航行的安全性和经济性。综合舰桥系统的组成包括航行管理系统（VMS，含 ECDIS-N）、自动雷达标绘仪（ARPA）和舰船控制系统（SCS），如图 7-20 所示。

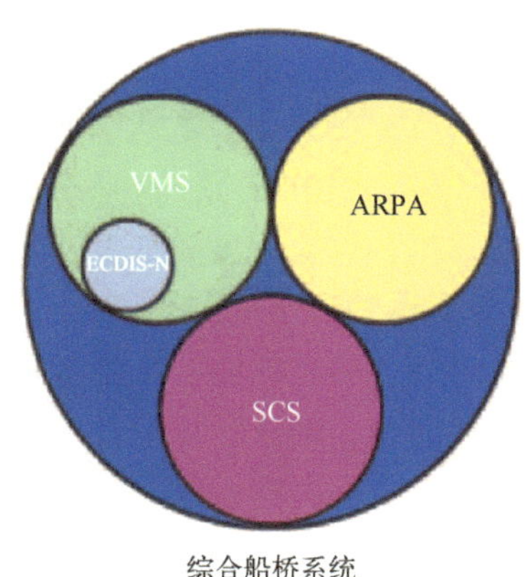

综合船桥系统

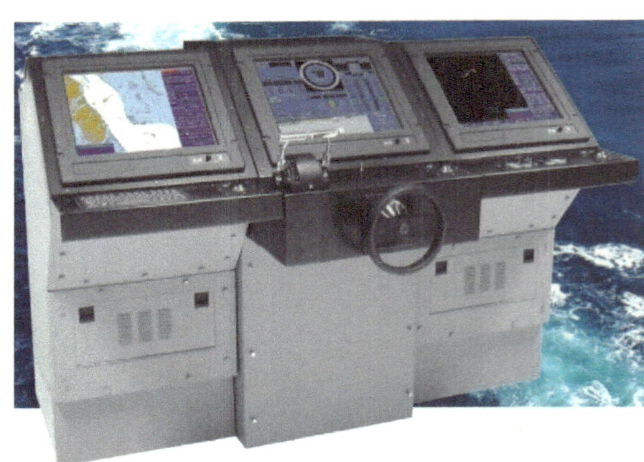

图 7-20 | 综合船桥系统的组成

IBS 具有以下功能：

- 航程规划和实时导航跟踪；
- 跟踪转向船舶控制；
- 雷达接触轨迹和视频叠加；
- 机械控制系统的接口；

- 移动港口/水域管理；
- 位置不确定性固定扩展；
- 定位导航定位能力线；
- 批准的航行计划的一氧化碳密码保护；
- 电子轴承系列和可变范围；
- 图表标记：操作员文本覆盖、操作区域、不确定的超视距区域、联合战术行动区、潜艇生成的搜索区域。

军用综合船桥系统是一种自动收集、处理、控制和显示船舶控制和重要导航传感器数据的系统方法，以最大限度地提高舰桥监视效率和船舶控制安全。

军用综合船桥系统已经在美国海军舰艇、CVN、CG、DDG、LHD、LPD、SSN、SSBN、LCAC 和 PC 级舰艇上部署和使用，加上 MSC 舰船、NOAA 舰船、USCG 破冰船和国际海军舰船。

第8章 IWS 2.0：水上传感器

8.1 概述

PEO IWS 2.0 项目办公室的名称是“水上传感器”（Above Water Sensors）。如图 8-1 所示是 IWS 2.0 的主要项目的高层作战概念图。①

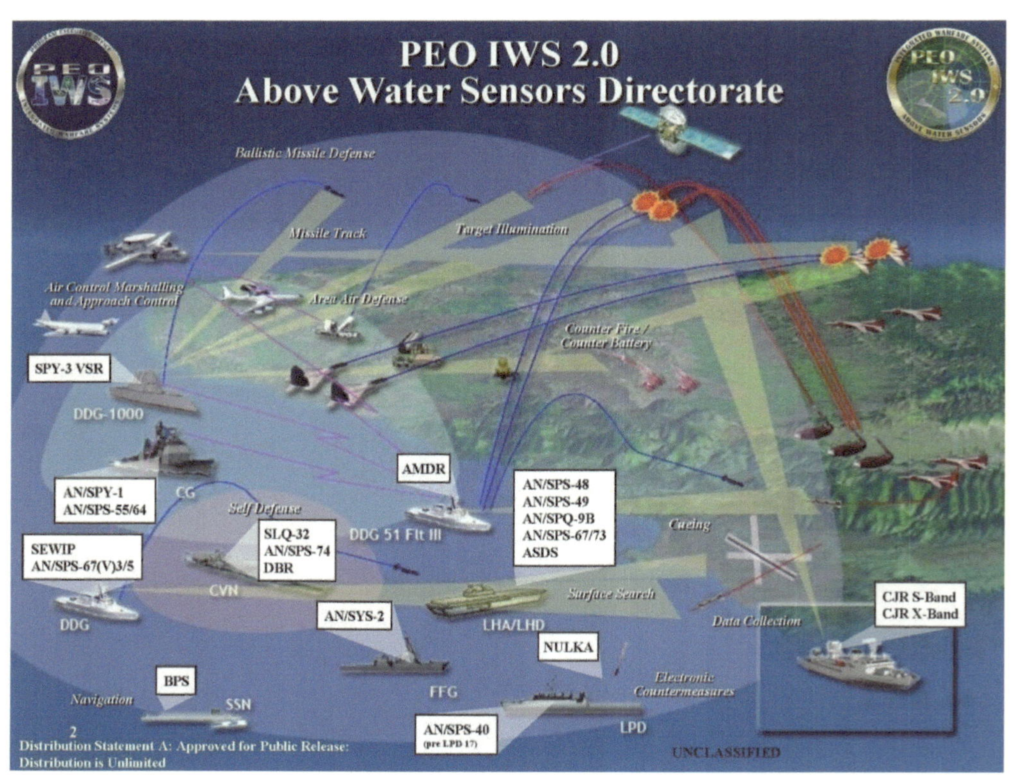

图 8-1 PEO IWS 2.0 水上传感器概要

① CAPT Doug Small. Above Water Sensors (IWS 2.0). 2011 Integrated Warfare Systems Conference, 2011.

本章对 IWS 2.0 分管的典型项目进行综述，主要包括：

（1）对空搜索雷达：

- AN/SPS-49 两坐标、远程对空搜索雷达；
- AN/SPS-48 三坐标、单阵面天线远程搜索雷达；
- AN/SPS-40 两坐标、远程对空搜索雷达。

（2）对海搜索雷达：

- AN/SPS-55 固态水面搜索与导航雷达；
- AN/SPS-64 水面搜索与导航雷达；
- AN/SPS-67 两坐标固态对海搜索与导航雷达；
- AN/SPS-73 近程两坐标对海搜索与导航雷达；
- AN/SPQ-9B 火控和对海搜索雷达；
- AN/SPS-74 潜望镜探测雷达。

（3）相控阵雷达：

- AN/SPY-1 无源相控阵雷达；
- AN/SPY-3MFR（多功能雷达），X 波段有源相控阵雷达；
- AN/SPY-6AMDR（防空反导雷达），S 波段有源相控阵雷达；
- 双波段雷达（DBR）。

（4）其他传感器：

- AN/SLQ-32 舰载电子战系统；
- SEWIP（水面电子战改进项目）；
- AOEW（先进舷外电子战）；
- MMSP（多任务信号处理器）；
- NULKA 反舰导弹有源诱饵防御系统；
- AN/SSQ-82 多重传输消除系统；
- AN/WLR-1 雷达电子监视系统；
- AUSPAR 三坐标、多功能有源相控阵雷达；
- AN/SPA-25G 远程指示器；
- AN/SPQ-14 高级传感器分配系统（ASDS）；
- AN/SPQ-15 数据分配系统（DDS）；
- AN/BPS-15 潜艇轻型搜索与导航雷达。

没有一部雷达能够满足现代战争对雷达的所有功能需求，因此绝大多数现代舰船、飞机都需要几部雷达，分别承担特定的功能。雷达通常根据其特定功能和安装载体平台进行分类。舰载雷达可以分为对海搜索与导航雷达、对空搜索雷达、测高雷达、以及各种火控雷达。

根据美国军用标准 MIL-STD-196G 的规定①，其军用电子设备（包括雷达）符合联合电子类型命名系统（JETDS），名称由字母 AN（陆军—海军联合命名系统）、斜杠“/”和

① MIL-STD-196G，Department of Defense Standard Practice：Joint Electronics Type Designation Automated System（JET-DAS），30-MAY-2018.

另外三个字母组成；三个字母分别表示设备安装位置、设备类型和设备用途，详见表8-1；数字用以唯一的标识设备。例如，AN/SPS-49表示舰载警戒雷达，数字49表示特定装备编号，是JETDS命名SPS类的第49种。另外，经过一次改型就在原型号名称后附加一个字母，如A、B、C等；名称后加T表示训练设备；“(V)”表示可变系统，即通过增加或减少设备可以完成不同功能的系统。

表8-1 美军用电子设备命名规则

设备安装位置（第一个字母）	设备类型（第二个字母）	设备用途（第三个字母）
A 机载	A 不可见光，热辐射设备	A 辅助设备
B 水下移动式，潜艇	B 通信安全*	B 轰炸
C 加密*	C 载波设备	C 通信（发射和接收）
D 无人驾驶运载器	D 放射性检测，指示，计算设备	D 测向侦查或警戒
F 地面固定	E 激光设备	E 弹射或投掷
G 地面通用	G 电报，电传设备	G 火控或探照灯瞄准
K 水陆两用	I 内部通信和有线广播	H 记录
M 地面移动式	J 机电设备	K 计算
P 便携式	K 遥测设备	M 维修或测试工具
S 水面舰艇	L 电子对抗设备	N 导航（测高，信标，罗盘，测深，进场）
T 地面可运输式	M 气象设备	Q 专用或兼用
U 通用	N 空中声测设备	R 接收，无源探测
V 地面车载	P 雷达	S 探测或测距，测向，搜索
W 水面或水下	Q 声呐和水声设备	T 发射
Z 有人和无人驾驶空中航行器	R 无线电设备	W 自动飞行或遥控
	S 专用设备，磁设备或组合设备	X 识别
	T 电话（有线）设备	Y 监视和火控
	V 目视和可见光设备	Z 安全*
	W 武器特有设备	
	X 传真和电视设备	
	Y 数据处理设备	
	Z 通信设备*	

注：标有星号（*）的项仅供国家安全局（NSA）使用。

8.2 对空搜索雷达

对空搜索雷达主要用于搜索空中目标，测定其坐标和运动参数，为舰艇防空武器系统指示目标，并可引导歼击机拦截敌机。有两坐标雷达和三坐标雷达两种。为保证一定的预警时间，一般具有较大的探测距离，按探测距离远近，分为近程（50km以内）、中程（50~200km）和远程（200km以上）对空搜索雷达。

美国海军广泛使用的舰载两坐标对空搜索雷达有AN/SPS-37A，AN/SPS-43，AN/SPS-43A，AN/SPS-49(V)，AN/SPS-40B/C/D/E和AN/SPS-65(V)等型号及其变体。AN/SPS-49是AN/SPS-40雷达的改进型，用于取代AN/SPS-37和AN/SPS-43系列雷达。

早期的舰艇对空搜索雷达，工作在米波波段，主要通过提高发射功率，采用大孔径天线来增大探测距离。雷达精度和分辨力不高，数据率较低，通常是两坐标雷达。20 世纪 70 年代以来，由于飞机、导弹等空中反舰武器装备的高速度、超低空等机动性能和攻击力的提高，舰艇对空防御系统的快速反应能力和自动化程度，对舰艇对空警戒雷达的信息质量和连续性提出了更高要求。由于米波雷达因天线波瓣严重分裂，观测目标不连续，特别是低空盲区很大等缺陷，已不适应新的要求，除保留一定数量用于对中、高空目标远程警戒外，逐渐被波长为 15~30cm（L 波段）的对空警戒雷达所代替。同时，随着雷达对抗技术的发展，海上电子对抗形势日益严重，现代对空搜索雷达广泛采用脉冲压缩、频率分集、频率捷变等技术，使舰艇对空搜索雷达的战术性能得到进一步提高。如美国 AN/SPS-49 型两坐标远程对空搜索雷达，工作在 L 波段，采用脉冲压缩、频率捷变、数字动目标显示等技术，能在复杂的电子战环境中有效地工作，具有良好的抗有源干扰和无源干扰能力。

以引导或目标指示为主要任务的舰载对空警戒雷达，亦称舰载对空引导雷达或舰载三坐标目标指示雷达。一般为中近程三坐标雷达，具有较高的精度、分辨力和数据率，工作在分米波或厘米波段。在 20 世纪 50 年代以前，为获取目标距离、方位角和高低角（或高度）三个坐标数据，舰艇上常以两坐标雷达和测高雷达配合完成，称为配高制。对于高速武器，这种配高制已不能对付多批次、多层次的多个目标，50 年代中期以后出现了多种体制的舰艇三坐标雷达。最初，采用 V 形波束体制，接着发展为多波束体制、频率扫描体制和一维相位扫描体制。V 形波束体制雷达有两个天线，分别产生垂直和倾斜 45°的两个扇形波束，同步沿方位轴旋转。利用这两个波束扫过目标的时间差与目标高度有关的原理测定目标高度。如 60 年代苏联大中型舰装备的“顶网-C”型三坐标雷达。这种体制在仰角面上无分辨力，测量精度低，且误差随目标速度而增大，未继续发展。多波束体制雷达，天线在垂直平面内形成彼此部分重叠的多个波束，利用各波束产生的回波幅度不同，测算出目标高低角。其数据率高，但需多个天线馈源、收发设备和数据处理设备。如英国 RN984 和法国 DRBI-23 型三坐标雷达均采用这一体制。频率扫描体制雷达，利用改变工作频率来实现波束扫描，其优点是实现比较简单、经济，但要保证测角精度，雷达信号源的频率应具有很高的稳定度和准确度。如美国的 AN/SPS-48 和 AN/SPS-52 均采用这一体制。其中，AN/SPS-52 是宙斯盾系统中为 AN/SPY-1 相控阵雷达提供目标指示的主要设备，最大作用距离为 450km。一维相位扫描雷达，通常利用移相器来改变天线垂直面内各辐射元的相位，实现垂直面内的波束扫描。单纯相扫数据率不高，若结合多波束技术，可同时提高数据率和仰角覆盖范围。如意大利 RAT-31S 型三坐标对空搜索雷达，采用相扫和多波束结合、单脉冲、频率捷变以及自适应发射频率选择等技术，发挥了相扫高度灵活性的优点，又克服了相扫低数据率的缺点，并能很好适应目标和干扰环境，雷达作用距离大于 300km。

8.2.1 AN/SPS-49

8.2.1.1 概况

AN/SPS-49 是美国海军装备的两坐标、远程对空搜索雷达，主要用于搜索空中目标，测定其距离和方位，由雷神公司研制，建造数量超过 200 套，如图 8-2 所示。它是美国海军很多舰船的主力对空搜索雷达，之前配置在提康德罗加级宙斯盾巡洋舰上与 AN/SPY-1 雷达互补使用，目前在升级改装过程中该雷达正在被移除（无替代）。AN/SPS-49 雷达技术规格如表 8-2 所列。

图 8-2 | AN/SPS-49 雷达

表 8-2 AN/SPS-49 雷达技术规格

型号名称	AN/SPS-49
制造商	雷神公司
服役时间	1971 年
建造数量	200+
类型	两坐标远程对空搜索雷达
装载平台	CVN-68，LHD-1，LSD-41/49，LHA-6，部分 CG-47
频率	C 波段 850~942MHz
作用距离	最小 0.9km，最大 463km
高度	最大 45720m（150000ft）
方位	360°
距离精度	0.06km
方位精度	0.5°
功率	峰值 360kW，平均 13kW
脉冲宽度	125μs
天线	类型：抛物面 天线尺寸：7.3m×4.3m 极化方式：水平极化 天线转速：6rpm 或 12rpm 天线增益：28.5dB

8.2.1.2 系统特征

AN/SPS-49 是 L 波段两坐标远距对空搜索雷达，自动探测并报告警戒区域内的空中目标，可以为指挥控制系统产生精确的目标距离、方位角、振幅、ECM 水平、径向速度等触点数据。AN/SPS-49 使用一个视距、水平稳定的天线以捕获所有海况下的低空目标。指控系统可以外部控制 AN/SPS-49 模式和操作，处理并识别目标、给出警告以提供自防御支持。

AN/SPS-49 具有几个优化雷达性能的特征：带有脉冲多普勒处理和杂波图的自动目标

探测能力，确保正常和严重杂波条件下的可靠探测；干扰环境下的电子对抗能力；运动目标指示能力，从静止目标中区分运动目标，增强杂波和箔条条件下的目标探测能力；中等脉冲重复频率升级（MRU）以增强探测能力，减少错误触点；相干旁瓣消除器（CSLC）。

AN/SPS-49 雷达进行对空远程监视和目标探测，可以在杂波、箔条和电子对抗环境中使用，探测、识别和控制低雷达截面积（RCS）的超声速威胁。AN/SPS-49 雷达可以作为前端，为远程导弹（SM-1 或 SM-2）和短程防御导弹提供成功的目标探测、目标指示和打击。

AN/SPS-49(V)雷达具有 8×24ft 的抛物反射面天线，提供 28.5dB 的增益。为了相干旁瓣消除，主反射面的上部下部安装有独立的辅助全方位天线。提供伺服控制的纵横摇稳定性以保持水平天线波束。AN/SPS-49(V)发射机包括全相干的固态驱动器和速调管放大器，提供 360kW 的峰值功率。提供稳定的脉冲序列以改进脉冲重复频率（PRF）参差和频率敏捷性的多普勒处理。四回路相干旁瓣消除器自动激活，大大降低进入天线旁瓣的电子对抗能量等级。通过旁瓣消除、频率敏捷性、单脉冲干扰减少、反箔条模式、最小化主瓣干扰，进一步增强雷达的抗干扰性能。

AN/SPS-49(V)雷达是一个窄波束、两坐标、远程对空搜索雷达，主要用于水面舰船的对空作战（AAW）。附属功能包括空中管制、空中拦截控制和反潜机控制等。该雷达也可以作为三坐标武器系统目标指示雷达的备份。

AN/SPS-49(V)雷达工作的频率范围是 850~942MHz。在远程模式，可以探测距离超过 225n mile 的小型飞行目标。其窄波束提高了抗干扰能力。某些 AN/SPS-49(V)变型增加的相干旁瓣消除器（CSLC）提供更多抗干扰能力。运动目标指示（MTI）能力通过消除地/海反馈杂波、天气和相似静止目标，增强了低空高速目标探测。在 12 RPM 模式，该雷达可以有效探测敌方低空飞行目标。

AN/SPS-49(V)系列雷达的特征包括：整个雷达除了速调管功率放大器和高功率调制器管之外，都应用固态技术和模块化构建；应用数字处理技术，特别是在自动目标探测中；性能监视器，自动化故障探测器，内置测试装置，以及自动在线测试。①

AN/SPS-49(V)5 的系统特征：②

（1）对低 RCS 威胁的高平均功率的远程警戒与探测；

（2）自动目标探测，对所有威胁目标的可靠探测与快速指示；

（3）敌对环境中的高电子对抗；

（4）高方位精度，更精确的目标控制与指示；

（5）对天气、陆地、海洋杂波反射的脉冲多普勒处理和杂波图；

（6）水平稳定天线，提供始终如一的高度覆盖；

（7）能够跟踪大于 255 个目标。

8.2.1.3 研制与使用

AN/SPS-49(V)系列雷达装备在 CVN-68 尼米兹级航空母舰、LHD-1 黄蜂级两栖攻击舰、LSD-41/49 惠德贝岛级两栖船坞登陆舰、LHA-6 美利坚级两栖攻击舰和部分 CG-47 提

① https://fas.org/man/dod-101/sys/ship/weaps/an-sps-49.htm.

② Jane's C4ISR & Mission Systems: Maritime 2017-2018.

康德罗加级巡洋舰，提供远程对空搜索能力。同时，SPS-49(V)雷达也是协同交战能力（CEC）和舰艇自防御系统（SSDS）的组成部分。该雷达是水面舰艇对空作战（AAW）的基本输入，也作为三坐标武器系统雷达的备份。[①] AN/SPS-49(V)雷达替代了 AN/SPS-29、AN/SPS-37、AN/SPS-40 和 AN/SPS-43 等型号雷达。[②]

截至 2014 年，AN/SPS-49(V)雷达的主要变型产品如表 8-3 所列。[③]

表 8-3 AN/SPS-49(V)雷达的主要变型产品

变　型	描　述	舰船平台
AN/SPS-49(V)1	20 世纪 70 年代初开发的基本型，带有相干旁瓣消除器（CSLC）和数字动目标显示（MTI）	CVN 68，CG 47，DDG，LHD 1，LSD 41，DD 997
AN/SPS-49(V)2	(V)1 雷达没有相干旁瓣消除器	FFG 7 佩里级护卫舰
AN/SPS-49(V)3	(V)1 雷达增加雷达视频处理器（RVP）接口	CGN 9（USS Long Beach）
AN/SPS-49(V)4	(V)2 的改进型，增加雷达视频处理器接口	FFG 7
AN/SPS-49(V)5	(V)1 雷达增加自动目标探测（ATD）	针对“新威胁升级”NTU 舰船，KDX-2
AN/SPS-49(V)6	(V)3 雷达采用双屏蔽电缆和改进冷却系统	CG 47 提康德罗加级巡洋舰
AN/SPS-49(V)7	(V)5 雷达采用(V)6 的改进冷却系统	宙斯盾作战系统
AN/SPS-49(V)8	(V)5 的改进，增加了宙斯盾跟踪器改进组件	宙斯盾作战系统
AN/SPS-49(V)8 ANZ	(V)8 的修改型，与 CelsiusTech 9LV-453 作战系统接口	澳大利亚/新西兰海军安扎克级护卫舰
AN/SPS-49(V)9	(V)5 的中等 PRF 升级（MPU）型号	
AN/SPS-49A(V)1	20 世纪 90 年代中期开发，增加目标的径向速度探测，改进杂波抑制	

8.2.1.4　采办动态

2017 年 4 月 26 日，“企业对空监视雷达”（Enterprise Air Surveillance Radar，EASR）项目有了新的进展，雷神公司宣布该雷达的缩比样机通过了初始设计评审（PDR）。[④]

雷神公司于 2016 年 8 月赢得美国海军 EASR 雷达开发项目的合同，总价值约为 9200 万美元。EASR 是基于氮化镓（GaN）半导体材料技术，工作在 S 波段的一款新型多功能有源相控阵雷达（AESA，即有源电子扫描阵），不但能够对空对海搜索，优化增强航空母舰的态势感知能力、预警能力，而且新增了空中交通管制和天气监测功能。EASR 雷达将会取代 SPY-4、SPS-48 和 SPS-49 等舰船雷达。该雷达将主要装备于海军福特级航空母舰及直通甲板型的两栖舰攻击舰上，未来也会使用在 LX(R) 两栖舰上。

8.2.2　AN/SPS-48

8.2.2.1　概况

AN/SPS-48 是美国海军装备的三坐标、单阵面天线远程搜索雷达（图 8-3），由美国 ITT-吉尔富兰公司研制，它的主要功能是提供空中目标的三坐标数据以及给武器控制系统提

① http://www.navy.mil/navydata/fact_display.asp?cid=2100&tid=1262&ct=2.

② http://electronicstechnician.tpub.com/14089/css/Air-Search-2D-Radars-26.htm.

③ https://en.wikipedia.org/wiki/AN/SPS-49.

④ http://mini.eastday.com/mobile/170505190138266.html.

供目标指示，装备舰种包括航空母舰、导弹巡洋舰、导弹驱逐舰等大型舰艇。AN/SPS-48及其改进型是美国海军相当重要的舰载早期预警雷达，是新威胁改进（NTU）计划中关键性电子装备。同时这款雷达系列也大量出口。AN/SPS-48 雷达技术规格如表 8-4 所列。

图 8-3 | AN/SPS-48 雷达

表 8-4 AN/SPS-48 雷达技术规格

型号名称	AN/SPS-48E
制造商	ITT-吉尔富兰
服役时间	20 世纪 60 年代
建造数量	200+
类型	三坐标远程对空搜索雷达
装载平台	CVN-68，LHD-1，LHA-1，LPD-17
频率	E/F 波段 2.9~3.1GHz
作用距离	407km
高度	30480m
方位	0 to 360°
距离精度	210.3m
方位精度	1/6°
功率	峰值 2200kW，平均 33kW
脉冲宽度	3μs，9μs，27μs
天线	类型：平面阵列 天线尺寸：5.48m×5.18m 天线重量：2996kg 极化方式：水平/垂直极化 天线增益：38.5dB 子阵列数：95 旋转半径：3.65m

8.2.2.2 系统特征

AN/SPS-48 系列雷达由六个主要单元组成：平面阵列天线、固态发射机、数字化接收机、2 台计算机（通用计算机的军用型）、1 个频率合成器、1 个控制台及与其相配合的辅助电源装置和器。AN/SPS-48 雷达的外形和工作原理类似于 AN/SPS-52 雷达，但其体积较大。

AN/SPS-48 雷达采用电子稳定且旋转的平面阵列天线，天线阵面由 73 根波导管组成，阵面左侧突出的带状部分是天线的波导馈源，由蛇形波导延迟线构成。它比一般由点馈源和反射体组成的天线具有高增益和低旁瓣的优点。每一根波导分别接在方形波导法兰上。可采用八种工作方式，由计算机程序控制。敌我识别天线装在阵面上端，天线重量不到 3t，1 分钟旋转约 15 圈。

AN/SPS-48E 雷达发射机由晶体振荡器作频率源，不同频率的信号再用频率合成器输入后，其射频能量由置于 6 个机柜中的 4 个发射放大级所控制。第一级将频率合成器输出增加到 4kW。第二级由正交场放大器将输出放大到 60kW。第三级（末级前置放大级）提供 660kW，而最终级（AN/SPS-48F 雷达省掉此级）将信号放大至 2.4MW 峰值功率，然后经由天线以 9 个分立但叠接的笔形波束发射出去。发射信号为 9 个 3 组成的 27μs 的脉冲串。9 个脉冲信号的频率稍有不同，从而形成总覆盖范围为 6°的 9 个笔形波束，在仰角 5.6°方位 1.5°区域上对目标进行测量。这 9 个波束的群体是 AN/SPS-48E/F 搜索编程的结构单元。仰角扫描是通过在计算机控制下改变发射信号的频率而实现的。

方位上为 360°机械扫描，仰角上采用频扫，由计算机控制发射频率，可以发射多个笔形波束。在低角扫描程序中，最优先考虑的是 0~28°仰角，该仰角包括 AN/SPS-48F 的最低的 4 个波束串（AN/SPS-48E 的最低的 5 个稍窄些的笔形波束）。同样，高重复频率脉冲多普勒波形以底部波束串的最低 3 个波束来发射，可探测杂波中的小目标。

子脉冲的频率，以及由其而来的波束和波束串位置，都由扫描根据舰船的横摇、纵摇、航向和选择的搜索方向图来进行动态计算。选择的搜索方向图自动地适应操纵者和/或武器系统的要求。

该雷达除平面位置显示器外，还配有动目标显示器。该雷达对 $5m^2$ RCS 目标的作用距离为 220km、$1m^2$ RCS 目标作用距离 90km、最大作用距离约 400km，可同时跟踪 40 个目标。

AN/SPS-48E 雷达是 AN/SPS-48C 雷达的最新改进型，它是为新威胁改进（NTU）计划而研制的。其主要改进体现在视频处理、抗电子干扰和跟踪能力方面。NTU 计划改进了天线、接收机和控制装置。更换了发射机、数据处理器和控制台。AN/SPS-48E 雷达于 1986 年中期开始交付使用，1987 年初，首部雷达开始在美国海军舰艇上服役。到 1994 年 7 月，共交付了 45 部 AN/SPS-48E 雷达。

1998 年，美国海军开始改进其 AN/SPS-48E 雷达，其中主要包括 DMTI 改进、CEC 接口、用基于 VME 的 68040 处理器更换旧的设备、Ethernet 接口和 SPARC-10 工作站。其中 CEC 接口由基于 VME 的商用 68040 处理器和接口构成，能将火控数据传送给混合舰队的其他舰只，也用来联接雷达和美国海军“L”级舰艇上的舰艇自防御系统（SSDS）。

AN/SPS-48E 雷达以 4 种扫描方式和 4 个雷达操纵控制台为特征。其主要使命是早期探测发自敌方轰炸机的高空反舰导弹，同时也能为增程和 SM-2 导弹系统的中程制导提供目标位置信息。AN/SPS-48E 雷达的主要特点是：

（1）利用机械扫描和电子相结合，在计算机程序控制下，可使用8种工作方式；

（2）频率和的控制灵活性，可以增强抗电子干扰的能力；

（3）采用了固态化器件（如高功率固态发射机等），虽然系统的元器件大为减少，但发射机的平均功率却增加一倍，提高了雷达系统的使用率；

（4）采用的新型数据处理机具有自动探测和跟踪（ADT）的特点，在广阔的区域里能自动跟踪100多架飞机；

（5）提高了方位精度和仰角覆盖范围。其跟踪精度范围：高度为411m，方位角为0.6°，天线可360°旋转，提高了全方位搜索；

（6）采用了先进的数字接收机和信号处理设备，并提高了接收机的灵敏度；

（7）借助于一台先进的检测数据转换器（DDC），使动目标显示器的功能进一步扩大。DDC能使雷达操作员将发射功率集中在某个距离、仰角和方位角的范围之内，从而可消除箔条和海杂波的干扰及恶劣气候带来的影响；

（8）具有自适应波束能量管理功能，可根据干扰环境自动测定和分配雷达的时间和功率，并对干扰作出反应；

（9）采用IADT，使AN/SPS-48E三坐标雷达和AN/SPS-49(V)5两坐标雷达的输入功率得到综合控制，改进了跟踪性能；

（10）该雷达无论在舰艇发生纵摇或横摇的情况下，将以电子方式保证天线系统的稳定性。

除此之外，系统的可靠性作为该雷达优先考虑的因素。与AN/SPS-48C雷达相比，AN/SPS-48E雷达的电子元器件减少了70%，取消了300多个调准点和700个测试点，而且使故障间隔平均时间提高50%以上。另外，发射机、接收机和整个系统的其他部件都采用了机内测试（BIT）处理机，它能以0.5s间隔时间对接近5000个采样点进行连续测试，以及对雷达功能参数的定时故障检测，因此使MTBF提高50%以上。这样，不仅提高了整个系统的可靠性和可维修性，而且大大缩短了雷达系统的安装和试验时间。

8.2.2.3 研制与使用

AN/SPS-48雷达的研制计划开始于1959年，其整个研制时间表为：

1964年对AN/SPS-48雷达进行海上试验；

1965年首部AN/SPS-48雷达开始服役；

1968年将AN/SPS-48雷达改进为AN/SPS-48A雷达；

20世纪70年代初，将AN/SPS-48A雷达发展为AN/SPS-48C雷达；

1978年美国海军与ITT公司签订了一份1700万美元的合同来开发新威胁改进（NTU）计划中的AN/SPS-48E雷达；

1982年对AN/SPS-48E雷达进行陆上试验并完成了第一阶段的海上运行试验；

1983年AN/SPS-48E雷达开始投产；

1986年AN/SPS-48E雷达交付使用；

1987年初首部AN/SPS-48E雷达系统安装在比德尔号导弹巡洋舰上。

此后又发展了AN/SPS-48F雷达。

1994财年，AN/SPS-48雷达的单价为1800万美元。截至1994年，共生产了126部AN/SPS-48，其中已交付了45部AN/SPS-48E，约有60部AN/SPS-48C仍在服役。

AN/SPS-48 起初仅在美国海军中使用，现在美国海军已放宽了 AN/SPS-48E 雷达在世界范围的出售。AN/SPS-48E 雷达的主要销售对象将是德国、澳大利亚、意大利、日本、西班牙和巴基斯坦 6 国的 28 艘舰艇。另外，AN/SPS-48F 雷达用于出口和作为两栖攻击舰上 AN/SPS-52 雷达的可能替换型。

AN/SPS-48 系列三坐标雷达装备了美国除了最新使用 AN/SPY-3 型 AESA 雷达的福特级航空母舰之外的几乎所有现役航空母舰和两栖攻击舰，包括最新的美利坚级两栖攻击舰也在使用，也被安装在某些地面站。以美利坚级两栖攻击舰为例，其使用较新的 AN/SPS-48E（V）10 型雷达，这种雷达拥有比海鹰 S/C 雷达大得多的天线，天线面积达到了 $5\times5m^2$ 以上，探测距离高达 460km，加上造价远比相控阵雷达便宜，所以广受美国海军欢迎。

但现在看来，早在 20 世纪 60 年代就投入使用的 AN/SPS-48 系列也的确过时了，其接替者——脱胎于阿利·伯克Ⅲ型使用的新型 AN/SPY-6 有源相控阵的 EASR（Enterprise Air Surveillance Radar）雷达已经开始研制，计划从美利坚级的第三艘“布干维尔”号开始使用。不过，美国海军现役的 AN/SPS-48 雷达还将继续服役到 2040 年。2016 年，研制它的 ITT 工业公司已经收到了来自美国海军海上系统司令部的四年期合同，合同的主要内容是升级 AN/SPS-48 雷达系统。

经过多年升级发展，该雷达已经有 A、B、C、D、E、F 五种改型装备。主要体现在减小体积、增加作用距离、提高抗干扰能力。尤其是 E 型，采用固态发射机，扩大搜索范围，最大作用高度提高到 30km，跟踪目标数量提升到约 100 个，通过自动改变发射频率，使之与船体的摆动呈函数关系，以获得船体运动的波束稳定性等。F 型则是大为缩小体积和重量的轻型化该型，这样可以装在桅杆的最顶端，提高了作用距离和导弹预警时间，天线转动的速度也提高到了每分钟 30 圈。

经美国国防部批准，ITT 公司生产了一种天线很轻（不超过 1500kg）的出口型雷达 AN/SPS-48F。该型雷达的天线重量只有标准 AN/SPS-48E 的一半，但探测距离一样，数据率为 4s。根据发射机功率水平，AN/SPS-48F 有三种类型 V1、V2 和 V3。V1 型使用单级 60kW 发射机，V2 型使用 660kW 的两级发射机，而 V3 型则使用三级 2.2MW 发射机。

截至 2017 年，AN/SPS-48 雷达的主要变型产品如表 8-5 所列。①

表 8-5 AN/SPS-48 雷达的主要变型产品

变　型	描　述
AN/SPS-48A	基本型，具有自动检测和跟踪（ADT）电路
AN/SPS-48B	未知，可能不存在或原型为 AN/SPS-48C
AN/SPS-48C	相比 AN/SPS-48A，具有自动检测和跟踪功能以及移动目标指示器（MTI）功能
AN/SPS-48D	AN/SPS-48E 的原型
AN/SPS-48E	相比 AN/SPS-48C，AN/SPS-48E 具有两倍的辐射功率，更高的接收灵敏度，四级固态发射器，AN/SPS-48C 一半的组件以及内置测试，便于诊断。最初是作为新威胁升级（NTU）计划的一部分开发的，以支持 SM-2 Launch On Search（LOS）功能
AN/SPS-48E LBR	陆基雷达版本

① https://en.wikipedia.org/wiki/AN/SPS-48.

（续）

变　型	描　述
AN/SPS-48F	相比 AN/SPS-48E，AN/SPS-48F 减小了天线尺寸和重量，增益降低 2dB，副瓣电平高 3dB，省去雷达发射机的末级放大器，峰值功率和平均功率分别降到 660kW 和 15kW，其远程监视距离减至 270km，但其重量和造价削减了 40%，而且可靠性增加了 40%。其所有功率放大，包括用于发射控制的安全与瞬时启动和关闭电路都由微处理机进行控制。该版本还有 3 个变型（V）1、（V）2、（V）3，其功率分别为：60kW、660kW、2200kW
AN/SPS-48G	ROAR 计划下部分 AN/SPS-48E 的升级版，根据合同 N00024-09-C-5395，29 部雷达进行了现代化改造，费用为 1.693 亿美元。用基于开放式架构的现代电子设备取代甲板下单元将减少培训需求并提高可靠性

8.2.2.4　采办动态

早前，美国海军与美国 ITT 公司签订了总额 1.69 亿美元的合同，在 2015 年前生产和安装 33 套设备。改进工作计划在尼米兹级航空母舰、圣·安东尼奥级登陆舰和黄蜂级和塔拉瓦级通用登陆舰上进行。在合同框架内还将改进安装在海岸对空监视哨的几部该型雷达。改进后的雷达代号将是 AN/SPS-48G。这些措施将改善雷达的基本性能和将其生命周期延长到 2050 年。

2012 年 3 月，ITT 公司获得美国海军 1328 万美元的合同，为其提供 AN/SPS-48G（V）雷达改装套件。这些改装套件将提供雷达过时和可用性恢复，解决以前在海军舰船上现有 AN/SPS-48 中确定的可支持性和可维护性问题。预计修改工具包将提高运营可用性并降低运营和支持成本。

2015 年，ITT 公司被哈利斯公司收购合并。同年，哈利斯公司获得美国海军 1.13 亿美元的合同，为其更新 AN/SPS-48E，增加新的处理器和固态发射机，此外还包括 TIDE（技术集成数据环境）的安装，为其提供故障诊断。该更新被命名为 AN/SPS-48G，合同为期 4 年。

2016 年 6 月，哈利斯公司获得美国海军 2440 万美元的合同，作为对先前授予合同（N00024-15-C-5346）的固定价格激励更新，用于建造、测试和交付 4 个 AN/SPS-48G 雷达改装套件，工作将主要在加利福尼亚州的凡奈斯（42%）进行，计划 2019 年 5 月完成。

2018 年 3 月，哈利斯公司获得美国海军 2537 万美元的合同，作为对先前授予合同（N00024-15-C-5346）的修改，用于生产 4 个 AN/SPS-48G（V1）雷达改装套件。工作将在加利福尼亚州的凡奈斯进行，计划 2020 年 1 月完成。

8.2.3　AN/SPS-40

8.2.3.1　概况

AN/SPS-40 是美国海军装备的两坐标、远程对空搜索雷达，能够搜索捕获方位和距离（图 8-4）。直到 1980 年代末，它的“篮式”天线与顶级馈线在整个海军中都是熟悉的景象。随后在新威胁升级（NTU）期间，AN/SPS-40 在许多船上被 AN/SPS-49 雷达取代。①

AN/SPS-40 雷达的结构图如图 8-5 所示，技术规格如表 8-6 所列。

① https://en.wikipedia.org/wiki/AN/SPS-40.

图 8-4 AN/SPS-40 雷达

表 8-6 AN/SPS-40 雷达技术规格

型号名称	AN/SPS-40
制造商	诺斯罗普·格鲁曼
服役时间	1961 年
建造数量	—
类型	两坐标中远程对空搜索雷达
装载平台	DD-963，DE-1052，WHEC，LPD-4
频率	UHF 波段 400~450MHz
作用距离	最小 11.5km，最大 320km
方位	0~360°
方位精度	垂直 19°，水平 10°
功率	峰值 225kW，平均 2kW
脉冲宽度	60μs（长程模式）3μs（短程模式）可压缩至 1μs（或 0.6μs）
尺寸	140in×214in

8.2.3.2 系统特征

年代久远的 AN/SPS-40 是一种用于中远程目标探测的两坐标对空搜索和监视雷达，标称距离为 320km（173n mile）。AN/SPS-40 是一种真空管设计，对船上枪声的振动非常敏感。后来重新设计成一个基本上固态的系统，不仅提高了它的性能（减少了一半以上的机柜数量），也是机队中最好的 MTI（移动目标指示器）单元之一，这种设计在 1970 年代早期很少见。①

AN/SPS-40 系列（包括 B，C 和 D 雷达）旨在以最小的操作界面提供最佳性能。AN/SPS-40 的特点包括具备远程分辨率和精度，便于舰艇部署的轻巧包装，经过验证的高可靠性，维修性和可用性。超高频 B 波段工作频率可以避免天气杂波，并且不易受到反辐射导

① https://en.wikipedia.org/wiki/AN/SPS-40.

弹的影响。该系统的数字移动目标指示器提供出色的整体可见性，并具有固态接收器，电源和控制。天线反射器是一个馈电喇叭，悬挂在抛物面开放式格子上，带有一个完整的敌友识别装置。

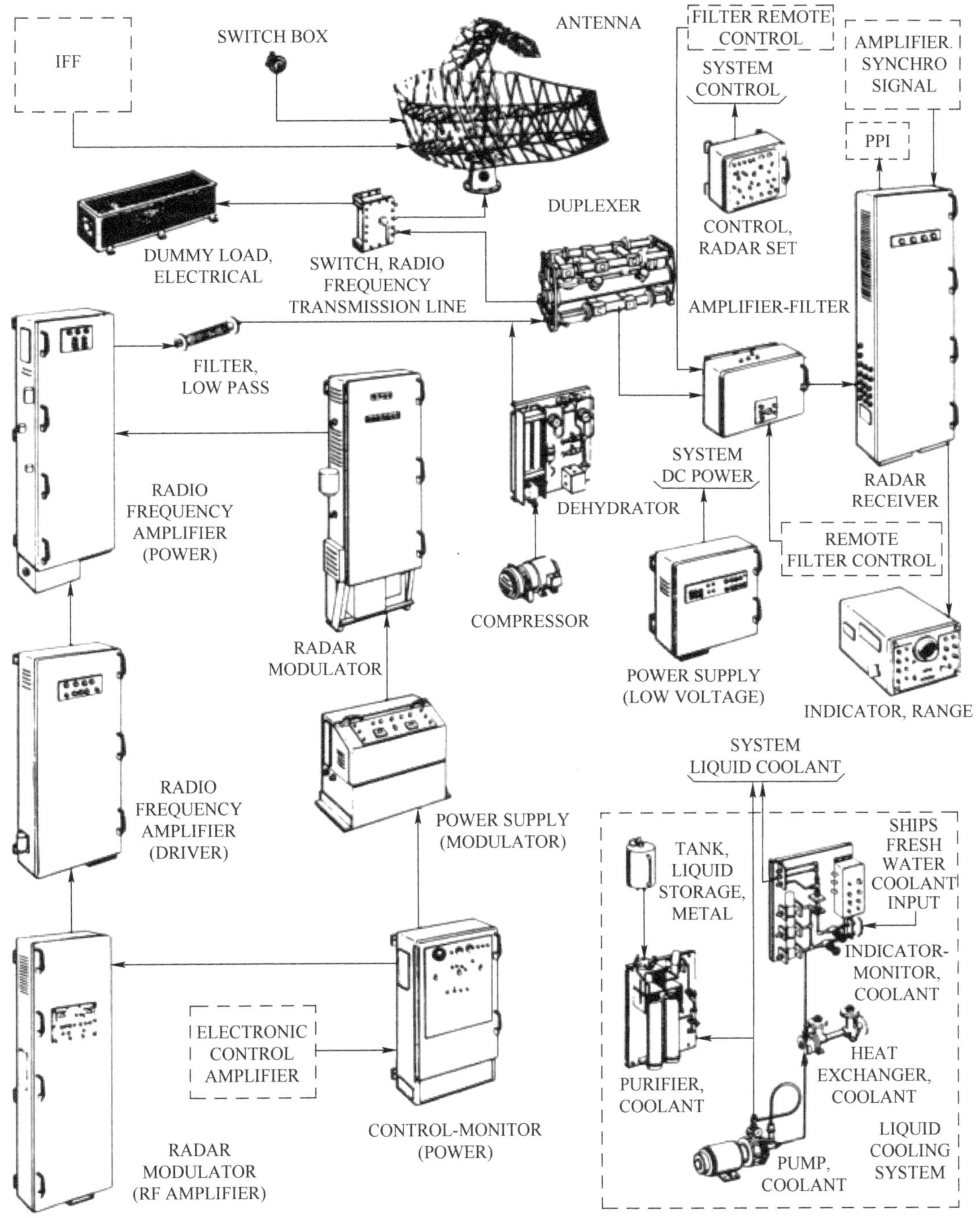

图 8-5 AN/SPS-40 结构图

AN/SPS-40 固态发射机（SSTx）取代了 AN/SPS-40E 型号的真空管发射机。为确保最大的系统可用性，SSTx 架构是高度冗余的。预计 90 天的免维护运行概率为 90%，雷达距离性能预计降低不超过 11%。发射机模块和电源之间都是完全相同并且可互换。在组件发生故障的情况下，系统会在发射器输出中逐渐降低性能，在此期间它仍然完全可操作并且能够检测目标。

该设备的固态技术提供了固有的战术灵活性。例如，输出功率是可调节的。因此，船舶可以降低其对探测的敏感性，同时保持实质的空中监视能力。如果战术情况需要排放控制条件，SSTx 将立即响应。同样，只需触摸一下按钮，发射器就会立即以全功率发射。还提供脉冲到脉冲频率。独特的自动调平控制系统大大减少了维护操作的需要。该系统可自动检测并补偿变送器模块性能的下降。

AN/SPS-40 在 1960 年代初首次与美国海军一起出海，并已被批准用于 AN/SYS-1 集成自动检测和跟踪系统（ADTS）。ADTS 将来自多个两坐标或三坐标的雷达输入相关联，并将它们组合成单个非重复轨道。自推出以来，AN/SPS-40 已经多次升级。系统的最新版本之一——AN/SPS-40F 就包括上述固态发射机。①

8.2.3.3 研制与使用

AN/SPS-40 雷达目前已经停止生产。它之前被配置在珀斯级驱逐舰、福雷斯特谢尔曼级驱逐舰、查尔斯 F. 亚当斯级驱逐舰、斯普鲁恩级驱逐舰、贝尔纳普级巡洋舰、莱希级巡洋舰、诺克斯级护卫舰、布朗斯坦级护卫舰、汉密尔顿级武装艇、罗利级两栖船坞运输舰等众多舰船上。

8.2.3.4 采办动态

8.3 对海搜索雷达

8.3.1 AN/SPS-55

8.3.1.1 概况

AN/SPS-55 是一种固态水面搜索与导航雷达，它是由卡迪恩电子公司根据 1971 年签订的合同为美国海军开发的，用来代替 C 波段的 AN/SPS-10。最初是为巡逻护卫舰开发的，但它也被安装在众多的巡洋舰、驱逐舰和扫雷舰上。它是一个 I 波段雷达，它的天线由两个背靠背安装的波导开槽阵列组成，如图 8-6。一个阵列提供线性极化，另一个阵列提供圆极化。极化是用户可选择的，圆极化阵列在降低降水导致的回路方面更有效。②

图 8-6 AN/SPS-55 雷达

AN/SPS-55 雷达的结构图如图 8-7 所示，技术规格如表 8-7 所列。

① Jane's C4ISR & Mission Systems：Maritime 2017-2018.

② https://en.wikipedia.org/wiki/AN/SPS-55.

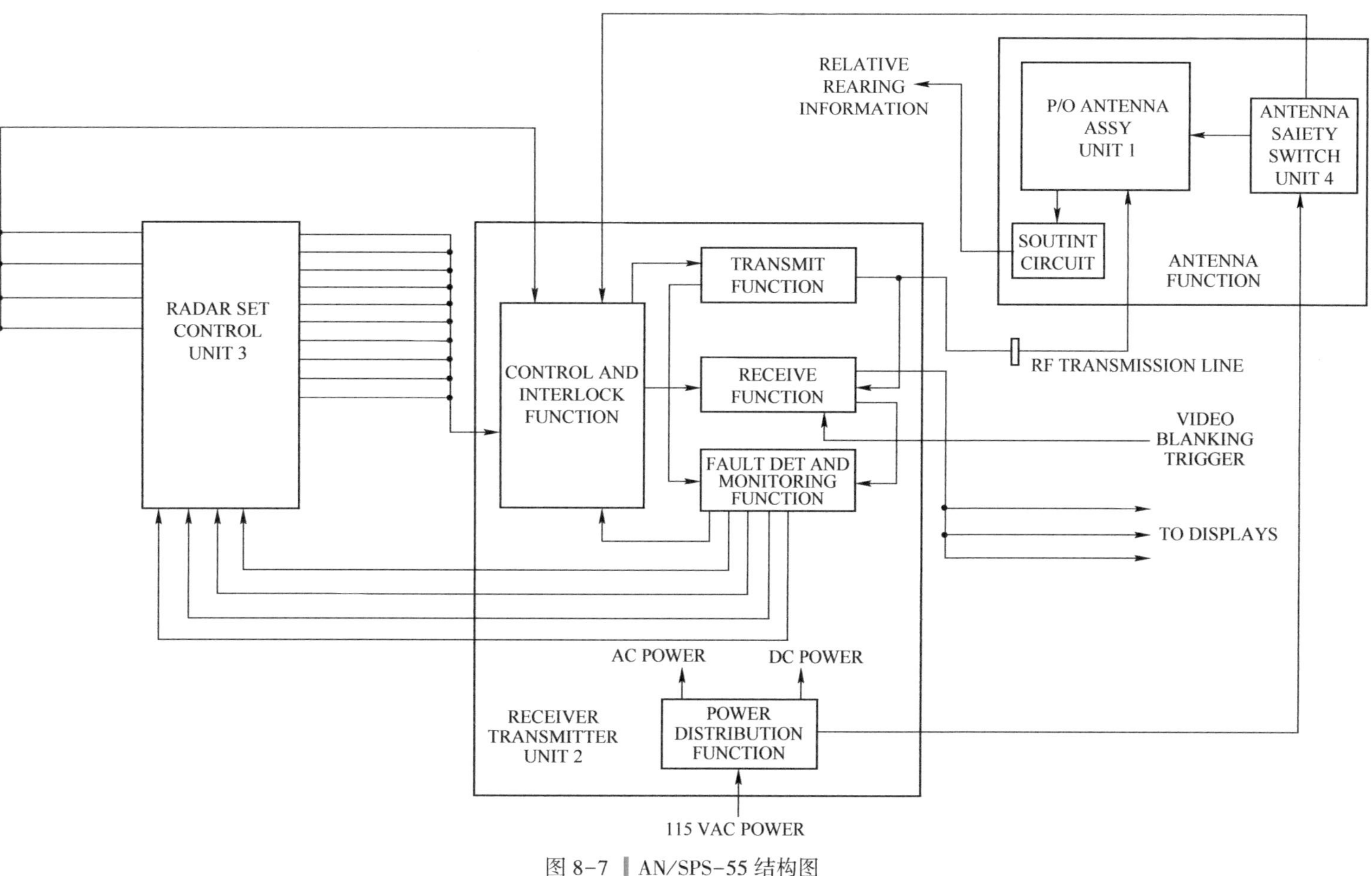

图 8-7 AN/SPS-55 结构图

表 8-7 AN/SPS-55 雷达技术规格

型号名称	AN/SPS-55
制造商	卡迪恩电子
服役时间	1971 年
建造数量	—
类型	固态对海搜索与导航雷达
装载平台	CG-47，DDG-993，FFG-7，DD-963
频率	I 波段 9.05~10.0GHz G 波段 5.45~5.825GHz
作用距离	50km
方位	1.5°
功率	峰值 130kW，平均 2kW
脉冲宽度	1.0μs（750pps），0.12μs（2250pps）
尺寸	1.98m×0.71m
天线	天线增益：31dB 天线转速：16rpm 极化形式：圆极化或线极化 天线尺寸：203cm×71cm 天线重量：90kg

8.3.1.2 系统特征

这是一种 I/G 波段对海搜索与导航雷达，取代了广泛使用的 C 波段 AN/SPS-10。由于它在 I/G 波段工作，AN/SPS-55 避免干扰 C 波段导弹目标跟踪器。它还跟踪低空飞行的飞机和直升机。

该天线由两个端对接的开槽波导阵列组成，背对背和斜视补偿。天线极化可以是线性的也可以是圆形的，后者可以屏蔽雨水回波。无论极化如何，旁瓣都大致相同。它由同轴磁控管供电，产生两种不同的脉冲宽度。在较长（1.0μs）的脉冲宽度下，可以检测到比输出低 -102dB 的信号。

接收器是一个图像抑制混频器前置放大器，具有自动频率控制（AFC），快速时间控制（FTC），灵敏度时间控制（STC）和对数/线性对数检测处理。扇区宽度可以在 10°~180°之间，覆盖范围可以从地平线周围的任何点开始。

除磁控管之外的所有组件都是固态的，这有助于提高平均故障间隔时间（MTBF）和更低的平均修复时间（MTTR）。所需的 MTBF 为 500h，测试结果显示 MTBF 为 1200h。①

该雷达具有如下特征：

（1）磁控发射机；低噪声射频接收器；灵敏度时间控制；快速时间恒定滤波；扇形辐射。

（2）雷达的有效作用距离为 50ft 到 50mile 以上。它主要用于探测其他船舶，海岸线和航行危险。

（3）“灵敏度时间控制”根据从最后一个发射器脉冲开始经过的时间，自动将 RF 接收器

① https://web.archive.org/web/20041105105741/https://wrc.navair-rdte.navy.mil/warfighter_enc/weapons/SensElec/RADAR/sps55.htm.

的增益从低调整为高。这有助于调整目标附近产生比相同大小的远距离目标更大的回报的事实。

(4)“快速时间恒定滤波”有助于移除范围非常大的目标，如云，同时传递范围较小的目标，如船只或飞机。

(5)“扇形辐射”允许操作员关闭天线360°旋转的任何大小的扇形扇区的发射机。操作员可能希望这样做以避免被位于已知或可疑位置内的敌方接收器检测到。

8.3.1.3 研制与使用

AN/SPS-55雷达于1993年已经停止生产。后被AN/SPS-67雷达替代，雷达配件和维修市场预计持续到2020年。它之前被配置在提康德罗加级巡洋舰、基德级驱逐舰、斯普鲁恩斯级驱逐舰、佩里级护卫舰、复仇者级扫雷舰等众多舰船上。

8.3.1.4 采办动态

8.3.2 AN/SPS-64

8.3.2.1 概况

AN/SPS-64是带有光栅扫描明亮显示指示器的水面搜索与导航雷达，由雷神公司研制(图8-8)。该雷达因提供“增强操作特性”而被广泛推广，其拥有多达18种变型，是海岸警卫队舰船和海军辅助舰艇的主要导航雷达，也被很多海军战斗舰艇用作次级搜索与导航雷达，其AN/SPS-64(V)9被广泛运用在尼米兹级航空母舰、提康德罗加级巡洋舰等主力舰艇上，2013年后该雷达正在逐渐被SharpEye替代。①

图8-8 AN/SPS-64雷达

AN/SPS-64雷达技术规格如表8-8所列。

表8-8 AN/SPS-64雷达技术规格

型号名称	AN/SPS-64
制造商	雷神公司
服役时间	20世纪70年代

① Jane's C4ISR & Mission Systems: Maritime 2017-2018.

（续）

建造数量	—
类型	对海搜索与导航雷达
装载平台	CVN-68，CG-47，DDG-51，DD-963，LHA-1，LPD-4，LSD-41
频率	I 波段 9375±25MHz F 波段 3030±25MHz
作用距离	I 波段 18.3m~118.5km， F 波段 27.4m ~1118.5km
功率	峰值 I 波段：10、25 和 50kW F 波段：60kW
脉冲宽度	0.06μs，0.5μs，1μs
天线	天线增益：28dB 天线转速：33rpm 极化形式：水平极化 天线尺寸：1.83m，2.74m，3.66m 天线重量：59kg，61kg，64kg

8.3.2.2　系统特征

AN/SPS-64 提供 F 波段（3030MHz）和 I 波段（9375~9420MHz）的不同版本，以供选择相对或真实的运动场景及避免碰撞的显示。计划位置指示器的基本配置是 30cm 和 41cm，并有符合大多数需求的扩展选项和附件。

RAYCAS 指示器将雷达信息与碰撞避免、目标追踪、导航以及战术数据集成在 41cm 的显示屏上。RAYPATH 指示器将这些相关数据集成在 30cm 或者 41cm 的明亮显示屏上。这在商业上被称为 RM-1220 和 RM-1620。

这些商用大型舰船雷达系统具有高可靠性和高性能，同时为所有类型的舰船提供了经济高效的雷达系统。通过提供完全兼容的天线选择，25kW、50kW 和 60kW 的发射器和显示指示器，可提供超过 15 种雷达配置。

AN/SPS-64 采用完全模块化的设计，可以适应不同的特定任务需求，允许在需要时复制系统，并以任意组合混合显示器和收发器。通过自适应接口功能，该套显示器可与其他雷达系统一起使用。可提供 AN/SPA-25 和 AN/SPA-66 的接口，以及用于火控和电子支持测量系统的接口。

该雷达为导航和引航提供了出色的距离和方位角分辨率。ESM 接口可防止来自其他船舶雷达的干扰。火控界面将视频，触发器和方位角信息分发给船舶火控系统。

先进的设计技术将尺寸、重量和功耗降至最低，同时最大限度地提高可靠性和性能。该系统结合了高发射功率，高脉冲重复率，窄天线波束宽度，灵敏接收器和数字增强显示器。它可以为一个或多个 SPA-25 指示器提供数据，向 SLA-10 消隐/视频混合器组提供消隐信号，并接受船舶的陀螺仪输入。

该系统适用于港口通道和拥挤水道的近距离导航，以及根据需要进行的远程监视。雷达提供全天候性能。显示选项包括相对，真实运动和碰撞避免模式。这些显示器具有直接日光观察或无需遮光罩的有效夜间操作。显示屏也可以偏移，以将前视图扩展到 70%。

真实运动单元以电子方式绘制并显示最多 8 个选定目标的真实或相对路线。防碰撞单元（CAS）自动评估目标的轨迹，以即时确定碰撞避免过程（或目标拦截过程）。

RAYPATH 12 英寸 PPI 与系统的(V)11 版本一起使用，可以自动跟踪船舶 20n mile 内的 20 个目标。它显示目标 CPA，航向/速度，船首交叉距离以及违反操作员设置的 CPA/TCPA（最近接近点/CPA 时间）阈值的目标的警告。

可以选择 RAYPATH 显示以显示目标真实或相对向量，并且具有真实运动和试验机动能力，这使得可以分析所提出的逃避机动。Autodrift 功能可以纠正本船速度和航向中的错误，并稳定范围显示。

RAYCAS V 16 英寸 PPI 专为战斗信息中心（CIC）的操作而设计。它与雷达的(V)6 和(V)10 版本一起使用，能够自动跟踪船舶 40n mile 内的 20 个目标。它提供目标范围/方位和航向/速度的直接读数，自动计算拦截航向和速度。真实或相对目标向量也可以显示。

RAYCAS V 系统可以显示多达 20 个地面稳定的真实标记，用于屏幕上的标记或参考。它还可以显示多达 16 个地面稳定的导航段，用于边界、危险区域等。显示屏具有自动恒定误报率（CFAR）功能和可选功能，可显示多达 1500 个地理数据点。指示器控制功能提供 64n mile 的可选范围标度，用于目标范围估计的固定范围环，精确目标范围和方位的数字 LED 读数，以及抵消承载船在显示器上的位置的能力。通过陀螺仪输入，该指示器将提供船舶真实航线的连续数字读数以及稳定的“北向”演示选项。①

8.3.2.3 研制与使用

AN/SPS-64 雷达变体（V1 至 V18）之间的差异主要是所采用的天线、发射器和显示器的数量。其主要变型产品如表 8-9 所列。②

表 8-9 AN/SPS-64 雷达的主要变型产品

变型	描述
AN/SPS-64(V)1	海岸警卫系统，采用一个 1.8m 的 I 波段天线、一部 20kW 的发射机、一个 30cm 的显示器
AN/SPS-64(V)2	海岸警卫系统，采用一个 1.8m 的 I 波段天线、一部 20kW 的发射机、一个 30cm 和一个 41cm 的显示器
AN/SPS-64(V)3	海岸警卫系统，采用两个 1.8m 的 I 波段天线、两部 20kW 的发射机、两个 30cm 和一个 41cm 的显示器
AN/SPS-64(V)4	海岸警卫系统，采用一个 1.8m 的 I 波段天线、一个 30cm 的 F 波段天线、一部 20kW 的 I 波段发射机、一部 60kW 的 F 频段发射机、一个 30cm 和两个 41cm 的显示器
AN/SPS-64(V)5	陆军系统，采用一个 1.8m 的 I 波段天线、一部 20kW 的发射机、一个 41cm 的显示器
AN/SPS-64(V)6	海岸警卫系统，采用一个 1.8m 的 I 波段天线、一个 30cm 的 F 波段天线、一部 50kW 的 I 波段发射机、一部 60kW 的 F 频段发射机、一个 30cm 和一个 41cm 的显示器
AN/SPS-64(V)7	海岸警卫系统，采用一个 1.8m 的 I 波段天线、一部 20kW 的 I 波段发射机、一个 30cm 的显示器
AN/SPS-64(V)8	海岸警卫系统，采用一个 1.8m 的 I 波段天线、一部 20kW 的 I 波段发射机、一个 41cm 的显示器
AN/SPS-64(V)9	海军系统，采用一个 1.8m 的 I 波段天线、一部 20kW 的发射机、一个 30cm 的显示器
AN/SPS-64(V)10	海岸警卫系统，采用一个 1.8m 的 I 波段天线、两部 20kW 的 I 波段发射机、一个 30cm 和一个 41cm 的显示器

① https://www.forecastinternational.com/archive/disp_old_pdf.cfm?ARC_ID=1660.

② 世界航空母舰雷达与电子战手册 2011.

(续)

变　型	描　述
AN/SPS-64(V)11	海岸警卫系统，采用一个 1.8m 的 I 波段天线、一部 20kW 的 I 波段发射机、一个 30cm 的显示器
AN/SPS-64(V)12	陆军系统，采用一部 10kW 的 I 波段发射机、一个 30cm 的显示器
AN/SPS-64(V)13	陆军系统，采用一部 10kW 的 I 波段发射机、一个 25cm 的显示器
AN/SPS-64(V)14	陆军系统，采用一部 10kW 的发射机和天线罩、一个 25cm 的显示器
AN/SPS-64(V)15	海军系统，采用一个 1.8m 的 I 波段天线、一部 50kW 的发射机、一个 41cm 的显示器
AN/SPS-64(V)16	陆军系统，采用一个 1.8m 的 I 波段天线、一部 50kW 的发射机、一个 41cm 的显示器，还包含防爆系统
AN/SPS-64(V)17	陆军系统，采用一个 3.6m 的 F 波段天线、一部 60kW 的发射机、一个 41cm 的显示器
AN/SPS-64(V)18	海军系统，采用一个 2.7m 的 I 波段天线、一部 50kW 的发射机、一个 41cm 的显示器

AN/SPS-64(V)9 雷达装备在尼米兹级航空母舰（“罗斯福”号，“林肯”号和“华盛顿”号）、提康德罗加级导弹巡洋舰等舰船上。

8.3.2.4　采办动态

8.3.3　AN/SPS-67

8.3.3.1　概况

AN/SPS-67 是 G 波段的两坐标固态对海搜索与导航雷达，可提供高精度的水面和有限的低飞行物检测与跟踪功能（图 8-9）。最初设计用来取代 AN/SPS-10 水面搜索雷达，最初由诺登公司生产，后该公司被 DRS 公司合并。AN/SPS-67 雷达系统是舰艇作战系统的主要组成部分，能为舰艇作战系统提供高精确度的海洋水面监视和导航数据、探测和跟踪低空飞机。这些系统还结合其他的产品技术，包括商用成熟技术（COTS）为基础的显示器工作站、动力配电器、分配和控制装置、网络和其他系统。①

图 8-9 ┃ AN/SPS-67 雷达

① https://en.wikipedia.org/wiki/AN/SPS-67.

AN/SPS-67(V)3 天线备件如图 8-10 所示。AN/SPS-67 雷达技术规格如表 8-10 所列。

图 8-10 AN/SPS-67(V)3 天线备件

表 8-10 AN/SPS-67 雷达技术规格

型号名称	AN/SPS-67
制造商	DRS 电子系统公司
服役时间	1979 年
建造数量	200+
类型	两坐标中程对海搜索与导航雷达
装载平台	CVN-68，DDG-51 Flight Ⅱ/ⅡA，LHD-1，LHA-1，LPD-4，LSD-41
频率	G 波段 5.4~5.8GHz
作用距离	104km
方位精度	1.5°
功率	峰值 280kW
脉冲宽度	0.1μs，0.25μs，1.0μs
平均故障间隔时间	大于 600h
天线	天线转速：15/30rpm

8.3.3.2 系统特征

AN/SPS-67 作为一种对海搜索和监视雷达，主要用于水面舰艇。雷达执行导航、站点保持和通用水面搜索功能。此外，AN/SPS-67(V)3 和(V)5 还为 Mk34 舰炮系统提供快速响应目标自动化检测和追踪功能，为阿利·伯克级提供水面、空中交战的能力和舰炮支援。

AN/SPS-67 雷达由接收机/发射机、视频处理器、雷达控制单元、天线控制器及天线安全开关组成，这些设备都被配备在 5 个 “易安装” 的机柜中。系统性能通过添加一个非常窄的脉冲模式（0.1μs）来改进，以更好地进行导航和提高短程小目标的分辨率。长脉冲（1μs）和短脉冲（0.25μs）模式则用于检测海上的中远程目标。雷达的性能还通过一个数字视频杂波抑制器和一个干扰抑制器进一步提升。可靠性、维修性和可用性也通过标准的电子模块技术和扩展性内置测试系统进行增强。

AN/SPS-67 发射机的负载是瓦里安公司生产的 210kW、G 波段可调磁控管 SFD-341，调制器具有下列特性：

（1）三个离散的脉冲宽度：0.1μs、0.25μs 和 1.0μs。

（2）磁控管阴极电压截尾，致使其下降时间接近上升时间，单个输出脉冲变压器的设计已考虑了这个特性。

（3）磁控管阴极反向电压削波，以降低脉冲过后的无用电压。

（4）全固态调制器的设计不用机械继电器就可提供脉冲宽度通道的隔离。

（5）磁开关铁芯磁通的复位不要直流偏置。

（6）用脉间调节的方法对储能电容器进行能量控制。

（7）由指令控制储能电容的充电和选择。

与 AN/SPS-10F 相比，AN/SPS-67(V)1 具有如下优点：

（1）低空飞行器检测；

（2）3 个可选脉冲宽度；

（3）采用跳动模式，增强电子对抗能力；

（4）扇形辐射；

（5）由于标准电子模块技术的使用，可维护性提高；

（6）发射机和接收机自动可调。

除了基本型号 AN/SPS-67(V)1，AN/SPS-67(V)2 还额外增加了一个“可生存”的天线（取代 AN/SPS-10 阵列）。AN/SPS-67(V)3 配备了附加的火力支援能力（装备在美国海军阿利·伯克级驱逐舰上）。AN/SPS-67(V)3 提供数字移动目标指示、自动目标探测和水面目标扫描追踪功能。AN/SPS-67(V)3 配置中的数据可以被集成到 AN/SYS-1 综合自动检测和追踪系统中，从而能够与多艘舰船的雷达信息进行自动关联，以呈现出一个组合起来的单一的战术航迹。AN/SPS-67(V)5 在 AN/SPS-67(V)3 的基础上，通过使用传感器的宙斯盾系统命令和决策借口提供更先进的信号处理、目标追踪、力以及火炮目标指定能力进行进一步升级。①

AN/SPS-67(V)1 的结构图分别如图 8-11 和图 8-12 所示。

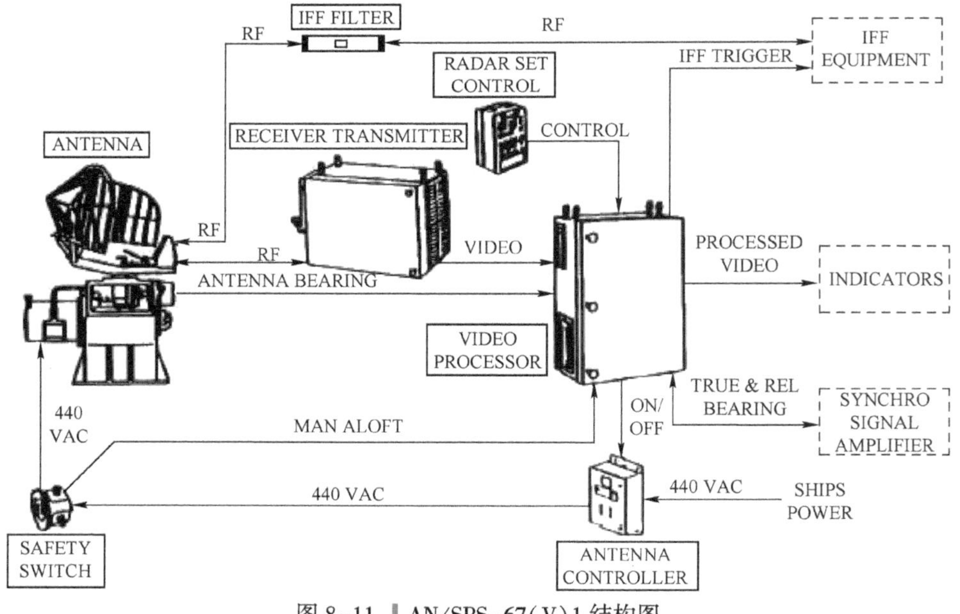

图 8-11 ‖ AN/SPS-67(V)1 结构图

① Jane's C4ISR & Mission Systems: Maritime 2017-2018.

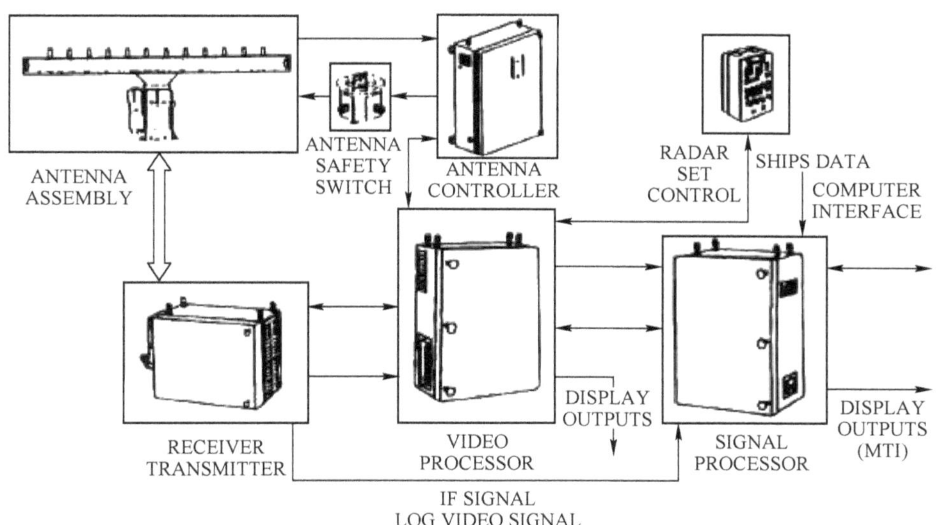

图 8-12 ‖ AN/SPS-67(V)3 结构图

总的来说，AN/SPS-67 雷达具有如下特征：

自动频率控制（AFC）；自动调谐；短时间常数（FTC）；干扰抑制（IS）；反对数电路（目标增强）；灵敏度时间控制（STC）；视频杂波抑制（VCS）；机内测试设备；扇形辐射（SR）；船舶航向标记（SHM）；抖频模式；交错模式。

8.3.3.3 研制与使用

1983 年，诺登公司开始量产 AN/SPS-67 雷达，共生产了 126 套 AN/SPS-67(V)1 型雷达和 36 套 AN/SPS-67(V)3 型雷达。1997 年，AN/SPS-67(V)3 的采购被分成两部分，一部分用于下部甲板设备，一部分用于上部天线组。2001 财年完成该采购，其中用于下部甲板设备的合同授予 DRS 公司，上部天线组的合同授予 EM 系统公司，各提供 26 套雷达系统。

2003 财年又新增了两个额外雷达系统采购的合同，一个为授予 DR 公司的 12 套用于下部甲板设备的 AN/SPS-67(V)3 和 26 套商用现货的 AN/SPS-67(V)5 更新部件，另一个为授予 EDO 公司的 17 套天线单元部件。通过 2004—2008 财年对该计划采购预算的补充，更新过的部件数量达到 40 套。

目前，AN/SPS-67 正在支持 DDG 51 阿利·伯克级导弹驱逐舰的重建工作（DDG 113-118）。PEO 已交付最后两套 AN/SPS-67(V)5 用于 DDG 117 和 DDG 118。自 DDG 119 起 AN/SPS-67(V)5 将被 AN/SPQ-9B 雷达取代。AN/SPS-67(V)5 目前安装在 DDG 51 级Ⅱ/ⅡA 型上，并与现有的舰载系统进行连接；同时，Ⅰ型也需要进行升级以减轻过时并获得 AN/SPS-67(V)5 现代化检测和跟踪处理的增强优势，以支持沿海环境中的水面舰炮武器系统项目。

截至 2017 年，AN/SPS-67 雷达的主要变型产品如表 8-11 所列。①

① https://www.navy.mil/navydata/fact_display.asp?cid=2100&tid=1275&ct=2.

表 8-11 AN/SPS-67 雷达的主要变型产品

变型	描述
AN/SPS-67(V)1	基本型，用于取代 AN/SPS-10
AN/SPS-67(V)2	相比原型，具有改进的线性阵列天线和更高的轴承精度
AN/SPS-67(V)3	配备了附加的火力支援能力，增加数字自动目标探测（ATD）、扫描时跟踪（TWS）和移动目标指示器（DMTI）等功能
AN/SPS-67(V)5	AN/SPS-67(V)3 商用现货（COTS）版，它消除了所有合成器扩展器模块，用新的 VME 模块替换了信号处理器单元，仍然维护现有的(V)3 要求和接口。在 AN/SPS-67(V)3 的基础上，通过使用传感器的宙斯盾系统指挥与决策接口提供更先进的信号处理、目标跟踪、以及火炮目标指示能力进行进一步升级

8.3.3.4 采办动态

8.3.4 AN/SPS-73

8.3.4.1 概况

AN/SPS-73 是美国海军装备的近程两坐标对海搜索与导航雷达系统，提供接近的距离和方位信息，由雷神公司研制生产（图 8-13）。AN/SPS-73 雷达的集成数据提供给操作员一幅完整丰富的海上环境的图画，雷达、处理器和显示器采用了高性能的商用产品和先进技术，为海员提供一个高级的最优的导航系统。目前，该雷达正处于研制试验阶段，将用来替换美国海军和海岸警卫队的现役 AN/SPS-64 和 AN/SPS-67 雷达。AN/SPS-73 雷达技术规格如表 8-12 所列。

图 8-13 AN/SPS-73 雷达

表 8-12 AN/SPS-73 雷达技术规格

型号名称	AN/SPS-73
制造商	雷神公司
服役时间	1979 年
建造数量	260+
类型	两坐标对海搜索与导航雷达

（续）

装载平台	CVN-68，LPD-17，LHD-1，LHA-1
频率	I 波段 9418±30MHz F 波段 3050±30MHz
作用距离	93~178km（截获和跟踪）
距离精度	距离量程的 1%
方位精度	0.5°
功率	峰值 I 波段 25kW 或 F 波段 30kW
脉冲宽度	0.08~1.2μs
平均故障间隔时间	4000h
天线	类型：旋转裂缝波导阵列 极化方式：水平极化 天线转速：20~25rpm

8.3.4.2 系统特征

AN/SPS-73 具有开放式结构，采用模块化设计，便于根据特殊功能要求进行组配，因而适装于各类舰艇。其采用先进的数字技术，舰载应用时能将来自本舰上其他传感器的数据进行综合。AN/SPS-73 拥有自己的显示器，它不仅能显示 AN/SPS-73 的信息，也能显示来自其他舰船雷达的信息。在主控台上显示的雷达视频为操作员手工完成雷达搜索、探测和跟踪功能提供一种方法。操作员辅助手段有标准键盘和跟踪球，距离振铃，CPA/TCPA，灵活画图功能，软键雷达和跟踪控制，多雷达控制和数据融合。

AN/SPS-73 所采用的新型控制台满足甚至超过了国际海事及海事服务雷达技术委员会对于自动雷达点迹（ARAP）的要求。其性能监控彩色显示器比老雷达的分辨率高，其人机接口与标准工作站的环境相似，包含有弹出式菜单、图形按键和图形浮标。雷达显示器能够传递更多组织得很好的信息。

AN/SPS-73 具有改进的信号处理能力和自动探测能力。对海搜索功能提供了对海面目标和低空飞行目标的近程探测和监视，同时，它的导航功能能够快速精确确定我舰与相邻船只的位置，避免发生碰撞。AN/SPS-73 具有内置测试功能，可提高可靠性、功能和可维护性。AN/SPS-73 可在单系统上跟踪多达 200 个目标，在双系统上跟踪 300 个目标，速度可达 210kn。

AN/SPS-73 通过追踪水面船只、障碍物、海岸线、浮标和导航标记来协助低空飞行器的导航、避碰、地面监视和有限探测。AN/SPS-73 的设计符合导航雷达的商业标准，并符合各种电子接口标准（如 NMEA 0183）。该雷达系统是一个数字系统，其性能优于 AN/SPS-64。该系统还可以与其他导航和信息处理系统一起使用，例如，自动识别系统（AIS）、电子海图显示系统（ECDIS）和导航传感器系统接口（NAVSSI）。因此通过修改 AN/SPS-73 可以适应未来的接口和要求；系统的接口设计文档描述了雷达的数据、状态和控制输入和输出以及与其他系统的集成。

来自于 AN/SPS-67(V)或 AN/SPQ-9B 的雷达视频被提供给 AN/SPS-73(V)12 的 SAOP 控制处理器，以提供用于处理和显示的备用导航数据源。此外，AN/SPS-73(V)12 与集成舰桥系统（IBS）连接的接口用于提供威胁追踪的导航接口。

传统的 AN/SPS-73(V)12 系统使用 VME 架构并托管 VxWorks 操作系统（OS），该系统在 Synergy Microsystem PowerPC 单板计算机上运行软件版本 11.7。Field Change 13 在 GEFanuc 单板计算机上运行 Linux CentOS 5.3 版操作系统，通过紧凑型 PCI 总线替换传统 VME 插件箱来升级缓解过时的方法。以太网接口使用雷神公司开发的专有雷达数据服务通信中间件协议。外部以太网连接通过以太网交换机进行传送。

AN/SPS-73 比当前的其他雷达具有更强的探测能力，因为它具有不用波导的更有效的天线、灵敏度更高的接收机和先进的雷达处理器。因不同的平台和目标而异，该雷达的探测距离提高 20%-60%，能以更高速率跟踪多个目标，显示器包括专为美国海军空中战斗中心研制的雷达扫描转换器和处理器。

与 AN/SPS-64 相比，AN/SPS-73 的平均故障间隔提高了 9 倍，其机内自检系统可以判别大多数故障。AN/SPS-73 每年约需 2h 的预防性维护，而 AN/SPS-64 却需要 74h。

8.3.4.3 研制与使用

AN/SPS-73 采用了先进的数字技术，具有开放式结构和模块化设计，可根据功能要求进行组配，适装于各类舰艇，多达 17 个产品型号，其中应用最广泛的为 AN/SPS-73(V)12。

AN/SPS-73(V)12 目前已安装了大约 100 艘舰船，包括 CVN，CG，DDG，LHA，LHD，LPD，LSD，LCC，PC 和 MCM 级。

AN/SPS-73(V)12 计划于 2017 财年进入临时（Caretaker）状态，下一代水面搜索雷达（NGSSR）目前正在开发中，将会取代 AN/SPS-73(V)12。①

AN/SPS-73(V)雷达的变型多达 17 种，已知配置的主要变型产品如表 8-13 所列。

表 8-13 AN/SPS-73(V)雷达的变型产品

变　型	描　述
AN/SPS-73(V)1	400'WAGB，两个 I 波段，四个 SAOP
AN/SPS-73(V)2	378'WHEC，一个 F 波段，一个 I 波段，两个 SAOP
AN/SPS-73(V)3	295'WIX，两个 I 波段，三个 SAOP
AN/SPS-73(V)4	270'WMEC，一个 F 波段，一个 I 波段，两个 SAOP
AN/SPS-73(V)6	210'WMEC，一个 I 波段，两个 SAOP
AN/SPS-73(V)8	160'WLIC，一个 I 波段，一个 SAOP
AN/SPS-73(V)9	140'WTGB，一个 I 波段，两个 SAOP
AN/SPS-73(V)10	110'WPB 和 87'WPB，一个 I 波段，两个 SAOP
AN/SPS-73(V)12	—

8.3.5 AN/SPQ-9B

8.3.5.1 概况

AN/SPQ-9B 雷达最初起源于 20 世纪 60 年代末诺斯罗普·格鲁曼公司电子系统分部诺登系统公司研制的 AN/SPQ-9 雷达（图 8-14）。当时该公司研制了 AN/SPQ-9(V)、AN/SPQ-9A 等型号，主要是用作 Mk86 型火控系统的传感器，可用于对空对海搜索，实现对舰炮的火力制导。

① https://www.navy.mil/navydata/fact_display.asp?cid=2100&tid=1287&ct=2.

图 8-14 AN/SPQ-9B 雷达

AN/SPQ-9 雷达分为 AN/SPQ-9A 和 AN/SPQ-9B 两种型号，技术规格如表 8-14 所列。

表 8-14 AN/SPQ-9A/B 雷达技术规格

型号名称	AN/SPQ-9A	AN/SPQ-9B
承包商	洛克希德·马丁	诺斯罗普·格鲁曼
时间	1970 年	1997 年
建造数量	—	—
类型	目标跟踪、对空和对海搜索、火控雷达	火控和对海搜索雷达
装载平台	CG-47，DD-963，DDG 993，LHA-1	CVN-68，CG-47，DDG-51，DD-963，LPD-17，LHD-1
频率	I 波段 8~10GHz	I/J 波段 8~12.5GHz
作用距离	137m（最小），37km（最大）	
距离精度	—	0.9m±距离的 0.025%
方位	360°	
功率	峰值 1.2kW	—
脉冲宽度	0.3~16μs	—
天线	天线增益：37dB 天线转速：30rpm，60rpm 天线尺寸：2.35m×0.762m 天线重量：537.5kg	类别：裂缝阵列天线 天线转速：60rpm 天线尺寸：2.35m×0.726m 天线重量：537.5kg
脉冲重复频率	3,000PPS	20,000PPS
仰角	0°~75°	—
监测高度	609.6m	—
目标容量	4	—
跟踪容量	100	—
杂波抑制	—	90dB（对空），70dB（对海）
精度范围	—	45.7m
发射机类型	—	TWT

8.3.5.2　系统特征

AN/SPQ-9B 雷达是一种多波形、窄波束、X 波段、脉冲多普勒雷达，主要有对空、对海和信标应答三种工作模式，另外还有反舰导弹探测模式、动目标显示等子工作模式，既能够作为单独的探测设备进行独立工作，也可以与舰船自防卫系统、宙斯盾作战系统集成，成为作战系统的一部分。因此，AN/SPQ-9B 雷达能够支持对岸攻击、反舰战和防空战，并能够在严重海杂波和电子干扰情况下探测到掠海飞行的具有极小雷达反射截面的反舰导弹。

AN/SPQ-9B 雷达还采用了大量的先进技术，包括多普勒处理技术、数字副瓣对消技术、单次扫描探测与跟踪技术、机内测试技术等。最值得一提的是单次扫描探测与跟踪技术。由于 AN/SPQ-9B 天线能产生 3 个波束，如果主波束检测到空中目标，后 2 个波束则对该目标进行确认和跟踪，这样单次扫描即可实现跟踪，并能将获得的数据传送给火控系统。

AN/SPQ-9B 雷达系统舱内设备主要包括接收机/激励器、信号处理机和发射机，如图 8-15 所示。AN/SPQ-9B 雷达结构图如图 8-16 所示。

图 8-15　AN/SPQ-9B 系统组成

AN/SPQ-9B 是从 AN/SPQ-9A 雷达发展起来的，它既能作为单独的探测设备进行独立工作，也可与舰艇自防御系统、宙斯盾作战系统结合，成为作战系统的一部分，其具有以下特点：

（1）采用低噪声激励装置，其接收机和处理器充分利用了商用现成技术；

（2）采用窄波束、高数据率、多普勒处理技术和数字旁瓣对消技术，具有高的杂波抑制/改善能力（在 90dB 范围内），可在严重海杂波和箔条干扰条件下，对低空飞行的极小雷达反射截面的反舰导弹进行探测与跟踪；

（3）能够同时探测、截获和跟踪多个目标，可提供原始清晰的（经过处理的）海面图像，经过处理的空中合成探测，选通图像以及表明天线相对方位、方位参考脉冲和方位变化脉冲的信标图像合成信号；

（4）具有对空工作模式、对海工作模式和信标工作模式三种工作模式，另外还有反舰导弹探测和动目标显示等子工作模式；

（5）可变的对空通道脉宽和固定的对海通道脉宽，动目标显示改善因子达 80dB 和高的扫描速率；

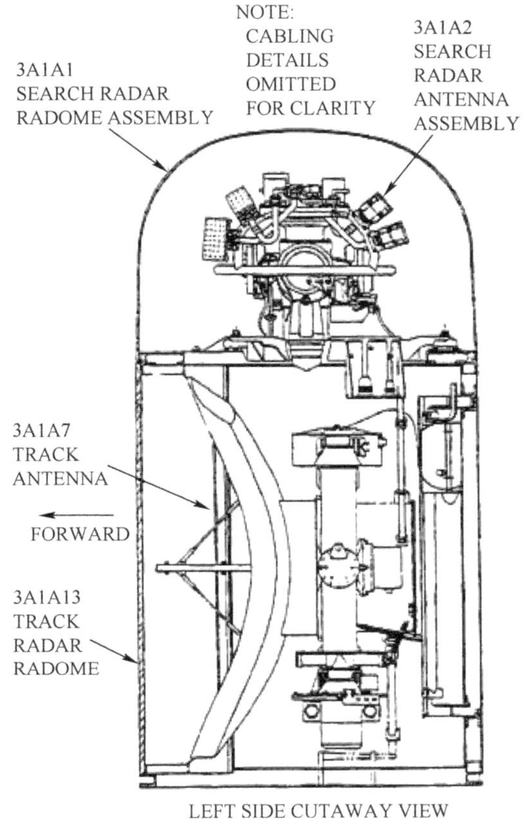

图 8-16 ‖ AN/SPQ-9B 结构图

（6）采用了先进的探测和跟踪算法以及先进的单次扫描探测与跟踪技术，其天线能产生 3 个波束，如果主波束检测到空中目标，后 2 个波束则对该目标进行确认和跟踪，这样单次扫描即可实现跟踪，并能够将获得的数据传送给火控系统；

（7）可同时对空/对海搜索和信标跟踪；

（8）广泛的系统机内自检能力。

8.3.5.3 研制与使用

AN/SPQ-9B 雷达的起源，要追溯到 20 世纪 60 年代末诺斯罗普・格鲁曼公司电子系统分部诺登系统公司研制的 AN/SPQ-9 雷达。当时诺斯罗普・格鲁曼公司研制了 AN/SPQ-9(V)、AN/SPQ-9A 等型号，主要是用作 Mk86 型火控系统的传感器，可用于对空对海搜索，实现对舰炮的火力控制。

20 世纪 80 年代末，由于濒海亚声速或超声速掠海反舰导弹威胁的不断增加，水面舰艇急需装备一种能够在强杂波环境下有效探测反舰导弹的雷达，因此美国海军研究实验室雷达分部于 1991 年提出研制 AN/SPQ-9B 雷达。这种新雷达能够提供一种全新的低成本高效低空探测能力，而且可提供比 AN/SPQ-9A 更强的对海探测能力，能够更好地支持 Mk86 型火控系统和实现海上导航。

1994 年 10 月，美国海军授出一份工程与制造合同，将生产两部 AN/SPQ-9B 雷达原型机，一部用于承包商测试，另一部用于陆上测试。随后，美国海军研究实验室生产出 AN/SPQ-9B 雷达的先期发展型，并于 1993—1994 年成功进行了探测典型威胁目标的陆上测试。

1994 年 10 月，美国海军授予诺登系统公司一份 1600 万美元的合同，用于设计和研制 AN/SPQ-9B 雷达系统。1997 年 8 月，诺登系统公司又获得 910 万美元的合同用于两部 AN/SPQ-9B 雷达的初始化生产。第一部试生产的 AN/SPQ-9B 雷达于 1997 年底交付，并于 1998 年 12 月成功完成了陆上测试。

AN/SPQ-9B 是在 AN/SPQ-9A 的基础上加以改进的，但在结构上拥有全新设计。首先表现在天线上，AN/SPQ-9B 的天线垂直尺寸比 AN/SPQ-9A 有大幅度增加，这使得其垂直波束变窄，在垂直方向上分辨率更高，有利于对掠海飞行反舰导弹的探测。

与 AN/SPQ-9A 相比，AN/SPQ-9B 型雷达采用了 AN/APG-68 型火控雷达的发射机。AN/SPQ-9B 型雷达采用了新的接收机、信号处理机和低噪声激励器，其中接收机和处理机广泛采用了商用成熟技术，而激励器具有超低噪声，可提供准确的音频和时钟信号，增大了相应的改善因子，有利于发现杂波中的小目标。

8.3.5.4 采办动态

2018 年 7 月 27 日，美国海军宣布与 DRS 公司签订一项价值 1910 万美元的合同，从该公司采购 5 部 AN/SPQ-9B 型低空对海搜索雷达。该合同同时包括提供 4 部作战接口套件、工厂验收和物理配置审查。

DRS 公司在 4 月下旬取代了诺斯罗普·格鲁曼公司作为美国海军的 AN/SPQ-9B 的承包商并签订了 6430 万美元的协议，以制造多达 59 部 AN/SPQ-9B 雷达系统。此合同也包括美国海军和日本政府签订的项目，累计金额将达 2.63 亿美元。生产工作在 DRS 公司位于佛罗里达州 Largo 市和宾夕法尼亚州杰克森顿的工厂进行，预计于 2022 年 6 月全部生产完。

8.3.6 AN/SPS-74

8.3.6.1 概况

AN/SPS-74 是美国海军装备的潜望镜探测雷达，具有高分辨率和高扫描速率以及专门用于处理海面信息的处理器，提供了一个能在高度混乱的环境中，在显著战术范围内对潜艇潜望镜进行早期探测和跟踪的系统（图 8-17）。该雷达系统来源于“自动雷达潜望镜探测

图 8-17 AN/SPS-74 雷达

和识别系统”（ARPDD），能使装备该系统的航空母舰能力大大增强。其基本功能是对上部安装潜望镜可能对舰艇造成威胁的潜艇进行定位。① 与其他类型的雷达系统不同的是 AN/SPS-74 加快了扫描速度，且敏感度较高。

这种全新的全数字舰载对海搜索雷达旨在探测困难目标，即那些隐藏在海杂波深处、相对运动率非常低或非常高的目标——如潜艇潜望镜和恐怖分子袭击船。制造商是超级电子公司下属的 3-Phoenix 公司，另有一些部件被外包给诺斯罗普·格鲁曼公司。

AN/SPS-74 雷达如图 8-17 所示，技术规格如表 8-15 所列。

表 8-15 AN/SPS-74 雷达技术规格

型号名称	AN/SPS-74
制造商	超级电子（3-Phoenix）
服役时间	2006 年
建造数量	10+
类型	潜望镜探测雷达
装载平台	CVN-70，73，74，76
频率	I 波段
作用距离	最大 39n mile，平均 23n mile
天线	天线转速：300rpm

8.3.6.2 系统特征

AN/SPS-74 包括 2 个气冷处理器机柜、接收器/发射器（R/T）、雷达数据处理器（RDP）、1 个甲板以上的天线组、4 个操作员显示（ROD）战术工作站。该系统旨在满足所有尼米兹级航空母舰的 MIL-STD-901D B 级冲击要求，具有 X 频段、窄波束、快速处理的潜望镜探测和多特征辨别功能的特点。

AN/SPS-74 以非常高的数据更新速率（5 次/s）运行，使它能够快速地识别类似于潜望镜的小而困难的目标。AN/SPS-74 雷达直接与 AN/UYQ-100 反潜作战计算机接口，也可以连接到舰艇的电子战套件。具有三种模式：待机（系统启动但不扫描），无人值守（如果探测到潜望镜，就会发出警报声）和有人值守。

AN/SPS-74 潜望镜探测雷达（PDR）提供高分辨率和快速扫描能力，能够在战术重要距离上探测低多普勒、小雷达截面和有限暴露时间的潜望镜。PDR 显著增强了反潜作战的画面，降低了响应时间，有效地降低了敌方潜艇威胁。AN/SPS-74 由探测潜望镜曝光的高距离分辨率（HRR）雷达分系统和分析雷达数据的雷达数据处理器（RDP）分系统组成，采用先进的信号处理技术对雷达数据进行分析，在保持低误报概率的同时，正确地在海波杂波和易混淆目标中识别和探测潜望镜。

HRR 雷达分系统由上甲板天线组和下甲板 R/T 单元组成。天线组由稳定基座、旋转穹顶、基座电子组件（PEA）、天线罩和机械稳定反射器天线组成。天线组件是发射和接收用于探测潜艇潜望镜的射频信号的主要手段。天线组件由反射器和垂直极化馈电喇叭组成，由一个 300RPM 的方位旋转器和解析器支撑。辊轴驱动和节距轴驱动用于保持平台对地平的稳

① http://www.navy.mil/navydata/fact_display.asp?cid=2100&tid=1300&ct=2.

定性。天线及其相关的旋转穹顶安装在底座总成的顶部，并以 300 转/min 的速度旋转。旋转穹顶消除了雷达罩内的湍流，使反射器以 300 转/min 的速度旋转，这有助于底座保持一个稳定的天线波束位置不受振动。

AN/SPS-74 具有导航关键分配系统（NCDS）局域网的单向数字接口，以支持向 AN/UYQ-100 水下作战决策支持系统报告经过验证的潜望镜警报。AN/SPS-74 为 AN/SLA-10B 系统提供脉冲触发数据，以支持舰载电子支持措施/电子对抗接收机系统。

AN/SPS-74(V)接收来自 NCDS 的 OD-19 导航消息，以便在地理位置上定位其联系方式，并应用舰船服务提供的 IRIG-B 时间，以便将联系数据发送给潜艇进行时间校准。

AN/SPS-74 还包括与集成的舰载网络系统 LAN 之间的独立双向数字接口，用于远程支持；接收并应用其舰载培训课程、BIT 知识库、维护程序和分配给维修工的任务，使用远程支持接收的更新。作为回应，AN/SPS-74 通过远程支持系统向岸上设施提供维护任务状态、维护人员输入和系统状态。

8.3.6.3 研制与使用

由于全球形势的变化和潜艇技术的进步，潜望镜探测雷达（PDR）的能力是航空母舰作战的关键要求。PDR 技术在海军研究资助的“自动雷达潜望镜探测和识别系统”（ARPDD）原型下成功演示，但将该系统引入舰队的成本却是高昂的。AN/SPS-74 项目由 PEO IWS 于 2006 财年作为先进技术演示（ATD）工作发起，旨在展示一种可负担得起的、操作有效的 PDR 能力，其性能可与 ARPDD 媲美。

资源需求审查委员会（R3B）于 2006 年 8 月召开会议，确定所有航空母舰都需要 AN/SPS-74 PDR 能力。R3B 的决定以及随后快速部署能力（RDC）的批准和指定将最初的计划目标从 ATD 修改为具有后续生产系统的高级开发模型（ADM）。海军总共授权了 4 套基于 AN/SPS-74(V) ADM 设计的 PDR 系统和 11 个生产系统，包括 10 套安装在尼米兹级航空母舰上的系统和 1 个陆地测试基地。

AN/SPS-74 样机于 2006 年进入研发阶段，并在巴哈马群岛通过了大西洋水下试验与评价中心的初始测试。AN/SPS-74(V)1 ADM 潜望镜探测雷达子系统由超级电子公司在 PEO IWS 资助的“小企业创新研究”（SBIR）第三阶段合同下开发。

截至 2012 年 5 月，在 USN 服务中有 5 套 AN/SPS-74 已装备：弗吉尼亚州 Dam Neck 海军站的岸上训练器，4 艘安装有 AN/SPS-74(V)1 先进发展模型（ADM）的尼米兹级航空母舰——卡尔·文森号（CVN 70）、乔治·华盛顿号（CVN 73）、约翰·斯坦尼斯号（CVN 74）和罗纳德·里根号（CVN 76）。其中乔治·华盛顿号上的装置被认为是正式的操作评估（OPEVAL）装置。

该项目通过 POM-14 决策终止，潜望镜探测能力被 AN/SPQ-9B 代替。目前已装备的系统将继续服役，直到 AN/SPQ-9B 的 PDR 能力成熟，达到全面部署标准。

8.3.6.4 采办动态

自 2009 年 1 月起，美国海军为乔治·华盛顿号（CVN 73）航空母舰“量身定做”了一套改装计划，在横须贺基地为该航空母舰安装了新的电子探测系统，其中新安装的 AN/SPS-74 雷达将为乔治·华盛顿号提供探测潜艇潜望镜的能力。乔治·华盛顿号作战系统负责人表示，乔治·华盛顿号航空母舰是敌人易攻击的高风险目标，因此，该航空母舰应配备先进的装备，应对这些潜在的危机，以保证舰员的生存。在 2008 年乔治·华盛顿号起程前往日本之前，该雷达系统的天线整流罩和平台已经移到该航空母舰上。

2009 年 5 月，改装完毕的乔治·华盛顿号驶出横须贺基地，在太平洋上试航以检验该航空母舰的改装成效，并对 AN/SPS-74 进行了最后测试。

8.4 多功能相控阵雷达

舰艇多功能雷达能同时完成对海、对空多批目标的搜索、跟踪和制导等多种任务，用以代替舰艇上多部单功能雷达，改变大中型舰艇上雷达数量多、功能少、相互间电磁干扰严重的不利状态。

舰艇多功能相控阵雷达能全方位、全空域自动搜索、跟踪多批目标、制导多枚导弹，并具有敌我识别、空中交通管制和自适应抗干扰等多种功能。主要由中心计算机、波束控制计算机、相控阵天线、发射接收系统，信号处理机、雷达终端和敌我识别器等组成。中心计算机，控制相控阵雷达工作，亦称控制计算机，通常由一部或几部通用计算机组成，是雷达工作的控制中心，完成雷达搜索、跟踪、波形管理、功率管理、性能监测、故障定位及数据处理等的运算和控制任务。控制和改变中心计算机的软件程序，可对雷达的技术参数（发射信号波形和能量、信号和数据处理参数、波束指向和扫描速度等）和工作方式（搜索、跟踪、制导或识别等）进行程序化控制或自动化管理，并可按目标环境自适应地选择功能和技术参数。波束控制计算机由专用计算机承担，根据中心计算机提供的指令数据（如下一次波束指向的方位角、仰角以及波束的形状等）完成各辐射单元相移量及功率的运算，并及时提供给各辐射单元的移相器及功率分配器，以完成下一次天线波束的指向和形状。相控阵天线，一般由 4 个阵面组成，分别安装在舰艇驾驶台的四周，每一个多边形阵面产生的波束，覆盖方位和仰角均大于 90°，4 个阵面共同完成方位角为 360°的全空域监视。每个相控阵天线阵面由大量辐射器和移相器组成，各辐射器产生的高频功率和相位受波束计算机的控制。雷达发射接收系统，完成各辐射器的功率产生、分配和回波信号的接收。信号处理机，由一部专用计算机来完成，根据中心计算机提供的工作模式进行相应的信号处理和数据处理。雷达终端，包括综合显示器、表页显示器、人-机对话装置（如键盘等）及其他特种显示等设备。敌我识别器，完成对目标的敌我识别。

相控阵雷达主要优点是：

（1）无惯性快速波束控制，波束方向一次转换只需数微秒；

（2）可同时产生多个独立的波束，分别完成不同的功能；

（3）能形成各种赋形波束方向图，容易实现特定的主瓣（副瓣很低）辐射图形；

（4）利用多部大功率发射机给天线不同单元馈电，在空间合成输出，能获得大的峰值功率和平均功率；

（5）可靠性高，部分天线的损坏或失效，对雷达性能影响不大；

（6）采用电子波束稳定，无须雷达天线稳定平台；

（7）天线采用固定式结构，无须天线旋转控制系统，抗风、抗海浪、抗冲击波的能力较强。

1962 年美国首先把 AN/SPS-32 和 AN/SPS-33 型相控阵雷达安装在企业号航空母舰和长滩号巡洋舰上，分别完成搜索和跟踪的任务。但受当时雷达技术、计算机技术和电子器件水平限制，雷达功能较少、成本昂贵、设备庞大、使用维护困难，在以后的 20 年中没有得到推广使用。随着微电子技术、雷达技术和电子计算机技术的高速发展，1982 年美国将新研制的 AN/SPY-1 多功能相控阵雷达正式装备提康德罗加号巡洋舰，成为该舰宙斯盾武器系统的核心设备。改进型有 AN/SPY-1A、AN/SPY-1B 和 AN/SPY-1D 等型。

8.4.1 AN/SPY-1A/B/D

8.4.1.1 概况

AN/SPY-1 是美国海军装备的无源相控阵雷达，是一种多功能相控阵雷达，能够搜索、自动探测、跟踪空中和水面目标，以及导弹防御支持。由洛克希德·马丁公司研制，其作为宙斯盾作战系统的核心，主要安装在提康德罗加级（CG-47）巡洋舰和阿利·伯克级（DDG-51）驱逐舰上，如图 8-18 和图 8-19 所示。AN/SPY-1 是宙斯盾舰的核心，也是迄今为止世界上第一部四面阵舰载相控阵雷达，是世界范围内装舰数量和范围最广的相控阵雷达，截至 2017 年，世界范围内已经有 6 个国家采购，搭载在 6 级舰艇共 103 艘舰艇上，未来这数量还会不断增长。AN/SPY-1 雷达技术规格如表 8-16 所列。

图 8-18 AN/SPY-1 雷达

图 8-19 洛克希德·马丁公司工程师对 AN/SPY-1 雷达阵面进行测试

表 8-16 AN/SPY-1 雷达技术规格

型号名称	AN/SPY-1
制造商	洛克希德·马丁
服役时间	1983 年
建造数量	100+
类型	无源相控阵雷达
装载平台	CG-47，DDG-51
频率	E/F 波段 3.1~3.5GHz
作用距离	463km
方位	360°（四面阵），110°（单面阵）
功率	峰值 4~6MW，平均 58kW
脉冲宽度	51μs，25.4μs，12.7μs，6.4μs
天线	类别：八边形平面阵 天线增益：42dB 尺寸： AN/SPY-1：3.84m×3.67m×1.29m AN/SPY-1A：3.65m×3.65m×1.27m AN/SPY-1B/D：3.65m×3.65m×1.22m 辐射单元数： AN/SPY-1A/B/D：4350 个 重量（每个阵面）： AN/SPY-1：7.77t AN/SPY-1A：5.44t AN/SPY-1B/D：3.63t

8.4.1.2 系统特征

AN/SPY-1 无源相控阵雷达是宙斯盾系统的心脏，是宙斯盾系统的主要对空对海雷达，是一部对空中和海面目标进行自动搜索、检测、跟踪并对 SM-2 导弹进行中段制导的多功能雷达，如图 8-20 所示。AN/SPY-1 由 4 面各涵盖 90°方位角的天线构成。每面天线约 3~4m，含 4350 个天线单元（移相器）。为兼顾侦测距离与分辨率，使用折中的 S 波段。对空最大搜索距离为 400km，可同时监视 400 个目标，并自动跟踪其中的 100 个。

AN/SPY-1 系列雷达结构和特点基本相同，以 AN/SPY-1A 为例，其主要由五个功能单元组成：天线单元、雷达发射机单元、信号处理单元、控制单元和辅助设备单元。这五个单元的组合支撑着宙斯盾系统五大关键性能，这些关键性能也是 AN/SPY-1 系列雷达的五大显著特点：

（1）天线单元形成和控制高功率发射波束并把它辐射入空间，也可接收和放大被接收到的信号并把它转换成中频；

（2）发射单元把高功率射频脉冲发送到相控阵天线，发射单元含有两组各 32 个 SFD-261 型交叉场放大器作为终端放大器，SFD-261 的设计规范为 5000h 寿命，但到 20 世纪 70 年代中期已达规定寿命的 2~4 倍，每组放大器均可在军舰的一端驱动电控阵列；

（3）信号处理机产生雷达发射机波形并根据雷达计算机组指定的接收机来处理所选择的回波，它也可为 AN/UYA-4 型显示单元产生并分配 AN/SPY-1A 雷达视频信号；

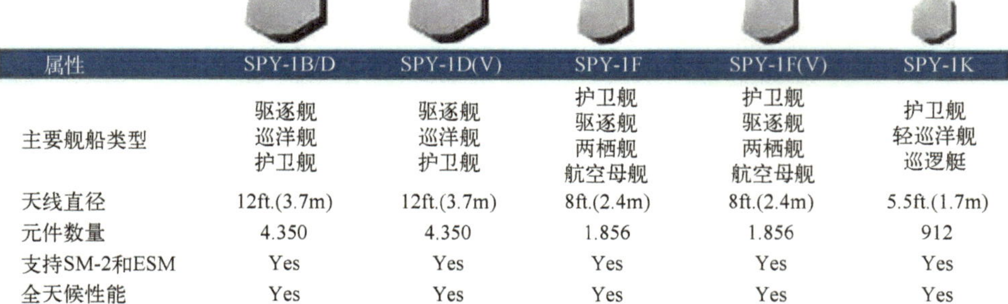

属性	SPY-1B/D	SPY-1D(V)	SPY-1F	SPY-1F(V)	SPY-1K
主要舰船类型	驱逐舰 巡洋舰 护卫舰	驱逐舰 巡洋舰 护卫舰	护卫舰 驱逐舰 两栖舰 航空母舰	护卫舰 驱逐舰 两栖舰 航空母舰	护卫舰 轻巡洋舰 巡逻艇
天线直径	12ft.(3.7m)	12ft.(3.7m)	8ft.(2.4m)	8ft.(2.4m)	5.5ft.(1.7m)
元件数量	4.350	4.350	1.856	1.856	912
支持SM-2和ESM	Yes	Yes	Yes	Yes	Yes
全天候性能	Yes	Yes	Yes	Yes	Yes

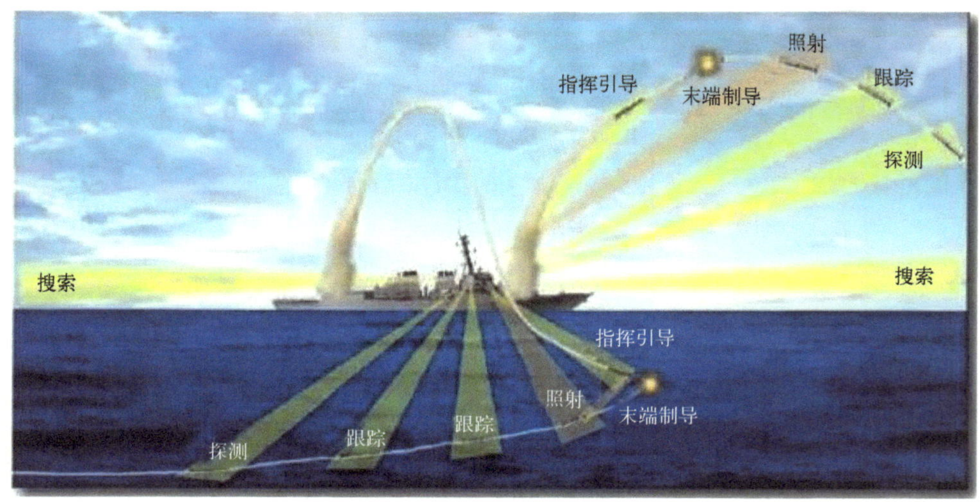

图 8-20 AN/SPY-1 能力及配备情况

（4）控制单元含有 AN/SPY-1A 雷达计算机组和显示设备，这些设备的工作是靠 AN/SPY-1A 型雷达计算机程序来调度和控制雷达系统功能；

（5）辅助设备单元提供特定的工作条件使 AN/SPY-1A 雷达工作最佳化，该单元包括空气冷却和水冷却、空气脱水、水净化和若干电源设备。

AN/SPY-1A 雷达和可用率高是借助于机内冗余技术和快速计算机控制的重组来确保的。雷达必须连续工作，只需少量操作维护人员。

AN/SPY-1A 的操作程序为：首先借助 AN/UYK-7 计算机组（控制单元），由信号处理机产生合适的搜索射频波形或跟踪射频波形；信号在发射机通道中被放大并被选择阵面；通过天线位置程序器把波束指向指令转换为阵列移相器指令，从而产生发射机输出，这些输出通过天线阵面在特定的空间角度形成波束；由阵列和通道（距离）和两个差通道（仰角和方位）接收的信号首先在射频前置放大器中被放大，在雷达接收机中作频率转换并被进一步放大；随后这些信号被送到信号处理机，该信号处理机可完成对接收到的信号作恒虚警率和脉压处理以及角度和距离估值；这些数据由 AN/SPY-1A 型计算机组用来起动雷达跟踪；如果需要增加杂波抑制，则 MTI 处理可同时用于跟踪和搜索两种工作方式。

AN/SPY-1B/D 型雷达的主要特点是采用分布式微处理器系统以实现快速信号处理，具有较强的多任务处理能力。AN/SPY-1D(V) 型雷达增强了沿海作战能力，针对海岸水域任务进行了优化，提高了抗干扰能力，美国海军从 1991 年开始建造的宙斯盾舰多采用该型雷达。

8.4.1.3 研制与使用

AN/SPY-1 计划开始于 20 世纪 70 年代初，作为宙斯盾系统开发和采办过程的一部分。

AN/SPY-1 到目前为止共有 8 种型号：AN/SPY-1A、AN/SPY-1B、AN/SPY-1C、AN/SPY-1D、AN/SPY-1D(V)、AN/SPY-1F、AN/SPY-1F(V)和 AN/SPY-1K。

AN/SPY-1A 和 AN/SPY-1B 用于装备提康德罗加级驱逐舰；AN/SPY-1C 是利用飞机作载体提出的项目，因难于实现而被取消；AN/SPY-1D 和 AN/SPY-1D(V)用于装备阿利·伯克级驱逐舰；AN/SPY-1F 设计用于航空母舰、驱逐舰、护卫舰和两栖舰，目前仅装备于挪威海军南森级护卫舰；AN/SPY-1F(V)和 AN/SPY-1K 暂时没有用户。

最先装备 AN/SPY-1 雷达的是美国海军提康德罗加级巡洋舰，同级巡洋舰有 27 艘（CG 47~73）。而阿利·伯克级驱逐舰自 1991 年首舰服役以来，连同目前正在建造的同级舰艇，总数量已经超过了 80 艘。

继美国海军后，日本海上自卫队的护卫舰也开始装备 AN/SPY-1 雷达。从 1993 年服役的金刚号开始，之后又装备雾岛号、妙高号、鸟海号等宙斯盾舰。再之后的两艘爱宕级宙斯盾护卫舰采用的是 AN/SPY-D(V)雷达，其在改造为导弹防御系统后，可用于制导 SM-3 型导弹。

继美、日后，西班牙海军的 4 艘巴赞级护卫舰、韩国海军的 3 艘 KDX-Ⅲ型世宗大王级驱逐舰也装备了 AN/SPY-1D 雷达。之后开发的 AN/SPY-1F 雷达天线规模变小，天线直径 2.44m，每个阵面有 1856 个移相器。挪威南森级护卫舰就采用了 AN/SPY-1F 雷达。

AN/SPY-1 的主要变型产品如表 8-17 所列。

表 8-17 AN/SPY-1 雷达主要变型产品

变　型	描　述
AN/SPY-1A	SPY-1 系列的第一种量产型
AN/SPY-1B	整体架构、功率、天线尺寸皆与 A 型相当，但使用了更新的科技以增加系统性能、减低系统的重量与复杂度。由于电子技术的进步，SPY-1B 引进超大型集成电路（VLSI）技术，使得系统的电子机柜总数由 A 型的 11 个降至 5 个，重量减轻 30%（A 型每个阵面重 12000lb 或 5.44t，B 型每个阵面则降至 7900lb 或 3.58t），系统中分离的数位模块数量由 3806 个大幅降至 1606 个
AN/SPY-1C	利用飞机作载体提出的项目，因难于实现而被取消
AN/SPY-1D	D 型的天线阵面、技术与后期的 B 型相当（每个阵面有 4350 个辐射单元），但结构大幅简化，并引进更新的电子科技，使得成本、系统复杂度与重量都有所降低，四面天线加起来的峰值功率与平均功率理论上和 B 型相似。 D 型的后端发射机的组件大致与 B 型相同，但是 B 型拥有两组发射机、每组负责供应两个天线阵面。而 D 型只有单一发射机供应四个阵面
AN/SPY-1D(V)	D 型的改良型，增强了沿海作战能力，针对海岸水域任务进行了优化，提高了抗干扰能力，改善了雷达在重型杂波环境中和强电子环境中对抗低空，减少雷达截面目标的能力，还具有探测和跟踪战区弹道导弹的能力。D(V)型的提升重点包括雷达发射机性能、信号处理能力以及控制计算机等，引进 COTS 技术来改进运算能力，以一部 HP PA-RISC 处理器取代原本由 UYK-43 计算机负责的战术运算工作，并以开放系统模块套件（OSM）加以改良，提高其可扩展能力
AN/SPY-1F	加快了信号处理速度并具有低成本小阵面，天线尺寸为 2.44m×2.44m，每个阵面由 1856 个移相器构成
AN/SPY-1F(V)	F 型的沿海作战版本，增强了沿海作战能力和反舰导弹防御能力
AN/SPY-1K	比 F 型更轻更小，天线尺寸 1.7m×1.7m，每个阵面由 912 个移相器构成，更紧凑，适用于小型舰艇如轻型巡洋舰、护卫舰和大型巡逻艇等，使其具备低成本的多任务处理能力

各变型产品的性能参数对比如表 8-18 所列。

表 8-18 AN/SPY-1 雷达各变型产品的性能参数

	SPY-1A	SPY-1B	SPY-1D	SPY-1D(V)	SPY-1F	SPY-1F(V)	SPY-1K
制造商	洛克希德·马丁						
用途	对空搜索/跟踪/武器导控（有限度）						
天线形式	平板固定式相位阵列天线×4						
操作波段	S（E/F）波段 3100~3500MHz						
尖峰功率	4~6MW				—		—
平均功率/kW	32	58	58	77~111	—		—
阵列天线尺寸/m	3.84×3.67	3.65×3.65	3.65×3.65	3.65×3.65	2.43×2.43	2.43×2.43	1.67×1.67
单一阵面的收/发单元数量	4096（另有 256 个纯接收单元与 128 个辅助单元）	4350	4350	4350	1856	1856	912
波束宽度/(°)	1.7×1.7				—		—
最大侦测距离/km	>325				约 320		—
探测掠海目标距离/km	>80				—		—
脉冲回覆频率/pps	可变动						
特点	—	SPY-1A 的改良版，重量减轻。性质与SPY-1A 相同	SPY-1A/B 的降低重量版，四面天线共享一具发射机。性质与 SPY-1A/B 相同	SPY-1D 的改良版，增强近岸与陆地的低空操作能力与电子反制能力	低价位轻量版，体积缩小，多功能。专供外销用	SPY-1F 的改良版，增强近岸与陆地的低空操作能力与掠海反舰导弹侦测能力	超轻量版，体积价位较 SPY-1F 进一步缩小
使用舰艇	CG 47~58	CG 59~73	DDG 51~90	DDG 91~	—	—	—

8.4.1.4 采办动态

2016 年 2 月，美国导弹防御局（MDA）发布 2017 财年预算请求，总计 75 亿美元，为美国、已部署部队、盟国与国际合作伙伴增强并扩大防御部署，应对日益增强的弹道导弹威胁。其中 MDA 为 AN/SPY-1 翻新项目请求 2600 万美元。MDA 正与美国海军联合翻新 AN/SPY-1 雷达，重点改进雷达天线，以增强探测灵敏度。这将在防空作战和弹道导弹防御中提升对新兴威胁的跟踪能力，进而增强美国的一体化防空反导能力。AN/SPY-1 翻新工作已完成初步需求与设计，计划开展全面试验以验证对真实靶标的跟踪能力。MDA 和美国海军计划在 2022 年开始在宙斯盾 DDG 51 Ⅰ/Ⅱ 型驱逐舰上部署翻新的天线。①

2017 年 8 月，洛克希德·马丁公司获得美国防部一项价值 2340 万美元的合同以支持宙斯盾 AN/SPY-1 雷达需求。与该合同相关的工作计划于 2019 年 8 月结束。根据协议，洛克希德·马丁公司将保持对 AN/SPY-1 雷达需求的支持，包括严格的可用性和交付标准、库存建模、配置管理、报废管理、库存仓储、运输和跟踪、以及为 1594 条生产线提供维修和

① FY 2017 Missile Defense Agency Budget. PDF.

备件。该公司将利用 2017 财年营运资金（Navy）完成该工作，该工作将在新泽西州穆尔斯敦进行。①

2018 年 4 月，NAVSEA 与洛克希德·马丁公司签署价值 6850 万美元的合约，生产并交付 5 个升级的 AN/SPY-1D(V)雷达，这是 AN/SPY-1D(V)改用低噪声放大器（LNA）组件天线的第一个生产订单，雷达的信噪比（灵敏度）比原本 AN/SPY-1D(V)提高 4 倍，改善了反弹道导弹作业时性能。这 5 个天线中，其中 4 个安装于一艘接受 BMD 升级的阿利·伯克级驱逐舰上，另一个则交付瓦乐普斯岛（Wallops）的美国海军设施进行持续的测试验证工作。

8.4.2 AN/SPY-3 MFR

8.4.2.1 概况

AN/SPY-3 多功能雷达（MFR）是美国海军装备的固态多功能有源相控阵雷达，旨在满足 21 世纪所有战舰的对海搜索和火控需求，能够探测 21 世纪的新一代反舰巡航导弹威胁，并支持 ESSM 改进型“海麻雀”导弹、SM-2 导弹等半主动雷达制导导弹的火控照射需求。同时希望通过该雷达整合和统一各种 X 波段雷达，减少新型战舰的雷达数量，减少人力和系统复杂度，最终减少全寿命周期成本。AN/SPY-3 与 AN/SPY-4 集成为双波段雷达（DBR），装备了 3 艘朱姆沃尔特级驱逐舰（图 8-21），并作为福特级航空母舰 DBR 双波段雷达的 X 波段部分。AN/SPY-3 雷达技术规格具体如表 8-19 所列。

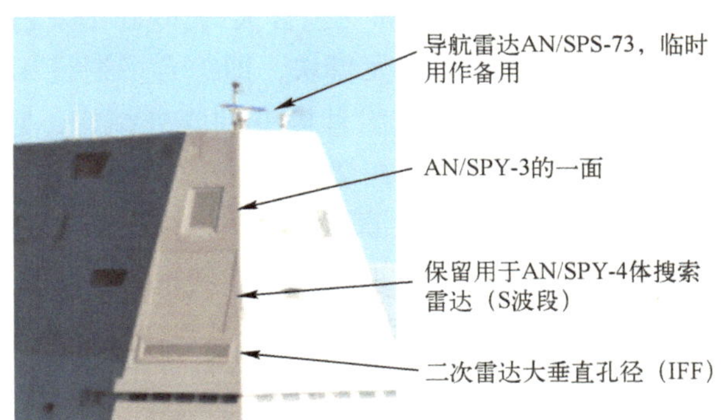

图 8-21 DDG 1000 舰上的 AN/SPY-3 雷达阵面

表 8-19 AN/SPY-3 雷达技术规格

型号名称	AN/SPY-3
制造商	洛克希德·马丁
服役时间	2004 年
建造数量	4
类型	固态多功能有源相控阵雷达
装载平台	CVN 78，DDG 1000
频率	I/J 波段 8~12.5GHz

① https://www.nasdaq.com/article/lockheed-lmt-wins-23m-deal-to-support-aegis-spy-1-radar-cm830736.

（续）

功率	2000kW
作用距离	320km
天线	尺寸：0.76m×2.08m×2.72m 质量：2857.6kg

8.4.2.2 系统特征

AN/SPY-3是一种X波段有源相控阵雷达，T/R组件为GaAs材质，承担的任务包括中近距离的对空对海对陆搜索、目标跟踪和识别、导弹的中段引导和末端照射、电子对抗、空中交通管制和潜望镜探测等，替代的雷达包括AN/SPQ-9A/B低空补盲雷达、AN/SPS-67搜索雷达、Mk23/Mk91火控系统配套的搜索照射雷达、AN/SPN-41/46空中交通管制雷达等。

AN/SPY-3的主要功能包括海面及低飞目标搜索、监视、目标跟踪、指令制导、半主动寻的照射、飞机着舰导航以及潜望镜探测等。其最大设计特点之一是能在海上常见的恶劣环境中提供低空威胁导弹的自动探测、跟踪和照射，辅以一部体搜索雷达（VSR），它所提供的功能包括：空情告知、空中控制、跟踪识别和反火炮探测，由此构成了多功能雷达（MFR）。

对于该雷达系统结构，有资料显示，其由6个主要的子系统组成。其中，有源阵列和接收激励器位于甲板上，信号与数据处理器（SDP）、电源变压器、交直流功率转换器和热交换器位于甲板下。对于3个有源阵列，每个阵列包含大约5000个发射/接收（T/R）阵元。这些阵元与T/R组件相连，构成了基本的阵元模块，即综合多通道T/R组件（T/RIMM）。每个综合多通道T/R组件驱动8个阵元，被设计渐变到阵列结构，它包含有微波放大器、移相器和封装在4个组件中的衰减器、封装在2个组件中的分发移相与衰减指令的控制电路、使T/R组件所需的电源达到要求的直流/直流变换器以及8个T/R阵元所需的储能电容器。另外，电源变压器将440V的交流三相标准舰载电源转换为多相交流电源，然后提供给交直流功率转换器。交直流转换器对该交流电源进行整流和滤波从而生成300V的直流，然后通过低感应传输线传送到阵列。①

AN/SPY-3雷达激励器采用直接合成法帮助生成具有大范围脉冲重复频率、脉冲宽度和调制类型的大量波形。这些波形包括非线性调频、相位调制和宽带线性调频。激励器旨在产生具有极地的相位与幅度噪声的高稳定信号，以满足AN/SPY-3雷达在复杂海上环境中工作的高杂波对消的要求。激励器的数字部分为AN/SPY-3雷达系统提供波形和系统定时。打动态范围的接收机系统处理每个阵列所接收的信号，并生成传送到信号与数据处理器的数字信号。大动态范围需要贯穿AN/SPY-3的整个接收链，以便通过采用距离模糊脉冲多普勒波形来有效消除由距雷达很近的回波产生的高杂波电平。这种多通道接收机通过单脉冲处理和辅助通道，以满足旁瓣消隐和自适应旁瓣对消的需要。该接收机具有窄带和宽带通道，帮助AN/SPY-3达成其模式和功能。

AN/SPY-3雷达信号与数据处理器是一部商用超级接收机，它可以满足雷达与信号处理、雷达制定计划、跟踪和波束控制计算所需的低等待时间要求。AN/SPY-3处理器的雷达

① 美国海军AN/SPY-3有源相控阵雷达系统。

信号处理功能包括通道均衡、杂波滤波、脉冲编辑、多普勒快速傅里叶变换、脉冲压缩、旁瓣对消、恒虚警处理和各种电子防护算法。该超级计算机安装在机柜中，能够防止冲击和震动的影响，这就使商用现成设备能够满足海上环境对冲击和震动的严格要求。通过该信号与数据处理器实现了与舰船作战控制单元的接口。

AN/SPY-3 可以探测最先进的、低可探测的反舰巡航导弹的威胁，并支持改进型海麻雀导弹（ESSM）、标准导弹（SM）、以及支持未来导弹的火控照射要求。这种固态有源相控阵雷达系统将不仅扫描地平线以探测高速低空巡航导弹的威胁，还为 DD(X)朱姆沃尔特级驱逐舰防空武器提供火控照射。

DD(X)项目由诺斯罗普·格鲁曼公司组织研制，AN/SPY-3 是其中的一个部分。多功能雷达是 DD(X)驱逐舰集成式上层建筑设计和嵌入式孔径技术的核心焦点，其固态有源相控阵列在工程中需要仔细处理，以保持 DD(X)的战舰在形体上的要求。

AN/SPY-3 集成了当前海军战舰上 5 部以上的独立雷达所提供的功能，支持新型战舰的设计要求，还支援要求减小雷达截面积的新型舰艇的设计，极大减少了操作人数，并且降低了整个载舰的成本。该雷达能够对多个出征和归航飞行中的 BQM-74 低空飞行进行精确跟踪。

在朱姆沃尔特级驱逐舰上，AN/SPY-3 有高功率和低功率两种导航模式，用于沿海地区导航，同时兼顾控制辐射与隐身。

8.4.2.3 研制与使用

冷战结束后，美国海军的装备序列里有各种各样、型号繁多的雷达，为了改善这个局面，美国海军提出了 DBR（双波段雷达）项目，由 L 波段和 X 波段两种雷达共用后端组成，用于除了导弹驱逐舰/巡洋舰外的大型舰只，其中的 X 波段雷达就是 AN/SPY-3。

AN/SPY-3 的立项是为了取代海军所有的 X 波段雷达，如反导、导弹通信、探测、导航、电子对抗、空管、对潜望镜探测、低空补盲。美国海军要求 AN/SPY-3 能替代当前在尼米兹级航空母舰上的传统雷达，包括 AN/SPS-67，带 Mk95 照射器或 AN/SPQ-9B 的 Mk23TAS，以及能为航空母舰上的进场控制提供滑道倾角的 AN/SPN-41/46 雷达等。

AN/SPY-3 项目始于 1999 财年，工程和制造研发（EMD）预算为 3557.3 万美元。3 个系统设计团队被选中参与工作：雷神系统公司、洛克希德·马丁公司以及 ITT/波音北美公司。1999 年 6 月，雷神公司获得了美国海军一项 5 年期价值 1.404 亿美元的成本加奖励合同，负责研发和建造一部下一代多功能雷达工程和制造研发（EMD）样机（图 8-22），以及有关的供货和服务。美国海军在 1999 财年已经投资 1.78 亿美元，2000 和 2001 年财年分别拨款 2.56 亿和 1.8 亿美元研制 MFR。2003 年进行了为期两年的测试，工作是在雷神公司的位于麻省 Andover 的集成防空中心进行的。该雷达于 2004 年 4 月完成。AN/SPY-3 造价约为 1.25 亿美元，如果采用没有弹道导弹防御能力的小功率孔径替代品，则需要约 1 亿美元。2007 财年美国海军采购了 2 套 AN/SPY-3 雷达，用于朱姆沃尔特级驱逐舰 DDG 1000-1001，单价 2 亿 5980 万美元。

AN/SPY-3 对舰艇附近作近距离搜索，快速移向地平线以探测快速、低空飞行的飞机和巡航导弹。它还可以探测潜艇，AN/SPY-3 将与体搜索雷达（VSR）协同工作以提供舰艇 4 周的连续、半球覆盖搜索。体搜索雷达可以在球体范围搜索高空飞行目标，进行有限区域的防空，提供一般的情报。它将目标提供给 AN/SPY-3 作精密跟踪。AN/SPY-3 将提供半主动导弹照射，这意味着它能为舰空导弹提供制导以拦截来袭的飞机或反舰导弹。

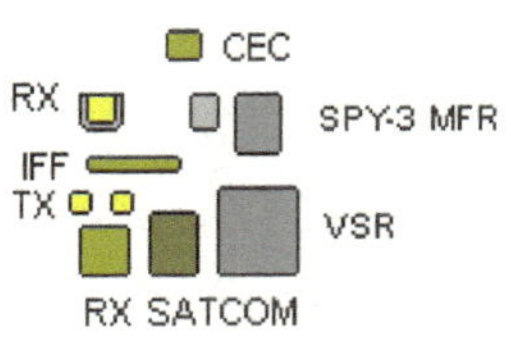

图 8-22 | AN/SPY-3 雷达工程样机

由于 AN/SPY-3 替代的雷达种类多，因此曾经考虑的装舰对象也非常广泛，朱姆沃尔特级驱逐舰、福特级航空母舰、尼米兹级航空母舰的 CVN 77，并计划在大修时返装的 CVN 70~76、黄蜂级两栖攻击舰 LHD-8、美利坚级两栖攻击舰和圣·安东尼奥级船坞运输舰。后来由于进度和预算原因，现在只在朱姆沃尔特级驱逐舰和福特级航空母舰首舰 CVN 78 上安装，数量只有 4 套。

8.4.2.4　采办动态

2016 年，AN/SPY-3 工程开发模型雷达阵列在瓦勒普岛的工程测试中心进行了安装测试，模仿朱姆沃尔特级驱逐舰的上层建筑外形，如图 8-23 所示。当时 S 波段 AN/SPY-4 雷达也一起集成，构成一套完整的 DBR 双波雷达，在 2010 财年进行了各自功能和全系统综合功能测试。然后还在海军 SDTS 自防御战舰上进行了安装测试（图 8-24）。测试结束后，整套的 DBR 装在了“福特”号航空母舰上，而朱姆沃尔特级只留下了 AN/SPY-3 雷达。2017 年 5 月，美国海军朱姆沃尔特号（DDG 1000）进入位于美国西海岸加利福尼亚州圣迭戈的 BAE 系统公司船厂进行了作战系统和 AN/SPY-3 舰载多功能雷达的安装。

图 8-23 | AN/SPY-3 MFR 的一号工程原型（EMD-1）

图 8-24 AN/SPY-3 安装在测试船上

8.4.3 AN/SPY-6 AMDR

8.4.3.1 概况

AN/SPY-6 是美国海军装备的有源电子扫描阵列空中和导弹防御三坐标雷达，也称 AMDR（防空反导雷达），如图 8-25，它将为阿利·伯克级Ⅲ型驱逐舰提供综合空中和导弹防御，甚至潜望镜探测。① 该雷达显著提高了舰船探测空中和水面目标以及不断增加的弹道导弹威胁的能力。这是一种多功能主动相控阵雷达，能同时完成空中目标和弹道导弹目标的搜索、探测、跟踪。除了防空反导，还有传统的水面战、反潜、电子战等功能。与目前驱逐舰上配备的 AN/SPY-1D(V) 雷达相比，AMDR 提供更大的探测范围，更高的识别准确度、更高的可靠性和可持续性以及更低的总成本以及许多优势。

图 8-25 AN/SPY-6 雷达

双波段雷达（DBR），由 S 波段的 AMDR-S 和 X 波段的 AMDR-X 或其他 X 波段雷达两种雷达共用后端组成，前者就是现在的 AN/SPY-6，用以取代现役的 AN/SPY-1。由于 AMDR-X 进度缓慢，目前基本确定前 12 艘阿利·伯克Ⅲ型驱逐舰不会安装 AMDR-X 雷达，前 12 艘阿利·伯克Ⅲ型将暂时用 AN/SPQ-9B 低空补盲雷达与 AN/SPY-6 组成“缩水”版双波段雷达。

AN/SPY-6 AMDR 雷达技术规格如表 8-20 所列。

---

① https://www.raytheon.com/capabilities/products/amdr/.

表 8-20 AN/SPY-6 AMDR 雷达技术规格

型号名称	AN/SPY-6 AMDR
制造商	雷神
服役时间	2013 年
建造数量	22
类型	有源电子扫描阵列空中和导弹防御 3D 雷达
装载平台	DDG 51 Flight Ⅲ
频率	X 波段 8~12.5GHz S 波段 2~4GHz
功率	1500kW
尺寸	1.21m×1.8m
作用距离	900km+
方位	360°
天线	RMA：0.6m×0.6m×0.6m

8.4.3.2 系统特征

与美国海军上一代相控阵雷达相比，AN/SPY-6 采用先进的双波段模式，完整的 AMDR 套装包括一部四阵面 S 波段体搜索雷达（AMDR-S）、一部用于水面搜索的三阵面 X 波段雷达（AMDR-X）、以及一台雷达控制器（RSC），后者为 S 波段和 X 波段雷达提供资源管理，协调与宙斯盾作战系统的交互关系。新型雷达选用 S 波段作为其工作频率的原因就是，这一波段的特点就是波长较长（2~4GHz），而波长较长的雷达波在空气的传播时，衰减幅度较小。这意味使用 S 波段作为工作频率的雷达，其探测距离会更远。且新型雷达强调对空防御，探测距离自然要求越远越好。这样它比 AN/SPY-1 系列雷达具有更高的灵敏度、工作带宽和弹道导弹识别能力，而且保证了雷达波束的转换速度、稳定性和波束的灵活指向。图 8-26 给出了 AN/SPY-6 雷达的运行流程。

在发射和接收模块方面，发射/接收（T/R）模块技术采用了新一代宽禁带半导体器件氮化镓（GaN），氮化镓的功率密度比传统的砷化镓（GaAs）高出一个数量级，热导率超过 7 倍，因此大大增加了固态功率组件的发射功率，雷达威力有了很大提高，虽然这使新雷达工作时需要消耗的电力是上一代雷达的 2 倍，但同时工作时产生的雷达功率将是上一代雷达的 35 倍以上，探测距离和跟踪目标等方面的性能也会大大提升。同时还降低了对制冷设备的依赖。此外，GaN 价格和尺寸重量都比目前的 GaAs 更低，而且能承受高数倍的击穿电压，意味着每个 T/R 组件的功率都能得到大幅提升。

AN/SPY-6 还高度注重可扩展性和高度模块化，新型雷达具备完全可升级性，雷达系统都采用开放式架构和模块化的设计，整个系统可被分为多个子模块，可以分别由不同的公司单独研制。这样的模式有效地减少了研发成本，缩短了研发时间。雷达的基本组成单位为 RMA（雷达组装模块），大小为 2ft×2ft×2ft（0.61m×0.61m×0.61m），具体如图 8-27 所示。该模块能堆叠，根据任务要求组成大型雷达或小型雷达。通过增加 RMA 可以使雷达轻而易举地安装在各类舰艇上，大到航空母舰小到护卫舰均可搭载，目前阿利·伯克Ⅲ型驱逐舰上安装的 AN/SPY-6 一个阵面有 37 个 RMA，大约 5000 个 T/R 组件，纸面性能 32 倍于现役的

AN/SPY-1 雷达。

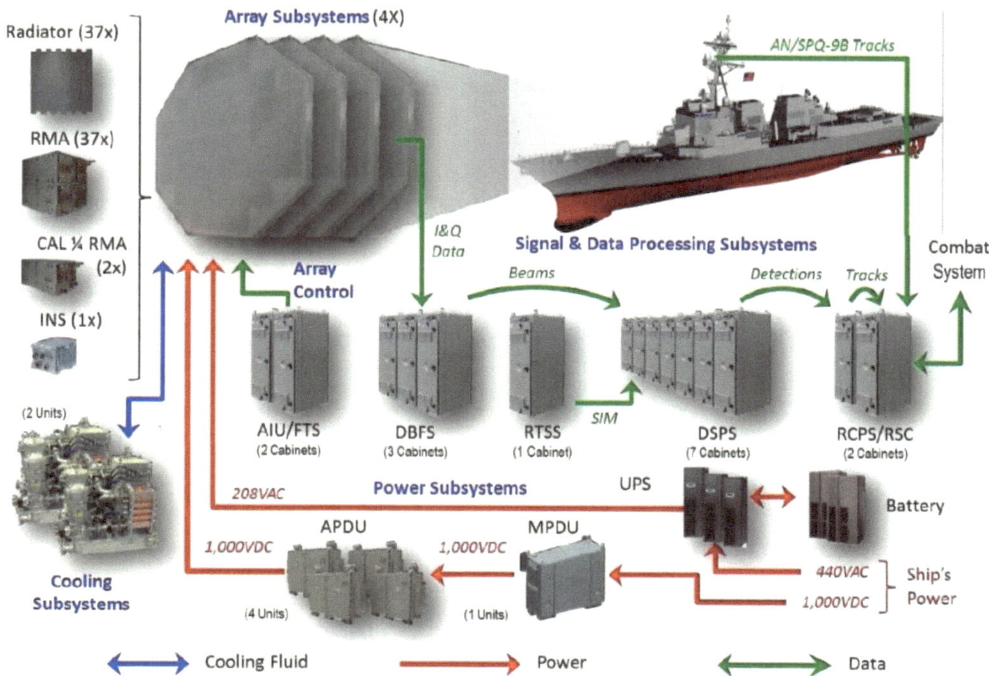

图 8-26 | AN/SPY-6 的运行流程

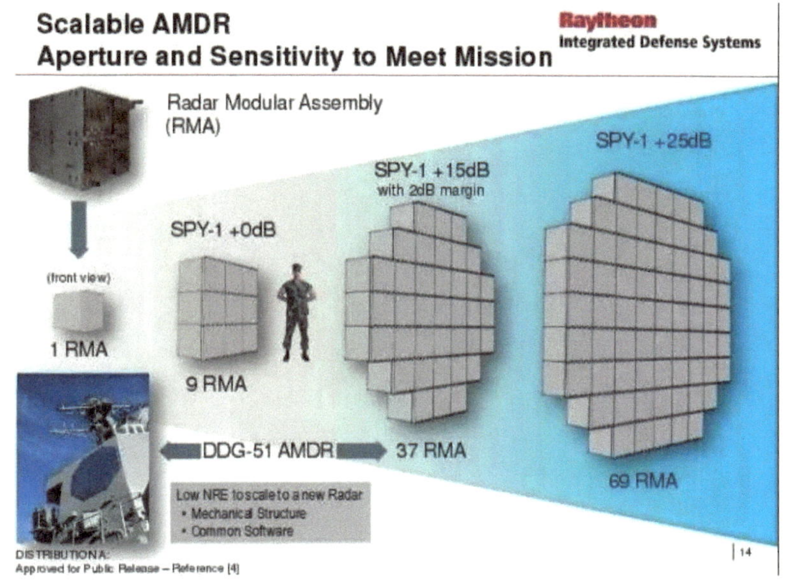

图 8-27 | AN/SPY-6 RMA 示意图

8.4.3.3 研制与使用

早在 21 世纪初美国海军资助 AN/SPY-2 项目的时候，就是计划作为 AN/SPY-1 的替代型号，但需求和预算的原因让 AN/SPY-2 的普及计划还没开始就已经结束。直到 2007 年，AMDR 才正式立项，作为 CG(X)项目的主雷达，洛克希德·马丁公司、诺斯罗普·格鲁曼公司和雷神公司进行竞标，最终2013年雷神公司赢得美国海军的青睐，被选为主承包商。

2013年10月，美国海军授予雷神公司AN/SPY-6研发合同；2015年4月完成关键设计评审；2015年12月完成阵面制造测试，运往马萨诸赛州靶场进行外场试验；2016年7月项目已完成近80%，并在夏威夷太平洋导弹靶场开始进行为期一年的综合试验，包含探测、导弹射控、防空作战与反弹道导弹等测试科目；2016财年达到B里程碑，进入工程开发制造阶段EMD；2017年继续系统测试，包括防空反导实弹跟踪试验，3月15日，首次成功探测和跟踪了一枚短程弹道导弹靶标；2017财年达到C里程碑；预期2023财年装备阿利·伯克Ⅲ型驱逐舰达到IOC初始作战能力。

AN/SPY-6的采购数量短期内预计为22套，每套单价2.38亿美元（2015年7月数据），远期采购数量预计还会更多，2030年左右开建的新一代驱逐舰/巡洋舰很可能会采用AN/SPY-6作为核心雷达，使采购总数上升到至少50多个。目前主要供阿利·伯克Ⅲ型驱逐舰使用。

8.4.4 双波段雷达（DBR）

双波段雷达（DBR）是美国海军装备的能够同时在两个频率范围（S波段和X波段）上运行的雷达系统，由一个资源管理器协调，可提供前所未有的性能和检测跟踪恶意目标的能力。[①] 美国目前在使用的和在设计的双波段雷达有以下几组。[②] 图8-28给出了双波段雷达操作模式。

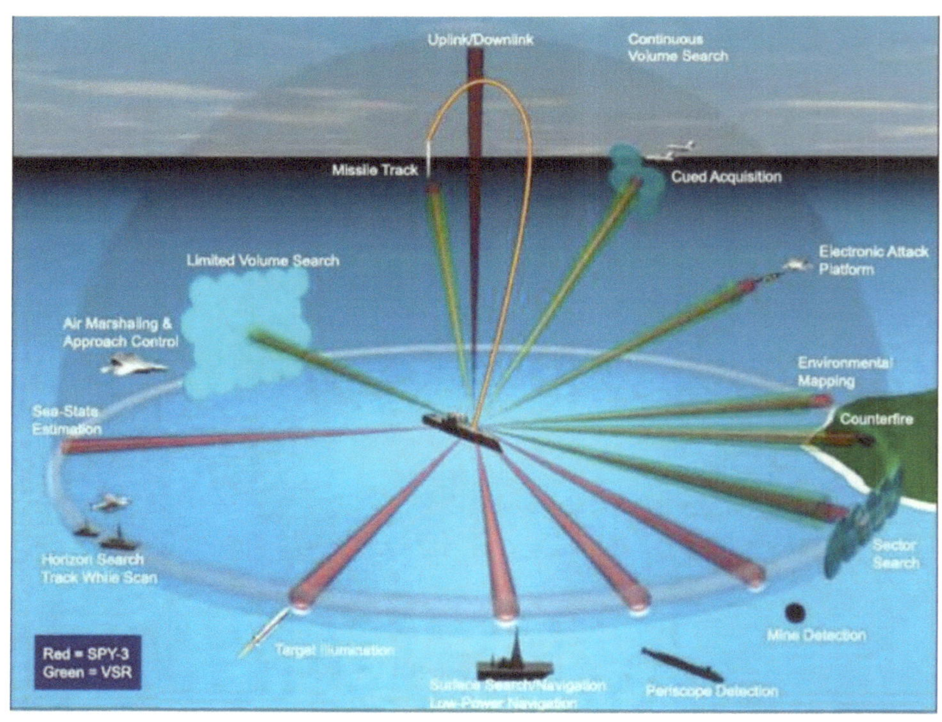

图8-28 双波段雷达操作模式

① https://www.raytheon.com/capabilities/products/dbr/.

② http://mini.eastday.com/mobile/170505190138266.html.

8.4.4.1 AN/SPY-3 和 AN/SPY-4

这两款雷达是 DBR（双波段雷达）组成部分，分别由雷神和洛克希德·马丁公司研制。它结合了 X 波段 AN/SPY-3 多功能雷达（MFR）和 S 波段 AN/SPY-4 体搜索雷达（VSR）的功能。

AN/SPY-3 工作在 X 波段，T/R 单元是基于砷化镓（GaAs）半导体材料技术的有源相控阵雷达，具有高精度、窄波束宽度和宽频带宽，可提供卓越的覆盖范围，有效区分低空目标。它还为 SM-2 和改进型海麻雀导弹提供目标指示和上行链路/下行链路功能，其任务包括中近程对空对海以及对陆搜索、目标识别和跟踪、导弹制导、空中交通管制、电子对抗以及探测潜望镜等。

AN/SPY-4 工作在 S 波段，T/R 单元同样采用砷化镓半导体材料技术，通过其高功率孔径和窄波束宽度提供有效的全天候搜索功能，使其能够准确地分辨和跟踪目标，主要负责远距离对空与对海搜索警戒、气象侦测等，有效侦测距离 460km 以上，最远能超过 500km。目前只有福特号航空母舰上同时安装了这两部雷达，如图 8-29 所示。朱姆沃尔特级驱逐舰只是将 AN/SPY-3 进行修改使其能兼职承担远程警戒任务，并未安装 AN/SPY-4。DBR 项目基本宣告结束，美国海军舰艇以后可能不会装备 DBR 雷达。

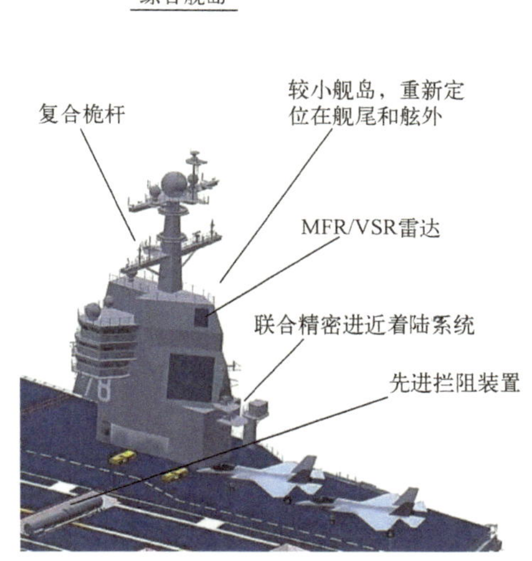

图 8-29 | 福特号航空母舰舰岛

（上方较小的阵列是 X 波段的 AN/SPY-3 MFR，下方较大的阵面是 S 波段的 AN/SPY-4 VSR）

AN/SPY-4 概念最早可以追溯到 20 世纪 80 年代，一开始选中 L 波段，因为 L 波段远距离衰减更小，但这同时也带来了解析度差等相关难题，为了降低技术风险，而且承包商洛克希德·马丁公司由于早已收购了 AN/SPY-1 的研发公司 RCA，另外还有研发 S 波段的 AN/SPY-2 的经验，对 S 波段的运用驾轻就熟，所以美国海军于 2003 年决定将原定的 L 波段改成 S 波段；此外，研发阶段 AN/SPY-4 曾经遇到了全功率状态下 T/R 组件的高故障率问题，唯一的解决方法是重新设计 T/R 组件，但这样会耗费更多的经费，而且使研制进度大幅拖长，鉴于规定的性能要求用更低的功率就能达到，所以美国海军干脆调低了雷达功率。

AN/SPY-4 意图替代 AN/SPS-48/49 远程警戒雷达和 AN/SPN-43 空中交通管制雷达①，其作为一种主动相控阵雷达，提供远程的对空态势感知，支持对空探测和空管任务，能满足全高度的对空搜索探测需求，主要用于那些不承担区域防空任务的 21 世纪新型战舰，尤其是福特级航空母舰。全套雷达包括 3 个相控阵阵面，能提供必须的航迹重复扫描次数来锁定那些高速、小型、低空或大角度俯冲的导弹威胁，并为 X 波段 AN/SPY-3 雷达执行跟踪和火控提供支持。

全系统由三个主动电子扫描相控天线、甲板上的（REX）、甲板下的信号与资料处理器（SDP）构成，每个天线阵列都还附带处理波束成形和窄频下变频的机柜。每面阵列天线尺寸为 4.06m×3.86m×0.76m，三具天线总重 10.215t，后端系统总重 28.56t，有效侦测距离 463km 以上（最远超过 500km）。

2010 年，朱姆沃尔特级驱逐舰因为预算原因取消了 AN/SPY-4，使每艘舰节约了 1～2 亿美元，AN/SPY-4 被取消使朱姆沃尔特级的远程警戒能力遭到极大削弱，作为补偿措施，美国海军对 AN/SPY-3 的软件进行修改使其兼职承担远程警戒任务。由于朱姆沃尔特级驱逐舰不再装备 AN/SPY-4，因此 AN/SPY-4 装舰数量减少为 1 套，安装在福特级航空母舰首舰上，是唯一装备了完整 DBR 的舰艇。

与 AN/SPY-3 一样，由于数量减少推高了单价，AN/SPY-4 也没法在舰队中普及，因此美国也放弃了 AN/SPY-4，转而发展价格更低廉、技术更新的 EASR（企业对空监视雷达），这也标志着 DBR 的发展走向终结。据 2018 年消息，朱姆沃尔特级三号舰 DDG 1002 预定的一套 AN/SPY-4 被用于福特级二号舰 CVN 79 上。也就是说，有可能 CVN 78 和 CVN 79 都是装备 DBR 雷达的战舰。

8.4.4.2　AN/SPQ-9B 和 AN/SPY-6（AMDR-S）

AMDR 防空反导双波段雷达包括 AMDR-X 和 AMDR-S，计划安装于阿利·伯克Ⅲ型驱逐舰上，由于 AMDR-X 进度缓慢，目前基本确定前 12 艘阿利·伯克Ⅲ型驱逐舰不会安装 AMDR-X 雷达，前 12 艘阿利·伯克Ⅲ型将暂时用 AN/SPQ-9B 低空补盲雷达与 AN/SPY-6 组成“缩水”版双波段雷达。图 8-30 给出了 AMDR 双波段雷达示意图。

图 8-30 ┃ AMDR 双波段雷达示意图

① https://www.globalsecurity.org/military/systems/ship/systems/vsr.htm.

AN/SPQ-9B 雷达是由诺斯罗普·格鲁曼公司生产的一种 X 波段、窄波束、脉冲多波形、脉冲多普勒雷达，能够支持对岸作战、反舰作战和防空战，并具备在严重电子干扰情况下探测到掠海飞行的小型反舰导弹的能力。预计在第 13 艘阿利·伯克Ⅲ型驱逐舰开始 AN/SPQ-9B 将会被 AMDR-X 替代。

AN/SPY-6（AMDR-S）是由雷神公司开发制造的一款工作在 S 波段的有源相控阵雷达，T/R 单元基于性能更好的氮化镓（GaN）半导体材料技术。GaN 价格和尺寸重量都比目前的 GaAs 更低，抗击穿电压能力比 GaAs 高数倍，因此每个 T/R 组件的功率都能得到数倍提升。而且 AN/SPY-6 使用了数字化雷达波束技术（DBF），雷达波束的指向性、探测距离、抗干扰能力都得到了大幅度增强。主要用于对空对海的搜索警戒，对目标进行识别监视跟踪。

AMDR-X 是 AMDR 项目里的 X 波段有源相控阵雷达，与 AMDR-S/SPY-6 的组合即为完整配置版 AMDR。AMDR-X 在 AMDR 项目中的地位相当于 DBR 的 AN/SPY-3，承担的任务也大同小异，包括中近距离的对空对海对陆搜索、目标跟踪和识别、电子对抗、空中交通管制和潜望镜探测等。

根据现存的稀少资料推断，AMDR-X 雷达阵面要比 AN/SPY-3 小，和 EASR 一样，大量采用现有技术以降低研发风险，而且应该也会打算应用 AMDR-S 上的 DBF 和模块化技术。

美国海军最初的计划是，第一阶段先集中精力攻关 AMDR-S 和配套的 RSC（雷达控制组件），在前 12 艘阿利·伯克Ⅲ型驱逐舰上使用 AMDR-S 和 AN/SPQ-9B 组成的双波段雷达组合；第二阶段则是发展 AMDR-X，从第 13 艘阿利·伯克Ⅲ型驱逐舰开始使用 AMDR-S 和 AMDR-X 组成的双波段有源相控阵雷达组合，套用 AMDR-S 的时间节点，配合阿利·伯克级驱逐舰的建造步伐，AMDR-X 要在 2025 年左右交付装舰，2019 年就要确认承包商，在此之前还要有几年的时间去征求意见书进行概念研究，尽管 2011 年就传出 RFP（征求意见书），但 AN/SPQ-9B 与 AN/SPY-6 进行组合后，RFI（征求意见）阶段却始终未开始，原因是 2011 年 AMDR 项目第二阶段不复存在，AMDR-X 则永远停留在了 RFI 阶段。

2015 年 10 月，NSWCDD（海军水面战中心达尔格伦分部）发布了一分声明，就一款新型 X 波段有源相控阵雷达进行 RFI，希望业界内研发过或正在研发 X 波段有源相控阵雷达的厂家响应。NSWCDD 的要求如下：搭配各种体搜索雷达使用，能在水平方向监视并执行跟踪任务；技术成熟度起码达到 TRL6；模块化、可扩展性设计，可以堆叠在一起满足不同的探测能力需求；采用和 EASR 类似的设计思路，固定阵面是首选设计，单面或背对背双面旋转阵面也在考虑范围之内；可以在现有舰载或非舰载雷达的基础上作出改进（采用成熟技术）。新型 X 波段有源相控阵雷达的主要任务包括：低空补盲，能搜索跟踪低空飞行的飞机和导弹；潜望镜探测；导弹的中段引导和末端照射；对海搜索和追踪；能在海平面高度到军舰头顶上方的半球形区域内稳定跟踪目标。

这款新型 X 波段有源相控阵雷达目前在 RFI 阶段，美国海军也没有透露这款新型 X 波段有源相控阵雷达的研发时间表，未来会装备到哪些舰上也是未知数，不过根据性能要求猜测，这款雷达应该是 AN/SPQ-9B 的后继者，利用可扩展性的特点可以根据不同舰艇的需求堆叠出不同尺寸的雷达阵面，阵面比较大，功率比较高，功能齐全的版本给驱逐舰巡洋舰；阵面比较小，功率比较低，功能没那么全的版本就给航空母舰、两栖舰等舰艇，而且适装性应该会比较好，不仅能安装在各式新舰上，还能返装到现役舰船上，实现成本的分摊。

新型 X 波段有源相控阵雷达计划不早于 2018 年开始拨款并开始研发计划，而装舰计划则会遵循已经不复存在的 AMDR-X，从 2022 财年的第 13 艘阿利·伯克Ⅲ型驱逐舰上开始安装，随舰在 2027 年交付美国海军，而前 12 艘阿利·伯克Ⅲ型驱逐舰按现阶段海军的计划，将不会返装这款新型 X 波段有源相控阵雷达。这款新型 X 波段有源相控阵雷达定位和任务都与取消的 AMDR-X 高度相似，上舰计划时间表甚至一模一样，可以说其实这款新型 X 波段有源相控阵雷达就是 AMDR-X 复出的产物。据悉将会有两家公司参与竞标，即正在竞标 EASR 的雷神公司和诺斯罗普·格鲁曼公司。

8.4.4.3 EASR 和 EXI

EASR（企业对空监视雷达）和 EXI（企业 X 波段照射雷达）同为 ESS（企业监视组件）项目下的子项目，两者将组成双波段雷达。

1. EASR

EASR 是一种现代三坐标对空搜索雷达，主要用于航空母舰、两栖攻击舰等防空和空管压力较大的大型战舰，并与它们的舰艇自防御系统（SSDS）完美兼容。价格高昂的 AN/SPY-4 普及计划被取消，美国海军由此提出了新一代的廉价远程预警雷达——EASR。为了不重演 AN/SPY-4 项目单价过高被砍的命运，EASR 采取在现有雷达的基础上进行修改来降低风险控制成本的策略。现在共有两家公司参与这款雷达的竞标，一个是雷神公司，另一个是诺斯罗普·格鲁曼公司，两者都得到了 ONR（海军研究局）600 万美元的经费支持以开展研究工作。目前均处于研发中。

雷神公司提交的 EASR 方案是在目前正在研发测试阶段的 AMDR 的修改版本，其研制的 EASR 固态电子扫描雷达，阵面使用与 AMDR 相同的 RMA 模块构成，数量却只有 9 个。2016 年，雷神获得了该雷达的工程研发合同；2017 年开始为期两年的研发工作；2019 年开始陆地测试；2020 年开始小批量生产。考虑到其相控阵体制和用途，以及有同样作为远程警戒雷达的 AN/SPY-4 的先例，EASR 很可能会套用 SPY 系列而不是 SPS 系列的前缀，此外，目前美国海军除了 AN/SPY-6，并没有其他比 EASR 进度更快的舰载相控阵雷达，所以 EASR 可能会最终将型号命名为 AN/SPY-7。诺斯罗普·格鲁曼公司提交的 EASR 方案则是在陆战队的 G/ATOR 上进行修改，目前 G/ATOR 正在小批量生产阶段，准备达成 IOC（图 8-31）。

图 8-31 诺斯罗普·格鲁曼公司的 G/ATOR 雷达

如图 8-32 所示，EASR 的 T/R 组件将会使用 GaN 材质，而且分成固定阵面版本和旋转阵面两种版本，固定阵面预计将会率先用于福特级航空母舰二号舰 CVN 79 上，旋转阵面版本则会用于美利坚级两栖攻击舰 LHA 8 及其后续舰上，并逐步替换目前现役各舰的 AN/SPS-48/49。

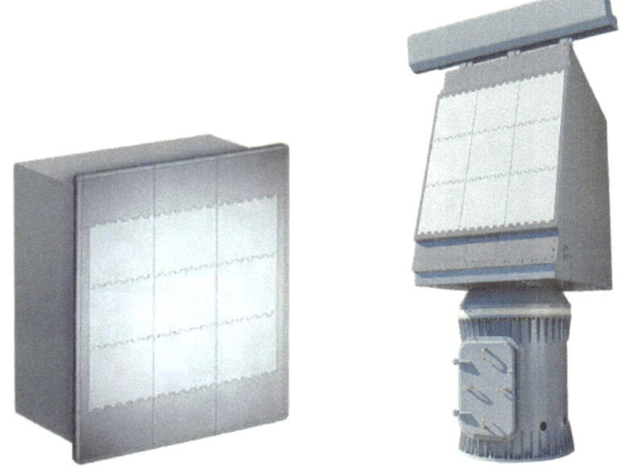

图 8-32 EASR 雷达固定阵面版本（左）和旋转阵面版本（右）

固定版本一共 9 个 RMA，雷达阵面预计高 2.5m，宽 1.7m，实际 T/R 单元总面积和旋转版本相同，均为 $2.32m^2$，和 AN/SPY-4 相比面积大幅降低，性能却更好，一是因为 GaN 相对 SiC 材质更有技术优势，二是因为 EASR 是从 AN/SPY-6 衍生过来的，后者是接替 AN/SPY-1 的用于对抗反舰导弹和弹道导弹饱和打击威胁的高端雷达，和 AN/SPY-4 本身的定位——低端的远程警戒雷达，有本质的不同，不同的定位造就了不同的性能。

EASR 的出现让以往 6000~7000t 舰艇才能承受的高端相控阵雷达、也能安装在 2000~3000t 的舰艇上，并达到现在主流宙斯盾舰的作战能力，意义巨大。现在安装 AN/SPS-48/49 或其他型号远程警戒雷达的舰艇不少，还有一些潜在的军舰项目，给未来 EASR 的出口打开了市场，宙斯盾舰的技术扩散还将继续，甚至还会加速进行。

2. EXI

除了 EASR，ESS 还有一个不显眼的雷达子项目——EXI（企业 X 波段照射雷达），作为 EASR 的配套照射雷达，两者处于同时发展进程中。目前关于 EXI 的消息知之甚少，只能知道其工作任务主要是为导弹提供照射，会安装在各型航空母舰和两栖舰上。根据有限的资料推测，该雷达是 Mk95 的替代者，可能会采用 PESA/AESA 体制，不具备或只具备非常有限的对空对海搜索能力。

考虑到 EXI 具备的功能可能也就仅限于导弹的末端照射，不符合“Y”的定义，而且项目名称也很直白地表示为“Illuminator”（照射器）而不是“Radar”，EXI 可能会最终将型号命名为 AN/SPG-XX。

8.5 其他

8.5.1 AN/SLQ-32 与 SEWIP

8.5.1.1 概况

AN/SLQ-32 是美国海军装备的舰载电子战系统，是一种能够抵御雷达制导反舰导弹威胁的美国海军水面舰艇标准电子对抗设备（图 8-33），包括电子侦察和电子干扰两部分，能评估电磁环境、识别雷达制导威胁、启动电子对抗措施以及为操作员和作战系统提供警报和目标指示，主要用于雷达告警、电子干扰和信号截获，可在舰艇上担任点防御任务，防御飞航或反舰导弹的攻击，还可自动启动 Mk36 箔条/红外诱饵发射系统工作。由雷神公司研制生产，20 世纪 70 年代开始装舰，后处于不断改进中，产生了 5 种变型，其提升项目称为“水面电子战改进项目”（Surface Electronic Warfare Improvement Programme，SEWIP）。① 表 8-21 列出了 AN/SLQ-32 电子战系统技术规格。

图 8-33 AN/SLQ-32 电子战系统(V)4（左），(V)5（右）

表 8-21 AN/SLQ-32 电子战系统技术规格

型号名称	AN/SLQ-32
制造商	雷神公司
服役时间	1973 年
建造数量	450+
类型	舰载电子战系统
装载平台	CVN-78，CVN-68，DDG-51，DDG-1000，LHA-1，LHA-6，LPD-4，LPD-17
频率	(V)1：5~20GHz (V)2/3/4：250MHz~20GHz（接收） 5~20GHz（拥塞）
方位	360°
测向精度	1°RMS（8~18GHz）
灵敏度	-50~60dBm
干扰功率	1MW（ERP）
电磁信号密度	390,000pps
天线	天线尺寸： (V)1：98cm×239cm×140cm (V)2：107cm×239cm×208cm (V)3：178cm×295cm×228cm 天线重量： (V)1：354kg (V)2：545kg (V)3：1199kg

① https://en.wikipedia.org/wiki/AN/SLQ-32_Electronic_Warfare_Suite.

8.5.1.2　系统特征

AN/SLQ-32的主要技术特点在于系统采用模块化结构，而且系统中各个型号的设备均采用透镜馈电的多波束天线在全频段中接收信号（除最低频段外），天线为若干阵元组成阵列，由一组多波束平行板透镜经过同轴电缆为之馈电。多波束透镜采用印刷电路技术制成微波带状结构。天线阵列可提供一组独立而又相互衔接的高增益波束，波束指向和波速宽度与频率无关，所有波束同时存在，而每个波束又拥有整个阵列孔径的全部增益，能够提供大于一倍频程的带宽。其显控台由一个16位计算机控制，显示管上可显示80列、36行字符或者图像。三型的显控台是相同的，不同的只是面板上某些功能键。显示管可提供辐射源态势，操作员指定一个符号就能从计算机中取得参数，自动显示辐射源参数，并根据在键盘输入的或由情报建立的数据库显示出辐射源类型。图8-34所示为AN/SLQ-32多波束技术特征。

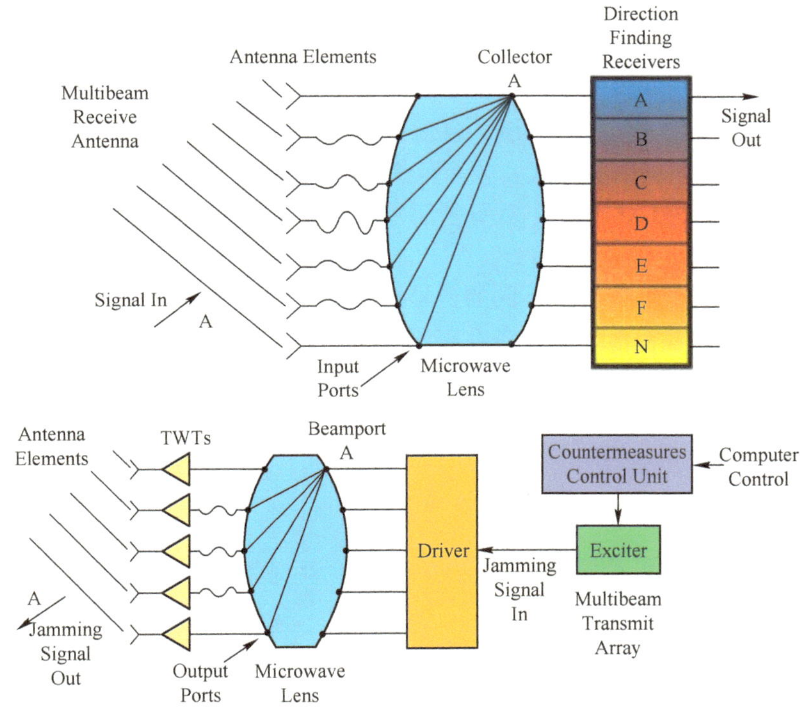

图8-34 | AN/SLQ-32多波束技术特征

1. 电子支援（ESM）方式

非搜索体制：ESM天线不通过旋转改变其方位，而是以多组接收天线固定在不同方位上形成天线阵列，天线基线长度（天线单元之间距）越大则精确度越高。

比幅体制：由相邻的固定式天线接收同一信号的相对振幅来判定信号来源方向。

相较于比相法（根据各天线单元接收同一信号的相对相位差而得知信号来源的角度，并由相位差计算出角度误差），比幅测向系统的结构较简单，体积与成本较低，且不易受到信号波长/频率的影响，不过精确度不如比相法。

而相较于需转动天线的搜索式测量法，非搜索测量法都有测向速度快、方位极化率高等特性，可于单脉冲完成测向，故又称为瞬时测向，不过精确度一般比搜索法差。

2. 主动电子干扰方式

第一是发出大量杂波迷惑来袭导弹的雷达导引头，例如以振幅不断变化的信号来混淆圆锥扫瞄式雷达导引头。

第二是制造类似目标回波的假回波误导反舰导弹，但这两种模式对采用反辐射导引的导弹皆无效。

第三是在计算机的控制下可同时对多目标进行电子干扰。此外，AN/SLQ-32 也负责在反制敌方目标时，控制 Mk36 干扰弹发射系统对目标投射各式诱饵与箔条。

美国舰艇在进行导弹近程防御时，最有效的并非密集阵，而是 AN/SLQ-32 与 Mk36 构成的电磁波/箔条防护幕。有效干扰辐射功率达兆瓦级，能同时对付 80 部威胁雷达。干扰频段为 I、J 频段，转发式和应答式干扰。有 100%工作比发射能力，在连续干扰雷达的同时，还能警戒和监视其他雷达，对一般雷达、捷变频雷达和随机扫描雷达有很高的截获概率。

其他技术特点：

（1）对导弹信号截获率高，系统反应时间短；

（2）噪声干扰设备与欺骗式干扰机联合使用，干扰能力强；

（3）采用 UYK-19 计算机控制系统，自适应能力强；

（4）方位和频率测量均为宽开式，频率范围 1~18GHz；

（5）系统截获信号时间为 51ns，对每个信号均能精测频测向。

8.5.1.3 研制与使用

AN/SLQ-32 衍生出多个型号，不同的型号提供不同等级/组合的信号探测、分析、威胁告警、电子攻击（EA）功能。它们装备在美国海军几乎所有主要舰船，包括佩里级护卫舰，阿利·伯克级驱逐舰，朱姆沃尔特级驱逐舰，提康德罗加级巡洋舰，尼米兹级航空母舰，福特级航空母舰，两栖舰（奥斯汀级、塔拉瓦级、圣·安东尼奥级、美利坚级等），以及一些大型军辅船。

AN/SLQ-32 的主要变型产品如表 8-22 所列。

表 8-22 AN/SLQ-32 的主要变型产品

变　型	描　述
AN/SLQ-32(V)1	一层接收天线，用于探测频段 3（I/J 频段）全方位信号，能对来袭导弹威胁报警，并控制箔条干扰发射装置。(V)1 型有两个天线组件，分别安装在舰的左、右舷。配有无源干扰装置，可以在主要威胁频率内提供警戒和监视，可以探测 3 个频段全方位射频信号，其频率工作范围宽，能覆盖当代所有雷达制导反舰导弹以及与武器有关的雷达射频信号
AN/SLQ-32(V)2	相比(V)1，其工作频率更宽并可控制“Sidekick”（伙伴）雷达干扰机工作；两层接收天线组，上为针对导弹寻标器的 H/I/J 频，下为针对舰载雷达的 E/F 频。在(V)1 的基础上增加了两路接收子系统
AN/SLQ-32(V)3	三层接收天线组，在(V)2 的两层之外再增加一层 B/C/D 频的接收天线。由综合电子侦察报警和电子干扰两部分组成，兼具噪声干扰和欺骗干扰两种功能，能同时干扰 80 部雷达。在(V)2 基础上增加了灵活的高功率有源干扰机。天线装置增加了频段 3 的发射天线和电子部件均在原天线的下部。此外还进行了旨在提高灵敏度和增大高空视场角的改进
AN/SLQ-32(V)4	(V)3 的航空母舰版本，各项硬件功能基本相同，主要差别在于航空母舰的宽度比一般舰艇大得多，使得 AN/SLQ-32 各天线的距离拉得很开，导致工作协调复杂许多。相较于(V)3，(V)4 的主要改良包括扩大输出功率、换装新的数位储存器，提高了威胁判断的速率并提高截收装置对对噪声的抑制功能，并采用光纤传输来降低传输损耗

（续）

变　型	描　　述
AN/SLQ-32(V)5	以(V)2为基础，加装一组“伙伴”（Sidekick）主动干扰天线，将两者组合为一体而成，能同时干扰任意方位上的多个威胁雷达。即(V)5是(V)2增加主动反制能力的版本，(V)5的外销版称为Shield电子战系统
AN/SLQ-32(V)6	SEWIP Block 2
AN/SLQ-32(V)7	SEWIP Block 3，即AN/SLQ-32(V)6加上先进的电子攻击（EA）

AN/SLQ-32型系统的主要功能是防御反舰导弹的攻击，在舰艇上担负点防御任务。因此具备截获概率高和总反应时间短的特点。该系统采用晶体视频接收测向和瞬时测频相结合的方案。它采用了介质透镜馈电多波束天线阵，用于接收的阵列共有16个波束，用于发射的每个阵列有35个阵元，共有140个50W功率的行波管，整个天线辐射的合成脉冲功率可达1MW。此系统除了最低频段（即频波1）外，其他两个频段采用了多波束天线，由透镜馈电。

然而，随着新型威胁的不断发展以及作战环境变得愈发复杂，AN/SLQ-32逐渐无法满足新的需求，这迫使美国海军通过“水面舰艇电子战系统改进项目”（SEWIP）对AN/SLQ-32进行升级。SEWIP项目于2002年7月成立，它是一个ACAT Ⅱ项目。SEWIP采用“螺旋”式对AN/SLQ-32电子战套件进行升级，旨在缓解系统的能力退化、提升可维护性、逐步引入先进的电子防护和电子攻击能力。海上系统司令部下属的PEO IWS负责对SEWIP项目进行管理，项目通过公开竞标的方式按增量（Block）分阶段实施。

8.5.1.4　SEWIP

1. Block 1

SEWIP Block 1包含了一系列的提升措施，聚焦于可快速研发和部署的低风险升级举措。这些升级不仅使现有AN/SLQ-32的性能得到提升，同时还解决了关键硬件的退化问题。实际上，SEWIP Block 1分为多个子阶段：

（1）Block 1A利用商用现货技术对控制台显示器和显示/脉冲处理计算机进行更新，使系统能够更迅速识别威胁并能更好地将信息展示给操作人员。

（2）Block 1B1增加了独立的辐射源个体识别（SEI）装置。Block 1B1利用了美国海军研究实验室的AN/SSX-1“小型舰船电子支援措施”（SSESM）模块，并能显示战斗系统的轨迹，提升了威胁关联和态势感知能力。SEWIP Block 1B1中增加了AN/SSX-1 SSESM天线、接收机和处理器，并使用单独的便携式电脑用于显示。

（3）Block 1B2对SEI功能、网络中心和任务规划能力进行了综合，将SSESM集成到ICAD架构中。下一代通信负责AN/SSX-1装置的架构管理支持、备件、维修、组装、升级和改型。

（4）Block 1B3在SEI中引入了高增益/高灵敏度（HGHS）能力，并允许操作人员向战斗系统的路径上发射“纳尔卡”（Nulka）有源诱饵和无源对抗措施。Block 1B3的升级主要侧重于缓解系统的功能过时问题，并引入一个高增益/高灵敏度的辅助探测能力，从而能够对低截获概率信号进行探测和归类。作为通用动力公司的子承包商，洛克希德·马丁公司在2008年获得高增益/高灵敏度模块的研发合同，合同包括了桅杆天线系统、安装在甲板下的信号处理器以及处理器中运用的处理算法。

2002年7月，诺斯罗普·格鲁曼公司被授予Block 1A电子支援增强措施的合同。2002年7月，DSR公司获得一份合同，负责基于Q-70A的“改进型控制和显示”（ICAD）子系统的研发。DSR现在是通用动力公司任务系统（GDMS）的一部分。2003年1月，GDMS成为SEWIP Block 1的主要集成商，其任务涵盖了系统管理、架构设计、软件的设计开发集成和测试。

SEWIP Block 1使用新的基于Q-70A的“改进型控制和显示”子系统替代了传统的显示器。GDMS介绍称，新系统采用开放式架构，能够快速将新技术整合应用到反舰导弹防御和电子战态势感知上。此外，项目还采用了开放的商业模式，通过螺旋式发展提供更低的成本和风险，并广泛采用了现代商用货架技术。

2. Block 2

SEWIP Block 2对AN/SLQ-32的无源探测能力进行了更多的重要升级，包括扩展频率覆盖范围、提升灵敏度、增加精确到达角测量，同时重新搭建系统架构以使未来的升级更加简便。经过竞争，2009年洛克希德·马丁公司获得SEWIP Block 2工程制造与研制阶段的合同，合同初始金额为990美元（执行所有选项后总金额将超过1.67亿美元）。

Block 2对天线进行了升级，使用了新的数字化接收机和开放式战斗系统接口，旨在提升对辐射源探测和测量的准确性，从而与威胁的发展保持同步。SEWIP Block 2服役后的装备代号为AN/SLQ-32(V)6。

2010年7月，美国海军执行了第一条合同选项（金额为5110万美元）并同意了洛克希德·马丁公司SEWIP Block 2的初步设计。2011年2月，洛克希德·马丁公司通过了关键设计评审，为两套SLQ-32(V)6工程研发样机的生产铺平了道路。

SEWIP Block 2的设计方案是以洛克希德·马丁公司的“综合通用电子战系统”样机为基础，该样机曾在2010年10月进行了水上试验。Block 2采用了“企业级解决方案”从而能够最大化利用商用现货电子产品，Block 2中使用了水星公司生产的Echotek系列微波调谐器和数字化接收机。水星系统公司还参与了所有信号处理子系统的设计工作。

SEWIP Block 2的另一个重要子承包商是Cobham综合电子解决方案公司。该公司为AN/SLQ-32(V)6提供干涉仪天线阵列面板套件。SEWIP在具备精细角度分辨率的同时还能够进行高度测量。

3. Block 3

SEWIP Block 3作为Block 2的下一个阶段，将为Block 2阶段开发的AN/SLQ-32(V)6系统增加先进的EA功能。SEWIP Block 3旨在为新建平台以及所有装备有AN/SLQ-32(V)3和AN/SLQ-32(V)4的巡洋舰、驱逐舰、航空母舰和两栖舰船提供通用的电子攻击能力。Block 3将引入综合电子攻击能力（包括新的发射机、天线阵列以及相关的干扰技术），从而使舰船免受射频制导导弹的威胁。

Block 3还包含为“软杀伤协同装置”（SKC）进行软件开发，从而为舰上和舷外软杀伤行动提供指导和规划。约翰斯·霍普金斯大学应用物理实验室主导SKC的工程设计、算法开发和原型样机制造。

诺斯罗普·格鲁曼公司的SEWIP Block 3技术方案采用基于氮化镓发射/接收模块的有源电扫阵列，并结合了之前为美国海军试验办公室“集成桅杆”（InTop）项目开发的成熟技术。InTop项目对综合化的EW/IO/通信样机进行了验证，解决了SEWIP Block 3阶段的关键技术。

新的EA系统和AN/SLQ-32(V)6系统结合后就形成了AN/SLQ-32(V)7。AN/SLQ-32(V)7将会根据安装舰船的大小分成两种架构。除了能够提供先进的舰载EA能力，AN/SLQ-32(V)7和其中嵌入的SKC功能将能通过Link 16数据链引导和控制直升机搭载的有源平台外电子战（AOEW）电子攻击系统。通过SLQ-32/SKC，在交战中AOEW电子攻击系统将与其他的软杀伤射频对抗措施协同工作。

海上系统司令部在2014年4月透露，初步计划通过在MH-60R和MH-60S直升机上搭载长航时电子战有源任务载荷（AMP）的方式实现AOEW功能。2014年8月，AMP的完整版建议征集书发布，要求工业界为AMP的初始设计、工程研制开发和低速初始生产进行竞标，但合同授予被多次延期，竞标结果推迟到2016年4月末。

此外，美国海军还开发了SEWIP Block 3B项目，这是SEWIP Block 3的机动部署版本，全系统采用了海军研究实验室（NRL）的机动式电战模块（Transportable EW Module，TEWM）的类似概念，利用机动部署的方式来满足临时性、紧急性的电子战需求。

4. Block 4

按照规划，后续的SEWIP Block 4项目将为AN/SLQ-32系统引入先进的光电/红外对抗能力。海军研究局的“复合式红外/光电监视和相应系统”（CESARS）项目将牵引Block 4的需求并降低技术风险。

CESARS主要包括两个不同的功能组成：舰载全景光电/红外指示与监视系统（SPECSS）以及多谱光电/红外先进威胁对抗措施（MEIRCAT）。SPECSS设计用来实现宽视场的目标探测和跟踪，并能为MEIRCAT系统的高分辨率传感器提供指示，从而实现目标的再捕获、跟踪、分类/识别、3D测距、威胁评估、对抗措施的实施以及效能监测。MEIRCAT需要具备多频带能力，能够同时对抗多个目标。

8.5.1.5 *采办动态*

通用动力公司作为SEWIP Block 1B3低速率初始生产（LRIP）阶段的唯一厂商在2014年8月获得1950万美元的合同，合同要求通用动力提供15套HGHS系统。随后，海上系统司令部决定对2015—2019财年的全速生产（FPR）合同进行招标。2014年12月系统发布建议征集书，通用动力和洛克希德·马丁公司参与了招标。

2015年6月，海上系统司令部宣布洛克希德·马丁公司在竞标中胜出，获得初始金额为796万美元、带有附加选项的合同，如果执行附加选项，合同的总计金额将达到5892万美元。然而，通用动力公司随后向政府问责局（GAO）提出抗议，认为海上系统司令部对该公司计算的成本做出了错误的上浮修订。随后GAO对该事件进行调查，2015年10月20日GAO宣布其认为海上系统司令部确实做出了错误的上浮修订。GAO还得出结论，如果不是因为错误的上浮修订，通用动力的报价应该是技术可实现的最低报价。

海上系统司令部随后对GAO的判决做出回应，取消了授予洛克希德·马丁公司的合同。2016年1月11日，通用动力公司宣布获得Block 1B3阶段的全速生产合同。如果执行合同的所有选项，该公司将在5年的合同期限内交付67套系统。

2013年1月，Block 2通过了里程碑C节点。此后系统开始进行地基测试，为舰船安装做准备。洛克希德·马丁随后被授予5700万美元低速率初始生产合同，要求在2013财年移交10套系统。2014年9月，洛克希德·马丁公司又获得一份1.47亿美元的低速率初始生产合同，该合同为2014财年的14套SEWIP Block 2系统和2015财年的12套系统提供资金。2016年10月，洛克希德·马丁公司获得SEWIP Block 2全速生产合同，合同金额为1.489亿美元。

2014年7月，美国海军为“班布里奇”号驱逐舰（DDG 96）装备了Block 2系统，该舰成为首艘配备AN/SLQ-32(V)6的舰船。2014年8月到11月，指挥官测试和作战评估测试部队（COTF）对SEWIP Block 2进行了第一阶段初始作战测试和评估（IOT&E）。

2015年12月，作战实验与评估处处长（DOT&E）办公室向国会提交了一份秘密的前期部署报告，对有效的IOT&E数据进行分析，分析结果显示SEWIP Block 2升级措施在对威胁辐射源的探测和分类上比传统AN/SLQ-32具备更强的能力。

然而，在这过程中也发现了大量问题，包括单个辐射源出现多个轨迹、不正确的分类、轨迹丢失和大量软件可靠性问题。此外，DOT&E认为操作人员缺乏训练、对系统不熟悉，这导致COTF测试团队为舰队提供的实战支援不真实，对一些测试结果产生了不利影响。洛克希德·马丁公司和美国海军共同努力来纠正这些不足。第二阶段的IOT&E计划在2016年5月进行。至2016年1月，洛克希德·马丁公司已经交付了2013/2014财年低速率初始生产阶段采购的14套SEWIP Block 2系统。在首部AN/SLQ-32(V)6系统安装在“班布里奇”号后，后续正为“波特”号（DDG 78）、“拉布恩”号（DDG 58）、“米彻尔”号（DDG 57）和“米利厄斯”号（DDG 69）安装该系统。

小型AN/SLQ-32C(V)6被称为SEWIP Block2 Lite。由于洛克希德·马丁公司拥有AN/SLQ-32C(V)6的架构研究经验，2013年9月洛克希德·马丁公司获得合同，推进小型AN/SLQ-32C(V)6的舰船验证工作。洛克希德·马丁公司花费8个月的时间对SEWIP Block 2的架构进行合理化改进和重新设计，2014年8月其交付了一套生产准备系统。在洛克希德·马丁公司以及美国海军的加速推动下，SEWIP Block 2 Lite系统于2014年安装在“自由”号濒海战斗舰上。美国海军从2014年10月开始在“自由”号上对该系统上进行局部评估。目前的规划是为两型濒海战斗舰都配备这种雷达截面积更小的AN/SLQ-32C(V)6。按照设想，AN/SLQ-32C(V)6能为濒海战斗舰的两种舰型带来巨大的能力提升。

洛克希德·马丁公司称，“SEWIP Block 2 Lite是对SEWIP Block 2的架构进行设计使其适应濒海战斗舰，它具备与安装在更大型舰船上的AN/SLQ-32(V)6系统相同的能力。两者的通用性达到90%……相比下AN/SLQ-32C(V)6只是更加紧凑、重量稍轻，从而更好地适应平台。”

洛克希德·马丁公司表示AN/SLQ-32C(V)6已经实现项目目标。海上系统司令部对项目进展给予了肯定，“SEWIP Block 2 Lite项目已经成功完成了里程碑C/低速率初始生产决策，该系统将用于美国海军的护卫舰和美国海岸警卫队的海上巡逻艇项目”。2016年10月，AN/SLQ-32C(V)6作为SEWIP Block 2的一部分已进入全速生产阶段。

2015年2月，海上系统司令部选择诺斯罗普·格鲁曼公司进行SEWIP Block 3的设计和研发。诺斯罗普·格鲁曼公司在竞争中击败了洛克希德·马丁公司（它与雷神公司组成联合团队）。2015年8月进行了Block 3的初始设计评审，2015年10月项目进入了EMD阶段，诺斯罗普·格鲁曼公司获得的合同经费为9170万美元。

经过6个月的初始设计阶段，诺斯罗普·格鲁曼公司和海上系统司令部在2015年8月成功完成了AN/SLQ-32(V)7的初始设计评审，评估了系统架构的状态和初始设计，从而确认技术成熟度和技术开发规划。

2015 年 10 月项目进入 EMD 阶段，诺斯罗普·格鲁曼公司将继续对 AN/SLQ-32(V)7 的系统设计进行完善，对一体化、建模和测试规划进行最终定稿，并生产两套工程研发模型用于实验室和实地测试。2016 年 5 月，SEWIP Block 3 的 AN/SLQ-32(V)7 电子战系统通过关键设计评审。工程研发模型计划在 2017 财年交付，从而为 2018 财年的陆地测试进行准备。

海上系统司令部称："美国海军、诺斯罗普·格鲁曼公司和洛克希德·马丁公司将共同努力，确保为舰队提供综合电子战能力。系统集成已经进入设计阶段，2017 财年将继续开展硬件方面的工作，计划在 2018 年开展陆地测试。AN/SLQ-32(V)7 的低速率初始生产系统将在 2019 财年交付并部署。

2016 年 2 月，海军研究局授予 L-3 公司 890 万美元的合同，从事 CESARS 项目中 SPECSS 功能的相关工作。为此 L-3 将设计、开发和测试中波红外和可见光两种全景成像仪。

2017 年 3 月 17 日，洛克希德·马丁公司获得了美国海军一份价值 9800 万美元的修订合同，以全速生产 SEWIP Block 2 子系统（即 AN/SLQ-32(V)6）。相关工作计划于 2019 年 7 月完成。SEWIP Block 2 主要旨在提升接收机与天线能力。

2019 年 1 月，诺斯罗普·格鲁曼公司已成功通过 SEWIP Block 3 的 AN/SLQ-32(V)7 电子战系统的里程碑 C 评审，并将着手进行 SEWIP Block 3 系统的低速初始生产。SEWIP Block 3 系统将在 SEWIP Block 2 的基础上提供非动能电子攻击能力，干扰敌方雷达、导弹导引头。此外，SEWIP Block 3 具有软杀伤协同能力，可以指挥舰载和舷外软杀伤系统。随着美国海军将电磁频谱纳入作战领域，SEWIP Block 3 是满足美国海军在该领域紧急作战需求的关键。SEWIP Block 3 虽然是电子战系统，但可以扩展其他功能，具有执行通信、雷达搜索的能力，这主要得益于软件定义技术的发展。

8.5.2 AN/ALQ-248 AOEW

8.5.2.1 概况

AOEW 是指"先进舷外电子战"（Advanced Offboard EW），如图 8-35 所示。AOEW 旨在针对世界上某些最先进的雷达制导反舰导弹制定对抗策略，项目目标之一是远距离探测并利用射频对抗技术干扰来袭反舰导弹，为舰载及舷外反导武器争取时间。AOEW 将通过一个用于 MH-60R 和 MH-60S 舰载海上直升机的高强度电子战活动任务载荷，提供高强度舷外电子战能力以对抗现有和未来的反舰导弹威胁。该项目能有效对抗绝大多数先进雷达制导反舰导弹，如俄罗斯 SS-N-22"日炙"（Sunburn）和 SS-NX-26"缟玛瑙"（Oniks）。

先进舷外电子战诱饵开发工作（Decoy Development Effort，DDE）构想了一种舰射长航时的、集成在现有飞行器上并与 AN/SLQ-32(V)6/SEWIP Block 2 舰载电子战系统配合使用的有源舷外电子诱饵系统。"该系统可用于在下一代协同电子战任务中对抗当前和未来的反舰导弹威胁。"

随着直升机载 AN/ALQ-248 有源电子任务吊舱的发展，美国海军正采取新方法实施反舰导弹防御。AN/ALQ-248 吊舱旨在提供一种持续时间长的新型软杀伤能力，为海上战斗群提供持续可扩展的电子战功能。

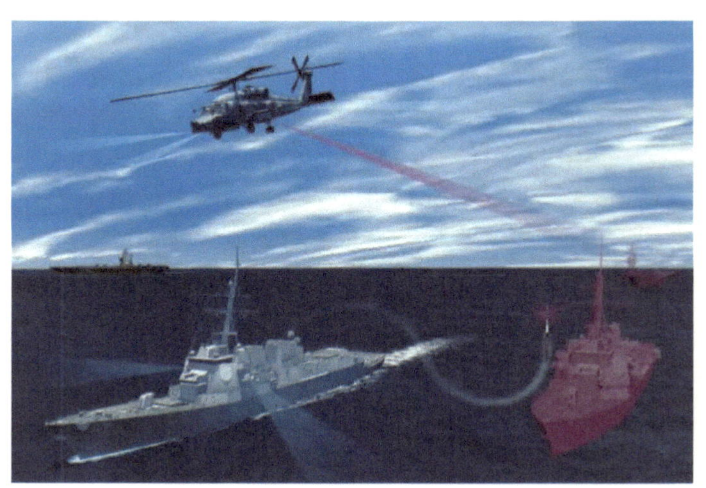

图 8-35 先进舷外电子战（AOEW）示意图

2017 年 1 月，洛克希德·马丁公司旋翼及任务系统分部签约开发一种新型的吊舱式载荷，为 MH-60R 和 MH-60S 舰载直升机提供增强的电子战监视和对抗能力，以应对反舰导弹的威胁。这种命名为 AOEW 的有源任务载荷（AMP）计划于 2020 年初投入使用。

在工程上，可以利用持续、可扩展电子战功能所提供的持续时间长的新型软杀伤能力来为战斗群提供支持。AN/ALQ-248 将生成和发射复杂射频的技术作为分层反舰导弹防御（ASMD）的一部分。此外，它能够与美国海军"水面电子战改进项目"（SEWIP）中部署的舰载 AN/SLQ-32(V)6 和 AN/SLQ-32(V)7 电子战系统紧密协作。SEWIP 和 AOEW 反映了美国海军高层对优先功能进行投资的愿望，试图在电磁频谱中保持领先于敌方威胁的能力。

8.5.2.2 系统特征

AOEW 采用一种模块化开放式系统架构，使得电子战有效载荷能适应不断变化的威胁，减少研发时间和成本，加快部署，并促进未来系统升级和技术植入。AOEW 将使用 Link 16 与舰船系统连接，能够独立探测和干扰来袭的巡航导弹，或与 SEWIP 计划中部署的 AN/SLQ-32(V)6/7 电子战系统紧密协作。AOEW 项目是水面电子战改进项目（SEWIP）的扩展。

AOEW 有源任务载荷（AMP）装有机载电子战吊舱，加挂于 MH-60S/R 直升机两侧的派龙架上。AOEW AMP 具有被动电子截收功能以及主动干扰功能，使用洛克希德·马丁公司现有的电子战技术，并且整合到 AN/SLQ-32(V)6/SEWIP Block 2 以及更新的版本中。

AOEW AMP 吊舱与舰上 AN/SLQ-32(V)6 电子战系统联合工作时，不会与 MH-60S/R 的机载系统关连，也不需要直升机组员介入操作，吊舱截收电子信号并自动转发到船舰上，由舰载的 AN/SLQ-32 电子战系统一并处理，如此就能将电子截收预警的距离拓展到船舰水平面以外，提前探测到敌方准备发起攻击（例如反舰导弹攻击）时产生的电子信号，通知船舰展开防御措施，有效强化了水面船舰的生存能力。主动干扰的 AMP 吊舱能独立运作或与舰上 AN/SLQ-32 电子战系统联合工作，例如由舰载 AN/SLQ-32 进行被动截收，探测到敌方威胁性电磁信号并经过分析之后，自动控制直升机上的 AMP 对威胁来源进行电子干扰（对于单脉冲雷达寻标器而言，主动式干扰几乎难起作用，甚至可能会遭到对方以干扰归向来确定目标方位，而如果电子干扰源能远离船舰，就可以避免遭到敌方以干扰归向标定）。

8.5.2.3 研制与使用

美国海军海上系统司令部在2014年4月发布的预先征集公告显示，先进舷外电子战诱饵开发工作（AOEW DDE）将采取集成在MH-60R和/或MH-60S直升机上的吊舱式有源任务载荷（AMP）形式。招标书于2014年8月发布，对有源任务载荷的初步设计、工程和制造开发以及小批量试生产进行招标。

招标书公布的工作说明规定了与AOEW AMP的设计、开发、集成、安装、测试（陆基、机载和舰载）和小批量初始生产相关的要求，并将其与MH-60R、MH-60S直升机和AN/SLQ-32集成。工作说明中概述的初步设计任务要求承包商解决设计、开发、制造、测试、评估和维持持久电子战载荷所需的硬件、固件、软件和数据。这些电子战载荷可以完全按照系统范围文件规定的功能接口与主平台集成。关键需求包括能够从舰载AN/SLQ-32系统上发送、接收和执行命令，并以最低限度的机身/硬件修改在MH-60主平台上集成AOEW AMP系统能力。

根据系统范围文件的规定，Link 16（安装在AMP中）是用于舰艇双向通信的无线电系统。工作说明要求承包商对通信设备进行分析，以提供AMP、主平台、舰艇作战管理系统与AN/SLQ-32电子战系统/软杀伤协调系统（SKCS）之间所需的接口，包括评估并最小化Link 16与AMP收发系统之间的干扰。其他与Link 16密切相关的问题包括带宽和反应时间要求、视距限制以及对主平台的干扰。

招标书中详细说明的另一个关键要求是采用体现模块化开放式系统架构（MOSA）的设计方法，以允许将来插入“市场驱动的技术升级”。要求申请者描述其模块化开放式系统架构设计方法，包括确定关键接口和评估组件间的依赖关系/相互作用。

据了解，AMP将能够以独立和协作的模式与威胁交战。在前一种情况下，吊舱将使用自己的高灵敏度接收机系统来检测、识别和跟踪威胁辐射源，然后在先进的电子攻击子系统上生成和发射适当的干扰。在协作模式下，舰载AN/SLQ-32系统探测来袭的反舰导弹威胁，然后使用其软杀伤协调系统的功能通过Link 16指示和控制直升机载的AMP；SLQ-32/软杀伤协调系统将在交战期间协调AMP电子攻击统与其他软杀伤射频对抗措施配合使用。

AOEW AMP开发阶段的初始投标已于2014年12月提交，洛克希德·马丁公司、雷神公司和哈里斯公司都对招标书做出了响应。最终，经过几轮答辩和最终提案修订，洛克希德·马丁公司旋翼与任务系统部电子战业务部门在2016年12月23日获得了550万美元的初步设计合同。该合同包括全面开发和小批量初始生产选项，如果实施的话，可以带来9270万美元的累计收益。该合同于2017年1月9日正式公布，被命名为AN/ALQ-248。

AN/ALQ-248系统的制造计划于2019年初开始，以实现该计划在2021年形成初步作战能力的目标。科巴姆电子集成解决方案公司是洛克希德·马丁公司的主要工业合作伙伴。

洛克希德·马丁公司旋翼及任务系统部于2017年1月26日获得2000万美元的合同，将AOEW AMP吊舱集成到MH-60R/MH-60S航空电子设备操作程序中。

2017年9月，AOEW通过初始设计评审；2017年12月，洛克希德·马丁公司表示，如果所有的工程制造开发和低速率初始合同选项都被执行，洛克希德·马丁公司将向美国海军提供初始的18个AOEW AMP AN/ALQ-248吊舱，这将包括6个工程研制模型、在2020财年最多4个低速率初始生产系统，以及2021财年最多8个低速率初始生产系统。该公司认为总共需要100个AN/ALQ-248系统订单。

8.5.2.4 采办动态

展望未来，洛克希德·马丁公司预计 AMP 衍生技术可以在其他运载平台上得到应用，例如无人机或系留设备。将 MH-60 平台用作 AOEW 计划首批增量载荷平台的决定反映了美国海军在为支持战斗群而提供的持续舷外软杀防御方面有意降低风险的做法。然而，预计以后的增量将采用无人机。

除了 AOEW AMP 以外，“舰射电子战扩展型持久诱饵”（SEWEED）计划用于后续 AOEW 的增量（图 8-36）。目前，由海军研究实验室领导的未来海上能力计划的主题是 SEWEED 未来海上能力，旨在演示“舰艇发射、快速反应、长续航性、可携带 EW 载荷的投掷式飞行器”。海军研究局透漏了舰射电子战扩展型持久诱饵概念的有限细节，披露了一种可以转换为旋翼飞行的火箭发射飞行器，以便快速部署和定位。未来海上能力计划要解决的关键技术问题包括表面处理和机身材料/几何结构、用于电子战兼容的天线隔离、有效载荷热管理以及先进的控制算法。

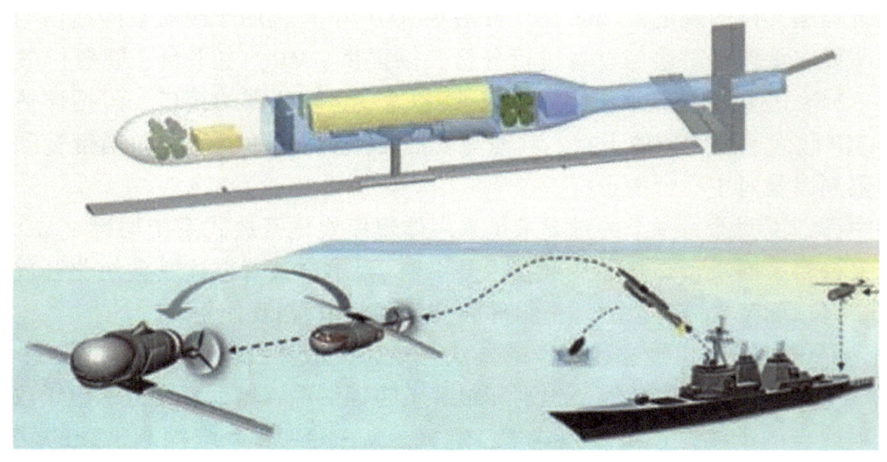

图 8-36 | SEWEED 诱饵作战概念

8.5.3 MMSP

8.5.3.1 概况

多任务信号处理器（Multi-Mission Signal Processor，MMSP）是海军先进能力构建 ACB12 的一部分。该系统采用商用现货技术，作为美国海军宙斯盾系统的一部分开发和部署，用于取代宙斯盾系统核心部件 AN/SPY-1D 雷达中的单一信号处理器。它集成了早期弹道导弹防御信号处理器的功能，将其合并成一组设备，将新一代弹道导弹防御（AEGIS BMD）和防空作战（AAW）能力结合在一个开放的作战系统架构中。

如图 8-37 所示，装备宙斯盾基线 9 作战系统的驱逐舰将能在单一计算环境中，根据战术威胁图像，更动态灵活地分配计算机资源，从而在不降低防空作用的情况下，最大限度地提高弹道导弹防御能力。宙斯盾 AN/SPY-1D 雷达的多任务信号处理器（MMSP）是上述能力的主要使能因素。该雷达此前的弹道导弹防御计算套件使用单功能信号处理器，意味着具备弹道导弹防御能力的水面舰可以拦截弹道导弹或飞机/巡航导弹威胁，但不能同时拦截这两种威胁。而 MMSP 可以有效整合来自弹道导弹防御信号处理器和现役传统宙斯盾信号处理器的输入信息。其最新的商用现货硬件和软件算法能控制雷达波形的生成，并允许同时处理防空战和弹道导弹防御雷达信号。至关重要的是，MMSP 提高了宙斯盾 SPY-1D 雷达系统在濒海环境中的性能，还改进了弹道导弹防御的搜索、远程监视与跟踪、信号处理器距离分辨率、识别、表征及实时功能显示等方面能力。

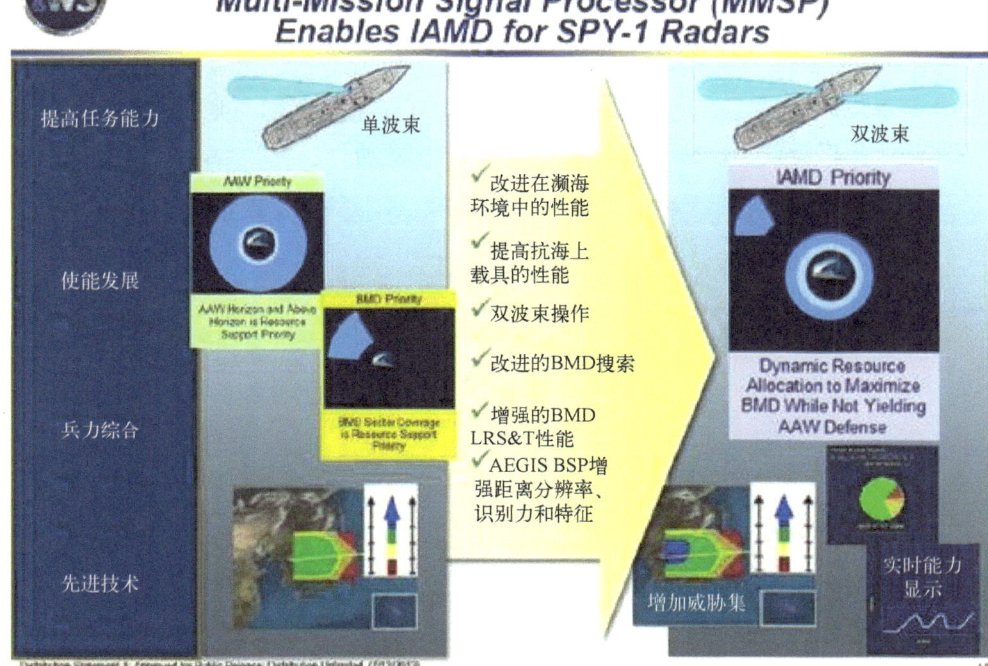

图 8-37 | MMSP 示意图

作为宙斯盾现代化计划（AMOD）的一部分，MMSP 为美国海军前 28 艘阿利·伯克级驱逐舰（DDG 51-78）提供防空作战（AAW）/弹道导弹防御（BMD）多任务能力。这种能力也将被纳入 DDG 113 及其后续新建舰，以及岸上宙斯盾中。MMSP 修改 AN/SPY-1D 雷达的发射器以实现双波束操作，减少帧时间，获得更好的反应时间，并为所有 D(V)波形提供稳定性。MMSP 提高了沿岸、管道杂波、电子攻击（EA）和箔条环境的性能，并在计算机程序和设备中提供了更大的通用性。①

8.5.3.2 采办动态

2013 年 1 月，洛克希德·马丁公司获得一项价值 4387 万美元的修改合同，为阿利·伯克级驱逐舰 DDG 51、DDG 57 和 DDG 69 生产 2013 财年多任务信号处理器设备、弹道导弹防御设备及相关备件和工程服务，该合同将对先前授予的固定价格激励合同进行修改。2015 年 3 月，洛克希德·马丁公司获得了 5160 万美元的修改合同，雷神公司获得了 1670 万美元的修改合同，这两项修改都与宙斯盾舰上的 MMSP 设备有关。

① https://en.wikipedia.org/wiki/Aegis_Combat_System.

8.5.4 Mk234 NULKA

8.5.4.1 概况

Nulka（纳尔卡）的型号名称为 Mk234，其作为美国海军装备的一种舷外有源干扰系统，具有目前独一无二的有源干扰能力（图 8-38）。由 BAE 系统公司澳大利亚分部和美国洛克希德·马丁公司联合生产，前者负责飞行装置、舰载电子设备和发射装置，后者负责电子载荷和火控系统。其作为一种火箭推进式一次性主动诱饵，旨在引诱射频制导反舰导弹（ASM）远离其预定目标，通过在飞行中模仿舰船轨迹辐射大型雷达截面来对抗各种现在和将来的雷达制导反舰导弹。① 目前在美国海军、澳大利亚皇家海军、美国海岸警卫队和加拿大皇家海军战舰上广泛使用。Mk234 技术规格如表 8-23 所列。

图 8-38 | Nulka 有源诱饵弹

表 8-23 Mk234 技术规格

型号名称	Mk234
制造商	BAE 系统公司澳大利亚分部和美国洛克希德·马丁公司
服役时间	20 世纪 70 年代
建造数量	1400+
类型	反舰导弹有源诱饵防御系统
装载平台	DDG-51，CG-47，LPD-17，LSD-41 澳大利亚：FFG-01，FFH-150，DDGH-39
频率	I/J 波段
尺寸	2m×0.2m
重量	67.5kg
飞行高度	100m（典型）
工作环境	60 节强风或 5 级海况
空中停滞时间	>55s

① Jane's Weapons：Naval 2017-2018.

8.5.4.2　系统特征

“纳尔卡”是美国和澳大利亚之间的联合项目，开发了一种主动舷外诱饵，通过美国海军的 Mk53 诱饵发射系统发射。它结合了由 BAE 系统公司澳大利亚分部生产的新型悬停式火箭载荷平台，上面安装了由洛克希德·马丁公司生产的宽带射频转发式载荷，辐射出类似大型舰船的雷达截面积，旨在引诱射频制导反舰导弹远离其预定目标。

“纳尔卡”在澳大利亚原住民中其词意为“快速”，它反映了设计者的意图，即当反舰导弹来袭时，母舰把“纳尔卡”诱饵弹发射到介于母舰和来袭导弹之间的某个位置，把来袭导弹快速地引开，以达到保护母舰的目的。据称，该诱饵弹能有效地诱骗现有的采用先进雷达导引头的反舰导弹，包括隐藏在海浪杂波中掠海飞行的导弹。它是一种发射后不管的诱饵弹，可用于舰艇多层自防御系统之中。

“纳尔卡”与传统诱饵相较有两大不同之处：一是具有飞行控制能力、程序化的飞行模式以及较长的滞空时间；二则是本身就拥有电磁干扰波发射器，为“有源式”反制装备。

“纳尔卡”具有有源干扰、长时滞空、智能化的特点。干扰弹本身具备飞行控制能力，并可采用程式化的飞行模式，同时拥有较长的滞空时间。“纳尔卡”发射后可自动操作，内部的电磁波发射器会发出类似船舰的雷达假回波，让敌方反舰导弹的雷达制导系统锁定，并依照预先程式化的弹道和飞行参数在空中徘徊，吸引来袭的反舰导弹，将敌方反舰导弹导引至舰艇外的安全距离处，确保舰艇安全，反制效果更为有效。

一套“纳尔卡”由四个主要子系统构成，分别是探测威胁来源的电子截收装置（ESM）、诱饵射控计算处理机、发射器、悬翔式主动诱饵弹。“纳尔卡”为圆柱形，顶部有一组类似直升机的四叶片旋翼（透过马达驱动），透过旋翼旋转来使弹体转动，进而将诱饵弹的电子干扰天线对准目标方向。旋翼下方就是“纳尔卡”搭载的有源干扰载荷，由美国西皮康公司提供，能发射 I/J 波段信号（这是反舰导弹寻标器的典型操作频率），以大功率转发类似反舰导弹寻标器的 I/J 频信号回到导弹，使导弹误以为得到回波；此一有源干扰机的扇区覆盖较广，单枚就能同时针对几枚反舰导弹进行转发。

“纳尔卡”具有一个由澳洲 AWA 公司研制的诱饵射控计算处理机，根据船上电子截收装置（ECM）等感测装置传来的威胁参数（包括威胁类型、目标辐射信号特征、目标飞行速度与方向、外界风速与风向等）或人工输入的参数，自动计算“纳尔卡”的相关操作参数，包括发射时间、方位、在空中的最佳飞行轨迹等，再经由一个界面将参数传给发射管里的“纳尔卡”诱饵。“纳尔卡”发射之后便由诱饵本身搭载的数位处理器来控制，干扰弹搭载的电磁波发射器会发出类似船舰的雷达回迹以吸引敌方反舰飞弹的雷达寻标器，并依照预先输入的高度（通常为 100m）和轨迹在空中徘徊，模拟船舰在海中运动的轨迹，以吸引来袭的反舰飞弹；除了发射前预设的参数之外，“纳尔卡”的舰载系统也能持续根据舰上传感器的资料来计算修正参数，将修正的飞行指令传给在空中悬翔的“纳尔卡”。

透过特殊的气动力控制系统，“纳尔卡”可以在空中向上、向下或横向移动，或绕纵轴向旋转，模拟船舰在海上的运动。由于具备优秀的操控性，“纳尔卡”能在 60 节的强风以及 5 级海象等恶劣气象环境下有效运作，能在空中悬停与定位。“纳尔卡”能在发射升空后的 10s 以内就位并展开工作，并能在空中停滞大于 55s，射程与制空时间大于传统的无源诱饵。在较低的飞行高度下，“纳尔卡”无论是运动轨迹或发射的电磁信号都酷似一艘船舰，一枚在空中的“纳尔卡”就可以对同一个扇区里所有的来袭飞弹产生迷惑效果，能有效对抗饱和攻击。

8.5.4.3 研制与使用

“纳尔卡”始于20世纪70年代初由澳大利亚国防科学技术组织提出的一个原始概念，并且认为可变推力固体推进剂火箭发动机技术可以与指导命令一起使用，以使诱饵能够在受控飞行中悬停。经过1981年的成功试验，DSTO（现在的DST集团）与玛利拜朗炸药厂和玛利拜朗兵工厂（后来是澳大利亚ADI有限公司的一部分）协商，开发了“纳尔卡”的自主悬停火箭发动机。1986年，澳大利亚和美国进行了全面的协同工程开发。1988年，AWA国防工业（现为BAE系统部分）获得了“纳尔卡”系统和悬停火箭的工程开发合同。ADI在新南威尔士州的穆瓦拉工厂分包开发和制造火箭发动机。美国西皮康公司开发诱饵的电子有效载荷。同时，在1988年至1992年期间，“纳尔卡”在墨尔本进行了空气动力学配置开发。1999年，DSTO和BAE系统签署了反舰导弹模拟软件技术许可协议，该软件已被纳入“纳尔卡”战术世代模型，该模型被用作通用的反舰导弹防御建模设备以及“纳尔卡”营销和开发。到1999年，“纳尔卡”正式为澳大利亚海军、美国海军和加拿大武装部队全面生产。

2001年8月31日，“纳尔卡”正式进入澳大利亚皇家海军服役，并在2001年10月17日通过作战测试评估（OPEVAL）；2005年3月11日，“纳尔卡”达成全战备能力；2006年1月1日，澳大利亚皇家海军颁布“纳尔卡”的服役期间支援（ISS）合约，2011年又签署GTS的ISS合约；2007年，装备“纳尔卡”诱饵系统的舰艇正式达到100艘，包括83艘美国船舰、14艘澳洲船舰与3艘加拿大船舰；2009年，澳大利亚6艘阿德莱德级与8艘安扎克级巡防舰全面加装“纳尔卡”系统，而此时仍在规划中的霍巴特级导弹驱逐舰也装备“纳尔卡”；2010年，第1000套“纳尔卡”系统出厂。

目前的合同涵盖了美国海军、加拿大皇家海军和澳大利亚皇家海军的1400多枚“纳尔卡”诱饵，备件和配套设备的制造，价值超过10亿美元。目前“纳尔卡”系统部署在150多艘澳大利亚、美国和加拿大的军舰上，是澳大利亚最大的常规防御出口计划。

澳大利亚海军使用“纳尔卡”的军舰包括：阿德莱德级护卫舰、安扎克级巡防舰、霍巴特级导弹驱逐舰，后续还考虑安装在堪培拉级两栖攻击舰上；美国海军使用“纳尔卡”的军舰包括：阿利·伯克级驱逐舰、提康德罗加级巡洋舰、圣·安东尼奥级两栖舰、惠特贝岛级两栖舰、巴索夫级巡逻舰。

8.5.4.4 采办动态

由于反舰导弹的不断变化与更新，“纳尔卡”将会保持持续更新与量产，以保证为其用户提供防御与保护。“纳尔卡”的更新与改进将会体现在技术、流程和材料上。

2015年12月，哈里斯公司从美国海军研究实验室获得了为期3年、价值5400万美元的合同，用来为高级诱饵体系结构计划（ADAP）提供电子战相关技术和工程服务。哈里斯公司将为该项目提供使用先进电子技术的设备来诱使导弹偏离预定目标。此次合同所要求的设备是对现有“纳尔卡”诱饵系统的升级。

2017年5月，澳大利亚政府宣布与BAE系统公司澳大利亚分公司签订合同生产的“纳尔卡”主动导弹诱饵系统已经交付使用。下一代“纳尔卡”系统的研发预计在2018年作出定论。

2017年11月，澳大利亚政府为“纳尔卡”项目提供2.07亿澳元的资金，用于皇家海军“纳尔卡”导弹诱饵系统的升级，以提升其反舰导弹防御能力。①

目前，澳大利亚政府正在秘密推进其下一代“E-纳尔卡”（E-Nulka）项目，对现有“纳尔卡”电子载荷升级，以拓宽其频率覆盖范围（如K波段），应对新型反舰导弹威胁。该项目起始于2014年，对其载荷接收器、信号处理器和接收器进行了工程开发，对“纳尔卡”现有载荷进行了集成，随后进行了技术操作评估。该项目已被ONR确认为具有竞争性的合同项目，ONR将开发成熟的基于氮化镓的高频功率放大器，如果完成，将显著提高Nulka对抗措施的性能。

8.5.5 AN/SSQ-82

8.5.5.1 概况

AN/SSQ-82系统的名称为多重传输消除系统（Multiple Unit for Transmission Elimination, MUTE），主要用于管理舰船的电子传输，从集中位置控制所有舰载辐射源，从而实现全面的电子隐声。该系统于20世纪70年代早期开发，主要装备于尼米兹级、福特级航空母舰和黄蜂级、圣·安东尼奥级两栖舰。由于零部件过时淘汰和制造来源减少，MUTE目前已停产，其制造商拉巴奇公司将不再生产或支持该系统。②

在电子战中，舰艇需要控制自身电子系统所发出的讯号。AN/SSQ-82是一款用于监控及控制所有舰上电子辐射来源的中央系统，只要操作员下达指令，AN/SSQ-82就会把舰上所有的电磁、声学及光学讯号来源快速消除，进行排放控制（EMCON）。AN/SSQ-82会全天侯24h监控电子系统的发送器，其主要运作状态有3种，包括ACKNOWLEDGE、DENY及PERMIT。

（1）ACKNOWLEDGE（确认）：发送器由MUTE全权负责，可以随时进入DENY状态；

（2）DENY（拒绝）：利用MUTE因应EMCON状态而停止某些或一切电子发送器的运作；

（3）PERMIT（允许）：利用MUTE发送指令给处于DENY状态的电子发送器返回其正常运作状态。

当AN/SSQ-82向发送器下达DENY的指令时，所有电磁、声学及光学信号来源会在5s内消失，AN/SSQ-82的监控功能会收集发送器提供的信号来显示它们是否在线。

8.5.5.2 研制与使用

在20世纪70年代开始研发AN/SSQ-82(V)1，在各级航空母舰及黄蜂级两栖舰上也有它的身影，不过由于其支援承包商LaBarge公司已经停止生产过时的AN/SSQ-82(V)1，所以在LHD 7上并没有安装。为此，海军NAVSEA的两栖战计划办公室（PMS 377）及其他工程部门引用了海军的TAC-4战术先进计算机用作AN/SSQ-82系统的处理器、控制与显示平台。此升级方案不但解决了AN/SSQ-82(V)1的支援及过时部件问题，而且还增强AN/SSQ-82系统的运作效率。

新的升级设计在1996年3月验证并由PMS377管理。AN/SSQ-82(V)2在1997年9月完成交付，它首度安装在LHD 6上并取代了其原本的AN/SSQ-82(V)1，第2套AN/SSQ-82(V)2在1998年完成交付并安装在当时仍建造中的LHD 7上，之后所有黄蜂级的AN/SSQ-

---

① http://www.navyrecognition.com/index.php/news/defence-news/2017/november-2017.html.

② https://fas.org/man/dod-101/sys/ship/weaps/an-ssq-82.htm.

82 系统也升级成此版本。

AN/SSQ-82(V)2，使用当前的商用现货技术和非开发项目（COTS/NDI），取代过时的(V)1 型，并提供管理和传输控制，此外(V)2 型也在操作员效率方面提供了显著的改进。使用 COTS/NDI 进行 MUTE 的升级降低了初始升级成本，具有零技术风险，简化了后勤支持流程，并具有可编程的 EMCON 命令和控制能力。

NAVSEA 的现役航母计划办公室（PMS 312）之后也为当时新造的“里根”号（CVN 76）及其他尼米兹级航母提出了安装光纤版 MUTE 网络的方案，即 AN/SSQ-82(V)3，不过之后 PMS312 也决定直接在航母上安装 AN/SSQ-82(V)2，并希望将(V)2 版用于所有现役航母。

8.5.6 AN/WLR-1

8.5.6.1 概况

AN/WLR-1 为美国海军装备的雷达电子监视系统（电子侦察接收机），于 20 世纪 70 年代首次装舰，主要执行超视距检测、分类和定位，区域监视和威胁警告，通过从截获信号中获得数据将来满足即时的战术需求和长期的战略需求（图 8-39）。当与有效的电子作战命令一起使用时，它可以提供任务支持，以实现目标跟踪和识别，用于攻击和/或躲避目标。该系统一直不断改进，有多种型号，目前仍装备美国海军和其他国家军舰。AN/WLR-1H 的技术规格如表 8-24 所列。

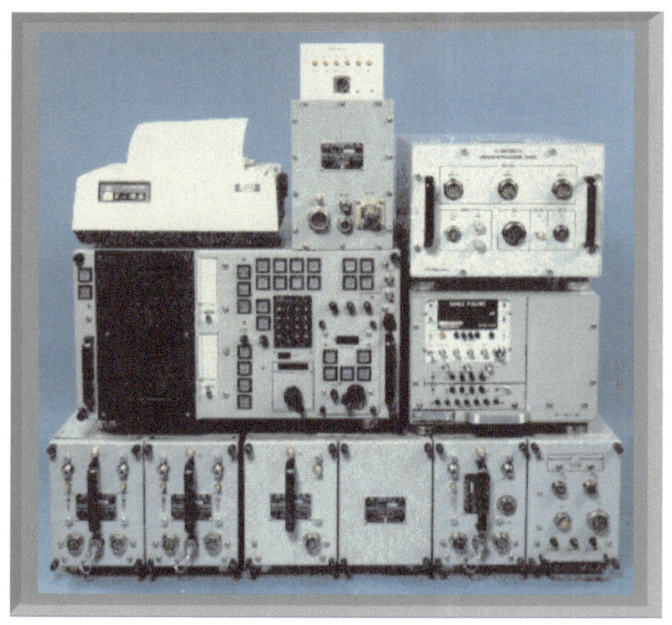

图 8-39 AN/WLR-1 示意图

表 8-24 AN/WLR-1H 技术规格

型号名称	AN/WLR-1H
制造商	阿戈系统
服役时间	20 世纪 70 年代

（续）

建造数量	—
类型	电子支援措施
装载平台	CVN 78，CVN 68，WHEC
频率	0.05～18GHz
作用距离	926km
脉冲宽度	1～50000μs
脉冲重复频率	20Hz～2MHz
带宽	20MHz
天线	AS-1023 频率范围：300～1100MHz 转速：300r/m

8.5.6.2 系统特征

AN/WLR-1 工作频率为 0.05～18GHz，基本工作频率为 7～18GHz。整个频段分为 10 个分波段，每个分波段由一个调谐器调谐。每个调谐器都由微机控制，并增加了中央处理机负责全系统的自动搜索与控制，借助数据库进行信号的分析、识别与威胁判断，可对各种雷达频率进行自动快速扫描，并可借助数据库对搜集到的信号进行分析、识别与威胁判断。该系统灵敏度和测向精度较高，每个分波段的扫描较迅速（1～2s）。

此机配置有几种全向天线和测向天线。最新的采用 AS-1023 型测向天线，可覆盖 300～1100MHz 范围。此天线外形为圆柱形，为背靠背反射体旋转天线，转速 300r/min，置于天线罩内。该机除天线以外，还有 9 个射频调谐器、超外差接收机和显控台。显控台上有耳机、频谱显示器、多线分析显示器和测向显示器。自动搜索方式每个调谐器工作 2s 时间，全频段需 18～20s。

8.5.6.3 研制与使用

AN/WLR-1H 是由美国阿戈系统公司在 20 世纪 80 年代研制生产的，到 1994 年底，生产的 AN/WLR-1H 已超过 100 套。现有的 WLR-1、WLR-1B、WLR-1D、WLR-1F 和 WLR-1G 逐渐为 WLR-1H 取代。AN/WLR-1H 根据平台的不同，有(V)3、(V)5、(V)6、(V)7 结构类型，所有的型号都使用电调谐超外差接收机对 0.55～18GHz 的射频信号进行截获、分析、识别和测向，已大量装备于美国海军和其他许多国家的舰船和潜艇上。

AN/WLR-1H 是重新设计的一型，它包括 6 个频段，频率范围为 0.55～20GHz，所有频段同时在 100μs 内进行电子调谐。信号是数字化的，在每个频段可对 3 个信号进行去交错处理。因此，AN/WLR-1H 可对许多发射源进行捕获和分析。AN/WLR-1H 信号分析显示器采用六线扫描（每个频段一条线），并且在每个频段可存储多达 8 个频率进行显示。此设备工作范围：脉宽 1～50000μs，脉冲重复频率 20Hz～2MHz，带宽 20MHz。此设备对脉冲数据数字化并送入其存储器。它的字母数字显示器（50 行，每行 80 个字符）显示其发射源文件、威胁告警文件、发射源分类参数和选配的雷达/平台数据。

AN/WLR-1H(V)3/5 是航空母舰的二次电子战系统，其作为 AN/SLQ-32(V)4 的补充，为超视距瞄准和有限的电子情报提供远程监视。AN/WLR-1H(V)3 型信号跟踪数为 300 个发射源；数据库：80 个威胁源、300 部雷达、1500 个雷达模式、150 个平台。WLR-1H(V)3

型采用新型固定天线组和旋转天线。前者可得到较粗的方位数据（采用单基线干涉仪技术），另外还有左右舷天线。AN/WLR-1H(V)5 采用单个封装天线，取代了原先用于(V)3型的 4 个天线套件。新的套件提供了改进的可靠性和减少了 500lb 的桅杆重量。

AN/WLR-1H(V)7 是 AN/WLR-1H(V)5 的升级和改进，采用 2～18GHz 的瞬时测频接收机与中频带宽 1GHz 的超外差接收机相结合的截获体制，瞬时测频接收机截获概率高，能瞬时提供完整的 PDW，包括载频 RF、PA、PW、TOA 等，能对 FMOP、PMOP、POP、CW 和 POCW 等形式信号进行检测，并能给出各种信号的标志。超外差接收机用于对辐射源的指纹信息和个体特征信息进行测量。

AN/WLR-1G 是 ANWLR-1 原型的最后一型，采用了固态调谐器。

AN/WLR-1 基于 20 世纪 70 年代的技术，由于零部件过时和制造来源减少，维护起来既困难又昂贵。在项目赞助商和 NAVSEA 的支持下，该系统在 1998 财年中进行了修改，以克服过时和可维护性问题，并通过应用最先进的能力提高整体系统的有效性。改进将最大限度地使用 COTS/NDI 设备，这种设备能够在遮蔽的船上条件下可靠地工作，同时保持升级的同时增加单个封装天线。该系统安装在尼米兹级航空母舰、福特级航空母舰和汉密尔顿级巡逻舰上。①

8.5.7 AUSPAR

8.5.7.1 概况

AUSPAR 是美国和澳大利亚国防部在 CEA-FAR 雷达的基础上联合研制的新一代三坐标、多功能有源相控阵雷达。CEA-FAR 是由 CEA 技术公司在澳大利亚设计的第四代多功能数字有源相控阵雷达（图 8-40）。AUSPAR 作为 CEA-FAR 相控阵传感器的高功率版本，最初由 CEA 技术公司研制，后 R&D 也参加了部分研制工作，研制成功后将装备于澳大利亚皇家海军战舰以及出口，已经在美国政府的一个未公开的防空应用中使用，可执行中到远程的监视任务。AUSPAR/CEA-FAR 的技术规格如表 8-25 所列。

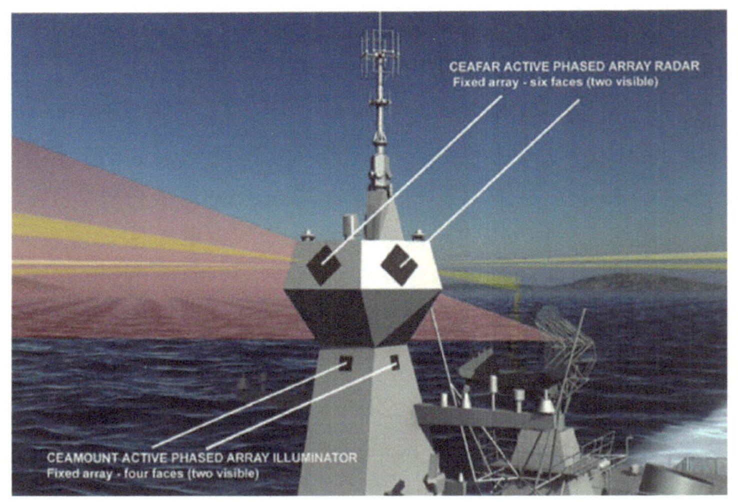

图 8-40 CEA-FAR 雷达

① https://fas.org/man/dod-101/sys/ship/weaps/an-wlr-1.htm.

表 8-25 AUSPAR/CEA-FAR 技术规格

型号名称	AUSPAR	CEA-FAR
制造商	CEA	CEA
服役时间	—	2006 年
建造数量	—	—
类型	三坐标有源相控阵	多功能有源相控阵
装载平台	—	澳大利亚：安扎克级
频率	—	E/F 波段 2~4GHz
作用距离	—	40km
方位	—	0~ 360°
天线	—	类型：AESA 尺寸：1. 34m×2. 7m 重量：400kg

8.5.7.2 系统特征

AUSPAR 因采用了有源相控阵领域的前沿技术，具有更高的发射功率，即使在数千米以外也能够检测到小目标。电子波束形成及扫描处理可对整个阵面上数千个发射/接收单元进行动态、自适应调整。阵面可根据应用需求进行升级，其尺寸跨度可在 1. 5~6m 以上。

与现有的其他有源相控阵雷达相比，AUSPAR 的优势在于：它为三坐标雷达在反舰导弹防御、中远程防空以及地基和海基战区导弹防御等方面的应用提供了一种可缩放、轻型和低成本的解决方案。

此外，采用电子波束形成和电子扫描技术的 AUSPAR 雷达，突破了无源相控阵雷达的发射机和质量的限制，高效费比的设计，使得该技术可以应用于小到轻型护卫舰、大至航空母舰的各种水上平台。

CEA-FAR 有源相控阵雷达系列的前端射频系统由较小的阵面单元构成，每个天线阵面单元尺寸为 30cm×30cm，有 64 个接收/发射（T/R）组件；只要增加每面阵列天线的阵面数量，就可增强雷达的精度与总功率。以 SEA 1448 ASMD 计划使用的阵面为例，总共使用 6 个 CEA-FAR S 波段搜索/跟踪阵列天线以及 4 个 CEAMOUNT X 波段照射/火控天线，每个 CEA-FAR 天线由 16 个 30cm×30cm 阵面构成（以 4×4 排列），因此每面天线总共有 1024 个 T/R 单元，六面天线总共有 6144 个 T/R 单元。CEA-FAR 系列一大关键技术是数字波束形成（Digital Beam Forming，DBF）技术，以后端软件编程控制相控阵面进行各种灵活的操作，例如将天线阵面分割成许多子阵列单元、每个子阵列单元各产生一个独立扫描的波束，每子阵列分配不同的工作（例如广域搜索、窄波束精确跟踪、火控、分割成数个虚拟子雷达等）。此外，数字波束形成技术也赋予 CEA-FAR 良好的自适应能力，能根据周边环境回波特性、自然或人为干扰、当前作战威胁状况的设定等，自动调整雷达波形以及参数，获得良好的抗背景杂波与 ECCM 能力。由于 CEA-FAR 的雷达波生成以及运行都由软件控制，以后任何扩展雷达操作处理模式，只需要更新软件程序就可实现，不一定要大费周章地更换硬件。

8.5.7.3 研制与使用

2003 年 12 月，澳大利亚国防部正式启动 SEA 1448 反导防御计划（Anti-Ship Missile

Defence，ASMD）。2004 年，SEA 1448 的反导弹系统开发团队正式组成，由 Tenix Defence（后来成为英国 BAE System 集团澳大利亚分公司）担任主承包商，其他成员包括 SAAB System 以及澳大利亚国防部相关单位。合同于 2005 年 5 月正式签署，总值 8.4 亿澳币。ASMD 的计划核心是安装澳大利亚 CEA 技术公司开发的有源相控阵搜索/跟踪与火控雷达系统，将对现有的 CEA-FAR 项目进行扩展，开发其高功率版本。这一新的雷达系列称为 AUSPAR，其功能远远超出现有雷达系统的功能。该计划将进一步开发雷达技术，以便可用于中长距离空战，并有可能展示其满足战区弹道导弹防御要求的能力。AUSPAR 也将提升公司的出口前景，CEA 此前已将雷达和通信系统销往美国、欧洲和亚洲。

2005 年 8 月，美国通过与澳大利亚签署协议加入 AUSPAR 计划；2005 年 12 月，AUSPAR 计划已获得官方批准，进入第二阶段开发高功率有源相控阵雷达。该计划从澳大利亚国防部获得了 2100 万美元，用于建造一部装舰的原型机和一个陆基测试装置。

8.5.8 AN/SPA-25G

AN/SPA-25G 是美国海军采用的一种远程指示器，广泛安装于美国海军现役的各型舰船中，能满足防空战、水面战、反潜战、电子战、两栖战等各种打击任务要求（图 8-41）。将会取代现役 AN/SPA-4、SPA-8、SPA-25、SPA-33、SPA-34、SPA-40、SPA-41 和 SPA-66，而 AN/SPA-50 和 SPA-74 雷达显示系统/指示器则是 AN/SPA-25G 的潜在替代者。

图 8-41 | AN/SPA-25G 远程指示器

AN/SPA-25G 是战情中心（CIC）和舰桥用于先进导航、空中搜索和战术情况显示的雷达指示器。它通过独特的信息显示和高效的人机交互界面降低了工作负荷，从而提高了操作员的能力，控制面板如图 8-42 所示。该指示器解决了与目标跟踪、导航、预计到达点（EPA）和空中交通管制相关的所有距离、方位和绘图任务。该显示器能通过按下按钮，移动换挡杆控制以及读取和查看屏幕上的解决方案来代替以前采用的手动绘图和距离方位计算任务。①

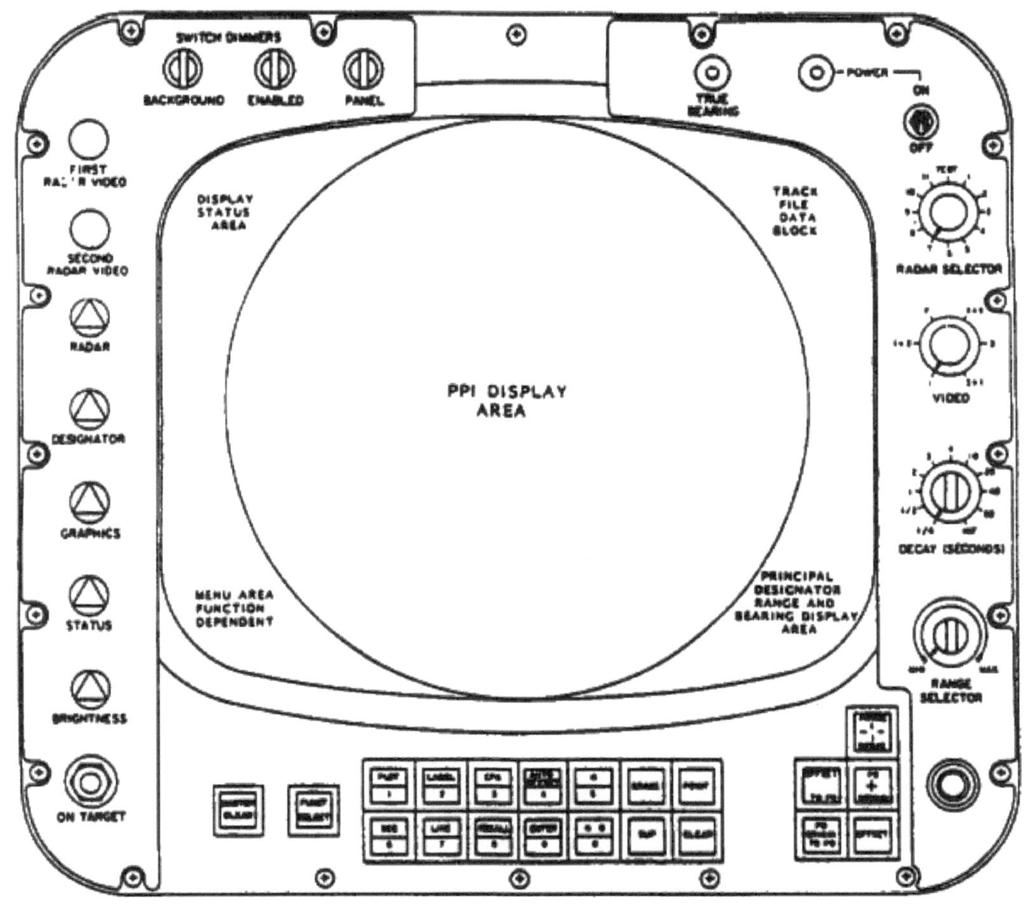

图 8-42 ‖ AN/SPA-25G 雷达指示器的控制面板和显示器

通过采用晶体管通用 PPI，设计用于 PRF 为 10~5000 PPS 的任何标准海军搜索雷达系统。该指示器可以显示来自 10 英寸阴极射线显像管（CRT）上的几个雷达系统中的任何一个雷达信息。指标组包含从 0.5~300mile 的连续范围变化。②

它可以接收多个数据输入，包括来自同一雷达的 3 个雷达视频信号、雷达触发、天线同步数据、外部航向和速度、偏心输入和航位推算分析仪（DRA）输入等。除模拟形式的视频外，各种雷达输入采用雷达显示和分配系统（RADDS）串行 64 位数据流格式。数据通过 5Mb 的数字存储器连续处理。通过将雷达数据与内部生成的图形符号相关联，操作员可以完全与 CRT 上显示的信息进行交互。

AN/SPA-25G 的部分重要设计特性包括：

（1）高清光栅扫描显示器：使显示器能够在 CIC 或舰桥的柔和照明或明亮日光下以最大容量、无须遮光罩进行操作；

① https://www.globalsecurity.org/military/library/policy/navy/nrtc/14089_ch2.pdf.

② https://fas.org/man/dod-101/navy/docs/swos/e1/MOD4LES2.html.

（2）闪烁减少：提供有效的显示刷新率，可抑制任何照明环境中的闪烁；

（3）方位角填充处理：防止在从距离—角度导航系统（rho-theta）转换为 X-Y 格式时出现的雷达视频的空隙、间隔和空洞；

（4）电子轴承圈：围绕雷达视频显示器的周边，每 5°显示一次轴承标记，并且每 10°进行数字标记；

（5）电子绘图辅助：提供船舶速度和航向偏移设置，主要指示符范围和方位以及内置测试（BIT）消息的连续显示。

AN/SPA-25G 与 AN/SPA-25 系列中以前的指示器组型号具有相同的形式和配合，可通过直径为 25in 的舱口而无须拆卸。如果需要倾斜面板或坐式控制台，可提供 60°的嵌入模块和可连接的前搁板。AN/SPA-25G 具有无限的操作能力，因为它能与任何海军常规搜索雷达系统连接，并允许维护人员通过使用 BIT 和测试消息来快速定位故障，以进行电路和模块检查。

8.5.9 AN/SPQ-14 ASDS

8.5.9.1 概况

AN/SPQ-14 的名称是高级传感器分配系统（Advanced Sensor Distribution System，ASDS），该系统由美国海军海上系统司令部（NAVSEA）提出采购，由 Frontier 电子系统公司（FES）研制生产，是一种通用的雷达显示和分配系统（RADDS），可提供实时战术数据的关联、分配和显示，如图 8-43 所示。

图 8-43 AN/SPQ-14 示意图

8.5.9.2 系统特征

来自舰船雷达和导航设备的信号通过转换器多路复用为单个数字数据流并提供给交换机。战术显示用于从交换机中选择和显示任何 RADDS 数据流。AN/SPQ-14 通过有效准确地集成、处理和集中显示战术数据，协助指挥人员制定战术和导航决策。AN/SPQ-14 将海军地面和空中搜索雷达信息转换为标准数字格式，并将此数据分发到整个平台的雷达导航和战术显示，接口关系如图 8-44 所示。其具有开放式系统架构，以达到与新兴技术的兼容。通过适用雷达信号转换器 CV-3989(V)1 和雷达转接板 SB-4229A(V)，ASDS 完全支持点对点的传感器信息分配。这种组合可以实时的分配雷达的信息。ASDS 与先进作战指挥系统（ACDS）有一个双向的直接接口，允许 AN/SPA-25G 显示器与 ACDS 共享公共轨道信号。ASDS 还包括一个视频信号模拟器（VSS）仿真器，它能够与传统 ACDS 计算机连接，并生成具有各种现实雷达特性的雷达视频，为 CIC 监视团队提供最有效的培训工具。①

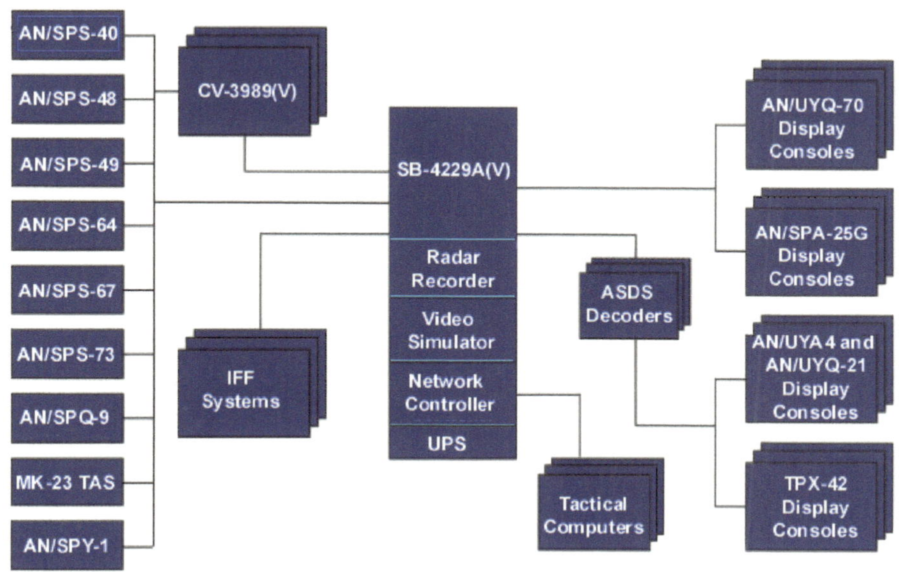

图 8-44 | AN/SPQ-14 的接口关系

8.5.10 AN/SPQ-15 DDS

8.5.10.1 概况

AN/SPQ-15 的名称是数据分配系统（Data Distribution System，DDS），提供通过局域网（LAN）向开放式架构计算环境（OACE）兼容的显示控制台和传统控制台分发雷达视频数据，其架构允许直接连接标准海军雷达和 IFF 传感器（图 8-45）。雷达接口模块（RIM）提供从模拟雷达信号到通过以太网传送的互联网协议（IP）的转换。使用以太网交换机的多播功能的发布/订阅场景提供交换功能，取代传统上分配模拟雷达信号所需的专用交换机硬件。该系统还提供雷达视频的基于软件的扫描转换，以便于在 COTS 计算机硬件上实现与开放式架构兼容的显示控制台的接口。应用程序接口（API）提供了对显示控制台上的软件进

① https://fas.org/man/dod-101/sys/ship/weaps/an-spq-14.htm.

行修改以利用其扫描转换的能力。显示接口模块（DIM）提供从 IP 协议数据到传统控制台的模拟信号的转换。传统设备无须修改连接或操作，系统接口与现有系统相同，组件大幅减少，并且使用轻质光纤电缆替换铜缆，降低重量。①

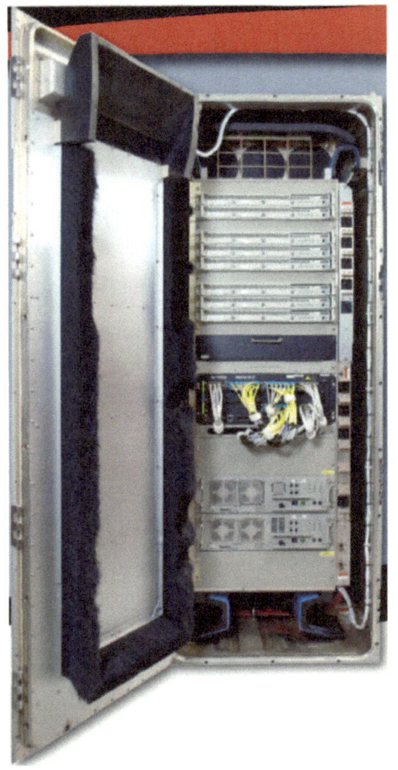

图 8-45 AN/SPQ-15 示意图

8.5.10.2 系统特征

AN/SPQ-15 主要特征包括：

(1) 通过雷达视频的驻留分布来驻留，以便不丢失任何信息；

(2) 直接连接现有雷达和显示控制台；

(3) 直接连接与 OACE 兼容的显示控制台；

(4) 在开放式架构的 Linux 服务器中实现基于软件的雷达扫描转换；

(5) 模块化、可扩展的架构，可容纳大量雷达和显示控制台；

(6) 可热插拔的 VME 总线模块；

(7) 专为舰船环境而设计；

(8) 多点传送：允许任何雷达通过扫描转换器服务器进行任何显示。

8.5.11 AN/BPS-15

8.5.11.1 概况

AN/BPS-15 是美国海军装备的一种潜艇用轻型搜索与导航雷达（图 8-46），由诺斯罗

① SPQ-15(V) Data Distribution System. pdf.

普·格鲁曼公司研制,① 目前已停产。AN/BPS-15 雷达技术规格如表 8-26 所示。

图 8-46 | AN/BPS-15 雷达

表 8-26 AN/BPS-15 雷达技术规格

型号名称	AN/BPS-15
制造商	诺斯罗普·格鲁曼
服役时间	20 世纪 70 年代
建造数量	—
类型	对海搜索与导航雷达
装载平台	SSGN-726, SSN-688
频率	I/J 波段 8~12.5GHz
作用距离	最小 23m, 最大 145km
方位	360°
功率	峰值 35kW
脉冲宽度	0.1μs, 0.5μs
天线	类别:喇叭天线阵 天线转速:9.5rpm 天线增益:29.3dB 极化形式:水平极化 天线尺寸:1.01m(口径) 天线重量:76kg

8.5.11.2 系统特征

AN/BPS-15 装有 AN/SPA-25A 型显示器或其他标准舰用显示器,为此备有两个独立的视频和同步计时触发输出。显示器显示雷达测得的距离、方位信息,且有一个标准的同步信

① https://www.navy.mil/navydata/fact_display.asp?cid=2100&tid=309&ct=2.

号放大器，将陀螺仪测得的数据输入雷达设备中。为了简化潜艇的几种主要电子设备之间的连接及与潜艇其他诸系统的连接，还备有一个接线盒。

AN/BPS-15 除了执行常规地面探测外，还提供雷达导航能力。AN/BPS-15 提供所有必要的控制、射频生成、传输、接收、视频信号处理和接口功能，以向雷达工作站提供经过处理的雷达视频和触发定时。这些雷达目前装备了航行管理系统（VMS），它为美国海军提供了电子海图显示信息系统（ECDIS-N）功能。美国海军已建立了一个新标准，从而排除了人工对船舶纸海图灵敏图的高需求，所有舰艇将采用 ECDIS-N，要求更新导航雷达系统。AN/BPS-15H 雷达潜艇导航雷达正是适应了海军新型 ECDIS-N 的需求。从 2015 财年开始，ECDIS-N 功能将开始迁移到 AN/BYG-1 战斗控制系统，作为潜艇现代化计划的一部分。

8.5.11.3 研制与使用

AN/BPS-15 具有三种变型 AN/BPS-15A、AN/BPS-15H 和 AN/BPS-15J，用于俄亥俄级巡航导弹核潜艇（AN/BPS-15J）和弹道导弹核潜艇（AN/BPS-15A、AN/BPS-15H），以及洛杉矶级攻击型核潜艇（AN/BPS-15H）。[①]

AN/BPS-15A 型除磁控管、双工器和阴极射线管外，雷达已完全固态化。其显示器选用美国海军的 AN/SPA-25 型标准显示器。舱室内有 10 个分机部件，总重量为 300kg。雷达设计和试验时的环境条件符合美国军用标准 MIL-E-16400 规范。天线能够承受 $70kg/cm^2$ 的压力。

AN/BPS-15H/J 研制工作于 1996 财年启动，作为 AN/BPS-16 的低成本商用现货（COTS）替代产品。AN/BPS-15H 在兼容美国军用标准的同时有效地降低了成本，提高了性能，改善了导航安全性能。AN/BPS-15J 与 AN/BPS-15H 基本相似，除了采用雷达阴极射线管（CRT）显示器取代 20 英寸平板显示器外。

① Jane's C4ISR & Mission Systems：Maritime 2017-2018.

IWS 3.0：水面舰船武器系统

9.1 概述

PEO IWS 3.0 项目办公室的名称是水面舰船武器（Surface Ship Weapons），任务是向美国海军交付安全、有效和负担得起的导弹、发射装置和舰炮，设计、建造、部署和维护世界上最好的水面舰艇武器，与海军当前和未来的作战系统无缝集成。

如图 9-1 所示是 IWS 3.0 水面舰船武器系统概要。这些武器系统在防空战、水面战及对陆打击中发挥重要作用：一是有效应对当前和未来的空中威胁，二是针对恐怖分子和常规小型快速水面舰艇的分层防御，三是用精确、大容量火力打击远程陆地目标。[①]

武器装载的平台包括 CVN、LHD、LHA、LSD、LPD、CG、DDG、FFG、LCS 等各种水面舰船。

本章对 IWS 3.0 分管的典型项目进行综述，主要包括：

（1）舰炮武器：

- Mk45 舰炮（127mm）
- Mk46 舰炮（33mm）
- Mk75 舰炮（76mm）
- Mk38 舰炮（25mm）
- AGS 先进舰炮系统（155mm）
- LRLAP 远程对陆攻击炮弹

（2）“标准”导弹武器：

- SM-2 Block ⅢB/Ⅳ
- SM-3
- SM-6

（3）北约“海麻雀”导弹武器：

- RIM-7/Mk57 NSSMS（北约海麻雀导弹系统）

---

① Captain Tim Batzler. Surface Ship Weapons (IWS 3.0). 2011 Integrated Warfare Systems Conference, 2011.

图 9-1 PEO IWS 3.0 水面舰船武器系统概要

- RIM-162 ESSM（改进型海麻雀导弹）

（4）末端防御武器：

- Mk15“密集阵”/CIWS（近程防御武器系统）
- RIM-116 RAM“拉姆”导弹
- Mk15 Mod 31 SeaRAM 海拉姆导弹武器
- Mk41 VLS（垂直发射系统）
- Mk57 PVLS（舷侧垂直发射系统）

（5）其他武器：

- AGM-176 Griffin“格里芬”导弹
- NFCS（海军火控系统）

9.2 舰炮武器系统

9.2.1 Mk45

9.2.1.1 概况

Mk45 舰炮是一型现代化的轻量舰炮系统，由 5 英寸（127mm）L54 Mk19 火炮与 Mk45 炮座组成（图 9-2）。Mk45 舰炮为打击水面舰艇、空防以及两栖登陆支援等多元目标设计。

(a) Mod 1

(b) Mod 2

(c) Mod 4

图 9-2 Mk45 舰炮

Mk45 舰炮各变型的系统配置及技术规格差别较大，具体如表 9-1 的说明。

表 9-1 Mk45 舰炮技术规格

型号名称	Mk45 舰炮			
	Mod 0	Mod 1	Mod 2	Mod 4
制造商	BAE 系统公司			
服役时间	1971 年	1980 年	1988 年	2000 年
建造数量	—	—	—	—
类型	轻量舰炮系统			
装载平台	DD-963，LHA-1			
总体描述	两段式炮管，炮管长度 54 倍径，无自动选弹功能，延时逻辑电路	一段式炮管，炮管长度 54 倍径，自动选弹功能，延时逻辑电路	一段式炮管，炮管长度 54 倍径，自动选弹功能，固态逻辑电路和放大器，内装自检仪器	一段式炮管，炮管长度 62 倍径，自动选弹功能，固态逻辑电路和放大器，内装自检仪器，炮塔外壳隐身设计
质量	21.9t（不含下部升降机） 23.8t（含下部升降机）			24.4t（不含下部升降机） 28.9t（含下部升降机、增程制导炮弹 ERGM 发射装置）
长度	9m			

（续）

<table>
<tr><td rowspan="2">型号名称</td><td colspan="4">Mk45 舰炮</td></tr>
<tr><td>Mod 0</td><td>Mod 1</td><td>Mod 2</td><td>Mod 4</td></tr>
<tr><td>枪管长度</td><td colspan="3">54 倍径（6. 86m）</td><td>62 倍径（7. 88m）</td></tr>
<tr><td>炮管寿命</td><td>7000 次</td><td colspan="3">8000 次</td></tr>
<tr><td>操作人数</td><td colspan="4">6 人（炮长 1 人、控制台操作员 1 人、弹药装填手 4 人）（根据 BAE 公司产品样本）</td></tr>
<tr><td>炮弹</td><td colspan="3">Mark 80 HE-PD～67. 6lbs. （30. 7kg）
Mark 91 照明弹-MT～63. 9lbs. （29. 0kg）
Mark 116 HE-VT～69. 7lbs. （31. 6kg）
Mark 127 HE-CVT～68. 6lbs. （31. 1kg）
Mark 156 HE-IR～69. 0lbs. （31. 3kg）</td><td>新增：增程制导炮弹（ERGM）、低成本竞争型弹药（LCCM）、Best Buy 弹药、Scramshell 高性能炮弹、Mk172 新型子母炮弹（cargo projectile）及其高能发射装药</td></tr>
<tr><td>口径</td><td colspan="4">127mm</td></tr>
<tr><td>后坐力</td><td colspan="4">液压，冲程 48～53cm</td></tr>
<tr><td>载具</td><td colspan="4">舰载</td></tr>
<tr><td>射击仰角</td><td colspan="4">65°/-15°，20°/s</td></tr>
<tr><td>回旋角度</td><td colspan="4">中心线左右各 170°，30°/s</td></tr>
<tr><td>射速</td><td colspan="4">全自动模式 16～20 发/min</td></tr>
<tr><td>枪口初速</td><td>808m/s，全量装药
460m/s，减装药，照明弹</td><td>808m/s，全量装药
460m/s，减装药，照明弹</td><td>808m/s，全量装药
460m/s，减装药，照明弹</td><td>823m/s，全量装药</td></tr>
<tr><td>有效射程</td><td>15km</td><td>15km</td><td>15km</td><td>117km（增程制导炮弹）</td></tr>
<tr><td>最大射程</td><td>23. 13km</td><td>23. 13km</td><td>23. 13km</td><td>117km（增程制导炮弹）</td></tr>
<tr><td>供弹方式</td><td>无自动选弹及装填功能</td><td colspan="3">20 发的全自动弹药装填器
弹仓：提康德罗加级：600 发
阿利・伯克级：680 发
其他：475～500 发</td></tr>
<tr><td>填充量</td><td colspan="4">3. 515kg</td></tr>
</table>

9. 2. 1. 2　系统特征

如图 9-3 所示，Mk45 舰炮装置分为甲板以上的上部结构和甲板以下的下部结构。上部结构包括炮管、滑板构件、炮架、炮台、上部蓄压系统、炮塔及射击孔护板，主要用于火炮瞄准、射击与支撑等。下部结构包括两部下扬弹机、弹鼓、引信测合机、上扬弹机及下部蓄压系统，主要用于完成将弹药从弹药库输送至炮塔内供弹位置的全过程。为实现对 Mk45 舰炮装置的操作控制，还需在火炮甲板下设置控制舱室，舱室里装有 EP1 配电柜、EP2 火炮操纵台和 EP3 显示器，分别用于系统供电、系统测试机指令显示等。

Mk45 舰炮的技术特征包括：

1. 全天候自动选弹能力（Mod 1～Mod 4）

Mk45 舰炮能发射半主动激光制导弹来提高命中概率，并具有全天候自动选择 6 种弹药的能力（Mod 1～Mod 4），提高对付不同目标的应变速度。

2. 兼容多种炮弹、引信及火药

舰炮能够发射 7 种不同炮弹，包括薄壁爆破榴弹（HC）、黄磷烟幕弹（WP）、照明弹

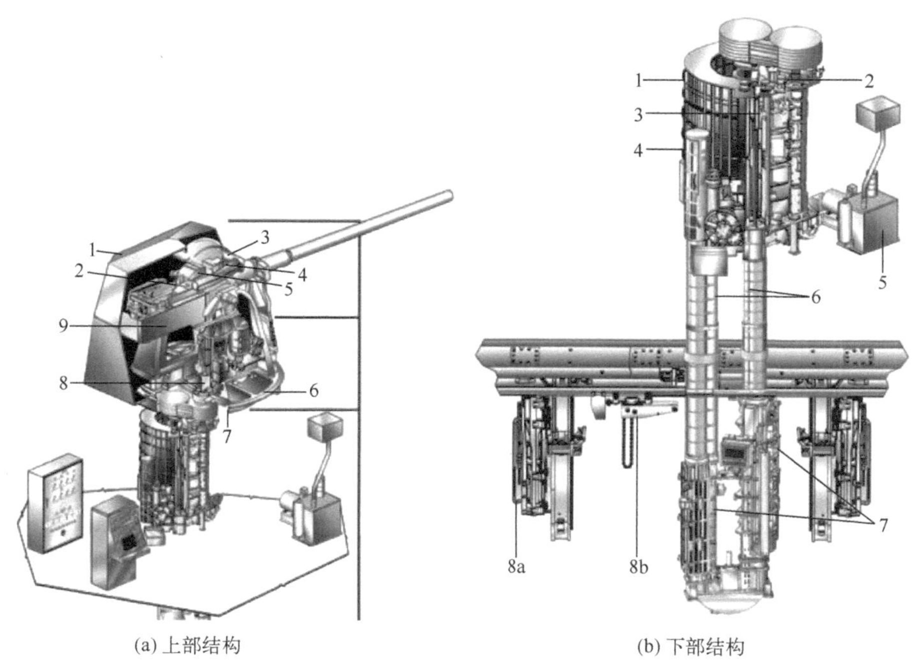

(a) 上部结构　　(b) 下部结构

图 9-3 ‖ Mk45 舰炮

(SS)、照明弹 2（SS2)、高杀伤破片榴弹（HF)、半主动激光制导炮弹（SALGP)、红外制导炮弹（IRGP)。而引信则可选择机械时间引信（MT)、可控时间引信（CVT)、弹头起爆引信（PD)、弹头起爆延时引信（PPD)、红外引信（IR)、近炸或可变时间引信（VT)、电子可调引信（EST)。火药则有标准装药、减装药、增装药、制导炮弹装药等。

3. 炮弹、引信和装药组合及全自动装填

在执行任务时，Mk45 舰炮可将炮弹、引信和装药配成各种组合。如果任务改变，可通过舰炮控制台上的功能开关予以变换组合，在提升机装弹位置上的显示板也标有待装的弹种指令。在舰炮转运间有 EP2 监控操作台和配有 20 发的全自动弹药装填器，转运间可供炮长进行单炮控制射击，此外舰炮也可由中心部位控制射击。如以最高速全自动射击，一分钟内可清空 20 发弹药。由于自动弹药装填器的上限为 20 发，持续射击模式时需由三人炮班负责操作，以保持弹药装填器处于满载状态；20 发以内的全自动非持续射击模式射击时可完全由电脑操作，在连射时将由下方的提升自弹库补充弹药。Mk45 舰炮系统的弹仓可储存 600~680 发弹药，补充清空的弹仓需要 12~16h。

4. 轻量化设计、自动化程度高、可靠性高

与被替代的 Mk42 舰炮相比，Mk45 舰炮遵循轻量化设计原则，重量从 60 多吨降低至 20 余吨，自动化程度也大幅提高，操作人员减少至 6 人；结构简单、可靠性高，舰上试验发射 2500 发炮弹，只停射 3 次，平均无故障发射弹药为 862 发；环境适应性强，即使在海水掠过火炮装置、阵风速度达 85~113kn 之间，结冰速度达 152.4mm/h 的情况下仍能正常工作。

5. 广泛应用新型弹药及技术，综合性能持续提升

Mk45 舰炮改进（改型）过程中，广泛应用新型弹药及技术，其中，面向 21 世纪的 Mk45 Mod 4 型，通过应用新型增程制导炮弹（ERGM）及自动化技术等，有效提升了舰炮的有效射程及自动化水平。

6. 人员培训简单高效

配置其他舰炮系统所不具备的GMOTS系统，它操作简单灵活，受训人员在操作台上能很快熟悉掌握Mk45舰炮的操作，避免了过去在人员培训中，必须实际操作舰炮所带来的不必要的浪费和损耗。

9.2.1.3 研制与使用

第二次世界大战之前，5英寸舰炮就是美国海军的主要舰载火炮系统。1964年美国FMC公司北方军械部开始研发新型舰炮系统，以取代当时重量大、自动化程度低、可靠性尚不高且不易维护的5英寸Mk42舰炮系统（轻量型Mod 10达64t，127mm/54倍径，射速40发/min）。在设计Mk45舰炮时，计划重点是减轻炮身的重量、提高可靠性、易于维修、减少操作人员。最后研制成功的Mk45舰炮重量仅有21.9t（不含下部升降机），操作人员减少到6人，机械结构也有所简化，提高了可靠性，更便于维修，但发射率也因此降低到最多20发/min。

在40多年的服役期间，Mk45舰炮经历了多次技术改进，发展了Mk45 Mod 0、Mod 1、Mod 2及Mod 4等多种型号。其中，Mod 4型瞄准于21世纪，它在舰炮结构、自动化及隐身性等方面作了重大改进，综合性能获得明显提升。Mk45舰炮的主要变型产品如表9-2所列。

表9-2 Mk45舰炮主要变型产品

变　型	描　述
Mod 0	使用机械式信管设定器； 两段式炮管，可抽换式膛线内衬
Mod 1	使用机械/电子两用式信管设定器； 一段式炮管，寿命也延长至8000发
Mod 2	使用固态逻辑电路和放大器取代延时逻辑电路； 使用封装式固态红外光电管取代机械开关和白炽光电管； 内装有自检仪器，可以随时检测出故障及故障部位
Mod 4	炮管长度从原来的54倍径加长到62倍径； 基座环和炮耳支架由更坚固的材料制造，并重新设计滑动组件中的多个部件等； 因为新的性能要求和发射ERGM增加了火炮自身的负载，故改进了制退/复进系统、炮箱、弹壳托盘和抛壳机构； 炮体重比Mk45 Mod 2型增加约10%； 为减小雷达反射截面积，炮塔外壳进行了隐身性设计

Mk45舰炮构造简单、功能实用，各改进型较多，现在仍装备于11个国家与地区的多型军舰，例如提康德罗加级导弹巡洋舰（Mod 1），阿利·伯克级驱逐舰DDG 51至DDG 80（Mod 2），阿利·伯克级ⅡA型（DDG 80以后，Mod 4）。

9.2.1.4 采办动态

新型弹药及应用技术层出不穷，这使Mk45舰炮如虎添翼，作战性能会空前提高。新型弹药有神剑炮弹（M982 Excalibur）、LRLAP制导炮弹、低成本竞争型弹药（LCCM）、Best Buy弹药、Scramshell高性能炮弹、增程制导炮弹（ERGM）、Mk172新型子母炮弹（cargo projectile）及其高能发射装药。新型应用技术有新型高能材料、末段寻的器技术、信号处理与计算机技术等。

1. 雷神公司研制适用于Mk45舰炮的改型神剑炮弹

雷神公司已研制适用于美国海军各型Mk45舰炮的缩小版“神剑N5”127mm（5英寸）

炮弹，并于2015年9月试射成功。如图9-4所示，神剑炮弹（M982 Excalibur）是美国雷神公司专门为多款155mm自行炮与牵引炮设计的智慧炮弹，雷神公司评价“神剑N5”炮弹在维持精准度的前提下，可将射程延长至20~26n mile（约36~48km）。目前神剑炮弹无法对移动中的目标实施炮击，雷神公司解决方案是利用舰载直升机进行激光导引，未来将采用类似地狱火导弹方式，在“神剑”炮弹上安装毫米波雷达，让神剑炮弹成为具备发射后不管能力的精准炮弹。

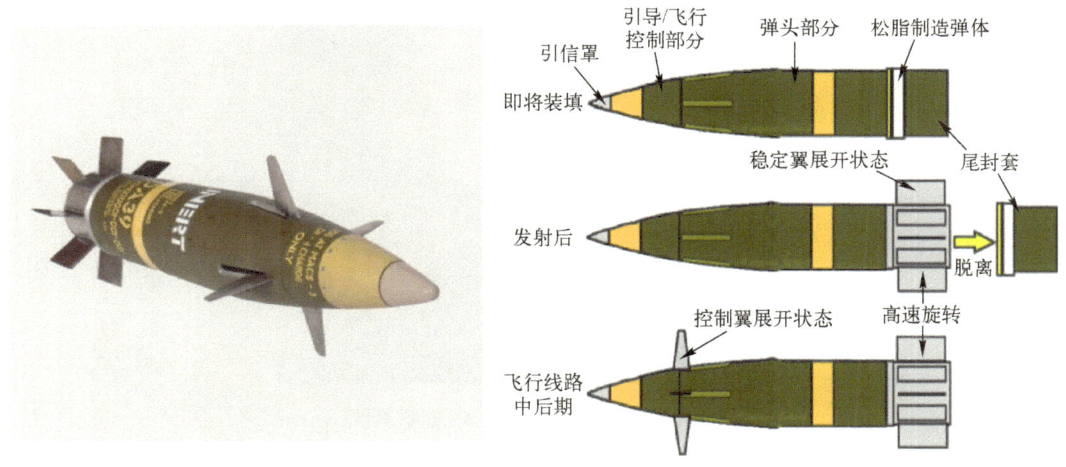

图9-4 神剑炮弹（M982 Excalibur）

2. 美国海军为Mk45 Mod4研发增程制导炮弹

Mk45舰炮性能良好，在冷战后被多国采用，得到广泛好评，缺点是射程短，无法发射制导炮弹。但是，美国海军正为Mk45 Mod 4研制新型增程制导炮弹（ERGM），该炮弹采用GPS/惯性制导，火箭发动机推进，最大射程可达91km，如图9-5所示。

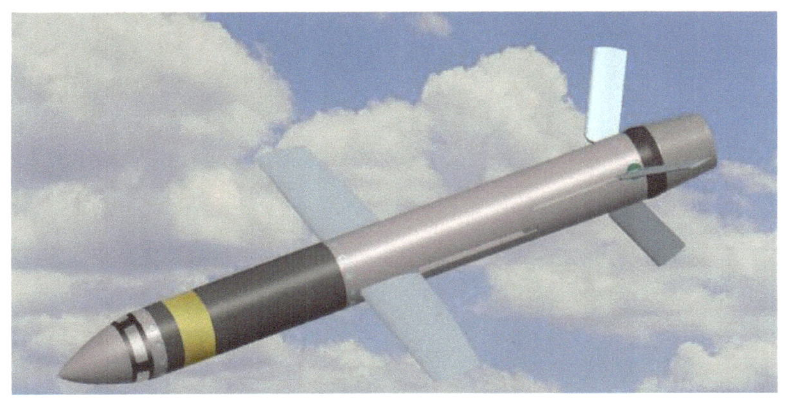

图9-5 新型增程制导炮弹

9.2.2 Mk46

9.2.2.1 概况

Mk46舰炮武器系统是美国海军装备的一型可遥控操作的30mm速射炮，配有前视红外传感器、低光照电视摄像机、激光测距仪等探测设备，可对抗小型、高速水面目标。舰炮可在炮塔本地操作，也可由舰上战情中心（圣·安东尼奥级船坞运输舰和朱姆沃尔特级驱逐舰）或任务控制中心（独立/自由级濒海战斗舰）的遥控机柜控制运行。[1]

LPD 17（圣·安东尼奥级）上的 Mk46 舰炮系统如图 9-6 所示，Mk46 舰炮技术规格如表 9-3 所列。

图 9-6 LPD 17 上的 Mk46 舰炮系统

表 9-3 Mk46 舰炮技术规格

型号名称	Mk46
制造商	通用动力
服役时间	2005 年
建造数量	38
类型	舰炮
装载平台	DDG-1000，LPD-17，LCS-1/2
口径	30mm
管长	113 倍口径
俯仰范围	-12°～+45°
旋回范围	360°
发射率	200 发/min
射程	5.2～6.8km
管口初速	1036～1220m/s
弹药库容量	400 发

9.2.2.2 系统特征

Mk46 舰炮系统使用 ATK 公司研制和生产的 Mk44 巨蝮Ⅱ型（Bushmaster-Ⅱ）链炮，安装于双轴稳定基座上以提高命中率，整合有具备红外线热影像仪/激光标定器以及电视摄影机的光电火控仪，可由战情中心遥控或在炮位上以人力操作。发射 30mm×173mm 炮弹，最

① https://www.navy.mil/navydata/fact_display.asp?cid=2100&tid=525&ct=2.

大射速 200 发/min，最大有效射程 5.1km，以 400 发弹药借由 200 发双向输弹槽供弹，全口径高爆或穿甲弹以下的有效射程为 2011.68m，亦可发射次口径弹药可延长射程。

Mk46 舰炮是一型全天候、全稳定的武器系统，具有轻量化、模块化和结构紧凑的特点，非常适用于对抗集群型水面或空中目标。舰炮在毁伤、可靠性、多用途性间做出了很好的优化，是一型经济可承受的舰炮武器。

自 2005 年起，通用动力公司已向海军交付了 38 门 Mk46 舰炮系统。该炮是 LPD 17 的主炮，也是濒海战斗舰（LCS）和 DDG 1000 的副炮。最新的 Mk46 Mod 2 采用了新的开放式架构、故障隔离软件和嵌入式训练系统，其中嵌入式训练系统允许操作员从远程控制台执行训练练习，而无须操作或向炮塔供电。另外包括 1 门 30mm 高速火炮、1 部前视红外传感器、1 部夜暗条件下电视摄像头和 1 部激光测距仪。舰船利用该火炮系统，可针对水面小型高速目标展开防御。

9.2.2.3 研制与使用

Mk46 舰炮武器系统是 LCS 的水面作战任务模块的装备之一，也是 LPD 17 运输舰的配装火炮。2012 年，美国海军决定以 Mk46 舰炮武器系统取代 DDG 1000 上的 Mk110 57mm 舰炮。该炮是 LPD 17 的主炮，也是 LCS 和 DDG 1000 的副炮，每艘两座。DDG 1000、LPD 17 和 LCS 舰船计划的要求文件包括对能够击败小型、快速、高机动性水面舰艇的武器系统的需求，Mk46 具有为这些舰船提供对抗小型水面舰艇的能力。

9.2.2.4 采办动态

2014 年 8 月，美国海军海上系统司令部（NAVSEA）表示，为对付大量小型快速水面舰艇的攻击，将原计划安装在 DDG 1000 上的两座口径为 57mm 的 Mk110 舰炮更改为两座口径为 30mm 的 Mk46 舰炮。Mk110 舰炮由英国 BAE 系统公司生产，而 Mk46 舰炮由通用动力公司生产。

2015 年 1 月，美国海军海上系统司令部授予通用动力公司陆地系统分部价值 2620 万美元的合同，为 LCS 和 DDG 1000 生产 Mk46 Mod 2 型舰炮系统。

9.2.3 Mk75

9.2.3.1 概况

Mk75 型单管 76mm 舰炮是意大利 OTO 76/62 紧凑型舰炮的仿制品（图 9-7）。1976 年

(a) Mk75舰炮

(b) Mk75舰炮原型

图 9-7 Mk75 舰炮及原型

美国 FMC 公司（后被美国联合防务公司收购，后联合防务又被 BAE 收购）获准 OTO 76/62 紧凑型舰炮的生产许可证后投产。该炮可进行遥控发射，用于攻击水面和空中目标。Mk75 舰炮技术规格如表 9-4 所列。

表 9-4 Mk75 舰炮技术规格

型号名称	Mk75
制造商	FMC 公司（BAE 系统公司）
服役时间	1978 年
建造数量	—
类型	舰炮
装载平台	FFG-7，PHM-1
口径	76mm
管长	62 倍口径
俯仰范围	-15°～+85°
旋回范围	360°
方向瞄准速度	60°/s
高低瞄准速度	35°/s
发射率	85 发/min（最大）
射程	19.2km（最大）
射高	11.9km（最大）
配用弹种	高爆榴弹、预制破片弹、训练弹等

9.2.3.2 系统特征

如图 9-8 所示，Mk75 型单管 76mm 舰炮主要由发射系统、供弹系统、随动系统、炮架、弹药等部分组成。

（1）发射系统：主要包括摇架、炮身、后座部分。摇架为铝合金框架结构，配装有装填装置。炮身由炮管、炮尾组成。炮管由内管、外管构成，外管套在内管后部，内外管间有冷却水，炮栓为楔形栓，装有炮口制退器。后座部分包括液压制退机和气体复进机，制退、复进动作不受火炮俯仰角的影响。

（2）供弹系统：包括旋转弹鼓、螺旋扬弹机、摆弹臂、装弹装置及液压动力装置。旋转弹鼓是个环绕火炮中心轴的环状弹鼓，内装两排炮弹（共 70 发），它由液压装置驱动其旋转，自动将炮弹供给螺旋扬弹机。摇弹臂也有 2 个，交替上下摇动，将扬弹机内的炮弹送给装弹装置。装弹装置有 6 个弹槽，当炮弹送至槽内时再转交给装填槽后卷入炮膛内。

（3）随动系统：由同步机、放大器、功率控制组件和执行电机等组成。同步机为读数自整角机，它将来自火控系统的信号传输给控制放大器，信号经放大后，向功率控制器提供精确控制信号，再由控制器通过执行电机，控制火炮运动。Mk75 型单管 76mm 舰炮有一障碍消除装置，当舰炮运动时，在旋转范围内有障碍物时，该装置自动中断射击。

（4）炮架：由滚珠基座、旋回平台和托架组成。滚珠基座是由 2 个铝座圈组成，其中滚珠基座、旋回平台和托架都是铝合金，托架用于支撑炮耳轴。炮塔采用增强玻璃和玻璃纤维聚脂树制成，具有较好水密性和高弹度。

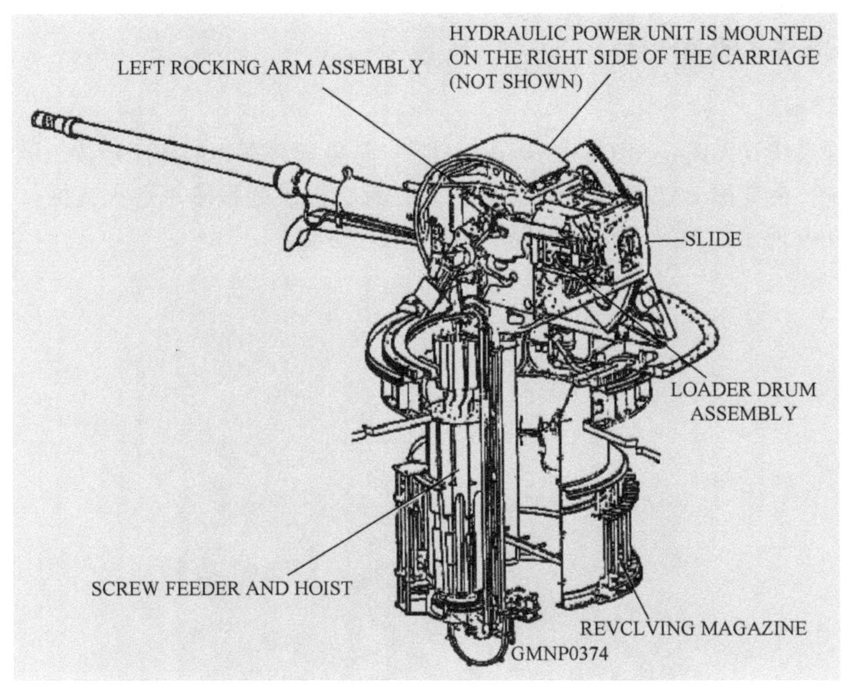

图 9-8 ‖ Mk75 舰炮系统组成

（5）弹药：配有高爆榴弹（近炸引信、碰炸引信）、预碎弹和训练弹等。

Mk75 舰炮系统的主要技术特点是：

（1）自动化程度较高，炮上无人操作，实行遥控，由供弹到发射，退壳全部自动化运作，操作人员仅有 4 人；

（2）反应迅速、火力强、使用灵活，发射率可调，能实施变速射击对付不同目标；

（3）射击精度高，静态误差小于 7′，跟踪误差 2mrd，空回 2′；

（4）结构较好，设计合理，故障较少；

（5）结构紧凑、重量轻，占用空间小，带有炮塔，具有三防能力。

9.2.3.3 研制与使用

Mk75 舰炮系统于 1975 年 9 月暂时获准使用，BAE 系统公司和通用电气公司获得 Mk75 设计公司 OTO 的许可，同时竞标美国 Mk75 的制造许可。1975 年，BAE 系统赢得这项许可，自 1981 年以来，所有 Mk75 的购买都在 BAE 系统和 OTO 公司之间进行。美国海军不再采购 Mk75 舰炮，但与 BAE 系统和 OTO 公司签订了后勤保障合同。美国生产的第一座 Mk75 舰炮于 1978 年 8 月交付。

该产品有两种型号，即 Mk75 Mod 0 和 Mk75 Mod 1 型，它们的主要区别是电制不同。Mk75 Mod 0 型炮电制为 60Hz，Mk75 Mod 1 型炮电制为 60Hz 115V 三相电。

在美国，Mk75 型单管 76mm 舰炮主要适装于小型作战舰艇，如护卫舰、导弹水翼艇等，用于对海和防空。Mk75 原型 OTO 76/62 紧凑型舰炮目前被多个国家的海军广泛使用。[①]

---

① https://en.wikipedia.org/wiki/OTO_Melara_76_mm

9.2.4 AGS & LRLAP

9.2.4.1 概况

先进舰炮系统（Advanced Gun System，AGS）是美国海军为朱姆沃尔特级驱逐舰量身定做的舰炮系统，由英国BAE系统公司主导研发，旨在提供远程海军炮火支援，以对抗岸基目标，如图9-9所示。AGS舰炮技术规格如表9-5所列。

图9-9 朱姆沃尔特级驱逐舰上的AGS

表9-5 AGS舰炮技术规格①

型号名称	AGS
制造商	BAE系统公司
服役时间	2016年
建造数量	6
类型	舰炮
装载平台	DDG-1000
口径	155mm
管长	62倍口径
俯仰范围	-6°~+80°
旋回范围	360°
发射率	10发/min
射程	131km（最大）
管口初速	720m/s
弹药库容量	113kg
炮塔尺寸	6.4m（不含身管）×7.6m×4.0m
质量	95t（不包括弹库重量）

① Jane's Weapons: Naval 2017-2018.

远程对陆攻击炮弹（Long Range Land Attack Projectile，LRLAP）是专用于美国海军先进舰炮系统的一种155mm炮弹，由洛克希德·马丁导弹和消防控制公司开发和生产，主要承包商是BAE系统公司。它为美国海军陆战队、陆军和盟/联军远征作战提供了安全距离的远程精确火力支援与在沿海城市中作战带来最小的附带伤亡。LRLAP远程对陆攻击炮弹技术规格如表9-6所列。

表9-6 LRLAP远程对陆攻击炮弹技术规格

型号名称	LRLAP
制造商	洛克希德·马丁导弹和消防控制公司，BAE系统公司
服役时间	2016年
建造数量	—
类型	远程对陆攻击炮弹
装载平台	DDG-1000
长度	2.2m
直径	155mm
翼幅	457.2mm
质量	104kg
推进器	火箭发动机
导航	GPS/INS
多发同时弹着	6rds/2s

LRLAP仅用于AGS，AGS仅用于朱姆沃尔特级驱逐舰，每艘船上安装有2个AGS。2016年11月，由于美国海军将朱姆沃尔特级驱逐舰购买计划缩减为3艘，导致LRLAP成本增加至80~100万美元，美国海军宣布决定取消LRLAP的采购。①

9.2.4.2　系统特征

AGS是一种斜式发射的常规型155mm舰炮，炮口初能35~36MJ，几乎是127mm炮的2倍。AGS主要由火炮、隐身炮塔、供弹系统、自动化弹库、随动系统、电气控制系统和弹药等部分组成，其结构如图9-10所示。

美国海军原计划将AGS舰炮设计为垂直发射型，仅使用制导炮弹。后基于技术和成本原因，放弃了垂直发射方式，改为通过旋转、俯仰炮身进行发射的传统方式，这种方式既可以发射制导炮弹，也能发射非制导炮弹。

朱姆沃尔特级驱逐舰对隐身性能提出了相当高的要求，所以AGS采用棱面折射体外形的隐身炮塔、炮管掩埋式结构，平时炮管收放于炮塔前方的隐身箱体内，射击时伸出，这种措施可将炮塔的雷达发射面积降至最低。装填炮弹时，炮管需垂直向上；作战时，炮塔可360°自由旋转。

炮塔下方的弹药库由多个弹药箱整齐排列而成，每个弹药箱装弹8发，穿梭输送机随机将弹药箱输送至炮塔下方，由扬弹机取出炮弹，再由装弹机一发一发装入垂直仰起的炮膛。输送弹药箱、取出炮弹、装填炮弹和火炮运转为全自动化，弹药库和炮塔内无须操作人员，

① https://en.wikipedia.org/wiki/Long_Range_Land_Attack_Projectile

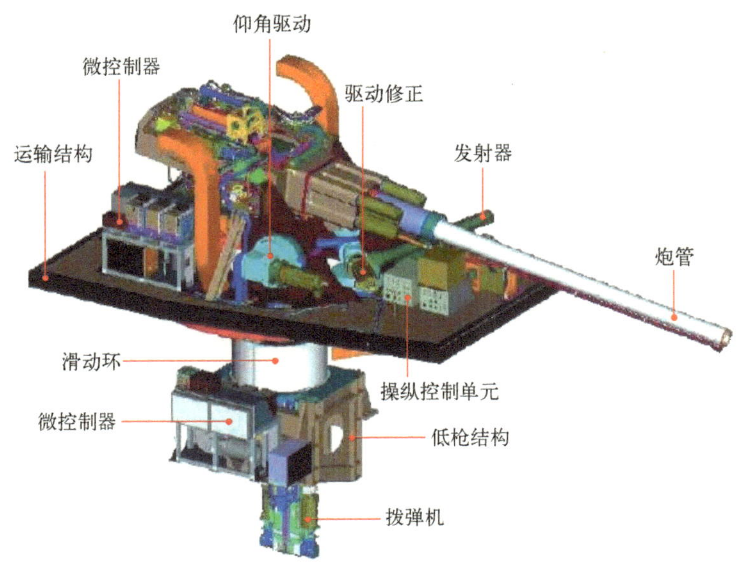

图 9-10 | AGS 内部结构

这样既可节省人力，还能让弹药库的容弹空间更加充裕。因炮管、炮塔、弹药输送机、扬弹机、装弹机等均靠电力运行，所以 AGS 舰炮相对比较耗电，所有系统设备运行需 800kW 电力。

美国海军最初要求 AGS 舰炮装填和发射速度达到 12 发/min，后因减轻了舰炮系统重量，目前最大装填和发射速度为 10 发/min。即便如此，1 门 AGS 舰炮的火力仍可达到 4~5 门标准 155mm 野战火炮的威力总和。如图 9-11 所示，每座舰炮的弹药库有 38 个弹药箱（304 发炮弹），2 门共 608 发。舰内还有一个预备弹药库，可容纳 40 个弹药箱（320 发），从预备弹药库往 2 个弹药库传输炮弹需靠人力操作，因朱姆沃尔特级舰上的舰员编制有限，作战时一般无法抽出人手输送预备弹药，该作业只能在非战时或作战区域外完成。所以，战时的 AGS 舰炮往往只使用基座下固定弹药库的炮弹，这种供弹模式也一定程度限制了弹药库的载弹种类，这也是美国海军至今仍未研制 AGS 舰炮非制导炮弹的重要原因。如果仅使用制导炮弹，AGS 舰炮完全变成了制导化的对陆攻击舰载武器。

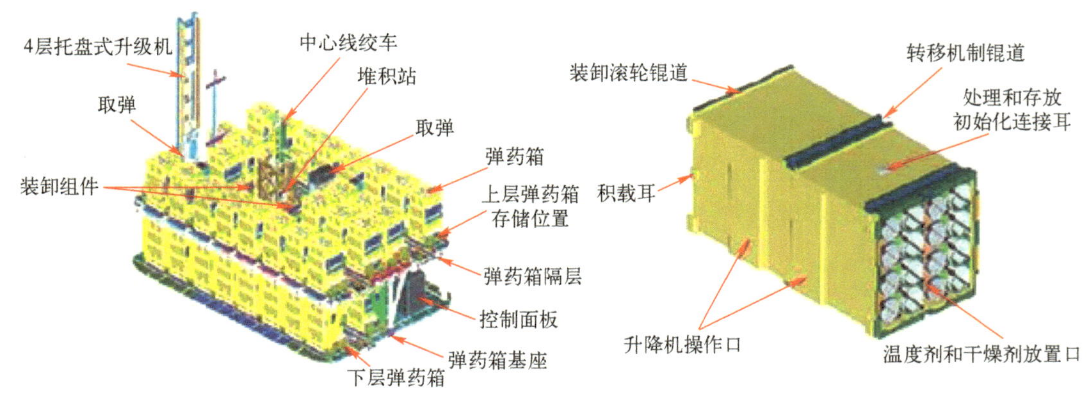

图 9-11 | AGS 弹药库内部结构及弹药箱

AGS具备单炮多发同时弹着（Multiple Round-Simultaneous Impact，MRSI）能力，可以让4~6发炮弹同时击中同一目标，不过射程会降至140km（75n mile）。这样1艘朱姆沃尔特级2座AGS发射的炮弹可以有8~12发同时落地。据美国海军陆战队一份评估资料透露，AGS的作战能力与1个炮兵中队的火力相当（目前海军陆战队炮兵中队拥有6门M777型155mm轻型榴弹炮，最大射程30km（火箭助推），最大射速12发/min，持续射速6发/min，一个中队最大发射量为72发/min）。据美国军方评价，海军陆战队炮兵中队与发射LRLAP弹药的AGS毁伤能力指数同为1.0，而现役阿利·伯克ⅡA型驱逐舰装备的Mk45 Mod4型127mm舰炮其毁伤能力指数仅为0.4。

为了保证能够以10发/min的射速持续发射弹库中的炮弹，AGS采用了火炮身管水冷却系统，身管寿命达到3000发。炮弹储存于甲板下的弹药库中，发射时由自动装弹系统送至炮塔，模块式供弹系统和自动化弹库非常独特。每个弹药模块重2.5t，内有8个弹丸和8个药筒，所有弹药模块分三层码放在炮位下方的弹药库中。同一层的模块可借助穿梭机平移运送弹夹，通过垂直电梯实现上下移动。正对火炮回转中心下带有提升机，可以将1发弹丸和1个药筒同时提升至炮塔内，由摆弹机将弹丸和药筒同时旋转至俯仰部分。整个供弹过程实现了全自动，可无人操纵。

AGS只能使用专门配置的弹药，不能使用美国海军现有的127mm舰炮炮弹，目前炮弹种类共计3种：一种是反舰使用的制导炮弹，射程55km，弹丸重90kg，装有毫米波雷达，可自主寻的；一种是廉价的常规炮弹，射程40km，弹丸重47kg，2006年停止了研发，至今未重启，有传闻说美国海军已完全放弃了该项目；最后一种则是LRLAP。

LRLAP是专用于AGS的炮弹，其基本设计原理与Mk45 Mod 4型127mm单管炮的增程制导弹药（ERGM）相同，从弹头至弹尾由鸭翼、控制装置、GPS/INS制导装置、引信、安全/起爆装置、炸药部、火箭推进部、尾翼（用于稳定飞行姿态）组成（图9-12），未发射前还有一个保护火箭喷射口和尾翼的翼帽盖着弹尾。LRLAP全重104kg，装有11kg烈性炸药（HBNX-9）。引信种类不明，但从安装位置看应该是瞬发引信，不是近爆引信，所以该炮弹应该没有近距离空中爆炸功能。与其他炸弹不同，该弹采用专门药筒装药，属半分离弹药。其采用弹丸和药筒分装式结构，结合后全弹长约为2230mm。弹丸由战斗部、GPS/INS制导装置、火箭助推发动机和舵机控制装置等部分组成。发射时破片杀伤半径60m，装碰炸和近炸引信。LRLAP最大射程的初始指标为150km，最终指标为185km，圆概率误差约20m。每发炮弹的估价约10万美元。LRLAP之所以射程远超其他炮弹，除了采用火箭增程等一系列常规增程手段以外，还可能采用了滑翔增程技术。所谓滑翔增程，就是在炮弹达到弹道最高点后，展开弹翼，借助空气升力进行滑翔，达到增大射程的目的，炮弹通过GPS或惯性制导系统进行制导，像滑翔制导炸弹一样，不断修正弹道直到命中目标。滑翔增程技术可能来自于美国一度论证的垂直发射炮，而垂直发射炮之所以没有竞争过斜发射的AGS，可能是因为最高点弹丸姿态难于调整至平飞姿态。

9.2.4.3 研制与使用

AGS舰炮主要用于提高美国海军的对陆火力支援能力，安装AGS舰炮的朱姆沃尔特级驱逐舰由于造价昂贵只造3艘，美国海军仅计划出动1艘担负常态化前方部署任务，如果运用情况良好，可能会部署2艘。目前共有6套AGS舰炮系统已经交付，即3艘朱姆沃尔特级驱逐舰各装备2套。

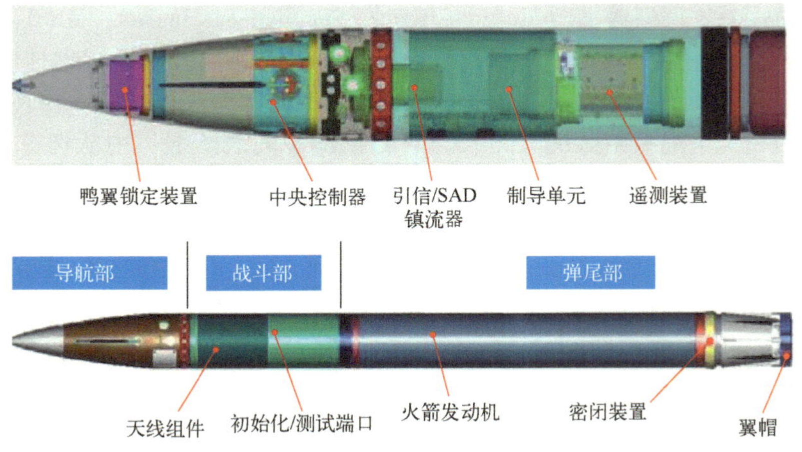

图 9-12 LRLAP 炮弹结构图

AGS 舰炮虽理念超前、技术先进，但仍需多门齐射才能发挥强大的对陆火力压制能力。但朱姆沃尔特级仅有 3 艘，要达到美军的期望效果，还需采取其他补充措施。因此，BAE 系统公司研制出 AGS 的轻量型——AGS-L 舰炮，并建议美国海军将其安装在阿利·伯克级驱逐舰上。AGS-L 的炮管与 AGS 完全相同，扬弹机和装弹机更轻更小，所以发射速度比 AGS 慢，为 6 发/min，弹药库容量也缩小至 160 发。AGS-L 的炮管没有防护罩，和传统舰炮一样暴露在炮塔外，隐身性能较差。舰炮系统质量从 104t 减少至 51t，非常适合阿利·伯克级舰。如图 9-13 是 AGS 与 AGS-L 舰炮结构对比。

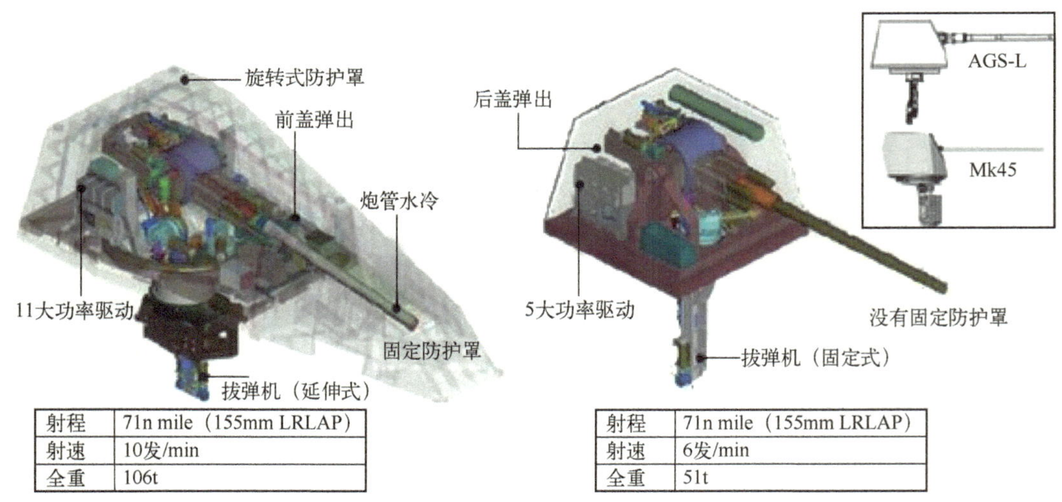

射程	71n mile（155mm LRLAP）
射速	10发/min
全重	106t

射程	71n mile（155mm LRLAP）
射速	6发/min
全重	51t

图 9-13 AGS 与 AGS-L 舰炮结构对比

9.2.4.4 采办动态

2013 年 9 月，BAE 系统公司完成 LRLAP 的火力测试和评估；2016 年 10 月，安装 AGS 的朱姆沃尔特级驱逐舰服役，同年 11 月，有报告称成本上涨导致美国海军已决定取消 LRLAP 项目。

9.2.5 Mk38

9.2.5.1 概况

Mk38 型舰炮是一种 25mm 小口径舰炮，提供舰艇自防卫能力，用于打击高速机动水面目标。该型舰炮首次装舰于作战及辅助舰艇，参与了二十世纪八九十年代美国海军在中东地区的各种护航任务，以及“沙漠盾牌”“沙漠风暴”等军事行动。改进型 Mk38 Mod 2 费用低廉、稳定可靠，可显著提升舰艇自防卫能力，广泛应用于各型作战及辅助舰艇，如图 9-14 所示。

图 9-14 | Mk38 Mod 2 型舰炮

Mk38 舰炮各变型的系统配置及技术规格差别较大，具体如表 9-7 所列。

表 9-7 Mk38 舰炮技术规格

型号名称	Mk38			
	Mod 1	Mod 2	Mod 2 TLS	Mod 3
制造商	美国海军水面战中心克兰分部负责总体设计及总装，零部件由子承包商提供	BAE 系统公司、拉斐尔公司	BAE 系统公司、波音公司、IPG 光子学公司	BAE 系统公司、拉斐尔公司
服役时间	1986 年	2005 年	在研	2017 年
建造数量	—	—	—	—
类型	舰炮			
装载平台	—	DDG-51，CG-47	—	DDG-1000
总体描述	单管，空气冷却，半自动/全自动设计，人工操作	单管，空气冷却，全自动设计，遥控/人工操作，全天候探测，自动跟踪	在 Mod 2 基础上，集成“战术激光系统”（TLS）	在 Mod 2 基础上，加装隐身技术外壳，增配勃朗宁 M2.50 口径同轴重机枪
武器站	Mk88 型炮座，无炮位稳定装置	“台风”武器系统炮座，带炮位稳定装置，方位角在±15°～±165°间任意调节，俯仰角-20°～+40°		“台风”武器系统炮座，带炮位稳定装置，方位角在±15°～±165°间任意调节，俯仰角-20°～+75°

（续）

型号名称	Mk38			
	Mod 1	Mod 2	Mod 2 TLS	Mod 3
光电探测设备	无	方位角±165°，俯仰角-20°～+85°		
制导系统	人工瞄准	远程遥控，配备光电探测系统，具备自动跟踪能力		
火炮型号	M242 型 25mm 链式机炮	M242 型 25mm 链式机炮	M242 型 25mm 链式机炮、10kW 级固体激光武器	M242 型 25mm 链式机炮/Mk44 “巨蝮” 二式 30mm 链式机炮（根据顾客需求）、M2.50 口径同轴重机枪
口径	25mm	25mm	25mm	25mm/30mm
有效射程	2500m	2500m	2500m	2500m/3000m
射速	半自动射击；全自动射击，射速 175 发/min	五挡可调，最大射速 180 发/min	五挡可调，最大射速 180 发/min	180 发/min，或 200 发/min
备弹	175 发	200 发	200 发	200 发/420 发
人员	2	遥控：1 人 供弹：2 人	同 Mod 2	同 Mod 2
装填时间	4min	5min	5min	5min/N/A

9.2.5.2 系统特征

Mk38 各变型改进提升较多，系统特征差别较大，以下分型号进行说明。

（1） Mk38 Mod 1 型：

- 相比 Mk16 型、“厄利孔” 等 20mm 舰炮，反应速度快、打击威力大；
- 采用成熟的北约制式的 M-242 型 25mm 口径外能源链式机炮，研制成本低、系统可靠性高；
- 弹夹容量 175 发，可快速完成再次装填（4min 内）。

（2） Mk38 Mod 2 型：

- 可采用遥控模式（图 9-15），舰炮操作人员安全性较高；
- 炮座带炮位稳定装置，射击方位角、俯仰角范围较广；
- 射速较高（180 发/min）且五挡可调、供弹稳定；
- 配备 4 轴稳定的光电探测系统，具备全天候有效探测能力，射击精度较高；
- 通过系列改进，性能可靠，能够独立探测、跟踪目标，可通过全自动、遥控或手动方式发动攻击。

（3） Mk38 Mod 2 TLS 型：

战术激光系统（Tactical Laser System，TLS）是美国海军几型在研的高能激光武器中的一种，Mk38 Mod 2 TLS 型舰炮系统特征如下：

- 反应时间短（无须考虑弹丸飞行时间）、作战成本低（每次射击的成本不足 1 美元）、“弹舱深度” 大（只要电力、冷却系统正常，即可进行无限次射击）；
- 对抗小型快艇及无人机的作战能力强，连续作战能力强；
- 重量代价小（0.9t）、电力负荷小（150kW）。

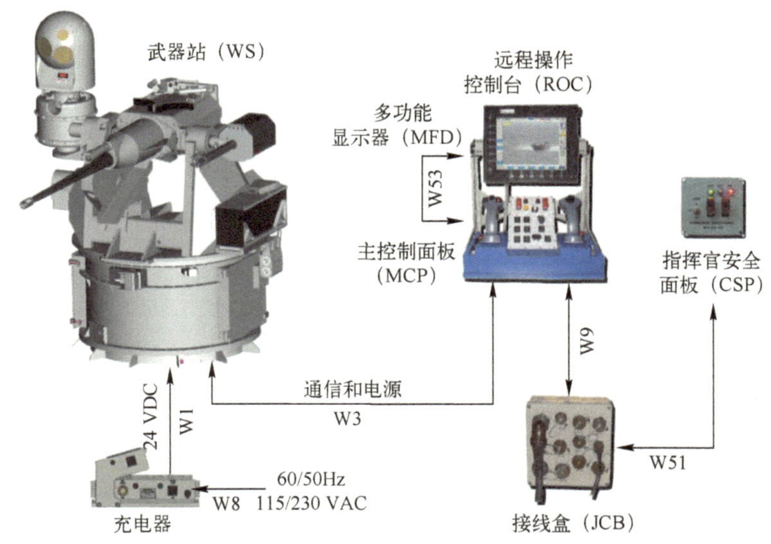

图 9-15 | Mk38 Mod 2 遥控模式基本原理

（4）Mk38 Mod 3 型：

- 加装隐身技术外壳，环境适应性强；
- 配备 M242 型 25mm 链式机炮/Mk44 “巨蝮二式” 30mm 链式机炮（根据顾客需求）及 M2.50 口径同轴重机枪，射程更远，作战能力及多样性更佳；
- 射击仰角更大，对空打击能力更强（无人机和直升机等）；
- 弹药储存量更大，持续作战能力强。

9.2.5.3 研制与使用

1960 年代，美国海军在小口径舰炮方面只配备 Mk16 型、“厄利孔” 等 20mm 舰炮，在反应速度、打击威力等方面已不能适应未来的需求。对此，1970 年代末，美国海军开始了新一代小口径舰炮系统的研制工作，作为 Mk16 型、“厄利孔” 等 20mm 舰炮的替代装备。这种新型舰炮被命名为 Mk38 型 25mm 舰炮，可以安装在大型水面舰艇、辅船上，对抗近距离内的敌方小型快艇、蛙人、漂浮式水雷等海上目标，还可以安装在小型巡逻艇上，对沿岸的敌方士兵、轻型装甲车辆和恐怖分子发动攻击。

1980 年 8 月，在一艘 MkⅢ系列全天候巡逻艇上的 Mk68 型炮座上进行了首次试射，获得成功。于是美国海军决定为该型舰炮研制专用的炮座装备，并命名为 Mk88 型炮座。1982 年末，美国海军海上系统司令部委托海军水面战中心（NSWC）克兰分部设计并制造该型炮座。这种新型炮座安装在 MkⅢ系列和Ⅳ系列巡逻艇上，并于 1983 年 8 月开始进行了为期 3 年的各项海上试验。1986 年试验结束，随后投产，由其下属的军事系统集团（MSG）负责。至此，美国海军决定开始定购 Mk38 舰炮，以替代大型和小型舰艇上的 20mm 舰炮，以及作为军辅船上的建制装备或临时装备。

如今，该舰炮已由最初的 Mod 0 型发展到最新的 Mod 3 型，同时也由一款需要手动操作的近防武器转变为一款性能优良的全自动遥控舰炮，未来很有可能将定向能武器集成于一身，为美国海军提供更高效、更可靠的防御能力。

Mk38 舰炮的主要变型产品如表 9-8 所列。

表 9-8 Mk38 舰炮的主要变型产品

变　型	描　述
Mod 0	Mk38 基本型，为 M242 系统的变型号
Mod 1	主炮部分采用了 M242 型 25mm 口径外能源链式机炮，舰炮采用 Mk88 型炮座； 半自动/全自动射击，人工操作
Mod 2	在手动操作的工作方式上增加了遥控模式； 改为带炮位稳定装置的以色列“台风”武器系统炮座； 射速由半自动/全自动射击改为五挡可调，供弹系统经过改进，性能更加稳定； 增配 4 轴稳定的光电探测系统（含微光电视摄像机、激光测距仪、前视红外系统）
Mod 2 TLS	在 Mk38 Mod 2 的舰炮上集成 2 套战术激光系统（TLS）；激光功率的水平可以根据攻击目标和任务目标以进行调整
Mod 3	在 Mod 2 基础上加装隐形技术外壳； 配备 M242 型 25mm 链式机炮/Mk44“巨蝮”二式 30mm 链式机炮（根据顾客需求）及 M2.50 口径同轴重机枪； 射击仰角提高到+75°以攻击无人机和直升机； 弹药储存量加大至可装载 420 发 30mm 机炮炮弹

Mk38 型舰炮性能可靠，能够独立探测、跟踪目标，并通过全自动、遥控或手动方式发动攻击。Mk38 型舰炮可安装于多种水面平台，小到排水量 50t 级的巡逻艇，大到美国海军现役的驱逐舰、巡洋舰，再到排水量数万吨的两栖攻击舰、两栖船坞运输舰，并已出口到多个国家，其装备情况如下：

朱姆沃尔特级驱逐舰（Mod 3），阿利·伯克级驱逐舰（Mod 2）、提康德罗加级导弹巡洋舰（Mod 2），黄蜂级两栖攻击舰、塔拉瓦级两栖攻击舰、惠德贝岛级船坞登陆舰、哈普斯渡口级船坞登陆舰、奥斯汀级船坞登陆舰、蓝岭级两栖指挥舰；海岸警卫队 MkⅢ系列和 MkⅣ系列巡逻艇（Mk38 Mod 0），包括汉密尔顿级、哨兵级、岛级、飓风级、艾利斯·哈利号巡逻艇等。

9.2.5.4　采办动态

（1）BAE 系统公司发布 60kW 级 Mk38 战术激光系统。

在华盛顿举行的 2017 年度美国海军联盟海空天博览会上，BAE 公司发布了 60kW 级 Mk38 战术激光系统（Mk38 TLS）比例模型，如图 9-16 所示。

图 9-16 | 60kW 级 Mk38 TLS 战术激光系统

随着美国海军对高功率等级激光武器展现出更多的兴趣，BAE 公司在前期 10kW 级 Mk38 TLS 基础上，开发了该型 60kW 级 Mk38 TLS。BAE 公司表示，通过在 Mk38 Mod 2 舰炮系统上加装先进的激光武器模块 Mk38 TLS，可显著增强平台的自防卫能力。

该 60kW 级 TLS 可提供从非致命性到致命性等多种杀伤选择，从而可灵活应用于常规及非常规冲突。它可为 Mk38 型舰炮系统针对蜂群船只及无人机等威胁提供有效的战术打击，并可通过调整激光停留时间、焦点尺寸及打击点位置等多种方式控制打击杀伤力。

（2）BAE 系统公司被授予 1964 万美元 Mk38 Mod 3 供货合同。

2019 年 6 月，BAE 系统公司被授予 1964 万美元 Mk38 Mod 3 供货合同，该合同在前期合同（2017—2020 财年 Mk38 Mod 3 舰炮系统及备品备件供货合同）的基础进行修改，以执行 1 年的供货任务。该合同主要内容为履行 Mk38 Mod 3 型 25mm 舰炮系统技术性能要求调整，并提供额外的备品备件。Mk38 Mod 3 型舰炮系统用于替换前期装舰的 Mod 1 型，一旦装舰，可提供两轴稳定系统、增强的光电探测系统与多功能显示屏、改进的主控制面板、全新主计算单元及 7.62mm 口径机枪，并支持远程操控。

9.3 标准导弹（SM）

“标准”系列导弹是由美国雷神公司研发的一种超声速舰射中程到远程防空反导导弹，具备全天候和超视距拦截能力，用于为水面舰艇编队提供防御。“标准”系列导弹共有五个大类，其中 SM-2、SM-3、SM-6 是宙斯盾系统的主战武器。SM-2 属于防空导弹，SM-3 属于中、远程反弹道导弹，SM-6 是一种先进多任务导弹，也是美国标准系列导弹家族中的最新成员。

9.3.1 SM-2 Block ⅢB/Ⅳ

9.3.1.1 概况

SM-2 导弹是世界上最先进的舰队区域防空武器（图 9-17），提供高级防空作战和有限的反水面作战能力，以对抗目前射程高达 90n mile、高度达 65000ft 的先进反舰导弹和飞机。SM-2 导弹由雷神公司研制并生产，是分层防御的一个组成部分，可以保护重要的海军装备，并在战场上提供更大的覆盖范围。①

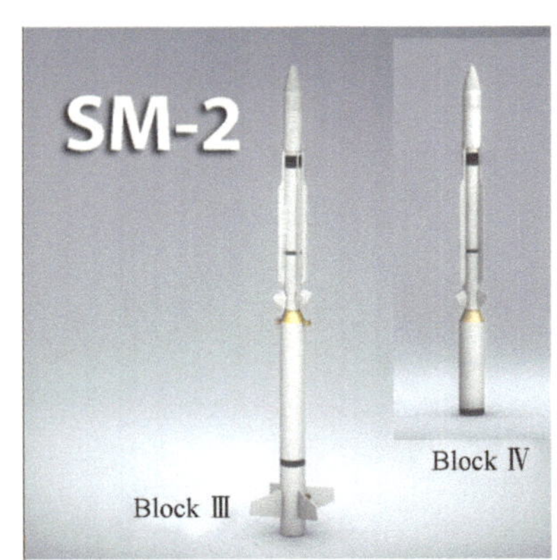

图 9-17 SM-2 导弹

① https://www.raytheon.com/capabilities/products/sm-2/

SM-2 导弹的技术规格如表 9-9 所列。

表 9-9 SM-2 导弹技术规格

型号名称	SM-2 Block ⅢB（RIM-66）	SM-2 Block Ⅳ（RIM-156A）
制造商	雷神公司	
服役时间	1998 年	2004 年
建造数量	—	—
类型	中程舰空导弹	
装载平台	“宙斯盾”驱逐舰	
全长	4. 72m	6. 55m
直径	343mm	343mm
最大速度	马赫数 3	马赫数 3
最大射程	170. 4km	370. 4km
最大高度	20000m	33000m（110000ft）
质量	708kg	1466kg
弹头质量	115kg	115kg
导航	INS/IIR	INS
推进器	—	Mk72 Mk104
弹头	—	Mk125

9. 3. 1. 2 系统特征

SM-2 Block ⅢA 和ⅢB 导弹特点（图 9-18）：

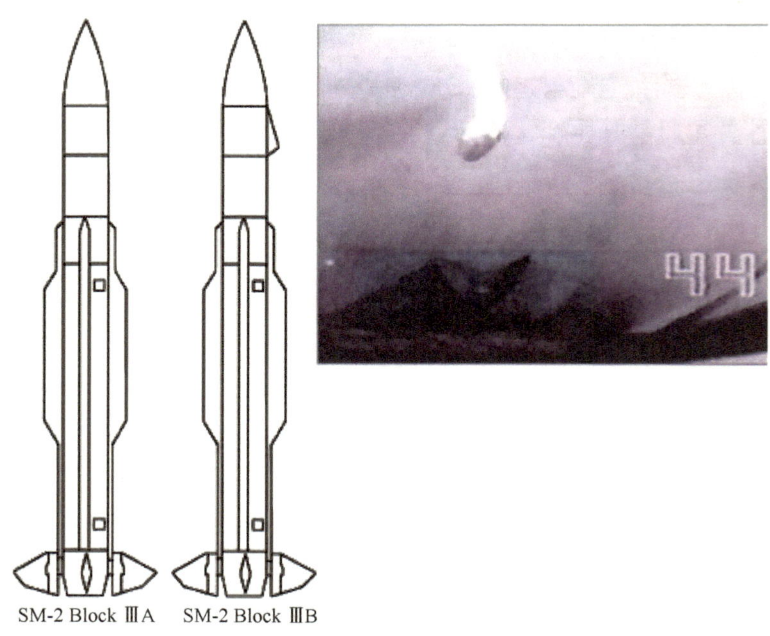

图 9-18 | SM-2 Block ⅢA 和ⅢB 导弹对比

- 连续波和间断连续波制导模式下的先进半有源雷达导引头技术；
- 尾部控制和固体火箭发动机推进，以在具有战术意义的范围内引入世界先进的高速机动威胁；
- Block ⅢB 通过增加自主红外采集功能（图 9-18 中可明显看到侧面的红外导引头），增强了ⅢA 现有的优越性能；
- 高技术有源雷达目标探测装置和定向弹头，确保目标成功摧毁。

9.3.1.3 研制与使用

SM-2 型是作为美国海军宙斯盾防空系统拦截弹，在 SM-1 型的基础上研制的。SM-2 系列采用了惯性中程制导/指令中程修正加半主动雷达自动寻的制导的复合制导体制，由 Mk41 垂直发射系统或 Mk26 导弹发射器（GMLS）发射，由尾部弹翼控制飞行方向。在飞向目标途中，通过数据链从 Mk74 “鞑靼人” 或 Mk76 “小猎犬” 火控系统向导弹发送目标修正指令，或通过宙斯盾舰上的指令制导上传数据链向导弹发送目标指令，直到末端才需要雷达照射。此外，SM-2 采用了先进的单脉冲导引头和数字计算机控制，有效克服了 SM-1 的缺点，提高了射程、精度和抗干扰能力等。

先后装备美国海军的 SM-2 系列有 Block Ⅰ、Block Ⅱ、Block Ⅲ、Block ⅢA、Block ⅢB 以及 Block Ⅳ增程型（ER）。下面主要对 Block Ⅲ和 Block Ⅳ进行介绍。

1. SM-2 Block Ⅲ

SM-2 Block Ⅲ型导弹的研制工作始于 1984 年，是在 SM-2 Block Ⅱ的基础上研制的，与 Block Ⅱ相比提高了电子性能，并加入了 Mk45 Mod 8 目标探测装置，以提高对抗低空目标的性能。由 Mk26 发射器发射的型号是 RIM-66K，Mk41 垂直发射系统发射的是 RIM-66L 和 RIM-66M。Block Ⅲ于 1988 年 6 月获得批量生产许可。

Block ⅢA 是 Block Ⅲ的改造型，加入了 Mk125 战斗部，战斗部爆片具有更大的速度，对来袭目标的毁伤能力更大，还加入了 Mk45 Mod 9 目标探测装置，进一步增加了反掠海目标的能力。1992 年，Block ⅢA 获得批量生产许可，1994 年 1 月首先装备在 “维克斯堡” 号导弹巡洋舰上。

双模式 SM-2 Block ⅢB 是 SM-2 系列的最新型，该导弹加入了一套辅助红外传感器，增强对掠海反舰导弹的拦截能力。Block ⅢB 导弹是根据美国海军的 “改进导弹自动寻的能力” 计划（MHIP）研制的，在该计划中研制完成了半主动式雷达自动寻的通道，提高了导弹在最后阶段对付重要目标的性能，扩展了导弹制导逻辑运算功能，使导弹能够更好地处理从舰上和导弹寻的器上传来的信息。导弹通过评估每个传感器的信息，来决定由哪个传感器制导攻击目标。SM-2 Block ⅢB 必要时还无需末端照射，进一步增加了防空火力通道。SM-2 Block ⅢB 导弹于 1995 年 2 月开始了小批量试生产，1996 年 4 月进行作战评估，由美国海军 “夏洛” 号巡洋舰承担了发射任务，试验结果表明导弹的作战效率和适应性均有提高，但同时发现对中程目标的识别能力有所减弱，经过改进，1998 年 2 月又进行了一次飞行试验，结果表明该导弹性能仍有待改进。美国海军接着于 1998 年 12 月，在新服役的 “德凯特” 号驱逐舰的 “军舰作战系统资格试验” 中对 Block ⅢB 进行了试验，发射了 8 枚导弹，有 7 枚导弹分别命中了低空、高空、近程目标。

2. SM-2 Block Ⅳ

SM-2 Block Ⅳ是在 SM-2 的基础上加装助推器而成的，编号是 RIM-67B/C。SM-2

Block Ⅳ主要用于舰队区域防空；除了增加了射程和复杂电子干扰情况下的拦截能力，其机动能力也比 Block Ⅲ型更强。RIM-67B 型采用可提供高机动性的 Mk30-2 改进型主发动机，并安装了 Mk12 型助推器，RIM-67C 型则采用 Mk30-3 发动机，并安装了 Mk70 新型助推器。导弹的改进还包括主弹体的制导控制系统，如采用了新的 Mk45 MOD 10 近炸引信，提高在苛刻的电子干扰条件下对抗高机动性与低可探测性目标的能力，它还使用低旁瓣天线、低噪声接收机、新的飞行控制舵面和数字式自动驾驶仪等新设备。

1993 年美国海军开始研制具有拦截弹道导弹能力的 Block ⅣA 型，如图 9-19 所示。Block ⅣA 型采用 Block Ⅳ的弹体，制导装置换成双模无线电频率/红外（RP/IR）探测器，使导弹的灵敏度和抗干扰能力进一步提高；同时改进了自动驾驶/控制系统和换装改进的破片战斗部。按照设计要求，该弹可以由宙斯盾系统跟踪，拦截弹道导弹，构成海面舰艇与濒海岸地区的弹道导弹防御网，同时仍然保留了原有的防空能力。1997 年 1 月 24 日，美国海军战区弹道导弹防御系统（NTW-TBMD）计划在白沙靶场进行了第一次战术弹道导弹拦截试验，验证了 RP/IR 成像导引头的能力，随后进入工程和制造发展阶段。首次进行反弹道导弹试验，Block ⅣA 型导弹的“发展测试弹”（DTR-1）成功地拦截了弹道导弹靶弹。

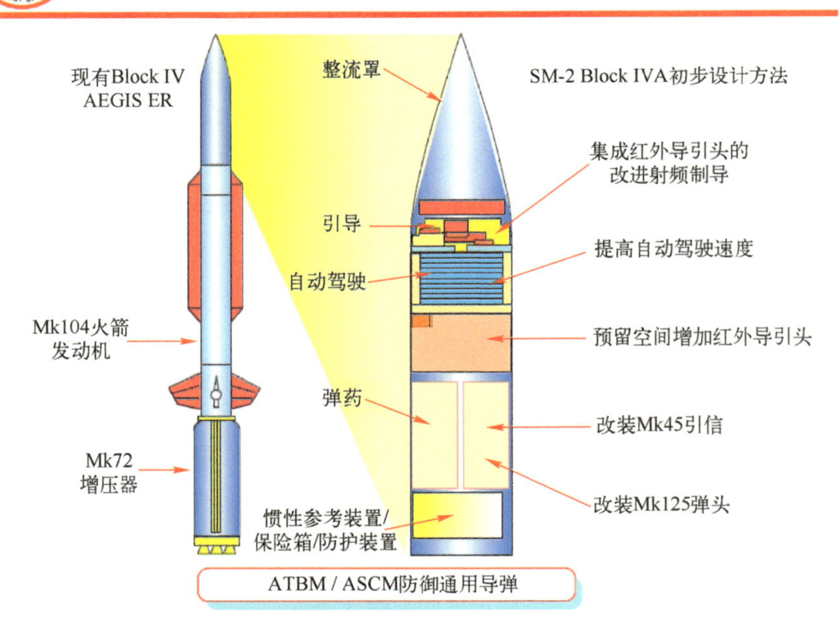

图 9-19 SM-2 Block ⅣA 型导弹

先后装备美国海军的 SM-2 系列有 Block Ⅰ、Block Ⅱ、Block Ⅲ、Block ⅢA、Block ⅢB 以及 Block Ⅳ增程型。其中 SM-2 Block Ⅲ（Block ⅢA、Block ⅢB）及 Block Ⅳ等型一直用于美国海军提康德罗加级（CG 47）导弹巡洋舰和阿利·伯克级（DDG 51）导弹驱逐舰，是上述两型舰上宙斯盾武器系统的重要武器；最新服役的朱姆沃尔特级驱逐舰装备 SM-2 Block ⅢA。

9.3.1.4 采办动态

2016 年 7 月，美国国务院已经批准向日本出售 SM-2 Block ⅢB 防空导弹，以补充其目前库存的 SM-2 Block ⅢB 导弹。日本要求购买 246 枚导弹、Mk13 Mod 0 导弹筒及相关的技术和后勤支援服务，此次出售价值 8.21 亿美元。

2017 年，由于全球需求，雷神公司在 2013 年停产后重新启动 SM-2 导弹生产线。澳大利亚、日本、韩国和荷兰统一了需求，汇集了资源，通过对外军售进行捆绑采购，从而使雷神公司能够恢复生产。该公司正在重新配置和现代化其 SM-2 导弹工厂，以提高生产效率。它还与几家供应商签署了新的协议。

SM-2 导弹家族继续在国际上壮大。加拿大、德国、西班牙都有能发射 SM-2 导弹的舰艇。其他海军也在定义需求和船舶配置，以支持 SM-2 发射程序。

2015 年 7 月，美国海军阿利·伯克级驱逐舰 DDG 68 “苏利文” 舰发生导弹故障，点火后的 SM-2 Block ⅢA 导弹在舰艉附近爆炸并导致舰艉发生火灾。据悉事故无人伤亡，对舰体损伤较小。

2018 年 6 月，德国海军 “萨克森” 号导弹护卫舰在挪威外海进行实弹演习时，一枚 SM-2 导弹点火之后没能升空，火箭发动机在 Mk41 垂直发射系统内燃烧完毕。事故导致 Mk41 垂直发射系统严重损毁，舰桥前方部位受损。

9.3.2 SM-3

9.3.2.1 概况

SM-3 导弹是美国海基战区导弹防御系统（TMD）的重要一环，用来拦截中、远程弹道导弹，如图 9-20 所示。SM-3 导弹也可以当作反卫星武器（Anti-satellite weapon）来使用，可以来对抗位于近地轨道近端的卫星，由雷神公司研制并生产。目前，SM-3 导弹主要用于美国海军、日本海上自卫队及荷兰皇家海军也有使用。①

图 9-20 SM-3 导弹发射

① https://en.wikipedia.org/wiki/RIM-161_Standard_Missile_3

SM-3 导弹系列演进如图 9-21 所示。SM-3 导弹的技术规格如表 9-10 所列。

Aegis BMD SM-3 Evolution

Spiral Development with Incremental Capability Improvements

Aegis BMD

	SM-3 Blk I/IA	SM-3 Blk IB	SM-3 Blk IIA	SM-3 Blk IIB
	• 动能弹头（KW） –单色导引头 –脉冲固体转向/姿态控制系统（SDACS）	• 动能弹头 –双色导引头 –可节流转向/姿态控制系统（TDACS）	• 大直径动能弹头 –21in翻盖式鼻锥 –双色导引头 –高分流DACS –增加操作时间	• 轻型动能弹头（概念）
2nd and 3rd Stage	•13.5 in推进	• 13.5 in推进	•21 in推进 –增加导弹Vbo	•美国新研制的27in 推进装置 •高性能液体上层
1st Stage	•Mk41垂直发射系统（VLS）	• Mk41 VLS	• Mk41 VLS	• Modified Mk41 VLS
	• Mk72助推器	•Mk72助推器（岸基宙斯盾的潜在射程安全模块）	• Mk72助推器	• Large Diameter Booster
	2004年开始部署 PAA Phase Ⅰ	2011年首飞 PAA Phase Ⅱ	2015年首飞 PAA Phase Ⅲ	2020年陆基部署 PAA Phase Ⅳ

图 9-21 SM-3 导弹系列演进

表 9-10 SM-3 导弹技术规格

型号名称	SM-3 Block ⅠA（RIM-161A）
制造商	雷神公司
服役时间	2005 年
建造数量	200+
类型	中程舰空导弹
装载平台	“宙斯盾”驱逐舰
全长	6. 58m
直径	348mm 530mm（带助推器）
最大速度	马赫数 3
最大射程	1203. 8km
最大高度	250km
质量	1501kg
弹头质量	23kg
导航	INS/GPS/IIR

9.3.2.2　系统特征

SM-3（RIM-161A）是SM-2ER Block Ⅳ的变型号，也是未来美国海军战区弹道导弹防御系统（NTW-TBMD）中的导弹组成部分。这是一种高层弹道导弹防御武器，最初计划是作为低层SM-2ER Block ⅣA导弹的补充，但后者的发展计划已于2001年12月被取消。

SM-3使用SM-2ER Block ⅣA基本型号的弹身和推进装置，加入第三级火箭发动机（ASAS，先进固体推进阶段，由阿连特科技公司制造），一个GPS/INS导航部分（GAINS，GPS辅助惯性导航系统），一个轻型大气层外动能拦截弹头（LEAP），所采用的发射舰船将同时更新"宙斯盾轻型大气层外拦截系统"（ALI）的相关软硬件。

SM-3的缺点是不具备大气层内的拦截能力。因此，无法对在高度100km以下飞行的弹道导弹进行拦截。另外，SM-3的射程达到700km以上，但是其配套使用的SPY雷达还达不到其射程所应具有的相应探测水平。

9.3.2.3　研制与使用

SM-3拦截导弹是在SM-2拦截导弹的基础上研制的。SM-3拦截导弹在第一阶段和第二阶段使用的助推器、火箭发动机及导弹在大气层中飞行时使用的方向转换控制设备与SM-2 Block Ⅳ完全相同。相较于SM-2 Block Ⅳ，这两种型号的导弹之间的区别在于，为了延长在外大气层的飞行距离，SM-3上安装了第三级火箭发动机，包括：1台Mk136助推加速发动机，有GPS接收机和数据交换线路的惯性制导部分、轻便的可抛投整流罩和通过直接撞击摧毁目标的Mk142拦截器。Mk136助推加速发动机是固体燃料发动机，由阿连特科技公司在该领域最先进的成果为基础研制，它装有两个被隔离系统分开的固体燃料药柱，结构采用石墨环氧和碳-碳复合材料。为保证导弹第三级在自主飞行过程中的稳定性和方向性，发动机中包括以冷气为工质的一体化控制系统。Mk142是自导装置，上面安装了具有低温冷冻装置的红外自导头、若干处理器、固体燃料发动机姿态与转向控制装置（Divert and Attitude Control System，DACS）、电源和其他分系统，以提高弹飞行的最后阶段提高命中率。

SM-3导弹发射后，助推器提供初始速度。然后，在第二级火箭发动机（Dual Thrust Rocket Motor，DTRM）的作用下，直到通过大气层为止一直在加速飞行。直至导弹抵达飞行中段，雷达会提供引导信息。待火箭发动机燃料耗尽后，第三级火箭发动机被点火启动。第三级火箭在拦截前30s启动。在这个阶段，拦截导弹的整流罩首先脱离，待导弹与第三级火箭分离后，LEAPKW（Lightweight Exo-Atmospheric Projectile Kinetic Warhead）进入运行状态。这时，弹头基于到目前为止雷达所提供的情报开始自主搜索拦截目标。进入拦截最后阶段，弹头核实目标后，再对目标薄弱部位进行识别。然后，为实施拦截调整飞行方向。这时使用的动力装置是TDACS（Thottleable Divert and Attitude Control System）。

SM-3的第一次搭载试验于1999年9月进行，2001年1月进行的第三次试验成功地进行了导弹飞行，并进行了动能弹头的分离。2002年1月，SM-3进行了第一次成功的全程实验，击中了Aries弹道导弹。

SM-3导弹的进一步完善工作在其1999年9月第一次发射之前就按照ALI（Aegis LEAP Intercept）计划开始了。其第一种改进型是SM-3 Block ⅠA，对其拦截器的构造稍微进行了完善，从2006年6月开始飞行试验，而在此前已经约10次成功地拦截了处于不同弹道段的各种弹道目标。需要指出的是，日本、荷兰和西班牙军舰与美国海军的宙斯盾舰一起参加了一系列此类试验。目前，SM-3 Block ⅠA导弹正在批量生产，导弹单价为950万~1000万美元。

根据美日政府 1999 年 8 月签定的协议，一些日本公司与美国公司一起参加了下一个改型——SM-3 Block ⅠB 的研制工作。最初计划日方参加研制新型拦截器及其多功能红外自导头、高效加速-巡航发动机和轻便的头部整流罩。但这项工作进展速度不是很快。直到 2009 年 7 月才讨论 SM-3 Block ⅠB 的最终方案设计。根据设计，SM-3 Block ⅠB 与 Block ⅠA 的主要区别在于拦截器，如图 9-22 所示。SM-3 Block ⅠB 将采用更便宜的能够改变推力大小的十喷嘴姿态与转向控制装置、能扩大目标探测范围和改善其干扰背景中识别能力的双色红外自导头。它还将装备反射光学设备和完善的信号处理器。专家指出，这些技术和运用能扩大导弹的行动范围，使导弹的拦截距离大于以前的型别。SM-3 Block ⅠB 于 2011 年 9 月进行了首次试验，试验失败。

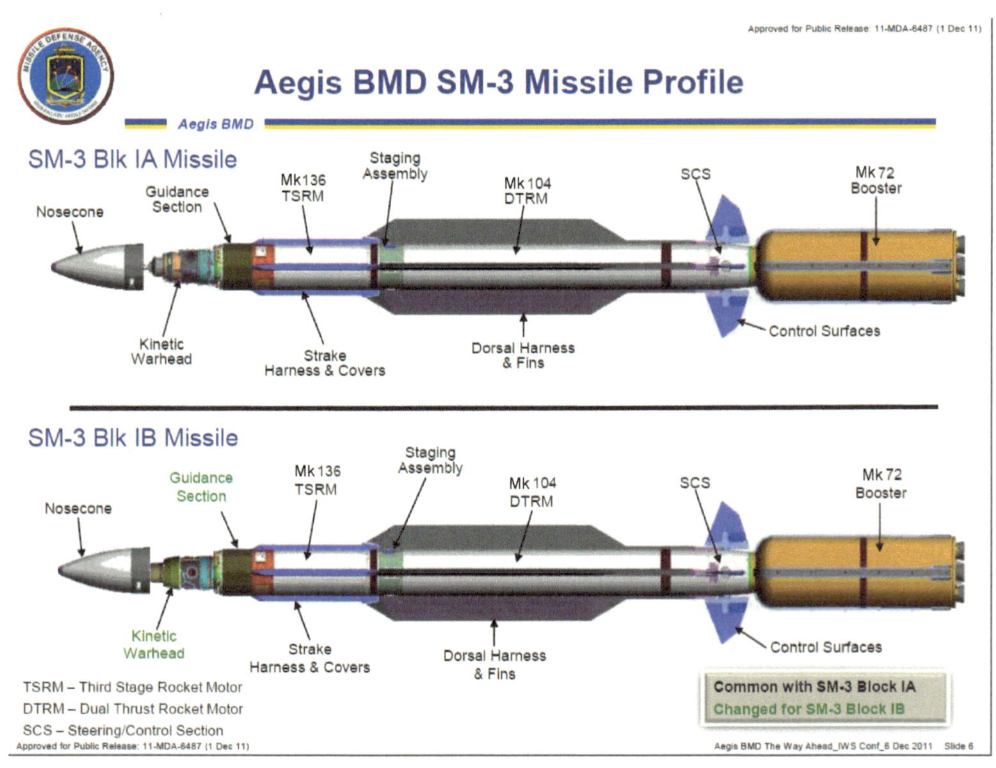

图 9-22 | SM-3 Block ⅠA 与 Block ⅠB 对比

同时，根据美日政府 2004 年签定的又一个协议，对 SM-3 进行了根本性的完善，从 2006 年起研制 SM-3 Block ⅡA 导弹。其外形主要特点是直径仍为 533mm，从而可继续使用 Mk41 垂直发射装置，而不需要专门的载舰。其他特点还包括：拦截器直径增加，采用经过改进的红外自导头和更有效的姿态与转向控制装置。SM-3 Block ⅡA 导弹上还将安装可开合的头部整流罩，空气动力表面面积缩小。SM-3 Block ⅡA 导弹采用的大型加速-巡航发动机将确保导弹末速度增加 45%~60%，达到 4.3~5.6km/s，射程增加到 1000km。同时，导弹尺寸的增加使其发射重量增加了超过 50%。SM-3 Block ⅡA 于 2015 年进行了首次试验，试验成功。

根据 SM-3 Block ⅡB 导弹研制计划，将通过安装具有更高的目标探测与识别性能并能在末段有效机动的大型拦截器来进一步提高性能。SM-3 Block ⅡB 还将采用远程距离目标毁伤技术，后者除了根据远方雷达和控制系统的情报发射导弹外，还能在飞行过程中根据来自其他系统的信息对情报予以更新。根据下一步计划，到 2020 年前可能为 SM-3 Block ⅡB 安装多个 MKV（Miniature Kinetic Vehicle）拦截器，其重量和尺寸允许在导弹上安装多达 5 个这样的拦截器。如此完善之后，SM-3 Block ⅡB 将具备在外大气层拦截洲际弹道导弹及其弹头的能力。

SM-3 系列演进计划如图 9-23 所示。

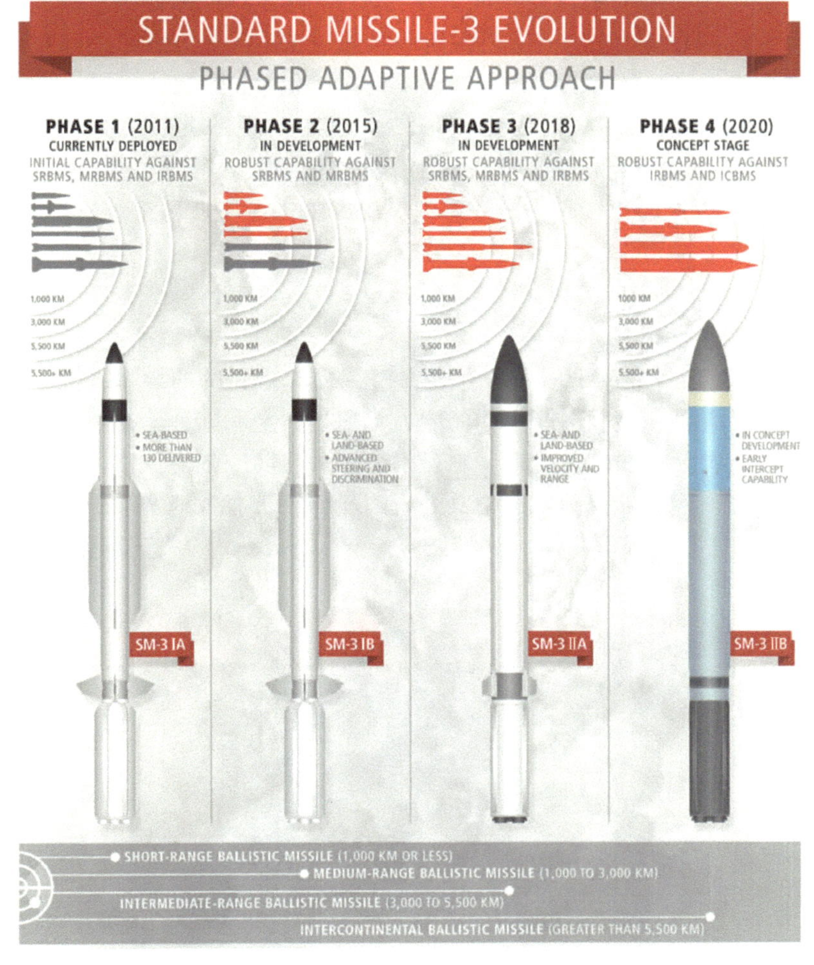

图 9-23 SM-3 系列演进计划

SM-3 导弹的主要变型产品如表 9-11 所列。

表 9-11 SM-3 导弹的主要变型产品

变　型	描　述
SM-3 Block Ⅰ	RIM-161 导弹控制系统，Mk104（Mk136 三级）主发动机，Mk72 助推器，Mk142 动能弹头
SM-3 Block ⅠA	—
SM-3 Block ⅠB	更新的动能弹头，带有改进的处理器和 TDACS
SM-3 Block ⅡA	新型 21 英寸主发动机和三级发动机，新型大直径改进动能弹头
SM-3 Block ⅡB	—

目前，为执行反导任务而改进的宙斯盾系统，目前已经装备美国海军的 18 艘战舰，SM-3 导弹只在宙斯盾舰上使用。未来预计各型 SM-3 导弹将装备所有的阿利·伯克级驱逐舰和大部分提康德罗加级巡洋舰，并已经决定为朱姆沃尔特级新型驱逐舰装备该系统。

9.3.2.4　采办动态

2017 年 2 月，美国导弹防御局（MDA）、日本国防部以及美国海军 DDG 53 导弹驱逐舰在夏威夷西海岸成功地实施了 SM-3 Block ⅡA 首次弹道导弹目标拦截试验。试验中，DDG 53 通过舰载 AN/SPY-1D(V)雷达，使用宙斯盾基线 9.C2 系统检测和跟踪靶弹。在俘获和跟踪目标后，该舰发射了一枚 SM-3 Block ⅡA 导弹拦截目标。

本次飞行试验称为 SM-3 Block ⅡA 合作开发（SCD）项目飞行试验，SFTM-01 是 SM-3 Block ⅡA 导弹的第三次飞行试验和第一次拦截试验。该测试还标志着第一次从宙斯盾舰发射 SM-3 Block ⅡA，第一次使用宙斯盾基线 9.C2/BMD 5.1 武器系统进行拦截。

9.3.3　SM-6

9.3.3.1　概况

SM-6 是美国海军装备的用于增程防空战（ER-AAW）目的的导弹，提供对抗飞行中固定翼和旋翼飞机、无人机和反舰巡航导弹的能力，包括海上和陆地，也可以用作高速反舰导弹（图 9-24），由雷神公司研制并生产。它是唯一一种将防空战、反水面战和海基终端弹道导弹防御功能结合在一起的导弹，使美国及其盟国能够经济有效地增加地面或海面部队的攻击力。SM-6 导弹也是美国海军一体化火控防空（NIFC-CA）的关键部件。① SM-6 导弹技术规格如表 9-12 所列。

图 9-24 | SM-6 导弹

表 9-12　SM-6 导弹技术规格

型号名称	SM-6（RIM-174A）
制造商	雷神公司
服役时间	2011 年
建造数量	250+
类型	中程舰空导弹

① https://www.raytheon.com/capabilities/products/sm-6/

（续）

装载平台	“宙斯盾”驱逐舰
全长	6.55m
直径	343mm
最大速度	马赫数 3
最大射程	370.4km
质量	1497kg
弹头质量	115kg
导航	惯导+中段指令修正+末段主动雷达/半主动雷达寻的

9.3.3.2 系统特征

SM-6 导弹最初研发用于防御固定翼、旋转翼飞机以及从高空飞行到掠海飞行的巡航导弹，采用两级火箭推进，继承了现有 SM-2 导弹的大部分特点，同时还融合了功能更强大的制导系统，电子设备和其他元件也经过了一些改良。

SM-6 采用了 SM-2 的弹体及其诸多优秀特性，基于原有的 SM-2 Block Ⅳ防空导弹的弹体、发动机和气动控制；采用了 SM-3 的远程火箭发动机以实现增程；在保留半主动制导模式的同时采用的主动雷达导引头，是在 AIM-120 先进中距空空导弹（AMRAAM）主动雷达导引头的基础上改进而成，这是 SM-6 可不依靠发射舰的雷达与远程目标交战，或与超过照射雷达作用距离的目标交战的关键所在；使用了先进引信技术和功能强大的制导系统和电子设备。此外，具备末段弹道导弹防御能力的 SM-6 Dual Ⅰ（Block Ⅰ）导弹还采用了功能更为强大的新处理器，能够运行更加复杂的瞄准软件，因而能够识别、跟踪和摧毁在下降过程中飞行速度极快的弹道导弹。所有这些成熟技术的应用为 SM-6 导弹的成功奠定了基础。

为了兼容美国海军的使用，制导系统的频率参考装置（FRU）做了修改可以以半主动照射模式工作。虽然 SM-2 Block ⅣA 低层反导拦截弹由于技术难度、工程进度和费用超支等原因取消，但更早研制的 SM-2 Block Ⅳ防空导弹经过多年使用证明了其可靠性，AIM-120 系列空空导弹的主动雷达导引头更是久经考验的成熟技术，使用这些成熟技术极大降低了 SM-6 远程防空导弹的技术难度和研制费用，在研制进度上也控制得较好。使用相同的发动机和控制系统，SM-6 防空导弹在最大射程和最大射高上与 SM-2Block Ⅳ导弹大致相同，但主动雷达制导使 SM-6 防空导弹获得了很大的性能提升，它的目标通道不再受传统防空舰照射雷达的数量影响，抗饱和攻击能力大幅度提高。主动雷达制导配合现有的协同交战能力系统（CEC），使美国海军获得了更强大的超视距攻击能力，SM-6 导弹的防御包线在低空部分大范围延伸，在增加防空通道的同时进一步强化了美国海军对高速掠海反舰导弹的抗饱和攻击能力。①

SM-6 的作战方式也是在成功利用现有技术的基础上实现的。以拦截超低空飞行巡航导弹为例，为了提高拦截概率，SM-6 必须具备超视距作战能力，以便进行远距离拦截。进行超视距远距离拦截可以有效发挥防空导弹原有的潜力，成倍扩大舰队的防御半径。传统舰射导弹能够发现掠海目标的最大距离在 30~40km 之间，因为舰载雷达受地球曲率的限制，无

① https://en.wikipedia.org/wiki/RIM-174_Standard_ERAM

法有效对抗低空飞行目标。满足超视距作战的首要条件是摆脱传统型“标准”导弹对发射舰目标照射雷达的依赖，克服发射平台雷达的地平线限制。SM-6 的解决方案是纳入 NIFC-CA，利用鹰眼 E-2D 预警机等舰外传感器平台提供的目标数据进行交战，到最后阶段再利用导弹本身的主动雷达导引头完成攻击。

为避免增加预警机工作负荷并造成作战效率降低，预警机在作战时只对超低空飞行目标进行探测并将目标信息传回发射舰，导弹的作战指令仍然由发射舰给出。为解决超视距作战存在的“舰弹通信”难题，SM-6 采用了高抛弹道，以便在弹载主动雷达导引头开机之前始终能够接收舰上发出的指令。通过资源合理配置和巧妙设计，SM-6 圆满实现了远距离拦截超低空巡航导弹的目标，既没有额外采用过分先进复杂的设备，也没有改变整个系统原有的任务规划。SM-6 导弹结构图如图 9-25 所示。

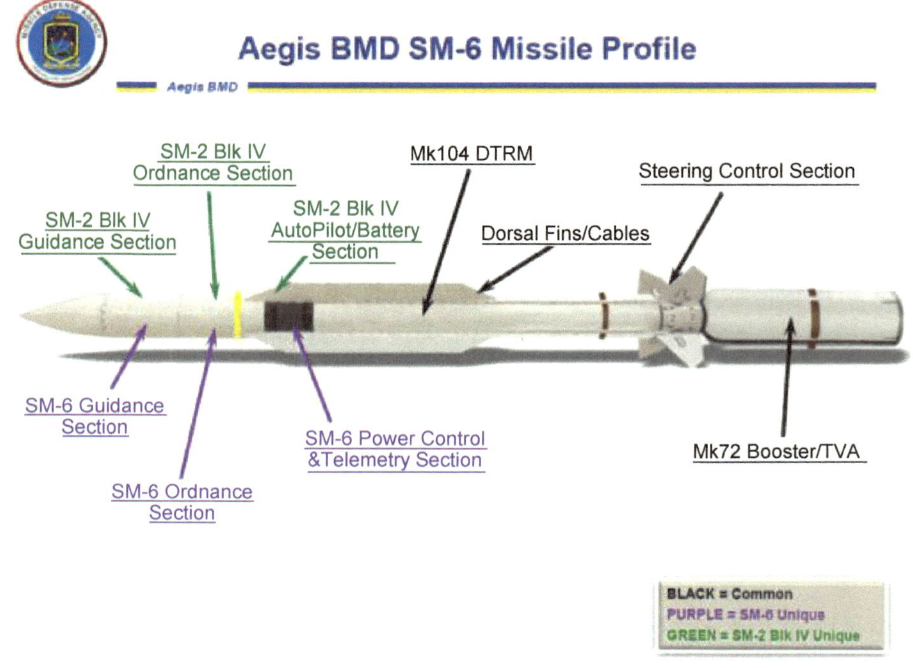

图 9-25 SM-6 导弹结构图

9.3.3.3 研制与使用

2003 年在美国海军增程防空作战导弹（ERAAM）的竞标中，雷神公司的 SM-6 击败了洛克希德·马丁公司的 PAC-3；2004 年 9 月，雷神公司正式接到美国海军的 SM-6 开发合同，原计划 2007 年开始 SM-6 的飞行试验，2009 年开始低速初始生产并在 2010 年具备初始作战能力。由于大量使用成熟技术，SM-6 导弹的进度基本控制在预期内。2008 年 2 月，SM-6 获得美国海军 RIM-174A 的正式编号；2008 年 6 月，SM-6 开始第一次飞行试验，根据雷神公司的报道其成功拦截了 BQM-74 靶机；2009 年，美国海军授予雷神公司 9400 万美元的合同用于制造 19 枚 SM-6 导弹；2010 年 7 月，美国海军授予雷神公司 3.68 亿美元的可修改合同用于 3 年周期的 SM-6 导弹的低速生产；2011 年 3 月，第一枚 SM-6 远程防空导弹交付美国海军，这是 SM-6 研发生产在继 2008 年首次试射、2010 年签订低速生产合同之后的另一项里程碑，标志着 SM-6 防空导弹开始小批量低速率生产。随着 SM-6 的交付和形成初始作战能力，美国海军将获得前所未有的强大防空能力。SM-6 的初始作战能力计划于 2013 年完成，并于 2013 年 11 月 27 日实现。SM-6 并不是要取代 SM-2 系列导弹，而是将同时服役并提供更大的射程和更大的火力。

目前，SM-6 在雷神公司位于亨茨维尔红石兵工厂的导弹生产工厂完成最终的总装生产。雷神公司已经交付了超过 450 枚 SM-6，导弹目前仍在持续生产。美国国防部在 2017 年初已经批准向部分国际客户出售 SM-6 导弹。

SM-6 主要部署于提康德罗加级巡洋舰和阿利·伯克级驱逐舰。最初部署的 SM-6 与宙斯盾基线 7 作战系统配合使用，近期试验的 SM-6 与最新版本基线 9C 配合使用，可用于拦截飞机、巡航导弹和弹道导弹。2016 年美国海军批准将发射 SM-6 的能力下放到宙斯盾基线 5.3。

SM-6 Dual 1（Block Ⅰ）是对 SM-6 的改进，它可以在飞行的最后几秒内与宙斯盾系统结合使用。2015 年 8 月，美国导弹防御局（MDA）在夏威夷太平洋导弹射击场首次成功测试了 SM-6 Dual 1 导弹，计划在 2016 年实现初始作战能力（IOC）。①

SM-6 Block ⅠA 对 Block Ⅰ的导向部分进行了改进。这些增强功使导弹能够精确地搜寻并摧毁各种各样的先进威胁。该版本于 2017 年 6 月进行了最终的陆基测试，并于 2018 年进行了海上测试。

2018 年 1 月，美国海军作战部长批准了 SM-6 Block ⅠB 的研发计划，有望在 5 年内即可列装。按照目前披露的信息，SM-6 Block ⅠB 将沿用 SM-6 Block ⅠA 的导引头和战斗部，但采用全新的 533mm 双推力火箭发动机取代现在的 Mk104 型 343mm 双推力火箭发动机，使得 SM-6 Block ⅠB 的射程和动力学得到大幅提高。

SM-3 系列在发展完 343mm 弹径的 SM-3 Block ⅠB 后，便转而研发 533mm 弹径的 SM-3 Block ⅡA 以换取更大的射程和更强的动力学，现在 SM-6 系列从 SM-6 Block ⅠA 发展到 SM-6 Block ⅠB 其实走的也是相同的道路，参考 343mm 弹径的 SM-3 系列和 SM-6 系列共享一级助推器和二级火箭发动机的前例，可以肯定 SM-6 Block ⅠB 肯定也会使用 SM-3 Block ⅡA 的二级火箭发动机，加上导引头也是现成产品，SM-6 Block ⅠB 自然就有能快速列装的底气，这也是美国海军一贯追求的螺旋式升级发展路线的体现。

9.3.3.4　*采办动态*

2016 年 1 月，美国海军进行了首次 SM-6 打击水面舰艇的试验，在试验之中 SM-6 击中了佩里级护卫舰“鲁本詹姆斯”号（FFG 57），显现了 SM-6 打击水面舰艇的能力。

2016 年 9 月 30 日，SM-6 成功拦截超视距目标，这是美国海军历史上射程最远的舰对空拦截。本次任务展示了 SM-6 带来的 NIFC-CA 作战能力，旨在通过协同作战系统将美国海军舰艇和机载传感器联结起来，形成统一的网络。试验中 SM-6 从“普林斯顿”号（CG 59）巡洋舰上发射，该巡洋舰装备了最新的宙斯盾基线 9 作战系统。

2017 年 8 月，美国国防部导弹防御局在夏威夷进行导弹防御测试，SM-6 第二次成功拦截中程弹道导弹。此次测试是由美国海军阿利·伯克级驱逐舰 DDG 53 使用其 AN/SPY-1 雷达追踪从太平洋导弹测试场发射的目标导弹，DDG 53 发现目标后发射 SM-6 以便在最后的飞行阶段拦截目标。

---

① http://www.deagel.com/Defensive-Weapons/Standard-SM-6-Block-IA_a001148015.aspx

2017 年 6 月，美国海军宣布已经在新墨西哥白沙导弹靶场完成了 SM-6 Block ⅠA 测试，通过宙斯盾武器系统论证了 SM-6 Block ⅠA 的改进功能和集成。此次试验是第三次成功执行的飞行测试。

2018 年 7 月，根据海外媒体消息，美国海军有可能在 F/A-18E/F 超级大黄蜂战斗机上配备 SM-6 导弹用于执行远程拦射任务，如果消息属实，它将是继 AIM-54 远程空空导弹之后美国海军再次拥有的远程空空导弹。从美方公布的消息来看，SM-6 并不是简单挂载在超级大黄蜂上，而是根据机载要求进行适应性改进，改进后的导弹编号为 SM-6 Dual 2（Block Ⅱ），它的体积和重量比现有的 SM-6 Dual 1（Block Ⅰ）要小一点，前者长度为 4.5m，发射质量约 800kg，后者长度为 6.5m，发射质量约 1.5t，尽管长度和质量降低，不过考虑到载机可以赋予导弹较大初始高度和动能，所以 SM-6 Dual 2 射程没有明显降低，美国海军认为它可以提供 200km 以上拦射距离。波音公司透露，SM-6 Dual 2 将会挂载超级大黄蜂 Block 3 上面第 3、4、8、9 这 4 个重载挂架上面，在以前超级大黄蜂战斗机之中，这几个挂架主要用于挂载副油箱，随着超级大黄蜂 Block 3 采用保形油箱，这样这几个重载挂架就可以腾出来挂载大型武器，例如远程空空导弹、反舰导弹、空地导弹。波音公司评估，超级大黄蜂 Block 3 最多可以挂载 4 枚 SM-6 Dual 2 和 6 枚 AIM-120D，加上机身保形油箱、机腹再吊挂 1 个大型副油箱，还能够拥有 800km 左右的作战半径。

9.4 北约海麻雀

9.4.1 RIM-7/Mk57 NSSMS 北约海麻雀导弹系统

9.4.1.1 概况

RIM-7，即海麻雀（Sea Sparrow）是美国海军装备的一型全天候近程、低空舰载防空导弹，用来对付敌方飞机、反舰导弹和巡航导弹。由雷神公司研制并生产，于 20 世纪 60 年代初在美国空军 AIM-7E 麻雀空空导弹的基础上发展 RIM-7E，1967 年服役。1968 年，雷神公司着手对 RIM-7E 基本型海麻雀导弹进行上舰的适应性改进，期间比利时、丹麦、意大利、西德、挪威和荷兰六个北约国家也参与进来，研制了新型的舰上制导设备和发射装置，这就是 RIM-7H 北约海麻雀导弹系统（NATO Sea Sparrow Missile System，NSSMS），如图 9-26 和图 9-27 所示。作为轻型“点防御”武器，该导弹系统可以快速对现有舰船进行改装，通常取代现有的基于舰炮的防空武器。① 海麻雀导弹技术规格如表 9-13 所列。

表 9-13 海麻雀导弹技术规格

型号名称	RIM-7E
制造商	雷神公司
服役时间	1967 年
建造数量	10000+
类型	近程舰空导弹

① https://en.wikipedia.org/wiki/RIM-7_Sea_Sparrow

（续）

装载平台	CG-47，FFG-7，DDG-51
全长	3.688m
直径	203mm
速度	马赫数 2
最大射程	12km
质量	195kg
弹头质量	31.5kg
导航	半主动雷达
引信	近炸和触发
战斗部	高能连续杆式，杀伤半径 15m，质量 30kg
动力装置	Mk38 固体火箭发动机

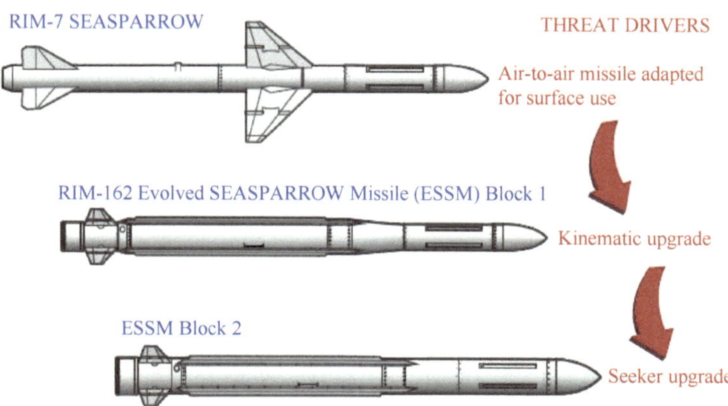

图 9-26 | RIM-7/RIM-162 海麻雀导弹的演变

图 9-27 | RIM-7 海麻雀导弹和 Mk29 发射装置

9.4.1.2 系统特征

RIM-7/Mk57 NSSMS 是一种中程、反应快速的导弹武器系统，具有摧毁敌方飞机、反舰导弹以及地对空的机载和地面导弹平台的能力，还可用于探测利用其监视雷达能力的水面舰艇发射导弹。

RIM-7/Mk57 NSSMS 由导弹火控系统（GMFCS）和导弹发射系统（GMLS）组成。其中GMFCS 是一种由计算机操作的火控系统，可自动获取和跟踪指定目标，生成发射器和导弹命令，并在自动模式下，当目标接近时启动发射命令。虽然大多数 NSSMS 操作是在自动或半自动条件下进行的，但 GMFCS 允许操作员随时进行干预。GMLS 是一种快速反应的轻量级发射系统，可提供多达 8 枚导弹的装载和发射能力，对 GMFCS 发出的发射器位置命令、导弹命令和控制命令进行响应。其升级版采用了 COTS 组件和新的固态发射器技术，可与舰艇自防御系统和 ESSM 导弹无缝集成。

RIM-7/Mk57 NSSMS 导弹的技术标准和作战过程与“标准”系列导弹类似，具备交互的技术发展潜力和远射精度，并且可以根据机载导弹技术的发展进行阶段性改进。它采用与“标准”导弹类似的半主动雷达制导，相比同时期应用规模较大的无线电指令制导，半主动雷达制导方式的成本和系统复杂程度都较高，但低成本和技术比较成熟的无线电指令制导，导引精度随着射程的增加会出现比较明显的下降，在抗干扰和对抗目标机动方面存在远距离性能缺陷。半主动雷达导引的导弹远程精度较为出色，只有导弹射程和照射雷达能够满足作战需要，半主动雷达制导方式很适合大范围防空作战的需求，很适合在中、近距离上攻击机动的中、低空战术目标。

9.4.1.3 研制与使用

20 世纪 60 年代，美国海军计划发展一种比现有导弹系统小得多的短程点防御导弹系统（BPDMS），用以装备攻击型航空母舰和轻型护卫舰。原来海军本打算发展 RIM-46“海上拳击手”导弹用于点防御，但是 1964 年这个项目被撤消了。此时海军就将注意力转移到空军AIM-7E 麻雀空空导弹身上了。AIM-7E 是 1963 年开始生产的，它在原麻雀弹的基础上改用了 Mk38 或 Mk52 火箭发动机，射程大幅增加。

鉴于 AIM-7E 的良好性能，美国海军决定在 AIM-7E 空空导弹的基础上发展 RIM-7E 海麻雀系统，并逐渐衍生出一列变型。截至目前，RIM-7 的主要变型产品如表 9-14 所列。[①]

表 9-14 RIM-7 主要变型产品

变　型	描　述
RIM-7E	1968 年量产的短程点防御导弹系统（BPDMS），称为基本型海麻雀或者基本型点防御导弹系统，其导弹就是原封不动地采用 AIM-7E 空空导弹，发射装置是经过改进的八联装阿斯洛克反潜火箭发射箱，火控系统主要是 Mk115 型手控式火控系统和 Mk51 手控式跟踪照射雷达，反应时间较长，低空性能差，不能对付反舰导弹
RIM-7F	1982 年装备的改进版本，改进主要集中在导弹上，采用了新型的双推力发动机（大力神 Mk58 或者 Aerojet Mk6），这进一步增大了射程。此外它还采用了固态化的电子导引和控制系统，即 AN/DSQ-35，这也需要改进的脉冲多普勒雷达配合。后来导引头又改进为 AN/DSQ-35（AIM-7F-11），小型化的导引系统为装备重型的 Mk71 战斗部腾出了空间

① Jane's Weapons: Naval 2017-2018.

（续）

变　型	描　述
RIM-7H	1973 年量产，采用了新型的舰上制导设备和发射装置，与 RIM-7E 相比外形改变不大，只是弹翼改成半折叠式，而尾翼则完全可折叠（这种折叠翼也用于后来的 RIM-F/M/P/R），从而能在较为紧凑的发射箱上发射。导弹内部也有一些改进，包括增加一个飞行高度探测装置，改善了低空性能，加装了红外引信，提高了精度，装上了敌我识别器，防止误射。采用了更为轻便的 Mk29 八联装发射装置和新型 Mk91 数字化火控系统和新型照射制导天线，系统总重只有 12t，可以装在快艇等小型舰艇上。性能虽有较大提高，但尚不具备对付掠海飞行的超声速巡航导弹的能力，在强电子干扰的情况下命中率也很低
RIM-7M	1980 年量产，导弹的外形和尺寸都和 RIM-7H 相似，其重要特征是采用带数字信号处理器的倒置单脉冲接收机，其位于新的 WGU-6/B 设备舱内，这使该型弹的抗地物杂波能力大增；首次具备了下视下射能力，能够有效对付掠海飞行的反舰导弹。此外，它使用了新型的数字计算机，自动驾驶仪和引信。自动驾驶仪使其能够按最优弹道飞行，只有目标机动到一定范围外时，导弹才会实施机动，以节省能量。发射装置改为八联装 Mk29 箱式发射系统，它也能够使用宙斯盾系统的 Mk41 或者 Mk48 垂直发射系统发射，其每个发射单元可以安装 4 枚
RIM-7P	1987 年量产，RIM-7M 的改进型。大幅提高了电子系统和弹载计算机的性能，装备了新的导引头，并且增加了中段的数据链系统，对付小型低空目标的能力增强。有两种不同的改进型，即 Block Ⅰ 和 Block Ⅱ。Block Ⅰ有一个 WGD-6D/B 制导舱段，而 Block Ⅱ则采用了一个 WGU-23D/B 制导舱，并且增加了后置接收机
RIM-7R	已取消，具有红外/半主动雷达寻的导引头

9.4.2 RIM-162 ESSM 改进型海麻雀导弹

9.4.2.1 概况

RIM-162，即改进型海麻雀（Evolved Sea Sparrow Missile，ESSM），是针对 RIM-7 进行改进的国际合作项目，由 12 个国家组成的国际财团支持开发，包括澳大利亚、比利时、加拿大、丹麦、德国、希腊、荷兰、挪威、葡萄牙、西班牙、土耳其和美国。如图 9-28 所示，ESSM 导弹是一型近程防空拦截器，设计用来防御反舰巡航导弹的攻击，与 SM-2 和 SM-6 等其他防空拦截器一起，为海军舰船提供多层防御能力。① ESSM 改进型海麻雀导弹技术规格如表 9-15 所列。

图 9-28 ▎RIM-162 ESSM 改进型海麻雀导弹

① Missile Defense Project,"Evolved Seasparrow Missile（ESSM）," *Missile Threat*, Center for Strategic and International Studies, published July 25, 2017, last modified July 12, 2018, https://missilethreat.csis.org/defsys/evolved-seasparrow-missile-essm/.

表 9-15 ESSM 改进型海麻雀导弹技术规格

型号名称	RIM-162 ESSM Block Ⅰ
制造商	雷神公司
服役时间	2004 年
建造数量	—
类型	中程舰空导弹
装载平台	CVN-68，DDG-51，DDG-1000，CG-47，LHA-6，LHD-1
全长	3.83m
直径	254mm
速度	马赫数 4
最大射程	55km
质量	297kg
弹头质量	39kg
导航	半主动雷达，改进的中段制导，惯性制导
引信	近炸和触发
战斗部	高爆破片式
动力装置	NAMMO Raufoss Mk143 Mod 0

ESSM 的概念设计于 1988 年由胡福斯（Hughes）和雷神公司提出。1995 年，美国海军宣布胡福斯为 ESSM 项目竞争的胜利者，随后，该公司即联合雷神公司一同进行设计，后来胡福斯公司导弹分部被雷神公司收购，雷神公司成为美国海军 ESSM 项目的唯一承包商，2004 年 1 月获得了批量生产许可。

RIM-162 采用了改进的制导段（包括中段制导）、新型推进段、尾部推力矢量控制和 Mk41 发射装置四联装存储和发射设备。这些改进使导弹具有更强的机动性能、导引头灵敏度更高、制导能力更强，因而提高了速度、射程、机动性、精度和杀伤力，可高效对付反舰导弹、战斗机和巡航导弹，重点是拦截超声速掠海飞行反舰导弹。

9.4.2.2 系统特征

RIM-162 是以 RIM-7P 为基础设计的，但是两者几乎没有什么相似的地方，ESSM 应该算是一种全新的导弹。它是一种尾控（即正常式布局，控制舵面在尾部）导弹，采用了类似“标准”舰空导弹的小展弦比弹翼加控制尾翼的布局方式，代替了原来了旋转弹翼方式。RIM-162 进一步放大了弹体，弹径 254mm，比 RIM-7P 粗一圈，但由于采用了上述全新气动布局，使其外形尺寸比使用三角弹翼的 RIM-7P 要小，显得更加紧凑。

由于整体尺寸的减小，RIM-162 能够装进 Mk25 四合一发射箱中，装填在 Mk41 垂直发射系统中，每个发射井中都容纳 4 枚导弹，这样一套标准的 8 单元垂直发射系统实际上可以容纳 32 枚导弹，如图 9-29 所示。

RIM-162 具有良好的机动性，采用推力矢量系统，可以使导弹的最大机动过载达到 50g，而且不会随射程的增加而大幅减小。目前的战斗机即便作出 9g 的持续规避机动动作也丝毫无法躲闪它的攻击。RIM-162 还采用了全新的单级大直径（254mm）高能固体火箭发

图 9-29 | RIM-162 安装在 Mk41 发射井中可以实现一坑四弹的集束装填

动机，新型的自动驾驶仪和顿感高爆炸药预制破片战斗部有效射程与 RIM-7P 相比显著增强，这使 RIM-162 的射程到达了中程舰对空导弹的标准。

RIM-162 采用了大量现代导弹控制技术，包括惯性制导、中段制导、主动雷达制导、X 波段和 S 波段数据链。其制导方式为自动驾驶仪进行中段制导，通过发射舰的数据链来进行校正，在拦截末段转为半主动雷达寻的，可根据连续波全程制导和火控系统进行操作，也可以和间断连续波照射技术兼容，还可以间断连续波照射制导。这种特殊的复合制导方式可以使舰艇面对最为严重的威胁。

关于发射装置，RIM-162 已经在 Mk29 发射装置以及 Mk41、Mk48 和 Mk56（双联装）垂直发射装置上进行了演示。Mk57 垂直发射系统（将安装于 DDG 1000 驱逐舰上）的集成工作正在进行。

通过提高加速度、速度和机动性以及采用改良的制导系统和加强杀伤弹头，RIM-162 对 RIM-7 来说是一项很重要的改进。这些独特的技术包括新型 254mm 直径、高推动力火箭发动机、使用更高能推进剂和改良的空气动力装置。这些特殊的技术提高了导弹的速度和机动性，结果使导弹具有更高的推重比，因此提高了其速度（平均马赫数 2.0，而 RIM-7 为马赫数 0.8）。由于结合尾翼控制和综合推力矢量控制，使灵敏度提高了 10 倍，RIM-162 的机动过载可达 50g。

RIM-162 的一项重要改进是快速启动的发射顺序，不像 RIM-7 那样在发射前需要预热，RIM-162 的快速启动振荡器和陀螺仪使导弹能够马上发射，无须进行预调工作。另一项改进是使用低烟雾推进剂，能够减少对舰艇光电传感器的遮蔽。新型的 Mk140 弹头具有更大的威力和较大数量的杀伤碎片。该导弹也装有电子安全装置。中部过渡段的特点是带有新型导航计算机、数字自动驾驶仪和惯性测量装置。在 RIM-162 前端为制导部件，与 RIM-7P 相比，RIM-162 改进了导引头灵敏度，装有新型 S 波段制导装置和 X 波段间断连续波照射数据链。开始阶段，该导弹的制导段和 RIM-7P 制导段大约有 85%的共性。随着时间的推移，共性已减少到 40%以下，这是因为雷神公司已经处理了陈旧的模拟硬件，而改成了数字技术。同时，该公司已经添加新型软件，明显地改进了电子反干扰的运算法则和水面交战程序。

9.4.2.3 研制与使用

目前，雷神公司共生产了 5 种型号的 ESSM：RIM-162A 是结合宙斯盾系统的 Mk41 垂直发射系统进行发射的型号，每个 Mk41 发射单元内可存放 4 枚 ESSM 导弹（Quad pack）；

RIM-162B 是用非宙斯盾舰的 Mk41 垂直发射系统进行发射的型号，设有宙斯盾系统的 S 波段数据链；RIM-162C、RIM-162D 和 RIM-162E 则分别是由 Mk48 垂直发射系统、Mk29 箱式发射系统、Mk56 垂直发射系统发射的 RIM-162B 的改进型号。

各种型号的 ESSM 飞行测试平台的试验工作于 1998 年 9 月展开，这些试验包括拦截靶机和模拟的导弹威胁。2003 年，ESSM 完成了在小鹰号航空母舰上的试验，效果良好，下一步就是展开大批量生产并形成战斗力。

RIM-162 的主要变型产品如表 9-16 所示。

表 9-16 RIM-162 的主要变型产品

变　型	描　述
RIM-162A	Mk77 Mod 0 型制导导弹，结合宙斯盾系统的 Mk41 垂直发射系统进行发射的型号。装备于提康德罗加级巡洋舰和阿利·伯克级驱逐舰
RIM-162B	与 A 型类似但结合其他作战系统（出口型）
RIM-162C	Mk79 Mod 0 型制导导弹，Mk48 垂直发射系统的 RIM-162B 的改进型号
RIM-162D	Mk29 箱式发射系统的 RIM-162B 的改进型号。装备于福特级航空母舰和美利坚级两栖舰
RIM-162E	Mk56 垂直发射系统的 RIM-162B 的改进型号

如图 9-30 所示，ESSM 具有良好的适装性。这种极其先进的中程、全天候、半主动雷达制导导弹，能够在水面舰艇上实现精确高效的对空防御以及拦截掠海反舰导弹作战。目前全世界有超过 11 个国家和地区的 100 多艘舰船都装备了 ESSM 导弹，它可以适应大型或者小型舰船上不同的作战系统及其相关的火控雷达，与 5 种不同的发射器和 7 种不同的作战系统相兼容，成为新一代的国际通用导弹。

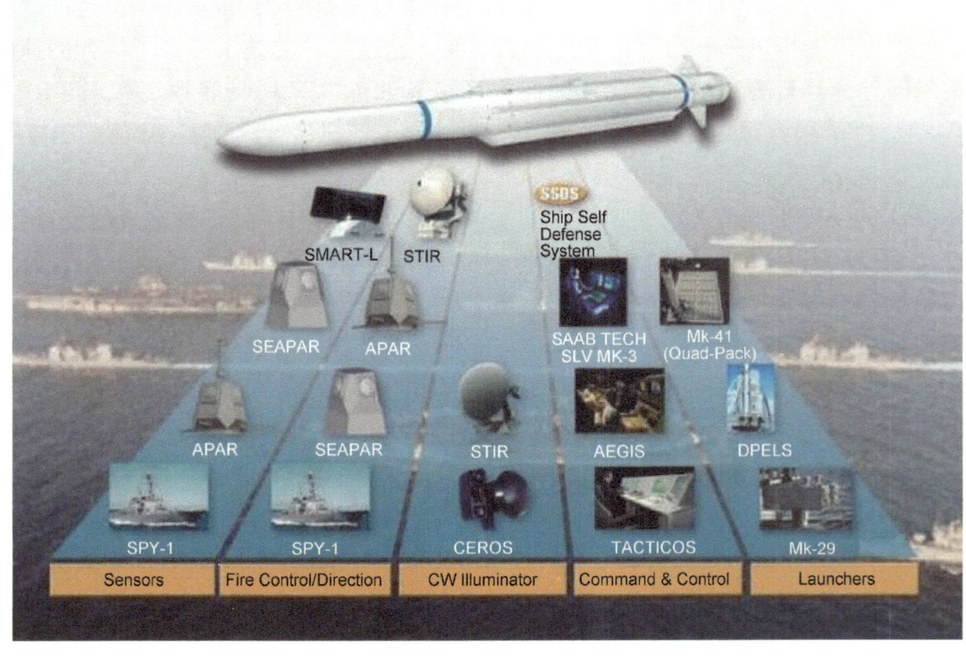

图 9-30 ESSM 具有良好的适装性

基本型 ESSM 导弹使用雷达技术进行定位，利用舰载照射雷达制导飞行，然后拦截快速接近的目标。海军官员表示，照射雷达发射射频信号，导弹制导天线接收到目标反射的信号，然后修正飞行弹道以拦截目标。目前的 ESSM 导弹使用半主动制导系统，即舰载照射雷达发射电磁信号，导弹能接收目标反射回来的信号。

最新的 ESSM Block 2 已经在研制，将采用主动雷达导引头，类似于 SM-6 中远程舰空导弹的导引头。下一步，还将为该导弹增加助推段，使其射程进一步增大，并兼容 Mk48 垂直发射系统，作为一种区域防空导弹向军贸市场推广。Block 2 型将配备完美的制导系统，使用一部双模式（主动/半主动）X 波段寻的器，制导精度和杀伤概念都有很大提高。在使用基本型 ESSM 时，搭载平台上要安装一部火控雷达用于终端制导，不过新的 Block Ⅱ型将配备植入式的主动雷达，不需要舰船的目标照射雷达来提供终段制导，因此舰船的雷达可以用来做其他事情。

ESSM Block 2 将被设计成与现有系统兼容，并替代目前许多平台上的基本型 ESSM 导弹。ESSM Block 2 将配备半主动/主动制导系统，通过接收和主动发射电磁信号，制导导弹更加精确地飞向目标。其半主动/主动制导系统将照射雷达技术集成到导弹上，这样导弹自身既可接收也可发射重要的电磁信号。ESSM Block 2 可使用舰载照射雷达或其自带的主动导引头。该导弹将可拦截恶劣天气来袭的目标威胁，敌机从高空抛下的目标威胁，以及掠海飞行的目标威胁。

9.4.2.4 采办动态

据 deagel 网站 2018 年 7 月 15 日报道，北约“海麻雀”项目办公室最近对改进型“海麻雀”（ESSM）Block 2 防空导弹进行了首次实弹射击试验，证明该导弹是一型全新导弹。试验中，ESSM Block 2 利用主动雷达导引头成功拦截了 BQM-74E 空中目标。

ESSM Block 2 可通过雷达和中继单向数据链获取目标信息，同时具有主动和半主动引导系统，这是其与现役半主动雷达制导 ESSM 的最大区别。根据海军的说法，目前的 ESSM 能“提供可靠的舰艇自卫能力，对抗敏捷/高速/低空反舰巡航导弹（ASCM），低速空中威胁（LVAT），如直升机和高机动性的水面威胁”，根据新闻报道，“增加主动导引头将有助于导弹更好地应对当前和未来的威胁”。ESSM 在面向高机动目标（通常是巡航导弹）的区域防空中发挥着关键作用，将 ESSM Block 2 整合到提康德罗加级和阿利·伯克级弹道导弹护卫舰上是 ACB20/TI16 工作的一部分。该导弹由澳大利亚、加拿大、丹麦、荷兰、挪威、土耳其和美国共同采购，计划 2020 年全面投入运营。

此次测试是在 2017 年 6 月 12~13 日的加利福尼亚海岸附近的穆谷角进行的两次受控飞行试验之后进行的，该测试分为 2 次，其中 CVT-1 测试是模拟高水平发射（对应高飞行剖面），以模拟垂直发射系统接敌；CVT-2 测试是模拟回转式发射器发射（对应低飞行剖面）。这 2 次发射测试都是无制导的，皆在测试导弹的发射安全性，发射轨迹是预先编程的，2 次测试都很成功。

雷神公司于 2018 年 5 月 18 日获得了价值 7700 万美元的合同，开始从 ESSM Block 2 工程制造和研发阶段（EMD）过渡到小批量生产阶段。在开始生产 Block 2 导弹之前，还将进行 4 次额外的实弹射击试验。一旦投入生产，ESSM Block 2 将帮助美国海军及其他 11 个北约“海麻雀”项目合作伙伴应对日益复杂的反舰巡航导弹威胁。

9.5 末端防御

9.5.1 Mk15 密集阵/CIWS

9.5.1.1 概况

Mk15 Phalanx “密集阵” 近防武器系统（Close-In Weapon System，CIWS）是美国海军为解决舰船近程防空问题而专门设计制造的 6 管 20mm 口径自动旋转式火炮系统，如图 9-31 所示。该系统于 1980 年代初投入使用，主要装备大型战斗舰艇。该系统在五级海况下可正常工作，既可由本系统控制台控制，也可以遥控方式使用，不需要炮手。其作为一个末端自动防卫武器系统，可用于探测、跟踪、交战并摧毁穿透其他防御系统的反舰导弹。该系统广泛用于美国海军及 20 个以上盟国海军的各级水面舰艇上，是一种以反制导弹为目的而开发的近程防御武器系统，最早由通用动力公司波莫纳厂制造，目前由雷神公司制造。

图 9-31 Mk15 密集阵近防武器系统

（Block 1A 型在 USS Monterey 舰上的发射试验，2008 年 11 月）①

Mk15 密集阵近防武器系统技术规格如表 9-17 所示。

表 9-17 Mk15 密集阵近防武器系统技术规格

型号名称	Mk15 Block 1A/B Phalanx
制造商	通用动力，雷神公司
服役时间	1988 年/1999 年
建造数量	—
类型	近程防御武器系统
装载平台	CVN 68，DDG 51

① https://en.wikipedia.org/wiki/Phalanx_CIWS

（续）

火炮型号	M-61A1 加特林
口径	20mm
管长	53 倍口径
管口初速	1030m/s
发射率	4500rds/min
射程	1.47km
质量	5,700kg/6,200kg
俯仰范围	-25°~+85°
旋回范围	310°
训练速度	126°/s
俯仰速度	92°/s
功率	440V 60Hz 三相交流电 18kW（搜索），70kW（临时）

9.5.1.2 系统特征

Mk15 密集阵是一种全自动武器，利用自身的 Ku 波段搜索雷达搜索目标，发现目标后用 Ku 波段跟踪和炮瞄雷达瞄准，并自动射击，完全靠自带的雷达搜索、追踪、目标威胁评估、锁定、开火，整个过程可以不需要人员操纵，也不需要舰上其他设备的配合。这种设计的优点是安装容易，载舰只需要提供电力就可以供其运转，不需要考虑与其他武器系统的衔接整合；安装密集阵系统的甲板只需要有足够强度承载重量，不需要开孔布置甲板下设备。但其缺点也比较明显，即只依赖自己的雷达搜索、识别、射击，不与舰上其他武器系统协同配合，哪怕舰上的雷达已经发现了来袭目标，也不能将目标信息传递给密集阵，还需要密集阵自己的雷达重新搜索、锁定，增加了系统反应时间，并且容易漏过目标。这个问题直到和宙斯盾系统整合后，才得到了有效改善。此外，由于密集阵的火控雷达和火炮是同轴的，一同回转、俯仰，所以一次只能攻击一个目标，对多目标同时来袭的反应不佳。

密集阵采用了模块化设计，除了炮位控制台与遥控台在舱外，其他设备都以模块形式装配在炮架上，体积小、重量轻，可安装在各型军舰上，如果作战时零部件损坏，可现场更换，且有良好的通用性。其反应快速，能实行自动搜索、探测、评估、跟踪和攻击目标的近程防御武器系统，它采用搜索雷达、跟踪雷达和火炮三位一体的结构，其全部作战功能由高速计算机控制自动完成，不需人工操作，反应速度极快，跟踪距离为 10km。其遥控操作台设置于舰桥内，每个控制台最多可控制 4 组密集阵系统，可进行目标分配与监控等工作。另外，每套密集阵系统都有一个各自独立的本机控制台，一般设置于密集阵系统附近的抗震舱室内，负责控制该套密集阵系统的运作，可作为遥控操纵台失效时的备援。两种操控台也能一起使用。一般配置三名操作人员，一名射手，两名装填手。在全天候作战能力方面，该系统具有多光谱控制与跟踪能力，不受气候影响。其采用了“闭环多点技术”，该技术是雷达技术的突破，使密集阵既能跟踪来袭的目标，也能跟踪发射的炮弹，从而更有效地杀伤来袭目标。

密集阵近程防御武器系统的特点：

- 全武器系统：密集阵系统是一个能独立地完成作战使命的自备式武器系统，它能自主地搜索、发现、指示（威胁估计）、捕获、跟踪、射击和摧毁目标，进行杀伤评定和序贯地与目标交战。

- 一体化的结构：全武器系统是一个坚固、紧凑的模块化结构，搜索雷达、跟踪雷达、火炮、弹药库和有关器件合成组装结为一体。特别是搜索雷达、跟踪雷达和火炮三位一体，便于克服视差效应的影响和实现闭环射击校正，从而提高系统的精度，很好地体现了系统工程的设计思想。
- 快的反应时间：系统的全部作战功能由高速数字计算机控制自动完成，不需人工操作；自备式的搜索雷达加快威胁目标的交接，因为如果用全舰的搜索雷达，因其工作较忙，会带来处理上的一系列问题，影响交接时间；快速响应的炮架伺服驱动完成密集阵的快速瞄准；次口径硬芯脱壳穿甲弹具有良好的弹道性能，缩短了炮弹与目标的相遇时间。
- 弹着偏差的闭环校正：闭环弹着偏差校正是密集阵系统的关键技术成就之一，它同时测量目标和弹丸的位置，根据脱靶量校正火控解，减少系统的偏差，在整个射击期间自动和连续地使弹流对着目标，提高系统的命中能力。

Mk15 密集阵武器系统结构组成如图 9-32 所示，主要系统组成及功能如下。

1. 雷达

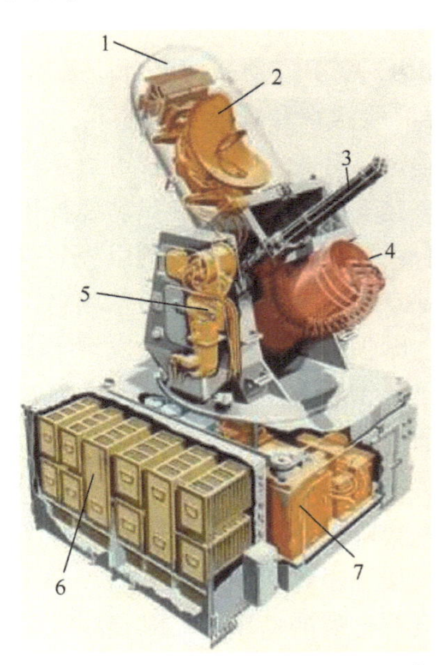

图 9-32 Mk15 密集阵武器系统结构组成
1—Ku 波段搜索雷达；
2—Ku 波段跟踪和炮瞄雷达；
3—M61A1 6 管 20mm 旋转机炮；
4—螺旋弹鼓和无链输弹系统；
5—电动机；6—计算机模块；
7—液压、电力、冷气和液冷系统。

密集阵有两套雷达，布置在白色的圆柱体天线罩内，上方的是搜索雷达（J 波段（或称 Ku 波段）脉冲多普勒），每分钟旋转 90 圈，下方有一个类似竖起的橘子皮天线的是目标跟踪和炮瞄雷达（J 波段（或称 Ku 波段）脉冲多普勒、单脉冲），与火炮同轴回转，直接指挥火炮射击。两部雷达配合使用，可在 5km 内确定反射面积为 0.1m^2 的目标位置，并算出其运动参数，同时还可以监视己方炮弹的飞行轨迹，自动校正射击参数。在目标离己方 10n mile 时，密集阵的搜索雷达发现目标，计算机计算出目标飞行方向，同时判断目标是否具有威胁性。密集阵的雷达和计算机软件没有敌我识别能力，只通过目标的飞行速度、飞行轨迹和方向来判断是否是有威胁的目标。当目标逼近至 5n mile 时，计算机评估和筛选出威胁性最大的目标并开始瞄准。当目标接近至 2n mile 时，火炮系统自动开始射击。密集阵采用的是大闭环火控，跟踪和炮瞄雷达一边跟踪目标，一边跟踪发射出去的单群，自动纠正射弹的偏差，使弹群无限接近目标直至重合，也就命中。系统判断命中的方式一种是目标爆炸或者坠海，被称为“硬击毁”；还有一种是目标的轨迹发生陡然变化，或者解体，系统也自动判断为已击毁，这被称为“软击毁”。判断目标已经击毁后，系统自动开始搜索下一目标，或者进入待机状态。

2. 火控

电子计算机程序控制的具有闭环弹着偏差校正的射击指挥系统（含本控台、遥控台和打印机）。

3. 炮和弹

密集阵系统沿用了其火炮原型——M61A1 的 20mm×102mm 弹药，黄铜药筒，电底火。炮弹由弹体、弹芯和推出器组成。弹芯是其破坏部分，以贫铀物质制成，密度为钢的 2.5 倍。因为交战对象是有坚固外壳的反舰导弹，为此使用了 Mk149 脱壳穿甲弹作为主用弹种。如图 9-33 所示，Mk149 脱壳穿甲弹弹头内有一硬质弹芯，周围有轻质弹托，不装弹头装药，靠弹头动能直接摧毁目标。

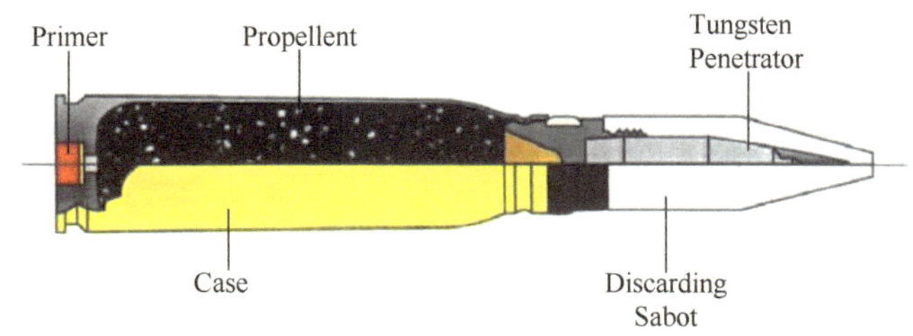

图 9-33 | 密集阵使用的 Mk149 脱壳穿甲弹

早期的密集阵 Block 0 使用的是贫铀弹芯的 Mk149 Mod 0 和 Mk149 Mod 2，到了 Block 1，改用钨合金弹芯的 Mk149 Mod 4，以减轻环境污染的压力。自 Block 1B 开始，密集阵改用新型的 Mk224 Mod 0 脱壳穿甲弹，又称杀伤力增强弹药（ELC）。该弹药使用更重的钨合金弹芯，从 Mk149 的 70g 增加到 105g，全弹质量也从 100g 增加到 105g，膛压和初速也有了大幅度增加。为了适用这种新弹药，Block 1B 使用了更长更重的身管。

由于射速太高，普通的弹链供弹系统经受不了拨弹机高速剧烈的运动，金属链节会被拉扯变形，影响供弹可靠性。因此密集阵采用的是无链供弹方式，炮管下方有一圆柱形弹鼓，弹药在内部成螺旋形排列，射击时弹鼓内的螺旋隔板转动，将弹药送出，再用一条类似传送带的输弹管将弹药送入后膛。

4. 炮基座

炮基座内有发射机、发射机电源、液压驱动器电源、炮架变压器、海水热交换器、环境控制器。密集阵的所有设备被整合在一个 Mk72 底座内，安装时只需要一个 5.5m 直径的回旋空间，接入 440V 60Hz 三相交流电和 115V 60Hz 交流电为其供电，并提供舰艇航向输入，以及 30L/min、2kg/cm^3 压强的海水冷却。与宙斯盾配套的 Mk340 武器控制台通过线缆接入战情中心（CIC）。此外，还有一个 Mk339 操作台布置在密集阵系统旁边用于维修和自检，并在自动系统失效的时候人工介入操纵。

5. 其他

包括环境控制器、电子柜、打印机等。环境控制器是本系统的特殊装置，它具有流体冷却回路、空气冷却回路、波导干燥器、雷达天线罩加热器、保证密集阵系统在甲板面环境下的工作。电子柜在炮基座的背后，里面有俯仰角伺服装置、方位角伺服装置、测试控制装置、电源控制组、火炮控制装置、目标检测处理机、雷达控制处理机、信号发生器、武器控制组（计算机）、雷达伺服接口。

9.5.1.3 研制与使用

密集阵近程防御武器系统的概念起源于1960年，美国海军作战部长提出，希望获得一种在各种情况下能够对付漏过海麻雀点防御导弹系统的导弹和空中威胁的火炮系统，直到1969年政府才不顾各种压力，把承包合同交给通用动力公司波莫那分部。1971年成功地进行了反导弹的试验，又花了大约6年的时间对原理样机进行试验。首台样机于1973年安装于“国王”号舰进行海上试验，获得了大量的数据，据此又提出作战适用性试验，并对各种目标进行分析和研究，1974—1977年成功地进行了战术导弹试验（TMT），1980年开始大批量生产，并于1980年首次装备在“美国”号（CV 66）航空母舰上。

从可行性论证开始到实际装备海军共用了10多年的时间，经历了三个阶段：预研（1967—1970年），概念描述和可行性试验；工程发展（1970年下半年—1977年），设计和研制、样机制造、试验与证实（海上试验、作战鉴定）；生产（1977年底—现在），生产设计、供应美国海军、安装、推广应用。经过50多年的发展，该系统衍生出多种型号如表9-18所列。

表9-18 Mk15密集阵武器系统衍生型号

变型	描述
Block 0	基本型密集阵系统，从1978年开始在23艘美国海军舰只和14艘外国军舰上服役。它只能拦截非掠海飞行，亚声速，没有机动能力的反舰导弹。其采用格林公司生产的拥有6管76倍径、9条右旋膛线炮管的M61A1旋转机炮，使用20mm口径弹药。第一代的密集阵系统缺陷颇多，最常见的有保养不易、易受海水侵蚀、反射式雷达天线难以追踪侦测以接近垂直角度来袭目标、再装填作业缓慢（2名人员需花10~30min才能完成）等问题，因此很快就被下一代系统取代
Block 1	是Block 0较大幅度的改良型，原型于1981年推出，1981年底至1982年5月在中国湖试验场进行各种测试，1986年正式投入生产，1988年首先安装于“威斯康辛”号上。相较于Block 0最显著的差别是以新的四片式背接平面雷达天线取代原有的2D反射式扫描天线，其中一组负责侦测大角度（包括90°垂直方向）目标，另一组则侦测低角度目标，使其搜索能力与目标更新速率都比早期密集阵高出一倍。炮座侧面增加了一个额外的装弹箱，使装载量达到1550发，并在炮座周围装上一层挡板以避免海水侵蚀。此外，也以新的炮身气体伺服装置取代原本的液压伺服装置，射速提高至4500rds/s，并换装新的抗海水腐蚀炮管，加上原先位于炮座四周的保护体，能有效抵抗海水侵蚀。为了解决人工装填缓慢的问题，Block 1换装西屋公司研发的“密集阵甲板装填系统”，将弹链预先置于弹舱内，使得再装填作业时间缩短至4min，大幅强化密集阵在高密度攻击环境时的接战能力
Block 1A	目前使用最广泛的近防系统，1988年开始服役。相比Block 0型有更强大的搜索和跟踪能力，能拦截现役的各种高亚声速，掠海飞行和有机动能力的反舰导弹。Block 1A针对超声速掠海反舰导弹的威胁进行升级，以新的CDCAMP射控电脑（处理器为MIPS科技公司的RISCR 3000）取代原先的CDC，处理能力提高100倍。此外，CDCAMP也经由美国制式SAFENET数据总线连接舰上作战系统，如此密集阵就不再是特立独行的系统，能与舰上其他系统分享数据，大幅增加了整体舰载防空系统的运作效率。Block 1A另一项改进是火炮本身射击的稳定度与弹著密集度
Block 1B1	1999年服役，Block 1B在Block 1A的基础上又有了许多改进，如增加了光电搜索器，使用优化的炮管和更有毁灭性的弹药等。Block 1B由于新型OGB炮管与ELC弹药，进行反导弹射击测试时第一发命中弹的距离是Block 1A的两倍。其改进目标是有效应付水面目标以及低空慢速目标，并进一步强化拦截超声速反舰导弹的能力。Block 1B在雷达罩左侧加装一具英国皮尔肯顿公司的HDTI-5-2F超长波长高分辨率红外线热影像系统，并在战情中心增设一个手动操控台
Block 1B2	目前美国最为先进的近防系统，有陆基车载版和海基舰载版。相比Block 1B1，Block 1B2增加的红外前视仪提供了可靠的24h被动搜索和跟踪能力，具有多光谱探测和跟踪能力，使密集阵对略海飞行的目标有更高的对抗能力，从而改善了密集阵在复杂环境下的对空作战能力。同时，使用优化的炮管和更有毁灭性的弹药等，其优化炮管比当前的M61A1炮管更长更重。新系统通过简化炮弹的散射模式和使用新型的炮口抑制系统提高了近防系统的射击精度。换装了新型Mk244 Mod 0脱壳穿甲弹，又称杀伤力强化弹药（ELC）。为了配合ELC更高的装药量与发射初速，Block 1B换装更坚固且更长的OGB炮管，长度由原先的1524cm增至2007cm，每根OGB炮管的重量比原来的炮管增加一倍，达到17.2kg，厚度与强度均增加不少。炮管支架与炮箍也改用新型设计，让两者各自独立（Block 1A的炮管支架与炮箍是连为一体的），新的炮箍更长且更稳固，新炮管支架的结构也比Block 1A更为复杂与强化。Block 1B2型在作战状态下，一旦锁定目标，其20mm口径M61A1速射机关炮可在1分钟内发射4500枚炮弹形成“弹幕”拦截目标

如图 9-34 所示是密集阵从 Block 0 至 Block 1B、海拉姆的演变过程。

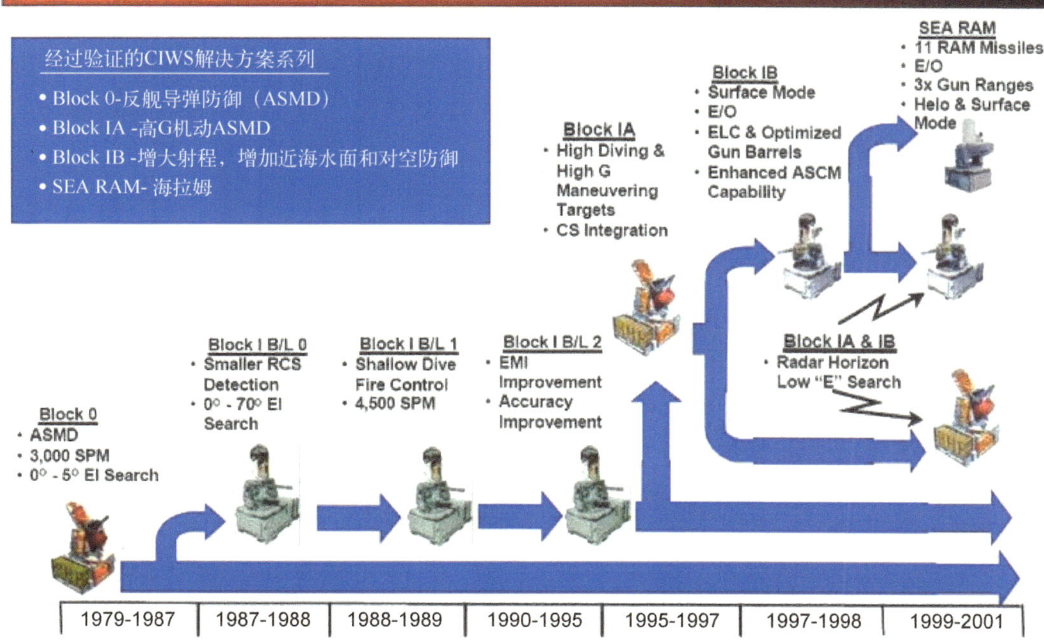

图 9-34 | Mk15 密集阵的演变过程

目前密集阵系统已广泛安装于各类舰艇，上至核航空母舰下至快速巡逻艇和油船，以及许多的训练场。还供应沙特阿拉伯、日本、以色列、澳大利亚、英国、巴基斯坦、加拿大、希腊等国海军。其中，Block 1B 已经开始配备于 12 艘拥有 Mk92 Mod 6 火控系统的佩里级导弹护卫舰以及新完工的阿利·伯克级导弹驱逐舰上，未来将陆续换装于美国海军其他的舰艇。美国海军预计将舰队中所有的密集阵系统都提升为 Block 1B，盟国也会陆续进行类似的升级。

9.5.1.4 采办动态

雷神公司为了对抗不断发展的反舰导弹的威胁，最新研制了海拉姆近防系统，采用 RAM Block 1 导弹代替密集阵系统的 20mm 舰炮。近期部署的“独立”号和“科罗拉多”号濒海战斗舰上安装的海拉姆导弹进一步扩大了密集阵系统对抗反舰导弹的作战范围，并可对直升机或固定翼飞机以及其他威胁发动攻击。迄今，雷神公司已开发超过 890 套海拉姆系统，目前部署于 20 多个国家的海军舰艇。2013 年 9 月，雷神公司与美国海军签署了 1.362 亿美元的合同，升级 19 套 Mk15 密集阵系统，其中还包括研制 4 座海拉姆系统。该项目是美国海军舰队深入防御和舰艇自防御项目的一部分，雷神公司称其将为 19 座 Mk15 密集阵近防武器系统进行大修和升级。该合同截止日期为 2017 年 9 月。此外，合同中还包含 2014 年支出的 9480 万美元，为另外 12 座密集阵系统升级并再生产 4 座海拉姆系统。如果通过测试，这项合同累计价值将超过 2.31 亿美元。

2018 年 3 月，美国国务院批准一项潜在对外军售项目，计划以 4500 万美元的价格向日本出售 24 套 Mk15 密集阵近防武器系统的升级套件，并包括保障装备、零备件、技术文件、软件及相关后勤保障服务等。该套件可将日本 Mk15 密集阵 Block 1B 1 型升级到 Block 1B 2 型，有利于改善日本当前和未来的防御能力，以更好地应对区域威胁，加强国土防御能力。

2018 年 9 月，美国国务院批准向英国出售 50 套 Mk15 密集阵近防武器系统 Block 1B 2 升级套件，费用估计为 7500 万美元。还包括支持设备、测试设备、初始备件、技术文档、培训和工程技术协助，以及物流和计划支持的其他相关要素。国防安全合作机构于 2018 年 9 月 19 日交付了所需的证书，通知国会这一可能的销售情况。拟议出售的密集阵基线 2 雷达升级套件将用于近距离船舶自卫，防御英国海军战斗人员和辅助设施上的空中和地面威胁。主要承包商将是美国雷神导弹系统公司。

9.5.2 RIM-116 RAM 拉姆导弹

9.5.2.1 概况

RAM 的全称是滚转弹体导弹（Rolling Airframe Missile），即“拉姆”导弹，型号为 RIM-116/Mk31 RAM GMWS（拉姆导弹武器系统），如图 9-35 所示。该导弹项目是由美国雷神公司和德国拉姆系统公司联合研发的项目，项目初衷是为水面舰艇提供高效率、低成本、轻量化的自卫系统，用于补充从海麻雀到密集阵之间的火力空白。它是一种近程、低空舰载防空导弹系统，可以不依靠外部信息系统的独立的反导系统，将大大增强目前舰艇对抗反舰巡航导弹的能力，增强军舰的生命力。与大型的防空反导系统如宙斯盾、小型的密集阵相比，拉姆结合了导弹的高精度和高射炮的灵活性优点。① RAM 拉姆导弹技术规格如表 9-19 所列。

图 9-35 RAM 拉姆导弹与 Mk49 发射器

① https://zh.wikipedia.org/wiki/RIM-116

表 9-19 RAM 拉姆导弹技术规格

型号名称	RIM-116B RAM Block 1
制造商	雷神公司，拉姆系统公司（德）
服役时间	1999 年
建造数量	超过 3500 枚拉姆导弹和 175 座发射器
类型	近程防空导弹
装载平台	CVN-68，CVN-78，LCS-1，LHD-1，LHA-6，LPD-17，DD-963
全长	2.82m
直径	127mm
质量	73.5kg
最大速度	850m/s
最大射程	9.6km
最大高度	12000m
弹头质量	9.3kg
引信	激光近炸
导航	IR/INS/Radar
发射装置	Mk49

9.5.2.2 系统特征

拉姆导弹从 Block 1 开始，先后拓展了多项系统作战功能，包括全程红外作战模式，应对多种类型目标而不是仅仅针对反舰导弹。最新发展的 Block 2 型导弹，其发展目标则是针对新的空中威胁，提升导弹成功拦截概率。相比于 RAM Block 1 型导弹，在以下 3 个方面进行了升级：一是通过增加制导系统中雷达接收机的灵敏度，通过数字信号处理，可以对低辐射能量目标进行更好地识别和跟踪；二是进一步通过改进推进装置，增大导弹有效射程，提高拦截纵深；三是通过改变弹体空气动力布局，显著增加导弹的机动性能。①

从图 9-36 可以看出，RAM Block 2 与 RAM Block 1 型导弹在外形和内部设备上有了较大的改变。早期型号的拉姆导弹在总体外形设计上有如下特点：一是气动外形设计原则是采用中立稳定，同时将尾翼组件前推，可以减少导弹的横向转动惯量；二是采用三角形舵面设计，降低舵面所产生涡旋的强度，达到减小因舵面涡旋的气动光学效应造成激光引信虚警；三是发动机尾喷口直径与燃烧室直径相同，以消除因飞行中弹体质量变化造成的自旋转速度变化，进而有利于导弹弹道的稳定。RAM Block 2 导弹则仍然沿用了鸭式气动布局，采用了四轴独立控制舵系统，尾翼发生了变化，未向前推，通过改善弹体气动布局，提高了导弹可用过载，可能达到原来的 3 倍；燃烧室与尾喷口直径仍然相同，但是比起弹体前部直径明显增加，直径增加 0.15m，而推进剂则增加了 30%，双推力火箭发动机显著提高了导弹射程。

拉姆导弹武器系统由导弹、发射容器和发射窖系统 3 部分组成，其性能主要取决于其发射的导弹。为了节约成本，此计划大量沿用现有导弹的组件，早期的拉姆导弹采用 AIM-9 响尾蛇空空导弹的弹体和发动机，红外导引头则改进自 FIM-92 毒刺便携式防空导弹；目前

① 杨兴宝，金钊，朱传伟．拉姆导弹武器系统近期发展及关键技术分析．飞航导弹，2016 年第 07 期．

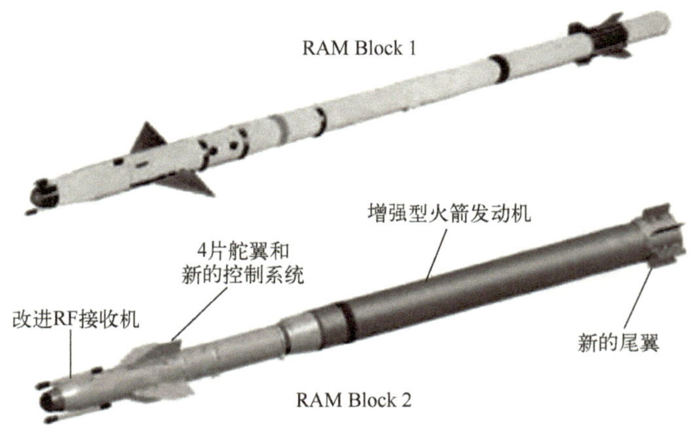

图 9-36 RAM Block 2 与 RAM Block 1 的性能比较

的拉姆导弹（RIM-116）则直接应用了 AIM-9X 超级响尾蛇的战斗部、火箭发动机及导引头。其采用鸭式布局，弹体头部装有一对三角形控制舵和一对矩形固定翼，导弹发射后不断自旋，每旋转一周，两个舵面在垂直和水平方向进行两次调整，从而不断修正航迹飞向目标。

如图 9-37 所示，导弹的导引控制段包括红外寻的器、雷达归向接收机以及一对干涉式接收天线（位于导弹前部，是外型上的一大特征）、自动驾驶仪、弹翼控制机构、一个信号处理频道以及一组敏感元件所构成。其采用的 Mk36 Mod8 单节固态火箭段长度 1.83m，质量 45kg，直径与弹体相同，内装 27.27kg 的推进剂，推进剂由端经基聚丁二烯和高氯酸铵构成。导弹的战斗部总长度 53.54cm，重 11.35kg，整个组件包括 WDU-17B 连杆式高爆弹头、DSU-15B 主动激光近炸引信、保险装置等。WDU-17B 的连杆被预制成条状破片，分作两层，并对称弹体轴心排列。当炸药引爆时，爆炸波呈球面传播，使得条状破片飞离战斗部时获得一个额外的速度分量，进而产生翻滚运动，能强化对目标的杀伤效果。DSU-15B 激光近炸引信由激光发射与接收组件构成，发射组件主要是砷化镓激光二极管，接收机则采用硅光敏二极管；此种引信能精确控制爆炸点，且不易受到干扰。导弹平均无故障时间为 188h。①

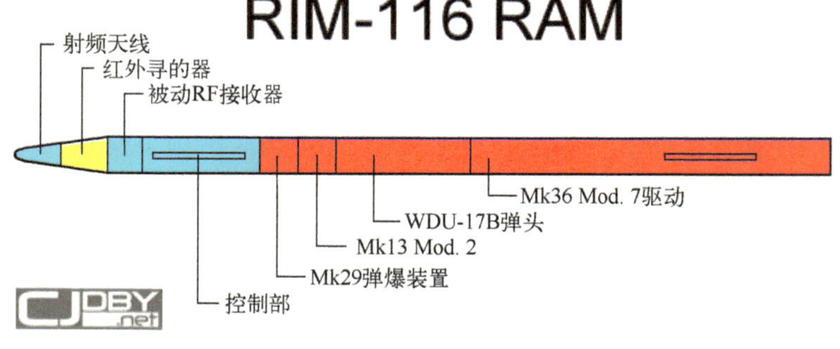

图 9-37 拉姆导弹结构示意

① http://www.mdc.idv.tw/mdc/navy/usanavy/E-antiair-RAM.htm

发射器部分，该导弹系统采用 Mk49 导弹发射装置（Guided Missile Launching System, GMLS），此种发射器沿用 Mk15 密集阵近防武器系统的 Mk16 旋转基座，然后以一个拥有 21 个发射管的 Mk44 导弹套件（Guided Missile Round Pack, GMRP）装在基座上，取代原本密集阵系统的雷达、机炮与弹药箱；而 Mk49 与 Mk44 的组合则称为 Mk31 拉姆导弹武器统（Guided Missile Weapon System, GMWS）。Mk49 发射器的俯仰范围为-25°～+80°，总质量 5307kg。Mk49 旋转发射器的设计十分紧致，体积比载弹量仅 8 枚的 Mk29 海麻雀防空导弹发射器还小；由于 RAM 体积紧致，Mk49 的备射弹高达 21 枚，既没有传统导弹发射器很快就需要再装填的问题，又保留了传统发射器可以先指向目标再发射导弹的好处（垂直发射防空导弹在升空后可能无法实时转向目标），面对反舰导弹攻击时的反应速度与发射密度都值得信赖。

除了标准的 Mk49 外，拉姆还有另外两种发射器构型：其一是 10 联装的 RALS 轻型发射器，另外则是从原有的 8 联装 Mk29 海麻雀短程防空导弹发射器改装而来，将其中二管改装成 RAM 发射器，每管容纳 5 枚，因此总共可装置 10 枚 RAM，此种兼容于现有装备的设计能大幅减低购置成本。不过这几种构型的发射器目前似乎都没有使用实绩。

拉姆导弹系统的运作方式是火控系统通过舰上搜索雷达或 AN/SLQ-32 电子战系统取得目标信息（距离、方位角、高低角、雷达寻标器频率等），自动调整导弹发射器的方位与仰角以对准目标，发射器内的第一批导弹也在此时做好准备（包括启动红外线寻标器的冷却器、导弹的陀螺仪等），朝第一个目标的方向发射第一枚拉姆导弹，接着可快速地向其余的目标继续发射。整个作业过程完全自动化，舰上人员唯一介入的就是下达发射指令（也可全自动操作），能节省人力并缩短反应时间，而导弹本身也是完全射后不理，全凭导弹上的导引系统拦截目标。发射升空之后，拉姆导弹会由弹鼻上的反辐射归向系统搜索敌方雷达波来源，朝目标接近，直到弹尖的红外线寻标器锁定目标为止。如果红外线系统一直没有找到目标，拉姆导弹还是可以单靠反辐射归向拦截目标。配合美国海军新一代 SSDS 船舰自防御系统的 AN/SWY-2 系统，以 Mk23 目标搜索系统（TAS）或 AN/SLQ-32 电子战系统获得目标资料的状况下，拉姆导弹系统从搜获目标到发射的时间约为 10s，其中 Mk49 发射器本身所需的反应时间为 2s。

拉姆导弹出厂时就被密封于圆形发射管内，平时不需要特殊的保养，十分易于运输与储存。容器安装在发射系统的发射架上，发射容器为密封包装，可避免湿度、温度与电磁脉冲对导弹的影响，容器内有 4 条来复线式小导轨，使导弹在发射时产生初始滚动。

滚转弹体是这款导弹的典型特征之一。拉姆导弹相比传统的各类防空导弹武器，在整体气动布局上率先运用了“单通道滚转控制”技术，即拉姆导弹只使用一对舵面加上导弹自身的旋转，利用舵机在导弹旋转到相应的位置合理的动作，就能在空间任一方向上产生控制力，相应地也只用一个舵机和一对舵翼就够了。与常规的多通道控制导弹相比，因为节省了一个舵机和一对舵翼，所以 RAM 的结构简单，弹翼可以设计成折叠式的，以缩小径向尺寸、节省空间。

但是，“单通道滚转控制”导弹最大的缺点是控制效率都不太高，机动性不如常规的多通道控制导弹，这对于拉姆来说也不例外，它的最大过载因此只有 27g。因此出现了 RAM Block 2，以增强其对高精度目标的拦截能力。相比之前的型号，Block 2 除了把固体火箭发动机直径从 127mm 增加到了 158mm 外，最大的变化就是回归到了传统的多通道控制技术，不再依靠单一舵面对导弹整体进行控制，以加强其拦截机动性。

之所以继续使用滚转弹体，原因在于，拉姆导弹的被动雷达导引头所使用的干涉仪天线截获了反舰导弹雷达导引头的辐射信号后，利用相位原理测定目标辐射的左右（上下）相位差以判定目标的左右（上下）方位，如此一来就能完成对来袭导弹目标的粗略测向与定位。因此，追踪目标时只需使相位差为零既可，为了提高精度，往往积分多次和差进行分析，本来完成相位测定最少需 4 根干涉仪天线，但是由于天线也随着导弹作滚转运动，利用分时积累，2 根天线就能取得 4 根天线以上的效果（图 9-38）。如此一来，凭借着滚转弹体的优势，就省去了 2 根干涉仪天线，这对整体的成本控制与结构设计来讲十分有利。

图 9-38 拉姆导弹的天线

拉姆导弹武器系统一直非常重视与作战系统的一体化设计，新型拉姆导弹武器系统将通过光纤电缆和以太网协议标准与载舰作战系统进行整合。

（1）与 AN/SWY-2 作战系统的协同作战中，其目标指示系统包括了 Mk23 目标捕获系统和 AN/SLQ-32(V)电子战支援设备，协同进行威胁探测、识别、评估和交战。

（2）与舰艇自防御系统（SSDS）的协同作战中，拉姆导弹武器系统则是软硬武器综合防御的重要组成部分，包括了拉姆导弹、密集阵近防系统和无源箔条发射装置，SSDS 作战系统进一步整合了相关设备的传感器，包括 AN/SPS-49(V)1、AN/SPS-67、AN/SLQ-32(V)、CIWS 搜索雷达等。美国海军 2013 年 5 月即在自防御试验舰（SDT）上，完成了 RAM Block 2 导弹初始作战试验和评估（IOT&E）第一阶段 4 枚导弹的发射。以 SSDS 为核心，美国海军还将进一步完善舰艇自防御作战功能，包括拉姆、改进型海麻雀导弹、协同交战能力（CEC）、水面电子战改进项目（SEWIP）和防空反导雷达（AMDR）。2015 年，美国海军在进行海拉姆导弹武器系统作战效能验证的同时，还对宙斯盾/海拉姆系统一体化和作战系统的硬件、软件进行了改进。

9.5.2.3 研制与使用

拉姆导弹的需求是在 1975 年 5 月提出，1977 年美国通用动力公司与德国拉姆系统公司签署工程研发备忘录，1979 年丹麦尤德森公司加入成为第三位合作伙伴，生产备忘录于 1987 年签署。1992 年 8 月该公司将战术导弹系统的事业部门卖给休斯电子公司，1997 年雷神公司收并休斯电子的防御部门，也因此取得原来通用动力的导弹部门，所以拉姆导弹最后是由雷神公司负责。德国方面则是由数家公司共同组成的拉姆系统公司参与研发。

1984 年下旬，斯普鲁恩斯级驱逐舰的“大卫”号（DD 971）加装了 RAM Block 0 短程防空导弹系统，取代舰上原有的Mk29海麻雀防空导弹发射器，成为美国海军第一艘装备拉姆导弹系统的作战舰艇，当时主要作为测试评估之用。1993年4月，RAM Block 1系统开始研发；1997年2月，RAM Block 1系统进行首次实弹测试；1999年，RAM Block 1又在美国海空军用武器中心进行了一系列严格而逼近实战状况的系统性能扩展测试和作战测试，测试完成后，美国海军批准其量产与服役。

2005—2006年，美国海军开始进行更新一代的RAM Block 2的设计与研发，RAM Block 2导弹改进了导弹空气动力学性能和被动微波传感器，其机动性能更高、射程更远，以满足应对新一代超声速、机动能力更强的反舰巡航导弹；2007年5月，美国海军与雷神公司签署价值1亿500万美元的RAM Block 2发展合约；2012年完成RAM Block 2导弹的研制；2012年8月开始低速生产；2012年9月通过试验进行了导弹性能验证，成功对BQM-74E靶机进行了拦截；2013年5月至2015年3月，美、德两国联合进行了多次导弹发射试验，初步验证了该型导弹的作战能力；2014年8月，首批RAM Block 2正式交付美国海军，2015—2019年将交付502枚（2018财年展开全速量产）；2015年5月15日达成初始作战能力（IOC），而RAM Block 2的增量发展（Increment）则将在2021年交付。

拉姆导弹武器系统的后续发展衍化取决于两方面因素：一是RIM-116导弹本身，二是武控系统及导弹的发射装置。其中，RIM-116导弹先后发展了4个型号，分别是Block 0、Block 1（RIM-116B）、Block 1A（HAS）和Block 2型。

截至目前，拉姆导弹已有了多种变型，其主要变型产品如表9-20所列。①

表9-20 拉姆导弹的变型产品

变　型	描　述
RAM Block 0	RIM-116A，拉姆导弹的最原始版，以AIM-9响尾蛇导弹为基础所发展，包括火箭推进器、高爆引信、弹头等方面都沿用自响尾蛇导弹。Block 0型发射之后的初始阶段是以感应、追踪来袭威胁物所发出的雷达波来进行飞行制导，到了终端与拦截目标近接时，则改以红外线寻标器来进行制导。需连接SSDS或AN/SWY-2（Mk23目标搜寻系统或AN/SQL-32电子战系统）
RAM Block 1	RIM-116B，是Block 0型的强化版，追加了红外线制导能力，以用来拦截没有发出任何雷达波的来袭导弹，此外仍保留与相容原有Block 0型上的终端被动雷达制导能力
RAM Block 1A	也称HAS型，原有Block 1型的升级，对Block 1型进行软件修改即可升级成HAS型（Helicopter，Aircraft，Surface），除了反舰导弹之外，可以拦截直升机、飞机和海面目标
RAM Block 2	RIM-116C，具有新的RF接收器、新导航系统，直径增加0.32m，还具有增强制导算法和更强的双推力火箭发动机以提高导弹射程。导弹的内置制导系统使其能够瞄准无线电或热目标，如直升机、飞机或巡航导弹

图9-39给出了拉姆导弹的演变进程。

虽然拉姆导弹及其武器系统装备了美、德、希腊、韩国、埃及等多个国家的多型作战舰艇，但作为末端防御武器并没有经过实战检验。目前对该型导弹的作战使用主要还是用于相关试验和实弹射击训练。

截至目前，在世界范围内，雷神公司已交付超过3500枚拉姆导弹和175座拉姆发射器。

① Jane's Weapons：Naval 2017-2018.

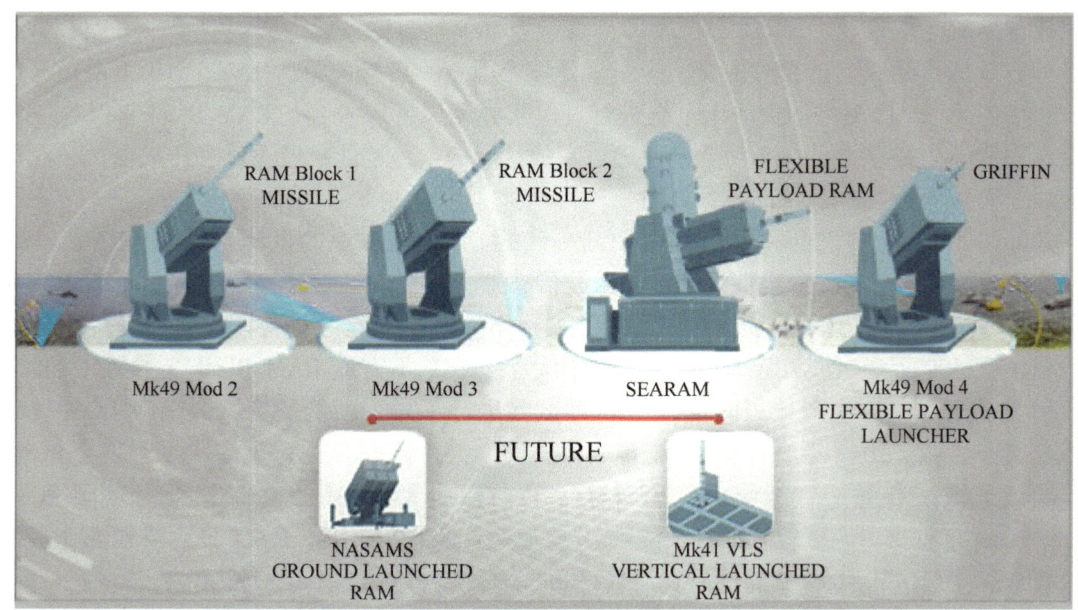

图 9-39 拉姆导弹的演变

拉姆导弹武器系统装备在美国海军尼米兹级、福特级航空母舰，自由级濒海战斗舰，黄蜂级、美利坚级、圣·安东尼奥级两栖舰。

9.5.2.4 采办动态

2013 年 4 月，雷神公司表示其日前获得了一份价值 1.556 亿美元的合同，为德国海军制造 RAM Block 2 型导弹。这是德国目前定购的最大一批拉姆导弹。

2014 年 7 月，美国海军接收首套 RAM Block 2 导弹系统用于舰船防御。RAM Block 2 正在以低速进行初始生产，将在夏天结束前交付给海军。美国海军计划 2015 年和 2019 年间采购至少 502 枚拉姆导弹。

2015 年 6 月，美国海军宣布雷神公司研制生产的 RAM Block 2 导弹已形成初始作战能力（IOC），美国海军圣·安东尼奥级两栖攻击舰 LPD 24 在实际环境下进行了导弹射击，大幅提高了海军自防御系统的打击精度和机动性。

2015 年底，位于加利福尼亚海军空战中心，美国海军成功地完成了从海拉姆导弹武器系统上首次发射 Block 2 型导弹。

2015 年 12 月，美国海军海上系统司令部授予德国 RAM 系统公司一份价值 2810 万美元的合同，为其 342 枚 RAM Block 1A 进行重新整顿。

2016 年 4 月，美国国防安全合作局（DSCA）向国会通报了向卡塔尔出售 RIM-116C 和 RIM-116C-2 拉姆导弹的潜在外国军售情况。卡塔尔方提出购买 252 枚 RIM-116C 拉姆导弹，2 枚 RIM-116C-2 遥测导弹，支援设备，技术文件，人员培训，美国政府和承包商工程，技术和物流支持服务，实时火灾测试事件支持以及其他相关的集成元素，美方估值 2.6 亿美元。[①]

---

① https://www.naval-technology.com/uncategorised/newsqatar-requests-260m-sale-of-rolling-airframe-missiles-from-us-4874218/

2018 年 5 月，雷神公司获得了 2.42 亿美元的固定价格合同，用于 2018 财年海军和外国军事销售（FMS）到卡塔尔的 RAM Block 2 导弹、导弹弹药改装及备件。

9.5.3 SeaRAM 海拉姆

9.5.3.1 概况

SeaRAM 即海拉姆，型号为 Mk15 Mod 31 SeaRAM GMWS（海拉姆导弹武器系统），是雷神公司开发的舰载自防御系统，如图 9-40 所示。它作为一套独立装置，能把防御范围扩大到 4km 外，能对付沿海作战所有常见的威胁目标，包括反舰导弹、水面舰艇、飞机和直升机。

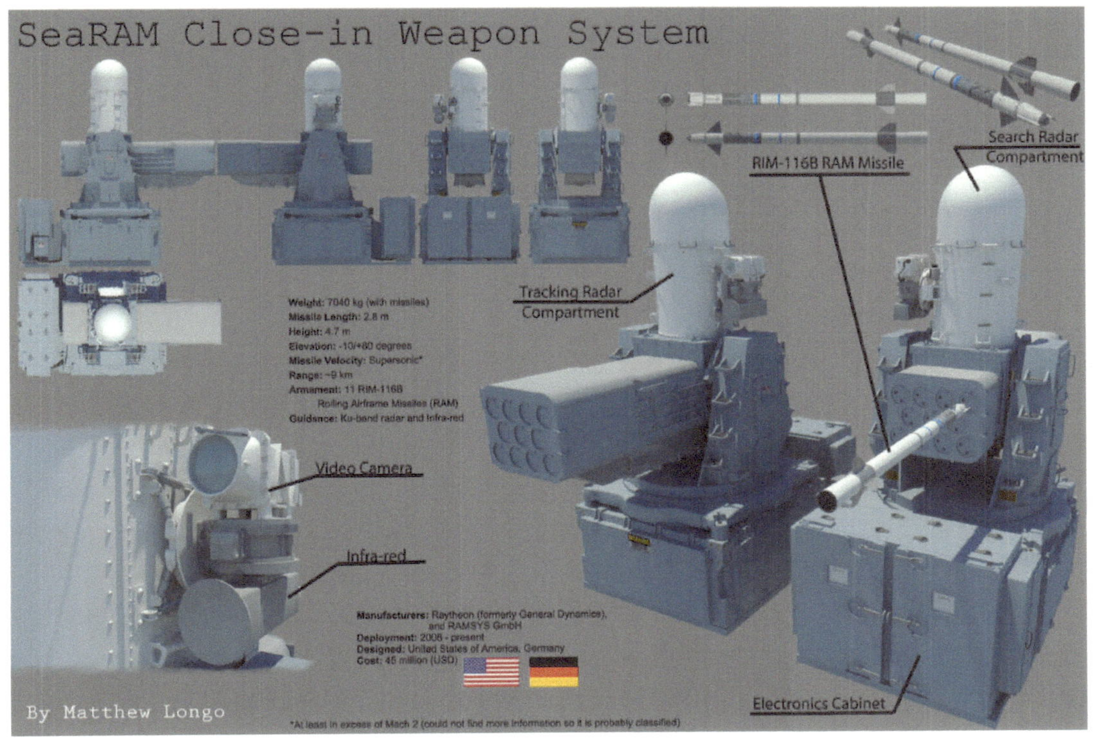

图 9-40 SeaRAM 海拉姆导弹武器系统

1990 年代末，雷神公司与拉姆系统公司结合 RAM 以及密集阵系统的组件，推出海拉姆近程防御武器系统，保留 RAM Block 1 的雷达、光电搜索系统与旋转基座，将机炮部分换成一个 11 联装拉姆导弹发射器。由于使用密集阵 Block 1B 的基础系统，因此 SeaRAM 的正式编号也延续密集阵系统，称为 Mk15 Mod 31，体现了美国海军低成本螺旋式发展思路。海拉姆导弹的开发主要是用来取代防御范围过小的密集阵（Phalanx）火炮型近程防御武器系统，将进一步扩大对掠海导弹的拦截距离。雷神公司称，海拉姆系统将拥有比密集阵更强的火力，它在重新装填之前能发动 8~11 次进攻，而密集阵只能发动 4~5 次进攻。

SeaRAM 海拉姆导弹武器系统使用密集阵 Block 1B 的基础系统，保留 RAM Block 1 的雷达、光电搜索系统与旋转基座，将机炮部分换成一个 11 联装拉姆导弹发射器。SeaRAM 海拉姆导弹武器系统技术规格如表 9-21 所列。

表 9-21 SeaRAM 海拉姆导弹武器系统技术规格

型号名称	SeaRAM
制造商	雷神公司，拉姆系统公司
服役时间	20 世纪 90 年代
建造数量	—
类型	近程防御武器系统
装载平台	部分 DDG-51，LCS-2
全长	2.82m
直径	127mm
质量	73.5kg
最大速度	1652kn
最大射程	9.6km
最大高度	12000m
弹头质量	9.3kg
引信	激光近炸
导航	INS/radar（IIR）/IR

9.5.3.2 系统特征

海拉姆的目的是使水面舰艇能够有效地对付炮基系统所不能对抗的未来高性能的超声速和亚声速威胁，这些威胁估计是能以其灵活多变性突破舰载防御的更隐形、更快速、飞行高度更低的导弹。

海拉姆导弹是一种全自动的系统，甲板上重量 16090lb。由于所有部件都在同一装置上，无须外部信号和火控系统，所以海拉姆导弹没有系统延迟时间，这样缩短了探测和战斗过程，进一步扩大了战斗空间，是目前近距离武器系统保护范围的 3 倍。

海拉姆由现役密集阵近程武器系统演变而来，成本低，风险小，它综合了最新型密集阵 Block 1B 系统和拉姆转体导弹的关键技术。11 联装拉姆发射装置代替了 M61 A1 20mm 6 管火炮，可以发射最新的 RIM-116B 导弹，大大扩展了对掠海反舰导弹和水面目标的攻击范围。该系统还装备了最新型的 Ku 波段搜索和跟踪雷达、8~12μm HDTI 5-2F 型前视红外雷达系统和舰载 I/J 波段电子支援系统接收器。

海拉姆系统是在已经颇具战斗力的密集阵近防系统的基础上研制的。密集阵是一种自动跟踪来袭威胁并开火的 20mm 机关炮系统，海拉姆系统则用多联装的导弹发射器替换了原来的机关炮。海拉姆系统的火控系统沿用密集阵系统的现成基础构架，意味着该系统的人员配备要求相对较低，而且其采购费用也不太昂贵。

海拉姆武器系统是由一个11联装拉姆导弹发射器与RAM Block 1的雷达与和光电侦测器所结合的导弹型近程防御武器系统，成为一套自主性的系统。原本的Mk49发射器只是舰上一整个防空武器系统的一环，需要结合船舰的搜索/追踪雷达以及射控指挥系统。而SeaRAM则与Mk15密集阵一样，是一种自备追踪雷达/光电系统以及射控计算机的完整系统，能完全独立自主地运作（平台只需供应电源），不需与船舰本身的作战、火控系统的支持，故能轻易安装于各种现役舰艇上，十分适合用来装备一些欠缺完整防空雷达与火控系统的二线或小型低档舰船。

相比普通拉姆，海拉姆具有同时瞄准多个目标进行拦截的能力，特别能对付飞行路线诡谲难料的导弹。

9.5.3.3　研制与使用

海拉姆导弹系统目前由一个跨国工业集团负责，其中美国雷神公司为主承包商和牵头公司，参与者还有：雷神导弹系统公司和拉姆系统有限公司（负责拉姆导弹的联合研制和生产）；英国DML公司（负责英国密集阵的支持系统）；亨廷工程公司（负责系统一体化和装舰）和戴尔斯光电公司（负责海拉姆和密集阵Block 1B的前视红外系统）。

2001年1月，海拉姆系统安装在英国海军42型约克号导弹驱逐舰（D 98）上，进行了成功的测试。美国海军第一种采用海拉姆系统的舰艇是由通用动力/BIW船厂生产的独立级濒海战斗舰，而海拉姆的第一个国外用户则是日本，首先装置于日向级直升机驱逐舰上。基于成本因素，原本美国并没有在任何宙斯盾舰艇上配备拉姆短程防空导弹系统，直到2015年下旬，美国海军才决定为4艘部署在西班牙罗塔海军站点（Rota naval station）的四艘阿利·伯克级驱逐舰（分别是DDG 78/64/71/75）换装海拉姆近程防御系统，取代原本的Mk15 Mod 1密集阵近程防御武器系统。2016年3月4日，首艘加装海拉姆的宙斯盾驱逐舰“波特”号（DDG 78）首度进行了海拉姆试射（使用RAM Block 2导弹）并获得成功。

9.5.3.4　采办动态

2016年3月，美国海军公布了一段影片，显示美国海军波特号驱逐舰（DDG 78）搭载新式海拉姆近程防御导弹进行实弹测试。波特号的海拉姆导弹是结合在密集阵（Phalanx）原先的白色柱状感测系统上，在经过检测评估后立刻发射导弹。如图9-41所示，从画面中看到，这款新式的海拉姆导弹比先前的版本多了一段加力器，可见射程必然增长，所假想的拦截目标可能是中国大陆与俄罗斯越来越精进的超高速反舰导弹。①

2015年8月，美国海军在加利福尼亚的一次实弹射击训练中，首次从海拉姆导弹武器系统发射了RAM Block 1A型导弹。在实弹射击训练中，位于独立级濒海作战舰科罗拉多号（LCS 4）的海拉姆武器系统对预定目标进行了探测、跟踪并发射了RAM Block 1A导弹，成功地拦截目标。实弹射击训练提供了作战有关的关键数据，降低了LCS等舰艇未来的作战和训练风险。

---

① http://www.navyrecognition.com/index.php/news/defence-news/2016/march-2016-navy-naval-forces-defense-industry-technology-maritime-security-global-news/3680-video-uss-porter-is-the-first-us-navy-burke-class-destroyer-to-test-raytheons-searam-ciws.html

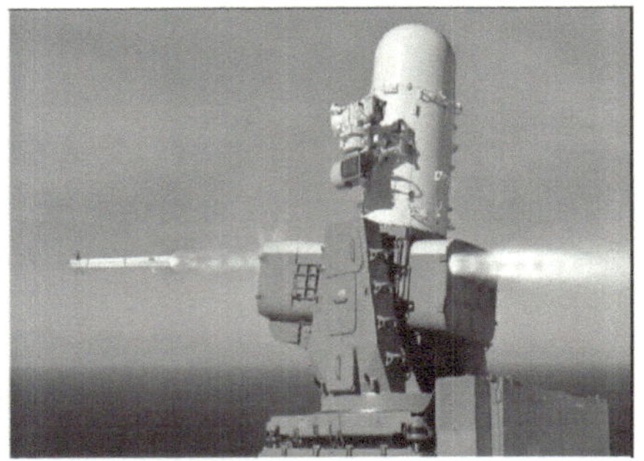

图 9-41 | 从波特号驱逐舰上发射的海拉姆导弹（左）
RAM Block 1A 从海拉姆系统发射（右）

2016 年 6 月，美国海军宣布科罗拉多号濒海战斗舰（LCS 4）已经完成了对雷神公司的海拉姆反舰导弹防御系统的初步作战测试和评估，并在此过程中解决了一个重要问题。测试显示，海拉姆系统能在具有敌意和复杂的状况下实现其性能。雷神公司声称，该系统在两枚超声速导弹同时从远处飞来并呈现“复杂的规避动作”时将它们击落。

2017 年 4 月，美国海军在南加州海岸从杰克逊号濒海战斗舰发射了一枚海拉姆导弹，成功摧毁了空中无人机目标。作为作战系统舰船鉴定试验（CSSQT）的一部分，该试验通过无人机模拟反舰导弹，验证了舰船应对空中目标的自卫能力。

9.6 垂直发射系统（VLS）

9.6.1 Mk41

9.6.1.1 概况

Mk41 垂直发射系统（Vertical Launching System，VLS）是美国海军装备的一种先进的舰载导弹储运/发射装置，该系统由马丁·玛利埃塔公司（后来与洛克希德公司合并）于 1977 年开始研制，是世界上第二种导弹垂直发射装置，也是目前世界最先进的导弹发射系统。如图 9-42 所示，该系统拥有发射速度极快、无射角限制、结构简单、性能可靠、利于舰体匿踪、使用弹性大等众多好处，故成为全世界最被广泛使用的垂直发射系统。Mk41 垂直发射系统技术规格如表 9-22 所列。美国海军第一艘配备该发射系统的舰艇是第六艘提康德罗加级巡洋舰“邦克山”号（CG 52），该舰于 1986 年服役。

表 9-22 Mk41 垂直发射系统技术规格

型号名称	Mk41 VLS
制造商	洛克希德·马丁公司
服役时间	1986 年
建造数量	—
类型	导弹垂直发射系统
装载平台	CG 47，DDG 51

（续）

尺寸	高 7.7m×长 8.712m×宽 6.325m
质量	118 800kg
每组发射箱的导弹数量	8
每个发射箱长，宽	3.17m×2.08m

图 9-42 Mk41 垂直发射系统

Mk41 以 8 个导弹贮运/发射箱为一组，整组系统高 7.7m、长 8.712m、宽 6.325m，重 118.8 t，具有不同的弹舱模块，其弹舱型号有多种，可以装入多种类型的导弹。

9.6.1.2　系统特征

Mk41 的一大特色是通用性强，该系统能够兼容多达 12 种导弹，包括“阿斯洛克”反潜导弹、“鱼叉”反舰导弹、“战斧”对地攻击巡航导弹、“标准”系列防空导弹等，能够履行防空、反潜、反舰、自卫和对陆攻击等作战任务。

Mk41 由标准模块、装填模块、导弹贮运/发射箱和发射控制平台等设备组成。

1. 标准模块

Mk41 型系统的标准模块采用 8 隔舱模件（图 9-43），总体尺寸为 3.17m×2.08m×7.67m，在结构上有一定的独立性，可作为独立的发射单元，一个或多个模块与发控设备相联调就能构成一个完整的系统。装舰时，将标准模块垂直固定在底座上，底座上填有薄垫片确保模块与船只参考平面相垂直。在与船甲板的接合部位处装有模块的甲板裙板，它们之间装有挠性密封垫以保证水密封。

标准模块由构架、顶板、舱口盖、开启机构、燃气排导系统及烟道、压力通风系统等部分组成；发控台的外围设备，如发射程序装置、动力控制板和电源等也是标准模块的组成部分。模块的构架设计成 8 个隔舱的骨架，它一方面用来容纳导弹贮运发射箱（一个隔舱里放置一个贮运/发射箱），另一方面用于安置和支撑模块的所有设备。每个舱口盖均有自己的开启机构，它是 Mk41 系统唯一运动部件，迅速打开它所需的最大机械力是 2.57kN。如果贮运箱内导弹意外点火，舱口盖能在 0.35kg/cm^2 的内压下自动开启，以保护弹库的安全。在标准模块上装有 1 个发射程序装置和 1 块动力控制板。发射程序装置的尺寸为 41.9cm×

图 9-43 ▎Mk41 标准弹舱模块（左）
Mk41 标准弹舱模块公共燃气排导系统（右）

49.5cm×180.6cm，重 181.kg，它位于上层通道的外舷侧，用于对 8 隔舱中任一导弹实施发射控制。发射控制信号来源于武器控制中心的发射控制台，通过电缆传送到发射程序装置。发射程序装置使导弹做好发射准备；它还向动力控制板发出指令，控制冲水系统和机内测试设备。动力控制板的尺寸为 41.9cm×49.5cm×132.8cm，重 218kg。它装在下通道的外舷侧，其功能是为隔舱提供动力、控制舱口盖和垂直排气道顶盖的开启和闭合、控制压力通风室的泄水阀。

Mk41 的标准模块有三种：攻击型模块、战术型模块和自卫型模块。

攻击型模块高 7.6m，重 14.5t，可发射大型导弹，如战斧对地攻击导弹和 SM-3 外大气层拦截型导弹；战术型模块高 6.76m，重 13.5t，可发射 SM-2 Block 3 导弹和垂直发射“阿斯洛克”反潜导弹；自卫型模块高 5.2m，重 12.2t，可发射 RIM-7M/P 北约海麻雀和 RIM-162 改进型海麻雀导弹。

冲水系统是 Mk41 系统不可缺少的，每个导弹贮运/发射箱均安装有一套内部冲水系统。它包括向发射箱冲水和向弹库内冲水，装入弹库后，该冲水系统与弹库的冲水分配管道相接。当弹库空间温度过高或发生火灾时，该冲水系统进行自动冲水冷却。由于贮运箱口是被封闭起来的，所以不会浇湿任何一枚导弹。此外，装在弹库中的所有电气设备箱和电缆都是防水的。因此，冲水系统的工作不会造成电气设备的损坏。

燃气排导是导弹垂直发射系统设计的关键技术。导弹发射时会产生大量的高温燃气，迅速有效地将这些燃气排导出去是至关重要的。因为这些燃气对发射装置和有关设备都会产生很严重的烧蚀，以美国标准舰空导弹为例，燃气流温度高达 2127℃，排出物中 40%是硬度高、吸附力强的氧化铝粒子，还含有 76000mg/kg 的极其活泼的氯化氢气体。高温高速粒子的碰撞和扰动所产生的热交换，传给发射装置巨大的热量，对发射装置的寿命是极其不利的。Mk41 型垂直发射系统的燃气排导系统是 8 隔舱共用的，它由压力通风室和垂直排气道组成，每个模块共用一个排气通风系统和一个烟道，8 个隔舱都与压力通风室和垂直排气道相通。发射箱的前后密封端盖分别起着让导弹通过和排出燃气流的作用，且防止相邻发射箱的燃气流进入。导弹发动机点火后，压力通风室使燃气流膨胀减速，然后经排气道排入大气中。为了尽量减少发射时高温燃气对其他箱体的传热影响，排气道的整个内表面衬有抗烧蚀材料，排导装置的耐烧蚀衬里至少能经受 64 次导弹发射的烧蚀。

2. 装填模块

Mk41 的装填模块尺寸与标准模块相同，只是安装了一个占 3 个贮运/发射箱的导弹补给装填设备。该设备由一台折叠式液压起重机和一个液压升降平台组成。平时，装有起重机的升降平台降至舱底。当进行装填工作时，升降平台将起重机托至甲板面高度。补给装填模块的起重机可在海上航行过程中对 8 个模块进行导弹补给。

由于起重机占用了 3 个发射箱空间，所以 64 单元的 Mk41 实际发射箱总数 为 61 个。

3. 导弹贮运发射箱

Mk41 的最小结构单元是一个标准模块，每个标准模块由 8 个贮运发射箱组成，它被垂直安装在甲板下，每个贮运发射箱中垂直存放一枚导弹。储运发射箱不仅是导弹储存、运输的保护容器，而且是导弹的发射导轨，还是燃气排导系统的一部分，所以它是最关键的设备。弹库由一个或多个这种 8 隔舱标准模块组成，视舰艇的空间而定，这体现了 Mk41 系统的灵活性。在平时运输和贮存期间，它为导弹提供环境保护、装卸保护以及对敌方火力的防护，因此要求它有一定的机械强度，并配有必要的搬运附件。作为发射装置，箱内应设有导弹发射所必需的导轨、电气连接件、保险解脱装置、约束机构等器件。

Mk41 系统有 Mk13、Mk14、Mk15 三型贮运箱，它们外形结构基本相同，截面均为 63.5cm×63.5cm，长度有 5.79m 和 6.71m 两种，箱体用波纹钢制成，内部结构按照 2.82kg/cm^2 的内压要求设计如表 9-23 所示。Mk13 用于 SM-2 导弹，Mk15 用于“垂直发射阿斯洛克”导弹，这两型贮运箱的长度是 5.79m，比隔舱标准短，在装入隔舱时，必须利用一个高 0.95m 的适配器。Mk14 型用于“战斧”巡航导弹，箱长 6.71m，不需适配器。导弹装入贮运箱后，贮运箱首尾两端被密封起来。首密封罩用易碎材料制成，尾密封罩的材料是薄钢板，内、外表面分别用不同的烧蚀材料加以保护。发射导弹时，发动机推力达到临界后，导弹和贮运箱之间的限制器松开；尾密封罩在燃气流的冲击下，按预切的十字形裂开成花瓣形状；燃气流进入压力通风室，并经垂直排气道在甲板面排出。随后，导弹起飞，穿破首密封罩，从发射隔舱垂直上升。当导弹离开甲板面时，舱盖即刻关闭，恢复弹库的装甲区。

表 9-23 Mk41 贮运箱类型

贮运箱	长度/m	载重/kg	导弹类型
Mk13	5.84	1665~1454	SM-2 Block Ⅲ/ⅢA/ⅢB
Mk14	6.73	2869.5	战斧
Mk15 Mod 0/1	5.84	1769~1558.5	阿斯洛克
Mk21 Mod 0	6.73	2869.5	SM-2 Block Ⅳ
Mk21 Mod 2	6.73	2869.5	SM-3 Block ⅠA/IB/ⅡA

（续）

贮　运　箱	长度/m	载重/kg	导弹类型
Mk21 Mod 3/4	6.73	2869.5	SM-6 Block Ⅰ/ⅠA
Mk22	5.79	1497~1286.5	海麻雀
Mk25 Mod 0/1	5.79	2864.5~2654	改进型海麻雀 Block Ⅰ/Ⅱ
Mk29	6.73	2869.5	SM-3 Block ⅡB

4. 发射控制台

Mk41 有 2 个立式发射控制台，位于作战中心，与舰上作战系统相联。核心部件是美国海军标准的 AN/UYK-20 型小型计算机。另外，还包括电传打字机、磁带输入装置，外围输出设备等，它们位于弹库外面，与舰上作战系统的其他计算机装在一起。每个控制台都是完全独立的，能分别控制舰艏、艉两个弹库中的所有导弹发射。正常情况下，每个控制台控制每个弹库中一半导弹的发射。故障情况下，其中一台可控制舰上全部导弹的不间断发射。每台发控设备都能接受舰上防空战、反潜战和反舰战武器控制系统输送来的指令，通过计算机程序中的逻辑设计，向舰只的任何一个武器控制系统分配发控优先次序。所以，它是一个指令响应与指挥系统。

发射控制台有三种工作方式：

- 待机方式：所有设备联通、执行正常定期内测，此时，导弹选择电路和发射电路禁通。它使用一系列内测器，每隔 2h，对重要部分依次进行检查，并将所有故障报告给武器控制系统以制止有故障导弹的发射。
- 模拟方式：此方式专用于舰员训练。除发射电路之外，所有设备均联通，垂直发射系统对武器控制系统的选择指令和发射指令作出正常响应。
- 待发方式：所有设备联通。执行导弹选择指令和发射指令。

当发现敌方目标后，Mk41 系统最先迅速转换为待发状态，完成转换动作只需几毫秒。典型的目标截击程序是：当武器控制系统求得确实的火控解算后，向发射系统发出“导弹选择”指令。发控系统收到这个指令后，立即选择适宜的模块和发射隔舱，并给导弹加上预热电源，开始打开舱盖和排气道顶盖，松开贮运箱内的导弹限制块。在这些机械动作完成后，发控系统按照武器控制系统的指令，将制导数据送入导弹中，并实施发射。一旦导弹开始运动，与发射隔舱相连的电气电路立即断开，同时将导弹的起飞时间信号送到武器控制系统，以便雷达捕捉导弹，导弹离开发射舰的适当时间之后，舱盖关闭，发射程序结束。

图 9-44 给出了 Mk41 发射战斧巡航导弹。

总体来说，Mk41 型垂直发射系统具备以下优点：

- 具备多种作战用途：Mk41 通过对多种用途的导弹的兼容性，同时具备了反潜、反舰、对陆攻击、防空、反弹道和水面火力支援等多种任务执行能力，针对各种目标的打击可以同时进行，并且各种导弹武器在射程和杀伤能力上具有互补作用。
- 火力密度大：在阿利·伯克级驱逐舰的甲板空间上可以安装 8 个标准弹舱模块的 Mk41，每个标准弹舱模块具备对本模块中两枚导弹同时进行发射准备和点火发射的能力，平均发射间隔为 1s。另外，传统的瞄准式发射装置，由于舰艇上层建筑的遮挡和发射装置的旋回、俯仰限制，都不同程度地存在射击盲区。Mk41 则不存在这个问题，它可以向任何方向发射导弹。

图 9-44 | Mk41 发射战斧巡航导弹（USS Farragut DDG 99，2009 年 8 月）①

- 反应快：在对敌舰/敌兵力进行评估、武器选定和准备导弹的同时操纵发射装置，采用垂直发射后导弹随时处于待发姿态，与之前的旋转瞄准式发射系统相比节约了发射准备时间。Mk41 的每个 8 隔舱发射单元具备同时准备 2 枚导弹的能力，这使其可以在多目标的集中、连续火力威胁下进行快速反应。导弹的选择由电子系统完成，遇到不合适或有故障的导弹，能立刻选择 2 枚，几乎没有时间延误。
- 战斗有效性提高：发射装置/导弹保护在甲板之下。每个导弹模块都能执行全部发射功能。不怕单个零件损坏，只有舰艇功能彻底丧失才会造成失效。有备用的火力控制系统和弹库接口。不受战斗损坏和事故的影响。定常判断隔舱内导弹的状态（跳弹、哑弹、空室）。
- 可扩展性强：发射控制使用海军现有计算机，对未来海军改进的计算机适应性也很强。通用的数字式接口容易和新的导弹兼容，有多种类型导弹发射能力。发射系统和舰上的武器控制系统之间的接口已经数字化，没有模拟输入量，只要修改计算机程序，就能适应不同的火控系统。
- 研制和维修成本低：通过标准化设计大量减少了发射设备、保障设备和备附件的数量，同时提高了可靠性。
- 可靠性高：Mk41 本身没有任何机械活动部位，结构简单，发射系统仅弹舱的盖子属于活动式，只要发射盖与飞弹运作正常即能顺利发射。由于每个弹舱都有独立的发射口，任何一个盖子失效不会影响其他发射槽的正常运作，保证了发射系统的可靠性。传统的瞄准式发射装置由成千上万个运动部件组成，任一环节的故障都有可能使整个武器系统失去战斗力。Mk41 系统采用模块化设计，结构简单，可靠性高，而且它还运用了冗余技术和分隔技术，除了舰上电源失效外，不存在影响系统战斗力的单点故障，这对整个系统提高可靠性和可用率均有益处。
- 生存能力强：Mk41 是一种高生存能力的导弹武器系统，因为导弹和相关的硬件都位

① https://en.wikipedia.org/wiki/Mark_41_Vertical_Launching_System

于装甲甲板下，使其抗打击能力增强。冗余式的火力控制系统和发射器分界面连接方式同样提高了在受到损伤情况下的生存能力。

- 安全性能高：Mk41 的安全性设计体现在系统的各个方面。得益于良好的安全性设计，该系统的导弹发射成功概率高达 0.997，两次发射失败的平均间隔长达 11200h。此外，为确保系统的安全，防止意外的导弹发射，每个贮运箱上装有关键功能中断开关和贮运箱安全启动开关，它们控制输送导弹的关键信号的电压。发射逻辑确保在两个独立的监视器批示舱盖已完全开启和导弹限制块已松开时，才发出导弹点火指令。

此外，Mk41 发射系统位于甲板下方，可以减少甲板上方的设备数量，为舰体隐身设计提供便利。

Mk41 的缺点在于吊装复杂，重新装填周期长；采用适配器占用了一定的空间和有效载重量，同时适配器的装配降低了装填速度。据报道，在海情不超过 3 级的情况下，实际装填速度每小时 3~4 个发射箱。按照这种速度给 8 个标准弹舱的 Mk41 发射系统补充弹药需要 15~20h，因此 Mk41 在战区重新装弹的现实性受到质疑。

9.6.1.3 研制与使用

Mk41 是一种共架发射系统，根据其研制单位洛克希德·马丁公司的统计资料，截至 2017 年，Mk41 有 18 种变型（Mod 0~16，T），出口到 14 个国家，装载的舰艇种类多达 30 余种，舰艇总数多达 180 余艘，已经生产的发射箱数量多达 11000 个。从海湾战争首次参战，到伊拉克战争为止，Mk41 垂直发射系统已经成功发射了 3500 多枚导弹，发射成功率大于 99%，Mk41 的实战情况证明其具有水面舰载常规和单一用途发射系统无法比拟的优势。

Mk41 的主要基线变型如表 9-24 所列。

表 9-24 Mk41 的主要基线变型

基 线	描 述
Baseline Ⅰ	基于 CMS-2 计算机语言，具有 8 位 Intel 8048 微处理器，主要用于发射 SM-2 Block Ⅱ/Ⅲ和 VLA
Baseline Ⅱ	1985 年服役，增加了发射战斧 Block Ⅰ/Ⅲ的能力
Baseline Ⅲ	引入商用现货技术（COTS）和现代化电子产品以提升其操作弹性，增加了发射 SM-2 Block Ⅳ和战斧 Block Ⅳ的能力，并能兼容 SM-3 Block Ⅰ/ⅠA
Baseline Ⅳ	1995 年服役的出口型，主要用于发射海麻雀导弹和用于计划的海上鱼雷发射系统。其中Ⅳ/1 和Ⅳ/1A 型仅用于发射海麻雀，Ⅳ/4 型仅用于 VLA，Ⅳ/5 型用于发射 SM-2 Block Ⅱ/Ⅲ
Baseline Ⅴ	1999 年服役，去掉起重机，引入摩托罗拉 6803 微处理器，增加了发射改进型海麻雀的能力。Ⅴ/1 型用于发射 SM-2 Block Ⅱ/Ⅲ/Ⅳ、战斧 Block Ⅰ/Ⅲ和 VLA，Ⅴ/ⅠA 型增加了发射战斧 Block Ⅳ的能力，Ⅴ/2 型仅用于发射改进型海麻雀，Ⅴ/3 型用于发射改进型海麻雀和 SM-2 Block Ⅱ/Ⅲ，Ⅴ/4 型仅用于发射 SM-2 Block Ⅱ/Ⅲ，Ⅴ/6 型仅用于发射海麻雀
Baseline Ⅵ	引入光导纤维接口 LCU 和 AN/UYQ-70 显控台，采用奔腾微处理器和 C++计算机语言取代 CMS-2，同时引入升级的 Mod 3 发射控制面板以降低成本和提供功能性。主要用于发射 SM-2 Block Ⅱ/Ⅲ、改进型海麻雀、战斧 Block Ⅰ/Ⅲ和 VLA。Ⅵ/2 型用于发射改进型海麻雀和战斧，Ⅵ/4 型仅用于发射 SM-2 Block Ⅱ/Ⅲ，Ⅵ/5 型仅用于 VLA，Ⅵ/6 型仅用于发射海麻雀，Ⅵ/7 型用于发射 SM-2 Block Ⅱ/Ⅲ/Ⅳ、改进型海麻雀、战斧 Block Ⅰ/Ⅱ/Ⅲ/Ⅳ和 VLA
Baseline Ⅶ	2003 年服役，原始的半模块化结构被单元化架构取代，每个单元均具备各自的电子元件和程控电源，能针对每种武器选择合适的电压。Mod 3 LCU 取代原始的 Mod 1 外围设备，具有基于虚拟机械环境的机柜和 AN/UYQ-70 显控台，通过局域网与作战系统和其他模块连接，配备 Ada/C 语言软件的单机柜系统和局域网计划用于宙斯盾基线 7 和舰载自防御系统。兼容 SM-2 Block Ⅱ/Ⅲ/Ⅳ，改进型海麻雀、战斧 Block Ⅰ/Ⅳ和 SM-3。Ⅶ/3 型仅用于发射改进型海麻雀和 VLA

Mk41 在 1970 年代开始研制，1978 年第一次垂直试射了 SM-2 导弹，发展到现在，美国除“捕鲸叉”之外的所有现役舰载导弹都有能够采用 Mk41 发射系统发射的变型号。截至 2017 年，Mk41 垂直发射系统的装备于包括美国在内全球 15 个国家的 31 型水面舰船。对于美国海军的主力宙斯盾舰来说，Mk41 垂直发射系统绝对功不可没。提康德罗加级导弹巡洋舰以 Mk41 Block Ⅲ为主，正在升级到 Block Ⅶ/ⅠA；阿利·伯克级导弹驱逐舰过去配置 Mk41 Block Ⅲ/Ⅳ/Ⅴ。2014 年 6 月，美国海军授予洛克希德·马丁公司一项合同，令其为 Mk41 垂直发射系统提供工程设计，确保舰队可应对多种海上威胁。该合同价值 1000 万美元，但包含所有附加条款后总价值超过 1.8 亿美元。该合同中包括了美国海军和其他 8 个对外军售盟国的海军，主要工作包括导弹集成、软件开发，垂直发射系统与新舰集成、技术更新、系统工程以及全寿期保障等，这些工作还将针对美国海军提康德罗加级巡洋舰和阿利·伯克级驱逐舰。

2015 年 7 月，美国海军阿利·伯克级驱逐舰 DDG-68“苏利文”舰发生导弹故障，点火后的 SM-2 Block ⅢA 导弹经由 Mk41 垂直发射系统发射时在舰艉附近爆炸并导致舰艉发生火灾。据悉事故无人伤亡，对舰体损伤较小。

2016 年 10 月，美国海军和海军陆战队决定为圣·安东尼奥级两栖战舰安装 Mk41 垂直发射系统，以扩大进攻范围。

2018 年 6 月，德国海军萨克森号导弹护卫舰在挪威外海进行实弹演习时，一枚 SM-2 导弹点火之后没能升空，火箭发动机在 Mk41 垂直发射系统内燃烧完毕。事故导致 Mk41 垂直发射系统严重损毁，舰桥前方部位受损。

9.6.2 Mk57

9.6.2.1 概况

Mk57 垂直发射系统（VLS）是美国雷神公司和 BAE 系统公司为美国海军朱姆沃尔特级（DDG 1000）驱逐舰设计的舰载舷侧垂直发射系统（PVLS），是 DDG 1000 的重要武装之一（图 9-45）。于 2002 年开始研制，从联合防卫先前开发的 Cocoon 垂直发射系统演变而来。其设计目标是能发射美国海军绝大多数现役舰载导弹，如战斧系列巡航导弹、阿斯洛克反潜导弹、标准系列防空反导导弹、改进型海麻雀防空导弹等，完成对陆精确打击、反潜作战和

图 9-45 Mk57 垂直发射系统

海上防空等多种作战使命。相比 Mk41，Mk57 在火力密集度、通用性、舰上配置等方面进行了较大改进，其多用途性更强。同时，继承了 Mk41 发射率高、储弹量大、适应性和抗损性好、成本及全寿期费用低的优点。通过采用开放式最新设计理念及先进技术，使这些优点得到更充分的体现。Mk57 垂直发射系统技术规格如表 9-25 所列。

表 9-25 Mk57 垂直发射系统技术规格

型号名称	Mk57 VLS
制造商	雷神公司
服役时间	2016 年
建造数量	60
类型	舷侧垂直发射系统（PVLS）
装载平台	DDG 1000
尺寸	高 7.93m×长 4.32m×宽 2.21m
质量	15240kg（33600lb）
每组发射箱的导弹数量	4
每个发射箱长，宽	7.18m×0.71m

9.6.2.2 系统特征

Mk57 改变了 Mk41 被布置于舰艏和舰尾附近的传统做法，而是采用沿舰舷两侧布置的方法。这样对舰艇安全、抗损性及增强导弹火力大有好处。为此，美国海军专门设计了新型外围垂直发射装置（PVLS）。它由 4 个垂直发射单元组成，采用 4×1 单排模块结构，而不是 Mk41 垂直发射系统的 4×2 双排模块结构。DDG 1000 采用这种外围垂直发射装置结构，可以大大增强舰艇的生存能力和作战能力。

Mk57 的贮运发射箱比 Mk41 型使用的贮运发射箱要大，大约长度增加了 50.6cm，使贮运发射箱的整体容积增大了 35%，它能承载的导弹重量也增加了 39%，以满足发射较重的海军弹道导弹防御武器的需要，同时也适应发射类似改进型海麻雀那样的轻型防空导弹。

DDG 1000 安装了 20 组 Mk57，共 80 个单元，全部安装在舰体两舷，这是 Mk57 和 Mk41 最大的区别。相比 Mk41，Mk57 的主要优势在于其能够更好地保护所储存的弹药。由于 Mk57 的发射装置被均匀地布置在整个舰艇舷侧，而没有设置一个统一的弹药库，这样就可以避免舰艇在被击中后导致所有的弹药发生连锁爆炸。另外，发射单元的外部也安装了复合材料装甲，降低被击中时诱爆储存中导弹的机率。

总的来说，Mk57 呈现出以下几个特点：①

（1）采用创新性的沿舰两舷布置的方式。

采用模块化设计方法，每个发射模块由 4 个导弹垂直发射单元组成，但是沿舰两舷布置，不再占用舰艏和舰尾甲板的中间位置，这种布置方式是对传统垂直发射系统沿军舰中线布置的一次重大突破，开创了一种全新的垂直发射系统布置方式。

① 美国海军外围垂直发射系统综述。

（2）采用开放式架构。

未来满足美国海军的“开放式架构”（OA）要求，Mk57 采用了开放式架构，这种结构能够明显降低引进新武器时的费用。开放式架构与广泛的模块化的结合使 Mk57 在与新的和现有的导弹系统集成时不需要对发射装置控制软件或发射装置硬件进行复杂和费钱的改动，显著降低了与新的导弹控制和接口软件相关的集成费用。这种开放式设计方法还将应用于美国陆/海军联合作战火力网的控制。

（3）增大发射装置容量以支持更大和更重的导弹。

Mk57 不仅能够支持现有的垂直发射箱式导弹，也能够支持未来体积和重量增加的导弹。其设计已经考虑到能够适应所有现役和未来的导弹，而不需要对发射装置进行大的改动。它非常灵活，既能适应较轻的导弹，如改进型海麻雀导弹，也能适应用于弹道导弹防御所需的更大、更重的导弹，如 SM-3 导弹。

（4）广泛采用电子控制模块。

Mk57 采用了一种先进的以武器为中心的结构，它将武器特定功能与发射装置特定功能分开，使发射装置能与现有的和未来的导弹更简单、更具效费比的集成在一起，其一大特点是将在电控系统中采用开放式系统设计思路和模块化电子设备设计。它采用先进开放式软硬体架构与模块化延伸电子元件，并通过模块控制单元（MCU）与舰上全舰计算环境（TSCE）相容，能更经济而迅速地整合各种现有或新开发的导弹，只需要更换新的导弹控制与软件界面，而不需更改发射器本身的软硬件，这是 Mk41 所不具有的。

这种设计将使未来技术升级和新型导弹的植入更为便利。当舰艇换用新导弹硬件时，不必同步更新发射器的硬件或软件，只需安装新导弹的控制和软件的接口。这样的设计能够实现更快、更有效的系统升级，同时为海军节省大量的成本和时间。通过降低发射器的软硬件更新需求、导弹和发射器之间的不相容性，以及整检时检测项目的最少化，达到发射系统与搭载舰艇的最佳战斗效率和最佳寿期操作维护成本。比如，不需要对发射控制软件进行更多改进就能实现发射新型导弹，从而大大降低了成本。

其拥有以下 4 种电子控制模块：

- 发射箱电控单元（CEU），通用性控制模块，满足美国海军现役和未来新型军舰“用任何发射单元发射任何导弹”要求的关键设备。通过与特定的装在发射箱里的导弹进行接口，将导弹与舰艇的作战系统连接在一起。按照这种方法，新的导弹型号可以快速植入，不需要针对发射装置做费用高昂的改造，对作战系统也只需要最低限度的升级。当发射系统增加一种新导弹时，只有 CEU 和武器专用软件必须进行修改，而发射装置本身不需要进行物理上的改造。
- 模块控制单元（MCU），将 Mk57 与全舰计算环境（TSCE）连接在一起。MCU 包含了管理 4 单元发射模块和发射设备的软件，监控导弹和发射箱，另外还探测和报告故障。
- 电力分配单元（PDU），为导弹发射和发射装置监测提供动力，使舰艇的电力能有效地传送给发射装置和导弹，并对电力输送过程进行监控。
- 舱口盖控制组件（HCA），由舱口盖控制单元（HCU）和舱口盖驱动单元（HDU）组成，能够提供启动发射装置上的导弹和开启排气口盖所需的机械运动控制和伺服驱动。

（5）采用创新的燃气排导管理系统。

Mk57 通过重新设计消防系统和排烟系统，采用了创新的燃气排导管理系统。相比 Mk41 所采用的矩形排气道，这种燃气排导管理系统能够承受新的导弹火箭发动机比现有导弹发动机大 45%的燃气质量流量比。U 形燃气排导管理系统独特的均衡几何设计可以避免矩形结构中腐蚀气体聚集在拐角处的现象，帮助导弹燃气顺利的排出，可以提高导弹发动机的效率，使导弹喷焰不致成为抵消导弹推进的能量，提高了安全性和可维护性。另外，去除导弹喷水冷却系统也大大降低了对维护工作和人力的需要，并且保护导弹免受意外浸水。

9.6.2.3 研制与使用

根据海军在 2005 年授予雷神综合防御系统子公司的 DDG 1000 的设计、发展和集成合同，雷神综合防御系统子公司将作为主任务系统设备集成商，负责集成 DDG 1000 项目的所有的电子和作战系统。BAE 系统公司是 Mk57 的设计代理，负责为 DDG 1000 生产发射系统。2002 年开始研制，2002 年下半年研制出样机，2002 年 11 月首次进行了全尺寸样机实验并成功。

尽管 Mk57 是为 DDG 1000 而设计开发，其后期也可为其他舰艇所使用，但总的来说，其只适用于干舷内倾型船型，而不适用于传统的干舷外飘型船型。

9.6.2.4 采办动态

2013 年 10 月 28 日，安装 Mk57 的首艘 DDG 1000 级驱逐舰朱姆沃尔特号在美国马里兰州巴斯钢铁造船厂下水，2015 年 12 月 7 日开始海试，2016 年 10 月 15 日正式服役，编入美国海军作战舰队。

9.7 其他

9.7.1 AGM-176 Griffin 导弹

9.7.1.1 概况

AGM-176 Griffin（格里芬）空地导弹（Air-to-ground missile）是美国雷神公司推出的低成本轻量型精密小附带毁伤导弹。其作为一种多平台、多功能武器，能够成功快速地集成到地面、海上和空中平台上使用。2009 年 6 月，美军正式与雷神公司签订了价值 1450 万美元的合同，采购 Griffin 导弹及相关服务，这使得 Griffin 导弹在与其他类似武器系统的竞争中占得了先机。在美军选中 Griffin 导弹的同年，雷神公司就已顺利批量生产、交付该型导弹，迄今已交付超过 1200 枚导弹。目前美军常用的 Griffin 导弹有空中发射的 A 型、管式发射的 B 型和增程的 C 型三种型号（图 9-46 和图 9-47）。Griffin 导弹技术规格如表 9-26 所列。

表 9-26 Griffin 导弹技术规格

型号名称	AGM-176 Griffin-B
制造商	雷神公司
服役时间	2010
建造数量	1200+
类型	空地导弹
装载平台	AC-130，KC-130J，MC-130W，MQ-1，MQ-8B，MQ-9

（续）

全长	1.09m
直径	140mm
射程	最小 4.5km，最大 20.1km
质量	14.9kg
弹头质量	5.89kg
导航	INS+GPS+半主动激光制导
战斗部	多效应爆破战斗部
引信	触发、延时和定高起爆
动力装置	固体火箭发动机

图 9-46 | 携带 Griffin-A 的 AC-130 运输机

图 9-47 | Griffin-B 发射（左），Griffin-C 测试（右）

9.7.1.2 系统特征

Griffin 导弹家族的制导方式为全球定位系统与惯性制导（GPS/INS），并配以半主动激光制导。GPS/INS 为 Griffin 提供了完善的全天候和恶劣气象条件作战能力，这一制导方式在“联合直接攻击弹药”（JDAM）等武器上经受了实战考验。而半主动激光制导方式提供了完美的末端命中精度。虽然雷神公司并未公布准确的精度数据，但预计精度可轻松达到 1m 以内。假如因为天气或其他因素，无法使用半主动激光制导方式，仅凭 GPS 与 INS 方式，精度预计仍能够接近甚至低于 1m。Griffin 通过采用改进的激光半主动导引头和新的多功能战斗部系统，新导引头增加了性能更好的电子元件，并增强了信号处理能力，提高了导弹在最严酷环境中的性能并拓展了导弹应用范围，能最大限度地提升对各类目标的杀伤力，其改进提高了作战人员打击各种静态和快速移动目标的信心和能力。

这种将三种制导方式融合在一个导弹上的作法为 Griffin 导弹的实战使用提供了很大便利。即便在美军装备序列中，也仅有少量几种新型武器采用了这一模式。在实战中，操作人员可以控制导弹仅使用全球定位系统、惯性制导方式，也可以仅使用半主动激光制导方式。同时，Griffin 导弹的引信拥有三种在发射前可有操作人员选定的工作方式，包括了触发、延时和定高起爆方式。这分别对应攻击软目标或硬目标的不同需求。雷神公司宣称上述灵活组合，是目前类似的武器系统所不具备的。

Griffin 由一个固体火箭发动机推进，已知的射程记录是：当在地面发射架、车辆或者舰艇上发射且不使用助推火箭时，射程约为 5.63km；空中发射时，射程可增加至 20.1km。Griffin 空中发射的射程，与美军 AGM-114 地狱火导弹接近，但是因为 Griffin 轻而小，使得载机能够携带的武器数量大幅度上升。此外，Griffin 的另一个优点体现在降低附带损伤方面。Griffin 因为重量和体积有限，其杀伤力也相对较小，恰恰提供了足以杀伤典型目标的相应杀伤力，其弹头是一种破片杀伤弹头，足以摧毁易受攻击目标，如地面车辆和雷达站而又有效地降低了附带损伤。

目前 Griffin 导弹家族包括三个型号：空中发射的 Griffin-A 型、管式发射的 Griffin-B 型和增程变型的 Griffin-C 型。Griffin-A 是一种发射时向后弹出的导弹，主要装备于 C-130 运输机等不常用于作战的平台。Griffin-B 是一种向前发射的导弹，可装备固定翼飞机、旋翼机和地面平台（通常封装在重 5.4kg 的发射筒内）。Griffin-C 是标准 Griffin-B 的增程版本。该导弹也可以部署在地面车载式发射器、海军濒海战斗舰作战模块和陆军 OH-58D 基奥瓦勇士侦察直升机。

Griffin-A 是专为 C-130 大力神运输机家族中的特种作战型号而设计的，目前使用的主要机型为 KC-130J 型。美国海军陆战队的 KC-130J 已在实战中发射了逾百枚 Griffin-A 导弹。其他载机平台包括，KC-130J 收获鹰特种作战飞机、MC-130W 攻击长矛特种作战飞机等。

为了将 C-130 系列飞机携带、发射 Griffin-A 的设备复杂程度降至最低，雷神公司发展了一种 10 管模块化导弹发射器，共计 10 枚 Griffin-A 导弹被分别装入 2 层、每层各 5 具的发射管内。Griffin-A 的模块化发射器进一步优化了长期存在的载机与导弹武器之间的接口问题，不再要求复杂的特制导弹挂载、发射设备，是一个较为重要的创新。此外，Griffin-A 具备的弹射出舱后自行向目标位置转向飞行的能力，使得特种作战型号运输机在实施导弹攻击时无须与目标构成特定的直线瞄准关系。只要载机为导弹装入目标座标数据，即使飞机不指向目标方向也可以发射导弹进行攻击。这显然大幅度简化了实施攻击的过程，也显著降低了载机本身的暴露时间，提高了生存能力。

Griffin-B 可以由普通固定翼飞机、直升机、地面发射器和舰载发射器进行发射，无论在何种搭载平台上发射，使用的 Griffin-B 均是相同的。已知的 Griffin-B 空中载机平台包括：MQ-1 捕食者无人机、MQ-8B 火力侦察兵无人直升机和 MQ-9 死神无人机。预计在不久的将来，美军的固定翼作战飞机和武装直升机也将具备使用 Griffin-B 的能力。相较于 A 型，Griffin-B 缺乏一种修正转向能力，因此发射时必须与目标建立直瞄关系。该型号采用了一个约为 5.9kg 重的高爆破片战斗部。

Griffin-B 采用了与雷神公司的标枪反坦克导弹相近的交战飞行模式，其采用了 FGM-148 标枪导弹和 AIM-9X 响尾蛇导弹的组件，拥有一个固体燃料火箭发动机。发射时，导弹发动机组件用初始推力将导弹从倾斜着指向前上方的发射筒中弹出，导弹以上升的态势离开发射筒一段距离后，发动机组件转入飞行推力状态，使得导弹能够爬升到一个较高的位置。在火控系统预先计算并装订给导弹的高度上，导弹转为平飞，进而以较平缓的俯冲角度飞向目标。在全过程中，弹上制导装置始终保持着对导弹的控制，并确保半主动激光制导头能够有效地捕获到目标表面反射的照射激光。与标枪反坦克导弹类似，这一模式较好地满足了减小发射后坐力、降低尾焰、推进能量优化等方面的综合需求。缺点是导弹刚离开发射管时，飞行速度较低，舵效受到影响，因此在一段距离内无法有效的进行大幅度的转向。由于 Griffin-B 主要负责的攻击范围会略大于标枪导弹，这个缺点应该不会造成太大影响。

Griffin-B Block Ⅱ 导弹技术特点和结构如图 9-48 和图 9-49 所示。

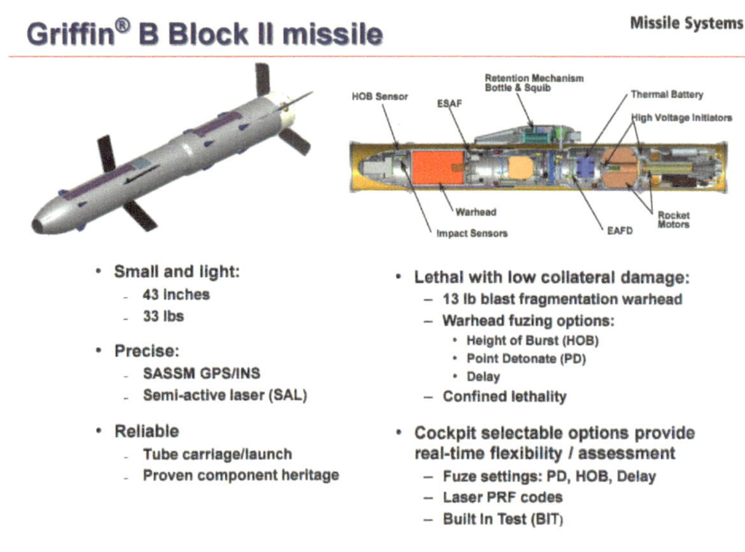

图 9-48 | Griffin-B Block Ⅱ 导弹技术特点

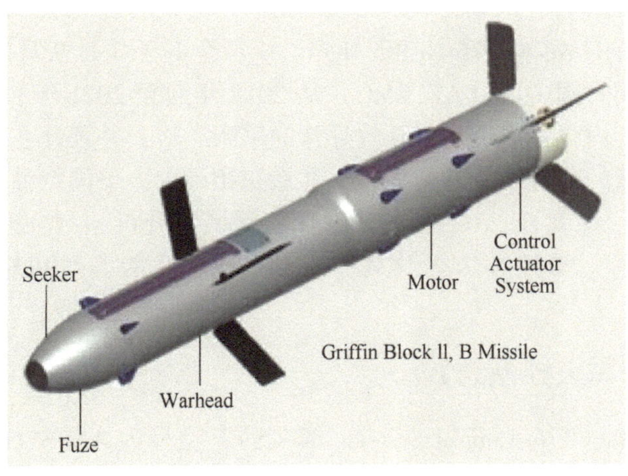

图 9-49 | Griffin-B 结构示意图

Griffin-C 改进了制导体制，使用多模——半主动激光制导/非制冷红外成像导引头，双向数据链传输使之具备飞行中更换目标的能力。此外，Griffin-C 还可以使用倾斜或垂直发射装置，实现 360°打击能力。Griffin-C-ER 换装增程发动机，打击距离 3 倍于之前的 Griffin-B，在 2014 年完成了研制试飞工作。

Griffin 的变型产品如表 9-27 所列。

表 9-27 Griffin 的变型产品

变　型	描　述
Griffin-A	发射时向后弹出的导弹，主要装备于 C-130 运输机等不常用于作战的平台
Griffin-B	一种向前发射的导弹，可装备固定翼飞机、旋翼机和地面平台（通常封装在重 5.4kg 的发射筒内）
Griffin-C	原称 Sea Griffin，Griffin-B 的增程版本，可由海/空发射，携带双模红外激光导引头以及数字化双工指挥导航数据链路，其升级工程采用了广泛使用的 α-数字化系统

9.7.1.3 研制与使用

目前装备 Griffin 导弹的平台有：AC-130 大力神运输机家族，KC-130J 收获鹰特种作战飞机，MC-130W 攻击长矛特种作战飞机，MQ-1 捕食者无人机、MQ-8B 火力侦察兵无人直升机和 MQ-9 死神无人机，旋风级濒海巡逻艇等。

9.7.1.4 采办动态

2014 年 10 月，美军在尤马试验场对 Griffin 进行了 3 次成功测试，测试证实了其空中目标修正能力，以在飞行中对目标重新定位。

2015 年 6 月，美国战略之页网站发表题为“防空武器：Griffin 导弹使人们了解炮艇机”的报道，称美空军最近又定购几百枚 Griffin 微型导弹，用于 AC-130 炮艇机和无人机。

2016 年 1 月，雷神公司将 Sea Griffin 按照美国军事系统命名法更名为 Griffin-C。雷神公司濒海战斗舰系统部门主管表示，该项升级得到了使用者（美国空军、海军以及海军陆战队）的认可。同月，美国空军与雷神公司签署协议，向其订购 Griffin-A/B Block Ⅱ/Ⅲ 导弹以及其保障装备。合同价值 8550 万美元，雷神公司将提供导弹及其工程、后勤以及试验设备。合同计划于 2017 年 1 月完成。

2018 年 3 月，美国特种作战司令部（USSOCOM）计划与雷神公司签订一份单一合同，用于采购战斗机上配装的 AGM-176 Griffin 导弹。该司令部于 3 月 9 日发布的预先征求范围涵盖了由空军寿命周期管理中心（AFLCMC）从 2018 年起至 2021 年底订购的 800 枚导弹；此外，预计在同一时期内将完成剩余 640 枚导弹的采购工作，并预计在 2022 年完成 2880 枚导弹的采购工作。最新的通告于 2 月份提出，在最初招标中，美国特种作战司令部正在寻求可搭载 AC-130W 龙矛/毒刺 II、AC-130J 幽灵骑士武装直升机、AC-208，以及其他有人和无人机上的防区外导弹。虽然并未提及具体型号，但从性能参数和规格可以看出所指为 Griffin 导弹。

9.7.2 NFCS（海军火控系统）

海军火控系统（Navy Fire Control System，NFCS），型号为 AN/SYQ-27，是美国海军使用的在岸上对友军提供支援的系统。该系统约 2003 年服役，由于要求射击的部队可能来自任何军队，NFCS 将与陆军高级野战炮兵战术数据系统（AFATDS）、全球海上指挥和控制系统（GCCS-M）以及现有的舰炮武器系统（GWS）互操作。它通过 AFATDS 接收火力请求、分配武器和消除空间冲突，使友方飞机免遭炮弹攻击；GWS 进行舰炮的装载、瞄准和射击。在近程 NFCS 功能方面，通用对陆攻击作战系统（CLAWS）将增加战术战斧导弹和对陆攻击标准导弹（LASM）火力控制，而且它将与飞机任务规划系统相连。①

用户界面使用与 BGM-109 战斧巡航导弹攻击计划相同的双屏幕。它展示了指定作战区域的海军陆地攻击图像的常见操作画面，并自动消除了海军炮火支援的冲突。来自前方观察员的火力呼叫可以是数字的，也可以是语音的。岸上通信可以通过 VHF，HF 或 UHF 卫星通信，并与船内数字通信系统协同工作。

NFCS 已被安装在从 DDG 81 到 DDG 90 的阿利·伯克级驱逐舰上，并计划安装于其他阿利·伯克级驱逐舰和提康德罗加级巡洋舰。

---

① http://en. citizendium. org/wiki/Naval_Fire_Control_System

第10章 IWS 5.0：水下系统

10.1 概述

PEO IWS 5.0 项目办公室的名称是"水下系统"（Undersea Systems），任务是研制、部署与保障稳健的反潜战（ASW）系统，并转化为实战能力。其愿景是提供今天舰队的作战能力，明天的拓展能力，以及对反潜战的技术贡献。如图 10-1 所示是 IWS 5.0 的主要业务概要情况。①

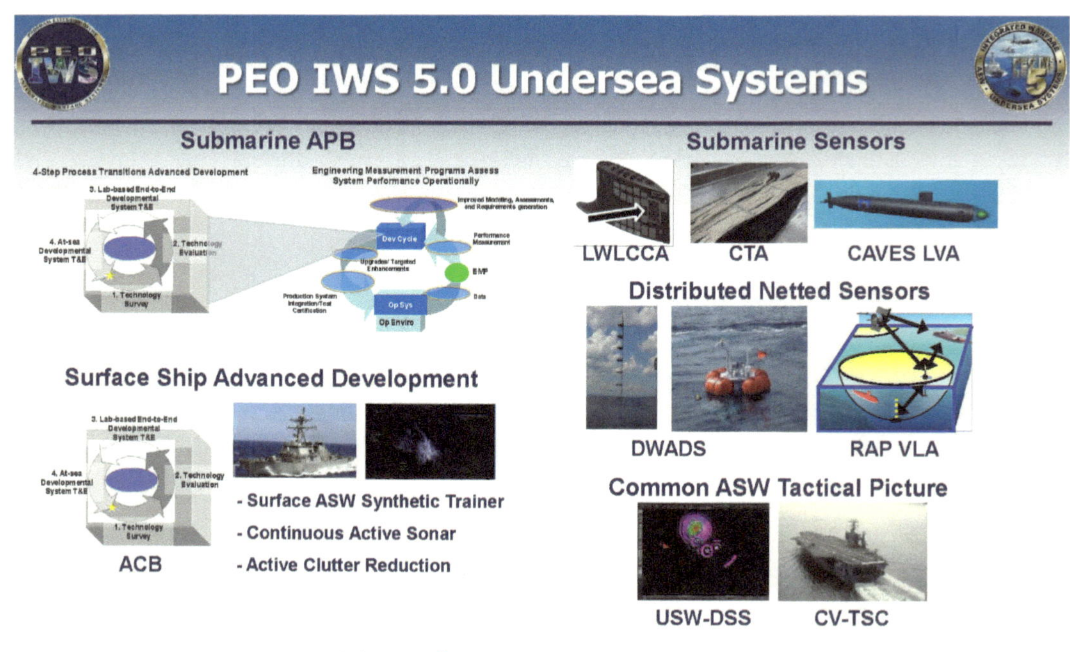

图 10-1 PEO IWS 5.0 水下系统概要

① CaptainDean Nilsen. Undersea Systems (IWS 5.0). 2011 Integrated Warfare Systems Conference, 2011.

反潜战是水下系统的核心。AN/SQQ-89 是一套美国海军广泛使用的综合反潜作战系统，部署于“宙斯盾”舰，它由各种传感器、武器控制系统、先进的声数据处理和显示器组成。为了保持先进作战能力，美国海军各项系统软/硬件需要持续更新升级，潜艇软件升级通过先进过程构建（APB）来实现，水面舰船软件升级通过先进能力构建（ACB）来实现。

本章对 IWS 5.0 分管的典型项目进行综述，主要包括：

- AN/SQQ-89 综合反潜系统；
- AN/UYQ-100 USW-DSS（水下战决策支持系统）；
- AN/SQQ-34 CV-TSC（航空母舰战术支持系统）；
- DWADS（深海主动分布式系统）；
- RAP VLA（可靠声学路径垂直线阵）；
- LWLCCA（轻量低成本共形阵列）；
- TB-29A CTA（紧凑型拖曳阵列）；
- CAVES LVA（共形声速声呐大型垂直阵列）；
- AN/AQS-20A/B/C LCS 反水雷任务模块声呐；
- CAPTAS-4/2 LCS 反潜战任务模块声呐；
- 鱼雷管、声呐等其他水下装备。

10.2 反潜战（ASW）

10.2.1 AN/SQQ-89 综合反潜系统

10.2.1.1 概况

AN/SQQ-89 是一套美国海军广泛使用的综合反潜作战系统（Integrated Undersea Warfare Combat System），它由各种传感器、武器控制系统、先进的声数据处理和显示器组成。如图 10-2 所示，该系统集成了 AN/SQS-53B/C/D 舰壳声呐、AN/SQR-19 战术拖线阵声呐、AN/SQQ-28 声呐浮标处理器、AN/SRQ-4 直升机数据链、AN/SQQ-89(V)T 舰载训练器等声呐和相关设备。作为美国海军第一型将声呐与反潜火控系统进行综合集成的反潜作战系统，该系统将原本各自独立作业的 AN/SQS-53 舰壳声呐、AN/SQR-19 战术拖曳线阵声呐与 LAMPS Ⅲ 的 AN/SQQ-28 舰载声呐浮标信号处理系统的数据进行整合与处理后显示在显控台上，用于进行目标动向分析与目标跟踪等，并提供给水下作战指挥官一个完整的水下战术态势图，可大幅提高作战军官对整体水下态势感知能力。该系统可自动对水下目标进行探测、识别、跟踪、定位和攻击，还可以吸引潜艇，躲避小型目标和鱼雷的威胁，是目前美国海军的主力反潜作战系统，如图 10-3 所示。该系统已被用在了佩里级护卫舰、阿利·伯克级驱逐舰和提康德罗加级巡洋舰上。AN/SQQ-89 综合反潜系统技术规格如表 10-1 所示。

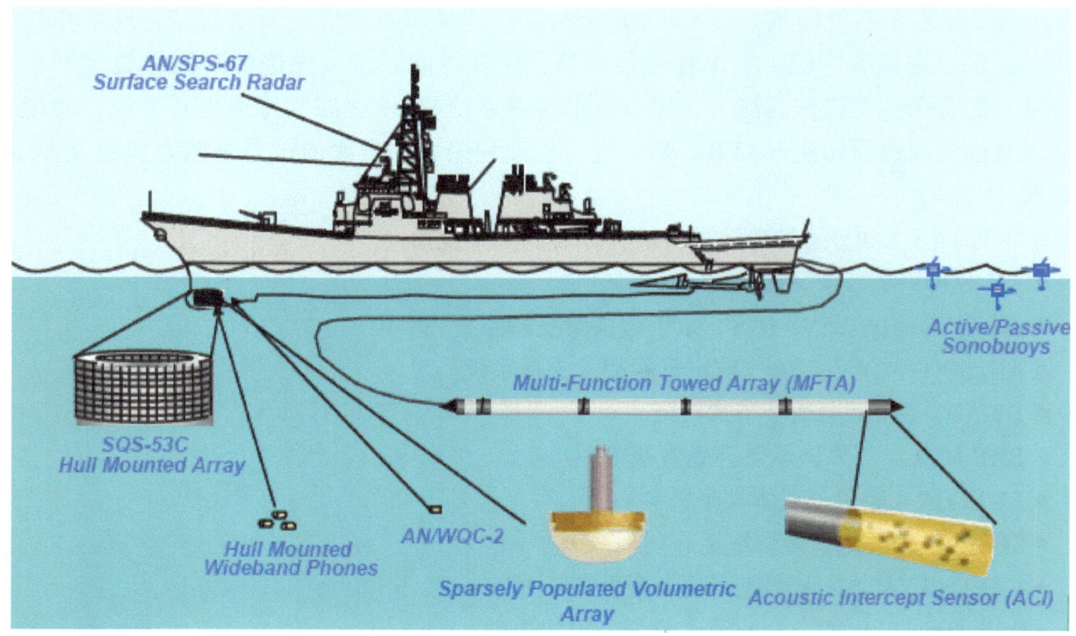

图 10-2 AN/SQQ-89 综合反潜系统

图 10-3 AN/SQQ-89A(V)15 作战示意图

表 10-1 AN/SQQ-89 综合反潜系统技术规格

型号名称	AN/SQQ-89
制造商	通用电气公司
服役时间	1986 年
建造数量	115+
类型	水面舰艇综合反潜作战系统

（续）

装载平台	DDG-51、CG-47、DD-963、FFG-7
舰载声呐浮标信号处理系统	AN/SQQ-28
战术拖曳线阵声呐	AN/SQR-19
舰壳声呐	AN/SQS-53B/C/D
水下火控系统	Mk116
声呐操作环境评估系统	AN/UYQ-25A(V)2 SIMAS
武器	ASROC 反潜火箭、Mk46 鱼雷

10.2.1.2 系统组成

AN/SQQ-89 反潜作战系统整合了 LAMPS Mk Ⅰ/Ⅲ的 AN/SQQ-28 舰载声呐浮标信号处理系统、AN/SQR-19 战术拖曳线阵声呐、AN/SQS-53B/C/D 舰壳声呐与 Mk116 水下火控系统等 4 个子系统，另外还有 1 套 AN/UYQ-25A(V)2 SIMAS 声呐操作环境评估系统。AN/SQQ-89 负责整合来自 AN/SQQ-28、AN/SQR-19、AN/SQS-53 所获得的水下目标数据，并指引 Mk116 水下火控系统指挥 ASROC 反潜火箭、Mk46 鱼雷或 LAMPS Ⅲ 反潜直升机与水下目标交战。AN/SQQ-89 系统结构如图 10-4 所示。

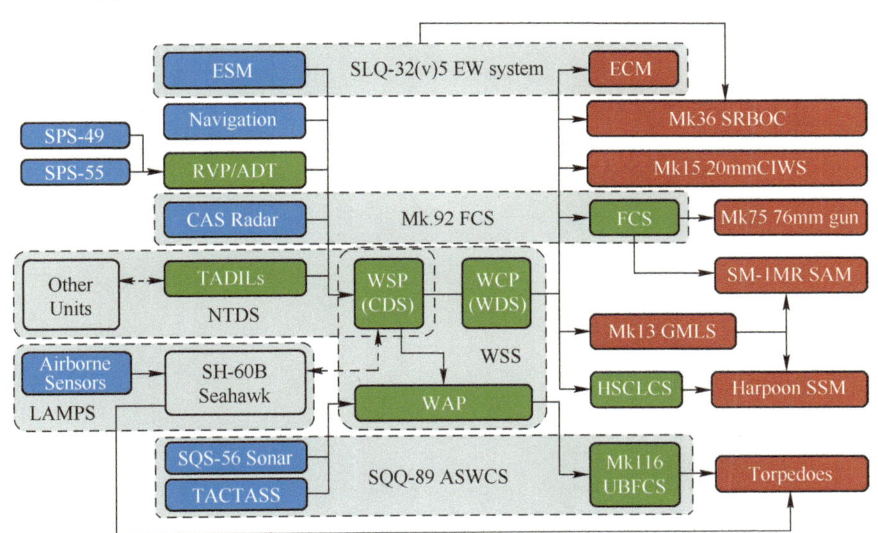

图 10-4 AN/SQQ-89 系统结构

除了以上设备外，AN/SQQ-89 还包括雷神公司研制的舰上训练器 AN/SQQ-89(V)T。它是一种基于硬件的信号发生和处理系统，利用硬件模拟的信号与处理系统代替真实的声呐、反潜武器与直升机，为 AN/SQQ-89 反潜战和 AN/SLQ-32 电子战传感器提供实际的训练和模拟设备，系统由训练器控制台、LAMPS 直升机导航模拟器、信号发生器/处理器及各种外围设备组成。整套 AN/SQQ-89 运作的自动化程度极高，能根据各种声呐系统回传的资料，同时对多个水下接触信号进行自动化的目标动态分析（TMA），最大限度减少人工介入操作。

该系统是综合作战系统，含有 2 部或 3 部与 Mk116 火控系统或武器转换处理器接口的声呐传感器。系统集成后可达到最好的作战效能，并将人工干预降到最低。早期 AN/SQQ-

89 的 Mk116 以一台 UYK-7 计算机为核心（后来换成 UYK-43），综合了三部 AN/UYS-1 先进信号处理器（ASP），整合舰上 AN/SQS-53 舰体声呐、AN/SOR-19 战术拖曳线阵声呐、LAMPS Ⅲ的 AN/SQQ-28 直升机声呐浮标信号处理系统、AN/UYQ-25A(V)2 声呐操作环境评估系统（SIMAS）、Mk116 水下火控系统等五项子系统，后端使用 AN/UYQ-21(CY-8571)先进显示处理器（AVP）。其中两部 AN/UYS-1 信号处理器负责处理 AN/SQR-19 战术拖曳线阵声呐的信号，第三部处理 AN/SQQ-28 传来的直升机声呐浮标信号，全系统能同时追踪 99 个水下目标，并对这些目标持续维持 3h 的轨迹记录。

舰壳主被动声呐通常采用 AN/SQS-53，但在 AN/SQQ-89(V)2 系统中，也可采用雷神公司的 AN/SQS-56。舰上电子设备包括 5 台声呐发射机，1 台接收机、系统控制器和显控台。

AN/SQR-19 战术拖曳线阵声呐是一种被动远程全向系统，用于探测和识别潜艇目标，如图 10-5 所示。在 AN/SQQ-89(V)综合反潜作战系统中，AN/SQR-19 承担了大范围远距离初始探测，引导舰载反潜直升机 SH-60B 迅速飞往目标区域，使用机载探潜设备对潜艇实施精确定位，用机载反潜武器实施对潜攻击或经数据链给母舰传输目标数据由舰载远程武器完成对潜攻击。

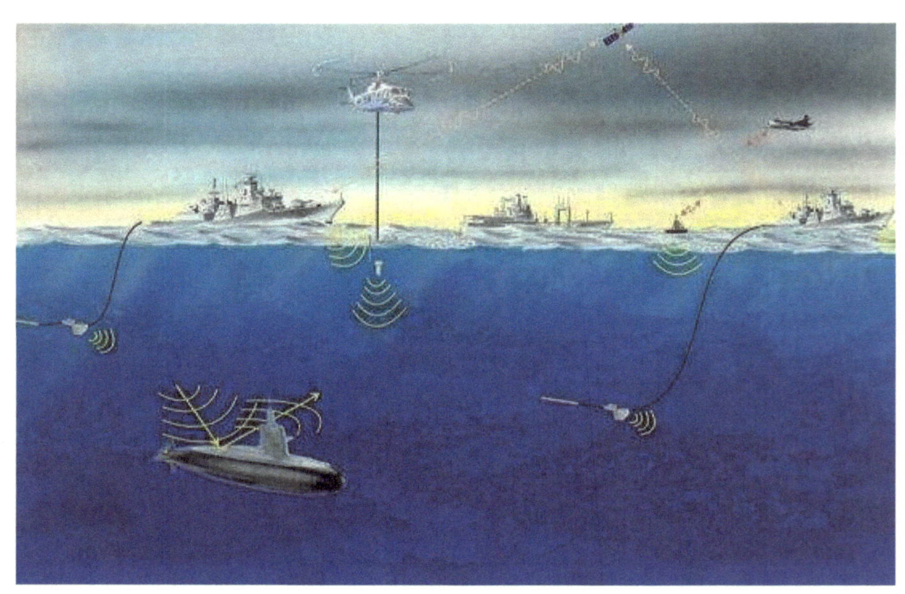

图 10-5 AN/SQR-19 多功能拖曳阵较远距离发现敌方潜艇

AN/SQQ-28 声呐信号处理系统原先设计用作 LAMPS Ⅲ武器系统的舰上处理设备，以处理 SH-60B“海鹰”反潜直升机（图 10-6 左）布放的声呐浮标所产生的原始数据，并通过 AN/SQR-4 双工数据链传送到舰上，由舰上 AN/ARR-75 声呐浮标信号接收机接收。SH-2F“海妖”（Seasprite）直升机布放声呐浮标所产生的 LAMPS Ⅰ声数据由 AN/SKR-4B 接收器负责接收。AN/SKR-4 接口经改进后，使 LAMPS Mk Ⅰ和 LAMPS Mk Ⅲ具备可互换操作性，而舰上声呐浮标接收器或训练声信号输入到 AN/SQQ-28 输入信号转换装置（ISSU）的数据链口。LAMPS Mk Ⅰ/Ⅲ可互换性装置被安装在从“圣哈辛托”号（CG 56）开始的提康德罗加级巡洋舰的新舰和所有阿利·伯克级驱逐舰上，由于有 AN/SKR-4，它们将有选择性地改装。当 AN/SQQ-28 安装在带有 AN/SQR-19 的舰艇上时，它们对数据处理系统或信号数据处理设备进行共享，若单独使用，它将采用 AN/UYK-20 数据处理系统。

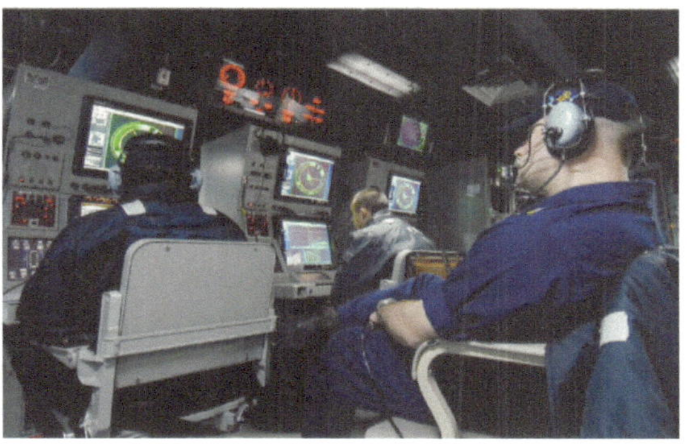

图 10-6 "海鹰"反潜直升机（左），AN/SQQ-89 显控台（右）

1986 年开展的 AN/SQQ-89 改进计划（SQQ-89 Improvement，又称 SQQ-89(V)10），包括引进 AT&T 的 AN/UYS-2 强化模块信号处理器（EMSP）取代 AN/UYS-1；然而，此项计划由于范畴经常变动（包括威胁分析、系统规格、平台定义等），加上许多技术问题（尤其是 ESMP），导致进度大幅落后，结果这项计划在 1992 年被取消。

AN/UYQ-25 信号处理系统和相关的 SIMAS 为声呐性能预测和方式选择提供一种基于计算机的处理能力，根据各种水文参数，预测每个声呐系统在当前水域环境下的运作效能，进而分析出最适合的操作模式，在各种环境条件下提供 AN/SQQ-89 的最佳系统性能。除了前几艘提康德罗加级巡洋舰外，AN/SQQ-89 采用的型号均为 AN/UYQ-25A(V)2。

10.2.1.3 系统特征

AN/SQQ-89(V)是一种水面舰艇综合反潜作战系统，设计用于探测、定位、跟踪和对付潜艇。通过多种传感器对声音信号进行发射和（或）接收，系统可对目标分类，进行目标运动分析，并控制本舰反潜武器。此外，系统可提供多传感器航迹相关、航迹管理控制，并将航迹数据传送到舰艇的作战指挥系统或指挥和决策系统。系统采用 AN/UYK-43B 处理机，但软件中 85%以上仍采用 CMS-2 编写。

AN/SQQ-89 通过对多种声呐和其他传感器探测信号的综合处理，利用高速计算机自动决策反潜战术以及反潜火力的运用，其基本设计理念与宙斯盾如出一辙。该系统可对目标自动分类、排序，分析目标运动轨迹，最终控制本舰反潜武器实施拦截。此外，它还能够为本方潜艇、反潜机、水下机器人等探测平台提供航迹管理控制，承担类似舰载雷达或预警机的编队指挥管理任务。整套系统的自动化运转均通过 AN/UYK-43B 高速计算机的综合处理完成，处理结果与探测数据显示在 2~6 个 OJ-452 工作台上。

如果说宙斯盾的核心是 AN/SPY-1 雷达，那么 AN/SQQ-89 的核心就是舰壳声呐。无论什么版本的 AN/SQQ-89，至少都包括一部 AN/SQS-53 或 AN/SQS-56 球鼻艏舰壳声呐。AN/SQR-19 战术拖曳线阵声呐则属于选装设备。在一次典型的舰机联合反潜作战中，配备完整版 AN/SQQ-89 的反潜舰，将首先利用 AN/SQR-19 战术拖曳线阵声呐进行远程搜索，该声呐的线列阵长超过 200m，拖缆长达 1500m。由于距离本舰噪声源较远，因此可以探测距本舰 150km 外的水下目标。不过 AN/SQR-19 主要用于远程水下预警，并不具备精确跟踪能力。AN/SQQ-89 系统接收到拖曳线列声呐的初始探测数据后，即可指挥舰载"海鹰"直升机飞赴目标海域进行精确定位搜索。反潜直升机的搜潜数据通过 AN/SQQ-28 数据链再传回 AN/SQQ-89 系统，由 AN/SQQ-89 系统决策是否发动攻击，以及由直升机还是反潜导弹，或者鱼雷发动攻击。

反潜战任务中，任务的灵活性、系统的扩展性、技术的更新程度，是提高任务效率和舰艇生存的重要基础。以最新版本 AN/SQQ-89A(V)15 为例，运用这个思想，旨在通过灵活的商用现货技术（COTS）无缝集成新模块，提高多任务执行力。AN/SQQ-89A(V)15 通过采用基于商用现货技术的开放式环境，持续满足现有反潜作战系统的现代化需求，新的改进包括改善浅水濒海环境中的反潜作战能力。

AN/SQQ-89A(V)15 由 AN/SQS-53C 舰壳声呐、AN/SQR-19 拖曳式声呐、AN/SQQ-28 直升机数据链、Mk116 Mod 7 反潜火控系统等系统组成。由于灵活性高，该系统除了可执行反潜战外，还可以执行反水雷、水声信号采集、海底水文探测等任务。

目前，AN/SQQ-89A(V)15 除了软件升级（ACB）外，还会接受一项名为“四年硬件升级”的技术嵌入（TI）项目升级（图 10-7）。通过四年硬件升级项目，美国海军计划未来 AN/SQQ-89A(V)15 系统能够利用被动声呐为舰艇提供早期鱼雷报警的能力。除了提供早期鱼雷预警外，AN/SQQ-89A(V)15 还将进一步整合传感器，提高传感器的集成化和自动化水平，意在减少传感器的虚假警报，并提高舰艇人员操作/培训的能力，以支持舰艇能够在沿海海域作战。这个四年硬件升级项目由水声传感器、声呐系统、多功能拖曳式声呐系统（TB-37）、水声监听器、声呐浮标（舰/机）、鱼雷系统/反潜导弹系统、MH-60R/SH-60B 直升机等系统组成。

图 10-7 | 四年硬件升级项目示意

10.2.1.4 研制与使用

AN/SQQ-89 系统研制始于 1976 年。1981 年通用电气公司电子系统部获得该系统的全面研制合同。1984 年在斯普鲁恩斯级驱逐舰穆斯布鲁格号（DD 980）上，该系统进行了第一次舰上试验，并从 1986 年 1 月开始进行原型机系统试验。1985 年，第一套实用系统 AN/SQQ-89(V)2 安装在佩里级护卫舰柯茨号（FFG 38）上。1985—1986 年，美国海军首先在穆斯布鲁格号上对 AN/SQQ-89 做了两年测试。所有的斯普鲁恩斯级驱逐舰借 1986 财政年度大修的机会，在之后均陆续加装了 AN/SQQ-89 反潜系统。1987 年，AN/SQQ-89(V)1 安装在斯普鲁恩斯级驱逐舰斯普鲁恩斯号（DD 963）上。该系统还被选作提康德罗加级巡洋舰的装备，第一套 AN/SQQ-89(V)3 安装在 1988 年 1 月服役的圣哈辛托号（CG 56）上。第一套 AN/SQQ-89(V)4 于 1991 年 7 月安装在阿利·伯克级驱逐舰阿利·伯克号（DDG 51）上。1990 年威斯汀豪斯电气公司海洋部被选作 AN/SQQ-89 的第二承包商。

截至 2016 年，AN/SQQ-89 的最新型号为 AN/SQQ-89A(V)15。其他常见型号或配置见表 10-2，它们均采用 AN/SQR-19 战术拖曳线阵声呐。

表 10-2 AN/SQQ-89 型号或配置

型　号	Mk116	舰壳声呐	声呐信号处理系统	计　算　机
(V)1	Mod 5	SQS-53B	AN/SQQ-28(V)2	UYK-7/20/44
(V)2	Mod 4	SQS-53A	AN/SQQ-28(V)3	UYK-7/20
(V)3	Mod 6	SQS-53B	AN/SQQ-28(V)2	UYK-7/20/44
A(V)3	Mod 7	SQS-53B	AN/SQQ-28(V)2	UYK-20143/44
(V)4	Mod 7	SQS-53C	AN/SQQ-28(V)3	UYK-20/43/44
(V)5	Mod 8	SQS-53B	AN/SQQ-28(V)2	UYK-20/43/44
(V)6	Mod 7	SQS-53C	AN/SQQ-28(V)9	UYK-43/44
A(V)6	Mod 7	SQS-53C	AN/SQQ-28(V)9	UYK-43/44
(V)7	Mod 6	SQS-53B	AN/SQQ-28(V)9	UYK-43/44
(V)8	Mod 6	SQS-53B	AN/SQQ-28(V)9	UYK-43/44
(V)9	Mod 8/9	SQS-56	AN/SQQ-28(V)9	UYK-44

提康德罗加级巡洋舰的(V)1 到(V)3 拥有一台 UYK-7 主计算机（后来改良时换为 UYK-43）和 Mk116 Mod 6 反潜火控系统，使用 AN/SQS-53A/B 舰艏声呐（后来以 COTS 组件改良）以及 AN/SQR-19(V)1/A(V)1 拖曳阵列声呐，并结合 LAMPS Ⅲ反潜直升机系统的 AN/SQQ-28 声呐浮标数据链。(V)6 以一台 UYK-43 主计算机取代 UYK-7，换装改良后的 Mk116 Mod 7 反潜火控系统，使用 AN/SQS-53C(V)1 舰艏声呐以及 AN/SQR-19B(V)1 拖曳阵列声呐。

2010 年，(V)6 开始进行升级，包括鱼雷警戒升级（TAU），整合入鱼雷辨识与警戒功能段（TRAFS），改进操作能力的相关技术如系统层级纪录器（System Level Recorder）并结合信号区域网（S-LAN）、战术决策辅助系统（TDSS）、以 COTS 商用现货技术为基础的声呐战况模式评估系统（SIMAS II）以及共同整合战术态势图（CITP）能力等。(V)12 则将 AN/SQS-53B 舰艏声呐升级为 AN/SQS-53D(V)2，并同样进行鱼雷警戒升级，包括 TRAFS、SIMAS II、SLR、TDSS 等。

阿利·伯克级驱逐舰舰艏的(V)4 和(V)6 省略了 AN/SQQ-28 声呐浮标信号处理系统，因为配备该版本的阿利·伯克级驱逐舰并未配备 LAMPS Ⅲ反潜直升机系统，其余的配置与提康德罗加级的(V)6 版本相似。

(V)10 则是为配备反潜直升机的阿利·伯克级ⅡA 型设计的，前 6 艘（DDG 79-84）都使用(V)10，拥有 AN/SQQ-28 声呐浮标信号处理系统，但不具备 AN/SQR-19 拖曳声呐；

此外，(V)10 拥有改良的 AN/UYS-2 增强型模块化信号处理器（EMSP）、AN/USQ-132 战术决策辅助系统（TDSS）以及基于商用成熟技术的 AN/UYQ-65 先进影像处理显示系统(AIDS)。

(V)14 装备于阿利·伯克级ⅡA 型的 DDG 85-90，是(V)10 到(V)15 的过渡型，采用开放式架构，整个系统分为 10 个独立的部分，并开始引进 COTS 技术，包含 TAC3 工作站等；相较于(V)10，(V)14 唯一的新增功能是增加鱼雷辨识与警戒功能段（TRAFS）。

(V)15 引进了商用成熟技术组件取代老旧的封闭军用计算机，后端运算与显控单元采用开放式的 AN/UYQ-70 显控台，并与历年不断改良的配套的声呐、直升机系统整合，包括基于 SMP 多重处理器与 Linux 操作系统的架构、AN/SQS-53D 舰体声呐、Mk116 Mod 7 反潜火控计算机、AN/SQQ-28 Block 2 反潜直升机声呐浮标系统、Mk50/54 先进轻型鱼雷、AN/SLQ-25B 鱼雷反制系统，以及新一代的 AN/SQR-20（后改称 TB-37U）多功能拖曳阵列声呐（MFTA）等，并具有声呐追踪识别（ETC）能力，用以扩展舰体声呐与拖曳阵列声呐在主动模式下的整合工作能力。(V)15 的应用软件层能便利而频繁地进行后续的功能扩充与软硬件升级。

A(V)15 运用了异步传输模式（ATM）的内部网络，使传输速率能轻易达到 19.2Mb/s。A(V)15 拖曳式主动接收系统（TARS）采用 COTS 技术，结合光纤传输信号的拖曳阵列声呐、一个中频多基（bistatic，接收端处理不同的发射端的信号）处理器以及新型宽带数位波束生成器（Beamformer）。

从斯普鲁恩斯级与阿利·伯克级驱逐舰，到提康德罗加级巡洋舰，再到已经退役的、排水量仅 4000t 的“佩里”级护卫舰，美国海军为除航空母舰外几乎所有的水面作战舰艇都配备了 AN/SQQ-89，装备数量甚至比宙斯盾作战系统还多。截至 2017 年，美国海军总共订购了 115 套左右的 AN/SQQ-89，还有大量订单处于生产中。

至今，全部的 AN/SQQ-89 系统不但安装在美国多种军舰之上，还被出口到了日本、西班牙等多个海外国家，作为历史上第一种综合反潜作战系统，其意义是划时代的。通过综合多种多维度传感器的信号，其反潜作战能力相比于传统的单一孤立的作战系统有着大幅的提升。其开放的架构，使其升级难度被大幅降低，这一诞生在 20 世纪 70 年代的反潜作战系统，现在依然是人类最强大的反潜作战系统之一。

阿利·伯克级从 DDG 91 起的ⅡA 型（使用宙斯盾 Baseline 7）开始配备(V)15；DDG 113 以后开始搭载 A(V)15，而早期的阿利·伯克级驱逐舰与提康德罗加级巡洋舰也将通过大规模改良声呐系统（SIPS）的计划，引进部分 A(V)15 新技术来升级原有的系统；从 2010 年代重新开始生产的 DDG 118 起，A(V)15 就首次加装 AN/SQR-20(TB-37U)拖曳阵列声呐、新的声呐浮标信号接收机来替换 AN/ARR-75 和以 MH-60R 反潜直升机系统为主的 LAMPS Ⅲ Block 2，并更新声呐室冷却系统。到 2016 财年底，美国海军已有 35 套量产型 AN/SQQ-89A(V)15 装备于后期阿利·伯克级ⅡA 型上。

10.2.1.5　采办动态

2015 年 5 月 21 日，NAVSEA 授予洛克希德·马丁公司任务系统与训练分部一项 3422 万美元的合同，合同为期一年，升级海军的 AN/SQQ-89A(V)15 和岸基网络开发系统。合同要求洛克希德·马丁公司为 AN/SQQ-89A(V)15 作战系统开发、集成和构建先进能力和技术嵌入基线。AN/SQQ-89A(V)15 的此次升级工作包括改进自动鱼雷报警功能和声呐探测性能，采用先进的主动声呐处理算法重新设计以减少操作者的装载工作，集成训练和后勤管理功能。

2015 年 5 月 27 日，NAVSEA 向洛克希德·马丁公司任务系统和培训部授予一项 2730 万美元的修改合同，以采购 7 个 TB-37U 多功能拖曳阵（MFTA, AN/SQR-20）声呐系统（图 10-8），用于替换 AN/SQR-19(TB-19) 战术拖曳线阵声呐。合同要求洛克希德·马丁公司提供 MFTA 声呐生产单元、牵引电缆、光电滑环、浮标和运输产品以及工程服务。MFTA 是下一代无源和有源声呐接收机，它提供增强的 AN/SQR-19 战术拖曳线阵声呐系统，允许更大覆盖范围，提高了性能和可靠性，并降低报废率，是 AN/SQQ-89 综合反潜系统的一部分。MFTA 配置有直径为 3 英寸的阵列，可以由水面舰艇拖曳，能明显增强水面舰艇探测、定位海底威胁的能力，是海底作战系统的一个关键传感器。MFTA 可以运行在海洋不同深度，使水面舰艇检测和定位那些试图隐藏在不同温度、盐度、不同水文层的敌方潜艇。可安装于阿利·伯克级驱逐舰、提康德罗加级巡洋舰、濒海战斗舰以及朱姆沃尔特级驱逐舰上。

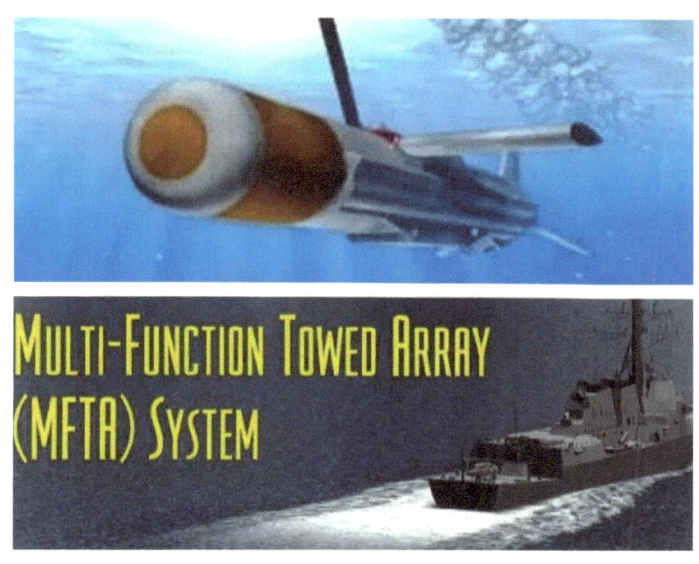

图 10-8 多功能拖曳阵声呐系统（MFTA）

2016 年 6 月 22 日，洛克希德·马丁公司导弹和火控部门获得了一项价值 1400 万美元的美国海军采购合同（成本、固定费用及激励条款），用于采购 AN/SQQ-89 水下作战系统。若该合同全部获得执行，则总价值将达到 1.695 亿美元。该合同除了涉及美国海军之外，对外军售部分还将涉及日本。

2016 年 4 月 29 日，NAVSEA 又授予洛克希德·马丁公司 4500 万美元的修订合同，以生产水面舰艇用 TB-37U 多功能拖曳阵声呐系统，从而实现在不同深度探测和攻击敌方安静型潜艇。合同要求该公司提供 MFTA 声呐系统的产品组件、拖缆、光电滑环、锥套等产品，并提供工程服务以支持 AN/SQQ-89 水面舰艇用综合反潜系统。目前洛克希德·马丁公司将与 L3 切萨皮克科学公司合作生产 TB-37U 多功能拖曳阵声呐，其产品将交付给美国海军与日本海军，计划 2018 年 9 月完成。

10.2.2 APB（先进过程构建）

目前，美国海军各项系统软/硬件升级大概都是以每两年一次批次发布，潜艇软件升级通过先进过程构建（Advanced Processing Build，APB）来实现，水面舰船软件升级通过先进能力构建（Advanced Capability Builds，ACB）来实现，硬件升级则通过技术嵌入（Technology Insertion，TI）来实现。每个 APB/ACB/TI 发布时，就会一次性发布成熟度达标的软件或计算机硬件。

10.2.2.1 APB 概况

潜艇先进过程构建（APB）流程源自声学快速商用现货引入（ARCI）项目。ARCI 项目是运用模块化开放式架构（MOSA）和开放式架构（OA）非常成功的项目案例，该技术最初应用于“洛杉矶”号（SSN-688）潜艇的拖曳阵声呐，后来被逐渐应用到美国海军所有攻击型潜艇（海狼级、弗吉尼亚级、洛杉矶级）的声呐系统，以及一些水面舰艇的声呐应用程序，甚至被应用到航空反潜作战中。此外，美国海军还决定从 2017 财年开始将 ARCI 项目实施到在役的俄亥俄级弹道导弹核潜艇上，以获得最新的技术设备，实现更强的水下作战能力。从 2017—2019 财年，计划对 7 艘俄亥俄级潜艇进行 TI16 和 APB15 的升级，并最终将软件升级到 APB17 标准。从 2019 财年开始将对剩余 7 艘俄亥俄级潜艇进行 TI18 和 APB17 的升级，并最终将软件升级至 APB19 标准。① 至此，ARCI 项目的应用范围几乎涵盖了美国海军所有核潜艇，它们都要通过 APB/TI 来实现软硬件升级。如图 10-9 所示是 APB11/13/15/17 草案。

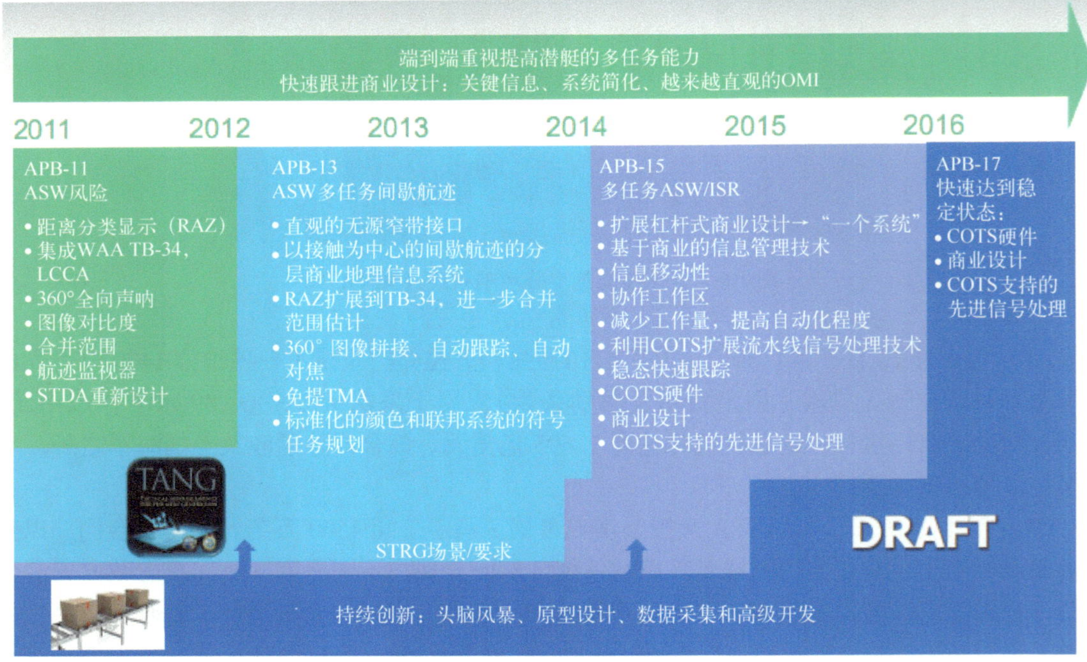

图 10-9 APB 路线图草案

① 柯江宁．美国海军升级弹道导弹核潜艇舰队［J］．现代军事，2015（4）．

ARCI 项目也是迄今为止军事领域中涉及面最广的商用现货（COTS）项目，该项目隐含的一个战略目的是：美国海军通过采用 COTS 计算技术建立一个“技术更新和升级”循环模式，使海军潜艇的处理能力和软件发展始终处在最前沿。

软件升级通常于奇数年交付（每两年一次），被标记为 APB07、APB09、APB11、APB13 等；硬件升级通常于偶数年开展（每四年一次更新），如 TI08、TI10、TI12、TI14 等，后缀数字越大就表明越先进。为了降低研发风险，通常做法是 TI 改进和 APB 改进相互带动和促进。例如，在研发 TI14 设备时，往往会以 APB13 的升级型软件为基础来研发。当 TI14 完成研发并安装到潜艇上后，它接着将作为 APB15 的研发基础。这样无论是硬件研发还是软件升级，都能以成熟系统为基础，最大限度地化解研发风险，而且每个 TI 硬件都具有 2 个 APB 版本，这也能带来额外的好处。

当海军开始在 TI14 状态下安装硬件时，这些潜艇将获得 APB13 软件。2 年后，PEO IWS 将会为这些潜艇安装 APB15，使它们在功能上有显著提升。直到下一代硬件（可能是 TI18 或 TI20）问世之前，潜艇将一直使用这种配备。理论上讲，每艘潜艇都配备隔代的硬件，因此配备 TI12 的潜艇将升级配备 TI16，而配备 TI14 的潜艇将升级配备 TI18。实际上舰队所有潜艇现在都拥有 ARCI 型，海军大约每 4 年用新硬件和其附带软件帮助每艘潜艇升级。

APB 新功能及算法引进流程如图 10-10 所示。APB 流程不仅利用 COTS 技术解决了信号处理算法及声呐新功能的开发问题，而且在声呐领域建立了一种遵循 OA 架构的商业模式，不断吸收民用领域具有单项优势的技术。据统计，美国采用 APB 流程的 OA 架构后，声呐信号处理算法开发、更新周期缩短了 2/3，更新成本也显著降低。

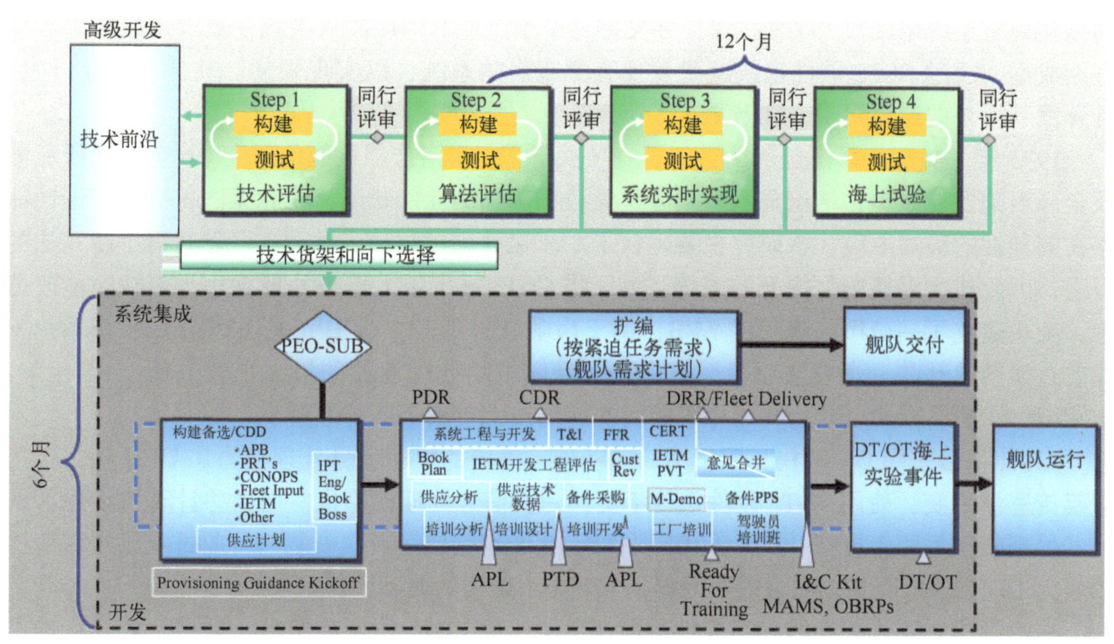

图 10-10 APB 新功能及算法引进流程（四步走）

因此，APB 是一种现有基线的更新，通过软件技术嵌入来提供新的或改进的作战系统性能。一个 APB 建造周期意味着新型产品基线的转变。APB 开发周期如图 10-11 所示。

10.2.2.2 ARCI

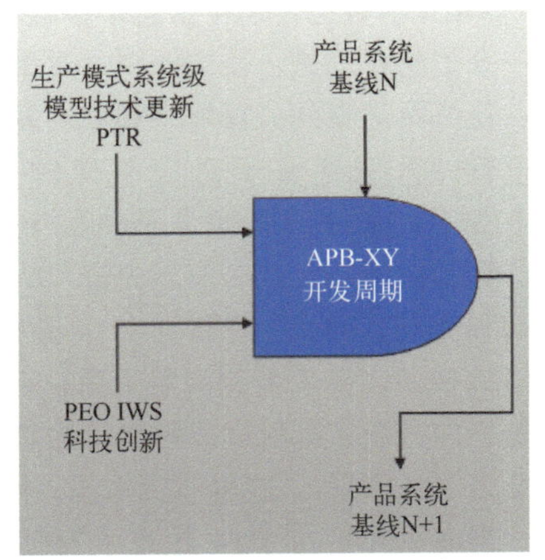

图 10-11 APB 开发周期[①]

20 世纪 90 年代初期，美国海军潜艇部队意识到自身声学方面的技术优势正在逐渐流失，而国外潜艇由于“安静”技术的引进，降噪性能取得巨大进步，如：俄罗斯潜艇噪声层级的快速减小等。这为美国的声学探测系统提升带来重大需求，以更好地对国外潜艇进行追踪探测。为保持在声呐探测领域的优势，降低声呐更新的成本，美国海军首先提出了“声学快速商用现货引入”（ARCI）计划，并逐步在美国海军潜艇部队现有的声呐系统上应用开放式架构（OA）和商用现货（COTS）技术，如“洛杉矶”级核潜艇上的 BQQ-5 和 BSY-1 型、海狼级核潜艇上的 BSY-2 型和“俄亥俄”级核潜艇上的 BQQ-6 型等声呐系统，以支持先进的信号处理算法，为潜艇部队提供公共、高性能的声呐系统，实现对敌安静型潜艇的探测和跟踪。该声呐系统具有更强的功能和系统灵活性。通过这种方式使得声呐系统能够开发和运算复杂的算法，远远超越已定型声呐的处理器性能。

对于这一项目，美国海军面临的主要挑战是，ARCI 商业模式能否快速响应新的性能需求。典型需求之一是，在复杂水文条件下探测安静型柴电潜艇，执行扫雷作战。该项目的实施使潜艇部队可在不影响日常训练与战备行动的情况下定期更新软硬件。英国也提出了“声呐 COTS 技术快速引入计划”，即 DeRSCI 计划，将 OA 标准引入声呐信号处理领域，目的是在现有系统中集成 COTS 技术，并支持将中小企业的构件嵌入系统，减少采购成本和全寿期成本。通过 COTS 硬件来快速代替现有潜艇声呐系统，以实现硬件、软件的独立开发，且开发新算法的速度更快、花费更少。

1995 年，美国海军潜艇部队进行了一项关于潜艇反潜作战性能的研究，6 个月的研究涉及全部声呐性能数据，结论显示声呐方程无法精确预测性能状况，因此无法得出与理论性能存在差异性的确切原因。该研究主要确认了军事化计算机驱动声呐系统严重妨碍了新算法的引进，因此成为潜艇能力提升的威胁。为了将 COTS 技术引入信号处理算法与声呐功能改造中，美军建立了一套严格流程的 APB，用于声呐软件的开发。APB 是美国海军在新系统完成前过渡期启动的一个独立项目，它带来了潜艇声呐处理性能的极大提升。从 1995 年起，ARCI 和 APB 项目的启动为美国海军潜艇的声呐技术带来了革新性进步。

ARCI 项目采用 OA 架构，用于不断更新现有潜艇的声学信号处理能力。ARCI 项目保持潜艇传感器不变，使用 COTS 硬件每四年更换一次信号处理计算机。在这些计算机上运行的信号处理软件每两年更新一次。ARCI 项目于 1998 年完成第一次安装，目前每年改进舰艇的数量为 10~12 艘。ARCI 项目被视为早期实现 OA 架构的典型案例。

在不影响主要作战性能和可靠性的前提下，应用 COTS 技术和组件，采用开放式标准有以下两个明显的优势：一是通用化程度高，兼容性好。通过采用开放式的技术标准和构架，

① Robert Zarnich. ASW ENTERPRISE OPEN ARCHITECTURE. PEO IWS 5A，Advanced Undersea Systems Development，2006.

可以显著减少专用元器件、专用组件或模块以及专用软件的数量，使得装备具有良好的兼容性，便于扩充和升级。二是供货渠道畅通，设备成本低。

在声呐装备硬件领域，美国潜艇新型声呐信号处理机采用多芯片结构，每个芯片均选用商用处理芯片，单模块的处理能力超过了 100G FLOPS。过去，多个信号处理芯片之间主要采用多端口的数据通信 Link 通路来进行数据通信，形成多节点的信号处理机结构。由于背板交换的嵌入系统方案与日益增高的板间带宽要求、共享总线板间带宽资源有限的矛盾，美国海军开始对原来的 VME/CPCI 总线系统进行升级换代。通过新的 VPX 标准提供现场可更换模块（Line Replaceable Module，LRM）级别的板卡现场维护的简易性，极大降低了经常拆卸、更换子系统备件的成本和复杂性。

其他硬件设备如 COTS 显示器、COTS 数据记录仪等设备，由于其升级改造快、维修方便的优势，也在声呐系统硬件领域得到大量应用。以美军声呐信号处理机为例，应用 COTS 技术后，更新速度大大加快。在整个 ARCI 计划中，声呐信号处理机已完成五代更新，信号处理能力总共提高近 200 倍，而经费开支只相当于原来的 1/10。

在声呐装备软件领域，美国海军采用了“多功能处理机”中间件技术，将应用软件与底层硬件分离，保证了 COTS 硬件的“即插即用”和软件的可移植性。中间件允许软件在不同硬件平台上均能顺利运行。为了将 COTS 技术引入信号处理算法与声呐功能改造中，美军建立了一套声呐软件开发的严格流程 APB。

ARCI 项目的首要目标是潜艇声呐系统的快速性和定期技术嵌入，以保证硬件的通用性和软件性能得到快速更新，该过程通过 APB 完成。APB 目标是在三年内完成四步走流程以达到最终配置（常规采购时间轴通常是 10 年）。APB 流程首先根据战场需求，广泛引入各种先进的声呐应用功能与算法，由海军专家进行技术与算法评估后，可行的算法在合适的 ARCI 硬件支持下，与已有的软件模块进行交联、整合与集成后，采用海上实录数据进行仿真测试，最后海试成功的产品可进行 APB 生产并装备部队，根据部队反馈意见持续改进。①

ARCI 的商业开发模式是一个耗时 2 年的持续性过程，如图 10-12 所示。对潜艇部队操作需求进行确认和排序，开发软件程序对这些需求进行处理，并对不久的将来可能出现的处

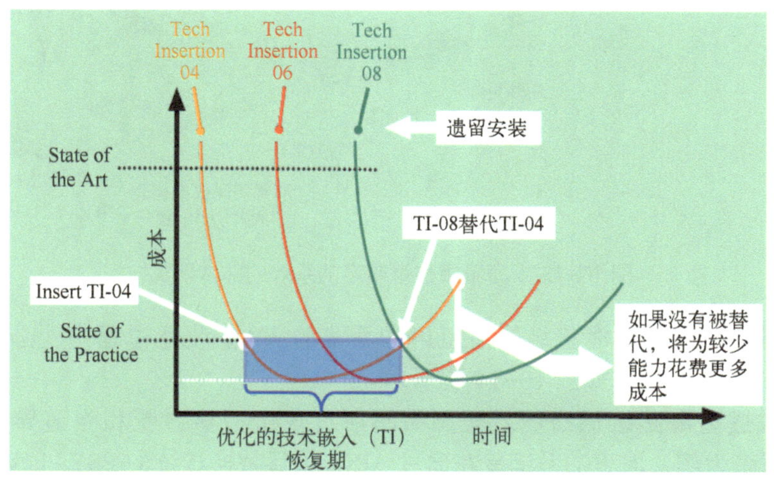

图 10-12 ARCI 商业开发模式

① 韩志斌，等. COTS 技术在声呐装备中的应用［J］. 声学技术，2014（1）.

理器进行评估。软件生成的过程即为 APB，硬件则以技术嵌入的形式交付。通过这种技术使软件保持良好性能，引进新的硬件以应对系统老化，从而提供额外的处理性能。新性能基于现有性能每年通过 APB 进行交付，APB 进行性能改进则每隔一年进行一次。每艘潜艇在安装部署前将会接受技术嵌入和 APB 处理，在舰船接受了新的 APB 之后，将不会再进行 APB/TI 的升级，直到下一次部署。

ARCI 商业开发模式维持了优化技术嵌入的有效时间，通过 APB 处理程序提供一种基于有限经费的方法来提升处理能力。通过摩尔定律可以推测：每个新的代表性技术嵌入周期（18~24 个月）内，系统性能获得加倍提升。

ARCI 项目将潜艇拖曳阵声呐、艇体声呐、球形阵声呐以及其他舰船传感处理器通过硬件和软件的 COTS 快速嵌入技术进行集成和改进，有效提升了美国潜艇对敌方潜艇的探测性能。基于处理性能的改善，ARCI 减少了系统“开发-测试-开发”升级进程中的经费和时间。

以海狼级核潜艇上的 BSY-2 型声呐系统为例（图 10-13），采用了 ARCI 进行现代化改造，以缓解声呐系统的硬件老化进程，并对部分技术进行更新，提高了主声呐系统的性能，以应对现有威胁。海狼级核潜艇声呐系统在改造开始前经历了长时间的 IDP/APB 集成准备阶段，改造过程分为以下 5 个步骤：

（1）评估 BSY-2 性能，建立功能性比较矩阵；

（2）处理 BSY-2 顶层需求影响，编制 BSY-2 顶层需求影响清单；

（3）确认保留部件，如大型球面阵列和宽孔径被动阵列声呐接收器等；

（4）处理架构问题，包括硬件安装问题、COTS 产品功率修正等；

（5）作战系统耗损最小化。

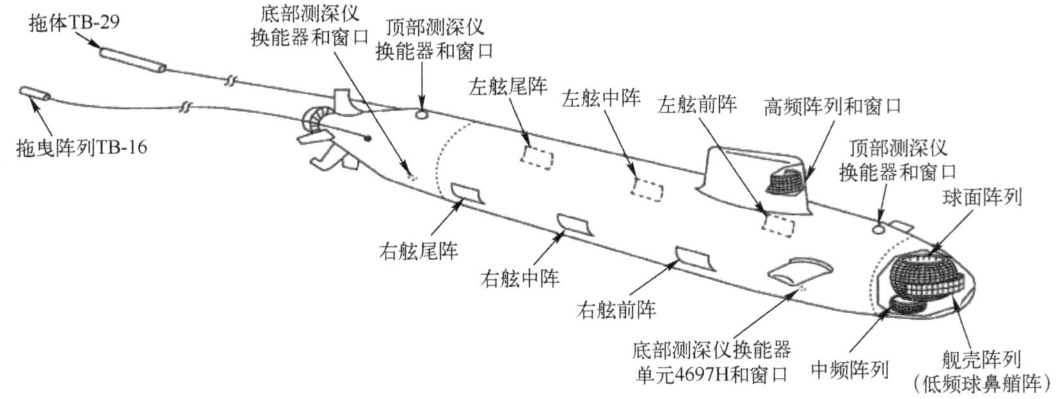

图 10-13 ‖ 海狼级核潜艇声呐系统的部件组成

需要注意的是，在上述海狼级核潜艇声呐系统的 ARCI 改造过程中，必须保持接口与 BSY-2 原有接口的一致性，如图 10-14 所示。

以安装在改进型海狼级核潜艇及美国海军所有攻击型核潜艇和弹道导弹核潜艇上的 BQQ-10 声呐系统为例，该声呐系统旨在通过 ARCI 项目替换传统的 BSY-1 声呐，其实施过程分为四个阶段：

（1）对拖曳阵列处理性能进行初始改进，增加 TB-29 拖曳阵列；

（2）对拖曳阵列处理性能进行深度改进；
（3）拖曳阵列、艇体阵列、球形阵列软硬件的处理器替换；
（4）进行高频水雷追踪和冰避碰声呐的升级。

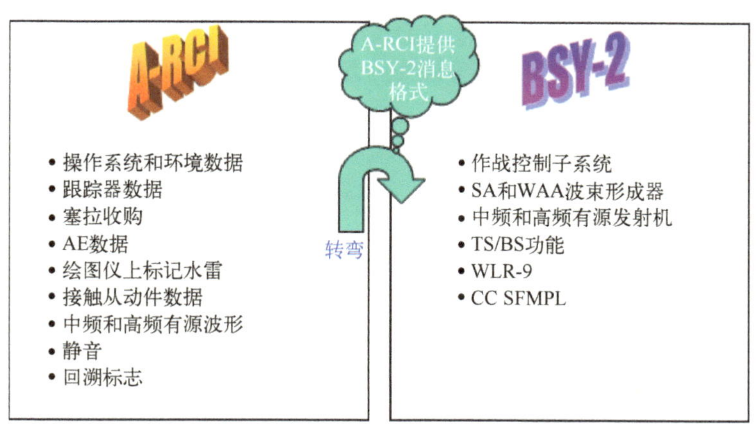

图 10-14 ARCI 提供的接口版本①

在 ARCI/APB 中，需要统一系统工程流程（SEP）和结构来指导和协同不同开发人员的工作，调节复杂程序规则，控制重要接口，兼容硬件、软件标准以保证互通性。在开发中，软件开发由参与竞争的小型创新性承包商、学术研究实验室、政府实验室完成。通过“开发—测试—开发”循环，硬件和软件系统以及其他部件会交付给系统总集成商用于组装这些更新包并安装到潜艇上。与传统开发模式的单一主承包商相比，新系统的开发不仅仅是由某一承包商独立完成，而且是由多方协同完成，通过迭代循环开发以完成 SEP 管理。

ARCI 采用海军声呐系统的螺旋式采办程序，该方法打破了系统硬件和软件边界，通过对不同的硬件、软件部件的不断更新来逐步提升系统性能。开发者与用户紧密相连，各个螺旋状态在实施之前都会被充分论证。

优势：带来声呐性能和后勤保障方面的改进，恢复美国海军声学优势，通过新型维护方法来减轻其维护负担。全寿期成本显著降低，软件重复使用，备件需求和维护训练需求有效减少，所需费用降低为原有系统费用的五分之一。明显缩短软件和硬件改进实施周期，每年进行一次软件 APB 开发，每半年进行一次 COTS 处理器改进，保证每艘潜艇每两年进行一次软件更新，每四年进行一次新型处理器的安装。

缺陷：传统的端到端操作测试（OT）并不能与 ARCI/APB 进行很好的匹配，大量的操作测试成为影响 ARCI/APB 开发速度的主要负担与障碍。虽然所需开发经费少于传统方法，但经费形式有了很大不同，需要不断完成 RDT&E 流程、采办、操作和保障经费以支撑 ARCI。

采用 MOSA 方法，消除了软件和硬件之间的影响，硬件和软件按照不同的轨道和时间轴进行开发，严格控制其主要接口、标准、协议，保证了不同模块能协同运行，允许潜艇的软件每两年进行一次升级，处理器每四年进行一次升级（图 10-15）。

① Helen Douglas, David Zannelli. Acoustic-Rapid COTS Insertion (A-RCI) for the Seawolf Class Submarine. NUWC Division Newport.

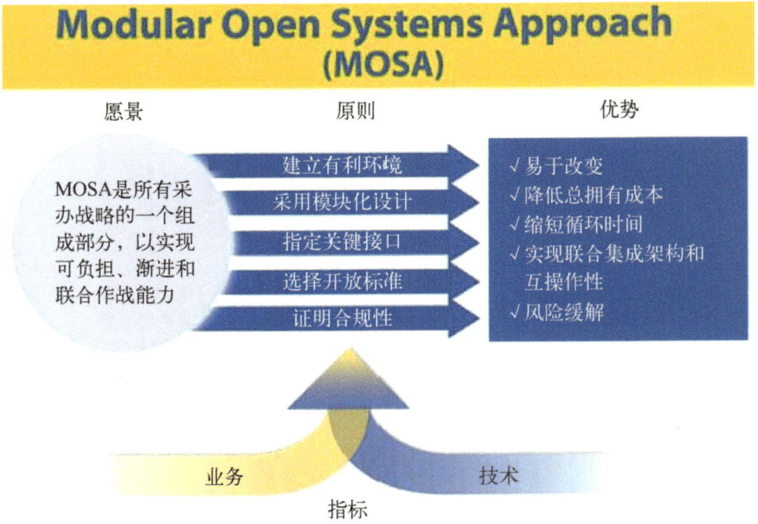

Modular Open Systems Approach
(MOSA)
愿景
原则
优势
MOSA是所有采办战略的一个组成部分，以实现可负担、渐进和联合作战能力
建立有利环境
采用模块化设计
指定关键接口
选择开放标准
证明合规性
√易于改变
√降低总拥有成本
√缩短循环时间
√实现联合集成架构和互操作性
√风险缓解
业务
技术
指标

图 10-15 | 模块化开放式系统结构（MOSA）方法①

采用 COTS 技术，在可行的情况下，软件能被重复使用。

在所有参与的开发商中寻求创新方法，包括国防承包商、政府实验室、学术机构和小型创新商业团体。

通过对已知实测性能数据进行测试来验证技术性能的效果。

通过同行评议对技术决策进行确认，验证同一框架内的所有决定。

使用标准化的硬件、软件接口是 ARCI 在系统生命周期内继续实现创新的基础。选择通用标准化接口减少了供应障碍，几乎任何信息技术供应商都熟悉网络协议以及通用硬件架构、操作系统、应用程序接口。标准化的硬件和软件接口使关键作战性能的开发和持续提升实现了最大化的创新。

10.2.3 ACB（先进能力构建）

10.2.3.1 ACB 概况

与潜艇软件升级通过先进过程构建（APB）来实现类似，水面舰船软件升级则通过先进能力构建（ACB）来实现。ACB 流程的实施与 APB 相同，也是四步走（图 10-16），致力于提供水面舰船反潜战训练模拟器功能，改进主动声呐的性能，减少回波干扰。

BAA/工业日
1. 技术调查
2. 技术评估
APB/ACB
Process
4. 海上开发系统试验与评估
3. 基于实验室的端到端开发系统试验与评估

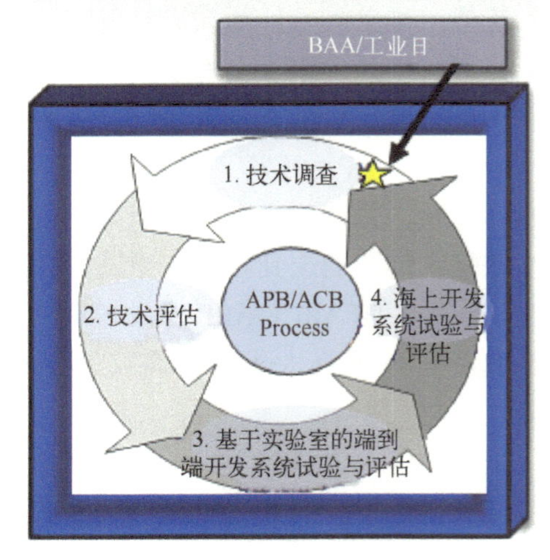

图 10-16 | ACB 四步走流程

以最近几年的版本为例进行介绍。

1. ACB09——传感器/集成

ACB09 实现了系统性能的明显提升，但依然采用传统烟囱式传感器显示结构，且并未采用

① Michael Boudreau. Acoustic Rapid COTS Insertion: A Case Study in Spiral Development. Naval Postgraduate School, 2006.

ACB 四步走流程，但其 TI 改进能够支持 ACB11 及以上版本。

ACB09 版本引入了多功能拖曳阵声呐（MFTA），并对被动处理装置（APB00）、中频主动功能段（MFAFS）、鱼雷识别与警报段（TRAFS）等进行了升级改进。

2. ACB11——探测/跟踪

ACB11 开发过程中首次成立了 ACB 工作组，该工作组作为集成工作团队来实施升级改进工作，利用通用主动显示技术来打破传统的烟囱式开发思路，船体声呐和拖曳阵列统一采用主动显示技术，与 ACB09 相比减少了 6 种显示格式。ACB11 在 APB09 基础上提高了被动声呐的自动化水平，并对人机接口进行了优化，减少了主动声呐的回波干扰，改善了综合训练系统，并首次加入了性能监测和故障定位功能（图 10-17）。

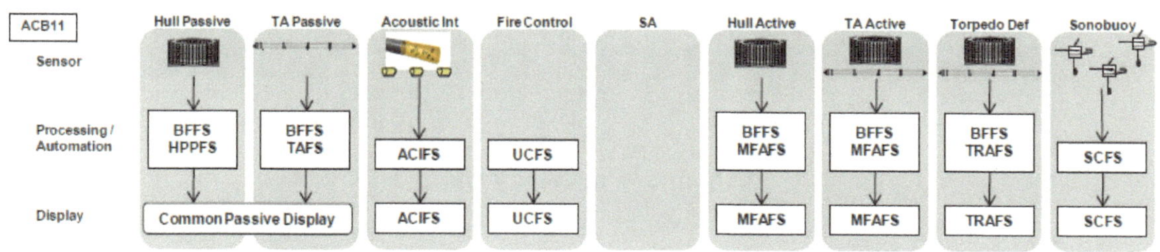

图 10-17 ACB11

3. ACB13——多传感器/工作载荷

重点增强了通用性，以减少开发和保障成本，并将实验室和国防工业公司技术专家的先进知识和经验融入 ACB 工作组。ACB13 为主动声呐配置了通用显示设备，在鱼雷探测方面增加了雷达融合处理功能，利用通用主动显示技术对 TRAFS 的显示功能进行了升级，在综合训练方面增加了传感器模拟功能，优化了态势感知人机接口界面，还具备了性能监测和故障定位功能（图 10-18）。ACB13 在主动声呐的处理和显示技术、自动化技术、人机接口等方面进行持续改进。由于采用了通用主动显示技术，ACB13 与 ACB11 相比减少了 2 种显示格式。

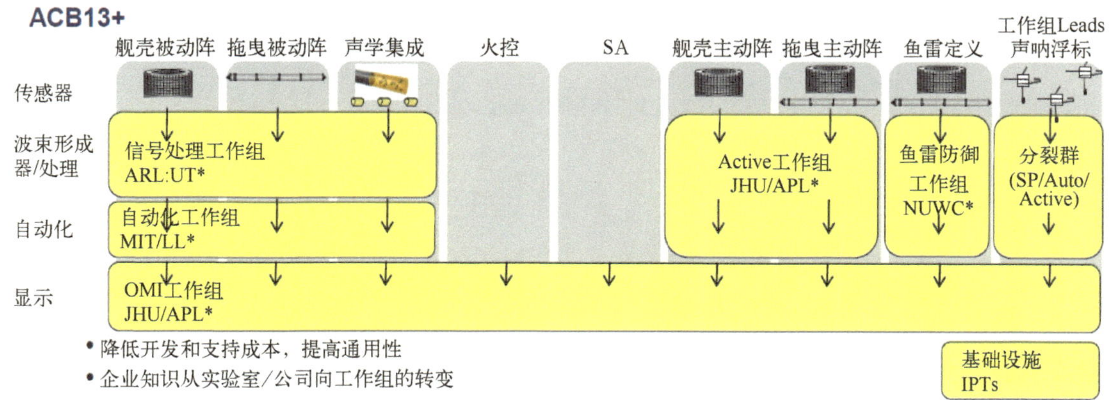

图 10-18 ACB13+

4. ACB15——“开发—测试—开发”流程演化

针对被动声呐进行了 APB 流程改进，增加了鱼雷侦测、分类和定位模块（TDCL）波形融合功能，集成了 MH-60R 直升机，与当前宙斯盾作战系统的升级保持一致。与 ACB13 相比，ACB15 为声呐浮标和声学拦截装置采用了统一的通用显示格式，减少了 4 种显示格式。如图 10-19 所示是 ACB15 声呐布置规划。

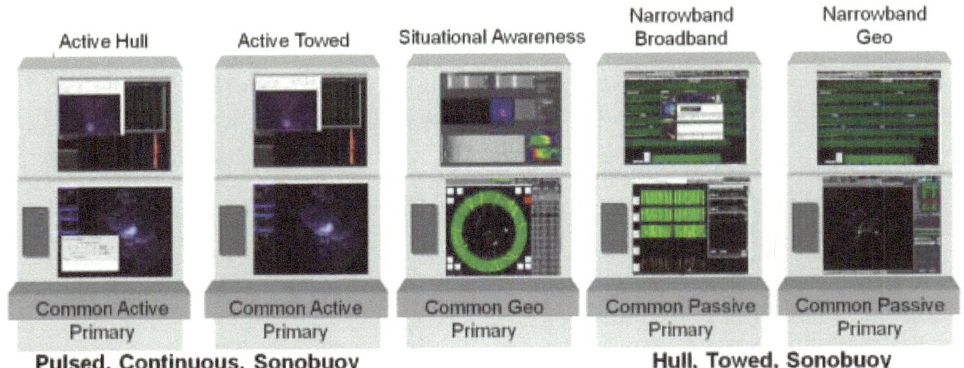

图 10-19 | ACB15 声呐布置规划

10.2.3.2 ACB 的运用

如图 10-20 所示，ACB 主要应用于提康德罗加级巡洋舰、阿利·伯克级驱逐舰等水面舰船的 AN/SQQ-89 综合反潜作战系统以及濒海战斗舰的变深声呐（VDS），通过开发一种类似于 ARCI/APB 的“开发—测试—开发”流程，采用开放式架构和商用成熟技术来提高传感器性能，采用通用软件组件（CAUSS，PNB，MF 等）来提高效费比，加快新技术的植入，逐步实现水面舰队水下作战系统的维修和现代化改装。①

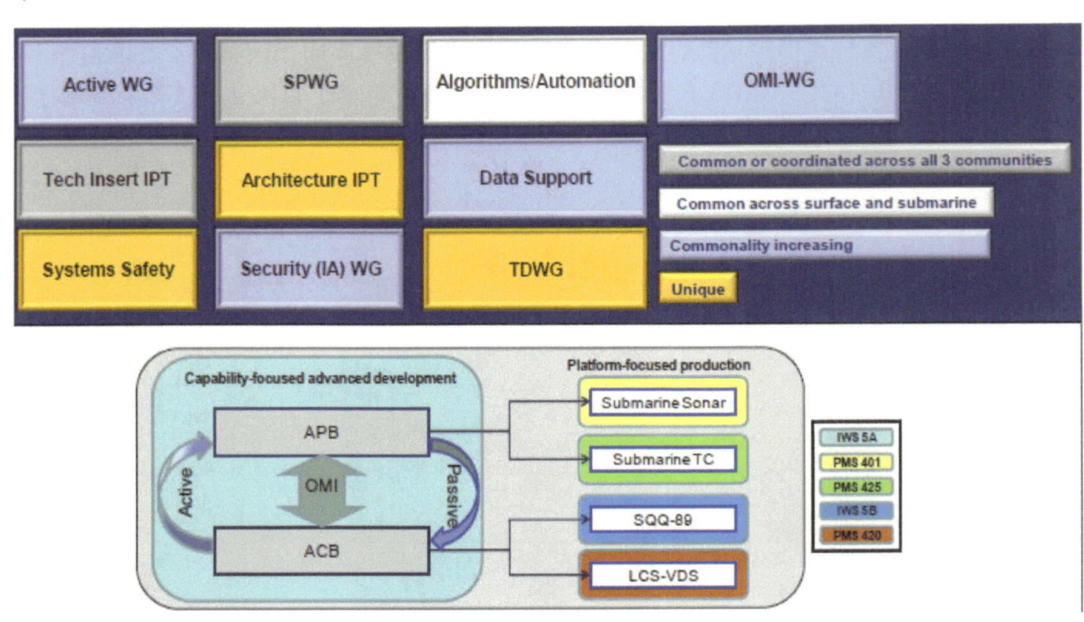

图 10-20 | APB 和 ACB 的应用对象

① CaptainDean Nilsen. Undersea Systems (IWS 5.0). 2011 Integrated Warfare Systems Conference, 2011.

AN/SQQ-89 综合反潜作战系统提供了综合水下作战管理、火控、指挥与控制、舰上训练等功能，能较好地支持水面舰船在开阔水域和濒海区域进行的水下作战活动。该系统可为水面舰船提供无缝集成的水下作战和反潜战所需的探测、定位、分类、瞄准等功能，通过接收、融合和处理各种主被动声呐传感器采集到的数据，能够生成综合声学战术态势图像。除了主被动探测，该系统还可与直升机的轻型机载多用途系统（LAMPS Mk Ⅲ和 Block Ⅱ）相集成，用于声呐浮标信号处理。目前最新版的 AN/SQQ-89(V)15 采用了商用组件来替代老旧的军用设备，后端运算与控制单元采用了开放式的 AN/UYQ-70 显控台，集成了 AN/SQS-53C 舰壳声呐、宽频带全方位接收机、多功能拖曳阵（MFTA）、Mk116 反潜火控系统、AN/SQQ-28 舰载直升机数据链、Mk50/54 鱼雷、AN/SLQ-25 型“水精”鱼雷防御系统等，支持声学拦截和窃听功能。同时，通过将舰壳声呐、MFTA 与回声跟踪分类器（ETC）进行集成，还具备了主动处理能力。通过应用 ACB 进行升级，SQQ-89 综合反潜作战系统获得了新的传感器，包括多功能拖曳阵声呐（MFTA）、校准水听器等，并利用商用成熟技术对软件进行了更新，更换了先进的信号和数据处理硬件，改善了性能监测和故障定位功能，提高了作战能力。

美国海军至少需要为濒海战斗舰装备 10~20 套变深声呐系统，此前 L-3 公司、雷神公司、AAC 公司都在积极为自己的产品争取机会。2017 年 5 月，雷神公司获得美国海军 2790 万美元的合同，为美军濒海战斗舰提供新的变深声呐，该声呐是反潜战任务模块的关键装备，用于装备在濒海战斗舰上，定位和追踪敌方潜艇（图 10-21、图 10-22）。该声呐减轻了重量，以尽量降低对舰船的影响，易于操作，有利于提高操作效率。利用 ACB 模式，濒海战斗舰的可变深度主动声呐将采用模块化设计，具备高度动态的探测范围、双基地接收机，以及高可靠性的宽带源阵列，拥有深海、广域的主动反潜搜索能力，并具备较高的效费比。

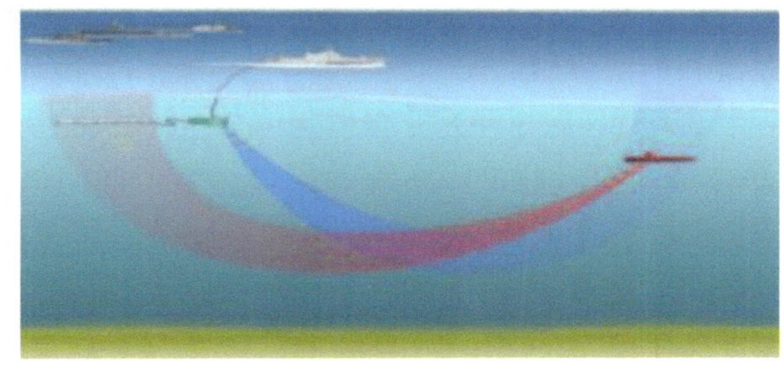

图 10-21 濒海战斗舰的变深声呐工作示意图

图 10-22 雷神公司的新型 VDS 声呐①

① 栾波，等．国外舰船装备与技术发展报告 2018（声呐系统）．中船重工第 715 研究所，2018.

10.3 反潜战战术图像

10.3.1 AN/UYQ-100 USW-DSS（水下战决策支持系统）

10.3.1.1 概况

水下战决策支持系统（Undersea Warfare Decision Support System，USW-DSS），型号为AN/UYQ-100。USW-DSS是以国防部网络为中心的C^4I计划，为美国海军舰队提供反潜战任务规划和监测。USW-DSS是提供水下战通用战术图像（CTP）唯一的海军项目。该系统具有网络中心能力，使反潜战指挥官可协调驱逐舰、航空母舰资源，攻击敌方潜艇，能为指挥官建立、维持通用战术图像，并执行战术控制。

作战信息中心（CIC）作为每个作战部的战术神经，依赖于操作员快速高效地处理大量数据。虽然过去几十年来为帮助CIC操作员做出正确决策已经取得了一些改进，但仍然存在大量的设计挑战。解决这些问题的一项举措就是USW-DSS。USW-DSS旨在通过提供一个通用战术图像来支持舰队，特别是反潜战指挥官（ASWC）的任务决策，这一图像整合并传输横跨整个部队的数据，通过利用先进传感器和数据融合功能，使ASWC能够近实时监测情况、计划行动并评估结果，同时做出最佳决策。

USW-DSS是一套用来计划反潜措施的决策支持系统，与CV-TSC一样，USW-DSS能为美国海军提供联合反潜能力。USW-DSS通过在开放式架构环境中实施以网络为中心的决策工具，实现反潜战平台和战场内各支持节点之间关键战术数据的近实时共享。通过在战斗群和战区内提供这种增强型指挥与控制（C^2），缩短了侦测到参战的时间进程。

此系统在航空母舰、水面舰艇及岸上设施内为指挥官建立一个完整的通用战术图像并执行战术控制，USW-DSS补充并提供与诸如全球海上指挥与控制系统（GCCS-M）、Link 11/16等共享作战图像（COP）系统的接口，整个通用战术图像信息会通过GCCS-M及Link 11/16等战术数据链互相传达（图10-23）。该系统依托现有舰载计算机和Link 11/16数据链等通信能力，将驱逐舰上的AN/SQQ-89反潜作战系统和航空母舰上的战术支持系统（CV-TSC）等信息源获得的敌方舰船、传感器和跟踪数据融合成统一的通用战术态势图，并在驱逐舰、航空母舰和岸基站点之间近实时共享关键战术数据，为反潜战舰艇和航空母舰提供武器控制决策支持，使各级指挥员能协调驱逐舰和航空母舰的作战资源，发起有效的反潜攻击。

系统中的决策支持工具采用面向服务的体系结构，其中包含来自多个平台的现有计算硬件和通信链路的传感器数据，以提供传感器和武器之间决策过程的快速链接。这些能力为海上作战指挥官（SCC）、战区反潜战指挥官（TASWC）和反潜战指挥官（ASWC）提供了一个综合能力，用于在所有反潜战平台上计划、执行和协调水下作战。USW-DSS提供高度的可视化，集成平台传感器和分布式作战系统，减少数据输入，改进传感器性能预测和数据融合，同时减少水下战术决策辅助工具的冗余。

USW-DSS是目前唯一可用于帮助反潜战指挥官规划、协调、建立和维护通用战术图像以及执行战术控制的工具。USW-DSS通过使用当前的环境信息和传感器功能来创建战略约定计划，以实现针对固定区域中特定对手的最高累积检测概率（CDP）。尽管USW-DSS在

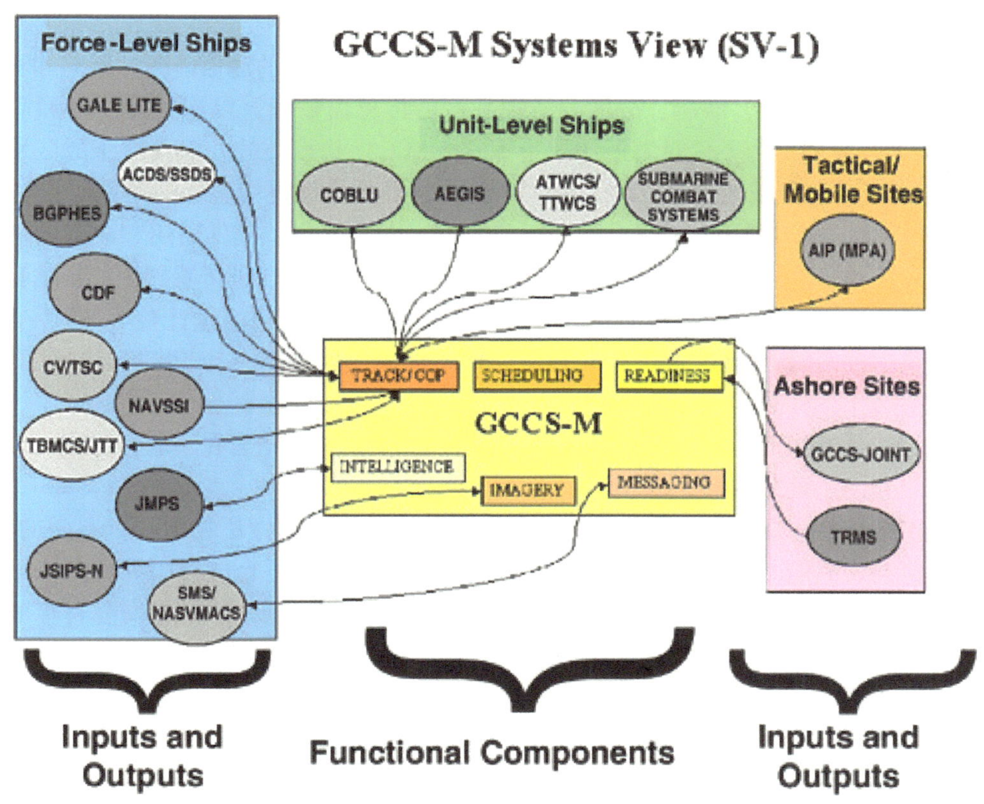

图 10-23 GCCS-M 系统组成视图（SV-1）

当前状态下通过最先进的工具提供了高度的效用，但信息的复杂性和数量对于操作员来说可能具有挑战性。这自然就产生了在多个任务和情境之间同时执行和频繁切换的问题。例如，一个 ASWC 负责迭代获取、处理和确定航母战斗群在保护团队免受海底威胁方面的行为，执行任务期间，ASWC 被迫执行多任务和管理情境，同时保持发展任务的情境意识（SA），在特定时间，ASWC 可能会同时负责制订下一个 ASW 计划，以便更新系统中的环境信息，并接收有关可能目标的最新情报。此外，可能会发生意料之外的干扰，例如新的联系人或潜在的威胁，需要快速转换思路，同时保留中断的任务的环境。这种交错的任务可能会使操作员处于两难的决策困境，从而降低达到最佳系统性能的可能性。USW-DSS 设计中的一个关键假设是，多个任务可以在设计良好的环境中通过适当筛选和训练有素的人员成功地执行。因此，该阶段工作面临的挑战是设计一个解决方案以提高操作员满足 USW-DSS 多任务和上下文切换要求的能力。只有这样，USW-DSS 才能充分发挥潜力，提高任务成功的可能性。①

10.3.1.2 系统特征

目标：对来自多个航母打击群平台的、不确定的、有偏差的反潜战传感器数据的汇聚和动态登记进行开发和演示，用于指挥和控制（C^2），实现对敌方信息的实时发现、共享、分布式分类和定位。提供缩短 C^2 决策流程的能力，以便跨多个平台进行检测和参与，包括具

① NAVY OPERATIONAL PLANNER-UNDERSEA WARFARE MODULE. pdf.

有低带宽通信或间歇连接的平台。①

描述：USW-DSS 使用面向服务体系结构（SOA），包括现有的通信链路、网络和相关图片，包括来自空中、水面、潜艇、战区和监视平台的传感器数据，以连接传感器和武器系统。USW-DSS 提供的能力不仅对海上作战指挥官（SCC）是重要的，而且对于战区水下战指挥官（TUSWC）和反潜战指挥官（ASWC）来说也是至关重要的。为满足综合能力计划的要求，USW-DSS 在多个反潜战平台上进行和协调水下战操作，提供通用和改进的可视化界面，进行水下战平台传感器集成数据的共享，减少数据输入，改进传感器性能预估和数据融合能力，减少水下战战术决策辅助（TDA）存在的冗余。该项目通过让整个部队（载体/远程打击小组、战区或其他）对具有不确定性特征的战斗空间有一个共同和清晰的了解，便于更好地进行水下作战。

网络中心战具有如下特点，即平台和传感器可以与通信链路结合在一起，形成一个大于各组成部分之和的系统或网络。

传感器网络与当前在单元之间传输经过高度处理轨道信息的做法相比具有本质的差别，比如海军的协同交战能力（CEC），它与防空导弹相连，使一个平台能够引导另一个平台检测导弹发射信息。CEC 结构不能直接应用于独特复杂的海底环境，针对超安静目标的检测范围太小，宽带通信几乎不存在，并且空间和时间的可变性使其难以满足网络传感器配置要求。因此，USW-DSS 项目旨在寻求解决海底网络传感器数据偏差的概率处理。该研究必须减少由于偏差和相关性不一致而导致网络系统性能降低的相关性错误和错误关联。最终的研究产品将是传感器网格锁定算法，该算法可以收集来自多平台分布式反潜战传感器收集到的具有不确定性的海底传感器数据。

第一阶段：进行必要的研发，以识别和定义算法及流程，以便在多个平台上实现反潜战传感器的有效锁定和登记。提供备选方法的分析，记录概念设计和最终的阶段报告。

第二阶段：完成开发和演示原型工具所需的配套研发，该工具将包含可行的备选功能，以支持反潜战传感器的有效锁定和登记，提供对海军改进反潜战指挥和控制（C^2）的影响的评估，及时提升对敌方信息实时分类和定位的能力，从而实施有效的反潜行动。提供算法描述、使用程序、测试结果、第三阶段计划。

第三阶段：研究的算法必须在多个项目和平台中过渡使用，推动以网络为中心的反潜战。将通过组建 SBIR 承包商和海军人员来完成技术向 USW-DSS 项目计划和水面舰先进能力构建（ACB）计划的过渡，并作为协调融合和传感器网络项目的一部分。

能力：跨平台传感器/数据输入；动态态势感知；自动传感器输入，包括声学混响数据、被动波束数据、声速曲线；对传感器测量的环境数据建模；战术决策辅助；航母打击群（CSG）数据共享；消除原型错误；近实时态势感知与共享。

UWS-DSS 系统的多个核心组件由位于宾夕法尼亚州的瓦格纳公司（Wagner Associates Inc.）研制。②

① Enabling netted sensor fusion for anti-submarine warfare in uncertain and variable environments: Navy SBIR 2010. 2-Topic N102-145, NAVSEA-Mr. Dean Putnam -dean. r. putnam@ navy. mil, Opens: May 19, 2010.

② Providing Solutions To Critical and Complex Operational Problems Using Mathematics and Computer Science. Daniel H. Wagner Associates Inc. 2014.

http://www. wagner. com/wp-content/uploads/WagnerCapBrochure-11-11-14. pdf.

（1）网络中心的数据融合（Net-Centric Data Fusion，NCDF）。

目前，NCDF、CTAM 和 TOAM 组件已被集成到 USW-DSS B2 阶段中，以便提供自动生成的跨平台轨道关联议案和通用战术图像。

（2）多传感器数据融合系统（Multi-Sensor Data Fusion System，MSDFS）。

MSDFS 组成的 USW-DSS B2 阶段组件，作为 SQQ-89 改进性能声呐（IPS）数据融合功能部分（DFFS）的一部分。该组件在 USS Paul Hamilton、USS John S. McCain、USS Decatur 和 USS Milius 上进行了测试和评估。

（3）操作路径规划（Operational Route Planner，ORP）。

ORP 是 USW-DSS 任务优化配置项（MOCI）中进行反潜战搜索路线规划的工具。ORP 可以为采用无源和单基有源声学传感器的搜索者设计路线。ORP 可在一个固定的搜索周期内为一个或多个移动搜索者设计协调的搜索路线，以对抗具有策略模型的移动潜艇目标类型。

（4）任务优化网络服务（Mission Optimization Web Service）。

集成到 USW-DSS B2 阶段，使用海军标准 STAPLE 系统生成的详细的非同质环境数据，非高斯跟踪算法和非高斯资源优化算法预测高利率目标的未来位置，并优化针对这些目标的搜索，允许用户在感兴趣的区域搜索威胁潜艇，用户还可确定在何处，以及如何利用船只、潜艇和飞机等装备开展搜索。如图 10-24 所示是反潜战使用任务优化 Web Service 的搜索效果图。

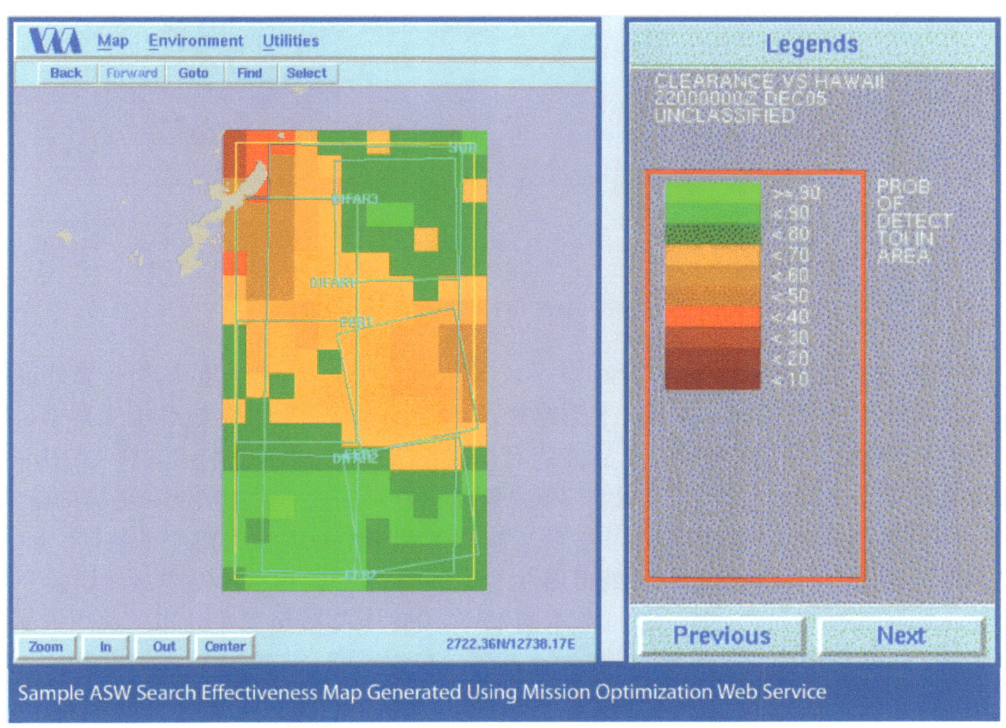

图 10-24 反潜战使用任务优化 Web Service 的搜索效果图

10.3.1.3 研制与使用

作为战区反潜作战工具，USW-DSS 具有巨大潜力。自 2010 年服役以来，USW-DSS 已大批量装备，该系统的 B2R3 阶段于 2013 年完成初始作战测试与评估（IOT&E），现已在西太平洋进行部署，以确保所有已部署的舰艇与打击群完全融合，获得共同的反潜作战通用战术图像和搜索规划工具。B2R3 只需在舰艇系统（AN/SQQ-34 或 AN/SQQ-89）中安装软件就可以，无须安装其他的硬件。B2R3 软件的更新已经在 2015 财年展开，其安装预计会持续到 2020 财年，届时将会有 107 套系统在海军服役。项目路线图如图 10-25 所示。

OPNAVNOTE 3090
26 Mar 2010

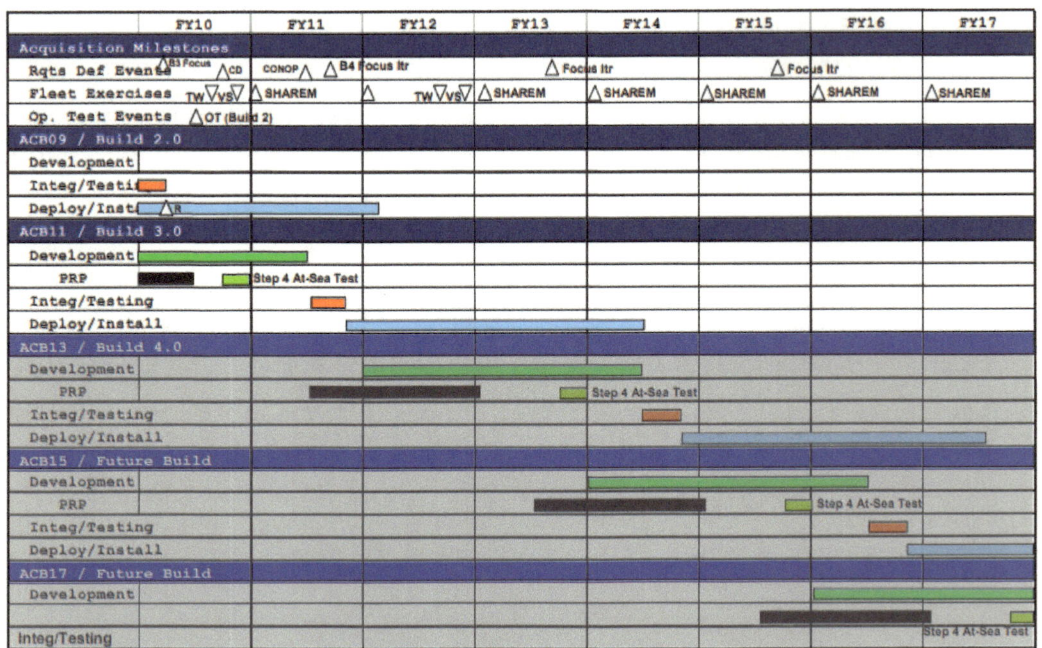

Figure 3: AN/UYQ-100 Under Sea Warfare Decision Support System Program Roadmap

PRP = production readiness plan; TTE = tactical training equipment; KPT = Key Port; SD = San Diego; HI = Hawaii; NRVA = Norfolk, Virginia; CTG = commander task group; CTF = commander task force; MOC = maritime operations center; RDT&E = research, development, test and evaluation.

图 10-25 USW-DSS 项目路线图（2010 年版）

USW-DSS B3 阶段的开发始于 2017 财年，以提供有助于打击群和战区指挥官的能力升级。B3 版本将把 B2R3 版本的通用战术图像推进到一个更加综合的作战系统工具中，使作战人员能够更快速、协作地与敌人交战，从而提高作战能力。B3 版本建立在 CANES 架构上，该架构将完全支持 SOA。B3 阶段响应舰队要求，提供优化的附加功能和更高的稳定性/可靠性，同时整合来自更广泛数据源和平台（如 P-8 和 MH-60R 直升机）的数据。B3 阶段的主要目标是显著提高系统对操作员的可用性。B3R1 版本目前正在研发中，计划会于 2019 财年在岸上设施达到初始作战能力，此版本的 USW-DSS 会连接至海军分布式通用地面系统增量 2（DCGS-N Increment 2）项目，为整个战区单位以及司令部提供更高整合度的作战与情报信息。

截至 2016 年底，USW-DSS 已经部署了 49 艘水面舰艇和航空母舰，以及 3 个岸基司令部和 5 个训练中心，部署好的系统为海军提供了独特的水下战任务规划和任务执行能力、水下战通用战术图像能力和战术执行能力。海军计划到 2019 年部署 65 艘舰艇及岸基站。目前，最新的系统采用 CANES 计算机，并安装了相应软件。后续计划还需增强战区反潜战能力，用于空中平台数据交换和集成，增强和扩展以网络为中心的数据接口。

10.3.1.4 采办动态

2014 年 4 月，海军海上系统司令部（NAVSEA）宣布授予美国 Progeny 系统公司价值 960 万美元的合同，为 USW-DSS 提供工程和技术服务，合同全部选项价值 5560 万美元。2016 年 4 月，NAVSEA 又授予 Progeny 系统公司一项价值 1080 万美元的合同，用于 USW-DSS 的工程和技术服务，原预计 2017 年完成，目前尚未有消息表明该项目按计划完成。

2018 年 3 月 30 日，Progeny 系统公司获得了 1141 万美元的成本加固定费用修改，以实施先前授予的合同（N00024-14-C-5209），用于支持海军 USW-DSS 的研发。工作将在弗吉尼亚州马纳萨斯（67%）、马里兰州帕塔克森特河（12%）、华盛顿吉格港（7%）、米德尔顿罗德岛（6%）、弗吉尼亚州诺福克（4%）和夏威夷珍珠港（4%）进行，计划 2019 年 3 月完成。

10.3.2 AN/SQQ-34 CV-TSC（航空母舰战术支持系统）

10.3.2.1 概况

航空母舰战术支持系统（Aircraft Carrier Tactical Support System，CV-TSC），型号为 AN/SQQ-34，该计划于 1973 年启动，为已上舰的 S-3 维京反潜机和 SH-3 海王直升机提供基于水下战/水面战的航空母舰支援能力，同时也为 MH-60R 多任务直升机提供支持，使 CVN 和 MH-60R 之间能够交换战术部署和传感器数据（图 10-26、图 10-27）。这包括生成实时的反潜战和水面战信息及建议、战术规划、反潜战/水面战飞机的部署、反潜战/水面战传感器数据处理和分析、战术数据的分发等。支持的飞机包括 MH-60R/S，P-8，UCLASS，Triton 和未来的反潜战飞机和水面战飞机。①

图 10-26 | CV-TSC 示意图

CV-TSC 将多任务飞机与航空母舰舰载系统（反潜战、水面战、海上截击作战、雷达通信电子战等）集成在一起，从最早的 S-3 反潜机和 SH-60F 直升机到最新的 MH-60R 直升机。CV-TSC 将舰外传感器/系统与舰载系统进行集成，以检测、分类和定位目标威胁，包

① Exhibit R-2，RDT&E Budget Item Justification：PB2017Navy. pdf.

图 10-27 CV-TSC 场景

括：处理、利用和分发传感器数据；与舰载机交换战术数据；练习舰外传感器的控制；减少机组操作员的工作量。CV-TSC 提供本平台反潜战的指挥与控制（C^2）。①

CV-TSC 为航母打击群（CSG）提供了更多的态势感知能力，以增强舰艇的自我防卫能力，主要是在反潜战（ASW）和水面战（SUW）方面。CV-TSC 作为航空母舰作战系统的集成元件和整体能力的倍增器，可提供战略部署，以检测、分类和定位反潜战和水面战舰艇，为 MH-60R 及 P-3/P-8 飞机的操作控制（OPCON）提供操作支持。该系统为水下战/水面战的传感器数据分析、处理、开发和传播、战术和作战数据传输、任务简报/状况分析后的飞行分析以及战争指挥官提供支持。CV-TSC 直接与舰艇自防御系统（SSDS）、海上全球指挥与控制系统（GCCS-M）和 SIPRNET 局域网连接，提供所有 CV-TSC 战术显示器通用操作画面。

实施：CV-TSC 功能更新通过递增模式完成，分阶段递增式提供开发、测试、认证和部署的开发。通过以下举措实现功能改进：①通过当前和未来接口的适配，保持与本地航空母舰作战系统的互操作性；②继续支持当前和未来反潜战/水面战飞机及其任务系统任务数据的交换和战术控制；③随着新轨道和传感器数据的逐渐可用，优化轨道和传感器处理和分析技术；④优化航空母舰反潜战/水面战任务规划的支持能力；⑤改进数据记录、重建和分发，以满足递减的平台向其他终端用户获取战术重要数据的时间要求；⑥改进嵌入式仿真和培训功能，使操作员能够获得熟练操作的能力。

交付物：为美国海军所有航空母舰集成安装 CV-TSC。能够以 2 年为周期进行软件版本更新，解决舰队优先升级问题；且能匹配 MH-60R 直升机和未来空中平台（P-8/BAMS）的主要采办计划。

10.3.2.2 系统特征

CV-TSC 与舰艇自防御系统（SSDS）、海上全球指挥与控制系统（GCCS-M）进行连

① AN/SQQ-34 AIRCRAFT CARRIER TACTICAL SUPPORT SYSTEM（CV-TSC）和 nilesn. pdf.

接，所有打击群的部队战术行动官（Force Tactical Officer）及综合作战指挥官（Composite Warfare Commander）都能实时获取监控资料，并通过 AN/UYQ-100 水下作战决策支援系统（USW-DSS）作出适当的攻击及反制措施。

CV-TSC 能够为航空母舰及整个打击群提供以反潜战和水面战为主的舰艇自防卫能力，现在最新的 AN/SQQ-34C(V)2 已经于 2012 年开始安装于美国海军所有的航空母舰上，整合与 MH-60R 反潜直升机、P-3 与 P-8 海洋巡逻机及声呐浮标的连接能力，把战区内所有的反潜战与水面战侦测信息，包括上述的舰外飞机传感器、航迹数据、本舰平台反潜战/水面战传感器威胁数据库的信息整合在一起，再针对整合信息进行分析、计算、搜集与传播。

CV-TSC 能够直接对 MH-60R 直升机、MQ-4C 无人机及 P-3 与 P-8 海洋巡逻机进行作战指挥控制，也可以在任务进行前向作战单位发送任务简报，并在任务结束后进行任务汇报及飞行后分析。

10.3.2.3 研制与使用

CV-TSC 的主要变型包括 AN/SQQ-34A/B/C(V)1、AN/SQQ-34C(V)2，其中 AN/SQQ-34C(V)2 又分为一阶段和二阶段。AN/SQQ-34A/B/C(V)1 于 2011 年前完成安装，最初用于支持 SH-60F 直升机对舰外传感器监测，也用于定向指令声呐浮标系统、DIFAR 被动定向浮标、垂直天线阵定向声呐浮标等声呐浮标信息的处理及飞机飞行后的分析。

AN/SQQ-34C(V)2 一阶段于 2011 年完成安装，主要用于与 MH-60R 直升机的集成，通过 Ku 波段通用数据链路（CDL）与直升机进行连接，进行 MH-60R“舰-机信息接口-下行链路”焦点局部实施，以及向通用显示系统和通用处理系统（CDS/CPS）的过渡。AN/SQQ-34C(V)2 二阶段于 2013 年完成安装，该阶段的 CV-TSC 主要具有以下能力：向 MH-60R 的上行链路进行信息传递的能力；通用数据链路系统（CDLS）的远程控制能力；用户界面改善能力；舰艇自防御系统（SSDS）接口更新能力；参与舰艇自防御系统的综合训练（FST）场景能力；同时支持最多 4 架 MH-60R 直升机的能力（需要将来升级到 CDL）；自动声学融合能力；此外，还对全球指挥与控制系统-通用操作环境（GCCS COE）的依赖性进行了弱化处理。

AN/SQQ-34C(V)2 的最新更新着重于以下几点：PEO IWS 产品线架构（PLA）转换，MH-60R 直升机升级，P-8 巡逻机的集成，空投主动接收（ADAR）声呐浮标，水面舰艇鱼雷防御（SSTD）集成，潜望镜探测雷达集成，进行模拟/训练与未来飞机（如 BAMS 无人机）的集成等。该系统使用商用现货技术（COTS）处理，由显示器和通信设备组成。

最新版本的 AN/SQQ-34C(V)2 于 2012 年开始在航空母舰上部署，其中包括将 MH-60R 直升机的战术部署和传感器数据与航空母舰作战系统结合的重大升级，大大增加了航空母舰的水下战/水面战能力。CV-TSC 首装于“杜鲁门”号航空母舰，并进行了与 MH-60R 直升机的集成，于 2012 年 1 月完成。2013 财年进行的软件升级于 2012 年 1 月开始进行正式测试。

CV-TSC B7 版本现已安装在除尼米兹号和林肯号之外的所有航空母舰上。CV-TSC 是第一个将 MH-60R 直升机传感器功能直接引入打击群进行反潜作战的系统。CV-TSC 也将计划安装在濒海战斗舰（LCS）上，作为濒海战斗舰的反潜战任务包，也将作为 ACB16 版本的一部分提供给宙斯盾作战系统。

CV-TSC 采用增量式开发，旨在为舰队提供持续的能力更新。该方式允许提供所需能力以满足新兴的舰队需求，并提供持续机会来确保互操作性与舰艇自防御系统（SSDS）先进能力构建（ACB）的同步。该采办战略非常重视开放式架构的最佳应用效果，以确保开发产品易于升级并可复用于其他平台。

10.3.2.4 采办动态

10.3.3 CADRT

计算机辅助航位推算描绘仪（Computer Aided Dead Reckoning Tracer，CADRT）具有自动执行当前手动绘图的团队管理和信息分发功能，允许自动评估和处理输入数据，以生成实时、多源的集成战术数据，用于创建战术图像来支持决策过程。①

图 10-28 为 CADRT 操作示意图。

图 10-28 | CADRT 操作示意图

10.4 分布式网络传感器

DWADS（探测）和 RAP VLA 是专门用于深海反潜的分布式无人值守探测系统，可利用战术平台在海战场或关键海域快速部署，通过声学-射频中继浮标向反潜战指挥部发送探测报告。

10.4.1 DWADS（深海主动分布式系统）

10.4.1.1 概况

2009 年，美国海军重新评估水下战能力，全美所有研究水声的专家和反潜作战研究的军官、专家都聚集到华盛顿讨论未来水下战，会上大家一致认为无人化是未来的趋势，必须大力推进无人作战节点在水下战的优势。这一年，作战部正在重新定义海军战略新纲要。第一岛链外的深海是合理作战区域，然后，在这一区域作战的兵力主要是航母打击群，综合水下监视系统（IUSS）里的节点似乎不足以保护高速机动航母编队的作战需要。于是在 2010

---

① Exhibit R-2, RDT&E Budget Item Justification. Navy Tactical Computer Resources/0604574N, February 2000.

年，深海主动分布式系统（Deep Water Active Distributed System，DWADS）出现了，该系统由水面舰船携带，可以随着编队部署，也可以提前在编队到达前部署，然后利用低频高能级的主动脉冲，通过多个节点的配合形成一个深海多基地水下监视系统。这个系统十分重要，以至于美国海军很少公开场合报道这个系统。截至 2013 年，这个系统已经成功纳入 IUSS 系统，并成为其中的一部分。

10.4.1.2　系统特征

DWADS 是一种可快速部署的深海主动分布式声呐系统，通过汇聚区进行远程目标探测。

具有以下能力：

- 具有与空投主动接收（ADAR）类似的尺度阵列和自主处理能力；
- 利用 LAMP 浮标处理多普勒敏感/不敏感波形；
- 能由濒海战斗舰或其他水面舰艇在四级海况下部署在障碍水域；
- 在 1 个汇聚区（CZ）（30nm）的探测距离范围内可检测到低速柴油潜艇；
- 用于指挥控制（C^2）和请求超视距（OTH）低数据率通信的能力；
- 能在任何控制节点/指挥中心通过超视距或视距通信方式和域（场）融合进行传感器和武器的连接；
- 通过防篡改设计和监控系统状态维护传感器状况的完整性。

10.4.1.3　研制与使用

2008 年 10 月在菲律宾海进行了数据采集 2008（DC08）海上测试（图 10-29），该测试目标是收集数据以测试/训练 DWADS 浮标的处理，并优化 DWADS 源阵列和接收器设计（图 10-30）。

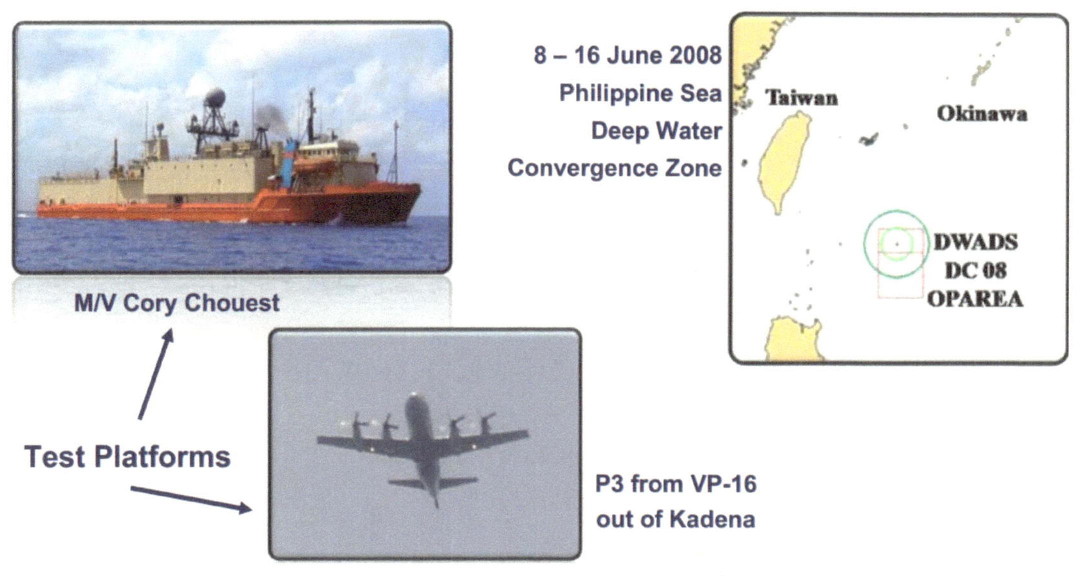

图 10-29 ▎菲律宾海进行的 DC08 海上测试（测试区域及测试平台）

完成以下测试：

- 在第一汇聚区定期检测被动反射器；

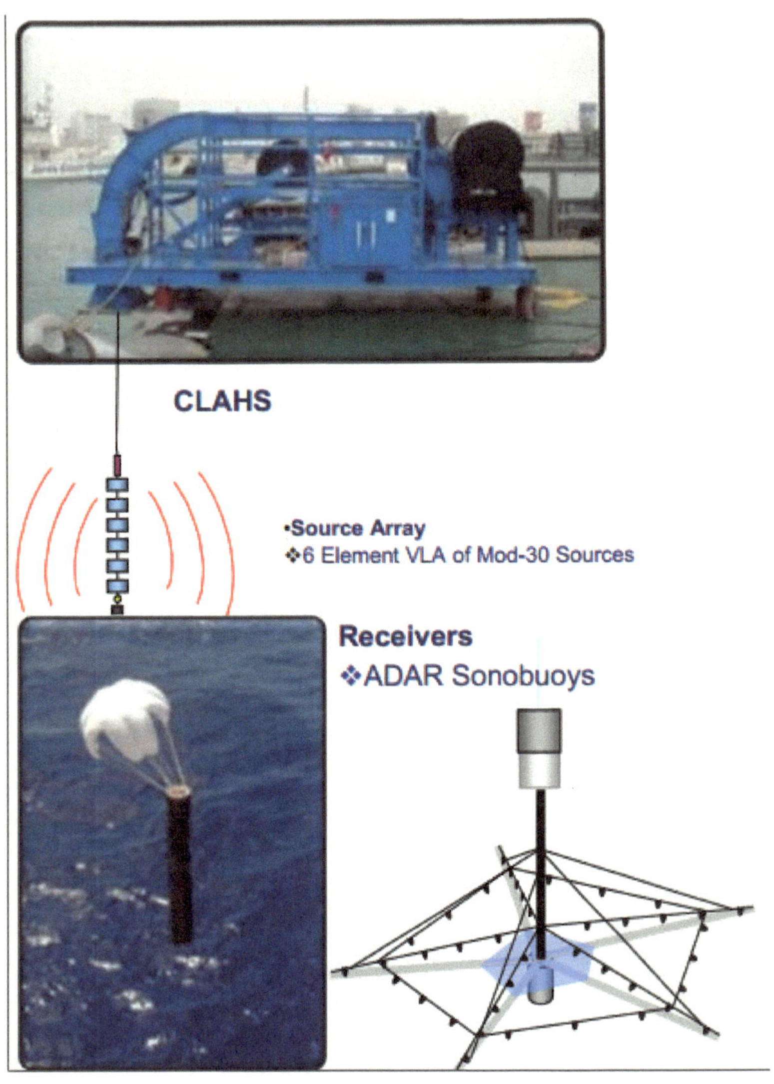

图 10-30 DWADS 的源阵列和浮标接收器

- 使用单频 CW 信号、双曲调频 HFM 信号和 SFM 波形信号收集数据；
- 完成 DWADS 系统频率交换研究；
- 自动化测试（确定浮标内信号处理的硬件要求，进行 DWADS 硬件的代码端口）。
- 得到以下试验结果：
- ADAR 声呐浮标分别布放在 65ft、300ft 和 500ft 处；
- 在第一汇聚区中进行了 377 次无源反射器检测；
- 在操作时间段内未检测到海洋哺乳动物；
- 成功进行了与 P-3 巡逻机的集成操作；
- 体积阵列部署失败；
- 汇聚区内探测到混响/杂波。

2008 年 11 月，OPT 公司宣布美国海军授予其 300 万美元的合同参与 DWADS 项目的第二阶段研发，该阶段计划使用多个能源浮标（Power Buoys），在执行监测的同时还能为广阔海洋区域的传感器网络供电。合同规定，OPT 公司将设计和制造自主能源浮标的增强版本，海军将对 OPT 的自主能源浮标进行海洋测试，以提供自动能源浮标的高级版操作要求。作为 DWADS 计划的动力源，OPT 将提供海军在系泊设计、海上作战和部署方面的海洋测试流程。OPT 还将提供与 DWADS 项目相关的数据分析和项目管理。

根据该计划的第一阶段结果，OPT 公司在新泽西州海岸外 75mile 处部署了自动能源浮标的初步测试设计环境，其中第一台能源浮标的安装部署在 2008 年 10 月进行。该阶段海洋测试提供了发电数据，验证了 OPT 对系统的功率预测。

10.4.1.4　采办动态

2008 年 10 月完成 DC08 海上测试，进行了自动化汇聚区数据分析；

2008 年 11 月完成弯曲磁盘传感器阵列制造和测试；

2008 年 12 月完成 2 部 ADAR 机械阵列的部署测试；

2009 年 3 月完成 DNS 09-1 西太平洋海上测试数据收集，包括体积阵列和测量系统；

2009 年 8 月交付原型源阵列和接收器阵列；

2009 年 10 月完成带有源阵列和接收器原型的 DNS 09-2 西太平洋海上测试。

2011 年完成 DWADS 的制造，并测试其基于初始海上测试的升级版本。

10.4.2　RAP VLA（可靠声学路径垂直线阵）

10.4.2.1　概况

可靠声学路径垂直线阵（Reliable Acoustic Path Vertical Line Array，RAP VLA），该系统是一种安装于深水底部的高粒度传感器系统，可以自动检测、分类、定位、追踪和报告关注的目标，例如安静型潜艇。如图 10-31，其拖曳阵列垂直悬挂在水柱中。该系统用作民用时，适用于海洋环境噪声调查、深水声传播研究、海洋生物声学监测以及支持地球物理勘探的地震勘测；用作军用时，适用于执行反潜战任务。

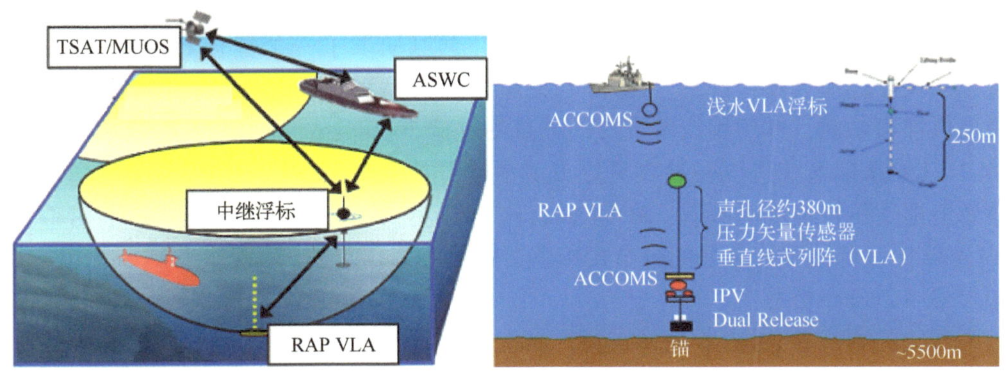

图 10-31 ▎RAP VLA 示意图

近年来，美国海军研究了利用 RAP VLA 技术进行深水（6km 深度，3℃ 温度情况下）声学传感探测的实用性。首个 RAP VLA 阵列很大，安装在研究船的侧面。传感节点由压力水听器、三轴压力梯度水听器和电子装置外壳组成，这些设备都安装在直径和长度分别为

13in 和 41in 的自由溢流塑料框架内。测量的声学信号被发送至用作数据记录器的中心节点。①

未来的阵列将趋于小型化，并采用现有的封装模式（如声呐浮标、鱼雷等）通过战术海军平台部署。未来阵列传感元件和相关电子器件的尺寸将会小于 AN/SSQ-53 定向测距（DIFAR）湿端传感器。外形尺寸的减小相当明显，并且需要开展新型传感器和前置放大器的设计，以确保系统底层的电子噪声远低于深水处的环境噪声水平。此外，未来的阵列将在持续存在的情况下自主运行，以支持从几赫兹到几千赫兹频率范围内的环境噪声研究和反潜战研究。相对于仅采用数据记录器的现有系统，增加了一个全新的功能，即被记录的数据将进行及时的现场处理，然后通过合适的方式（即声学调制解调器或等效技术）转发到平台。

该项目作为一个小型企业的创新研究计划（Small Business Innovation Research，SBIR）项目（SBIR FY2008.2），其目的是征集技术概念以支持 RAP VLA 组件级和系统级的技术开发。组件级技术包括微型低噪声矢量传感器技术、阵列电子和自动测量记录传导技术、直流发配电技术以及支持阵列和主机平台之间通信的传感器技术。系统级技术包括端到端的阵列设计技术、适用于深水矢量传感器线阵列的传统和高级信号处理技术、封装和部署概念以及通信模式等。

第一阶段：对组件或系统进行分析建模研究，以确保其适用于 RAP VLA 操作。如果可能还将进行概念验证实验以补充建模研究。

第二阶段：对第一阶段的成果进行模型优化，然后制造和测试原型组件与系统。

第三阶段：将组件和系统集成到一个完整的阵列中，并将该阵列部署在海上进行全面的演示测试。

开发的技术适用于海洋环境噪声调查、深水声传播研究、海洋生物声学监测以及支持地球物理勘探的地震勘测。

10.4.2.2 系统特征

RAP VLA 需要强大的超视距（OTH）通信机制，该机制提供低检测率（LPD）、低截获率（LPI）以及安全传输。信号系统公司（SSC）为其研发了一个带有 RF 网关浮标的水上系统。该网关浮标能为商用现货（COTS）卫星通信（SATCOM）、甚高频（VHF）和声学通信模块提供加密功能，并使用定制设计的陆基站进行 500mile 的超视距传输测试。

RAP VLA 浮标系统可以在冲突升级或者战争开始的时刻通过 P-3 反潜巡逻机和 MMA 多用途海上巡逻机快速前沿部署。MMA 拥有比 P-3 更快的巡航速度，是海军前沿部署类似 RAP VLA 浮标等可被密集部署的分布式传感器的核心基础。

10.4.2.3 采办动态

为了开发和测试 RAP VLA 技术，海军海上系统司令部（NAVSEA）于 2009 年 5 月向洛克希德·马丁公司签订了一份价值 1000 万美元的成本加固定费用合同（N00024-09-C-5215），用于支持 RAP RLA 分布式网络系统（DNS）传感器系统的高级开发、工程和测试工作。

---

① （SBIR）Navy-Reliable Acoustic Path Vertical Line Array.

10.5 潜艇传感器

10.5.1 LWLCCA（轻量低成本共形阵列）

10.5.1.1 概况

轻量低成本共形阵列（Light Weight Low Cost Conformal Array，LWLCCA），型号是 AN/BQS-25A。该阵列是低成本共形阵列（LCCA）的升级版本，为其“增量 3”阶段的实施方案，为减轻重量并简化船舶安装而设计（图 10-32）。LCCA 设计用于帮助常规潜艇、核动力潜艇和水面舰艇指挥官安全航行。潜艇通过安装在艇上的 AN/BQQ-10 型插入式声呐系统处理 LCCA 的信号，该系统基于可以快速升级的商用信号处理和计算设备 ARCI。

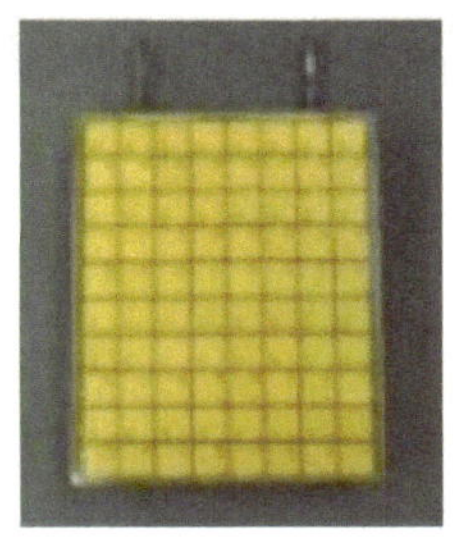

图 10-32 轻量低成本共形阵列（LWLCCA）

NAVSEA 需要开发、测试和交付通用的 LWLCCA 和 LCCA 软件，以满足 AN/BQQ-10（V）轻量低成本共形阵列（LWLCCA）和低成本共形阵列（LCCA）处理规范（PMS401-LCCASpec-01）中规定的所有要求。该要求将探索传感器处理的现有方法和新方法，并开发新能力或增强现有能力，以满足海军的洛杉矶级潜艇、海狼级潜艇、弗吉尼亚级潜艇的声学处理。这项工作将包括 LWLCCA 和 LCCA 系统的项目管理、工程、软件开发、物流、配置管理、软件集成测试和评估以及信息保障等。通用 LWLCCA 和 LCCA 软件的交付和接收的成功与否应根据是否成功完成资格和验收测试而定。

美国海军对潜艇声呐系统一向极为重视，先进声呐系统可以加强潜艇指挥官战术控制能力，无论是在濒海浅水区和港口，还是在大洋。LWLCCA 基于 LCCA 设计，设计目标是降低声呐阵列成本、减轻声呐重量和提升声呐性能为，将用于建立和维持潜艇的态势感知。

10.5.1.2 系统特征

LCCA 是安装在潜艇潜望塔两侧的平面声呐阵列，这种布置为潜艇上方和后方提供了高频声呐覆盖（图 10-33）。结合安装在潜望塔前部的传统高频阵列，能为潜艇提供 360°高频无源声呐探测能力。美国海军打算通过 LCCA 提升在高密度濒海环境中潜艇的态势感知能力，LCCA 检测到的信号将由 ARCI 现有插入式声呐系统处理，从 TI08 中安装的硬件升级开始。

LCCA 阵列被安装在潜艇指挥塔两侧，可用于加强和改进洛杉矶级潜艇、海狼级潜艇、弗吉尼亚级潜艇和俄亥俄级潜艇的声呐系统。其与原有安装在前部的高频声呐一起，向潜艇提供全向被动探测能力。

在人口密集的非战斗水面舰艇区域，潜艇指挥官可以通过使用 LCCA 在常规潜艇和核潜艇以及水面舰艇存在的海岸和开阔海洋环境中进行战术控制。LCCA 旨在提高短距离接触的态势感知

图 10-33 | 低成本共形阵列（LCCA）

能力，并有助于提供情报、监视和侦察，提供指示和警告，进行反潜战、水面战、特种战。

LCCA 项目将实施 3 个增量采购：

增量 1 提供初始被动探测和测距能力，并将安装在改进的洛杉矶级潜艇上；

增量 2 将为增量 1 系统添加主动检测和测距功能；

增量 3 将实施更低的成本和重量控制技术，并安装在其他潜艇（海狼级、弗吉尼亚级和俄亥俄级潜艇）及其余的洛杉矶级潜艇上。该阶段即为 LWLCCA 项目。

10.5.1.3 研制与使用

LWLCCA 的初始计划是针对于弗吉尼亚级潜艇，也可选择在洛杉矶级潜艇上进行安装。其研究工作始于 2010 年。

DOT&E 于 2010 年 4 月批准了 LCCA 运行测试计划。美国海军在 2010 年完成了 LCCA 系统的两次运行测试。第一次测试于 5 月份进行，在多个水面舰艇存在的海岸和开阔海洋环境中测试了该系统。第二次测试于 8 月份与舰队演习一起进行，在此期间系统跟踪了一个水下目标。LCCA 的运行测试结果表明，LCCA 能满足其对频率覆盖、角度覆盖和角度分辨率的要求，能实现为潜艇提供 360°高频声呐覆盖的主要目标。此外，LCCA 的操作适用性证明了其高于阈值的可用性和可接受的软件可靠性。

2011 年 1 季度完成其先进开发（ADM）工作的初始设计，2012 年 2 季度完成 ADM 的制造工作，3 季度完成其湖泊测试，4 季度完成上舰工作，2013 年 1 季度完成其海上测试。

10.5.1.4 采办动态

洛克希德·马丁公司的任务系统和传感器部门可为海军提供其所需的声呐系统。2012 年 3 月，NAVSEA 授予洛克希德·马丁公司价值 1310 万美元的合同，采购 4 部 LCCA 声呐系统，作为部署于潜艇上部和后部的高频声呐。根据合同，洛克希德·马丁公司应于 2013 年 11 月前完成该项工作。

10.5.2 TB-29A CTA（紧凑型拖曳阵列）

10.5.2.1 概况

紧凑型拖曳阵列（Compact Towed Array，CTA），型号为 TB-29A。CTA 代表了下一代声

呐阵列技术，它是一个可靠性改进阵列，结合了 CTA 遥测技术，同时保持了 TB-29A 细线拖曳阵声呐的声学性能。TB-29A 细线拖曳阵声呐利用现成的商用技术，对原来的 TB-29 拖曳阵进行改进，用于改装洛杉矶级、海狼级和弗吉尼亚级潜艇。TB-29A 还将用在 SURTASS 双线拖曳阵系统上，其能力强于现役 TB-29 细线拖曳阵，价格却是后者的一半。该声呐作为用于美国海军潜艇和无人水面艇（USV）的下一代拖曳式声呐，能侦察、跟踪和识别开放性海域和沿海水域的安静型潜艇。

洛克希德·马丁海军电子和监视系统公司的水下系统分部是 TB-29A 细线拖曳阵声呐项目的主承包商。根据其研制生产合同，该公司将与其主要分承包商 L-3 通信公司联合生产 TB-29A 拖曳阵。第一套 TB-29A 拖曳阵安装在洛杉矶级潜艇上，后续拖曳阵陆续安装到海狼和弗吉尼亚级潜艇上（图 10-34）。

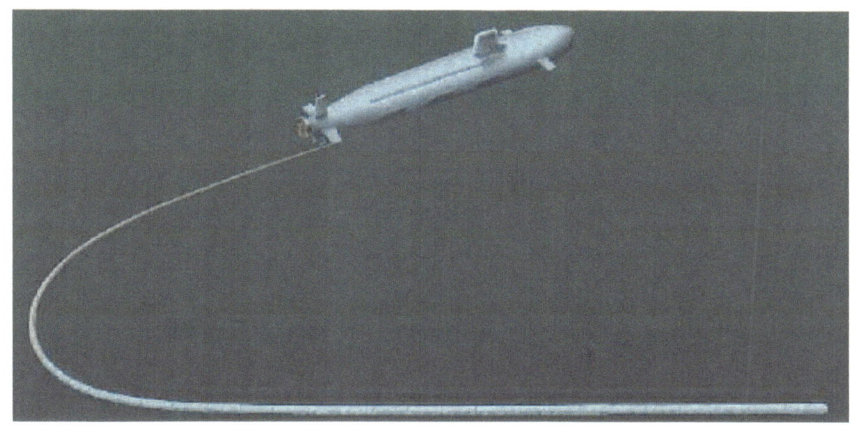

图 10-34 ┃ 弗吉尼亚级核潜艇的 TB-29A 细线拖曳阵声呐

如图 10-35、图 10-36，拖曳阵是通过缆线拖在水面舰和潜艇后面，用于探测海水中声能的传感器，由拖在潜艇或水面舰艇后面的长长的缆线（最长可达 6km）和一个水声器阵列组成。这个阵列由缆线拖在舰艇后边，是为了给水听器阵列提供更好的环境，因为离本舰越远，舰艇的自噪声对水听器阵列的影响就越小，这将极大提升信噪比，使拖曳阵能够更高

图 10-35 ┃ TB-29A 细线拖曳阵声呐工作示意图

效、更有效地探测到敌人的水面舰艇、潜艇。TB-29A CTA 阵列技术规格如表 10-3 所示。

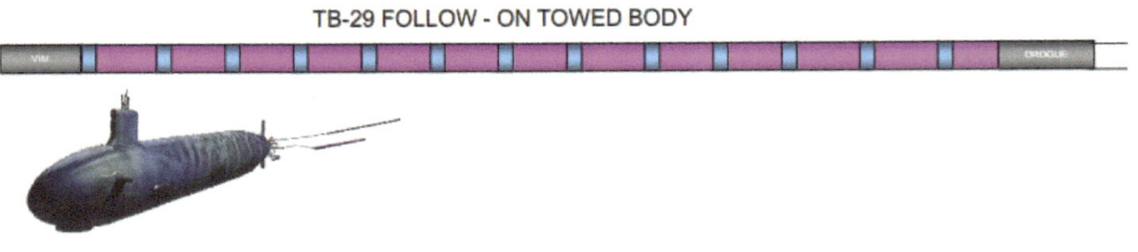

图 10-36 | TB-29 细线拖曳阵声呐

表 10-3 TB-29A CTA 阵列技术规格

型号名称	TB-29A CTA
制造商	洛克希德·马丁海军电子和监视系统公司 L-3 通信公司（分承包商）
服役时间	2005 年
建造数量	32
类型	紧凑型拖曳阵列
装载平台	大部分洛杉矶级潜艇，全部在役的海狼级和弗吉尼亚级潜艇
装备总长度	823m
缆线长度	365m
直径	19cm（内径)/38cm（外径）
方位角范围	360°
频道	416
操作模式	被动
拖曳阵集成的声学模块	13×48. 8m

TB-29A 是 TB-29 型拖曳阵的改进型，属于甚低频细线阵声呐，其优化了声学性能和传感器定位系统，提高了甚低频和较高航速下的探测性能，综合探测能力优于粗线阵，具有良好的分辨和定位特性，但由于基阵尺寸较细，易受海浪影响，不太适宜在海况复杂的濒海环境中使用。

拖缆长度直接与本舰的平台噪声水平及其抑制水平有关，这主要受到数据传输方式、声阵电子器件功率/种类、拖曳阵规模等因素的限制。美国 TB-23 型到 TB-29 型再到 TB-29A 型，其缆长从 915m 到 580m 再到 365m，由此可以推断，美国海军潜艇平台噪声水平一直在降低。

TB-29A 细线拖曳阵声呐综合了 TB-29A 轻型细线拖曳阵和 OA-9070 操纵系统（收放系统），计划花费 TB-29 一半的造价实现全部的性能。该项目的主要目标是降低成本，虽然不完全采用军标，但采用了最先进的商用技术，把一个完全的军事问题变成了利用电信工业最优商业行动和现有技术上来。

与上一代 TB-29 相比，TB-29A 的两个主要差别在于遥测系统和声学传感器。TB-29A 采用了商用 SONET 遥测系统的异步传输模式，该模式由 PMS 425 和 PMS 411 项目办公室领导下的拖曳阵综合产品组（TAIPT）完成研制。TB-29A 还研究了在几个不同阵列中采用通用 TAIPT 遥测技术的小型化技术。对于轻型拖曳阵而言，每一通道的费用从 TB-29 的 3690

美元降到 TB-29A 的 800 美元。

海军水下战中心的纽波特分部负责确定声学传感器替代品的研制工作，要求提供一个与 TB-29 水听器性能相同的传感器，根据一系列标准对二十多种传感器进行了评估，对有五声学通道的传感器与由 TB-29 组件和部分通用遥测器组装的水听器进行了水下比较测试。测试结果证明 TB-29A 与上一代 TB-29 水听器性能相当，同时最终确定了每一个通道成本为 750 美元的低成本传感器，而在 TB-29 中为 1600 美元。

OA-9070 拖曳阵收放分系统适配 TB-23、TB-29A 等细线阵，安装布置在潜艇尾部主压载水舱。洛杉矶级核潜艇装备的是液压驱动的 OA-9070A，弗吉尼亚级核潜艇装备的是全电驱动的 OA-9070E，如图 10-37 所示。全电驱动设计可减少空间需求，有效降低重量、人员和成本，增加潜艇负载能力，提升作战系统效率，此外，全电驱动取消了液压和气压子组件，使系统更加整洁和安静，是未来潜艇拖曳阵收放分系统的发展趋势。

图 10-37 ‖ 弗吉尼亚级核潜艇装备的 OA-9070E 系统

10.5.2.2 系统特征

拖曳阵声呐使用了拖曳在潜艇或水面舰艇后面缆线上长达数英里的水听器，旨在使阵列的传感器远离本舰/艇噪声，以提高其信噪比，并能够检测和跟踪隐蔽信号，如安静型潜艇和地震信号。

TB-29A 利用了遥测技术，具备比现有的 TB-23 拖曳阵更高的性能，具有通用性，保障能力得到了有效提高。其采用商用现成遥测技术，大幅降低了成本，同时保持良好的性能，这些阵列在 SURTASS 舰艇上进行了测试，同时也是 2004 年开始的“综合水下监视系统”（IUSS）项目的配套装备。TB-29A 细线拖曳阵声呐与潜艇“声学快速 COTS 插入”（A-RCI）计划研制的系统一起，有望在深海和一些浅水区域对安静型潜艇的探测能力提高4~5 倍。

作为 TB-29 拖曳阵声呐的改进型，TB-29A 拖曳阵保留了上一代声呐的声学性能，但由于简化了合同程序和采用了范围广泛的商用电信技术，其成本降低了一半。降低成本的第三个方面在于基地级维护上，由弗吉尼州小克里克的美国海军技术支持中心负责。

海军官员表示，目前的拖曳阵声呐系统，包括 TB-23、TB-29A、TB-16 和多功能拖曳阵列（MFTA）等，可提供声学性能，但不适用于无人水面艇的部署。拖曳阵声呐的有效使用限制了船舶的速度，船员必须注意保护缆线免受损坏。目前的拖曳阵系统设计复杂，需要升级以保持部署、装载、布放与回收时的可靠性。

与现有的拖曳阵声呐相比，L-3 通信公司的 TB-29A 显著降低了传感器功率、内部元件直径、弯曲半径和生产成本。该阵列通过降低声呐复杂性、降低功率，提高稳定性，从而承受原地操作和处理系统的压力。

细线的 TB-29A 拖曳阵长度长声阵孔径大，接收的频率低，探测范围大，但细线阵的布放时间较长，声传感器受流噪的影响较大，拖曳航速要低一些，拖曳机动性受到较大限制。其遥测性能、声学传感器和电子设备旨在为潜艇监视和无人拖曳阵列提供无处不在的解决方案。这些大批量和独特组件的多任务通用性可以节省从采购到维护等生命周期的支持成本。

10.5.2.3　研制与使用

TB-29A 是在 TB-29 的基础上发展起来的，TB-29 由于成本高而只生产了 10 套系统即被取消。TB-29A 型细线阵的研制开始于 1991 年美国海军水面舰拖曳监视系统（SURTASS）。美国海军最初计划生产 100 多套 TB-29A 拖曳阵系统，并安装在洛杉矶级、海狼级和弗吉尼亚级攻击型核潜艇上。

1998 年 12 月，洛克希德·马丁公司获得 3170 万美元的工程生产合同用于美国海军声呐升级，该合同也是 TB-29A 工程制造开发（EMD）的阶段合同。但由于 L-3 通信公司对合同的异议，僵局在 1999 年 8 月才被打破，其启动延迟了 8 个月。此时 L-3 通信公司成为洛克希德·马丁公司的主要子合同商，负责支持该计划的开发和制造活动。这个叫做“总集”（Omnibus）的合同一直延续到 2003 财政年度，其作为一种采购手段，为拖曳阵的研究和制造活动提供了一个单独的合同框架。

2000 年 4 月，洛克希德·马丁公司获得一项价值 640 万美元的低速率初始产品合同，要求生产 5 套 TB-29A。2001 年 2 月，洛克希德·马丁公司签定了价值 537 万美元的第二个低速率初始产品合同，要求生产 4+2 套 TB-29A。

2001 年美国海军对装备在 SURTASS 上的 TB-29A 细线阵拖曳声呐进行实验；第一套标准 TB-29A 声呐于 2001 年 9 月 27 日交给爱达荷州水声研究实验室，在奥维尔悬湖完成了一系列的海上试验，并首先在洛杉矶级核攻击潜艇上进行部署。其他四套低速率初始产品系统于 2002 年 1~3 月交付并进行了试验。

2002 年 3 月，TB-29A 细线拖曳阵声呐在洛杉矶级潜艇上成功地完成了第一阶段技术评估。在第一阶段技术评估期间，TB-29A 被证实能够正确布放和回收，还演示了 TB-29A 在高杂波水下信号环境中超强的信号识别能力。同时，还测试了它的信号测量能力。第二阶段技术评估也在同年进行，试验检验了 TB-29A 在低于 60℉条件下的水中性能。作战评估是 2003 年第二季度进行的，技术评估和作战评估结果表明，TB-29A 的性能明显优于 TB-29，使弗吉尼亚级核潜艇装配了更好的战术拖曳阵。

低速率初始产品生产的一阶段和二阶段合同共订购和交付了 11 套 TB-29A 声呐系统。低速率初始产品生产的三阶段合同共订购 12 套该声呐系统，从 2004 财年开始交付，2005 财年交付完成，至此，前三批低速率初始产品生产和交付完成，总采购量为 23 套。后来，美国海军又陆续采购了一批 TB-29A 细线拖曳阵声呐，2005 年 11 月宣布 TB-29A 声呐通过验收，正式装备潜艇部队。2001—2005 年期间，美国海军共接收了 20 套 TB-29A；2010—2012 年期间，美国海军共接收了 12 套 TB-29A。目前，美国正在研发新型的 TB-33 型细线拖曳声呐，未来 TB-33 型服役后将逐步替代 TB-29A。

此外，英国国防部和海军以及机敏级核潜艇的主承包商 BAE 系统公司与美国海军及洛克希德·马丁公司海军电子与监视系统公司的水下系统分部进行了会谈，研究英国海军新型机敏级攻击型核潜艇采用 TB-29A 拖曳阵的潜在可能性。英国一直为机敏级核潜艇研究细线型拖曳阵声呐方案，替代在研 2076 型综合声呐装备的细线型拖曳阵。

目前，TB-29A 声呐系统已被安装在大部分洛杉矶级潜艇和全部在役的海狼级和弗吉尼亚级潜艇上。

10.5.2.4 采办动态

2015 年 4 月，NAVSEA 宣布与 L-3 通信公司签订一份价值 2080 万美元的合同，为海军弗吉尼亚级核潜艇建造 6 套 TB-29A CTA 声呐系统。2016 年 3 月，L-3 通信公司获得一份价值 4660 万美元的合同，以开发和生产第一套 TB-29X TLTA（细线拖曳阵）声呐组件，拖曳阵接收单元，并进行量产、测试等。2017 年 5 月，NAVSEA 宣布与 L-3 通信公司签署 1360 万美元的订单，用于追加开发 6 套具有产品代表性的 TB-29A CTA 声呐系统，用于装载海军弗吉尼亚级核潜艇。该订单是对 2015 年 4 月宣布的弗吉尼亚级潜艇最初 6 套 TB-29A 紧凑型拖拽式（CTA）声呐系统 2080 万美元合同的修改。

TB-29X 旨在对安静型潜艇和其他威胁进行低频声学探测，代替 TB-29A 安装于洛杉矶级、海狼级、弗吉尼亚级攻击型核潜艇和水面舰的拖曳式阵列传感器系统。自 2008 年开始，美国就一直在改进 TB-29A 的可靠性，如增加电筛选测试，增加前后接口模块的软管强度，增加耐用的总线集成，为所有阵列模块增加更加鲁棒的 TAIPT 遥测组件，更新操作指南等。TB-29X 具有 TB-29A 同样的功能，但是其可靠性大幅提升。TB-29X 阵列共有 416 通道的，包含 17 个模块、两个低速隔振模块、一个前向接口模块、一个后向接口模块、13 个声学模块。

10.5.3 CAVES LVA（共形声速声呐大型垂直阵列）

10.5.3.1 概况

共形声速声呐大型垂直阵列（Conformal Acoustic Velocity Sonar Large Vertical Array, CAVES LVA）是一种用于潜艇声呐系统的大孔径艇壳阵列，以补充、取代现有的潜艇声呐阵列。该阵列的研制提供了一种用于覆盖潜艇的改进型优异传感器，从而降低潜艇制造成本。CAVES 寻求取代现有的压力传感器技术，该技术需要大量昂贵的舷外信号调节和支撑架构，以及一系列光纤加速度计，这些加速度计将成为潜艇艇体涂层的一部分。

CAVES 将取代现有的宽孔径阵列技术（WAA），并从弗吉尼亚级潜艇的早期单元开始实施。该技术将扩展应用到潜艇的其他部位，将为艇首和潜望塔的结构体积改良提供新的可能，同时改善声呐传感器的性能，如图 10-38 所示。

从 1960 年服役的“鲑鱼”号（SSN-597）以来，美国核动力潜艇都一律配备占据整个舰艏空间的球形阵列声呐，这部声呐有利于精确地合成与接收波束，并能获得最佳的声呐覆盖面；不过球形声呐阵列的生产成本很高，需要使用精密的计算机控制、动用复杂的五轴切割机才能制造，而且需在球形阵列上钻几百个孔，以配合安装用于连接声呐单元及舰内信号

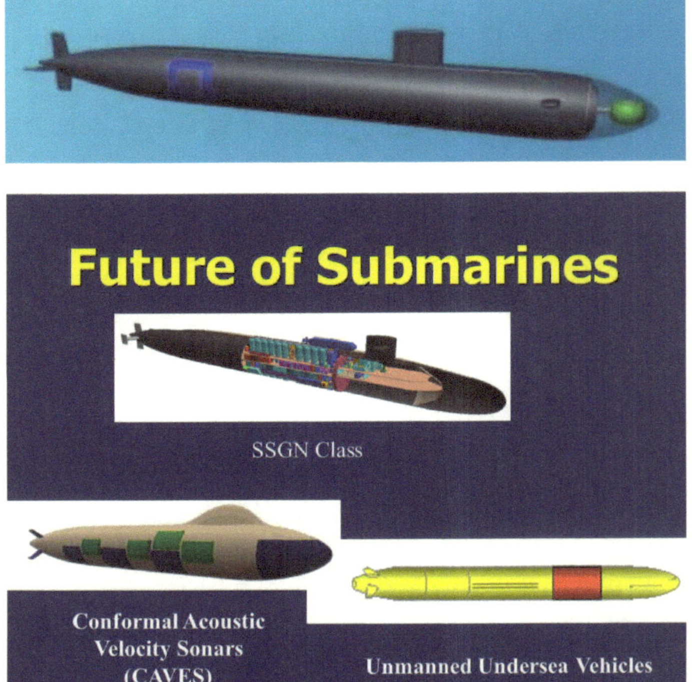

图 10-38 装备 CAVES 的潜艇

处理系统的电子线路，为此球形阵列需要保持水密，这些都需要高精密度的生产与管控。为此，美国又开发出一种全新的“共形阵列”（Conformal Array）技术，能达到与球形阵列声呐类似的效能，但体积、重量、施工复杂度与成本都显著降低。

简而言之，共形阵列声呐以一个附贴在舰艏外部的半圆形共形阵列来取代球形阵列声呐。相较于球形阵列的音鼓，共形阵列不可能是规则的圆形，因此阵列各换能器的物理特性远比传统球形阵列复杂，需要更复杂的信号处理技术才能形成波束。

10.5.3.2 系统特征

与一般传统的声呐一样，宽孔径阵声呐（WAA）的听音器主要测量声压（Acoustic Pressure），而 CAVES 不仅采用光纤技术、压电单晶组件的轻量化声压换能器来取代原 WAA 笨重的陶瓷压电组件，另外还装设三维矢量感测器，以正交平面排列来计算声波振速（Acoustic Velocity）的矢量（称为 acoustic vector），获得的信噪比远高于侦测声压；结合声压与声速这两种感测器提供的信号，搭配后端先进的信号处理系统，CAVES 就能对比传统声呐阵列更窄的接收波束进行合成，达到更高的信噪比与测向精度，可精确判断目标声源的位置。传统声呐阵列欲达到更大的接收孔径、更窄的接收波束以及更高的测向精度，唯一的方法就是加大阵列孔径，而新的三维矢量感测信号处理技术就能突破传统的限制，让更小型的声呐也能达到等同于更大接收孔径声呐的效果。CAVES 不仅性能比 WAA 更好，且轻量化听音阵列，不仅体积重量低得多，安装施工更为简易，还能安装在潜舰外部隔音瓦层里面，降低衍生的流体阻力。

相对于现有技术，CAVES 的购置和安装成本节省三分之二、寿命周期的成本减少 10%，对艇体结构方面的影响较小。采用光纤技术、压电单晶组件的轻量化声压换能器取代原

WAA 笨重的陶瓷压电组件，每艘潜艇可以节省 800 万~1300 万美元。此外，CAVES 还将大大改善潜艇的结构设计，并提高潜艇的隐身特性。

美国海军第一种实用化的共形阵列声呐，是装备于第三批弗吉尼亚级核潜艇（Vigirnia class Batch 3）的大孔径舰艏声呐（Large Aperture Bow Array，LAB）。该声呐是一个由 1800 个声呐收发单元组成的共形阵列，紧贴于整个舰艏的外部，能获得类似传统球形阵列的空间增益，并可预先形成波束。LAB 声呐阵列使用了类似于 CAVES 的技术，结合了接收音响信号的声压换能器以及测量声波振度的三维矢量感测器，合成更窄而更精确的接收波束，可直接判断目标声源的位置。此外，英国在特拉法加级核潜艇上就曾应用早期的舰艏共形阵列声呐技术，虽然当时性能不如美国的球形声呐，但整体而言仍相当不错；正是由于英国有这方面的工程经验，因此美国采用英国 BAE 系统公司作为第三批弗吉尼亚级潜舰整合式舰体前段的主承包商，加装共形声呐系统。

除了提高性能之外，LAB 声呐阵列省却了精密昂贵又费工的球形阵列；由于采用新的电子连线技术，LAB 声呐阵列无须如球形阵列声呐一样为电子线束钻孔，而是直接布置在舰艏外部，浸泡在海水里（新线路能长期在这样的环境里操作），无须如球形阵列一样保持水密，避免了不少施工与管控的麻烦。完全位于舰体外部的 LAB 阵列，也不需要连接球形阵列声呐与舰体耐压舱区的耐压通道（过去舰艏声呐区域为非水密区），可以节省一些舰内空间，并降低施工的复杂度，而第三批弗吉尼亚级潜艇的舰艏模组也因此重新设计。相较于 BQQ-10 声呐每个接收单元花费 5000 美元，LAB 声呐每个接收单元的成本只有 600 美元，且相应的施工费用也能节省 11000 美元。

10.5.3.3　研制与使用

主要装备用于弗吉尼亚级核潜艇。

10.5.3.4　采办动态

2012 财年，CAVES LVA 完成了冷水海试和分析；完成了 12 组单线拖曳阵列先期开发模型（ADM）的系统集成；进行了 12 组彭德奥雷耶湖 ADM 测试和试验船测试；完成了 12 组 ADM TEMPALT 开发，并在潜艇上进行演示；启动了 fat line 矢量传感器拖曳阵列（VSTA）的先期开发。

2016 年 2 月，位于康涅狄格州格罗顿的电船公司获得了一项海军修改合同，用于对前期未完成合同（N00024-10-C-2118）实施修改。该合同针对 CAVES LVA 的舷外电子设备进行开发。这项工作计划 2018 年 10 月完成。该项目在 2016 财年的研究、开发、测试和评估资金为 833.6 万美元，合同签订后立即付款，计划于该财年内完成。

2017 年 6 月，美国海军海上系统司令部官员发布“潜艇和水面作战系统传感器和信号处理技术”项目方案征集公告，寻求适用于监视侦察、态势感知、反潜战领域主被动声呐系统的创新计算和传感器技术。计算技术研究将涉及人工智能、深度学习、机器学习、预测分析等复杂技术，还包括美国海军感兴趣的网络安全、决策支持、视觉图像检测和分类技术。传感器技术研究将包括用于共形声速声呐（CAVES）的高功率主动声呐发射机、新型拖曳线列阵声呐遥测组件。

10.6 濒海战斗舰任务模块

濒海战斗舰（LCS）架构分为两种单元：核心系统（Core Systems）为基本单元，不因任务不同而不同，包括舰体平台、动力与航行操纵系统以及其他必备的基础系统等；而“任务包”（Mission Package）则是LCS用以执行任务的装备，是即插即用的装备模块，根据不同的用途而规划出几种不同的任务包，每个任务包提供独特的作战能力。目前开发的三种任务包是反水雷任务包（MCM）、水面战任务包（SUW）和反潜战任务包（ASW）。

任务模块（Mission Modules）是LCS用以执行任务的装备，能根据不同任务需求进行组装、搭配不同的武器模块、系统；任务模块是任务包的组成部分，详见第5章PEO IWS 8.0 LCS。

濒海战斗舰的变深声呐（Variable Depth Sonar，VDS）有多种型号，主要包括雷神公司的AN/AQS-20A/B/C和泰利斯公司的CAPTAS-4/2，分别是LCS反水雷和反潜战任务模块的组成声呐之一。

10.6.1 AN/AQS-20A/B/C LCS VDS（变深声呐）

10.6.1.1 概况

VDS具有优于现有声呐系统的优势，因为它可以根据敌方潜艇的深度来升高和降低，从而获取更大的覆盖范围。VDS利用改变部署深度而工作在最适合的水温层，尽可能提高声呐运行效率。VDS可作为一种关键传感器技术，用于识别在诸如沿岸水域等复杂声呐环境中潜行的常规动力潜艇。VDS可根据需要提供多种型号的配置，以满足多种操作环境中的任务需求，其发射器由美国海军根据LCS任务要求进行自主选择。

反潜作战主要通过声呐来搜寻敌方潜艇，然而声波在水中传播的时候，会受到很多因素影响。例如，因为海流、海底地貌等因素，不同深度的海水温度、盐度的变化并不是连续的，在一些特定深度会出现“断层”，即温度或盐度突然发生变化，在“断层”下发出的声波撞上“断层”后会被反射、折射，这样在“断层”上方的监听者就无法接收到“断层”下方的声波。反过来，如果让拖曳变深声呐或潜艇潜到“断层”下方，反而能听到“断层”下方更远处传来的声波。这种“断层”就是水声跃层。拖曳变深声呐（VDS）就是利用“断层”大幅增加对潜艇探测距离的装备。由于深海中存在海底反射因素，在深海可以从更远距离上发现水面声源，这也成为潜艇远距离发现水面舰艇的天然优势。

美国海军对VDS的要求：

- 发展有效且经济实惠的深水广域有源反潜战搜索能力；
- 为LCS提供模块化的变深声呐（VDS）；
- 主动声呐；
- 高动态范围，双基地接收器（MFTA）；
- 高可靠性，使用宽带源阵列进行VDS封装。

美国海军要求VDS是一个可以安装在任何LCS平台上的任务模块。对于LCS来说，反潜战任务模块是一个模块化的螺栓式固定/关闭装置，通过船尾吊放回收VDS，如图10-39所示。VDS用于支持LCS的反潜战任务，该系统作为反潜战任务模块的一部分，具有有效且经济的深水广域和主动声呐搜索能力。该计划以LCS为测试平台，研发一种发射和回收系统，能承受高速拖曳，提供高速扫描能力和远距离探测范围，并且在任何条件下其性能都应比现有系统好。组件应利用现有系统（如多功能拖曳阵列（MFTA））来限制成本并降低早期工作的风险，努力进行研究以验证性能目标和设计方案，并应在最大程度上利用UK

2087 VDS 测试计划。AN/AQS-20 VDS 技术规格如表 10-4 所示。

图 10-39 LCS 尾端吊放的 VDS（AN/AQS-20）

表 10-4 AN/AQS-20 VDS 技术规格

型号名称	AN/AQS-20A/B/C
制造商	雷神公司
服役时间	2016 年
建造数量	/
类型	变深声呐
装载平台	濒海战斗舰（LCS）反水雷任务模块
装备长度	3.215m
缆线长度	6096m
宽度	1.525m
直径	39.4cm
重量	443kg（空中），54.5kg（水中）
操作模式	主动
操作深度	137m
动力	2000W

新型变深声呐（VDS）已被选为 LCS 反潜战任务模块的一部分，在自由级和独立级濒海战斗舰上部署。换能器深度的可变性使得水面舰能够在可用的最佳声音传播条件下跟踪潜艇。VDS 可能会安装在未来的新型护卫舰上，建造数量还有待确定。

10.6.1.2 系统特征

AN/AQS-20 是雷神公司开发的拖曳式猎雷声呐探测器，用于探测深水和浅水中的底部和立体水雷，并对其进行分类。

AN/AQS-20 配备多种声呐系统，包括 1 部前视声呐、2 部侧扫声呐、1 部下视声呐、1 部立体搜索声呐，该系统配备有光电识别传感器，可使用波纹管激光成像技术（STIL）对沉底雷进行高分辨率成像。这些先进的系统能使 AN/AQS-20 在高速运动中对疑似水雷的目标进行自动探测和定位处理，它也是美军目前唯一具备一次通过即可完成对多种水雷探测与分类的扫雷系统。其拖曳体在较大的速度和水深范围内都具有很好的稳定性，能够满足高分辨率声呐成像和光学成像的要求。AN/AQS-20 也可为操作员提供可视图像和相关数据列表，并将所有的任务数据记录下来，以供快速评估和事后分析。该系统可广泛地融入多种空中、水面及水下平台，并已在 MH-53E 直升机上使用，还被用于 AN/WLD-1 遥控猎雷系统（RMS）。通过采用通用的软件、硬件接口，采用通用的一体化后勤支援保障以及模块化的操作配置，其一个拖曳体能够同时满足三类平台的需求。

根据水雷威胁的特定种类，AN/AQS-20 具有 4 种操作模式：一次通过浅水模式（Single-Pass Shallow Mode），主要用于搜寻浅水区的沉底雷和锚雷；一次通过深水模式（Single-Pass Deep Mode），主要用于协助探测深水锚雷；立体搜索模式（Volume Mine Mode），在这种模式下，其立体搜索扫描横断面的面积是其他搜索方式的 4 倍；识别模式（Identification Mode），用于提供沉底雷的光学成像。

在所有上述 4 种模式中，AN/AQS-20 的拖曳体通过拖缆内的光纤将获取的信息传送至控制台，这些信息和被记录下来用于事后分析的信息一并呈现给操作员。系统中的高速数据记录器用于获取信息，可以支持对系统新功能和算法的测试，其巨大的存储容量足以存储所有声呐和光电传感器回传的原始数据，用于对沉底雷及障碍物进行精确判别和对系统预测评估进行优化。这些能力使得 AN/AQS-20 能够快速、准确地为扫雷者提供有关水雷的位置信息，以便后续排雷任务的完成。

10.6.1.3 研制与使用

如图 10-40 所示，LCS 使用的遥控猎雷系统（RMS）采用 AN/AQS-20A 变深声呐，这是一种半潜式遥控无人多用途航行器，长 7m，直径 1.2m，最高航速 16kn，可以连续 24h 航行，可配备给宙斯盾驱逐舰和濒海战斗舰等水面舰艇，其传感器包括一个前视声呐、侧扫声呐和一个变深拖曳式 AN/AQS-20A 声呐，能执行探测、定位和识别沉底雷、锚雷等多型水雷的任务，大大地提高了水面舰队反水雷的能力。

图 10-40 | 遥控猎雷系统（RMS）

美国海军原本计划投入 8.64 亿美元购买这种遥控猎雷系统，但是由于测试结果不理想，相关的采购计划也就被暂时搁置。2011 年 9 月—2012 年 8 月期间，遥控猎雷系统总共进行了 300h 的初期测试，而失败的次数就达到 14 次之多。由于测试屡次失败，美军曾经至少 7 次将遥控扫雷具拉回港口里，以便进行更加深入的检查和调试。

10.6.1.4 采办动态

2010 年，美国海军委托 DRS 公司为 LCS 开发一套 VDS 声呐系统，其中包括美国海军水下战中心-纽波特分部 970 万美元的合同。该合同要求 DRS 提供由拖曳主动子系统组成的水下技术，该子系统将被集成到 LCS 的 VDS 反潜战系统中。LCS VDS 先期开发模型（ADM）

应在 2012 年进行海上测试。LCS VDS 可以探测浅水沿海和海港水域以及深海中的潜艇。DRS 官员说，低频声呐提供了高搜索率的战术反潜作战能力。然而，该公司却在 2014 年承认开发失败。

2016 年 8 月 31 日，雷神公司和美国海军水下战中心-纽波特分部成功升级了 AN/AQS-20A，以更好地对水雷进行识别和分类。开发团队评估了该系统的合成孔径声呐，以提高其捕获海底水雷威胁的高分辨率和低分辨率图像的能力。

2016 年底，美国海军对 AN/AQS-20A 变深声呐进行了一系列的测试，以改善其猎雷能力。海军无人海上系统项目办公室与海军水面战中心卡迪洛克分部一起测试了 AN/AQS-20A 变深声呐，该型声呐是为濒海战斗舰研发的猎雷声呐。前期收集的数据表明，AN/AQS-20A 拖曳的时候会重心偏移或发生摇摆现象，这影响了声呐对水雷的定位能力。此次测试是为了探究发生此类情况的根本原因，试验采集的数据将用于分析变深声呐发生摇摆的根本原因，并改进猎雷声呐的算法，以提高该声呐的猎雷性能。AN/AQS-20A 变深声呐原本为濒海战斗舰反水雷任务模块研制。虽然该任务模块目前已取消了，但是该型声呐项目被保留。

2017 年 5 月，雷神公司宣布，其新型变深声呐在完成产品研发和评估阶段后，由于特性和能力符合美国海军的设计性能要求，被美国海军选中作为濒海战斗舰反潜战任务模块的关键装备，用于定位和跟踪敌方潜艇。新的声呐系统可被部署在两级濒海战斗舰上，该系统采用全新设计减轻重量、尽量减少声呐对舰船操控的影响，增加机动性，并可为未来作战增加有效载荷。此外，这种声呐易于操作，提高了舰员的操作效率。2016 年 8 月，美国海军舰员在佛罗里达大西洋大学海港分校海洋研究所利用全尺寸原型装备进行功能验证。根据合同，雷神公司将在 2018 年前将这种变深声呐的研制从评估阶段转入预生产测试阶段。

10.6.2 CAPTAS-4/2 LCS VDS（变深声呐）

10.6.2.1 概况

联合式主被动拖曳阵声呐（Combined Active and Passive Towed Array Sonar，CAPTAS）是泰利斯公司于 20 世纪 90 年代末推出的低频主/被动拖曳声呐产品系列。该系列声呐系统是为应对静音潜艇而设计的，它可以使水面平台有能力执行所有的反潜战任务（例如护航、检查、区域清理以及己方力量保护）。该声呐使用了最先进的技术，能够利用小型阵列提供较高的声源级。此外，泰利斯独特的拖曳式三重接收阵列能够迅速解决左右判断模糊不清的问题，从而使其成为适用于鱼雷防御的理想系统。

CAPTAS 主动声呐部分是一个采用 FFR（Free Flooded Ring）技术的低频主动拖曳体（Towed Body），通过一个紧凑型基阵来发射或传输高质量声呐信号，拖曳体上结合了能控制拖曳深度的装置。被动声呐部分则是拖曳缆绳的被动听音阵列，阵列上每个听音单元配备了具有方位分辨能力的“品”字形三体换能器，此外，听音阵列还使用 FFR 传输技术来提高声呐信号传递质量。后端的信号处理系统采用开放式架构以及 COTS 商用成熟技术组件，易于维护升级。

CAPTAS 是当今西方最具代表性的先进低频主/被动拖曳阵列声呐系统之一。CAPTAS 系列的被动听音频率范围约 0.1～2.0kHz，表尺距离达 144000yd（1yd=0.914m），操作模式包含 FM、CW、COMBO、BPSK、PTFM，在 600Hz 以上的操作频率能直接分辨信号来源目标的左右舷；主动声呐可根据客户需求而选择垂直安装 2 个（CAPTAS-2）或 4 个（CAPTAS-4）垂直换能器，被动听音阵列的单元数量也可依照需求来调整。图 10-41 所示是 LCS 尾端吊放的 CAPTAS-4/2。CAPTAS 技术规格如表 10-5 所示。

图 10-41 LCS 尾端吊放的 VDS(CAPTAS-4/2)

表 10-5 CAPTAS 技术规格

型号名称	CAPTAS-4	CAPTAS-2
制造商	泰利斯	
服役时间	1990s	
建造数量	/	/
类型	低频主/被动拖曳声呐	
装载平台	濒海战斗舰（LCS）反潜战任务模块	
主动声呐数量	4	2
传输模式	全向	
接收器	具有瞬时 L/R 模糊度分辨率的三线阵列	
主动频率	900~2100Hz	
传输带宽	640Hz	
脉冲长度	1~16s	
脉冲类型	FM、CW 或两者结合	
操作限制	6 级海况	
操作深度	250m	
量程	0~144yd	
探测性能	高达二级会聚区	至少一级会聚区
拖曳配置	双拖曳：用于牵引拖曳体和接收阵列的分离式绞车	双拖曳或单拖曳：拖曳体牵引接收阵列

CAPTAS 声呐的探测性能如图 10-42 所示，工作模式如图 10-43 所示。

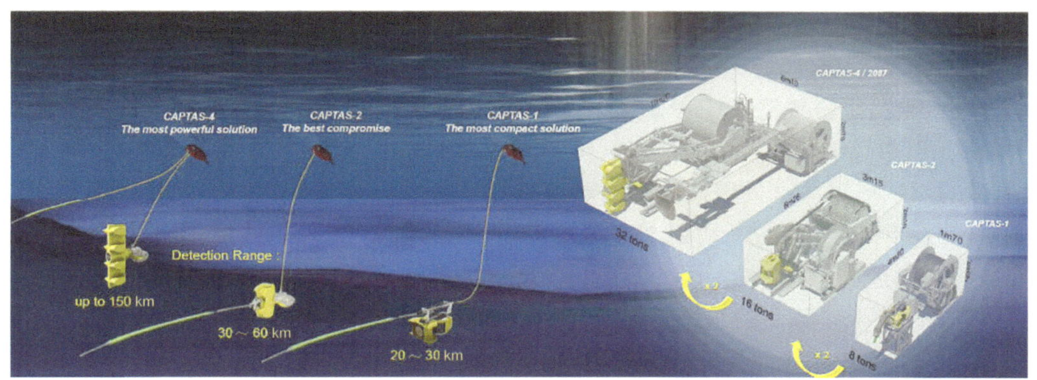

图 10-42 | CAPTAS-4/2/1 探测性能

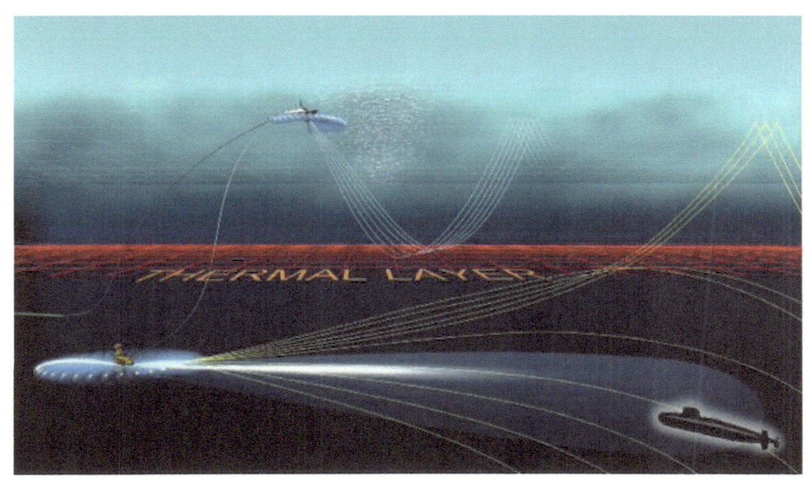

图 10-43 | CAPTAS-4/2/1 工作模式

10.6.2.2　系统特征

1. CAPTAS-4

CAPTAS-4（又称 UMS 4249 或 Type 4249）使用功率更大的主动拖曳体，主/被动部分被分开，主动拖曳体与被动拖曳阵列各由一套独立的绞车布放：主动声呐的拖曳体有四个环形的主动发射部位，由拖曳体处理系统（Towed Body Handling System）布放，而被动拖曳阵列则由拖曳阵列处理系统（Towed Array Handling System）布放，如图 10-44、图 10-45 所示。CAPTAS-4 的主动拖曳体包含四个垂直布置的环形换能器，工作频率 0.95~2.4kHz。被动听音阵列（操作频率 0.1~2kHz）的单元由“品”字形三体换能器构成，在约 600Hz 以上的操作频率能直接分辨声源方位处于本舰/艇的左右舷，不需要舰艇转向配合。CAPTAS-4 能在 10min 内完成布放或回收，本舰允许最大拖曳航速约 30kn（能确保硬件不毁损，但此种高速下声呐无法有效操作），最大部署深度约 350m，最高能在 6 级海况下操作。

2016 年 10 月，泰利斯在欧洲海军展（Euronaval 2016）上展出了 CAPTAS-4 紧致型（Compact），重新设计与布置了布放系统，并适度缩短拖曳缆长，尽可能减少安装所需的面积及重量，如图 10-46 所示。CAPTAS-4 紧致型的工程开发开始于 2013 年，共开发了两种版本，包括维持将低频主动变深声呐与被动拖曳阵列声呐阵列分开操作的独立拖曳系统

(independent tow system)，以及将主动变深声呐与被动拖曳阵列声呐结合在一起的共用式拖曳系统（dependent tow system，类似 CAPTAS-2）。根据资料，原 CAPTAS-4 安装占用面积是 $84m^2$，重 34t；而紧致型 CAPTAS-4 的两种版本中，主/被动系统各自独立拖曳的版本重量减至 25t，而两者结合的共用式拖曳系统的重量减至 20t。除了改变系统布局外，CAPTAS-4 紧致型的声呐拖曳体也采用了更轻的新型材料，进行系统最佳化；同时，将拖曳缆绳长度从原本 300m 缩减到 200m，可以减少缆重 11t。泰利斯表示，依照客户的意见，大多时候不需要将声呐布放到 300m 长，因此拖曳缆绳可以适度缩短。整体而言，与原来的 CAPTAS-4 相比，CAPTAS-4 紧致型的系统重量减轻约 20%，安装占用的面积减少将近 50%，但大致性能相当（只有缆绳缩短而影响部分能力）。

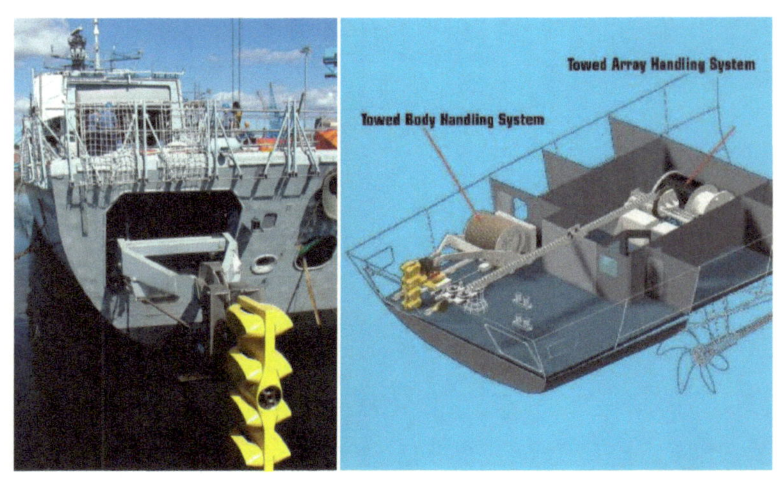

图 10-44 | CAPTAS-4 的布放及其在船体内部的结构配置（两套不同绞车）

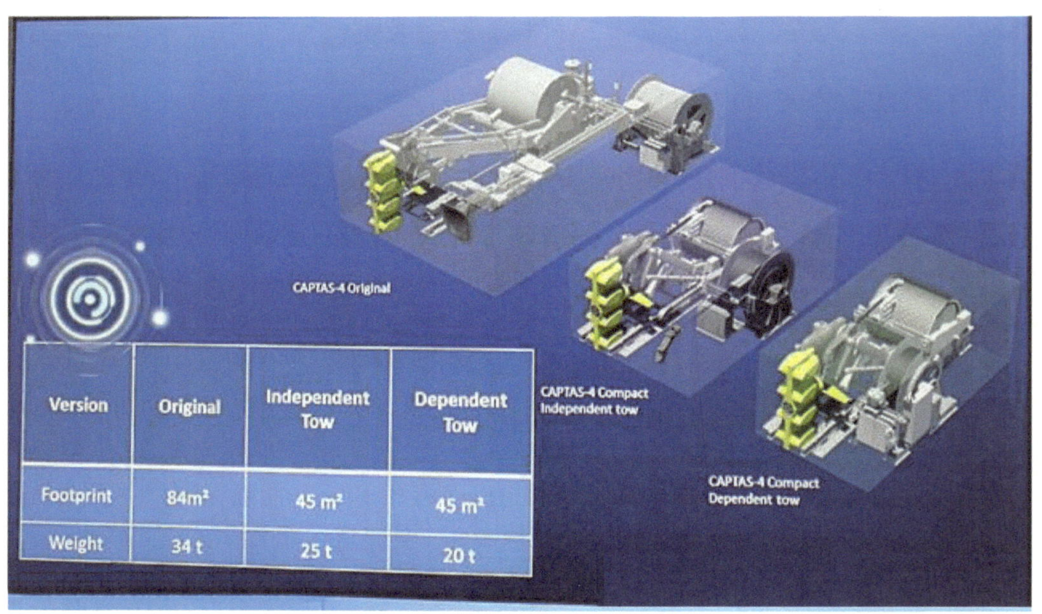

Version	Original	Independent Tow	Dependent Tow
Footprint	$84m^2$	$45\ m^2$	$45\ m^2$
Weight	34 t	25 t	20 t

图 10-45 | 欧洲海军展上展出的 CAPTAS-4：
由左而右是原型、紧致型（独立拖曳系统）、紧致型（依赖式拖曳系统）

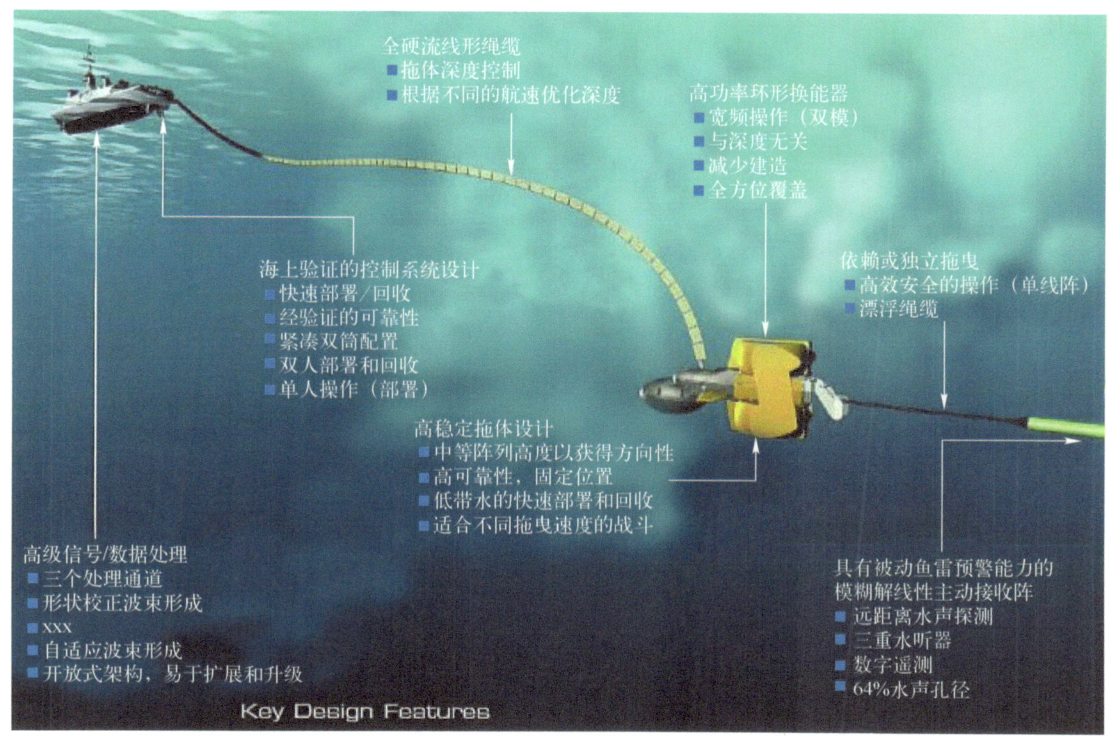

图 10-46 | CAPTAS-2 主要设计特征

2. CAPTAS-2

泰利斯在 1990 年代推出 CAPTAS，首先推出的型号之一是 CAPTAS-2（又称 UMS 4229 或 Type 4229），其主要设计特征如图 10-46 所示，主动声呐与线性被动阵列声呐都部署在同一个拖曳体上，通过拖曳缆绳连接了线性被动阵列，线性阵列的前部是包含主动部位以及控制装置的拖曳体。主动拖曳体有两个环形的主动发射器，其主动声呐工作频率约 0.95～2.4kHz（脉冲长度最高约 16s），被动声呐工作频率约 0.1～2kHz；而主动拖曳体的尺寸约为 2m×1m×1.2m，重 1250kg。被动拖曳阵长度约 90m，直径 85mm，重 2490kg，而布放主/被动拖曳体的收放系统（含绞车）重 15000kg，尺寸 6.4m×2.1m×4.4m，拖曳缆绳长度有 264m（重型粗线）或 500m（轻型细线）两种。CAPTAS-2 能在 10min 内完成布放或回收，最大拖曳航速约 30kn（能确保硬件不毁损，但此种高速下声呐无法有效操作），最大拖曳深度约 350m，最高能在 6 级海况下操作。

如图 10-47 所示是 CAPTAS-2 工作模式。

3. CAPTAS-1

CAPTAS-1 是 CAPTAS 的轻量版本，整套系统与收放的绞车可以放置在一个标准集装箱（20ft）中。

CAPTAS-1 的主动变深声呐在拖曳缆绳上的部署情况是：CAPTAS-1 的主动变深声呐与线性被动阵列声呐都整合在单一拖曳系统里。

除 CAPTAS-4/2/1 以外，CAPTAS 还有缩小廉价版的 CAPTAS Nano，结合了泰利斯在 20 世纪 90 年代后期参与“澳大利亚水面舰拖曳阵列声呐”（ASSTASS）的工程经验；为将主/被动功能整合在一条长 64m 的单一拖曳阵列中，节省成本与体积，其主动发射频率约 1kHz。

图 10-47 | CAPTAS-2 工作模式

10.6.2.3 研制与使用

CAPTAS 系列拖曳阵列声呐的核心技术被英国、法国共同应用，而英国 2087 型低频主/被动拖曳阵列声呐采用 CAPTAS-4 的硬件架构，并融合了英国的后端控制系统与软件；而硬件结构与 2087 型类似的 UMS 4249 则被法国/英国合作的欧洲多任务护卫舰（FREMM）采用，该硬件亦被称为 CAPTAS-4 型。美国也采购若干套 2087 型拖曳阵列声呐用于濒海战斗舰的反潜任务模块中，作为美国 AN/SQR-20 整合式多功能托曳阵列声呐（MFTA）服役前的过渡性装备。CAPTAS-4 主要安装在 T23 英国护卫舰和 FREMM 护卫舰上。

CAPTAS-4 紧致型的研发，一定程度上由美国濒海战斗舰计划所推动；美国海军测试 CAPTAS-4 若干年，CAPTAS-4 不仅作为 LCS 的反潜套件，还是洛克希德·马丁公司提供的先进水声概念（Advanced Acoustics Concepts，AAC）套件的一部分。在美国海军测试 CAPTAS-4 期间，泰利斯认为 CAPTAS-4 对于 LCS 这样 3kt 级以下的舰艇实在太庞大，必须缩减体积与重量；故泰利斯提供给美国海军的是 CAPTAS-4 紧致与轻量化版本，这也是 CAPTAS-4 紧致型的基础。法国海军在 2017 年开始建造的中型通用护卫舰就计划使用 CAPTAS-4 紧致型；而同时期英国规划的 Type 31 护卫舰也是 CAPTAS-4 的潜在客户。

10.6.2.4 采办动态

在2015年海空天展会上，泰利斯水下系统分部的业务总监称ACC公司正在与泰利斯合作，为LCS反潜战任务模块上装载的CAPTAS-4变深声呐进行减重。9个月后，在SNA全国研讨会上，ACC公司的官员称CAPTAS-4变深声呐将比海军提出的要求更轻。CAPTAS-4变深声呐系统重量的减少主要来自布放系统的优化，与用在法国FREEM护卫舰上的布放系统相比，用在LCS上的布放系统选用了上等的钢材，而且缆绳缩短，所以布放系统更加轻巧。

L-3公司、雷神公司、AAC公司都争相为LCS提供CAPTAS-4变深声呐。美国海军最多选择两家公司交付测试产品，之后将进行批产。美国海军将需要10~20套CAPTAS-4。此外，AAC公司的一段视频说明了DDG 51 Ⅲ型驱逐舰适合安装CAPTAS-4。在“分布式杀伤”的作战概念中，美国海军将CAPTAS-4变深声呐作为未来驱逐舰的组成部分，装备了CAPTAS-4变深声呐以及MH-60H“罗密欧”舰载机（装备了FLASH/ALFS声呐）的驱逐舰将成为强有力的反潜平台。FLASH和CAPTAS-4的声呐主体在法国雷斯特生产，CAPTAS-4的压电陶瓷环在澳大利亚生产，操作系统在美国生产。

10.7 其他水下装备

10.7.1 Mk32 SVTT（鱼雷管）

10.7.1.1 概况

Mk32，名称为鱼雷管（Surface Vessel Torpedo Tubes，SVTT），如图10-48所示。该型鱼雷管于1960年代服役，是美国及其他许多国家海军舰艇上装备的标准鱼雷发射装置，可装备巡洋舰、驱逐舰、护卫舰、猎潜艇等舰艇，用来发射直径324mm的轻型鱼雷，如美国海军的Mk44型鱼雷、Mk46型鱼雷、Mk50型鱼雷和Mk54型鱼雷，或其他同为324mm口径的鱼雷。它除了作为发射鱼雷的装置之外，也可以将鱼雷储存在其中。Mk32有多种型号，

图10-48 Mk32型鱼雷管

大部分是带有转台的三联装“品”字形排列（图 10-49），也有固定的两联装“吕”字形排列和单联装“口”字形排列（图 10-50）。Mk32 SVTT 鱼雷管技术规格如表 10-6 所示。

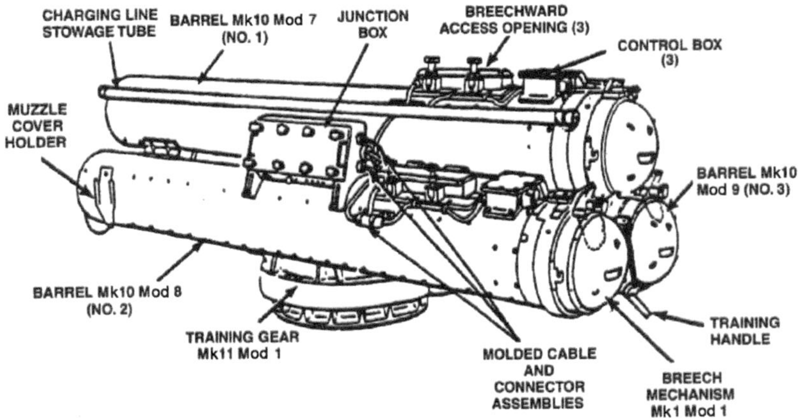

SVTT Mk32 Mods 5 and 7

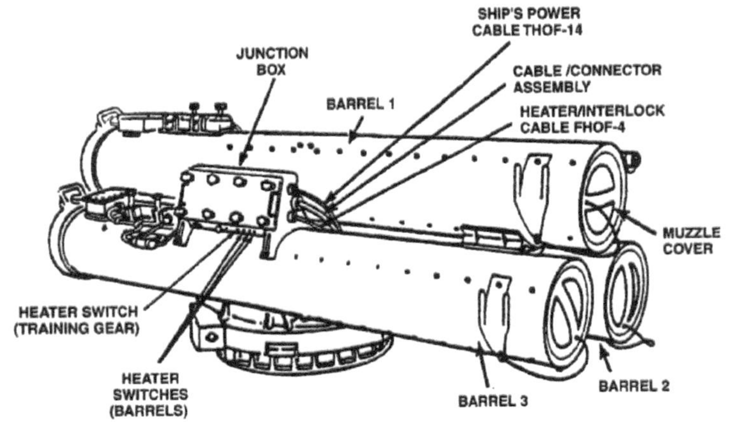

图 10-49 ▍三联装 Mk32

SVTT Mk32 Mod 11

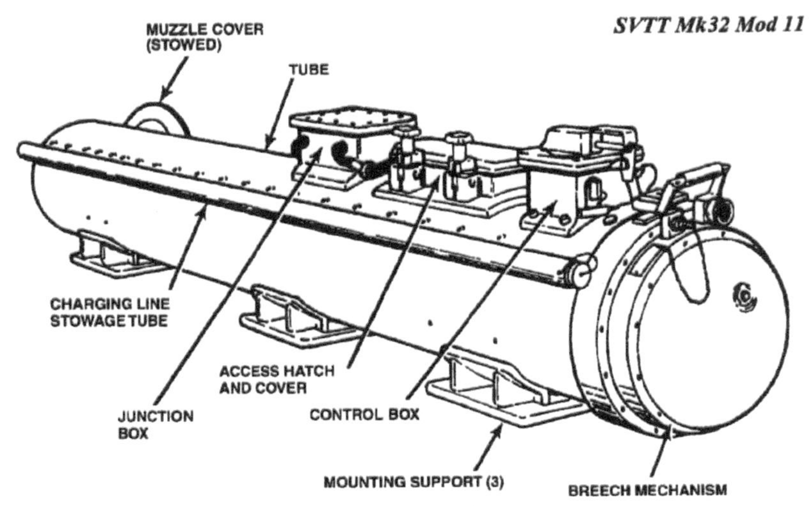

图 10-50 ▍单联装 Mk32

表 10-6 Mk32 SVTT 鱼雷管技术规格

型号名称	Mk32 SVTT
制造商	/
服役时间	1960s
建造数量	/
类型	水面舰船鱼雷管
装载平台	大部分美国海军水面舰艇，如：DDG-51、CG-47、FFG-7
发射鱼雷型号	Mk44/Mk46/Mk50/Mk54 LHT
口径	324mm
主尺度	3.7m×1m×1.35m
重量	1000~1200kg
出管速度	≥12.2m/s
回转范围	±10°~±180°
射界	±35°~±145°
最佳射角	±45°
发射方式	压缩空气发射
最大气压	$140kg/cm^2$
最佳气压	$105kg/cm^2$
手动发射时最小气压	$8.5kg/cm^2$
电动发射时最小气压	$9.5kg/cm^2$
发射膛压	$<6.9kg/cm^2$

10.7.1.2 系统特征

Mk32 有两种主要的版本，可以依据不同舰船的任务需求进行安装，分为三联装和两联装。三联装是将三个鱼雷管并装在一起，发射基座可以旋转，发射的时候将鱼雷管朝舷外旋转，舰上安装方式为船身左右两侧各设置一座。两联装是将两个鱼雷管并装在一起，发射管的前方有保护舱门，发射前舱门必须先打开才可以将鱼雷推送出去。

Mk32 鱼雷管有安全装置以保护船只与鱼雷的安全。三联装在发射前如果没有转向舷外，安全装置会停止发射程序。两联装在发射前如果舱门没有打开，发射程序也会被终止。

Mk32 鱼雷管装填时自后方用导轨方式将鱼雷送入（图 10-51），发射时以电子击发的方式利用高压空气将鱼雷推送出去（图 10-52）。

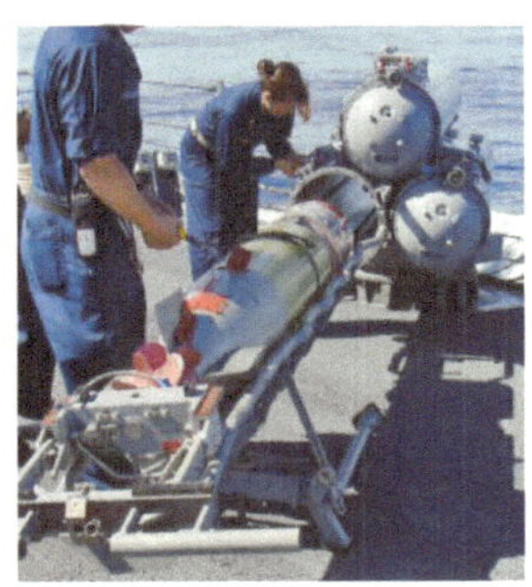

图 10-51 | Mk32 装填鱼雷由导轨送入

图 10-52 | Mk32 发射鱼雷以电子击发方式推送

在 Mk32 Mod 0~14 型系列产品中，除 Mk32 Mod 9 为双联装固定式外，其余各型均为三联装可转式发射装置。由于所发射的是小口径轻型鱼雷，加上发射装置本身紧凑而精巧的设计，使得它的装艇重量及所需要的空间尺寸都很小，这就给舰艇的总体布置带来很大的灵活性。Mk32 Mod 9 一般布置在舰艇舱室内，而三联装 Mk32 的其他各型装置多布置在舰艇甲板两舷靠近舷边的位置。三联装 Mk32 鱼雷管结构包括发射管、设定装置、发射系统、管内温度控制系统、转台等。

发射管：管体用玻璃钢制成，管内有 4 个弧形板，弧形板间形成 4 个导槽，因为鱼雷的可动鳍大于雷体直径，鱼雷装在管内时，可动鳍就插在导槽内。管前端有个前盖，在鱼雷发射或空放时取下。管后端有个铝制球形的后盖，它既是后盖，又是发射气瓶。内部气瓶是玻璃钢制成的。管上有制动装置，装雷后用手动紧固，发射时靠燃气压力解脱。

设定装置：管上有设定电缆，鱼雷的设定全部由指挥仪通过设定电缆进行。发射时，设定电缆插头自动拔出。

发射系统：Mk32 通过压缩空气发射鱼雷，发射系统由气瓶、电磁阀、发射阀和互锁机件等组成。气瓶容积为 18L，工作压力 120kg/cm^2。这样可保证发射膛压不大于 7kg/cm^2。出管速度 12~19m/s，发射方式有电发射和手动紧急发射两种，前者于正常情况下在指挥仪上进行，后者用以紧急情况时在发射装置上抛掉鱼雷。互锁机件可以保证发射系统在同时满足以下三种条件时才能发射：发射装置在射界内；气瓶压力达到一定要求；后盖已关闭。发射鱼雷时转至与舰艇纵中面成 45°方向，发射出的鱼雷无须飞跃舰艇甲板，直接经空中飞行入水。

管内温度控制系统：在发射管弧形板与管壁间空腔内有电加热器和热敏继电器，用来自动调节发射管内温度。低温环境下可自动给管内鱼雷及转台提供合适的温度，并能自动检测鱼雷头温度，实施高温报警（当管内温度达到 59°时会自动发出警报），保证鱼雷及舰艇的安全。

转台：3 个发射管固定在转台上，转台只能用手转动。发射前就将发射装置转到射界内某一位置。

平时三联装 Mk32 鱼雷管停放在与舰艏艉线平行的方向上，其装填鱼雷流程大致如下（以阿利·伯克级ⅡA 型驱逐舰“杜威”号（DDG 105）为例）：如图 10-53 所示，首先舰员安装鱼雷管旁边的装填吊臂，图中左侧就是吊臂支座，而远处罩着帆布的就是 Mk32 鱼雷管。整个装填工作，需要舰员安装两个吊臂，一个是转运吊臂，用来从下层弹药库将鱼雷吊上来；一个是装填吊臂，用来将鱼雷吊运到装填位置。阿利·伯克ⅡA型驱逐舰在增设机库之后，Mk41垂直发射系统提高到02甲板，而01甲板面积显得非常拥挤。两座Mk32鱼雷管被挪到2号烟囱两侧的甲板上，位于海上补给作业区与小艇挂架之间。然而鱼雷库仍在直升机库前方甲板上，与鱼雷管相距太远且高出整整一层甲板，也不可能设置再装填辅助机构，这导致鱼雷再装填需要远距离人工搬运，这种方式不仅麻烦、费时而且危险性高。为了解决这个问题，从“平克尼”号（DDG 91）开始又把鱼雷管移到机库顶部垂直发射器的两侧，拉近与鱼雷库的距离。

图 10-53 ▎装填吊臂将鱼雷吊放到装填架上，推入发射管中

对于三联装Mk32来说，其主要特点为体积小、重量轻、操作简单、自动化程度较高，但它没有随动系统，需要转舰瞄准，给舰艇战术机动带来不便。

10.7.1.3　研制与使用

Mk32有多种型号（Mod），其中一部分是由早期型号改良后的新型号，不同的鱼雷管接受来自特定发射控制系统的指挥。早期的Mk32 Mod 0/1/2的发射管采用铝合金制造，主要用于发射Mk44鱼雷，同时配备了口径254mm的套管，兼顾发射口径254mm的Mk42、Mk43鱼雷。自Mk32 Mod 3起，发射管改用玻璃纤维增强塑胶制造，用于发射Mk44、Mk46鱼雷。目前最新型号的Mk32可以发射Mk46、Mk50、Mk54等新型鱼雷。其主要变型产品如表10-7所示。

表 10-7　主要变型产品

变　型	描　述
Mod 0	最初（1966年）生产的三联装鱼雷管
Mod 2	Mod 0的改良版，发射管改以钢管加上玻璃纤维内衬以取代全玻璃纤维材质的构造，同时加上新的回转机构以及安全装置
Mod 5~8	包含由前两型改装而来以及新生产的发射管，全部为三联装，但是使用不同的火控系统
Mod 9	双联装，这一型发射器只安装在美国诺克斯级以及加拿大城市级护卫舰上
Mod 11	单联装，以固定角度安装在刚性支撑上，具有远程操作能力

（续）

变　型	描　述
Mod 14	三联装，安装在史普鲁恩斯级驱逐舰上，类似 Mod 7 发射管，但是提升了反应速率
Mod 15	三联装，安装在部分阿利·伯克级驱逐舰上，类似 Mod 7 的无人版，取消紧急时可以自鱼雷管直接控制发射的能力，具有显示鱼雷已经发射的信号面板，以及遥控并且加热的鱼雷管舱门
Mod 16	预计配备于航空母舰与两栖登陆作战舰艇上面，研发计划稍后放弃
Mod 17	三联装，配备于佩里级护卫舰上，是 Mod 5 的改良版，增加发射 Mk50 鱼雷的能力
Mod 18	配备于弗吉尼亚级巡洋舰上，是 Mod 7 的改良版，增加发射 Mk50 鱼雷的能力
Mod 19	三联装，配有隔板安装控制盒（BMCB），提供鱼雷管训练装置和鱼雷射击的远程或本地操作的能力

现代水面舰艇装备管装鱼雷的数量，要根据反潜任务及舰艇的排水量而定。通常在装有综合反潜系统的驱逐舰、护卫舰上会配装回转式三联装反潜鱼雷发射装置 2 座，并设有备用鱼雷库。现代舰用反潜鱼雷多为小型鱼雷，2 座 Mk32 鱼雷发射装置采用两舷对称布置形式，安装在舰的中后部，并保证有相应的射界。

10.7.1.4　采办动态

2012 年 10 月，澳大利亚国防材料部长詹森克莱尔宣布，澳大利亚皇家海军霍巴特级防空驱逐舰（AWD）“布里斯班”号近日在澳大利亚阿德莱德完成了 Mk32 Mod 9 型鱼雷管的试射测试，试射符合 AWD 项目的能力标准。作为第二艘霍巴特级防空驱逐舰“布里斯班”号武器系统接收试验的一部分内容，Mk32 Mod 9 鱼雷管成功验证了发射 MU 90 轻型鱼雷的能力。Mk32 Mod 9 鱼雷管包含三根主发射管、一个充气面板以及一套鱼雷装载盘，该鱼雷管将分别安装在三艘霍巴特级驱逐舰的弹药舱、左舷与右舷位置。继 2012 年 6 月成功完成了鱼雷管的工厂接收测试之后，巴布科克公司已经向 ASC 联盟交付了首批鱼雷管，以便将其装备在首艘霍巴特级驱逐舰上。

2016 年 7 月，美国海军进行了 Mk32 鱼雷管发射鱼雷攻击靶舰的试验。

10.7.2　SDRW/SRD/SCD 声呐罩

10.7.2.1　概况

声呐导流罩（Sonar Dome，SD）型号有多种，包括 SDRW（橡胶声呐透声窗）、SRD（橡胶声呐罩）、SCD（复合材料声呐罩）等。其位于舰船首部、龙骨或舰体，主要用于安放探测、导航和测距声呐。水面舰或潜艇航行时，声呐罩的作用能够降低船体、机械振动与声呐的耦合，减少因腐蚀、海生物附着产生的水流噪声，阻止水流直接冲击声呐传感器，降低水流对声呐性能的影响，减小舰船的流体阻力。

根据美国海军与承包商之间的合同授予情况分析，目前其舰艇用声呐罩主要有透声窗（window）和声呐罩（dome）两种类型。如图 10-54 为阿利·伯克级驱逐舰正在建造中的声呐罩，图 10-55 为舰艏声呐导流罩透声窗。SD 声呐罩技术规格如表 10-8 所示。

图 10-54 | 阿利·伯克级驱逐舰正在建造中的声呐罩

图 10-55 | 阿利·伯克级驱逐舰舰艏声呐导流罩透声窗

表 10-8 SD 声呐罩技术规格

型号名称	SD
制造商	古德里奇公司（Goodrich）
服役时间	20 世纪 60 年代
建造数量	500+
类型	声呐导流罩
装载平台	DDG-51、CG-47、FFG-7、SSN-688
尺寸	长约 7.5m
质量	约 12t
与艇体连接开口直径	约 8m
表面积	约 $140m^2$

1. 透声窗

古德里奇公司利用柔性钢丝增强 RHO-C 橡胶复合材料作为透声窗，将其嵌入到金属声呐罩结构中，保持声呐罩内部压力高于外部水压，取得了良好的降低透声损失的效果。1965—1966 年，DL-4 驱逐舰 AN/SQS-26 舰艏声呐试验的结果表明，12kn 航速下该舰声呐平台自噪声降低了 6dB，20kn 时降低 3dB，降噪量随着速度的增加而缓慢下降。

为了进一步降低声呐透声窗的制造、维护成本，美国海军于 1993 年开始了用三明治结构复合材料替代原有线增强橡胶复合材料制造声呐透声窗和声呐罩的研究工作。1994—2000 年，古德里奇公司耗资 2100 万美元，与 GEO-CENTERS 公司、海军研究实验室、海上系统司令部和其他承包商联合，研究开发出了采用工程高分子材料增强的 RHO-COR 复合材料系统。该材料系统能够通过特殊的材料选择和结构设计实现所需的声学性能，特别适用于各种环境下的中高频声呐。1997 年起，美国海军开始采用 RHO-COR 复合材料声呐透声窗替换原有的线增强橡胶复合材料透声窗。

2. 声呐罩

复合材料声呐罩是一个完整的罩体，与船体直接相连，提供声呐安放空间，主要应用于中小型护卫舰龙骨声呐和潜艇艇首声呐，如佩里级护卫舰、鲟鱼级潜艇、洛杉矶级潜艇等。

1954 年，美国海军实现了玻璃钢声呐罩的制造，并在潜艇上安装了 54 套进行试验。除一个声呐罩因为结构原因失效外，其他都取得了很好的效果。随后在青花鱼号潜艇上安装了更大尺寸、无加强筋的声呐罩，服役效果也很好。基于在鹦鹉螺号核动力潜艇上安装的塑料加强筋增强复合材料声呐罩的失败，美国海军开发了钢丝增强复合材料声呐罩，并在北极航行中试验成功。随后推广应用到其他潜艇。

20 世纪 60 年代后期，在鲟鱼级潜艇上安装的复合材料声呐罩为美军提供了比传统声呐罩更宽的反潜探测角度范围，很好地应对了敌方潜艇威胁。此后，美军开展了复合材料声呐罩结构和声学性能优化，以满足工程使用要求。同时，古德里奇公司将线增强橡胶复合材料声呐罩用作佩里级反潜护卫舰的龙骨声呐罩，并随后在“洛杉矶”级等潜艇上应用。

古德里奇公司设计并制造的具有流线外形的洛杉矶级潜艇复合声呐罩长约 7.5m，重约 12t，与艇体连接的开口处直径约 8m。该导流罩上还粘贴了一层约 50.8mm 厚的橡胶防护罩，以增强声呐罩的声学特性。橡胶材料具有低的声波吸收和反射特性，因而能有效地提高潜艇的探测性能。

10.7.2.2 系统特征

声呐罩是舰艇上声呐换能器阵的透声外罩，声呐换能器阵进行探测、导航和定位时，声能量通过这种外罩时的声衰减很小。声呐罩包裹并保护舰船的声呐阵列，同时要求其必须尽可能少地影响声能的传播和接收，以增加舰船探测和水下目标的分辨能力。

常用的声呐罩材料主要有三类，即橡胶、玻璃纤维增强复合材料（玻璃钢），以及钢、钛合金等金属，早期美国海军舰船声呐罩多为橡胶声呐罩（SRD 或 SDRW），玻璃钢等复合材料声呐罩（SCD）于 1997 年起取代传统的橡胶声呐罩，装备在美国及其盟国海军的护卫舰上。SCD 能够提供比金属材质和橡胶材质声呐罩更优异的声学性能，可以减重、耐腐蚀、复杂结构成型。SCD 主要安装在佩里级护卫舰的龙骨上，可为舰船的声呐系统提供优异的结构与声学性能。SCD 大幅降低了制造和维护成本，依然具有一定的潜在优势，可以满足不断提高的海军水面舰艇作战要求。①

古德里奇公司利用公司在高分子弹性橡胶方面研究成果，开发了 RHO-COR（R）复合材料系统，该系统集橡胶良好的声学特性和工程复合材料的高强度特性于一身，新的声呐罩几乎是免维护的。

如图 10-56 所示，声呐罩形状为泪珠形，主要结构包括：

声呐罩壳：为潜艇提供隔音功能，对潜艇艏部的水下探测和传感器装置进行保护，可提高其工作性能；

纵向支撑/消声板：减少内部噪声反射；

声呐传感器阵列：用于舰船的探测、导航与定位。

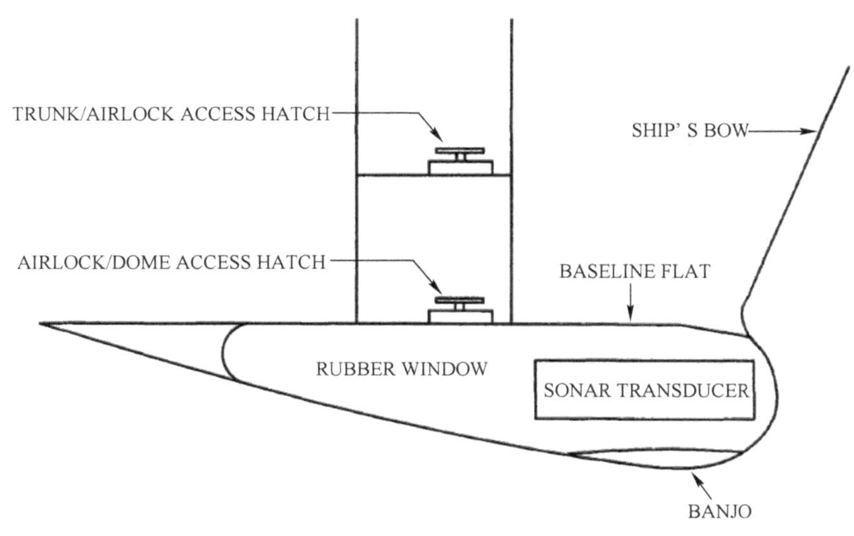

图 10-56 ‖ 基本 SDRW 系统结构

10.7.2.3　研制与使用

1963 年，美国海军资助古德里奇公司开始研制耐压橡胶声呐罩（SRD）；1968 年前后，古德里奇公司将线增强橡胶复合材料声呐透声窗（SDRW）安装到斯普鲁恩斯级驱逐舰，并随后应用到阿利·伯克级等驱逐舰和巡洋舰中。古德里奇公司驻杰克逊维尔港的高分子聚合物工程团队为美国及其盟国海军服务超过 40 年，是佩里级护卫舰（FFG-7）、阿利·伯克级驱逐舰（DDG-51）和提康德罗加级巡洋舰（CG-47）等舰船唯一的声呐罩提供商。

目前古德里奇公司承包了两种类型的声呐罩，即 SCD 和 SDRW。SCD 主要安装在佩里级护卫舰的龙骨上，采用了一种专利复合材料系统，用于优化舰船声呐系统结构和声学性能。SDRW 通常与钢质导流罩框架结合成一体，主要应用部位包括斯普鲁恩斯级驱逐舰（DD-963）、阿利·伯克级驱逐舰（DDG-51）和提康德罗加级巡洋舰（CG-47）的舰艏声呐，洛杉矶级、弗吉利亚级等潜艇的围壳声呐（Sail Array），采用专门的橡胶线加固结构，橡胶特有的能量吸收和反射特性提升了声呐系统的探测能力。古德里奇公司在过去 40 年中生产了 300 余套 SDRW，总计超过 500 套声呐罩。典型声呐的应用平台及其声呐罩如表 10-9 所示。

① 李楠，谢会超，等．国外海军舰船复合材料声呐罩的应用与发展［J］．舰船科学技术，2017，39（6）：1-5.

表 10-9 典型声呐的应用平台及其声呐罩

声呐类型	舰船平台	声呐罩材料
AN/SQS-53	CG-47、DDG-51、DD-963、DDG-993	线增强橡胶复合材料
AN/SWA-26	CGN 36、CGN 38	线增强橡胶复合材料
AN/SQS-56	FFG-7	线增强橡胶复合材料
AN/BQQ-5	SSN 688~750、SSN-637、SSN-671	玻璃钢或钢
AN/BQQ-6	SSBN-726	玻璃钢或钢
AN/BQR-7	SSN-640	玻璃钢或钢
AN/BSY-1	SSN 688~751	玻璃钢或钢
EM100	T-AGS 51	玻璃钢
EM1000	T-AGS 60(62,63)	玻璃钢
EM121A	T-AGS 60	玻璃钢
SEABEAM	T-AGS 26	玻璃钢
TC-12NB	T-AGS 60	玻璃钢
TR-109	T-AGS 60	玻璃钢

10.7.2.4 采办动态

1997 年，古德里奇公司开发出了 RHO-COR 复合材料系统，在佩里级护卫舰上逐步采用 RHO-COR 复合材料声呐罩替换原有线增强橡胶复合材料声呐罩。同时，该公司攻克了潜艇复合材料声呐罩的工艺设计、检验、加工设计和制造等难题，于 2001 年起为弗吉尼亚级潜艇提供 RHO-COR 复合材料声呐罩（SCD）。

2008 年 10 月，古德里奇公司与美国海军水面战中心克兰分部（NSWC-Crane）签订一份合同，为美国海军水面战斗舰提供声呐罩。该合同为期 5 年，价值高达 3300 万美元，交付期一直持续到 2013 年。合同涉及的工作由古德里奇公司位于佛罗里达州杰克逊维尔的工程聚合物产品部（EPP）来完成。

由于朱姆沃尔特级驱逐舰的独特船型，其声呐罩与阿利·伯克级驱逐舰的声呐透声窗不同，采用复合材料制造完整的声呐罩。该项目于 2009 年招标，最终由英国托德宇航防务（Tods）公司获得前 2 艘舰声呐罩的制造合同。这也是美国海军首次从英国公司采购复合材料声呐罩。除朱姆沃尔特级驱逐舰舰艏声呐罩外，托德宇航防务公司声呐罩和声呐透声窗还在 20 多个国家海军舰艇上得到应用，如英国 45 型驱逐舰和机敏级潜艇、西班牙海军 S80 潜艇和巴赞级护卫舰、澳大利亚海军霍巴特级驱逐舰、挪威南森级巡防舰等。该公司声呐罩采用碳纤维/环氧基预浸料树脂注入工艺制造，每个声呐导流罩由三部分组装而成，具有声学性能可调的特点。

2011 年 1 月，古德里奇公司向美国海军佩里级护卫舰交付第 24 套 SCD。

2012 年，古德里奇公司和汉胜公司合并，成立 UTC 航宇系统公司，继续为美国海军提供声呐罩。

2013 年 10 月，UTC 航宇系统公司向美国海军交付一批 SDRW，自此美国海军 SDRW 总数超过 150 套。同时，该公司的工程聚合物产品部继续为其声呐罩的安装、检查和维修提供现场服务。

2015 年 3 月，UTC 航宇系统公司又获得美国海军水面战中心克兰分部新一轮 5 年周期的不定量合同，继续为潜艇提供高频围壳声呐透声窗。该合同价值 3900 万美元，为期 5 年，交付期一直持续到 2020 年，除为美国海军及其盟国海军提供声呐罩以外，还将提供运输、安装、检查、维修等现场服务。2003—2015 年，该公司累计为美国海军提供了 67 套潜艇声呐透声窗。目前，美国海军驱逐舰、巡洋舰、潜艇广泛使用古德里奇公司生产的 RHO-COR 复合材料声呐透声窗，用于舰艏和围壳等声呐。

10.7.3 AN/SQS-56 声呐

10.7.3.1 概况

AN/SQS-56 是美国雷神公司开发的护卫舰声呐，其出口型为 DE-1160。其作为一款现代化的舰壳声呐，具有数字化功能，内置小型计算机进行系统控制和先进显示。计算机控制功能提供了一种非常灵活且易于操作的系统。该计算机还能通过内置的培训功能提供自动故障检测和定位。该声呐是主动/被动声呐，提供全景回声测距和全景（DIMUS）被动监视。单个操作员可以通过主动系统搜索、跟踪、分类和指定多个目标，同时在被动显示器上进行反鱼雷态势监视。AN/SQS-56 声呐技术规格如表 10-10 所示。

表 10-10 AN/SQS-56 声呐技术规格

型号名称	AN/SQS-56
制造商	雷神公司
服役时间	1977 年
建造数量	100+
类型	主动/被动中频舰壳探潜声呐
装载平台	FFG-7
频率	主动模式：6700/7500/8400Hz 被动模式：4000~8000Hz
作用距离	主动模式：9.3km 被动模式：16km
重量	1500kg（舰壳型，12kHz） 10000kg（配备 200m 长的线缆和变深声呐） 1600kg（意大利版本，7.5kHz） 750kg（意大利版本，玻璃增强型塑料声呐罩）
功率	440V 主动模式：90kW 被动模式：800W
脉冲宽度	200μs、100μs、50μs、6μs
脉冲型号	FM
尺寸	1.2m×0.96m

如图 10-57 为佩里级护卫舰上的 AN/SQS-56 中频声呐操作台。

图 10-57 | 佩里级护卫舰上的 AN/SQS-56 中频声呐操作台

10.7.3.2 系统特征

AN/SQS-56 是一种能力有限的主动/被动中频舰壳探潜声呐，仅安装在佩里级（FFG 7）护卫舰上。其能力远低于其他几型巡洋舰、驱逐舰和护卫舰所携带的 AN/SQS-26 和 AN/SQS-53 声呐。

AN/SQS-56 的使用为佩里级减少了大约 600t 的排水量，并将电力需求减少了近一半。然而其探测能力也相对减弱，仅能检测大约 5n mile（9.3km）的范围，极大限制了舰载反潜战直升机的有效使用。

AN/SQS-56 的音鼓由 36 组换能器组成，具有主动环场回声（active panoramic echo）以及被动数位多波束指向（Digital Multi-beam Steering，DIMUS）监视模式，其多数信号处理功能都是在美国海军标准电子模块计划（Standard Electronic Module Program，SEMP）下完成。内置小型计算机提供系统控制、计时和接口通信。采用单一阴极射线管（CRT）显控台，并支持字母/符号显示；此外，人机界面还能选配终端显示、麦克风/对讲机等。

AN/SQS-56 没有 AN/SQS-26、AN/SQS-53 等大型声呐具备的远距离工作能力以及多种操作模式，不能同时以主动与被动模式进行侦测。其操作频率高于 AN/SQS-26 和 AN/SQS-53，精确度较高，受浅海环境中各类干扰效应的影响较小，适合近岸作业；侦测距离较短，在大洋上的工作性能远逊于 AN/SQS-26、AN/SQS-53，因此需加装拖曳阵列声呐弥补对目标的远距离搜索；也由于 AN/SQS-56 的侦测距离短，难以满足 ASROC 反潜火箭的侦测需求，因此佩里级没有加装 ASROC 的必要。

雷神公司在 20 世纪 90 年代推出了 AN/SQS-56 的改良套件，包括改良了 AN/SQS-56 的声呐波形（包括使其能发射“王鱼”避雷声呐的波形）、以 Motorola 68000 处理器为基础的通用处理器、TMS 320 信号处理器、彩色显示器、具有图形处理能力的显控台，以固态集成电路组件取代原本老旧的真空管组件等。20 世纪 90 年代，美国海军为 12 艘改进型佩里级（FFG 47，48~55，57，59，61）加装与 AN/SQS-53C 相同的 SWAK 浅水侦测套件，提高浅水域的操作性能，改良成果被称为 EC-10。

10.7.3.3 研制与使用

AN/SQS-56 于 1977 年实现了初始的作战能力。由雷神公司位于朴茨茅斯罗德岛的潜艇信号部制造。除了美国海军 51 艘佩里级护卫舰外，AN/SQS-56 还装备了部分军售给澳大利亚、西班牙和中国台湾的佩里级舰船以及希腊、沙特阿拉伯及土耳其海军的护卫舰和轻型护卫舰，还曾外销埃及、波兰、意大利、韩国、摩洛哥等国，外销型号为 DE 1160，其衍生版本包括 DE 1160、DE 1164、DE 1167 系列。

截至 2017 年，AN/SQS-56 声呐的主要变型产品如表 10-11 所示。①②③

表 10-11 AN/SQS-56 声呐的主要变型产品

变　型	描　述
AN/SQS-56	基本型
DE 1160	美国授权意大利生产的 AN/SQS-56 型声呐，于 1977 年开始服役
DE 1160B	重 3536kg，标准出口版本，功率输出约 12kW，峰值输出约 30kW，平均输出 7.2kW，售价范围约 350~450 万美元
DE 1160C	DE 1160B 的改进版本，AN/SQS-56 的出口版本，重 4108kg，增大了体积与功率，约 36kW
DE 1160 LF	重 14254kg，相对于 DE 1160 增加了一个大型低频传感器，有舰艏版与 VDS 版，操作频率 3.75kHz，侦测范围直达第一汇聚区
DE 1164 （DE 1160 VDS）	重 28911kg，DE 1160 的变深声呐版本，在 DE 1160 的基础上增加了一个变深声呐的拖曳式基阵和相关拖曳设备，主要用于搜索、跟踪水下目标。测定其方位、距离和运动方向等数据，并自动传递给火控系统。系统采用两种工作频率，既可以利用直线传播途径探测目标，又可以利用声汇聚区发现目标，操作深度 200m，一般型号操作频率 7.5kHz
DE 1164 LF （DE 1160 LF VDS）	重 39057kg，DE 1160 LF 的变深声呐版本
DE 1160（I）	对 DE 1160 进行了数字化和现代化的能力提升
DE 1167 （AN/SQS-58）	DE 1160 的小型化版本，频率为 12 或 18kHz，于 1984 年推出，采用更为先进的微处理器结构和显示发射技术
DE 1167 LF	低频版 DE 1167，频率为 7.5kHz

2015 年 9 月，随着最后一艘佩里级护卫舰辛普森号（FFG 56）的退役，该声呐系统及其变型产品目前仅在美国之外其他国家（地区）的舰船平台上服役。

10.7.3.4 采办动态

从 2017 年夏季开始，美国海军反潜战持续跟踪无人艇海上猎人号（Sea Hunter）进行了反水雷、反潜和 EO/IR（光电及红外）探测系统的测试。该阶段主要针对各任务模块探测系统开展了装艇结合测试，其中最主要的试验对象是雷神公司生产的模块化可扩展声呐系统，即 AN/SQS-56 MS3 型中频声呐，主动探测距离可达 18km，具备主被动探测、被动威胁过滤、定位、追踪等功能，还具备对鱼雷进行探测警告和自动规避水面障碍的能力。

① http://www.mdc.idv.tw/mdc/navy/usanavy/E-Sonar.htm.

② https://ja.wikipedia.org/wiki/AN/SQS-56.

③ Jane's C4ISR & Mission Systems Maritime 2017-2018.

MS3 型声呐是 AN/SQS-56 声呐系统的第五代产品，该型声呐已经服役了 30 余年。为了将这套声呐系统搬上小巧的海上猎人号，雷神公司对 AN/SQS-56 进行了重新设计，其中大量运用了光纤和数字化技术，将可替换元器件数量从原有的 400 个减少到了 15 个，大大缩小声呐系统体积的同时，大幅提高了保养维护的便捷性。MS3 型声呐的“湿端”传感器与 AN/SQS-56 类似，但“干端”明显较小，由光纤线缆取代了沉重的铜电缆。

10.7.4 AN/UQN-4A 数字测深仪

10.7.4.1 概况

AN/UQN-4A 是一种用于测量船舶下方水深的数字测深仪，主要用于船舶导航和深度测量，比如测量船龙骨与海底之间的距离（图 10-58）。AN/UQN-4A 数字测深仪技术规格如表 10-12 所示。

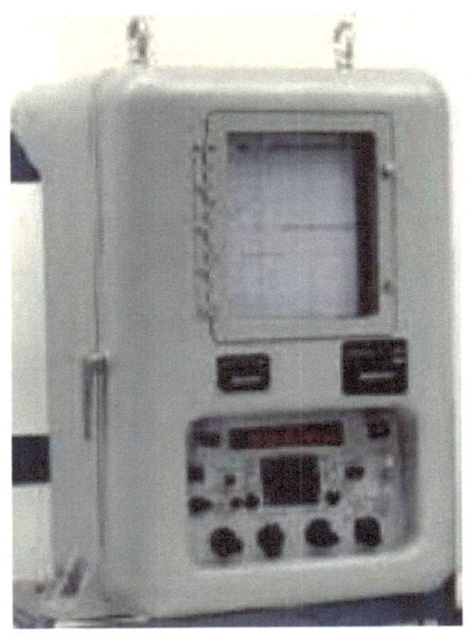

图 10-58 | AN/UQN-4A 示意图

表 10-12 AN/UQN-4A 数字测深仪技术规格

型号名称	AN/UQN-4A（EDO Model 9057）
制造商	EDO
服役时间	1970 年
建造数量	/
类型	声呐探测装置
装载平台	几乎全部美国海军、海岸警卫队舰艇
传输/接收类型	脉冲连续波
传输/接收器	尺寸：28.25in×23.5in×19.04in 功率：峰值 1000W 重量：195lb 体积：7.75ft^3
接收器灵敏度	600ft 条件下-60dB/1V（有效值）
传感器	尺寸：7.75in×14.74in 重量：131lb 活性材料：钛酸铅锆酸盐 阻抗：12kHz 条件下 120Ω×(1+20%) 直流电阻：1Ω（无电缆） 传输响应：162dB（最小） 接收响应：-172dB（最小） 波束方向：33℃ 绝缘电阻：导体对地最小 100MΩ，屏蔽对地最小 20MΩ
工作环境温度	-28～+55℃
工作频率	传输：12 kHz 接收：12 kHz
工作范围	0～600ft 0～3600ft 长/短脉冲 0～36000ft 长/短脉冲

10.7.4.2 系统特征

AN/UQN-4A 将声压脉冲发送到海洋中，通过海底反射并返回。系统通过将返回能量转换成电能来作为水深的测量值。深度指示器的数字显示器上持续显示水深，接收器的图表记录器可以永久记录水深数据。AN/UQN-4A 的测深范围为 4~36000ft，采用脉冲宽度鉴别器和距闸来消除误传的回波响应①。AN/UQN-4A 功能示意图如图 10-59 所示。

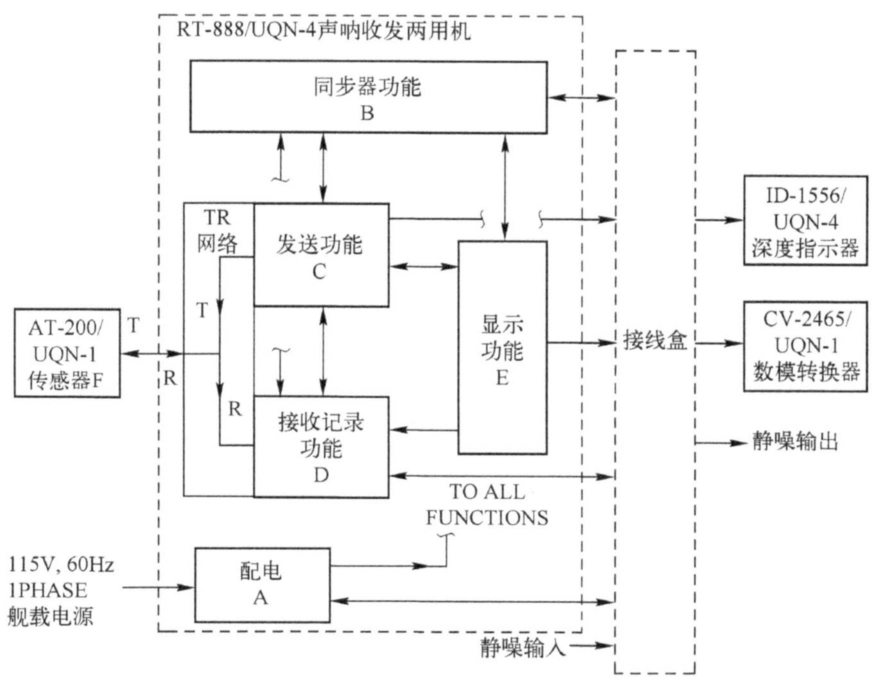

图 10-59 AN/UQN-4A 功能示意图

1999 年 11 月，美国海军为 AN/UQN-4 研制接口套件，使其可以与宙斯盾舰计算机控制的全船监控和交换网络进行集成。

10.7.4.3 研制与使用

AN/UQN-4A 装备范围十分广泛，几乎是全美国海军、海岸警卫队和沿海测量服务船和盟国海军及其研究船的标准设备。1999 年，西班牙为其 F-100 护卫舰计划订购了四套该系统，当时每套价格约为 175000 美元。此外，AN/UQN-4A 还曾外销澳大利亚、法国、韩国、西班牙和中国台湾等国家和地区。

截至 2008 年，AN/UQN-4 的后续销售情况尚未确定。根据美国国防部 05/06 财年预算文件推断，美国海军将用一个被称为前瞻性测深仪的系统（IES-10）取代 AN/UQN-4。AN/UQN-4 的主要变型产品如表 10-13 所示②。

① https://fas.org/man/dod-101/sys/ship/weaps/an-uqn-4.htm.

② UQN-4(V) Sonar Sounding Set -Archived 5/2008.pdf.

表 10-13 AN/UQN-4 的主要变型产品

变 型	描 述
AN/UQN-1 (EDO Model 185)	最早期的声呐探测装置，被 AN/UQN-4 取代
AN/UQN-4 (EDO Model 9057)	广泛使用的声呐探测装置
AN/UQN-4A (EDO Model 9057)	AN/UQN-4 的改进版本
AN/BQN-17	美国海军 AN/UQN-4A 的潜艇版本
AN/BQN-17A	AN/BQN-17 的增强版本
IES-10	AN/UQN-4 的现代化替代品

10.7.5 AN/WQC-2A/6 声呐通信装置

10.7.5.1 概况

AN/WQC-2A/6 是安装在美国海军所有潜艇及大多数水面舰上，用于己方潜艇之间或潜艇与水面舰之间进行水下通报和通话的声呐通信装置（图 10-60）。美国于 20 世纪 60 年代后开始安装 AN/WQC-2A 水下通信声呐，其低频段 1.45~3.1kHz 用于远程水下通信。AN/WQC-2A 声呐通信装置技术规格如表 10-14 所示。

图 10-60 AN/WQC-2A 示意图

表 10-14 AN/WQC-2A 声呐通信装置技术规格

型号名称	AN/WQC-2A
制造商	哈利斯声学产品公司 超级电子海洋系统公司
服役时间	1960s
建造数量	600+
类型	水下声呐通信装置
装载平台	大部分美国海军水面舰船和潜艇，如 FFG-7

（续）

频率	低频：1.45~3.1kHz 高频：-8.3~11.1kHz 辅助模式：100Hz~13kHz
重量	接收器：220.5kg 控制站：5.8kg 遥控站：3.1kg
输出功率	低频：600W 高频：450W
接收器	低频：-160dBV（1Hz 带宽） 高频：-170dBV（1Hz 带宽）

10.7.5.2 系统特征

AN/WQC-2A 声呐通信装置是单边带、通用语音和等幅电报（CW）通信装置，具有水下通信功能，将水面舰、潜艇和沿海岸站连接起来。测试场地和其他沿海设施也通过 AN/WQC-2A 与附近船只进行通信。

AN/WQC-2A 装置在短距离和长距离水下通信的频带中发送和接收语音、音频和低速电报，此外还可用于放大和传输来自外部源的信号。整套装置包括控制站、遥控站、接收器、发射器以及低频和高频传感器。

控制站包括必需的控制器、指示器、扩音器等；遥控站是紧急情况下的第二控制站；接收器和发射器的主要功能是发射高功率单边带进行语音、音频和外部源信号的传输，使低频和高频传感器接收和解调低频、高频和等幅电报信号；低频和高频传感器具有水平全向波束模式，其中 TR-233 高频传感器和 TR-232B 高功率低频传感器均由超级电子海洋系统公司制造，由一系列压电陶瓷元件组成（图 10-61）。典型的 AN/WQC-2A 配置包括 3 台放置在舰艇合适部位的可切换高频传感器①。

图 10-61 | TR-233 高频传感器（左），TR-232B 高功率低频传感器（右）

10.7.5.3 研制与使用

TR-232B 的改进型 Mk700 目前正在开展研发制造，将用于取代 TR-232B 传感器。

① Jane's C4ISR & Mission Systems Maritime 2017-2018.

Mk700 具有超出 TR-232B 的性能，尤其是具有更大的深度范围，探测深度超过 1000m，可以在更高的等幅电报信号源水平下保持运行，此外还具有增强的结构完整性，优化的可靠性、全寿期性能和成本，通过了美国海军的标准认证和振动测试。

AN/WQC-6 是专用于三叉戟级潜艇的通信传感器（图 10-62），由主动信号科技公司为美国海军设计和制造，其工作频段是 WQC 低频段，同时也覆盖了 UQC 频段，使其成为双用途传感器。该设计的关键点是这种 4 类传感器的外壳材料采用石墨复合材料，能够在不降低功率和效率情况下实现更宽的频带响应。该装置在道奇池塘进行了鉴定，使用了来自新供应商的配试设备，并明确保留其深度，功率和带宽能力①。

图 10-62 | AN/WQC-6 通信传感器

该系统安装在大部分美国海军水面舰船和潜艇上，哈利斯声学产品公司是长期的供货商，为美国海军及其盟国海军提供了超过 600 套该声呐通信装置②。

10.7.5.4 采办动态

2015 年中，NAVSEA 确认一项 RFI，对 4 艘前佩里级护卫舰进行作战系统现代化改装，RFI 要求提供一套新型数字化水下通信系统，可能会取代 AN/WQC-2，也可能作为一套独立系统进行研发。

2017 年，哈利斯声学产品公司成为超级电子海洋系统公司的子公司。

① http://www.activesignaltech.com/Transducers1.html.

② Jane's C4ISR & Mission Systems: Maritime 2017-2018.

第11章 IWS 4.0：国际项目与对外军售

11.1 概述

自1935年通过《中立法》加强对武器出口管制以来，美国始终把“对外军售”作为推进对外战略、争夺与维护全球霸权的重要手段。长期以来，美国一直通过对外军售巩固同盟关系，甚至控制盟友。在当前总体实力相对下降、挑战日趋激烈的情况下，美国更需要通过对外军售等方式提升盟友安全能力、巩固同盟关系，与“更强大的伙伴国一起领导世界”，通过“强化发展全球盟友和伙伴国”来“维护”国际秩序。“对外军售”由美国武器出口控制法案授权，是美国国防部负责执行的官方军品销售体系，是美国政府与武器购买国政府之间的官方军贸。武器购买方不直接与美军工企业联系，而是在武器购买国的委托下，美国国防部作为“中间代理”，负责美国武器、服务和技术的购买和出口。它以安全援助的形式，通过美国和他国政府签订销售协议实现军备出口，美国国务院决定对外军售计划的具体目标国家。

此外，美国还公开将对外军售当作调节美军武器库存、推陈换新的渠道，这不仅有助于美国实现政治外交目的，而且还能给美国带来巨额军火利润。

美国政府每年通过对外军售项目向其他国家输出近430亿美元的防务装备。对外军售项目对美国有重要的意义，包括：①支持美国总统、国防部和国务院的政策利益和目的；②协助盟友伙伴发展和构建特定军事能力；③增强和扩大结盟与伙伴关系；④方便美国进入海外基地，获得空域飞行权及预置战备物资；⑤支持美国的国防工业供应链。

PEO IWS 4.0项目办公室的名称是“国际项目与对外军售”（International Programs & Foreign Military Sales），其任务是为国际项目的开发、交付、支持全谱武器和综合作战系统提供解决方案，协调PEO IWS国际项目的技术转让政策。[①]

国际项目包括安全援助和军备合作两部分。

---

① CAPT Jim Dick. International Programs & Foreign Military Sales (IWS 4.0). 2011 Integrated Warfare Systems Conference.

1. 安全援助

“安全援助”（Security Assistance）是指经 1961 年《对外援助法》（FAA）和《武器出口管制法》（AECA）或其他相关法规授权的一系列项目，根据这些法规，美国通过赠款、贷款、现金出售、租赁等方式提供国防物资、军事训练和其他国防相关服务，促进国家政策和目标的实现。

安全援助主要包括对外军售（FMS）、对外军事融资、国际军事教育与训练、直接商购、经济援助基金、维和作业等多种方式。PEO IWS 实施的安全援助项目如图 11-1 所示。

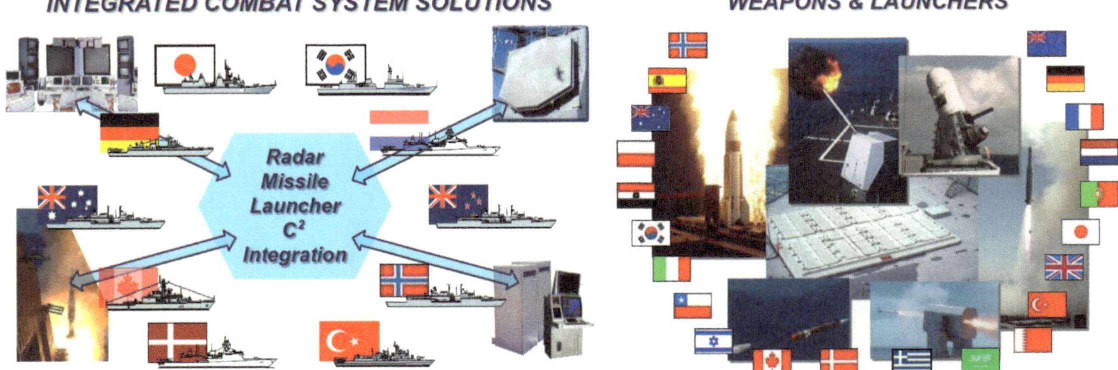

图 11-1 PEO IWS 实施的安全援助项目

2. 军备合作

“军备合作”（Armaments Cooperation）包括国防系统或装备的研究、开发、测试和评估（RDT&E）；合作研发项目产生的国防物品或装备的联合生产（包括后续支持）；国防部采购外国设备、技术或后勤保障；作为外国比较试验（FCT）计划的一部分，对外国设备进行试验。

在大力开展军品贸易的同时，美国也与国际合作伙伴进行包括联合研发、合作生产以及合作保障在内的多种形式国际军备合作。到目前为止，美国已有四分之三的军工企业与英、法、德、日、意、荷等国有着军备方面的合作。

JSF 联合攻击机项目（F-35）就是美国联合英国等其他 8 个国家开展的合作项目；美国有时也会选择与其他国家开展技术交流活动，如美国在 2018 年 7 月与荷兰签署了双边防务协议，将开展军事人员交换、大型军备项目信息交换等活动，促进两国在军事方面的合作。

本章简要介绍 PEO IWS 4.0 负责的 50 多个对外军售项目。其中，对“宙斯盾”的军售型号（日本、西班牙、挪威、韩国、澳大利亚等 5 个国家）进行较详细的介绍，而其他项目仅以表格列出相关国家（地区）、舰船平台及类型等。

- 宙斯盾武器系统（Aegis/AWS:5）
- 兵力战术训练系统（BFTT:1）
- 协同交战能力（CEC:1+1）
- 密集阵近防武器系统（CIWS:9）
- Mk34 舰炮武器系统（Mk34 GWS:3）
- Mk41 垂直发射系统（Mk41 VLS:8+1）

- 海军火控系统（NFCS:1）
- 雷达（Radars:1）
- 综合反潜作战系统（SQQ-89:2）
- 标准系列导弹（SM-1/SM-2:15）
- 惯导系统（WSN-7/9:4）

11.2 宙斯盾的军售（Aegis/AWS：5）

国　家	平　台	类　型	数　量
日本	金刚	DD	4
	爱宕	DD	2
	摩耶	DD	2
西班牙	F-100 阿尔瓦罗·巴赞	FF	5
挪威	F-310 南森	FF	5
韩国	KDX-3 世宗大王	DD	3
澳大利亚	霍巴特	DD	3

注：CV—航空母舰，DD—驱逐舰，FF—护卫舰，FC—轻型护卫舰，FAC—导弹艇，AW—登陆舰，Aux—补给舰（下同）。

宙斯盾是世界上最先进、部署最多的作战系统。宙斯盾系统的灵活性使其能够满足多样性的任务需求。宙斯盾作战系统已经发展到了世界范围，部署了超过 100 艘舰船，除了美国之外，还有日本、西班牙、挪威、韩国、澳大利亚等 5 个国家的军售型号，如图 11-2 所示。①

图 11-2 全球现役的宙斯盾舰

11.2.1 日本金刚级/爱宕级导弹驱逐舰

在 1990 年底，日本向美国申购宙斯盾舰并获得许可，成为全球第一个获得美国输出完

① https://lockheedmartin.com/en-us/products/aegis-combat-system/global-aegis-fleet.html.

整宙斯盾系统以及授权建造宙斯盾舰的国家；当然，日本能成为第一个获得宙斯盾舰的国家，必须归功于美日向来亲密的同盟关系。日本建造的这型宙斯盾舰艇就是仿照阿利·伯克级发展而来的4艘金刚级导弹驱逐舰，于1993—1998年陆续服役（DDG 173~176）。金刚级配备的宙斯盾系统被美方称为基线J系列，日本方面则称之为OYQ-8。前三艘金刚级配备衍生自宙斯盾基线4的基线J1，整合入一些日本挑选的装备，例如以日本自制的OQA-201反潜作战系统取代原本的SQQ-89，其下整合有NEC OQS-102舰首声呐（美国授权日本生产的SQS-53B/C）、OKI OQR-2拖曳阵列声呐（SQR-19的日本版），此外还有与SH-60J反潜直升机连接的OQR-1直升机数据链，并额外加装一座FCS-2-21火控雷达来控制舰艏OTO-Breda 127mm舰炮；至于金刚级四号舰鸟海号（DDG-176）的宙斯盾系统则升级为与基线5类似的基线J2，纳入Link-16 JDITS（鸟海号也是日本海上自卫队第一艘拥有Link-16的舰艇）。2005年起，日本陆续投入预算为四艘金刚级进行弹道导弹防御升级，纳入BMD 3.6.1系统，每艘金刚级购置9枚SM-3 Block IA反导导弹（总计36枚），从2007年底到2010年陆续执行完毕。

继金刚级之后，日本还在21世纪初期建造两艘改良自金刚级的爱宕级导弹驱逐舰（阿利·伯克级ⅡA型的日本版），宙斯盾系统升级为基线J6（相当于宙斯盾基线7.1），此外还增设一座直升机库，可操作SH-60J/K反潜直升机，两舰分别在2007年、2008年服役（DDG-177、DDG-178）；2012年，日本开始编列预算，将爱宕级的宙斯盾系统升级到基线J6（美方称为基线7 Phase 1R）的水平，相当于宙斯盾基线9/ACB 12以及弹道导弹防御能力BMD 5.0。在2000年代后期，日本陆续为旗下宙斯盾舰进行作战系统、相控阵雷达与弹道导弹防御能力的升级。

2015年与2016年，日本分别编列预算建造两艘改良自爱宕级的新宙斯盾舰摩耶级（27DDG与28DDG），使用宙斯盾基线9/ACB 16水平的作战系统和相关装备，包含BMD 5.1（具备IAMD能力）、结合CEC的海军一体化火控防空（NIFC-CA）能力等。此版本被称为宙斯盾基线J7。摩耶级首舰（DDG-179）于2017年8月下水，计划2020年服役。

2014年3月，过去长年束缚日本出口军事技术的武器出口三原则，被安倍政府以防卫技术转移三原则取代。基于强化美日同盟关系，促使日本军工产业融入西方盟国军备体系，美国国防部要求日本业界参与宙斯盾系统的制造（包含由美日合作开发的弹道导弹防御能力）；2015年7月23日，日本政府批准输出关于宙斯盾系统的相关软、硬部件，使日本业界能为全球所有的宙斯盾舰客户供货（包含美国、日本、韩国、西班牙、挪威、澳大利亚等）。日本防卫省表示，日方参与宙斯盾系统制造，将有助于加强美日之间的国防安全合作，此外还可扩大相关组件在日本的生产规模（过去日本只能在本身的宙斯盾舰上装置国产组件），降低采购成本，并强化日本军事技术的产能。日本的27DDG与28DDG就能够装备日本制造的宙斯盾系统组件，包括由日本电器（NEC）生产的声呐换能器组件替换原本SQS-53C舰艏声呐的TR-343换能器、三菱重工（MHI）提供部分宙斯盾系统显示系统的应用软件、富士通（Fujitsu）提供宙斯盾显示系统硬件和通用显示系统（CDS）等。

11.2.2 北约NFR-90/中国台湾ACS

美国曾在宙斯盾系统发展期间，考虑过五六千吨的舰体平台，然而评估显示此种刻意缩小的宙斯盾舰难有像样的战力。20世纪80年代末期，随着电子科技的进步，电子元件的体积重量得以缩小，使得宙斯盾系统的小型化成为可能。发展“宙斯盾小型化”的第一次机会，是1980年代年由多个北约国家进行的北约90年代护卫舰替代计划（NATO Frigate Replacement，NFR-90），当时总需求高达五十多艘。

当时美国为NFR-90推动一个名为“北约防空作战系统”（NAAWS）的项目，要求能同时跟踪、接战多个目标，有效应付饱和空中攻击，其中包含几个子项目：负责长距离对空监视的体搜索雷达（VSR）、能同时精确跟踪多个目标并指挥导弹攻击多个空中目标的多功能雷达（MFR），以及拥有点防空自卫以及一定区域防空能力的防空导弹系统。显然，宙斯盾系统/SPY-1相控阵雷达是当时能满足上述需求的最佳选择，然而以护卫舰作为平台，使宙斯盾系统必须进行适度的简化与缩水。

同时，中国台湾也在进行“光华一号”造舰计划，第一阶段系由美国授权生产七艘佩里级导弹护卫舰，第二阶段则以佩里级的舰体平台为基础进行大规模修改，换装先进防空系统、相控阵雷达、垂直发射防空导弹等装备，大幅强化防空能力；之后“光华一号”第二批演变成“先进作战系统”（Advanced Combat System，ACS）。

不过，上述两个堪称“宙斯盾小型化”先驱的项目，最终都没有走下去，种种因素导致NFR-90与ACS计划夭折。

11.2.3 西班牙F-100

虽然NFR-90与ACS相继夭折，然而“小宙斯盾”的发展却不乏机会。洛克希德·马丁公司继续推动FPAR与ADAR-2N的缩小版宙斯盾雷达概念，提出了SPY-1F相控阵雷达。

NFR-90结束后，欧洲各参与国又以各自在NFR-90中支持的设计与系统组合，继续发展新一代防空舰艇，包括英、法、意三国“下一代通用护卫舰”（CNGF）计划的“地平线”（Horizon）护卫舰、德国的F-124、荷兰的LCF、西班牙的F-100，以及英国的Type 45型导弹驱逐舰。

1993年，先前曾是NFR-90参与国的西班牙，决定加入德国与荷兰的新一代护卫舰计划，此后该计划便称为“三国护卫舰”（TFC）；然而到了1995年，西班牙认为自身在TFC计划的风险与成本太大，遂于1995年6月退出TFC计划，而F-100也随即改用美国的宙斯盾作战系统。

由于宙斯盾相关团队才刚离开中国台湾ACS项目，对于将宙斯盾系统搬上较小平台已经有许多纸上设计，因此在ACS项目上获得的相关工程经验，自然顺理成章地应用在F-100之上。因此某种程度上，F-100堪称ACS的延续，只不过出资的金主由中国台湾换成了西班牙。与中国台湾的情况相似，西班牙先前也有在美国授权之下建造佩里级护卫舰的经验，而F-100的平台设计也与佩里级的船型有所关连，只不过排水量放大到6000t级。F-100的作战系统称为“分布式先进海军作战系统”（DANCS），使用SPY-1D(F)相控阵雷达，另外纳入一些西班牙挑选的装备，例如用于控制OTO-Breda 76mm速射炮的DORNA光电/雷达火控系统、美国雷神公司的DE-1160 LF舰体声呐、荷兰西格纳尔的DLT-309鱼激光控系统等。

F-100计划成为阿尔瓦罗·巴赞级（Alvaro de Bazan Class）护卫舰，首舰于2000年下水，2002年服役。F-100成为第一种排水量仅6000t级却配备宙斯盾系统的军舰。

11.2.4 挪威南森级护卫舰

1999 年，当 F-100 趋近成功之际，美国洛克希德·马丁公司、诺斯罗普·格鲁曼公司、通用动力公司旗下的 BIW 造船厂以及负责承建 F-100 的西班牙 IZAR 造船集团签约组成“先进护卫舰销售联盟”（AFCON），主要业务为整合宙斯盾作战系统与武器系统，并开发、销售一系列发展自 F-100、配备宙斯盾系统衍生型与 SPY-1 相控阵雷达系列的先进护卫舰。

AFCON 成立后的第一个实例是为挪威建造的南森级（Fridjof Nansen Class）护卫舰，配备了以宙斯盾作战系统为基础发展的“综合武器系统”（IWS），集成了 SPY-1F 相控阵雷达、Mk82 照射雷达、改进型海麻雀 ESSM 点防御防空导弹、包含 Spherion MRS-2000 舰首声呐与 Captas Mk2 主/被动拖曳声呐的 MSI-2005F 反潜作战系统等装备。南森级护卫舰是目前宙斯盾舰族系中吨位最小者（满载排水量仅 5000 余吨），也是目前宙斯盾家族中唯一不以防空为主要任务的成员。在 2005 年 9 月 13 日，南森级首舰南森号（Fridijof Nansen F-310）在首次拦截测试中以一枚 ESSM 短程防空导弹击落靶机，这是 SPY-1F 相控阵雷达以及军售版小型宙斯盾系统的首次成功拦截纪录。

继南森级之后，AFCON 接着开始规划一系列新式轻型护卫舰，以满足小规模海军的需求。

11.2.5 韩国 KDX-3

1990 年代，韩国决定建造 3 至 4 艘拥有强大防空能力的 7000t 级 KDX-3 导弹驱逐舰，于 2000 年 11 月展开防空作战系统的评估，竞标者包括美国宙斯盾作战系统基线 7.1 版本/SPY-1D 相控阵雷达的组合、英国 BAE 的 Sampson 主动相控阵雷达/作战管理系统（CMS）以及以荷兰为首的欧洲多国 Thales Naval Nederland 集团的 APAR/SMART-L 雷达组合。经过多次测试与评估，韩国在 2002 年 7 月底宣布 KDX-3 将采用宙斯盾作战系统，而韩国也成为继日本之后第二个拥有宙斯盾舰的亚洲国家。

宙斯盾系统基线 7.1 能获得韩国海军的青睐，主要是宙斯盾系统已经服役 20 年并不断演进，发展成熟。同时，由于朝鲜在 2000 年以来大力发展弹道导弹并多次进行试射，故韩国海军对弹道导弹防御（BMD）能力的构建甚为重视。

2007 年 5 月 25 日，韩国自行建造的第一艘宙斯盾导弹驱逐舰 KDX-3 级首舰世宗大王号（DDG 991）在蔚山现代重工造船厂下水，2008 年 12 月服役。接着，另外两艘 KDX-3 级分别于 2010 年 8 月、2012 年 8 月服役。

2013 年底，韩国正式确定建造第二批 3 艘 KDX-3，具备弹道导弹防御能力。2015 年 6 月，美国国防安全合作局（DSCA）公布，韩国向美国申请购买三套宙斯盾相关系统，应为宙斯盾基线 9/BMD 5.1 水平。

11.2.6 澳大利亚 AWD

澳大利亚海军在 1990 年代末期提出名为 SEA-4000 的对空作战驱逐舰计划（Air Warfare Destroyer，AWD），参与竞标的厂商包括美国阿利·伯克级ⅡA 型、西班牙 F-100、英国 Type-45 以及德国放大版 F-124（后两者先后出局）。2004 年 8 月，澳大利亚宣布将以宙斯盾基线 7/SPY-1D(V) 相控阵雷达系统的组合作为 AWD 的防空中枢。舰体部分，F-100 修改版与阿利·伯克级进入了最后的决选，澳大利亚海军于2007年6月底选择了F-100。澳大利亚海军打算建造艘3艘AWD，称为霍巴特级（Hobart Class）驱逐舰，首舰DDGH 39于2010年4月开工建造，2017年9月服役。

本级舰是美国宙斯盾舰艇家族的最新成员，其设计由国防承包商西班牙纳凡蒂亚（Navantia）承担，是纳凡蒂亚旗下西班牙主力舰艇F-100型阿尔瓦罗·巴赞级护卫舰的改进版本。作战系统为兼容CEC协同交战能力的宙斯盾基线7.1，主要装备48单元Mk41垂直发射装置、一门Mk45 Mod4型127mm舰炮、两具四联装“鱼叉”反舰导弹发射装置、机库上方一具“密集阵”近程防御武器系统。

11.3 兵力战术训练系统（BFTT：1）

国　家	平　台	类　型	数　量
澳大利亚	霍巴特	DD	3

11.4 协同交战能力（CEC：1+1）

国　家	平　台	类　型	数　量
澳大利亚	霍巴特	DD	3
	猎人	FF	9
日本	摩耶	DD	2

11.5 密集阵近防武器系统（CIWS：9）

国家（地区）	平　台	类　型	数　量
澳大利亚	霍巴特	DD	1
	阿德莱德	FF	1
	堪培拉	AW	3
	迪郎斯河	Aux	1
巴林	佩里	FF	1
巴西	新港	AW	1
加拿大	易洛魁人	FF	1
	哈利法克斯	FF	1
	联合支援舰	Aux	2
厄瓜多尔	利安德	FF	1
埃及	诺克斯	FF	1
	佩里	FF	1
	伊扎特	FAC	1

（续）

国家（地区）	平　台	类　型	数　量
希腊	埃利	FF	1/2
	九头蛇	FF	2
	普罗米修斯	Aux	1
印度	奥斯汀	AW	2
以色列	埃拉特	FC	1
	海兹	FAC	1
	闪电	FAC	1
日本	出云	CV	2
	日向	CV	2
	金刚	DD	2
	改进型爱宕	DD	2
	改进型秋月	DD	2
	旗风	DD	2
	村雨	DD	2
	白根	DD	2
	朝雾	DD	2
	初雪	DD	2
	岛雪	Aux	2
	高波	DD	2
	阿武隈	FF	1
	大隅	AW	2
	浦贺	MW	2
韩国	仁川	FF	1
	未来护卫舰	FF	1
	天池	Aux	n/k
墨西哥	飓风	FAC	1
摩洛哥	新港	AW	1
新西兰	安札克	FF	1
	Fleet Tanker	Aux	1
巴基斯坦	塔利克	FF	1
	佩里	FF	1
	福清	Aux	1
	普尔斯特	Aux	1
	Fleet Tanker	Aux	1
波兰	佩里	FF	1
葡萄牙	达·伽马	FF	1

（续）

国家（地区）	平　台	类　型	数　量
沙特阿拉伯	巴达	FC	1
	阿尔·希蒂克	FAC	1
泰国	差克里·纳吕贝特	CV	4
	诺克斯	FF	1
土耳其	G级	FF	1
	伊斯坦布尔	FF	1
	奥斯曼·加济	AW	1
	安纳托里亚	AW	2
	巴伊拉克塔尔	AW	2
	冈戈尔	Aux	1
英国	伊丽莎白女王	CV	3
	45型	DD	2
	26型	FF	2
	海洋	LPH	3
	阿尔比恩	AW	2
	波浪	Aux	2
	堡	Aux	2
	海湾	Aux	2
	潮汐	Aux	2
中国台湾	基隆	DD	2
	成功	FF	1
	佩里	FF	1
	康定	FF	1
	诺克斯	FF	1
	沱江	FAC	1
	磐石	Aux	2
	新港	AW	1
	安克登奇	AW	2

注：根据《简氏年鉴》的记录，CIWS 的军售共有 22 个国家（地区），而非 PEO IWS 图中标出的 9 个；此外，Mk41、SQQ-89 等对外军售也有更多的记录

11.6 Mk34 舰炮武器系统（Mk34 GWS：3）

国　家	平　台	类　型	数　量
澳大利亚	猎人	FF	3
韩国	世宗大王	DD	3
日本	改进型爱宕	DD	2

11.7 Mk41 垂直发射系统（Mk41 VLS：8+1）

国　家	平　台	类　型	火控系统
澳大利亚	霍巴特	DD	Mk99
	阿德莱德	FF	Mk92
	安札克	FF	9LV 200 Mk3
智利	海军上将科克伦	FF	SSCS
丹麦	伊万·休特菲尔德	FF	APAR/Ceros 200
德国	勃兰登堡	FF	SATIR F123
	萨克森	FF	Tacticos
日本	日向	CV	FCS 3
	朝日	DD	FCS 3
	秋月	DD	FCS 3
	爱宕	DD	Mk99
	改进型爱宕	DD	Mk99
	高波	DD	OYQ-7
	金刚	DD	Mk99
	村雨	DD	OYQ-7
	飞鸟	Aux	Type 3
韩国	世宗大王	DD	Mk99
	忠武公李舜臣	DD	SSCS
荷兰	七省	FF	Tacticos
新西兰	安札克	FF	9LV 200 Mk3
挪威	南森	FF	Mk99
沙特阿拉伯	多任务水面舰	FF	COMBATTS-21
西班牙	巴赞	DD	Mk99
泰国	差克里·纳吕贝特	CV	Tritan
	纳莱颂恩	FF	STIR
土耳其	巴巴洛斯	FF	Tacticos
	G 级	FF	Genesis/Mk92
	TF-100	FF	n/k
英国	26 型	FF	Outfit DNA 2

11.8 海军火控系统（NFCS：1）

国　家	平　台	类　型	数　量
澳大利亚	霍巴特	DD	3

11.9 雷达（Radars：1）

国　家	类　型
科威特	AN/MPQ-64
菲律宾	AN/SPS-77
沙特阿拉伯	AN/TPY-2

11.10 综合反潜作战系统（SQQ-89：2）

国家（地区）	平　台	系统型号	数　量
中国台湾	佩里	(V)2	2
土耳其		(V)2	8
波兰		(V)2	2
巴基斯坦		(V)2	1
巴林		(V)2	1

11.11 标准系列导弹（SM-1/SM-2：15）

国家（地区）	平　台	类　型	型　号	对空搜索雷达	追踪/照射雷达
澳大利亚	霍巴特	DD	SM-2 Block ⅢA	SPY-1D	SPG-62
	阿德莱德	FF	SM-2 Block ⅢA	SPS-49	SPG-60
巴林	佩里	FF	SM-1 MR/VI	SPS-49	SPG-60/STIR
智利	拉托雷	FF	SM-1 MR/VI SM-1 MR/VIA	LW08/DA05	STIR
德国	萨克森	FF	SM-2 Block ⅢA	SMART L	APAR
埃及	佩里	FF	SM-1 MR/VIB	SPS-49	SPG-60/STIR
法国	卡萨尔	DD	SM-1 MR/VI SM-1 MR/VIA	DRBJ-11	SPG-51 DRBV-26
伊朗	阿勒万德	FF	SM-1/V	AWS 1	Sea hunter
	卡曼	FAC	SM-1/V	WM 28	/
意大利	德拉潘尼	DD	SM-1 MR/VI SM-1 MR/VIA	SPS-52C	SPG-51
日本	旗风	DD	SM-1 MR/VIA	OPS-11/SPS-52	SPG-51
	金刚	DD	SM-2 Block ⅢA SM-3 Block ⅠA	SPY-1D	SPG-62
	爱宕	DD	SM-2 Block ⅢB	SPY-1D	SPG-62
波兰	佩里	FF	SM-1 MR/VIB	SPS-49	SPG-60/STIR
荷兰	七省	FF	SM-2 Block ⅢA	SMART L	APAR

（续）

国家（地区）	平　台	类　型	型　号	对空搜索雷达	追踪/照射雷达
韩国	世宗大王	DD	SM-2 Block ⅢB	SPY-1D	SPG-62
	李舜臣	DD	SM-2 Block ⅢA	SPS-49	STIR 240
西班牙	圣·玛利亚	FF	SM-1 MR/V SM-1 MR/VIB	SPS-49	STIR
	巴赞	FF	SM-2 Block ⅢA SM-2 Block ⅢB	SPY-1D	SPG-62
	F-110	FF	SM-2 Block ⅢA SM-2 Block ⅢB	/	/
中国台湾	成功	FF	SM-1 MR/VIA	SPS-49	STIR
	佩里	FF	SM-1 MR	SPS-49	STIR
	诺克斯	FF	SM-1 MR	DA 08	STIR
	基隆	DD	SM-2 Block ⅢA	SPS-48/49	SPG-51
土耳其	佩里	FF	SM-1 MR/VIB	SPS-49	SPG-60/STIR

11.12 惯导系统 WSN-7/9（WSN-7/9：4）

国　家	平　台	类　型	数　量
澳大利亚	猎人	FF	3
	霍巴特	DD	3
日本	改进型爱宕	DD	2
韩国	世宗大王	DD	3
西班牙	F-100	FF	5

缩略语

缩略语	英文	中文
AADS	Amphibious Assault Direction System	两栖攻击制导系统
AAG	Advanced Arresting Gear	先进阻拦装置
AAW	Anti-Air Warfare	防空战
ACAT	Acquisition Category	采办项目分类
ACB	Advanced Capability Build	先进能力构建
ACDS	Advanced Combat Direction System	先进作战指挥系统
ACE	Advanced COTS Enclosure	先进商用机箱
ACS	Afloat Core Services	海上核心服务
ACS	AEGIS Combat System	宙斯盾作战系统
ADMACS	Aviation Data Management and Control System	航空数据管理与控制系统
ADNS	Automated Digital Network System	自动数字网络系统
AEGIS	Airborne Early-warning Ground Integrated System	空中预警与地面整合系统（宙斯盾）
AGS	Advanced Gun System	先进舰炮系统
AIS	Automatic Identification System	船舶自动识别系统
ALMDS	Airborne Laser Mine Detection System	机载激光探雷系统
AMDR	Air and Missile Defense Radar	防空反导雷达
AMIIP	Accelerated Mid-Term Interoperability Improvement Program	加速中期互操作改进计划
AMNS	Airborne Mine Neutralization System	机载灭雷系统
AMOD	Aegis Modernization	“宙斯盾”现代化
AMRAMM	Advanced Medium Range Air-to-Air Missile	先进中程空空导弹（AIM-120D）

（续）

缩略语	英文	中文
AOA	Analysis of Alternatives	预案分析
AOEW DDE	Advanced Offboard EW Decoy Development Effort	先进舷外电子战诱饵开发工作
APB	Advanced Processing Build	先进过程构建
ARCI	Acoustic-Rapid COTS Insertion	声学快速商用现货引入
ARG	Amphibious Ready Group	两栖战备群
ARPA	Automatic Radar Plotting Aid	自动雷达标绘仪
ASCM	Anti-ship Cruise Missile	反舰巡航导弹
ASDS	Advanced Sensor Distribution System	高级传感器分配系统
ASNE	American Society of Naval Engineer	美国海军工程师协会
ASN(RD&A)	Assistant Secretary of the Navy (Research, Development & Acquisition)	负责研究、开发与采办的助理海军部长
ASW	Anti Submarine Warfare	反潜战
ATBM	Anti Tactical Ballistic Missile	反战术弹道导弹
ATRT	Accompanying (automated) Test/Re-test	自动协同测试/再测试
AUSPAR	Australia-United States Phased Array Radar	澳大利亚-美国（联合研制）相控阵雷达
AWE	Advanced Weapons Elevators	先进武器升降机
AWS	AEGIS Weapon System	宙斯盾武器系统
BFTT	Battle Force Tactical Trainer	兵力战术训练系统
C^2	Command and Control	指挥与控制
C^4I	Command, Control, Communications, Computer and Intelligence	指挥、控制、通信、计算机与情报
C^4ISR	Command, Control, Communications, Computer, Intelligence, Surveillance and Reconnaissance	指挥、控制、通信、计算机、情报、监视与侦察
CAC^2S	Common Aviatioin Command and Control System	公共航空指控系统
CADRT	Computer Aided Dead Reckoning Tracer	计算机辅助航位推算描绘仪
CAE	Component Acquisition Executive	军种采办执行官
CANES	Consolidated Afloat Networks and Enterprise Services	综合海上网络和企业服务
CAPTAS	Combined Active and Passive Towed Array Sonar	联合式主被动拖曳阵声呐

（续）

缩略语	英文	中文
CAVES LVA	Conformal Acoustic Velocity Sonar Large Vertical Array	共形声速声呐大型垂直阵列
CCE	Common Computing Environment	通用计算环境
CCID	Composite Combat Identification	复合作战识别
C&D	Command and Decision	指挥决策系统
CDD	Capability Development Document	能力开发文件
CDR	Critical Design Review	关键设计评审
CDS	Cross-Domain Solutions	跨域解决方案
CDS	Common Display System	通用显示系统
CEC	Cooperative Engagement Capability	协同交战能力
CENTRIXS	Combined Enterprise Regional Information Exchange System	联合区域信息交换系统
CIC	Combat Information Center	战情中心
CIWS	Close-In Weapon System	近程防御武器系统
CMM	Capability Maturity Model	能力成熟度模型
CNO	Chief of Naval Operation	海军作战部长
COMPTUEX	Composite Training Unit Exercise	复合训练单位演习
COBRA	Coastal Battlefield Reconnaissance and Analysis	近岸战场监视与分析系统
CORBA	Common Object Request Broker Architecture	公共对象请求代理体系结构
COTS	Commercial Off the Shelf	商用成熟技术/商用现货
CPS	Common Processing System	通用处理系统
C-RAM	Counter-Rocket, Artillery and Mortar	反火箭弹、反火炮与反迫击炮
CRS	Congressional Research Services	国会研究机构
CSG	Carrier Strike Group	航母打击群
CSL	Common Source Library	通用计算机程序库
CSOSS	Combat Systems Operational Sequencing System	作战系统操作排序系统
CSSQT	Combat Systems Ship Qualifications Trials	作战系统/舰船认证测试
CTA	Compact Towed Array	紧凑型拖曳阵列
CTN	Composite Tracking Network	复合跟踪网络

（续）

缩略语	英文	中文
CV-TSC	Aircraft Carrier Tactical Support Center	航空母舰战术支持系统
DAB	Defense Acquisition Board	国防采办委员会
DAC	Design, Acquisition and Construction	设计、采办及建造
DAE	Defense Acquisition Executive	国防采办执行官
DAIR	Direct Altitude and Identity Readout	高度与身份数据显示系统
DAP	Distributed Adaptive Processor	分布式适配处理器
DASN	Deputy Assistant Secretary of the Navy	助理海军部长帮办
DAS	Defense Acquisition System	国防采办系统
DBR	Dual Band Radar	双波段雷达
DCGS	Distributed Common Ground System	分布式公共地面系统
DCU	Distributed Control Unit	分布式控制单元
DDS	Data Distribution Services	数据分发服务
DEML	Digital Electro-Magnetic Log	数字电磁计程仪
DHYSL	Digital Hybrid Speed Log	数字混合计程仪
DNC	Digital Nautical Chart	数字航海图
DOD	Department of Defense	美国国防部
DON	Department of Navy	美国海军部
DRPM	Direct Reporting Program Managers	直接报告项目经理
DT/OT	Developmental Testing /Operational Testing	开发测试/作战测试
DWADS	Deep Water Active Distributed System	深海主动分布式系统
EASR	Enterprise Air Surveillance Radar	企业对空监视雷达
ECDIS	Electronic Chart Display & Information System	电子海图显示与信息系统
ECPINS-M	Electronic Chart Precise Integrated Navigation System-Military	电子海图精密综合导航系统-军用
ECS	Electronic Chart System	电子海图系统
ECS	Engineering Control System	机电控制系统
EDM	Engineering Development Models	工程开发模型
EMALS	Electromagnetic Aircraft Launch System	（舰载机）电磁弹射系统
EMD	Engineering & Manufacturing Development	工程与制造开发
EME	Electronic Modular Enclosures	电子模块化集装箱
ENC	Electronic Navigational Chart	电子导航海图
EPF	Expeditionary Fast Transport	远征快速运输

(续)

缩略语	英文	中文
ESB	Expeditionary Sea Base	远征海上基地
ESB	Enterprise Service Bus	企业服务总线
ESD	Expeditionary Transfer Docks	远征转运码头
ESSM	Evolved Sea Sparrow Missile	改进型海麻雀导弹
FCS	Fire Control System	火控系统
FMS	Foreign Military Sales	对外军售
FOC	Full Operational Capability	全面作战能力
FRP	Full Rate Production	全速生产
FTAMD	Future Theater Air and Missile Defense	未来战区防空反导
G/ATOR	Ground/Air Task-Oriented Radar	地面/空中任务雷达
GCCS	Global Command and Control System	全球指挥控制系统
GFE	Government Furnished Equipment	国家提供设备
GFS	Google File System	Google 文件系统
GIG	Global Information Grid	全球信息栅格
GPS	Globlal Pisitioning System	全球定位系统
GWS	Gun Weapon Systems	舰炮武器系统
HDFS	Hadoop Distributed File System	Hadoop 分布式文件系统
IaaS	Infrastructure as a Service	基础设施即服务
IAMD	Integrated Air and Missile Defense	一体化防空反导
IBCS	IAMD Battle Command System	一体化防空反导作战指挥系统
IBNS	Integrated Bridge and Navigation System	综合舰桥及导航系统
ICT	Information and Communication Technology	信息和通信技术
IHO	International Hydrographic Organization	国际海道测量组织
ILS	Integrated Logistic Support	综合后勤保障
IMO	International Maritime Organization	国际海事组织
IOC	Initial Operational Capability	初始作战能力
IPT	Integrated Product Team	一体化产品设计团队
ISNS	Integrated Shipboard Network System	舰载一体化网络系统
IWS	Integrated Warfare System	综合作战系统
JCIDS	Joint Capability Integration and Develoopment System	联合能力集成与开发系统

(续)

缩 略 语	英 文	中 文
JLENS	Joint Land Attack Cruise Missile Defense Elevated Netted Sensor	联合对地攻击巡航导弹防御高空网络探测系统
JTIDS	Joint Tactical Information Distribution System	联合战术信息分发系统
KSA	Key System Attributes	系统关键特性
LAMPS	Light Airborne Mutlipurpose System	轻型机载多用途系统
LCAC	Landing Craft Air Cushion	气垫登陆艇
LCU	Landing Craft Utility	通用登陆艇
LHA	Amphibious Assault Ship (general purpose)	通用两栖攻击舰
LHD	Amphibious Assault Ship (multi-purpose)	多用途两栖攻击舰
LPD	Amphibious Transport Dock	两栖船坞运输舰
LRDR	Long Range Discrimination Radar	远程识别雷达
LRLAP	Long Range Land Attack Projectile	远程对陆攻击炮弹
LSC	Large Surface Combatants	大型水面舰船
LSD	Dock Landing Ship	两栖船坞登陆舰
LVC	Live, Virtual, and Constructive	真实、虚拟、构造(仿真)
LWLCCA	Light Weight Low Cost Conformal Array	轻量低成本共形阵列
MAAC	Mine, Amphibious, Auxiliary, and Command	布雷舰、两栖舰、军辅船和指挥舰
MAIS	Major Automated Information Systems	重大自动化信息系统
MBSE	Model-based System Engineering	基于模型的系统工程
MCE	Mission Critical Enclosures	关键任务机箱
MCEN	Marine Corps Enterprise Network	海军陆战队企业网络
MCM	Mine Counter Measure	反水雷
MDA	Missile Defense Agency	美国导弹防御局
MDA	Milestone Decision Authority	里程碑决策当局
MDD	Materiel Development Decision	装备开发决策
MFTA	Multi-Function Towed Array	多功能拖曳阵声呐系统
MIPS	Maritime IAMD Planning System	海上一体化防空反导计划系统
MLRM	Multi-Layer Resource Management	多层资源管理
MLS	Multilevel Security	不同安全保密级别
MMSP	Multi-Mission Signal Processor	多任务信号处理器
MNS	Mission Needs Statement	任务需求书
MPAS	Mission Package Application Software	任务包应用软件

（续）

缩　略　语	英　　文	中　　文
MPCE	Mission Package Computing Environment	任务包计算环境
MPOE	Mission Package Operating Environment	任务包操作环境
M&S	Modeling and Simulation	建模与仿真
NAVAIR	Naval Air System Command	海军航空系统司令部
NAVSEA	Naval Sea System Command	海军海上系统司令部
NAVSSI	Navigation Sensor System Interface	导航传感器系统接口
NCES	Net-Centric Enterprise Service	网络中心企业服务
NCTE	Navy Continuous Training Environment	海军持续训练环境
NFCS	Navy Fire Control System	海军火控系统
NGA	National Geospatial Intelligence Agency	国家地理空间情报局
NGEN	Next Generation Enterprise Network	下一代企业网络
NIFC-CA	Naval Integrated Fire Control-Counter Air	海军一体化火控防空
NIMA	National Imagery and Mapping Agency	美国国家图像与测绘局
NIST	National Institute of Science and Technology	国家标准技术研究院
NMCI	Navy Marine Corps Intranet	海军/海军陆战队内联网
NNE 2016	Naval Networking Environment 2016	2016 海军网络环境
NNWC	Naval Network Warfare Center	海军网络战中心
NOA	Navy Open Architecture	海军开放式架构
NSFS	Naval Surface Fire Support	海上水面火力支援
NSM	Naval Strike Missile	海军打击导弹
NSPO	NATO Seasparrow Program Office	北约海麻雀项目办公室
NSWC	Naval Surface Warfare Center	海军水面战中心
NTCSS	Navy Tactical Command Support System	海军战术指挥支持系统
NTDS	Naval Tactical Data System	海军战术数据系统
OA	Open Architecture	开放式架构
OACE	Open Architecture Computing Environment	开放式架构计算环境
OAFA	Open Architecture Functional Allocation	开放架构功能分配
OMG	Object Management Group	对象管理组织
ONE-NET	OCONUS Navy Enterprise Network	美国大陆外海军企业网络
OPNAV	Office of the Chief of Naval Operations	海军作战部长办公室
OQE	Objective Quality Evidence	客观质量证据

（续）

缩 略 语	英 文	中 文
ORD	Operational Requirements Document	作战需求书
ORTS	Operational Readiness Test System	战备完好性测试系统
OT&E	Operational Test and Evaluation	作战试验与鉴定
PaaS	Platform as a Service	平台即服务
PARM	Participating Acquisition Resource Manager	参与采办资源管理
PDA	Personal Digital Assistant	个人数字助理
PDR	Preliminary Design Review	初步设计评审
PEO C^4I	Program Executive Office C^4I	C^4I 项目执行办公室
PEO IWS	Program Executive Office Integrated Warfare Systems	综合作战系统项目执行办公室
PEO LCS	Program Executive Office Littoral Combat Ship	濒海战斗舰项目执行办公室
PKI	Public Key Infrastructure	公用密钥基础设施
PLA	Product Line Architecture	产品线架构
PNT	Position, Navigation and Timing	定位、导航与授时
POR	Program of Record	记录程序
PPBES	Plan Program Budget and Execution System	规划计划预算与执行系统
PVLS	Peripheral Vertical Launch System	外围垂直发射系统
PPLAN	Propulsion Plant LAN	推进装置网络
QoS	Quality of Service	服务质量
RAP VLA	Reliable Acoustic Path Vertical Line Array	可靠声学路径垂直线阵
RAM	Rolling Airframe Missile	滚转弹体导弹，即“拉姆”导弹
RAIDS	Rapid Anti-Ship Cruise Missile Integrated Defense System	快速反舰导弹综合防御系统
R&D	Research and Development	研究与开发
RDT&E	Research, Development, Test, and Evaluation	研究、开发、试验与鉴定
RFI	Request for Information	信息邀请书
RFP	Request for Proposal	方案邀请书，征求建议书
RLG	Ring Laser Gyrocompass	环式激光陀螺
RLGN	Ring Laser Gyro Navigator	环式激光陀螺导航
RNC	Raster Nautical Chart	光栅航海图

(续)

缩略语	英文	中文
RTU	Remote Terminal Unit	远程终端单元
S^3	Simple Storage Service	简单存储服务
SaaS	Software as a Service	软件即服务
SABI	Secret and Below Interoperability	秘密级及其以下安全域之间的互操作性
SBC	Single Board Compute	单板计算机
SBIR	Small Business Innovation Research	小企业创新研究（计划）
SC	Support Container	保障集装箱
SCI	Sensitive Compartmented Information	绝密信息
SCS	Ship Control System	舰船控制系统
SDRW	Sonar Dome Rubber Window	橡胶声呐透声窗
SECNAV	Secretary of the Navy	海军部长
SEI&T	Systems Engineering Integration and Test	系统工程集成和试验
SEWIP	Surface Electronic Warfare Improvement Pr-ogra mme	水面电子战改进项目
SFSE	Strike Force Systems Engineering	打击力量系统工程
SI	Special Intelligence	特殊情报
SIE	Structurally Integrated Enclosure	结构综合机箱
SM	Standard Missile	“标准”导弹
SOA	Service Oriented Architecture	面向服务体系结构
SOLAS	International Convention on Safety Of Life At Sea	国际海上生命安全公约
SPAWAR	Space & Naval Warfare Systems Command	空间与海战系统司令部
SSC	Small Surface Combatants	小型水面舰船
SSDS	Ship Self-Defense System	舰艇自防御系统
SUB	Submarine	潜艇
SUW	Surface Warfare	水面战
SVDS	Ship Video Distribution System	舰载视频分发系统
SVTT	Surface Vessel Torpedo Tube	水面舰艇鱼雷管
SWATH	Small Waterplane Area Twin Hull	小水线面双体船
THAAD	Terminal High-Altitude Area Defense	末段高空区域防御系统（萨德）
TI	Technology Insertion	技术嵌入
TPP	Total Package Procurement	一揽子采办
TSABI	Top Secret and Below Interoperability	绝密级及其以下安全域之间的互操作性

（续）

缩 略 语	英 文	中 文
TSCE	Total Ship Computing Environment	全舰计算环境
TSCE-I	Total Ship Computing Environment Infrastructure	全舰计算环境基础设施
TSTC	Total Ship Training Capability	全舰训练能力
UISS	Unmanned Influence Sweep System	无人感应扫雷系统
USCGC	United States Coast Guard Cutter	海岸警卫队快艇
USD（AT&L）	Under Secretary of Defense for Acquisition, Technology and Logistics	国防部采办、技术与后勤副部长（次长）
USNI	U. S. Naval Institute	美国海军学会
USW-DSS	Undersea Warfare Decision Support System	水下战决策支持系统
VDS	Variable Depth Sonar	变深声呐
VIXS	Video Information Exchange Systems	视频信息交换系统
VLS	Vertical Launch System	垂直发射系统
VMS	Voyage Management System	航行管理系统
VPF	Vector Product Format	矢量产品格式
WCS	Weapon Control System	武器控制系统